W0278708

Buch-Updates
Registrieren Sie dieses Buch auf unserer Verlagswebsite. Sie erhalten dann Buch-Updates und weitere, exklusive Informationen zum Thema.

Galileo BUCH UPDATE

Und so geht's

> Einfach **www.galileocomputing.de** aufrufen
<<< Auf das Logo **Buch-Updates** klicken
> Unten genannten **Zugangscode** eingeben

Ihr persönlicher Zugang zu den Buch-Updates 127100053026

Marcus Fischer

Ubuntu GNU/Linux
Das umfassende Handbuch

Galileo Press

Liebe Leserin, lieber Leser,

mit Ubuntu haben Sie sich für ein ausgereiftes Betriebssystem entschieden, das mit einfacher Installation, schneller Hardwareerkennung, intuitiver Bedienung und aufeinander abgestimmter Software punktet.

Wer mit Ubuntu arbeitet, ist für andere offen und zugänglich – ganz in diesem Sinne steht auch das Konzept dieses Buches für Praxisbezug und Übersichtlichkeit. Es zeigt Ihnen mit leicht verständlichen Schritt-für-Schritt-Erklärungen alles, was Sie für die tägliche Arbeit mit Ubuntu benötigen: die Geschichte von Ubuntu, die Installation und Einrichtung sowie fortgeschrittenes Wissen zur Migration, Optimierung, Programmierung und Virtualisierung mit Xen – um nur einige der Themen zu nennen.

Aktuell zur neuen Version »Hardy Heron« hat Marcus Fischer die dritte Auflage des Ubuntu-Handbuchs aktualisiert und um viele neue und interessante Aspekte erweitert. Dass Sie das Buch in dieser Form pünktlich zum Release der Version in den Händen halten, ist in erster Linie seinem buchstäblich stets unermüdlichen und motivierten Einsatz zu verdanken. Wie immer hat er auch in dieser Auflage mit Blick auf das Wesentliche und höchstem Qualitätsanspruch gearbeitet.

Dieses Buch wurde mit großer Sorgfalt geschrieben, lektoriert und produziert. Sollte dennoch etwas nicht so funktionieren, wie Sie es erwarten, dann scheuen Sie sich nicht, sich mit mir in Verbindung zu setzen. Ihre Anregungen und Fragen sind jederzeit willkommen.

Ich wünsche Ihnen viel Vergnügen beim Lesen! Und viel Spaß mit Ubuntu!

Ihr Jan Watermann
Lektorat Galileo Computing

jan.watermann@galileo-press.de
www.galileocomputing.de
Galileo Press · Rheinwerkallee 4 · 53227 Bonn

Für Dich, Papa († 2005)

Auf einen Blick

Der Name Galileo Press geht auf den italienischen Mathematiker und Philosophen Galileo Galilei (1564–1642) zurück. Er gilt als Gründungsfigur der neuzeitlichen Wissenschaft und wurde berühmt als Verfechter des modernen, heliozentrischen Weltbilds. Legendär ist sein Ausspruch *Eppur se muove* (Und sie bewegt sich doch). Das Emblem von Galileo Press ist der Jupiter, umkreist von den vier Galileischen Monden. Galilei entdeckte die nach ihm benannten Monde 1610.

Gerne stehen wir Ihnen mit Rat und Tat zur Seite:
jan.watermann@galileo-press.de bei Fragen und Anmerkungen zum Inhalt des Buches
service@galileo-press.de für versandkostenfreie Bestellungen und Reklamationen
stefan.krumbiegel@galileo-press.de für Rezensions- und Schulungsexemplare

Lektorat Jan Watermann
Korrektorat Bettina Mosbach, Bonn
Herstellung Steffi Ehrentraut
Satz Marcus Fischer
Einbandgestaltung Barbara Thoben, Köln
Druck und Bindung Bercker Graphischer Betrieb, Kevelaer

Dieses Buch wurde gesetzt aus der Linotype Syntax Serif (9,25/13,25 pt) in LaTeX.
Gedruckt wurde es auf chlorfrei gebleichtem Offsetpapier.

™Ubuntu and the Ubuntu logo are registered trademarks of Canonical Ltd.

Bibliografische Information der Deutschen Bibliothek
Die Deutsche Bibliothek verzeichnet diese Publikation in der Deutschen Nationalbibliografie; detaillierte bibliografische Daten sind im Internet über http://dnb.ddb.de abrufbar.

ISBN 978-3-8362-1150-5

© Galileo Press, Bonn 2008
3., aktualisierte und erweiterte Auflage 2008

Das vorliegende Werk ist in all seinen Teilen urheberrechtlich geschützt. Alle Rechte vorbehalten, insbesondere das Recht der Übersetzung, des Vortrags, der Reproduktion, der Vervielfältigung auf fotomechanischem oder anderen Wegen und der Speicherung in elektronischen Medien. Ungeachtet der Sorgfalt, die auf die Erstellung von Text, Abbildungen und Programmen verwendet wurde, können weder Verlag noch Autor, Herausgeber oder Übersetzer für mögliche Fehler und deren Folgen eine juristische Verantwortung oder irgendeine Haftung übernehmen. Die in diesem Werk wiedergegebenen Gebrauchsnamen, Handelsnamen, Warenbezeichnungen usw. können auch ohne besondere Kennzeichnung Marken sein und als solche den gesetzlichen Bestimmungen unterliegen.

Inhalt

TEIL II: EINSTIEG

TEIL IV: SYSTEMKONFIGURATION

Vorwort

Zur dritten Auflage

So etwas hat es noch nie gegeben. Noch nie in der Geschichte von Linux hat eine Distribution so viel Staub aufgewirbelt und so viele Menschen begeistert wie Ubuntu. Doch was steckt hinter dieser Begeisterung? Handelt es sich bei Ubuntu nur um geschicktes Marketing oder ist diese Distribution wirklich anders als andere? Wie alles im Leben gibt es auch bei Ubuntu Licht und Schatten. Linux ist noch nicht zu 100 % auf dem Desktop angekommen. Trotzdem ist es für viele Nutzer eine echte Alternative zu Windows und ich spreche hier nicht von Informatikern, die sich aus ureigenem Interesse und gerne mit dem Innenleben eines Computers beschäftigen. Nein, Ubuntu möchte auch den »normalen« Benutzern eines Computers den Umgang mit Linux ermöglichen. Das Ziel ist einfach formuliert, aber nicht ganz leicht zu erreichen: Ubuntu möchte *die* Alternative zu Microsoft Windows sein – ein System, das ebenso leicht und einfach zu bedienen ist, verbunden mit den Stärken von Linux, z. B. Stabilität und Sicherheit.

Ubuntu ist inzwischen seit drei Jahren auf dem Markt der Betriebssysteme, und auch von diesem Buch halten Sie mittlerweile die dritte Auflage in den Händen. Dieser Zuspruch wirkt auf zwei Arten: Einerseits freut uns (mich und den Verlag) die rege Nachfrage, andererseits wächst mit dem Zuspruch auch unsere Verantwortung Ihnen, den Lesern, gegenüber. Sie sollen in diesem Buch keine blinde Lobhudelei des bestehenden Betriebssystems vorfinden, sondern eine sachliche und kritische Auseinandersetzung mit Linux und Ubuntu. Ich möchte Ihnen ein umfassendes Handbuch für den Umgang mit Ubuntu an die Hand geben. Dazu gehört auch, dass ich Ihnen realistisch sage, was mit diesem System machbar ist und was nicht.

Die vorliegende Überarbeitung hat den Umfang der vorigen Auflage erheblich erweitert, sodass Sie nun über 1000 Seiten Linux- und Ubuntu-Wissen in den Händen halten. Die Veröffentlichung der zweiten, besonders ausgezeichneten, Ubuntu-Version 8.04 LTS »Hardy Heron«, ist eine hervorragende Möglichkeit, die bisherige Entwicklung Revue passieren zu lassen. Des Weiteren eignet sich diese Version durch ihre Langzeitunterstützung besonders für Unternehmen und Anwender, die Wert auf größtmögliche Stabilität legen.

Ich hoffe, dass ich mit der vorliegenden dritten Auflage weiterhin den Spagat schaffe, den Bedürfnissen eines Einsteigers gerecht zu werden und den Wissensdurst eines fortgeschrittenen Benutzers zu stillen.

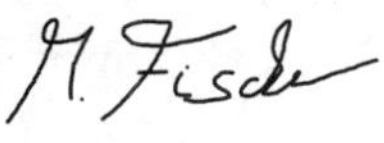

Zur zweiten Auflage

Die Erfolgsgeschichte des Betriebssystems Ubuntu hält an und ich möchte dieser überwältigenden Entwicklung mit dieser zweiten, überarbeiteten und deutlich erweiterten Auflage Tribut zollen.

Ubuntu gewinnt in der gesamten Linux-Welt immer mehr Bedeutung, und auch die erste Auflage dieses Buchs fand eine starke positive Resonanz. Diese Auflage habe ich noch zusammen mit Rainer Hattenhauer geschrieben. Leider musste Rainer aus privaten Gründen seine weitere Mitarbeit aufgeben. Ich bin Rainer sehr dankbar, denn er war der eigentliche Initiator dieses Buchs. Unsere Zusammenarbeit war geprägt von vielen konstruktiven Ideen, und Rainer hat sehr viel Arbeit und Ehrgeiz in dieses Buch investiert. Ich hoffe, dass diese zweite Auflage auch ohne seine weitere Mithilfe seinem Anliegen gerecht wird. Rainer, Danke!

Neben viel Lob für das erste Buch gab es natürlich auch Kritik. Ich habe versucht, die richtigen Schlussfolgerungen daraus zu ziehen, um die Schwachstellen in dieser erneuerten und erweiterten Auflage zu beseitigen. Ich wage hierbei einen besonderen Spagat – ein Buch für Einsteiger und Fortgeschrittene gleichzeitig. Gemäß den Prinzipien von Ubuntu: so einfach wie möglich, so umfangreich wie nötig. Inzwischen entwickelt sich diese Distribution mit zunehmender Verbreitung zu *dem* Einsteigersystem, ohne dabei die erfahreneren Anwender aus den Augen zu verlieren.

Es wurden alle Kapitel überarbeitet, viele neue sind hinzugekommen, so z. B. ein Kapitel über die Grundlagen und die Geschichte von Linux, die Migration von Windows zu Linux oder auch Spezialthemen wie die relativ neue Virtualisierungstechnik Xen. Nicht zuletzt hat die Ubuntu-Familie Zuwachs bekommen, sodass ich deutlich mehr auf Xubuntu (ein Ubuntu mit XFCE als Standarddesktop) eingehen werde. Der Umfang ist dabei noch einmal beträchtlich gewachsen, dies ist bei der Fülle der Themen aber unvermeidlich.

Ubuntu wird in Versionszyklen entwickelt, die jeweils vier Veröffentlichungen umfassen – alle sechs Monate können Sie sich kostenlos ein runderneuertes Ubuntu herunterladen, und alle zwei Jahre mündet diese Entwicklung in einer ausgezeichneten Version mit dem Kürzel LTS (*Long Term Support*). Mit dem aktuellen Release »Edgy Eft« beginnt Ubuntu jetzt seinen zweiten Versionszyklus – der erste fand seinen Höhepunkt im »Dapper Drake«-Release. Der Zeitpunkt ist also optimal, um die bisherige Entwicklung Revue passieren zu lassen und einen Vorgeschmack auf die Zukunft zu geben. Diesen Ansprüchen soll die vorliegende zweite Auflage genügen.

Trotz des Erscheinens neuer experimenteller Versionen von Ubuntu habe ich den Fokus in diesem Buch auf die im Juni 2006 erschienene Version »Dapper Drake« gelegt, da diese besonders stabil und ausgereift ist. Wenn möglich, wird Ubuntu in diesem Buch versionsunabhängig behandelt, und die Besonderheiten der neuen Versionen werden separat erwähnt. So können Sie auch in Zukunft den größtmöglichen Nutzen aus diesem Buch ziehen.

Auch die beigelegten DVDs suchen in ihrem Umfang ihresgleichen. Sie finden hierauf nicht nur

- Live-Versionen von Ubuntu 6.06.1 LTS und 6.10, damit Sie alles problemlos ausprobieren können, ohne etwas installieren zu müssen, sondern zusätzlich
- zwei komplette Ubuntu-Versionen zum Installieren oder zum Aktualisieren Ihres vorhandenen Ubuntus:
  1. Ubuntu 6.06.1 LTS »Dapper Drake«, das äußerst stabile Ubuntu mit Langzeit-Support für Firmen und produktiv arbeitende Privatanwender,
  2. Ubuntu 6.10 »Edgy Eft«, die zur Drucklegung dieses Buches aktuelle Version für Privatanwender, die ein wenig experimentierfreudiger sind,
- mehrere Varianten von Ubuntu als fertige und brennbare CD-Abbilder,
- komplett installierte virtuelle Maschinen von Ubuntu 6.10 und 6.06.1 LTS im VMware-Player,
- hilfreiche Literatur und
- ein großartiges Wiki (Wissenssammlung) aus der Gemeinschaft der Benutzer.

So bieten diese DVDs einen echten Mehrwert und werden Ihnen die Arbeit mit Ihrem neuen System zu einem lehr- und hilfreichen Vergnügen machen.

Das System ist spielend leicht zu erlernen und zu bedienen, gleichzeitig gibt es aber den Profis alle Freiheiten der Open-Source-Welt, die sie brauchen, um sich näher mit dem System zu beschäftigen.

Genau diese Brücke möchte ich mit diesem Buch bauen. Mit seiner Hilfe können Sie Ubuntu erlernen und sich nach Ihrem eigenen Gusto beliebig tief in das System hineinarbeiten. Ubuntu gibt Ihnen absolute Freiheit, nutzen Sie sie!

In diesem Sinne wünsche ich Ihnen viel Erfolg und auch viel Spaß bei der Lektüre dieses Buchs, mit den beiliegenden DVDs und natürlich vor allem mit Ubuntu.

Marcus Fischer

Zur ersten Auflage

Etwas Komplexes leicht verständlich zu erklären und es trotzdem so umfassend darzustellen, dass sowohl Anfänger als auch Fortgeschrittene ihren Nutzen daraus ziehen – das ist ein Unterfangen, das gerade auf dem Gebiet der Bits and Bytes nicht einfach ist. Speziell auf Linux basierender Software haftet der Ruf einer umständlichen Bedienung und eines komplexen Aufbaus an. Linux gilt gemeinhin als unübersichtlich und zu stark an Befehle gebunden – ein System für Spezialisten eben.

Mit Ubuntu hat eine neue Distribution das Licht der Welt erblickt, die schon auf den ersten Blick Einfachheit und Transparenz, also Nachvollziehbarkeit der einzelnen Anwendungsschritte verspricht. Ubuntu hat den Anspruch, ein Betriebssystem für alle Menschen dieser Welt zu sein, für immer kostenlos und jederzeit frei verfügbar. Mit Ubuntu soll unter anderem Menschen aus ärmeren Ländern die Chance gegeben werden, mithilfe kostenloser Software Bildungsmöglichkeiten aufzutun und somit Wege aus der Armut zu finden.

Aber auch in unseren Breitengraden hat die Anwendung von Ubuntu ihren Reiz, nicht nur aus technologischen Gesichtspunkten. Dieses Betriebssystem hat das schöne Ziel, alle Menschen auf dieser Welt zu verbinden, egal aus welcher wirtschaftlichen Lage sie auch kommen mögen. Sie sehen, Ubuntu hat auch eine philosophische Seite und hebt sich damit positiv von den kommerziellen Interessen großer Konzerne ab.

Dieses Buch soll Ihnen den Einstieg in Ubuntu erleichtern, die Welt dieses Betriebssystems ein bisschen näherbringen und Ihnen ein treuer Begleiter auf Ihrer Reise durch die faszinierende Welt von Ubuntu und Linux sein. Unser Anspruch ist dabei, sowohl Anfängern als auch Fortgeschrittenen eine nützliche und leicht verständliche Hilfe an die Hand zu geben. Wir hoffen, dass es uns gelungen ist.

Rainer Hattenhauer und **Marcus Fischer**

Dank

An diesem Buch haben viele Personen mitgewirkt:

- An erster Stelle möchte ich meinem Lektor Jan Watermann danken, der mich vorbildlich von Seiten des Verlages unterstützt und mir in zahlreichen Gesprächen immer einen roten Faden an die Hand gibt.
- Ohne Bettina Mosbach, meine Korrektorin, würde dieses Buch stellenweise unlesbar sein. Durch ihre Hilfe hat sie mir einige Stilblüten ausgetrieben und die korrekte Rechtschreibung nähergebracht.
- Steffi Ehrentraut hat maßgeblichen Anteil an der Gestaltung vieler Abbildungen und hat diesem Buch zur Druckreife verholfen.
- Dr. Daniel Lauer hat mir bei LaTeX-Problemen stets kompetent zur Seite gestanden.
- Nicht zuletzt möchte ich allen Lesern danken, die mich mit Kritik und Feedback unterstützt haben.

Über mich

Mit Linux beschäftige ich mich seit 1998, mit Ubuntu seit September 2004 (noch vor Erscheinen der ersten stabilen Version). Sie erhalten regelmäßige Informationen zu meinen Büchern unter der Adresse *www.marcus-fischer.com*.

Buch-Aktualisierungen

Ein gedrucktes Buch kann niemals so aktuell sein wie das Internet. Auch wenn der überwiegende Teil des Buchs nicht veraltet, werden sich bei Erscheinen einer neuen Version von Ubuntu einige Dinge verändern.

Wir (der Verlag und ich) werden Sie, die Leser, nicht alleine bei diesen Veränderungen lassen. Sie finden daher zu jedem Buch Aktualisierungen auf der Homepage von *Galileo Computing*. Für das vorliegende Buch lautet die Adresse dieser Seite: *www.galileocomputing.de/katalog/buecher/titel/gp/titelID-1710*. Ich werde dort regelmäßig sogenannte Buchupdates zur Verfügung stellen.

»Wer die Freiheit aufgibt,
um Sicherheit zu gewinnen,
wird am Ende beides verlieren.«

Benjamin Franklin (17.01.1706 – 17.04.1790)
US-Staatsmann, Ökonom und Naturforscher

Einleitung

Ubuntu ist seit mittlerweile über drei Jahren »auf dem Markt« der Linux-Betriebssysteme. Am Anfang müde belächelt, hat es diese außergewöhnliche Distribution innerhalb kürzester Zeit geschafft, den Olymp der Linux-Welt zu erklimmen – und ist nun beliebteste Linux-Distribution weltweit.

Ranking der Linux-Distributionen [«]

Linux ist nicht gleich Linux – es gibt eine unüberschaubare Anzahl von verschiedenen Linux-Distributionen. Genau diese Vielfalt ist Fluch und Segen zugleich, denn der Anwender kann hierbei schnell den Überblick verlieren. Um den Linux-Interessierten einen roten Faden an die Hand zu geben, wurde die Seite *www.distrowatch.org* ins Leben gerufen.

Distrowatch informiert über aktuelle Veröffentlichungen hunderter Distributionen und stellt ein Ranking der beliebtesten dieser Linux-Varianten auf. Diese Hitliste wird aufgrund der Zugriffe und der damit verbundenen Informationen über das verwendete Betriebssystem erstellt. Diese Methode ist selbstverständlich nicht perfekt, da man die Erkennung des Betriebssystems beeinflussen kann, aber sie gibt dennoch einen guten Überblick.

Ubuntu führt seit über drei Jahren mit einigen kleinen Unterbrechungen die Hitparade der beliebtesten Distributionen seit dem Erscheinen der ersten Version »Warty Warthog« an.

Es gibt natürlich auch Kritiker. Ich werde in Kapitel 2, »Hintergrund«, ab Seite 89 näher auf einige dieser Kritikpunkte eingehen. Des Weiteren werde ich im Verlaufe des Buches immer ein wenig auf kritische Punkte achten, damit Sie Ubuntu sachlich richtig beurteilen können. Nicht zuletzt hilft diese Sicht auch dabei, von Anfang an mit den Stärken, aber auch mit den Schwächen des Systems umzugehen.

Sie erfahren mehr über Linux-Distributionen in Abschnitt 1.6.3 »Distributionen« auf Seite 87. Eine Übersicht der bisherigen Ubuntu-Versionen erhalten Sie in Kapitel 3, »Die Versionen im Detail«, ab Seite 125. [+]

Was macht den Erfolg von Ubuntu aus?

Streng genommen ist Ubuntu nur ein weiterer Ableger von Debian, einer großen und weit verbreiteten Linux-Distribution. Von Debian hat Ubuntu viel übernommen, genauer betrachtet gibt es jedoch teils erhebliche Unterschiede.

[+] Sie können mehr über die Zusammenhänge und Unterschiede zwischen Debian und Ubuntu in Abschnitt 8.1.2, »Debian«, ab Seite 285 erfahren.

Ich habe in diesem Buch den Anspruch, Ihnen ein umfassendes Anwenderbuch an die Hand zu geben, egal ob Sie nun Anfänger in Sachen Linux sind, ob Sie von einer anderen Linux-Distribution zu Ubuntu gewechselt haben oder ob Sie dies planen. Sie erhalten mit diesem Buch nicht nur eine einführende Lektüre, sondern auch eine umfassende Anleitung zu dieser Distribution sowie ein Nachschlagewerk, das Sie auch in Zukunft bei Fragen und Problemen immer wieder aufschlagen können. Ich bin mir des Charakters einer »eierlegenden Wollmilchsau« (Synonym für die omnipotenten Fähigkeiten eines Produktes) bewusst, möchte aber dennoch diesen Spagat wagen. Dieses Buch soll Einsteigern und Fortgeschrittenen gleichzeitig dienen.

Die Zielgruppe von System und Buch

Ich hoffe, die allgemeinen Abhandlungen der letzten Seiten haben Sie nicht abgeschreckt? Ich gelobe Besserung: Im Vordergrund steht nun Praxis, Praxis und nochmal Praxis.

Für wen aber lohnt sich die nähere Beschäftigung mit Ubuntu im Allgemeinen und dem vorliegenden Buch im Speziellen? Die Antwort ist keinesfalls so eindeutig wie bei den etablierten Distributionen à la SUSE, RedHat, Mandriva und Debian. Lassen Sie es mich so ausdrücken: Ubuntu vereint alle positiven Eigenschaften der genannten Produkte und leistet sich darüber hinaus kaum Schwächen. Sie dürfen sich von Ubuntu bzw. von diesem Buch angesprochen fühlen, wenn Sie zu einer der folgenden Anwendergruppen gehören:

- **Der enttäuschte Distributionskunde**
  Sie haben die Nase voll von den zunehmend aufgeblähten klassischen Distributionen. Gerade Anfänger verlieren hier oftmals den Überblick, wenn es darum geht, das richtige Linux-Programm für den eigenen Zweck zu finden. Die Entwickler von Ubuntu haben Ihnen die Qual der Wahl abgenommen, ohne Ihre Möglichkeiten einzuschränken. Ubuntu liefert eine übersichtliche Vorauswahl von Software mit, getreu dem Motto: Für jeden Zweck nur ein Programm. Darüber hinaus können Sie auf ein schier endloses Software-Archiv kostenlos zugreifen.
- **Der Windows-Umsteiger**
  Herzlich willkommen bei Linux. Vergessen Sie die landläufige Meinung, nur SUSE-Linux sei für Umsteiger geeignet. Genießen Sie den schmerzlosen Umstieg und erfreuen Sie sich an einer äußerst hilfsbereiten Gemeinschaft, die geduldig jedem Anfänger hilft. Ubuntu

macht vieles anders. Ab sofort brauchen Sie für keine Software mehr extra zahlen (Office ist bereits integriert). Vergessen Sie umständliche Software- und Betriebssystem-Updates und genießen Sie eine neue Form der Sicherheit ohne Viren und Würmer.

- **Der untypische Debian-Anwender**
  Sie haben schon viel Gutes von Debian gehört, andererseits ist es Ihnen aber auch nicht entgangen, dass an dieser beliebten Distribution der Zahn der Zeit nagt. Oftmals ist es ein Kunststück oder gar unmöglich, moderne Hardware auf einem aktuellen Debian Stable System zum Leben zu erwecken; verzweifelte Hilferufe in den Internetnewsgroups sprechen da eine deutliche Sprache. Ubuntu basiert auf dem sehr stabilen Debian, ist dabei aber hochaktuell.

- **Der Administrator mit Sinn für Freizeit**
  Hand aufs Herz, ihr Linux-Administratoren: Wie viele Wochenenden und Nächte haben Sie sich schon abgeplagt, um beim vermeintlich problemlos zu wartenden XY Linux Professional »mal eben« einen kleinen Dienst bzw. eine Server-Software neu aufzusetzen? Ubuntu vermag auch im professionellen Umfeld durch seine leichte Handhabbarkeit zu punkten.

Und für wen ist Ubuntu eher ungeeignet? Dazu möchte ich folgendes Posting aus dem Forum von *ubuntuusers.de* zitieren:

> *Ubuntu ist langweilig! Seit ca. 3 Wochen läuft mein Notebook mit Ubuntu. Mit der Hilfe der Wiki läuft jetzt alles was ich so brauche. Und nun? Was mache ich nun? Wie ich vermute, besteht bei vielen der Spass am Betriebssystem an dessen Unzulänglichkeiten. Ich muss jetzt nix mehr defragmentieren, keine Anwendung zum Bereinigen der Registry ausprobieren, Viren und Spyware tauchen nicht auf etc. etc. Ich darf nicht mehr nach Fehlern suchen, weil der Rechner abstürzt. Es läuft ganz einfach. Wie öde!*

Wie Sie sehen: Man kann es nicht allen recht machen. Wer also sein Seelenheil im ständigen Basteln und Schrauben am Betriebssystem sucht, der ist bei Ubuntu mit Sicherheit an der falschen Adresse.

Formales

Damit Sie den größtmöglichen Nutzen aus diesem Buch ziehen, sollen im Folgenden einige Konventionen erläutert werden.

Kommandozeile

Gleich zu Beginn eine Warnung an den mausverwöhnten Windows-Nutzer: Wir werden im Rahmen des Buchs regen Gebrauch von der Kommandozeile machen. Viele Aufgaben unter Linux lassen sich einfacher und ökonomischer durch einige Tastaturkommandos erledigen. Wenn Sie noch keine Erfahrung mit der Kommandozeile oder dem Terminal haben, ist dies [!]

nicht von Nachteil. Ich werde Ihnen den Umgang mit Konsolen und Befehlen nach und nach näherbringen.

Das soll allerdings nicht heißen, dass wir gänzlich auf den Komfort einer grafischen Umgebung verzichten, denn wie bei vielen Dingen im Leben gilt auch hier: Die Mischung macht's. Ich werde, wenn möglich, versuchen, beide Wege zu beschreiten.

Programme starten

Bei der Beschreibung von Programmen auf der grafischen Oberfläche wird der Programmstart in der Regel aus dem Startmenü (siehe Abbildung 0.1) heraus beschrieben. Der Startpfad wird durch Fettschrift gekennzeichnet, die Untermenüs werden durch einen Punkt getrennt.

[zB] Beispielsweise starten Sie das Outlook-Pendant *Evolution* grafisch über das obere GNOME-Panel, indem Sie dem Pfad `Anwendungen • Büro • Evolution` folgen.

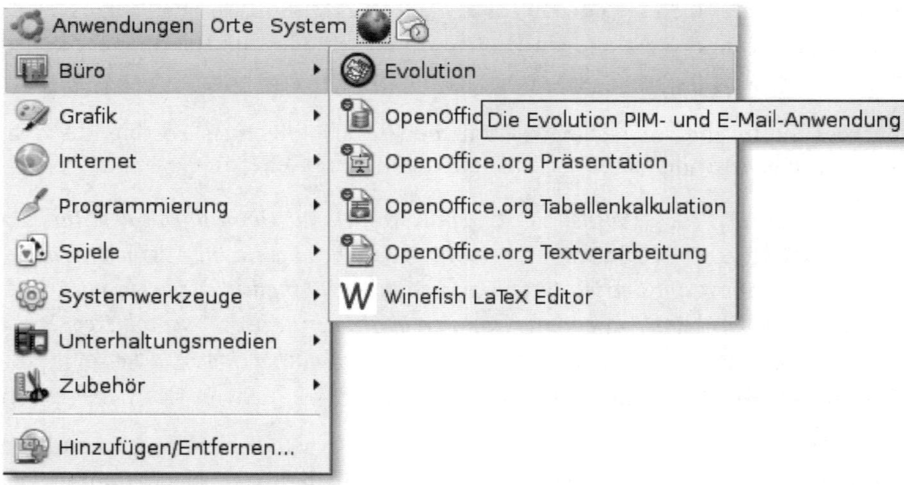

Abbildung 1 Programme aus dem Menü starten. Hier wird Evolution, ein freies Pendant zu Microsoft Outlook, gestartet.

Befehle eingeben

Für Kommandozeilenbefehle soll folgende Schreibweise verwendet werden: Im fließenden Text werden Konsolenbefehle durch die Verwendung von Nicht-Proportionalschrift gekennzeichnet, die Programmnamen selbst werden kursiv dargestellt.

[zB] Beispiel: »Starten Sie das Programm *Gimp* auf einer Konsole mit dem Befehl `gimp`.«

Ist ein Befehl von einem normalen Benutzer auszuführen, so wird dies durch ein vorangestelltes `user$` signalisiert:

```
user$ xeyes
```

Privilegierte Rechte

Manche Befehle erfordern Administratorrechte (in der UNIX-Welt Root-Rechte genannt). Ubuntu vertritt im Unterschied zu anderen Linux-Distributionen eine eigene Philosophie: Der Standardbenutzer der ersten Installation kann jeden Administratorbefehl durch Voranstellen des Befehls `sudo` ausführen. Anschließend muss dann das Passwort des Standardbenutzers eingegeben werden:

```
user$ sudo synaptic
[sudo] password for <user>: <Hier eigenes Passwort eingeben>
```

In Abschnitt 24.3.2 ab Seite 692 erfahren Sie mehr über das Prinzip und die Hintergründe von *sudo* und *root*. [+]

Sind mehrere Befehle als Administrator einzugeben, so kann das Voranstellen von `sudo` auch lästig werden. In diesem Fall verschafft man sich mit dem folgenden Befehl vorübergehend eine Root-Shell:

```
user$ sudo -s
[sudo] password for <user>: <Hier eigenes Passwort eingeben>
root$
```

In der Kommandozeile wird der Superuser-Modus dann durch ein vorangestelltes `root#` signalisiert. Beispiel:

```
root# synaptic
```

Listings

Konsolenausgaben, Listings oder Konfigurationsdateien werden ebenfalls in Nicht-Proportionalschrift wiedergegeben. Am Kopf einer Konfigurationsdatei steht in der Regel deren vollständiger Pfad:

```
### BEGIN INFO
#
# Modified_by:  NetworkManager
# Process:      /usr/bin/NetworkManager
# Process_id:   5312
#
### END INFO

nameserver 192.168.1.1
```

Eingabe langer Befehle

Und noch eine weitere wichtige, eher technische Konvention: Einige der vorgestellten Kommandozeilenbefehle erstrecken sich über mehrere Buchzeilen. Im Buch kennzeichnet am Ende der entsprechenden Zeilen ein »Backslash«, dass der Befehl in der nächsten Zeile weitergeht.

[zB] Zum Erstellen des ISO-Image (CD-Abbild) der diesem Buch beiliegenden DVD wurde beispielsweise der folgende lange Befehl verwendet:

```
user$ sudo mkisofs -l -r -J -v -V \
"Ubuntu Hardy Galileo" -no-emul-boot \
-boot-load-size 4 -boot-info-table  \
-b isolinux/isolinux.bin \
-c isolinux/boot.cat -hide-rr-moved \
-o ubuntudvd.iso master/
```

Sie haben nun die Möglichkeit, sämtliche Kommandos »am Stück« einzugeben oder aber, wie oben geschehen, den Backslash nach jeder Zeile für die Eingabe zu verwenden. In diesem Fall erscheint am Anfang einer jeden Zeile der Prompt »>«, den ich bei den übrigen Listings im Buch dann aber aus Gründen der Übersichtlichkeit weggelassen habe:

```
user$ sudo mkisofs -l -r -J -v -V \
> "Ubuntu Hardy Galileo" -no-emul-boot \
> -boot-load-size 4 -boot-info-table  \
> -b isolinux/isolinux.bin \
> -c isolinux/boot.cat -hide-rr-moved \
> -o ubuntudvd.iso master/
```

Screenshots

Aber wie heißt es doch so schön: Ein Bild sagt mehr als tausend Worte. Wann immer es sinnvoll erscheint, soll daher ein Screenshot zur Erhellung des Sachverhaltes beitragen. Die Optik entspricht dabei meist dem »Hardy Heron«-Release (Ubuntu 8.04 LTS, erschienen am 25. April 2008).

Veränderungen in der Optik

Selbst dieses Buch kann selbstverständlich niemals so aktuell wie das Internet sein. Es stellt lediglich einen Schnappschuss des Informationsstandes zu einer bestimmten Zeit dar. Die Entwicklung von Ubuntu schreitet aber kontinuierlich fort. Oft ändern sich allerdings nur Kleinigkeiten in der Benutzerführung oder im Aussehen. Sie halten also mitnichten ein veraltetes Buch in den Händen, nur weil sich eventuell die Standardfarbe des Desktops in der Zwischenzeit verändert hat.

[»] Gerade diesem Umstand ist es zu verdanken, dass ich Ihnen im Verlaufe dieses Buches den Umgang mit dem Terminal näherbringen werde. Denn egal wie sehr sich die verschiedenen Ubuntu-Versionen unterscheiden – unter der Decke verwenden sie meistens die gleiche Technik. Des Weiteren erhalten Sie durch den zusätzlichen Umgang mit dem Terminal eine absolute Kontrolle über Ihren Computer. Die Zeiten, in denen Sie Ihrem Betriebssystem hilflos gegenüberstehen, sind mit Linux und Ubuntu vorbei.

Gerade für den Nachfolger des »Hardy Heron«, den »Intrepid Ibex«, der im Oktober 2008 erscheinen wird, wurde ein völlig neugestaltetes Aussehen angekündigt.

In Kapitel 3 ab Seite 125 erfahren Sie mehr über die bisherigen Ubuntu-Versionen und bekommen einen Ausblick auf die kommende Generation. Sie können bei den bisherigen Versionen auch die Unterschiede in der Optik erkennen. [+]

Veränderungen in der Handhabung

Aufgrund der Dynamik, mit der sich die verschiedenen Programmpakete weiterentwickeln, kann es allerdings schon vorkommen, dass sich die Gestalt sowie einige Funktionen der beschriebenen Programme geändert haben. Ich traue Ihnen an dieser Stelle die notwendige Flexibilität zu, einen Transfer zwischen der Beschreibung im Buch und der aktuellen Software zu leisten. [«]

Internet-Verweise

Ich brauche Ihnen wahrscheinlich nichts von den Vorzügen des Internets zu erzählen. In Sachen Aktualität kann ein Buch wie dieses hier natürlich nie mit dem weltumspannenden Netzwerk mithalten. Aus diesem Grund werde ich an geeigneten Stellen auf Internetadressen verweisen, diese werden besonders ausgezeichnet, z. B. *www.ubuntulinux.org*.

Icons

Sie haben die Icons an den Rändern der letzten Seiten wahrscheinlich schon bemerkt. Die folgenden kleinen Minibilder (neudeutsch auch »Icons« genannt) dienen der Übersicht und haben folgende Bedeutung:

Wann immer Sie das nebenstehende Symbol sehen, ist Vorsicht angeraten: Hier geht es um systemkritische Operationen, die bei unbedachter Anwendung Ihrer bestehenden Installation Schaden zufügen können. [!]

Nur durch Beispiele lernt man, und diese werden im Buch durch nebenstehendes Symbol gekennzeichnet. Ich werde im Verlauf des Buchs so oft wie möglich versuchen, Ihr neues Wissen durch ein Beispiel zu festigen. [zB]

Mit diesem Symbol möchte ich auf weitergehende Informationen verweisen, die an einer anderen Stelle des Buchs vorzufinden sind. [+]

Linux ist zwar hervorragend dokumentiert, dennoch kann man die kleinen und größeren Probleme des Alltags mit einigen Insidertipps, die durch dieses Symbol gekennzeichnet sind, besser bewältigen. [«]

Ubuntu ist gut, aber natürlich nicht perfekt. Große und kleine Fehler, die bei Drucklegung des Buchs bekannt waren, werden durch diesen kleinen »Bug« gekennzeichnet. Wie allgemein üblich werden Fehler in der Software als »Bugs« (engl. für *Käfer*) bezeichnet.

Mit diesem Symbol weise ich Sie auf Inhalte hin, die sich auf den beiliegenden DVDs befinden.

Was sollen diese Kästchen?

Sie finden in bestimmten Abschnitten und Kapiteln grau unterlegte Kästchen. Diese erfüllen mehrere Zwecke. Zum einen stehen an dieser Stelle Zusammenfassungen, zum anderen wertvolle zusätzliche Informationen oder unterhaltsame Anekdoten.

[!] Merksätze und wichtige Hinweise finden Sie grau unterlegt und mit einem Ausrufezeichen versehen.

Kapitelüberblick

Einsteiger werden vermutlich linear an dieses Buch herangehen und mit der Lektüre vorne beginnen. Dies habe ich berücksichtigt und die einführenden Kapitel über Geschichte, Hintergründe und Grundlagen von GNU/Linux und Ubuntu an den Anfang gestellt. Das bedeutet aber keinesfalls, dass die Kapitel am Ende dieses Buches für den einsteigenden Leser nicht auch sofort zu verstehen wären – im Gegenteil. Die Lektüre eines Kapitels zur Sicherheit (Kapitel 24 ab Seite 683) lohnt sich für jeden Computerinteressierten.

Fortgeschrittene Anwender können die einführenden Kapitel getrost überspringen und weiter hinten im Buch beginnen. Alle Kapitel sind darauf ausgelegt, dass sie auch einzeln gelesen werden können. Dies kommt dem Charakter eines Nachschlagewerkes entgegen.

Der Index eines Buches ist sein Aushängeschild. Es gibt nichts Wichtigeres als das schnelle Auffinden von Informationen – erst recht, wenn man ein umfassendes Buch wie dieses vor sich liegen hat. Ein ausführlicher Index ist also Gold wert. Ich habe daher ein besonderes Augenmerk auf einen vollständigen und aussagekräftigen Index gelegt und hoffe, dass er ein wertvolles Hilfsmittel für Sie sein wird. Den gleichen Zweck soll auch das Glossar im Anhang erfüllen, das darüber hinaus die wichtigsten Fachbegriffe erläutern soll.

Ich werde im Folgenden einen kurzen Überblick über die einzelnen Kapitel geben, die Sie in diesem Buch erwarten. So erhalten Sie einen ersten Eindruck, ob ein bestimmtes Kapitel für Sie von Interesse ist. Das Buch ist dabei in sieben Hauptteile und 32 Kapitel unterteilt.

Teil I: Grundlagen

1. **»Linux – eine Einführung«**
   Das Buch beginnt mit einem einführenden Kapitel in die Thematik »Linux«. Hier werden Sie die Hintergründe und die Geschichte von GNU, UNIX und Linux kennenlernen und näher betrachten. Des Weiteren gehört hierzu auch eine nüchterne Analyse der Vor- und Nachteile von Linux-basierten Systemen. Ja, Sie lesen richtig – natürlich hat Linux auch Nachteile, wie alles im Leben.

2. **»Hintergrund«**
Im zweiten Kapitel richten wir unser Augenmerk auf die Entstehungsgeschichte und die Hintergründe von Ubuntu. Da dies ein Buch über Ubuntu ist, werde ich hierauf ausführlich eingehen. Sie lernen die Strukturen rund um Ubuntu kennen, aber auch die spezifischen Eigenschaften, die Ubuntu von anderen »Linux-Distributionen« unterscheidet.

3. **»Die Versionen im Detail«**
Hier dreht sich alles um die Versionshistorie von Ubuntu. Das System wird von seinen Anfängen, also von »Warty Warthog«, bis heute beschrieben. In diesem Kapitel finden Sie auch einen Ausblick auf »Intrepid Ibex«, die Ubuntu-Version, die im Oktober 2008 erscheinen wird. Mit dieser Version beginnt die dritte Generation von Ubuntu.

4. **»Optimale Nutzung der beiliegenden Medien«**
Jetzt wenden wir uns den beiden beiliegenden DVDs zu. Hier erfahren Sie, wie Sie diese DVDs optimal nutzen, um einen echten Mehrwert zu erhalten – von der Nutzung des Live-Systems bis zu verschiedenen Installationsszenarien.

5. **»Migration«**
Wenn man von Windows auf Linux umsteigt, hat man eine Menge Fragen und Probleme. Mit den grundsätzlichen Problemen eines Umstiegs und deren Lösung beschäftigt sich das Migrationskapitel. Wir werden uns in diesem Kapitel auch die Tücken eines Umstiegs von einer Distribution auf eine andere ansehen. Ein wichtiges Thema ist in diesem Zusammenhang die Datensicherung.

6. **»Installation«**
Nun geht es endlich los: Es wird die allgemeine Installation von Ubuntu unter Berücksichtigung aller Haken, Ösen und Fallstricke besprochen. Hierbei werden wir sowohl die grafische als auch die textbasierte Installation kennenlernen.

7. **»Erste Schritte«**
Nachdem wir gemeinsam Ubuntu installiert haben, geht es im achten Kapitel um die ersten Schritte mit Ihrem neuen System. Es werden nötige Nacharbeiten beschrieben, und Sie machen Ihre ersten Gehversuche mit Ubuntu.

Teil II: Einstieg

8. **»Die Ubuntu-Familie«**
In diesem Kapitel werden wir uns die »Verwandten« von Ubuntu näher ansehen. Hier unterscheiden wir die Eltern der Distribution sowie die Geschwister von den entfernten Verwandten von Ubuntu. Geschwister werden offiziell von Canonical unterstützt, während entfernte Verwandte keinen offiziellen Support erhalten.

9. **»Ubuntu«**
   Nun wird es Zeit, sich die Arbeitsumgebungen der verschiedenen Ubuntu-Versionen genauer anzusehen. In den folgenden drei Kapiteln wollen wir diese detailliert untersuchen. Den Anfang macht der Platzhirsch bei Ubuntu: GNOME.

10. **»Kubuntu«**
    In diesem Kapitel beschäftigen wir uns intensiv mit Kubuntu, dem Ubuntu mit KDE statt GNOME als Desktop. Kubuntu hat inzwischen den gleichen Stellenwert bei der Ubuntu Foundation wie Ubuntu selbst. Höchste Zeit also, sich verstärkt mit Kubuntu auseinanderzusetzen.

11. **»Xubuntu«**
    Die dritte Desktopumgebung, mit der wir uns beschäftigen wollen, begegnet uns in Kapitel 11: XFCE. Dieses Projekt ist noch relativ jung, aber auch hier gibt es schon jetzt eine Menge zu entdecken.

12. **»Edubuntu«**
    Schließlich wende ich mich dem »Educational Ubuntu« zu. Edubuntu hat ähnliche Ziele wie das von Debian initierte SkoleLinux. Beide sind ein speziell für den Bildungssektor ausgerichtetes Linux.

13. **»Mythbuntu«**
    Mythbuntu wird ebenfalls nicht offiziell unterstützt. Es basiert auf MythTV und eignet sich hiermit hervorragend zum Einrichten eines sogenannten »Home Theater PCs«, also eines PCs fürs Wohnzimmer, mit dem Sie fernsehen, DVDs ansehen und aufnehmen können usw.

Teil III: Praxis

14. **»Internet und E-Mail«**
    Ubuntu wäre ohne das Internet nicht möglich, und so starten wir mit diesem Kapitel in den dritten Teil des Buches. Ab sofort steht einzig und allein die praktische Anwendung im Vordergrund.

15. **»Office«**
    Bei Ubuntu brauchen Sie kein teures Office-Paket nachzukaufen, denn dieses ist bereits integriert. In diesem Kapitel geht es um die Office-Suite »OpenOffice.org«. Sie lernen den Umgang mit der Textverarbeitung und der Tabellenkalkulation sowie das Erstellen von Präsentationen und Datenbanken.

    Des Weiteren möchte ich hier näher auf das Textsatzsystem LaTeX eingehen, mit dem Sie professionelle und druckfertige Veröffentlichungen erstellen können. Dieses Buch ist übrigens ebenfalls mit LaTeX erstellt.

16. **»Grafik und Bildbearbeitung«**
Mit Ubuntu können Sie selbstverständlich auch das komplette Spektrum der Bildbearbeitung abdecken. In diesem Kapitel bringe ich Ihnen den Umgang mit *Gimp*, *Scribus* und anderen Programmen näher.

17. **»Multimedia«**
Entgegen mancher landläufigen Meinung ist der Umgang mit Multimediadateien problemlos unter Linux möglich. In den letzten Jahren hat sich in diesem Bereich sehr viel getan. Welche faszinierenden Möglichkeiten Ubuntu hier bietet, erfahren Sie in diesem Kapitel.

18. **»Programmierung und Design«**
Wer sich schon immer einmal näher mit dem Thema Programmierung beschäftigen wollte, der findet in diesem Kapitel eine Sammlung der beliebtesten Entwicklerwerkzeuge unter Linux. Die vorgestellten Beispiele sollen ein vollwertiges Fachbuch über Programmierung nicht ersetzen.

    Ich möchte dem Einsteiger hiermit lediglich ein wenig die Berührungsängste zu diesem Thema nehmen und dem fortgeschrittenen User die grundlegenden Werkzeuge vorstellen.

Teil IV: Systemkonfiguration

19. **»Hardware-Konfiguration«**
Hier erfahren Sie alles über die grundlegenden Hardware-Konfigurationen unter Ubuntu. Wie installiere ich ein Modem, wie einen Drucker? Wie stelle ich die grafische Oberfläche korrekt ein und wie bekomme ich mein WLAN zum Laufen? Solche und viele weitere Fragen werden in diesem Kapitel beantwortet.

20. **»Software- und Paketverwaltung«**
Ist das gewünschte Programm nicht im Lieferumfang der DVD enthalten? In diesem Kapitel lernen Sie, wie man Zugriff auf das komplette Ubuntu-Software-System erhält. Hier lernen Sie auch die Hintergründe der Paketverwaltung und damit eine der großen Stärken von Ubuntu kennen.

21. **»Dateisystem«**
Das Dateisystem von Linux ist hierarchisch angeordnet und entspricht daher nicht demjenigen von Windows. Den systematischen Aufbau des Dateisystems und den Umgang mit Dateien erläutere ich in diesem Kapitel.

22. **»Systemstart«**
Der Systemstart, das sogenannte »Booten«, beinhaltet eine Fülle von Prozessen und Diensten, die sehr viele Informationen ausgeben. Diese können eine sehr große Hilfe sein, wenn das System nicht so will, wie man es sich vorstellt.

23. **»Kernel und Module«**
Sollten Sie einmal ein Programm benötigen, das noch nicht Eingang ins Ubuntu-System gefunden hat, so können Sie sich hier informieren, wie man Software aus Quellpaketen zusammenbaut und in das System integriert. Wie man sein eigenes, maßgeschneidertes Betriebssystem durch das Anpassen und Kompilieren eines eigenen Kernels erhält, wird dort ebenfalls erläutert.

24. **»Backup und Sicherheit«**
Dieses Kapitel ist der Absicherung des Systems gewidmet. Wenngleich unter Linux Viren derzeit kein großes Thema sind, erfordert der Aufbau eines eigenen Servers mit Internetzugang die Beschäftigung mit Themen wie Firewalls und Datensicherung.

Teil V: Server

25. **»Netzwerktechnik«**
Linux ist ein Netzwerkbetriebssystem, sodass sich dieses Kapitel vorwiegend mit »zwischenmaschinellen Problemen« und deren Lösung beschäftigt. Beispielsweise lassen sich mit Ubuntu im Handumdrehen Serverdienste aller Art aufsetzen.

26. **»Ubuntu als Server«**
Server sind eine Domäne von Linux. Auch Ubuntu macht hier keine Ausnahme. Wir werden an dieser Stelle lernen, wie man einen Server installiert und worauf man bei der Einrichtung im Einzelnen achten muss.

Teil VI: Virtualisierung

27. **»Grundlagen«**
Dieses Kapitel beschäftigt sich mit den fantastischen Möglichkeiten der Virtualisierung. Hier ist für jeden Zweck die richtige Virtualisierung dabei. *VMware*, *Xen* und *KVM* sind allerdings so umfangreich, dass sie jeweils ein eigenes Kapitel erhalten.

28. **»VMware und QEMU«**
Mit *VMware* und *QEMU* betrachten wir die zwei wichtigsten Virtualisierungslösungen, bevor wir einen Blick auf die neue Generation, vertreten durch *Xen* und *KVM*, werfen.

29. **»Kernel based Virtual Machine«**
Die Kernel based Virtual Machine ist die Standardvirtualisierung unter Ubuntu. Wir werden uns in diesem Kapitel mit allen Besonderheiten dieser Technik beschäftigen.

30. **»Xen«**
Spricht man von Virtualisierung, so hat man Xen im Hinterkopf. Xen ist der Platzhirsch unter den Open-Source-Virtualisierungslösungen und hat einen großen Rückhalt unter Distributoren und Herstellern. Auch unter Ubuntu kann man Xen benutzen und damit die Vorteile der Paravirtualisierung erleben.

Teil VII: Referenz

31. **»Übersicht: Software für (K)Ubuntu«**
Welches Programm kann meine geliebte Windows-Software unter Linux ersetzen? Die Software-Liste in diesem Kapitel gibt Aufschluss darüber.

32. **»Hilfe«**
Hier dreht sich alles um die Hilfe zur Selbsthilfe. Sie erfahren, welche Möglichkeiten Ihr System und das Internet bieten, um bei Problemen rasch Hilfe zu finden.

33. **»Befehlsreferenz«**
Wie lautet noch einmal der Konsolenbefehl zum Erstellen eines symbolischen Links? Die Befehlsreferenz in diesem Kapitel fasst sämtliche relevanten Ubuntu-Befehle zusammen.

Anhang

A **FAQ**
Manchmal hat man keine Lust, ein ganzes Kapitel zu lesen, um die Lösung eines Problems zu finden. Für diesen Zweck haben sich die sogenannten FAQs (*Frequently Asked Questions* = häufig gestellte Fragen) bewährt. Sie erhalten hier auf knappem Raum und kurz formuliert die Antworten auf häufig gestellte Fragen. Diese Fragen und ihre zugehörigen Antworten sind in mehrere Gruppen und Themengebiete gegliedert, damit Sie schnell die richtige Antwort zu Ihrem Problem finden. Zur weitergehenden Lektüre wird auf die entsprechenden Textstellen im Buch verwiesen.

B **Glossar**
Wenn Sie noch am Beginn Ihrer Linux-Erfahrungen stehen, dann haben Sie sicherlich eine Menge Fragen. Was bedeutet dies und jenes? Abkürzungen und Fachvokabular stürzen nur so über Sie herein. Um hier den Überblick zu behalten, brauchen Sie eine kurze, aber umfassende Übersicht über die gängigsten Abkürzungen und eine Erklärung diverser Fachtermini. Solch einen Überblick soll Ihnen das Glossar geben.

C **Mark Shuttleworth**
Ich möchte keine »Heldenverehrung« betreiben, aber Ubuntu wäre ohne diesen Menschen nicht entstanden: Mark Shuttleworth. In diesem Teil des Anhangs ist die persönliche FAQ von Mark zu finden – seine Antworten sind erhellend und unterhaltsam zugleich: ein absolutes Muss für alle, die sich mit Ubuntu auseinandersetzen wollen.

D **GPL**
GNU/Linux wäre ohne die GPL, die General Public License, nicht möglich. Wohl das meiste aus der Philosophie rund um dieses Betriebssystem basiert auf diesem Dokument. Seine Bedeutung kann deshalb gar nicht hoch genug eingeschätzt werden. Eine deutsche Übersetzung dieser Lizenz ist folglich essentiell für das Verständnis freier Software.

TEIL I
Grundlagen

»Lernen ist wie Rudern gegen den Strom.
Hört man damit auf, treibt man zurück.«

Laozi (auch Laotse oder Lao-Tse), 6. Jahrhundert v. Chr.
legendärer chinesischer Denker

1 Linux – eine Einführung

Nach den einleitenden Worten und der Bedienungsanleitung für dieses Buch wollen wir uns nun näher mit der Thematik »Linux« auseinandersetzen.

1.1 Für wen ist dieses Kapitel?

Das vorliegende Buch soll zwar einen umfassenden Überblick zum Thema »Ubuntu« liefern und damit auch fortgeschrittenen Benutzern ein Nachschlagewerk an die Hand geben, hat aber auch viele Einsteiger und Umsteiger als geschätzte Leser.

Abbildung 1.1 Wenn Sie sich so verloren fühlen wie die oben dargestellten Pinguine, dann kann ich Sie beruhigen. Ich werde Ihnen in diesem Kapitel die Thematik »Linux« etwas näherbringen.

- **Orientierung für den Einsteiger**
  Für die Einsteiger unter den Lesern habe ich dieses erste Kapitel als Orientierung vorgesehen. Es soll Ihnen einen Einblick in die Geschichte und Herkunft von Linux geben. Wir werden uns etwas näher mit den Grundgedanken von Open Source beschäftigen

und die Philosophie dahinter beleuchten. In diesem Kapitel sind Sie genau richtig, wenn Sie einige Begrifflichkeiten aus der Welt der freien Software lernen möchten. Sätze wie

> *»Linux ist eigentlich nichts anderes als GNU/UNIX mit einem Kernel namens Linux.«*

werden Ihnen nach dem Lesen dieses Kapitels schon viel verständlicher sein. Diese kleine Einführung in Linux erhebt bewusst keinen Anspruch auf Vollständigkeit, sie soll lediglich einen kleinen Überblick über die Materie geben.

- **Lesenswerte Hintergründe**
  Die »fortgeschrittenen« Leser können dieses Kapitel selbstverständlich überspringen. Es wird Ihnen wahrscheinlich keine neuen Erkenntnisse bescheren, auch wenn die tiefgreifenden Wurzeln von Linux, die historische Bedeutung der gewachsenen Open-Source-Bewegung und deren Ziele vielleicht noch einmal lesenswert sind.

1.2 Betriebssysteme

Linux wird als »Betriebssystem« eines Computers bezeichnet. Streng genommen ist Linux nur der Kernel (der Kern) eines Betriebssystems. Hierauf werde ich in Abschnitt 1.3.2 ab Seite 64 näher eingehen.

Um allerdings zu verstehen, was Linux überhaupt ist, muss man sich klar machen, was genau ein Betriebssystem ist und wie es aufgebaut ist. Also fangen wir auf den folgenden Seiten mit diesem Thema an. Ich werde hierbei nicht ins Detail gehen, denn allein mit dem Aufbau eines Betriebssystems kann man mehrere Bücher füllen. Trotz allem halte ich es für sinnvoll, dass Sie den grundlegenden Aufbau des Systems kennen, das für den Betrieb Ihres Computers zuständig ist. Des Weiteren wollen wir einen großen Vorteil von Linux nutzen und seine Vorgehensweisen näher betrachten.

Wenn Sie aus verschiedenen Gründen kein Interesse an der Funktionsweise eines Betriebssystems haben, dann können Sie dieses Kapitel natürlich überspringen. Es soll ja schließlich Menschen geben, die ihren Computer zum Arbeiten benutzen und nicht als Hobby betrachten. Ich habe hierfür volles Verständnis.

Macht und Verantwortung

Ein Computer ist normalerweise keine Blackbox, die ihre Arbeitsweise vor Ihnen versteckt, auch wenn andere Betriebssysteme wie Windows diesen Anschein erwecken. Linux ist aus verschiedenen Perspektiven gesehen offen. Es ist eben auch offen, indem es Ihnen völligen Zugang gewährt. Sie können bei Bedarf alle wichtigen Abläufe beeinflussen und haben somit totale Kontrolle über das System. Normalerweise müssen Sie aber nicht in die Tiefen des Betriebssystems hinabsteigen, denn Sie können hier natürlich auch viel Schaden anrichten.

Administration

Es erwächst eine große Verantwortung, wenn Sie ein System administrieren und konfigurieren (d.h. kontrollieren und einrichten). Wenn Sie den heimischen Familien-PC oder einen wichtigen Arbeitsplatzrechner administrieren, dann gehen Sie bitte behutsam bei Änderungen an Ihrem Betriebssystem zu Werke, denn andere Benutzer sind auf Ihre Arbeit angewiesen.

Nur durch ein Betriebssystem sind Sie überhaupt in der Lage, Programme zu installieren oder den Computer zu Aufgaben zu bewegen, wie z.B. eine Datei zu öffnen und zu schließen, einen Brief zu schreiben und ähnlich verrückte Dinge zu tun. Ein optimales Betriebssystem ist eigentlich etwas, das sich komplett vor Ihnen versteckt bzw. mit dem Sie relativ wenig zu tun haben. Ein gutes Betriebssystem sorgt dafür, dass Sie einen möglichst reibungslosen Zugang zu den Programmen haben, die Sie zum Erledigen bestimmter Aufgaben benötigen.

Betriebssysteme überall

Betriebssysteme finden Sie überall in Ihrer Umgebung, z.B. in Ihrem Mobiltelefon. Selbst moderne Autos können teilweise ohne funktionierendes Betriebssystem kaum noch bedient werden. Allzu oft bringt der Einsatz von neuen Techniken auch neue Probleme. Es bleibt zu hoffen, dass diese Probleme geringer sind als die ursächlich mit dem Computer zu lösenden. Ein weiser Nutzer hat es so ausgedrückt:

> *»Mit Computern löst man Probleme, die man ohne sie gar nicht hätte.«*

Treffender kann man diesen Sachverhalt wohl nicht ausdrücken.

Microsoft Windows

Wenn Sie dieses Kapitel lesen, dann haben Sie wahrscheinlich noch recht wenig Kontakt mit Betriebssystemen, abgesehen vielleicht von Microsoft Windows, gehabt. Sie haben mit Windows den Marktführer kennengelernt, der es geschickt verstanden hat, den Computer für jedermann bedienbar zu gestalten. Wir alle sind gewissermaßen mit Windows »aufgewachsen«.

Ja, Sie haben richtig gelesen – ich möchte in diesem Buch auf gar keinen Fall Schlechtes über Microsoft Windows verbreiten bzw. Linux in den Himmel loben. Auch wenn es eifrige Verfechter beider Lager nicht gerne hören werden: Beide Systeme haben ihre Vor- und Nachteile.

Sie haben mit dem Lesen dieses Buchs Ihr Interesse an Linux bekundet, und ich möchte Ihnen dieses System nun mit all seinen Schwächen und Stärken anhand von Ubuntu näherbringen. Es sprechen einige Aspekte für den Gebrauch von Linux, die Sie bei der Lektüre dieses Buchs nach und nach kennenlernen werden.

Was ist ein Betriebssystem?

Ein Betriebssystem ist ein grundlegendes System, das alle Prozesse, die auf Ihrem Computer stattfinden, koordiniert und steuert – ein System also, das den Betrieb Ihres Computers organisiert. Ohne funktionsfähiges Betriebssystem ist Ihr Computer nur tote Materie und wird niemals das tun, was Sie von ihm verlangen. Andere Programme wie Textverarbeitung usw. werden zusätzlich in dieses System installiert. Das Betriebssystem ist sozusagen das Nest, in das sich alle anderen Programme einnisten.

Ein System für fast jeden

Eine kleine Randbemerkung sei mir an dieser Stelle noch gestattet. Linux ist nicht allein ein System für elitäre Computernutzer, sondern ein System für jedermann (und jedefrau).

Der Umgang mit Linux ist nicht schwieriger zu erlernen als der mit Windows – er erfordert »nur« eine Umgewöhnung in der Herangehensweise. Viele Dinge laufen mit Linux anders, aber nicht zwangsläufig komplizierter. Nehmen Sie sich die Zeit und Muße, um Linux zu erlernen – ich verspreche Ihnen, dass es sich lohnen wird.

1.2.1 Der Kernel

Der wichtigste Baustein eines Betriebssystems ist der Kernel. Dieser Kernel heißt Linux, die meisten anderen Bestandteile des Betriebssystems stammen aus GNU-Projekten. Deswegen ist die Bezeichnung »Linux« für dieses Betriebssystem streng genommen falsch; man müsste korrekterweise von einem GNU/Linux-System sprechen.

GNU und Linux

Linux, also der Kernel, stellt dementsprechend für sich alleine kein funktionierendes Betriebssystem dar. Erst die Kombination mit den Programmen aus der GNU-Welt macht dieses System zu einem runden Ganzen. Den Kernel von Linux können Sie sich kostenlos von der Webseite *www.kernel.org* herunterladen.

Auch Microsoft Windows hat einen Kernel. Im Gegensatz zu Linux ist dieser aber nicht frei, geschweige denn offen. Der Windows-Kernel wird, wie der gesamte Quellcode von Windows, gehütet wie ein Staatsgeheimnis. Im Gegensatz zu Linux, wo jeder Benutzer eingeladen ist, Sicherheitslücken zu suchen, werden diese Lücken bei Windows versteckt. Diese Offenheit von Linux führt allerdings prinzipbedingt zu einem sichereren System.

[+] In Abschnitt 1.3.2, »Aufbau«, auf Seite 64 erfahren Sie einiges mehr über die Arbeitsweise des UNIX-Kernels, bevor wir uns auf Seite 81 mit der Geschichte und den Details des Linux-Kernels auseinandersetzen wollen.

Was ist ein Kernel?

Der Kernel eines Betriebssystems ist sein grundlegender Kern. Er steuert elementare Aufgaben wie die Speicher- und Prozessverwaltung. Eine andere grundlegende Aufgabe, die dem Kernel obliegt, ist die Steuerung der Hardware. Für einige spezielle Hardware-Komponenten kann es nötig sein, sich seinen eigenen Kernel zu »bauen« (kompilieren). Der Linux-Kernel hat mittlerweile einen Umfang von mehreren Millionen Zeilen Code erreicht.

Ich werde in Kapitel 23, »Kernel und Module«, ab Seite 675 detailliert auf den Kernel von Ubuntu eingehen. Sie erfahren dort auch, wie man zusätzliche Treiber (Module) in den Kernel integriert. [+]

1.2.2 Treiber

Kommunikation

Ein Betriebssystem ist also die Basis, damit überhaupt irgendwelche anderen Programme auf Ihrem Computer funktionieren können. Zu der Kernaufgabe eines Betriebssystems gehört zweifellos die Kommunikation zwischen Ihnen und der Hardware, die mittels Software erfolgt. Damit ein Betriebssystem sich gut mit der Hardware »versteht«, braucht es gute Kontakte. Diese Kontakte werden mit Hilfe von sogenannten Treibern aufgebaut.

Mangelhafte Unterstützung

Unter Linux hat man oftmals mit dem Problem zu kämpfen, dass viele der kommerziell ausgerichteten Firmen keine Treiber für Linux anbieten. Die Gründe hierfür sind vielfältig – zum einen ist die Anzahl der Linux-Benutzer und damit die Nachfrage noch zu gering, andererseits lässt sich mit diesen Treibern in der Welt von Freiheit und Open Source nur sehr schwer Geld verdienen. Zum Glück gibt es aber in der weltumspannenden Gemeinde der Linux-Anwender jede Menge gescheite Entwickler, die für fast jede Hardware unentgeltlich Treiber entwickeln.

Aufgrund der Zeitverzögerung bei einer solchen freiwilligen Leistung kann es aber teilweise zu mehrmonatigen Verspätungen kommen, bis ein Treiber entwickelt ist. Daher lautet mein Rat an Sie: Kaufen Sie niemals die allerneueste Hardware, wenn Sie Linux als Betriebssystem einsetzen möchten. Warten Sie ruhig ein paar Monate ab und üben Sie sich ein wenig in Geduld. So vermeiden Sie überflüssigen Ärger.

Wenn Sie »auf Nummer Sicher« gehen wollen, dann informieren Sie sich vor dem Kauf Ihrer Hardware, ob die Geräte auch anstandslos ihren Dienst unter Linux verrichten. Für Ubuntu befinden sich gute Anlaufstellen im englischen Wiki auf *www.ubuntu.com* und in der Hardware-Datenbank der Ubuntu-Anwender unter *wiki.ubuntuusers.de*. [«]

Module

Viele Treiber sind bei Linux als sogenannte Module realisiert. Diese Module können einzeln in den Kernel eingebunden oder auch aus ihm entfernt werden. Sie stellen dort die Funktionalitäten der Hardware zur Verfügung.

Sie werden sich vielleicht fragen, warum nicht gleich alle Treiber im Kernel integriert sind? Das liegt zum einen daran, dass zusätzliche Treiber auch immer Sicherheitsrisiken für das gesamte System darstellen, wenn sie fest in den Kernel integriert sind. Zum anderen würde eine komplette Integration sämtlicher Treiber den Kernel riesig werden lassen – er würde in der Folge immer mehr Platz beanspruchen und seine Arbeitsweise würde sich erheblich verlangsamen.

Restricted Modules

Nun brauchen Sie keine Angst zu haben, dass Sie Ihre Hardware nur zum Funktionieren bringen, wenn Sie eigenständig und manuell Module in den Kernel kompilieren. Normalerweise erledigt diese Aufgabe das Betriebssystem von alleine. Es erkennt bei der Installation die zur Verfügung stehende Hardware und bindet die nötigen Module ein. Oftmals fällt das Integrieren zusätzlicher Module aber auch sehr einfach aus, wenn Sie z. B. die 3D-beschleunigten Treiber von NVIDIA für Ihre Grafikkarte nutzen wollen oder ein ISDN-Modem von AVM Ihr Eigen nennen. In vielen Fällen brauchen Sie dann nur das Metapaket *linux-restricted-modules* zu installieren, und diese werden dann automatisch in den Kernel eingebunden. Metapakete sind Zusammenfassungen mehrerer kleiner Pakete.

[+] Inzwischen ist die Installation der 3D-beschleunigten Treiber sehr viel einfacher geworden. Ubuntu bietet hierfür einen einfachen Dialog an. Ich werde in Kapitel 19, »Hardware-Konfiguration«, ab Seite 543 unter anderem detailliert auf die Installation von Grafikkarten und ISDN-Modems eingehen. Dort finden Sie auch Informationen über die Verwendung des Metapakets *linux-restricted-modules*.

Dies hat natürlich für den Einsteiger sehr große Vorteile in Bezug auf die Bequemlichkeit, da er nun sehr viele Module auf einen Schlag in den Kernel integriert hat. Fortgeschrittene User werden sich wahrscheinlich eher den einzelnen Treiber z. B. von NVIDIA herunterladen und ihn manuell in den Kernel integrieren, da sie nicht sämtliche Module des o. g. Paketes brauchen (Stichwort »Sicherheit«).

Für welche Variante Sie sich auch entscheiden: Der Umgang mit den Modulen ist deutlich einfacher, als es der erste Eindruck vermuten lässt.

[+] Ich werde in Kapitel 23, »Kernel und Module«, ab Seite 675 detailliert auf das Kompilieren eines eigenen Kernels eingehen. Dort finden Sie auch weitere Informationen über die Verwendung von Modulen.

Was sind Treiber?

Treiber sind die Schnittstellen zwischen Hardware und Betriebssystem. Sie sorgen dafür, dass das Betriebssystem die Hardware korrekt erkennt und im Folgenden der Software, die Sie installieren, sämtliche Funktionalitäten der Hardware zur Verfügung stellt.

Die Arbeit an Treibern für Linux wird oftmals von Freiwilligen vorangetrieben, da viele Hardware-Hersteller nur sehr mangelhafte Unterstützung für Linux anbieten. Dies ist der Grund, warum es oftmals mehrere Monate dauert, bis ein Treiber für die neueste Hardware entwickelt wird. Die Entwickler sind hierbei auf Ihr Feedback angewiesen, da der Umfang an verfügbarer Hardware unüberschaubar ist.

1.2.3 Arbeitsweise

Ein Betriebssystem fungiert nicht nur als Nest für Hard- und Software, sondern übernimmt auch die Verwaltung des Speichers und der laufenden Programme. Dies bedeutet, dass das Betriebssystem Prioritäten setzt und quasi als Manager für den reibungslosen Ablauf bei Ihrer Arbeit mit dem Computer sorgt.

In der Geschichte der elektronischen Datenverarbeitung hat es mehrere Ansätze für unterschiedliche Betriebssysteme gegeben. Unabhängig von Microsoft haben auch andere Firmen Betriebssysteme geschaffen, die bekanntesten sind noch Commodore und Atari, aber auch Apple (früher Apple Macintosh). **[«]**

Dominanz von Windows

Es gibt heute auf dem Markt sehr viele verschiedene Betriebssysteme, aber eines dominiert alle anderen: Windows (Microsoft). Praktisch jeder Computerbesitzer kennt Windows. Auf nahezu 90 % aller weltweit verkauften Computer ist Windows vorinstalliert. Nun könnte man bei diesen Zahlen vermuten, dass Microsoft das Betriebssystem an sich, wenn nicht sogar den gesamten Computer, erfunden hat. Dies ist nicht der Fall. Diese Ehre gebührt anderen Firmen, deren Namen Sie vielleicht auch schon einmal gehört haben: IBM, SUN usw.

Microsoft hat es Mitte der 1980er Jahre gegenüber anderen Computerfirmen geschickt verstanden, Potential einzukaufen. Heute dominiert die Firma mit ihrer Software die gesamte Computerwelt. Die gesamte? Nein, in einem kleinen virtuellen Dorf, irgendwo im virtuellen Gallien, kämpft eine Horde unermüdlicher Linux-Nutzer gegen die »feindliche« Übermacht.

Wir werden uns nun Begriffe wie UNIX und GNU etwas detaillierter ansehen. Mit UNIX/GNU kann man alleine schon ganze Bücher füllen und deswegen betrachten wir hier nur die für das Verständnis von Linux relevanten Aspekte.

1.3 UNIX

Linux hat das UNIX-Betriebssystem zum Vorbild. Während Microsoft Windows ein relativ junges System ist – das erste Windows erschien 1985 – reicht die Geschichte von UNIX bis ins Jahr 1965 zurück. Es hat somit inzwischen eine über 40-jährige Entwicklungsgeschichte hinter sich.

UNIX ist also ein sehr altes Betriebssystem. Aber trotzdem hatte UNIX von Beginn an wichtige Merkmale, die z. B. von Microsoft erst sehr viel später implementiert wurden, teilweise sogar bis heute nicht. Ich werde diese Aspekte auf Seite 68 noch im Einzelnen beleuchten, wenn ich auf die wichtigsten Eigenschaften von UNIX etwas genauer eingehe.

Microsoft und die Sicherheit

Dass Microsoft manche »alten« Funktionen von UNIX nicht in seine Produkte einbaut, hat den Grund, dass Microsoft schon immer den Fokus auf leichte Bedienbarkeit legte und dafür Schwächen in der Sicherheit wissentlich in Kauf genommen hat.

Dies soll nicht bedeuten, dass Microsoft-Produkte generell nicht abzusichern seien. Die Betriebssysteme könnten aber von vornherein sicherer sein, wenn man einige Konzepte, wie beispielsweise die strikte Rechtetrennung, von UNIX übernommen hätte. Ohne einem System zugrundeliegende, vernünftige Sicherheitskonzepte bedarf es eines großen Aufwands, um sich gegen potentielle Angreifer zu wehren. Die Bedeutung von Firewalls und Virenscannern ist bei Windows überaus groß.

Ich werde in Kapitel 24, »Sicherheit«, auf Seite 683 detaillierter auf dieses Thema eingehen.

1.3.1 Historie

MULTICS

Die Wurzeln von UNIX reichen bis ins Jahr 1965 zurück, auch wenn es zu dieser Zeit noch nicht UNIX hieß. Mehrere Firmen (u. a. Bell, General Electric und das MIT) arbeiteten damals an einem Betriebssystem für Großrechner. Dieses Betriebssystem wurde MULTICS genannt (*Multiplexed Information and Computing Service*). Leider wurde es nie fertiggestellt.

Ken Thompson entwickelte im Jahre 1969 bei den Bell Laboratories in den USA das erste auf Teilen von MULTICS basierende UNIX. Zu dieser Zeit waren Computer noch sehr groß und entsprechend teuer, aber UNIX war schon damals sehr stabil. Noch heute läuft zum Beispiel das gesamte Telefonnetz der USA auf UNIX-Servern.

UNIX wurde zu Beginn vollständig in einer maschinennahen Assembler-Sprache geschrieben, bevor es ab 1971 in die Hochsprache C umgeschrieben wurde. Im Übrigen war das Hauptanliegen von Ken Thompson, ein raumfahrtbezogenes Programm zu entwickeln, das z. B. Orbitberechnungen für Satelliten beherrschte. Zu dieser Zeit stand nämlich das Apollo-Raumfahrtprogramm der USA im Mittelpunkt des öffentlichen Interesses.

Der UNIX-Kernel wurde 1973 komplett neu in C geschrieben. C hat den Vorteil, dass man nur einen Übersetzer für eine neue Hardware-Plattform braucht, um das System mit relativ wenigen Änderungen an eine neue Umgebung anpassen zu können. Dadurch wurde UNIX sehr gut portierbar und auf verschiedenen Hardware-Plattformen überaus leistungsfähig.

Der Name »UNIX«

Das System hieß ursprünglich »Unics« und wurde später auf »Unix« gekürzt. Der Name war eine Anspielung auf das »Multics«-System. Heute wird der Name auch als *Uniplexed Information and Computing Service* interpretiert. Dies ist allerdings eine nachträgliche Interpretation, ein sogenanntes Backronym. Historisch gesehen ist »Unix« die ältere Schreibweise, die Schreibweise »UNIX« tauchte erst viel später auf.

Kostenlose Verteilung

Die Verbreitung des Systems erfolgte zu Beginn seiner Entwicklung ausschließlich im universitären Bereich, indem es kostenlos an wissenschaftliche Einrichtungen verteilt wurde. Dadurch entstanden viele verschiedene Derivate, da es von nun an von vielen Usern parallel weiterentwickelt wurde. Erst 1982 begannen Firmen wie Hewlett Packard, IBM oder Sun mit dem Vertrieb kommerzieller UNIX-Systeme.

Schaffung von Standards

Die parallele Entwicklung verschiedener UNIX-Systeme führte zwangsläufig zu Inkompatibilitäten, und man entschloss sich zu Beginn der 1990er Jahre, einheitliche Standards zu schaffen, um die Weiterentwicklung von UNIX zu einem konvergenten Betriebssystem zu fördern. Hierbei arbeitete man eng mit Institutionen wie dem Institute of Electrical and Electronic Engineering (IEEE) und dem American National Standards Institute (ANSI) zusammen.

POSIX (*Portable Operating System Interface*), ein Gremium des IEEE, hatte hierbei die Aufgabe, Schnittstellenstandards für alle Aspekte der Betriebssystemumgebung festzulegen. Zu diesen Organisationen gehört auch X/Open, das sich um die Grundlagen einer gemeinsamen Anwendungsumgebung kümmert. Es unterstützt POSIX und das X-Window-System des MIT.

SVR5 und Quellcode

Die Weiterentwicklung von UNIX lief nach der Schaffung von Standards sicher und kontinuierlich weiter. Inzwischen hat UNIX die aktuelle Versionsbezeichnung »System V Release 5« (SVR5) erreicht.

Die Rechte am Quellcode von UNIX liegen laut eines Gerichtsbeschlusses bei der Software-Firma Novell, die Rechte am Warenzeichen dagegen bei der Open Group, dem Zusammenschluss von Open Software Foundation und X/Open.

1.3.2 Aufbau

Jedes UNIX-System besitzt eine feste Struktur, die in Abbildung 1.2 dargestellt ist. Sie besteht aus vier Schichten, die wir im Folgenden genauer betrachten.

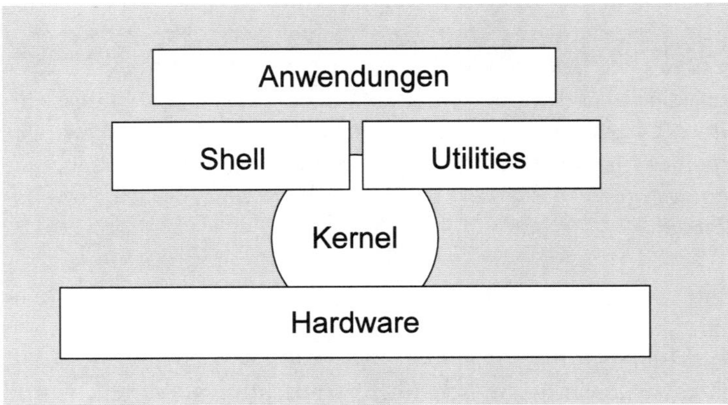

Abbildung 1.2 Die grundlegende Struktur eines UNIX-Betriebssystems.

Hardware

Die erste und damit grundlegende »Schicht« ist selbstverständlich die Hardware Ihres Computers, zu der beispielsweise der Prozessor gehört. Streng genommen handelt es sich natürlich nicht um eine bestimmte Schicht von UNIX-Systemen, schließlich braucht jedes Betriebssystem eine Hardware-Basis. Trotz allem ist diese Basis hier aufgeführt, da UNIX eine besondere Art der Kommunikation mit der Hardware pflegt.

Kernel

Als Schnittstelle zwischen Hard- und Software fungiert der Kernel, der Betriebssystemkern. Wie bereits erwähnt, darf streng genommen nur der Kernel als Linux bezeichnet werden. Die Hauptaufgaben des Kernels sind:

- **Schnittstelle**
  Der Kernel bildet die Schnittstelle zur Hardware, z. B. Geräte, Speicher und Prozessor(en).
- **Prozessverwaltung**
  Sie gewährleistet das problemlose (unter anderem auch parallele) Laufen verschiedener Applikationen. Im Rahmen der Prozessverwaltung eines Betriebssystems dient der »Dispatcher« dazu, bei einem Prozesswechsel dem derzeit aktiven Prozess die CPU zu entziehen und anschließend dem Prozessor den nächsten Prozess zuzuteilen. Die Entscheidung, welcher Prozess der nächste ist, wird vom »Scheduler« im Rahmen der Warteschlangenorganisation getroffen.

Werden auf einem Computer mehrere Prozesse gleichzeitig ausgeführt, so muss das Betriebssystem durch den »Scheduler« die vorhandenen Ressourcen auf die verschiedenen Prozesse aufteilen. Dieses Verhalten ist typisch für ein Multitasking-System.

- **Hauptspeicherverwaltung**
  Die Speicherverwaltung ist derjenige Teil des Kernels, der einen effizienten und komfortablen Zugriff auf den physikalischen Arbeitsspeicher eines Computers ermöglicht. Je nach Einsatzbereich des Computers werden unterschiedliche Speicherverwaltungsmechanismen verwendet.

  Bei UNIX-artigen Systemen wird der Speicher in zwei getrennten Bereichen verwaltet. Anwendungen benutzen den *Userspace*, während der Kernel selber und einige Treiber den *Kernelspace* nutzen. Diese Trennung hat sicherheitsrelevante Gründe, sodass potentielle Fehler in Anwendungen oder auch Viren keinen Zugriff auf den Kernelspace haben und damit die Stabilität des Grundsystems nicht gefährden können. Der Kernel steuert nicht nur den Zugriff auf den physikalischen Teil des Speichers, denn dies hätte den Nachteil, dass die aktiven Prozesse selbst niemals mehr Speicherplatz belegen dürften als physikalisch zur Verfügung steht. Um dieses durch immer komplexere Programme entstandene Problem zu lösen, wurde das Prinzip der »virtuellen Speicherverwaltung« entwickelt. Dabei verwenden Prozesse nur noch virtuelle und keine physikalischen Adressen mehr. Die Umsetzung der virtuellen Adresse in eine physikalische Adresse übernimmt die »Memory Management Unit«. Die virtuelle Speicherverwaltung ist heute in beinahe jedem modernen Betriebssystem (u. a. in UNIX) verwirklicht.

- **Dateiverwaltung**
  Im Dateisystem sind die externen Daten eines Computers in Form von Dateien gespeichert. Das Dateisystem selbst ist ein Ordnungs- und Zugriffssystem für diese Daten. Zugriffsroutinen für Dateisysteme sind ebenfalls Bestandteil des Kernels. Dies soll mit dem Begriff »Dateiverwaltung« beschrieben werden.

Die Leistungsfähigkeit von UNIX hängt im Wesentlichen von der Implementierung dieser grundlegenden Funktionen ab. An diesem Beispiel kann man erkennen, wie wichtig es manchmal sein kann, sich seinen eigenen Kernel zu kompilieren. **[«]**

Verschiedene Kernel

Wenn alle diese eben beschriebenen Funktionen im Kernel selbst vorhanden sind, spricht man von einem »monolithischen Kernel«. Bei einem »Mikrokernel« finden wesentliche Teile in getrennten Prozessen statt. Daneben, bzw. zwischen den beiden liegend, gibt es noch den sogenannten »Makrokernel«. Er stellt einen Kompromiss zwischen den beiden anderen Kernelarten dar und vereint deren Vorteile. Ein »Makrokernel« ist nicht so fehleranfällig wie ein »monolithischer Kernel« und schneller als ein »Mikrokernel«.

Stets außerhalb des Kernels laufen die Anwenderprozesse, die sich der vom Kernel angebotenen Funktionen bedienen, um mit der Maschine zu kommunizieren.

Kernel für Entwickler

Wenn man sich detaillierter mit Kerneln beschäftigt, dann stolpert man zuerst über die Bezeichnung durch Versionsnummern. Wie allgemein in der Programmiererwelt üblich, bezeichnen ungerade Versionsnummern (2.1.x, 2.3.x, ...) die teilweise noch instabilen Entwicklerversionen. Mit geraden Versionsnummern hingegen werden die stabilen Anwender-Kernel bezeichnet (2.2.x, 2.4.x, ...).

Normalerweise haben Sie als Einsteiger auf diesem Gebiet nichts mit den ungeraden Kerneln zu tun. In der aktuellen Ubuntu-Version befindet sich z. B. der Kernel 2.6.x, also zum Glück eine gerade und damit sehr stabile Kernelversion. Lassen Sie sich zu Beginn bitte nicht von dem Zahlenspiel verwirren; unter Linux hat fast jedes Programm eine Versionsnummer. Es ist hierbei meistens nicht nötig, den aktuellsten Updates hinterherzulaufen, wenn diese nicht gerade Sicherheitsupdates implementieren.

Die Ubuntu-Version »Hardy Heron« besitzt den Kernel 2.6.24. Sie können die aktuelle Versionsnummer Ihres Kernels erfahren, wenn Sie in der Konsole `uname -r` eintippen. Die Ausgabe des Befehls sieht folgendermaßen aus:

```
user$ uname -r
2.6.24-17-generic
```

Shell und Utilities

Die aufbauende Schicht über dem Kernel besteht aus der Shell und den Utilities. Die Shell ist hierbei das Fenster, durch das Sie das System beobachten und beeinflussen können. Die Shell ist die Schnittstelle zwischen Ihnen als Benutzer und dem System. Deren Bedeutung können Sie erkennen, wenn Sie sich die Bedeutung des Begriffs »Shell« (zu deutsch *Schale*) vor Augen führen – eine Schale für den Kern.

In der Shell geben Sie Kommandos ein. So schlicht dies klingt, so erschreckend ist es für einige Einsteiger. Viele sind schlichtweg verunsichert, wenn sie eine schwarze Box und einen weißen blinkenden Cursor darin vor sich haben. Diese Angst ist verständlich, da man dies aus der Welt von Windows nicht kennt, aber unbegründet.

Keine Angst vor der Konsole

Sofern Sie Einsteiger im Bereich Linux sind, werden Sie im Laufe dieses Buches Ihre Scheu vor der Shell und vor dem Eingeben von Kommandos verlieren. Wichtig ist zuerst einmal nur zu wissen, dass Sie beim ersten Kontakt mit Linux und Ubuntu die Shell nicht benötigen. Ubuntu ist sehr einsteigerfreundlich und bietet Ihnen für fast alle Aufgaben grafische Oberflächen, mit denen Sie Ihr System genauso administrieren bzw. bedienen können wie unter Windows.

> Lassen Sie sich auf gar keinen Fall von »Linux-Profis« erzählen, dass Linux nur ein System für Experten sei, und dass man ohne mehrjährige Erfahrung nicht mit Linux umgehen könne. Das ist Unsinn. [!]

Trotz allem ist es für den ambitionierten Linux-Nutzer durchaus möglich, das komplette Betriebssystem über die Shell und relativ simple Kommandos zu bedienen. Viele dieser Kommandos werden Sie ebenfalls kennenlernen, und Sie werden in kürzester Zeit wie selbstverständlich Terminals öffnen und abstrakte Kommandos eintippen. Haben Sie nur ein wenig Geduld.

Diese direkte Art der Kommunikation mit Ihrem Betriebssystem ist sehr mächtig und einflussreich. Dies bedeutet, dass Sie umsichtig und verantwortungsvoll mit dieser Macht umgehen sollten. Sie gewinnen dadurch die absolute Kontrolle über Ihr System.

Warum überhaupt immer noch kryptische Kommandos?

Es gibt eine schier unüberschaubare Anzahl von Kommandos und Befehlen. In diesem Buch sollen Ihnen nach und nach die wichtigsten vorgestellt werden. Am Ende des Buches finden Sie eine Befehlsreferenz. Das Arbeiten mit Befehlen ist durchaus nicht altmodisch oder überholt – nur weil bei Windows alles grafisch abläuft. Viele Arbeiten des täglichen Computerlebens lassen sich mithilfe von Kommandos schneller und effizienter lösen.

Und es gibt einen weiteren gewichtigen Grund für das Erlernen dieser Befehle: die Notfallsituation. Wenn nach einer missglückten Konfiguration die grafische Oberfläche nicht mehr startet, dann haben Sie dennoch mithilfe der Konsole und einiger Befehle den vollen Zugriff auf Ihr System. Begreifen Sie dies als Chance! Während Ihnen bei Windows meist nur der Griff zur Neuinstallation des gesamten Systems bleibt, haben Sie mit Linux die volle Macht über Ihr System. Nutzen Sie diesen Vorteil.

Utilities

Um dem System bequem Informationen zu entlocken oder ihm Kommandos zu geben benutzt man die sogenannten Utilities. Dies sind kleine nützliche Programme, die Ihnen bei der Kommunikation helfen. Befehle wie `cp` oder `ls` sind solche Utilities.

In Abschnitt 5.2, »Linux-Denken«, ab Seite 190 können Sie sich über weitere Vorteile dieser Kontrolle informieren und in Kapitel 33, »Befehlsreferenz Ubuntu Linux«, ab Seite 883 finden Sie eine Befehlsreferenz. [+]

Qual der Wahl

Sie haben bei Linux generell die Qual der Wahl. Für jeden Zweck und für fast jedes Programm gibt es zahlreiche Alternativen. Wenn Ihnen z. B. die Standard-Shell nicht gefällt, dann nehmen Sie doch eine andere! Es gibt Dutzende, aber genau diese verwirrende Anzahl von Programmen und Bezeichnungen erschweren einem Linux-Neuling die Orientierung.

Daran kränkelt besonders die Linux-Distribution von SUSE. Der Anfänger wird hier schon in der Standardinstallation mit Programmen überhäuft, deren Zweck sich ihm teilweise nie offenbaren wird. Bei Ubuntu hingegen wird Wert auf eine überschaubare Anzahl von Programmen gelegt.

[+] In Kapitel 31, »Übersicht: Software für (K)Ubuntu«, ab Seite 853 finden Sie eine ausführliche Übersicht der in Ubuntu und Kubuntu enthaltenen oder installierbaren Programme.

Anwendungen

Die oberste Schicht, auf der sich der Benutzer meist aufhält, ist die Ebene der Anwendungen (Applications). Zu den Anwendungen gehören klassische Programme wie *OpenOffice.org* oder *Gimp*, aber auch Compiler wie der *cc*.

1.3.3 Wichtigste Eigenschaften

Stichwortartig sollen hier die wichtigsten Aspekte eines UNIX-Systems betrachtet werden. Diese Aufzählung erhebt keinen Anspruch auf Vollständigkeit, sollte aber dennoch zur ersten Orientierung hilfreich sein.

- **Dialogsystem**
  Dass UNIX ein Dialogsystem ist, mag in der heutigen Zeit als nicht sehr spektakulär gelten, war in der Zeit der Entstehung von UNIX aber durchaus etwas Neues. Der Dialog bedeutet hierbei im wahrsten Sinne des Wortes eine Kommunikation, bei welcher der PC nicht nur auf Eingaben reagiert, sondern auch durch Hinweise und Rückmeldungen Informationen an den Benutzer zurückgibt.

- **Multi-User-/Multi-Tasking-Betriebssystem**
  Multi-User bedeutet, dass an einem Unix-System gleichzeitig mehrere Benutzer arbeiten können. Multi-Tasking dagegen bedeutet, dass jeder dieser Benutzer auch mehrere Programme parallel ablaufen lassen kann. Eine Verknüpfung dieser beiden Fähigkeiten ist natürlich ebenfalls möglich – so können mehrere Benutzer parallel jeweils verschiedene Anwendungen laufen lassen. Diese Eigenschaft ist eine direkte Eigenschaft des Kernels und wurde auf Seite 64 beschrieben.

  Das klingt für Sie selbstverständlich? Nun, das System aus dem Hause Microsoft beherrscht diese uralte Technik immer noch nicht reibungslos.

- **Virtuelles Speicherkonzept**
  Jede noch so umfangreiche Anwendung kann bei einem Unix-System auf relativ klein dimensionierter Hardware laufen. Erreicht wird dies durch die sogenannte »virtuelle Speicheradressierung«. Hierbei werden erst zur Laufzeit dieser Anwendung die virtuellen Adressen in physikalische Adressen umgesetzt (siehe hierzu auch Seite 65).

- **Pipe-Konzept**
  Die Ausgabedaten eines Prozesses können unmittelbar als Eingabedaten einem anderen Prozess übergeben werden. Das Besondere hierbei ist, dass die Ausgabe eines Programmes direkt an ein anderes Programm weitergeleitet wird. So kann man z. B. mit dem Befehl

  ```
  user$ ls | more
  ```

  die Ausgabe des Befehls `ls` (listing) an das Programm *more* weitergeben. Die Folge ist, dass Sie die Ausgabe von `ls` seitenweise angezeigt bekommen.
- **Hierarchische Dateiverwaltung**
  Wie auch bei anderen Betriebssystemen ist die Dateistruktur baumartig und somit hierarchisch aufgebaut. Von einer Wurzel aus verzweigen sich alle Verzeichnisse wie bei einem Baum. Diese Struktur hat den entscheidenden Vorteil der besseren Übersichtlichkeit und leichteren Dateiverwaltung.
- **Shells**
  Die kommando-orientierte Interaktion mit dem System wird über Shells abgewickelt. Diese Shells bieten vielfältige Möglichkeiten für die Programmierung und Automatisierung von Vorgängen.
- **C**
  Die Sprache C kombiniert die Effizienz einer Assemblersprache mit den Steuerstrukturen moderner Sprachkonzepte. Heute sind mehr als 95 % aller Anwendungen in C geschrieben.
- **Integration**
  UNIX ist einfach in Datennetze zu integrieren. Alle Funktionen für die Integration in Datennetze sind bereits in UNIX implementiert. Die Netzwerkfähigkeit ist eine der großen Stärken des UNIX-Systems.
- **Skalierbarkeit**
  UNIX kann Rechner unterstützen, die einen oder mehrere Prozessoren besitzen. Die Leistungsfähigkeit dieser Multiprozessorsysteme steigt dabei fast linear an. Durch ein Cluster, also die Vernetzung von Rechnerknoten, kann die Leistung eines UNIX-Systems noch erheblich gesteigert werden.

Gerade die letztgenannten Eigenschaften sind der Grund für die überragende Stellung von UNIX im Serverbereich. Aber auch im Bereich der rechenintensiven Anwendungen hat sich UNIX etabliert. So wurden Trickfilme wie »Toy Story« und »Das große Krabbeln« unter Verwendung von UNIX erschaffen, aber auch viele Spezialeffekte für Filme wie »Titanic«. Des Weiteren laufen viele CAD-Systeme unter UNIX.

Im Bereich der Supercomputer hält UNIX eine Monopolstellung. Eine aktuelle Liste der 500 stärksten Supercomputer finden Sie auf der Website *www.top500.org*. [«]

Im Desktopbereich befindet sich UNIX seit Anfang der 90er Jahre langsam, aber kontinuierlich auf dem Vormarsch, nicht zuletzt aufgrund der steigenden Verbreitung von Linux. Von einem der jüngsten Anläufe zur Eroberung des Desktops handelt dieses Buch.

1.4 GNU

GNU ist ein rekursives Akronym von »GNU's Not Unix« und bezeichnet ein vollständig freies Betriebssystem, das sich seit 1983 in Entwicklung befindet.

1.4.1 Historie

GNU ist Teil des GNU-Projektes, das 1983 von dem Physiker Richard Matthew Stallman gegründet wurde und 1984 seine Arbeit aufnahm. Richard Stallman arbeitete zuvor am »Massachusetts Institute of Technology« (MIT) und erlebte zu dieser Zeit den kommerziellen Aufschwung von UNIX-Systemen. Firmen begannen mit der Entwicklung proprietärer Software, deren Quellcode nicht mehr offen einseh- und veränderbar war. Stallman war darüber sehr verärgert und kündigte daher im Januar 1984 seine Stelle am MIT, um sich vollständig dem GNU-Projekt widmen zu können.

[»] **Free Software Foundation**

1985 wurde die gemeinnützige Free Software Foundation ins Leben gerufen, um freie Software zu fördern und dafür Kapital zusammenzutragen. Die Hauptaufgabe der FSF ist die finanzielle, personelle, technische und juristische Unterstützung des GNU-Projekts. Neben dieser Arbeit bemüht sich die FSF gleichzeitig um allgemeine Beratung, Berichterstattung und Aufklärung rund um freie Software. Am 10. März 2001 wurde die Free Software Foundation Europe gegründet, um die Belange freier Software im europäischen Raum zu vertreten.

Abbildung 1.3 Das Gnu – Maskottchen von GNU

Das GNU-Betriebssystem spielt durch die rasche Verbreitung von Linux heute nur noch eine Nebenrolle. Wesentlich wichtiger sind die Programme, die aus dem GNU-Projekt heraus entstanden sind. Ohne diese wäre Linux und damit auch Ubuntu in der heutigen Form nicht möglich.

GNU sollte eine vollständig freie Alternative zu UNIX darstellen, wurde aber mit einer größtmöglichen Kompatibilität zu UNIX entwickelt, damit man die etablierten UNIX-Programme auch unter GNU verwenden kann.

»Frei« bedeutet hierbei, dass alle Teile des Betriebssystems unter der GNU General Public License (GPL) stehen (siehe unten).

1.4.2 Aufbau

Der Name GNU bezeichnet das Betriebssystem als Ganzes, streng genommen besteht es aber aus mehreren Komponenten:

- **GNU Mach**
  Mach ist ein Betriebssystem-Kernel, der an der Carnegie-Mellon Universität in Pittsburgh entwickelt wurde. Mach gehört zur Klasse der Mikrokernel und verrichtet heute nicht nur in GNU, sondern z. B. auch in Apples Betriebssystem Mac OS X seinen Dienst.
- **GNU Hurd**
  GNU Hurd ist die Sammlung von Servern und Services, die auf GNU Mach laufen. Diese Services implementieren Dateisysteme, Netzwerkprotokolle, Dateizugriffskontrollen und andere Eigenschaften.
- **GNU-Software**
  Aus dem Projekt heraus oder für das Projekt wurde eine Vielzahl von Anwendungen entwickelt (z.B. der C-Compiler *gcc*, die *Bash* (Bourne-Again-Shell) und *GNU Emacs*). Ohne die GNU-Software könnten die meisten Linux-Distributionen nicht in ihrer derzeitigen Form existieren. Auch in Ubuntu finden Sie eine reichhaltige Auswahl an GNU-Software.

1.4.3 General Public License (GPL)

GNU steht unter der General Public License (GPL), dem wohl wichtigsten Dokument der Open-Source-Bewegung. Diese Lizenz beinhaltet ein »Copyleft« (in scherzhafter Analogie zum Copyright), das jedem Benutzer von GPL-lizenzierter Software das Kopieren und Verändern dieser Software ausdrücklich erlaubt. Einzige Bedingung ist, dass die geänderte Software wieder unter der GPL steht. Diese Bedingung verhindert die Entstehung von proprietärer Software aus freier Software heraus.

»Die meisten Lizenzen für Software und andere nutzbaren Werke sind daraufhin entworfen worden, Ihnen die Freiheit zu nehmen, die Werke mit anderen zu teilen und zu verändern. Im Gegensatz dazu soll Ihnen die GNU General Public License die Freiheit garantieren, alle Versionen eines Programms zu teilen und zu verändern. Sie soll sicherstellen, dass die Software für alle ihre Benutzer frei bleibt. Wir, die Free Software Foundation, nutzen die GNU General Public License für den größten Teil unserer Software; sie gilt außerdem für jedes andere Werk, dessen Autoren es auf diese Weise freigegeben haben. Auch Sie können diese Lizenz auf Ihre Programme anwenden.«

(Vorwort der GNU General Public License, inoffizielle Deutsche Übersetzung der Version 3)

[»] Im Jahr 2001 bezeichnete Steve Ballmer (CEO, Microsoft) Linux wegen der Auswirkungen der GPL als »Krebsgeschwür«. Microsoft hat trotz der erklärten Abneigung gegen die Lizenz aber selbst bereits ein Produkt mit GPL-lizenzierter Software verkauft (*Microsoft Windows Services for UNIX*).

GPL Version 3

Sechzehn Jahre nach Erscheinen der Version 2 im Jahre 1991 erfolgte eine Revision der Lizenz am 29. Juni 2007 mit der Version 3. Richard Stallman sah Änderungsbedarf in den folgenden Bereichen:

- Den nationalen rechtlichen Besonderheiten soll mehr Bedeutung eingeräumt werden, ohne dabei die unumstößlichen Grundprinzipien der GPL zu verletzen.
- Für das Verteilen, Kopieren und Modifizieren von Software sowie für die Regelung von Patenten und anderen rechtlichen Beschränkungen sollten Änderungen eingeführt werden, die die unterschiedlichen Interessen und Standpunkte aller Lizenzteilnehmer vereinen.
- Das Grundprinzip der GPL ist der freie Austausch von Wissen sowie der freie Zugang zu technischem Wissen und Kommunikationsmitteln. Entwicklungen wie Softwarepatente und Trusted Computing sollen unter diesem Gesichtspunkt behandelt werden.

Aufgrund der immensen Bedeutung dieser Lizenz finden Sie die deutsche Übersetzung der GPL im Anhang dieses Buches ab Seite 1005.

1.4.4 Freie Software

Ich habe bereits mehrfach den Begriff »freie Software« benutzt und der geneigte Leser wird sich wundern, warum man mit freier Software trotzdem Geld verdienen kann. Dies ist kein Widerspruch, denn das »frei« in freier Software ist im Sinne von »Meinungsfreiheit« und nicht im Sinne von »Freibier« zu verstehen.

Dass eine Software frei ist, bedeutet nicht automatisch, dass sie nicht urheberrechtlich geschützt ist. Des Weiteren ist freie Software nicht zwangsläufig kostenlos. Sie dürfen freie

Software kopieren und weitergeben, erweitern oder verändern. Es gibt verschiedene Lizenzen für die Absicherung freier Software. Die bekannteste ist die GPL, die u. a. fordert, dass der Quellcode eines Programms offen einsehbar sein und mitgeliefert werden muss.

Da die GPL entscheidend für das Verständnis freier Software ist, können Sie den Wortlaut dieser Lizenz am Ende des Buches im Anhang auf Seite 1005 nachlesen. Die GPL ist zwar kein Lesevergnügen – das kann man auch nicht erwarten bei einem rechtlich wasserdichten Text – aber sie ist von größter Bedeutung für Linux im Allgemeinen und Ubuntu im Speziellen. [+]

Sie erhalten weitere umfangreiche Informationen über GNU auf der Homepage des Projektes *http://www.gnu.org* und über die »Free Software Foundation« auf *http://www.fsf.org*.

Debian GNU/Hurd

1998 rief Marcus Brinkmann das Debian-GNU/Hurd-Projekt ins Leben, um der Entwicklung von GNU neuen Schwung zu verleihen. Durch die Verbindung mit Debian, der größten Linux-Distribution, wurde es möglich, die gesamte Infrastruktur des Debian-Projekts für GNU/Hurd nutzbar zu machen.

Etwa 45 % der ca. 15.000 im offiziellen Debian-Archiv enthaltenen Pakete wurden bislang erfolgreich für Debian GNU/Hurd übersetzt. Im ersten Halbjahr 2005 konnten große Applikationen wie KDE und GNOME nach Debian GNU/Hurd portiert werden. Von Debian GNU/Hurd wird zurzeit etwa halbjährlich ein Schnappschuss in Form von CD-ROMs veröffentlicht. Die Installation, Benutzung und Administration des Systems unterscheidet sich, abgesehen von vorhandenen Einschränkungen, kaum von Debian GNU/Linux. Soundkarten sowie moderne Peripherie-Geräte via USB, Firewire, Bluetooth sowie eine automatische Hardware-Erkennung (Hotplug) werden zur Zeit noch nicht unterstützt, auch fehlt die Unterstützung für zahlreiche Dateisysteme (Quelle: Widipedia).

1.5 Linux

An dieser Stelle kommen wir endlich zu »Linux«, der wichtigsten Grundlage von Ubuntu und vielen anderen Linux-Distributionen.

1.5.1 Historie

Das Jahr 1991 war die Geburtsstunde von Linux. Ein junger finnischer Informatikstudent namens Linus Benedict Torvalds (siehe Abbildung 1.4) entwickelte einen eigenen Betriebssystemkern, weil er mit dem von ihm eingesetzten MINIX nicht zufrieden war. Er wollte vor allem die Leistung der damals weit verbreiteten 80386-Prozessoren ausnutzen. Dies konnte seiner Meinung nach MINIX nicht leisten.

Zu diesem Zweck benutzte er freie Software, die im Rahmen des GNU-Projekts zur Verfügung stand, z. B. den GNU-C-Compiler (gcc). Des Weiteren legte er von Anfang an Wert darauf, dass auch Linux den POSIX- und X/Open-Standards entsprach. Richard Stallman und die Free Software Foundation begründeten die Philosophie und die Community, aus der heraus Projekte wie Linux entstanden. Torvalds bezeichnete Stallman als den »großen Philosophen«, während er sich selbst als den Ingenieur sah.

Hier sehen Sie einen Auszug aus dem Posting von Linus Torvalds vom 1. August 1991:

```
From: torvalds@klaava.Helsinki.FI
Newsgroups: comp.os.minix
Subject: What would you like to see most in minix?
Summary: small poll for my new operating system
Date: 25 Aug 91 20:57:08 GMT

Hello everybody out there using minix - I'm doing a (free) operating system
(just a hobby, won't be big and professional like gnu) for 386(486) AT clones.
This has been brewing since april, and is starting to get ready. I'd like any
feedback on things people like/dislike in minix, as my OS resembles it
somewhat (same physical layout of the file-system (due to practical reasons)
among other things).

I've currently ported bash(1.08) and gcc(1.40), and things seem to work. This
implies that I'll get something practical within a few months, and I'd like
to know what features most people would want. Any suggestions are welcome,
but I won't promise I'll implement them :-)

Linus (torvalds@kruuna.helsinki.fi)

PS. Yes - it's free of any minix code, and it has a multi-threaded fs. It is
NOT portable (uses 386 task switching etc), and it probably never will
support anything other than AT-harddisks, as that's all I have :-(.
```

Abbildung 1.4 Linus Torvalds – Der »Erfinder« von Linux

Linux ist im Prinzip nur ein modifiziertes UNIX, daher gelten die für UNIX beschriebenen Eigenschaften (Vorteile, Struktur usw.) ebenso für dieses Betriebssystem. Es ist modular aufgebaut, d. h. es besteht aus mehreren Komponenten, die sich theoretisch nach Belieben auswechseln lassen. Explizit bedeutet dies, dass Sie nicht nur wichtige Elemente des Betriebssystem, beispielsweise die grafische Oberfläche, austauschen können – Sie haben auf Wunsch sogar Einfluss auf die Zusammensetzung des Kernels selbst.

1.5.2 Die grafische Oberfläche

Linux »umfasst« grundsätzlich erst einmal nur den reinen Textmodus, d. h. die direkte Kommunikation mit dem System über die Konsole. Wenn Sie unter Linux eine grafische Benutzeroberfläche haben möchten, muss ein sogenanntes X-Window-System installiert und gestartet werden.

Dieses X-Window-System ist client/server-basiert. Der X-Server kümmert sich hierbei um die Steuerung der angeschlossenen Eingabegeräte (z. B. Maus und Tastatur) und die Bildschirmausgabe. Die X-Clients sind die Programme, die Sie auf Ihrer grafischen Oberfläche sehen können, z. B. ein Textverarbeitungsprogramm. Die Aufsplittung in Server und Client hat den großen Vorteil, dass die Client-Programme lokal, aber auch entfernt auf einem anderen Rechner installiert sein können. Durch eine Netzwerkverbindung können Sie trotzdem grafisch arbeiten, als ob beides auf dem gleichen PC installiert wäre.

Keine Angst, in der Regel sind ein solcher X-Server sowie die nötigen X-Clients in allen Distributionen (auch in Ubuntu) integriert und werden generell mitinstalliert und automatisch gestartet. In diesem Zusammenhang sind Ihnen vielleicht schon einmal Begriffe wie Xfree86, Xorg oder neuerdings auch XGL oder AIGLX begegnet, die alle jeweils einen X-Server bezeichnen. In Ubuntu ist der X-Server Xorg integriert. Er entwickelte sich aus dem X-Server Xfree86, der durch eine Lizenzänderung viele Entwickler verärgerte und zur Gründung von Xorg bewegte. Inzwischen hat Xfree86 kaum noch Bedeutung unter den großen Linux-Distributionen.

Freie Software und Demokratie [«]

An diesem Beispiel kann man einen großen Vorteil freier Software erkennen. Bei freier Software ist es keiner Firma möglich, mit Marktmacht, Geld oder Einfluss die Verwendung einer bestimmten Software zu erzwingen. Über 90 % aller Linux-Entwickler arbeiten ehrenamtlich in ihrer Freizeit und sind somit nur den Kontrollprinzipien der Entwicklergemeinde unterworfen. Wenn die Mehrheit der Entwickler mit einer Entscheidung nicht zufrieden sind, wird diese Idee verworfen – es entstehen Ableitungen und Parallelentwicklungen.

Auf den ersten Blick mag dies verwirrend und ineffektiv erscheinen. Sie können dies am ehesten mit demokratischen Strukturen vergleichen. Diese Form der Organisation ist selbstverständlich nicht perfekt, aber sie ist die beste, die wir uns vorstellen können.

[»] Aus der Tatsache, dass der X-Server die Eingabegeräte steuert, wird deutlich, warum die Informationen über diese Geräte in der Datei */etc/X11/xorg.conf* hinterlegt sind.

[+] Auf diese neuesten Errungenschaften wie dreidimensionale Desktops gehe ich in Abschnitt 19.8, »3D-Deskops«, ab Seite 573 genauer ein. Sie können diese X-Server und die dazugehörigen Composite-Manager bereits heute (dank des modularen Aufbaus von Linux) installieren.

Grundsätzlich ist ein solcher X-Server nur eine Sammlung von Funktionen zur grafischen Darstellung von Informationen. Grafische Benutzeroberflächen wie GNOME oder KDE bauen hierauf auf und sind somit einzeln installier- und austauschbar. Eines der wichtigsten Elemente einer grafischen Benutzeroberfläche ist und bleibt die Shell. Über die Shell haben Sie mit Hilfe von Kommandos direkten Zugriff auf Ihr Betriebssystem, ohne Umwege über die dazwischenliegende grafische Benutzeroberfläche.

1.5.3 Moderne Arbeitsumgebungen

Auf dem X-Server bauen zwei große moderne Arbeitsumgebungen auf, KDE und GNOME. Es handelt sich bei diesen beiden Projekten nicht einfach nur um verschiedene Oberflächen – die Unterschiede sind vielfältiger. In beiden Arbeitsumgebungen sind eine Vielzahl von verschiedenen Programmen integriert.

Dies bedeutet aber nicht, dass Sie diese nicht austauschen können. Der Vorteil dieser Art von Bündelung liegt eher darin, dass diese Programme sehr gut aufeinander abgestimmt sind.

Linus und GNOME

Gerade die »Einfachheit« wird GNOME oftmals zum Vorwurf gemacht. Der Streit über fehlende Features mündete im Jahr 2005 sogar in einer Aussage von Linus Torvalds, in der er die User aufforderte, KDE statt GNOME zu benutzen. Es entbrannte eine lange Diskussion zwischen Verfechtern beider Lösungen, da sich Kritiker von GNOME durch die Auswahl bevormundet fühlen. Anhänger von GNOME hingegen argumentieren, dass GNOME die Benutzer nicht überfordern will und eine Desktop-Umgebung so einfach wie möglich zu bedienen sein sollte.

GNOME hat diese Kritik angenommen und hat 2006 in der Version 2.16 den von Torvalds kritisierten Druckdialog überarbeitet. In seiner jetzigen Form bleiben kaum Wünsche offen, wobei anzumerken ist, dass man sämtliche Funktionen von Linux selbstverständlich auch über ein Terminal erreichen kann.

In der Praxis werden Sie höchstwahrscheinlich nicht daran vorbeikommen, Programme z. B. unter GNOME einzusetzen, die eigentlich aus der KDE-Welt stammen. Lassen Sie sich aber nicht durch diese Zuordnungen in Lager verwirren. Sie werden feststellen, dass die Unterschiede nicht besonders groß sind.

Derivate

Inzwischen gibt es eine wachsende Anzahl von Derivaten zu Ubuntu. DIe drei bedeutendsten Derivate unterscheiden sich in der Wahl der Arbeitsumgebung:

- Ubuntu mit GNOME (siehe Kapitel 9, »Ubuntu«, ab Seite 301)
- Kubuntu mit KDE (siehe Kapitel 10, »Kubuntu«, ab Seite 331)
- Xubuntu mit Xfce (siehe Kapitel 11, »Xubuntu«, ab Seite 357)

Derivate

Der Begriff »Derivat« (derivativ, lateinisch von *derivare, ableiten*) bezeichnet eine Ableitung.

1983 führte die Nichtverfügbarkeit des Quellcodes von UNIX zur Gründung des GNU-Projektes (»Gnu is not UNIX«). Ziel war das Erstellen eines freien und UNIX-kompatiblen Systems. Dies bedeutet, dass GNU einen eigenen Quellcode besitzt. Die unter der GNU General Public License (GPL) stehenden Derivate sind daher konsequent von den UNIX-Derivaten zu unterscheiden.

Das gleiche gilt für Systeme, die auf Linux aufbauen, und ebenfalls häufig Software des GNU-Systems einsetzen: der Quellcode beider Teilbereiche GNU und Linux (weswegen solche Systeme von einigen auch GNU/Linux genannt werden) sind vollständig frei, entsprechende Derivate wie die Linux-Distributionen enthalten ebenfalls große Mengen freier Software oder bestehen gänzlich nur aus freier Software.

GNOME

Ubuntu wurde aus mehreren Gründen mit GNOME als Standard entworfen:

- GNOME hat im Gegensatz zu allen anderen Arbeitsumgebungen einen regelmäßigen halbjährlichen Veröffentlichungszyklus, der dem Bestreben eines regelmäßig aktualisierten Ubuntus entgegenkommt.
- GNOME hat durch seine lange Entwicklungszeit und die frühe Unterstützung durch Firmen wie RedHat eine große Stabilität erreicht. Dies soll aber keineswegs bedeuten, dass KDE grundsätzlich instabiler wäre. GNOME legt weniger Wert auf sogenannte »Features« und mehr auf Einfachheit.
- GNOME ist »kompakter« und ressourcenschonender als KDE, und die Hardware-Anforderungen können bei GNOME geringer sein. Dieser Punkt ist für Ubuntu wesentlich, wie wir später noch sehen werden. Im Übrigen sind andere Window-Manager wie XFCE oder Fluxbox noch einmal deutlich ressourcenschonender als GNOME.
- Einige Ubuntu-Entwickler kamen anfangs aus der GNOME-Gemeinschaft. Diese Tatsache legte den Schritt nahe, sich zu Beginn auf die Arbeitsumgebung GNOME als Standard zu einigen. Ein neues Release von Ubuntu erscheint also etwa ein bis zwei Monate nach einer neuen GNOME-Version.

Abbildung 1.5 Die Homepage von GNOME im April 2008 bei der Ankündigung der neuen Version GNOME 2.22. Das Motto »Simply Powerful« beschreibt den Charakter von GNOME – einfach (und) leistungsstark.

[+] In Kapitel 9, »Ubuntu«, ab Seite 301 erfahren Sie mehr über GNOME. Eine Übersicht über die verschiedenen Ubuntu-Versionen finden Sie in Kapitel 8, »Die Ubuntu-Familie«, auf Seite 285 ff.

KDE und Kubuntu

Gerade in Deutschland erklang schnell der Ruf nach einem Ubuntu mit KDE als Standardarbeitsumgebung. Obwohl es von Anfang an kein Problem war, KDE über die offiziellen Downloadquellen nachzurüsten, entstand relativ schnell das Kubuntu-Projekt. Schon mit der zweiten Ubuntu-Version, dem »Hoary Hedgehog«, entstand parallel ein eigenständiges Kubuntu.

[+] Wenngleich ich im gesamten Buch immer versuchen werde, parallel einen Blick auf Kubuntu zu werfen, habe ich Kubuntu zusätzlich ein eigenes Kapitel gewidmet (siehe Kapitel 10, »Kubuntu«, ab Seite 331).

Inzwischen ist Kubuntu recht beliebt geworden: Es rangierte im April 2008 in der Liste der beliebtesten Distributionen auf Rang 15, noch weit vor anderen Linux-Distributionen wie RedHat, allerdings auch weit hinter Ubuntu (Rang 1).

Die deutsche Kubuntu-Gemeinschaft trifft sich auf *www.kubuntu-de.org* oder in den zahlreichen anderen Foren rund um Ubuntu (siehe Kapitel 32, »Hilfe«, ab Seite 859).

Einige der obengenannten Vorteile von GNOME bedeuten nicht automatisch, dass KDE die schlechtere Wahl wäre:

- KDE ist von Natur aus wesentlich verwandlungsfreudiger und »verspielter« als GNOME. Es lässt sich mithilfe von Bordmitteln und eingebauten Features einfacher dem persönlichen Geschmack anpassen. Ich werde darauf später in Kapitel 10, »Kubuntu«, auf Seite 331 ff. noch genauer eingehen.
- Seit seinem Erscheinen verfügt KDE über eine wesentlich größere Dynamik als konkurrierende Projekte. Neue Programme und Features finden sehr schnell ihren Einzug in diese Oberfläche. GNOME ist weitaus träger, dadurch aber auch wesentlich berechenbarer.
- Das KDE-Projekt hat sich inzwischen auch für eine regelmäßige Veröffentlichung entschieden und arbeitet an der Umsetzung.

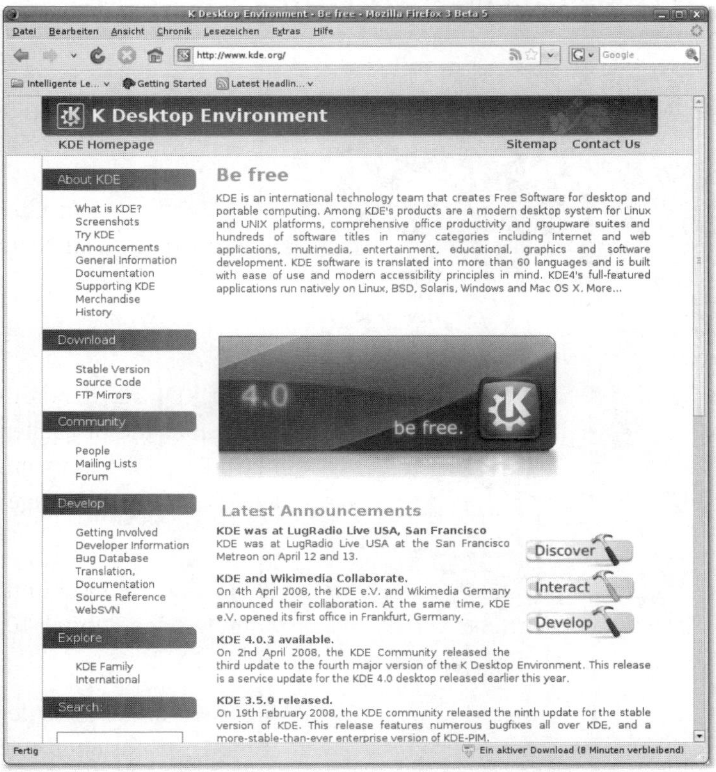

Abbildung 1.6 Die offizielle Homepage des KDE-Projektes im April 2008 – schon die Homepage wirkt moderner als die der Konkurrenten.

XFCE und Xubuntu

Kubuntu ist das bedeutendste Derivat zu Ubuntu, aber nicht das einzige. Ein recht junger Spross der Ubuntu-Familie ist Xubuntu, ein Ubuntu mit der Arbeitsumgebung Xfce als Standard.

Window-Manager oder Desktop Environment?

Schon lange schwelt die Diskussion darüber, ob Xfce nur ein Window-Manager oder eine komplette Arbeitsumgebung ist. Fakt ist, dass Xfce zu einer Arbeitsumgebung eigene Programme besitzen muss. Diese waren in der Vergangenheit nur rudimentär vorhanden.

In letzter Zeit ist hier aber sehr viel Bewegung zu beobachten und so hat Xfce inzwischen z.B. einen eigenen, mächtigen Dateimanager namens Thunar. Man kann also sagen, dass sich Xfce langsam aber sicher zu einer »vollwertigen« Arbeitsumgebung wie GNOME und KDE entwickelt.

Xfce hat den Ruf, besonders schonend mit der Hardware und sehr sparsam mit der Leistung Ihres Computers umzugehen. Zudem ist es relativ spartanisch und kann dadurch mit einer gewissen Eleganz punkten. Xubuntu erhält seit Juni 2006, dem Erscheinen von Xubuntu 6.06, offizielle Unterstützung durch Canonical, die Firma hinter Ubuntu.

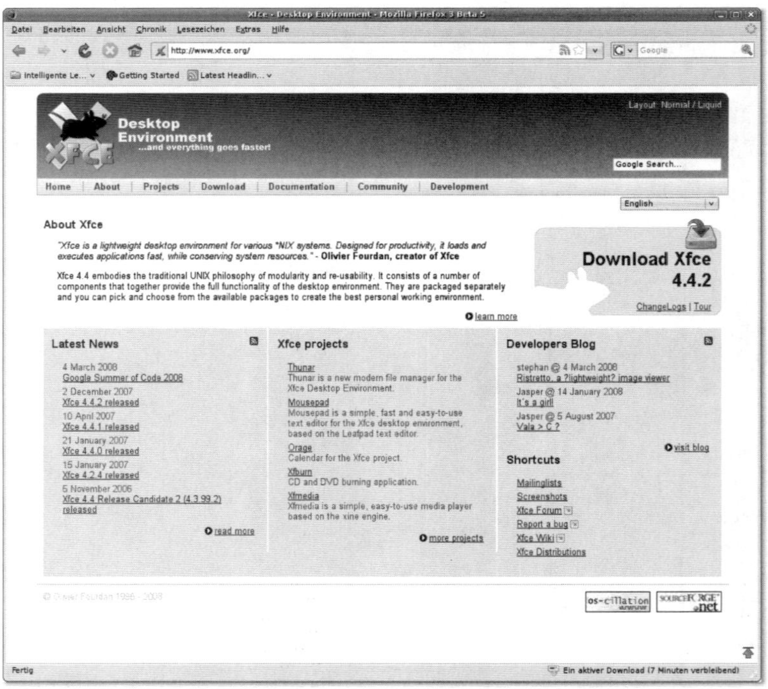

Abbildung 1.7 Die offizielle Homepage von XFCE (Stand: April 2008).

Offiziell oder nicht?

Auch wenn Canonical stets den offiziellen Charakter von Xubuntu betont, ist der Status der offiziellen Unterstützung unklar. Canonical bietet angeblich kommerziellen Support für Xubuntu an, stellt aber keine Entwickler ein, um ebenfalls eine LTS-Version für den professionellen Einsatz anbieten zu können.

Kommerzieller Support kostet viel Geld. Privatanwender werden sich keinen kostenpflichtigen Support leisten wollen und Firmen dieses Geld nur ausgeben, wenn Sie eine Version auch lange nutzen können. Dies ist bei den LTS-Versionen der Fall.

Von daher bleibt festzuhalten, dass die Bezeichnung »Offiziell« mehr verspricht, als sie halten kann. Im Übrigen verhält es sich bei Kubuntu zumindest bei der Version 8.04 ähnlich. Auch hier gibt es von Kubuntu keine LTS-Version.

Auf *www.distrowatch.com* befindet sich Xubuntu derzeit auf Platz 26 (Stand April 2008).

Mehrere Arbeitsumgebungen parallel

Für welche Arbeitsumgebung Sie sich letztendlich entscheiden, hängt einzig und allein von Ihrem persönlichen Geschmack ab. Alle Arbeitsumgebungen haben ihre Vor- und Nachteile. Nutzen Sie doch einen der vielen Vorteile von Linux und probieren Sie einfach die Ihnen gegebenen Möglichkeiten aus! Das Beste ist: Im Notfall brauchen Sie sich gar nicht zu entscheiden.

Sie können mehrere Arbeitsumgebungen oder verschiedene Versionen von Ubuntu (sogenannte Derivate) auch parallel installieren. Wie Sie diese Konfiguration erreichen, erfahren Sie [+]

- in Kapitel 10, »Kubuntu«, auf Seite 331 für Kubuntu mit KDE,
- in Kapitel 11, »Xubuntu«, auf Seite 357 für Xubuntu mit Xfce,
- in Kapitel 12, »Edubuntu«, auf Seite 371 für Edubuntu mit zusätzlichen Anwendungen für den Lernbereich.
- in Kapitel 13, »Mythbuntu«, auf Seite 391 für Mythbuntu.

1.5.4 Linux-Historie

Wie gesagt bezeichnet man als Linux eigentlich nur den Kern des Betriebssystems. Wenn jemand davon spricht, dass er Linux 2.6 benutzt, dann meint er, dass er ein Betriebssystem mit dem (Linux-)Kernel 2.6 verwendet.

Man findet auch oft Aussagen wie »Ich benutze Linux 10.1«. Hier verwechselt der Betreffende die Versionsnummer von Linux mit der von SUSE und outet sich somit als SUSE-Nutzer.

Solche Aussagen begegnen einem oft im deutschsprachigen Raum, da hier SUSE die meistverbreitete Distribution ist.

Ich möchte im Folgenden eine kurze Darstellung der Geschichte von Linux geben. Hierbei orientiere ich mich an den Kernel-Veröffentlichungen.

- **1991**
  Als erster genauer Termin für die erstmalige Erwähnung für das neue Betriebssystem steht der 3. Juli 1991 fest. Linus Torvalds implementiert einige Gerätetreiber sowie den Festplattentreiber und einige User-Level-Funktionen.

  Linus veröffentlicht am 17. September 1991 die Version 0.01 des Kernels mit einem bescheidenen Umfang von 10.239 Zeilen Code für einige Interessenten aus dem Usenet. Dieses Datum wird oftmals als die Geburtsstunde von Linux angesehen. 2008 wurde Linux somit 17 Jahre alt. Herzlichen Glückwunsch!

  Die erste »offizielle« Version des Linux-Kernels (0.02) erscheint am 05. Oktober 1991. Mit dieser Version laufen bereits die *bash*, *gcc*, *gnu-make*, *gnu-sed* und *compress*.

  Am 19. Dezember 1991 läuft die erste Version (0.11), die ohne die Hilfe eines anderen Betriebssystems lauffähig ist, allerdings ohne grafische Oberfläche. Es gibt keinen SCSI-Support, sodass eine AT-Bus-Festplatte Voraussetzung ist.

- **1992**
  Bereits am 5. Januar kommt die erste Version (0.12) heraus, die mehr Funktionen hat als unbedingt benötigt werden. Mit dieser Version wird der Kernel unter die GPL gestellt. Die ältere Lizenz, unter welcher der Kernel steht, ist in vielen Punkten deutlich strenger.

  Linus Torvalds verteilt diese per Anonymous-FTP im Internet, was zu einem sprunghaften Anstieg der Testerzahl führt. Da dieser Anstieg so groß wird, dass die nötige Kommunikation nicht mehr per E-Mail zu bewältigen ist, wird im Usenet die Gruppe *alt.os.linux* geschaffen. Das Interesse an Linux wächst stetig und wird von Linus Torvalds koordiniert.

  Um die Entwicklung voranzutreiben, erhöht Linus Torvalds im März die Entwicklungsnummer auf Version 0.95. Die im April folgende Version 0.96 ist die erste Version, mit der es möglich ist, das X-Window-System zu betreiben. Man schätzt die Zahl der Anwender auf circa 1000.

- **1993**
  Die Zahl aller Programmierer steigt auf circa 100. Fünf von ihnen arbeiten mit Torvalds zusammen. Die Anwenderzahl beläuft sich auf etwa 20.000. Durch Anpassung des Linux-Kernels an die GNU-Umgebung der Free Software Foundation (FSF) wachsen die Möglichkeiten von Linux erneut stark an, da man nun auf eine große Sammlung an vorhandener Software und Tools zurückgreifen kann.

- **1994**
  Mit der ersten stabilen Linux-Version (1.00) im März wird der Kernel netzwerkfähig und die Zahl der Anwender steigt auf 100.000 an. Gleichzeitig wächst der Kernel auf eine Größe von 176.250 Zeilen Code. Linus Torvalds stellt nun den Quelltext des Linux-Kernels offiziell unter die GPL. Ein weiterer wichtiger Schritt ist die Adaption eines *Graphical User Interfaces* (GUI), des X-Window-Systems. Dieses wird von nun an von dem Xfree86-Projekt beigesteuert.
- **1995**
  Im März wird das sogenannte Modulkonzept eingeführt. Hiermit werden Treiber u. ä. als Module realisiert, die einzeln in den Kernel integriert werden können. Linux läuft nun auch auf DEC- und Sun-Sparc-Prozessoren. Schätzungen belaufen sich auf rund eine halbe Million Anwender.
- **1996**
  Mit der neuen Version 2.0 des Linux-Kernels können mehrere Prozessoren gleichzeitig angesteuert werden.

  Linux verliert langsam seinen Bastlerstatus und wird zu einer ernstzunehmenden Alternative für Firmen. Das *K Desktop Environment* (KDE) wird gestartet. Die Anwenderzahl erhöht sich auf rund 1,5 Millionen.
- **1997**
  Neue Linux-Versionen erscheinen fast wöchentlich. In verschiedenen Ländern existieren bereits Linux-Magazine. Die Anwenderzahl ist auf 3,5 Millionen gestiegen. Verschiedene namhafte Firmen beginnen, ihre Software auf Linux zu portieren: Netscape ihren Webbrowser, Applixware ihre Office-Anwendung und die Software AG ihre Datenbank *Adabas D*. Damit gibt es auch professionelle Software für Linux. GNOME wird als Antwort auf KDE initiiert.
- **1998**
  Man schätzt die Anzahl der Programmierer von Linux auf 10.000 und die Anzahl der Anwender auf 7,5 Millionen.
- **1999**
  Man tippt auf ungefähr 10 Millionen Anwender. Linus Torvalds kündigt den »Angriff« auf Windows an. Der Kernel 2.2 wird freigegeben und besitzt einen Umfang von 1.800.847 Zeilen Code.
- **2001**
  Im Januar wird der Kernel 2.4 veröffentlicht. Die Größe wächst auf 3.377.902 Zeilen Code.
- **2003**
  Im Dezember erscheint der Kernel 2.6 mit einem Umfang von 5.929.913 Zeilen Code.

1.5.5 Linux heute

Linus Torvalds koordiniert nach wie vor die Arbeit am Linux-Kernel. Inzwischen (Stand 2008) ist Linux 17 Jahre alt. Aus dem anfangs sehr rudimentären System, das nur von eingefleischten UNIX-Anhängern verstanden und geschätzt wurde, hat sich eine ganze Kultur rund um Linux entwickelt. So listet die Internetseite *distrowatch.com* zurzeit mehr als 350 Linux-Distributionen auf. Manche dieser Distributionen entstanden schon Anfang der 1990er Jahre und blicken somit auf eine lange Geschichte zurück. Ubuntu gehört, wie bereits erwähnt, zu den jüngsten Distributionen. Umso erstaunlicher ist der überwältigende Erfolg von Ubuntu.

Es gibt heute circa 29 Millionen Linux-Benutzer weltweit. Die Zahlen schwanken sehr, eine Vorstellung von der Größenordnung gewinnt man aber anhand der Webseite LinuxCounter (*http://counter.li.org/*). Dort können Sie sich ebenfalls als Linux-Benutzer registrieren.

[»]

Wo bleibt der Kernel 2.8?

2003 erschien der Kernel 2.6. Inzwischen sind fünf Jahre vergangen, ohne dass eine große Revision des Kernels erschien. Dies bedeutet aber nicht, dass die Entwicklung von Linux ins Stocken geraten wäre oder langsamer verliefe. So hatte die Kernel-Version 2.6.0 im Jahr 2003 einen Umfang von 5.929.913 Zeilen Code. Im Vergleich dazu umfasst die zum Zeitpunkt der Drucklegung aktuelle Version 2.6.25 über 30 % mehr – genau 9.232.484 Zeilen Code.

Auf Kernel 2.8 werden wir trotzdem noch länger warten müssen, da ein solcher Sprung in der Bezeichnung laut der Entwickler (hauptsächlich natürlich Linus Torvalds) nur bei sehr großen strukturellen Veränderungen gerechtfertig ist. Die aktuelle 2.6-Reihe ist dermaßen stabil und ausgereift, dass manche Entwickler sogar bezweifeln, dass es jemals einen 2.8-Kernel geben wird.

1.6 Warum Linux?

Freiheit

Linux ist eine gute Wahl, weil es frei ist! Das hört sich zwar gut an, aber was steckt dahinter? Für die Verwendung von Linux benötigen Sie keine Lizenzen. Sie brauchen somit keine Lizenzgebühren zahlen, egal für welchen Zweck Sie Linux benutzen. Ein kleiner positiver Nebeneffekt ist, dass Linux hierdurch normalerweise wesentlich günstiger ist als andere Betriebssysteme. Oftmals ist GNU/Linux sogar kostenlos. Mit dem Begriff »Freiheit« wird eine Absicht verfolgt, die auch in dem Begriff »Redefreiheit« steckt, nicht aber in »Freibier«.

Offener Quellcode

Aber Sie haben als Benutzer noch viel mehr Freiheiten. Sie können sich (entsprechendes Wissen vorausgesetzt) aktiv an der Entwicklung von Linux beteiligen. Der gesamte Quellcode ist unter den Bedingungen der GPL (GNU General Public License) offen und frei verfügbar. Dieser Quellcode wird entweder gleich mitgeliefert (auf einer separaten CD) oder kann von öffentlichen Servern aus dem Internet bezogen werden. Alle Änderungen, die Sie oder andere User vornehmen, unterliegen wiederum der GPL.

Diese Freiheit hat dazu geführt, dass sich sehr viele Menschen auf der ganzen Welt mit Linux beschäftigen, Fehler in den Programmen suchen und damit Linux und auch andere »freie« Programme immer besser werden lassen.

Wie jedes andere Produkt auch hat Linux aber nicht nur Vor-, sondern auch einige Nachteile. Diese sollen hier nicht verschwiegen werden. Ich möchte im Folgenden versuchen, die Qualitäten von Linux so objektiv wie möglich darzustellen. Auch wenn man dem Autor eines Buchs über Linux eine gewisse Subjektivität unterstellen kann.

1.6.1 Einige Vorteile

Die folgenden Punkte sind aus meiner Sicht die größten Vorteile, die sich durch die Verwendung von Open Source im Allgemeinen und Linux im Speziellen ergeben. Es gibt noch eine Reihe weiterer Argumente, die aber teilweise nur für spezielle Systeme gelten.

- Linux ist Open Source, d. h. der Quellcode liegt offen. Dies hat den Vorteil, dass jedermann den Quellcode auf Schwächen hin untersuchen kann.
- Linux wird »demokratisch« entwickelt, d. h. dass sich gute Lösungen eher durchsetzen als schlechte (siehe Kasten »Freie Software und Demokratie« auf Seite 75).
- Linux ist ungeheuer flexibel, es läuft auf nahezu allen Computer-Architekturen. Die Spannweite reicht hier von kleinen Handhelds oder Embedded-Systemen über normale PCs, Server und Workstations bis hin zu den sogenannten Supercomputern.
- Für Linux existiert eine riesige Auswahl an frei erhältlichen Programmen. Gerade Programme, die sich über Jahre halten, haben eine exzellente Qualität erreicht und stehen den kommerziellen Produkten in nichts nach.
- Der Umgang mit Linux unterliegt keinerlei Lizenzbeschränkungen.
- Man ist nicht von einem einzelnen Software-Hersteller abhängig.
- Linux ist erwiesenermaßen äußerst stabil und zuverlässig. Die überwiegende Anzahl der Server im Internet benutzen daher UNIX oder Linux als Basis. Der Anteil von Linux hieran wächst stetig.
- Linux beinhaltet alle offenen Standards und führt keine proprietären Standards ein, die die Kompatibilität mit anderen Systemen einschränken.
- Linux bietet von Haus aus eine höhere Sicherheit als andere Betriebssysteme. Durch das Multiuser-Konzept kann jedes Programm nur mit den Rechten ablaufen, die es zum Betrieb benötigt. Durch die Offenheit des Quellcodes ist das System durchschaubar

und verständlich. Viren und trojanische Pferde sind unter Linux nur sehr schwer zu implementieren, da Sicherheitslücken und Programmierfehler durch die große Anzahl von freiwilligen Helfern sehr schnell entdeckt werden.

1.6.2 Ein paar Nachteile

- Es kann einige Probleme mit spezieller Hardware geben. Obwohl Linux und Ubuntu eine hervorragende Hardware-Erkennung besitzen, gibt es Hardware, die nicht ohne weiteres unter Linux läuft. Hierzu zählen einige Scanner, Grafikkarten, Software-Modems und auch Soundkarten. Der Grund für diese teilweise schlechte Unterstützung ist nicht bei Linux zu suchen, sondern vielmehr auf der Seite der Industrie. Manche Firmen haben eine sehr restriktive Politik bezüglich der Offenlegung ihrer Spezifikationen. Ohne diese Kenntnis ist es Glückssache, ob ein Gerät unter Linux läuft oder nicht. Aber keine Sorge: Immer mehr Firmen erkennen den wachsenden Bedarf an Linux-Unterstützung und folgen diesem Ruf. Achten Sie am besten vor dem Kauf von Hardware auf die Linux-Kompatibilität.
- Es gibt sehr wenige (im Vergleich zu Windows) kommerzielle Spiele, obwohl dies viele Linux-Benutzer wünschen. Allerdings muss man sagen, dass die Zahl der Linux-geeigneten Spiele ebenfalls stetig wächst. Die Spielehersteller scheinen langsam umzudenken. Des Weiteren ist es möglich, mit Emulatoren u. Ä. einige Windows-Spiele auch unter Linux zum Laufen zu bekommen.
- Es gibt nur wenig spezielle und professionelle Software (d. h. mit Support) für Firmen. Eine Lösung dieses Problems ist ebenfalls nur eine Frage der Zeit.
- Unter Linux sind Sie gerade am Anfang noch abhängiger vom Internet als unter Windows. Richtige Unterstützung in Form von Anleitungen und Dokumentationen in Foren, Newslettern u. Ä. gibt es nur online. Allerdings halten Sie gerade eine gedruckte Dokumentation in Ihren Händen. Selbstverständlich benötigen Sie auch eine Internetverbindung für notwendige Updates. Für den Einsatz von Ubuntu brauchen Sie hier nicht zwangsläufig eine sogenannte »Flatrate«, weil Ubuntu stets nur Sicherheitsupdates zur Verfügung stellt und keine Programmaktualisierungen. Andere Linux-Distributionen wie beispielsweise Fedora gehen wesentlich sorgloser mit Ihrer Internetanbindung um. Diese »Sorglosigkeit« liegt darin begründet, dass Fedora ein amerikanisches Projekt ist. In den USA sind Flatrates wesentlich verbreiteter als hier in Europa.

Mit Linux kommen Kreativität und die große Tradition der Communitys, des Gemeinschaftsgefühls, zurück auf Ihren Computer. Lassen Sie sich in den Bann ziehen!

[+] In Abschnitt 5.2, »Linux-Denken«, ab Seite 190 werde ich im Abschnitt 5.2 ab Seite 190 etwas genauer auf die Unterschiede und Gemeinsamkeiten zwischen Windows und Linux eingehen. Für Einsteiger ein idealer Abschnitt, um mehr über die Besonderheiten von Linux zu erfahren.

1.6.3 Distributionen

Es ist aus Gründen der Modularität möglich, sich ein Linux-System vollständig selbst zusammenzustellen. Allerdings ist es für die meisten von uns am einfachsten, sich eine Distribution zu kaufen, auszuleihen und zu kopieren oder sich die Wunsch-Distribution einfach herunterzuladen.

Ubuntu ist eine solche Distribution, und Canonical bzw. die Ubuntu Foundation erledigt die Arbeit, den Linux-Kernel mit vielen Programmen zusammenzustellen, das Artwork (Erscheinungsbild) anzupassen und Ihnen dies kostenlos zur Verfügung zu stellen.

Ubuntu basiert, wie Sie bereits wissen, auf einer anderen großen Distribution, nämlich Debian. Sie sehen also, inzwischen ist das »Universum Linux« ebenso kompliziert und verästelt wie ein Baum. Aus großen starken Ästen wie Debian entwickeln sich kleinere Zweige wie Ubuntu – und solche Zweige füllen ganze Bücher.

Nun stellt sich für viele Anwender die Frage nach dem richtigen Linux. Die Internetseite *distrowatch.org* listet zurzeit über 350 verschiedene Linux-Distributionen auf. Die Palette reicht hierbei von so bekannten Distributionen wie Ubuntu bis hin zu pQui, einer spanischen Distribution, die auf Slackware basiert. Diese Zusammenstellungen wurden schon früh in der Geschichte von Linux entworfen. So tauchten ab 1992 zunehmend mehr Distributionen auf, die jeden Geschmack zu bedienen versuchten. Schnell entwickelten sich auch Geschäftsmodelle rund um Linux und Open Source. Die geringe Bandbreite (Geschwindigkeit) der Internetnutzer – damals gab es noch kein DSL – führte dazu, dass sich viele an Linux Interessierte die Software auf CDs zuschicken ließen.

Was ist überhaupt eine Distribution?

Eine Distribution ist eine »Komposition«, bestehend aus dem originalen Linux-Kernel und anderer Software. Die in den Distributionen enthaltenen Programme sind in der Regel ebenfalls frei erhältlich, auch wenn sie unter anderen Lizenzen stehen können. Allen diesen Lizenzen gemeinsam ist, dass sie sogenannte Open-Source-Lizenzen sind. Dies bedeutet, dass diese Programme kostenlos erhältlich sind und ihr Quellcode frei verfügbar ist. Einige große Anbieter von Distributionen sind SUSE, RedHat, Mandriva und Debian.

1.6.4 Und dieser Pinguin?

Linus Torvalds kündigte im Juni 1996 ein Logo für Linux an: den Pinguin. Entscheidend bei der Auswahl war 1993 ein Aquariumsbesuch in Canberra während einer Auslandsreise nach Australien. Torvalds empfand dort eine starke Sympathie für die sehr kleinen Fairy-Pinguine (Zwergpinguine), wovon einer ihn sogar in die Hand gebissen haben soll. Als er dann 1996 ein Logo suchte, kam ihm dieser Pinguin in den Sinn.

Der ursprüngliche Entwurf für TuX erfolgte 1996 durch Larry Ewing mit *GIMP*, einem freien Bildbearbeitungspaket, das auch bei Ubuntu standardmäßig installiert ist.

Seit 1996 ist der Pinguin TuX das offizielle Maskottchen des Betriebssystems Linux. Der Name wurde von James Hughes als Ableitung von **T**orvalds **U**ni**X** vorgeschlagen. Der Grund für die Wahl des Pinguins ist neben der schmerzhaften Erfahrung von Linus (s.o.) wahrscheinlich die Tatsache, dass Pinguine aussehen, als würden sie einen Smoking (engl. tuxedo) tragen. Dieser Smoking steht für die Eleganz, die auch das Betriebssystem Linux anstrebt.

Abbildung 1.8 TuX – Das Makottchen von Linux, hier in seiner ursprünglichen Version von Larry Ewing.

Und außerdem werden Sie immer wieder bei der Beschreibung von TuX finden: »Was nicht fliegen kann, kann auch nicht abstürzen.« Wer bei dieser Anspielung an ein Betriebsystem aus dem Hause Microsoft denkt, der liegt wohl nicht allzu falsch dabei.

»Persönlichkeiten werden nicht durch schöne Reden geformt, sondern durch Arbeit und eigene Leistung.«

Albert Einstein (14.03.1879 – 18.04.1955)
Physiker und Nobelpreisträger

2 Hintergrund

2.1 Ubuntu – Die Anfänge

Ankündigung

Sicherlich gab es kaum jemanden in der Linux-Szene, der große Erwartungen in die Ankündigung einer bis dato nicht in Erscheinung getretenen Firma namens Canonical setzte, die am 15. September 2004 im Internet erschien:

```
From:"Benj. Mako Hill" <mako-AT-canonical.com>
To: ubuntu-announce-AT-lists.ubuntulinux.org
Subject: Announcing Ubuntu 4.10 Preview
Date:   Wed, 15 Sep 2004 13:50:02 -0400
Most of you receiving this mail registered for
the low-traffic announcement list at no-name-
yet.com. This is our first announcement!
Before we get to the good stuff I'm pleased to
announce that we are nameless no more ...
the name of our distribution is "Ubuntu" (read
below for details) and the company supporting
the project is Canonical Ltd.

     Announcing Ubuntu 4.10 Preview

Ubuntu is a new Linux distribution that brings
together the breadth of Debian with a focused
selection of packages, regular releases (every
six months) and a commitment to security
updates with 18 months of security and
technical support for every release.
```

Listing 2.1 Ankündigung der ersten Ubuntu-Version

Platz 1

Tatsächlich hat es Ubuntu innerhalb von nur wenigen Monaten geschafft, den ersten Platz auf der Beliebtheitsskala der bekannten Internetseite *distrowatch.com* zu erstürmen. Was sind die Gründe dieses steilen Aufstiegs? Wem haben wir Ubuntu zu verdanken, und wie ist diese ganze Lawine ins Rollen geraten? Was ist »Ubuntu« für ein merkwürdiges Wort und was hat es auf meinem Computer zu suchen? All diese Fragen möchte ich im nächsten Abschnitt zu klären versuchen.

2.1.1 Ursprung

Die erste Version von Ubuntu, »Warty Warthog«, erblickte, wie in der zitierten Mail zu lesen war, im Oktober 2004 das Licht der Linux-Welt. Sie schlug ein wie eine Bombe, und das im doppelten Sinne. So wurde diese neue Distribution erst einen Monat vor ihrem Erscheinen angekündigt und entwickelte sich dann laut DistroWatch in den ersten Wochen ihres Bestehens zur beliebtesten neuen Linux-Distribution.

Mark Shuttleworth

Der geistige Vater von Ubuntu ist Mark Shuttleworth (siehe Abbildung 2.1), vielen sicher auch bekannt als der zweite zivile, zahlungskräftige Raumfahrtpassagier, der als erster Mensch des afrikanischen Kontinents im Jahr 2002 den Weltraum besuchte.

[»] **Sie kennen Mark Shuttleworth nicht?**

Doch, bestimmt! Mark Shuttleworth war derjenige, der sich vor einigen Jahren einen Traum erfüllte und als einer der ersten Zivilisten (genauer gesagt als zweiter) einen Weltraumflug unternahm. In der Ubuntu-Gemeinschaft wird er auch »Space Cowboy« genannt. Sein Geld machte er in den goldenen Zeiten des Internets und der »New Economy« in den 90er Jahren. Eine Biographie von Mark Shuttleworth finden Sie in Anhang C.

Mark Shuttleworth ist Gründer der Software-Firma Thawte Consulting. Als diese von VeriSign übernommen wurde, wurde Shuttleworth über Nacht zum Millionär. Nun weiß niemand, ob Shuttleworth im Weltraum die Erleuchtung zum Projekt Ubuntu gekommen ist. Fest steht, dass der Multimillionär seinerseits der Internetgemeinde etwas zurückgeben wollte, basierte doch sein Vermögen auf den Geschäften, die er in den seligen Zeiten der New Economy getätigt hatte. Darüber hinaus hatte Mark Shuttleworth die Vision, den armen Bevölkerungsschichten in Afrika ein einfaches, schlankes Computerbetriebssystem zukommen zu lassen.

Natürlich ist nicht nur Afrika das Ziel von Shuttleworths Anstrengungen. Da er aber gebürtiger Südafrikaner ist, liegt ihm sein Heimatkontinent besonders am Herzen. Mittlerweile lebt er in London, da auch seine Firma Canonical in England ihren Firmensitz hat.

Trotz allem handelt es sich bei Ubuntu nicht nur um ein rein wohltätiges Projekt. Wenn eine Distribution längerfristig am Markt bestehen will, benötigt sie eine kontinuierlich arbeitende Entwicklergemeinde und eine funktionierende Infrastruktur. Dies bedeutet unter anderem, dass die Server unterhalten werden müssen, aber auch das kostenlose Verschicken der Ubuntu-CDs muss auf Dauer gesichert sein. Dies alles kostet Geld und da ist es nur zu verständlich, dass mit Ubuntu auch Geld verdient werden soll.

Abbildung 2.1 Mark Shuttleworth auf dem Linux-Tag 2006. Er trug ein Shirt mit dem Logo von KDE als Aufdruck, um seine Verbundenheit mit dem KDE-Projekt zu demonstrieren. Im Vorwege dieser Veranstaltung gab es Vorwürfe, dass Ubuntu zu sehr auf GNOME fixiert sei. Er begegnete diesem Vorwurf mit einem Lachen.

Canonical und Support

Der verlängerte wirtschaftliche Arm hinter Ubuntu ist die Firma Canonical, die Mark Shuttleworth gehört. Geld soll vor allem mit dem Support verdient werden, also mit dem Anbieten von kostenpflichtiger Unterstützung für Ubuntu. Privatanwender werden davon wahrscheinlich eher wenig Gebrauch machen, aber für Firmen ist dies ein gewichtiges Entscheidungskriterium. Man beachte: Ubuntu als System wird der Idee von Shuttleworth zufolge stets kostenlos sein.

Die folgende Tabelle stellt kurz die bisherigen Ubuntu-Releases sowie die in naher Zukunft erscheinenden zusammen. Alle Veröffentlichungen (eng. *Releases*) tragen einen mehr oder weniger skurrilen Tiernamen.

Offizielle Bezeichnung	Datum	Entwicklungsname	Übersetzung
Ubuntu 4.10	Oktober 2004	Warty Warthog	Warziges Warzenschwein
Ubuntu 5.04	April 2005	Hoary Hedgehog	Altersgrauer Igel
Ubuntu 5.10	Oktober 2005	Breezy Badger	Flotter Dachs
Ubuntu 6.06 LTS	Juni 2006	Dapper Drake	Eleganter Erpel
Ubuntu 6.10	November 2006	Edgy Eft	Nervöser Molch
Ubuntu 7.04	April 2007	Feisty Fawn	Lebhaftes Reh
Ubuntu 7.10	Oktober 2007	Gutsy Gibbon	Mutiges Gibbon
Ubuntu 8.04 LTS	April 2008	Hardy Heron	Kühner Reiher
Ubuntu 8.10	Oktober 2008	Intrepid Ibex	Unerschrockener Steinbock
Ubuntu 9.04	April 2009		
Ubuntu 9.10	Oktober 2009		
Ubuntu 10.04 LTS	April 2010		

Tabelle 2.1 Übersicht der Ubuntu-Releases – Ubuntu 8.10 ist zurzeit angekündigt (Stand: Juni 2008).

[+] Sie möchten wissen, wie z. B. die erste Ubuntu-Version »Warty Warthog« aussah oder was es mit den Entwicklernamen auf sich hat? In Kapitel 3, »Die Versionen im Detail«, ab Seite 125 können Sie sich die bisherigen Ubuntu-Versionen detailliert ansehen. Dort finden Sie einen ausführlichen Ausflug in die Geschichte dieser Distribution und seiner einzelnen Versionen.

Haben Sie noch Fragen zu den Veröffentlichungszyklen oder den Zeiträumen, in denen Support und Aktualisierungen für Ihr System angeboten werden? Dann sehen Sie bitte in Abschnitt 32.5, »Support«, ab Seite 873 nach.

2.1.2 Die Schwerpunkte von Ubuntu

Ich werde im Folgenden die Schwerpunkte aufzählen, die bei der Beurteilung von Ubuntu eine Rolle spielen:

- **Benutzerfreundlich**
  Ubuntu ist kinderleicht zu installieren – und dies auf zweierlei Art und Weise:

  1. Zum einen enthält Ubuntu einen grafischen Installer, der sogar im Live-Betrieb seinen Dienst verrichtet. Sie können nun bequem von der Desktop-CD oder -DVD Ubuntu installieren (beiliegende DVD Nr. 1), während Sie im Internet surfen oder andere Tätigkeiten online erledigen. Diese Installationsmethode wurde als Alternative zur textbasierten Installation mit der Ubuntu-Version 6.06 »Dapper Drake« eingeführt und ist inzwischen derart ausgereift, dass es die bevorzugte Installationsmethode ist.

2. Die zweite Variante ist die klassische, textbasierte Installation. Obwohl die bewährte Installationsroutine des Debian-Systems mittlerweile überarbeitet wurde, ist ihm Ubuntu in puncto Benutzerfreundlichkeit dennoch etwas voraus. Bestehende Betriebssysteme, die neben Ubuntu die Festplatte bevölkern, werden nicht angetastet; der Ubuntu-Installer ist sogar in der Lage, Windows-Partitionen aller Couleur zu verkleinern und somit Platz für die Linux-Installation zu schaffen.

- **Stabil**
  Ubuntu basiert auf der vielfach bewährten Debian GNU/Linux-Distribution, die mittlerweile mehr als zehntausend Software-Pakete anbietet. In der Standardinstallation werden nur ausgereifte Programme für die gängigen Anwendungen (E-Mail, Browser, Office) installiert.

- **Einfach und überschaubar**
  Im Gegensatz zum Debian-System kommt Ubuntu mit einer überschaubaren Auswahl von Software-Paketen aus: Für die Installation genügt eine einzige CD. Ubuntu ist so konzipiert, dass für jede Anwendungsaufgabe lediglich ein bewährtes Programm zum Einsatz kommt. Dadurch werden insbesondere Einsteiger nicht überfordert.

- **Aktuell**
  Ubuntu lässt sich spielend leicht auf dem aktuellen Stand halten. Dafür sorgen der Ubuntu-Updatemanager sowie das Debian-Paketsystem. Der einfache Befehl

  ```
  user$ sudo apt-get upgrade
  ```

  im Terminal aktualisiert die Liste aller verfügbaren Pakete. Mit

  ```
  user$ sudo apt-get dist-upgrade
  ```

  kann man sogar die komplette Distribution erneuern.

  Natürlich kann dies auch grafisch z. B. über das Programm *Synaptic* geschehen. Sie erfahren mehr dazu im Abschnitt 20.5.3, »Synaptic«, auf Seite 620. Wenn Sie KDE bzw. Kubuntu verwenden, finden Sie in Abschnitt 20.5.7, »Adept«, auf Seite 624 eine Beschreibung von *Adept*, dem KDE-Pendant von *Synaptic*. [+]

- **International**
  Ein anderes Ziel des Projekts ist die Verbesserung der Internationalisierung, damit die Software so vielen Menschen wie möglich zur Verfügung steht. Auch aus diesem Grund wird z. B. GNOME verwendet, da für diese Arbeitsumgebung besonders viele Übersetzungen existieren.

- **Dokumentiert**
  Ubuntu soll das am besten dokumentierte GNU/Linux werden. Hierzu sind viele Dokumente direkt ins System integriert. Sie finden diese Hilfe über das Menü SYSTEM • HILFE bzw. K-MENÜ • HILFE. Ich trage meinen Teil durch das vorliegende Buch bei.

2.1.3 Die Philosophie hinter Ubuntu

Ubuntu ist nicht nur eine Ansammlung von Software – hinter der Idee steckt eine tiefgründige Philosophie: Ubuntu ist ein altes afrikanisches Wort, es stammt aus der südafrikanischen Sprachfamilie »Nguni«, eine exakte Übersetzung existiert leider in keiner europäischen Sprache. Der Begriff beschreibt Menschlichkeit und gegenseitige Großzügigkeit ebenso wie die Zusammenarbeit für ein gemeinsames Ziel. Es ist *»der Glaube an etwas Universelles, das die gesamte Menschheit verbindet«*. Dieses Konzept ist die Grundlage für die Zusammenarbeit in der Ubuntu-Gemeinschaft.

Abbildung 2.2 Das Logo von Ubuntu wird durch mehrere Menschen aus unterschiedlichen Kulturkreisen nachgebildet. Dieser »circle of friends« symbolisiert den wesentlichen Charakterzug von Ubuntu – Linux for human beings. Die Abbildung zeigt das Cover der ersten Ubuntu-CD »Warty Warthog«.

[+] Mehr über die Grundlagen der Zusammenarbeit können Sie in Abschnitt 2.5.3, »Code of Conduct«, auf Seite 119 nachlesen.

Die Bedeutung des Wortes »Ubuntu«

Der südafrikanische Erzbischof Desmond Tutu umschreibt den Begriff »Ubuntu« so:

> *»Eine Person mit Ubuntu ist offen und greifbar für andere, bejaht andere in ihrer Andersartigkeit, fühlt sich nicht von der Stärke anderer bedroht, verfügt über ein angemessenes Selbstbewusstsein, das sich aus dem Wissen um die eigene Zugehörigkeit zu einem größeren Ganzen speist, und fühlt sich selbst herabgesetzt, wenn andere erniedrigt oder herabgesetzt, wenn andere gefoltert oder unterdrückt werden.«*

[!] Das Wort »Ubuntu« müssen Sie hierbei aber streng von »Ubuntu-Linux« unterscheiden.

Ubuntu ist eine afrikanische Lebensphilosophie, der die Idee der Menschlichkeit zugrunde liegt. Das Wort ist Teil des Zulu-Ausdrucks »umuntu ngumuntu ngabantu«, der in etwa bedeutet: »Ein Mensch wird zum Menschen durch andere Menschen«.

Diese Sichtweise unterscheidet sich deutlich vom individualistischen Denkansatz. Verglichen mit Descartes Grundprinzip »Ich denke, also bin ich«, müsste das Ubuntu-Grundprinzip lauten »Ich gehöre dazu, also bin ich« - womit das Individuum sofort in einen gemeinschaftlichen Kontext gestellt wird.

Kooperation als Basis

Die Schöpfer haben für die Linux-Distribution den Namen Ubuntu gewählt, weil sie glauben, dass er die Grundgedanken des Miteinander-Teilens und der Kooperation perfekt trifft, die für die Open-Source-Bewegung so wichtig sind. In der Welt der freien Software arbeitet man freiwillig zusammen, um Software zu schaffen, die allen nützt. Man verbessert die Arbeit anderer, die frei erhältlich ist, und man teilt die eigenen Erweiterungen auf der gleichen Basis mit anderen.

2.1.4 Ubuntu und Debian

Viele Ubuntu-Entwickler kommen aus den Debian- und GNOME-Communitys. GNOME wird als Standard-Desktop installiert. Neue Versionen von Ubuntu werden synchron mit den neuen Versionen des GNOME-Projekts veröffentlicht, das ebenfalls alle sechs Monate eine neue Version herausbringt.

[+] In Kapitel 8, »Die Ubuntu-Familie«, ab Seite 285 erfahren Sie mehr über die Beziehung zwischen Ubuntu und Debian. Diese Beziehung ist nicht immer konfliktfrei. Daher werde ich in diesem Zusammenhang auch explizit auf bestehende Vorurteile und Missverständnisse eingehen.

2.2 Das Ökosystem

2.2.1 Canonical

Canonical ist ein international tätiges Unternehmen. Während die Zentrale auf der Isle of Man liegt, verteilen sich die Angestellten auf mehrere Kontinente, u. a. Europa, Nord- und Südamerika sowie Australien. Der harte Kern umfasst etwas mehr als 30 Entwickler aus unterschiedlichen Open-Source-Projekten, beispielsweise von GNOME-, KDE- oder Debian.

Die Isle of Man ist eine Insel in der Irischen See, die als autonomer Kronbesitz direkt der britischen Krone unterstellt ist. Die Isle of Man ist bekannt als Steueroase und Sitz vieler Offshorefirmen.

Canonical Ltd. hat sich die Entwicklung, Verteilung und Bekanntmachung von Open-Source-Software zum Ziel gesetzt. Hierzu werden einzelne Projekte ins Leben gerufen und finanziell unterstützt. Sie können die Firma Canonical per E-Mail (info@canonical.com) oder über die nachfolgende Adresse erreichen.

Postadresse der Firma Canonical

Canonical Ltd.

1 Circular Road
Douglas
Isle of Man – IM1 1AF

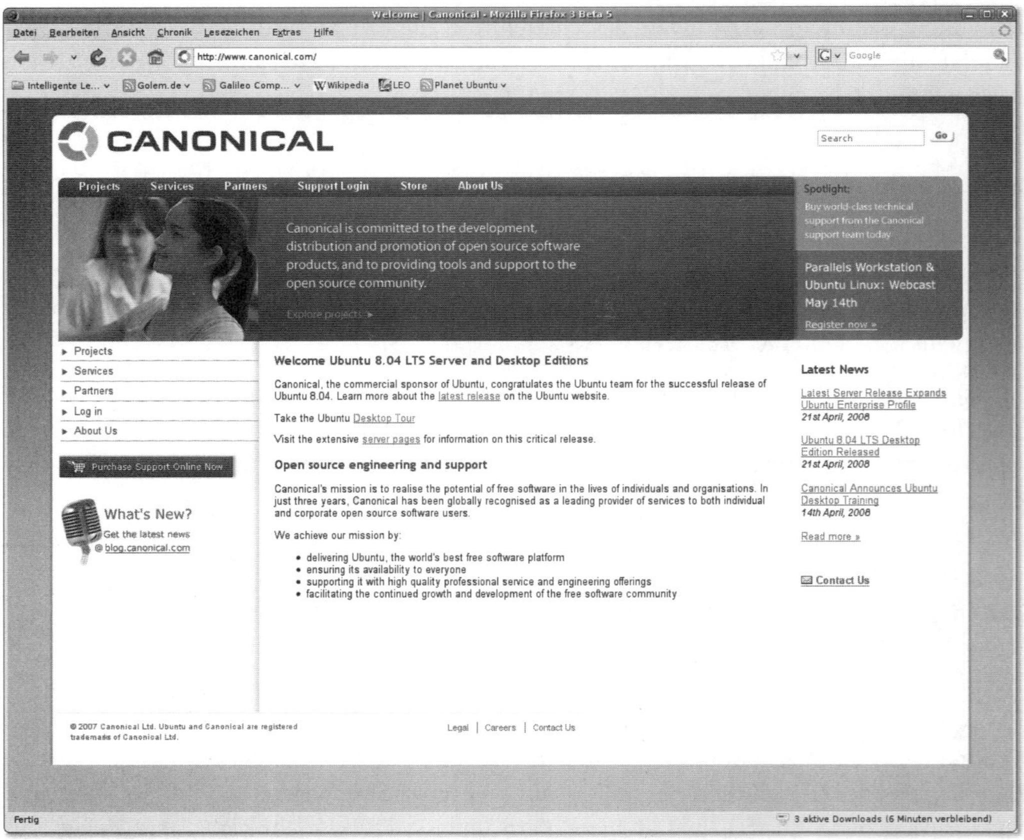

Abbildung 2.3 Die Homepage von Canonical im Mai 2008. Dass Ubuntu *das* Zugpferd ist, kann man schon an dem ähnlichen Logo (oben links) erkennen.

2.2.2 Weitere Projekte von Canonical

Obwohl Canonical immer in Verbindung mit Ubuntu genannt wird, sollte man wissen, dass diese Firma auch andere Projekte ins Leben gerufen hat bzw. unterstützt. Bei Ubuntu wird großes Gewicht auf das Ökosystem rund um die Distribution gelegt:

> *»Es ist das Ökosystem um das Betriebssystem herum, das es am Leben hält. Der Support aus der Community diktiert den Erfolg eines Produkts.«*
>
> *(Mark Shuttleworth auf der Linux World-Expo 2005)*

Canonical muss Geld verdienen, um seine Existenz zu sichern. Eine wichtige Einnahmequelle ist der Verkauf von professionellem Support an Firmen. Da Unternehmen aber nicht alle sechs Monate (normaler Versionszyklus von Ubuntu) ihre Systeme umrüsten und neu konfigurieren können, wurden die sogenannten LTS-Versionen (Long Term Support) geschaffen. Jede vierte Veröffentlichung von Ubuntu ist eine solch besondere Version.

Sie erfahren mehr über diese LTS-Versionen in Abschnitt 32.5, »Support«, auf Seite 873. [+]

Es gab in der Geschichte von Ubuuntu bisher zwei LTS-Versionen: [+]

- Ubuntu 6.06, »Dapper Drake«, erschienen im Juni 2006 – siehe Abschnitt 3.3.4, »Dapper Drake«, auf Seite 143 und
- Ubuntu 8.04, »Hardy Heron«, erschienen im April 2008 – siehe Abschnitt 3.4.4, »Hardy Heron«, auf Seite 170. Die Version
- Ubuntu 10.04 ist bereits für den April 2010 angekündigt.

Zum Zeitpunkt der Drucklegung dieses Buchs (Juni 2008) war »Hardy Heron« die aktuelle Ubuntu-Version.

Ubuntu

Ubuntu ist das Zugpferd von Canonical, mit dessen Hilfe das Unternehmen sein Geld verdienen möchte. Dies wird vorrangig über das Anbieten von Support geschehen. Zur Absicherung der Entwicklung von Ubuntu wurde die Ubuntu Foundation gegründet, die Folgendes verspricht:

- Ubuntu wird immer kostenlos bleiben. Es werden auch in Zukunft niemals für Ubuntu oder einzelne Komponenten Lizenzgebühren verlangt.
- Ubuntu wird kontinuierlich und in regelmäßigen Abständen erscheinen. Es wird ca. alle sechs Monate eine neue Version von Ubuntu geben.
- Ubuntu entspricht in allen Bereichen den Prinzipien der Open-Source-Entwicklung. Keine Komponente von Ubuntu wird jemals proprietär sein. Canonical ermutigt nachdrücklich alle Menschen, Ubuntu zu benutzen und zu testen.

Bazaar

Bazaar (*http://bazaar-vcs.org/*) ist ein frei verfügbares dezentrales Versionsverwaltungssystem und eine Implementierung des GNU-Arch-Protokolls. Es besteht eine enge Zusammenarbeit zwischen dem Team rund um Bazaar und der GNU-Arch-Community.

Bazaar verfolgt einen etwas anderen Ansatz als andere Versionskontrollen:

- Jede Revision, d. h. jede Änderung am Quelltext, ist eindeutig identifizierbar. Dadurch sind Zusammenführungen von vollständig ungleichartigen Quellcodebäumen möglich.
- GNU-Arch operiert dezentral, das bedeutet, dass es keine Notwendigkeit für einen zentralen Server mit getrennter Benutzerverwaltung gibt. Allerdings unterstützt Bazaar sowohl den Ansatz mit als auch den ohne zentralen Server. Es ist darüber hinaus möglich, beide Ansätze gleichzeitig bei einem Projekt anzuwenden.

[+] Die Website Launchpad bietet einen kostenlosen Hosting-Dienst für Bazaar-Projekte im Bereich Open Source an. Sie erfahren mehr über Launchpad in Abschnitt 2.2.3, »Launchpad«, auf Seite 100. Einen kurzen Einstieg in den Umgang mit Bazaar liefert Abschnitt 432, »Versionsverwaltung mit Bazaar«, auf Seite 432.

Bazaar wird zurzeit (Stand: April 2008) hauptsächlich für die Entwicklung von Ubuntu und Launchpad (siehe Abschnitt 2.2.3 auf Seite 100) eingesetzt, steht aber selbstverständlich auch anderen freien Softwareprojekten zur Verfügung.

[»] Im Februar 2008 wurde Bazaar ein offizielles GNU-Projekt und hat damit den offiziellen Segen von Richard Stallman erhalten. Es ist erhältlich für die Plattformen Windows, GNU/Linux und Mac OS. Canonical bietet offiziellen und kostenpflichtigen Support für Bazaar an.

[+] In Abschnitt 1.4, »GNU«, auf Seite 70 haben Sie bereits mehr über GNU erfahren.

Versionsverwaltung

Unter einer Versionsverwaltung versteht man ein System, das typischerweise in der Software-Entwicklung zur Versionierung eingesetzt wird und um den gemeinsamen Zugriff auf Quelltexte zu kontrollieren. Hierzu werden alle laufenden Änderungen erfasst und alle Versionsstände der Dateien in einem Archiv mit Zeitstempel und Benutzerkennung gesichert.

Es wird sichergestellt, dass jeder Benutzer mit dem aktuellen Stand arbeitet oder auf Wunsch auf die archivierten Stände zugreifen kann. Dadurch ist eine Versionsverwaltung nicht nur für professionelle Entwickler in großen Teams, sondern auch für einzelne Entwickler interessant.

Das zentrale Archiv wird als Repository (engl. *Behälter*, *Aufbewahrungsort*) bezeichnet.

Auch bei einer Softwareverwaltung spricht man von Repositorys, da Ubuntu seinen Software-Status mit diesen Archiven abgleicht und so mehrere Komponenten des Betriebssystems gleichzeitig aktualisieren kann. Dies geht so weit, dass Sie sogar von einer älteren Ubuntu-Version auf eine neue aktualisieren können, indem Sie andere Repositorys wählen.

Go Open Source Campaign

Die »Go Open Source«-Kampagne hat es sich zum Ziel gesetzt, den Vorteil von Open-Source-Software in Südafrika publik zu machen. In dieser Kampagne haben sich Organisationen aus privaten, wirtschaftlichen und Verwaltungssektoren zusammengeschlossen, um sich gemeinsam für die Verbreitung der Open-Source-Software in allen Bevölkerungsschichten einzusetzen.

Auf diese Weise soll auch Menschen aus ärmeren Ländern die Möglichkeit gegeben werden, sich auf dem EDV-Gebiet Wissen anzueignen, um mithilfe dieses Wissens ihre Zukunft besser zu gestalten und Wege aus der Armut zu finden. Um diese Ziele zu verwirklichen, wird nicht nur die Verbreitung der kostenlosen Software vorangetrieben, sondern auch Aufklärungsarbeit über die Medien betrieben und es werden regelmäßige Treffen organisiert.

The OpenCD

Die »Open Source CD« ist eine Zusammenstellung von Open-Source-Software für den Windows-Bereich. Sie soll den Nutzern von Windows die Möglichkeit geben, ohne besondere Vorkenntnisse Open-Source-Programme zu nutzen. Die Benutzer können somit die Alternativen zur kommerziellen Software kennenlernen und sich von deren Qualität überzeugen. Die Open-Source-CD lässt sich kostenlos von der Homepage des Projekts *www.theopencd.org* herunterladen.

Freedom Toaster

Im Jahr 2000 gründete Mark Shuttleworth die Shuttleworth Foundation mit dem Ziel, der südafrikanischen Jugend eine zentrale Anlaufstelle für alle technologischen Aspekte des Internets zu geben. Shuttleworths Überzeugung war, dass einzig und allein Bildung der Schlüssel zum geistigen Potential Afrikas ist.

Die Shuttleworth Foundation hilft ganz real an vielen Orten Afrikas. So werden z. B. an vielen Orten sogenannte »Freedom Toaster« aufgestellt (siehe Abbildung 2.4), an denen die Menschen kostenlos Kopien von freier Software anfertigen können. Aufgrund mangelnder Telekommunikationsnetze in Afrika ist der Download größerer Datenmenge nämlich an vielen Stellen so gut wie unmöglich.

An diesen Toastern sind natürlich die neuesten Ubuntu-Versionen zu bekommen, aber auch andere Distributionen wie Debian, SUSE, Mandriva, Fedora Core, Knoppix, FreeBSD, Gentoo und Slackware. Daneben gibt es auch einzelne Programme wie OpenOffice oder die Produkte der Mozilla Stiftung (Firefox, Thunderbird usw.). Neben Software findet man dort auch Literatur aus dem Project Gutenberg. Das freie Project Gutenberg bietet mehr als 18.000 Bücher, bei denen das Copyright inzwischen abgelaufen ist.

Abbildung 2.4 Der Freedom Toaster. Mit ihm lassen sich verschiedene Distributionen kostenlos auf einen selbst mitgebrachten Rohling brennen.

2.2.3 Launchpad

Das Launchpad (*launchpad.net*) ist eine Art Portal, das eine Sammlung von Services für Open-Source-Projekte bietet. Jeder, der möchte, kann sein eigenes Projekt dort registrieren und dann gemeinschaftlich mit anderen an diesem Projekt arbeiten, beispielsweise an Übersetzungen, dem eigentlichen Quellcode des Programmes oder am Beheben von Fehlern.

Das Portal Launchpad ist in mehrere Rubriken aufgeteilt:

- **Code**
  Dieser Bereich dient dem gemeinsamen Arbeiten an Projekten jeglicher Art. Gemeinsam ist allen Projekten lediglich, dass sie offen einsehbar sind.
- **Bugs**
  Dieser Bereich ist aus dem ehemaligen »Malone« (*launchpad.net/malone*) entstanden. Hier können Sie Softwarefehler melden – das sogenannte »Bugtracking«.
- **Blueprints**
  Im Bereich »Blueprints« können Sie den Entwicklungsstand einzelner Projekte und deren Fortschritte verfolgen. So erhalten Sie dort beispielsweise ebenfalls einen Überblick über den Entwicklungsstand von Ubuntu.
- **Translations**
  Dieser Bereich ist aus dem ehemaligen Projekt »Rosetta« entstanden und stellt ein Übersetzungsportal dar, bei dem jeder an der Übersetzung von Programmen in verschiedene Sprachen mitarbeiten kann.

- **Answers**
  An dieser Stelle soll eine »Knowledge Base« entstehen. Eine Wissensdatenbank (engl. *Knowledge Base*) ist eine Datenbank für ein Wissensmanagement. Sie stellt die Grundlage für die Sammlung von Informationen dar. Zu allen Projekten können Fragen gestellt werden, die von allen Teilnehmern beantwortet werden können.

Des Weiteren können Sie den Entwicklern der Open-Source-Projekte über Launchpad Verbesserungswünsche und Anregungen mitteilen.

Launchpad ist wohl neben Ubuntu das ambitionierteste Projekt von Canonical. [«]

Abbildung 2.5 Launchpad – hier können Sie aktiv an der Entwicklung von Ubuntu mithelfen.

Launchpad und Open Source

Launchpad ist eine Plattform, die sich komplett der Entwicklung von Open-Source-Software verschrieben hat. Dennoch ist Launchpad selbst kein Open-Source-Projekt, der Quellcode liegt nicht offen. Auf massiven Druck von Seiten der Community hat Canonical versprochen, dass Launchpad in einer späteren Version frei verfügbar sein wird, von Open Source ist aber weiterhin keine Rede.

Auf der Homepage von Launchpad finden sich diesbezüglich nur relativ unklare Antworten. So heißt es unter anderem:

> *Launchpad ist wie Sourceforge und Google kein Open Source. Im Gegensatz zu diesen Plattformen haben wir zugestimmt, dass Launchpad freie Software wird.*

Statt einer Begründung wird auf andere Plattformen verwiesen, die ebenfalls nicht Open Source sind. Des Weiteren wird betont, dass einzelne Teile von Launchpad, beispielsweise die Integration von Bazaar, sehr wohl offen gelegt wurden. Trotzdem bleibt ein fader Beigeschmack durch eine fehlende, nachvollziehbare Begründung.

Es ist zu vermuten, dass Canonical aus taktischen Gründen den Code zurückhält, um nicht leichtfertig dem Konkurrenten *Sourceforge* allzu viele technische Informationen zu bieten.

Sourceforge

Sourceforge (dt. *Quellcodeschmiede*) ist zurzeit die weltweite größte Sammlung von Open-Source-Projekten. Die Seite beherbergt das Programm *Sourceforge*, das bis vor einiger Zeit noch frei verfügbar, jetzt aber kommerziell vertrieben wird. Die Firma hinter diesem Projekt ist *Sourceforge Inc.*, die ebenfalls eine Reihe anderer Seiten betreibt, beispielsweise Slashdot, Linux.com, NewsForge und IT Manager's Journal.

Das Programm *Sourceforge* eignet sich selbstverständlich auch für proprietäre Projekte von kommerziellen Firmen, an die die Software auch verkauft wird. Die Internetseite unter *www.sourceforge.net* mit über 100.000 Software-Projekten ist damit eine gute Werbung für die Leistungsfähigkeit dieser Software.

Es ist zu vermuten, dass Canonical mit Launchpad ähnliche Ziele verfolgt.

[»] Die Free Software Foundation gab mit der Software *Savane* eine Open-Source-Antwort auf die proprietäre SourceForge-Software. Hierbei basiert *Savane* auf der Version 2 der SourceForge-Software:

- *http://savannah.gnu.org/* – die Entwicklerseite für Freie Software des GNU-Projekts und
- *http://nongnu.org/* – die Entwicklerseite für Freie Software außerhalb des GNU-Projekts.

2.2.4 Landscape

Landscape (dt. *Landschaft*) ist ein Systemverwaltungswerkzeug, das dem Anwender erlaubt, mehrere Ubuntu-Systeme gleichzeitig zu verwalten. Firmenkunden haben oftmals mehr als einen einzigen Rechner und die Verwaltung mithilfe eines solchen Programms ist eine große Erleichterung.

Landscape ist für alle Supportkunden kostenlos. Nähere Informationen über den »kostenpflichtigen Support« erhalten Sie auf Seite 874. [+]

Die Verwaltung eines ganzen Rechnerparks wird bei Landscape durch eine einzige webbasierte Oberfläche durchgeführt. Hierbei können folgende Aufgaben gesteuert werden, wobei man zwischen der eigentlichen Verwaltung und der Kontrolle (engl. *Monitoring*) unterscheiden muss.

Verwaltung

- Alle Aufgaben, die durch Landscape gesteuert werden, können auf beliebig viele oder einen einzelnen Rechner angewendet werden.
- Rechner können zu Gruppen zusammengeschlossen werden, um die Verwaltung zu vereinfachen. Selbst ein einzelner Rechner kann in mehrere Gruppenzugehörigkeiten aufgeteilt werden, falls dieser mehrere Aufgaben erfüllt (beispielsweise ein virtueller Server).
- Der Administrator hat umfassenden Einfluss auf die Paketverwaltung einzelner oder aller Rechner. So können auch eigene Repositorys verwaltet werden.
- Die Benutzerverwaltung erfolgt für einzelne oder alle Rechner zentral.
- Landscape vereinfacht den Umgang mit Sicherheitsupdates, indem es diese bei Bedarf automatisch für alle Rechner und mit zusätzlichen Informationen über die Art des Sicherheitsrisikos bereitstellt.
- Die Verwaltung durch Landscape kann auch asynchron erfolgen. Wenn ein Benutzer vom Netzwerk getrennt ist, werden die nötigen Operationen durchgeführt, sobald er wieder online ist.

Kontrolle

- Landscape überwacht kontinuierlich Ressourcenverbrauch, Stabilität und Leistungsfähigkeit des gesamten Netzwerks. Die Ergebnisse werden grafisch dargestellt, sodass der Administrator schnell etwaige Engpässe erkennen und beheben kann.
- Die laufenden Prozesse aller Rechner werden zentral verwaltet.

- Landscape liefert einen detaillierten Überblick über die verwendete Hardware im gesamten Netzwerk. Es meldet sogar eventuelle Veränderungen bei der Hardware einzelner Rechner.
- Landscape zeichnet alle sicherheitsrelevanten Ereignisse auf, selbst wenn ein Administrator lokal auf einem Rechner gearbeitet hat und diese nicht über Landscape verwaltet wurde.
- Landscape bietet umfangreiche Informationen über verwendete und verfügbare Pakete aller Rechner.

2.2.5 Die Ubuntu Foundation

Mark Shuttleworth und Canonical Ltd. haben am 1. Juli 2005 die »Ubuntu Foundation« gegründet, die mit einem anfänglichen Startkapital von insgesamt 10 Millionen US-Dollar ausgestattet wurde. Mithilfe dieses Geldes sollen wichtige Community-Mitglieder eingestellt werden, um sicherzustellen, dass Ubuntu kontinuierlich weiterentwickelt wird.

Es gibt also prinzipiell zwei »Gesellschaften«, die sich um Ubuntu kümmern:

1. Die kommerziell ausgerichtete Firma Canonical. Das Geld möchte Canonical durch regionale und globale Partnerschaften, Zertifizierungen und Support-Programme verdienen.
2. Die gemeinnützige Ubuntu Foundation kümmert sich um die kontinuierliche Weiterentwicklung der Distribution. Somit ist der Fortbestand von Ubuntu nicht gefährdet, selbst wenn Canonical kein Geld verdienen würde und die Firma Konkurs anmelden müsste.

Die Gründung dieser Foundation hat ebenfalls das Ziel, Ubuntu unabhängiger von den Entscheidungen einer einzelnen Person, beispielsweise von Mark Shuttleworth, zu machen. Gerade diese Abhängigkeit war im Vorfeld einer der großen Kritikpunkte an Ubuntu.

2.2.6 Wie lässt sich mit Ubuntu Geld verdienen?

Canonical ist keine Hilfsorganisation mit ehrenamtlichen Helfern, sondern ein auf Geld und Profit ausgerichtetes Unternehmen, das mit Produkten und Dienstleistungen Geld verdienen will und muss, um längerfristig am Markt bestehen zu können. Das wichtigste und herausragende Produkt nennt sich Ubuntu und ist Gegenstand dieses Buches. Doch zu unser aller Freude ist Ubuntu kostenlos – wie lässt sich also damit Geld verdienen?

Mark Shuttleworth hat die Feststellung getroffen, dass eine Linux-Distribution von der Infrastruktur und Community (allg. Ökosystem) lebt und profitiert (siehe Zitat auf Seite 97). Hinter dieser Aussage steckt die Absicht, genau mit diesem Ökosystem auch das Geld zu verdienen.

Mit privaten Anwendern lässt sich nur sehr wenig Geld verdienen. Dies liegt vor allem daran, dass es zuviel Konkurrenz durch andere Linux-Distributionen gibt. Auch wenn Ubuntu ein überaus stabiles und erfolgreiches Produkt ist, lässt sich ebenfalls hervorragend mit anderen Produkten wie OpenSUSE, Fedora, Mandriva, Debian und anderen produktiv arbeiten.

Canonical hat dies von Beginn an erkannt und versprochen, dass Ubuntu immer kostenlos verfügbar sein wird. Laut Shuttleworth wird es auch niemals kommerzielle Versionen von Ubuntu geben, beispielsweise »Ubuntu Ultimate«.

Allerdings lässt sich mit Produkten rund um Ubuntu einiges an Geld verdienen. Hierbei wird mit folgendem Zitat um die Anwender und Unternehmen geworben:

> *Ubuntu is the fastest growing Linux distribution in the world with over 6 million users on the desktop and server.*

Abbildung 2.6 Der Canonical Store – hier kann man Geld für Ubuntu ausgeben.

Hauptanlaufstelle für sämtliche Ausgaben ist die Adresse *https://shop.canonical.com/*.

- **Privatanwender**
  Private Anwender können hier offizielle Merchandising-Produkte erwerben, beispielsweise T-Shirts und Pullis, aber auch Accessoires wie Aufkleber, Buttons usw. Des Weiteren ist es möglich, original Ubuntu-Software auf offiziellen Datenträgern oder Software der sogenannten »Ubuntu-Partner« zu erwerben. Bei dieser handelt es sich zurzeit (Stand: Juni 2008) um eine professionelle Datenbank-Software von IBM (*DB2*) und der *Parallels Workstation*. *DB2* wird aufgrund des hohen Preises eher professionelle Anwender und Firmen interessieren.

- **Firmenkunden**
  Für Firmenkunden sind andere Produkte von Bedeutung. So können Firmen im *Canonical Store* offizielle Trainingsprogramme für den Umgang mit Ubuntu oder offiziellen Support (auch rund um die Uhr) erwerben. Ein offizieller Support ist hierbei ein besonders wichtiges Kriterium für den Einsatz von Ubuntu in Firmen. Keine Firma wird sich einen Ausfall des Betriebssystems leisten können; offizieller Support kann dem entgegenwirken.

  Des Weiteren wird das kostenpflichtige Werkzeug Landscape angeboten, das die Installation und Verwaltung von Ubuntu auf vielen PCs vereinfacht (siehe Abschnitt 2.2.4, »Landscape«, auf Seite 103). Wenn Unternehmen kostenpflichtigen Support erwerben, erhalten Sie Landscape kostenlos.

Eine andere Möglichkeit Geld zu verdienen, ist die Zusammenarbeit mit anderen Herstellern und der Verkauf von Zertifikaten und Partnerschaften. Hersteller von Hardware können bei Canonical Zertifikate erwerben, die aussagen, dass die verwendete Hardware einwandfrei von Ubuntu unterstützt wird.

Als weitere Ausbaustufe lassen sich sogenannte »Partnerschaften« erwerben. Diese sagen aus, dass der Hardware-Hersteller offiziell mit Canonical zusammenarbeitet und dass diese Kooperation zu einer größeren Verlässlichkeit der verwendeten Produkte führt. Viele Kunden wissen es zu schätzen, dass sie einen Server von IBM oder SUN kaufen können und dabei die Sicherheit genießen, dass die verwendete Software optimal mit dem System zusammenarbeitet.

Der genaue Aufbau dieser Partnerschaften variiert sehr stark. Grundsätzlich ist es möglich, entweder Geschäfts-, Technologie- oder Trainingspartner zu werden. Innerhalb dieser Partnerschaften gibt es teilweise bis zu drei verschiedene Abstufungen, die den Grad der Zusammenarbeit ausdrücken sollen:

- »Ubuntu gold partner«
- »Ubuntu silver partner«
- »Ubuntu affiliate«

Für weitere Details verweise ich Sie auf die Seite *http://www.canonical.com/partners.* [«]

Zu guter Letzt bietet Canonical Software-Herstellern an, ihre Produkte auf Ubuntu zu portieren und über die eigene Paketverwaltung zum Download und/oder Erwerb anzubieten.

2.3 Quellen für Ubuntu

Es gibt viele verschiedene Arten Ubuntu zu installieren. Im Vorfeld einer solchen Installation muss Ubuntu aber zunächst einmal in Form einer CD oder DVD vorliegen.

2.3.1 Begleit-DVDs

Wenn Sie dieses Buch in den Händen halten, ist es sicherlich die einfachste Variante, die beiliegende DVD Nr. 1 zur Installation zu benutzen. Auf dieser DVD befindet sich ein original Ubuntu in der 32-Bit-Version für x86-Rechner. Wenn Sie einen Standard-PC (dies ist mit einer Wahrscheinlichkeit von 99 % bei Ihnen der Fall) besitzen, dann ist diese DVD das ideale Installationsmedium. Sie benötigen lediglich ein DVD-Laufwerk und die Installation oder der Live-Betrieb kann beginnen.

Wie Sie Ubuntu installieren, erfahren Sie detailliert in Kapitel 6, »Installation«, ab Seite 219. Mithilfe dieser DVD können Sie Ubuntu aber auch im Live-Betrieb starten. Dadurch können Sie sich Ubuntu erst einmal in Ruhe ansehen, ohne dass Sie es installieren müssen. Die Daten auf Ihrer Festplatte bleiben hiervon unberührt. Weitere Details zum Live-Betrieb schlagen Sie bitte in Kapitel 4, »Optimale Nutzung der beiliegenden Medien«, ab Seite 175 nach. [+]

Wenn Sie kein DVD-Laufwerk, sondern lediglich ein CD-Laufwerk zur Verfügung haben, kommen Sie nicht daran vorbei, sich ein sogenanntes »CD-Abbild« von Ubuntu (engl. *Image*) herunterzuladen. Bitte beachten Sie hierzu den folgenden Abschnitt »Download«. [«]

Bitte beachten Sie, dass diesem Buch zwei DVDs beiliegen. Die DVD, von der Sie Ubuntu problemlos installieren können, ist die DVD Nr. 1. Die zweite DVD ist gefüllt mit CD-Abbildern anderer Ubuntu-Versionen. Für Details verweise ich Sie auf das Kapitel 4, »Optimale Nutzung der beiliegenden Medien«, ab Seite 175. [!]

2.3.2 Download

Die einfachste Möglichkeit ist der Download über die offizielle Seite *www.ubuntu.com*. Dort finden Sie schnell die zugehörige Downloadseite. Sie müssen lediglich angeben, welche Version Sie haben möchten und welchen Spiegelserver (s. u.) Sie verwenden möchten.

Falls die offizielle Seite aber nicht verfügbar oder überlastet ist, bietet es sich an, den Server direkt aufzurufen. Sie können sich die jeweils aktuellen Ubuntu-Releases aus dem Internet von der Seite *http://cdimage.ubuntu.com* auf Ihren Rechner herunterladen.

[»] Sie laden grundsätzlich CD- oder DVD-Abbilder, sogenannte »Images« herunter. Diese müssen im Anschluss korrekt auf eine CD oder DVD gebrannt werden. Wie dies im Einzelnen funktioniert, ist in Abschnitt 4.4, »Brennen von Images«, auf Seite 187 beschrieben.

[»] Unter Ubuntu haben Sie die einfache Möglichkeit, mit dem Dateimanager *Nautilus* ein Image zu brennen. Dazu brauchen Sie nur einen rechten Mausklick auf das zu brennende Image zu tätigen und im darauf erscheinenden Auswahldialog die Option AUF CD/DVD SCHREIBEN auszuwählen.

Mirror

[»] Es empfiehlt sich, auf der Download-Seite einen Spiegelserver (engl.: *mirror*) auszuwählen, der sich möglichst in Ihrer geografischen Nähe befindet. Dies kann die Downloadgeschwindigkeit deutlich erhöhen. Sie erhalten eine Übersicht aller Spiegelserver unter *http://www.ubuntu.com/products/GetUbuntu/download*. Wir verwenden im Folgenden den offiziellen deutschen Server unter der Adresse *http://de.archive.ubuntu.com/*. Wenn Sie diese Adresse in Ihrem Browser eintippen, erscheint das Ubuntu-Downloadverzeichnis, das Sie in Abbildung 2.8 sehen.

BitTorrent

Freundliche Zeitgenossen bedienen sich des BitTorrent-Downloadwerkzeugs, um Bandbreite zu sparen. Dieses Tool ist in jeder Ubuntu-Variante enthalten; mittlerweile gibt es hiervon auch eine Windows-Version.

Abbildung 2.7 Transmission ist der BitTorent-Client, mit dem Sie ressourcenschonend Ubuntu herunterladen können.

Sie brauchen normalerweise nur die Torrent-Datei anklicken und es öffnet sich die Anwendung, mit der Sie die Installations-CD herunterladen können. Bei Ubuntu ist dies das Programm *Transmission* (siehe Abbildung 2.7).

Bei dem Download mittels BitTorrent werden von vielen verschiedenen Usern, die eine solche CD zur Verfügung stellen, nur einzelne kleine Dateien heruntergeladen und erst auf

Ihrer Festplatte zu einer großen Datei zusammengesetzt. Dies geschieht parallel, um den Datenverkehr auf vielen Schultern zu verteilen.

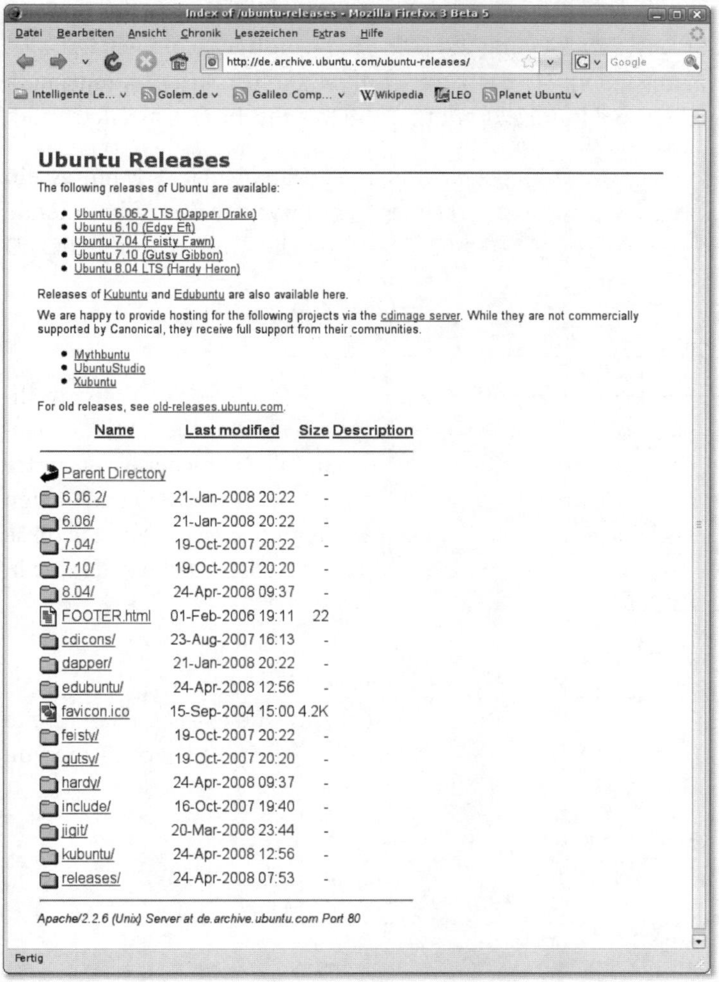

Abbildung 2.8 Hier können Sie sich alles Gewünschte vom deutschen Ubuntu-Mirror herunterladen.

[«] Der Download mithilfe eines BitTorrent-Clients ist oftmals die einzige Möglichkeit, schnell und problemlos an ein Abbild von Ubuntu heranzukommen. Gerade zu Zeiten der Veröffentlichung einer neuen Version sind die Server von Canonical dem Ansturm der Benutzer kaum gewachsen und reagieren nur quälend langsam. Ich ermuntere Sie an dieser Stelle ausdrücklich dazu, diese Art des Downloads bevorzugt zu wählen, da es die Server deutlich entlastet und nebenbei dem Gemeinschaftssinn entspricht.

Sie erkennen eine BitTorrent-Datei an der Endung *.torrent*. Nach dem Start dieses »verteilten Downloads« dauert es mitunter einige Zeit, bevor Ihr Client Kontakt zu anderen Clients aufgenommen hat und der Download startet.

Wenn Sie die zum Zeitpunkt der Drucklegung aktuelle und veröffentlichte Version von Ubuntu verwenden wollen, dann steuern Sie das Verzeichnis »8.04/« an. Hier finden Sie die Möglichkeiten zum Download, entweder direkt oder per BitTorrent. In den meisten Fällen sind Sie dort auf der Suche nach der Datei mit dem Namen *ubuntu-8.04-desktop-i386.iso*.

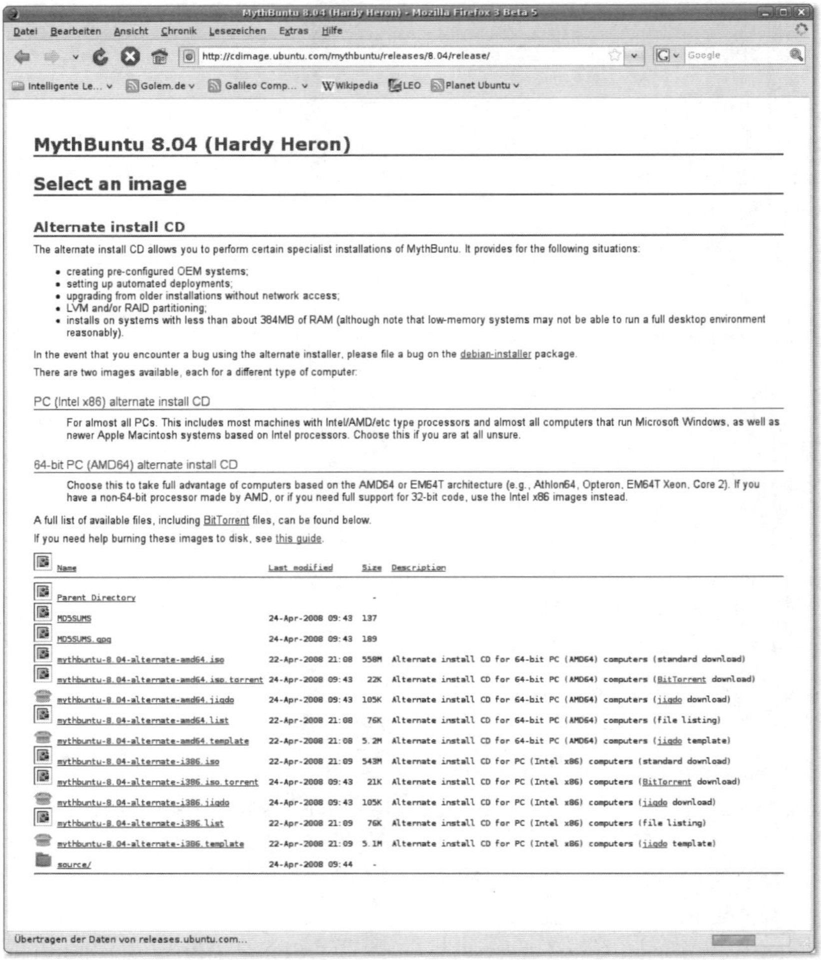

Abbildung 2.9 Von jeder Ubuntu-Version gibt es verschiedene Möglichkeiten für den Download.

Vorabversionen ausprobieren

Vorabversionen erkennen Sie an Bezeichnungen wie »Alpha«, »Beta« oder »RC« (Release Candidate). Kurz nach der Veröffentlichung einer neuen Ubuntu-Version beginnen die Arbeiten am Nachfolger. Sie können die jeweiligen Schnappschüsse der Entwicklung gerne benutzen, aber diese werden ausdrücklich nicht für den produktiven Einsatz empfohlen, da in diesen Versionen höchstwahrscheinlich noch Fehler stecken.

Bis vor kurzem hatten die Vorabversionen von Ubuntu noch recht merkwürdig klingende Bezeichnungen, die in Analogie zu den Entwicklungsnamen gewählt wurden. Der »Dapper Drake« absolvierte Testflüge, und so hießen diese Versionen folgerichtig »Flight« mit einer fortlaufenden Nummer, während die Vorabversionen von Edgy »Knot« und von Feisty »Herd« hießen. Da diese Bezeichnungen aber zuviel Verwirrung stifteten und der Charakter einer Vorabversion dadurch nicht deutlich wurde, ist man jetzt zu den allgemein üblichen Bezeichnungen Alpha, Beta und RC übergegangen. [«]

Nach dem Download können Sie das ISO-Abbild mit einem gängigen Brennprogramm unter Linux oder Windows auf eine CD bzw. DVD befördern. Unter Windows erledigen Sie diese Arbeit mit einem Standardbrennprogramm wie z. B. Nero. (Befehl in Version 8: REKORDER • IMAGE BRENNEN). Bei Linux-Systemen stehen Ihnen diverse Brenntools wie z. B. *k3b* oder *Brasero* zur Verfügung, mehr dazu erfahren Sie in Kapitel 17, »Multimedia«, ab Seite 487.

2.3.3 Kostenfreier Versand mit »ShipIt«

Schließlich gibt es bei Ubuntu eine einzigartige Möglichkeit, an Installationsmedien zu gelangen: Sie können diese auf der Ubuntu-Homepage unter *shipit.ubuntu.com* kostenlos bestellen. Es fallen nicht einmal Versandkosten an. Voraussetzung dafür ist, dass man sich auf Launchpad registriert (siehe Abschnitt 2.2.3, »Launchpad«, auf Seite 100). Diese Login-Daten benötigen Sie dann wiederum für *ShipIt*.

Die Lieferzeit kann laut Canonical 6 bis 10 Wochen betragen. Sie sollten also etwas Geduld haben. Wesentlich schneller geht es, wenn Sie sich die CD selber herunterladen und brennen (siehe Abschnitt 2.3.2, »Download«, auf Seite 107). Eine weitere Einschränkung besteht darin, dass Sie nur die jeweils aktuelle Version von Ubuntu bestellen können. Alle älteren Versionen sind aber weiterhin im Download verfügbar. [!]

Beschränkungen

Von den ersten drei Ubuntu-Versionen wurden bisher insgesamt über 20 Millionen CDs kostenlos in ca. 200 verschiedene Länder verschickt. Mit diesem überwältigenden Erfolg und den damit verbundenen Kosten hatte man anscheinend nicht gerechnet. Es wurden teilweise sehr große Mengen an CDs bestellt, die dann leider ungenutzt im Müll verschwunden sind. Dies ist schon aus ökologischen Gründen unverantwortlich.

Canonical hat in der Folgezeit verschiedene Modelle ausprobiert, um der wachsenden Anzahl von Bestellungen weiterhin gerecht zu werden. Oberste Priorität hatte hierbei, dass der Service weiterhin aufrecht erhalten wird.

Die vierte Version von Ubuntu war »Dapper Drake«, eine sogenannte »LTS-Veröffentlichung« (Long Term Support, dt. Langzeitunterstützung), also eine mit besonders langer Unterstützung seitens Canonical. Es war die letzte, die mit dem anfänglichen Modell der Verteilung ausgeliefert wurde. Die zum Zeitpunkt der Drucklegung und auf der beiliegenden DVD Nr. 1 vorhandene Version »Hardy Heron« ist ebenfalls eine LTS-Version.

Es zeichnete sich ab, dass Canonical nur noch gewillt war, diese LTS-Versionen kostenfrei und alle Zwischenversionen gegen einen geringen Kostenbeitrag zu versenden. Im Sommer 2006 konnte man die Version »Dapper Drake« kostenfrei, die Nachfolgeversion »Edgy Eft«, die keine LTS-Version war, nur gegen einen Kostenbeitrag bestellen. Nach Aussage von Canonical sollten die Anwender eher zur LTS-Version greifen.

[+] Sie wundern sich sicherlich, warum die einer LTS-Version nachfolgende Ubuntu-Version nicht ebenfalls dieses besondere Prädikat »LTS« erhält. Dies erscheint auf den ersten Blick wie ein Rückschritt, macht bei genauerem Hinsehen aber durchaus Sinn. Sie erhalten weitere Informationen und eine Erläuterung der dahinter stehenden Veröffentlichungspolitik in Abschnitt 3.1, »Veröffentlichungspolitik«, ab Seite 126.

Von diesem »Vertriebsmodell« wurde zum Glück sehr schnell wieder Abstand genommen, sodass die Ubuntu-Versionen ab »Feisty Fawn« (Nachfolger von »Edgy Eft«) wieder in geringen Stückzahlen kostenlos zu bestellen waren.

Aktuelle Bestellungen

Aktuell können Sie nur noch eine CD für den Eigenbedarf bestellen. Sie haben hierbei die Wahl zwischen der normalen Desktop-Version, die Sie auf Ihrem PC installieren können, und der Server-Version, die spezielle Pakete für einen Daten- oder Webserver enthält. Bei beiden Versionen haben Sie wiederum die Wahl zwischen der 32- und der 64-Bit-Variante. Wenn Sie sich nicht sicher sind, welche Architektur Ihrem PC zugrunde liegt, nehmen Sie die 32-Bit-x86-Variante. Mit einer individuellen Begründung können Sie unter Umständen auch größere Mengen an CDs bestellen.

[»] Unter *shipit.kubuntu.org* und *shipit.edubuntu.org* können Sie auch kostenlos Kubuntu- bzw. Edubuntu-Versionen bestellen. Auch hierbei ist jeweils nur noch die Bestellung einer einzelnen CD für den Eigenbedarf möglich. Größere Mengen müssen individuell begründet werden.

Sie können auf diesen Seiten die gleichen Accountdaten benutzen, da das ShipIt-System von einem einzigen Unternehmen mit Firmensitz in England organisiert und koordiniert wird. Die Bestellungen auf allen drei ShipIt-Plattformen werden addiert und gemeinsam versandt, sofern die Bestellungen in einem gemeinsamen Zeitfenster liegen.

Auch wenn das Bestellen dieser CDs einigen Beschränkungen unterlegen ist, unterscheidet sich Ubuntu hier deutlich von anderen Linux-Distributionen. Das kostenlose Versenden von CDs ist einmalig.

2.4 Die Software

Wenn Sie Ubuntu installieren, wird nicht nur das Betriebssystem an sich installiert. Schon bei einer Standardinstallation wird eine Menge weiterer Software mitinstalliert, beispielsweise ein Office-Paket oder ein Bildbearbeitungsprogramm.

GNU/Linux und Software [«]

Wenn Sie das erste Mal in Kontakt mit Linux kommen, wird es Sie bestimmt verwundern, dass Sie nach der Installation nicht nur ein Betriebssystem, sondern erheblich mehr auf Ihrem PC vorfinden werden. Dies ist man nicht gewohnt, wenn man vorher nur Microsoft Windows kannte.

Vereinfacht gesagt ist GNU/Linux eine riesige Software-Sammlung. Ubuntu ist eine Komposition aus Betriebssystem und einigen Anwendungen. Sie können bei Bedarf schnell und unkompliziert aus der umfangreichen Software-Sammlung weitere Programme installieren.

Die von Ubuntu mitgelieferte oder zur Verfügung stehende Software ist in mehrere Kategorien eingeteilt. Diese Aufteilung beruht allerdings lediglich darauf, inwieweit die Programme offiziell von Ubuntu unterstützt werden.

Wir werden im Folgenden einen Blick in die Struktur des Ubuntu-Linux-Systems werfen. Hierbei sehen wir uns die Aufteilung der Software in sogenannte Repositories an, betrachten die Sicherheitsmerkmale der Software und zum Abschluss die Verbindung zwischen Ubuntu und Debian.

2.4.1 Software-Kategorien

Wer jemals mit Debian GNU/Linux gearbeitet hat, der kennt die Problematik: Möchte man wirklich aktuelle Software verwenden, die auch moderne Hardware-Komponenten unterstützt, so kommt man um den Zugriff auf Software-Pools von Drittanbietern nicht herum. Ubuntu-Linux teilt aus diesem Grund die Software in mehrere Kategorien bzw. Repositorys ein. Ein Repository ist eine Sammlung von Software-Paketen, die auf einem frei zugänglichen Internetserver abgelegt sind und vom Anwender »per Knopfdruck« installiert werden können.

Nach erfolgter Installation von Ubuntu sind nicht alle Repositorys von Beginn an freigeschaltet, sondern nur die, die von den Ubuntu-Entwicklern aktiv gepflegt werden. Wie Sie die verborgenen Softwarequellen freischalten, erfahren Sie im Abschnitt 20.5.3 »Synaptic« ab Seite 620. [+]

In der nachfolgend abgebildeten Matrix können Sie einen Überblick über die verschiedenen Repositories gewinnen. Im Anschluss daran finden Sie eine ausführliche Erläuterung der einzelnen Softwarekanäle.

	Freie Software	Unfreie Software
unterstützt	Main	Restricted
nicht unterstützt	Universe	Multiverse

Tabelle 2.2 Die Ubuntu-Repositorys als Matrix dargestellt

Die Repositorys sind im Einzelnen:

Von Ubuntu unterstützt

Diese Softwareprodukte werden prinzipiell von Ubuntu unterstützt. Dies bedeutet, dass Fehler in den Paketen korrigiert und Sicherheitsupdates zur Verfügung gestellt werden (Einschränkungen gibt es bei *Restricted*).

- **Main**
  Das Main-Repository enthält Pakete, die den Ubuntu-Lizenzanforderungen entsprechen und die vom Ubuntu-Team unterstützt werden. Die Main-Pakete folgen komplett dem Open-Source-Gedanken.

- **Restricted**
  Hier befinden sich Pakete, welche die Ubuntu-Entwickler zwar unterstützen, die aber nicht unter einer geeigneten freien Lizenz stehen, um sie in Main zu implementieren. Es handelt sich z. B. um binäre Pakete für Grafikkarten-Treiber. Der Grad an Unterstützung ist deshalb eingeschränkter als für Main, weil die Entwickler keinen Zugriff auf den Quelltext der betreffenden Software haben.

Von Ubuntu *nicht* unterstützt

Diese Softwareprodukte werden vom Ubuntu-Team nicht gewartet und Bugs werden nicht gefixt. Die Verwendung obliegt hier der eigenen Verantwortung.

- **Universe**
  Dies sind Pakete freier Software, die unabhängig von ihrer Lizenz vom Ubuntu-Team nicht unterstützt werden. Damit haben die Benutzer die Möglichkeit, solche Programme innerhalb des Ubuntu-Paketverwaltungssystems zu installieren.

  Der Vorteil, dass sich diese Programme gut in das Ubuntu-System integrieren, bleibt gewahrt. Aber die nicht unterstützten Pakete sind getrennt von den unterstützten Paketen wie in Main und Restricted.

- **Multiverse**
  Zu den Multiverse-Komponenten gehört ein noch breiteres Spektrum an Software, die das Ubuntu-Team unabhängig von ihrer Lizenz nicht unterstützt. Hier sind Pakete zu finden, die nicht den Lizenzbestimmungen freier Software unterliegen müssen und dennoch als Debian-Pakete vorhanden sind. Der Vorteil, dass sich diese Programme gut in das Ubuntu-System integrieren, bleibt also auch hier gewahrt.

Seit der Ubuntu-Version »Feisty Fawn« sind standardmäßig nach der Installation alle Repositorys freigeschaltet. Dies geschah aus dem Bedürfnis heraus, dass Einsteigern der Umgang mit dem System so einfach wie möglich gemacht werden soll. Fortgeschrittene Anwender können selbstverständlich direkt nach der Installation unerwünschte Repositorys deaktivieren. [«]

Somit können Sie selbst entscheiden, inwieweit Sie von der reinen Lehre abweichen möchten, und auch unfreie Pakete, die unter Umständen nicht unter der GPL[1] stehen, auf Ihrem Rechner installieren wollen. Generell kann man sagen: Je moderner ein Programm bzw. eine zu integrierende Hardwarekomponente ist, desto eher müssen Sie sich Software aus einem der letztgenannten Repositorys besorgen.

Ich werde in Abschnitt 20.3, »Repositorys«, ab Seite 609 noch einmal detailliert auf diese Software-Quellen eingehen und in Abschnitt 20.6, »Quellenstudium und -pflege«, ab Seite 626 werden wir uns damit beschäftigen, wie Sie diese Quellenangaben manuell bearbeiten bzw. pflegen können. Sie können auch eigene Repositorys erstellen; wie dies funktioniert, erfahren Sie in Abschnitt 20.5.4 ab Seite 621. [+]

In Abschnitt 20.5.3, »Synaptic«, ab Seite 620 erfahren Sie, wie Sie diese Repositorys in *Synaptic* einbinden und damit das ganze Universum der Debian-Software für sich nutzen.

Was bedeutet Repository?

»Repository« bedeutet im Deutschen unter anderem »Fundgrube« oder «Quelle«. Repositories sind im Prinzip nichts anderes als Software-Sammlungen, die auf beliebigen Servern im Internet gespeichert sind.

Diese Repositories werden in Ihr System eingebunden, d. h. dass Ihre Systemverwaltung kontinuierlich den Stand der installierten Software mit der verfügbaren im Repository abgleicht. Auf Wunsch wird so Ihr gesamtes System durch einen Klick aktualisiert, Betriebssystem und Anwendungen gleichzeitig. Ist dies nicht ein fantastischer Unterschied im Vergleich zu Systemen wie Windows, bei denen Sie alle installierten Programme einzeln auf dem Laufenden halten müssen?

2.4.2 Ubuntu und die Sicherheit

Sicher fragen Sie sich, ob nicht die Gefahr besteht, sich über die Installation eines Softwarepakets einen Schädling (Virus, Wurm) auf den PC zu holen. Windows-Anwender kennen dieses Problem, mit dem man bei der Installation von Shareware oder Freeware stets konfrontiert werden kann.

Die Antwort ist recht einfach: Bei Verwendung von offiziell vom Ubuntu-Team freigegebenen Repositorys kann dies von vornherein ausgeschlossen werden, denn die Pakete sind mit

1 GPL (GNU Public License): Der juristische Grundpfeiler der Mehrzahl der Open-Source-Projekte.

einem Schlüssel versehen, der vor jeder Installation eines Pakets überprüft wird. So wird sichergestellt, dass nur von den Entwicklern autorisierte Pakete ihren Weg auf die heimische Festplatte finden.

[+] Natürlich können Sie diesen Sicherheitsmechanismus bei Bedarf auch abschalten. Wir werden uns dieses Thema in Kapitel 24, »Sicherheit«, ab Seite 683 noch einmal genauer ansehen.

2.4.3 Stabilitätsstufen

Wer sich schon einmal mit Debian GNU/Linux beschäftigt hat, der weiß, dass dort drei Stabilitätskategorien unterschieden werden: *stable*, *testing* und *unstable* bzw. *sid* (*still in development*).

Unter Ubuntu besteht diese scharfe Trennung nur bedingt. Ubuntu baut zwar auf dem *stable*-Zweig der Debian-Distribution auf, verwendet aber aus Gründen der Aktualität viele ergänzende Komponenten, die *sid* entspringen.

Nur dadurch ist es möglich, dass Ubuntu auch auf topaktueller Hardware seinen Dienst verrichtet; mit Debian ist dies ein oftmals undenkbares Unterfangen.

2.4.4 Debian-Pakete unter Ubuntu einsetzen

Wie ich bereits erläuterte, basiert Ubuntu auf Debian. Dies bedeutet, dass sich die Ubuntu-Entwickler prinzipiell die Softwarepakete von Debian nehmen und sie für die eigene Distribution anpassen. Das wirft die Frage auf, ob der Anwender sich nicht gleich die Debian-Pakete installieren kann.

Installationstechnisch stellt dies kein Problem dar, da beide Distributionen dasselbe Paketsystem verwenden. Dennoch raten viele Insider, insbesondere auch das Ubuntu-Team, davon ab. Auf der Ubuntu-Homepage findet man folgende Aussage:

> *»Obwohl Debian und Ubuntu zu einem großen Teil kompatibel sind und viele Quellpakete gemein haben, ist es keine gute Idee, Binärpakete der beiden Distributionen zu mischen. Diese wurden unabhängig voneinander kompiliert, was zu unerwarteten Effekten im Paketmanagement-System führen kann.*
>
> *Die potentielle Unverträglichkeit stellt aber in Wirklichkeit kein Problem dar: Nahezu jegliche Software des Debian-Systems findet man auch unter Ubuntu.«*

[+] Sollte man nun auf eine Softwarekomponente angewiesen sein, die nicht im Ubuntu-System enthalten ist, so hat man die Möglichkeit, sogenannte »Backports« zu verwenden. Mehr dazu finden Sie in Abschnitt 20.3.6 »Backports« ab Seite 611. In Anhang C, »Mark Shuttleworth«, ab Seite 991 finden Sie ein Interview mit Mark Shuttleworth, in dem er auf die besondere Beziehung von Ubuntu zu Debian näher eingeht.

2.5 Ubuntu inside

Vielleicht werden Sie sich fragen, warum ich in einem eigenen Teilabschnitt die Menschen, die an Ubuntu beteiligt sind, gesondert hervorhebe. Der Grund ist einfach: In all den Jahren, in denen ich mich mit Linux beschäftigt habe, ist mir noch nie eine derart freundliche, hilfsbereite Gemeinschaft begegnet.

Manchmal betonen einige Linux-Benutzer einen vermeintlich elitären Status »ihres« Betriebssystems und behaupten dann im gleichen Atemzug, dass Linux halt nicht für jeden sei oder dass es sich seine »Freunde« besonders gut aussucht. Dies ist natürlich nicht richtig – Linux ist nicht elitär. Es ist nichts anderes als ein Betriebssystem, das offen für jeden ist, dementsprechend aber auch diffiziler, denn es verlangt vom Nutzer einen höheren Anteil an selbstständigem Handeln als andere Betriebssysteme. [!]

Linux ist für Einsteiger zu Beginn wahrscheinlich schwerer zu durchdringen, besonders wenn man jahrelang den Umgang mit Windows gewohnt war. Aber dies gibt erfahreneren Benutzern oder Entwicklern nicht das Recht, den Anfängern den Einstieg zusätzlich zu erschweren bzw. sie zu entmutigen.

Solch ein Verhalten zeugt nur von mangelndem Respekt; leider ist die Hürde für einen resektlosen Umgang im vermeintlich anonymen Internet wesentlich niedriger als im realen Leben.

Der Slogan »Linux für Menschen«, den sich Ubuntu auf die Fahnen geschrieben hat, soll nicht nur eine Marketingstrategie sein, Ubuntu möchte diesen Satz auch aktiv umsetzen. Ubuntu soll bewusst anders als andere Distributionen sein – freundlich, hilfsbereit und offen. Und genau so will auch die Community rund um die Distribution handeln. Gerade dies ist aber auch das Erfolgsgeheimnis dieser Distribution.

2.5.1 Die Ubuntu Community

Gerade Linux-Einsteiger kennen die Situation, dass sie nach einer bescheidenen Anfrage in den gängigen Linux-Newsgroups von den »Alteingesessenen« vom hohen Ross herab abgekanzelt werden.

In der Ubuntu-Gemeinschaft ist das anders: Hier gibt es ein freundliches Miteinander, und selbst wenn ein »Newbie« ein Thema zu wiederholten Mal aufrollt, ohne vorherigen Gebrauch von den einschlägigen Suchmaschinen zu machen, wird ihm deswegen nicht gleich der Kopf abgerissen.

Ein wahres Füllhorn an Informationen findet man in diversen Wikis und Foren zu Ubuntu. Dem interessierten Neueinsteiger seien daher als Erweiterung zum Buch und für den Fall, dass er auf Probleme trifft, die im Druckwerk nicht beschrieben sind, zunächst einmal folgende Anlaufstellen als erste Auswahl im Web ans Herz gelegt:

- ein sehr gutes deutschsprachiges Wiki unter *wiki.ubuntuusers.de*
- das dazugehörige Forum unter *forum.ubuntuusers.de*
- ein weiteres Forum für Ubuntu: *www.ubuntu-forum.de*
- und speziell für Kubuntu: *forum.kubuntu-de.org*.

Was ist ein Wiki?

Ein Wiki ist eine Ansammlung von HTML-Seiten im Internet, die von jedem registrierten Leser selbst ergänzt und korrigiert werden können – Interaktivität im besten Sinn. Der Name stammt von *wikiwiki*, dem hawaianischen Wort für »schnell«.

Aufgrund der Fülle von unterschiedlicher Hardware gibt es sicherlich Probleme, die im Buch nur angerissen oder gar nicht behandelt werden. In diesem Fall sollten Sie wenigstens den grundlegenden Umgang mit Ihren Problemen hier im Buch behandelt finden oder unter diesen Adressen eine freundliche, einsteigerorientierte Hilfe finden, wenn es mal ein wenig im System klemmt.

[»] In Kapitel 32, »Wo bekomme ich weitere Hilfe?«, ab Seite 859 finden Sie noch weitere Adressen im weltweiten Netz und lernen die Möglichkeiten der integrierten Hilfe kennen. In Abschnitt 32.2.5 ab Seite 864 erläutere ich Ihnen einige Möglichkeiten, wie Sie an Informationen aus Ihrem System herankommen, damit Sie möglichen Anfragen in Foren entspannt entgegensehen können.

Ein Wort zu den Foren

Die genannten Foren beruhen auf rein privaten Initiativen. Keines dieser Foren erhält eine offizielle Unterstützung von der Ubuntu Foundation oder von Canonical. Dies bedeutet, dass die Helfer dort alles nur aus persönlichem Interesse und ehrenamtlichem Engagement heraus betreiben. Haben Sie daher bitte etwas Geduld und Verständnis, wenn nicht jede Ihrer Fragen gleich beantwortet werden kann oder manchmal die freiwilligen Helfer auch nicht weiterwissen.

Sie können allerdings auch kommerziellen Support in Anspruch nehmen, den die Firma Canonical kostenpflichtig leistet. Mehr über diesen Service erfahren Sie auf der Homepage von Ubuntu: *www.ubuntu.com*.

2.5.2 Helfen Sie mit

Wir haben bereits in Abschnitt 2.2.3 auf Seite 100 das *Launchpad* kennengelernt. Mithilfe dieser Seite können Sie mit einfachsten Mitteln und geringem Aufwand aktiv bei der Entwicklung von Ubuntu helfen. Sie können dort aber nicht nur Fehlermeldungen abgeben, sondern auch den Fortschritt bei der Behebung von bereits gemeldeten Fehlern begutachten.

Sie können auf der gleichen Seite übrigens auch an der Übersetzung von Ubuntu mitwirken. Bei fortlaufendem Interesse an einem solchen Hobby können Sie Mitglied des Übersetzerteams werden. Sie haben somit die einzigartige Chance, Ubuntu mitzuentwickeln.

In Abschnitt 32.7 ab Seite 877 finden Sie eine Übersicht über die wesentlichen Adressen und Hilfequellen im Internet. [+]

2.5.3 Code of Conduct (CoC)

Um zu funktionieren, bedarf die Art der Zusammenarbeit guter Beziehungen zwischen den Entwicklern. Deshalb haben sich die »Ubunteros« (wie sie sich selbst nennen) auf die folgenden Regeln geeinigt. Sie sollen helfen, die Zusammenarbeit zu definieren und so zu vereinfachen. Dieses kleine Regelwerk wird bei Ubuntu als »Code of Conduct« (CoC) bezeichnet (dt. *Verhaltensrichtlinien*). Die folgenden Abschnitte entstammen im Wesentlichen dem Wiki der offiziellen Ubuntu-Homepage.

»Diese Regeln betreffen dein Verhalten als Mitglied der Ubuntu-Gemeinschaft, und zwar auf allen Foren, Mailinglisten, Wikis, Webseiten, IRC-Kanälen, Linux-Installations-Partys, auf öffentlichen Treffen oder im privaten Dialog. Der Ubuntu-Gemeinschaftsrat (das sogenannte *Community Council*) vermittelt bei Auseinandersetzungen um das Verhalten eines Mitglieds der Gemeinschaft.

- **Achtsamkeit**
  Sei achtsam. Dein Werk wird von anderen Leuten verwendet, und du hängst von den Werken anderer ab. Jede Entscheidung, die du fällst, hat Konsequenzen für Anwender und Kollegen: Wir erwarten, dass du diese Konsequenzen bei deinen Entscheidungen berücksichtigst. Ein Beispiel: Wenn wir in einem »Feature Freeze« sind, dann stelle nicht die allerneueste Version eines kritischen Systemprogramms auf den Server – andere wollen das System testen und erwarten in diesem Stadium keine größeren Änderungen.
- **Respekt**
  Sei respektvoll. Die Ubuntu-Gemeinschaft und ihre Mitglieder behandeln einander zuvorkommend. Jeder kann einen wertvollen Beitrag zu Ubuntu leisten. Wir sind nicht immer einer Meinung, aber Meinungsverschiedenheiten entschuldigen nicht schlechtes Benehmen. Wir sind alle ab und zu frustriert, aber wir dürfen nicht zulassen, dass aus dem Frust ein persönlicher Angriff wird. Vergiss nie, dass eine Gemeinschaft, in der manche Menschen sich unwohl oder bedroht fühlen, unproduktiv ist. Wir erwarten von unseren Mitgliedern, dass sie andere Mitwirkende respektvoll behandeln, genauso wie Menschen außerhalb des Ubuntu-Projekts oder unsere Anwender.
- **Hilfsbereitschaft**
  Sei anderen behilflich. Die Grundlage von Ubuntu und freier Software ist das Zusammen- und Miteinanderarbeiten. In der Welt der freien Software hilft Zusammenarbeit, überflüssige Arbeit zu vermeiden, und verbessert die Qualität der entstehenden Programme.

Dein Ziel soll sein, mit anderen Ubuntu-Maintainern zusammenzuarbeiten und mit den ursprünglichen Autoren der Programme, wenn sie sich für deine Arbeit interessieren. Deine Ergebnisse sollen transparent sein; unsere Änderungen sollen dann weitergegeben werden, wenn sie entstehen, nicht erst wenn die nächste Version herauskommt. Wenn du an neuem Code für bestehende Projekte arbeitest, dann informiere deren Mitarbeiter wenigstens über deine Ideen und deinen Fortschritt.

Es ist nicht immer möglich, mit den ursprünglichen Autoren oder auch nur unter den Ubuntu-Kollegen einen Konsens darüber zu erzielen, wie eine Idee korrekt implementiert wird. Du musst also nicht unbedingt auf einen Konsens warten, bevor du beginnst. Aber du sollst die Betroffenen informieren und deine Arbeit so veröffentlichen, dass andere deine Leistung testen und besprechen und zu ihr beitragen können.

- **Meinungsverschiedenheiten**
  Besprich Meinungsverschiedenheiten mit anderen. Unstimmigkeiten, politische wie technische, sind unausweichlich, und die Ubuntu-Gemeinschaft ist keine Ausnahme. Das Wichtigste ist nicht, andere Meinungen oder Ansichten zu vermeiden, sondern sie konstruktiv zu klären. Wende dich an die Gemeinschaft und nutze sie, um dir Rat zu holen und Probleme zu lösen. Unser Technikausschuss oder der Gemeinschaftsrat können helfen, den richtigen Kurs für Ubuntu festzulegen. Es gibt auch einige Projektteams oder Teamchefs, die dir helfen können, zu entscheiden, welcher Weg der tragbarste ist.

  Wenn du wirklich deinen eigenen Weg gehen willst, kannst du eine von Ubuntu abgeleitete Distribution erstellen oder deine Pakete mit dem Ubuntu-Paketmanagement als Alternativen anbieten, damit die Gemeinschaft deine Änderungen testen und zur Diskussion beitragen kann.

- **Fragen stellen**
  Frage, wenn du dir unsicher bist. Niemand weiß alles, und von niemandem erwarten wir Perfektion (außer natürlich vom SABDFL[2]). Fragen sofort zu stellen, vermeidet Probleme später, deshalb sind Fragen ausdrücklich erwünscht. Die Gefragten sollen konstruktiv antworten. Allerdings musst du darauf achten, für deine Fragen das richtige Forum zu wählen. Deplatzierte Beiträge (Beispiel: Hilfsanfragen auf einer Mailingliste für Entwickler) lenken von produktiver Diskussion ab.

- **Übergabe**
  Wenn du ausscheidest, gib deine Verantwortung weiter. In jedem Projekt kommen und gehen die Leute, und bei Ubuntu ist das nicht anders. Wenn du das Projekt verlässt oder dich zurückziehst, tu das bitte auf die Art und Weise, die das Projekt am wenigsten durcheinanderbringt. Das bedeutet: Sag den anderen, dass du gehst, und gib deine Aufgaben so weiter, dass andere da weitermachen können, wo du aufgehört hast.

2 SABDFL bedeutet »Self Announced Benevolent Dictator For Life«, zu Deutsch »Selbst ernannter gütiger Diktator auf Lebenszeit«. Als Benevolent Dictator For Life werden in Open-Source-Projekten oftmals die anerkannten Leiter eines Projekts bezeichnet.

Mailinglisten und Foren sind ein wichtiges Standbein der Gemeinschaft. Diese Regeln betreffen natürlich auch dein Verhalten dort. Bitte beachte zusätzlich:

- Verwende eine gültige E-Mail-Adresse, an die Antworten direkt geschickt werden können.
- Bitte keine Flamewars, »Trolling«, persönliche Angriffe oder wiederholt dieselben Argumente. In technischen Fragen kann der Technikausschuss, bei sozialen Problemen in der Gemeinschaft kann der Gemeinschaftsrat eine endgültige Entscheidung fällen.«

Für wen gilt der Code of Conduct?

Der Code of Conduct gilt im Wesentlichen für alle Ubuntu-Entwickler, nicht für Sie als Benutzer dieses Systems. Sie werden allerdings von der Gemeinschaft aller Nutzer herzlich gebeten, sich diese Absätze auch durchzulesen und sich wenn möglich daran zu halten.

Ubuntu lebt von den Benutzern und der Umgang untereinander hat wesentlichen Einfluss auf den Erfolg dieser Distribution. Diese Regeln sind keine Vorschriften im eigentlichen Sinn (es gibt keine Regeln für irgendwelche Konsequenzen bei Nichteinhaltung der Regeln), aber sie sollen als Empfehlungen verstanden werden.

2.5.4 Die Ubuntu-Grundsätze

Das Wiki der offiziellen Ubuntu-Homepage enthält die wichtigsten Überzeugungen von Ubuntu, die ich hier aufgreifen und Ihnen darstellen möchte. Dazu heißt es im Wiki:

»Unsere Arbeit an Ubuntu wird von einem Verständnis der Freiheit von Software getragen, das – so hoffen wir – sich verbreiten und die Vorteile der Softwareverwendung in alle Erdteile tragen wird.

Ubuntu ist ein gemeinschaftlich getragenes Projekt mit dem Ziel, ein Betriebssystem und eine vollständige Auswahl an Anwendungsprogrammen zu schaffen und dazu freie und quelloffene Software zu benutzen. Das Herzstück des Verständnisses der Freiheit von Software bei Ubuntu sind diese zentralen Überzeugungen:

- Jeder Benutzer eines Computers sollte seine Programme für jeden Zweck einsetzen, kopieren, in kleinerem oder größerem Rahmen weitergeben, zu verstehen suchen, ändern und verbessern können, ohne Lizenzgebühren bezahlen zu müssen.
- Jeder Benutzer eines Computers sollte die Möglichkeit haben, seine Programme in einer Sprache seiner Wahl zu benutzen.
- Jeder Benutzer eines Computers sollte sämtliche Möglichkeiten haben, seine Programme zu benutzen, auch im Falle einer Behinderung.

Unsere Überzeugungen sind in die Programme, die wir geschrieben und in unsere Distribution einbezogen haben, eingeflossen. So werden die Lizenzbedingungen der Programme, die wir vertreiben, an diesen Überzeugungen mithilfe der Ubuntu-Software-Lizenzrichtlinien gemessen.

Wenn du Ubuntu installierst, erfüllen fast alle Programme schon diese gewünschten Anforderungen und wir arbeiten daran, dass jegliches Programm, das du benötigst, unter Lizenzbedingungen erhältlich ist, die dir diese Freiheiten zugestehen. Derzeit gibt es spezielle Ausnahmen für einige Treiber, die es nur in Binärform gibt, ohne die Ubuntu auf vielen Rechnern nicht vollständig installiert werden kann. Diese haben wir in die *restricted section* unseres Systems eingestellt, wo sie sich einfach entfernen lassen, wenn man sie nicht benötigt.

Freie Software

Für Ubuntu bezieht sich das »frei« in »freier Software« in erster Linie auf »Freiheit« und nicht auf den Preis[3] – obwohl wir uns verpflichtet haben, für Ubuntu nichts zu berechnen. Das Wichtigste an Ubuntu ist nicht, dass es kostenlos ist, sondern dass es die Freiheitsrechte der Software an die Leute verleiht, die sie installieren und nutzen. Diese Freiheiten sind es, die es der Gemeinschaft der Ubuntu-Benutzer ermöglichen, zu wachsen und ihre gemeinsame Erfahrung und ihr Wissen weiterzugeben, um Ubuntu zu verbessern und es für den Einsatz in neuen Ländern und Branchen anzupassen.

In »Was ist freie Software« der »Free Software Foundation« sind die wichtigsten Freiheiten freier Software beschrieben als

- die Freiheit, Programme für jeden Zweck auszuführen,
- die Freiheit, die Funktionsweise eines Programms zu untersuchen und es an seine Bedürfnisse anzupassen,
- die Freiheit, Kopien weiterzugeben, damit man anderen helfen kann,
- die Freiheit, das Programm zu verbessern und seine Verbesserungen an die Öffentlichkeit zu bringen, damit jeder profitiert.

Freie Software ist seit mehr als zwei Jahrzehnten eine kohärente soziale Bewegung. Diese Bewegung hat Millionen an Codezeilen, Dokumentation und eine dynamische Gemeinschaft hervorgebracht, zu der sich Ubuntu stolz hinzuzählt.

Quelloffene Software

»Quelloffene Software« ist ein Ausdruck, der 1998 geprägt wurde, um die Doppeldeutigkeit des englischen Wortes »free« zu umgehen. Die »Open Source Initiative« beschreibt quelloffene Software in der »Open Source Definition«. Quelloffene Software erfreut sich fortdauernd wachsenden Erfolges und breiter Wahrnehmung.

3 Im Englischen bedeutet *free* sowohl *frei* als auch *kostenlos*.

Ubuntu bezeichnet sich gern als quelloffene Software. Während manche freie und quelloffene Software für konkurrierende Bewegungen mit unterschiedlichen Zielen halten, betrachten wir freie und quelloffene Software weder als voneinander verschieden noch als unverträglich. Ubuntu hat erfreulicherweise Mitglieder, die sich entweder zum Lager der »freien Software« oder dem der »quelloffenen Software« zählen und viele, die sich mit beiden identifizieren.«

*»Nicht das stärkste Wesen setzt sich durch,
sondern das am besten an seine Umwelt angepasste.«*

*Charles Darwin (12.02.1809 – 19.04.1882)
brit. Naturwissenschaftler, Evolutionsbiologe und Begründer des Darwinismus*

3 Die Versionen im Detail

Sie haben im vorigen Kapitel schon viel über Ubuntu gelernt. Sie kennen nun die Hintergründe, die zur Entstehung dieser Distribution geführt haben, und die Ubuntu Foundation, die sich um die Weiterentwicklung Ubuntus kümmert. Auch über die Beziehungen zwischen Ubuntu und Debian wurden Sie aufgeklärt.

In diesem Zusammenhang möchte ich noch einmal auf die FAQ von Mark Shuttleworth verweisen (siehe Seite 992). **[+]**

Abbildung 3.1 So fröhlich wurden Sie im Oktober 2004 bei Ubuntu begrüßt.
Sie sehen hier den alternativen Splash-Screen von »Warty Warthog« (Ubuntu 4.10).

Nun sammeln Sie eventuell anhand der aktuellen Ubuntu-Version Ihre ersten Erfahrungen mit dieser Distribution. In diesem Fall wird es Sie vielleicht interessieren, wie die früheren Versionen aussahen und wie sich Ubuntu im Laufe der Zeit entwickelt hat. Dieser Blick in die Historie der Distribution verrät eine Menge über deren Ausrichtung und nebenbei auch über den unglaublichen Elan ihrer Entwickler.

Es ist schon erstaunlich, wie weit ein Betriebssystem von vielen Freiwilligen entwickelt werden kann. Wir erinnern uns: Die Ubuntu Foundation beschäftigt nur etwas mehr als 30

Entwickler, ein Großteil der Arbeit wird von engagierten Usern geleistet, die unentgeltlich an der kontinuierlichen Verbesserung von Ubuntu mitwirken.

3.1 Veröffentlichungspolitik

Mit dem Erscheinen der vierten Version hat sich nun auch die derzeit gültige Release-Struktur von Ubuntu herauskristallisiert.

3.1.1 Generationen

Halbjährlich – stets aktuell

Wie bereits erwähnt, erscheint Ubuntu alle sechs Monate in einer runderneuerten Version. Produktiv orientierte Anwender und Firmen haben allerdings kein Interesse an einer halbjährlich wiederkehrenden Umstellung des Systems. Bei diesen Anwendern liegt der Fokus auf größtmöglicher Stabilität, langen Support-Zeiten und Zertifizierungen, die dem Betriebssystem bestimmte Eigenschaften bescheinigen wie z. B. Kompatibilität oder den korrekten Umgang mit bestimmten Datenbanken.

Auf der anderen Seite allerdings ist bei vielen anderen Ubuntu-Benutzern der Wunsch nach einem stets aktuellen System sehr groß. Hier werden bereitwillig Abstriche in Bezug auf die Stabilität in Kauf genommen.

Ubuntu ist aus diesen Gründen etwas anders strukturiert als andere Distributionen. Der Weg, der hier beschritten wird, ist sehr effektiv, da man darauf verzichtet hat, zwei verschiedene »Ubuntus« parallel zu entwickeln (z. B. eine *Home* und eine *Professional* Version).

LTS – Long Term Support

Die Lösung dieser Problematik besteht darin, dass die halbjährlichen Veröffentlichungen nach zwei Jahren in eine besonders ausgezeichnete Version münden, die sogenannte LTS-Version (LTS bedeutet *Long Term Support* – zu Deutsch »Langzeit-Unterstützung«). Jedes vierte Release von Ubuntu ist also eine besondere Version, bei der größtmöglicher Wert auf Stabilität für den produktiven (Firmen-)Einsatz gelegt wird und für die es einen besonders langen Unterstützungszeitraum geben wird (siehe Abschnitt 32.5 auf Seite 873).

Im Endeffekt hat man somit also eigentlich *zwei* Zyklen, nach denen sich die Entwicklung von Ubuntu richtet:

- Alle sechs Monate erscheint ein vollständig erneuertes System.
- Alle zwei Jahre erscheint eine besonders ausgezeichnete Produktivversion mit dem Kürzel *LTS*.

So hat man beide Welten miteinander vereint – die Benutzer können entweder kontinuierlich mit ihrem Betriebssystem die aktuellsten Programmversionen benutzen, teils sogar Beta-Versionen, oder sie arbeiten weiter mit den LTS-Versionen (z. B. »Hardy Heron«).

Korrelation mit GNOME

Sie werden sich vielleicht fragen, warum der normale Versionszyklus exakt sechs Monate beträgt. Der Grund ist banal: Die Entwicklung von Ubutu ist mit der von GNOME korreliert. Jeweils einen Monat, nachdem GNOME eine neue Version seiner Desktopumgebung bereitstellt, ist diese in Ubuntu integriert und es erscheint eine neue Ubuntu-Version. Mehr über GNOME erfahren Sie in Abschnitt 1.5.3, »Moderne Arbeitsumgebungen«, auf Seite 77. Hier erfahren Sie auch mehr über die Gründe dieser weitreichenden Partnerschaft.

3.1.2 Releases

Zur Verdeutlichung der eben vorgestellten Zyklen soll die folgende Tabelle dienen. Sie bietet eine Übersicht über alle zur Zeit der Drucklegung bekannten oder angekündigten Veröffentlichungen. Sie können darin die genaue Bezeichnung der Version, deren Erscheinungsdatum und den Unterstützungszeitraum herauslesen.

Generation	Version	Erschienen	Bezeichnung	Deutsche Übersetzung	Support bis
1	4.10	20.10.2004	Warty Warthog	*Warziges Warzenschwein*	04.2006
	5.04	08.04.2005	Hoary Hedgehog	*Altersgrauer Igel*	10.2006
	5.10	13.10.2005	Breezy Badger	*Flotter Dachs*	04.2007
	6.06 LTS	01.06.2006	Dapper Drake	*Eleganter Erpel*	06.2009
	6.06.1 LTS	10.08.2006	Erste aktualisierte Version von »Dapper Drake«		
	6.06.2 LTS	21.01.2008	Zweite aktualisierte Version von »Dapper Drake«		
2	6.10	26.11.2006	Edgy Eft	*Nervöser Molch*	04.2008
	7.04	19.04.2007	Feisty Fawn	*Mutiges Reh*	10.2008
	7.10	18.10.2007	Gutsy Gibbon	*Mutiges Gibbon*	04.2009
	8.04 LTS	24.04.2008	Hardy Heron	*Robuster Reiher*	04.2011
	8.04.1 LTS	03.07.2008	Erste aktualisierte Version von »Hardy Heron«		
	8.04.2 LTS		Zweite aktualisierte Version von »Hardy Heron«		
3	8.10	30.10.2008	Intrepid Ibex	*Unerschrockener Steinbock*	04.2010
	9.04	xx.04.2009			10.2010
	9.10	xx.10.2009			04.2011
	10.04 LTS	xx.04.2010			04.2013

Tabelle 3.1 Übersicht der bisherigen und geplanten Ubuntu-Veröffentlichungen. Die Support-Dauer in der letzten Spalte bezieht sich auf die Desktop-Versionen – für die Server-Variante verlängert sich die Unterstützung um weitere zwei Jahre. Die LTS-Versionen werden durch sogenannte »Point-Releases« zweimal aktualisiert, bevor die nächste LTS-Version erscheint.

Die Entwicklungsnamen der einzelnen Versionen sind immer zusammengesetzte Tierbezeichnungen, die zurzeit von Shuttleworth bei jedem Release aufs Neue vergeben werden. Zu Beginn erfolgten die Bezeichnungen noch recht willkürlich, die einzige Gemeinsamkeit bestand in der Endung *-hog* – *Warthog* (Warzenschwein) und *Hedgehog* (Igel). Seit »Breezy Badger« werden die Releases alphabetisch fortlaufend benannt. Es entfallen allerdings Buchstaben, für die sich kein geeigneter Name finden ließ. Dies geschah zum ersten Mal bei dem Buchstaben *C*.

Grumpy Groundhog

Der Name »Grumpy Groundhog« sollte eigentlich für die dritte Version von Ubuntu verwendet werden, die im Oktober 2005 erschien. Man wählte hier ebenfalls die Endung *-hog* wie bei den ersten beiden Versionen, aber zwei Gründe sprachen gegen die Bezeichnung. Erstens assoziiert der Name »Mürrisches Murmeltier« nicht gerade ein stabiles Betriebssystem, zweitens wurde man sich dessen bewusst, dass es nicht allzuviele Tiernamen mit der Endung *-hog* gibt und diese Bezeichnungen in naher Zukunft ausgehen würden. Daher änderte man die Bezeichnungsweise auf fortlaufende alphabetische Namen (s. o.).

Es besteht seit längerem die Überlegung eine zusätzliche Ubuntu-Version mit dem Namen »Grumpy Groundhog« zu veröffentlichen, die ähnlich wie Debian Sid (Sid bedeutet *Still in development* – zu Deutsch «Noch in Entwicklung«) immer die neuesten Programmpakete enthält und dementsprechend nie als finale Version veröffentlicht wird. Bei diesem Projekt herrscht allerdings seit längerem Stillstand.

Inzwischen sind die Entwickler dazu übergegangen, die aktuell sich in der Entwicklung befindliche Version scherzhaft mit dem Namen »Grumpy Groundhog« zu bezeichnen. Bei Fedora heißt so eine Version übrigens »Rawhide«.

Des Weiteren sollen die Bezeichnungen den Charakter der einzelnen Versionen widerspiegeln. Dies werde ich Ihnen anhand der einzelnen Versionen ab Seite 131 näher erläutern.

3.1.3 Welche Version für welchen Zweck?

Wir haben soeben festgestellt, dass Ubuntu in sogenannten Versionszyklen entwickelt wird und dass die mit »LTS« besonders ausgezeichneten Versionen jeweils das Ende eines solchen Zyklus darstellen. Am Beginn jedes Zyklus werden diejenigen Technologien in Ubuntu integriert, die einen großen Eingriff ins System darstellen. In den Folgeversionen innerhalb eines Zyklus werden diese Funktionen immer weiter verbessert und der Fokus der Entwicklung verschiebt sich in Richtung Stabilität.

Facelifts

Sie können dies in etwa mit der Entwicklung von Automobilen vergleichen. Stellen Sie sich vor, dass ein Autohersteller alle zwei Jahre ein neues Modell auf den Markt bringt. In der Zeit zwischen diesen Veröffentlichungen werden die Modelle halbjährlichen »Facelifts« unterworfen. Diese Facelifts bringen kleine, aber kontinuierliche Verbesserungen am gesamten Auto mit sich. So ändert sich z. B. das Design nicht grundsätzlich und auch an der Antriebstechnik werden nur geringfügige Modifizierungen vorgenommen. Aber insgesamt gewinnt das Auto durch jede der Schönheitsoperationen ein Stückchen mehr an Zuverlässigkeit.

Alle zwei Jahre gibt es dann von diesem Auto ein Sondermodell mit der Zusatzbezeichnung »LTS«, in dessen Konstruktion alle Verbesserungen der vergangenen zwei Jahre eingeflossen sind und das für die Kunden dann besonders attraktiv ist. Ein halbes Jahr nach Erscheinen dieses Sondermodells betritt der Nachfolger dieses Erfolgsautos die Bühne und die Abfolge aus halbjährlichen Facelifts beginnt von vorne.

Neu oder bewährt?

Nun können Sie sich grundsätzlich entscheiden, ob Sie immer das neueste Automodell fahren wollen, um auf der Höhe der Zeit zu sein, oder ob Sie besonderen Wert auf die Zuverlässigkeit des Sondermodells legen. Beide Varianten haben ihre Vor- und Nachteile – und damit verlassen wir dann auch den Vergleich mit einem Automobil. Denn es kann z. B. bei einem Rechner, der über neuere Hardware verfügt, sinnvoll sein, eher zu dem jeweils neuesten Ubuntu zu greifen. Die Chance, dass hierbei die Unterstützung für die neue Hardware vorhanden ist, ist naturgemäß höher als bei einer maximal eineinhalb Jahre alten Version.

3.2 Support

3.2.1 Zeiträume

Wie Sie anhand der obigen Tabelle erkennen können, ist der Support für einige Versionen von Ubuntu inzwischen ausgelaufen. Allgemein beläuft sich der Support-Zeitraum, in dem es für die einzelnen Versionen zugesicherte Sicherheits-Updates gibt, auf eineinhalb Jahre für die »normalen« Releases und auf drei Jahre für die LTS-Versionen.

Die Serverversion erhält sogar fünf Jahre lang zugesicherte Sicherheits-Updates, da diese Systeme sehr lange eingesetzt werden und das Interesse an einer neuen Version und dem damit verbundenen Umstieg sehr gering ist.

3.2.2 Welche Updates erhält der Anwender?

Noch ein Wort zu den zugesicherten Updates, bevor wir uns mit den bisherigen Releases zuwenden. Innerhalb des zugesicherten Support-Zeitraumes werden lediglich Sicherheits-Updates zur Verfügung gestellt, d. h. ausschließlich Aktualisierungen, die aufgetretene Sicherheitslöcher stopfen. Es werden über Updates keine neuen Funktionen bereitgestellt.

Diese Aussage bedarf einer kleinen Einschränkung. Von den Sicherheits-Updates profitieren in erster Linie Programme aus dem Main-Repository. Nur diese genießen die offizielle Unterstützung durch die Ubuntu-Entwickler.

Wenn Sie allerdings die sogenannten Backports aktiviert haben, dann erhalten Sie hierüber auch neue Programmversionen, die eventuell neue Funktionen implementieren.

[»] Sie erfahren mehr über Repositorys in Abschnitt 20.3 auf Seite 609 und über die Backports in Abschnitt 20.3.6 auf Seite 611.

3.2.3 Kostenpflichtiger Support

Support erhalten Firmen und Privatanwender über die Firma Canonical. Diese bietet für die Distribution Support ab 250 US-Dollar pro Jahr an. Weitere zertifizierte Software-Stacks mit Support-Angeboten sollen hinzukommen. Eine Übersicht über die Support-Angebote finden Sie in der folgenden Tabelle.

Auf der Seite *www.ubuntu.com/support* erfahren Sie mehr über die Support-Angebote von Canonical.

Umfang	9x5	24x7
Desktop Support	$ 250	$ 900
Server Support	$ 750	$ 2750
Großanlagen (Cluster)	$ 1200	$ 4000
Zeitraum	1 Jahr	1 Jahr
Telefon-Support	ja	ja
E-Mail-Support	ja	ja
Kostenlose Upgrades	ja	ja
Sicherheits-Updates	ja	ja

Tabelle 3.2 Die offiziellen Support-Angebote von Canonical (Stand: Juni 2008). 9/5 bedeutet eine Support-Möglichkeit von 9 Stunden an 5 Tagen. 24/7 bedeutet daher einen »Rund um die Uhr«-Service. Der Zeitraum beträgt immer ein Jahr und die Preise sind in US-Dollar ausgewiesen.

Bei einer großen Firmeninstallation ist es möglich, für einzelne Systeme Support zu kaufen, ohne für alle Installationen einen Service-Vertrag abschließen zu müssen. Hierin unterscheidet sich Ubuntu von Novell und RedHat. Bei der Konkurrenz sind Firmen verpflichtet, für jede Installation Support zu kaufen.

[»] Generell können Firmen natürlich Ubuntu auch ohne jegliche Service-Verträge einsetzen – Ubuntu ist auch für Firmen kostenlos.

3.2.4 Kostenloser Support

Kostenlosen Support erhalten Sie in Foren, IRC-Channels und Mailinglisten. Eine Übersicht über die möglichen Anlaufstellen finden Sie im Kapitel 32, »Wo bekomme ich weitere Hilfe?«, ab Seite 859.

3.3 Erste Generation

Nun wollen wir uns endlich die bisherigen »Ubuntus« etwas näher ansehen. Dabei wollen wir einen Bogen spannen von »Warty Warthog«, der ersten Version, bis zur (bei Drucklegung dieses Buches) aktuellsten Version. Diese teilweise merkwürdigen Tiernamen werden den Versionen von den Entwicklern gegeben, bevor sie als offizielle Versionen erscheinen. Nehmen Sie bitte meine Erklärungen für die Tiernamen, die den Versionen gegeben werden, nicht allzu ernst – sondern mit etwas Humor, so wie ich auch.

3.3.1 Warty Warthog

Am 20. Oktober 2004 betrat das allererste Ubuntu die Bühne. Ohne große Ankündigung und im Stillen entwickelt von einer ausgewählte Gruppe erfahrener Entwickler schlug nur wenige Wochen vorher die Nachricht von Ubuntu ins Internet ein wie eine Bombe. Genau am 15. September 2004 wurde die Preview von Ubuntu im Internet angekündigt.

Den genauen Wortlaut dieser Meldung und weitere Informationen rund um die Geburtsstunde von Ubuntu erhalten Sie in Abschnitt 2.1, »Ubuntu – Die Anfänge«, auf Seite 89. [+]

Warziges Warzenschwein

Dieses Release sollte wie ein Warzenschwein in die Linux-Welt eindringen – ohne Respekt und alles umwühlend. Dieses Schwein sollte mit voller Absicht in fremden Revieren wildern, und das hat es auch getan, wie sich zurückblickend feststellen lässt. Gleichzeitig war es voller Warzen, da die Version in großer Zeitnot entwickelt wurde und damit noch einige Unzulänglichkeiten enthielt.

Das Artwork

Rein optisch gesehen präsentierte sich das warzige Warzenschwein in einem wahrlich einzigartigen Outfit. In der Welt der Betriebssysteme dominiert mit großem Abstand die Farbe Blau. Nicht nur bei Windows, sondern auch bei vielen anderen Linux-Distributionen war dies der Fall. Ubuntu erschien in warmen Brauntönen. Dies ist schon bei der Anmeldung am System unübersehbar (siehe Abbildung 3.2) und erstreckt sich bis auf den Desktop des fertig gestarteten Systems (siehe Abbildung 3.3).

Mit diesen Brauntönen sollten zwei Anliegen von Ubuntu visualisiert werden. Zum einen wollte Ubuntu seine Verbindung zu (Süd-)Afrika zum Ausdruck bringen, zum anderen sollte diese Distribution auch in seiner optischen Erscheinung »menschlich« wirken.

Abbildung 3.2 Der Anmeldebildschirm (GDM) von Ubuntu 4.10 – »Warty Warthog«

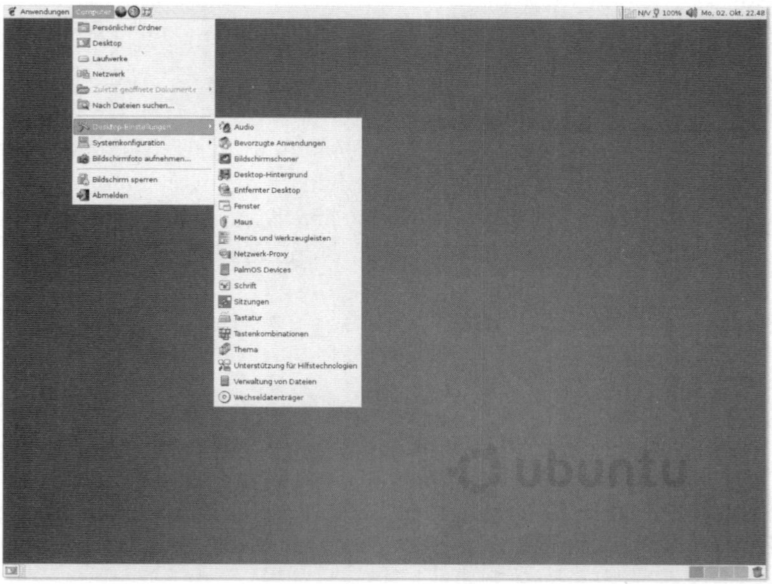

Abbildung 3.3 Der Desktop von Ubuntu 4.10 – »Warty Warthog«

Eine kleine Anekdote am Rande

Zu Beginn wurde noch sehr viel Wert auf künstlerische Hintergrundbilder gelegt. Also machte man verschiedene Fotos von zwei Frauen und einem Mann (siehe Abbildung 3.4). Die Modelle stammen aus kulturell verschiedenen Teilen der Welt und sollen gemeinsam für die Verbindung zwischen den verschiedenen Kulturen stehen. Die Gruppierung dieser drei Personen sollte den »Circle of Friends« verdeutlichen.

Es gab ein Metapaket, das eine Reihe von Hintergrundbildern mit diesen Menschen installierte. Monatlich wechselnde Motive brachten etwas Abwechslung in den tristen Computeralltag. Sie können sich diese Pakete immer noch ansehen und die vorhandenen Hintergrundbilder aus dieser Serie installieren. Suchen Sie einfach mithilfe von *Synaptic* nach *ubuntu-calendar*.

Wie Sie *Synaptic* verwenden, erfahren Sie in Abschnitt 20.5.3 auf Seite 620. **[+]**

Abbildung 3.4 Der Stein des Anstoßes. Diese drei nackten Schönheiten sorgten bei manchen Benutzern für helle Aufregung – leider nicht immer positive.

Leider wurde bei der Gestaltung dieses zweifellos schönen Motives vergessen, dass in vielen Ländern die Darstellung einer auch nur teilweise entblößten Frau ein absolutes Tabu ist. In der Folge des Erscheinens von »Warty Warthog« hagelte es regelrecht Proteste aus verschiedenen Ländern. Ubuntu galt in vielen Ländern als »uninstallierbar«, da sich bei der ersten Installation ein solches Motiv als Standard-Hintergrundbild präsentierte.

Als Folge dieses Protests entschloss man sich bei Canonical, auf diese Motive zu verzichten. Seitdem wird der »Circle of Friends« durch angezogene Menschen aus verschiedenen Kulturkreisen symbolisiert (siehe Seite 94).

Die optische Erscheinung von Ubuntu änderte jedoch insgesamt nichts am am schlagartigen Erfolg dieser Distribution. Die wichtigsten Gründe für diesen Erfolg waren:

- der einfache Aufbau (pro Zweck nur ein Programm)
- die einfache Installation (vereinfachter Debian-Installer)
- die hervorragende Stabilität im produktiven Einsatz
- eine sehr große Auswahl an zusätzlicher Software bei Bedarf
- eine hervorragende Infrastruktur durch die enge Zusammenarbeit mit GNOME-Entwicklern
- eine herausragend freundliche Gemeinschaft der Benutzer

Technische Aspekte

Die erste Version erschien mit folgenden Kernkomponenten:

Ubuntu 4.10	
Entwicklungsname	Warty Warthog
Übersetzung	Warziges Warzenschwein
Kernel	2.6.9
GNOME	2.8
Erscheinungsdatum	20.10.2004
Unterstützung bis	April 2006

Tabelle 3.3 Eckdaten von Ubuntu 4.10

Problematisch waren die divergierenden Architekturen und die damit einhergehenden unterschiedlichen Hardware-Erkennungen der Live- und der Installations-CD. Folglich konnten einige Benutzer, bei denen die Live-CD zwar problemlos startete, Ubuntu mit der Installations-CD trotzdem nicht installieren.

Aprilscherz

Auch wenn Ubuntu heute eindeutig professionelle und kommerzielle Ziele hat, startete der »Warty Warthog« mit viel Sinn für Humor und vielen mutigen Neuerungen. Neben den etwas verrückten Namen und dem streitbaren Design überraschte Ubuntu am 1. April 2005 seine Benutzer mit einem kleinen Aprilscherz.

Statt des nüchternen Anmeldebildschirms wurde man von drei Männern begrüßt, die den »circle of friends« darstellen sollten. Einer dieser Herren war Mark Shuttleworth (siehe Abbildung 3.5). Am 2. April verschwand der Anmeldebildschirm genauso plötzlich, wie er gekommen war.

Abbildung 3.5 Am 01. April 2005 wurde der Benutzer mit diesem Hintergundbild im Anmeldedialog begrüßt. Das Bild wurde durch ein normales Update überraschend eingespielt und einen Tag später wieder entfernt. Unten rechts sehen Sie übrigens Mark Shuttleworth.

3.3.2 Hoary Hedgehog

Am 08. April 2005 folgte der zweite Streich, das Warzenschwein bekam einen legitimen Nachfolger – den altersgrauen Igel. Nachdem die erste Version eine Menge Staub aufgewirbelt hatte, präsentierte sich die zweite Version deutlich gereifter. Ubuntu hatte sich bereits in seiner kurzen Geschichte einen Namen gemacht und ein stacheliges Fell zugelegt. Man konnte nun einen Gang zurückschalten und sich ganz auf die Weiterentwicklung dieser Distribution konzentrieren.

Bei der Entwicklung der neuen Version von Ubuntu »Hoary Hedgehog« stand eher eine Evolution als eine Revolution an. Nach der äußerst erfolgreichen Premiere des »Warty Warthog« musste das Rad nicht neu erfunden werden. Der Fokus lag eindeutig auf Detaillösungen und Bugfixes. Neue und offensichtliche Funktionen gab es eher wenige. Trotzdem wurde unter der Oberfläche eine Menge gewerkelt. Am meisten Arbeit steckte wahrscheinlich in der nochmals verbesserten Hardware-Erkennung, vor allem im Aufbau der Live-CD, die bei der ersten Version von Ubuntu noch viel Kritik einstecken musste.

Die gravierendste Neuerung bei »Hoary Hedgehog« ist sicherlich der Wechsel des X-Servers von Xfree auf X.org. Eine andere »Kleinigkeit« ist die Kreation von Kubuntu, einer Ubuntu-Version mit KDE als Standard-Desktop (statt GNOME).

Auf Kubuntu werde ich in Kapitel 10, »Kubuntu«, ab Seite 331 noch genauer eingehen. [+]

Das Artwork

Im Erscheinungsbild präsentierte sich der Igel frischer und lebendiger als sein Vorgänger. Man merkt an allen Stellen des Systems, dass bei dieser Version sehr viel mehr Wert auf Details gelegt wurde. Der GNOME Display Manager (kurz GDM) präsentiert sich schlichter als bei Warty (siehe Abbildung 3.7).

Nach dem Anmelden sehen Sie das Laden aller nötigen Programme animiert in einem schmalen Splash-Screen (siehe Abbildung 3.6), bevor Sie der neue Desktop begrüßt (siehe Abbildung 3.8).

Abbildung 3.6 Der Splash-Screen von Ubuntu 5.04

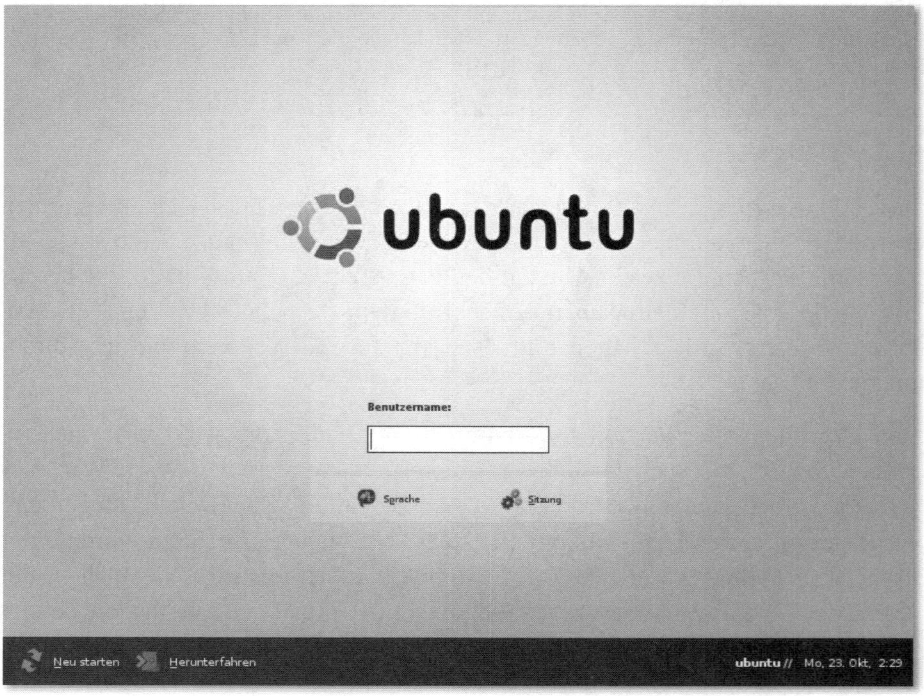

Abbildung 3.7 Der Anmeldemanager GDM von Hoary Hedgehog

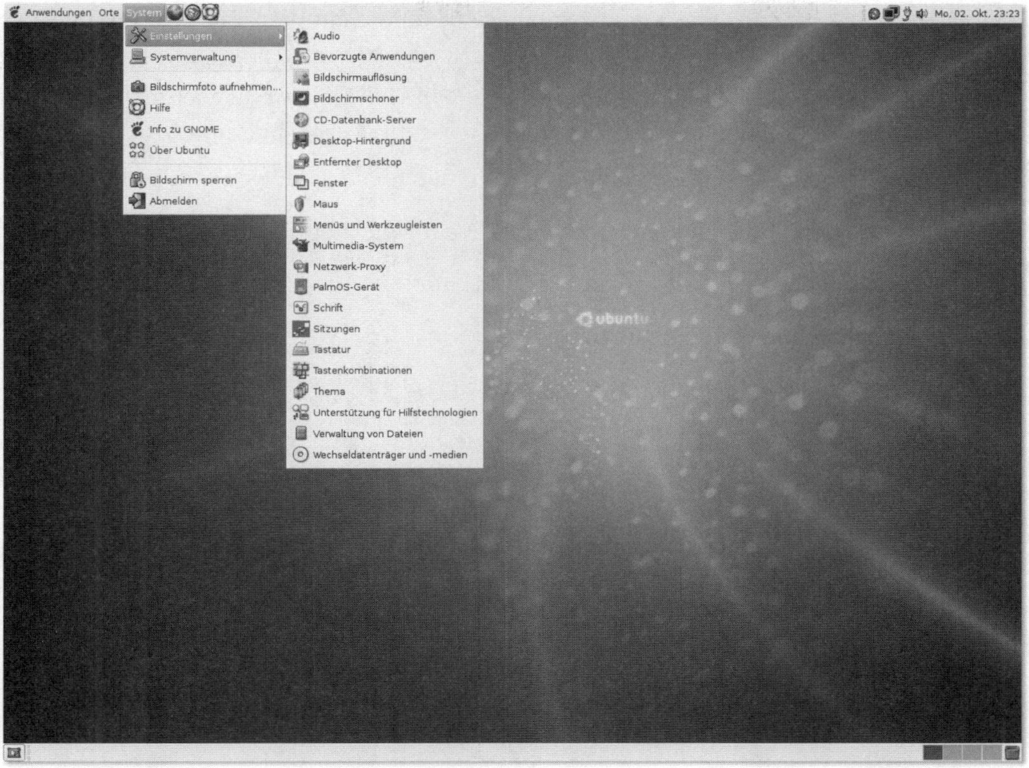

Abbildung 3.8 Der Desktop von Hoary Hedgehog

Neuerungen

Ubuntu 5.04	
Entwicklungsname	Hoary Hedgehog
Übersetzung	Ergrauter Igel
Kernel	2.6.10
GNOME	2.10
Erscheinungsdatum	08.04.2005
Unterstützung bis	Oktober 2006

Tabelle 3.4 Eckdaten von Ubuntu 5.04

Ubuntu 5.04 enthält im Gegensatz zu Warty den X-Server von X.org. X.org hat einige gewichtige Vorteile gegenüber dem älteren Xfree86. So werden wesentlich mehr Grafikkarten verschiedener Hersteller unterstützt. Eine verbesserte automatische Erkennung nimmt Ihnen bei der Installation eine Menge Arbeit ab und erlaubt eine fast vollständige Erkennung und Einbindung der Karte in Ihr System.

»Hoary Hedgehog« beinhaltete zwei ganz neue Pakete, die auf dem Paketverwaltungsprogramm *Synaptic* aufbauen und Ihnen dabei helfen, den Computer immer ohne explizite Anstrengungen auf dem neuesten Stand zu halten. Diese neuen Pakete sind der *update-manager* und der *upgrade-notifier*.

[»] Diese beiden Programme sind heute noch in Ubuntu enthalten. Sie erfahren mehr über

- das Aktualisieren von Ubuntu in Abschnitt 7.3 auf Seite 271 und
- das sogenannte Upgraden der gesamten Distribution in Abschnitt 6.5.1 auf Seite 250.

Der altersgraue Igel bietet nun erstmals

- eine integrierte Dokumentation,
- den Ubuntu FAQ Guide (Frequently Asked Questions, häufig gestellte Fragen) und
- den Ubuntu Quick Guide (Schnellstart-Dokumentation)

an. Mit der Einführung dieser Dokumente hat sich Ubuntu ein weiteres Ziel gesetzt: Ubuntu soll die am besten dokumentierte Distribution werden.

Der Ubuntu FAQ Guide hat das Ziel, besonders häufig gestellte Fragen der Benutzer zu beantworten. Der Ubuntu Quick Guide ist eine Einführung in den Ubuntu-Desktop, der die GNOME-Desktopumgebung und die vorhandenen Funktionen und Programme erklärt.

Die erste Version von Kubuntu

Ubuntu war im Oktober 2004 nur mit der Desktopumgebung von GNOME an den Start gegangen. Während GNOME in den USA und anderen Ländern sehr erfolgreich und beliebt ist, ist die Situation in Europa und speziell in Deutschland die alternative Desktopumgebung mit dem Namen KDE (K Desktop Environment) beliebter als GNOME.

Ubuntu stand von Beginn an Menschen und Ideen offen gegenüber, die das System modifizieren und damit für ihre Bedürfnisse anpassen möchten. Und genau das haben Anfang 2005 ein paar Freiwillige gemacht und mit der Unterstützung von Canonical ein Ubuntu mit KDE entwickelt, ein sogenanntes »Kubuntu«.

Canonical hatte für dieses Projekt einen zusätzlichen Entwickler eingestellt, der sich ausschließlich um KDE und im Folgenden dann auch für Ubuntu engagierte. Kubuntu war zu dieser Zeit lediglich ein optionales Ubuntu, das Canonical zwar förderte, indem es dieses Projekt auf den eigenen Servern bereitstellte und somit einige Teile der Infrastruktur dafür öffnete. Ein offizielles Ubuntu-Derivat war es zu diesem Zeitpunkt aber noch nicht. Dies sollte sich 2006 mit der Veröffentlichung von »Dapper Drake« ändern, doch dazu kommen wir in Abschnitt 3.3.4, »Dapper Drake«, auf Seite 143.

Hoary führt erstmals Sprachpakete ein, die es dem Nutzer erlauben, sein gesamtes System mit einem einzigen Paket zu lokalisieren.

Abbildung 3.9 Der Anmeldebildschirm (KDM) von »Hoary Hedgehog« in der Kubuntu-Version

Ubuntu hat in seiner neuen Version nun einen vereinheitlichen Hardware-Erkennungsprozess. Die Live-CD, der Installationsprozess und das installierte System nutzen alle *hotplug*. Wenn die Live-CD Ihre Hardware korrekt erkennt und konfiguriert, wird es der Installationsprozess bei einer »richtigen« Installation auch tun. Die Live-CD kann fortan dazu benutzt werden, um die Kompatibilität vor der Installation von Ubuntu zu testen.

Canonical bietet nun auch ein Image für die Installation von DVD an. Das Installations-Image für DVDs enthält alle unterstützten Pakete aus dem Main-Repository. Dies ist natürlich von Vorteil, wenn Sie eine langsamere Internetverbindung als DSL haben. So müssen Sie z. B. bei einer Installation mithilfe dieser DVD keine weiteren Sprachpakete separat herunterladen, um ein komplett deutsches System zu erhalten. [o]

3.3.3 Breezy Badger

Am 13. Oktober 2005 wurde die mittlerweile dritte Version von Ubuntu vorgestellt, der »Breezy Badger«, zu deutsch: Frechdachs. Das System wurde insgesamt immer ausgefeilter, die bereits schon überragende Qualität der Hardware-Erkennung wurde stetig weiterentwickelt und erreichte mit dieser Version einen vorläufigen Höhepunkt.

Der Fokus steckt bei Breezy in der verbesserten Hardware-Erkennung bei Notebooks. So wurde bei der Entwicklung der aktuellen Version sehr viel Wert darauf gelegt, dass z.B. WLan und die Stromsparfunktionen »Out of the Box« funktionieren. Die Unterstützung für Notebooks ist seit jeher eine kleine Schwäche von Linux gewesen. Insofern erscheint der Name gut gewählt: Der Frechdachs hat keine Hemmungen, sich nun auch auf Notebooks breitzumachen.

[»] Zuerst sollte diese Version noch Grumpy Groundhog heißen (wieder ein -hog). Man entschied sich aber, dass der Name »Mürrisches Murmeltier« kein geeigneter Name für eine Distribution darstellt, die alles andere als mürrisch erscheinen soll.

Das Artwork

Erstmals wird bei Ubuntu ein Paket namens *usplash* integriert. Es sorgt für einen grafischen Fortschrittsbalken beim Booten des Systems (siehe Abbildung 3.10).

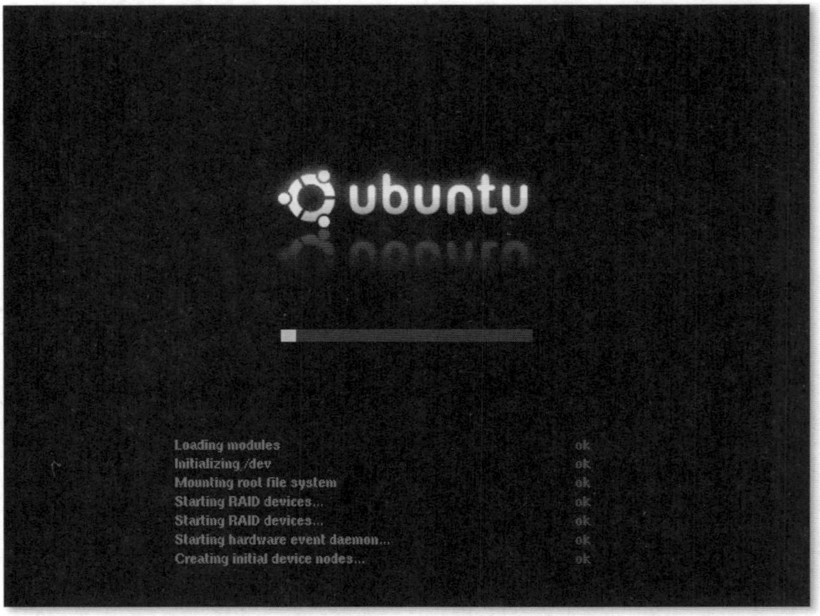

Abbildung 3.10 Der neu eingeführte grafische Fortschrittsbalken beim Booten des Systems

Dies wurde von vielen Anwendern gewünscht, und es entbrannte eine Diskussion über Sinn und Unsinn dieses Features, da von den Gegnern befürchtet wurde, dass dadurch die wichtigen Statusmeldungen nicht mehr sichtbar sein könnten, die über das Starten der nötigen Prozesse und Module informieren. Ubuntu beschritt einen Zwischenweg, wie in Abbildung 3.10 zu sehen ist.

Abbildung 3.11 Der GDM von »Breezy Badger« präsentiert sich unverändert gegenüber »Hoary Hedgehog«.

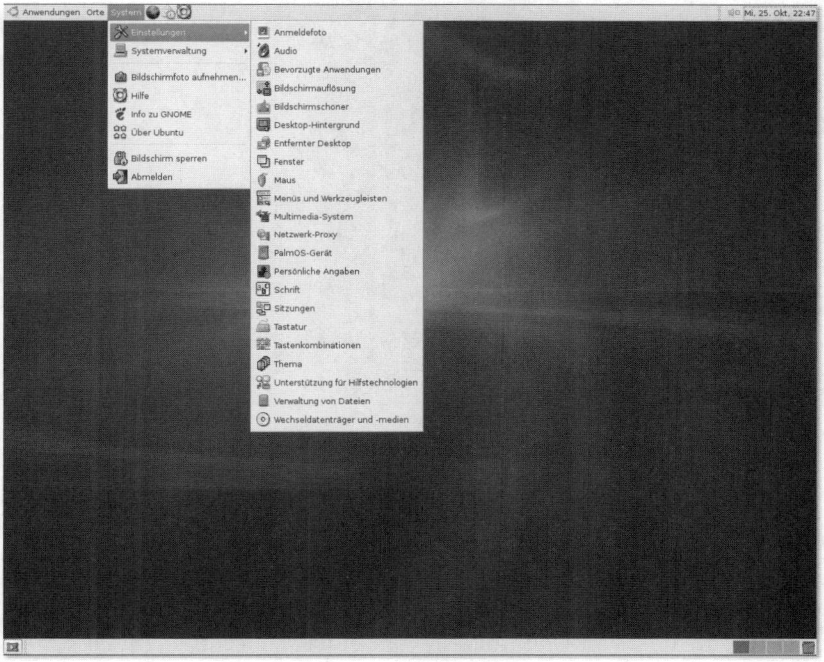

Abbildung 3.12 Der Desktop von »Breezy Badger«

Neuerungen

Ubuntu 5.10	
Entwicklungsname	Breezy Badger
Übersetzung	Flotter Dachs
Kernel	2.6.12
GNOME	2.12
Erscheinungsdatum	13.10.2005
Unterstützung bis	April 2007

Tabelle 3.5 Eckdaten von Ubuntu 5.10

In Breezy ist die OpenOffice.org-Version 2.0 enthalten. Diese Version enthält die neue Komponente *base*, eine Datenbankanwendung ähnlich wie *Microsoft Access*. Diese Komponente befindet sich allerdings noch in der Entwicklung. Erwarten Sie bitte von ihr nicht den gleichen Funktionsumfang wie von Access. Zusätzlich ist ein neues, standardisiertes Open-Document-Dateiformat enthalten sowie ein verbesserter PDF-Export.

Abbildung 3.13 Kubuntu enthält nun KDE 3.4 in »Breezy Badger«.

OEM

Auch wenn die meisten von uns wahrscheinlich keinen PC-Versand aufbauen wollen, ist es vielleicht doch interessant zu wissen, dass Canonical einen neuartigen OEM-Modus eingebaut hat, damit die Vorinstallation von Ubuntu-Systemen einfacher gelingt. Dieser Schritt ist insofern bemerkenswert, da man erkennen kann, dass Canonical zunehmend auch kommerzielle Wege beschreiten möchte. Dieser Weg wird aber immer parallel zur kostenlosen Bereitstellung von Ubuntu beschritten.

Die Installationsroutine wurde um die zusätzliche Option erweitert, dass Sie nun bestehende Partitionen, auf denen bereits Betriebssysteme existieren (z. B. Windows), automatisch verkleinern lassen können. Hierdurch schaffen Sie Platz, um Ubuntu zu installieren.

Kurz vor der Veröffentlichung von Dapper wurde der *update-manager* aktualisiert und erweitert. Damit unterstützt der *Synaptic*-Paketmanager auch das Upgrade von Ubuntu. Sie können nun also erstmals von einer alten Ubuntu-Version auf eine neue Version aktualisieren.

3.3.4 Dapper Drake

Am 01. Juni 2006 erschien die erste Version von Ubuntu mit dem Kürzel *LTS*. Die Abkürzung steht für »Long Term Support« und zeichnet eine Version aus, die besonders langen Support genießt und für den Einsatz in Unternehmen prädestiniert ist.

Mehr zum Thema Support erfahren Sie in Abschnitt 32.5 auf Seite 873. [+]

Mark Shuttleworth, der Initiator, sprach deutlich über den gestiegenen Anspruch und bezeichnet Ubuntu 6.06 als

> *»... äußerst stabil und zuverlässig und damit sehr geeignet für den Produktiveinsatz.«*

Mehrmals präsentierte er diese Ubuntu-Version als Alternative zu Microsoft Windows Vista.

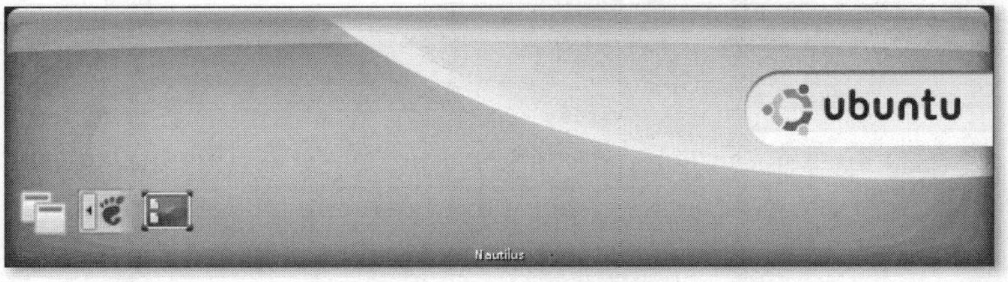

Abbildung 3.14 Der Splash-Screen von Ubuntu 6.06

So ist die LTS-Version ein »Eleganter Erpel«, weil er besondere Unterstützung genießt und sehr ausgereift ist. Diese Version bildet das stolze Ende einer zweijährigen Entwicklung, die mit Warty ihren Anfang nahm. Ubuntu 6.06 läutet einen neuen, zusätzlichen Release-Zyklus ein, mehr dazu erfahren Sie in Abschnitt 3.1, »Veröffentlichungspolitik«, auf Seite 126.

Zudem wurde in dieser Version das Artwork stark überarbeitet, um die besondere Stellung auch optisch zu verdeutlichen. Dapper erscheint nun viel heller und in neuen Orange- und Karamelltönen.

Der herausragendste Unterschied zu den Vorgängern lag in der deutlich gesteigerten Geschwindigkeit. Hier profitierte Ubuntu vor allem von GNOME 2.14, das um einiges schneller ist als noch Version 2.12. Zusammen mit dem schnelleren Bootvorgang, der bei Breezy im Lastenheft der Entwickler stand, startet Dapper auf manchen System in der Hälfte der Zeit, die noch Warty brauchte.

[»]

Warum eigentlich 6.06 und nicht 6.04?

Dapper Drake erschien mit einer Verspätung von sechs Wochen. Ursprünglich sollte diese Version im April 2006 erscheinen und hätte dementsprechend Ubuntu 6.04 heißen müssen. Durch die Verspätung änderte sich die Versionsnummer. Der Grund für die Verspätung liegt in einer erweiterten Testphase für diese Version. Die Entwickler hatten deutlich mehr Zeit für das Aufspüren und Beheben von Softwarefehlern in der Distribution.

Dies ist insoweit sinnvoll, als man für die LTS-Versionen sehr lange Updates garantiert und dies die erste Version ist, mit der man eindeutig auf den Firmeneinsatz spekuliert. Im Rahmen des Erscheinens von Dapper hat man bei Ubuntu seine Infrastruktur optimiert und bietet professionellen Support (gegen Bezahlung) an.

Server

Besonders hervorzuheben ist die Servervariante von Ubuntu, die gleichzeitig mit der Desktopversion erschienen ist. Diese Version bringt zwei vorkonfigurierte Kernel mit, einen für kleinere Rechner und einen für Server mit mehr als acht CPUs. Die Serverversion verspricht das besonders einfache Aufsetzen eines zertifizierten LAMP-Servers. Die professionelle Ausrichtung ist unter anderem daran zu erkennen, dass IBM, Oracle und MySQL den Server bereits für ihre Datenbanken zertifiziert haben.

Das Artwork

Wie bereits erwähnt, hat Ubuntu bei Dapper die größten optischen Veränderungen seit Bestehen dieser Distribution vorgenommen. Der Erpel wirkt noch einmal deutlich frischer und lebendiger als sein Vorgänger, der Frechdachs.

Durch Effekte wie abgerundete Fensterleisten, Glas-Effekte mit Spiegelungen und horizontale Farbverläufen in Kontextboxen wirkt Dapper edler und optisch ausgereifter als alle vorherigen Ubuntus. Einen Eindruck von diesen Veränderungen vermittelt Ihnen Abbildung 3.16.

Die Bedienung wurde erneut erweitert, indem man die Menüstruktur stark überarbeitete. Alle Aufgaben, die Administratorrechte verlangen, sind jetzt in einem Menü zusammengefasst unter System • Administration.

Seit Breezy startet Ubuntu mit *usplash*, einem grafischen Fortschrittsbalken. Mit Dapper hält nun auch die Umkehrung dieser Idee Einzug in die Distribution. Wenn Sie Ihren

PC herunterfahren, erscheint ein Fortschrittsbalken, der sich rückwärts abbaut, um den Fortschritt des Herunterfahrens anzuzeigen.

Abbildung 3.15 Der nochmals aufgeräumte GDM von »Dapper Drake«

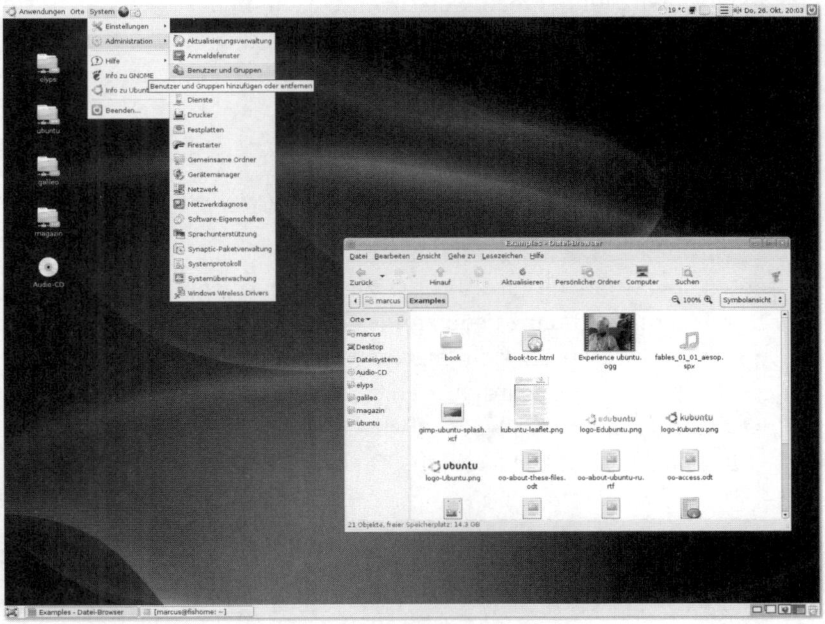

Abbildung 3.16 Der Desktop von »Dapper Drake«

In GNOME halten der *GNOME Power Manager* und der *Network Manager* Einzug. Der *GNOME Power Manager* liefert in Notebooks detaillierte Informationen über den (Lade-) Zustand der Batterie und stellt Ihnen die ACPI-Funktionen Ihres Computers zur Verfügung.

Mithilfe des Network Managers können Sie problemlos die WLAN-Netze wechseln, falls Sie sich regelmäßig an verschiedenen Orten in unterschiedlichen Netzwerke anmelden müssen.

Neuerungen

Ubuntu 6.06	
Entwicklungsname	Dapper Drake
Übersetzung	Eleganter Erpel
Kernel	2.6.15
GNOME	2.14
Erscheinungsdatum	01.06.2006
Unterstützung bis	Juni 2009

Tabelle 3.6 Eckdaten von Ubuntu 6.06

Ubuntu 6.06 startete mit dem etwas veralteten Kernel 2.6.15 sowie mit teilweise nicht mehr ganz aktuellen Softwareversionen. Dies ist ein Zugeständnis an die Stabilität, die bei diesem Release im Vordergrund stand.

[»] Bemerkenswert ist, dass die Unterschiede zu Debian, von dem sich Ubuntu durch eine deutlich größere Aktualität abheben will, immer mehr verschwinden, zumindest wenn man sich die LTS-Versionen ansieht. Es wird sich noch zeigen, in welche Richtung diese Entwicklung in Zukunft gehen wird, denn auch Debian hat sich die Kritik zu Herzen genommen und arbeitet an einem verkürzten Release-Zyklus.

Der etwas ältere Kernel wirkte sich auf jeden Fall nicht negativ auf die Hardware-Erkennung aus. Ubuntu bietet hier von Beginn an eine hervorragende Hardware-Erkennung – neben Knoppix wohl die beste aller Distributionen.

Mit »Dapper Drake« sollten Live- und Installations-CD zusammengelegt werden und in der Folge nur noch ein Installationsmedium existieren, der Name dieser kombinierten CD lautet »Desktop-CD«. Von dieser Desktop-CD kann man wie von einer Live-CD booten und dann aus dem laufenden Live-System heraus installieren. Der Name des dafür zuständigen Programms ist *Ubiquity*, was so viel wie »Allgegenwärtigkeit« bedeutet. Mit Erscheinen dieser Version wurde die Installation über die Desktop-CD als die favorisierte angegeben.

[✱] Leider hatte die Integration von *Ubiquity* einige Schwächen. Auf vielen Computern war die Installation von Ubuntu 6.06 nicht möglich. Es häuften sich dort die Fehlermeldungen, so dass dieser Bug einer der Gründe war, nur zwei Monate nach Erscheinen eine überarbeitete Version 6.06.1 zu präsentieren.

Parallel zur Desktop-CD gibt es von jeder Version noch eine alternative CD, die die klassische textbasierte Installation ermöglicht. Sie trägt auf den Namen »Alternate-CD«.

In vielen Fällen ist diese Möglichkeit zu empfehlen, denn trotz der Behebung zahlreicher Fehler gibt es noch immer einige Probleme:

- Das Live-System muss zunächst einmal starten. Dazu werden mindestens 256 MB RAM benötigt. Aber auch mit 256 MB RAM verlaufen die Vorbereitungen zur Installation quälend langsam.
- Weder die Einrichtung von LVM noch die eines RAID-Systems ist möglich.

Details über die grafische Installation erfahren Sie in Abschnitt 6.3 »Installation von der Live-CD/DVD« ab Seite 228. In Abschnitt 6.4, »Textbasierte Installation«, ab Seite 232 werden wir eine textbasierte, also klassische Installation Schritt für Schritt nachvollziehen. [+]

Die Hardwareanforderungen haben sich übrigens seit Erscheinen der ersten Version nahezu verdoppelt. So braucht Dapper mittlerweile nahezu 3 Gigabyte Platz auf der Festplatte und benötigt mindestens 256 Megabyte Arbeitsspeicher. Warty war hier noch viel bescheidener, aber verglichen mit aktuellen Windows-Versionen wie beispielsweise Vista ist es immer noch wenig. Bei Vista werden bis zu 4 Gigabyte Platz auf der Festplatte und 1 Gigabyte Arbeitsspeicher benötigt. [«]

Kubuntu 6.06 LTS

Auch Kubuntu ist in der Version 6.06 ein LTS-Release, also eine Version mit erweitertem Support. Sie erschien ebenfalls am 01.06.2006.

Abbildung 3.17 Der KDM von Kubuntu 6.06 LTS. In dieses Release wurde KDE in der Version 3.5.2 integriert.

Diese Version enthielt KDE 3.5.2 und einen neuen Installer, der das direkte Installieren aus der Live-CD-Umgebung heraus erlaubt.

[+] Sie erfahren mehr über Kubuntu in Kapitel 10, »Kubuntu«, ab Seite 331.

Xubuntu – Ein neues Ubuntu

Mit dem Erscheinen von Dapper begrüßten wir Xubuntu im Kreis der offiziell unterstützten Derivate. Xubuntu ist noch ein sehr junges Projekt und hat entsprechend nicht den Status eines LTS-Release. In Xubuntu 6.06 ist Xfce in der Version »4.4 beta 1« und in 6.10 in der Version »4.4 beta 2« integriert.

Für ältere Computer, auf denen Ubuntu respektive Kubuntu nicht oder nur sehr langsam ihren Dienst verrichten, ist Xubuntu ein Versuch wert. Auch Minimalisten schätzen die Einfachheit von Xfce in Verbindung mit Ubuntu – Xubuntu. Mit Erscheinen von Ubuntu 8.04 dürfte Xubuntu auch ein reguläres LTS-Release werden.

Abbildung 3.18 Der Anmeldebildschirm (ebenfalls GDM) von Xubuntu

[»] Xubuntu ist von den offiziellen Servern verfügbar oder über das Metapaket *xubuntu-desktop* zusätzlich installierbar.

Was hat es mit 6.06.1 und 6.06.2 auf sich?

[«]

Aufgrund diverser Mängel in Ubuntu 6.06 entschloss man sich, eine Maintenance-Version zu veröffentlichen. Diese erschien zwei Monate nach der Ubuntu 6.06 und trug die Versionsbezeichnung 6.06.1. In diese Version flossen über 300 Aktualisierungen ein, die sich innerhalb von nur zwei Monaten angesammelt hatten. Die größten Bugs waren der fehlerhafte Installer und eine mangelhafte deutsche Lokalisierung, insbesondere bei den KDE-Paketen.

Anfang 2008 folgte die zweite und letzte Maintenance-Version von Dapper Drake: 6.06.2. Auch von Ubuntu 8.04 »Hardy Heron« sind wieder zwei dieser *Point-Releases* geplant.

Auch *Shipit* wurde mit den neuen Versionen ausgerüstet. Sie erfahren mehr über *Shipit*, »Kostenfreier Versand mit ShipIt«, in Abschnitt 2.3.3 auf Seite 111.

3.4 Zweite Generation

3.4.1 Edgy Eft

Am 26. Oktober 2006 erschien die fünfte Version von Ubuntu mit dem Namen »Edgy Eft«. Nach dem vorherigen Release, bei dem die Stabilität oberste Priorität hatte und auf neue technische Spielereien verzichtet wurde, rief Mark Shuttleworth für Ubuntu 6.10 die Entwickler auf, sich dort auszutoben. So klangen die Ankündigungen für diese Version sehr vielversprechend. Die Version mit dem Namen »Edgy Eft« (zu deutsch *Nervöser Molch*) sollte *bleeding edge* sein, also das Neueste vom Neuesten enthalten.

Es wurden dreidimensionale Desktops mit XGL, eine vollständige Integration von Xen und SELinux angekündigt und noch vieles mehr. Mögliche Instabilitäten sollten dabei in Kauf genommen werden. Produktivanwender sollten nach wie vor Ubuntu 6.06 LTS verwenden. Nach einigen Diskussionen wurden die meisten dieser Pläne wieder aufgegeben und auf die nächste Version verschoben, die im April 2007 erschien. Dies hatte folgende Gründe:

- Da der Vorgänger »Dapper Drake« mit sechs Wochen Verspätung erschien, wollte man die Veröffentlichung von »Edgy Eft« wieder an den Release-Zyklus von GNOME annähern und zur ursprünglichen Politik der halbjährlichen Veröffentlichungen zurückkehren. Somit blieben für »Edgy Eft« effektiv nur vier Monate Zeit zum Entwickeln und Testen. Für den Test der meisten Neuerungen blieb so schlichtweg zu wenig Zeit.
- Das Risiko, ein instabiles System zu veröffentlichen, wollte niemand eingehen, da man sich des Image-Verlustes für Ubuntu bewusst war. Viele Anwender benutzen aus Prinzip immer die neueste verfügbare Version und somit war die Empfehlung für den Einsatz von »Dapper Drake« hinfällig. Unternehmen, die Ubuntu einsetzen, werden schon alleine wegen des verlängertem Support-Zeitraumes bei den älteren LTS-Versionen bleiben. Aber auch produktiv arbeitenden Anwendern wurde empfohlen, bei der alten Ubuntu-Version zu bleiben.

Beginn des zweiten Zyklus

»Edgy Eft« markierte den Beginn des zweiten Release-Zyklus, der in die zweite LTS-Version Ubuntu 8.04 LTS mit dem Namen »Hardy Heron« mündet (siehe Abschnitt 3.4.4, »Hardy Heron«, ab Seite 170). Gleich zu Beginn bleibt festzuhalten, dass Ubuntu 6.10 damit als ersten Schritt auf dem Weg dorthin einige Neuerungen an Bord hat, die natürlich nicht so ausgereift sein können wie es noch bei »Dapper Drake« der Fall war. Als Beispiel sei hier gleich der *Firefox 2* vorweggenommen, der erst kurz vor Veröffentlichung von Edgy als stabile Version erschien. Dieser hat teilweise neue Techniken und kann nicht so ausgereift sein wie die x-te Verbesserung der Firefox-1er-Serie.

[!] Wenn Sie außerordentlichen Wert auf Stabilität setzen, weil Sie z. B. überwiegend produktiv mit Ihrem System arbeiten, dann sollten Sie generell die LTS-Versionen bevorzugen. Wenn die Neugierde überwiegt, was verständlich ist, dann sollten Sie sich zumindest zu Beginn die neueste Version erst einmal parallel installieren, um sie in Ruhe zu testen, bevor Sie die alte löschen.

[»] Zwei Monate nach dem Erscheinen von Edgy Eft erschien »Evil Edgy«, die erste Version der »Ubuntu Satanic Edition« (siehe Abschnitt 8.3.7 auf Seite 296).

Im Folgenden wollen wir uns die wesentlichen Neuerungen von »Edgy Eft« genauer ansehen.

Installation

Auch von Ubuntu 6.10 gibt es wieder die übliche Vielfalt an Installationsmöglichkeiten. So sind auf den Downloadseiten von Ubuntu nicht nur die Server-Images für verschiedene Architekturen zu finden, sondern auch die PPC-, AMD64- und 386er-Versionen jeweils in den zwei Varianten *Desktop* und *Alternate*.

Bei beiden Varianten haben sich einige Kleinigkeiten geändert. Während die textbasierte Installation (Alternate) nun eine detaillierte Abfrage nach dem zu verwendenden Tastaturlayout startet, haben sich die deutlicheren Veränderungen bei der grafischen Installation (Desktop) ergeben. Hier wurde stark nachgebessert, nachdem bei Ubuntu 6.06 LTS viel Kritik an dem zuständigen Paket *ubiquity* geübt wurde.

In seiner aktuellen Version überschreibt der grafische Installer nicht mehr ungefragt den MBR (Master Boot Record) der ersten Festplatte, sondern gibt dem Anwender die Möglichkeit, selber zu entscheiden, wo er *grub* installieren möchte. Insgesamt scheint sich die Zeit, die Ubuntu für den Installationsvorgang benötigt, noch einmal verkürzt zu haben.

Das Artwork

Als Erstes fällt das veränderte Äußere von Edgy auf. An dem Paket *usplash* wurden eine Reihe von Verbesserungen vorgenommen. Unter anderem kann sich der *Bootsplash* (siehe Abbildung 3.19) jetzt an größere Monitore und unterschiedliche Auflösungen anpassen.

Auch Kubuntu hat einen eigenen *Bootsplash* (siehe Abbildung 3.20). Bei beiden Varianten ist neu, dass die Systemmeldungen nicht mehr angezeigt werden, sondern »still« gebootet wird. Dies hat meines Erachtens den Nachteil, dass man nur mit großer Verzögerung sehen kann, an welcher Stelle ein Startvorgang eventuell Schwierigkeiten bereitet.

Falls der Bootvorgang einmal abbrechen sollte, erscheinen nach kurzem Leerlauf die klassischen Textmeldungen, damit man den aktuellen Stand des Bootvorgangs überprüfen kann. **[«]**

Abbildung 3.19 Edgy ist beim Booten und Herunterfahren still geworden ...

Das Entfernen des Paketes *usplash* hat den weiteren Vorteil, dass der Systemstart noch einmal beschleunigt wird. Gerade bei älteren Computern kann sich dies positiv bemerkbar machen. **[«]**

Abbildung 3.20 ... genauso wie Kubuntus neuer Bootsplash.

Bootsplash abschalten

Wenn Ihnen die Systemmeldungen wichtiger sind als der grafische Bootsplash, dann können Sie diesen ganz einfach deaktivieren. Bearbeiten Sie zu diesem Zweck die Datei */boot/grub/menu.lst* mit Root-Rechten in einem Editor. Entfernen Sie dann in dem entsprechenden Kernel-Eintrag den Eintrag »splash« und speichern Sie die veränderte Datei wieder ab.

```
## Auszug aus /boot/grub/menu.lst
## ## End Default Options ##

title Ubuntu, kernel 2.6.15-27-386
root (hd0,1)
kernel /boot/vmlinuz-2.6.15-27-386 root=/dev/sda2 ro quiet splash
initrd /boot/initrd.img-2.6.15-27-386
savedefault
boot
```

Nach einem Neustart haben Sie sowohl beim Booten als auch beim Herunterfahren die Systemmeldungen in der reinen Textansicht.

Der GDM-Anmeldebildschirm ist gegenüber Dapper deutlich verändert und auch der KDM-Anmeldebildschirm hat eine Überarbeitung des Designs erfahren.

Abbildung 3.21 Der GDM von »Edgy Eft«

Der Desktop von Ubuntu 6.10 ist heller als bei allen vorherigen Versionen. Der inzwischen für Ubuntu typische Stil wurde beibehalten.

Abbildung 3.22 Der Desktop von »Edgy Eft«

Neuerungen

Ubuntu 6.10	
Entwicklungsname	Edgy Eft
Übersetzung	Nervöser Molch
Kernel	2.6.17
GNOME	2.16
Erscheinungsdatum	26.10.2006
Unterstützung bis	April 2008

Tabelle 3.7 Eckdaten von Ubuntu 6.10

Edgy startet nochmals schneller als Dapper und auch die zum Herunterfahren nötige Zeit wurde verkürzt – die genauen Zeitspannen hängen natürlich von der verwendeten Hardware ab. *Upstart* ist standardmäßig aktiviert, läuft aber nur im Kompatbilitätsmodus. Dies bedeutet, dass nach wie vor die alten Init-Skripte geladen werden.

Upstart soll ein vollständiger Ersatz für das in die Jahre gekommene *init* werden. Sie erfahren mehr über *upstart* in Abschnitt 22.4.3, »Upstart«, auf Seite 665. [+]

Programme

In »Edgy Eft« ist GNOME 2.16 integriert. Mittlerweile ist es Tradition geworden, dass die GNOME-Entwickler mit jeder neuen Ausgabe ihrer Arbeitsumgebung ein wenig an der Performanceschraube drehen. So ist GNOME auch dieses Mal in jeglicher Hinsicht ein Stückchen schneller geworden. Hier hat sich in den letzten Versionen am meisten getan, 2.14 war in diesem Punkt ein Meilenstein und hat mit dem Vorurteil gebrochen, dass GNOME in puncto Geschwindigkeit hinter KDE herhinkt.

Auch wenn jede Distribution behauptet, dass die jeweils neue Version schneller ist als die alte und somit eigentlich inzwischen alle Linux-Distributionen geradezu fliegen müssten, ist dieser Geschwindigkeitsfortschritt bei Ubuntu doch deutlich spürbar.

Mit dem neuen GNOME 2.16 halten nicht nur die GTK-Version, sondern auch einige neue Anwendungen Einzug, unter anderem *Tomboy*, eine mächtige, aber übersichtliche Notizverwaltung (siehe Abbildung 3.23), und *FSpot*, ein neues Fotoverwaltungsprogramm (siehe Abbildung 3.24).

[+] Sie erfahren mehr über die umfangreichen neuen Möglichkeiten mit

- *Tomboy* in Abschnitt 15.5.3 ab Seite 453
- *F-Spot* in Abschnitt 16.5.2 ab Seite 482.

Abbildung 3.23 Die neue Wiki-ähnliche Notizenlösung Tomboy. Es sind, wie von einem Wiki her bekannt, auch Verknüpfungen zwischen einzelnen Notizen möglich.

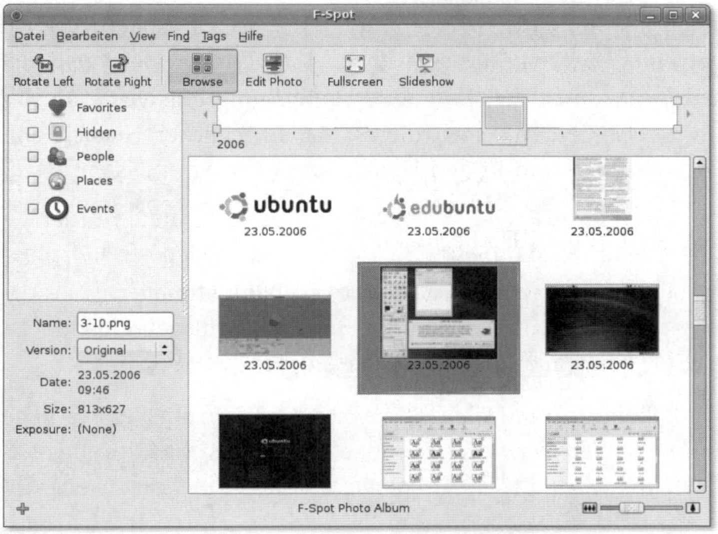

Abbildung 3.24 Das neue Bildverwaltungsprogramm F-Spot. Eigentlich ist es als Ersatz für das alte gthumb gedacht, existiert aber momentan noch parallel zu diesem in Ubuntu 6.10.

Das neue Evolution 2.8.x, das zu GNOME 2.16 gehört, beherrscht jetzt auch die von *Outlook* gewohnte und daher vielfach gewünschte dreispaltige Ansicht. Ferner wurde bereits der Kalender mit der Grafikbibliothek *Cairo* erstellt und viele Fehler der Vorgängerversion behoben.

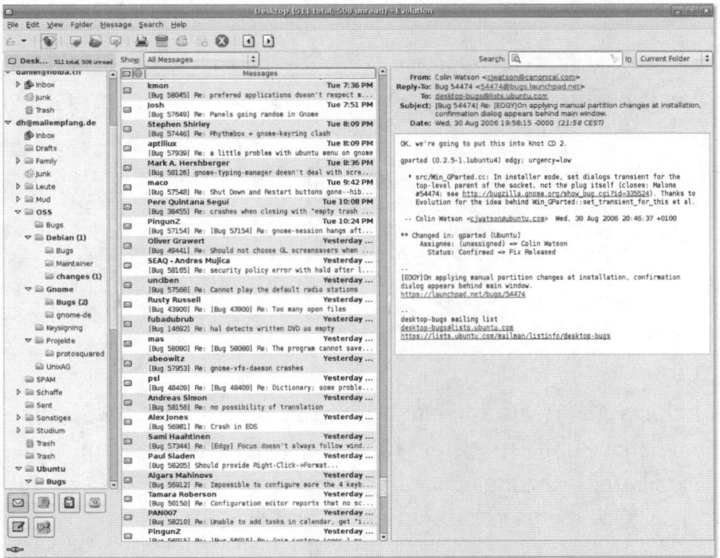

Abbildung 3.25 Das neue Evolution beherrscht mehrere Ansichten, darunter jetzt auch das von vielen früheren Outlook-Nutzern bisher vermisste dreispaltige Design.

Edgy gilt als Ubuntu-Version »für die Entwickler«, eine besondere Stabilität ist ausdrücklich nicht das Entwicklungsziel gewesen. Dies zeigt sich auch darin, dass vermehrt Betaversionen verschiedener Anwendungen aufgenommen wurden. Dazu gehört beispielsweise *gaim 2.0 Beta 3*.

Am *Firefox* wurden viele Verbesserungen vorgenommen. So können abgestürzte Sitzungen wiederhergestellt werden, eine verbesserte Such-Engine und ein Phishing-Schutz wurden integriert und der Tab-Support wurde um Funktionen wie das Wiederherstellen geschlossener Tabs erweitert. Zudem lassen sich sogenannte Feeds nun besser einbinden.

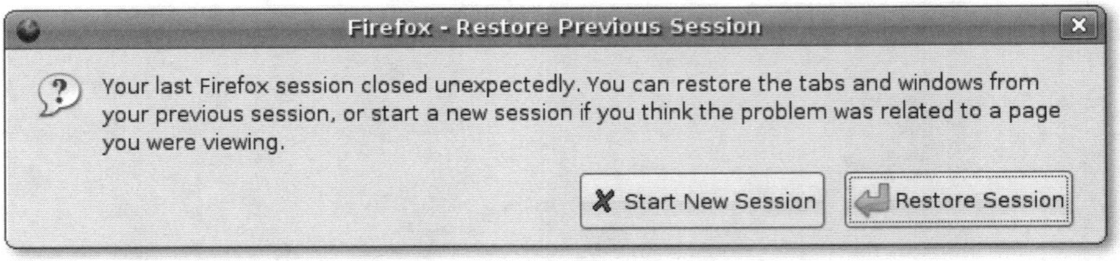

Abbildung 3.26 Der Firefox beherrscht in der Version 2 standardmäßig das Wiederherstellen abgestürzter Browser-Instanzen – eine leider notwendige Funktion.

Firefox oder Iceweasel

Nachdem es wegen der abgeänderten Verwendung des offiziellen Firefox-Logos aus dem Mozilla-Projekt und der nicht vorhandenen Bereitstellung von Patches zu Unstimmigkeiten zwischen dem Debian- und dem Mozilla-Projekt gekommen war, änderte Debian Ende 2006 die Namen aller Mozilla-Applikationen.

Der Browser *Firefox* heißt unter Debian *Iceweasel* und der Mailclient *Thunderbird* seitdem *Icedove*. An der Bedienung der Programme wurde nichts geändert, sodass Umsteiger vom *Firefox* oder *Thunderbird* sich auf Anhieb zurecht finden.

Die Ubuntu-Distribution wird aber bis auf Weiteres eine offizielle Version von Firefox einsetzen, denn:

»Am Ende hat [...] die Kommunikation gesiegt und den Partnern war es möglich, einen Mittelweg zu finden.«

(Mark Shuttleworth Ende Oktober 2006 auf seiner Homepage)

Orca, ein Werkzeug, um Bildschirminhalte als Sprache oder in Blindenschrift wiederzugeben, ersetzt das bisherige *Gnopernicus* und ist standardmäßig installiert. Neu ist auch das Werkzeug zur Analyse der Festplattenbelegung, *Boabab*. Es beherrscht eine Reihe unterschiedlicher Darstellungsarten der Ordnerstruktur und Festplattenbelegung.

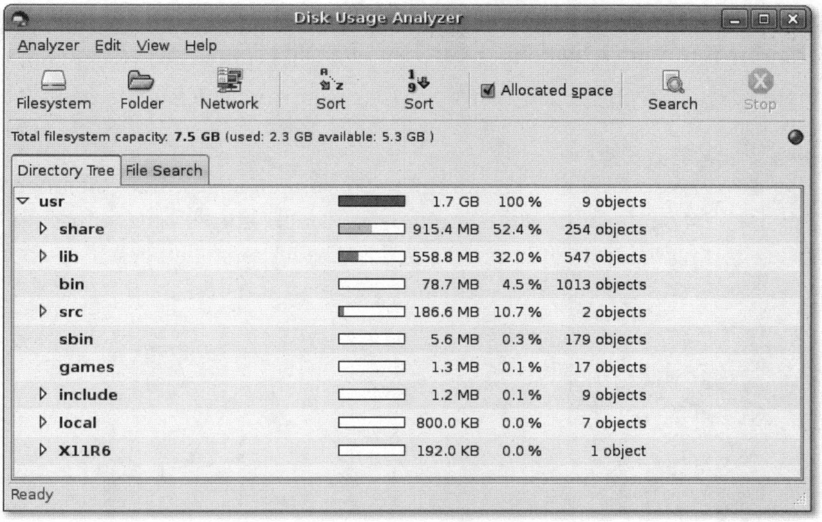

Abbildung 3.27 Boabab listet die Festplattenbelegung detailliert auf.

Die Ergebnisse des anonymen Ubuntu Popularity Contest werden nun im Anwendungs-Installationsprogramm (zu finden unter ANWENDUNGEN • HINZUFÜGEN/ENTFERNEN) angezeigt. Die Anzeige erfolgt in Form von Sternen rechts neben den installierbaren Anwendungen (siehe hierzu Abbildung 3.28).

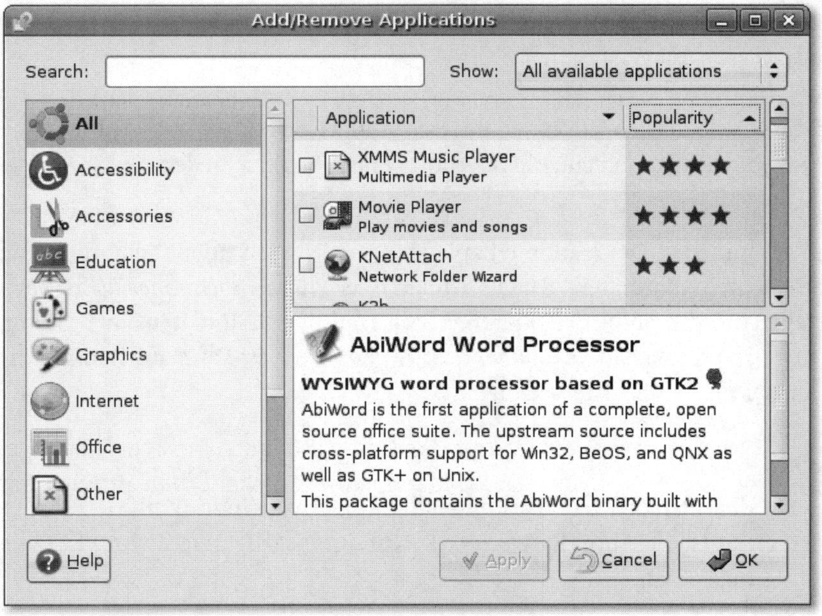

Abbildung 3.28 Im Anwendungs-Installationsprogramm sieht man ein Ranking der beliebtesten Programme.

Man kann fortan erkennen, welche Programme gerne installiert werden, und kann so – auch ohne die Programme mit Namen zu kennen – sehen, welche Programme es wert sind, ausprobiert zu werden.

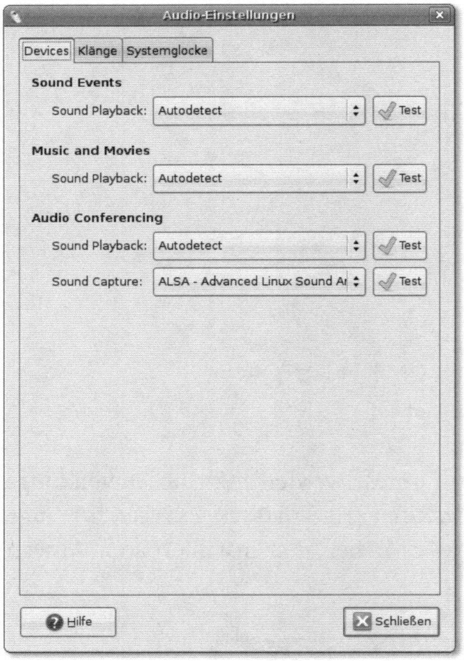

Abbildung 3.29 Mehr Freiheit bei der Wahl der Audiogeräte

In den GNOME-Audio-Einstellungen (zu finden unter SYSTEM • EINSTELLUNGEN • AUDIO) kann man seit der Version »Edgy Eft« unterschiedliche Audiogeräte für verschiedene Audio-Ereignisse definieren.

[»] Apropos Audio und Multimedia: Der Multimediaplayer *Totem* ist vielseitiger geworden und kommt mit wesentlich mehr Formaten klar als früher. Das Plug-in *totem-mozilla* ist jetzt standardmäßig installiert und erlaubt das Streamen von Multimedia-Inhalten im Browser. Ebenfalls deutlich überarbeitet wurde *Rhythmbox*, der Audioplayer. Er kann auf Wunsch die Songtexte und Cover der gespielten Titel anzeigen.

Kubuntu und Xubuntu

Kubuntu 6.10 baut auf den gleichen technischen Neuerungen wie Ubuntu auf; KDE ist in der Version 3.5.5 integriert (siehe Abbildung 3.30). In Xubuntu ist die Beta 2 von XFCE 4.4 integriert (siehe Abbildung 3.31).

Abbildung 3.30 Kubuntu 6.10 hat KDE 3.5.5 mit an Bord

Ein zentrales Anliegen von Ubuntu ist es, das gesamte System für möglichst viele Menschen in ihrer Muttersprache verfügbar zu machen, daher wurden erneut Übersetzungen integriert. Inzwischen gibt es Ubuntu in mehr als 80 Übersetzungen, und bei jeder Veröffentlichung kommen neue hinzu. Sie können sich auf *www.launchpad.net* an diversen Übersetzungen beteiligen oder den Lokalisierungsteams beitreten. [«]

Abbildung 3.31 Der XDM von Xubuntu 6.10

GNOME 2.16 hat mit dem *BugBuddy* ein Programm bekommen, das Informationen über abgestürzte Anwendungen an die Entwickler schicken kann. Der User kann selbst entscheiden, ob Informationen nach einem Absturz verschickt oder verworfen werden sollen.

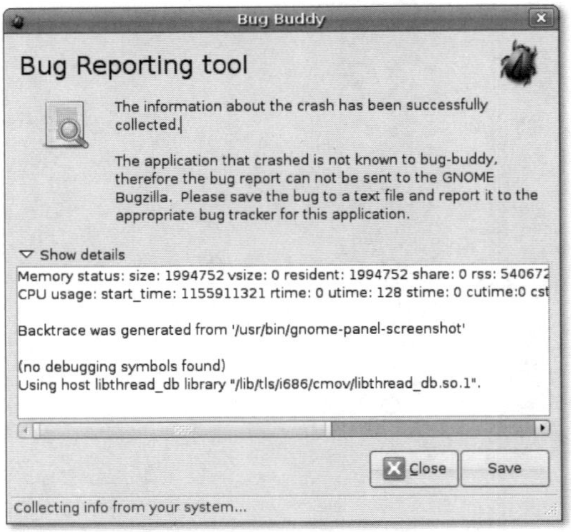

Abbildung 3.32 BugBuddy informiert die Entwickler über Fehler in der Software.

Der Druckdialog wurde komplett überarbeitet. Viele GNOME-Benutzer (darunter auch Linus Torvalds) haben über das Fehlen erweiterter Funktionen geklagt. Nun sind diese Funktionen da: Mit dem Duplex-Druck beispielsweise kann beidseitig gedruckt werden, bei Bedarf können aber auch mehrere Seiten pro Blatt ausgedruckt werden.

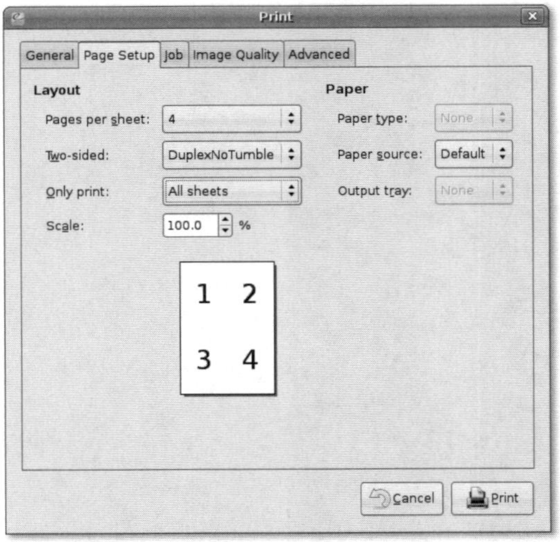

Abbildung 3.33 Der neue Druckdialog

Ebenfalls überarbeitet wurde *Synaptic*, das Programm zur bequemen Verwaltung und Installation von Paketen. Die Verwaltung der Repositorys ist erheblich vereinfacht worden (siehe 3.34).

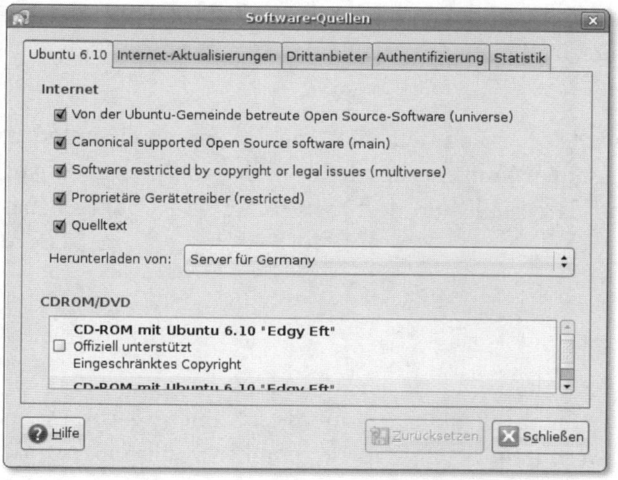

Abbildung 3.34 Die Verwaltung der Repositorys in Synaptic wurde überarbeitet und vereinfacht.

upstart

Upstart soll ein vollständiger Ersatz für das in Unix-Systemen zum Starten von Prozessen verwendete *init* werden. Das Programm wurde von den Ubuntu-Entwicklern eingeführt, hauptsächlich von John Scott Remnant. Die ersten Ansätze von *Upstart* wurden in »Edgy Eft« eingeführt. Allerdings läuft es noch im Kompatibilitätsmodus, d. h. ursächlich werden noch die herkömmlichen *init*-Skripte verwendet. *Upstart* ist ereignisorientiert und soll die Probleme von *init* bezüglich Geschwindigkeit, wechselnder Hardware und des Neustartens von Prozessen beheben.

Der alte »System V Init Daemon« (im Folgenden kurz *sysvinit*) erfüllt nicht mehr die heutigen Ansprüche an ein modernes System. Das alte System sorgte dafür, dass in bestimmten Runleveln Dienste gestartet und beendet wurden. Im Zeitalter von vernetzten Geräten und solchen, die während des Betriebs ein- oder ausgesteckt werden können, ist das Konzept zu starr. Sinnvollerweise sollte ein neuer Dienst ereignisgesteuert sein, um dynamisch beispielsweise auf Änderungen der Hardwareumgebung reagieren zu können. Denkbare Ereignisse sind: Ein- oder Ausschalten/Ausstecken eines Gerätes, Energiesparmodus und Aufwachen aus selbigem, Verfügbarkeit und Wegfall einer Netzwerkverbindung, Starten oder Beenden eines Dienstes in Abhängigkeit von anderen Diensten oder Ereignissen etc.

Da das Gleiche auch für zeitgesteuerte Aufträge gilt, tritt *Upstart* an, auch die Möglichkeiten zu übernehmen, die derzeit *cron* und *anacron* bieten. *Upstart* ist seit Version 6.10 »Edgy Eft« der *init*-Prozess von Ubuntu, arbeitet dort allerdings nur im Kompatibilitätsmodus zum

System V. Erst für die nachfolgenden Versionen, Ubuntu 7.04 »Feisty Fawn« und Ubuntu 7.10 »Gutsy Gibbon«, sind Änderungen an den relevanten Shell-Skripten geplant, sodass Upstart seine Stärken besser ausspielen kann. Die vollständige Integration wird aber noch einige Jahre dauern.

[»] Mehr über *upstart* erfahren Sie auf der offiziellen Homepage des Projektes. Sie finden sie unter der Adresse *http://upstart.ubuntu.com/*.

[+] In Abschnitt 22.4.3 ab Seite 665 werde ich mich detailliert mit *upstart* auseinandersetzen und uns die Details dieses interessanten Konzepts ansehen. In diesem Zusammenhang werden die Unterschiede zu *Sys-V-init* dargestellt und der Bootprozess von Ubuntu näher betrachtet.

3.4.2 Feisty Fawn

Nachdem mit Edgy Eft die erste Version des zweiten Versionszyklus erschien, folgte ein halbes Jahr später am 19.04.2007 die Ubuntu-Version 7.04 mit dem Namen »Feisty Fawn« (Lebhaftes Reh). Der Vorgänger brach resolut mit den stabilen Techniken von Dapper Drake und führte teilweise (wenn auch nur im Kompatibilitätsmodus) neue Techniken wie z. B. *upstart* ein. Dass diese Version mit dem Attribut »nervös« bezeichnet wurde (edgy, engl. *nervös*), lässt sich dahingehend leicht nachvollziehen. Zu umfangreich waren die Neuerungen und zu radikal war der Wechsel von einer außerordentlich stabilen Version wie »Dapper Drake« auf den neuen Entwicklungszyklus. Und tatsächlich erreichte »Edgy Eft« bei Weitem nicht die gewohnte Stabilität.

Der Nachfolger «Feisty Fawn« erhielt den Namen »Lebhaftes Reh«, und die Erwartungen an diese Version wurden damit trefflich beschrieben. So wurden die neuen Techniken weiter ausgebaut und stabilisiert, die Version wurde insgesamt lebhafter, ohne jedoch nervös zu wirken oder den Anwender zu verunsichern. Gleichzeitig ist die Analogie zu einem scheuen Reh sehr gut nachzuvollziehen, wenn man sich die Ansprüche ansieht, die im Lastenheft dieser Version standen. So sollten die Desktop-Effekte standardmäßig (der sogenannte 3D-Desktop) aktiviert und ein ausfallsicherer X-Server integriert werden. Da man unter den Entwicklern aber wusste, dass diese Ansprüche zeitlich und aus Stabilitätsgründen nur sehr knapp realisiert werden können, war das hübsche Reh ein wenig schüchtern geraten. Tatsächlich wurde die Integration des ausfallsicheren X-Servers auf die nächste Version 7.10 verschoben und die Desktop-Effekte wurden nur als Option installiert. Erst der Nachfolger »Gutsy Gibbon« hat die Desktop-Effekte standardmäßig aktiviert.

[+] Sie können mehr über die Desktop-Effekte und den 3D-Desktop in Abschnitt 19.8 ab Seite 573 erfahren.

PPC muss weichen

Mit Einführung von Ubuntu 7.04 gab es einige Änderungen in der Projektstruktur. Dies betraf zunächst die PowerPC-Versionen von Ubuntu. Da Apple im Jahr 2006 den Umstieg von den klassischen PowerPC-Prozessoren hin zu Intel (i386) vollzog, sah man bei Ubuntu nur noch eine geringe Notwendigkeit, eine PowerPC-Variante bereitzustellen. Daher wurde diese Version gestrichen.

Auch von Ubuntu 7.04 gibt es wieder die übliche Aufteilung in die zwei Varianten *Desktop* und *Alternate*. Noch vor einem Jahr lautete meine Empfehlung, dass man auf jeden Fall die *Alternate*-Version wählen sollte. Die darin enthaltene textbasierte Installation erledigte ihre Arbeit weitaus zuverlässiger und mit mehr Möglichkeiten als die grafische Variante der »Desktop«-Version. Inzwischen wurde der grafische Installer aber derart verbessert, dass ich in 90 % aller Fälle die *Desktop*-Variante empfehlen kann. Die meisten der Kritikpunkte, die ich noch in der zweiten Aufllage hatte, wurden inzwischen erkannt und abgestellt, so dass diese Variante für das Gros der Computernutzer die einfachste Möglichkeit darstellt Ubuntu zu installieren.

Die beiden wichtigsten Kritikpunkte waren:

1. die fehlende Auswahlmöglichkeit, wohin GRUB installiert werden soll und
2. eine mangelhafte Lokalisierung, d. h. die deutschen Sprachpakte wurden vom Installer ignoriert.

Beide Probleme sind inzwischen behoben. Die fehlende LVM- und RAID-Unterstützung ist zu verschmerzen, da die meisten Nutzer diese Funktionalitäten nicht vermissen. Und für diejenigen, die diese Installationsvarianten dringend brauchen, gibt es immer noch die *Alternate*-Version. In seiner aktuellen Version überschreibt der grafische Installer nicht mehr ungefragt den MBR (Master Boot Record) der ersten Festplatte, sondern gibt dem Anwender die Möglichkeit, selber zu entscheiden, wo er *GRUB* installieren möchte. Bei der textbasierten Installation (Alternate) erfolgt nun eine detaillierte Abfrage nach dem zu verwendenden Tastaturlayout, da es hierbei in der Vergangenheit einige Verwirrung gab.

Sie können aus beiden Installationsarten wählen, wenn Sie Ubuntu von DVD installieren. **[«]**
Hier können Sie am Startbildschirm die Auswahl treffen, ob Sie gleich installieren möchten oder die textbasierte Alternative bevorzugen. Im Übrigen möchte ich betonen, dass Sie, egal für welche Variante Sie sich entscheiden, immer das gleiche Ubuntu bekommen. Nur die Installation unterscheidet sich, nicht die Betriebssysteme.

Laut Canonical soll Feisty das bisher benutzerfreundlichste Ubuntu werden, unter anderem aufgrund des neuen Windows-Migrationsassistenten, exzellentem WLAN-Support und verbesserter Multimedia-Unterstützung.

Das mutige Reh

Am 19. April fand eine kleine Sensation im Distributionswald statt. Aus einer bunt gemischten Herde von Warzenschweinen (Warty Warthog), Igeln (Hoary Hedgehog), Dachsen (Breezy Badger), Enten (Dapper Drake) und Molchen (Edgy Eft) löste sich ein junges, aber mutiges Reh (Feisty Fawn) heraus, um der Welt zu beweisen, dass man nicht nur bei Disney mit Rehen Sympathie erwerben kann. Auch bei Canonical garantiert ein Bambi den großen Erfolg. Zumindest war dies am Erscheinungstag dieser neuen Ubuntu-Version so, da die hauseigenen Server dem Ansturm und den Downloadzahlen nicht gewachsen waren und für nahezu 14 Stunden lahm gelegt wurden. Trotz regulär circa 160 Mirror-Servern war der Ansturm kaum zu bewältigen. Canonical selbst geht inzwischen davon aus, dass auf ca. 10 Millionen PCs weltweit Ubuntu installiert ist.

Der Ansturm auf diese Version ist nicht allein auf den zugegebenermaßen niedlichen Entwicklungsnamen zurückzuführen – er ist auch das Ergebnis eines geschickten Marketings, denn die Änderungen gegenüber dem Vorgänger (Edgy Eft) halten sich in Grenzen. Ubuntu 7.04 ist der zweite Entwicklungsschritt auf dem Weg zur nächsten LTS-Version. Mit dem Vorgänger wurde die neue Marschrichtung vorgegeben und alle nachfolgenden Versionen sind lediglich Zwischenschritte auf diesem Weg. So werden mit der aktuellen Version natürlich einerseits grobe Fehler des Vorgängers behoben, andererseits aber auch technologische Neuerungen wie *upstart* (als Ersatz für *init*) konsequent weiterentwickelt und implementiert.

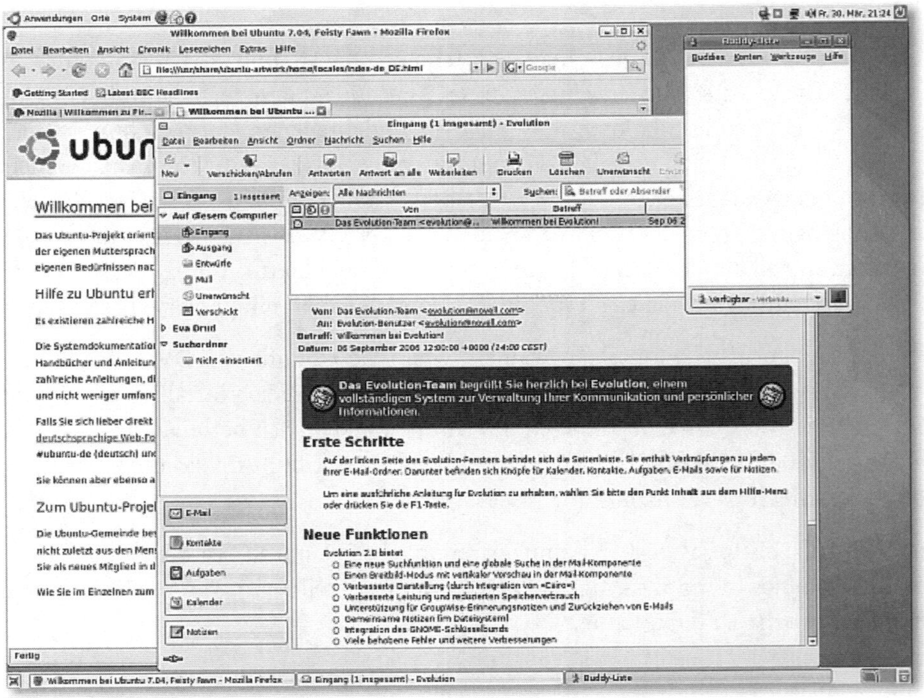

Abbildung 3.35 Feisty mit Evolution, Firefox und Gaim.

Alle Änderungen in Feisty aufzulisten, würde den Rahmen des Buchs sprengen, darum beschränke ich mich auf eine Auswahl der wichtigsten.

Neuerungen

Aber eins nach dem anderen. Nach dem Booten erscheint Ubuntu in einem modifizierten Gewand. Die Entwickler haben es geschickt verstanden, das traditionelle Ubuntu-Aussehen behutsam zu erneuern (siehe Abbildung 3.35). Im Zuge dessen sind natürlich die neuesten Versionen der Desktop-Umgebungen von GNOME (2.18) und KDE (3.5.6) integriert. Die Server-Edition von Ubuntu 7.04 bietet verbesserte Unterstützung für jene Hardwarekomponenten, die die Nutzung virtueller Maschinen beschleunigen sowie für weitere Hardware.

Für viel Aufsehen sorgte im Vorfeld die Überlegung der Ubuntu-Entwickler, proprietäre Treiber per default zu integrieren. Viele Kritiker sahen hierin die Freiheit von Linux beeinträchtigt. In der endgültigen Umsetzung dieser Idee erkennt nun ein Assistent, welche Hardware in Ihrem PC verbaut ist und ob der Einsatz von proprietären Treibern (z. B. für NVIDIA- oder ATI-Grafikkarten) Ihnen einen deutlichen Vorteil bringt. Entscheiden Sie sich für den Einsatz dieser Treiber, so genügt ein simples Häkchen, um die Installation dieser Treiber vollautomatisch ablaufen zu lassen; so frei wie nötig, so einfach wie möglich.

Die Entwickler haben sich ein klares und ehrgeiziges Ziel gesteckt: Ubuntu soll die Linux-Distribution werden, die den Durchbruch schafft: Raus aus der Bastelecke einiger computerbegeisterter Anwender und rauf auf die Desktops von möglichst vielen normalen Benutzern. Dies ist eine Zielsetzung, die sich sehr stark an Microsoft anlehnt: das Entwickeln eines Betriebssystems, das für jeden anwendbar ist. Natürlich will man hierbei die Fehler des großen Giganten vermeiden und achtet behutsam auf die Prinzipien der Open-Source-Welt. Gleichzeitig liegt auf der Hand, dass man sich mit diesem Ziel nicht nur Freunde macht.

- **Windows-Migrationsassistent**
  Schon bei der Installation von Ubuntu versucht der Migrationsassistent die persönlichen Dateien aus einer vorherigen Installation auf Ubuntu zu migrieren. So sollen die schon vorhandenen Favoriten des *Internet Explorers*, Bookmarks des *Firefox*, Kontakte aus Instant-Messaging-Programmen schon gleich nach der Installation in Ubuntu zur Verfügung stehen. Allerdings ist dieser Migrationsassistent noch recht jung und verweigerte bei einer vorhandenen Microsoft Vista-und XP-Installation seinen Dienst. Nur das Migrieren der Daten aus einer vorherigen Ubuntu-Installation gelang problemlos.

- **Plug-and-Play-Sharing-Werkzeug für das Netzwerk**
  Avahi erlaubt das automatische Finden und Einloggen in ein drahtloses Netzwerk, um Musik zu teilen, Drucker zu finden, usw.

- **network-manager**
  Der *network-manager* hat seit der Vorgängerversion große Fortschritte gemacht und erlaubt nun endlich das problemlose Verbinden in jegliche Funknetzwerke und das ein-

fache Wechseln dieser Verbindungen. Dies ist auf die Verwendung von *avahi* zurückzuführen.

- **Änderungen in der Server-Variante**
  Die kernelbasierte Unterstützung für virtuelle Maschinen (KVM) ermöglicht die gleichzeitige Verwendung mehrerer virtueller Maschinen auf x86-Systemen mit Intel-VT- oder AMDV-Erweiterungen. Es wurde außerdem VMI-Unterstützung für optimierte Leistung unter *VMWare* integriert.

- **Assistenten zur Treiber- und Codec-Installation**
  Ein weiterer Schwachpunkt vieler Distributionen ist die fehlende Integration von lizenzgeschützten und unfreien Multimedia-Codecs, um z. B. Musik im mp3-Format anzuhören. Eine Integration dieser Codecs würde von den Distributionen das Abführen von Lizenzgebühren verlangen. Aus diesem Grund haben sich die meisten Distributionen entschieden, diese nicht standardmäßig mitzuliefern. Das Resultat war, dass der Benutzer sich selber um die Integration dieser Codecs kümmern musste. Dies schreckte viele User ab, da bei Konkurrenzprodukten wie z. B. Windows alles von Haus aus mitgeliefert wird. Erstmals ist nun ein Assistent eingebaut, der beim erstmaligen Benutzen von Multimedia-Dateien die fehlenden Codecs automatisch aus dem Internet herunterlädt und nachinstalliert, natürlich nicht ohne den Anwender auf den lizenzrechtlichen Charakter dieser Codecs hinzuweisen.

Abbildung 3.36 Eingeschränkte Treiber verwalten.

Über das Menü SYSTEM • ADMINISTRATION • VERWALTUNG EINGESCHRÄNKTER TREIBER erreicht man eine Liste aller für die vorhandene Hardware verfügbaren, unfreien Treiber.

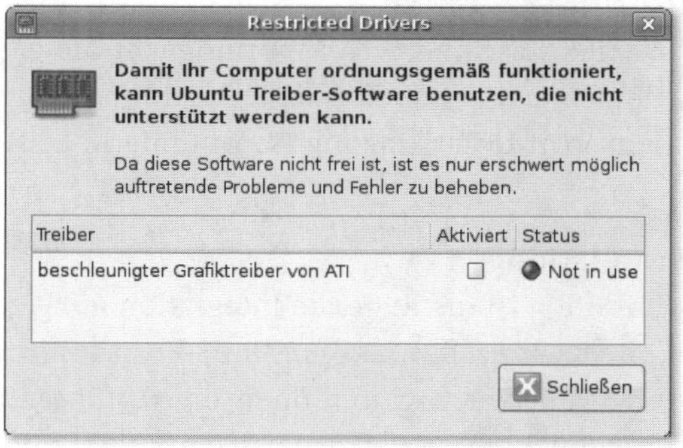

Abbildung 3.37 Liste der verfügbaren proprietären Treiber

Per Mausklick kann man diese Treiber dann aktivieren (oder deaktivieren), anschließend erscheint noch eine Abfrage, ob der gewünschte Treiber wirklich verwendet werden soll. Dies Vorgehensweise kann man nun gut heißen oder nicht, ich meine, dass das Ziel der Vereinfachung hier auf jeden Fall erreicht wurde.

Abbildung 3.38 Dialog zur Installation des unfreien Treibers für die ATI-Grafikkarte

Damit diese vereinfachte Installation gelingen kann, sind jetzt alle vier Sektionen der Ubuntu-Paketquellen (die sogenannten Repositories) freigeschaltet, also auch die unfreien und die, die nicht offiziell unterstützt sind. Wer aus Überzeugung keine unfreie Software auf seinem Rechner haben möchte, muss also nach erfolgter Installation als erstes seine Paketquellen ändern. Dies mag manchem überzeugten Linux-Anhänger übel aufstoßen, ist aber ein notwendiges Zugeständnis an die Ausrichtung des Ubuntu-Projektes.

- **Desktop-Effekte**

Als letzter im Bunde der großen freien Distributionen versucht sich nun auch Ubuntu an der integrierten Umsetzung der dreidimensionalen Desktops mit Transparenz, Schatten und sinnfreien, wackelnden Fenstern. Fedora- und SUSE-Anwendern wird die erleichterte Aktivierung dieser Desktop-Effekte nichts Neues sein: Aus dem Menü heraus erreicht man den Dialog, der einem die wackelnden Fenster und den Desktop-Würfel auf den Rechner bringt. Bei Ubuntu wird diese Technologie allerdings noch als Vorschau bezeichnet und dementsprechend vor Fehlern gewarnt. Tatsächlich bereitete der Einsatz dieser Effekte auf manchen Rechnern Kopfzerbrechen. So funktionierte z.B. der Benutzerwechsel im laufenden Betrieb nicht mehr, maximierte Fenster ließen sich nicht mehr minimieren usw. Hier ist noch weitere Entwicklungsarbeit angesagt.

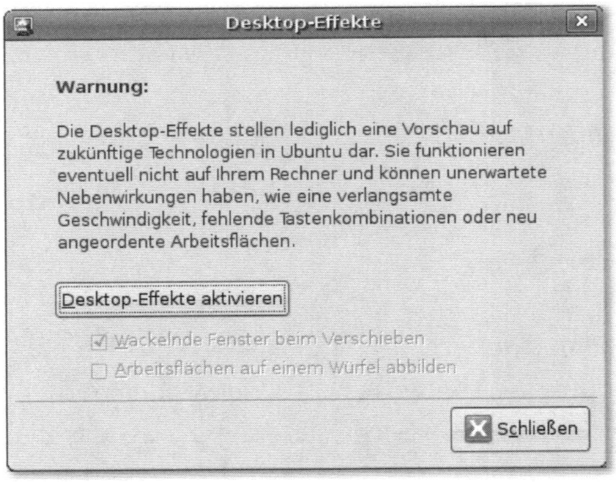

Abbildung 3.39 Auf geht's zu den wackelnden Fenstern und dem Arbeitsflächen-Würfel

Aus dem Menü SYSTEM • EINSTELLUNGEN • DESKTOP-EFFEKTE erreicht man den Dialog, der einem die wackelnden Fenster und den Desktop-Würfel auf den PC bringt.

Neuerungen

Ubuntu 7.04	
Entwicklungsname	Feisty Fawn
Übersetzung	Lebhaftes Reh
Kernel	2.6.19
GNOME	2.18
Erscheinungsdatum	19.04.2007
Unterstützung bis	Oktober 2008

Tabelle 3.8 Eckdaten von Ubuntu 7.04

Neues in Kubuntu

Wenn Sie Kubuntu Edgy verwenden und auf Feisty aktualisieren wollen, dann benutzen Sie doch das neue Aktualisierungswerkzeug. Bisher konnte nur durch manuelles Anpassen der Paketquellen auf eine neue Kubuntu-Version aktualisiert werden.

Abbildung 3.40 Auch Kubuntu meldet jetzt eine neue Version.

Die neueste KDE-Version 3.5.6 wurde integriert. Außerdem wurde das Partitionierungswerkzeug des Desktop-CD-Installers neu geschrieben. Der Netzwerkmanager ist standardmäßig installiert. Der Paketmanager *Adept* wurde an mehreren Ecken verbessert. *Kexi*, ein weit entwickelter, aber dennoch einfach zu benutzender Datenbankmanager wurde ebenfalls standardmäßig integriert.

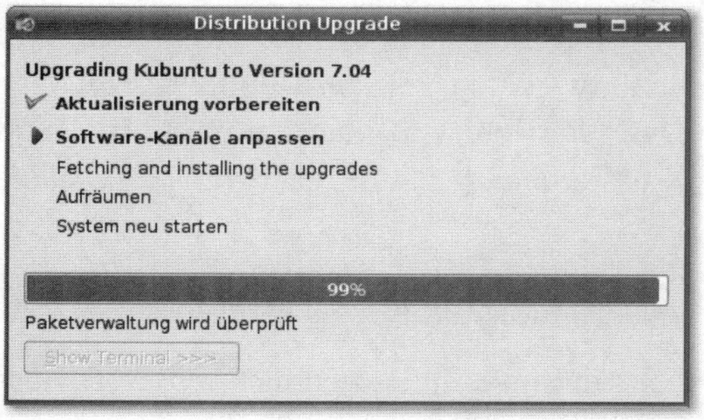

Abbildung 3.41 Komfortabler Aktualisierungsmanager auch für Kubuntu (Edgy)

3.4.3 Gutsy Gibbon

Ubuntu 7.10 »Gutsy Gibbon« ist die auf Ubuntu 7.04 »Feisty Fawn« folgende Ubuntu-Version. Sie wurde am 12. April 2007 in der Mailingliste von Mark Shuttleworth angekündigt und erschien am 18. Oktober 2007.

Ubuntu 7.10	
Entwicklungsname	Gutsy Gibbon
Übersetzung	Mutiger Gibbon
Kernel	2.6.22
GNOME	2.20
Erscheinungsdatum	18.10.2007
Unterstützung bis	April 2009

Tabelle 3.9 Eckdaten von Ubuntu 7.10

Gobuntu

Mit Ubuntu 7.10 wurde erstmals ein komplett freier Ubuntu-Ableger mit dem Namen »Gobuntu« veröffentlicht. Hierbei handelt es sich um ein offizielles Derivat von Ubuntu, d. h. es wird von Canonical direkt unterstützt.

Um bessere Hardwarekompatibilität zu erreichen, liefert Ubuntu normalerweise proprietäre Kernel-Module mit. Da diese Module aber die Freiheit des Benutzers einschränken, wurde dies immer wieder kritisiert. Mit Gobuntu steht nun eine Ubuntu-Version zur Verfügung, die auf diese Bestandteile verzichtet. In Zukunft soll die Freiheit weiter ausgebaut werden, sodass beispielsweise auch Quellen von PDF-Dateien mitgeliefert werden.

Ubuntu Mobile and Embedded

Mit Gutsy beginnt auch die Entwicklungsarbeit an einem neuen Ubuntu-Ableger für mobile Geräte, wobei erst mit der nächsten Ubuntu-Version ein erstes Release stattfinden soll. »Ubuntu Mobile and Embedded« nennt sich die Entwicklung, mit der Ubuntu seinen Weg in mobile Internet-Geräte (MID) finden soll. Diese Version wird von Canonical und Intel unterstützt und die Entwicklung geschieht in Zusammenarbeit mit der *GNOME Mobile & Embedded Iniative*.

X.org 7.3

Mit dem neuen XServer in der Version 7.3 sollen Ubuntu-Benutzer endlich in den Genuss von Bildschirm-Hotplugging kommen. Bei dieser Technik können externe Bildschirme und Projektoren einfach angeschlossen werden und dank RandR 1.2 automatisch konfiguriert werden. Peinliche Momente bei einem Vortrag, wo der Projektor einfach nicht das gewünschte Bild anzeigen will, sollten damit der Vergangenheit angehören. Auch Eingabegeräte sollen problemlos ein- und ausgesteckt werden können. Allerdings gilt es zu bedenken, dass diese Erweiterungen vorerst nur von bestimmten Grafiktreibern unterstützt werden. Momentan bietet erst der freie Intel-Treiber die benötigte Unterstützung.

Auf NTFS-Partitionen schreiben

Bislang konnte Ubuntu von Haus aus nicht auf NTFS-Partitionen schreiben. Seit Ubuntu Feisty Fawn 7.04 gibt es jedoch mit *ntfs-3g* einen Treiber, der zuverlässig auf NTFS-Partitionen schreiben kann. Dieser wird nun bei Gutsy automatisch mitinstalliert und ermöglicht es dem Anwender, beispielsweise auf mit NTFS formatierte Wechseldatenträger ohne weitere Installation von Software schreiben zu können.

3.4.4 Hardy Heron

Ubuntu 8.04 trägt den Namen »Hardy Heron« (dt. »Kühner Reiher«) und ist zwei Jahre nach Ubuntu 6.06 »Dapper Drake« die nächste LTS-Version (Long Term Support).

Ubuntu 8.04	
Entwicklungsname	Hardy Heron
Übersetzung	Kühner Reiher
Kernel	2.6.24
GNOME	2.22
Erscheinungsdatum	24.04.2008
Unterstützung bis	April 2013

Tabelle 3.10 Eckdaten von Ubuntu 8.04

Erstmals wurde passend zum Entwicklernamen ein Standard-Hintergrundbild gewählt, das einen Reiher zeigt (siehe Abbildung 3.42). [«]

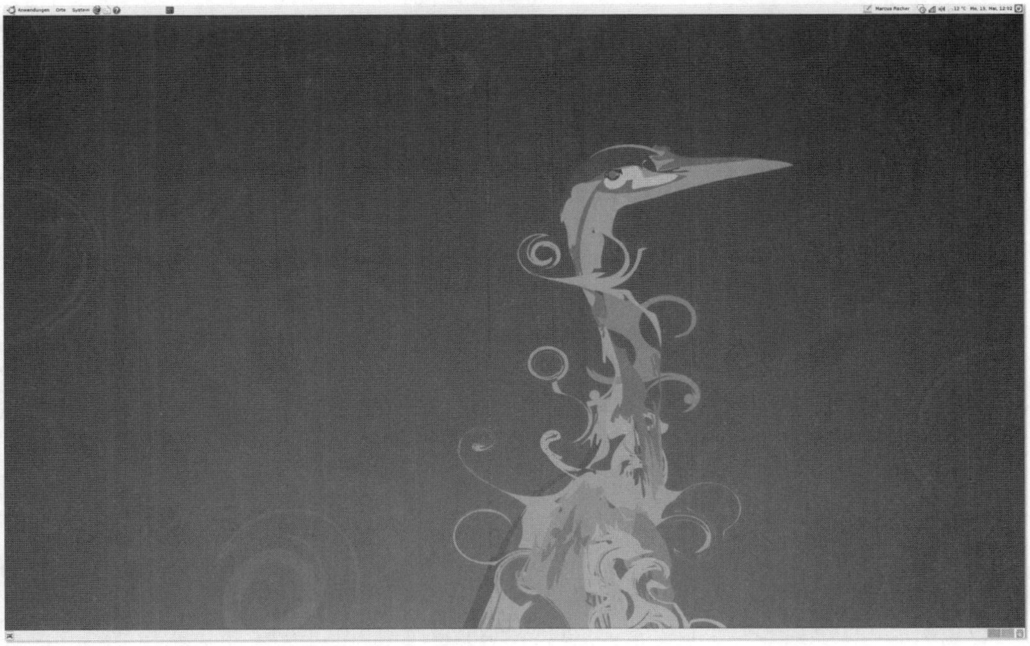

Abbildung 3.42 Der Desktop von »Hardy Heron«

Ubuntu »Hardy Heron« 8.04 enthält den Linux-Kernel 2.6.24. Dieser beinhaltet bedeutende Verbesserungen. So unterstützt er nun auch die amd64-Architektur *Dynticks*, sodass Stromsparmechanismen wirkungsvoll arbeiten können. Des Weiteren wurde mit dem *Completely Fair Scheduler* ein komplett neuer Prozess-Scheduler integriert, der speziell auf Desktop-Systemen eine Verbesserung der Interaktivität von Prozessen leisten soll.

Pulseaudio

Hardy Heron integriert *PulseAudio*, einen erweiterten Sound-Server. Der praktische Vorteil von *PulseAudio* gegenüber dem Standard-Sound-Server ist, dass Streams verschiedener Programme individuell über eine einfache GUI gesteuert werden können, und zwar sowohl in ihrer Lautstärke und Balance als auch in der Auswahl des Ausgabemoduls (Netzwerk, Soundkarte(n), USB-Kopfhörer).

Das bedeutet, dass man sich beispielsweise mit einem Kopfhörer (Soundkarte1) ein Video angucken kann, während über Lautsprecher (Soundkarte2) Musik läuft. Die Kanäle kommen sich dabei nicht in die Quere und können lückenlos umgeschaltet werden. Nebenbei kann ein weiterer Stream über das Netzwerk oder an einen kabellosen USB Kopfhörer gesendet werden. Der Fantasie sind keine Grenzen gesetzt.

GFVS

Das *GFVS* ersetzt das in die Jahre gekommene *GnomeVFS*. Beides sind Konstrukte, die man als Anwender selten bemerkt. Das *GnomeVFS* ist ein virtuelles Dateisystem. Über dieses konnten beispielsweise Netzwerkfreigaben geöffnet werden, ohne dass diese richtig gemountet werden mussten. Das *GVFS* ersetzt nun das *GnomeVFS* komplett.

Kopiert man nun mehrere Dateien, so werden sämtliche Transfers zu einem Fenster zusammengefasst, wobei einzelne Kopiervorgänge abgebrochen werden können; dazu wird die Geschwindigkeit, mit der Dateien kopiert werden, angezeigt.

Metacity

Der Fenstermanager von GNOME heißt *Metacity* und besitzt nun selber einen Composite-Manager. Dies bedeutet, dass man Desktop-Effekte wie transparente Fenster und Panels usw. nun auch ohne *Compiz* haben kann.

Dabei muss man betonen, dass die Composite-Fähigkeiten von *Metacity* nicht an die von *Compiz* heranreichen. Dies ist auch nicht gewollt. *Metacity* soll in erster Linie ein Fenstermanager sein und kein Effekt-Generator. So beschränken sich die Fähigkeiten von *Metacity* primär darauf anderen Programmen *Alpha-Blending* zur ermöglichen.

PolicyKit

Über *PolicyKit* können Anwendungen mit Benutzerrechten gestartet und später mit Root-Rechten versehen werden. *PolicyKit* wurde bereits in die Werkzeuge zur Systemverwaltung von GNOME integriert. Mittels *PolicyKit* lassen sich des Weiteren Rechte fein verteilen. So ist es möglich, Benutzer zu bestimmen, denen bestimmte Aktionen erlaubt werden, für die normalerweise Root-Rechte benötigt werden ohne sie selber zu Administratoren zu machen.

KDE 4

»Hardy Heron« ist das erste Kubuntu-Release mit KDE 4. KDE 4.0.3 wird zusätzlich zu KDE 3.5.9 von der Community angeboten. Es ist somit möglich, KDE 3.5 und KDE 4.0 parallel zu benutzen. Für beide Versionen der KDE-Versionen existieren Installations-CDs.

Compiz Desktop Effekte

Kubuntu integriert nun auch einen Konfigurationsdialog für Desktop-Effekte mit Compiz. Im Gegensatz zu Ubuntu werden die Effekte standardmäßig nicht aktiviert. Compiz benötigt nur, wer Effekte in KDE 3.5 benutzen will. In KDE 4 werden Desktop Effekte nativ ohne den Einsatz von Compiz unterstützt. Jedoch kann man auch in KDE 4 Compiz verwenden.

Automatische Codec Installation

Kaffeine beherrscht in Kubuntu »Hardy Heron« nun auch die automatische Codec-Installation. Wird ein Dateityp zum ersten Mal geöffnet, so wird nun automatisch der passende Codec installiert.

3.5 Dritte Generation

Die Version 8.04 »Hardy Heron« ist der Abschluss der zweiten Ubuntu-Generation und stellt damit gleichzeitig einen Wendepunkt dar. Mit Erscheinen der Version 8.10 beginnt ein neuer Entwicklungszyklus. Die neue Generation wird sich abermals über vier Versionen erstrecken und im April 2010 in eine LTS-Version münden.

Intrepid Ibex

Ubuntu 8.10 erscheint am 27.10.2008 und ist die erste Version einer neuen Generation. Auch wenn die Entwicklung zum Zeitpunkt der Drucklegung dieses Buches gerade erst begonnen hat, stehen bereits einige Ziele fest. Ein augenfälliger Unterschied wird wohl sein, dass sich bei Ubuntu einiges am grundlegenden Design ändern wird.

Ubuntu 8.10	
Entwicklungsname	Intrepid Ibex
Übersetzung	Unerschrockener Steinbock
Kernel	
GNOME	2.24
Erscheinungsdatum	27.10.2008
Unterstützung bis	April 2010

Tabelle 3.11 Eckdaten von Ubuntu 8.10

Weiterhin sollen die Roaming-Fähigkeiten mobiler Systeme verbessert werden, um beispielsweise bei ausreichender Netzverfügbarkeit auf dem Weg vom Büro mit dem Zug bis nach Hause nie die Internetverbindung zu verlieren. Darüber hinaus soll weiter an der Verbesserung der Benutzerinteraktion gearbeitet werden.

[»] Es ist wahrscheinlich, dass auch bei der Folgeversion von »Hardy Heron« die neuen Hintergundbilder beibehalten werde, die das jeweils passende Tier zum Entwicklungsnamen darstellen (siehe Abbildung 3.43).

Abbildung 3.43 Der »Intrepid Ibex« naht – Studie für ein mögliches Standard-Hintergrundbild

»Sich mit wenigem begnügen ist schwer,
sich mit vielem begnügen unmöglich.«

Marie von Ebner-Eschenbach (13.09.1830 – 12.03.1916)
österreichische Schriftstellerin

4 Optimale Nutzung der beiliegenden Medien

Im Folgenden möchte ich erklären, wie Sie die beiden beiliegenden DVDs nutzen.

4.1 Inhalt

Diesem Buch liegen zwei DVDs bei. Genauer gesagt handelt es sich bei einer um eine normale DVD (DVD-5) und bei der anderen um eine DVD-9 (Double-Layer-DVD). Bei diesen DVDs kann durch Neufokussieren des Lasers auf die zweite Schicht diese ebenfalls gelesen werden. Nicht alle, aber die meisten in Computern eingebauten DVD-Laufwerke können mit diesen Double-Layer-DVDs umgehen. Bei modernen Computern dürften keinerlei Probleme auftreten.

4.1.1 DVD 1 – Ubuntu 8.04 LTS »Hardy Heron«

Die DVD Nr. 1 ist eine unveränderte Installations-DVD von Ubuntu. Ich habe mich absichtlich aus mehreren Gründen für diese Möglichkeit und gegen eine Double-Layer-DVD entschieden:

- Eine Double-Layer-DVD ist auf älteren DVD-Laufwerken oftmals nicht abspielbar.
- Auf der DVD sind die Repositorys *Main* und *Universe* enthalten. In diesen befinden sich sehr viele Pakete und Programme, die Sie nicht mehr herunterladen brauchen. Dies ist für Anwender interessant, die keinen schnellen DSL-Anschluss oder eine Flatrate besitzen.

4.1.2 DVD 2 – CD-Abbilder

Die DVD Nr. 2 ist eine Double-Layer-DVD, auf der mehrere Versionen von Ubuntu und einige Zusatzsoftware enthalten sind:

isos

Hier sind die ISO-Dateien von folgenden Ubuntu-Varianten zu finden:

- Kubuntu 8.04 »Hardy Heron« für i386 (KDE 3.5.9)
- Kubuntu 8.04 »Hardy Heron« für i386 (KDE 4)
- Xubuntu 8.04 »Hardy Heron« für i386
- Ubuntu 8.04 »Hardy Heron« für AMD64
- Ubuntu Server 8.04 »Hardy Heron« für i386
- UbuntuStudio 8.04 »Hardy Heron« für i386
- Mythbuntu 8.04 »Hardy Heron« für i386
- Edubuntu Add-On-CD 8.04 »Hardy Heron« für i386

Diese ISOs lassen sich mit einem Standardbrennprogramm auf gängige CD-Rohlinge befördern und können von diesen Medien anschließend installiert werden. Hierbei müssen Sie darauf achten, dass Sie ein *Image* brennen, keine Daten-CD.

book

In diesem Verzeichnis befindet sich das OpenBook »Linux« der Autoren Johannes Plötner und Steffen Wendzel.

video

Hier finden Sie einige Kapitel aus dem Videotraining zu Ubuntu. Voraussetzung für das Betrachten dieser Videos ist ein installiertes *Flash*. Am einfachsten erreichen Sie dies unter Ubuntu, indem Sie das Pakete *ubuntu-restricted-extras* installieren.

- **Kapitel 01 – Die Shell (00:32 Std.)**
  In diesem Kapitel gibt Ihnen Rainer Hattenhauer einen kurzen Einblick in den Umgang mit der Shell. Sie lernen per Kommandozeile Dateien zu kopieren, verschieben und zu erzeugen. Zudem bekommen Sie noch einige Experten-Tipps mit auf den Weg.
  - Grundlagen der Shell (06:36 Min.)
  - Verzeichnisse und Dateien anpassen (09:09 Min.)
  - Administratoraufgaben ausführen (06:18 Min.)
  - Tipps für Fortgeschrittene (09:46 Min.)

- **Kapitel 02 – Anwendersoftware (00:40 Std.)**
  Unter Ubuntu Linux steht Ihnen eine Vielzahl ausgereifter Open Source-Anwendungen zur Verfügung. Dieses Kapitel stellt Ihnen eine kleine Auswahl von Anwendungen für Internet, E-Mail, Text- und Bildbearbeitung vor.
  - Ins Web mit Firefox (07:06 Min.)
  - Firefox – Plugins und Multimedia (07:50 Min.)
  - E-Mails schreiben mit Evolution (09:40 Min.)
  - Textverarbeitung mit OpenOffice.org Writer (06:56 Min.)
  - Tabellenkalkulation mit OpenOffice.org Calc (05:51 Min.)
  - Bildbearbeitung mit GIMP (03:06 Min.)
- **Kapitel 03 – Systemverwaltung (00:19 Std.)**
  Wie lege ich neue Benutzer mit verschiedenen Rechten an? Und was mache ich, wenn ein Programm abgestürzt ist? Diese und andere Fragen zum Thema Systemverwaltung werden Ihnen in den folgenden Lektionen erläutert.
  - Die Systemverwaltung (05:19 Min.)
  - Mehrere Benutzer anlegen (07:14 Min.)
  - Programme und Prozesse (06:19 Min.)

virtual

In diesem Verzeichnis dreht sich alles um das Thema Virtualisierung. Sie finden hier:

- das VMware-Image von Ubuntu 7.10 »Gutsy Gibbon«
- den VMware Player als rpm-Paket
- den VMware Player als tar.gz-Archiv

Bevor Sie eine Version installieren, können Sie sich beide Versionen von Ubuntu im Live-Betrieb ansehen. Viele der im Buch beschriebenen Programme verrichten auch vom Livesystem aus ihren Dienst.

Sie erfahren Näheres über Ubuntu im Live-Betrieb in Abschnitt 4.2, »Ubuntu gefahrlos ausprobieren«, auf Seite 178. **[+]**

Allerdings gibt es noch die faszinierende Möglichkeit, sich diese beiden Versionen in einer virtuellen Maschine anzusehen. Virtuelle Maschinen (VMs) stellen eine virtuelle Umgebung für Programme oder Betriebssysteme innerhalb eines Host-Systems zur Verfügung. Dies bedeutet, dass Sie in einem Fenster ein fertig konfiguriertes Ubuntu benutzen können, während Sie z. B. Ihr Windows einfach weiter laufen lassen, fast so, als ob Sie ein Programm unter Windows ausführen.

[»] Virtuelle Maschinen sind faszinierende Techniken der Virtualisierung. Sie erfahren mehr über Virtualisierung in Kapitel 27, »Grundlagen der Virtualisierung«, ab Seite 773. Dort lernen Sie nicht nur den *VMware Player* und den *VMware Server* kennen, sondern auch Xen und KVM, zwei extrem leistungsfähige Virtualisierungstechniken.

4.2 Ubuntu gefahrlos ausprobieren

[o] Mit der beiliegenden Installations-DVD können Sie Ubuntu nicht nur installieren, sondern vorher noch gefahrlos ausprobieren. Die Technik dahinter bezeichnet der Begriff »Live-DVD«. Wenn Sie einen Computer benutzen und damit ein Betriebssystem, dann müssen für fast alle Funktionen, die Sie nutzen, Zugriffe auf Ihre Festplatte stattfinden; Dateien müssen gelesen und gesichert werden. Diese Zugriffe erfolgen heutzutage sehr schnell, sodass ein flüssiges Arbeiten möglich ist.

Im Prinzip können diese Zugriffe aber nicht nur auf die Festplatte erfolgen, sondern auch auf CDs oder DVDs. Eben dies geschieht bei einer Live-DVD. Auf ihr befindet sich ein installiertes Betriebssystem, auf das Sie zugreifen, wenn Sie von dieser DVD starten. Zwei Einschränkungen gilt es hierbei zu beachten:

1. Der Zugriff auf eine CD oder DVD erfolgt technisch bedingt langsamer als der Zugriff auf eine Festplatte. Ein Betriebssystem von einer Live-DVD wird niemals so schnell sein wie ein installiertes System auf Ihrer Festplatte. Temporäre Dateien landen im Arbeitsspeicher, daher brauchen Sie mindestens 256 MB für den Betrieb der Live-DVD.
2. Sie können keine Daten auf der Festplatte speichern, da kein Zugriff auf die Festplatte stattfindet. Sie können allerdings zum Beispiel einen USB-Stick benutzen, um Dateien zu speichern.

Eine Live-DVD bietet eine faszinierende Möglichkeit, einmal Ubuntu-Luft zu schnuppern, doch das ist nicht ihr einziger Sinn und Zweck. Eine weitere wichtige Anwendung besteht darin, dass Sie mit der Live-DVD Reparaturen auf Ihrer Festplatte ausführen können, falls das installierte System nicht mehr funktionieren sollte.

4.2.1 Start der Live-DVD

[o] Legen Sie die beiliegende DVD in Ihr Laufwerk und starten Sie den Rechner neu. Wenn Ihr Computer nicht von der DVD startet, sondern stattdessen das bereits installierte System zu starten versucht, dann brechen Sie den Bootvorgang bitte ab und starten Sie den PC neu. Ändern Sie in diesem Fall beim Startvorgang die Bootreihenfolge in Ihrem BIOS.

Zum Ändern der Bootreihenfolge sehen Sie bitte im Abschnitt 6.1.3, »Bootvorbereitungen im BIOS«, ab Seite 220 nach. [+]

Wenn der Startbildschirm von Ubuntu erscheint (siehe Abbildung 4.1), können Sie mit F2 die Sprache auf *DEUTSCH* ändern. Nun drücken Sie entweder Enter oder warten einfach ab, bis die erste Option automatisch startet.

Fast alles, was Sie in diesem Buch beim Umgang mit Ubuntu lernen, können Sie auch mit der Live-DVD tun. Sie richten z. B. Ihre Internetverbindung genauso ein, als ob das System installiert wäre. Wenn Sie per Router und Netzwerkkarte eine Verbindung ins Internet herstellen, dann brauchen Sie nichts tun, Sie sind automatisch mit dem weltweiten Netz verbunden.

Es kann vorkommen, dass Sie beim Starten der Live-DVD einige Zeit lang kein Bild haben. Dies passiert immer dann, wenn das System Ihren Monitor während des Bootens nicht richtig ansprechen kann. Haben Sie ein wenig Geduld, Ubuntu startet trotzdem. [!]

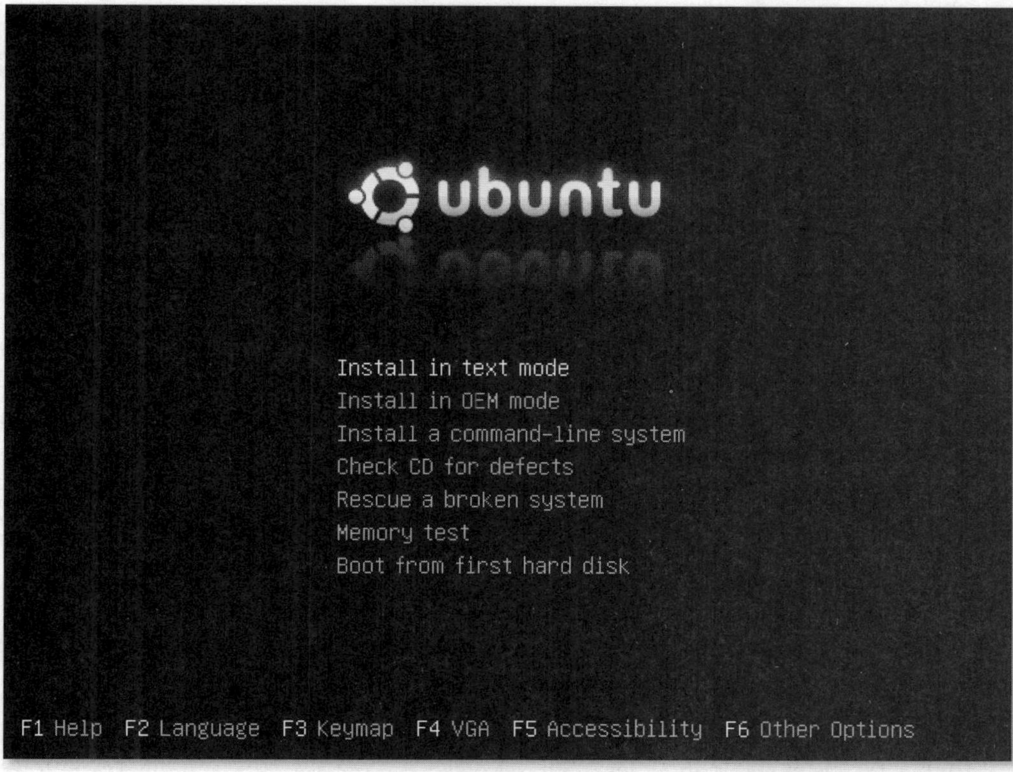

Abbildung 4.1 Der Ubuntu-Startbildschirm – mit einem beherzten »Enter« starten Sie die Live-DVD. Die Navigation erfolgt mit den Pfeiltasten.

4.2.2 Bootvorbereitungen im BIOS

[o] Sollte die CD bzw. DVD nicht automatisch booten, so gilt es, das BIOS Ihres Rechners auf die Bootfähigkeit von CD hin zu überprüfen bzw. die Bootreihenfolge anzupassen. Dazu ist es notwendig, mithilfe einer Tastaturkombination (neudeutsch: Hotkey-Sequenz) in das BIOS zu gelangen.

BIOS	Hotkey-Sequenz
ACER	Strg+Alt+Esc
AMI	Entf
	Strg+Alt+S
Phoenix	Strg+Alt+Esc
	Strg+Alt+S
	F2
Phoenix (Dell)	Strg+Alt+Enter
ATT	F1
Award	Entf
AST	Strg+Alt+Esc
Compaq	F10
IBM	F1

Tabelle 4.1 Hotkeys der wichtigsten BIOS-Varianten

Die obige Tabelle zeigt die Tastenkombinationen für die am meisten verbreiteten BIOS-Varianten. Beachten Sie, dass sich dabei ein und derselbe BIOS-Fabrikant durchaus unterschiedlicher Sequenzen bedienen kann. Darüber hinaus kann mitunter der Zeitpunkt von Bedeutung sein, wann die Hotkey-Sequenz einzugeben ist, z. B. während des Speichertests. Nähere Informationen entnehmen Sie der Dokumentation Ihrer speziellen Hardware, in diesem Fall der des eingesetzten Motherboards.

Nach der Hotkey-Sequenz präsentiert sich der Hauptbildschirm der BIOS-Software. Hier sollten Sie nach einem Menüpunkt namens Boot bzw. einem entsprechenden Untermenü Ausschau halten. Abbildung 6.1 zeigt am Beispiel des Phoenix-BIOS ein solches Bootkonfigurationsmenü. Wie Sie sich im BIOS selbst bewegen und Aktionen ausführen, ist ebenfalls vom Typ abhängig. In den meisten Fällen werden die verfügbaren Tastenkombinationen am oberen oder unteren Bildschirmrand eingeblendet.

Im Bootuntermenü ist nun zu prüfen, ob der Datenträger, von dem gebootet werden soll, am Anfang der Liste der Bootmedien steht. Ist dies nicht der Fall, so kann die Reihenfolge zumeist mit der + - bzw. - -Taste des Nummernblocks auf der Standardtastatur geändert werden; Näheres entnehmen Sie wiederum der Hardwaredokumentation. Im vorliegenden Fall steht dem Anwender zudem die kontextbezogene Hilfe am rechten Bildschirmrand zur Verfügung (siehe Abbildung 6.1).

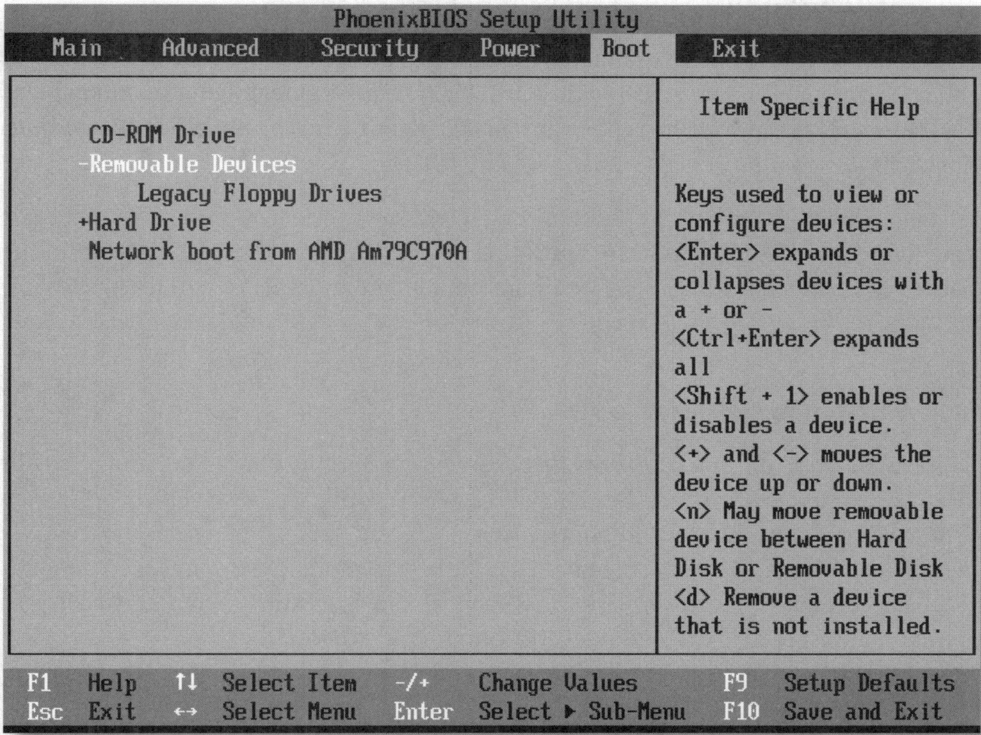

Abbildung 4.2 Startsequenz im BIOS anpassen

Bei moderneren Systemen können an dieser Stelle weitere Varianten, wie beispielsweise das Booten über Netzwerk oder von angeschlossenen USB-Geräten wie Memorysticks oder mobilen Festplatten, ausgewählt werden. So ist es mittlerweile auch möglich, Ubuntu auf einer externen USB-Festplatte zu installieren und zu booten. Dadurch können Sie Ihr komplettes System stets mit sich führen.

Eine Warnung ist an dieser Stelle angebracht: Bitte beschränken Sie sich bei den Änderungen auf das Bootuntermenü. Gerade die Manipulation des BIOS ist eine hervorragende Gelegenheit für Ungeübte, digitales Porzellan zu zerschlagen. Wer beispielsweise die Parameter seiner Festplatte unbedingt manuell eintragen oder gar den Takt des Prozessors »hochschrauben« will, riskiert Systemabstürze und Datenverluste. Aus diesem Grund sollten nur erfahrene Anwender an allen Schrauben ihres BIOS drehen. [!]

Nach erfolgter Änderung verlässt man die BIOS-Konfiguration schließlich über das Untermenü Exit bzw. den Hotkey F10. Bei älteren BIOS-Varianten ist zu beachten, dass die abschließende Bestätigungsabfrage die Eingabe des Buchstabens z statt y erfordert, da diese BIOS-Versionen an das amerikanische Tastaturlayout angepasst wurden. Nun sollte Ihrem ersten Bootversuch nichts mehr im Weg stehen. [«]

4.2.3 Die Ubuntu-CD/-DVD will nicht booten – und nun?

[+] Auch hier gibt es eine Lösung: Installieren Sie den Bootloader GRUB in einem bestehenden Windows-System, und booten Sie von dort aus den Ubuntu-Installer. Eine Anleitung hierzu finden Experten (und nur solche sollten sich an eine derart komplexe Aufgabe heranwagen) unter *http://wiki.ubuntuusers.de/Installation_ohne_CD*.

Eine weitere Möglichkeit besteht darin, mit einer Hilfsdiskette einen Linux-Kernel zu booten, der dann die entsprechenden Treiber für das CD-Laufwerk zur Verfügung stellt und somit das BIOS überlistet. Dazu lesen Sie die Informationen unter *http://wiki.ubuntuusers.de/Bootdiskette*.

4.2.4 Arbeiten mit der Live-DVD

[»] Sie können Dateien auf einen USB-Stick speichern. Diesen müssen Sie allerdings vor Benutzung ins System einhängen. Bei einem installierten Ubuntu geschieht das Ein- und Aushängen (»Mounten« und »Unmounten«) eines USB-Sticks sehr einfach. Hier erscheint beim Einstecken des USB-Sticks ein Symbol auf dem Desktop und das Einhängen geschieht automatisch. Lediglich das Aushängen muss manuell erfolgen durch einen Rechtsklick auf das Symbol und Auswählen des Punktes DATENTRÄGER AUSHÄNGEN.

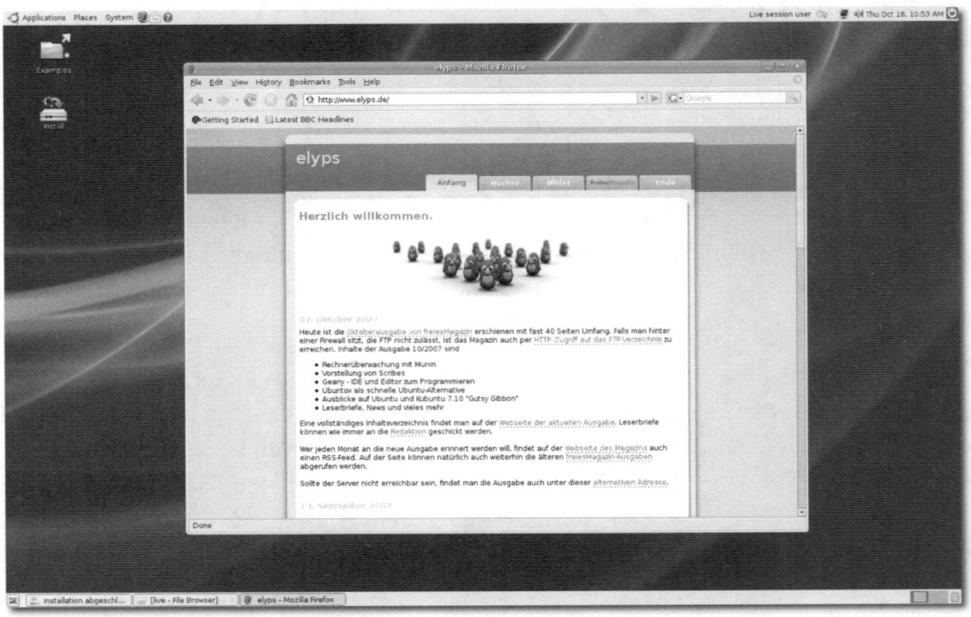

Abbildung 4.3 Nach dem Starten erscheint ein regulärer Ubuntu-Desktop. Hier wurde eine Verbindung ins Internet hergestellt und der Firefox gestartet. All dies ist möglich, ohne Ubuntu zu installieren.

Diese Vorgehensweise funktioniert auf vielen PCs auch im Live-Betrieb. Wenn dies allerdings nicht gelingt, gibt es auch die Möglichkeit, den Stick über *Nautilus*, den Dateimanager, einzuhängen.

Zum einfachen grafischen Mounten öffnen Sie bitte ein *Nautilus*-Fenster, zum Beispiel Ihren *Persönlichen Ordner*. Dort finden Sie auf der linken Seite eine Verzeichnisübersicht. Wenn Sie Ihren USB-Stick eingesteckt haben, erscheint der Name Ihres Sticks in dieser Übersicht. Führen Sie einen rechten Mausklick auf diesen Namen aus, und wählen Sie den Punkt MOUNT. Hierduch wird Ihr USB-Stick eingehängt und Sie können ihn durch einen weiteren Doppelklick öffnen und verwenden.

Bevor Sie Ihren USB-Stick wieder entfernen können, müssen Sie ihn wieder aus dem System aushängen. Dies geschieht auf die gleiche Weise wie beim Einhängen, nur dass Sie nun beim rechten Mausklick den Punkt UNMOUNT auswählen.

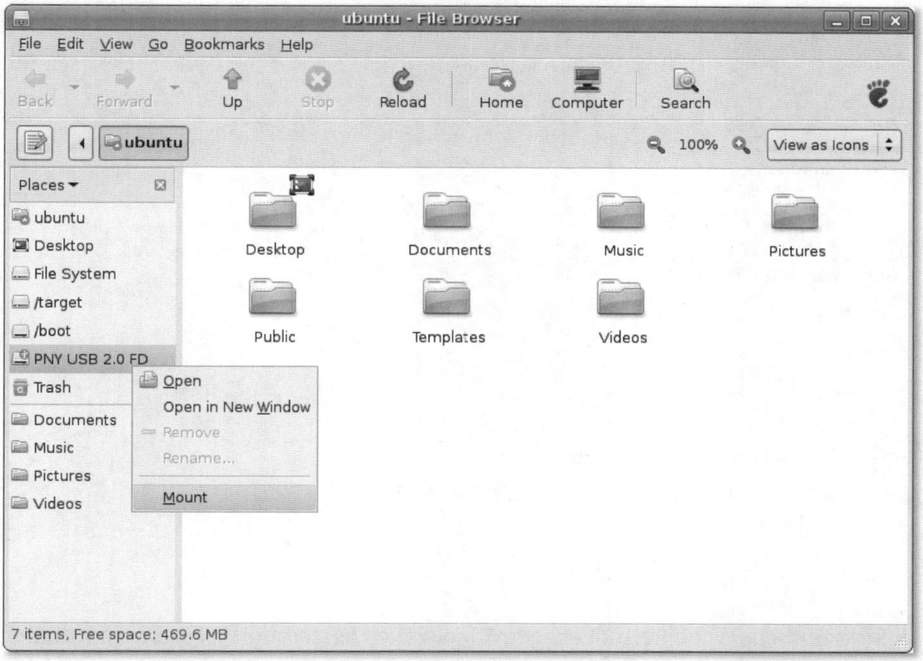

Abbildung 4.4 In Nautilus können Sie grafisch durch einen Rechtsklick den USB-Stick mounten.

Ein ordnungsgemäßes Aushängen des Sticks ist unbedingt erforderlich, da Sie sonst den Verlust Ihrer Daten riskieren! [!]

Der Root-Account im Live-System ist nicht mit einem Passwort gesichert, innerhalb einer normalen Konsole wechseln Sie einfach mittels `sudo -s` in die Root-Shell.

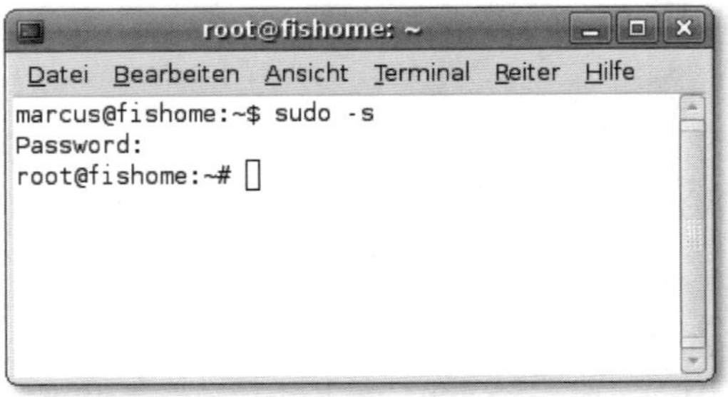

Abbildung 4.5 Root-Modus im Terminal

Zur übrigen Konfiguration des Systems wird ebenfalls kein Root-Passwort benötigt, die Netzwerkschnittstelle richtet man, wie in Abbildung 4.6 zu sehen, über das übliche Konfigurationswerkzeug ein.

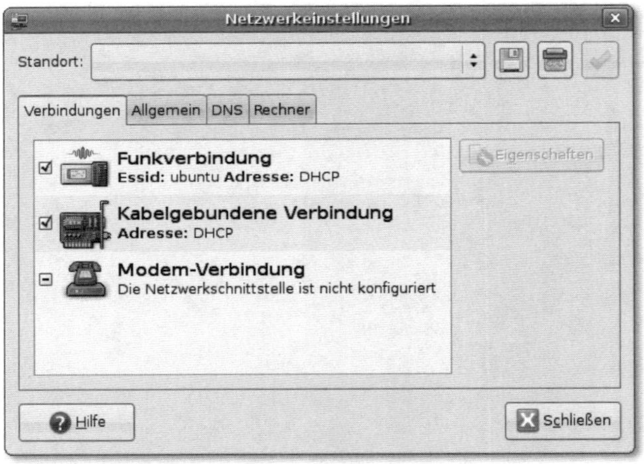

Abbildung 4.6 Root-Modus/Netzwerkkonfiguration im Live-Betrieb

4.2.5 Rettungssystem

Nun haben Sie sämtliche Vorbereitungen getroffen, einen ersten ausgiebigen Spaziergang im Ubuntu-System zu unternehmen. Seien Sie unbesorgt: Weitere Betriebssysteme, die auf Ihrem Rechner installiert sind, werden in keiner Weise gefährdet. Im Gegenteil: Die Ubuntu-DVD eignet sich im Live-Modus hervorragend als Rettungssystem, um Daten im Falle des Falles z.B. auf einem USB-Memorystick zu sichern.

Auf einige der vielfältigen Anwendungsmöglichkeiten zur Systemrettung werde ich in Abschnitt 24.9 ab Seite 712 eingehen.

4.2.6 Installation

Sie können Ubuntu prizipiell auf zwei Arten auf Ihre Festplatte bannen: entweder durch eine Installation aus dem laufenden Live-System heraus oder durch eine klassische textbasierte Installation. Für welche Art Sie sich entscheiden, hängt von Ihrer Hardware ab und von den Bedingungen, die Sie an eine Installation stellen. Um Ihnen die Entscheidung ein wenig zu erleichtern, habe ich diese beiden Versionen in Kapitel 6, »Installation«, auf Seite 219 etwas genauer betrachtet.

[+] Sie erfahren mehr über

- die klassische textbasierte Installation in Abschnitt 6.4, »Textbasierte Installation«, ab Seite 232 und
- die grafische Variante aus dem Live-System heraus im Abschnitt 6.3, »Installation von der Live-CD/DVD«, ab Seite 228.

Dort stelle ich Ihnen die einzelnen Schritte der Installation ausführlich vor.

Installation von Live-DVD

[+] Sie finden auf dem Desktop den Button INSTALL. Durch einen Doppelklick starten Sie den Installationsdialog, der in Kapitel 6, »Ubuntu erleben – Die Installation«, ab Seite 219 näher beschrieben wird. Sie können während der Installation im Internet surfen, den Messenger *Pidgin* starten oder E-Mails abrufen. Alle Einstellungen, die Sie hierbei tätigen, gehen aber nach dem Abschluss der Installation verloren, weil diese im Arbeitsspeicher gespeichert werden und nicht auf der Festplatte.

4.2.7 Einschränkungen im Betrieb

Es gibt einige Einschränkungen im Betrieb, die aber keine Hinderungsgründe darstellen:

- Es sind nicht alle Sprachpakete integriert. Trotz einer korrekten Auswahl der Sprache erscheinen einige Programme wie *Firefox* und *OpenOffice.org* trotzdem auf Englisch.
- Es sind keine proprietären Treiber installiert, zum Beispiel für Grafik- oder WLAN-Karten. Daraus kann resultieren, dass Sie über Funk keine Verbindung zum Router herstellen können oder dass Sie im Live-Betrieb nicht in den Genuss des 3D-Desktops kommen. Dadurch, dass der richtige (im Zweifel ist dies der proprietäre) Grafiktreiber fehlt, haben Sie unter Umständen ein etwas verschwommenes Bild im Live-Betrieb.

4.3 Als Anwendung unter Windows – Wubi

Seit der Ubuntu-Version 8.04 »Hardy Heron« ist auf der offiziellen Installations-CD (nicht auf der DVD) das Programm *Wubi* (*W*indows *ub*untu *i*nstallation) enthalten.

Mithilfe von *Wubi* ist es möglich, Ubuntu wie eine Anwendung unter Windows zu installieren. Es wird bei dieser Installationsmethode keine separate Festplatte oder eine eigene Partition benötigt. Der Start des Ubuntu-Systems erfolgt über einen Eintrag im Windows-Bootmanager. Dies ist eine Besonderheit, da bei einer regulären Parallel-Installation von Windows und Linux alle Betriebssystemeinträge über GRUB verwaltet werden.

[»] Es stellt sich berechtigterweise die Frage, warum man nicht ausschließlich diese Art der Installation durchführt. Schließlich hat man damit eine bequeme Möglichkeit gefunden, Ubuntu zu installieren, ohne dass man auf Windows verzichten müsste oder eine bestehende Windows-Installation durch eine Parallel-Installation gefährdet. Hierzu ist anzumerken, dass ein derart installiertes Ubuntu ständig auf die Dateien der Windows-Partition und nicht auf eine eigene Linux-Partition zugreifen muss und dadurch folglich ein wenig langsamer bei Schreib- und Lesezugriffen sein wird. Zum Ausprobieren von Ubuntu ist *Wubi* allerdings eine exzellente Alternative.

4.3.1 Anforderungen

- Windows XP, Windows Vista oder Windows 98
- es muss der Windows Bootloader verwendet werden
- mindestens 4 GB freier Festplattenplatz für die Installation
- mindestens 256 MB Arbeitsspeicher (RAM)
- mindestens 1 GHz CPU

Nur eine weitere Virtualisierungsmethode?

Handelt es sich bei *Wubi* nur um eine weitere Virtualisierungsmethode (siehe die Kapitel über Virtualisierung ab Seite 773)

Die Antwort lautet: Nein. Es handelt sich bei *Wubi* um eine reale Installation. Der einzige Unterschied liegt darin, dass Ubuntu in eine Datei und nicht in eine Partition installiert wird. Dadurch ist Ubuntu prinzipiell genauso schnell wie bei einer separaten Installation. Die einzige Einschränkung besteht im Festplattenzugriff. Dieser kann installationsbedingt ein wenig langsamer sein. Bei zunehmender Fragmentierung der Festplatte wird dieser Effekt noch verstärkt.

In Abschnitt 6.1.5 »Defragmentieren« auf Seite 225 erläutere ich Ihnen, wie Sie bei Windows die Festplatte defragmentieren.

4.3.2 Installation

Die Installation von Ubuntu mithilfe von *Wubi* ist selbsterklärend und durch einige wenige Klicks erledigt. Starten Sie Windows, und legen Sie nach erfolgter Anmeldung einfach die Installations-CD in Ihr Laufwerk. Auf dem erscheinenden Startbildschirm wählen Sie Wubi.

Wenn Sie Windows Vista mit dem Service Pack 1 verwenden, kann es vorkommen, dass die Installation von Ubuntu ohne Fehlermeldung abbricht. Sollte dies vorkommen, liegt es daran, dass *Wubi* während der Installation den Pfad zur Installations-CD/DVD »vergisst«. Zur Problemvermeidung öffnen Sie bitte die CD über den Explorer und suchen Sie nach der Datei *wubi.exe*. Kopieren Sie diese auf Ihre Festplatte, und starten Sie durch einen Doppelklick die Installation erneut. [!]

Sie finden die Datei *wubi.exe* auch auf der dem Buch beiliegenden DVD Nr. 2. [«]

Bei der Installation brauchen Sie nur wenige Angaben zu machen:

- Wählen Sie das Ziellaufwerk, auf dem der Ordner installiert werden soll.
- Im Anschluss wählen Sie die gewünschte Größe des »virtuellen« Laufwerks.
- Treffen Sie eine Auswahl der gewünschten Desktop-Umgebung.
- Wählen Sie die gewünschte Sprache, den Benutzernamen des Hauptbenutzers und das gewünschte Passwort.

Nun klickt man auf den Button INSTALLIEREN, um die Installation zu starten.

4.3.3 Start

Nach erfolgreicher Installation muss das Betriebssystem neugestartet werden. Beim Neustart erscheint dann ein Windows-Bootdialog zum Auswählen des zu startenden Betriebssystems (Ubuntu und Windows).

4.3.4 Deinstallation

Die Deinstallation von Ubuntu funktioniert genauso einfach. Da Windows Ubuntu wie eine Anwendung ansieht, geschieht das Entfernen auf die gleiche Art wie bei allen anderen Programmen auch. Wählen Sie einfach in der Windows-Systemsteuerung unter SOFTWARE das Programm *Wubi* zur Deinstallation aus.

4.4 Brennen von Images

Auf den DVDs befinden sich jeweils in den Ordnern *isos* einige CD-Abbilder. Welche dies genau sind, entnehmen Sie bitte den vorangegangenen Ausführungen.

Nun kann es aufgrund des speziellen DVD-Typus (es handelt sich um eine zweilagige DVD mit 8,4 GByte Speicherkapazität) vorkommen, dass ausgerechnet Ihr System sich weigert, von einem derartigen Medium zu booten. In diesem Fall oder wenn Sie ein Derivat von

Ubuntu installieren möchten, verwenden Sie einfach eines der im Ordner *isos* befindlichen CD-ISO-Abbilder des gewünschten Systems (Ubuntu64, Kubuntu, Xubuntu, Edubuntu).

[!]

Alternate oder Desktop?

Bei den auf den DVDs gespeicherten CD-Abbildern handelt es sich ausschließlich um die »Alternate«-Varianten, die einzig und allein eine klassische textbasierte Installation erlauben.

4.4.1 Unter Windows

Auf Windows-Systemen kann ein ISO mithilfe der gängigen Brennprogramme wie *Nero* oder *WinOnCD* (oft über den Menüpunkt Rekorder • Image brennen) auf einen handelsüblichen CD-Rohling befördert werden. Unter Linux empfiehlt sich *K3b*. Von der mithilfe des Images selbst erstellten CD sollte die Installation nun auch auf älteren Systemen problemlos funktionieren.

4.4.2 Unter Linux

In Abschnitt 17.1 ab Seite 487 werden die gängigen Brennprogramme von KDE und GNOME näher behandelt. Unter anderem finden Sie hier auch eine Anleitung, wie Sie von der Kommandozeile aus brennen können.

Bleibt mir nur noch, Ihnen viel Spaß bei der Reise in die Welt von Ubuntu zu wünschen!

»Viele, die ihrer Zeit vorausgeeilt waren,
mußten auf sie in sehr unbequemen Unterkünften warten.«

Stanislaw Jerzy Lec (06.03.1909 – 07.05.1966)
polnischer Satiriker

5 Migration

Wir kommen nun zu einem spannenden und wichtigen Thema, der Migration von Windows zu Linux und umgekehrt. Ja, Sie haben richtig gelesen, wir wollen hier auch den umgekehrten Weg vollziehen, von Linux zu Windows. Nun fragen Sie sich vielleicht, ob der Autor an seinem propagierten System zweifelt, aber ich kann Sie beruhigen – dem ist nicht so. Dieser Abschnitt des Buchs ist sehr umfassend ausgelegt und der Blick ist dabei nicht alleine auf Ubuntu und Windows beschränkt.

5.1 Einleitung

Für wen ist dieses Kapitel?

Dieses Kapitel handelt primär von Migrationsproblemen, deren Vermeidung und einer Einführung in das sogenannte »Linux-Denken«. So liegt der Fokus eindeutig auf Umsteigern, die von Windows zu Linux migrieren. Allerdings werden hier auch Wege beschrieben, wie Sie die Möglichkeiten von einigen Web 2.0-Anwendungen für sich nutzen können, um Migrationsproblemen im Vorwege aus dem Weg zu gehen. Dies wird auch die erfahreneren Anwender interessieren.

Probleme vermeiden

Wir werden in diesem Kapitel lernen, die Tücken und Fallen zu umgehen, denen wir bei jeglichen Systemumstiegen ausgeliefert sind, und das betrifft nicht nur den Umstieg von einem geschlossenen, proprietären zu einem offenen und freien System. Wir wollen uns hier auch einmal genauer mit der Thematik beschäftigen, wie wir an unterschiedlichen Orten (z.B. am Arbeitsplatz und zu Hause) auf die immer gleichen Daten zugreifen können, seien es E-Mails, Notizen, Dateien, Kalender, Adressbücher oder Lesezeichen/Favoriten. Hierbei werden wir faszinierende Anwendungen des Web 2.0 kennenlernen und diesen abstrakten Begriff mit Leben füllen.

Denn die beste Möglichkeit Probleme zu lösen ist, sie zu benennen und einzugrenzen, um ihnen dann geschickt aus dem Weg zu gehen oder sie bereits im Vorfeld zu lösen, bevor man vor den Scherben eines sinnlosen Backups steht. In diesem Sinne wollen wir gleich mit einem wichtigen Thema beginnen, den E-Mails. Weitere Abschnitte beschäftigen sich mit Dateiaustausch, Notizen, Lesezeichen und barrierefreien Formaten.

Die folgenden Abschnitte sind alle ähnlich aufgebaut. Zunächst werde ich Ihnen immer eine Möglichkeit vorstellen, die Ihnen dabei helfen könnte, Migrationsprobleme ganz zu vermeiden, indem Sie exzessiven Gebrauch vom Internet machen. Danach gehe ich explizit auf die gebräuchlichsten Programme ein und erkläre Ihnen, wie Sie auf die nötigen Daten zugreifen können. Beginnen werde ich dieses Kapitel allerdings mit einer Einführung in das »Linux-Denken«.

5.2 Linux-Denken

Nun fragen Sie sich bestimmt, was das »Linux-Denken« ist. Sie werden wahrscheinlich bisher auch noch nie von einem »Windows-Denken« gehört haben. Sie werden sich vielleicht die Frage stellen:

> *»Wieso muss ich als Anwender anders denken? Dieses Betriebssystem soll doch lediglich das tun, was ich von ihm will!«*

Nun, prinzipiell haben Sie recht. Dieses Betriebssystem GNU/Linux soll Ihre Aufgaben abarbeiten und dabei weder murren noch stocken. Viele Einsteiger in die Thematik »Linux« haben das Problem, dass sie den Umgang mit Windows gewohnt sind. Dies ist selbstverständlich auch nötig im täglichen Umgang mit dem System von Microsoft. Damit Sie aber den vollen Nutzen aus Linux herausholen können, müssen Sie lernen, dass Sie bei Linux an manche Probleme anders herangehen müssen als bei Windows. Das hierzu erforderliche Denken bezeichne ich als »Linux-Denken«.

Ich möchte Ihnen als potentiellem Umsteiger dieses Denken näherbringen, indem ich die Unterschiede, aber auch die Gemeinsamkeiten zwischen Linux und Windows herausarbeite. Dazu ist es am einfachsten, wenn Sie versuchen, alle Gewohnheiten, die Windows Ihnen anerzogen hat, beiseite zu legen und sich dem Wagnis Linux zu stellen.

Um kein falsches Bild zu suggerieren, schicke ich einige Klarstellungen vorweg. Dies ist leider nötig, weil ich in Foren häufig Missverständnisse über die folgenden Punkte lese.

1. Der Umstieg wird nicht einfach. Die Installation ist meistens schnell erledigt, aber der Umgang mit dem System erfordert seine Zeit. Nehmen Sie sich bitte die Zeit. Erwarten Sie nicht, dass Sie Linux nach ein paar Tagen oder gar Monaten vollständig verstehen. Ich verspreche Ihnen, dass Sie zügig zu Erfolgserlebnissen kommen werden, aber erinnern

Sie sich bitte daran, wie lange Sie für den Einstieg in Windows brauchten – auch dies gelang nicht innerhalb von wenigen Tagen.

2. GNU/Linux erfordert Ihr Mitdenken und Ihre Mitarbeit. Auch dies ist manchmal ungewohnt, da Windows alles versucht, um es dem Anwender so einfach wie möglich zu machen. Leider wird diese Anwenderfreundlichkeit teuer bezahlt und damit meine ich nicht nur den Ladenpreis des Systems. Beispielsweise geht der Komfort oftmals zu Lasten der Sicherheit – ein hoher Preis.

3. Nicht alles funktioniert genauso gut wie oder besser als unter Windows. Zwei große Mankos dürfen nicht verschwiegen werden: Wenn Sie Spezialsoftware einsetzen, beispielsweise Abrechnungssysteme in Arztpraxen, oder die neuesten Spiele installieren wollen, dann ist Linux nicht das System Ihrer Wahl. Viele Anwender behelfen sich hier mit einem sogenannten Dual-Boot-System (Windows und Linux parallel) oder sie nutzen die Vorteile der modernen Virtualisierung.

Es kann vorkommen, dass Ihnen von erfahrenen »Linuxern« folgender Satz »um die Ohren gehauen« wird, wenn Sie sich in einem Forum mit einer Frage äußern, deren Inhalt Rückschlüsse auf typische Windows-Herangehensweisen zulässt:

»Linux ist nicht Windows.«

Lassen Sie sich von einem solchen Satz nicht beirren. Natürlich ist Linux nicht gleich Windows, Unterschiede gibt es reichlich und auf ein paar werde ich auch gleich explizit eingehen. Dennoch ist es wichtig zu erfahren, dass es auch Gemeinsamkeiten gibt. Dies wird Ihnen den Umstieg erleichtern.

Wie Sie eventuell in Abschnitt 1.3 ab Seite 62 gelesen haben, ist UNIX, und damit der Ursprung von Linux, schon sehr alt. Dies ist sogar für eine Migration von Vorteil, da somit die gleichen offenen Standards, die Linux ausmachen, auch die Basis für Windows ausmachen. Nun sind diese Standards im Laufe der Zeit verändert und bei Windows in proprietäre Formate überführt worden. Die Bezeichnungen und Werkzeuge haben sich verändert, aber die Konzepte sind in beiden Welten größtenteils die gleichen.

Ich habe an dieser Stelle gute Nachrichten für Sie, denn Sie haben Glück. Ein Umstieg von Windows auf Linux ist um einiges leichter als der umgekehrte Weg. Windows macht hier seinem Namen alle Ehre, denn es ist wie ein Haus, in dem Sie wohnen und durch dessen Fenster Sie hinaussehen können. Und wenn Sie durch ein solches Window (engl. *Fenster*) sehen, dann erblicken Sie draußen die große Welt von UNIX und GNU/Linux.

Der Autor hat an dieser Stelle nicht zu viel Rotwein getrunken, keine Angst. Aber dieses Bild ist sehr gut dazu geeignet, um den Weg zu verdeutlichen, den Sie nun eventuell bereit sind zu beschreiten. Innerhalb des Hauses ist alles schön aufgeräumt, Windows versucht Ihnen das Leben so einfach wie möglich zu gestalten und richtet Ihr Haus dekorativ ein. Die Wände dieses Hauses symbolisieren aber eine gewisse Enge, da Sie nicht durch sie hindurchgehen können – Windows gestattet es Ihnen nicht.

Die Sicherheit, die Ihnen durch diese Wände und durch das alleinige Vorhandensein von Fenstern suggeriert wird, ist bekannterweise trügerisch. Keine Einbrecher, seien es Viren oder Trojaner, lassen sich durch Fenster abhalten. Deshalb mussten Sie sich bisher umfangreich durch Anti-Viren-Programme und Firewalls schützen.

Wenn Sie aus dem Haus durch die Fenster hinaussehen, erblicken Sie die die Welt von UNIX und GNU / Linux. Die Vielfalt, die Sie hier erwartet, ist wie in der Natur. Die Anzahl der Werkzeuge, die Ihnen ab jetzt zur Verfügung stehen, ist nahezu unüberschaubar. Dies bedeutet einerseits die »Qual der Wahl«, andererseits *Freiheit* (*freedom of choice*).

Flexibilität

Wenn Sie nun die Welt von Linux erkunden, dann haben Sie wesentlich mehr Möglichkeiten Aufgaben zu erledigen als Sie sich dies bei Windows je erträumt hätten. Hierbei werden Sie feststellen, dass nicht alles Gold ist, was glänzt. Nicht alle kleinen Helferlein, die Ihnen auf Ihrem Weg begegnen werden, werden die ihnen auferlegten Aufgaben zu Ihrer vollen Zufriedenheit lösen. Aber das Gute an Linux ist neben der vorhandenen Stabilität auch seine Flexibilität. Wenn Ihnen ein Programm nicht gefällt, dann nehmen Sie doch ein anderes.

[»] *Synaptic* (siehe Abschnitt 20.5.3, »Synaptic«, auf Seite 620) bietet Ihnen einen Fundus von mittlerweile über 10.000 Paketen. Nutzen Sie diese Freiheit.

5.2.1 Linux ist ein bisschen wie Windows

Bevor wir uns darüber unterhalten, inwieweit sich Linux von Windows unterscheidet, wollen wir uns kurz über die Gemeinsamkeiten klar werden. Das Wissen über diese Schnittmenge kann sehr hilfreich sein, um ein Verständnis von Linux auszuprägen. Und nicht zuletzt ist dies der ideale Einstieg, um die Differenzen beider Betriebssysteme herauszuarbeiten.

- **Benutzer und Gruppen**
  Windows und Linux sind Multi-User-Systeme. Beide können von mehreren Benutzern bedient werden und geben dann jedem Benutzer eine separate Umgebung. Die Sicherheit wird kontrolliert durch die Identität der einzelnen Benutzer. Des Weiteren wird der Zugang zu bestimmten Ressourcen des Systems durch die Gruppenzugehörigkeit geregelt. Dies hat den großen Vorteil, dass man leicht die Rechte einer großen Anzahl von Benutzern bearbeiten und verteilen kann, ohne hierbei jeden Benutzer einzeln bearbeiten zu müssen.

- **Dateisysteme**
  Beide Systeme können mit einer Vielzahl von Dateisystemen umgehen. Der Zugang zu diesen Dateisystemen kann durch verschiedene Protokolle gewährleistet sein, z.B. FTP.

- **Schnittstellen und Geräte**
  Windows und Linux können beide mit einer großen Bandbreite an Schnittstellen zurechtkommen, seien dies z. B. serielle, parallele, USB- oder Firewire-Schnittstellen. Unterschiedliche Controller wie IDE oder SCSI sind ebenfalls kein Problem.

- **Netzwerk**
  Beide Systeme unterstützen eine Vielzahl von Netzwerkprotokollen (z.B. TCP/IP oder NetBIOS) und haben die Fähigkeit, Ressourcen über ein Netzwerk zu verteilen. Dies können Daten sein, aber auch die gemeinsame Nutzung eines Druckers etc. ist möglich. Netzwerkdienste wie DHCP oder DNS sind ebenfalls selbstverständlich.

- **Hintergrunddienste**
  Linux und Windows haben beide die Möglichkeit, eine Vielzahl an Diensten im Hintergrund arbeiten zu lassen, um den Benutzern bestimmte Dienste anzubieten und gegebenenfalls automatisch zu reagieren. Diese Hintergrunddienste können schon während des Systemstarts ebenfalls gestartet und zur Verfügung gestellt werden. Unter Linux werden solche im Hintergrund ablaufenden Dienste oftmals als *daemons* bezeichnet.

5.2.2 Linux ist anders als Windows

Nachdem wir die Gemeinsamkeiten zwischen Linux und Windows etwas genauer betrachtet haben, ist es nun Zeit, uns die essentiellen Unterschiede vor Augen zu führen. Die Liste der nachfolgend aufgeführten Unterschiede erhebt nicht den Anspruch auf Vollständigkeit, ergibt aber doch einen guten Einstieg in das »Linux-Denken«.

- **Die grafische Komponente**
  Natürlich gibt es bei Linux eine GUI (*Graphical User Interface*, engl. für grafische Benutzeroberfläche oder -schnittstelle). Allerdings ist diese nicht so fest ins Gesamtsystem integriert wie bei Windows. Die GUI ist bei Linux immer optional auf einem laufenden System hinzugefügt – sie bildet sozusagen das Sahnehäubchen auf dem Kaffee.

  Dies hat einige entscheidende Konsequenzen:

  1. Sie können die Benutzeroberfläche bei Bedarf an- und abschalten. Wenn Sie also z. B. einen Server betreiben, werden Sie vermutlich die ganze Kraft Ihres Rechners (Prozessor und Arbeitsspeicher) für die anfallenden Aufgaben nutzen wollen, also das Bereitstellen von Netzwerkdiensten. Hierbei ist die Verwendung einer grafischen Oberfläche meist überflüssig, da diese unnötig Leistung verbraucht.

  2. Alle Programme, die Sie unter einer GUI verwenden, greifen auf Konsolenbefehle zurück. Dies bedeutet explizit, dass Sie wirklich alles auch im Terminal oder auf einer Konsole erledigen können, seien es Aufgaben wie das Brennen von CDs oder sogar das Surfen im Internet - all dies ist grafisch möglich (siehe Abschnitt 14.1.4 auf Seite 415).

[!] Das Verwenden von grafischen Werkzeugen kann Sie allerdings unter Linux nicht davor schützen, dass Sie auch ab und zu mal »unter die Haube gucken« müssen, um Konfigurationsdateien manuell zu bearbeiten.

Der Vorteil dieser parallelen Herangehensweise über die Konsole scheint nicht offensichtlich zu sein, aber durch diese Möglichkeit ist es überhaupt erst praktikabel, selber Skripte zu schreiben, um automatisierte Aufgaben zu erledigen. Mit Linux stehen Ihnen auch hier alle Wege offen.

3. Alle Konfiguratonsdateien sind von Ihnen lesbar. Das mag selbstverständlich erscheinen, aber schauen Sie mal in die Registry von Windows. Dort ist so gut wie nichts Verständliches für uns hinterlegt. Ohne Insiderwissen hat es keinen Sinn, diese Registry zu bearbeiten.

   Unter Linux sind alle Konfigurationsdateien aus Sicherheits- und Kompatibilitätsgründen voneinander getrennt und nicht in einer »Linux-Registry« zusammengefasst. Sie finden diese Konfigurationsdateien in einzelnen Ordnern im Verzeichnis */etc*.

- **Netzwerk**
  Linux ist ein Netzwerksystem. Im Gegensatz zu Windows, das zu Beginn als reines Einzelplatzsystem entworfen wurde, hatte Linux seine Wurzeln in Unix und ist daher prädestiniert für den Netzwerkeinsatz. Im Serverbereich ist deswegen Linux dominierend.

- **Dateinamen-Erweiterungen**
  Linux identifiziert eine Datei nicht nach ihrer Endung. Es ist also primär egal, ob eine Datei die Endung *.txt* oder *.exe* hat – Linux betrachtet immer den Header einer Datei, um den Typ zu identifizieren. Theoretisch dienen damit diese Endungen der Erkennbarkeit durch den Benutzer.

  Um bestimmte Dateien ausführbar zu machen, müssen ihnen die nötigen Rechte zugewiesen werden. Jede Datei kann somit ausführbar gemacht werden und nur der Administrator bzw. der Urheber der Datei kann diese als ausführbar erkennen. Ein wesentlicher Vorteil dieser Methode liegt in ihrer Sicherheit, denn somit können keine Dateien, die von außen eingedrungen sind, automatisch ausführbar gemacht werden.

- **Schreibweise**
  Unter Linux sind alle Kommandos und Optionen sensibel, was die Groß- und Kleinschreibung angeht. Spielt es bei Windows (oder DOS) keine Rolle, so macht es bei Linux einen Unterschied, ob Sie bei einer Option `-r` oder `-R` schreiben.

- **Reboot**
  Wenn Sie schon lange Windows benutzen, dann werden Sie ihn zur Genüge kennen – den »Reboot«, das Neustarten Ihres gesamten Computers. Windows zwingt Sie zu dieser Handlung aus vielfältigen Gründen, sei es, weil Sie neue Software installiert haben, sei

es, weil Sie Ihr System reparieren müssen. Unter Linux brauchen Sie dies nicht zu tun. Im Gegenteil, manchmal schadet ein Reboot hier nur noch. Linux ist darauf ausgelegt, dass Sie sämtliche Änderungen am System »online«, d.h. im laufenden Betrieb vollziehen können. Die Architektur eines Linux-Systems ist der Grund dafür, dass Sie hier wesentlich seltener Ihren Computer neustarten müssen, da die Anwendungen streng vom Kernel getrennt agieren. Ein Linux müssen Sie lediglich bei Änderungen am Kernel neustarten.

Mehr über die Architektur von Linux erfahren Sie in Kapitel 21, »Dateisystem«, ab Seite 647. Auf weitere Vorteile wie zum Beispiel die naturgemäß höhere Sicherheit von Linux-Systemen gehe ich in Kapitel 24, »Sicherheit«, ab Seite 683 ein. [+]

Nachdem wir uns jetzt mit den Gemeinsamkeiten und Unterschieden zwischen Linux und Windows beschäftigt haben, wird es Zeit, dass wir den Schritt von der einen in die andere Welt vollziehen.

5.3 E-Mails

Fangen wir also mit den E-Mails an. Dies ist naturgemäß ein wichtiges Thema, da das Verschicken von E-Mails das schlagende Argument und eine der Kernkompetenzen des Internets ist. Wir wollen uns mit der nötigen Vorsicht an das Thema heranwagen.

5.3.1 IMAP

Da wir die zahlreichen Probleme, die beim Ex- und Import auftreten können, vermeiden wollen, beschäftigen wir uns nun zuerst mit einer vorbildlichen Speicherung von E-Mails. Das Zauberwort hierbei lautet *IMAP*.

Was ist IMAP?

Die Abkürzung »IMAP« steht für *Internet Message Access Protocol*. Das Protokoll IMAP erlaubt den Zugriff auf empfangene E-Mails und deren Verwaltung. Im Gegensatz zum weiter verbreiteten Protokoll POP3 verbleiben die Mails in der Regel auf dem Mailserver und werden nur bei Bedarf auf den Client-Rechner übertragen.

Anbieter

Ob Sie IMAP mit Ihrem bisherigen Postfach nutzen können, erfahren Sie am besten von dem Anbieter Ihres Postfachs. Leider stellen nicht alle Anbieter diese Technik zur Verfügung, da sie – bei allem Komfort – sehr viel Last auf ihren Servern verursacht und damit eine Kostenfrage darstellt.

Große deutsche Anbieter wie *www.web.de* oder *www.gmx.de* bieten IMAP allerdings kostenlos an.

IMAP wurde mit dem Ziel entworfen, den Zugriff auf Mailboxen und Nachrichten so bereitzustellen, als ob diese sich auf dem lokalen Rechner befänden.

Die Vorteile sind vielfältig:

- zentrale Speicherung und Archivierung der E-Mails
- gemeinsam genutzte Mailboxen für mehrere Benutzer möglich
- Manche Server-Implementationen bieten Rechtevergabe für Mailboxen (lesen, schreiben, löschen, administrieren usw.) pro Benutzer und erlauben damit eine detaillierte Zugriffssteuerung.
- Suchen und Sortieren kann serverseitig durchgeführt werden, sodass auch Clients mit geringer CPU-Leistung effizient große Mailboxen nutzen können.
- Reduzierung des lokalen Datenvolumens, besonders wichtig beispielsweise für Mobiltelefone
- Möglichkeit sofortiger Zustellung ohne ständige Abfragen durch Push-Verfahren

IMAP hat natürlich auch einige Nachteile, die ich nicht verschweigen möchte:

- Da die E-Mails in der Regel auf dem Server liegen, ist zum Zugriff auf die Mails eine Internetverbindung notwendig. Manche E-Mail-Clients halten zusätzlich eine Kopie der E-Mails auf der lokalen Platte, um diesem Problem zu begegnen (offline mode). Einige Clients erlauben sogar das Bearbeiten (Verschieben, Löschen etc.) von – zuvor lokal gespeicherten – Mails ohne bestehende Internetverbindung. Die durchgeführten Aktionen werden bei der nächsten Verbindung mit dem IMAP-Server nachgeholt. Dieser Betriebsmodus wird als »disconnected mode« bezeichnet.
- Besonderes Augenmerk ist auf Datenschutz, Sicherheit und Backup der Server zu richten, da hier in der Regel große Mengen persönlicher und geschäftlicher E-Mails liegen. Dies ist für den Endbenutzer besonders dann relevant, wenn er keinen Server im eigenen Netz, sondern einen Provider im Internet nutzt.

Sie sehen also, IMAP hat einige bedeutende Vorteile, die uns bei jeglichen Migrationen vor Problemen bewahren. Einmal eingerichtet, haben Sie ein Leben lang nie mehr Probleme mit Migrationen, ob nun bei einem Wechsel von Windows zu Linux oder umgekehrt.

Ein weiterer Vorteil ist, dass Sie, egal wo Sie sich aufhalten, immer an Ihre E-Mails herankommen. Wenn Sie POP3 benutzen, können Sie sich zwar auch immer nur Kopien auf Ihren Rechner herunterladen, aber IMAP bietet unter anderem den deutlichen Vorteil, dass die beantworteten E-Mails auch mit einer dazugehörigen Kennzeichnung versehen werden. So haben Sie von überall aus komplette Kontrolle und Übersicht über Ihre E-Mails, als ob Sie sie lokal auf Ihrem Rechner hätten.

E-Mails online nutzen

Sie können natürlich auch komplett auf Programme verzichten und Ihren gesamten E-Mail-Verkehr online abwickeln. Dafür brauchen Sie nur Ihren Browser.

Die Möglichkeit der Bearbeitung mit lokal installierten Programmen ist aber weitaus bequemer und hat bei Verwendung von IMAP den zusätzlichen Vorteil, dass Sie eine zusätzliche Datensicherung Ihrer E-Mail betreiben.

IMAP und POP3 parallel

Noch ein Wort vorweg: Sie können natürlich IMAP und POP3 parallel verwenden. Wenn Sie schon POP3 für Ihr E-Mail-Programm eingerichtet haben, dann fügen Sie einfach ein zusätzliches IMAP-Konto hinzu. Wie dies unter den gängigsten Windows-Programmen funktioniert, erkläre ich Ihnen im Folgenden. Wenn Sie IMAP eingerichtet haben, können Sie ganz bequem per Drag & Drop (zu deutsch »nehmen und ablegen«) Ihre Mails vom POP3-Konto ins IMAP-Konto verschieben.

Die Einrichtung von IMAP unter Linux erfahren Sie für [+]

- *Evolution* in Abschnitt 14.2.1 ab Seite 417
- *Thunderbird* in Abschnitt 14.2.2 ab Seite 419 und
- *KMail* in Abschnitt 14.2.3 ab Seite 421.

IMAP mit Outlook

In voller Breite über die verschiedensten Programme unter Windows zu schreiben, würde den Rahmen des Buches sprengen. Die folgenden Kurzanleitungen sollen Ihnen beim Gröbsten zur Seite stehen. Sie finden im Internet sehr viel Hilfe über die Einrichtung von E-Mail-Konten in den entsprechenden Programmen. Des Weiteren lohnt sich auch oftmals ein Blick in die Hilfe-Dokumentation oder in die Hilfeseiten Ihres Providers.

Outlook ist die Verwaltungs- und Organisationslösung von Microsoft. Es erfreut sich sehr großer Beliebtheit und vereint einen Kalender, Adressbücher, Notizen und nicht zuletzt ein Mailprogramm unter einer übersichtlichen Oberfläche. Diese *Personal Information Manager* (kurz: PIMs) sind derart beliebt, dass GNOME mit *Evolution* und KDE mit *Kontact* versuchen, dieses erfolgreiche Konzept zu kopieren. Die Vorgehensweise bei Outlook 2002, Outlook 2003 und Outlook 2007 ist im Prinzip immer die gleiche:

1. Klicken Sie im Menü EXTRAS auf E-MAIL KONTEN.
2. Im folgenden Fenster des Assistenten markieren Sie EIN NEUES E-MAIL-KONTO HINZUFÜGEN und bestätigen Sie die Auswahl mit WEITER.
3. Wählen Sie anschließend den Servertyp, mit dem Ihr E-Mail-Konto arbeitet – in unserem Fall IMAP – und bestätigen die Auswahl mit WEITER.

4. In die Maske zur Aufnahme Ihrer Zugangsdaten tragen Sie Ihre individuellen Parameter ein. Auskunft über die einzugebenden Werte liefert Ihr Provider. Klicken Sie anschließend auf WEITERE EINSTELLUNGEN...
5. Im Reiter ALLGEMEIN tragen Sie einen Namen für das Konto ein. Unter BENUTZERINFORMATIONEN können Sie neben dem Firmennamen (optional) eine Antwortadresse eintragen. Diese wird künftig dem Empfänger automatisch beim direkten Antworten auf Ihre E-Mails als Empfängeradresse angezeigt.
6. Anschließend können Sie optional unter POSTAUSGANGSSERVER die Option DER POSTAUSGANGSSERVER (SMTP) ERFORDERT AUTHENTIFIZIERUNG auswählen. Wählen Sie GLEICHE EINSTELLUNGEN WIE FÜR POSTEINGANGSSERVER VERWENDEN.
7. Bestätigen Sie alle Eingaben mit OK, und verlassen Sie das Dienstefenster mit FERTIG STELLEN.
8. Stellen Sie nun ein, aus welchen Ordnern das Programm die E-Mails übertragen soll. Klicken Sie dafür auf EXTRAS • IMAP-ORDNER.
9. Im folgenden Fenster werden alle Ordner angezeigt, die Sie in Ihrem Postfach haben. Wenn Sie E-Mails aus den Ordnern übertragen lassen möchten, markieren Sie diese und klicken Sie anschließend auf ABONNIEREN. Klicken Sie abschließend auf OK.
10. Um E-Mails abzurufen, klicken Sie auf SENDEN UND EMPFANGEN.
11. Nun erscheint in der Ordnerliste ein zweiter, separater Persönlicher Ordner mit Ihrem IMAP-Konto und den dazugehörigen Ordnern.

Die Einrichtung von E-Mail-Konten ist zugegebenermaßen in Outlook ziemlich umständlich. Wesentlich einfacher und schneller geht dies in Outlook Express oder Windows Mail. Diesen beiden Helfern wende ich mich im nächsten Abschnitt zu.

IMAP mit Windows Mail/Outlook Express

Outlook Express ist das standardmäßig installierte und kostenlose E-Mail-Programm in Windows. Outlook Express ist der kleine Bruder vom großen Outlook, in Sachen E-Mail-Funktionalität aber völlig ausreichend:

1. Wählen Sie EXTRAS • KONTEN • HINZUFÜGEN • E-MAIL (siehe Abbildung 5.1).
2. Geben Sie nun Ihren Namen und Ihre E-Mail-Adresse ein.
3. In dem sich öffenden Fenster wählen Sie IMAP als Typ des Posteingangsservers aus und tragen Ihre individuellen Parameter ein. Auskunft über die einzugebenden Werte liefert Ihr Provider (siehe Abbildung 5.2).
4. Nun erscheint in der Ordnerliste ein zweiter, separater Persönlicher Ordner mit Ihrem IMAP-Konto.

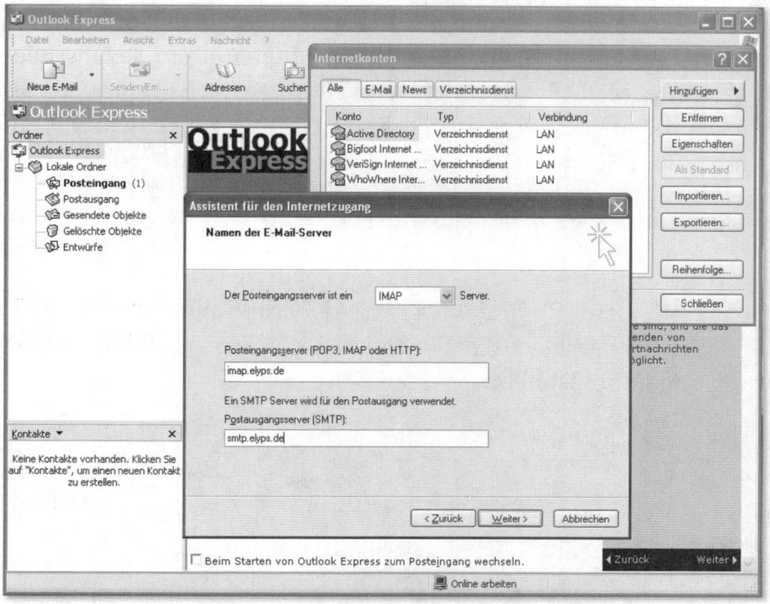

Abbildung 5.1 Outlook Express ist das »abgespeckte« Outlook.

Windows Mail

Windows Mail ist der Nachfolger von Outlook Express und in Windows Vista standardmäßig enthalten. Die Vorgehensweise ist hier im ersten Schritt ein wenig anders, verläuft aber im Prinzip wie bei den älteren Versionen auch (siehe Abbildung 5.2).

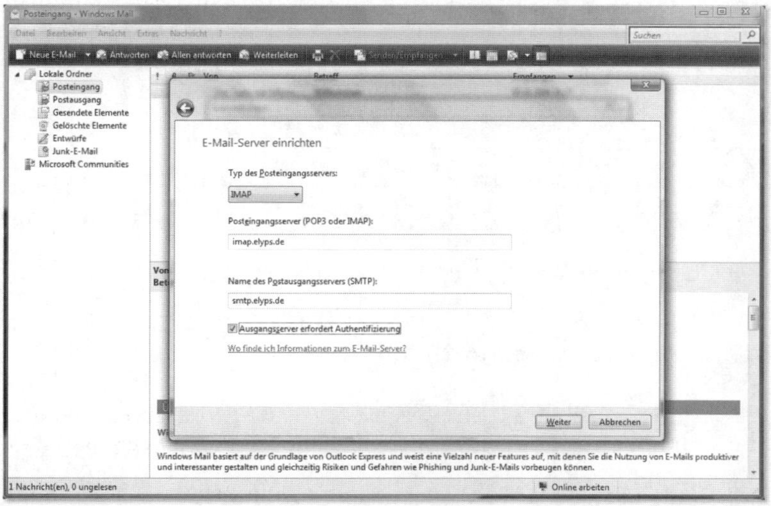

Abbildung 5.2 Bei Windows Mail ist die Vorgehensweise ähnlich wie bei den vorherigen Outlook-Express-Versionen.

[!] Mit der aktuellen Version von Windows Mail war es nicht möglich, E-Mails in einem Format zu exportieren, mit dem andere (offene) Programme umgehen könnten. Der Export erfolgt ausschließlich in einem »Windows Mail«-Format oder an einen Microsoft Exchange Server. Es bleibt abzuwarten, ob sich die offenen Programme dieses Formats annehmen und ein Import daraufhin möglich ist. Zum Zeitpunkt der Drucklegung dieses Buchs war mir kein derartiges Programm bekannt.

IMAP mit Thunderbird

Natürlich kann man nicht nur mit Microsoft-Produkten ein IMAP-Konto einrichten. Die Vorgehensweise bei Thunderbird ist sehr ähnlich zu der von Outlook Express (siehe Abbildung 5.3) und muss daher nicht gesondert beschrieben werden.

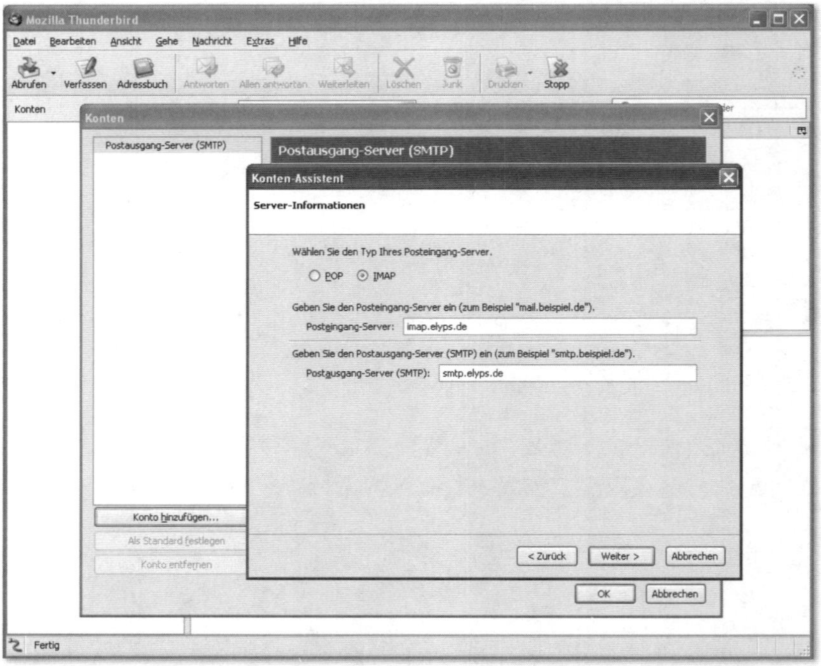

Abbildung 5.3 Thunderbird unter Windows beim Einrichten eines IMAP-Kontos

5.3.2 Aus Outlook/Outlook Express exportieren

Am besten nutzen Sie für den Export die im nächsten Abschnitt beschriebene Methode, Ihre E-Mails einfach in die Windows-Version von *Thunderbird* importieren zu lassen.

[o] Auf den beiliegenden DVDs finden Sie die Windowsversion von *Thunderbird*. Diese können Sie wie gewohnt durch einen Doppelklick auf die enstprechende Setup-Datei installieren.

Beim ersten Start von *Thunderbird* werden Sie vom Import-Assistenten gefragt, ob Einstellungen und Daten von Outlook oder Outlook Express importiert werden sollen. Sie können diesen Assistenten auch nachträglich über EXTRAS • IMPORTIEREN ... starten. Damit haben Sie alle E-Mails (sofern Sie POP3 statt IMAP nutzen) und Ihr Adressbuch in einem Schritt exportiert.

5.3.3 Aus Thunderbird exportieren

Thunderbird bietet weder in der Windows- noch in der Linux-Version eine direkte Exportfunktion für E-Mails. Sie können einfach den Mailordner komplett sichern. Den Pfad zu diesem Ordner finden Sie in der Windows-Version unter EXTRAS • KONTEN • LOKALE ORDNER (evtl. auch unter SERVEREINSTELLUNGEN). Unter Ubuntu lautet der Pfad BEARBEITEN • KONTEN • LOKALE ORDNER (evtl. auch unter SERVEREINSTELLUNGEN). Sie können diesen Pfad auch nach der Neuinstallation anpassen – legen Sie den *Thunderbird*-Ordner auf eine FAT32- oder NTFS-Partition, die dem Datenaustausch dient, so können Sie denselben Ordner für Ihre Mails unter Ubuntu und unter Windows nutzen (siehe Abbildung 5.4).

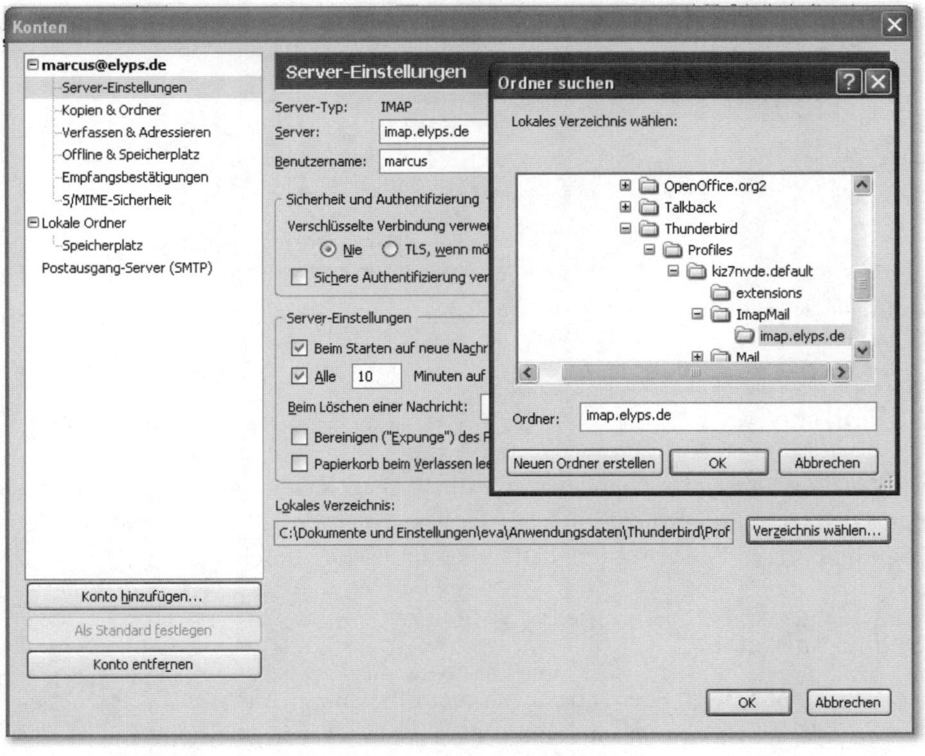

Abbildung 5.4 Passen Sie den Speicherordner von Thunderbird an.

5.3.4 In Kontact importieren

Um Ihre auf der FAT-Partition liegenden E-Mails in *KMail* zu importieren, klicken Sie auf DATEI • NACHRICHT IMPORTIEREN. Es öffnet sich der Dialog aus Abbildung 5.5. Wählen Sie IMPORTIEREN DER LOKALEN MAILS UND DER ORDNERSTRUKTUR VON THUNDERBIRD/MOZILLA aus. Geben Sie im folgenden Dialog den Pfad zu Ihrem *Thunderbird*-Verzeichnis an und klicken Sie auf OK. Nun sind Ihre Mails in *KMail* importiert.

Abbildung 5.5 Importieren von E-Mails in KMail

5.4 Kalender

Termine sind wichtig, und ohne Kalender kommt heutzutage kaum noch jemand aus. Wer noch auf den Kalender in Papierform setzt, hat zwar kein Synchronisationsproblem zwischen den Terminen im Büro und den privaten, dafür aber ein Backup-Problem.

5.4.1 Online-Kalender

Online-Kalender können hier helfen, aber noch mehr bieten. So wartet etwa der Google-Kalender (*http://calendar.google.com*) mit einer Vielzahl zusätzlicher Funktionen auf: Lassen Sie Ihre Freunde in Ihren Kalender sehen, erstellen Sie Einladungen und versenden Sie Zu- oder Absagen. Das ist aber noch nicht alles. Sie können sich an Ihre Termine auch per SMS erinnern lassen.

Google Calendar erlaubt Ihnen das Einrichten von mehreren Kalendern (für verschiedene Lebensbereiche, beispielsweise Büro oder Training). Jeden dieser Kalender können Sie entweder gar nicht freigeben oder nur für Freunde, oder Sie können ihn ganz öffentlich einrichten. Daneben können Sie freigegebene Kalender anderer Nutzer in Ihren Kalender-Account einbinden.

[«]

So praktisch der Google-Kalender auch ist: Zu den unterstützten Browsern gehört neben *Internet Explorer* und *Firefox* auch der *Safari*-Browser, aber nicht der *Konqueror*. Kubuntu-Nutzer müssen also den *Firefox* nachinstallieren (beschrieben in Abschnitt 14.1 ab Seite 406), um auf ihren Kalender zugreifen zu können.

Selbstverständlich können Sie die Daten und Termine Ihres bisherigen, lokal genutzten Kalenders in den Google-Kalender importieren (siehe Abbildung 5.6), wenn die Kalenderdatei entweder im iCal-Format (*.ics*) vorliegt (so exportieren Sie aus *Evolution* und *Kontact*) oder im Outlook-Format CSV vorliegt.

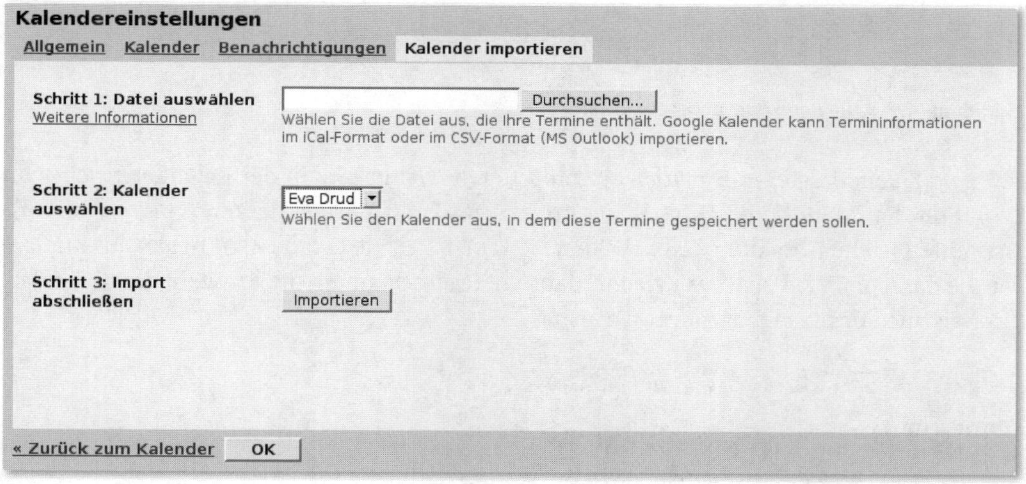

Abbildung 5.6 Import Ihres lokalen Kalenders in den Google-Kalender

5.4.2 Evolution

Ihren *Evolution*-Kalender können Sie sichern, indem Sie auf den entsprechenden Kalender unter AUF DIESEM COMPUTER rechtsklicken (siehe Abbildung 5.7) und einen Namen für die Zieldatei wählen. Als Format wählen Sie am besten das iCalendar-Format (*.ics*) aus, da Sie dieses auch in Ihren Google-Kalender importieren können.

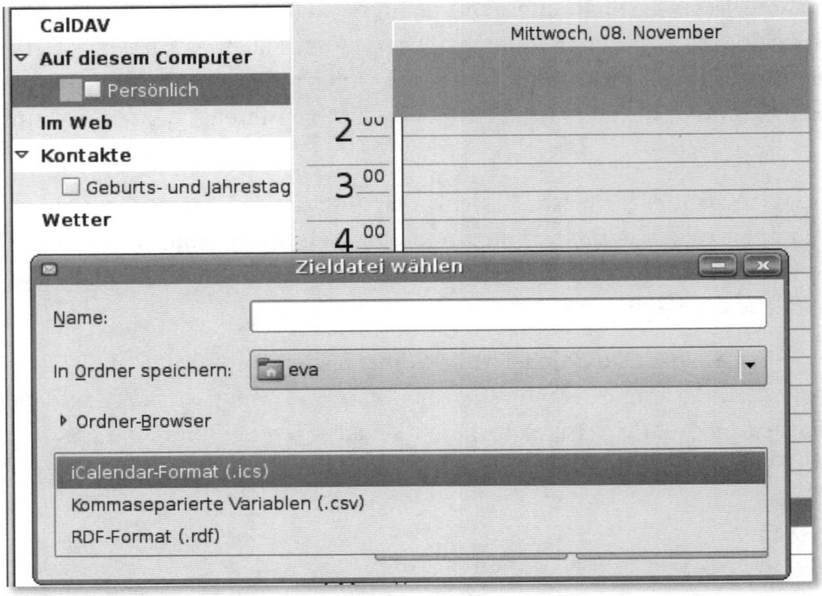

Abbildung 5.7 Kalenderexport unter Evolution

Um eine Kalenderdatei in *Evolution* zu importieren, wählen Sie in der Kalenderansicht von Evolution den Menüpunkt DATEI • IMPORTIEREN ... Damit starten Sie den *Evolution*-Importassistenten (siehe Abbildung 5.8). Wählen Sie EINE EINZELNE DATEI IMPORTIEREN aus und geben Sie dann den Pfad zu Ihrer Kalenderdatei an. *Evolution* unterstützt sowohl das iCalendar- (*.ics*-) als auch das vCalendar- (*.vcs*-)Format.

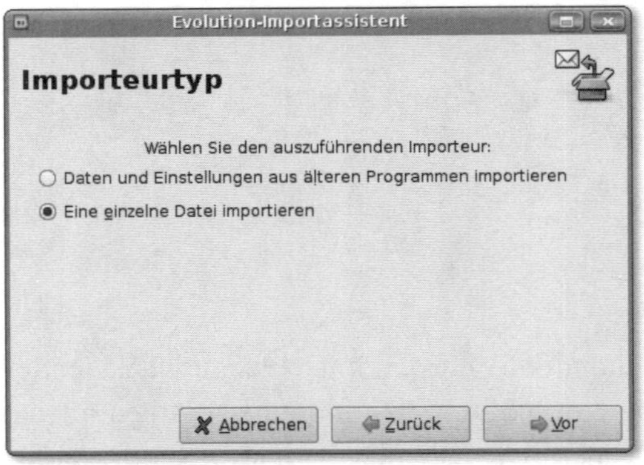

Abbildung 5.8 Kalenderimport unter Evolution

[»] *Evolution* bietet seit der Version 2.20 eine sehr elegante und einfache Möglichkeit an, alle Einstellungen (Kontakte, Kalender, Mails und Daten) »auf einen Schlag« zu sichern. Sie finden diese Funktion unter DATEI • EINSTELLUNGEN SICHERN. Es wird ein gepacktes Archiv angelegt, das Sie separat sichern können. Das Zurückspielen ist genauso einfach: Bei der

Einrichtung von *Evolution* werden Sie gefragt, ob Sie *Evolution* aus einer Sicherungsdatei wieder herstellen möchten. Sie brauchen hier lediglich den Pfad zu Ihrem Archiv angeben (beispielsweise auf einem USB-Stick).

5.4.3 Kontact

In der Kalenderansicht von *Kontact* klicken Sie auf DATEI • EXPORTIEREN und wählen dann ICALENDAR oder VCALENDAR aus (siehe Abbildung 5.9). Aus Kompatibilitätsgründen empfehle ich, das iCalendar-Format zu verwenden. Geben Sie der Kalenderdatei einen Namen und klicken Sie auf SPEICHERN.

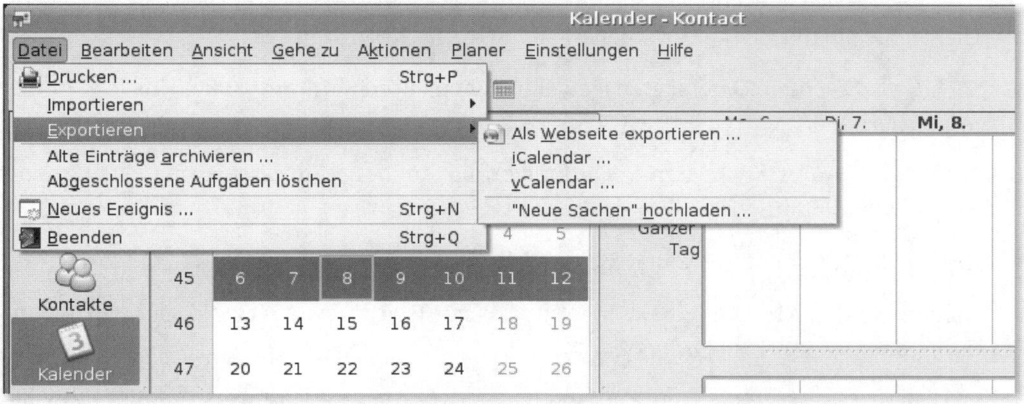

Abbildung 5.9 Kontact lässt Sie Ihren Kalender auch als Webseite exportieren

Den Importdialog von *Kontact* erreichen Sie über DATEI • IMPORTIEREN • KALENDER IMPORTIEREN .... Wählen dort Ihre Kalenderdatei aus.

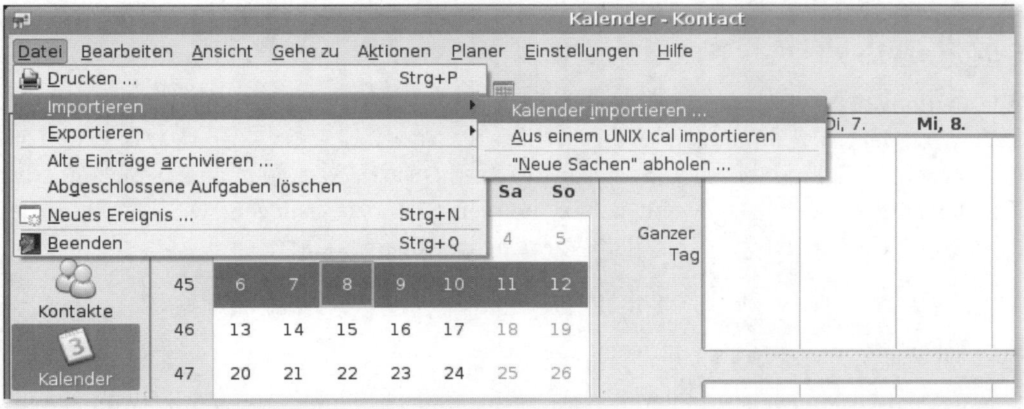

Abbildung 5.10 Kalenderimport unter Kontact

5.5 Adressbücher

5.5.1 Outlook

Um unter Outlook Ihr Adressbuch zu sichern, gehen Sie folgendermaßen vor:

- Starten Sie Outlook und wählen Sie den Unterpunkt KONTAKTE aus.
- Wählen Sie den Menüpunkt DATEI • IMPORTIEREN/EXPORTIEREN • EXPORTIEREN IN EINE DATEI.
- Klicken Sie auf WEITER und wählen Sie KOMMAGETRENNTE WERTE (WINDOWS) aus.
- Klicken Sie auf WEITER und wählen Sie den Ordner KONTAKTE aus.
- Nachdem Sie einen Dateinamen gewählt haben, wird Ihr Adressbuch im *.csv*-Format gespeichert.

Der Import von Adressbuchdaten in Outlook erfolgt am besten im .cvs-Format. Den Import führen Sie wie folgt durch:

- Starten Sie Outlook und wählen Sie den Unterpunkt KONTAKTE aus.
- Wählen Sie den Menüpunkt DATEI • IMPORTIEREN/EXPORTIEREN • IMPORTIEREN AUS ANDEREN PROGRAMMEN ODER DATEIEN.
- Markieren Sie den Listenpunkt KOMMAGETRENNTE WERTE (WINDOWS) und klicken auf WEITER.
- Wählen Sie Ihre Adressbuchdatei und im nächsten Fenster als Zielordner KONTAKTE aus.
- Nach dem Klick auf FERTIGSTELLEN werden Ihre gesicherten Daten importiert.

5.5.2 Outlook Express

Aus Outlook Express exportieren Sie Ihr Adressbuch über DATEI • EXPORTIEREN • ADRESSBUCH. Aus dem sich öffnenden Dialog wählen Sie TEXTDATEI (MIT KOMMAS ALS TRENNZEICHEN) (siehe Abbildung 5.11) und klicken auf EXPORTIEREN. Nachdem Sie einen Namen für die Datei im *.cvs*-Format gewählt haben, können Sie noch festlegen, welche Felder des Adressbuchs exportiert werden sollen (Vorname, Nachname, ...).

Um Ihr Adressbuch in Outlook zu importieren, gehen Sie wie folgt vor:

- Klicken Sie auf DATEI • IMPORTIEREN • ANDERES ADRESSBUCH.
- Aus dem Dialog (siehe Abbildung 5.12) wählen Sie das Format Ihrer zuvor exportierten Adressbuchdatei aus. Der Menüpunkt TEXTDATEI MIT KOMMAS ALS TRENNZEICHEN entspricht dem *.cvs*-Format.

- Klicken Sie auf IMPORTIEREN.
- Nun müssen Sie nur noch den Pfad zur gespeicherten Adressbuchdatei angeben.

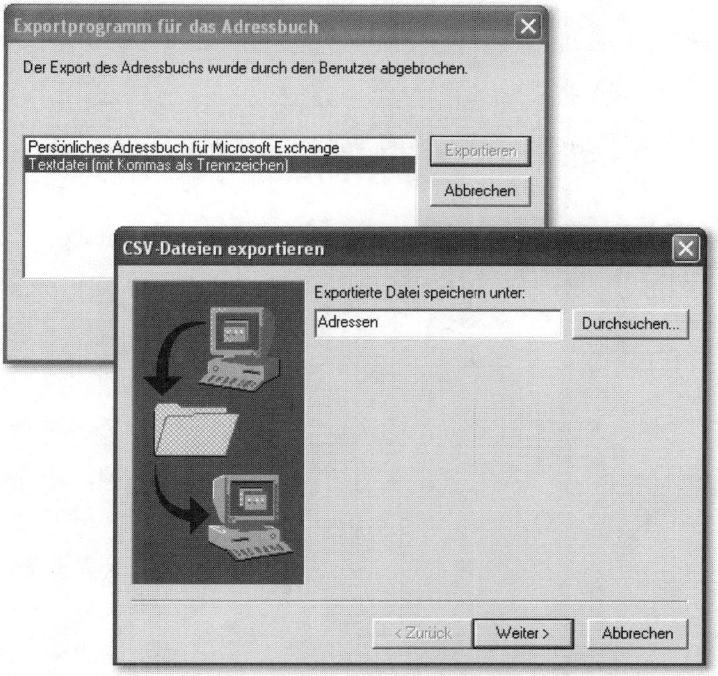

Abbildung 5.11 Outlook Express hat dasselbe Adressbuchformat wie Outlook.

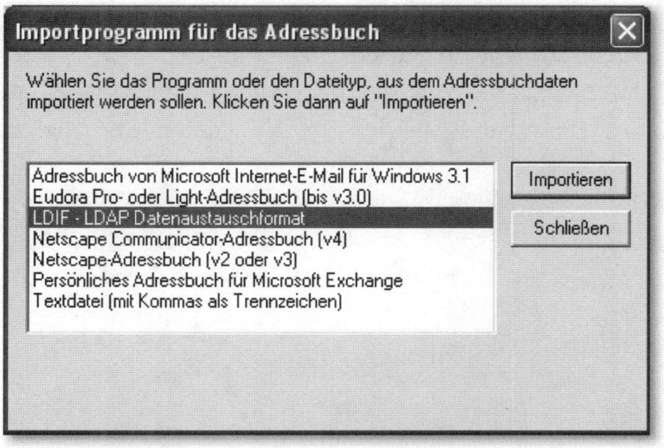

Abbildung 5.12 Outlook Express bietet neben verschiedenen Adressbuchformaten auch den Import einer Textdatei mit Trennzeichen.

5.5.3 Thunderbird

Auch *Thunderbird* besitzt ein eigenes Adressbuch. Die Sicherung verläuft für die Windows- und die Linux-Version gleich.

- Nach dem Start von *Thunderbird* starten Sie das Adressbuch über EXTRAS • ADRESSBUCH.
- Wählen Sie dann EXTRAS • EXPORTIEREN...
- Geben Sie den Namen für die Exportdatei ein, und wählen Sie als Format *.ldif* aus (siehe Abbildung 5.13).

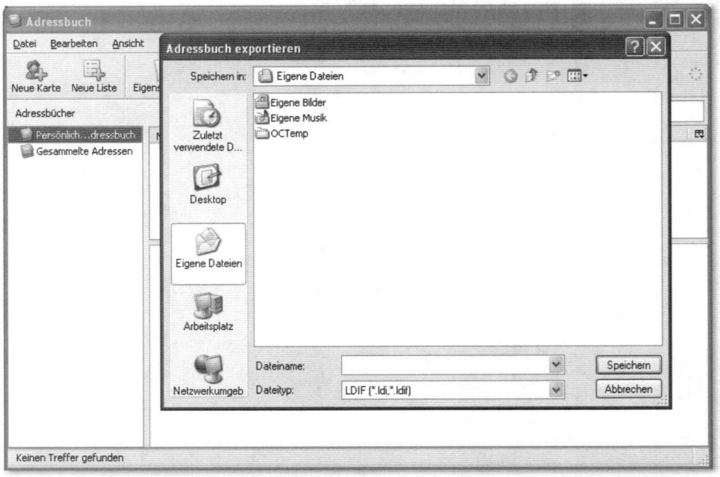

Abbildung 5.13 Thunderbird unterstützt .ldif, .csv und andere Formate.

Den Import eines Adressbuchs in *Thunderbird* starten Sie ebenfalls wie den Export über das Adressbuch. Wählen Sie EXTRAS • IMPORTIEREN... Aus der Liste (siehe Abbildung 5.14) wählen Sie das entsprechende Format aus. Dann geben Sie den Ort der Datei an und klicken auf IMPORTIEREN.

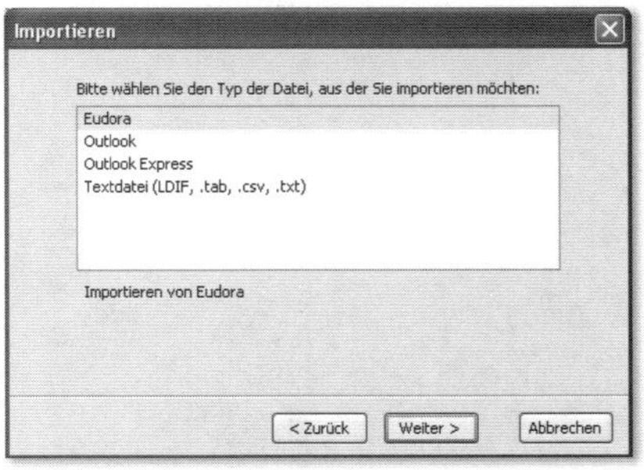

Abbildung 5.14 Thunderbird benutzt ein anderes Adressbuchformat als Outlook.

5.5.4 Kontact

Starten Sie *Kontact* und klicken Sie auf KONTAKTE. Wählen Sie den Menüpunkt DATEI • EXPORTIEREN und dann entweder LDIF-ADRESSBUCH EXPORTIEREN... oder CSV-LISTE EXPORTIEREN.... Anschließend können Sie entweder das komplette Adressbuch oder nur einzelne Kategorien (siehe Abbildung 5.15) exportieren.

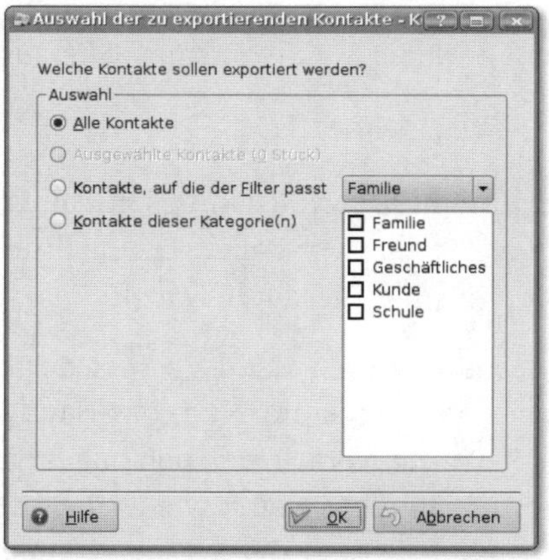

Abbildung 5.15 Kontact lässt den Export von einzelnen Kategorien zu.

Der Import von Kontaktadressen in *Kontact* verläuft ähnlich. Klicken Sie im Bereich KONTAKTE auf DATEI • IMPORTIEREN, und wählen Sie auch hier das entsprechende Format aus. *Kontact* ermöglicht neben einer Vielzahl von Adressbuchformaten, *.ldif* und *.cvs* auch den Import von sogenannten vCards.

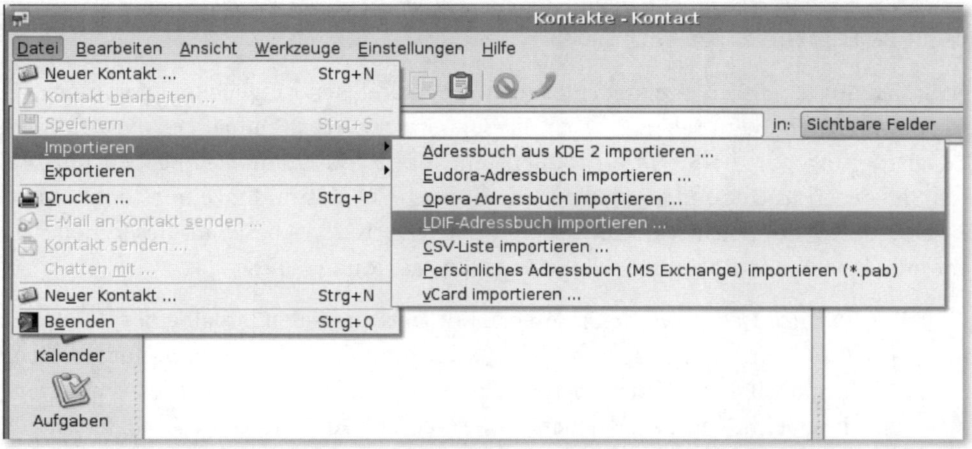

Abbildung 5.16 Kontact unterstützt neben .ldif und .csv weitere Adressbuchformate.

[»] *Evolution* bietet seit der Version 2.20 eine sehr elegante und einfache Möglichkeit an, alle Einstellungen (Kontakte, Kalender, Mails und Daten) »auf einen Schlag« zu sichern. Sie finden diese Funktion unter DATEI • EINSTELLUNGEN SICHERN. Es wird ein gepacktes Archiv angelegt, das Sie separat sichern können. Das Zurückspielen ist genauso einfach: Bei der Einrichtung von *Evolution* werden Sie gefragt, ob Sie *Evolution* aus einer Sicherungsdatei wieder herstellen möchten. Sie brauchen hier lediglich den Pfad zu Ihrem Archiv angeben (beispielsweise auf einem USB-Stick).

5.5.5 Adressbuch aus dem Handy sichern

Dieser Abschnitt handelt eigentlich nicht von Linux und Ubuntu. Der Vollständigkeit halber möchte ich Ihnen dennoch einen guten Tipp geben, wie Sie die wertvollen Daten Ihres Handys ebenfalls im Internet sichern können. Das Zauberwort hierfür lautet *SyncML*.

Alle wichtigen Rufnummern, Anschriften und Termine sind in Ihrem Handy gespeichert? Was tun Sie, wenn Ihnen das Gerät gestohlen wird oder Sie es verlieren? Nun, das Handy an sich ist bestimmt nicht so wichtig, viel schmerzvoller ist der Verlust der persönlichen Daten, denn wir wissen alle nur zu gut, wie schwierig es ist, an diese Daten wieder heranzukommen. Wer einem solchen Verlust vorbeugen will, sollte sich mit der *Synchronization Markup Language* (kurz: SyncML) beschäftigen.

Mit *SyncML* können Adressen, Kalendereinträge und E-Mails zwischen einem Client (Handy oder PDA) und einem Server abgeglichen werden. Hierbei dienen die Mobilfunknetze oder WLAN als Transporteur der Daten. *SyncML* ist in fast alle Handys der neuen Generation integriert. Die Nutzung eines entsprechenden Servers ist üblicherweise kostenpflichtig. Bei einigen Mobilfunkanbietern wie E-Plus oder Vodafone kostet der Abgleich via *SyncML* ein paar Euro im Monat. Bei einem unabhängigen Anbieter wie *www.space2go.de* ist dieser Service für 20 Euro im Jahr zu bekommen.

Wenn Sie sich unverbindlich und kostenlos über die zahlreichen Möglichkeiten von *SyncML* informieren möchten, dann sehen Sie sich die Seite *www.zyb.com* einmal genauer an. Nach einer Registrierung, für die Sie Ihren Namen und Ihre Handynummer eingeben müssen, erhalten Sie eine *SyncML*-Konfiguration für Ihr Handy. Wie dies im Einzelnen funktioniert, ist für fast jedes Handy leicht verschieden und daher verweise ich Sie an dieser Stelle auf die sehr gute Dokumentation auf dieser Seite (siehe Abbildung 5.17).

Bei der ersten Synchronisation werden sämtliche Kontakt- und Kalenderdaten des Handys an den Server von ZYB übertragen. Sie können nun online mithilfe Ihres Browsers auf sämtliche Daten zugreifen und diese gleich bearbeiten – bequem mit der Tastatur Ihres Computers. Wenn Sie Ihre Bearbeitungen beendet haben, werden alle Änderungen mit einer zweiten Synchronisierung ins Handy übertragen. Dauert der Vorgang beim ersten Mal noch einige Minuten, so werden bei allen weiteren Vorgängen nur noch die Änderungen übertragen. Dies dauert selbst in langsamen Netzen nur wenige Sekunden.

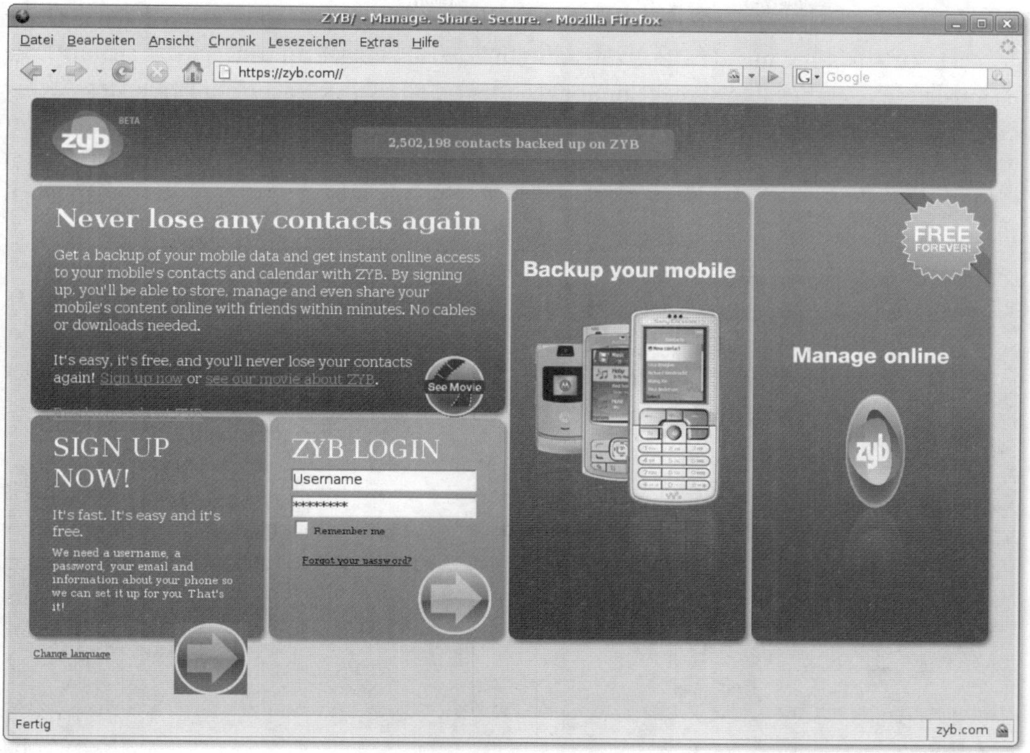

Abbildung 5.17 Auf der Seite www.zyb.com können Sie mithilfe von SyncML Ihre persönlichen Daten vom Handy synchronisieren.

ZYB verarbeitet zurzeit (Stand Mai 2008) nur Adressen und Kalendereinträge (leider ohne Geburtstage). Allerdings kann man seine privaten Daten in eine Datei exportieren oder auf ein neues Handy übertragen. Des Weiteren lässt sich ein zweites Handy auf diese Art und Weise synchronisieren und auf Wunsch kann man seine Telefonnummern und Kalendereinträge anderen Zyb-Nutzern zur Verfügung stellen.

Neuerdings können Sie mit ZYB auch SMS sichern. Allerdings müssen Sie diese kostenpflichtig an ZYB weiterleiten, damit sie gespeichert werden. [«]

5.6 Notizen

5.6.1 Nehmen Sie Ihren Arbeitsplatz einfach mit

An dieser Stelle möchte ich Ihnen eine interessante und faszinierende Möglichkeit des Web 2.0 vorstellen – den mobilen Arbeitsplatz. Diesen Service stellt Ihnen die Seite *www.protopage.com* zur Verfügung (siehe Abbildung 5.18).

[»] Das Bearbeiten der Notizzettel von Protopage ist mit dem *Konqueror* nur möglich, wenn Sie nach einem Klick auf den EDIT-Button ein Häkchen bei EDIT AS: HTML setzen. Dies macht das Ganze aber leider recht unübersichtlich, sodass das Nachinstallieren des *Firefox* (beschrieben in Abschnitt 14.1 ab Seite 406) eher anzuraten ist.

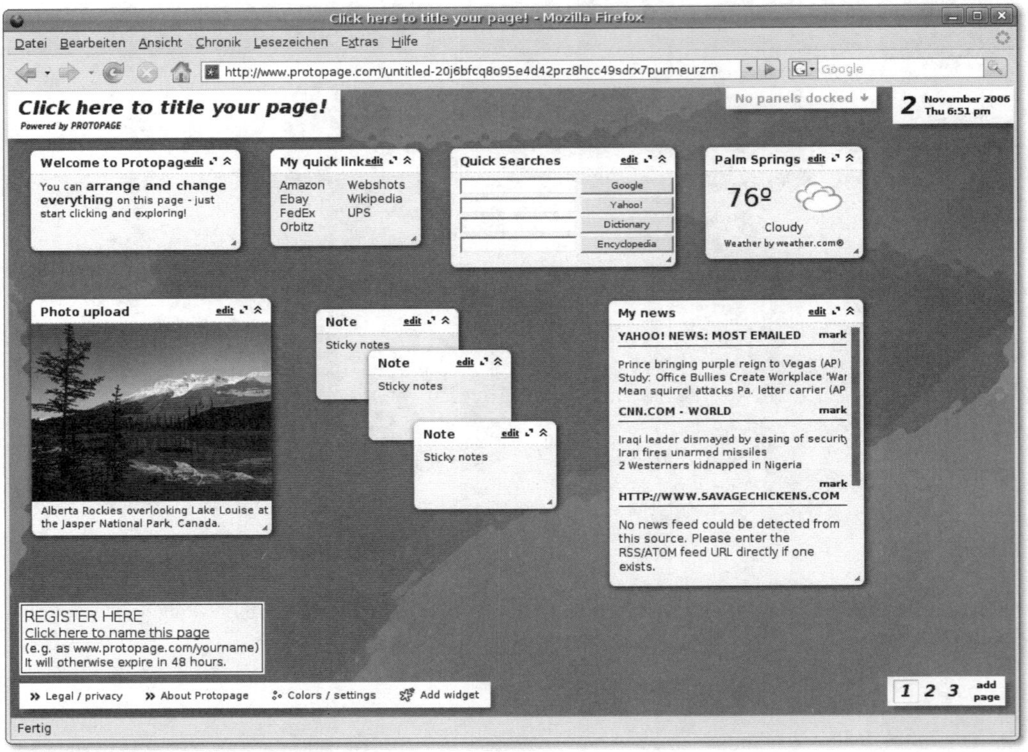

Abbildung 5.18 Auf der Seite www.protopage.com können Sie sich Ihren eigenen Arbeitsplatz einrichten.

5.6.2 Tomboy

In Abschnitt 3.23 ab Seite 154 haben wir uns bereits kurz mit *Tomboy* beschäftigt, einem Programm, mit dem Sie bequem Notizen verwalten und organisieren können. Auf die Bedienung dieses Programms möchte ich an dieser Stelle nicht mehr eingehen. Ich möchte stattdessen zeigen, wie man seine gespeicherten Notizen bequem sichern kann, falls man diese an einen anderen Ort und auf einen anderen Computer mitnehmen möchte.

Sie finden diese Notizen in Ihrem *home*-Verzeichnis. Der Ordner ist versteckt, sodass Sie diesen erst durch die Tastenkombination `Strg` + `H` sichtbar machen müssen. Die Notizen sind in einzelnen XML-Dateien gespeichert, die Sie nun bequem auf Ihr Sicherungsmedium kopieren können.

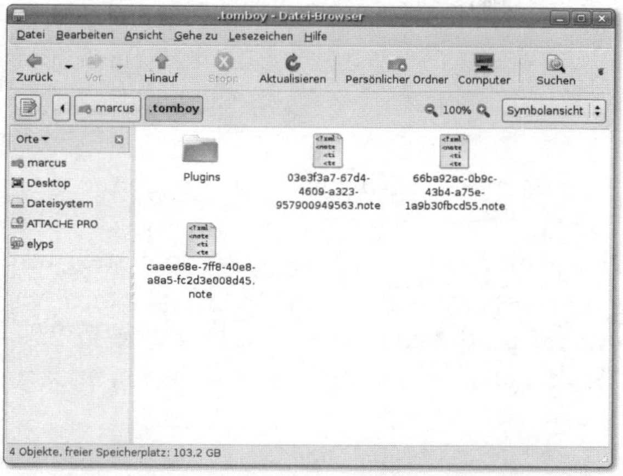

Abbildung 5.19 In dem versteckten Verzeichnis .tomboy befinden sich alle gespeicherten Notizen.

Hierbei möchte ich in Erinnerung rufen, dass es *Tomboy* derzeit nur für Linux gibt und Sie Ihre Notizen nicht ohne Weiteres unter Windows werden nutzen können. Eine elegante Möglichkeit dieses Problem zu umgehen, ist die Verwendung von *Protopage*. **[!]**

In Abschnitt 15.5.3, »Notizen verwalten mit Tomboy«, auf Seite 453 werden wir uns detailliert mit *Tomboy* beschäftigen und unter anderem die Synchronisation von Notizen kennenlernen. **[+]**

5.6.3 KNotes

In Abschnitt 15.5.4 ab Seite 456 haben Sie bereits einiges über die Verwaltung Ihrer Notizen erfahren. Um Ihre Notizen aus *KNotes* zu sichern, öffnen Sie den versteckten Ordner *.kde* in Ihrem Heimverzeichnis und folgen dem Pfad */share/apps*. Sichern Sie das Verzeichnis *knotes*.

Auch an dieser Stelle der Hinweis, dass es keine Windows-Version der *KNotes* gibt – ein Import Ihrer Notizen in Windows ist also nicht möglich. **[!]**

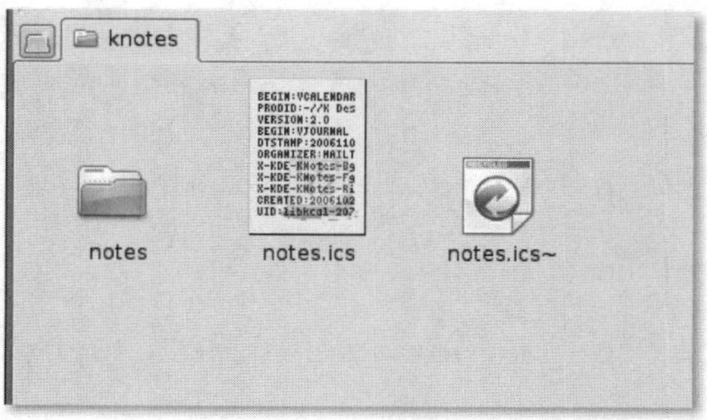

Abbildung 5.20 In dem versteckten Verzeichnis .kde/share/apps/knotes befinden sich alle gespeicherten Notizen.

5.7 Lesezeichen/Favoriten

5.7.1 Social Bookmarking

Eine faszinierende Möglichkeit, seine Lesezeichen/Favoriten online zu speichern, bietet das sogenannte »Social Bookmarking«. Dafür gibt es mehrere Anbieter, die alle ähnlich funktionieren. Am Beispiel von Mister Wong soll diese Möglichkeit kurz vorgestellt werden. Zunächst müssen Sie sich auf *www.mister-wong.de* registrieren. Nach der Anmeldung können Sie im Unterpunkt PROFIL Ihre zuvor exportierten Lesezeichen/Favoriten in Ihren Mister-Wong-Account importieren. Wie Sie Ihre lokalen Lesezeichen exportieren, erklären die folgenden Abschnitte.

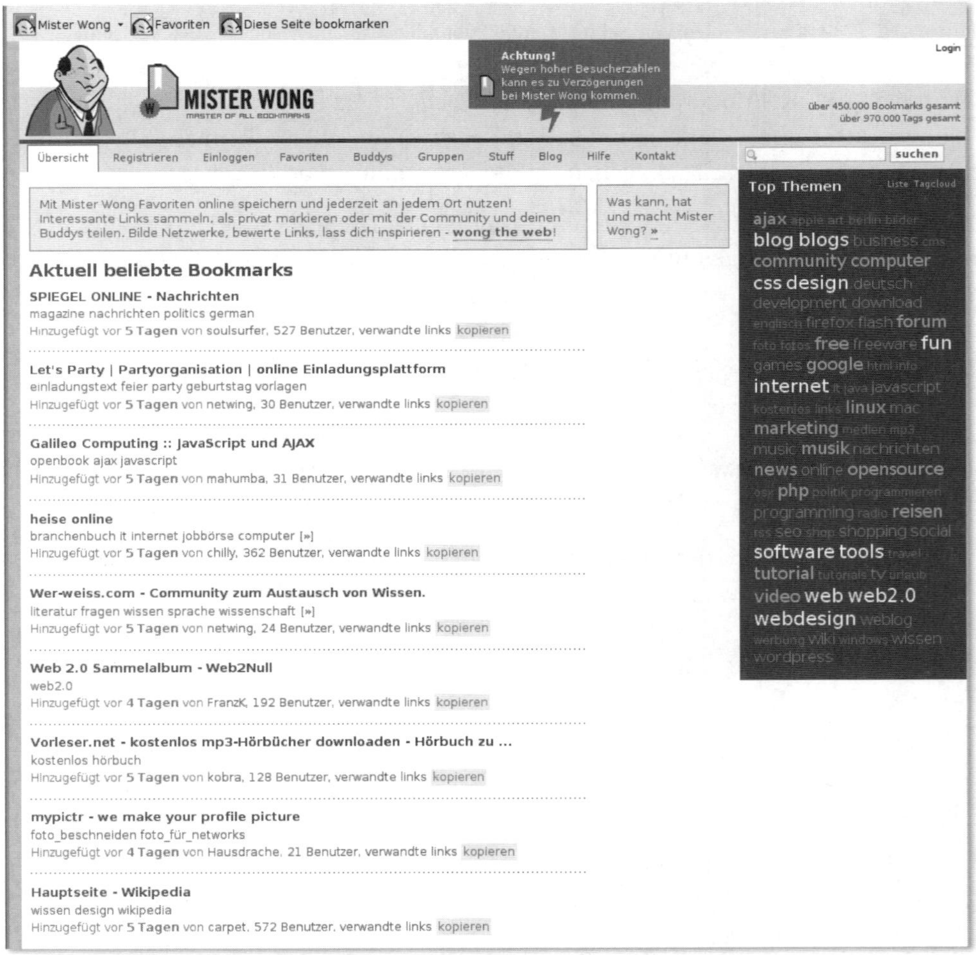

Abbildung 5.21 Auf Ihre bei Mister Wong abgelegten Lesezeichen können Sie mit jedem Internetbrowser zugreifen.

Sie haben die Möglichkeit, Ihre Lesezeichen wahlweise »privat« oder »öffentlich« abzulegen. Jedem Lesezeichen können Sie einen oder mehrere »Tags« zuweisen, um die Suche nach bestimmten Themengebieten möglich zu machen. »Öffentliche« Lesezeichen können von anderen Nutzern durch die Suche nach bestimmten Tags gefunden werden; außerdem erscheinen sie auf der Übersichtsseite der neuen Lesezeichen.

Wenn Sie den *Firefox* als Browser verwenden, gibt es hier eine sehr nützliche Erweiterung: die »Mister Wong Toolbar« (siehe Abbildung 5.21). Damit erhalten Sie drei Buttons, mit denen Sie auf die Mister-Wong-Hauptseite oder Ihre Lesezeichen zugreifen und die aktuelle Seite als Lesezeichen speichern können.

[+] Ich werde in Abschnitt 14.1.2, »Firefox-Erweiterungen«, ab Seite 409 noch einmal detaillierter auf Mister Wong zu sprechen kommmen.

5.7.2 Internet Explorer

Um in den Internet Explorer Lesezeichen/Favoriten zu im- oder exportieren, klicken Sie auf Datei • Importieren und Exportieren... Im sich öffnenden Assistenten (siehe Abbildung 5.22) können Sie auswählen, ob Sie Favoriten oder Cookies im- oder exportieren wollen. Das Austauschformat für Favoriten/Lesezeichen ist eine HTML-Datei. Die exportierte HTML-Datei lässt sich dann in einen anderen Browser oder in einen Social-Bookmarking-Dienst wie Mister Wong importieren.

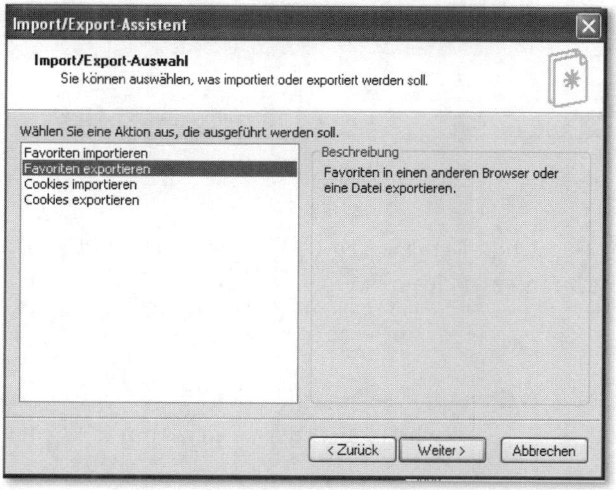

Abbildung 5.22 Der Internet Explorer unterstützt sowohl den Export Ihrer Favoriten als auch den Import fremder Lesezeichen.

Der Import einer Lesezeichen-Datei funktioniert ebenfalls über den Assistenten. Nach der Auswahl von Favoriten importieren müssen Sie nur noch den Ort der gespeicherten HTML-Datei angeben.

5.7.3 Firefox

Im *Firefox* (dies gilt sowohl für die Windows- als auch für die Linux-Version) starten Sie zunächst den Lesezeichen-Manager über LESEZEICHEN • LESEZEICHEN-MANAGER. Dann wählen Sie DATEI • EXPORTIEREN und geben den Ort an, an dem *Firefox* Ihre Lesezeichendatei ablegen soll (siehe Abbildung 5.23).

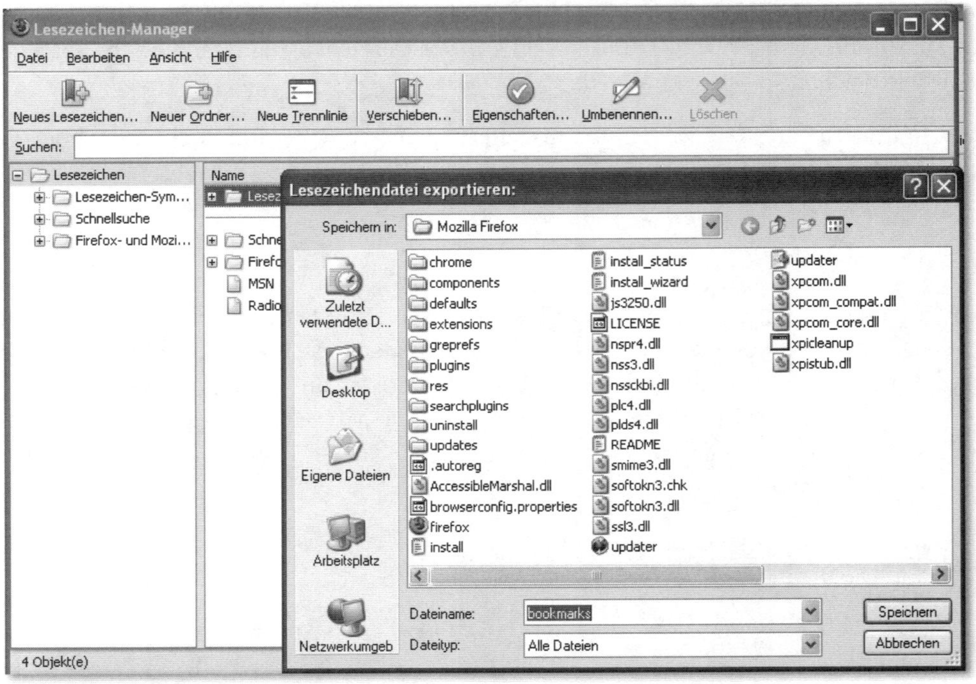

Abbildung 5.23 Auch der Firefox exportiert Ihre Lesezeichen problemlos.

Zum Import-Dialog wählen Sie im Lesezeichen-Manager DATEI • IMPORTIEREN und geben dann den Pfad zu der HTML-Datei mit Ihren Lesezeichen an.

Lesezeichenverwaltung des Firefox 3

In der Version 3 des *Firefox* wurde die Verwaltung der Lesezeichen deutlich verbessert. Es ist jetzt erheblich einfacher geworden, seine Lesezeichen zu sortieren, sichern und wiederherzustellen.

Sie die Verwaltung der Lesezeichen unter LESEZEICHEN • LESEZEICHEN VERWALTEN. Unter dem Punkt IMPORTIEREN UND BACKUP können Sie Ihre Lesezeichen im- oder exportieren. Wenn Sie lediglich Ihre Lesezeichen zum Zweck der Datensicherung speichern möchten, verwenden Sie die Punkte BACKUP und WIEDERHERSTELLEN.

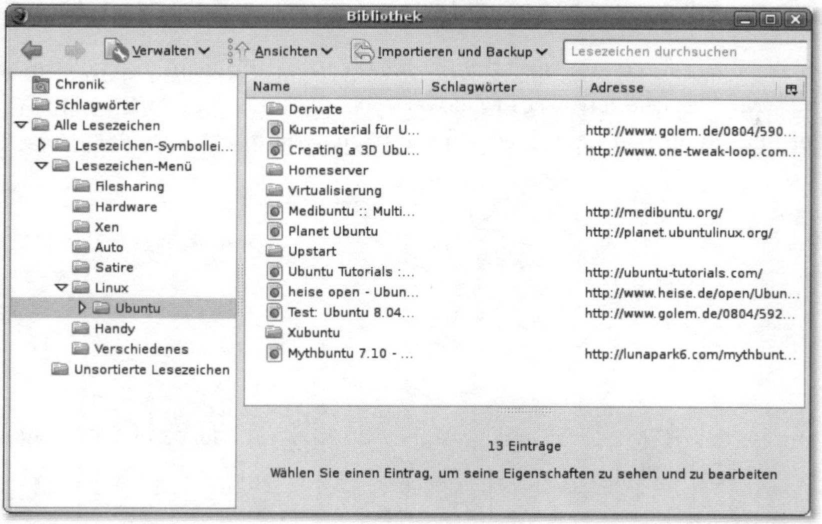

Abbildung 5.24 Die neue Lesezeichenverwaltung des Firefox 3

Windows

Wenn Sie unter Windows den *Firefox* neu installieren, werden Sie beim ersten Start des Firefox automatisch gefragt, ob Sie Ihre Favoriten aus dem Internet Explorer importieren lassen möchten (siehe Abbildung 5.25).

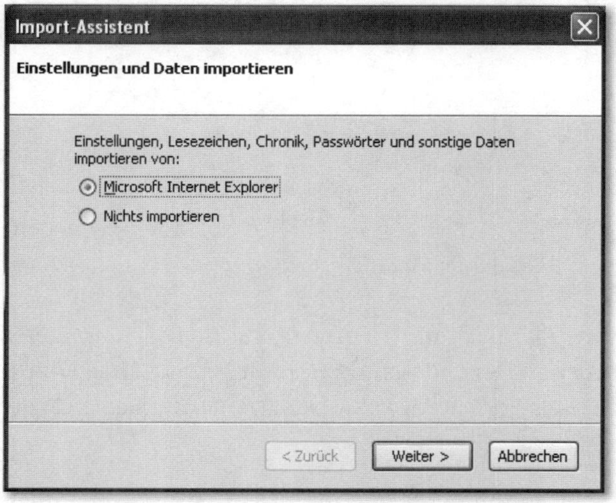

Abbildung 5.25 Bei der Neuinstallation fragt der Firefox, was Sie importieren möchten.

5.7.4 Konqueror

Im *Konqueror* gehen Sie auf Lesezeichen • Lesezeichen bearbeiten und wählen dann Datei • Exportieren • Als HTML-Lesezeichen exportieren. Sie haben außerdem noch die Möglichkeit, Ihre Lesezeichen im Format der Lesezeichen für folgende Browser zu exportieren (siehe Abbildung 5.26):

- Internet Explorer
- Opera
- Mozilla
- Netscape

Ich empfehle allerdings, das HTML-Format zu wählen, da hier mit der größtmöglichen Kompatibilität gerechnet werden kann.

Abbildung 5.26 Der Konqueror unterstützt eine Vielzahl von Exportformaten.

Beim Import unterstützt der *Konqueror* sogar noch mehr Formate, Lesezeichen aus älteren KDE-Versionen lassen sich auch importieren. Der Unterpunkt HTML-Lesezeichen importieren steht nicht zur Verfügung; wenn Sie als Format Mozilla-Lesezeichen auswählen, wird aber ein HTML-Format erwartet.

»Linux lässt sich mittlerweile sogar von einem Huhn installieren – vorausgesetzt, es pickt oft genug auf die Eingabetaste ... «

Phil Hughes im Linux Journal

6 Ubuntu erleben – die Installation

6.1 Erste Schritte

Eines möchte ich gerne vorweg sagen: Wenn Sie noch wenig Erfahrungen mit Linux haben, dann haben Sie bitte keine Scheu vor dem Terminal (Shell). Es ist wirklich reine Gewöhnungssache – und wenn man aus der »Windows-Matrix« kommt, dann ist man oft ein bisschen Maus- und GUI-(Graphical User Interface)-»verwöhnt«.

Wie die meisten Linux-Distributionen entwickelt sich auch Ubuntu in diese Richtung, allerdings hat dies Vor- und Nachteile. Wenn Sie nun anfangen, sich mit Linux auseinanderzusetzen, dann werden Sie zwangsläufig einen wesentlich tieferen Einblick in das System erhalten, als dies bei Betriebssystemen wie Windows überhaupt möglich ist. Sie lernen »so ganz nebenbei«, wie das Betriebssystem aufgebaut ist und was das System im Einzelnen macht.

6.1.1 Voraussetzungen

Nun wird es so langsam ernst. Die drei wesentlichsten Punkte, die es zu beachten gilt, werden wir uns im Folgenden etwas genauer ansehen. Sie sollten vor Beginn der Installation sichergehen, dass

- Ihr Computer die nötigen Voraussetzungen erfüllt bzw. Sie das richtige Installationsmedium für Ihre Architektur verwenden.
- Ihr Computer von CD booten kann (hierzu müssen Sie die entsprechende Option im BIOS (Basic Input Output System) Ihres Computers aktivieren).
- Ihre Hardware nicht bekannterweise problematisch beim Einsatz von Linux ist und Sie über genügend freien Platz auf der Festplatte Ihres Computers verfügen. Am besten eignet sich eine separate Festplatte oder eine gänzlich leere Partition, die Sie während der Installation von Ubuntu löschen können.

- Sie ein aktuelles Backup Ihrer Daten gemacht haben. Auch wenn Datenverluste durch Installationsfehler selten sind, so passieren sie doch gerade dann, wenn man kein aktuelles Backup hat (»Murphys law«).

6.1.2 Hardwareplattformen und Systemanforderungen

Ubuntu Linux unterstützt die folgenden Hardwarearchitekturen:

- **Intel x86**
  Darunter fällt die überwiegende Mehrzahl der in den privaten Haushalten befindlichen PCs. Diese sind mit einem Intel/AMD-32-Bit-Prozessor ausgestattet und laufen in der Regel mit dem Betriebssystem Microsoft Windows.

- **PowerPC**
  Bis vor kurzem war dies der bevorzugte Prozessortyp der Firma Apple. Hergestellt von IBM, findet man diesen Hardwaretyp im Apple Macintosh G3, G4, und G5, ebenso wie in iBooks und PowerBooks.

  Seit Juni 2005 scheint die Apple-Welt jedoch auf den Kopf gestellt: Fortan liefert der ehemalige Erzrivale Intel die Herzstücke der Apple Computer.

- **AMD64**
  Wer bereits einen modernen 64-Bit Prozessor der Firma AMD sein Eigen nennt, der darf sich freuen: Ubuntu unterstützt mit einer speziellen Version die AMD64- bzw. EM64T-Architektur (d. h. Athlon64, Opteron sowie den EM64T Xeon).

  Allerdings fällt der Geschwindigkeitsschub noch nicht allzu dramatisch aus, da bislang nur relativ wenige Programme die Vorzüge der 64-Bit-Architektur nutzen.

Welche Systemanforderungen stellt Ubuntu?

Aufgrund des schlanken Designs der Basisversion kann man bereits mit einem 500-MHz-PC, der mit 256 MB RAM ausgestattet ist und über 5 GB freien Festplattenspeicher verfügt, ausreichend schnell arbeiten. Augenzeugenberichten zufolge soll Ubuntu aber auch schon auf einem betagten Pentium mit lediglich 64 MB RAM seinen Dienst verrichtet haben, dann allerdings ohne grafische Oberfläche.

Für die modernen Desktopeffekte sollte Ihr Rechner dennoch relativ aktuell sein, d. h. nicht älter als maximal fünf Jahre.

6.1.3 Bootvorbereitungen im BIOS

Sollte die CD bzw. DVD nicht automatisch booten, so gilt es, das BIOS Ihres Rechners auf die Bootfähigkeit von CD hin zu überprüfen bzw. die Bootreihenfolge anzupassen. Dazu ist es notwendig, mit Hilfe einer Tastaturkombination (neudeutsch: Hotkeysequenz) in das BIOS zu gelangen.

BIOS	Hotkey-Sequenz
ACER	Strg+Alt+Esc
AMI	Entf
	Strg+Alt+S
Phoenix	Strg+Alt+Esc
	Strg+Alt+S
	F2
Phoenix (Dell)	Strg+Alt+Enter
ATT	F1
Award	Entf
AST	Strg+Alt+Esc
Compaq	F10
IBM	F1

Tabelle 6.1 Hotkeys der wichtigsten BIOS-Varianten

Die obige Tabelle zeigt die Tastenkombinationen für die am meisten verbreiteten BIOS-Varianten. Beachten Sie, dass sich dabei ein und derselbe BIOS-Fabrikant durchaus unterschiedlicher Sequenzen bedienen kann. Darüber hinaus kann mitunter der Zeitpunkt von Bedeutung sein, wann die Hotkeysequenz einzugeben ist, z.B. während des Speichertests. Nähere Informationen entnehmen Sie der Dokumentation Ihrer speziellen Hardware, in diesem Fall der des eingesetzten Motherboards.

Navigation im BIOS

Nach der Hotkeysequenz präsentiert sich der Hauptbildschirm der BIOS-Software. Hier sollten Sie nach einem Menüpunkt namens Boot bzw. einem entsprechenden Untermenü Ausschau halten. Abbildung 6.1 zeigt am Beispiel des Phoenix-BIOS ein solches Bootkonfigurationsmenü. Wie Sie sich im BIOS selbst bewegen und Aktionen ausführen, ist ebenfalls vom Typ abhängig. In den meisten Fällen werden die verfügbaren Tastenkombinationen am oberen oder unteren Bildschirmrand eingeblendet.

Im Bootuntermenü ist nun zu prüfen, ob der Datenträger, von dem gebootet werden soll, am Anfang der Liste der Bootmedien steht. Ist dies nicht der Fall, so kann die Reihenfolge zumeist mit der Taste + bzw. - des Nummernblocks auf der Standardtastatur geändert werden; Näheres entnehmen Sie wiederum der Hardwaredokumentation. Im vorliegenden Fall steht dem Anwender zudem die kontextbezogene Hilfe am rechten Bildschirmrand zur Verfügung (siehe Abbildung 6.1).

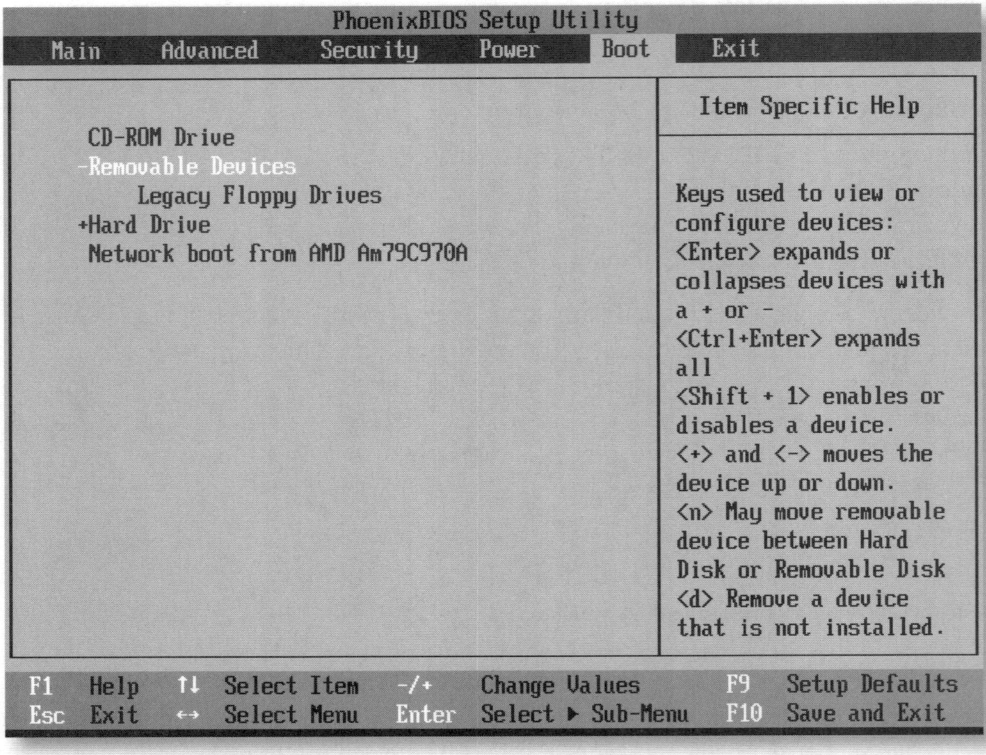

Abbildung 6.1 Startsequenz im BIOS anpassen

Bei moderneren Systemen können an dieser Stelle weitere Varianten, wie beispielsweise das Booten über Netzwerk oder von angeschlossenen USB-Geräten wie Memorysticks oder mobilen Festplatten, ausgewählt werden. So ist es mittlerweile auch möglich, Ubuntu auf einer externen USB-Festplatte zu installieren und zu booten. Dadurch können Sie Ihr komplettes System stets mit sich führen.

[!] Eine Warnung ist an dieser Stelle leider auch angebracht: Bitte beschränken Sie sich bei den Änderungen nur auf das Bootuntermenü. Gerade die Manipulation des BIOS ist eine hervorragende Gelegenheit für Ungeübte, digitales Porzellan zu zerschlagen. Wer beispielsweise meint, die Parameter seiner Festplatte unbedingt manuell eintragen oder gar den Takt des Prozessors »hochschrauben« zu müssen, riskiert Systemabstürze und Datenverlust. Dies muss nicht sein und deswegen sollten nur erfahrene Anwender an allen Schrauben ihres BIOS drehen.

[»] Nach erfolgter Änderung verlässt man die BIOS-Konfiguration schließlich über das Untermenü Exit bzw. den Hotkey F10. Bei älteren BIOS-Varianten ist zu beachten, dass die abschließende Bestätigungsabfrage die Eingabe des Buchstabens z statt y erfordert, da diese

BIOS-Versionen an das amerikanische Tastaturlayout angepasst wurden. Nun sollte Ihrem ersten Bootversuch nichts mehr im Weg stehen.

Die Ubuntu-CD/-DVD will nicht booten. Und nun ...?

Auch hier gibt es eine Lösung: Installieren Sie den Bootloader GRUB in einem bestehenden Windows-System und booten Sie von da aus den Ubuntu-Installer. Eine Anleitung hierzu finden Experten (und nur solche sollten sich an eine derart komplexe Aufgabe heranwagen) unter *http://wiki.ubuntuusers.de/Installation_ohne_CD*. [+]

Eine weitere Möglichkeit besteht darin, mit einer Hilfsdiskette einen Linux-Kernel zu booten, der dann die entsprechenden Treiber für das CD-Laufwerk zur Verfügung stellt und somit das BIOS überlistet. Dazu lesen Sie bitte folgende Informationen: *http://wiki.ubuntuusers.de/Bootdiskette*.

Windows und Linux parallel

Es ist generell für Einsteiger sinnvoll, ein eventuell vorhandenes Windows parallel zu behalten. So haben Sie erst einmal ein funktionsfähiges System, falls bei der Installation von Ubuntu irgendetwas schiefgehen sollte. Eine Mindestnutzung von Windows könnte so aussehen, dass Sie im Internet vorhandene Hilfe für die Einrichtung von Ubuntu suchen.

Eine andere elegante Möglichkiet besteht darin, dass Sie Ubuntu in Windows installieren. Dies hört sich zunächst einmal merkwürdig an, ist aber mithilfe von *Wubi* spielend einfach. Mehr über *Wubi* erfahren Sie in Abschnitt 4.3, »Als Anwendung unter Windows – Wubi«, auf Seite 185. Damit ist es möglich, Ubuntu wie eine Anwendung zu installieren und bei Bedarf wieder zu entfernen.

Sicherung der persönlichen Daten

Bevor es ernst wird, soll an dieser Stelle noch ein Hinweis an diejenigen erfolgen, die planen, Ubuntu neben bereits existierenden Betriebssystemen zu installieren: Sichern Sie vor der Installation wichtige persönliche Daten. Auch wenn die Installationsprozedur im Normalfall andere Partitionen unangetastet lässt, kann der Faktor Mensch hier doch einiges vermurksen. Insbesondere dann, wenn Sie bei der Partitionierung zum falschen Zeitpunkt aufs falsche Knöpfchen drücken, können ganze Systemlaufwerke im Datennirwana verschwinden. Folgende Daten sollten in jedem Fall gesichert werden: [!]

- Windows-Anwender kopieren das Verzeichnis *Eigene Dateien* auf einen mobilen Datenträger (CD, DVD, USB-Festplatte).
- Linux-Anwender sichern das */home*-Verzeichnis einer bestehenden Installation.

Wer besonders sicher gehen und sich im Falle einer Fehlbedienung die Neuinstallation des bestehenden Systems ersparen möchte, der fertigt ein Image der Systempartition an. Im Linux-Umfeld ist das rasch unter Verwendung einer Live-CD wie Knoppix zu erledigen. Näheres hierzu können Sie Kapitel 24, »Backup und Sicherheit«, ab Seite 683 entnehmen.

Systemcheck

Ist mein Computer fit für Ubuntu, wird sämtliche Hardware unterstützt? Ubuntu ist ein sehr modernes Linux-System, so dass es mit Computern der neuen Generation eigentlich keine Probleme geben sollte.

Etwas schwieriger gestaltet sich die Installation auf betagten Rechnern. Wer also einfach mal testweise Ubuntu auf einem Rechner installieren möchte, der bislang auf dem Dachboden sein trauriges Dasein fristete, dem sei empfohlen, die Ubuntu-CD auf dem Gerät der Wahl testweise im Livemodus zu booten. Sollte das ohne Probleme klappen und das System auch im grafischen Modus einigermaßen flüssig laufen, steht einer Festplatteninstallation eigentlich nichts mehr im Weg.

[+] Für alte und dementsprechend schwächere Hardware eignet sich meist am besten Xubuntu. Die darin enthaltene Arbeitsumgebung Xfce hat den Ruf, besonders sparsam mit den Ressourcen des Rechners umzugehen. Mehr über Xubuntu erfahren Sie in Kapitel 11 ab Seite 357.

[»] Zwar nicht lebensnotwendig für die Installation von Ubuntu, aber doch recht komfortabel ist die Nutzung eines bestehenden Internetzugangs. Idealerweise wird dieser durch einen Router realisiert, der systemunabhängig zu konfigurieren ist, beispielsweise per Browser. Ein moderner Router kann entweder in Verbindung mit einem bestehenden DSL- oder mit einem ISDN-Anschluss genutzt werden und besitzt oftmals auch ein integriertes Modem. Ubuntu kann dann in Verbindung mit solchen Geräten bereits während des Installationsvorgangs für den (Inter-)Netzwerkeinsatz eingerichtet werden.

[+] Schwieriger gestaltet sich die Situation, wenn Ihr Computer via Modem oder ISDN-Karte direkt an das Internet angebunden ist. In diesem Fall muss die Konfiguration des Internetanschlusses nachgeholt werden, mehr dazu erfahren Sie in Abschnitt 19.2 ab Seite 545.

6.1.4 Platz schaffen für Ubuntu

Normalerweise ist es nicht besonders kompliziert, die gesamten Installationsvorbereitungen Ubuntu zu überlassen. Ubuntu erkennt nicht nur automatisch Ihre Festplatte und alle darauf befindlichen Partitionen, es kann Ihnen auch auf Befehl auf Ihrer Festplatte Platz schaffen. Die vorhandenen Windows-Partitionen werden daraufhin verkleinert und Ubuntu installiert sich ganz bescheiden an den freigewordenen Platz.

Warum also dann dieses gesonderte Teilkapitel? Nun, zum einen arbeitet das Partitionierungswerkzeug von Ubuntu bei großen Festplatten sehr langsam – eine manuelle Verkleinerung, die ich im Folgenden beschreibe, geht hierbei deutlich zügiger. Zum anderen ist der nachfolgend beschriebene Weg etwas sicherer und zuverlässiger. Auch wenn Fehler hierbei eher selten vorkommen, so ist dennoch »Vorsicht die Mutter der Porzellankiste«.

Ich weiß nur zu gut, wie viel Zeit man mit dem kompletten Konfigurieren und Einrichten eines Windows-Systems verbringen kann. Diese Zeit stecken Sie lieber in das Erlernen von Linux.

6.1.5 Defragmentieren

Defragmentieren Sie zunächst einmal die Partition unter Windows. Dies erledigen Sie unter aktuellen Windows-Systemen wie beispielsweise XP oder 2000 mit einem rechten Mausklick über dem Symbol Arbeitsplatz im Startmenü, Punkt VERWALTEN, dort DATENSPEICHER • DEFRAGMENTIERUNG.

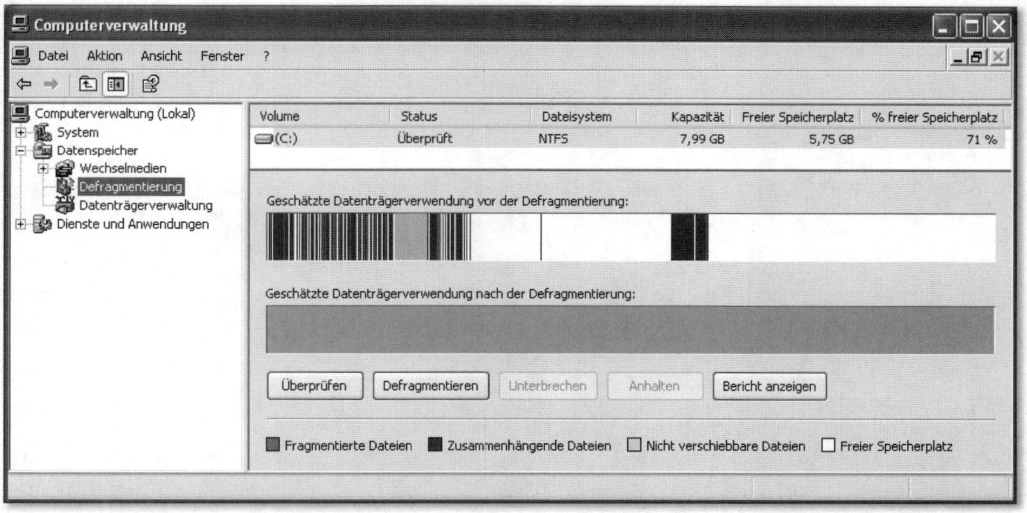

Abbildung 6.2 Beispiel einer nur gering fragmentierten Windows-Partition

Fragmentierung

Ein Datenträger ist kein statisches Gebilde, es finden andauernd Lese-, Schreib- und Löschoperationen statt. Manche Operationen geben Speicherplatz wieder frei, andere wiederum benötigen neuen Speicherplatz. Dieses dauernde Freigeben und erneute Belegen von Speicherblöcken fürt zu der sogenannten Fragmentierung. Eine fragmentierte Festplatte besitzt ungünstige Verteilung von Datenblöcken, so dass sich die Zugriffszeiten auf die Daten durch zusätzliche Bewegungen der Schreib-/Leseköpfe verlängern.

Unter Defragmentierung versteht man die Neuordnung von Datenblöcken fragmentierter Dateien auf den Spuren und Sektoren der Festplatte, so dass Zugriffe mit optimaler Geschwindigkeit durchgeführt werden können.

Schalten Sie vor der Partitionsverkleinerung die Windows-Auslagerungsdatei aus. Diese nennt sich *pagefile.sys* und kann über folgende Schritte deaktiviert werden: rechter Mausklick [!]

über dem Arbeitsplatzsymbol, hier nun EIGENSCHAFTEN • ERWEITERT • SYSTEMLEISTUNG • EINSTELLUNGEN • ERWEITERT • VIRTUELLER ARBEITSSPEICHER (ÄNDERN), dort KEINE AUSLAGERUNGSDATEI markieren bzw. den Wert der Auslagerungsdatei auf null setzen. Nach der Verkleinerung der entsprechenden Partition und der Installation von Ubuntu sollte die Auslagerungsdatei freilich wieder aktiviert werden. Sie ist vergleichbar mit der Swap-Partition unter Linux.

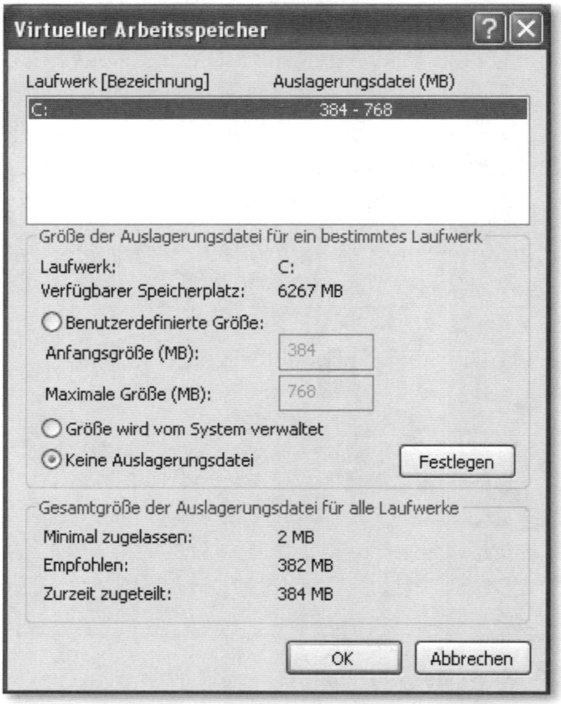

Abbildung 6.3 Windows-Auslagerungsdatei(en) abschalten

6.2 Installationsarten

Falls Sie Ubuntu schon einmal in einer früheren Version ausprobiert haben, dann werden Sie sich vielleicht über dieses kurze Installationskapitel wundern. Der Grund liegt darin, dass Ubuntu in den ersten Versionen ausschließlich mithilfe eines textbasierten Installationsprogramms auf die Festplatte gebracht werden konnte. Diese Methode war zwar robust und zuverlässig, aber nicht gerade optisch ansprechend. Ubuntu hat seit dem Erscheinen von Ubuntu 6.06 im Juni 2006 sehr viel Arbeit in die Entwicklung eines grafischen Installationsprogramms investiert. Inzwischen hat diese Variante eine sehr gute Qualität erreicht, sodass diese Art der Installation zu präferieren ist.

Wenn Sie Ubuntu von der beiliegenden DVD installieren, haben Sie prinzipiell die Wahl:

- Sie können die Installation im grafischen Modus durchführen. Bei dieser starten Sie ein Live-System, das Ihnen gestattet, Ubuntu erst einmal auszuprobieren und dann bei Bedarf aus dem Live-System heraus eine grafische Installation durchzuführen. Dazu brauchen Sie nur Ihren Rechner neu zu starten und die beiliegende DVD einzulegen. Es erscheint der Bildschirm in Abbildung 6.8. Warten Sie entweder ab oder drücken Sie `Enter`. Die weiteren Schritte werden in Abschnitt 6.3 ab Seite 228 erläutert. Wenn Sie Ubuntu herunterladen (siehe Abschnitt 2.3.2, »Download«, ab Seite 107), dann verwenden Sie bitte für diese Installationsmethode die »Desktop«-Version.
- Die zweite Möglichkeit ist die sogenannte »Alternate«-Variante. Hierbei installieren Sie Ubuntu mit einem klassischen textbasierten Installationsprogramm. Dies bietet sich an, wenn die grafische Installation aufgrund von Einschränkungen nicht funktioniert.

Sie können Ubuntu nicht aus Windows heraus installieren. Dies funktioniert nur, wenn Sie den Rechner komplett herunterfahren und von der CD bzw. DVD erneut starten. Wenn Ihr Rechner nicht von CD oder DVD booten möchte, ändern Sie die BIOS-Einstellungen wie in Abschnitt 6.1.3, »Bootvorbereitungen im BIOS«, ab Seite 220 erläutert. [+]

6.2.1 Einschränkungen

Die grafische Installation hat zwei bedeutende Einschränkungen: [!]

- Das Live-System muss zunächst einmal starten, dazu werden mindestens 256 MB RAM benötigt. Es gibt immer noch Rechner, die darüber nicht verfügen, aber auch mit 256 MB RAM verlaufen die Vorbereitungen zur Installation quälend langsam. Es empfehlen sich mindestens 512 MB.
- Zwar bietet der grafische Installer auch eine manuelle Partitionierung an, diese ist aber erstens langsam und zweitens unvollständig – weder ist die Einrichtung von *LVM* (Logical Volume Manager) noch die eines *RAID*-Systems möglich.

Die meisten Computer-Besitzer verfügen über mehr als 256 MB Arbeitsspeicher und benötigen weder ein RAID noch einen LVM. Daher können die meisten von uns bedenkenlos mit der beigefügten DVD die Installation starten.

6.2.2 Hinweise zur Installation auf einem Laptop

Folgende Punkte sollten bei der Installation auf einem Laptop berücksichtigt werden:

- Führen Sie die Installation mit angeschlossenem Netzgerät durch. Es kann durchaus sein, dass einige Programme zum Energiemanagement noch nachgerüstet werden müssen. Ohne diese Tools erhält das System falsche Informationen zum Ladezustand des Akkus, und es kann passieren, dass der Rechner sich unmittelbar nach dem Start infolge vermeintlich zu geringer Spannung abschaltet.

- Manchen Laptops muss beim Start des Installationsmediums explizit die Benutzung der Framebuffer-Grafik als Bootparameter mitgeteilt werden. Dies ist dann der Fall, wenn nach dem Start des Installers nurmehr ein schwarzer Bildschirm erscheint. Sie erhalten wertvolle Tipps durch Drücken der Taste F5 bei Erscheinen des Startbildschirms.

6.3 Installation von der Live-CD/DVD

[o] Die Installation von Ubuntu dauert nur ein paar Minuten. Auf einem modernen PC dauert die Installation beispielsweise nur 20 bis 30 Minuten. Wenn Sie die Ubuntu-DVD eingelegt haben und den PC neu gestartet haben, dann erscheint das Bild aus Abbildung 6.4.

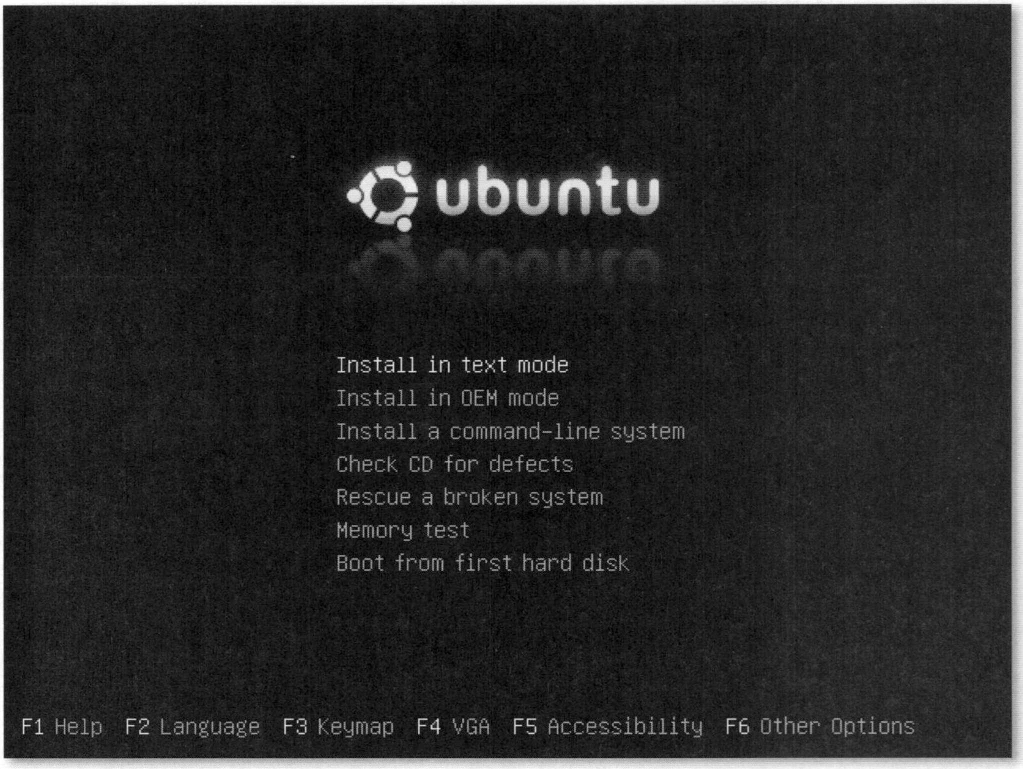

Abbildung 6.4 Der Ubuntu-Startbildschirm – nun beginnt die Reise. Hier wurde bereits mit »F2« die Sprache auf Deutsch umgestellt.

In 99 % aller Fälle brauchen Sie jetzt lediglich die Taste Enter zu drücken und sich zurückzulehnen.

Wenn Sie Probleme beim Starten der Installation haben, sehen Sie bitte in Abschnitt 6.4, »Textbasierte Installation«, ab Seite 232 nach. Dort finden Sie detaillierte Optionen zur Behebung einiger Probleme. [«]

Wenn die DVD fertig gestartet ist, erwartet Sie der Ubuntu-Desktop. Wenn Sie sich nun erstmal ein wenig umsehen möchten, beachten Sie bitte die Hinweise in Abschnitt 4.2, »Ubuntu gefahrlos ausprobieren«, ab Seite 178.

Sie finden auf dem Desktop den Button Install. Durch einen Doppelklick hierauf starten Sie den Installationsdialog. Die eigentliche Installation startet nun mit der Auswahl der Sprache, des Landes und des Tastatur-Layouts. Wenn Sie die Umlaute und Sonderzeichen benutzen möchten, sollten Sie bei der Auswahl des Tastaturlayouts die Auswahl Germany – Dead grave acute bestätigen (siehe Abbildung 6.6).

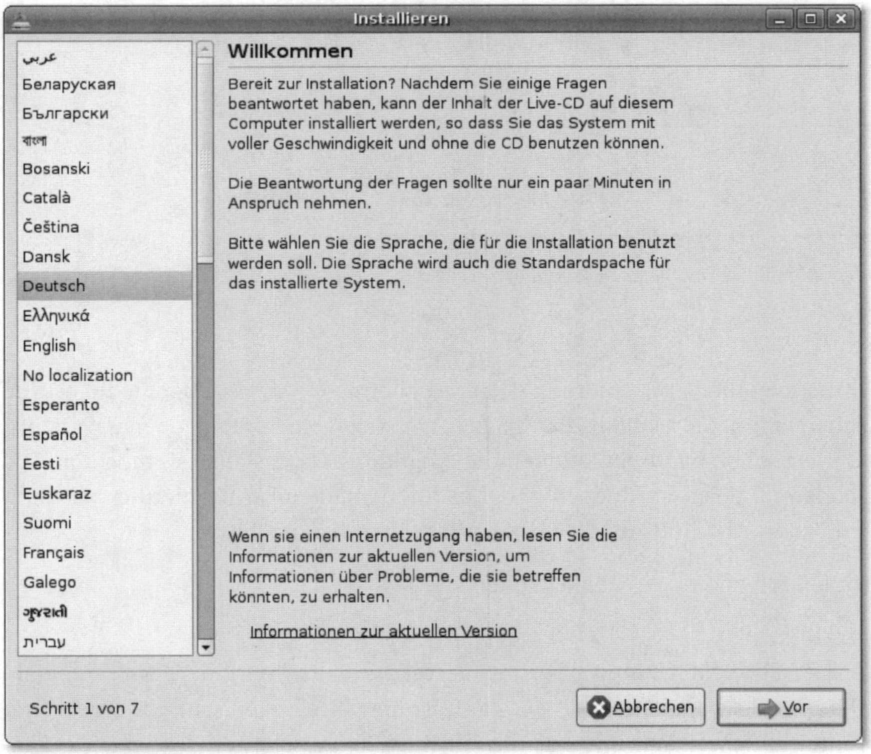

Abbildung 6.5 Bitte wählen Sie eine Sprache.

Klicken Sie jeweils auf die Schaltfläche Vor, um zum nächsten Fenster zu gelangen. Wenn Sie in einer vorherigen Auswahl Änderungen vornehmen möchten, klicken Sie so lange auf die Schaltfläche Zurück, bis Sie zum gewünschten Fenster gelangen.

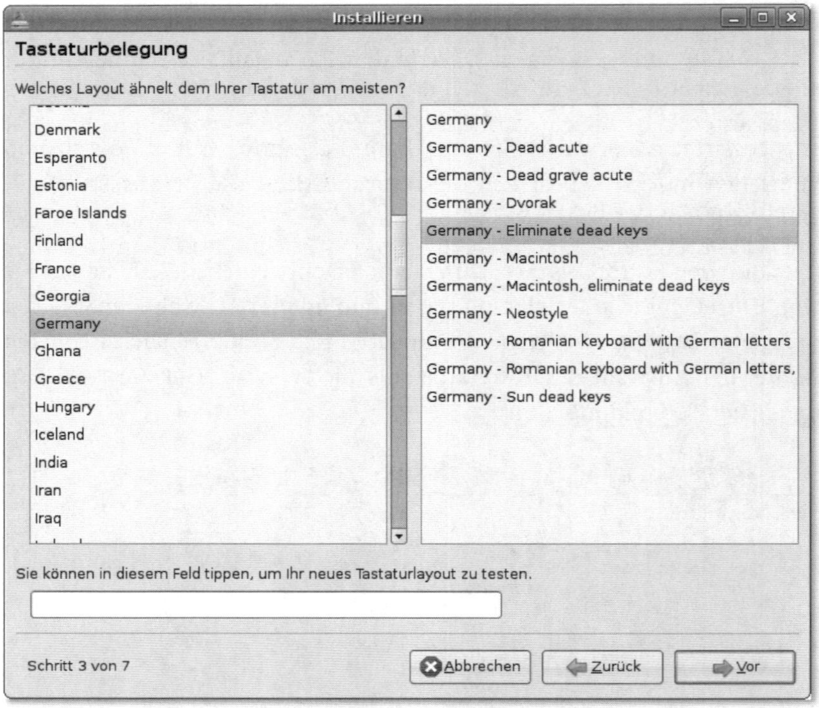

Abbildung 6.6 Bitte wählen Sie das Tastatur-Layout

Partitionierung

Im nächsten Schritt folgt die Partitionierung (siehe Abbildung 6.7). An dieser Stelle möchte ich mich kurz halten, damit Sie schnell zum Ziel gelangen. Ich gehe im folgenden davon aus, dass Sie Ubuntu über die ersten drei Optionen der Abbildung 6.7 installieren möchten. Die genauen Einzelheiten und Hintergründe, die Sie bei der manuellen Partitionierung beachten müssen, erläutere ich in Abschnitt 6.4.5, »Partitionierung«, ab Seite 239.

Sie haben prinzipiell folgende drei Möglichkeiten:

- **Partition verkleinern**
  Wenn Sie keinen Platz für Ubuntu auf Ihrer Festplatte haben und Sie das bestehende Betriebssystem parallel behalten möchten, dann ist dies Ihre erste Wahl. Bitte beachten Sie vor der automatischen Schrumpfkur die Hinweise in Abschnitt 6.1.4 ab Seite 224. Durch einen Schieberegler können Sie die Partition des bereits installierten Betriebssystems verkleinern. Gehen Sie hierbei mit Vorsicht zu Werk und achten Sie darauf, dass noch genügend Platz für das alte System übrig bleibt.

- **Verwende vollständige Festplatte**
  Wenn Sie das bestehende Betriebssystem komplett löschen möchten und Ubuntu den ganzen Platz auf Ihrer Festplatte spendieren möchten, dann wählen Sie diese Option. Sie

können hier natürlich auch eine zweite Festplatte als Installationsziel angeben. Wenn Sie Ubuntu auf eine zweite Festplatte installieren, wird auf die erste Festplatte ein *Bootloader* installiert. Dieser gibt Ihnen beim Starten des Rechners die Möglichkeit, aus den installierten Betriebssystem dasjenige auszusuchen, welches Sie benutzen möchten.

- **Den größten freien Speicherbereich benutzen**
  Wenn sich Ihr bereits installiertes Betriebssystem nicht auf der gesamten Festplatte breit gemacht hat, haben Sie eventuell ein wenig Platz übrig. Wählen Sie in dem Fall diese Option.

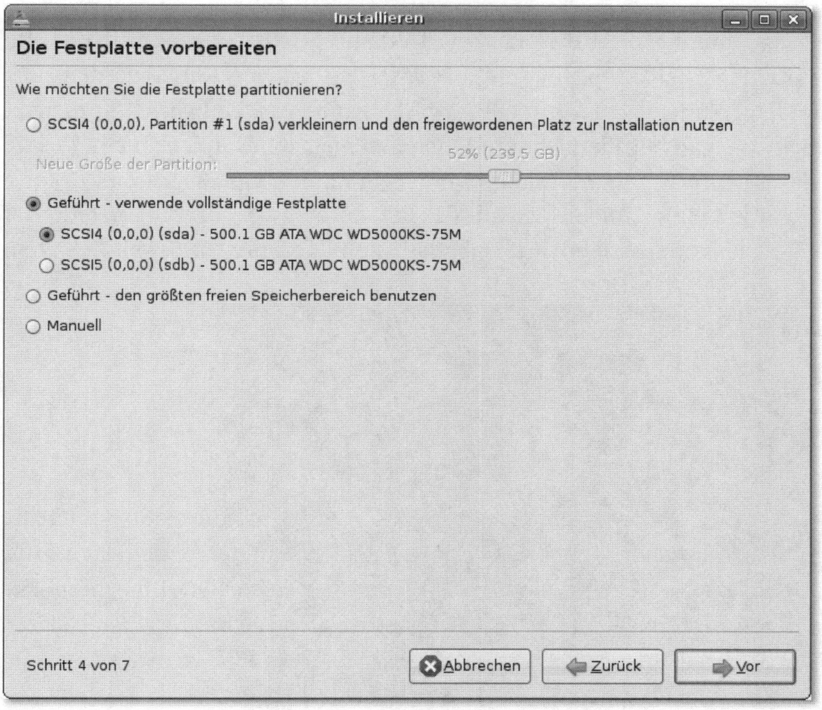

Abbildung 6.7 Die Partitionierung lässt nur wenige Möglichkeiten zu.

Im Anschluß an die Partitionierung geben Sie Ihren Namen, den gewünschten Login-Namen, das Passwort und den Rechnernamen ein.

Eine der interessantesten Neuerungen bei Ubuntu ist der Migrations-Assistent. Dieser kann im nächsten Schritt Ihre persönlichen Einstellungen aus einer vorherigen oder parallelen Installation übernehmen. Bei meinen Tests funktionierte der Import dieser Daten aus Windows XP, SUSE Linux und alten Ubuntu-Versionen reibungslos. Bei Microsoft Vista und Fedora Linux funktionierte dies allerdings nicht. Es bleibt abzuwaretn, wie sich dieser Assistent weiter entwickelt.

Das Installationsprogramm analysiert im Anschluß die Hardware, bevor die Daten der bevorstehenden Installation noch einmal zusammengefasst auf dem Bildschirm dargestellt werden. Durch ein letztes Drücken auf die Schaltfläche INSTALLIEREN starten Sie die Installation. Herzlichen Glückwunsch, Sie können sich jetzt zurücklehnen und einen Kaffee oder Tee genießen. Das Installationsprogramm übernimmt ab jetzt den Rest und meldet sich erst wieder, wenn die Installation abgeschlossen ist.

6.4 Textbasierte Installation

Die folgende Anleitung nimmt Sie an die Hand und erläutert Schritt für Schritt die einzelnen Stufen einer Ubuntu-Installation mit dem textbasierten Installer. Dabei werden auch die technischen Grundlagen unter dem Motto: »Was geschieht hier eigentlich?« besprochen. Die beschriebenen Schritte sind bei allen Ubuntu-Versionen gleich, Besonderheiten, die z.B. bei Kubuntu oder der 64-Bit-Variante auftreten, werden in einem eigenen Kapitel besprochen. Des Weiteren wurden einige Bilder hier mit der CD-Variante von Ubuntu erstellt, der Unterschied zur DVD-Installation ist aber so gering, dass die Bilder ihre Gültigkeit behalten.

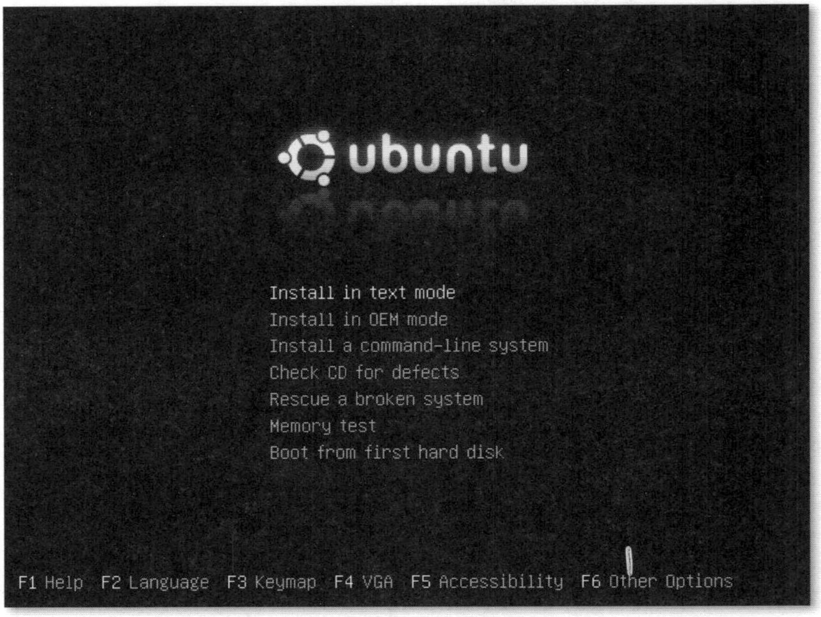

Abbildung 6.8 Der Ubuntu-Startbildschirm – Nun beginnt die Reise

Nachdem das Installationsmedium vom BIOS erkannt und für bootwürdig befunden wurde, begrüßt Sie der oben abgebildete Startbildschirm.

Über F1 bis F7 erreichen Sie einige Untermenüs, die ich im Folgenden näher beschreiben werde.

6.4.1 Hilfe und erweiterte Startoptionen

Die Tastatur F1 ist Ausgangspunkt für zehn Hilfsbildschirme, die jeweils mit den Funktionstasten F1 bis F10 angewählt werden können. Auf den Hilfeseiten finden Sie folgende Themenbereiche, die aber leider nur in der Version 6.10 auf Deutsch verfügbar sind:

- F1
  Eine Übersicht der verschiedenen Indexseiten.
- F2
  Die Voraussetzungen für die Installation: In der aktuellen Version werden 1,8 GB freier Festplattenspeicher für das Desktopsystem bzw. 350 MB für die Installation eines Serversystems ohne grafische Oberfläche veranschlagt.
- F3
  Eine Auflistung der speziellen Installationsmethoden. Zur Verfügung stehen die Boottargets[1]
  - LINUX (Standardinstallation)
  - SERVER (Minimalsystem für den Serverbetrieb)
    Hierbei handelt es sich um eine sehr schlanke Installation, die nur sehr wenig Speicherplatz beansprucht. Bitte beachten Sie, dass Sie bei einer Serverinstallation standardmäßig keine grafische Oberfläche mit installieren.
  - EXPERT (interaktive Installation für die maximale Kontrolle des Installationsvorgangs)

  Darüber hinaus kann durch Eingabe des Parameters `memtest` ein Speichertestprogramm gestartet werden, um den verbauten Arbeitsspeicher auf Fehler zu überprüfen. Die drei erstgenannten Optionen kann man auch in Kombination mit weiteren Bootparametern verwenden.

  ```
  boot: linux acpi=off
  ```

  schaltet z.B. das ACPI für den Fall aus, dass der Installationsbootvorgang in Folge nicht oder schlecht unterstützter Hardware hängenbleibt.
- F4
  Eine Übersicht der Untermenüs für erweiterte Bootoptionen (Menüs F5, F6, F7).
- F5
  Einige Bootparameter zur Beeinflussung spezieller Hardware. Sollte beispielsweise bei [zB]

1 Ein Boottarget ist eine vorbereitete Bootkonfiguration.

der Installation auf einem Laptop die Grafikhardware ihren Dienst verweigern, so lässt sie sich durch Eingabe der folgenden Parameter zumeist dennoch während der Installation ansprechen:

```
boot: linux vga=771 noapic nolapic
```

Im fertig installierten System haben Sie dann immer noch die Möglichkeit, spezielle Grafiktreiber nachzurüsten.

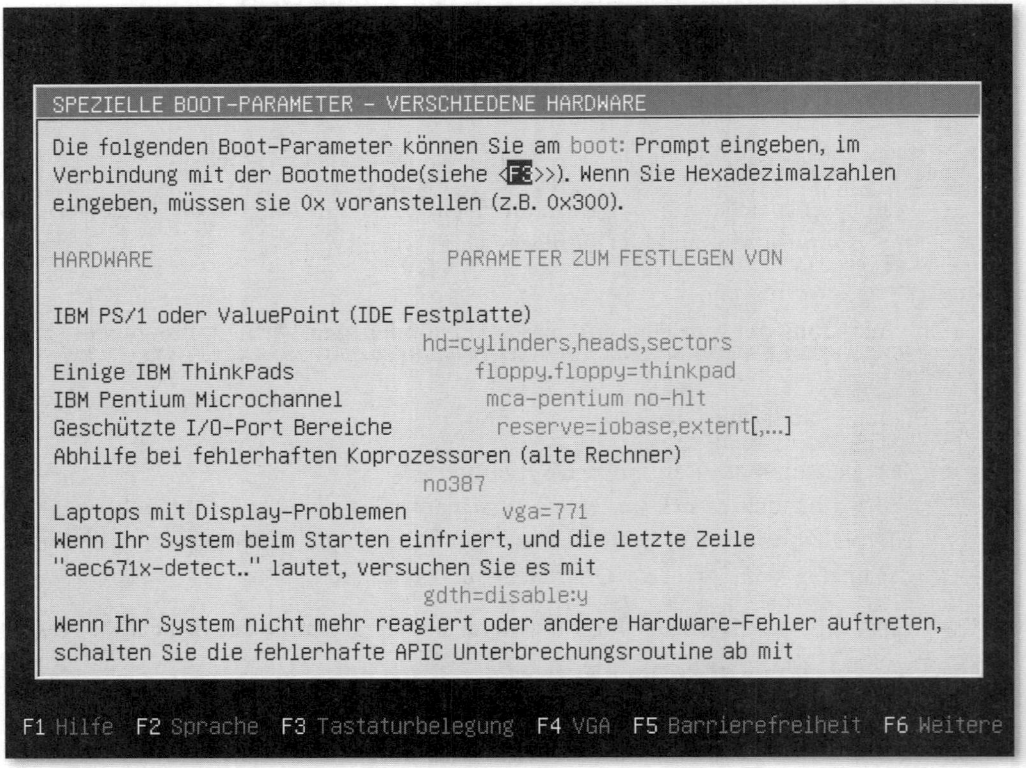

Abbildung 6.9 Optionsmenüs zur Installation

- F6
  Hilfe zur Nutzung verschiedener Festplattencontroller. Sollte Ihre Festplatte während des Installationsboots nicht erkannt werden, so können Sie dies durch Eingabe eines auf dieser Seite gelisteten Parameters umgehen.

- F7
  Beeinflussung der automatischen Installationsroutine: Es kann vorkommen, dass während der Installation ein Gerät nicht korrekt erkannt bzw. konfiguriert werden kann. Sollte es diesbezüglich zu einem »Hänger« kommen, dann haben Sie die Möglichkeit,

die Installation neu zu starten und die Erkennung einzelner Komponenten gezielt zu deaktivieren.

Um beispielsweise die Suche nach USB-Geräten zu unterbinden, geben Sie bitte folgenden Befehl ein: [zB]

```
boot: linux debian-installer/probe/usb=false
```

- F8, F9, F10
  Einige Informationsseiten über das Ubuntu-Projekt sowie das Copyright.

6.4.2 Sprach-, Tastatureinstellungen sowie Barrierefreiheit

Dapper hat die Installation deutlich komfortabler gemacht. Noch vor der eigentlichen Installation können sowohl die Spracheinstellungen mit F2 als auch das Tastaturlayout mit F3 nach Ihren Vorgaben angepasst werden (Abbildung 6.10). Daneben stehen durch das Drücken von F5 schon jetzt Optionen für Sehbehinderte oder motorisch eingeschränkte Menschen zur Verfügung.

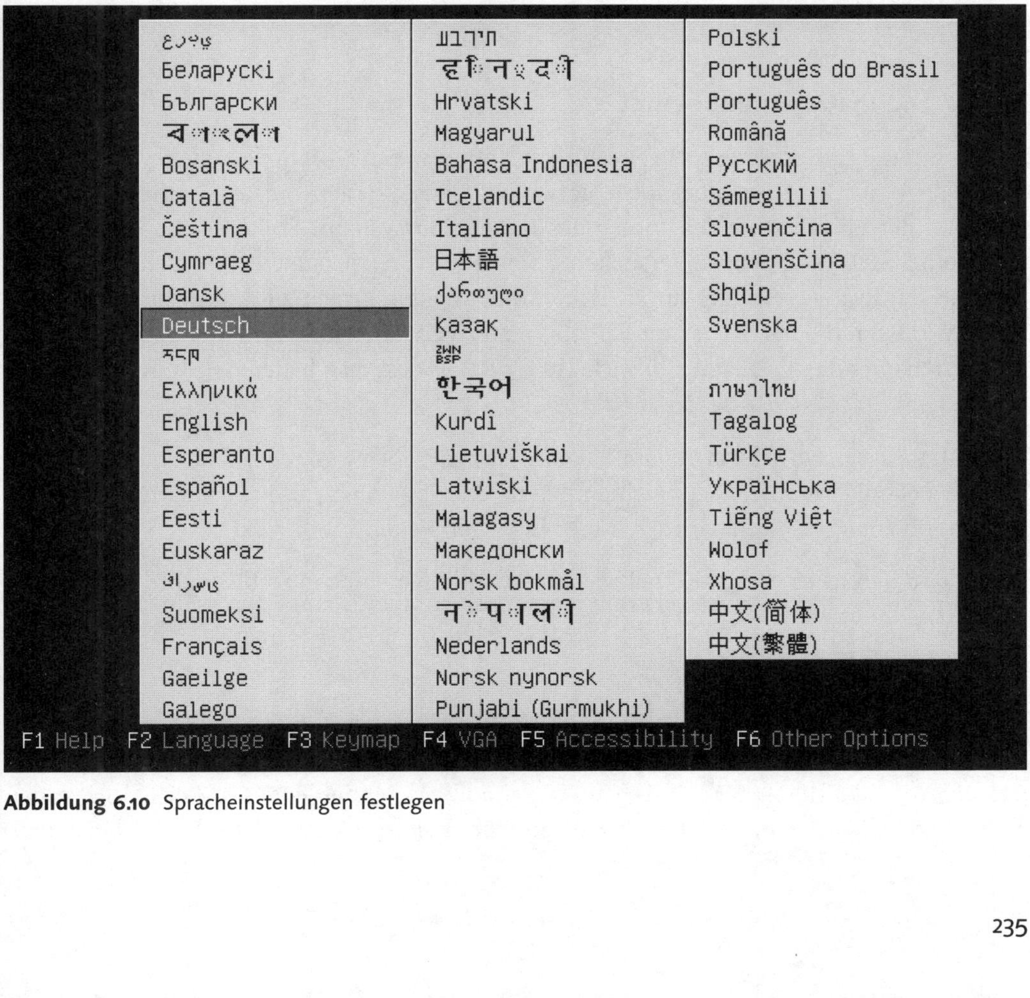

Abbildung 6.10 Spracheinstellungen festlegen

Die Navigation in den etwas spartanischen Menüs erfolgt mit Hilfe der Pfeiltasten, zwischen Untermenüs springen Sie mit der Tabulatortaste hin und her, und einen Menüpunkt bestätigen Sie entweder mit der Leertaste oder mit der Eingabetaste.

Die Eingabe von eventuell notwendigen Bootparametern, die nach dem Drücken von F6 möglich wird, ist somit deutlich bequemer geworden. Bisher war dies nur unter Benutzung des angloamerikanischen Tastaturlayouts möglich.

Sollten Sie den einen oder anderen Bootparameter eingeben wollen bzw. müssen, werden Sie eventuell Bekanntschaft mit dem angloamerikanischen Layout machen. Folgende Tabelle soll Ihnen als Übersetzungshilfe dienen.

gewünschtes Zeichen	Eingabe auf deutscher Tastatur
/ (Slash)	- (Bindestrich, Minus)
- (Bindestrich, Minus)	ß (Esszet)
_ (Unterstrich)	? (Umschalt + Esszet)
= (Gleichheitszeichen)	´ (Tick, Taste neben Esszet)
: (Doppelpunkt)	Ö (Umschalt + ö)

Tabelle 6.2 Übersetzungstabelle deutsche auf amerikanische Tastatur

6.4.3 Die Installation beginnt

Nachdem Sie am Bootscreen gegebenenfalls einige weitere Parameter eingegeben haben – was allerdings im Normalfall nicht notwendig gewesen sein dürfte – starten Sie durch
[!] Betätigen der Eingabetaste das Booten des Installationssystems. Sollte der Bootvorgang an irgendeiner Stelle stoppen, so versuchen Sie, wie im vorangegangenen Abschnitt beschrieben, die Hardwareerkennung für kritische Komponenten gezielt zu deaktivieren. In vielen Fällen verhelfen die bereits genannten Optionen zu einem erfolgreichen Booterlebnis. Falls das Booten oder die Installation abbricht, hilft oftmals das Ausschalten der ACPI-Funktionen mittels `boot: linux vga=771`.

Wenn der Bildschirm schwarz bleibt, liegt meist ein Problem mit dem Framebuffer der eingebauten Grafikkarte vor. Dies geschieht häufig bei Notebooks mit integriertem Grafikchip. Die Option `boot: linux noapic nolapic` hilft hier weiter.

Dabei wird bereits ein Linux-Kernel gestartet, was durch einen eingeblendeten Fortschrittsbalken angezeigt wird.

6.4.4 Netzwerkerkennung

Nach Abschluss der Sprachkonfiguration wird die eigentliche Installationsroutine geladen und geprüft, ob sich das CD-ROM- bzw. DVD-Laufwerk einbinden lässt. Zusätzlich werden einige Module geladen, die den Zugriff auf die angeschlossene Hardware sicherstellen.

Hier wirken sich gegebenenfalls die Parameter aus, die zu Beginn des Bootvorgangs am Bootprompt eingegeben wurden.

DHCP – auf Zuruf

Es folgt der Versuch, die Netzwerkhardware zu erkennen und einzubinden. Wer einen so genannten DHCP-Router sein Eigen nennt, ist hier im Vorteil: Diese Geräte verteilen die notwendigen Netzwerkadressen (IP-Adressen, also z.B. 192.168.0.1) auf »Zuruf« .

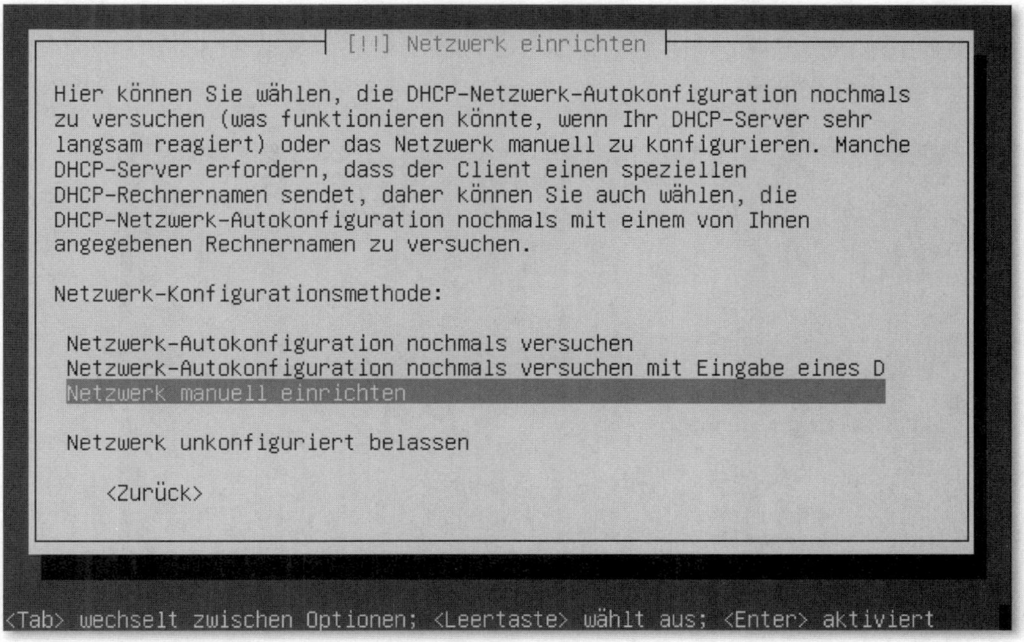

Abbildung 6.11 Manuelle Konfiguration des Netzwerks

Sollte das in Ihrem lokalen Netz nicht funktionieren, so können die entsprechenden Einstellungen auch manuell in einem Untermenü vorgenommen werden (Abbildung 6.11).

Eine typische Einstellung könnte bei Einsatz eines gängigen Hardware- routers folgendermaßen aussehen:

- **IP-Adresse**
  192.168.0.1
- **Netzmaske**
  255.255.255.0 (ist zumeist automatisch vorgewählt)
- **Gateway**
  Hier ist die IP-Adresse Ihres Routers einzugeben, z. B. 192.168.0.254.

- **Adresse des DNS-Servers**
  Mit diesem Server erfolgt die Namensauflösung von Internetadressen, d.h. die Umsetzung von URLs wie *www.google.de* in eindeutige IP-Adressen. Bei Verwendung eines Routers genügt es meist, dessen IP-Adresse anzugeben.

- **Rechnername**
  Voreingestellt ist ubuntu, Sie können aber einen eigenen Namen auswählen.

- **Apropos manueller Eingriff**
  Sie können von jedem Untermenü der Installationsroutine, das ein ZURÜCK-Feld enthält, in das Hauptmenü des Installers wechseln und somit die wichtigsten Schritte wiederholen, vgl. Abbildung 6.12.

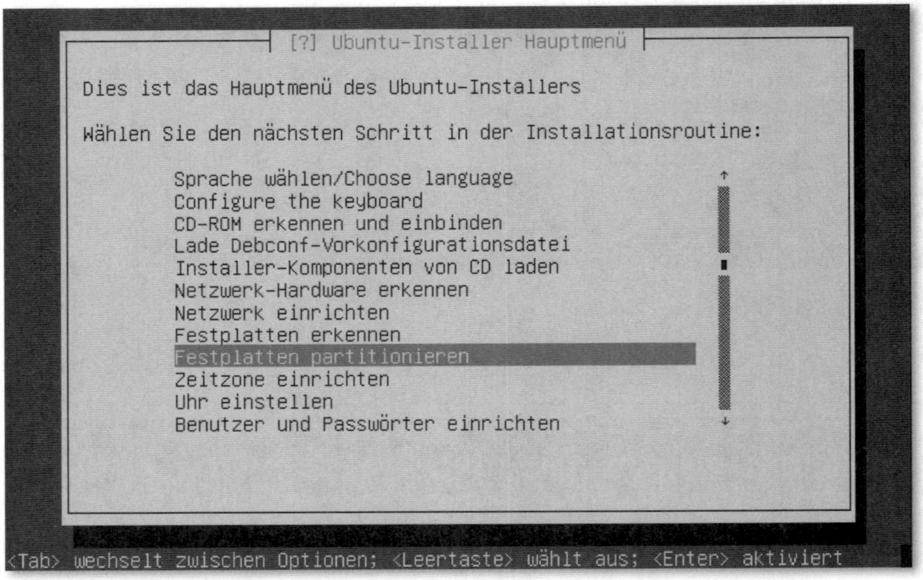

Abbildung 6.12 Hauptmenü des Installationsprogramms

Das Netzwerk wird nicht erkannt

Wenn die Netzwerkkonfiguration nicht funktioniert, kann dies mehrere Gründe haben. So kann es durchaus sein, dass Ihre Hardware korrekt erkannt wird, der Treiber für diese Netzwerkkarte aber nicht automatisch mitinstalliert wurde. Dies kann lizenzrechtliche Gründe haben.

Sie können die Netzwerkkonfiguration auch bequem nach erfolgter Installation des Gesamtsystems nachholen.

Mehr über das Einrichten der Netzwerkkarte erfahren Sie in Kapitel 25, »Netzwerk«, auf Seite 719 erfahren.

6.4.5 Partitionierung

Nun folgt der kniffligste Teil der Installation. Hierfür sollten Sie sich ein bisschen Zeit nehmen. Also holen Sie sich einen Becher Kaffee und machen Sie es sich gemütlich. Überlegen und lesen Sie gründlich, bevor Sie Änderungen an Ihrer Partitionierung vornehmen.

Bevor Sie sich in die Untiefen der Partitionierung stürzen, soll noch kurz über den Sinn und Zweck derartiger Festplattenaufteilungen gesprochen werden. Jede Festplatte enthält eine Partitionstabelle, in der bis zu vier Einträge untergebracht werden können. Entweder können vier primäre Partitionen definiert werden oder drei primäre Partitionen und eine erweiterte Partition.

In dieser erweiterten Partition können wiederum logische Laufwerke angelegt werden. Die Anzahl dieser logischen Laufwerke ist bei SCSI, S-ATA und Firewire auf 15 beschränkt. Verwenden Sie (E)IDE-Platten, so erhöht sich die Zahl auf 63. Wenn Sie also planen, Ihre Platte in mehr als vier Partitionen aufzuteilen, so muss spätestens die vierte Partition als erweiterte Partition angelegt werden.

Primär oder Erweitert

Modernen Linux-Systemen ist es gleichgültig, ob sie auf einer primären oder auf einer erweiterten Partition untergebracht sind. Mittlerweile wurden durch die Verwendung von GRUB als Bootloader auch die Probleme behoben, die beim Booten mit dem Bootloader *lilo* mit Partitionen auftraten, die jenseits der 1024-Zylinder-Grenze lagen.

Vollautomatische Partitionierung

Diese Variante ist für eine Neuinstallation von Ubuntu am einfachsten und insbesondere für den Fall gedacht, dass ausschließlich Ubuntu auf dem Computer seinen Dienst verrichten soll. Wer nebenbei z. B. noch Windows auf dem Computer beherbergen möchte, der sehe sich den folgenden Abschnitt »Manuelle Partitionierung« an.

Wählen Sie für die automatische Partitionierung im Partitionierungswerkzeug des Installers den Punkt GESAMTES LAUFWERK LÖSCHEN. Der Installer wählt dann von sich aus eine geeignete Partitionierung. Zumeist wird eine Swap-Partition von der Größe des Hauptspeichers angelegt, der Rest des Festplattenspeichers wird als Systempartition (unter Linux: Root-Partition) verwendet.

Beachten Sie, dass im Falle dieser automatischen Partitionierung sämtliche Daten Ihrer Festplatte unwiederbringlich gelöscht werden. Dies möchte man in den seltensten Fällen. Die Mehrzahl der Anwender wird die nachfolgend beschriebene Partitionierungsvariante wählen. [!]

Manuelle Partitionierung: Analyse bestehender Partitionen

Wenngleich die Möglichkeit der manuellen Partitionierung als Expertenoption angesehen wird, gewährt sie doch die beste Kontrolle über den Partitionierungsvorgang. Zunächst verschafft man sich ein Bild über die auf dem Rechner befindliche Partitionslandschaft.

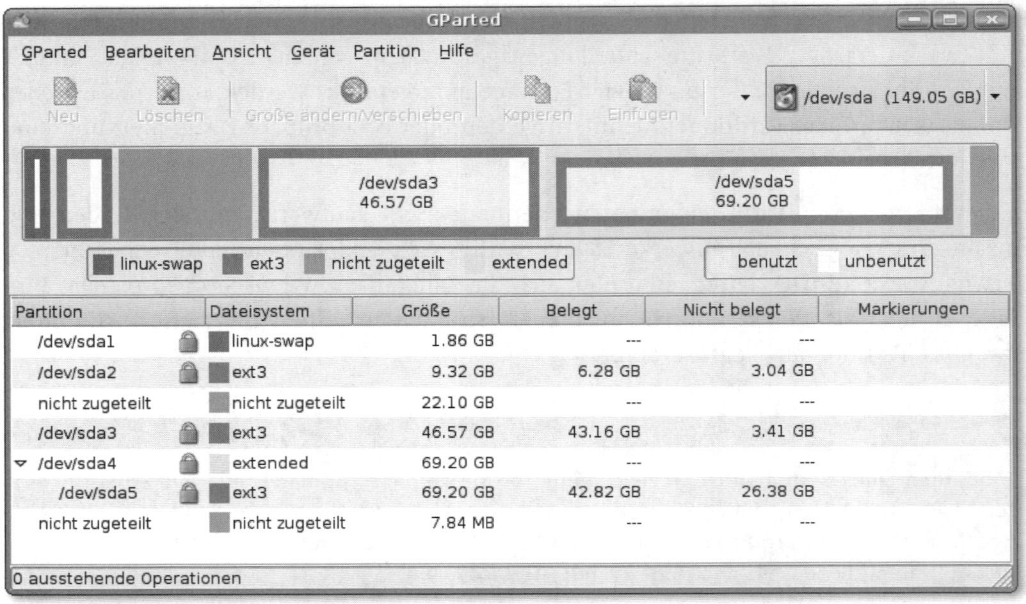

Abbildung 6.13 Komplexe Partitionierung auf einem Laptop

Wenn sich auf dem Computer bereits ein Betriebssystem befindet, dann haben Sie die Möglichkeit, entweder eine bestehende Partition zu verkleinern oder freien Speicherplatz auf der Platte für die Ubuntu-Installation zu nutzen. Letzteres soll im Folgenden durchgeführt werden. Falls Sie zunächst eine Partition verkleinern und Platz schaffen möchten, beherzigen Sie bitte die anfangs beschriebenen Vorbereitungen. Die Verkleinerung von Windows-NTFS-Partitionen funktioniert bereits seit Ubuntu Hoary recht zuverlässig.

In Abbildung 6.13 sieht man die Partitionsaufteilung eines PCs, der über jeweils eine primäre Partition für den Swapspeicher und die Systempartition verfügt. Außerdem besitzt er noch eine weitere primäre Datenpartition sowie eine erweiterte Partition. Daneben gibt es noch etwa 20 GB freien, unzugeordneten Speicher.

Manuelle Partitionierung: Anlegen von Partitionen

Wählen Sie einfach den freien Speicherbereich im Partitionierungsmenü aus und betätigen Sie die Auswahl mit der Eingabetaste. Darauf erscheint der Dialog der Abbildung 6.14.

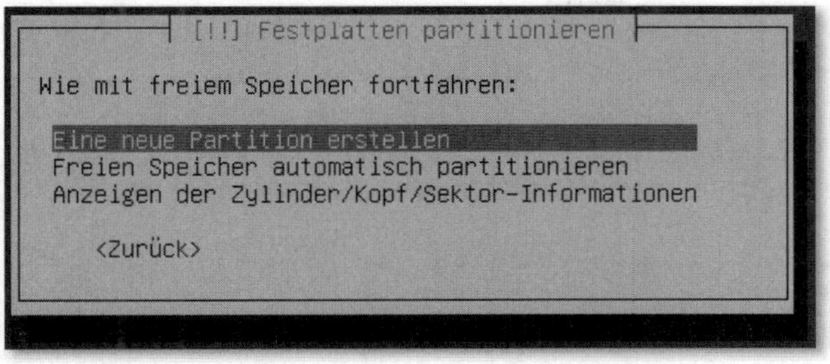

Abbildung 6.14 Manuelle Partitionierung

Hier wählen Sie den Punkt EINE NEUE PARTITION ERSTELLEN. Befindet sich auf dem Rechner noch kein Linux-System, so muss zunächst eine Swap-Partition erstellt werden. Deren Größe sollte nach einer Faustregel etwa der doppelten Größe des Hauptspeichers entsprechen. Bei Speichergrößen von mehr als 512 MB genügt in der Regel die einfache Größe des RAM.

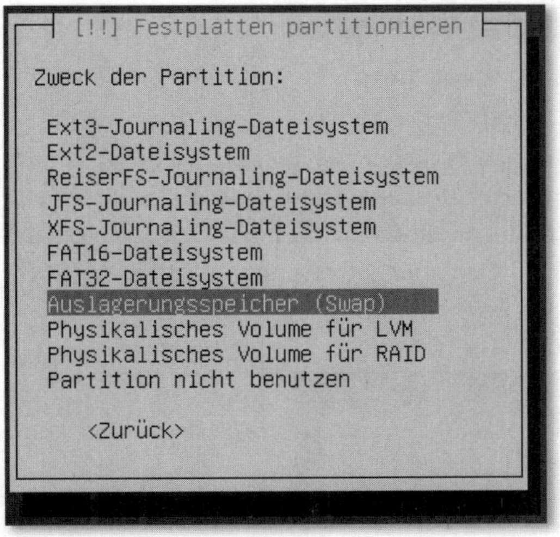

Abbildung 6.15 Anlegen von Swapspeicher

Durch eine großzügige Wahl des Swapspeichers können Sie später ohne Probleme den Suspend-to-Disk-Modus nutzen, bei dem die Daten, die sich im RAM befinden, auf die Platte geschrieben werden und der nächste Systemstart deutlich schneller erfolgt. Geben Sie die gewünschte Partitionsgröße im nächsten Schritt an.

Als Partitionsart können Sie, wie bereits erläutert, entweder »Primär« oder »Logisch« angeben. Die Swap-Partition sollte an den Anfang des freien Speichers gesetzt werden. Dem Installer muss im nächsten Schritt noch mitgeteilt werden, dass es sich bei der neuen Partition um eine Swap-Partition handelt. Dies geschieht mit dem Menüpunkt BENUTZEN ALS, hier wählen Sie als Typ AUSLAGERUNGSSPEICHER (Swap, Abbildung 6.15).

Haben Sie bereits eine andere Linux-Distribution installiert, so können Sie deren Swapbereich nutzen. Dieser wird von der Installationsroutine automatisch eingebunden.

Schließlich erscheint ein Dialog, der die neu erstellte Partition anzeigt. Die neue Partitionstabelle wird dann über den Menüpunkt Anlegen der Partition beenden berechnet.

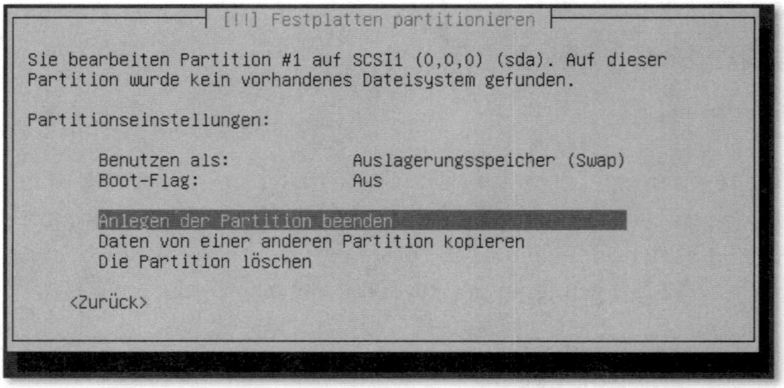

Abbildung 6.16 Abschließen der Erstellung einer Swap-Partition

Die obigen Schritte sind für jede Partition, die man erstellen möchte, zu wiederholen. Im Prinzip kommen Sie mit lediglich einer weiteren Partition aus: Diese enthält das komplette Linux-System und wird Root-Partition genannt. Für die Root-Partition (Abkürzung: /) wählt Ubuntu automatisch das ext3fs-Dateisystem. Sie haben aber selbstverständlich die Möglichkeit, hier auch andere Dateisysteme auszuwählen (vgl. Abbildung 6.15 bzw. 6.17).

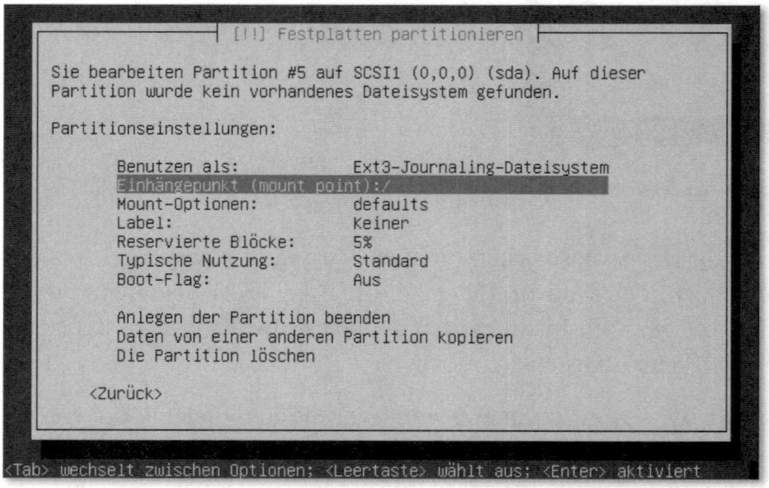

Abbildung 6.17 Die Root-Partition wird angelegt.

6.4.6 Aufteilung der Platte und Partitionsgrößen

Folgende Empfehlungen können in Abhängigkeit vom jeweiligen Einsatzzweck gegeben werden:

- Einfaches System für **Einsteiger**: eine Swappartition sowie 5 GB als Root-Partition.
- Für **Fortgeschrittene**, die ihr System häufiger neu aufsetzen möchten, dabei aber nicht ihre persönlichen Daten verlieren möchten: eine Swap-Partition, eine 5 GB Root-Partition sowie eine extra */home*-Partition. Letztere kann dann bei Installation eines neuen Systems erneut verwendet werden. Deren Größe wird lediglich vom freien Festplattenspeicher limitiert.
- Für **Experten** als Mehrbenutzersystem: Swap, eine Partition für Root (*/*) (ca. 5 GB), eine Partition für */opt* (ca. 4 GB) sowie eine Partition für */var* (ca. 1 GB). Der Rest des Speicherplatzes kann als */home*-Partition zur Speicherung der Daten verschiedener Benutzer freigegeben werden.
- Sollten Sie außerdem auf Ihrem Rechner ein Windowssystem installiert haben, so ist es sinnvoll, eine FAT32-Partition zum *Datenaustausch* zu erstellen. Auf diese kann dann sowohl von Linux als auch von Windows aus lesend und schreibend zugegriffen werden. Deren Größe richtet sich nach dem zur Verfügung stehenden freien Speicher, 2 GB ist sicher ein guter Startwert.

6.4.7 Abschluss der Partitionierung

Nachdem Sie alle gewünschten Partitionen angelegt haben, wird es ernst: Im Übersichtsmenü wählen Sie bitte den Punkt PARTITIONIERUNG BEENDEN UND ÄNDERUNGEN ÜBERNEHMEN aus.

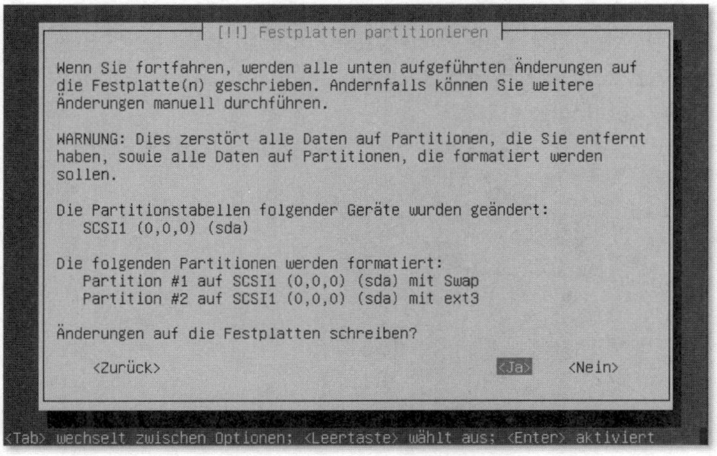

Abbildung 6.18 Der nächste Schritt kann tödlich sein.

Eine letzte Sicherheitsabfrage gilt es noch zu überwinden (Abbildung 6.18), dann löscht das Programm unwiederbringlich Ihre alte Partitionstabelle und legt neue Partitionen nach Ihren Vorgaben an. Dabei kann es durchaus vorkommen, dass der Bildschirm längere Zeit leer bzw. blau bleibt.

6.4.8 Aufspielen der Pakete/Abschlusskonfiguration

Nach der Bestätigung der Partitionierung startet unmittelbar die eigentliche Installationsphase. Nun können Sie die zweite Tasse Kaffee holen und sich gemütlich zurücklehnen.

Das Kopieren, Auspacken und Konfigurieren der Systempakete nimmt auch auf modernen Systemen mindestens zehn Minuten in Anspruch.

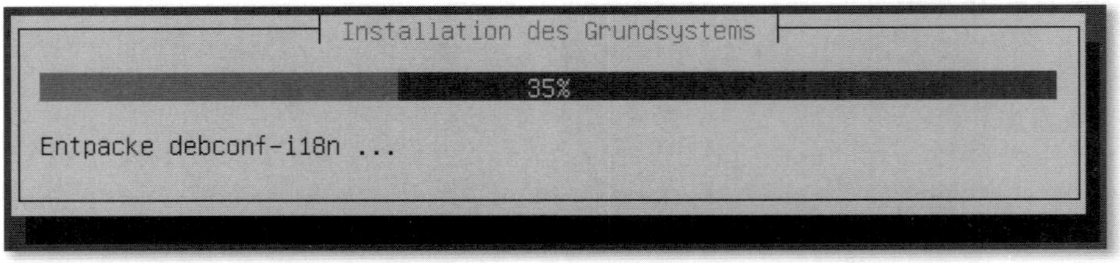

Abbildung 6.19 Die eigentliche Installation beginnt

Nach Abschluss der Installation haben Sie schließlich noch die Möglichkeit, angepasste Sprachpakete aus dem Internet zu installieren. Dies setzt einen erfolgreich konfigurierten Internetanschluss voraus. Die Lokalisierung Ihres Systems können Sie aber später immer noch nachholen, siehe hierzu Abschnitt 7.4, »Lokalisierung«, ab Seite 272.

6.4.9 Systemzeit

Wichtig ist noch der folgende Schritt, in dem die Systemzeit konfiguriert wird. Sollte sich parallel zu Ubuntu ein Windowssystem auf Ihrem Rechner befinden, so ist der folgende Dialog mit NEIN zu beantworten (Abbildung 6.20).

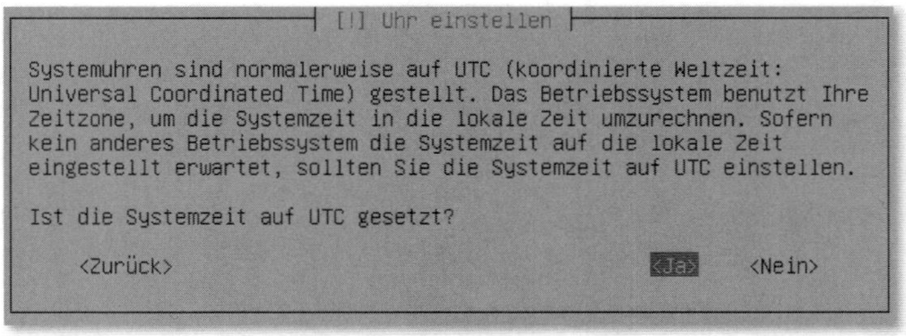

Abbildung 6.20 Systemzeit konfigurieren

Was bedeutet UTC?

UTC ist die Abkürzung für Universal Time Coordonné, die koordinierte Weltzeit. Die koordinierte Weltzeit ist eine Referenzzeit, nach der die Ortszeiten in den verschiedenen Erdteilen abgeleitet werden.

6.4.10 Standardbenutzer anlegen

Im nächsten Schritt geht es darum, den Standardbenutzer des Systems festzulegen. Dieser hat bedeutend mehr Macht als bei anderen Linux-Distributionen: Das Passwort des hier definierten Anwenders ermöglicht das temporäre Erlangen von Root- bzw. Administratorrechten. Merken Sie sich also unbedingt die (Passwort-)Eingaben, die Sie hier vorgenommen haben.

Zunächst muss der vollständige Name des Benutzers angegeben werden. Danach wird das Kürzel des Benutzers definiert. Mit dieser Login-Kennung (engl.: *account*) müssen Sie sich später auf dem Ubuntusystem einloggen, siehe hierzu Abbildung 6.21.

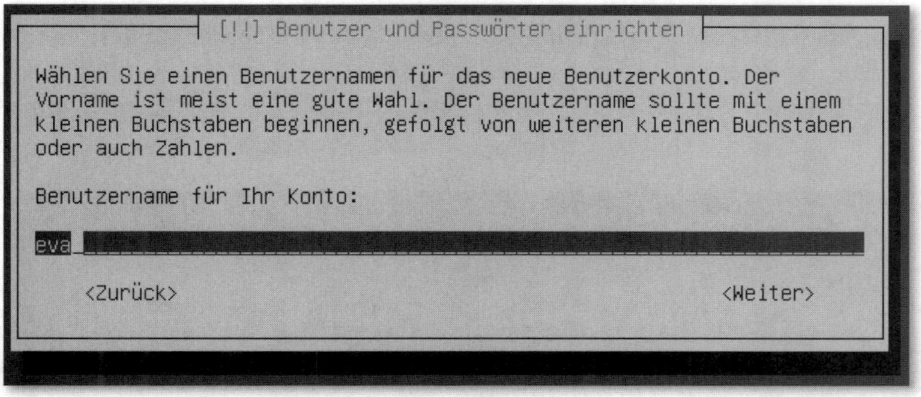

Abbildung 6.21 Definition des Login-Namen

Schließlich wird das Passwort für den soeben angelegten Benutzer definiert. Zum Schutz vor Tippfehlern muss dies zweimal hintereinander erfolgen (Abbildung 6.22).

Wenn Sie sogenannte Alpha- oder Betaversionen von Ubuntu ausprobieren oder zu Beginn eine falsche Sprache ausgewählt haben, achten Sie darauf, dass das Passwort keine Umlaute und kein Eszett enthält. Anderenfalls könnte es zu Problemen kommen, wenn die deutsche Lokalisierung an diesem Punkt der Installation noch nicht vollständig ist. [!]

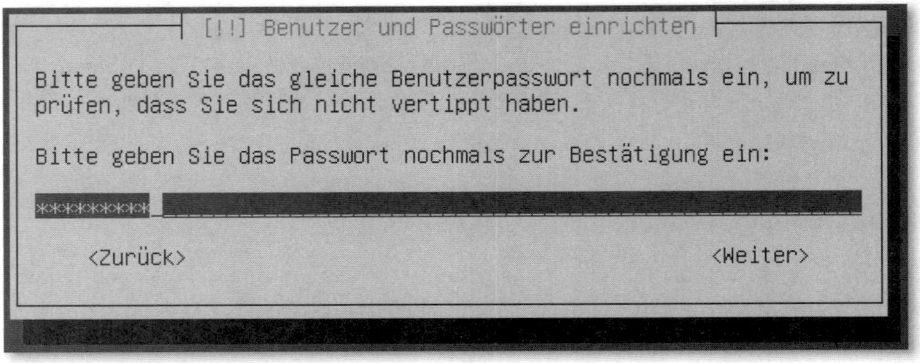

Abbildung 6.22 Bestätigung des Passworts

6.4.11 Konfiguration des Paketsystems und Bootloaders

Am Ende der Basisinstallation wird das APT (Advanced Package Tool) konfiguriert und der Bootloader GRUB im Masterbootrecord installiert.

Möchten Sie keinen Bootloader installieren oder statt GRUB den Loader *lilo* verwenden, dann können Sie an dieser Stelle über die Schaltfläche Zurück in das Installerhauptmenü springen und die Bootkonfiguration selbstständig Ihren Vorstellungen entsprechend anpassen.

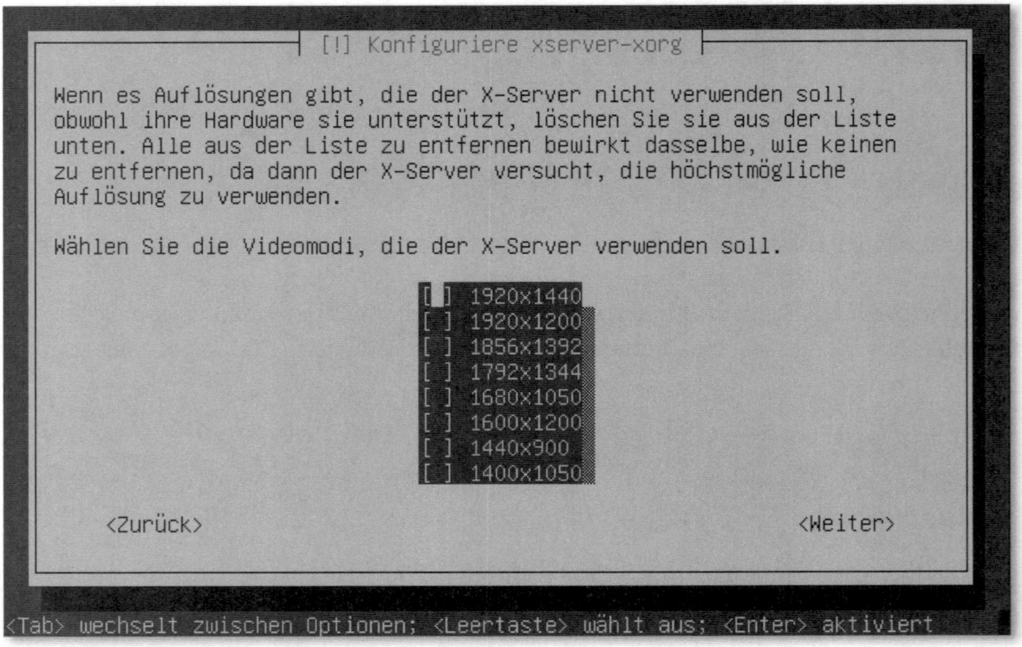

Abbildung 6.23 Konfiguration der grafischen Oberfläche

Auswahl der Auflösung

Falls Ihr frisch installiertes Ubuntu Linux die Auflösung Ihrer Grafikkarte nicht automatisch erkennt, folgt nun der letzte interaktive Schritt: Zur Konfiguration des Grafiksystems werden Sie aufgefordert, die gewünschte Auflösung der grafischen Oberfläche anzugeben. Orientieren Sie sich zu diesem Zweck an den Angaben des Monitorherstellers. Sie können an dieser Stelle, beginnend bei der höchsten Auflösung, mehrere geringere Auflösungen wählen.

Auf diese kann man im laufenden Grafikbetrieb mit der Tastenkombination `Strg` + `Alt` + `+` bzw. `Strg` + `Alt` + `-` wechseln. In der Regel funktioniert die Auflösungserkennung allerdings zuverlässig und die auf Ihrem Grafiksystem nutzbaren Auflösungen wurden schon vom Installer erkannt und vorgewählt.

Trotz dieser manuellen Auswahl der Auflösung kann es sein, dass Ubuntu nicht die volle, d.h. höchstmögliche, grafische Auflösung zur Verfügung stellt. Dieses kleine Manko kann auftreten, wenn Ihre Grafikkarte recht modern ist und der freie NVIDIA-Treiber diese noch nicht korrekt erkennt. Beheben lässt sich dies, wenn Sie im installierten System die unfreien (proprietären) NVIDIA-Treiber nachinstallieren. Wie dies funktioniert, erläutere ich Ihnen im Abschnitt 19.7.3, »NVIDIA«, ab Seite 568. [«]

Damit wäre die erste Stufe der Installation abgeschlossen. Es erscheint eine Aufforderung, das Installationsmedium aus dem CD-/DVD-Laufwerk zu entfernen und den Rechner neu zu starten.

6.4.12 Reboot und Abschluss der Installation

Zunächst begrüßt Sie beim Reboot der Countdown des Bootloaders GRUB. Durch Drücken der Taste `Esc` bekommen Sie einen ersten Eindruck von den zur Auswahl stehenden Systemen. Sollte ausschließlich Ubuntu auf dem Rechner installiert sein, so erscheint eine Ansicht ähnlich der Abbildung 6.24.

Standardmäßig wird der Kernel normal gestartet. Sollte es dabei zu Schwierigkeiten kommen, können Sie versuchen, das System im Recovery-Modus zu starten (zweiter Menüeintrag). Seit Dapper wird auch im Recovery-Modus zur Eingabe des Passworts aufgefordert. Obwohl nach dem »root«-Passwort gefragt wird, ist das normale Benutzerpasswort gefordert.

Mit Hilfe des dritten Menüeintrags können Sie Ihr RAM auf Fehler überprüfen, was insbesondere dann durchgeführt werden sollte, wenn es im laufenden Betrieb des Rechners zu unerklärlichen Systemabstürzen kommt. Linux reagiert deutlich empfindlicher als Windows auf defekte RAM-Bausteine. Unter Windows äußert sich dies in Form des berüchtigten Bluescreens.

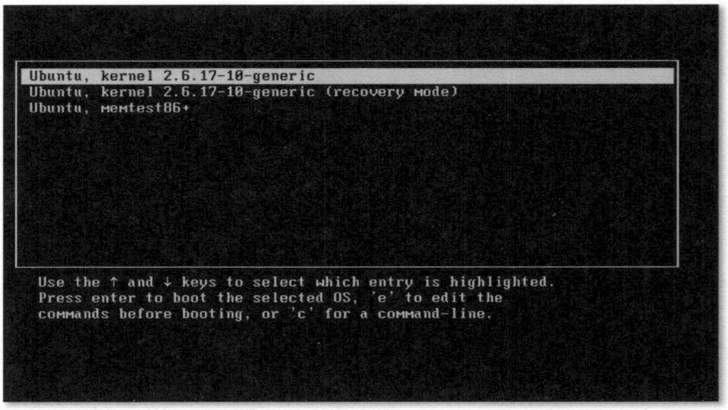

Abbildung 6.24 Bootmenü von GRUB

Das Bootmenü

Befinden sich auf dem Rechner weitere Betriebssysteme, z.B. eine Windows-Installation, so werden diese automatisch in das obige Bootmenü integriert. Skeptische Naturen können an dieser Stelle testen, ob sich die übrigen Betriebssysteme problemlos starten lassen. Wählen Sie nun den ersten Eintrag im Bootmenü aus. Ohne die eben beschriebene Betätigung der (Esc)-Taste startet das Ubuntusystem innerhalb von drei Sekunden.

Abbildung 6.25 Der Anmeldebildschirm von Ubuntu (hier die Version 7.10). Für die Version 8.10 »Intrepid Ibex« ist ein grundlegender Designwechsel geplant. Der Anmeldebildschirm soll eine grafische Auswahl der Benutzerkonten ermöglichen.

Wenn Sie den in Abbildung 6.25 abgebildeten Startbildschirm sehen, dann haben Sie es geschafft: Ubuntu Linux wurde erfolgreich auf Ihrem PC installiert. Loggen Sie sich nun mit Ihrer Benutzerkennung/Passwortkombination ein.

Nach dem Login erwartet Sie eine aufgeräumte Oberfläche. Sollten Sie bereits während der Installation die Internetverbindung eingerichtet haben, erscheint in der Regel nach kurzer Zeit eine Meldung, dass neue Systemupdates auf Ihrem lokalen Ubuntu-Server zur Installation bereitliegen. Es empfiehlt sich, diese Aktualisierung vorzunehmen. Standardmäßig sucht Ubuntu einmal täglich nach Updates für das System.

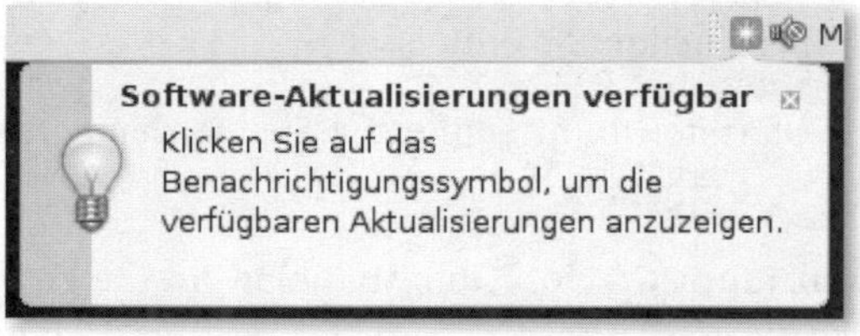

Abbildung 6.26 Diese Sprechblase weist Sie auf Updates hin.

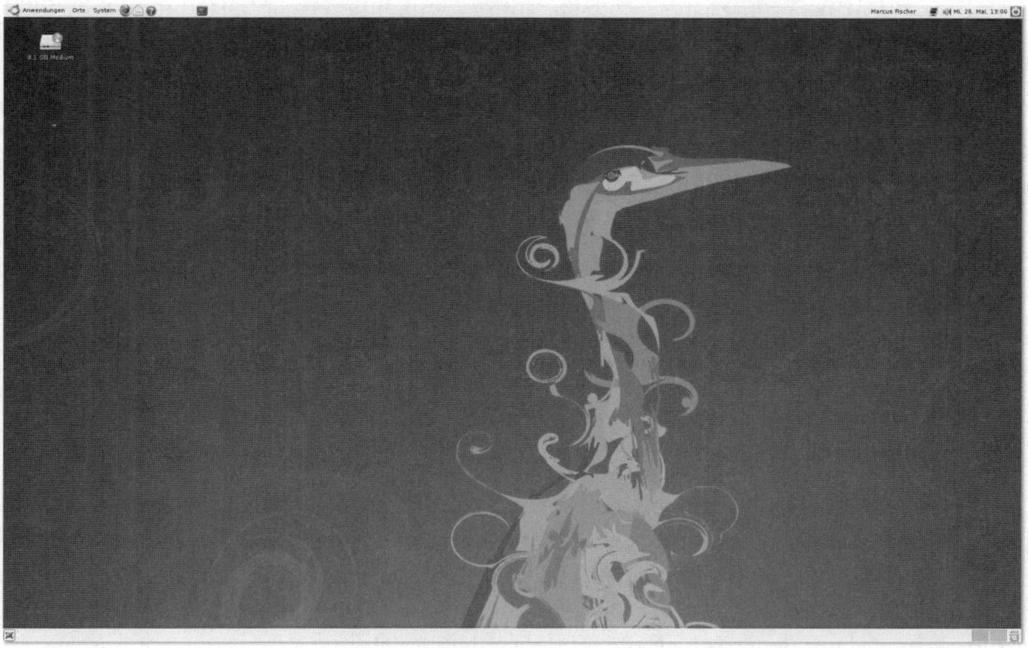

Abbildung 6.27 Der Desktop

6.5 Andere Installationsarten

6.5.1 Upgrade von einer normalen Ubuntu-Version auf eine LTS-Version

Prinzipiell können Sie von einem vorhandenen und installierten Ubuntu ohne Probleme auf eine neuere Version aktualisieren, auf Neudeutsch »upgraden« . Ubuntu ist so aufgebaut, dass dies mit geringstmöglichem Aufwand und ohne Neuinstallation machbar ist. So bleiben Sie immer auf dem neuesten Stand, ohne die Festplatte zu formatieren und eventuell alle angefallenen Daten und Konfigurationsdateien zu verlieren.

Wenn Sie sich für ein Upgrade entscheiden, dann brauchen Sie entweder

- die beiliegende DVD – einfach in das fertig gestartete Ubuntu einlegen. Sie werden dann gefragt, ob Sie auf die neue Version aktualisieren möchten,
- eine heruntergeladene oder zugesandte Installations-CD von Ubuntu – hier gilt die gleiche Vorgehensweise wie bei der DVD, oder
- eine schnelle Internetverbindung, mindestens DSL, da Sie eine Menge Daten (meist über 700 MB) herunterladen müssen. Bitte kommentieren Sie alle Einträge in Ihrer sources.list aus, die nicht original sind (z.B. fremde Backports und andere Quellen). Anderenfalls kann es zu unerfreulichen Nebenwirkungen kommen. Das Upgrade selbst starten Sie über System • Systemverwaltung • Aktualisierungsverwaltung. Geben Sie nun das Passwort ein und schon werden Sie mit dem Satz: *New distribution release is available* begrüßt. Nach einem Klick auf Aktualisieren beginnt der Upgradevorgang.

[!] Generell gilt auch hier beim Upgrade: **Machen Sie ein Backup**, also eine Sicherung Ihrer persönlichen Dateien! Meist geht zwar alles gut, aber »unverhofft kommt oft«.

Die Installation verläuft spielend einfach und braucht hier nicht gesondert behandelt zu werden, da Sie ja schon mindestens einmal ein Ubuntu installiert haben. Sie gehören damit schon zu den erfahrenen Benutzern von Ubuntu.

[»] Ein direktes Upgrade ist nur von einer Version zur darauf folgenden zu empfehlen. Wenn Sie eine Version überspringen möchten, dann müssten Sie in Zwischenschritten zunächst auf die nächstfolgende und dann auf die aktuelle Version upgraden. Dazu muss jeweils die sources.list bearbeitet werden, wo Sie den Namen »gutsy« gegen «hardy« austauschen. Das Upgrade wird dann über die Konsole mit folgendem Befehl

```
user$ sudo apt-get update && sudo apt-get dist-upgrade
```

gestartet.

[»] Der Upgrade-Vorgang für Kubuntu verläuft analog zu Ubuntu.

Kein grafisches Update möglich

Unter bestimmten Umständen werden Sie bei Erscheinen einer neuen Ubuntu-Version nicht über die Möglichkeit eines Upgrades informiert. Dieses Verhalten ist gewünscht. Der grafische Weg über SYSTEM • SYSTEMVERWALTUNG • AKTUALISIERUNGSVERWALTUNG steht beispielsweise für das Upgrade von einer LTS-Version auf die nachfolgende »normale« Version nicht automatisch zur Verfügung. Dies hat seinen Grund darin, dass eine LTS-Version für die langfristige Nutzung entwickelt wurde und die Benutzer einer solchen Version meistens nicht jedes Upgrade mitmachen wollen. Dies gilt besonders für Firmenkunden.

Für ein grafisches Upgrade müssen Sie den Updatemanager mit folgendem Befehl aus einem Terminal starten

```
user$ gksu "update-manager -c"
```

6.5.2 Upgrade von der vorherigen Ubuntu LTS

Prinzipiell können Sie von einer vorherigen LTS-Version auf die aktuelle aktualisieren, also beispielsweise von Ubuntu 6.06 »Dapper Drake« auf Ubuntu 8.04 »Hardy Heron«.

[!]

Da Sie bei einem solchen Upgrade auf einen Schlag drei Versionen von Ubuntu überspringen, ist die Komplexität dieses Vorganges nicht zu unterschätzen. Je mehr Sie an Ihrem System im Laufe der Zeit verändert haben, desto unwahrscheinlicher ist es, dass das Upgrade ohne Probleme vonstatten geht.

Auch wenn bei meinen Test mit einem frisch installierten Ubuntu 6.06. die Aktualisierung auf die Version 8.04 reibungslos funktionierte, empfehle ich Ihnen das Sichern Ihrer Daten und eine gründliche Neuinstallation.

Wenn Sie dennoch Mut beweisen wollen, achten Sie zunächst darauf, dass Ihr installiertes Ubuntu auf dem aktuellen Stand ist:

```
user$ sudo aptitude update
user$ sudo aptitude upgrade
user$ sudo aptitude dist-upgrade
```

Vergewissern Sie sich als nächstes, dass in Ihren Software-Quellen keine Fremdquellen eingetragen sind. Rufen Sie dazu in einem Terminal die Konfigurationsdatei auf:

```
user$ sudo nano /etc/apt/sources.list
```

Die Ausgabe erhält ganz am Ende eine Übersicht über die aktivierten Software-Quellen. Diese sind alle in der folgenden Art aufgebaut:

```
deb http://archive.ubuntu.com/ubuntu dapper main restricted universe multiver-
se
...
```

[!] Es dürfen an dieser Stelle nur original Ubuntu-Quellen eingetragen sein.

Installieren Sie als nächstes den Update-Manager, der in dieser Form in Ubuntu 6.06 noch nicht implementiert war:

```
user$ sudo aptitude install update-manager-core
```

Im Anschuß an die Installation könne Sie das Upgrade durch folgenden Befehl starten:

```
user$ sudo do-release-upgrade
```

Was tun bei Fehlern?

Gerade bei den Upgrades kann es zu Problemen kommen. Sollten Sie also nach dem ersten Neustart nach dem Upgrade vor der Konsole sitzen, können Sie als erstes die Neukonfiguration von der Konsole aus mit

```
user$ sudo dpkg-reconfigure xserver-xorg
```

versuchen. Sollte damit das Problem nicht gelöst werden, können Sie sich trotzdem Hilfe im Internet suchen – ja, Sie lesen richtig. Sowohl das Besuchen von Internetseiten als auch die Teilnahme an Chats ist von der Konsole aus möglich. Dafür stehen Ihnen der Konsolenbrowser *lynx* (mehr dazu im Abschnitt 14.1.4 auf Seite 415) und der IRC-Client *irssi* (dieser wird im Abschnitt 14.4.6 auf Seite 431 näher beschrieben) zur Verfügung.

6.5.3 Minimalinstallation/Serverinstallation

Vielleicht haben Sie noch einen ausgedienten alten Rechner auf dem Dachboden herumstehen, der sein Gnadenbrot als Server verdienen kann. Hier bietet sich die Ubuntu-Serverinstallation an, die ohne eine grafische Oberfläche auskommt und nur wenig Systemressourcen beansprucht.

Wenig Ressourcen heißt in diesem Fall 64 MB RAM und weniger als 1 GB freier Festplattenspeicher. Beachten Sie aber, dass das Aufsetzen eines konsolenbasierten Linuxsystems eher für fortgeschrittene Benutzer gedacht ist.

Für die Server-Installation muss folgender Befehl am Bootprompt des Installationsmediums eingegeben werden:

```
boot: server
```

Darauf wird automatisch ein Minimalsystem ohne grafische Oberfläche installiert.

[»] Durch eine Minimalinstallation wie diese hier haben Sie die Möglichkeit, eine vollständig individuelle Version von Ubuntu zu kreieren, je nachdem, welche Pakete Sie installieren.

Mit grafischer Oberfläche ...

Wer möchte, braucht auch bei minimalen Ressourcen nicht auf ein X-Window-System mit Fenstermanager zu verzichten. Dazu sind einige Pakete aus dem Universe-Repository via *apt-get* nachzuinstallieren (zur Einbindung dieses Repositorys in das konsolenbasierte Paketmanagement mit *apt-get* siehe Abschnitt 20.5.1, »Advanced Packaging Tool (APT)«, auf Seite 617):

```
user$ sudo apt-get install xserver-xorg x-window-system-core wdm xterm
```

Als schlanke Windowmanager eignen sich besonders *icewm* und *fluxbox*. Eines der folgenden Pakete sollten Sie daher zusätzlich installieren:

- icewm
- fluxbox

Zum Start der grafischen Oberfläche gibt man folgenden Befehl ein:

```
user$ startx
```

Listing 6.1 Befehl zum Starten des X-Servers

Das System belegt in dieser Minimalkonfiguration ca. 500 MB Festplattenspeicher.

... und schlanken Anwendungen

Wer darüber hinaus noch Platz hat, der kann die folgenden Anwendungen installieren:

- dillo – ein kleiner Browser ohne viel Grafik
- abiword – eine Textverarbeitung für geringe Ansprüche
- sylpheed – ein schnelles E-Mail Programm
- xzgv – ein Bildbetrachter

6.5.4 Installation auf externen USB-Medien

Ubuntu kann auch auf externe Datenträger wie USB-Festplatten oder Memorysticks installiert werden. Von Letzterem sollte man aus zweierlei Gründen Abstand nehmen: zum einen sind Memorysticks mit wenigen GB Speicherkapazität derzeit noch wesentlich teurer als externe Festplatten mit mehreren dutzend GB, zum anderen lassen sich derartige Flashmedien nur begrenzt oft (wieder-)beschreiben. Das folgende Szenario verwendet eine externe USB-Festplatte.

Grafische Installation

Bei der grafischen Installation können Sie, sofern angeschlossen, einen USB-Stick als Installationsziel auswählen (siehe Abbildung 6.28).

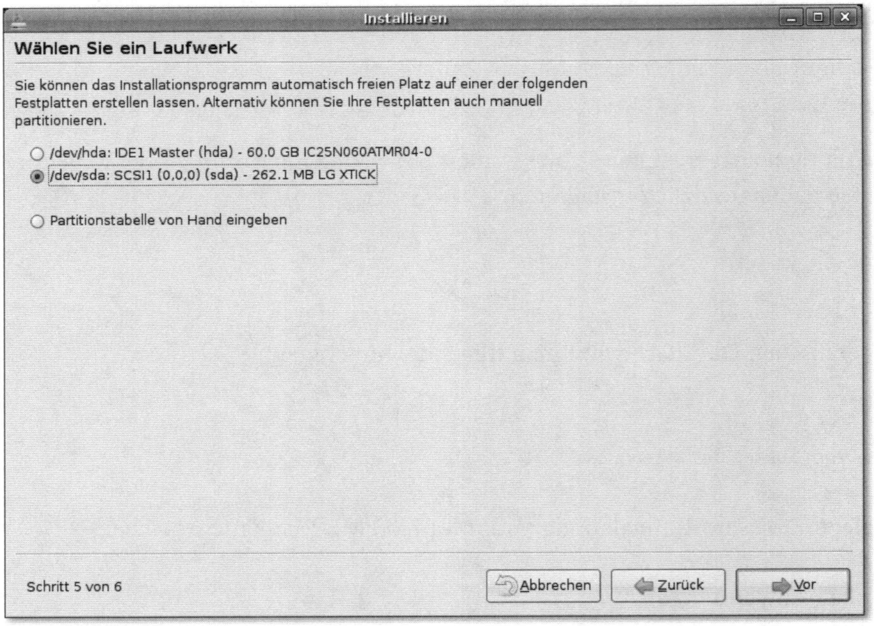

Abbildung 6.28 Auch USB-Sticks können als Installationsziel ausgewählt werden.

Textbasierte Installation

Wenn die grafische Variante nicht zum gewünschten Erfolg führt oder aber Sie aus anderen Gründen die textbasierte Installation vorziehen, können Sie auch mit letztgenannter Methode Ubuntu auf einem USB-Medium installieren.

[!] Beachten Sie bitte, dass auch diese Anleitung eher für Linux-Insider gedacht ist, da sie den sicheren Umgang mit der Linux-Konsole voraussetzt. Nebenbei lernen Sie die Verwendung des Ubuntu-Installers im Expertenmodus kennen.

1. Schließen Sie die USB-Platte an einen freien USB-Port an und booten Sie die Installations-CD im Expertenmodus:

   ```
   boot: expert
   ```

   Dies ist erforderlich, um später vor der Konfiguration des Bootloaders für einige manuelle Eingriffe auf eine Kommandozeile wechseln zu können.

2. Arbeiten Sie sich durch die selbsterklärende manuelle Installation durch. Zusätzlich abgefragte Punkte bestätigen Sie einfach durch die Eingabetaste. Bei der Partitionierung erscheint nun diese USB-Platte als SCSI-Device. Dieses können Sie wie bereits beschrie-

ben partitionieren. Es empfiehlt sich, die Größe der Root-Partition auf 8 GB zu beschränken, da einige BIOS-Varianten Probleme mit größeren bootbaren USB-Partitionen haben. Auch ist es ratsam, die Systempartition an vorderster Stelle auf der Platte einzurichten.

3. Bevor Sie den GRUB-Bootloader installieren, ist ein wichtiger Eingriff in das System erforderlich. Wenn Sie von einem USB-Medium booten möchten, dann müssen bereits vor dem Booten des Kernels entsprechende Module geladen werden, die den Zugriff auf dieses Medium sicherstellen. Dazu verwendet man eine so genannte Initial Ramdisk (initrd).

4. Erstellen Sie die initrd folgendermaßen: Wechseln Sie mit Strg + Alt + F2 auf die freie Konsole 2. Durch das Betätigen der Eingabetaste erhalten Sie einen Root-Prompt. Ergänzen Sie die Datei *modules* wie folgt:

```
root# nano /target/etc/mkinitrd/modules
# Auszug aus /target/etc/mkinitrd/modules
sd_mod
ehci-hcd
uhci-hcd
ohci-hcd
usb-storage
```

5. Die obigen Einträge sorgen dafür, dass die für den USB-Betrieb notwendigen Module geladen werden. Verlassen Sie den Editor *nano* mit der Tastenkombination Strg + O (Abspeichern) Strg + X (Beenden).

6. Schließlich muss eine kleine Verzögerung (in diesem Fall zehn Sekunden) zum Laden der Module beim Systemstart eingebaut werden.

   Dazu editieren Sie die Datei *mkinitrd.conf*:

```
# Auszug aus /target/etc/mkinitrd/mkinitrd.conf
DELAY=10
```

7. Nun wird eine neue Ramdisk für das System generiert:

```
root# chroot /target
root# mount -tproc none /proc
root# mkinitrd -o /boot/initrd.img-<Kernelversion>
root# exit
```

8. Anschließend können Sie wieder mittels Strg + Alt + F1 auf die Installationskonsole wechseln und den Bootloader GRUB konfigurieren und installieren. Geben Sie hierbei explizit die USB-Platte als Installationsziel an (z.B. /dev/sda), indem Sie bei der Frage »Installation in den MBR« Nein angeben.

Beim nächsten Booten sollte bei angeschlossener USB-Platte Ubuntu vom externen Medium gestartet werden.

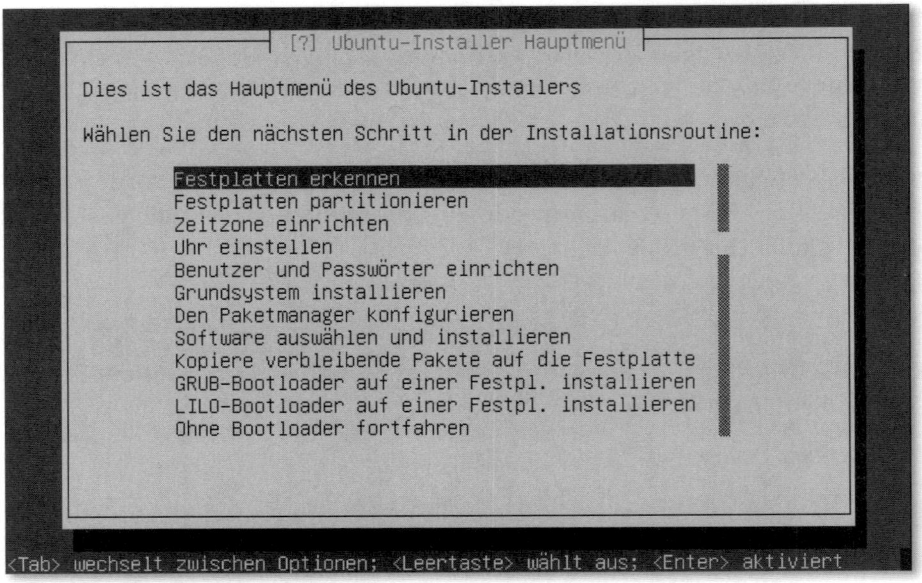

Abbildung 6.29 Der Installer im Expertenmodus

6.5.5 Einrichtung von LVM

Wir wollen uns nun eine grundlegend andere Art der Partitionierung etwas genauer ansehen. Der Logical Volume Manager (LVM) hat sich insbesondere im professionellen Umfeld durchgesetzt. Er ist zu vergleichen mit dem Konzept des dynamischen Datenträgers unter Microsoft Windows 2000/XP/Server 2003.

Die grundlegende Idee ist folgende: Anstelle von Partitionen starrer Größe verwendet man so genannte Volumes, die bei Bedarf vergrößert werden können. Dadurch ist es beispielsweise auch möglich, im laufenden Betrieb Festplatten in ein System zu bauen und mit diesen den bestehenden Speicherplatz »online« zu erweitern.

Wo benötigt man so etwas?

In erster Linie kann dies auf dem Gebiet der Hochverfügbarkeitstechnik angewendet werden, wo es keine Seltenheit ist, dass ein Server einige Jahre ununterbrochen läuft.

Die folgenden Begriffe sind für das Verständnis der LVM-Technik wichtig:

- Ein **Physical Volume** ist eine spezielle Partition einer Festplatte und kann nur aus einer Teilpartition oder auch aus der kompletten Platte bestehen.
- Die **Volume Group** fasst eines oder mehrere Physical Volumes zu einer Gruppe zusammen, stellt also quasi einen Speicherpool dar. Eine Volume-Gruppe ist jederzeit erweiterbar, z.B. wenn man eine zusätzliche Festplatte einbaut.

- Das **Logical Volume** entspricht im übertragenen Sinn einer normalen Partition bzw. wird vom Betriebssystem als solche gesehen. In Wirklichkeit ist es jedoch nur ein Bereich, der in einer Volume Group zusammengefasst und reserviert wurde. Auch ein Logical Volume ist jederzeit erweiterbar.

Zunächst benötigt man also mindestens ein Physical Volume. Daraus wird eine Volume Group erstellt. Aus der Volume Group heraus werden Logical Volumes definiert, die später die einzelnen Dateisysteme beherbergen. Jedes Logical Volume ist erweiterbar; ist der Platz der Volume-Gruppe irgendwann aufgebraucht, kann diese durch Hinzufügen eines weiteren Physical Volumes erweitert werden.

Sehen wir uns nun einmal ein Beispiel an: LVM auf einem Server. Folgende Partitionierung bietet sich für ein System an, das später als Server agieren soll: **[zB]**

- eine boot-Partition (*/boot*): 50 MB, Dateisystem: ext3fs
- eine Root-Partition (*/*): 300 MB, Dateisystem ext3fs
- eine LVM-Partition (kein Mountpoint): Der Rest der freien Festplatte

Innerhalb der LVM-Partition werden die folgenden Logical Volumes erstellt:

- */usr*: 2 GB, Dateisytem xfs
- */var*: 1 GB, Dateisystem xfs
- */tmp*: 200 MB, Dateisystem xfs
- */home*: je nach Bedarf, als Anfang 1 GB, Dateisystem xfs
- *swap*: je nach Speicher, mindestens 512 MB

Die Verwendung von XFS (Extended File System) als Standarddateisystem für die obigen Partitionen hat den Grund, dass xfs-Partitionen, im Gegensatz zu ext3fs-Partitionen, im laufenden Betrieb vergrößerbar sind. Boot- sowie Rootsystem werden nach wie vor als ext3fs formatiert, da die benötigten Module zur Einbindung der Partitionen schon während des Bootens zur Verfügung stehen. Die obige Partitionierung stellt eine im Serverbereich übliche Aufteilung dar.

Die Installation wird wie gewohnt durchgeführt. Bei der Partitionierung ist dann folgendermaßen vorzugehen:

- Wählen Sie im Installer die manuelle Partitionierung aus und legen Sie zwei ext3fs-Partitionen für / und */boot* gemäß dem obigen Vorschlag an.
- Der Rest der Festplatte wird für das LVM-Physical Volume verwendet. Zu diesem Zweck müssen Sie die Option *Physical Volume für LVM* als Typ auswählen.

- Nun wählen Sie im Partitionierungsmenü die Option *Logical Volume Manager konfigurieren* aus. Bestätigen Sie den nächsten Dialog, über den die bislang vorgenommene Partitionierung auf der Platte übernommen wird. Als erste Aktion erstellen Sie eine Volume Group, für die Sie das oben definierte Physical Volume auswählen (Leertaste betätigen). Der Name kann z.B. vg00 sein.
- Anschließend erstellen Sie Logical Volumes gemäß dem obigen Vorschlag. Idealerweise verwenden Sie selbsterklärende Namen, z.B. usr für das zukünftige */usr*-Dateisystem.

Sind alle Volumes angelegt, kehren Sie zurück ins Hauptmenü. Dort werden den nun sichtbaren LVM-»Partitionen« xfs-Dateisysteme und die entsprechenden Mountpoints zugewiesen. Die fertige Partitionslandschaft zeigt Abbildung 6.30.

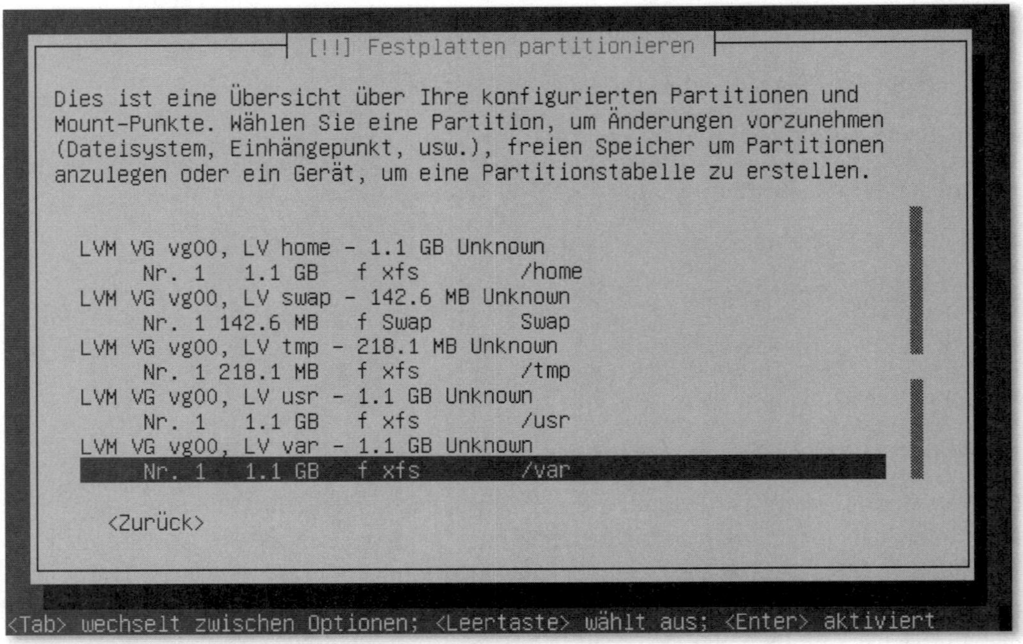

Abbildung 6.30 Anlegen von Partitionen unter LVM

Nun kann die Partitionierung abgeschlossen werden, und die Installation läuft ganz normal weiter. Ist das System fertig installiert, kann man sich mit dem Befehl `df -h` auf einer Konsole die gemounteten Dateisysteme anschauen und sieht die angelegten Volumes.

Wichtige LVM-Befehle

Im Normalfall benötigt man nur zwei Befehle, wenn man ein Dateisystem erweitern möchte:

- `lvextend -L [neue Größe, z.B. 2500 M oder 5 G] /dev/vg00/[lvol- Name]` erweitert ein Logical Volume.
- `xfs_growfs [Mountpoint, z.B. /usr]` erweitert das XFS-Dateisystem im eben erweiterten Logical Volume auf dessen aktuelle Größe.

Weitere Befehle, die man eventuell benötigen könnte, sind:

- `pvcreate [Partition, z.B. /dev/hdb1]` erzeugt ein neues Physical Volume, z.B. auf einer neu eingebauten Festplatte.
- `vgdisplay [Volume-Gruppe]` zeigt die Eigenschaften einer Volume-Gruppe an, insbesondere wie viel Platz noch vorhanden ist.
- `vgextend [Volume-Gruppe] [Physical Volume(s)]` erweitert eine Volume-Gruppe.
- `lvdisplay /dev/[Volume-Gruppe]/[Logical Volume]` zeigt die Eigenschaften eines Logical Volumes an.
- `lvremove /dev/[Volume-Gruppe]/[Logical Volume]` löscht ein Logical Volume.

»Immer vorwärts, Schritt für Schritt.
Es gibt keinen Weg zurück.«

Wolfsheim

7 Erste Schritte

Sie haben Ubuntu installiert und alles sieht anders aus, als Sie es kennen? Sie sehen den Wald vor lauter Bäumen nicht und wissen nicht, welchen Weg Sie beschreiten sollten? Dieses Kapitel soll Ihnen einen Leitfaden an die Hand geben.

7.1 Umgang mit dem Terminal

Im vorliegenden Buch werden wir sehr häufig auf das Terminal zurückgreifen, eignet sich diese(s) doch hervorragend zur Erledigung von administrativen Aufgaben. Dass Sie sich in einer Shell befinden, bemerken Sie auch oftmals durch den sogenannten Eingabe-Prompt, der Sie zur Eingabe eines Befehls auffordert.

7.1.1 Was ist ein Terminal?

Die Konsole bietet die Möglichkeit, ein Linux-System ohne eine grafische Oberfläche zu bedienen. Zu diesem Zweck werden Befehle in Textform eingegeben. Dies ist oft viel schneller und effizienter als die Bedienung mit einer Maus, die auf eine grafische Oberfläche angewiesen ist. Mit der Tastenkombination `Strg` + `Alt` + `F1` beispielsweise können Sie zu jeder Zeit auf die Konsole wechseln (hierbei geht die grafische Oberfläche nicht verloren; statt `F1` können Sie auch `F2`, `F3` ... `F6` drücken). Mit `Strg` + `Alt` + `F7` erreichen Sie wieder die grafische Benutzeroberfläche.

Haben Sie keine Angst davor, die Kontrolle über das System zu übernehmen! In der heutigen Zeit sitzen die meisten Menschen vor ihrem PC oder MAC und sind diesen Maschinen geradezu ausgeliefert. Aber Sie sollten sich vor Augen führen: Nicht aber der Computer sollte den Menschen, sondern der Mensch den Computer beherrschen. Sie sind bei Linux angelangt und haben den ersten, aber entscheidenden Schritt in die richtige Richtung getan. Andere Betriebssysteme lassen sich nicht in die Karten schauen – Linux hingegen schon. Diese Art der Offenheit kann einen leicht erschrecken, aber lassen Sie sich bitte nicht verunsichern. Sie können durch die Art der Benutzerverwaltung und der restriktiven Rechtevergabe unter Linux kaum etwas kaputtmachen.

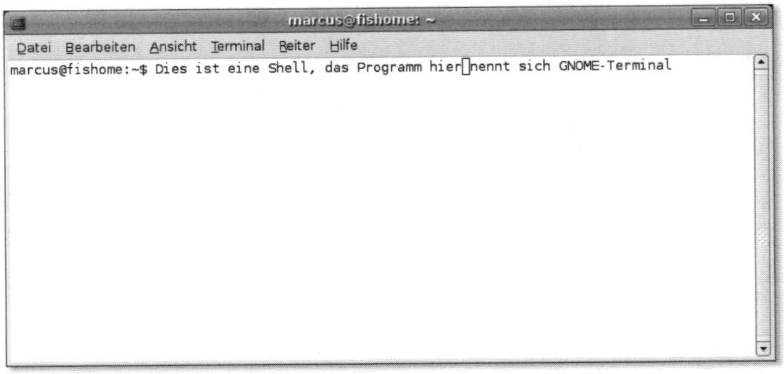

Abbildung 7.1 Die Konsole oder das Terminal. Das Terminal finden Sie unter Anwendungen • Zubehör • Terminal.

[»]

Shell, Konsole, Terminal ...

Terminal, Shell und Konsole bezeichnen im Prinzip das Gleiche. Sie können gleichzeitig so viele Terminals öffnen, wie Sie möchten. Wenn Sie mehrere Prozesse (beispielsweise Programme) simultan in einem Terminal starten möchten, hängen Sie einfach ein »&« an den zu startenden Prozess.

7.1.2 Öffnen und Schließen

Ein Terminal startet man aus dem Menü Anwendungen über Zubehör • Terminal. Besonders praktisch ist die Möglichkeit, über Reiter in einem Fenster mehrere Instanzen zu öffnen (siehe Abbildung 9.9). So können Sie auf einem dieser Reiter die Meldungen eines Programms während des Ablaufs verfolgen und auf einem anderen Reiter weitere Befehle an das System eingeben.

Um eine Shell wieder zu verlassen, verwendet man das Kommando `exit`.

[»] Wenn Sie sich in einer sogenannten »Login-Shell« befinden, Sie sich also erst anmelden mussten, schließen Sie diese durch den Befehl `logout`.

7.1.3 Root versus sudo

Ein wichtiger Grund für die höhere Sicherheit von Linux-Systemen gegenüber Windows ist die strikte Beschränkung bei den Zugriffsrechten. Vergleichbar ist dies überhaupt nur mit den NT-basierten Systemen von Windows, also NT, 2000 und XP. Die Windows-9.x-Reihe hat dagegen keine (ausreichende) Rechteverwaltung. Sie haben bereits einige Grundlagen über die Verwendung von Root bzw. sudo kennengelernt. In diesem Abschnitt wollen wir diese Kenntnisse vertiefen und weiter ausbauen.

Root ist der Superuser unter Linux, vergleichbar mit dem Administrator unter Windows – er darf nahezu alles. Ihm gehören fast alle Dateien des Systems und er kann alle Dateien bearbeiten. Ähnliches gilt für den Admin-Account bei Windows-Systemen. Daher ist es aus oben genannten Gründen sehr gefährlich, bei der Arbeit am Computer ständig mit Root-Rechten unterwegs zu sein.

Schwäche von Windows

Auch unter Windows 2000 und XP Professional ist es möglich, aus dem laufenden System heraus (vorübergehend) Systemverwaltungsrechte zu erlangen, um z.B. ein Programm zu installieren. Man muss dafür die Umschalt-Taste gedrückt halten, einen Rechtsklick auf eine ausführbare Datei (z. B. ein Installationsprogramm, die Systemsteuerung ist leider nur über Umwege erreichbar) machen, und dort AUSFÜHREN ALS wählen. Dort gibt man dann den Benutzer »Administrator« und das zugehörige Passwort an. Nun erst startet das gewünschte Programm mit Administratorrechten. Trotz dieser Möglichkeiten melden sich Windows-Benutzer in den meisten Fällen gleich als Administrator an, da auf diese Weise die Bedienung des Systems sehr bequem und einfach ist.

Als Administrator oder Root zu arbeiten hat aber entscheidende Nachteile, besonders dann, wenn der Rechner mit dem Internet verbunden ist. Gelingt es einem Angreifer, in das System einzudringen (eventuell mit einem Virus), so besitzt er ebenfalls sofort Administratorrechte und kann auf Ihrem Rechner tun, was immer er will.

Stärke von Linux

Bei Linux-Systemen hingegen ist es sehr einfach, während des Betriebs nur kurzzeitig Root-Rechte zu erlangen. Hat man dann die Aufgabe erledigt, meldet man sich als Root ab und ist wieder normaler Benutzer. Das Prinzip *sudo* sorgt dafür, dass man nur für einen bestimmten Befehl diese Root-Rechte benutzt.

Dieses Prinzip macht das System sehr sicher. Denn sollte es trotzdem einmal einem Angreifer gelingen, sich in das System einzuklinken, hat er nur normale Benutzerrechte, er darf also ausschließlich die Dateien im Home-Verzeichnis des Benutzers bearbeiten. Auf den Großteil des Computers, vor allem auf die sensiblen Bereiche, hat er keinerlei Zugriff.

Root – der Standard bei Linux

Bei jedem Linux-System muss man, meist bei der Installation, einen Benutzer *Root* und ein Passwort für diesen Benutzer angeben. Darüber hinaus können noch weitere Benutzer angelegt werden. Will man nun im laufenden Betrieb eine Aktion durchführen, die Systemverwaltungsrechte erfordert, wird man von Linux zur Eingabe des Root-Passworts aufgefordert. Im Terminal kann man mit `su` und dem Root-Passwort zum Root werden. Nach Beendigung der Aufgabe verlässt man das entsprechende Programm und ist wieder der normale Benutzer.

[!] Diese Methode hat sich bereits über einen langen Zeitraum bewährt, sie hat jedoch auch einige Nachteile:

1. Es kann nur einen Superuser Root geben.
2. Vergisst man, sich als Root abzumelden, bleibt das System gefährdet.
3. Man muss sich mindestens zwei (unterschiedliche) Passwörter merken.
4. Die Methode verleitet zur ständigen Arbeit als Root.

sudo – der Standard unter Ubuntu

Gerade den Umsteigern von einer anderen Linux-Distribution dürfte während der Installation aufgefallen sein, dass man nirgendwo ein Root-Passwort festlegen musste. Der Grund ist ein ganz einfacher: Ubuntu verwendet *sudo*. Aber was ist das eigentlich genau?

In der »normalen« Linux-Welt gibt es, einfach gesagt, Roots und User. Die Roots dürfen alles mit dem System »anstellen« (Administration, Installationen etc.), die User dürfen es lediglich »benutzen«. *Sudo* (**S**ubstitute **U**ser **DO**) ist lediglich ein Paket, das einem normalen User zeitweise (das heißt für den Befehl, vor dem ein *sudo* steht) die privilegierten Rechte eines Roots einräumt. Hierzu muss er dann bei jeder Benutzung von *sudo* sein normales Benutzerkennwort als Authentifizierung einsetzen. Es ist also eine Vereinfachung für den User, damit er sich nicht für jede Kleinigkeit als Root »umloggen« muss. Mac-Besitzer erinnern sich vielleicht an diese Art des Root-Umgangs. Der Ansatz ist dort der gleiche.

[»] Sudo bietet einige Vorteile:

1. Es kann mehrere Roots mit unterschiedlichen Rechten geben.
2. Das Passwort bleibt 15 Minuten lang aktiv, danach wird es automatisch deaktiviert.
3. Man muss sich meist nur ein Passwort merken.
4. Man braucht sich nicht explizit wieder als Root abzumelden und kann es somit auch nicht vergessen.

Während der Installation erhält der erste Benutzer privilegierte Rechte: sein Passwort ist zugleich für Administratoraufgaben gültig. Startet man beispielsweise ein Systemprogramm wie den Paketmanager *Synaptic*, so wird dieses Passwort unmittelbar nach dem Start des Programms abgefragt.

Aus einer Konsole heraus lassen sich Programme nur dann mit Rootrechten starten, wenn der Befehl `sudo` vorangestellt wird, also z. B.

```
user$ sudo apt-get install <Programmpaket>
```

Auch hier ist vor der eigentlichen Befehlsausführung stets das Passwort des Standardbenutzers einzugeben.

Vereinfachungen

Man kann sich das Leben als Ubuntu-Administrator in einigen Punkten vereinfachen. Wer etwa mehrere Kommandos über einen längeren Zeitraum in einer Shell eingeben möchte, der wechselt einfach auf eine Root-Konsole. Ausgehend von einer normalen Benutzerkonsole gelangen Sie durch folgenden Befehl dorthin:

```
user$ sudo -s
<Passworteingabe>
root#
```

Diejenigen unter den Lesern, die von einer anderen Linux-Distribution zu Ubuntu migriert sind, können das bekannte Wechseln via su in eine Root-Konsole folgendermaßen realisieren: Ergänzen Sie die versteckte Datei *.bashrc* mit einem Editor Ihrer Wahl um die folgenden Zeilen:

```
user$ gedit ~/.bashrc
#Auszug aus .bashrc
alias su='sudo -s'
```

Starten Sie anschließend eine neue Shell. In dieser können Sie nun bequem per su in eine Root-Shell wechseln.

Wenn Sie ein Mehrbenutzersystem eingerichtet haben, so können Sie anderen Benutzern ebenfalls die Verwendung von Systemprogrammen gestatten, indem Sie diese einfach der Administratorgruppe zuordnen. Dies geschieht am schnellsten durch den Standardbenutzer mit folgendem Befehl:

```
user$ sudo adduser <Name> admin
```

Der entsprechende Benutzer kann nun mit seinem eigenen Passwort auf der Konsole den sudo-Befehl verwenden.

Den klassischen Root-Account herstellen

Mit einem Trick lässt sich auch unter Ubuntu der ehemals deaktivierte Root-Account wiederbeleben. Definieren Sie zu diesem Zweck einfach vom Standardbenutzeraccount aus ein Passwort für den Benutzer Root:

```
user$ sudo passwd root
Enter new UNIX passwd:<Eingabe des Root-Passworts>
Retype new UNIX passwd:<Wiederholung des Passworts>
```

Als Test können Sie nun einmal mit dem Befehl su in einer Konsole zum Root-Account wechseln. Auch mit diesem Root-Account kann man die grafischen Administrator-Tools nur indirekt per Konsole starten.

Beachten Sie, dass Sie sich nach Definition eines Root-Passworts nicht mehr mit Ihrem alten Standardpasswort in einer Root-Shell anmelden können. [!]

Root-Passwort wieder deaktivieren

Wenn Sie bereits einen Root-Account angelegt haben, dann können Sie ihn folgendermaßen wieder deaktivieren:

```
user$ sudo passwd -l root
```

[+] Sie brauchen aber nicht für jede zu startende Anwendung ein separates Terminal oder einen gesonderten Reiter darin zu öffnen. Hängen Sie zusätzlich ein Kaufmannsund-Zeichen (z. B. `nautilus &`) an, um den Prozess direkt im Hintergrund zu starten und die Konsole für weitere Eingaben freizugeben. Einfluss auf die eventuellen Fehlermeldungen hat dies nicht; sie erscheinen weiterhin im Terminal.

Root-Terminal

Wenn Sie ein Root-Terminal benötigen, um längere Zeit mit root-Rechten arbeiten zu können, erreichen Sie dies aus einer »normalen« Konsole heraus relativ einfach durch Eingabe des folgenden Befehls und nachfolgende Eingabe des Standardbenutzerpassworts:

```
user$ sudo -s
<Passwort eingeben>
```

Die Root-Umgebung sowie jede beliebige Konsole verlassen Sie am schnellsten durch Eingabe der Tastenkombination (Strg) + (D).

Hilfe

[»] Fürs erste Navigieren in der Konsole habe ich die wichtigsten Befehle im Umschlag dieses Buchs zusammengestellt. Viele davon werden Sie im Laufe des Buchs noch näher kennen lernen. Die Bedeutung der angegebenen, nützlichen Parameter erfahren Sie durch Eingabe von `man BEFEHL`. Dadurch wird die entsprechende Manualseite zum Befehl mit den möglichen Parametern aufgerufen und das aktuelle Terminal gesperrt. Sie verlassen die Manual-Seite wieder über die Taste (Q). Möchten Sie die entsprechenden Hilfestellungen in deutscher Sprache angezeigt bekommen, so installieren Sie das Paket *manpages-de*.

Editor

Spätestens wenn Sie sich intensiver mit administrativen Aufgaben beschäftigen, kommen Sie um die Bedienung des Systemeditors nicht herum. GNOME bietet Ihnen zu diesem Zweck den Editor *gedit*, den Sie als normaler Benutzer über ANWENDUNGEN • ZUBEHÖR • TEXTEDITOR bzw. durch Eingabe von `gedit` innerhalb einer Konsole starten. Der Editor erinnert an das von Windows her bekannte Notepad, wenngleich er wesentlich mehr Möglichkeiten besitzt, z. B. lassen sich in einer Editorinstanz mehrere Dateien in Form von Reitern öffnen. Darüber hinaus beherrscht *gedit* Syntaxhighlighting bei den meisten Skript- bzw. Programmiersprachen (vergleiche Abbildung 9.10).

Abbildung 7.2 Der GNOME-Standardeditor gedit, hier mit dem LaTeX-Inhalt des derzeitigen Abschnitts

Gedit ist durch Plugins beliebig erweiterbar. Sie erreichen die Einstellungen über das Menü BEARBEITEN • EINSTELLUNGEN. Dort wählen Sie den Reiter PLUGINS aus und können nun durch »Ankreuzen« eine Vielzahl von Plugins aktivieren. In Abbildung 9.10 sehen Sie *gedit* in Aktion, während der Autor an diesem Buch arbeitet. Auf der linken Seite ist die *Datei-Browser-Leiste*, die über ein Plugin auf die eben beschriebene Weise integriert wurde. Wenn Sie Systemdateien bearbeiten wollen, ist es erforderlich, den Editor mit Root-Rechten zu starten. Folgender Befehl ermöglicht dies:

```
user$ gksudo gedit
```

Konfigurationsdateien editieren ohne grafische Oberfläche

In diesem Buch werden wir immer wieder Änderungen an Konfigurationsdateien vornehmen. Hierbei ist es praktisch, wenn man auf Editoren zurückgreifen kann, die in der Kommandozeile funktionieren, wenn etwa die grafische Oberfläche nicht mehr funktioniert. Ein beliebter Editor, der zur Ubuntu-Grundausstattung gehört, ist *nano*.

Gestartet wird der Editor *nano* durch Eingabe des gleichnamigen Befehls, eventuell mit Angabe der zu editierenden Datei auf der Kommandozeile. Am unteren Bildschirmrand finden Sie eine Übersicht der wichtigsten Editorbefehle.

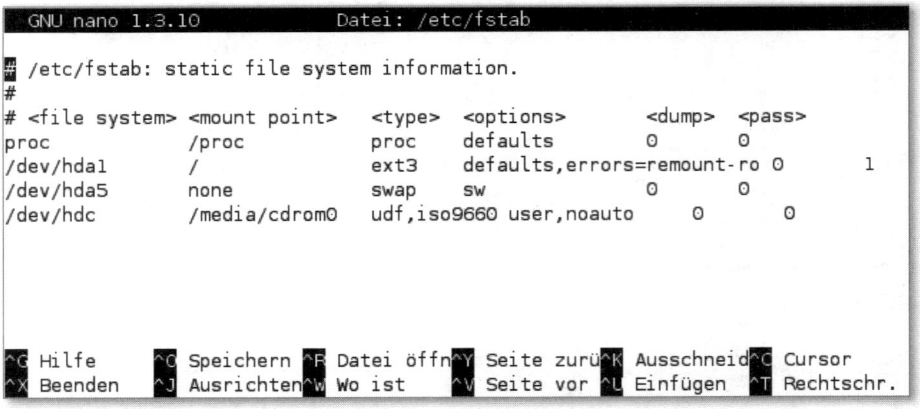

Abbildung 7.3 nano – der Editor für schnelle Lösungen

[»] Wenn die History-Funktion nicht funktioniert, vergewissern Sie sich, dass Sie die nötigen Zugriffsrechte besitzen:

```
user$ ls -la ~ | grep .bash_history
```

Wenn die Ausgabe folgende Zeile ausgibt:

```
-rw-------    1 root    root     124 2008-05-21 21:57 .bash_history
```

gehört die Datei dem Besitzer root und Sie können selbstverständlich nicht darauf zugreifen. Die Lösung besteht nun darin, dass Sie der Besitzer dieser Datei werden:

```
user$ sudo chown $USER:$USER .bash_history
```

7.2 Einrichten der Paketverwaltung

Einer der größten Vorteile von Ubuntu ist die Möglichkeit, fehlende Software per Knopfdruck zu installieren. Die meisten der im Buch besprochenen Softwarepakete finden Sie auf den Begleit-DVDs, die während der Installation bereits als Softwarequelle definiert wurden. Wer jedoch stets die aktuellste Version eines Programms installieren möchte, der verwendet eines der unzähligen Ubuntu-Softwarearchive aus dem Internet. Solange Sie sich hierbei auf die Installation einzelner Pakete beschränken, genügt ein schmalbandiger Internetzugang wie z. B. eine ISDN- oder Analogmodemverbindung. Wer jedoch öfter das komplette System updaten will, kommt nicht um einen breitbandigen Internetanschluss wie (A)DSL herum.

[+] Wie Sie (A)DSL einrichten, erfahren Sie im Abschnitt 19.2, »Netzwerk«, ab Seite 545.

Synaptic konfigurieren

Die bequemste Möglichkeit, Softwarepakete unter Ubuntu zu installieren, bietet das universelle Werkzeug *Synaptic*. Starten Sie das Programm zunächst über SYSTEM • SYSTEMVERWALTUNG • SYNAPTIC-PAKETVERWALTUNG. Nach der Passwortabfrage zeigt das Programm beim ersten Start einen kurzen Informationstext. Bestätigen Sie den Dialog, und sehen Sie sich zunächst das *Synaptic*-Hauptmenü an. Auf der linken Seite befinden sich im Normalfall einige Softwarerubriken, aus denen Programme ausgewählt werden können. Im rechten Teilfenster erscheinen dann die Namen der einzelnen Programmpakete. Klickt man auf diese Namen, so erscheint eine Beschreibung zum entsprechenden Paket.

Hinzufügen von Paketquellen

Uns interessiert an dieser Stelle zunächst lediglich die Anbindung des Paketmanagers an das Internet. Begeben Sie sich mittels EINSTELLUNGEN • PAKETQUELLEN zur Konfiguration der Paketquellen (auch Repositories genannt). Dort ist ersichtlich, dass bereits einige Repositories vordefiniert wurden.

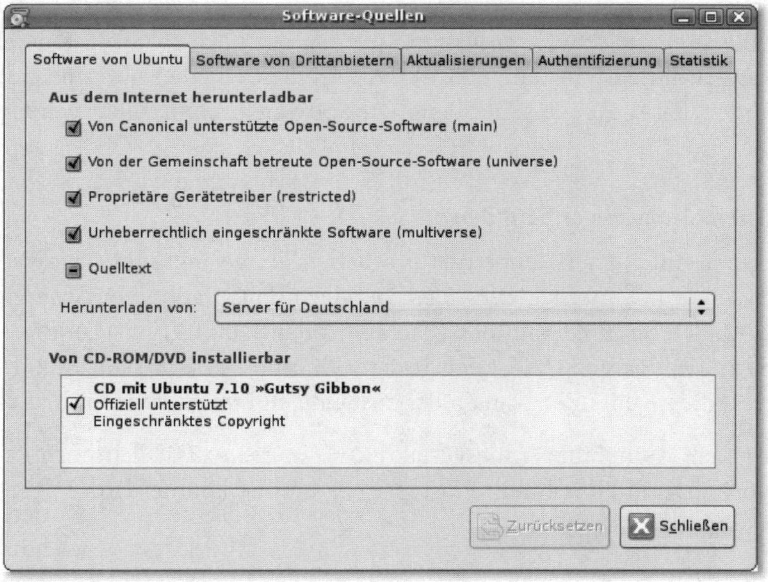

Abbildung 7.4 Verwaltung der Paketquellen in Synaptic

Im unteren Abschnitt findet man immer das Originalinstallationsmedium – in diesem Fall die Ubuntu-CD bzw. -DVD. Wer nicht über eine adäquate Internetverbindung verfügt und mit der Aktualität der auf dem Medium befindlichen Programme leben kann, der kann im Prinzip die Internetquellen im oberen Drittel durch Entfernen der Häkchen einfach hinauswerfen. Dieser Schritt kann später durch erneutes Hinzufügen des Hakens wieder rückgängig gemacht werden.

Im oberen Drittel sind die Repositories übersichtlich aufgelistet. Setzen Sie ein Häkchen vor die jeweiligen Quellen, aus denen Sie Pakete installieren möchten, und verlassen Sie den Dialog über die Schaltfläche SCHLIESSEN (siehe Abbildung 7.4).

[+] Sie erfahren mehr über Repositorys in Abschnitt 20.3 ab Seite 609 und die Verwendung von *Synaptic* in Abschnitt 20.5.3 ab Seite 620.

Nach der Änderung der Repositories wird eine aktuelle Liste der darin enthaltenen Softwarepakete aus dem Internet geladen. Das Synaptic-Paketwerkzeug ist nun einsatzbereit.

[+] Noch ein Tipp: Oft möchte man ein Paket auf die Schnelle nachinstallieren, ohne das umfangreiche grafische Frontend *Synaptic* aufzurufen. Das geht am schnellsten über eine Kommandozeile im Terminal (ANWENDUNGEN • SYSTEMWERKZEUGE • TERMINAL). Folgender Befehl ist zur Installation eines beliebigen Pakets einzugeben:

```
user$ sudo apt-get install <Paketname>
```

Da es sich bei der Installation von Software um eine Administratoraufgabe handelt, ist auch hierfür die Eingabe des Passworts erforderlich.

[+] Einen tieferen Blick in die Ubuntu-Softwareverwaltung werden wir noch später in Kapitel 20, »Software- und Paketverwaltung«, ab Seite 605 werfen. An dieser Stelle sollte zunächst einmal sichergestellt werden, dass gegebenenfalls benötigte Software nachinstalliert werden kann.

Wenn Sie sich hinter einem Proxyserver befinden

Wer in einem Unternehmen mit guter IT-Infrastruktur arbeitet, der gelangt möglicherweise nur über einen Proxyserver ins Internet. Dies muss bei der Konfiguration von *Synaptic* berücksichtigt werden. Wählen Sie innerhalb des Programms den Punkt EINSTELLUNGEN • EINSTELLUNGEN • NETZWERK. Markieren Sie dort den Schalter MANUELLE PROXYKONFIGURATION, und tragen Sie die IP-Adresse oder den Namen des zuständigen Proxyservers ein.

Arbeitet der Proxy mit einem Authentifizierungsverfahren, so müssen zusätzlich noch Benutzername und Passwort übermittelt werden. Ein typischer Eintrag könnte dann folgendermaßen aussehen:

```
<Benutzername>:<Passwort>@<IP-Adresse des Proxys>
```

[zB] Ein Beispiel:

```
meinlogin:geheim@192.168.0.98
```

Als Port wird bei den meisten Proxys entweder 3128 (der Squid-Proxy, vergleiche Abschnitt 6.4.4 auf Seite 236) oder 8080 gewählt; Näheres erfahren Sie von Ihrem Systemadministrator.

7.3 Aktualisierung des Systems

Ubuntu ist ein äußerst dynamisches System: Seit Veröffentlichung der letzten Distributions-ISOs wurden viele Pakete aktualisiert. Sie können Ihr System jederzeit auf den aktuellen Stand bringen. Dazu klicken Sie entweder auf das Symbol des *Update-Notifiers* in der oberen Fensterleiste (vergleiche Abbildung 6.26 auf Seite 249), oder Sie starten den Updatemanager direkt über SYSTEM • SYSTEMVERWALTUNG • UBUNTU AKTUALISIERUNGSVERWALTUNG. Nach Eingabe des Passworts startet die Ubuntu-Updateroutine. [o]

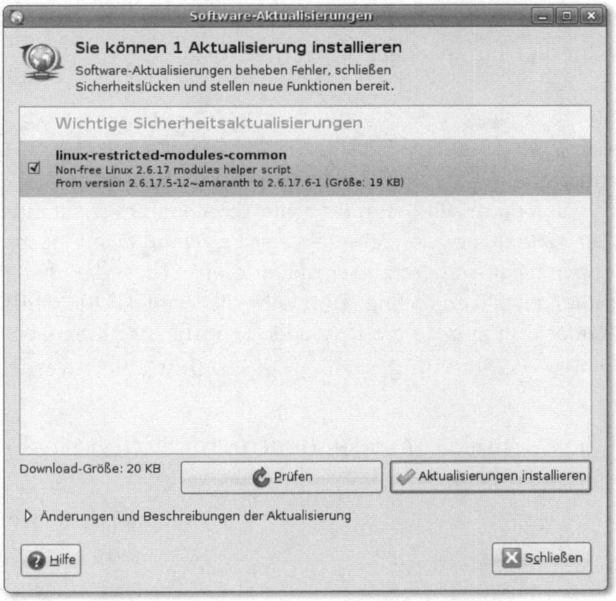

Abbildung 7.5 Automatische Aktualisierung des Systems

Es erscheint eine Liste mit sämtlichen Paketen, die seit dem Erscheinen des Installationsmediums aktualisiert wurden. Durch Bestätigen mit dem Knopf INSTALLIEREN führen Sie die Systemaktualisierung durch. Hierbei werden die entsprechenden Pakete zunächst aus dem Internet geladen und anschließend installiert. Wenn Sie eine instabile Entwicklerversion von Ubuntu verwenden, kann es vorkommen, dass der beschriebene Mechanismus nicht greift und Sie ein komplettes Distributions-Upgrade durchführen müssen. Mehr zu diesem Thema finden Sie in Abschnitt 6.5.1, »Upgrade von einer normalen Ubuntu-Version auf eine LTS-Version«, auf Seite 250.

Das Verfahren des Upgrades wurde bewusst sehr einfach gehalten und enthält nicht die gesamten und wesentlich feineren Auswahlmöglichkeiten, die der *Synaptic*-Paketmanager bietet. Für den normalen Umgang mit Ubuntu reicht dieser Update-Manager vollkommen aus.

Er sucht in regelmäßigen Abständen auf den Servern von Ubuntu nach Neuerungen und teilt Ihnen diese bei Bedarf mit. Dies alles geschieht komplett im Hintergrund; Sie können Ihr System also wie gewohnt weiter benutzen.

7.4 Lokalisierung

[o] Ich gehe davon aus, dass Sie während der Installation Deutsch als Standardsprache ausgewählt haben. Wir sprechen in diesem Zusammenhang von der Lokalisierung des Systems. Haben Sie diese Anpassung ausgelassen, etwa weil Sie zu diesem Zeitpunkt noch nicht über einen Internetzugang verfügten, so kann dies nun nachgeholt werden.

[»] **Trotz entsprechender Auswahl fehlende Übersetzungen**

Es kann aus verschiedenen Gründen vorkommen, dass Ihr frisch installiertes System nicht vollständig auf Deutsch vorliegt. So kann es durchaus sein, dass nicht alle Sprachpakete Platz auf dem Installationsmedium fanden, die Übersetzungen zum Zeitpunkt der Veröffentlichung noch nicht vollständig waren oder es immer noch nicht sind. Vergessen Sie bitte nicht, dass die überwiegende Arbeit an Ubuntu und Linux von Freiwilligen durchgeführt wird. Sie lösen das Problem der fehlenden Sprachpakte aber ganz einfach, indem Sie die folgenden Schritte ausführen und die fehlenden Sprachpakete nachinstallieren.

Öffnen Sie zu diesem Zweck die Konsole (ANWENDUNGEN • SYSTEMWERKZEUGE • TERMINAL), und geben Sie die folgenden Befehle ein:

```
user$ sudo apt-get install language-pack-de
user$ sudo apt-get install language-pack-de-base
user$ sudo apt-get install language-support-de
user$ sudo apt-get install language-pack-gnome-de
user$ sudo apt-get install language-pack-gnome-de-base
```

Das dritte Metapaket sorgt insbesondere für die Lokalisierung des *Firefox*-Browsers und des OpenOffice-Bürosoftwarepakets. Benutzer anderer Sprachräume installieren entsprechend ihr spezielles Sprachpaket. Mehr Informationen über die entsprechenden Paketnamen liefert eine Suche nach dem Schlüsselwort »language« innerhalb von *Synaptic*.

KDE und Lokalisierung

Die Lokalisierung ist inzwischen für KDE und GNOME getrennt worden. Wenn Sie Kubuntu benutzen, dann müssen Sie bei den letzten beiden Metapaketen `gnome` durch `kde` ersetzen.

Sie erreichen das gleiche Ziel natürlich auch grafisch über das Menü SYSTEM • SYSTEMVERWALTUNG • SPRACHUNTERSTÜTZUNG.

Während der Installation haben Sie außerdem die Gelegenheit, zwischen der neuen und der alten deutschen Rechtschreibung zu wählen (siehe Abbildung 7.6). Diese werden unter anderem für die Rechtschreibprüfung des Officepakets verwendet.

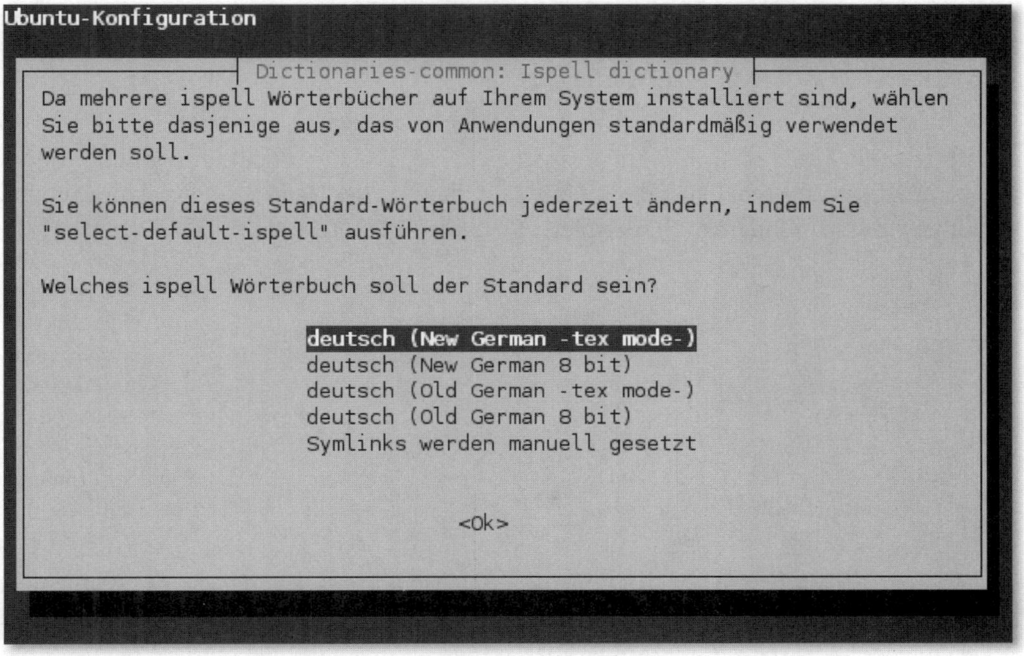

Abbildung 7.6 Einrichten der Spracheinstellungen

7.5 Grundlegende Hardware

Dieser Abschnitt beschäftigt sich mit dem Feintuning der Hardware für den täglichen Betrieb: Tastatur, Maus, Drucker, Festplatte und CD-/DVD-Laufwerke können mit einigen Kniffen optimiert werden.

Normalerweise wird Ihre gesamte Hardware automatisch erkannt und konfiguriert. Wenn [+] dies nicht der Fall sein sollte, müssen Sie selber Hand anlegen. Wie dies im Einzelnen geschieht, können Sie jeweils nachlesen für

- Netzwerkkarten, Modems usw. in Abschnitt 19.2 ab Seite 545,
- Webcams in Abschnitt 19.12.1 ab Seite 597,
- Grafikkarten in Abschnitt 19.7 ab Seite 563 und
- Sound- und TV-Karten in Abschnitt 19.11 ab Seite 590.

7.5.1 Eingabegeräte

Zur Konfiguration von Maus und Tastatur bietet Ubuntu die üblichen Werkzeuge im GNOME-Menü unter SYSTEM • EINSTELLUNGEN • TASTATUR bzw. SYSTEM • EINSTELLUNGEN • MAUS. Kubuntu stellt diese Werkzeuge unter K-MENÜ • SYSTEMEINSTELLUNGEN • TASTATUR und K-MENÜ • SYSTEMEINSTELLUNGEN • REGIONALEINSTELLUNGEN & ZUGANGSHILFEN bzw. K-MENÜ • SYSTEMEINSTELLUNGEN • MAUS zur Verfügung.

Mäuse

[zB] Bei komplexen Mäusen hat man die Möglichkeit, diese in der Datei *xorg.conf* in der Sektion »Input Device« zu definieren. Ein Beispiel:

```
Section "InputDevice"
  Identifier  "Configured Mouse"
  Driver      "mouse"
  Option      "CorePointer"
  Option      "Device"      "/dev/input/mice"
  Option      "Protocol"    "ImPS/2"
  Option      "Emulate3Buttons"     "true"
  Option      "ZAxisMapping"    "4 5"
EndSection
```

Bei der obigen Maus handelt es sich um eine zusätzlich angeschlossene USB-Maus an einem Laptop (»IMPS/2«). Das Scrollrad der Maus wurde aktiviert (»ZAxisMapping 4 5«). Das Drücken beider Maustasten interpretiert das System als eine virtuelle mittlere Maustaste.

[»] Apropos Laptop: Auch die weit verbreiteten *Synaptic*-Touchpads werden mittlerweile ohne Probleme unterstützt, Ubuntu konfiguriert sogar das Softscrolling via Touchpad-Rand.

Multimediatastaturen nutzen

Für diesen Anwendungsfall gibt es das Programm *lineak*, das für eine Vielzahl der handelsüblichen Tastaturen eingesetzt werden kann. Folgende Pakete müssen dazu aus der Universe-Sektion installiert werden: *lineak-defaultplugin, lineak-kdeplugins, lineak-xosdplugin, lineakd*. Nach der Installation der Pakete muss *lineak* noch konfiguriert werden. Geben Sie zunächst folgenden Befehl in einem Terminal ein:

```
user$ lineakd -l
```

Es erscheint eine Übersicht, in der sämtliche unterstützten Tastaturen aufgelistet sind. Wählen Sie aus der Liste Ihre spezielle Tastatur aus.

Diese wird anschließend mit folgendem Befehl konfiguriert:

```
user$ lineakd -c <Tastaturtyp>
*** Creating fresh configuration in
/home/hatt/.lineak/lineakd.conf
      for keyboard type: <Tastaturtyp>
```

Damit wird eine Konfigurationsdatei namens *lineakd.conf* in Ihrem Heimverzeichnis im versteckten Verzeichnis *.lineak* erstellt.

Öffnen Sie mit einem Editor die soeben erstellte Datei *lineakd.conf*. In dieser lassen sich nun den Sondertasten selbstdefinierte Befehle zuordnen. Hier ein Beispiel für einen solchen selbstdefinierten Eintrag: **[zB]**

```
Mail = firefox http://www.gmx.de
```

Damit wird bei Betätigen des E-Mail-Knopfes der Tastatur automatisch eine *Firefox*-Instanz für die GMX-Startseite geöffnet. Möchten Sie hingegen *Evolution* starten, so lautet der Befehl:

```
Mail = evolution
```

Um einen Multimediaplayer wie *xmms* mit den Medientasten ansprechen zu können, erstellt man folgende Einträge:

```
PLAY = xmms --play
STOP = xmms --stop
PAUSE = xmms --pause
PLAYPAUSE = xmms --play-pause
NEXT = xmms --fwd
PREVIOUS = xmms --rew
```

Um nun die Multimediatastatur nutzen zu können, muss der *lineak*-Daemon im Hintergrund laufen.

Dies erreichen Sie mit folgendem Befehl:

```
user$ lineakd &
```

Natürlich können Sie das Programm auch beim Start der grafischen Oberfläche automatisch laden. Auf diese Weise sollten Sie die verschiedenen Tasten einer komplexen Tastatur mit Leben füllen können.

7.5.2 Drucker

Auch in Zeiten des papierlosen Büros ist er noch längst nicht ausgestorben: der gute alte Drucker. Spätestens dann, wenn es z. B. darum geht, Handouts auf Vorträgen zu verteilen, braucht man doch etwas »Handfestes«.

[!] Eines sollte an dieser Stelle nicht verschwiegen werden: Es gibt einige Drucker, die trotz intensiver Bemühungen seitens des Anwenders unter Linux nicht zur Mitarbeit zu bewegen sind. Meist handelt es sich um sogenannte GDI-Drucker, für die ausschließlich Windows-Treiber vorliegen. Sollten Sie planen, sich einen neuen Drucker zuzulegen, dann sehen Sie zunächst auf der Internetseite *www.linuxprinting.org* in der reichhaltigen Datenbank nach, welche Erfahrungen es mit dem avisierten Modell gibt. Eine weitere Anlaufstelle ist *www.turboprint.org*: Der dort angebotene, kostenpflichtige Treiber genügt auch hohen Ansprüchen und unterstützt die Mehrzahl der auf dem Markt befindlichen Drucker.

Sowohl GNOME als auch KDE nutzen seit geraumer Zeit das CUPS-Drucksystem unter Linux. Der Begriff CUPS steht für *Common UNIX Printing System*. Dabei handelt es sich um eine unglaublich vielseitige Schnittstelle zur Einbindung von Druckern, die sogar die Bereitstellung von lokalen Druckern in einem Netzwerk ermöglicht. Das Einrichten eines handelsüblichen Druckers soll im Folgenden für beide Oberflächen beschrieben werden. Schließen Sie Ihren Drucker über eine entsprechende Schnittstelle (Parallel/USB) an Ihren PC an, schalten Sie den Drucker ein, und folgen Sie der entsprechenden Anleitung.

Druckerkonfiguration unter GNOME

Die Druckererkennung hat inzwischen große Fortschritte gemacht: In den meisten Fällen geschieht die Installation Ihres Druckers komplett automatisch. Dies ist in drei Schritten erledigt:

1. Lassen Sie den Drucker ausgeschaltet und schließen Sie ihn an den laufenden PC an.
2. Schalten Sie den Drucker an.
3. In der oberen rechten Ecke Ihres Panels erscheint eine Mitteilung, dass Ihr Drucker erkannt wurde. Die Installation wurde erfolgreich abgeschlossen.

Diese Methode funktioniert bei lokal angeschlossenen Druckern hervorragend, versagt aber oft bei Netzwerkdruckern, die natürlich nicht lokal ans System angeschlossen sind. Um Netzwerkdrucker einzubinden, müssen Sie diese manuell konfigurieren.

Starten Sie zu diesem Zweck das Druckerkonfigurationswerkzeug über den Menüpunkt System • Systemverwaltung • Drucken. Es erscheint das Fenster aus Abbildung 19.18 mit einem Button Neuer Drucker.

Sie haben an dieser Stelle die Möglichkeit, einen Netzwerkdrucker auszuwählen, der z. B. via CUPS von einem anderen Linuxrechner oder über eine Windows-Druckerfreigabe exportiert wurde. Machen Sie bitte bei den Serveroptionen einen Haken vor Zeige freigegebene Drucker anderer Systeme und vor Freigabe aller Drucker, die mit diesem System verbunden sind. Drücken Sie den Button Anwenden und dann Aktualisieren. Nun werden freigegebene Drucker auf der linken Seite aufgelistet und Sie können Ihren Netztwerkdrucker konfigurieren.

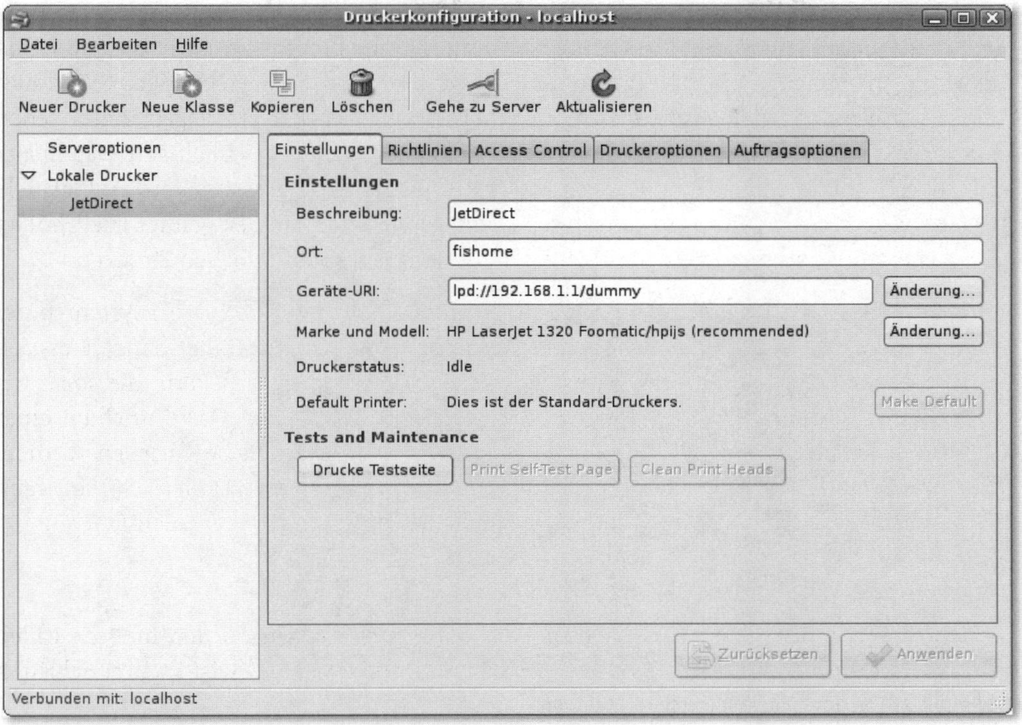

Abbildung 7.7 Druckerkonfiguration unter GNOME

Wenn auch dies nicht zum gewünschten Erfolg verhilft, dann wahrscheinlich aus dem Grund, dass Ihr Drucker über den USB-Anschluss an einen Router angeschlossen ist. In diesem Fall kann keine automatische Erkennung gelingen. Drücken Sie daher auf den Button NEUER DRUCKER und geben Sie die betreffende Verbindungsart an.

Im nächsten Schritt ist das spezielle Modell aus einer entsprechenden Liste auszuwählen. Sollte Ihr Drucker nicht aufgeführt sein, so wählen Sie dasjenige Modell mit dem ähnlichsten Namen. Zusätzlich haben Sie hier die Möglichkeit, externe Treiber des Herstellers, sofern vorhanden, zu installieren. Über ANWENDEN wird die Auswahl bestätigt, und ein neues Icon erscheint im Druckerfenster. Per rechtem Mausklick über dem Icon haben Sie die Möglichkeit, mithilfe des Menüs EIGENSCHAFTEN eine Testseite auszudrucken. Gelingt dies, ist die Druckerkonfiguration abgeschlossen.

Druckerkonfiguration unter KDE

KDE bietet in Form von *KPrint* eine vielseitige Umgebung zur Druckereinbindung und -konfiguration an, die wir uns im Folgenden etwas näher ansehen.

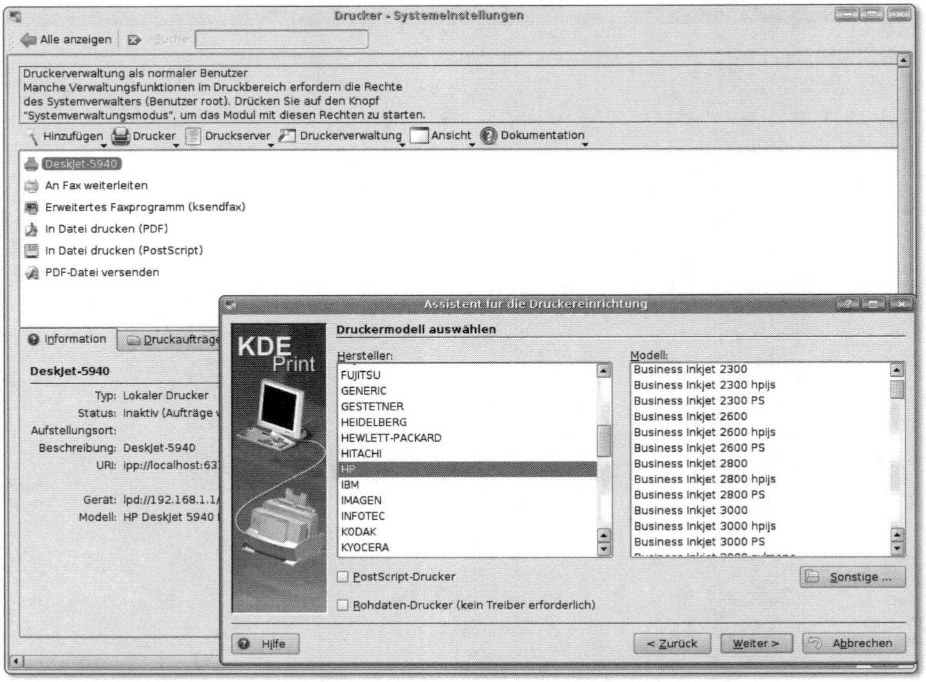

Abbildung 7.8 KPrint – ein komfortables Frontend

1. Starten Sie das KDE-Druckerkonfigurationswerkzeug *KPrint* über das K-Menü • Systemeinstellungen • Hardware • Drucker.
2. Wählen Sie das Menü Hinzufügen • Drucker/Klasse hinzufügen. Die folgenden Dialoge sind im Wesentlichen selbsterklärend – folgende Punkte müssen abgearbeitet werden:
   - Ein lokaler Drucker (parallel, seriell, USB) ist auszuwählen.
   - Der lokale Anschluss (entweder Parallel oder USB) ist zu definieren.
   - Sie müssen das Druckermodell aus der Liste auswählen, das Ihrem Typ am nächsten kommt.
   - Ein spezieller Treiber im Treiberauswahlmenü ist zu selektieren. Hier ist ein wenig Testen und Fingerspitzengefühl angesagt, Meistens wird aber ein Treiber als empfohlen markiert. Manchmal ist auch das Probieren anderer Treiber notwendig, um erfolgreich drucken zu können.
3. Drucken Sie eine Testseite aus. Dadurch bringen Sie in Erfahrung, ob der ausgewählte Treiber mit Ihrem Modell harmoniert. Sollte der Drucker Unsinn von sich geben, so genügt es leider nicht, ihn auszuschalten.

Linux speichert den Auftrag in einer Warteschlange, der sogenannten Spoolquery. Mit den Befehlen `lpq` (Druckerquery anzeigen) und `lprm` (spezifizierten Druckjob löschen) schaffen Sie wieder Ordnung im Drucksystem.

4. Testen Sie zuletzt den Ausdruck aus einer beliebigen KDE-Anwendung. Der konfigurierte Drucker sollte nun im Druckermenü der Anwendung erscheinen.

Drucker über den Browser administrieren

Ist die Druckerkonfiguration gelungen, können Sie das CUPS-Gerät künftig auch über ein Webinterface administrieren. Dazu geben Sie die Adresse `localhost:631` in die Adresszeile eines beliebigen Browsers ein.

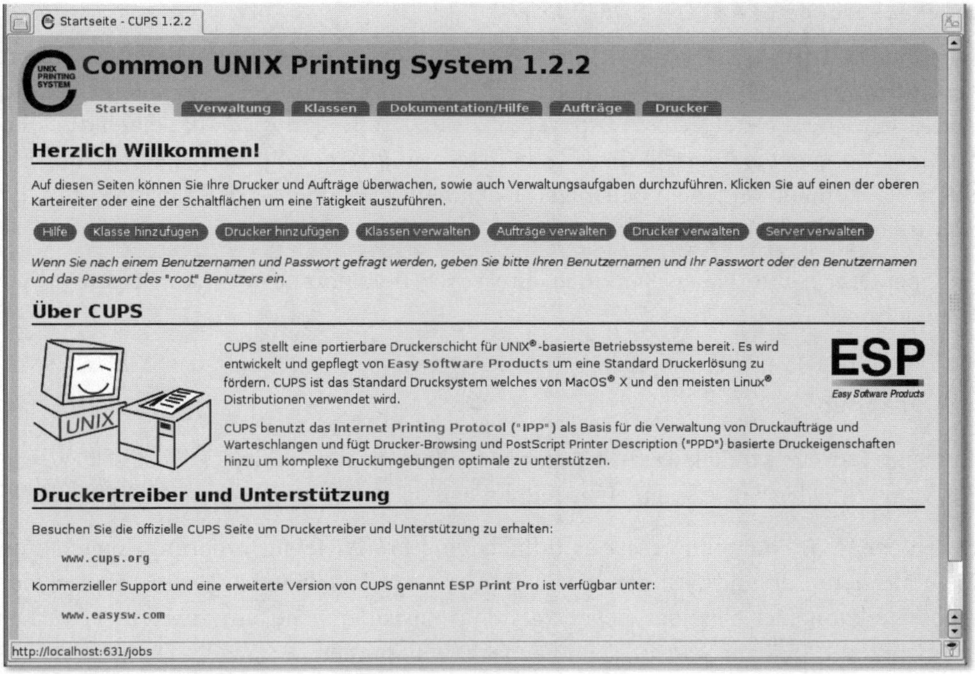

Abbildung 7.9 CUPS lässt sich mit beliebigen Browsern nutzen

Etwas knifflig ist die Einrichtung der Druckeradministration, die die Eingabe einer Login-/Passwort-Kombination erfordert. Normalerweise kommt man mit dem Standardbenutzer und dessen Passwort nicht in das CUPS-Administrationsmodul. Die Lösung: Nehmen Sie den Benutzer *cupsys* in die Gruppe *shadow* auf. Dies gelingt recht bequem über das Werkzeug SYSTEM • SYSTEMVERWALTUNG • BENUTZER UND GRUPPEN. Um die Gruppe *shadow* angezeigt zu bekommen, ist noch ein Klick auf ALLE BENUTZER UND GRUPPEN ANZEIGEN nötig.

Konsolenfans erreichen dasselbe mit folgendem Befehl:

```
user$ sudo adduser cupsys shadow
```

Um die Änderungen wirksam zu machen, muss CUPS neu gestartet werden:

```
user$ sudo /etc/init.d/cupsys restart
```

Danach sollten Sie sich mit Ihrer Standardbenutzerkennung in CUPS per Browser einloggen können.

Der ubuntuspezifische Hinweis im oberen Teil des Browserfensters, die Administration könne nur über das Systemwerkzeug vorgenommen werden, ist somit hinfällig.

Ein Drucker besonderer Art: Der PDF-Printer

[»] Seit der Ubuntu-Version 7.10 »Gutsy Gibbon« ist aus allen Anwendungen heraus ein Export in das plattformübergreifende PDF-Format möglich. Wenn Sie häufiger Dokumente über das Internet austauschen, bietet sich ein Export in PDF an. Das Tool *cups-pdf*, das einen direkten Export eines Dokuments über die CUPS-Schnittstelle in PDF ermöglicht, ist standardmäßig installiert. Sie können bei jedem beliebigen Dokument, das Sie drucken möchten, anstelle Ihres Druckers PDF als Ausgabeformat auswählen.

[»] In der OpenOffice-Suite haben Sie einen direkten PDF-Export über einen Button in der Werkzeugleiste.

7.5.3 Scanner

Mittlerweile darf auch dieses Gerät in keinem modernen Büro fehlen. Die Einsatzzwecke reichen vom schnellen Einscannen einer Bildvorlage bis zur automatischen Texterfassung.

[!] Durch fehlenden Treiber-Support ist es oftmals eine große Herausforderung, sogenannte Kombigeräte (Drucker und Scanner in einem Gerät) zu installieren. Die Installation der einzelnen Funktionen erfolgt überwiegend getrennt. Installieren Sie bitte zuerst den Drucker (siehe Abschnitt 19.9.2 auf Seite 583) und danach den Scanner.

Die meisten handelsüblichen Scanner werden heute über den USB-Bus an den Computer angeschlossen. Schalten Sie zunächst den Scanner ein und testen Sie, ob dieser vom System erkannt wurde. Dazu geben Sie den folgenden Befehl in einer Konsole ein:

```
user$ sudo tail -f /var/log/messages
libusbscanner: loaded successful
```

[zB] Im obigen Beispiel wurde ein Mustek USB-Scanner an eine entsprechende Schnittstelle angeschlosssen. Genauere Informationen über das verwendete Modell liefert folgender Befehl:

```
user$ lsusb
Bus 002 Device 002: ID 055f:0001 Mustek Systems,
Inc. Scanexpress 1200 CU
```

Die Linux-Lösung zum Scannen heißt *SANE* (Scanner Access Now Easy) und ist heute zumeist hinter komfortablen Frontends versteckt.

Um zu testen, ob der Scanner auch von SANE identifiziert wurde, geben Sie den folgenden Befehl ein:

```
user$ sudo sane-find-scanner -p
found USB scanner (vendor=0x055f, product=0x0001,
chip=MA-1017) at libusb:002:00
```

Mehr zum Thema Scansoftware finden Sie in Abschnitt 16.1 ab Seite 473.

7.5.4 Externe Festplatte

Wenn Sie noch eine alte Festplatte irgendwo herumliegen haben, dann können Sie relativ leicht sofort loslegen und Ihre ersten Experimente auf diesem Gebiet durchführen. Klemmen Sie das Gerät einfach an Ihren Festplattenbus und installieren Sie das universelle Werkzeug *gparted* durch Eingabe des gleichnamigen Befehls aus einer Konsole heraus:

```
user$ sudo apt-get install gparted
```

Starten Sie *gparted* durch Eingabe des gleichnamigen Befehls aus einer Konsole heraus:

```
user$ sudo gparted
```

oder über SYSTEM • SYSTEMVERWALTUNG • PARTITION EDITOR. Hierbei können Sie einen ersten Überblick über die angeschlossene Festplattenlandschaft gewinnen. Sie können sich in *gparted* die jeweilige Festplatte mit Partitionen anzeigen lassen, wenn Sie oben rechts Ihre Festplatte auswählen (siehe Abbildung 24.1).

Sollte Ihre eingebaute zweite Festplatte randvoll sein, so können Sie die darauf angelegten Partitionen durch Anklicken zunächst markieren und durch Auswahl des Mülleimersymbols oder durch PARTITION • LÖSCHEN löschen. In dieser Weise verfährt man, bis man genügend freien Speicherbereich erzeugt hat.

In dem freien Bereich, den Sie gerade erzeugt haben, können Sie nun leicht eine neue Partition, die allein Sicherungszwecken dienen soll, erstellen. Dazu wählen Sie den freien Bereich aus und klicken auf das Symbol zum Erstellen einer neuen Partition (PARTITION • ERSTELLEN). In dem erscheinenden Untermenü geben Sie die Größe, den Typ und gegebenenfalls den Namen der zu erstellenden Partition an. Ein Klick auf OK bestätigt schließlich die vorzunehmenden Arbeiten.

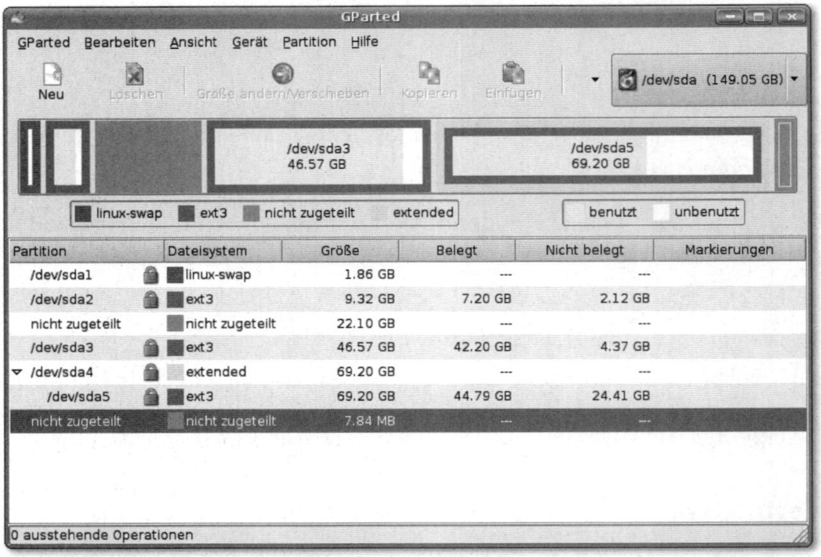

Abbildung 7.10 Überblick über die vorhandenen Festplattenpartitionen mit gparted

7.6 Dateiaustausch

Der Dateiaustausch zwischen Windows und Linux hat sich in den letzten Jahren stark vereinfacht. So kann Ubuntu nun auch von Haus aus auf *NTFS*-formatierten Partionen lesen und schreiben. Der dazu nötige Treiber *ntfs-3g* wird automatisch installiert. Existierende *NTFS*-Partitionen werden bereits bei der Installation automatisch erkannt und korrekt eingebunden.

Aber auch umgekehrt können Sie von Windows auf Linux-Partitionen zugreifen, Daten lesen und schreiben. Die einzigen Voraussetzungen sind, dass Sie Windows 2000/XP benutzen und die Linux-Partitionen mit *ext3* formatiert sind. Dies ist standardmäßig der Fall. Den kostenlosen Treiber bekommen Sie unter *www.fs-driver.org*.

Nach der Installation können Sie jeder Linux-Partition einen Laufwerksbuchstaben zuordnen und ohne den üblichen Neustart nutzen.

TEIL II
Einstieg

»Ich weiß, als ich anfing zu studieren, wohnte ich zwischen dem Irrenhaus, dem Zuchthaus und dem Friedhof. Allein die Lage wird es gewesen sein, die mich geprägt hat, glaube ich.«

Vicco von Bülow (Loriot)

8 Die Ubuntu-Familie

8.1 Die Eltern

Viele Ubuntu-Entwickler kommen aus den Debian- und GNOME-Communitys. Daher habe ich diesen beiden Projekten den Status von Elternteilen gegeben, um die Herkunft von Ubuntu zu spezifizieren. Streng genommen ist Debian alleinerziehend, weil GNOME keine Linux-Distribution, sondern eine grafische Arbeitsumgebung (eng. *Desktop Environment*) darstellt.

8.1.1 GNOME

GNOME hat eine herausragende Stellung bei Ubuntu. Es wird als Standard-Desktop installiert und neue Versionen von Ubuntu werden synchron mit den neuen Versionen des GNOME-Projekts veröffentlicht, das ebenfalls alle sechs Monate eine neue Version herausbringt. Des Weiteren wird dem KDE-Projekt eine hohe Bedeutung eingeräumt und ein Ubuntu mit KDE als Standard-Desktop veröffentlicht. Dieses Ubuntu erschien erstmals im April 2005 unter dem Namen »Kubuntu«.

In Kapitel 10 ab Seite 331 erfahren Sie mehr über Kubuntu. **[+]**

8.1.2 Debian

Debian gilt zu Recht als stabil und zuverlässig. Die Debian-Entwickler sind allerdings sehr restriktiv bezüglich Neuerungen und Veränderungen am System. Dadurch ist Debian wohl eine der stabilsten Linux-Distributionen geworden. Allerdings hat dies seinen Preis. Das System ist schon lange nicht mehr up-to-date, was z. B. die Usability (Benutzerfreundlichkeit) angeht. Mag dies hartgesottene Linux-Fans auch nicht stören, so ist es gerade für Neueinsteiger eine große Hürde.

Ubuntu geht hier einen Mittelweg. Es basiert auf der sicheren Architektur von Debian und verbindet Debian mit neueren Softwarepaketen.

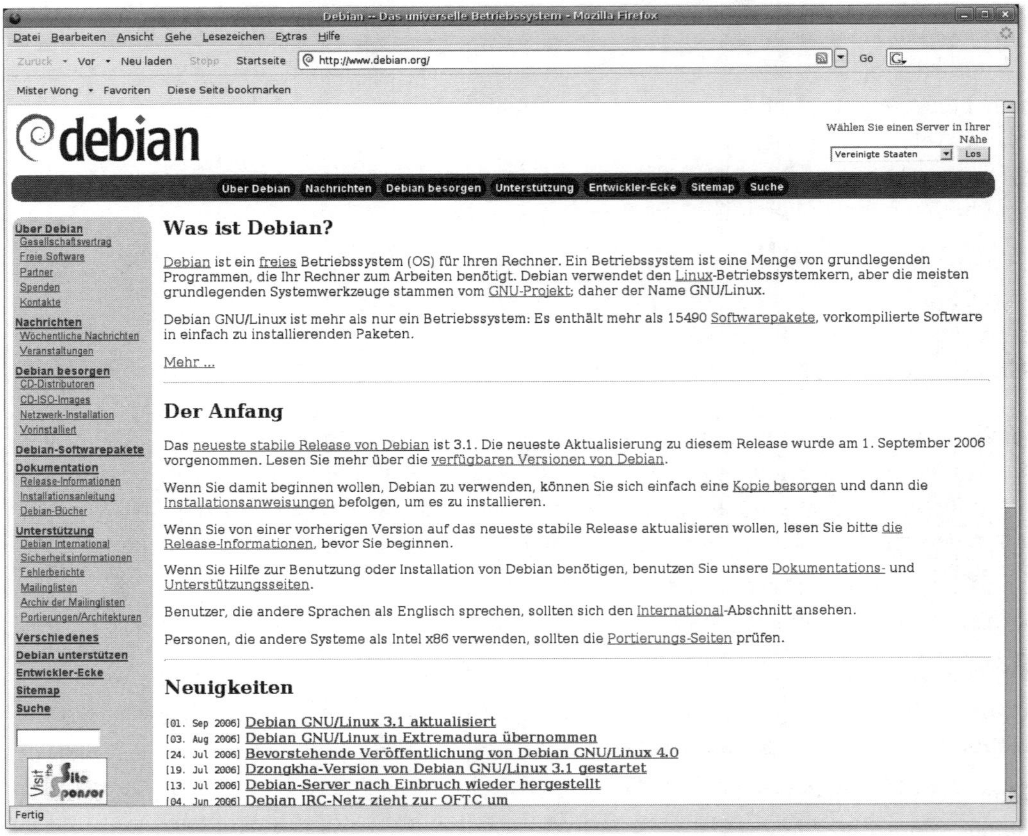

Abbildung 8.1 Die Homepage des Debian-Projekts im Oktober 2006.

[»]

Was genau ist überhaupt Debian?

Debian ist eine der ältesten und beliebtesten Distributionen. Während die meisten großen Distributionen von kommerziellen Firmen ins Leben gerufen wurden (SUSE, RedHat), ist Debian eine community-basierte Distribution. Für dieses Projekt haben sich viele engagierte Linux-Anwender zusammengesetzt und ein Linux kreiert, das Wert auf größtmögliche Stabilität legt. Das Debian-Projekt wurde offiziell am 16. August 1993 von Ian Murdock gegründet.

Die Entwicklung dieser neuen Distribution begann als offenes Projekt, ganz im Sinne des GNU- oder auch des Linux-Kernel-Projekts. Dieses Kriterium erfüllte damals keine andere Distribution. Debian war darin somit ein Vorreiter unter den Distributionen. Der Name »Debian« stammt vom Schöpfer der Distribution, der ihn aus dem Namen seiner Frau Debra und seinem eigenen Vornamen bildete (Deb-Ian). Die offizielle Aussprache für den Namen ist: »deb'ee'n«.

Debian war und ist ein Vorreiter in der Entwicklung von zukunftsweisenden Anwendungen. In diesem Zusammenhang sei nur auf das professionelle Paketmanagement *apt-get* hingewiesen, auf das ich in Abschnitt 20.5.1, »Advanced Packaging Tool (APT)«, auf Seite 617 eingehen werde.

Es wird das gleiche Paketformat (*.deb*) verwendet wie in Debian, und auch sonst stehen sich beide Projekte sehr nahe. Alle Änderungen und eventuelle Verbesserungen an Debian-Paketen, die in Ubuntu vorgenommen werden, werden sofort an das Debian-Projekt weitergegeben. Zahlreiche Entwickler von Ubuntu sind ebenfalls im Debian-Projekt aktiv und betreuen dort wichtige Pakete.

Es gibt zahlreiche Fragen und Missverständnisse bezüglich der Verbindung zwischen Debian und Ubuntu. Viele dieser Fragen hat Mark Shuttleworth persönlich beantwortet. Sie finden seine Antworten in einem Interview, das Sie in einer deutschen Übersetzung ab Seite 991 nachlesen können. **[+]**

Debian – ein Supermarkt?

Zeitgleich mit dem wachsenden Erfolg von Ubuntu mehren sich seit langem kritische Stimmen, die behaupten, dass Ubuntu sich bei Debian wie in einem Supermarkt bedient. Genauer gesagt wird Ubuntu vorgeworfen, dass deren Entwickler sich die Pakete nehmen würden, ohne dafür etwas zurückzugeben. Dies würde laut Ansicht der Kritiker zu einem langsamen »Ausbluten« von Debian führen.

Oftmals wird diese Diskussion unverständlicherweise sehr emotional geführt. Dies kann man wahrscheinlich nur verstehen, wenn man bedenkt, dass viele Entwickler Linux als Hobby betreiben und dementsprechend viel Energie und Zeit investieren.

Man kann über das Vorgehen Ubuntus geteilter Meinung sein. Trotzdem sollte man sich einige Fakten vergegenwärtigen:

- Ubuntu hält sich strikt an die Regeln der Open-Source-Gemeinde. Alle Software-Pakete, die von Debian genommen werden, enthalten beispielweise den Verweis auf den ursprünglichen Autor. Die ursprüngliche Lizenz (meistens GPL) und deren Bedingungen bleiben gewahrt.
- Die GPL verbietet unter keinen Umständen die Adaption (das »Bedienen«) von Software-Paketen, solange die Bedingungen der GPL eingehalten werden.
- Einer der Grundgedanken von Open-Source im Allgemeinen und der GPL im Speziellen ist der freie Zugang zu Wissen. Damit einhergehend sollte auch jede Software zugänglich, einseh- und veränderbar sein.
- Laut GPL ist niemand dazu verpflichtet, dem ursprünglichen Projekt, aus dem die Pakete stammen, etwas zurückzugeben.

Gerade der letzte Punkt stößt verständlicherweise auf großes Unbehagen. Viele Projekte bedienen sich bei Debian, aber keines hatte bisher auch nur annähernd einen derartigen Erfolg wie Ubuntu. Einige hochkarätige Debian-Entwickler sind abgewandert und bei Canonical festangestellt. Die beiden Punkte zusammen geben den ursprünglichen Bedingungen der GPL einen faden Beigeschmack.

Ohne Debian kann Ubuntu nicht existieren. Jeder Entwicklungszyklus einer neuen Ubuntu-Version beginnt mit dem sogenannten »Upstream«, dem Bedienen bei Debian. In dieser Zeit werden tausende Pakete von Debian angenommen und an die Ubuntu-Bedürfnisse angepasst. Canonical gibt Debian Verbesserungen an Paketen zurück, die sogenannten »Patches«. Dies findet leider nicht in dem erforderlichem Maße statt, wie sich die Kritiker dies wünschen. Dies liegt hauptsächlich daran, dass an Ubuntu im Vergleich zu Debian wesentlich weniger Entwickler arbeiten (einige Dutzend im Vergleich zu einigen hundert).[1]

[»] **Debian und Xorg**

Ubuntu nimmt nicht nur Pakete von Debian, sondern stellt diese selbstverständlich auch wieder zur Verfügung. So hat Debian 2005 den Wechsel des X-Servers von Xfree86 auf Xorg durchgeführt. Die hierzu nötigen Pakete wurden von Ubuntu genommen, da dieser Umstieg in Ubuntu bereits vollendet war.

8.2 Die Geschwister

Seit seinem Start im Oktober 2004 ist Ubuntu nicht lange allein geblieben. Inzwischen hat die Ubuntu-Familie Nachwuchs und das ursprüngliche Ubuntu (mit GNOME) einige Brüder und Schwestern bekommen. Zuerst kam Kubuntu auf die Welt, der Bruder von Ubuntu, welcher KDE als Standarddesktop einsetzt. Zeitgleich mit »Breezy Badger« gesellte sich auch noch eine Schwester namens Edubuntu zu den beiden – ein Betriebssystem, das für den Einsatz in Schulen optimiert ist.

Der neueste und damit jüngste Spross der Ubuntu-Familie ist Xubuntu, ein Ubuntu mit der Arbeitsumgebung Xfce. Xubuntu ist schon seit längerem in der Entwicklung, aber erst seit Juni 2006 ist es möglich, auch Xubuntu über die offiziellen Downloadserver zu bekommen.

Was ist ein Derivat?

Bei unterschiedlichen Varianten einer bestimmten Software, in unserem Fall von Ubuntu, spricht man von sogenannten »Derivaten« (lateinisch von »derivare« – »ableiten«, deutsch: Abkömmling). Allgemein bezeichnet dies eine Struktur, die von einer anderen abgeleitet ist.

1 Diese Zahlen geben die Anzahl der kontinuierlich arbeitenden Entwickler wieder. Die vielen freiwilligen Entwickler, die nur ab und zu etwas beitragen, werden hierdurch nicht erfasst.

Einige der im Folgenden vorgestellten Derivate haben ihren Einzug in dieses Buch gefunden, so z.B. Kubuntu und Xubuntu. Besonderheiten bei der Installation dieser jeweiligen Ubuntu-Derivate erfahren Sie [+]

- für Kubuntu in Abschnitt 10.1 ab Seite 331
- für Xubuntu in Abschnitt 11.1 ab Seite 357

Wie Sie Kubuntu bzw. Xubuntu neben Ihrem existierenden Ubuntu mit einfachsten Mitteln problemlos parallel installieren, erfahren Sie

- für Kubuntu in Abschnitt 10.2.7 ab Seite 347
- für Xubuntu in Abschnitt 11.5.2 ab Seite 368

8.2.1 Kubuntu

Zeitgleich mit der Freigabe von »Hoary Hedgehog« erschien auch die erste offizielle und stabile Version von Kubuntu. Die Adresse der offiziellen Seite lautet *www.kubuntu.org* (siehe Abbildung 8.2).

Abbildung 8.2 Die offizielle Homepage von Kubuntu im Mai 2008, das Logo ist ein abgewandelter »Circle of friends« mit den KDE-typischen Zahnrädern.

Der Unterschied zu Ubuntu besteht darin, dass Kubuntu KDE statt GNOME als Standard-Desktopumgebung nutzt. Allerdings ergeben sich durch diese kleine Änderung viele Unterschiede zum »regulären« Ubuntu.

Nach einigen Diskussionen im Sommer 2006 wird Kubuntu inzwischen als gleichwertig gegenüber Ubuntu betrachtet. Beachten Sie hierzu auch den Auftritt von Mark Shuttleworth auf dem Linux-Tag 2006 (siehe Abbildung 2.1).

[+] Sie finden ab Seite 331 ein ausführliches Kapitel über Kubuntu. Wann immer dies sinnvoll erscheint, werde ich im gesamten Buch parallel einen Blick auf Kubuntu werfen, um eventuelle eigenständige Lösungen zu präsentieren.

8.2.2 Xubuntu

Xubuntu, ein Ubuntu mit dem Fenstermanager XFCE als Desktop, hatte zu Beginn einen schnellen Aufstieg zu verzeichnen. Nach nur einem Jahr privater Entwicklung erklärte sich Canonical bereit, dieses Projekt offiziell zu unterstützen. So wurde Xubuntu im Juni 2006 offiziell, wenngleich auch keien LTS-Version erschien.

[»] Xubuntu wird von einer treuen Gruppe freiwilliger Entwickler fortgeführt und stetig weiterentwickelt.

[+] Sie finden ab Seite 357 ein ausführliches Kapitel über Xubuntu.

Die Adresse der offiziellen Seite lautet *www.xubuntu.org*. Der Unterschied zu Ubuntu besteht darin, dass Xubuntu XFCE statt GNOME als Standard nutzt.

8.2.3 Edubuntu

Edubuntu (*www.edubuntu.org*) ist eine speziell für den Einsatz in Klassenzimmern angepasste Ubuntu-Version. Dozenten sind hiermit in der Lage, mit relativ geringen Computerkenntnissen schnell und einfach ein Computerlabor aufzubauen.

Das System des Dozenten arbeitet hierbei als Server, während die anderen PCs als Clients fungieren. Als Dozent kann man somit die Kontrolle über die Clients behalten und z.B. geöffnete Programme und andere Lerninhalte vorgeben. Die erste Version von Edubuntu erschien zeitgleich mit Ubuntu 5.10. Sie besteht ähnlich wie das »normale« Ubuntu aus mehreren Kernkomponenten:

- **Der Desktop**
  Als Arbeitsumgebung wird genau wie bei Ubuntu GNOME eingesetzt. Der Einsatz von KDE als Standard ist bisher nicht vorgesehen, kann aber natürlich bei Bedarf nachinstalliert werden.

- **Die Office-Suite**
  Edubuntu beinhaltet die Office-Suite OpenOffice.org. Auf OpenOffice.org werde ich in Kapitel 15 ab Seite 443 noch näher eingehen.

- **Linux Terminal Server Project**
  Die Hauptkomponente von Edubuntu ist LTSP, das *Linux Terminal Server Project*. Mit LTSP ist die Verbindung des Edubuntu-Servers zu einer Vielzahl von Clients möglich. LTSP stellt eine sehr günstige Möglichkeit der Kommunikation zwischen Server und Clients dar, wobei die Hardwareanforderungen an die Clients sehr gering gehalten sind. Sie bekommen mehr Informationen auf der Homepage des Projektes *www.ltsp.org*.

- **SchoolTool Calendar**
  Dies ist eine serverbasierte Anwendung, die eine effiziente Kalenderverwaltung für alle Bereiche rund um Schule darstellt. Mithilfe von SchoolTool ist es möglich, Schulpläne wie Stunden-, Klassen-, Sport- oder Ausflugskalender zu veröffentlichen und zu verwalten.

  Änderungen, die von einer Lehrkraft oder auch von Eltern vorgenommen werden, erscheinen zeitgleich in den Kalendern der Schüler/Studenten. Hierbei ist es möglich, komplexeste Aufgaben wie unregelmäßige Wiederholungen oder den automatischen Import von Klassenlisten zu organisieren. Für weitere Informationen steht Ihnen auch hier die Informationsseite des Projekts im Internet zur Verfügung *www.schooltool.org*.

- **Moodle**
  Moodle ist ein Kurs-Management-System, welches das E-Learning, also die Möglichkeit von internetbasierten Kursen, ermöglichen und vereinfachen soll. Moodle kennt hierbei keine Größenbeschränkungen und kann mit einigen wenigen Teilnehmern genauso gut umgehen wie mit einer kompletten Universität mit 40.000 Studenten. Die Homepage erreichen Sie unter *www.moodle.org*.

- **KDE Edutainment Suite**
  KDE Edutainment Suite ist eine Sammlung von Lernprogrammen, die alle innerhalb des KDE-Projektes entwickelt wurden.Die Spanne dieser Lernprogramme reicht von Zeichenprogrammen über Vokabeltrainer und Mathematiktrainer bis zu Darstellungen des chemischen Periodensystems und vielem mehr.

- **GCompris**
  GCompris ist eine Sammlung von einfachsten Lernprogrammen, die das Ziel haben, schon jüngsten Kindern im Kindergarten den Umgang mit Computern und Software zu ermöglichen. Die integrierten Programme eignen sich zum Erlernen der Uhr, das Lösen einfachster Mathematikaufgaben oder sie sind simple Gedächtnistrainer (Memory).

Auch SkoleLinux, ein auf Debian basierendes Projekt, verfolgt die gleichen Ziele wie Edubuntu. Aus der anfänglichen Konkurrenz wurde 2005 eine Kooperation, in der die Kommunikation zwischen den beiden Projekten intensiviert werden soll.

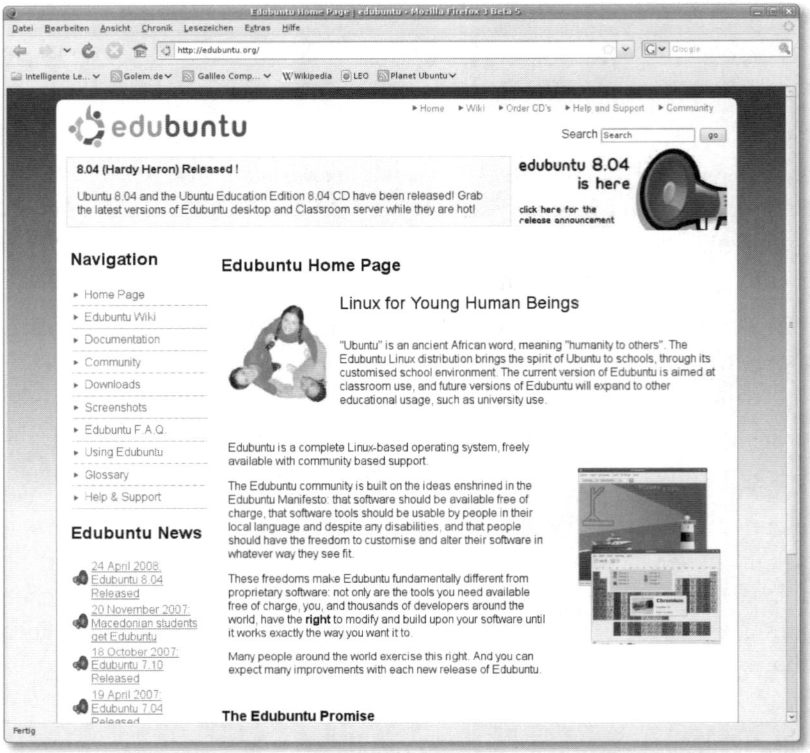

Abbildung 8.3 Die offizielle Homepage von Edubuntu im Oktober 2006, das Logo (oben links) stellt einen abgewandelten »Circle of friends« dar mit einem sich meldenden Schüler.

[»] Die Mitarbeiter von Edubuntu nehmen inzwischen an den Entwicklertreffen von SkoleLinux teil, entwickeln dort zusammen mit ihren Kollegen die nächsten Projekte und versuchen gemeinsam Probleme zu lösen, welche die beiden Distributionen gleichermaßen betreffen. Eventuelle weitere Zusammenarbeiten oder auch eine Fusion sind bisher allerdings nicht angedacht.

8.3 Entfernte Verwandte

Als entfernte Verwandte möchte ich diejenigen Derivate bezeichnen, die nicht offiziell von Canonical unterstützt werden, d. h. für die Sie keinen Support erwerben können.

8.3.1 Ubuntu Studio

Ubuntu Studio ist speziell auf die Anforderungen von Audio-, Grafik- und Videobearbeitung ausgerichtet. Für solche Zwecke wurde den Ubuntu-Quellen ein Kernel mit Echtzeitfunktionen hinzugefügt, der dafür keinerlei Energiesparfunktionen unterstützt. Als Audio-Backend dient das Programm JACK.

Außerdem gehören diverse Programme aus dem Multimedia-Bereich zum Umfang, wie beispielsweise *CinePaint*, die Videobearbeitung *Kino*, der Audio-Sequenzer *Rosegarden*, der Audio-Editor Ardour oder das DTP-Programm Scribus. Die erste stabile Version ist am 10. Mai 2007 erschienen und basiert auf Ubuntu 7.04. Diese wird als einzige Ubuntu-Version als ein DVD-Image mit knapp 1,1 GB ausgeliefert.

Im April 2008 wurde eine neue, auf Ubuntu 8.04 basierende Version veröffentlicht. Diese ist auch für AMD64 verfügbar. Auf der Ubuntu-Homepage wird Ubuntu Studio als »Recognized Derivative« (Anerkanntes Derivat) aufgeführt.

Ubuntu Studio ist ein ambitionierter Versuch, Linux zur Multimediazentrale für die Bereiche

- Audioproduktion,
- Bildbearbeitung und
- Videoschnitt

zu machen. Dies sind alles Bereiche, in dem Open-Source-Software bislang noch ein Schattendasein fristet. Wichtige Konkurrenten sind Adobe Creative Suite oder Apple Final Cut Studio.

So gibt es zwar schon seit Jahren viel versprechende Projekte, die den kommerziellen Produkten quelloffene Konkurrenz machen wollen, den großen Durchbruch hat Open-Source im Medienbereich aber bis heute nicht geschafft. Zu viele zerklüftete Projekte, eine zu etablierte Konkurrenz. Branchenstandards wie Photoshop sind kaum vom Thron zu stoßen und gestatten nur wenig Konkurrenz neben sich.

Unter dem Dach des Projektes sind alle prominenten und unbekannteren Medien-Helfer vereint:

- **Bildbearbeitung**
  Gimp, Blender, Inkscape
- **Videoschnitt**
  Kino, CinePaint und Pitivi Video Editor
- **Audioproduktion**
  Audacity, Ardour und viele mehr.

Somit gibt es mit Ubuntu Studio ein komplettes Medien-Linux, das direkt nach der Installation funktioniert. Kein Hantieren mit Installationspaketen, sondern alles ist in einem einzigem DVD-Image enthalten und wird auf einen Rutsch installiert.

Die offizielle Homepage des Projektes finden Sie unter *www.ubuntustudio.org*.

8.3.2 Gobuntu

Gobuntu ist eine Ubuntu-Variante ohne proprietäre Inhalte. Diese enthält nur Programme, Treiber und Dateien, die unter einer freien Lizenz veröffentlicht wurden. Die erste finale Version wurde mit der Herausgabe von Ubuntu 7.10 (18. Oktober 2007) fertiggestellt.

Mit diesem Projekt versucht Canonical dem Vorwurf zu begegnen, dass Ubuntu keine freie Software mehr sei, weil es viele proprietäre Treiber und Programme nutzt oder zumindest anbietet. Die Entwickler sollen mit Gobuntu die Grenzen von freiem Code und sonstigen freien Werken feststellen und falls nötig auch an deren Ausweitung arbeiten.

Erste Pläne für ein derartiges Projekt gab es schon im November 2005, damals unter dem Namen Gnubuntu. Dies wurde nach Protesten von Richard Stallman zunächst in »ubuntu libre« geändert. Die Entwicklung von Gobuntu geschieht nun in Zusammenarbeit mit den Entwicklern von »gNewSense«, welches von Stallman gebilligt wurde, und soll dessen zukünftige Basis werden.

8.3.3 Ubuntulite

Ubuntulite ist eine inoffizielle Ubuntu-Version, die speziell für ältere Rechner konzipiert wurde. Diese ist jedoch noch in Entwicklung und hat zur Zeit der Drucklegung dieses Buches Version 0.8 erreicht. Die Projekt-Webseite mit näheren Informationen und Wiki finden Sie unter *www.ubuntulite.tuxfamily.org*.

8.3.4 OpenGEU

OpenGEU (vormals *Ebuntu* und *Geubuntu*) ist das »Enlightenment Ubuntu Project«. Es handelt sich hierbei um ein Ubuntu mit dem Window Manager Enlightenment als Standard. Sie finden die Homepage dieses Projektes unter *http://opengeu.intilinux.com/Home.html*. OpenGEU wird nicht mit derselben Konsequenz und Pünktlichkeit entwickelt wie Ubuntu, aber da in letzter Zeit der Desktop *Enlightenment* einen starken Zulauf verzeichnet, könnte auch OpenGEU noch wesentlich populärer werden.

8.3.5 Fluxbuntu

Im Sommer 2006 befand sich ein weiteres Derivat von Ubuntu in den Anfängen seiner Entwicklung. Fluxbuntu baut auf den Window Manager *Fluxbox* auf.

Die Sehr hübsch gestaltete Projekt-Webseite mit näheren Informationen finden Sie unter *www.fluxbuntu.org*.

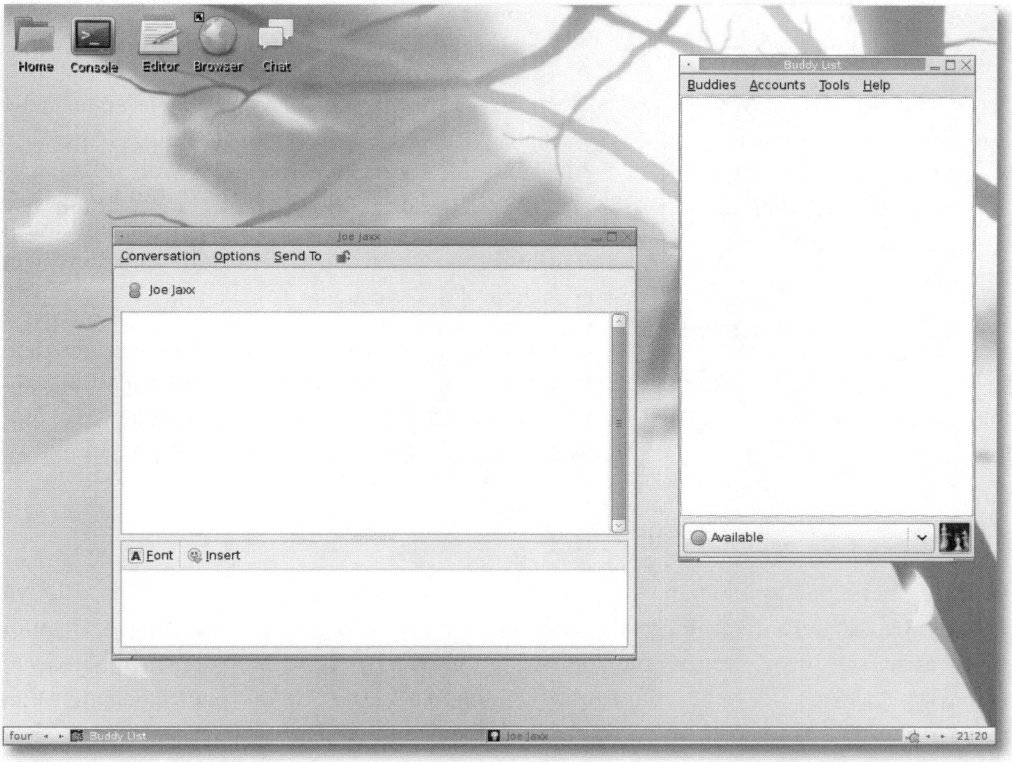

Abbildung 8.4 Der Desktop von Fluxbuntu 7.10

8.3.6 Ubuntu Enterprise

Im April 2006 sollte parallel zu Ubuntu 6.06 die erste Version von Ubuntu speziell für Firmen erscheinen. Diese Version sollte auf den Namen »Ubuntu Enterprise« hören und ist damit deutlich an die Enterprise-Versionen der Konkurrenz von RedHat und SUSE (Novell) angelehnt.

Allerdings stellte man Anfang 2006 fest, dass man diese separate Version alleine schon aus Mangel an der nötigen Manpower (Personal) nicht zufriedenstellend entwickeln könne und man sich besser auf eine Produktreihe konzentrieren sollte. Daraufhin wurden diese Pläne überarbeitet und man präsentierte im Juni 2006 die Version »Ubuntu 6.06 LTS« als Ersatz für die Enterprise-Variante.

Mit Ubuntu 6.06 war es somit erstmals möglich, dass die Benutzer drei Jahre lang auf dem Desktop und fünf Jahre auf Servern mit Updates und Sicherheitsaktualisierungen versorgt werden. Normalerweise beträgt die Zeitspanne hier 18 Monate für den Desktop und drei Jahre für den Server.

Die Version »Dapper Drake« stellte somit ein besonderes Release dar und den Abschluss einer Entwicklung, die sich über drei Vorgängerversionen (Warty, Hoary, Breezy) erstreckte.

Der »Dapper Drake« gewinnt durch diesen extra langen Supportzyklus die Zusatzbezeichnung **LTS** für Long-Term-Support, also übersetzt »langfristige Unterstützung«. Alle zwei Jahre wird es somit eine besonders stabile Ubuntu-Version geben, die den Weg auf den Unternehmensdesktop beschreiten soll. Der lange Supportzyklus kommt Unternehmen sehr entgegen, die kein Interesse daran haben, alle sechs Monate eine neue Ubuntu-Version zu installieren.

[»] Der Nachfolger von »Dapper Drake« ist »Hardy Heron« (Ubuntu 8.04 LTS).

[+] Mehr über die Veröffentlichungszyklen erfahren Sie in Abschnitt 3.1, »Veröffentlichungspolitik«, ab Seite 126. Ubuntu stelle ich Ihnen detailliert in Abschnitt 3.3.4 ab Seite 143 vor.

8.3.7 Ubuntu Satanic Edition

Im Dezember 2006 gründeten einige Ubuntu- und gleichzeitig Gothic-Fans das Derivat »Ubuntu Satanic Edition« (Ubuntu SE), zu deutsch »Satanische Ubuntu-Ausgabe«. Die Aufregung war zuerst groß, da man es zuerst für einen schlechten Scherz hielt oder Befürchtungen hatte, dass das Ansehen von Ubuntu durch einige verwirrte Teufelsanbeter Schaden nehmen könnte. Die Homepage des Projektes finden Sie unter *www.ubuntusatanic.org* (siehe Abbildung 8.5).

Abbildung 8.5 Die Homepage der Ubuntu Satanic Edition präsentiert sich erwartungsgemäß recht düster.

Die Befürchtungen entbehrten allerdings jeder Grundlage. Die Macher von Ubuntu SE haben vielleicht einen besonderen Geschmack, aber darüber lässt sich bekanntermaßen nicht streiten. In der Folgezeit bewiesen die Macher eine große Portion Humor und arbeiteten auf freundliche und respektvolle Art mit anderen Derivaten wie »Ubuntu Christian Edition« (siehe Abschnitt 8.3.8) oder »Ubuntu Muslim Edition« (siehe Abschnitt 8.3.9) zusammen.

Zyklus	Bezeichnung	Übersetzung	Erscheinungsdatum	Grundlage
2	Evil Edgy	Nervöse Sünde	13.12.2006	Edgy Eft
	Fiery Spawn	Feurige Brut	23.04.2007	Feisty Fawn
	Grotesque Gargoyle	Grotesker gotischer Wasserspeier	18.10.2007	Gutsy Gibbon
	Headless Horseman	Kopfloser Reiter	25.04.2008	Hardy Heron

Tabelle 8.1 Übersicht der Ubuntu SE-Veröffentlichungen – Die erste Version erschien mit Beginn des zweiten Entwicklungszyklus.

Ubuntu SE besteht generell lediglich aus einigen Zusatzpaketen, die Sie bei einem installierten Ubuntu oder Kubuntu zusätzlich installieren. Der erste Schritt zu einer derartigen Version besteht dementsprechend aus der Installation eines *normalen* Ubuntu oder Kubuntu. Sie können hierfür auch ältere Versionen bis einschließlich Ubuntu 6.10 verwenden.

[+] Näheres zur allgemeinen Installation von Ubuntu und Kubuntu erfahren Sie im Installationskapitel 6 ab Seite 219.

[«] Es gibt keine separaten CD- oder DVD-Abbilder (Images) von Ubuntu SE. Sie können aus jeder beliebigen[2] Ubuntu- oder Kubuntu-Version eine Satanic Edition generieren, indem Sie die eben genannten Makropakete herunterladen.

8.3.8 Ubuntu Christian Edition

Noch vor der »Satanic Edition« erschien bereits im Juli 2006 die »Ubuntu Christian Edition« (Ubuntu CE). Dieses Derivat soll gläubige Christen besonders ansprechen. Die Entwicklung ist aktuell aber – zumindest zeitweise – eingestellt. Die Homepage des Projektes finden Sie unter *www.whatwouldjesusdownload.com/christianubuntu*.

8.3.9 Ubuntu Muslim Edition

Im April 2007 erschien erstmalig »Ubuntu Muslim Edition« (Ubuntu ME). Dieses Derivat richtet sich in erster Linie an gläubige Muslime. Die Homepage des Projektes finden Sie unter *www.ubuntume.com*.

2 Sie können sogar die Ubuntu Christian Edition als Basis verwenden, um eine Satanic Edition daraus zu machen. Dies wird sogar mit einem Augenzwinkern von den Machern empfohlen.

8.3.10 Ubuntu Server Edition

Der Ubuntu Server Edition ist mehr auf Sicherheit ausgelegt (unter anderem durch AppArmor) und kann auch ohne grafische Benutzeroberfläche installiert werden. Darüber hinaus bietet er optional eine integrierte, zeitsparende Installation des häufig genutzten LAMP-Pakets (Linux, Apache, MySQL und PHP) sowie eine Unterstützung für Thin Clients (LTSP). Die LTS-Versionen werden – im Gegensatz zu den Desktop-Systemen – für fünf statt nur drei Jahre unterstützt. Bei den normalen Versionen bleibt es aber bei 18 Monaten.

8.3.11 Mythbuntu

Ein relativ neuer Abkömmling von Ubuntu ist Mythbuntu, ein Ubuntu, welches ein komplettes MythTV-System darstellen soll, ähnlich wie Knoppmyth oder Mythdora. In diesem Artikel möchte ich Ihnen Mythbuntu und seine grundlegende Installation und Konfiguration vorstellen.

Wenn es darum geht, sich einen Home Theater PC (HTPC) zusammenzubauen, stellt MythTV eine der besten Plattformen für dieses Unterfangen dar. Leider hat es den zweifelhaften Ruf, nicht besonders einsteigerfreundlich zu sein und sich nur schwer konfigurieren zu lassen. Mythbuntu ist angetreten, um genau dies zu ändern. Es soll die leichte Bedienbarkeit von Ubuntu mit den fantastischen Möglichkeiten von MythTV kombinieren und somit die erste Wahl in Ihrem Wohnzimmer werden.

Die offizielle Homepage des Projektes finden Sie unter *www.mythbuntu.org*.

8.3.12 JeOS

Unter der Bezeichnung *JeOS* (Just Enough Operating System) gibt es eine minimalistische Variante des Servers, optimiert für den Einsatz in virtuellen Umgebungen wie beispielsweise *VMware*.

8.3.13 Ubuntu Mobile and Embedded Edition

Ebenfalls in der Entwicklung befindet sich ein Derivat, welches speziell an den Bedarf von mobilen Geräten angepasst ist. Der erste Erscheinungstermin wurde inzwischen allerdings mehrfach verschoben. *Ubuntu Mobile and Embedded* entsteht in Zusammenarbeit mit Intel und wird auf deren neue *Mobile Internet Device-Plattform* (MID) optimiert.

Die abgespeckte Variante der Linux-Distribution wird neben Software wie einem Webbrowser verschiedene Multimedia-Applikationen enthalten. So wird es auch möglich sein, Videos auf den MIDs abzuspielen. Die Oberfläche wurde auf kleine Displays wie beispielsweise die des Eee PC angepasst.

Zudem soll es verschiedene technische Optimierungen am Betriebssystem geben, etwa schnellere Startzeiten sowohl beim Systemstart als auch beim Aufwachen aus dem Schlafmodus. Canonical und Intel wollen darüber hinaus den Bedarf an Festplatten- und Arbeitsspeicher verringern.

»Auf den Geist muß man schauen.
Denn was nützt ein schöner Körper,
wenn in ihm nicht eine schöne Seele wohnt.«

Euripides, um 485/480 – 406 v. Chr.
griechischer Tragödienschreiber

9 Ubuntu

GNOME kontra KDE – diese Diskussion erhitzt in regelmäßigen Abständen die Gemüter in den einschlägigen Linux-Foren. Das Ubuntu-Team hat sich für GNOME als Standard entschieden. Folgende Punkte sprechen für diese Entscheidung:

- GNOME erscheint in einem festen halbjährlichen Zyklus in einer neuen Version. An diesen Zyklus sind die Veröffentlichungen von Ubuntu angepasst.
- GNOME überfordert gerade den Einsteiger nicht durch ein Übermaß an Konfigurationsmöglichkeiten.
- Die Programm-Menüs sind nicht überfrachtet und darüber hinaus intuitiv zu beherrschen.
- GNOME basiert auf dem unter der GPL stehenden Widget-Set GTK2. Dadurch ist man nicht auf den Goodwill eines kommerziellen Erstellers grafischer Bibliotheken angewiesen.

KDE hat im Vergleich zu GNOME folgende Vorzüge:

- Die Struktur der Oberfläche erinnert an die gängigen Windows-Oberflächen, sodass sich hier insbesondere Windows-Umsteiger heimisch fühlen werden.
- KDE ist maximal konfigurierbar. Sämtliche Desktopspielarten sind hier realisierbar.
- Die Systemkonfiguration ist bei KDE in Form des Kontrollzentrums an einer zentralen Stelle vorzunehmen. Weiterhin gibt es für jede erdenkliche Administrationsaufgabe ein entsprechendes KDE-Werkzeug, sodass sich KDE insbesondere auch für Administratoren gut eignet.

Wie ich bereits schrieb, kann man KDE und GNOME unter Ubuntu auch problemlos nebeneinander betreiben.

Den Schwerpunkt dieses Buches bildet sinnvollerweise Ubuntu, aber dies soll keine »Herabsetzung« von Kubuntu bedeuten.

Wann immer möglich, wird bei den im Buch beschriebenen Aufgaben jeweils eine GNOME- und eine KDE-Lösung besprochen, oftmals ist dies aber aus Platzgründen nicht möglich. Auf der anderen Seite wären viele Informationen durch eine doppelte Erwähnung redundant.

Xubuntu

Xfce benutzt im Wesentlichen die Programme aus der KDE- und GNOME-Welt. Von daher ist eine separate Behandlung meistens nicht nötig. Wem GNOME noch nicht »schlank« genug ist oder wer einen alten Computer zum Leben erwecken will, der ist mit Xfce und Xubuntu sicherlich gut bedient.

Sehen wir uns aber in den nächsten beiden Kapiteln erst einmal die Grundstruktur beider Desktops an.

[+] In Kapitel 11, »Xubuntu«, ab Seite 357 finden Sie ein ausführliches Kapitel über Xubuntu.

9.1 Ubuntu kennen lernen

Das GNOME-Projekt wurde 1997 von Miguel de Icaza und Federico Mena-Quintero ins Leben gerufen, um eine freie Alternative zum KDE-Desktop zu schaffen, der auf dem damals noch nicht unter einer freien Lizenz stehenden Qt-Toolkit aufbaut. GNOME setzt im Hintergrund auf GTK+ und läuft ebenso wie KDE auf den meisten UNIX-Systemen.

Qt wird von der norwegischen Firma Trolltech entwickelt und steht seit dem Jahr 2000 sowohl unter der GNU General Public License (GPL) als auch unter einer kommerziellen Lizenz.

9.1.1 gdm – der Login-Manager

Bevor Sie den eigentlichen Desktop sehen, müssen Sie sich am Login-Prompt anmelden. Zuständig hierfür ist der *gdm* (GNOME Desktopmanager). Sie haben die Option, eine bestimmte Sitzung auszuwählen (GNOME, KDE, ...) bzw. die Sprache des gestarteten Desktops festzulegen (siehe Abbildung 9.1).

Der GNOME Display Manager (GDM) soll für Ubuntu 8.10 »Intrepid Ibex« deutlich überarbeitet werden. Es ist zum Zeitpunkt der Drucklegung dieses Buches geplant, standardmäßig eine grafische Auswahl zwischen verschiedenen Benutzerkonten zu ermöglichen. Dies ist bisher nur durch eigene Änderungen möglich gewesen.

Desktop-Einstellungen

Alle Optionen wurden unter einem einzigen Menüpunkt EINSTELLUNGEN zusammengefasst (links unten in Abbildung 9.1). Von hier aus erreichen Sie auch die Sitzungsoptionen, die es Ihnen z. B. gestatten, einen anderen Desktop zu starten (KDE oder Xfce, wenn Sie es nachträglich installiert haben).

Fortgeschrittene Benutzer können innerhalb eines bereits gestarteten Desktops auch eine weitere Desktop-Instanz mit folgendem Befehl starten:

```
user$ gdmflexiserver --xnest
```

Abbildung 9.1 Auf diese Weise werden Sie bei Ubuntu begrüßt. Die Abbildung zeigt den GDM von Ubuntu 7.10. Ein grundlegender Designwechsel ist für die Version 8.10 angekündigt.

Dadurch lässt sich das Verhalten anderer Desktopmanager in einem Fenster innerhalb von GNOME testen. Voraussetzung hierfür ist die Installation des Pakets *xnest*. Auf diese Weise ist übrigens der folgende Screenshot entstanden (siehe Abbildung 9.2).

Abbildung 9.2 Auswahl der Sitzungsart mit dem gdm

[+] Der Login-Manager wird über das Menü SYSTEM • ADMINISTRATION • ANMELDEFENSTER des Anmeldebildschirms konfiguriert. Dort kann man unter anderem einen Begrüßungsspruch definieren, aber auch verschiedene Themen lassen sich dort einbinden. Sie sind also nicht auf das Standardaussehen angewiesen.

9.1.2 Die Arbeitsfläche

Nachdem Sie sich am System angemeldet haben, erwartet Sie ein aufgeräumter Desktop ohne störende Icons. Selbst der Mülleimer ist von der Bildfläche verschwunden.[1] Stattdessen finden Sie vielleicht für Sie ungewohnterweise gleich zwei Panels, auf denen sich einige Icons und Menüverknüpfungen befinden. Abbildung 9.3 zeigt einen GNOME-Desktop mit seinen typischen Elementen.

[+] Sie können natürlich weiterhin auch Icons als sogenannte Schnellstarter auf dem Desktop anlegen. Wie Sie dies am einfachsten erledigen, erfahren Sie in Abschnitt 9.1.3 auf Seite 308.

1 Der Mülleimer befindet sich unten rechts im Panel.

Abbildung 9.3 Der Desktop ist aufgeräumt und zeigt den typischen GNOME-Aufbau. Das Aussehen von GNOME hat sich seit Jahren nicht grundlegend geändert.

Im Einzelnen besitzen die Elemente auf obigem Bild folgende Funktionalität:

Menübereich

Für den Windowsumsteiger etwas ungewohnt, findet man das Startmenü standardmäßig im linken oberen Desktopbereich. Es gibt keinen einzelnen Startbutton, über den sich alles erreichen lässt. Bei GNOME gibt es drei einzelne Menübereiche:

- **Anwendungen**
  Hier findet man die Programme, die man im täglichen Umgang mit dem Computer benötigt. Diese sind in die Rubriken Büro, Grafik, Internet, Spiele, Systemwerkzeuge, Unterhaltungsmedien und Zubehör unterteilt. In den einzelnen Rubriken findet man die direkt startbaren Programme.

  Für Windows-Umsteiger: Die Funktionalität entspricht in etwa dem Programmmenü unter Windows. [«]

  Der Menüpunkt HINZUFÜGEN/ENTFERNEN erlaubt dem Benutzer, weitere Programme zu (de-)installieren und in das Startmenü zu integrieren oder diese daraus zu entfernen.

Abbildung 9.4 Anwendungen

- **Orte**
  Das Orte-Menü erlaubt den direkten Zugriff auf lokale Ressourcen, wie beispielsweise das persönliche Verzeichnis des Benutzers oder die Speicherperipherie des Computers (CD-/DVD-Laufwerk, Memorystick). Außerdem lassen sich bei Bedarf auch Netzwerkverzeichnisse einbinden.

Abbildung 9.5 Orte

- **System**
  Hier finden Sie die meisten für die Systemadministration benötigten Programme. Die Rubrik EINSTELLUNGEN enthält Tools zur Konfiguration des Desktops; unter SYSTEM befinden sich Programme zur Administration im engeren Sinn, die zumeist Root-Rechte erfordern. Möchten Sie sich aus dem System ausloggen, so erfolgt dies im vorliegenden Menü über den Menüpunkt BEENDEN. Die in den verschiedenen Teilbereichen zusammengefassten Programme werden im Laufe des Buchs zum größten Teil separat besprochen.

Abbildung 9.6 System

Die Panels

Dreh- und Angelpunkt des GNOME-Desktops sind die frei konfigurierbaren Panels, die sich in der Standardinstallation am oberen und unteren Bildschirmrand befinden. Das obere Panel beherbergt die Startmenüs, das untere die Statusanzeigen für gestartete Programme. Die Panels können selbstverständlich per Drag & Drop auch an eine andere Seite des Bildschirms gezogen werden.

Schnellstarter

Äußerst praktisch ist die Möglichkeit, eigene Schnellstarter für Programme auf einem Panel zu erzeugen. Dazu wählt man einfach das gewünschte Programm im entsprechenden Menü aus und zieht dieses per Drag & Drop auf das Panel. Auf diese Weise lassen sich auch spezielle Panel-Applets wie z. B. der lokale Wetterbericht oder der Börsenticker integrieren. Dazu führen Sie einen rechten Mausklick über einer freien Stelle des Panels aus und wählen den Punkt ZUM PANEL HINZUFÜGEN.

Interessant ist in diesem Zusammenhang noch die Möglichkeit, beliebig viele neue Panels zu generieren und diese entsprechend mit Anwendungen zu bestücken (rechter Mausklick – PANEL ANLEGEN). Praktisch ist auch die Schublade, mit der Programmgruppen zusammengefasst werden können (siehe Abbildung 9.7).

Abbildung 9.7 Frei definiertes Panel mit Schublade

Deskbar – Die umfassende Suche

Seit GNOME 2.14 ist ein ganz besonderes neues Panel-Applet enthalten, das ich Ihnen nicht vorenthalten möchte: die *Deskbar*. Mithilfe dieses kleinen Programmes und dem durch den Befehl

```
sudo apt-get install beagle
```

installierten Suchprogramm *Beagle* sind Sie in der Lage gleichzeitig Ihren Computer und das Internet nach Dateien zu durchsuchen, mit einem Suchbegriff verknüpfte Aktionen durchzuführen und vieles mehr. Die Möglichkeiten von *deskbar* sind vielfältig und wirklich fantastisch, es ist nach kurzer Zeit eine meiner Lieblingsanwendungen geworden.

9.1.3 Programme starten

Wie bei anderen Betriebssystemen und Arbeitsumgebungen auch, haben Sie mehrere Möglichkeiten Programme zu starten. Die meistbenutzte Möglichkeit ist für die meisten Anwender das Doppelklicken auf ein Icon, das entweder auf dem Desktop oder im Panel zu finden ist. Dies sind aber nicht die einzigen und oftmals auch nicht die bequemsten Möglichkeiten. Folgende Varianten stehen Ihnen zum Starten von Anwendungen zur Verfügung:

- **Startmenü**
  Klicken Sie den entsprechenden Programmeintrag in der entsprechenden Unterrubrik des Startmenüs an. Die Einträge des Startmenüs sind nach Themengebieten zusammengefasst und lassen sich auch Ihren individuellen Vorstellungen entsprechend anpassen.

- **Desktopicon/Schnellstarter**
  Erstellen Sie einen Schnellstarter im Panel oder ein Icon auf dem Desktop via Drag and Drop aus dem Startmenü. Das Programm lässt sich dann durch einen Einfachklick im Panel oder einen Doppelklick auf das Desktopicon starten.

  Die meisten Aktionen auf dem Desktop oder im Dateimanager erfordern bei GNOME in der Standardkonfiguration einen Doppelklick, dieses Verhalten lässt sich aber über den Reiter VERHALTEN im Menü BEARBEITEN • EINSTELLUNGEN des Universalbrowsers Nautilus ändern.

- **Eingabefenster**
  Kennen Sie den Namen der ausführbaren Programmdatei, so lässt sich das Programm auch über das Eingabefenster starten (siehe Abbildung 9.8). Dieses öffnet man durch die Tastenkombination `Alt` + `F2`.

- **Konsole**
  Wer maximale Information über die von einem gestarteten Programm ausgegebenen (Fehler-)Meldungen wünscht, der bedient sich des Konsolenprogramms *gnome-terminal*. Mehr zur Funktionsweise der Konsole finden Sie im nächsten Teilabschnitt.

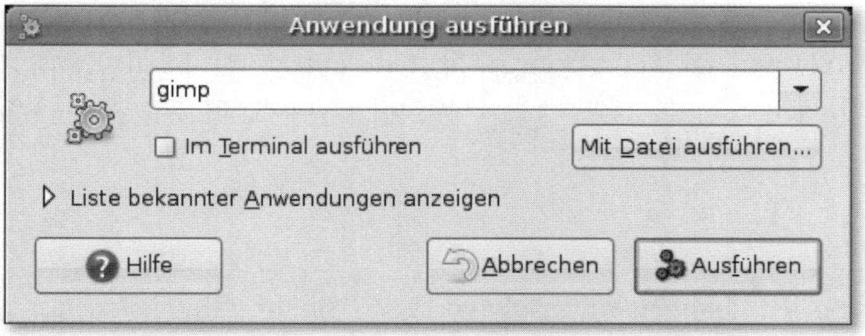

Abbildung 9.8 Das Eingabefenster

9.1.4 Wichtige Hilfsprogramme

Terminal

Im vorliegenden Buch werden wir sehr häufig auf das Terminal bzw. die Konsole zurückgreifen, eignet sich diese(s) doch hervorragend zur Erledigung von administrativen Aufgaben. Ein Terminal startet man aus dem Menü ANWENDUNGEN über ZUBEHÖR • TERMINAL. Besonders praktisch ist die Möglichkeit, über Reiter in einem Fenster mehrere Instanzen zu öffnen (Abbildung 9.9). So können Sie auf einem dieser Reiter die Meldungen eines Programms während des Ablaufs verfolgen und auf einem anderen Reiter weitere Befehle an das System eingeben.

[+] Sie brauchen mitnichten für jede zu startende Anwendung ein separates Terminal oder einen getrennten Reiter darin zu öffnen. Hängen Sie zusätzlich ein Kaufmannsund-Zeichen (z. B. `nautilus &`) an, um den Prozess direkt im Hintergrund zu starten und die Konsole für weitere Eingaben freizugeben. Einfluss auf die eventuellen Fehlermeldungen hat dies nicht, sie erscheinen weiterhin im Terminal.

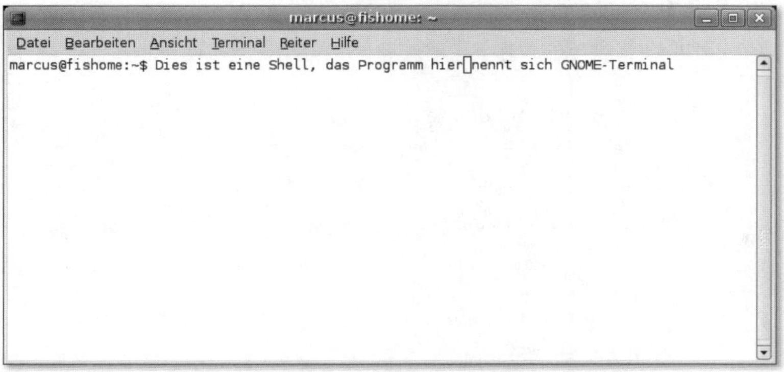

Abbildung 9.9 Ein wichtiges Werkzeug unter Linux: das Terminal

Seit der GNOME-Version 2.14 ist im Startmenü nicht mehr die Möglichkeit vorgesehen, ein Terminal mit Root- Rechten zu öffnen. Dies erreichen Sie aber aus einer »normalen« Konsole heraus relativ einfach durch Eingabe des folgenden Befehls und nachfolgender Eingabe des Standardbenutzerpassworts:

```
user$ sudo -s
<Passwort eingeben>
```

Die Root-Umgebung und auch jede beliebige Konsole verlassen Sie am schnellsten durch Eingabe der Tastenkombination Strg + D.

Fürs erste Überleben in der Konsole (in Fachkreisen auch »Shell« genannt) stellt die folgende Tabelle die wichtigsten Shell-Befehle zusammen. Einige davon werden Sie im Laufe des Buchs noch näher kennen lernen.

[+] In Kapitel 33 ab Seite 883 finden Sie eine ausführliche Befehlsreferenz. Sie finden dort so gut wie alle notwendigen Befehle samt ihren Optionen – Ihr Nachschlagewerk.

Befehl	Wirkung	Nützliche Parameter
Navigation		
`ls`	Verzeichnisinhalt anzeigen	`-a, -h, -l`
`pwd`	Aktuellen Pfad anzeigen	
`cd` <Verzeichnis>	In Verzeichnis wechseln	
`cd ..`	Eine Ebene höher gehen	
`cd`	Wechsel ins Heimverzeichnis	
Verzeichnisse		
`mkdir`	Verzeichnis erstellen	`-m, -p`
`rmdir`	Verzeichnis löschen	`-r, -v`
Dateien		
`touch <Dateiname>`	Datei erzeugen	
`rm <Dateiname>`	Datei löschen	`-r, -f, -d`
Dateien bearbeiten		
`nano, vi`	Beliebte Editoren auf der Kommandozeile aufrufen	
`less`	Ausgabe von Textdateien	
`cat` <Datei1> <Datei2>	Textdatei 1 und Textdatei 2 zusammenführen	
Administrative Aufgaben		
`sudo`	Befehl als Root ausführen	
`sudo -s`	Eine Root-Shell öffnen	
`halt, reboot`	System anhalten/neu starten (als Superuser auszuführen)	

Tabelle 9.1 Wichtige Shell-Befehle für Einsteiger

Deutsche Manpages

Die Bedeutung der oben angegebenen nützlichen Parameter erfahren Sie durch Eingabe von `man BEFEHL`. Dadurch wird die entsprechende Manualseite zum Befehl mit den möglichen Parametern aufgerufen. Möchten Sie die entsprechenden Hilfestellungen in deutscher Sprache angezeigt bekommen, so ist das Paket *manpages-de* zu installieren.

Editor

Spätestens dann, wenn Sie sich intensiver mit administrativen Aufgaben beschäftigen, kommen Sie um die Bedienung des Systemeditors nicht herum. GNOME bietet Ihnen zu diesem Zweck den Editor *gedit*, den Sie als normaler Benutzer über ANWENDUNGEN • ZUBEHÖR • TEXTEDITOR bzw. durch Eingabe von `gedit` innerhalb einer Konsole starten. Der Editor erinnert an das von Windows her bekannte Notepad, wenngleich er wesentlich mehr Möglichkeiten besitzt, z. B. lassen sich in einer Editorinstanz mehrere Dateien in Form von Reitern öffnen. Darüber hinaus beherrscht *gedit* Syntax-Highlighting bei den meisten Skript- bzw. Programmiersprachen, vgl. Abbildung 9.10.

Gedit ist durch Plug-ins beliebig erweiterbar. Sie erreichen die Einstellungen über das Menü BEARBEITEN • EINSTELLUNGEN. Dort wählen Sie den Reiter PLUGINS aus und können nun durch »Häkchen setzen« eine Vielzahl von Plug-ins aktivieren. In Abbildung 9.10 sehen Sie *gedit* in Aktion, während der Autor an diesem Buch arbeitet. Auf der linken Seite ist die *Datei-Browser-Leiste*, die über ein Plugin auf die eben beschriebene Weise integriert wurde.

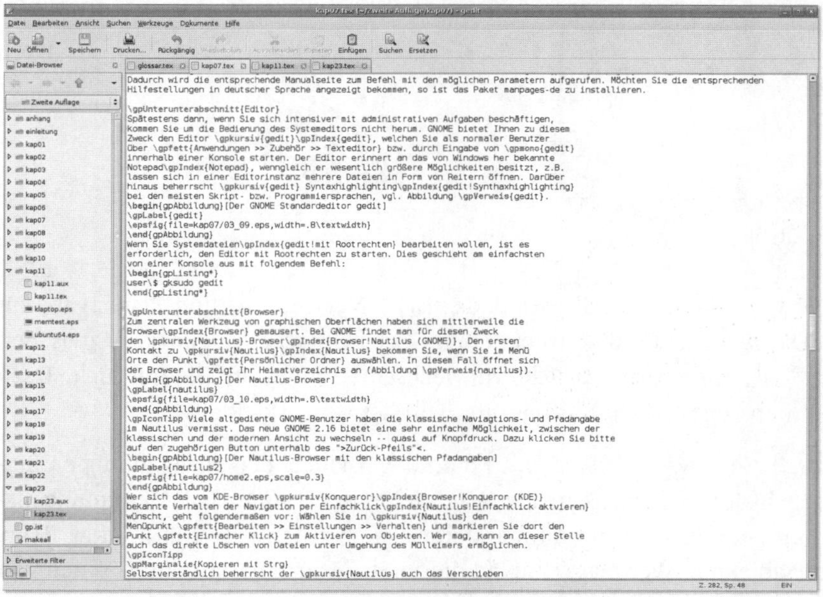

Abbildung 9.10 Der GNOME-Standardeditor gedit, hier mit dem LaTeX-Inhalt des derzeitigen Abschnittes

Systemdateien editieren

Wenn Sie Systemdateien bearbeiten wollen, ist es erforderlich, den Editor mit Rootrechten zu starten. Dies geschieht am einfachsten von einer Konsole aus mit folgendem Befehl:

```
user$ gksudo gedit
```

Browser

Zum zentralen Werkzeug von grafischen Oberflächen haben sich mittlerweile die Browser gemausert. Bei GNOME findet man für diesen Zweck den *Nautilus*-Browser. Den ersten Kontakt zu *Nautilus* bekommen Sie, wenn Sie im Menü ORTE den Punkt PERSÖNLICHER ORDNER auswählen. In diesem Fall öffnet sich der Browser und zeigt Ihr Heimatverzeichnis an (Abbildung 9.11).

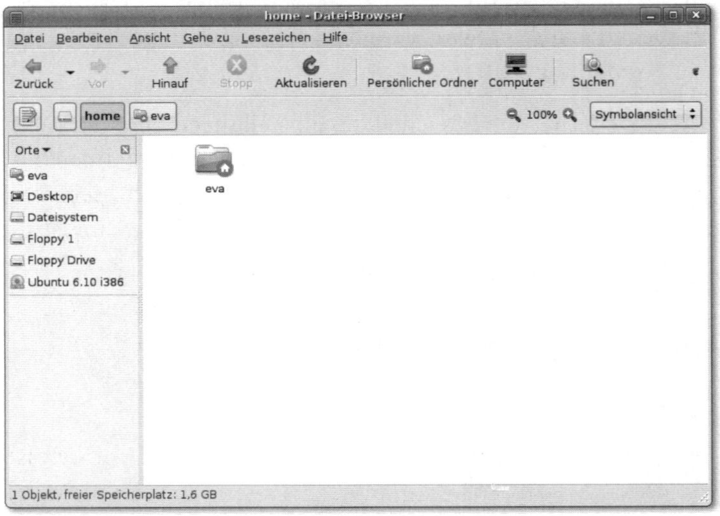

Abbildung 9.11 Der Nautilus-Browser

[+] Viele altgediente GNOME-Benutzer haben die klassische Navigations- und Pfadangabe im Nautilus vermisst. Das neue GNOME 2.16 bietet eine sehr einfache Möglichkeit, zwischen der klassischen und der modernen Ansicht zu wechseln – quasi auf Knopfdruck. Dazu klicken Sie bitte auf den zugehörigen Button unterhalb des »Zurück«-Pfeils.

Wer sich das vom KDE-Browser *Konqueror* bekannte Verhalten der Navigation per Einfachklick wünscht, geht folgendermaßen vor: Wählen Sie in *Nautilus* den Menüpunkt BEARBEITEN • EINSTELLUNGEN • VERHALTEN und markieren Sie dort den Punkt EINFACHER KLICK zum Aktivieren von Objekten. Wer mag, kann an dieser Stelle auch das direkte Löschen von Dateien unter Umgehung des Mülleimers ermöglichen.

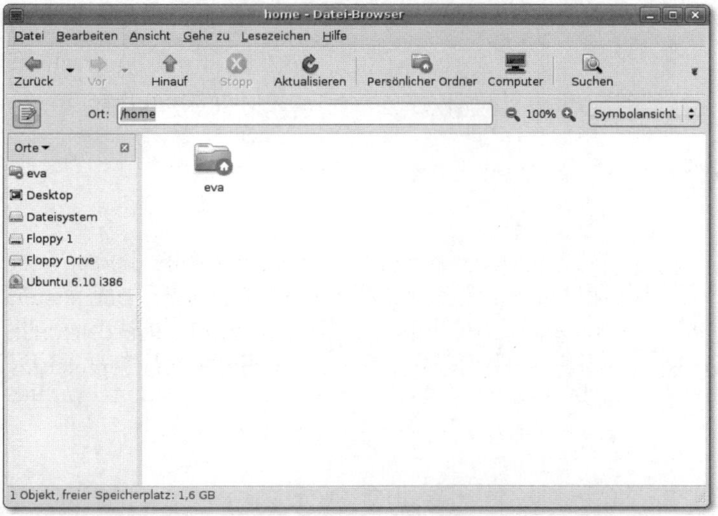

Abbildung 9.12 Der Nautilus-Browser mit den klassischen Pfadangaben

Kopieren mit Strg

Selbstverständlich beherrscht der *Nautilus* auch das Verschieben von Dateien via Drag & Drop von einem Fenster in das nächste. Soll eine Datei kopiert werden, so erreicht man dies durch Drücken der Strg-Taste während der Aktion. Darüber hinaus können Sie Dateien, wie bei fast allen bekannten Browsern üblich, auch mit Strg + C kopieren bzw. mit Strg + X ausschneiden und anschließend mit Strg + V an anderer Stelle wieder einfügen.

Integrierte Funktion zum Entpacken

Viele Funktionalitäten des *Nautilus*-Browsers erschließen sich dem Benutzer intuitiv. Oft ist es auch interessant, einmal das Kontextmenü für bestimmte Dateien im *Nautilus* näher zu inspizieren, das nach einem rechten Mausklick über dem Objekt erscheint. Eine gepackte Datei etwa lässt sich durch den Befehl Hier Entpacken (zu erreichen per rechtem Mausklick über dem betreffenden Objekt) innerhalb von Nautilus extrahieren. Die Suche nach Ordnern und Dateien ist im Nautilus über Gehe zu • Suchen erreichbar.

9.1.5 Zugriff auf Ressourcen

Windows-Umsteiger werden sich ein wenig umgewöhnen müssen in Bezug auf die Benennung gängiger Hardwareressourcen wie z. B. CD-ROM- Medien oder USB-Sticks. Jeder Hardwarekomponente wird eine sogenannte Device-Datei zugeordnet. Die folgende Tabelle zeigt die unter Linux-Systemen üblichen Zuordnungen.

Datenträgerbezeichnung	Linux-Devicebezeichnung	Eingebunden auf
DVD-/CD-ROMs	/dev/cdrom, /dev/cdrom1, ...	/mnt/cdrom
Floppy-Disk	/dev/fd0	/mnt/fd0
Festplatten	/dev/hda1 ... /dev/hdb1 ...	/mnt/hda1 ...
USB-Devices (Memorystick etc.)	/dev/sda1 ... /dev/sdb1 ...	/mnt/sda1 ...

Tabelle 9.2 Gerätedateien der Massenspeichermedien

Auf dem Ubuntu-Desktop unterscheidet sich die Arbeit mit Massenspeichermedien allerdings nur unwesentlich von der von Windows bekannten Verfahrensweise. Zentrale Anlaufstelle für die Peripherie ist unter Ubuntu zunächst einmal der Menüpunkt ORTE • COMPUTER: Dort finden Sie sämtliche aktuell eingebundenen Devices fein säuberlich in einem Nautilus-Fenster aufgelistet.

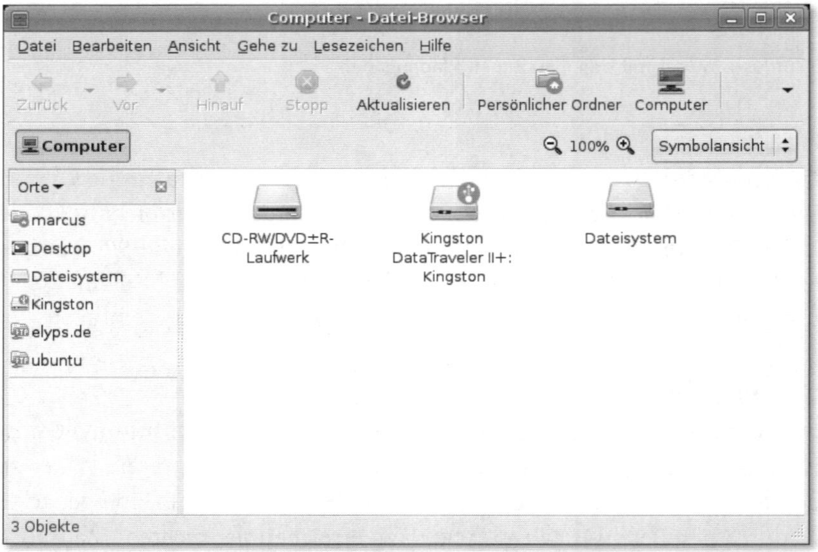

Abbildung 9.13 Aktuell auf dem Computer vorhandene Medien

Umgang mit Medien

CD-ROMs und DVDs werden mittlerweile auch unter Linux beim Einlegen automatisch in das Dateisystem eingebunden: Es öffnet sich z. B. beim Einlegen von Daten-CDs automatisch ein Laufwerksymbol sowie ein Nautilus-Fenster, das den Inhalt des Mediums anzeigt. Audio-CDs werden nach dem Einlegen direkt abgespielt.

[+] Die Verhaltensweise beim Hinzufügen eines Wechselmediums lässt sich ganz einfach im Menü SYSTEM • EINSTELLUNGEN • WECHSELDATENTRÄGER/-MEDIEN festlegen.

Um das Medium wieder auszuwerfen, muss man darauf achten, dass keine Anwendung mehr darauf zurückgreift, z. B. sollte das dem Medium zugeordnete Nautilus-Fenster geschlossen werden. Dann genügt ein Druck auf den Auswurfknopf, und Sie können die CD/DVD wie gewohnt entnehmen. Eine Alternative besteht darin, einen rechten Mausklick über dem Symbol des Datenträgers auf dem Desktop durchzuführen und den Kontextmenüpunkt AUSWERFEN zu wählen.

Umgang mit USB-Sticks

Wenn Sie einen USB-Memorystick verwenden und diesen in den PC einstecken, so erscheint nach einer kurzen Wartezeit ebenfalls ein Icon und eine Browserinstanz auf dem Desktop. Ubuntu verhält sich auch hier recht unkompliziert: Dateien können bequem per Drag & Drop auf den Stick kopiert bzw. vom Stick auf die Festplatte verschoben werden.

Das Anstecken eines USB-Sticks verursacht allerdings, dass das Dateisystem des Sticks fest in das Dateisystem des übrigen Computers eingebunden ist. Dies bedeutet (eben wie bei Windows), dass Sie den Stick nicht einfach so wieder abziehen dürfen; er muss sauber wieder »ausgehängt« werden. Klicken Sie hierzu mit der rechten Maustaste auf das neu erschienene Icon auf dem Desktop. Hier wählen Sie den Punkt AUSWERFEN. [«]

Der Grund für diese Verfahrensweise: Der Zugriff auf Massenspeicher erfolgt unter Linux gepuffert. Nach dem Durchführen von Dateioperationen (Speichern, Kopieren, Löschen, ...) seitens des Benutzers werden diese demnach nicht unmittelbar ausgeführt, sondern erst zu dem Zeitpunkt, an dem der Prozessor dafür ein Zeitfenster zur Verfügung stellt.

Äußerst praktisch ist die Möglichkeit, Dateien und Verzeichnisse auf einen CD-Rohling per Drag and Drop zu sichern. Legen Sie zu diesem Zweck einfach einen Rohling in den Brenner ein. Daraufhin öffnet sich eine *Nautilus*-Instanz mit dem Ortsnamen `burn:///`. Ziehen Sie nun die zu sichernden Daten in dieses Fenster, und betätigen Sie im *Nautilus* die Schaltfläche AUF CD/DVD SCHREIBEN: Fertig ist die Datensicherung.

9.1.6 Personalisieren des GNOME-Desktops

Richtig wohl fühlt man sich auf dem Desktop erst dann, wenn man einige grundlegende persönliche Einstellungen vorgenommen hat. Zentrale Anlaufstelle für diese Aktionen ist das Menü SYSTEM • EINSTELLUNGEN. Hier kann man unter anderem den Desktop mit einem neuen Hintergrund versehen (Menüpunkt Desktop-Hintergrund), den Bildschirmschoner einrichten (Menüpunkt Bildschirmschoner), aber auch das multimediale Verhalten des Systems beeinflussen (Multimedia). Das GNOME-Konzept unterscheidet sich hier etwas von dem entsprechenden Ansatz in KDE: Dort gibt es eine zentrale Instanz für derartige Aufgaben in Form des Kontrollzentrums, während GNOME für jede Aufgabe eine spezielle Anwendung zur Verfügung stellt.

Thema für den Desktop festlegen

Bequem ist die Auswahl eines sogenannten Desktopthemas zur Konfiguration des »Look and Feel«. Dazu bedient man sich des Themenmanagers (Menüpunkt Thema). Ein Thema beinhaltet einen speziellen Satz Icons, Hintergründe oder Fensterformen. Selbstverständlich können weitere Themen aus dem Internet kostenlos bezogen und installiert werden, die ersten Anlaufstellen hierfür sind *art.gnome.org* und *www.gnome-look.org*.

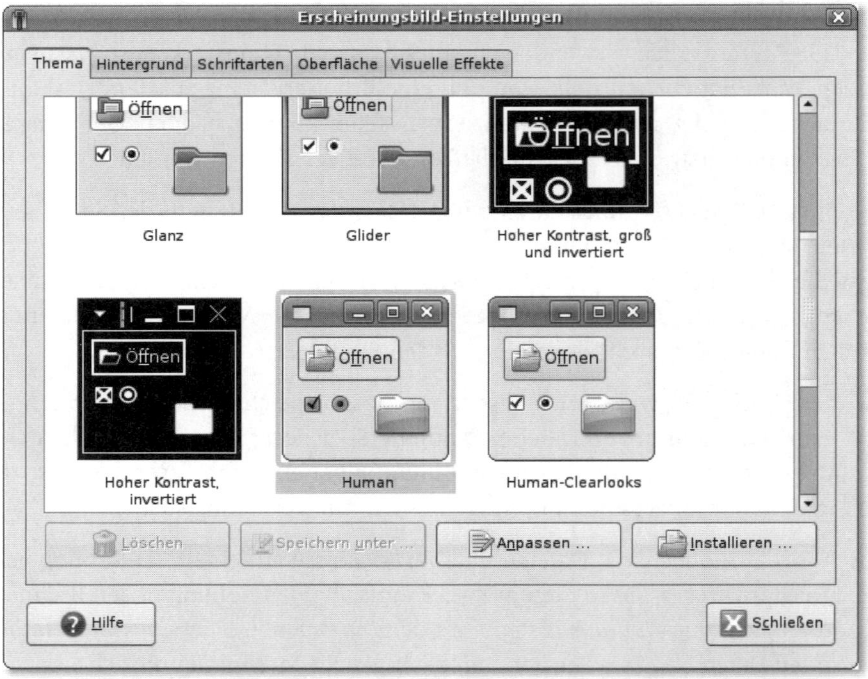

Abbildung 9.14 Der GNOME Themenmanager

Neues Thema

Die Installation eines neuen Themas ist sehr einfach: Begeben Sie sich auf die oben genannte Internetseite mit einem Browser Ihrer Wahl (z. B. *Firefox*,) und ziehen Sie die gewünschte Themendatei mittels Drag & Drop aus dem Browser in das geöffnete Themenmanagerfenster. Nach dem Fertigstellen des Downloads können Sie dann z. B. einen neuen Iconsatz über THEMA • EIGENSCHAFTEN aus der entsprechenden Rubrik anwählen.

Menü bearbeiten

In die GNOME-Version 2.14 wurde ein Menü-Editor zur individuellen Konfiguration des Anwendungsmenüs integriert. Dieser befindet sich unter SYSTEM • EINSTELLUNGEN • MENÜSTRUKTUR. Durch einfaches Anklicken und Häkchensetzen wählt man die Einträge entweder als sichtbar oder unsichtbar aus.

Der *Menü-Editor* ist insbesondere auch dann nützlich, wenn durch die Parallelinstallation von KDE einige unerwünschte KDE-Einträge im GNOME-Menü gelandet sind. Diese werden durch Abwählen des kleinen Hakens vor dem Menüeintrag deaktiviert und erscheinen anschließend nicht mehr im Menü.

Abbildung 9.15 Konfiguration des Startmenüs mit dem Menü-Editor

Dateitypzuordnung festlegen

Um einen MIME-[2]Dateityp, (z. B. pdf, avi oder png) immer mit einem bestimmten Programm zu öffnen, gehen Sie folgendermaßen vor: Zunächst suchen Sie mit dem Dateimanager *Nautilus* eine Datei des gewünschten Typs. Mit einem Rechtsklick über der Datei öffnen Sie das Kontextmenü und wählen hier Eigenschaften aus. Aus den verschiedenen Untermenüs wählen Sie den Reiter ÖFFNEN MIT. Dort sind alle Programme aufgelistet, die schon einmal zum Anzeigen der gewählten Datei verwendet wurden. Über den Button HINZUFÜGEN (unten rechts im Fenster) können auch noch weitere Programme ausgewählt werden, es kann sogar ein benutzerdefinierter Befehl eingegeben werden.

2 MIME steht für Multipurpose Internet Extension.

9.2 Benutzerverwaltung

Nach der Installation von Ubuntu sind Sie erstmal allein in Ihrem System, da Sie nur einen Benutzer bei der Installation angelegt haben. Ein große Stärke von Linux liegt aber in der hervorragenden Mehrbenutzerfähigkeit. Sie legen weitere Benutzer sehr einfach über die grafische Oberfläche an. Um weitere Benutzerkonten anzulegen, führen Sie bitte SYSTEM • SYSTEMVERWALTUNG • BENUTZER UND GRUPPEN aus. Hier klicken Sie einfach auf BENUTZER HINZUFÜGEN und geben die erforderlichen Daten ein.

Das Anlegen von verschiedenen Benutzerkonten hat einige Vorteile. So kann jeder Benutzer seine eigenen Einstellungen speichern. Die Dateien der verschiedenen Nutzer werden getrennt angeordnet. Aber auch Sicherheitsaspekte spielen hierbei eine Rolle. Ein Benutzer kann jeweils nur in seinem Verzeichnis Schaden anrichten und nicht auf dem ganzen System.

9.2.1 Benutzer: User oder Administrator

Nicht jeder Nutzer hat umfassende Rechte: Administrative Befehle mit *sudo* kann im Normalfall nur der bei der Installation von Ubuntu angelegte Benutzer (Uid=1000) durchführen.

Um zusätzlichen Benutzern die Möglichkeit zu geben, auch mit *sudo* zu arbeiten, müssen diese Benutzer zu der Linux-Gruppe *admin* hinzugefügt werden. Dies geschieht grafisch über SYSTEM • SYSTEMVERWALTUNG • BENUTZER UND GRUPPEN. Hier müssen Sie beim Neuanlegen eines Nutzers darauf achten, dass Sie ihm ein Administrator-Profil zuweisen. Bei einem bereits angelegten Benutzer müssen Sie die EIGENSCHAFTEN aufrufen. Hier setzen Sie ein Häkchen bei den Benutzerrechten SYSTEM ADMINISTRIEREN.

9.2.2 Grafischer Benutzerwechsel

Oben rechts im Panel steht der Name, mit dem Sie sich als Nutzer identifiziert haben. Durch einen Klick auf diesen Namen erscheint eine Liste aller am System registrierten Benutzer. Die angemeldeten Nutzer haben hierbei ein Häkchen hinter ihrem Namen, der aktuelle Nutzer ist grau hinterlegt. Durch einen Klick auf einen anderen Namen wechselt man zu dem entsprechenden Konto.

[»] Sie können jetzt auch Nachrichten hinterlassen, wenn Sie an einen PC gelangen, auf dem Ubuntu 7.10 läuft und der von seinem Nutzer gesperrt wurde. Für diesen Zweck gibt es den neuen Button LEAVE MESSAGE in der Anmeldemaske. Sie können beliebig viele Nachrichten hinterlassen. Diese werden dem Nutzer angezeigt, wenn er sich wieder angemeldet hat.

9.3 Die umfassende Suche

Die Festplattenkapazitäten haben sich in den letzten 15 Jahren um den Faktor 1000 vergrößert. Waren damals noch Festplatten mit 20 Megabyte brandaktuell, so sind wir inzwischen im Bereich von mehreren hundert Gigabyte angekommen. Mit der zunehmenden Verbreitung von Computern im Privat- und Berufsleben sind auch die Datenmengen enorm angestiegen, die ein jeder von uns auf seiner Festplatte abspeichert. Der Computer hat hierbei Bereiche erobert, die damals undenkbar waren. So schreiben wir heute nicht mehr nur Briefe oder führen Datenbanken auf unseren PCs, sondern wir hören auch Musik, surfen im Internet und schauen Filme. Die Menge der Daten nimmt immer weiter zu und ein Ende ist nicht abzusehen.

Im Internet ist es zur Selbstverständlichkeit geworden, dass wir eine Suchmaschine benutzen, weil eine Suche über Verzeichnisse oder Listen viel zu zeitintensiv wäre. Keiner von uns kommt mehr auf die Idee, sich bei der Suche nach Informationen durch verlinkte Seiten zu bewegen, ähnlich wie bei der Navigation über Ordner auf unserer lokalen Festplatte. Es ist effektiver, wenn wir bestimmte Informationen mithilfe einer Suchmaschine suchen. Deren Bedeutung erschließt sich einem sofort, wenn man sich die Entwicklung von Firmen wie Google näher ansieht; Suchen ist heutzutage ein Milliardenmarkt.

Zurzeit erleben wir die interessante Entwicklung, dass wohl zum ersten Mal in der Geschichte des Internets eine Technik, die sich speziell im Internet etabliert hat, langsam auf den heimischen Desktop übergeht. Es ist nicht verwunderlich, dass sich Firmen wie Google oder Microsoft ein Stück vom Kuchen sichern möchten und mit der sogenannten Desktop-Suche auf unseren PC drängen.

Ein weiterer wichtiger Aspekt, der diese Technik so interessant macht, ist die fortschreitende Anbindung unserer PCs an das weltweite Netz. Durch schnelle Verbindungen wie DSL und Flatrates sind viele Computer inzwischen konstant online, während sie angeschaltet sind. Dieser Aspekt ermöglich die Fusion von lokaler und weltweiter Suche. Eine moderne Desktop-Suche durchstöbert gleichzeitig Ihren PC und das Internet, wenn Sie dies wünschen. Die Suchmaschine aus dem Internet wird somit nur noch zu einem Dienstleister für lokale Such-Software. So zahlt etwa Google einen zweistelligen Millionenbetrag dafür, im *Firefox* die voreingestellte Standard-Suchmaschine zu sein.

Deskbar hilft beim Suchen

In GNOME ist zu diesem Zweck schon seit längerer Zeit eine Desktop-Suche integriert, die die eben genannten Eigenschaften hat. Diese sogenannte Deskbar wurde konstant weiterentwickelt, sodass ich Ihnen empfehlen kann, diese in eine Ihrer Panels zu integrieren.

Dazu klicken Sie mit der rechten Maustaste auf eine leere Stelle Ihres Panels und wählen den Punkt ZUM PANEL HINZUFÜGEN. Aus der folgenden Liste suchen Sie sich *Deskbar* heraus und wählen HINZUFÜGEN.

Sie finden die Deskbar über die orangefarbene Lupe im Panel. Mit einem Klick auf die linke Maustaste erscheint das *Deskbar Applet*, in welchem Sie Ihre Suchanfragen eingeben können.

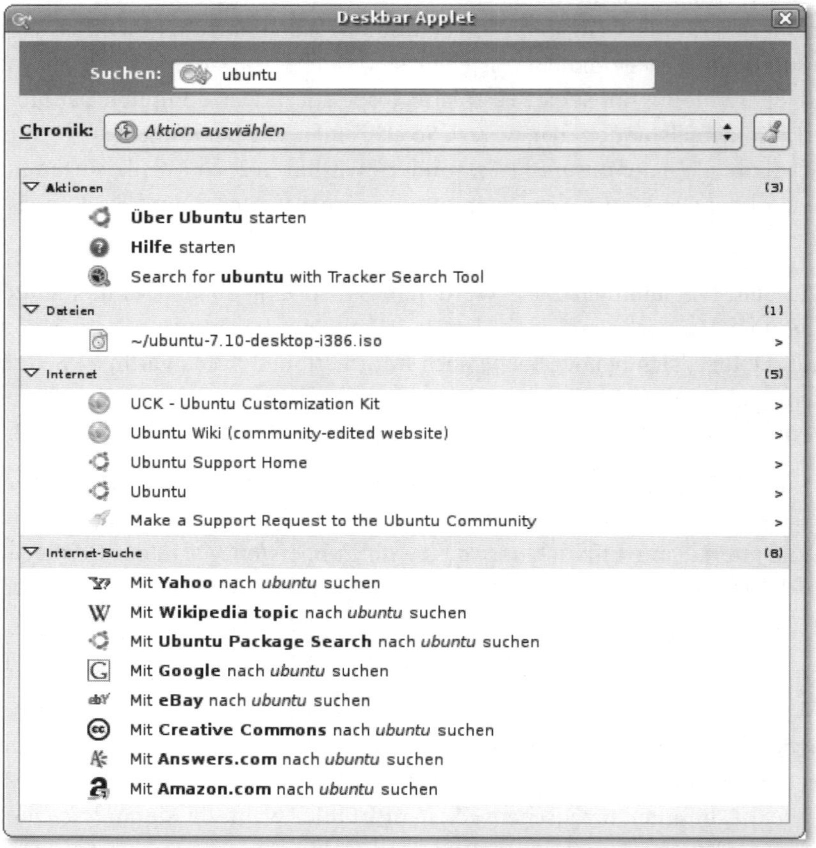

Abbildung 9.16 Das Deskbar-Applet stellt die Suchmaske zur Verfügung.

Standardmäßig wird bei anfallenden Suchanfragen nicht das Internet durchsucht, sondern lediglich eine Verknüpfung zu einer Suchmaschine zur Verfügung gestellt. Wenn Sie bei einer Suchanfrage auch Ergebnisse aus dem Internet erhalten möchten, dann müssen Sie dies der Deskbar in den Einstellungen mitteilen. Durch einen Klick mit der rechten Maustaste gelangen Sie zu diesen Einstellungen.

Damit die lokale Desktop-Suche überhaupt Ergebnisse hat, müssen die Dateien in einer stetig wachsenden Datenbank gespeichert sein. Dies funktioniert ähnlich wie im Internet: Auch dort werden die Suchergebnisse aus einer Datenbank genommen und nicht erst während der Eingabe eines Suchbegriffs generiert. Diese Indexierung übernimmt dabei ein sogenannter Tracker, der alle lokalen Dateien in einer Datenbank abspeichert. Die so gesammelten Daten werden dann zur Suche genutzt.

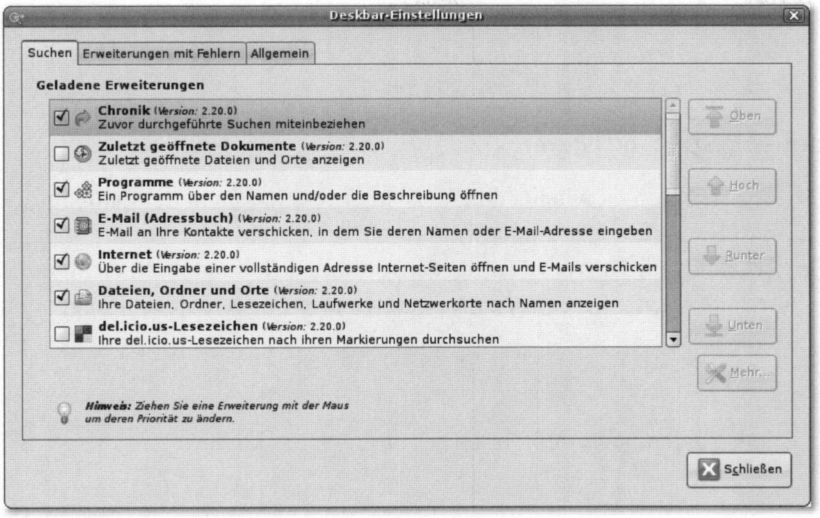

Abbildung 9.17 Hier können Sie die Einstellungen der Deskbar verändern.

Die Deskbar versucht, die Ergebnisse möglichst übersichtlich darzustellen. Daher werden manche Funktionen, wie z. B. die lokale Suche nach Dateien und Ordnern, durch eine Verknüpfung zur Verfügung gestellt. Durch einen Klick auf diese Verknüpfung öffnet sich der eigentliche Such-Dialog, der einem die Ergebnisse zeigt.

Die Deskbar kann aber noch mehr. Es können mithilfe von zahlreichen Plugins auch Programme gestartet oder gesucht werden und Aktionen des Rechners wie das Herunterfahren aktiviert werden. Weiterhin können Sie Datenquellen wie Wörterbücher, eigene Lesezeichen (Bookmarks) oder die Chronik Ihres Browsers nutzen.

9.4 GNOME-Tipps

Der folgende Abschnitt gibt einige Hinweise zu dem Thema, wie man sich das Leben auf dem Desktop verschönern kann.

9.4.1 Tastaturanpassung

Wer viel in der Shell arbeitet bzw. programmiert, der wird bei älteren Ubuntu-Varianten feststellen, dass wichtige Zeichen wie z. B. die Tilde ~ nicht bei der üblichen Tastenkombination erscheinen. Die Lösung: Passen Sie das Tastaturlayout an. Starten Sie dazu das entsprechende Programm über SYSTEM • EINSTELLUNGEN • TASTATUR und wählen Sie dort den Menüpunkt *Belegungen*. Fügen Sie über die entsprechende Schaltfläche die Tastaturbelegung *German Eliminate Dead Keys* hinzu und wählen Sie diese anschließend als Standardbelegung bzw. Vorgabe aus. Starten Sie zum Testen ein Terminalfenster: Nun sollten auch die Sonderzeichen wie gewohnt erscheinen.

9.4.2 NumLock beim Start aktivieren

Bei manchen Installationsvarianten ist wie bei den meisten Linux-Systemen der Zahlenblock der gewöhnlichen Computertastatur nach dem Systemstart nicht aktiviert. Abhilfe schafft das kleine Paket *numlockx*, das im Universe-Zweig von Ubuntu beheimatet ist. Achten Sie also vor der Installation darauf, dass dieses Repository aktiviert ist. Geben Sie den folgenden Befehl ein:

```
user$ sudo apt-get install numlockx
```

Nach dem Neustart ist der Zahlenblock Ihrer Tastatur automatisch aktiviert.

9.4.3 Symbolgröße auf dem Desktop ändern

Die Symbole auf Ihrem Desktop sind Vektorgrafiken, deren Größe Sie leicht beeinflussen können. Machen Sie hierzu einen Rechtsklick auf das Symbol und wählen Sie den Menüpunkt SYMBOL STRECKEN. Nun können Sie das Symbol an eine Ecke »anfassen« und auf eine beliebige Größe strecken.

9.4.4 Zusätzliche Schriften installieren

Windowsumsteiger erleben meist eine große Enttäuschung, wenn sie nach dem Wechsel zu Linux ihre alten Microsoft-Word-Dokumente in OpenOffice.org öffnen: Diese zeigen oft nicht mehr die gewohnte Optik, da die Windows-spezifischen Schriften nicht frei weitergegeben werden dürfen.

msttcorefonts

Installieren Sie die fehlenden Schriften mit dem Paket *msttcorefonts*. Dabei handelt es sich um ein kleines Programm, das die Microsoft-Schriften aus dem Internet herunterlädt und installiert. Bevor Sie das Programm installieren können, muss der Multiverse-Repositoryzweig freigeschaltet werden.

```
user$ sudo apt-get install msttcorefonts
```

Die Schriften befinden sich nach dem Download im Verzeichnis */usr/share/fonts/truetype/msttcorefonts*.

Kopieren Sie die Truetype-Schriften einer parallelen Windows-Installation aus dem Verzeichnis WINDOWS/Fonts in das Linux-Verzeichnis */usr/share/fonts/truetype*. Die Windows-Systempartition mounten Sie dazu wie in Abschnitt 3.3.3 beschrieben:

```
user$ sudo cp *.ttf /media/windows/WINDOWS/Fonts \
         /usr/share/fonts/truetype
```

Nach einem Ein- und Ausloggen in die Benutzeroberfläche können Sie sich an der gewohnten Optik Ihrer Word-Dokumente erfreuen.

9.4.5 GNOME-Systemkonfiguration ändern

Wer tieferen Einblick in das GNOME-System erhalten möchte, der schaue sich einmal den GNOME-Systemeditor an. Das Programm wird über den Befehl

```
sudo apt-get install gconf-editor
```

installiert und mit dem Befehl

```
gconf-editor
```

gestartet. Dort findet man in einer Baumstruktur nahezu sämtliche Einstellmöglichkeiten der GNOME-Oberfläche.

Ein Beispiel: Standardmäßig hat GNOME den Mülleimer vom Desktop auf das Panel verbannt. Wer dennoch einen Mülleimer auf dem Desktop angezeigt haben möchte, der wählt den Eintrag APPS • NAUTILUS • DESKTOP • TRASH_ICON_VISIBLE aus. [zB]

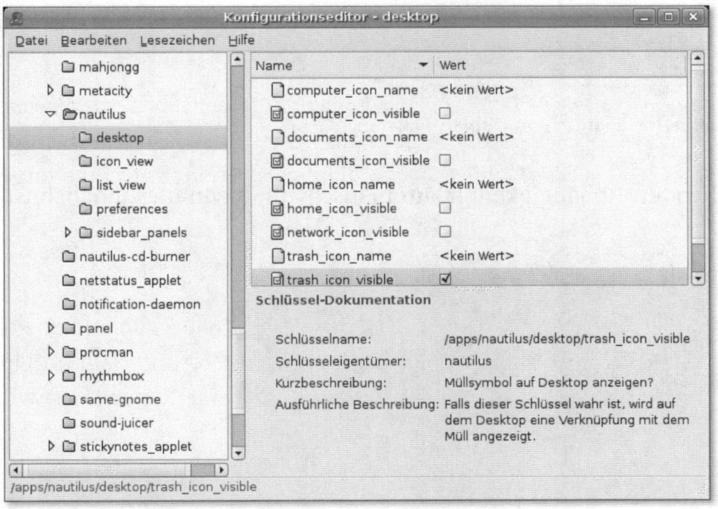

Abbildung 9.18 Der GNOME-Konfigurationseditor

Zugegebenermaßen ist dieser Konfigurationseditor für den Anfänger alles andere als übersichtlich, aber ein Blick darauf lohnt sich in jedem Fall.

9.4.6 Debian-Pakete per Mausklick installieren

Manchmal möchte man Debian-Pakete installieren, die sich nicht in einem Standardrepository befinden. Damit das Ganze per Mausklick aus dem *Nautilus*-Browser heraus klappt, gibt es das Paket *gdebi*. Es ist standardmäßig in Ubuntu enthalten und öffnet sich automatisch, wenn Sie ein Debian-Package (zu erkennen an der Endung .deb) herunterladen oder durch Doppelklick installieren wollen (siehe Abbildung 9.19).

Sie werden bei der Installation immer nach Ihrem Passwort gefragt, da das Installieren von Software immer Administrationsrechte erfordert.

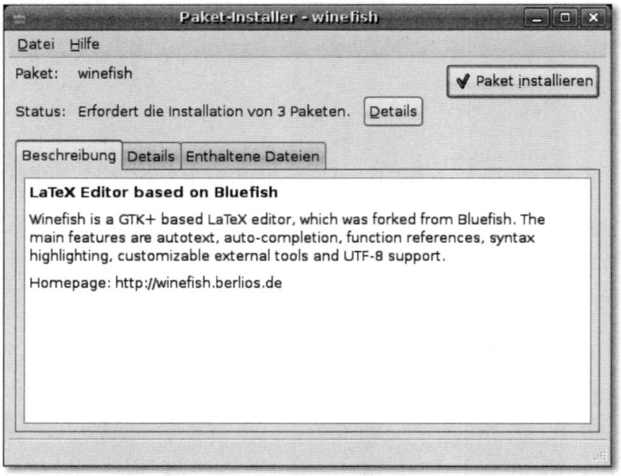

Abbildung 9.19 gdebi – Vereinfachte Installation von Debian-Paketen

Gdebi löst hierbei alle bestehenden Abhängigkeiten automatisch auf, wenn dies möglich ist.

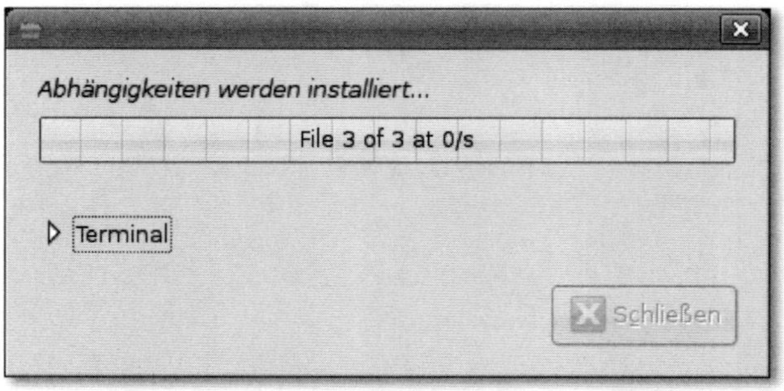

Abbildung 9.20 Automatische Installation von notwendigen Paketen

Falls Sie ein Paket installieren wollen, das sich ebenfalls in den offiziellen Repositories befindet, dann werden Sie durch einen Hinweis benachrichtigt (siehe Abbildung 9.21), dass die Installation aus den klassischen Paketquellen zu bevorzugen sei. Sie können diesen

Hinweis getrost ignorieren, wenn Sie sich über die Herkunft des Pakets sicher sind oder wissen, was Sie tun.

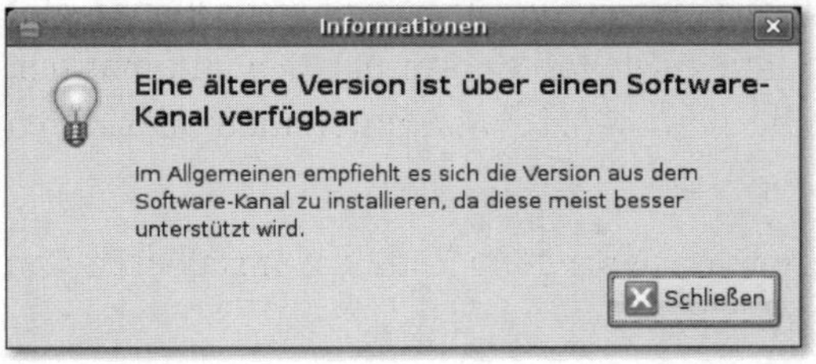

Abbildung 9.21 Eine Installation aus den offiziellen Repositories ist auf jeden Fall zu bevorzugen.

9.4.7 gDesklets

Ein echtes Eyecandy (dt. *ein Hingucker*) sind die gDesklets (die GNOME Desktop Applets). Dabei handelt es sich um kleine Anwendungen, die das Leben auf dem Desktop schöner machen. So können z. B. verschiedene Hardwaresensoren definiert werden, der lokale Wetterbericht in Form eines Feeds eingesehen und dem Starterpanel ein Mac-OS-X-Look verpasst werden.

Obwohl die gDesklets aus dem Universe-Repository direkt mit apt-get installiert werden können, empfiehlt es sich, die jeweils aktuelle Version von der gDesklet-Homepage *http://gdesklets.gnomedesktop.org* herunterzuladen. Sie benötigen zwei Pakete: Das erste nennt sich *gDesk lets<Version>.deb*, das zweite *gDesklets-data <Version>.deb*. Letzteres enthält eine Kollektion derzeit populärer Desklets. Achten Sie darauf, dass die Hauptversionsnummern der beiden Pakete übereinstimmen. Diese Pakete können nach dem Download mit *gdebi* über einen Rechtsklick auf das Paket bequem installiert werden, vgl. Abbildung 9.19.

Nach der Installation starten Sie den gDesklet-Daemon aus dem Hauptmenü über ANWENDUNGEN • ZUBEHÖR • GDESKLETS. Haben Sie wie oben beschrieben das gDesklet-Datenpaket mitinstalliert, so können Sie nun aus einer Vielzahl von Miniprogrammen auswählen und diese auf dem Desktop installieren. Dazu wählen Sie das entsprechende Applet durch Anklicken aus, gehen in das Menü DATEI und klicken dort AUSGEWÄHLTES DESKLET STARTEN an. So können Sie Ihren Desktop in eine perfekte Informationszentrale verwandeln.

Die vorliegende Konfiguration hat noch einen kleinen Schönheitsfehler: Beim Neustarten der GNOME-Oberfläche sind die Desklets wieder verschwunden. Sie müssen nämlich dafür sorgen, dass der Desklet-Daemon schon während des Starts von GNOME geladen wird. Das erreichen Sie durch Eintragen des Befehls `gdesklets` im Autostartverwalter unter SYSTEM • EINSTELLUNGEN • SITZUNGEN • STARTPROGRAMME.

Abbildung 9.22 Mit gDesklets lässt sich der Desktop verschönern.

9.4.8 Vordefinierte Ordner umbenennen

Viele Benutzer von Windows XP haben die Ordnerstruktur ihres Betriebssystems schätzen gelernt. Unter *Eigene Dateien* befanden sich hier *Eigene Musik*, *Eigene Bilder* usw. Damit sich diese Nutzer gleich heimisch fühlen an einem Linux-System, hat GNOME vordefinierte Ordner im */home*-Verzeichnis (Persönlicher Ordner) angelegt.

Die wichtigsten Ordner (Dokumente, Musik, Bilder und Videos) erreichen Sie z. B. über das obere Panel unter Orte. Wenn Sie den persönlichen Ordner mit Nautilus öffnen, haben Sie zusätzlich noch die Ordner *Öffentlich* und *Vorlagen*.

Sie können die Namen dieser Ordner selbstverständlich verändern. Ein Rechtsklick auf die Namen im Orte-Menü funktioniert leider nicht, aber wenn Sie Ihr */home*-Verzeichnis, den *Persönlichen Ordner*, öffnen, können Sie diese auf gewohnte Weise umbenennen. Die Änderungen werden sofort übernommen und sind auch im Panel sichtbar.

9.4.9 Ordner teilen

Ab GNOME 2.22 gibt es eine besonders bequeme Möglichkeit, Ordner für mehrere Benutzer freizugeben. Prinzipiell konnte man dies bisher natürlich auch über eine manuelle Rechtevergabe erreichen, aber die grafische Lösung ist deutlich bequemer. Sie erreichen den neuen Dialog über die rechte Maustaste und dort über das Kontextmenü SHARING OPTIONS oder unter EIGENSCHAFTEN im letzten Reiter.

Abbildung 9.23 Sie können Ordner für andere Benutzer, aber auch für Gäste des Systems freigeben.

Wenn Sie Ihren Ordner für andere Personen freigeben, muss Nautilus die Zugriffsrechte der betreffenden Dateien ändern. Achten Sie darauf, dass kein Programm während dieser Änderungen Zugriff auf den betreffenden Ordner hat. Ansonsten bricht der Vorgang mit einer Fehlermeldung ab.

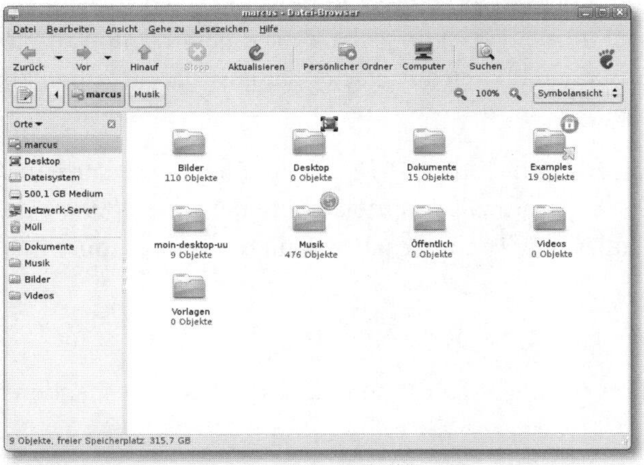

Abbildung 9.24 Ordner, die mit anderen Benutzern geteilt werden, erhalten ein Icon-Attribut, um sie auf den ersten Blick von persönlichen Ordnern unterscheiden zu können.

Nun sind andere Benutzer des Systems in der glücklichen Lage, kompletten Zugriff auf diesen Ornder zu haben. Allerdings ist hierbei auch Vorsicht anzuraten; die anderen Benutzer haben nunmehr auch das Recht Dateien zu löschen.

Wenn ein anderer Benutzer Zugriff auf den freigegebenen Ordner haben möchte, muss er umständlich durch den Dateibaum navigieren. Viel bequemer wäre es doch, wenn die Benutzer sich beispielsweise einen einzigen Musikordner teilen, auf den beide vollen Zugriff haben. In einem anderen Tipp haben Sie schon von den vordefinierten Ordnern im /home-Verzeichnis gelesen. Diese wollen wir jetzt nutzen.

Die Vorgehensweise ist einfach: Zuerst gibt Benutzer 1 seinen Musikordner wie eben beschrieben frei. Danach muss Benutzer 2 in seinem */home*-Verzeichnis den eigenen Musikordner löschen und stattdessen einen Softlink auf den Musikordner von Benutzer 1 anlegen:

```
user1$ rmdir Musik/
benutzer2$ ln -s /home/benutzer1/Musik/
```

Benutzer2 muss sich anschließend einmal aus- und wieder einloggen, damit der Softlink auch im Panel als gültige Verknüpfung angezeigt wird.

9.4.10 Integrierte Desktop-Effekte

Wie Windows und Mac OSX hat auch Linux inzwischen einen 3D-Desktop, respektive 3D-Effekte, um den Desktop räumlicher wirken zu lassen. Verantwortlich für diese teilweise ausufernden Effekte ist *Compiz*. Wenn Ihnen die Effekte zu zahlreich sind oder diese die Leistungsfähigkeit Ihrer Hardware auf eine harte Probe stellen, dann wünschen Sie sich vielleicht eine schlanke Alternative, die wesentlich ressourcenschonender funktioniert.

Metacity, der Fenstermanager von GNOME besitzt ab der Version 2.22 einen eigenen Composite-Manager. Dieser ermöglicht dreidimensionale Effekte ohne zusätzlichen Ballast wie Compiz. Die Effekte sind aber »GNOME-like«, d. h. sehr schlank nach dem Motto »So wenig wie möglich, soviel wie nötig«. So beschränkt sich Metacity zumeist darauf, ausgiebig Gebrauch von *Alpha-Blending* zu machen.

Ein Composite-Manger benötigt selbstverständlich die 3D-Fähigkeiten der Grafikkarte und diese sind nur verfügbar, wenn der korrekte (oftmals proprietäre) Treiber installiert wurde. Aus diesem Grund sind die Effekte standardmäßig abgeschaltet. Man aktiviert sie durch die Eingabe des Befehls

```
gconftool-2 -s --type bool /apps/metacity/general/compositing_manager true
```

im Terminal. Nach einem Neustart Ihres Rechners fällt Ihnen ein optisch ansprechenderes GNOME auf.

Im Übrigen müssen Sie die obige Zeile für jeden Benutzer einzeln eingeben, wenn derjenige auch den Composite-Manager nutzen möchte. Ein weiterer Vorteil des Metacity-Composite-Manager besteht ebenfalls darin, dass Sie jetzt trotz aktivierter Effekte Screenshots von einzelnen Anwendungen mit Fensterrrahmen machen können. Hierzu nutzen Sie die Tastenkombination `Alt` + `Druck`. Bei Benutzung von Compiz war dies nicht möglich.

9.4.11 Transparentes Terminal

Man muss nicht immer aufwendige Themes einrichten oder Compiz-Fusion installieren, um dem Desktop ein wenig mehr Pepp zu geben. Selbst das von Natur aus eher biedere Fenster zum System, das Terminal, lässt sich mit einigen Handgriffen optisch ein wenig aufwerten. Ein sehr einfaches, aber effektives Mittel hierfür bringt GNOME von Haus aus mit.

Die Einstellungen hierzu befinden sich im GNOME-Terminal unter BEARBEITEN • PROFILE. Sie haben hier die Möglichkeit verschiedenen Profile anzulegen, um das Terminal verschiedenen Zwecken anzupassen. Das einzelne Profil können Sie unter dem Punkt Bearbeiten an Ihre Bedürfnisse anpassen. Unter dem Reiter EFFEKTE befinden sich die nötigen Einstellungen. Hier können Sie bestimmen ob und wie stark das Terminal transparent erscheinen soll. Des Weiteren ist es möglich, ein beliebiges Hintergrundbild zu verwenden.

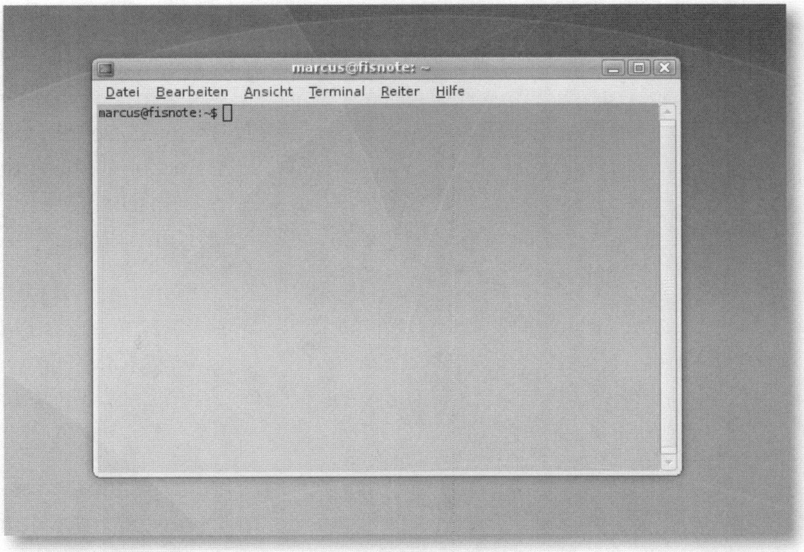

Abbildung 9.25 Auch mit einfachen Mitteln lässt sich GNOME optisch aufwerten.

»Es ist leicht über ein Königreich zu herrschen,
aber schwer, die eigene Familie zu regieren.«

(Chinesisches Sprichwort)

10 Kubuntu

Kubuntu ist ein Derivat von Ubuntu mit der Desktop-Umgebung KDE statt GNOME. KDE ist eine sehr stark konfigurierbare Desktopumgebung mit zahlreichen Einstellungsmöglichkeiten. Auf den ersten Blick kann das recht verwirrend und unübersichtlich erscheinen. Wenn Sie Ihr System aber gern maximal an Ihre Bedürfnisse anpassen, dann sind Sie bei KDE genau richtig.

KDE 3 oder 4?

Kubuntu geht bei der Veröffentlichung der Version 8.04 einen zweispältigen Weg. Sie können auf den offiziellen Servern zwei Varianten von Kubuntu herunterladen: Zum einen ist eine Version mit KDE 3.5.9 und zum anderen eine mit KDE 4 erhältlich.

Auf der beiliegenden DVD Nr. 2 sind die CD-Abbilder beider Varianten im Ordner *isos* zu finden. Des Weiteren gibt es für beide Varianten getrennte Metapakete: *kubuntu-desktop*, bzw. *kubuntu-kde4-desktop*.

Ich werde mich in diesem Kapitel ausschließlich mit der stabilen Version von KDE 3 beschäftigen, da meine Erfahrungen zeigen, dass die derzeitige Version von KDE 4 zwar hübsch anzusehen, sich aber nicht für ein Produktivsystem eignet (Stand Juni 2008). Die bereits angekündigte Version KDE 4.1 soll allerdings erheblich stabiler werden.

Dieser ambivalente Weg führte dazu, dass Kubuntu 8.04 »Hardy Heron« keine LTS-Version wurde, da nicht genug Zeit zum Testen der stabilen Version blieb.

10.1 Installation

Linux-Insider haben es längst bemerkt: Ubuntu bevorzugt als Standarddesktop GNOME. Nun gibt es aber eine große Zahl von Anwendern, die statt mit GNOME lieber mit dem KDE-Desktop arbeiten. Windows-Umsteiger fühlen sich damit tendenziell wohler.

Abbildung 10.1 Kubuntu installieren

Sie haben prinzipiell vier Möglichkeiten, mit Ubuntu zu einem KDE-Desktop zu gelangen:

- Brennen Sie sich eine CD mit einem Kubuntu-Abbild von den beiliegenden DVDs. Wie dies im Einzelnen funktioniert, erfahren Sie in Abschnitt 4 ab Seite 175.
- Besorgen Sie sich ein Kubuntu-ISO, z. B. von *www.kubuntu.org*, und installieren Sie damit Ihr System. Kubuntu ist die KDE-Variante von Ubuntu, Abbildung 10.1 zeigt das Kubuntu-Startbild vor Beginn der Installation. Der geänderte Startbildschirm ist auch schon der einzige Unterschied zur herkömmlichen Ubuntu-Installation, die Installation von Kubuntu läuft analog zu dem in Abschnitt 6.4 beschriebenen Verfahren ab.
- Bestellen Sie sich kostenlos über shipit (*http://shipit.kubuntu.org*) eine Kubuntu-CD und installieren Sie über eben diese.
- Andererseits lässt sich ein bestehendes Ubuntu/GNOME-System auch leicht um den KDE-Desktop erweitern. Dazu ist lediglich ein einziges Metapaket mit *Synaptic* oder *apt-get* zu installieren. Das Paket heißt *kubuntu-desktop* und wird mit *apt-get* wie folgt installiert:

```
user$ sudo apt-get install kubuntu-desktop
```

Während der Konfiguration des Metapakets wird nachgefragt, ob man den Loginmanager *gdm* von GNOME oder *kdm* von KDE bevorzugt. Die Entscheidung ist letztendlich Geschmacksache, beide Desktops lassen sich vom jeweils anderen Loginmanager starten.

Nach der Ausführung des Befehls loggt man sich aus GNOME aus und kann nun am Login KDE als neue Sitzungsart auswählen (Mausklick auf Sitzung, dort KDE wählen). Nach dem neuerlichen Einloggen erscheint Ubuntu im KDE-Gewand. Sollte KDE nach dem Start nur die englischsprachige Lokalisierung aufweisen, müssen Sie die Pakete für die deutsche Lokalisierung noch nachinstallieren. Dazu geben Sie bitte Folgendes in ein Terminal ein:

```
user$ sudo apt-get install kde-i18n-de
user$ sudo apt-get install language-pack-kde-de
user$ sudo apt-get install language-pack-kde-de-base
```

Nach dem An- und Abmelden aus KDE erscheinen dann sämtliche Programme und Menüs in deutscher Sprache.

10.2 Kubuntu kennenlernen

Das KDE-Projekt wurde 1996 ins Leben gerufen, zu dieser Zeit stand das »K« noch für »Kool«. Inzwischen wurde diese Bedeutung aufgegeben. 1998 schließlich erschien KDE in der Version 1.0. Zunächst erntete es nicht nur Zustimmung, besondere Kritik wurde an der Verwendung der Oberflächenbibliothek *Qt* von Trolltech geübt – diese war nämlich unfrei. Sie können sich vorstellen, dass das bei einer Desktopumgebung für GNU/Linux nicht auf Begeisterung stieß. Trotzdem wurde KDE schnell in verschiedene Linuxdistributionen aufgenommen und schließlich wurde Qt in einer freien Version zur Verfügung gestellt.

Die Version 2.0 von KDE erschien erst im Jahr 2000, weitere zwei Jahre später dann die Version 3.0. Seitdem erschien ungefähr einmal im Jahr eine Überarbeitung. Aktuell ist KDE in der Version 3.5.6 veröffentlicht.

65 Sprachen

Genau wie GNOME wurde KDE in viele Sprachen übersetzt. Mittlerweile sind es 65 – darunter sogar Plattdeutsch und Latein (das Paket für Plattdeutsch heißt *kde-i18n-nds*).

Obwohl viele Linux-Benutzer den im vorangegangenen Abschnitt vorgestellten GNOME-Desktop bevorzugen, hat KDE laut einer Umfrage der Internetseite *www.desktoplinux.com* bei der Mehrzahl der Benutzer die Nase vorn: 44 % aller dort registrierten Linux-Anwender bevorzugten im Jahr 2004 den KDE-Desktop, GNOME rangiert etwas abgeschlagen mit 27 % auf Rang 2. Der folgende Abschnitt stellt den KDE-Desktop dem GNOME-Desktop gegenüber, es werden dabei die gleichen Anwendungsbereiche wie im vorhergehenden Teilkapitel vorgestellt. Insgesamt ist der Abschnitt etwas kürzer gehalten, da die Linux-Grundlagen ja bereits im vorhergehenden Abschnitt erläutert worden sind.

Für Kubuntu wird ein angepasstes KDE verwendet, das etwas »abgespeckt« wurde, um die anfangs erwähnte Unübersichtlichkeit zu reduzieren. [«]

10.2.1 Kdm – der Anmeldemanager

Wenn Sie KDE via Kubuntu installiert haben, werden Sie nach dem ersten Hochfahren des Systems vom Anmeldemanager *kdm* begrüßt. Sollten Sie die KDE-Oberfläche von einer regulären Ubuntu-Installation aus starten, so können Sie sich aussuchen, ob der *kdm*- oder der *gdm*-Anmeldemanager verwendet wird. Im Verlauf der Installation des Metapaketes *kubuntu-desktop* wird nachgefragt, welcher Fenstermanager als Standard verwendet werden soll. *Kdm* hat allerdings einen Nachteil, wenn man GNOME parallel weiterverwenden will: Ein direktes Herunterfahren ist unter GNOME nicht mehr möglich, dies kann erst nach dem Abmelden über das *kdm*-Menü erfolgen. *Gdm* hingegen bereitet auch mit KDE keine Probleme. Möchten Sie den gewählten Anmeldemanager später ändern, genügt der Befehl `sudo dpkg-reconfigure kdm` bzw. `sudo dpkg-reconfigure gdm`.

Abbildung 10.2 Der Anmeldemanager kdm

Sitzungsart wählen

Analog zur Variante *gdm* aus GNOME können Sie bei *kdm* am Anmeldebildschirm die Sitzungsart auswählen. Hinter dem Icon MENÜ verbergen sich einige Systemoptionen wie z. B. das Wechseln des Benutzers, die Anmeldung auf einem Fremdrechner oder das Öffnen einer Textkonsole. Die Konfiguration von *kdm* erfolgt in den Systemeinstellungen unter dem Punkt SYSTEMVERWALTUNG • ANMELDUNGSMANAGER.

Themen für den kdm einrichten

Nach der Installation der Pakete *kdmtheme* und *kde-kdm-themes* kann das Design des Anmeldemanagers über den Menüpunkt SYSTEMEINSTELLUNGEN • ANMELDEMANAGER angepasst werden. Weitere Themen können unter *www.kde-look.org* heruntergeladen werden.

10.2.2 Die Arbeitsfläche

Die folgende Abbildung 10.3 zeigt den KDE-Desktop mit typischen Elementen.

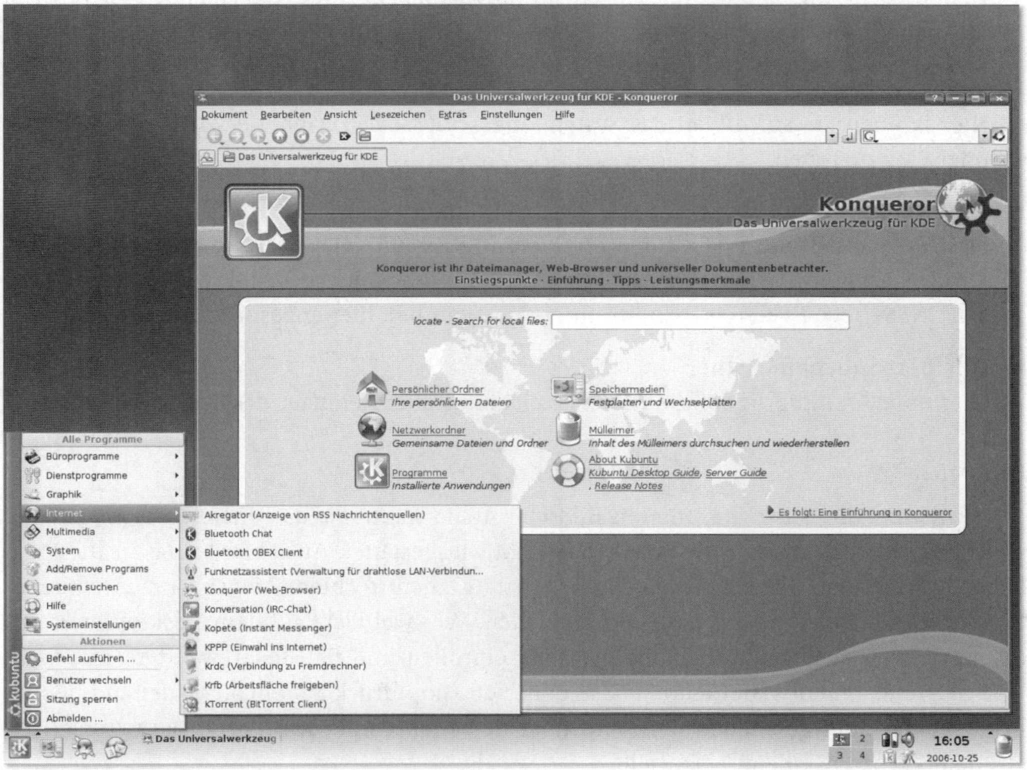

Abbildung 10.3 Der KDE-Desktop und seine Elemente

Im Vergleich zu GNOME ist eine gewisse Ähnlichkeit zu den gängigen Windows-Oberflächen nicht zu verleugnen. Folgende Teilbereiche werden nach ihrer Funktionalität unterschieden (vgl. dazu auch Abbildung 10.3).

Menübereich: Das K-Menü

Im Startmenü, bei KDE auch K-Menü genannt, findet man sämtliche Anwendungen des Systems in Funktionsgruppen geordnet wieder. Im unteren Bereich des K-Menüs sind unter der Überschrift AKTIONEN einige Systemoperationen wie das Ausführen eines Befehls oder das Wechseln des Benutzers anwählbar. Die Einteilung des Menüs in Unterrubriken (Büroprogramme, Dienstprogramme, Grafik, Internet, Multimedia, System) entspricht in etwa der von GNOME bekannten Form.

Das System-Icon bzw. das System-Menü

Klicken Sie auf das System-Menüsymbol im Panel bzw. das Systemicon auf dem Desktop, so erreichen Sie die folgenden Untermenüs:

- **Persönlicher Ordner**
  Hier erhalten Sie den direkten Zugriff auf Ihr Heimverzeichnis. Selbstverständlich benutzen KDE und GNOME bei einer Parallelinstallation das gleiche Heimverzeichnis.
- **Speichermedien**
  Hier können Sie auf die an das System angeschlossene Peripherie wie z. B. USB-Sticks oder CDs zugreifen.
- **Netzwerk**
  Das Netzwerk-Menü erlaubt den direkten Zugriff auf Netzwerkfreigaben wie z. B. den Ordner GEMEINSAME DOKUMENTE eines im Netz befindlichen Windows-Rechners. Aber auch NFS- bzw. FTP-Freigaben im (Inter-)Netz können hier angesprochen werden.
- **Alle persönlichen Ordner**
  Hiermit ist der Zugriff auf die Heimverzeichnisse aller Benutzer des Systems möglich.

Das Panel

Bei KDE wird die Leiste am unteren Bildschirmrand *Kontrollleiste* genannt. Sie ist mit der gleichen Funktionalität wie die Panels in GNOME ausgestattet. Auch hier haben Sie die Möglichkeit, Programme bzw. Hilfsanwendungen mit einem rechtem Mausklick zu definieren bzw. per Drag and Drop auf das Panel zu ziehen. Wer viel Platz auf dem Desktop benötigt, der kann die Leiste auf eine Bildschirmseite einrollen und bei Bedarf wieder erscheinen lassen. Dies kann entweder automatisch oder per Knopfdruck auf ein am Panelrand befindliches Pfeilsymbol geschehen und wird über den Menüpunkt KONTROLLLEISTE EINRICHTEN aus dem Rechtsklickmenü eingestellt.

Nicht alle Fenster anzeigen

Ungewohnt ist die Eigenschaft der Kontrollleiste, nicht nur die geöffneten Fenster der aktuellen Arbeitsfläche, sondern *alle* geöffneten Fenster anzuzeigen. Das wird bei vier genutzten Arbeitsflächen allerdings schnell unübersichtlich. Sie können dies im Einrichtungsmenü der Kontrollleiste im Unterpunkt *Fensterliste* abstellen, indem Sie das Häkchen bei »Die Fenster sämtlicher Arbeitsflächen anzeigen« entfernen.

Programme starten

Zum Starten von Programmen stehen Ihnen die gleichen Möglichkeiten wie unter GNOME zur Verfügung:

- Verwendung des Startmenüs
- Benutzung des Icons auf dem Desktop bzw. auf der Schnellstartleiste
- Nutzung des Schnellstartfensters über Alt + F2

10.2.3 Wichtige Hilfsprogramme

Terminal

Das KDE-Terminal heißt *Konsole* und wird über den Menüeintrag SYSTEM • KONSOLE gestartet. Die KDE-Konsole besitzt dieselbe Funktionalität wie das entsprechende GNOME-Programm. Optisch erinnert das Standard-Thema des KDE-Terminals eher an die Konsole, die einen ohne graphische Oberfläche erwartet – dies können Sie aber wie fast alles unter KDE nach Ihrem Geschmack anpassen.

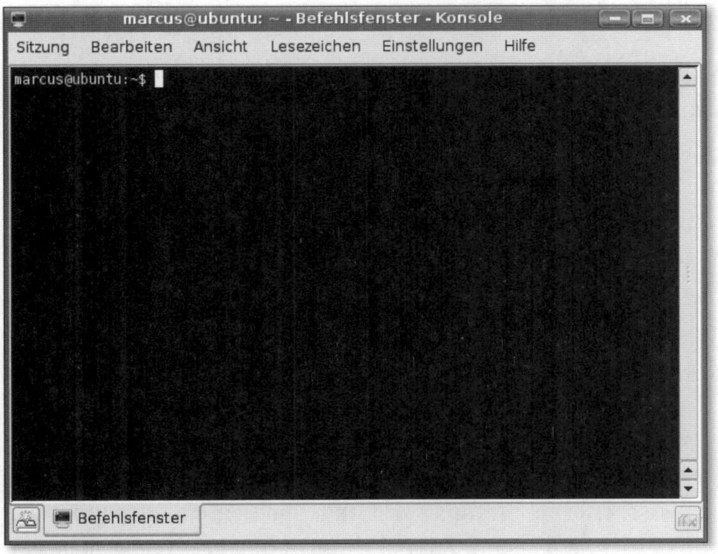

Abbildung 10.4 Das KDE-Terminal Konsole

Editor

KDE bringt gleich zwei Editoren mit: *Kwrite* und *Kate*. Während *Kwrite* ein Basis-Editor für kleinere, alltägliche Aufgaben ist, kann man mit *Kate* und dessen integriertem Dateibrowser schon komplexere Projekte in Angriff nehmen. Beide Editoren beherrschen das

Syntax-Highlighting für diverse Programmier- und Skriptsprachen. *Kate* ist der Standard-Editor und beherrscht auch den automatischen Zeilenumbruch.

Kwrite lässt sich mit dem Befehl `kwrite` über die Konsole starten, einen eigenen Menüeintrag gibt es standardmäßig nicht.

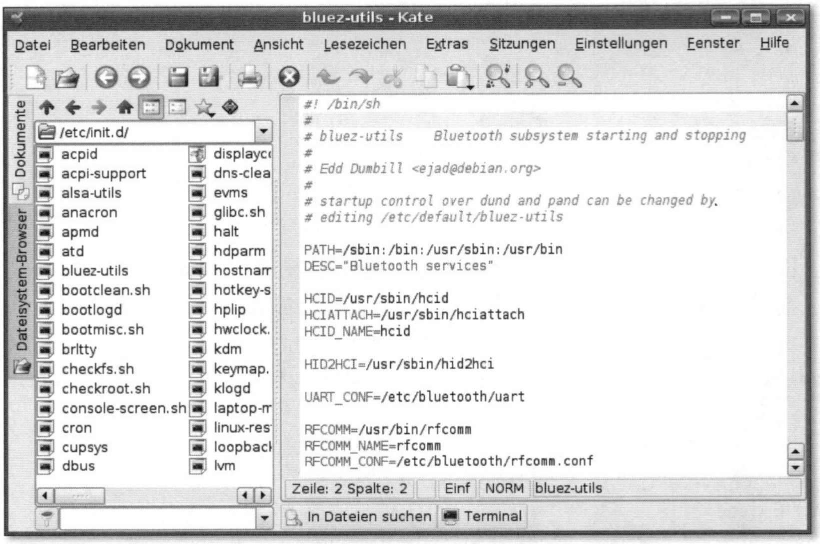

Abbildung 10.5 Der erweiterte Editor Kate

Kate finden Sie im Startmenü unter Dienstprogramme • Kate. Sehr praktisch ist bei *Kate* die Möglichkeit, eine Datei aus dem integrierten Browserfenster direkt zum Bearbeiten per Drag and Drop in den Editor zu ziehen.

Datensicherung

KDE bringt ein eigenes Werkzeug für die komfortable Datensicherung mit: *Keep*. Dies ist eine anwenderfreundliche graphische Oberfläche für das Backup-Programm *rdiff-backup*. Sie finden *Keep* im K-Menü unter System • Keep. Nachdem man den Ordner, der gesichert werden soll, ausgewählt und das Zielververzeichnis festgelegt hat, lassen sich weitere Optionen festlegen: Neben den Abständen zwischen den Backups kann man auch einen Zeitraum, nach dem alte Sicherungen gelöscht werden, einstellen. Zusätzlich ist es möglich, die gesicherten Daten zu komprimieren oder aber spezielle Dateien auszulassen. *Keep* benachrichtigt Sie, falls Fehler bei der Datensicherung aufgetreten sind – so können Sie sicher sein, dass Ihre Daten auch wirklich gesichert sind.

Keep kann nicht nur Daten sichern, sondern auch die Wiederherstellung bereits gesicherter Daten durchführen. Dafür muss nach einem Klick auf das Icon Datensicherung wiederherstellen nur der Ort, an dem sich die Sicherungsdatei befindet, angegeben werden.

Abbildung 10.6 Das Datensicherungssystem Keep

Zwischenablage mit Extras

Klipper ist der Name der Zwischenablage von KDE – wobei diese Bezeichnung nicht ganz treffend ist. *Klipper* ist in der Lage, den Verlauf der Zwischenablage anzuzeigen und aus den bisherigen Zwischenablage-Texten einen auszuwählen und damit zum aktuellen Wert der Zwischenablage zu erheben. Von Haus aus speichert *Klipper* die letzten sieben Einträge. Diese Zahl kann aber durch einen Klick auf das Klipper-Icon im Systembereich der Kontrollleiste und Auswahl des »Einrichten«-Dialogs auf bis zu 999 erhöht werden.

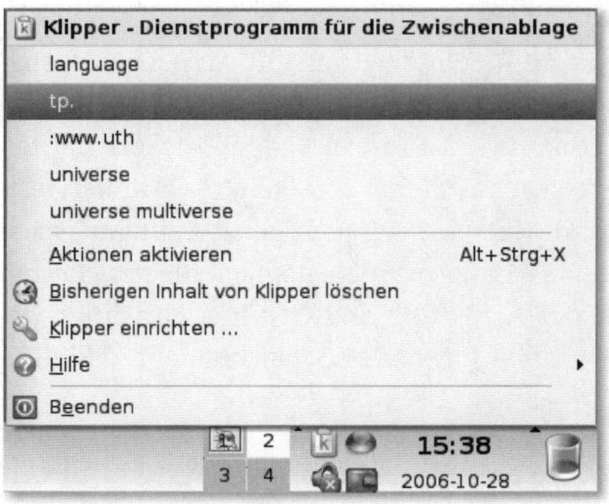

Abbildung 10.7 Die Zwischenablage Klipper

Klipper kann noch mehr: Bestimmte Inhalte können mit Aktionen verknüpft werden. Zum Beispiel können alle Einträge, die mit »http://« beginnen, in einem Webbrowser geöffnet werden.

Die digitale Brieftasche

KWallet hilft Ihnen bei der Verwaltung Ihrer Kennwörter und Zugangsdaten. Die sicherheitsrelevanten Daten werden in einer verschlüsselten Datei abgelegt, auf die alle Anwendungen zugreifen können. Für *KWallet* wird ein eigenes Hauptkennwort verwendet. So müssen Sie sich nur ein einziges Kennwort für die Arbeit an Ihrem PC merken. *KWallet* erreichen Sie über das Brieftaschensymbol in der Taskleiste.

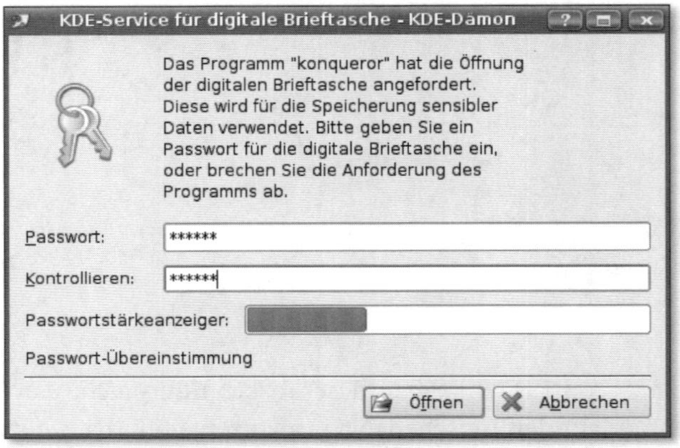

Abbildung 10.8 KWallet – Ihre digitale Brieftasche

10.2.4 Zugriff auf Ressourcen

Die angeschlossene Peripherie finden Sie im KDE-Systemmenü unter SPEICHERMEDIEN oder durch Eingabe der Adresse *media:/* im Browser *Konqueror*.

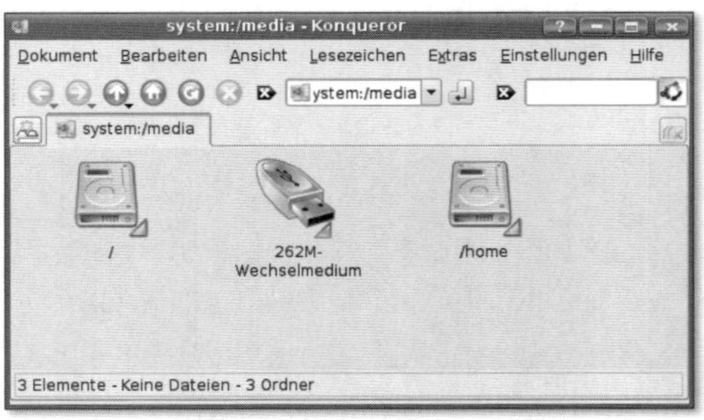

Abbildung 10.9 Aktuell eingebundene Speichermedien

Speichermedien

Wie unter GNOME werden die verschiedenen Speichermedien automatisch eingebunden, allerdings erscheint bei KDE automatisch beim ersten Einlegen einer Medienart ein Fenster, in dem man einstellen kann, ob das Medium geöffnet werden soll oder nicht. Die weitere Verhaltensweise für Speichermedien (z. B. Abspielen von DVDs) lässt sich über K-MENÜ • SYSTEMEINSTELLUNGEN • SPEICHERMEDIEN festlegen.

Abbildung 10.10 Der Aktionsdialog beim Einlegen eines neuen Speichermediums

Wie im vorhergehenden Kapitel bereits erwähnt, müssen alle beschreibbaren Medien sauber »ausgehängt« werden, um Datenverlust zu vermeiden. Dies geschieht am einfachsten über einen Rechtsklick mit der Maus auf das neu erschienene Icon auf dem Desktop. Hier wählen Sie den Punkt SICHER ENTFERNEN. [«]

10.2.5 Personalisieren des KDE-Desktops

Erscheinungsbild

Anlaufstelle für jegliche Anpassungen der Oberfläche ist der Unterpunkt ERSCHEINUNGSBILD im Kontrollzentrum. Das Kontrollzentrum lässt sich durch den Konsolenbefehl `kcontrol` starten und bietet mehr Einstellungsmöglichkeiten als die Systemeinstellungen. Wenn Sie für mehr Übersicht die Systemeinstellungen verwenden wollen, sind Sie im Unterpunkt AUSSEHEN richtig.

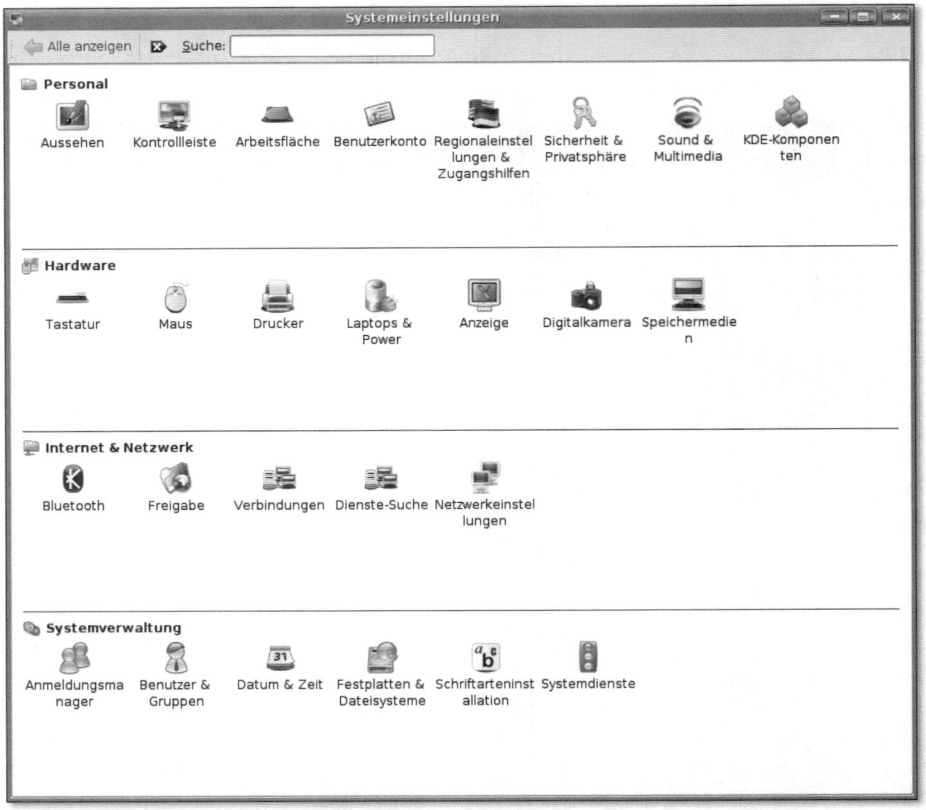

Abbildung 10.11 Einrichten des KDE-Desktops

Von GNOME her ist man gewohnt, dass man sich für beispielsweise abgerundete Ecken der Anwendungsfenster ein entsprechendes Thema auswählt. KDE ist auch hier anders: Für viele Themen können Sie für jede der vier Ecken einzeln festlegen, ob sie abgerundet werden soll oder nicht.

Themes für KDE

Unter *www.kde-look.org* gibt es eine fast unüberschaubare Anzahl von Iconsets, Farbschemata, Wallpapern und kompletten Themen. Wer will, kann sein KDE wie ein Mac OS-X, ein Windows XP oder auch ein Ubuntu aussehen lassen. Meist muss man zunächst eine Datei herunterladen und in ein bestimmtes Verzeichnis verschieben, bevor man das neue Design dann über die Systemeinstellungen oder im Kontrollzentrum auswählen kann.

Ein häufig geäußerter Kritikpunkt an KDE ist das »poppige« Aussehen, also die sehr breite Kontrollleiste und große Erklärungs-Popups, wenn man mit der Maus über die Symbole und die Fensterliste fährt. Dies muss aber absolut kein Grund sein, sich gegen KDE zu entscheiden – wie erwähnt, lässt sich KDE so stark konfigurieren, dass es mit wenigen Mausklicks dem GNOME-Desktop doch sehr ähnlich sieht.

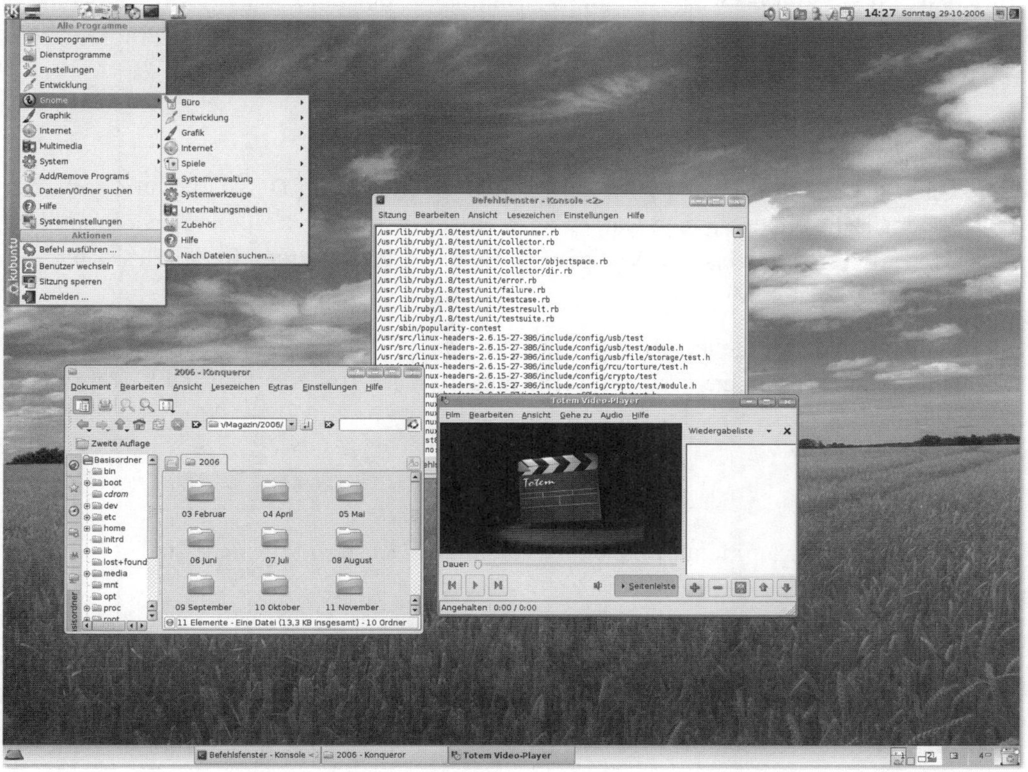

Abbildung 10.12 KDE mit Human-Theme

Auch die großen Popups lassen sich durch kleinere ersetzen.

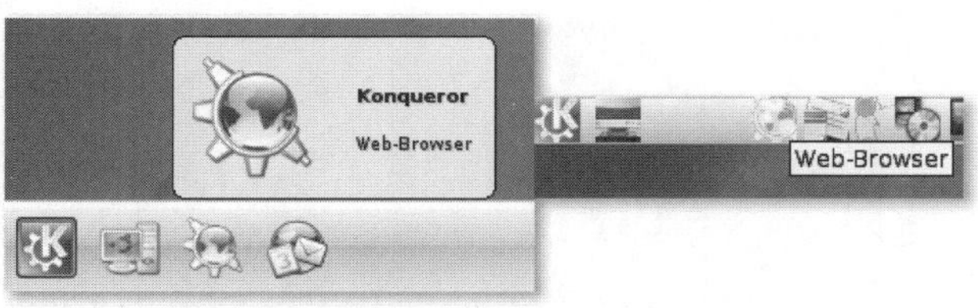

Abbildung 10.13 Große Popups müssen nicht sein

Der für KDE typische, hüpfende Cursor lässt sich beim Programmstart im Kontrollzentrum unter ERSCHEINUNGSBILD • PROGRAMMSTARTANZEIGE ganz leicht abstellen.

Sie möchten, dass Ihr USB-Stick nicht als Symbol auf dem Desktop erscheint, Ihre 5 1/4"-Diskette aber schon, die 3 1/2"-Diskette wiederum nicht? Unter KDE auch kein Problem –

ARBEITSFLÄCHE • VERHALTEN • GERÄTESYMBOLE lässt Sie für jeden Gerätetyp getrennt festlegen, ob dafür ein Symbol angezeigt werden soll oder nicht.

Die Standardanpassungen wie z. B. Bildschirmhintergrund oder Bildschirmschoner erreichen Sie über das Kontextmenü des Desktops (rechter Mausklick auf den Desktop, ARBEITSFLÄCHE EINRICHTEN, siehe Abbildung 10.11).

KDE-Einstellungen

Hier zeigen sich die zahlreichen Einstellungsmöglichkeiten von KDE: Sie können nicht nur jeder Arbeitsfläche einen eigenen Namen anstelle der öden Nummerierung geben, sondern auch jeder von ihnen ein eigenes Wallpaper verpassen. Willkommen in der Desktopumgebung der unbegrenzten Möglichkeiten.

Interessant ist an dieser Stelle auch die Anpassung des KDE-Login-managers *kdm*, der in der Standardkonfiguration in englischer Sprache lokalisiert ist. Um *kdm* Deutsch beizubringen, ist es erforderlich, dessen Konfigurationsdatei zu editieren. Rufen Sie dazu den Editor *kate* als Root auf:

```
user$ kdesu kate /etc/kde3/kdm/kdmrc
```

und löschen Sie das Kommentarzeichen # in der Datei *kdmrc* an folgender Stelle:

```
#Language=de_DE
```

Loggen Sie sich aus, in Zukunft sollten Sie von einem deutschsprachigen Anmeldemanager begrüßt werden.

Abbildung 10.14 Der Anmeldemanager kdm auf Deutsch.

10.2.6 Der Konqueror

Der *Konqueror* ist weit mehr als nur der Standardbrowser von KDE. Man kann ihn im Grunde als das »Herzstück« von KDE bezeichnen. Dieser Browser macht sowohl als Systembrowser als auch als reiner Internetbrowser eine sehr gute Figur.

Den ersten Eindruck vom *Konqueror* bekommen Sie durch Anklicken des Konqueror-Icons in der Kontrollleiste. Beachten Sie: Bei den meisten Aktionen auf der KDE-Oberfläche genügt ein Einfachklick. Im linken Teilbereich des *Konquerors* befinden sich mehrere anwendungsbezogene Untermenüs in Form von Symbolen (siehe Abbildung 10.15). Sollte das nicht der Fall sein, so können Sie mithilfe der Taste (F9) in diese Ansicht wechseln.

- Über das Icon AMAROK ist das Abspielen von Musik direkt aus dem Konqueror heraus möglich.
- Im Menü LESEZEICHEN befinden sich die vom Benutzer angelegten Lesezeichen, die sowohl auf eine Internetseite als auch auf einen Ort im Dateisystem verweisen können.
- Der Reiter VERLAUF zeigt die bereits besuchten Orte im Dateisystem bzw. im Web.
- Der Punkt PERSÖNLICHER ORDNER führt direkt ins Heimverzeichnis des Benutzers.
- Mithilfe der METABAR lassen sich Informationen und Aktionen für ausgewählte Dateien und Verzeichnisse anzeigen.
- Der Bereich NETZWERK erlaubt den Zugriff auf Webseiten und Ftp-Server.
- Das Icon BASISORDNER führt ins Wurzelverzeichnis des Systems.
- Das FÄHNCHEN schließlich kennzeichnet das Untermenü KDE-DIENSTE. Hier erhält man Zugriff auf das KDE-Kontrollzentrum zur individuellen Konfiguration der Oberfläche.

Der Konqueror als Dateibrowser und Dokumentenbetrachter

Der *Konqueror* erlaubt, ebenso wie der *Nautilus* von GNOME, das Verwalten von Dateien. Zusätzlich fungiert der *Konqueror* auch als Dokumentenbetrachter: PDF-Dateien werden durch einen Klick direkt im *Konqueror*-Fenster geöffnet.

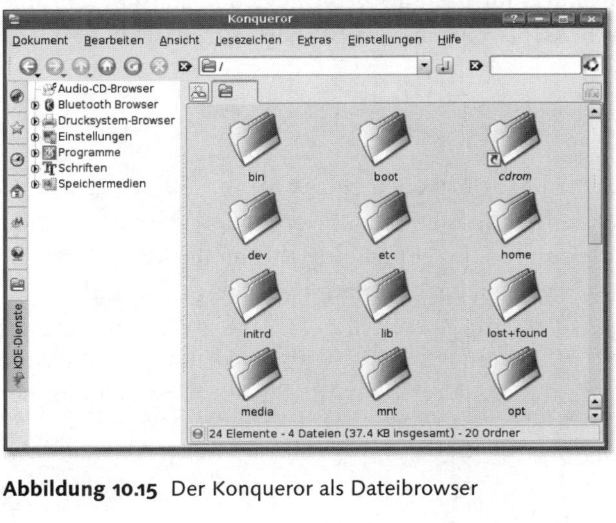

Abbildung 10.15 Der Konqueror als Dateibrowser

Der Konqueror als Zentrale für die Systemverwaltung

Der *Konqueror* beherrscht das Tabbed-Browsing nicht nur für Webseiten, sondern für alle Bereiche. Neben dem Tab einer Webseite kann man also in einem weiteren auf das Kontrollzentrum zugreifen und beispielsweise einen neuen Drucker einrichten.

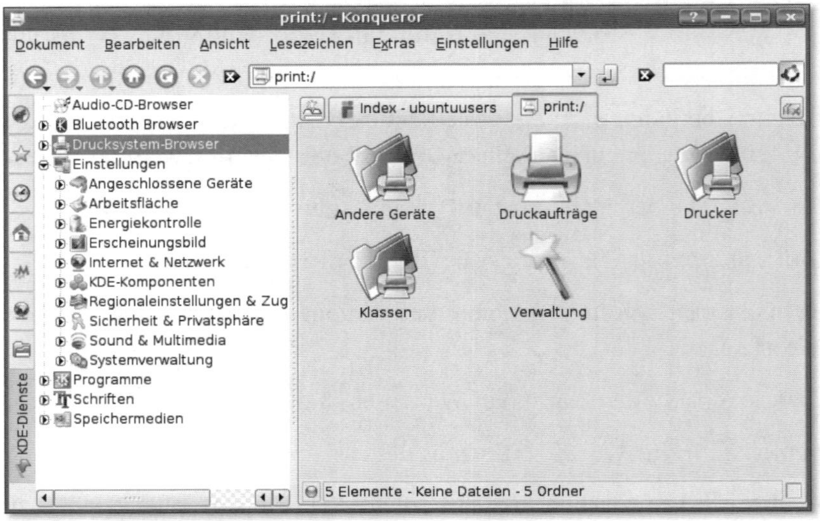

Abbildung 10.16 Druckereinrichtung im Konqueror

Der Konqueror als Internetbrowser

Der *Konqueror* bringt eine Reihe von vorkonfigurierten Suchmaschinen mit. Nutzer der KDE-Version 3.5.5 und höher müssen das Suchfeld erst über EINSTELLUNGEN • ERWEITERUNGEN EINRICHTEN durch ein Häkchen bei *Suchleistenmodul* hinzufügen. Die verschiedenen Suchmaschinen lassen sich nach dem Klick auf das Such-Icon über SUCHMASCHINEN AUSWÄHLEN durch das Setzen eines Häkchens bei der entsprechenden Suchmaschine einfach hinzufügen.

KIO-Slaves

Der *Konqueror* verfügt neben den üblichen Möglichkeiten zum Kopieren, Verschieben und Löschen von Dateien über eine Menge an Spezialfunktionen. Insbesondere die sogenannten KIO-Slaves machen den *Konqueror* zu einem unentbehrlichen Helfer unter KDE. Damit ist es möglich, aus dem *Konqueror* heraus ein Windows-Netzwerk nach Freigaben zu durchsuchen oder einen Audio-CD-Titel per Drag & Drop in das MP3- bzw. Ogg-Vorbis-Format zu encodieren.

Eine kleine Übersicht einiger KIO-Slaves zeigt die folgende Tabelle. Zur Anwendung eines KIO-Slaves geben Sie einfach den *Handler-Befehl* in die Adresszeile des *Konquerors* ein. Das Paket *kdemultimedia-kio-plugins* enthält alle verfügbaren KIO-Slaves. Die netzwerkspezifischen Befehle werden später noch ausführlich besprochen werden. KIO steht für *K I*nput Output, *Slaves* ist das englische Wort für *Sklaven*.

KIO-Handler	Funktion
audiocd:/	Ermöglicht das transparente Encodieren von CDs in Ogg Vorbis oder MP3
devices:/	Listet die verfügbaren Speichergeräte auf
info:/<Befehl>	Stellt den Zugriff auf die Info-Seiten des Systems her
man:/<Befehl>	Anzeige der Man-Page zu dem gewählten Befehl
settings:/	Zugriff auf das KDE-Kontrollzentrum
man:/<Befehl>	Anzeige der Man-Page zu dem gewählten Befehl
file:/<Verzeichnis>	Anzeige aller Dateien eines Verzeichnisses
ftp://<Hostname>	Anzeige aller Dateien eines Verzeichnisses
file:/<Verzeichnis>	Der Konqueror als FTP-Client
http://<Hostname>	Der Konqueror als vollwertiger Webbrowser
nfs://<Hostname>	Einhängen von NFS Exports
fish://<Hostname>	Zugriff auf einen Host per SSH zwecks einfachem Kopieren von Dateien

Tabelle 10.1 Wichtige KIO-Befehle innerhalb des Konquerors.

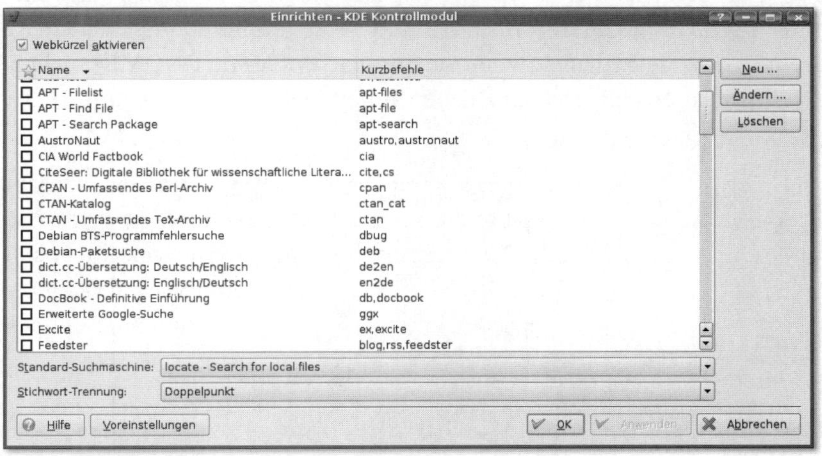

Abbildung 10.17 Suchmaschinenauswahl des Konquerors

10.2.7 Kubuntu parallel installieren

Da GNOME bzw. KDE die Desktop-Umgebung von Ubuntu darstellt, lässt sich eine bestehende Installation problemlos von einem Ubuntu in ein Kubuntu umwandeln. Dafür steht das Metapaket *kubuntu-desktop* zur Verfügung, das alle benötigten Pakete installiert. Für ein deutsches System ist die zusätzliche Installation von *language-pack-kde-de*, *language-pack-*

kde-de-base und *kde-i18n-de* nötig. Während der Installation werden Sie gefragt, ob Sie *gdm* oder *kdm* als Anmeldemanager verwenden möchten.

Sofern Sie die GNOME-Umgebung parallel nutzen wollen, empfiehlt sich die Verwendung von *gdm*, da *kdm* ein direktes Herunterfahren des Systems aus einer GNOME-Umgebung nicht ermöglicht. Wie Sie den Standard-Anmeldemanager nachträglich wechseln, finden Sie unter 10.2. Nach der beendeten Installation müssen Sie sich noch einmal abmelden und dann im Menü des Anmeldemanagers unter »Sitzungen« *KDE* auswählen. Anschließend können Sie Ihr System mit der KDE-Oberfläche betreten.

GNOME-Einträge unter KDE ausblenden

Ein Nachteil dieser nachträglichen Installation ist, dass Sie nicht nur sämtliche GNOME-Anwendungen im K-Menü sehen, sondern auch ein Großteil der Systemwerkzeuge doppelt auftaucht. Um das zu beheben, können Sie, wie unter 10.3.11 beschrieben, die Einträge einzeln ausblenden.

GNOME-Ordner unter KDE

Eine weitere Möglichkeit ist aber, die Einträge nicht auszublenden, sondern diese in einen separaten GNOME-Ordner im K-Menü verschieben zu lassen. Innerhalb dieses Ordners sind alle Einträge wie unter GNOME in Unterordner sortiert. Dies ist mithilfe eines Werkzeugs von *www.kde-look.org* möglich. Sie finden es, wenn Sie dort nach »K Menu GNOME« suchen, als Debian-Paket. Die Installation von Debian-Paketen unter KDE ist im Abschnitt 10.3.6 beschrieben.

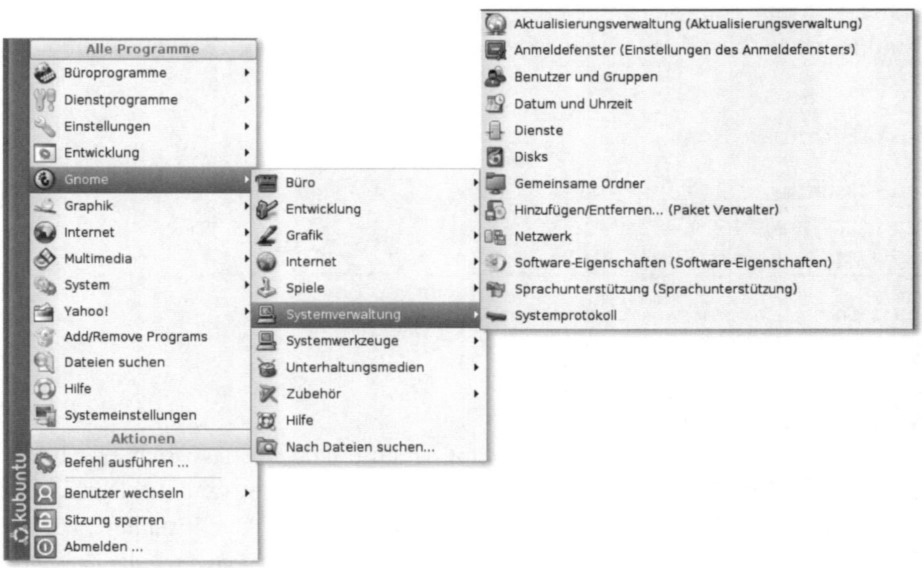

Abbildung 10.18 Getrennter GNOME-Ordner im K-Menü

Anwendungen wie beispielsweise *Synaptic*, die unter GNOME Root-Rechte benötigen, können aus dem K-Menü heraus zunächst nicht gestartet werden. Hierzu muss mit einem Rechtsklick der BEARBEITEN-Dialog des entsprechenden Menüpunkts ausgewählt und vor den Startbefehl des Programms *kdesu* anstelle von *gksudo* gesetzt werden. [«]

KDE-Einträge unter GNOME ausblenden

Das Aufräumen des Anwendungen-Menüs unter GNOME gestaltet sich leider etwas mühsamer. Alle Änderungen, die Sie mit dem Menüeditor *Alacarte* durchführen, wirken sich auch auf das K-Menü aus. Es ist daher notwendig, die Konfigurationsdateien manuell zu bearbeiten. Für jeden Menüeintrag liegt eine *.desktop*-Datei vor. Soll z. B. *Kate* nur unter KDE erscheinen, so müssen Sie die Zeile

```
user$ OnlyShowIn=KDE
```

in die Datei *kate.desktop* einfügen. Die .desktop-Dateien befinden sich im Ordner /usr/share/applications/kde.

Um KDE wieder zu entfernen, deinstallieren Sie die Pakete *kdelibs4c2a* und *kubuntu-desktop*. Dies führt dazu, dass alle KDE-Anwendungen entfernt werden. Schließlich können Sie noch den Ordner */.kde* in Ihrem Homeverzeichnis löschen, der die KDE-Konfigurationsdateien enthält.

10.3 KDE-Tipps

Auch KDE lässt sich mit einigen Tipps sehr gut an die eigenen Bedürfnisse anpassen. Aus diesem Grund möchte ich an dieser Stelle eine kleine Auswahl von Tipps vorstellen.

10.3.1 Tastaturanpassung

Verschiedene Tastaturlayouts können unter KDE in den Systemeinstellungen aktiviert werden (REGIONALEINSTELLUNGEN & ZUGANGSHILFEN • TASTATURLAYOUT). Dann wählen Sie aus den VERFÜGBAREN BELEGUNGEN die gewünschte Sprache aus, und klicken Sie auf HINZUFÜGEN. Anschließend können Sie die Belegungsvariante (Deadkeys, No Deadkeys u. a.) auswählen.

10.3.2 NumLock beim Start aktivieren

Kubuntu benötigt kein spezielles Paket, um den Nummernblock beim Systemstart zu aktivieren: Dies können Sie einfach in den Systemeinstellungen unter TASTATUR • ZAHLENBLOCK einstellen.

10.3.3 Systemverwaltungsmodus

Es gibt zwei Möglichkeiten, als Administrator im Kontrollzentrum oder in den Systemeinstellungen zu arbeiten: Starten Sie die Systemeinstellungen über das K-Menü. Für administrative Aufgaben klicken Sie rechts unten auf SYSTEMSVERWALTUNGSMODUS, anschließend ist das Administratorpasswort einzugeben. Alternativ können Sie sich von einer Konsole aus in *KControl* einloggen:

```
user$ kdesu kcontrol
```

Dadurch haben Sie bereits volle Kontrolle über alle administrativen Bereiche.Sollte die erste Variante wider Erwarten nicht funktionieren, gehen Sie folgendermaßen vor: Löschen Sie den versteckten Ordner *.kde* in Ihrem Heimverzeichnis. Dieser wird vom System sofort wieder neu angelegt. Loggen Sie sich nun aus KDE aus und wieder ein. Danach sollte der Systemverwaltungsmodus im Kontrollzentrum funktionieren.

Um versteckte Dateien bzw. Verzeichnisse anzuzeigen, wählen Sie im Konqueror die Option ANSICHT • VERSTECKTE DATEIEN ANZEIGEN.

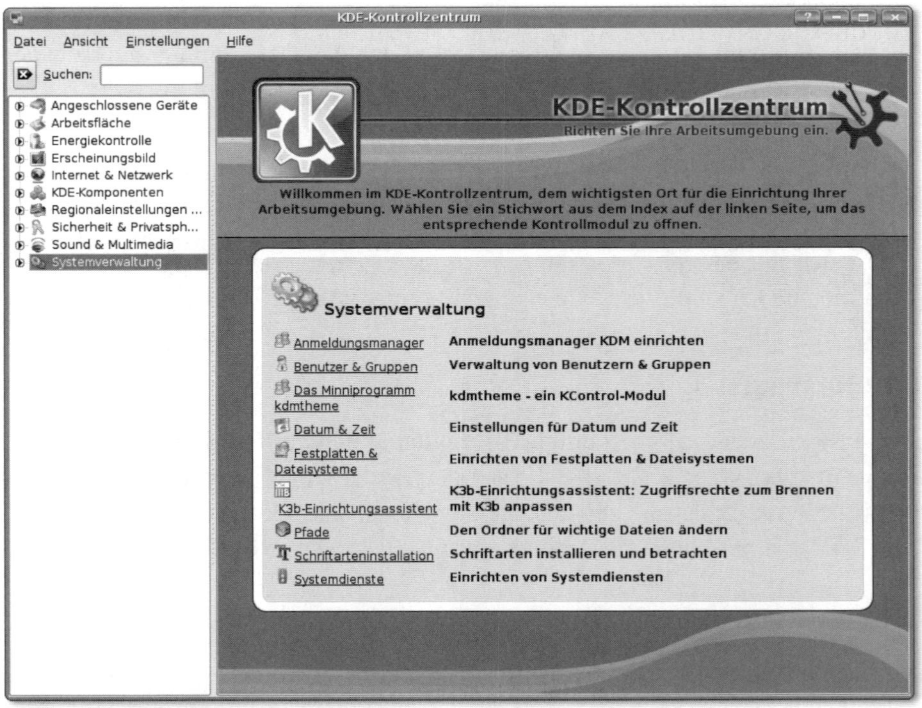

Abbildung 10.19 Das Kontrollzentrum im Systemverwaltungsmodus

[»] Beachten Sie, dass es nicht für alle Aufgaben sinnvoll ist, den Systemverwaltungsmodus zu verwenden. Änderungen am Erscheinungsbild von KDE müssen mit normalen Rechten durchgeführt werden. Anderenfalls hat nämlich nur »Root« etwas von dem schönen neuen Design. Alle anderen Benutzer würden von den Änderungen nichts bemerken.

10.3.4 Datum und Uhrzeit im Panel in Deutsch

Sollte bei Ihrem System das Format von Datum und Uhrzeit in der englischen Form erscheinen, so beheben Sie das folgendermaßen:

```
user$ sudo kcmshell kde-clock --lang de
```

10.3.5 Dateitypzuordnung festlegen

Nach einem rechten Mausklick über einer Datei wählen Sie den Menüpunkt ÖFFNEN MIT und klicken den Unterpunkt SONSTIGE ... an. Dann markieren Sie entweder ein Programm aus der Menüliste oder geben direkt den Kommandozeilenbefehl für das Programm ein und setzen ein Häkchen bei PROGRAMM DIESEM DATEITYP FEST ZUORDNEN.

Weitere Einstellungen für bestimmte Dateitypen können Sie im *Konqueror* unter EINSTELLUNGEN • KONQUEROR EINRICHTEN • DATEIZUORDNUNGEN vornehmen.

10.3.6 Debian-Pakete per Mausklick installieren

Software, die nur als Debian-Paket vorliegt, lässt sich auch unter Kubuntu komfortabel per Mausklick installieren. Im *Konqueror* müssen Sie dazu das Verzeichnis, in dem Sie das Paket gespeichert haben, auswählen. Nach einem Rechtsklick auf das Paket öffnet sich ein Menü, das den Unterpunkt *Kubuntu Package Menu* enthält.

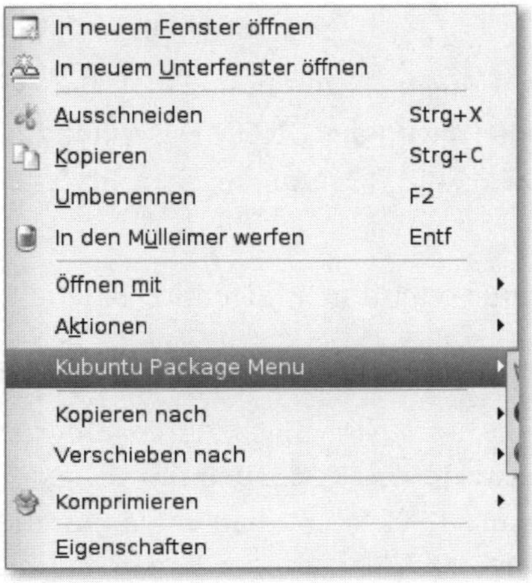

Abbildung 10.20 Debian-Pakete per Mausklick installieren

Passwortabfrage

Nach der Auswahl von *Paket installieren* wird das Benutzerpasswort in einer Konsole abgefragt.

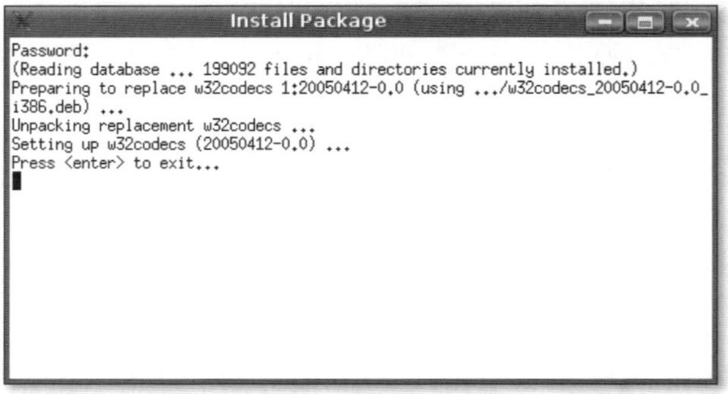

Abbildung 10.21 Passwortabfrage in der Konsole

10.3.7 Ein Papierkorb für GNOME und KDE

Wer GNOME und KDE parallel nutzt, ärgert sich häufig darüber, dass die beiden Desktop-Umgebungen jeweils einen eigenen Mülleimer verwenden. Durch das Verlinken des einen Papierkorbs auf den anderen kann man dafür sorgen, dass es nur einen Papierkorb für das System gibt. Dazu nutzen Sie folgende Konsolenbefehle:

```
user$ rmdir ~/.local/share/Trash/files
user$ sudo ln -s ~/.Trash/ ~/.local/share/Trash/files
```

10.3.8 Superkaramba installieren

Mit der KDE-Version 4 haben die *Superkaramba*-Erweiterungen Einzug in das KDE-Projekt halten. *Superkaramba* ist in etwa mit den gDesklet-Erweiterungen des GNOME-Desktops zu vergleichen. Aber auch für das ältere und stabilere KDE 3 sind diese praktischen Erweiterungen verfügbar.

Sie installieren *Superkaramba* entweder mit Adept/Synaptic oder durch folgenden Befehl:

```
user$ sudo apt-get install superkaramba
```

Nach der Installation des Programms startet man *Superkaramba* einfach durch Eingabe des Befehls `superkaramba` in einer Shell oder durch Auswahl des K-Menüeintrags DIENSTPROGRAMME • SUPERKARAMBA. Ausgehend vom *Superkaramba*-Startmenü haben Sie nun die Möglichkeit, Themen aus dem Internet von *www.kde-look.org* zu laden oder bereits heruntergeladene Themen direkt zu installieren.

Nach dem Download und dem Entpacken starten Sie das *Superkaramba*-Thema von der Kommandozeile aus über

```
user$ superkaramba <Pfad zum Thema><Name>.theme &
```

oder Sie nutzen den Punkt LOKALES DESIGN ÖFFNEN im *Superkaramba*-Startmenü. Dabei können mehrere Thementeile parallel aktiviert werden, z. B. eine Startmenüleiste und Systemanzeigen.

Wer die Applets bereits nach dem Starten der Oberfläche inutzen möchte, der packt den entsprechenden Aufruf in den KDE-Autostartordner. Dieser befindet sich in dem versteckten Verzeichnis */home/<Benutzername>/ .kde/Autostart*.

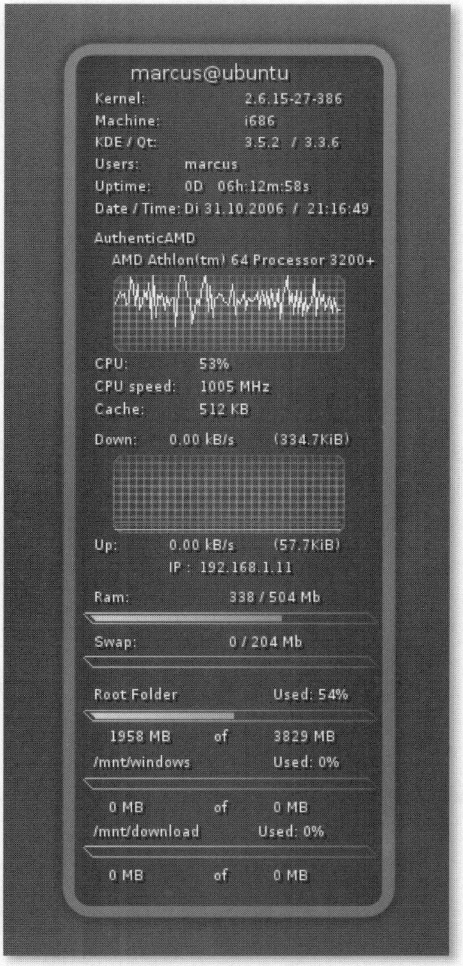

Abbildung 10.22 Eyecandy à la KDE: Superkaramba

10.3.9 GTK-Programme unter KDE

Insbesondere dann, wenn man KDE parallel zu einem GNOME-Desktop laufen hat, wünscht man sich, dass die GNOME-Programme besser in die KDE-Optik integriert werden. Das dazu benötigte Paket heißt *gtk2-engines-gtk-qt* und ist normalerweise mitinstalliert. Möchten Sie den Stil und das Erscheinungsbild von GNOME-Anwendungen innerhalb der KDE-Oberfläche anpassen, so wählen Sie aus dem K-Menü den Punkt SYSTEMEINSTELLUNGEN • PERSONAL • AUSSEHEN • GTK STYLES AND FONTS.

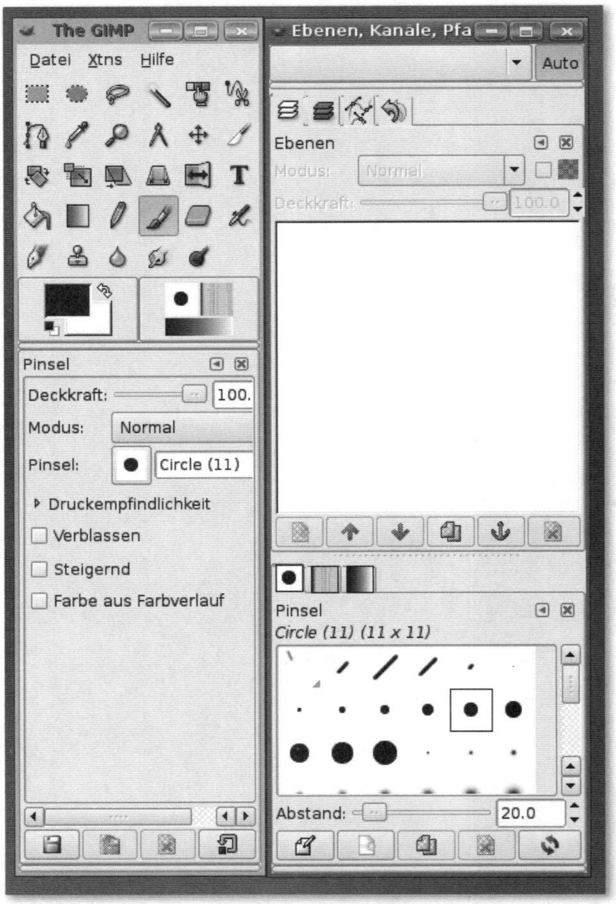

Abbildung 10.23 Gimp unter KDE

10.3.10 Internetverbindung beschleunigen

Quälend langsam erscheinen Internetverbindungen innerhalb von KDE mit dem *Konqueror*. Der Grund dafür ist, dass der *Konqueror* zunächst versucht, die Verbindung mittels

IPV6-Unterstützung herzustellen, eine Technik, die derzeit noch nicht weit verbreitet ist. Schalten Sie IPV6 folgendermaßen aus:

```
user$ sudo echo "KDE_NO_IPV6=TRUE" $>>$ \\
/etc/environment
```

Alternativ können Sie natürlich auch die Datei */etc/environment* mit einem Editor Ihrer Wahl um die Zeile `KDE_NO_IPV6=TRUE` ergänzen. Danach sollte der Seitenaufbau im *Konqueror* deutlich schneller erfolgen. Erstaunlicherweise ist *Mozilla Firefox* nicht von diesem Problem betroffen.

10.3.11 Das KDE-Startmenü anpassen

Führen Sie einen rechten Mausklick über dem K-Menü durch und wählen Sie den Punkt MENÜ-EDITOR aus. Daraufhin öffnet sich eine Anwendung, mit der Sie bequem Änderungen am K-Menü vornehmen und Programme hinzufügen bzw. entfernen können.

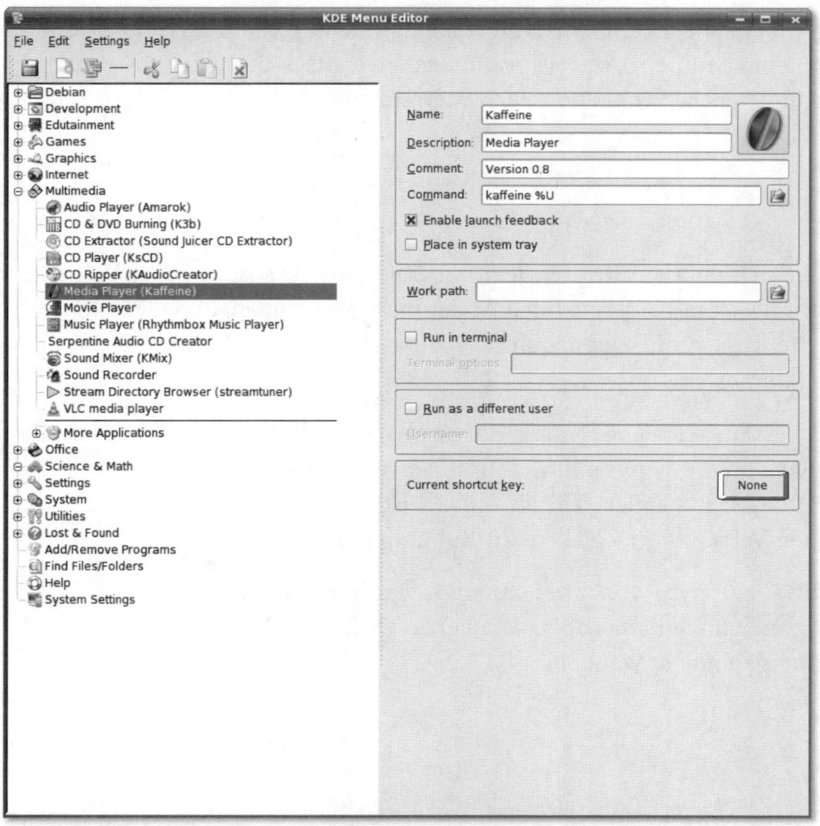

Abbildung 10.24 Bearbeiten des Startmenüs mit dem KDE-Menüeditor

Insbesondere lassen sich hier auch Einträge definieren, die mit Rootrechten laufen. Dazu markieren Sie den Punkt UNTER ANDERER BENUTZERKENNUNG STARTEN. Dadurch wird vor dem Start des Programms das Root-Passwort abgefragt und anschließend an das auszuführende Programm übergeben. Änderungen am Startmenü sind mittels Strg + S (Speichern) zu übernehmen.

10.3.12 Neuere KDE-Version installieren

Im Gegensatz zu GNOME erscheinen neue Versionen von KDE nicht in einem festen Rhythmus von sechs Monaten. Daher werden neue KDE-Versionen kurze Zeit nach dem Erscheinen als Update bereitgestellt. Auf der Webseite des KDE-Teams (*www.kubuntu.org*) findet man die entsprechende Paketquelle. Nachdem man diese freigeschaltet hat, kann man die Aktualisierungen mit einem beliebigen Paketmanager installieren.

Das KDE-Team hat sich inzwischen ebenfalls für einen festen Veröffentlichungszyklus ausgesprochen und arbeitet zurzeit (Stand: Juni 2008) an der Umsetzung.

[!] Die Aktualisierung auf eine neue KDE-Version kann aufgrund der Komplexität der Desktop-Umgebung zu Problemen führen. Am besten informieren Sie sich vorher in einem der diversen Foren, ob und welche Probleme zu erwarten sind.

10.4 KDE 4

Das Jahr 2008 dreht sich bei dem KDE-Projekt und Kubuntu alles um KDE 4. Der Schritt von der Version 3.x auf 4 ist mit tiefgreifenden Änderungen verbunden, deren Beschreibung hier den Rahmen sprengen würde. Der deutlichste Unterschied ist am Desktop zu erkennen, der sich deutlich moderner präsentiert.

Während die erste Version 4.0 sich streng genommen nur an Entwickler richtet, wird im Sommer 2008 die Version 4.1 veröffentlicht. Diese Version richtet sich erstmals an private Anwender und soll deutlich stabiler sein als 4.0. Es ist zu erwarten, dass es direkt nach Erscheinen der neuen Version fertige Pakete für Kubuntu gibt.

Der bisherige ambivalente Weg von zwei Kubuntu-Veröffentlichungen wird ab Oktober 2008 höchstwahrscheinlich ein Ende haben. Die Version Kubuntu 8.10 »Intrepid Ibex« wird KDE 4.1 als Arbeitsumgebung verwenden.

*»Viele Söhne
– viel Glück.«*

(Chinesisches Sprichwort)

11 Xubuntu

Ein weiteres Ubuntu-Derivat ist Xubuntu mit Xfce als Arbeitsumgebung. Diese liegt in Hardy Heron in Version 4.4.2 vor und eignet sich gut für Computer mit älterer Hardware. So benötigt die Arbeitsumgebung mindestens 128MB Arbeitsspeicher sowie einen Prozessor mit 300 MHz.

Xfce stand ursprünglich für »XForms Common Environment« und wurde zu Beginn noch »XFCE« abgekürzt. Seit es das XForms-Toolkit nicht mehr verwendet, hat die Abkürzung keine besondere Bedeutung mehr. [«]

Ich möchte an dieser Stelle Herrn Marc Köstner danken. Marc ist ein Xubuntu-Nutzer der ersten Stunde und hat mir tatkräftig bei der Erstellung dieses Kapitels geholfen. [«]

11.1 Installation

Kubuntu ist nicht das einzige Ubuntu-Derivat; neu hinzugekommen ist Xubuntu mit der Arbeitsumgebung Xfce als Standard. Der Wunsch nach einem vollständig adaptierten Ubuntu mit Xfce bestand schon länger. So war schon in der ersten Auflage dieses Buches zu lesen, dass es wohl nur eine Frage der Zeit sei, wann ein »offizielles« Xubuntu erscheint.

Mit Erscheinen der Ubuntu-Version »Dapper Drake« fanden erstmals auch Xubuntu-Images ihren Weg auf die offiziellen Ubuntu-Server. Damit wurde Xubuntu in den Adelsstand berufen und wird vielleicht schon ab der nächsten oder übernächsten Version ebenfalls über den kostenlosen Versand Shipit zu bekommen sein.

Sie haben zwei Möglichkeiten, mit Ubuntu zu einem Xfce-Desktop zu gelangen:

- Besorgen Sie sich ein Xubuntu-ISO, z.B. von von *www.xubuntu.org*, und installieren Sie damit Ihr System. Xubuntu ist die Xfce-Variante von Ubuntu, Abbildung 11.1 zeigt den eleganten Xubuntu- Desktop. Die Installation verläuft analog zu der von Ubuntu.
- Andererseits lässt sich ein bestehendes Ubuntu/GNOME-System auch leicht um den Xfce-Desktop erweitern. Dazu ist lediglich ein einziges Metapaket mit *Synaptic* oder

apt-get zu installieren. Das Paket heißt xubuntu-desktop und wird mit apt-get wie folgt installiert:

```
user$ sudo apt-get install xubuntu-desktop
```

Nach der Ausführung des Befehls loggen Sie sich aus GNOME aus und können nun durch Mausklick auf SITZUNG, dort *Xfce* wählen, am Login Xfce als neue Sitzungsart auswählen. Nach dem neuerlichen Einloggen erscheint Ubuntu im Xfce-Gewand (siehe Abbildung 11.1).

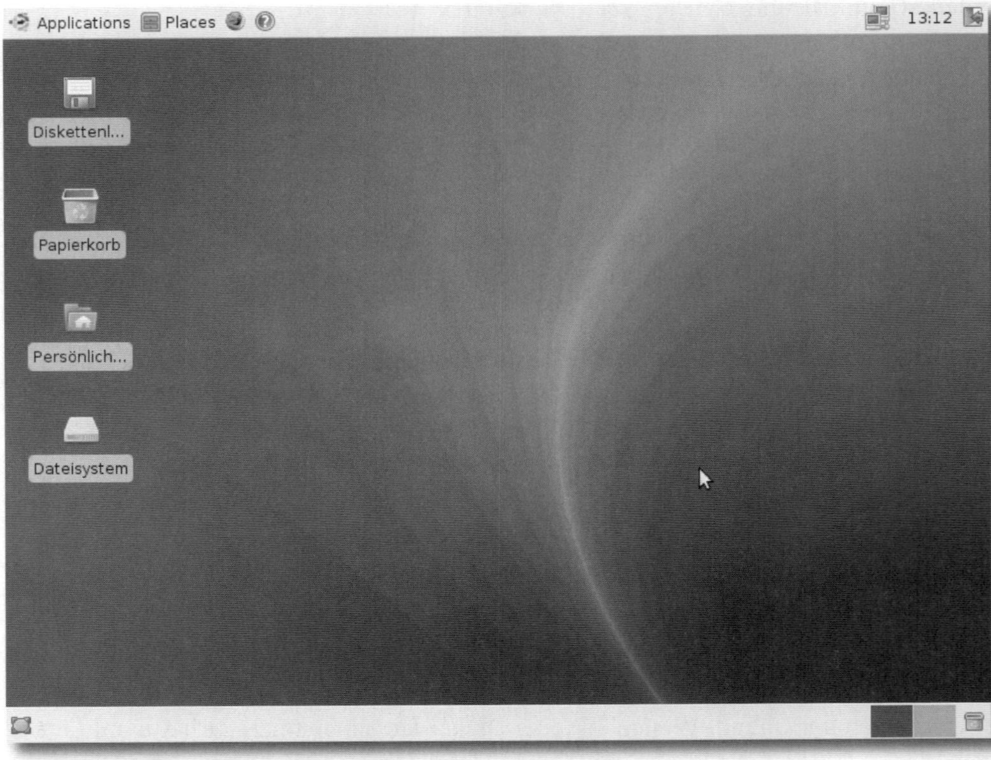

Abbildung 11.1 Xubuntu – schlank und elegant

11.2 Xubuntu kennen lernen

Xfce ist im Gegensatz zu GNOME und KDE derzeit noch keine vollwertige Desktopumgebung, es kommen aber immer mehr eigene Anwendungen hinzu. Dieser Desktopmanager folgt den Standards von *freedesktop.org*, wodurch eine Integration von Anwendungen, die ebenfalls diesen Standards folgen, problemlos möglich ist.

Im Gegensatz zu Ubuntu 8.04 »Hardy Heron« trägt Xubuntu nicht den Zusatz »LTS«, der besonders stabile Releases auszeichnet. Trotzdem werden laut der Xubuntu-Homepage die Sicherheitsupdates für denselben Zeitraum wie für die LTS bereitgestellt. [«]

Stabilitätsprobleme

Xubuntu ist sicherlich ein sehr interessantes Projekt, das voll in der Entwicklung und voller Ideen steckt, aber in puncto Stabilität noch einige Schwächen besitzt. Dies sollte beim Einsatz bedacht werden. Der größte Vorteil von Xfce ist, dass es sich mit sehr geringen Hardwareanforderungen zufrieden gibt. Auf älteren Rechnern kann es noch zufriedenstellend eingesetzt werden, wenn KDE oder GNOME schon nicht mehr sinnvoll einsetzbar sind. Hauptsächlich kommen in Xubuntu GTK2-Anwendungen zum Einsatz. Es ist aber problemlos möglich, auch Qt-Anwendungen einzusetzen.

11.2.1 Der Anmeldemanager

Zum Anmeldemanager gibt es an dieser Stelle nicht viel zu sagen, da Xubuntu keinen eigenen Anmeldemanager, sondern wie Ubuntu *gdm* mit einem eigenen Theme verwendet.

Wenn Sie keinen Wert auf ein passwortgesichertes Einloggen legen, dann bietet Ihnen Xubuntu die Möglichkeit, Sie automatisch einzuloggen. Dies ist in Abschnitt 11.5 beschrieben.

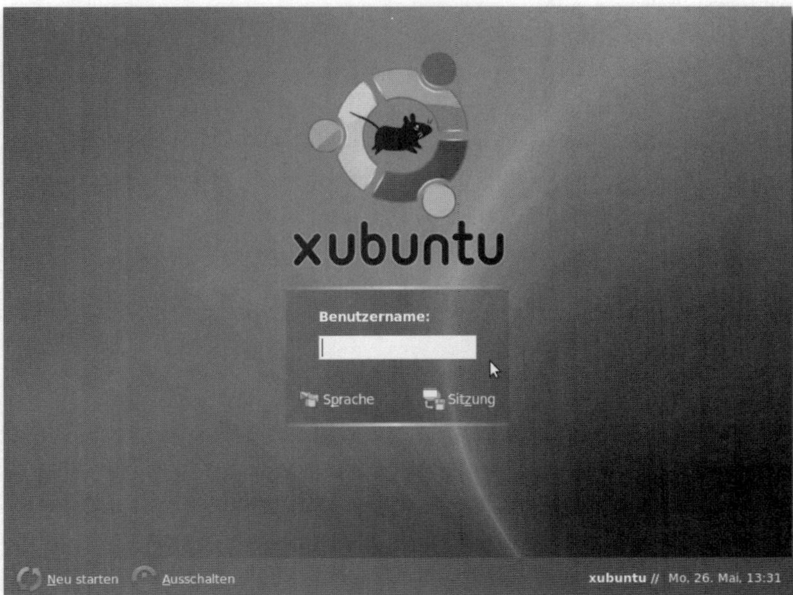

Abbildung 11.2 Der Anmeldemanager gdm im Xfce-Design

11.2.2 Die Arbeitsfläche

Dieser Desktopmanager ist stark konfigurierbar. *Xfce* lässt sich sehr gut und einfach mit der Maus bedienen und übernimmt in sein Menü alle GNOME- und KDE-Programme. Besonders auf älteren Rechnern ist *Xfce* mittlerweile eine echte Alternative zu GNOME oder KDE, vor allem wegen der höheren Geschwindigkeit.

11.2.3 Programme starten

Das Menü von Xubuntu erinnert vom Aufbau her an das K-Menü: Es gibt nur einen Hauptzweig. Die Bedienung ist intuitiv. In der oberen linken Ecke des Bildschirms findet der Benutzer das Menü APPLICATIONS. Hier sind alle auf dem System installierten grafischen Programme in entsprechenden Kategorien geordnet zu erreichen. Ebenfalls sind hier Einstellungen am System sowie Grundeinstellungen von Xfce zu erreichen. Anwendungen, die nicht im Menü aufgeführt sind, lassen sich über den Unterpunkt PROGRAMM AUSFÜHREN ... starten.

Vergeblich sucht man allerdings den Unterpunkt ABMELDEN oder HERUNTERFAHREN – dafür findet sich in der oberen rechten Ecke der Arbeitsfläche ein Türsymbol.

Abbildung 11.3 Das Anwendungsmenü von Xubuntu

In der rechten oberen Ecke erhält man Informationen über eventuell anstehende Updates, das Netzwerk sowie die Uhrzeit. Möchte man die Xfce-Sitzung beenden wählt man die entsprechende Schaltfläche an. Hier stehen dem Benutzer weitere Optionen zur Verfügung unter anderem Benutzerwechsel, Systemneustart und Herunterfahren des Systems.

Abbildung 11.4 Das Benachrichtigungsfeld von Xubuntu

Um die Übersicht bei vielen geöffneten Fenstern nicht zu verlieren bietet die Arbeitsumgebung Xfce die Möglichkeit virtuelle Desktops zu nutzen. Diese erleichtern den Überblick, da sie es dem Benutzer gestatten die geöffneten Programme auf die unterschiedlichen virtuellen Arbeitsflächen zu verteilen. Zu jedem geöffneten Programm erscheint ein Kästchen mit dem passenden Symbol auf dem Miniarbeitsumgebung. Die jeweils aktive Umgebung ist dunkel hervorgehoben. Die Programmfenster können mit der Maus innerhalb der virtuellen Benutzeroberfläche verschoben werden.

Abbildung 11.5 Auch unter Xubuntu gibt es virtuelle Desktops

Daneben befindet sich der Mülleimer. Dieser kann mit einem Rechtsklick und der Auswahl von PAPIERKORB LEEREN vom Inhalt befreit werden. Möchte man überprüfen, welche gelöschten Objekte sich in diesem befinden genügt ein Linksklick auf diesen und der Dateimanager Thunar zeigt diese an. Bereits gelöschte Objekte können hier wiederhergestellt werden.

Programmfenster können auf eine andere Arbeitsfläche verschoben werden, indem man die Leiste eines Programms mit der linken Maustaste anklickt und diese dann gedrückt hält. Mit der Maus kann man das gewünschte Programm nun auf die nächste Arbeitsfläche verschieben. Mit den Tasten `Strg` + `Alt` + `→` oder `Strg` + `Alt` + `←` kann man schnell zwischen den Arbeitsumgebungen wechseln.

11.2.4 Zugriff auf Ressourcen

Wie von anderen Desktopumgebungen gewohnt, erscheint beim Anschließen eines USB-Sticks oder eines anderen Speichermediums ein entsprechendes Symbol auf dem Desktop. Ungewohnt und der Schnelligkeit des Systems dienlich ist aber, dass es zunächst nicht eingebunden wird (es öffnet sich also automatisch kein Fenster mit dem Inhalt). Dies geschieht erst beim Doppelklick auf das Symbol oder durch einen Rechtsklick darauf und die Auswahl des Menüpunktes GERÄT EINHÄNGEN. Somit wird das System nicht durch unnötiges Einlesen des Medieninhalts verlangsamt.

Das Aushängen erfolgt auch hier einfach über einen Rechtsklick auf das Symbol (das hier nur den Namen trägt, mit dem es in die fstab eingetragen wird, also beispielsweise `sda1`) und Auswählen des Punktes GERÄT AUSWERFEN.

11.3 Wichtige Hilfsprogramme

11.3.1 Dateien mit Thunar verwalten

Thunar ist ein speziell für Xfce entwickelter Dateimanager. Er beschränkt sich auf die wichtigsten Funktionen, ganz im schlanken Stil von Xfce. Zu erreichen ist das Programm über APPLICATIONS • DATEIMANAGER.

Es gibt zwei Plug-in-Pakete für Thunar. Erstens *thunar-media-tags-plugin*, mit dem man Mediatags direkt im Dateimanager bearbeiten kann, und zweitens *thunar-archive-plugin*, um mit gepackten Archivdateien arbeiten zu können.

Der Aufbau ist vom Benutzer intuitiv zu erfassen. Mit der rechten Maustaste erreicht man viele Funktionen wie z.B. Benutzerdefinierte Aktionen. Über den Punkt Eigenschaften können Datei- bzw. Ordnerrechte angepaßt oder Anwendungen mit bestimmten Dateitypen verknüpft werden.

Thunar bietet außerdem die Möglichkeit eine große Menge von Dateien auf einmal umzubenennen. Im Dateimanager die linke Maustaste gedrückt halten und die gewünschten Dateien auswählen. Für einzelne Dateien `Alt` + linke Maustaste nutzen. Nachdem die Dateien markiert wurden die Taste `F2` drücken. Im nächsten Programmfenster können die Kriterien für die Umbenennung ausgewählt werden.

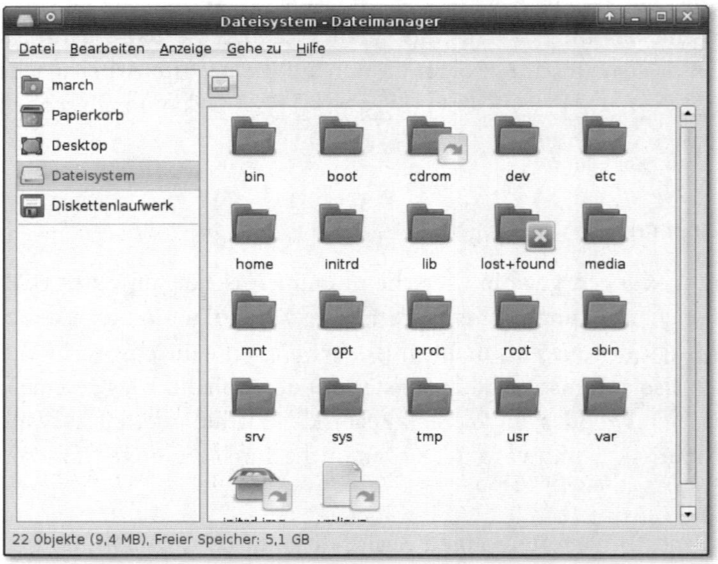

Abbildung 11.6 Der Dateimanager Thunar

[!] Erst in der neuesten Entwicklerversion von *Thunar* werden Dateien beim Löschen in den Papierkorb verschoben. Normalerweise löscht *Thunar* Dateien sofort vollständig! `Umschalt` + `Del` innerhalb von Thunar angewendet, gestattet es beim Löschen von Objekten den Mülleimer zu umgehen.

11.3.2 Mousepad – der Editor

Der Xfce-eigene Editor *Mousepad* ist ein recht einfacher Editor. Er bietet überwiegend die aus *Gedit* oder *Kate* bekannten Funktionen wie Suchen/Ersetzen, Kopieren/Ausschneiden/Einfügen, Zeilenumbruch usw. Syntaxhervorhebung ist leider nicht implementiert. Zu erreichen ist das Programm über APPLICATIONS • ZUBEHÖR • MOUSEPAD.

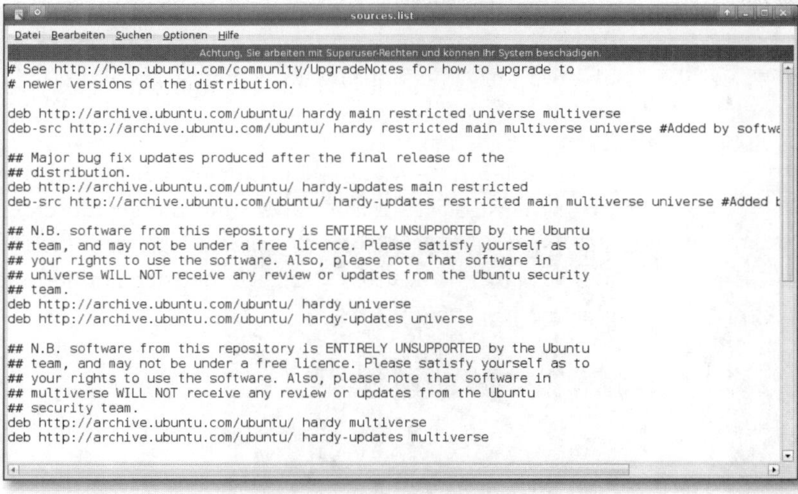

Abbildung 11.7 Mousepad – ein schlichter Editor

Um die Druckfunktion aus dem Editor heraus zu aktivieren das Paket *a2ps* zusätzlich installieren. **[«]**

11.3.3 Dateien packen mit Xarchiver – auf Wunsch passwortgeschützt

Xarchiver ist das Packprogramm von Xfce. Es erscheint recht vielversprechend, weil es im Gegensatz zu anderen Packprogrammen auch das Packen und Entpacken von passwortgeschützten Archiven (.zip und .jar) ermöglicht. Sie müssen zur Erstellung dieser Archivart also nicht mehr auf die Konsole ausweichen.

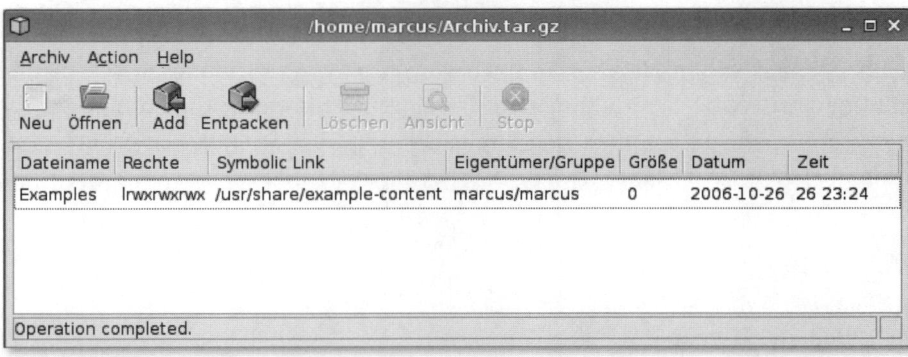

Abbildung 11.8 Xarchiver, das Packprogramm für Xfce

Xarchiver finden Sie unter APPLICATIONS • ZUBEHÖR • XARCHIVER. Zunächst erstellt man mit einem Klick auf NEU die Archivdatei und fügt dann die Dateien oder Ordner, die das Archiv enthalten soll, hinzu. Die gängigsten Archivformate werden von Haus aus unterstützt.

11.3.4 Das Terminal

Xfce bringt ein eigenes Terminal mit, das zwar ebenfalls noch nicht als stabile Version vorliegt, aber laut Aussage der Entwickler die Konkurrenz des GNOME-Terminals nicht zu scheuen braucht. Es soll besonders leicht zu bedienen sein.

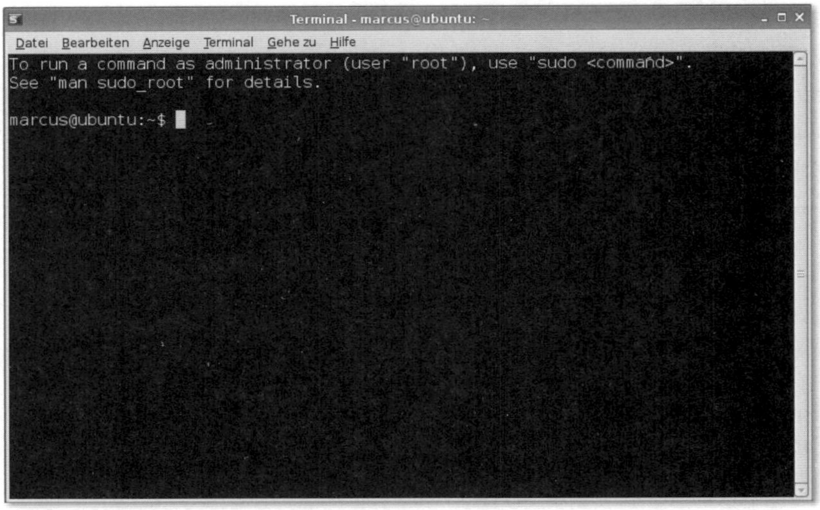

Abbildung 11.9 Das Xfce-Terminal

11.3.5 Alacarte

Wie auch unter Ubuntu gestattet das Programm, Software schnell und unkompliziert zu installieren. Eine Auswahl an Programmen ist nach Kategorien sortiert zu finden. Eine kurze Programmbeschreibung zu jedem Programm ist dabei vorhanden.

Zur Installation genügt es ein Häkchen vor die gewünschte Anwendung zu setzen und über ÄNDERUNGEN ANWENDEN wird diese dann installiert. Da in dem Programm nicht alle Anwendungen zu finden sind empfielt sich die Installation über *Synaptic*. Zu erreichen ist das Programm über APPLICATIONS • SYSTEM • HINZUFÜGEN/ENTFERNEN.

11.3.6 Weitere Programme

Totem – Multimediawiedergabe

Totem gestattet die Wiedergabe von Audio- und Videodaten sowie von DVB-T. Hierfür müssen die entsprechenden Codecs installiert sein. Sofern das Programm einen Codec nicht kennt, erscheint ein Dialog zur einfachen Installation. Zu erreichen ist das Programm über APPLICATIONS • MULTIMEDIA • VIDEO-PLAYER.

Pidgin – Instantmessenger

Pidgin gestattet es, unter einer Oberfläche diverse Protokolle von Instant-Messenger-Diensten zu nutzen. Eine Vielzahl von Erweiterungen erlauben eine Anpassung des Programms an die eigenen Bedürfnisse. Zu erreichen ist das Programm über APPLICATIONS • NETZWERK • PIDGIN INTERNET-SOFORTNACHRICHTENDIENST.

Brasero – Brennprogramm

Brasero ist das Standardbrennprogramm von Xubuntu. Es ist übersichtlich gestaltet und intuitiv zu bedienen. Das Programm unterstützt das Brennen auf unterschiedliche Medientypen und diverse Modi wie z. B. Multi-Session oder Images. Zu erreichen ist das Programm über APPLICATIONS • MULTIMEDIA • BRASERO DISC BURNING.

Abiword/Gnumeric – Bürosoftware

Als Textverarbeitungsprogramm ist unter Xubuntu *Abiword* installiert. Dieses beschränkt sich im wesentlichen auf die Grundfunktionen der Textverarbeitung, kann aber durch Erweiterungen im Funktionsumfang ausgebaut werden. Es können diverse Dateiformate im- und exportiert werden.

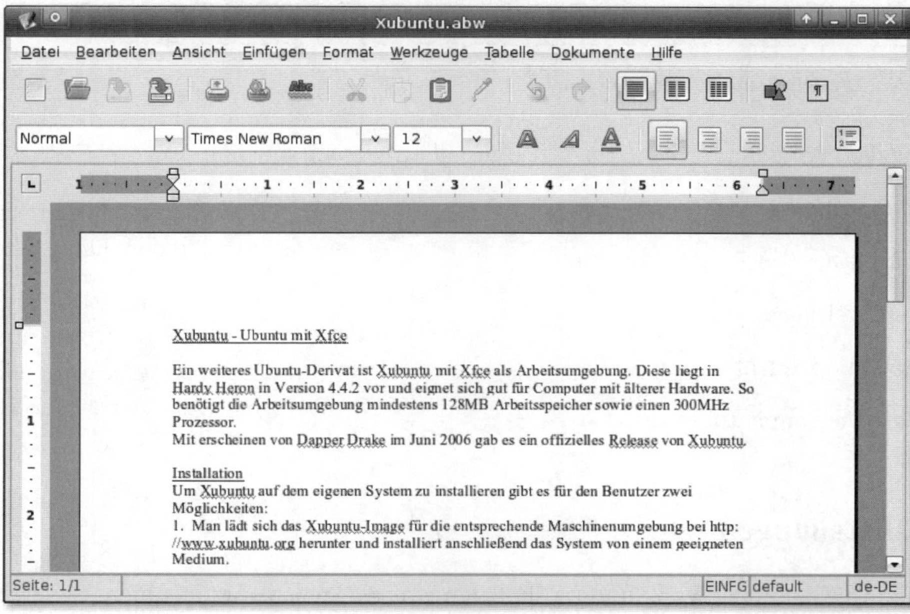

Abbildung 11.10 Das Textverarbeitungsprogramm Abiword

Das Tabellenkalkulationsprogramm *Gnumeric* ist ebenfalls in der Grundinstallation vorhanden. Das Programm glänzt durch eine große Anzahl mathematischer Funktionen und beinhaltet ebenso eine Import- und Exportfunktion. Zu finden sind beide Programme unter APPLICATIONS • BÜRO.

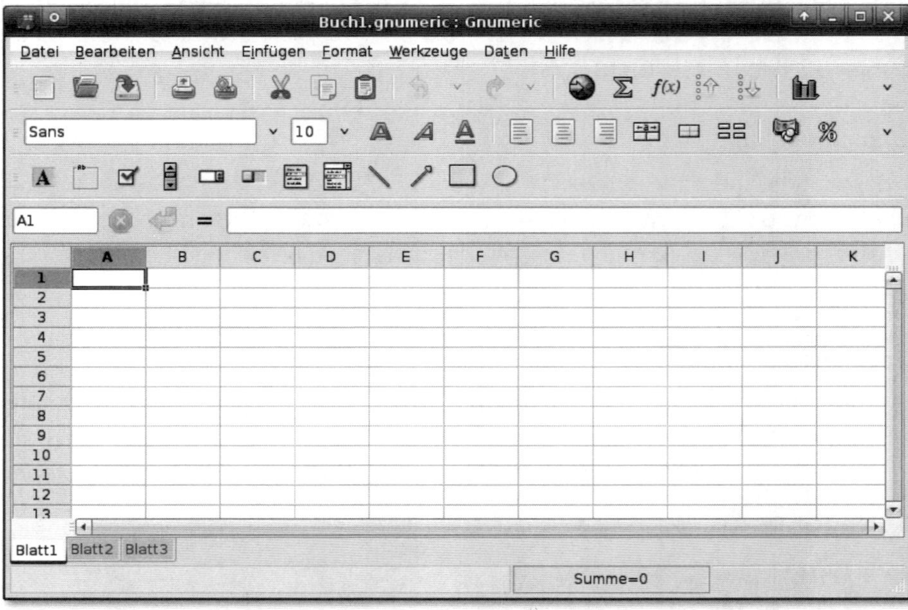

Abbildung 11.11 Die Tabellenkalkulation Gnumeric

Weitere nützlich Programme, die nachträglich installiert werden müssen:

- *audacious* – Audioplayer
- *Audio Tag Tool* – ID3-Tags bearbeiten
- *catfish* – Dateisuche
- *ristretto* – Bildbetrachter
- *Xfmedia* – Medienplayer

11.4 Einstellungen

Die Einstellungen innerhalb von Xubuntu sind an mehreren Stellen vorzunehmen. Generell sind die wichtigsten Programme hier unter APPLICATIONS • EINSTELLUNGEN oder APPLICATIONS • SYSTEM zu finden. Der Einstellungsmanager bildet die zentrale Anlaufstelle für die wichtigsten Einstellungen in Xfce. Neben Hardwareeinstellungen können auch optische Änderungen vorgenommen werden. Zu erreichen ist das Programm über APPLICATIONS • EINSTELLUNGEN • ALLE EINSTELLUNGEN.

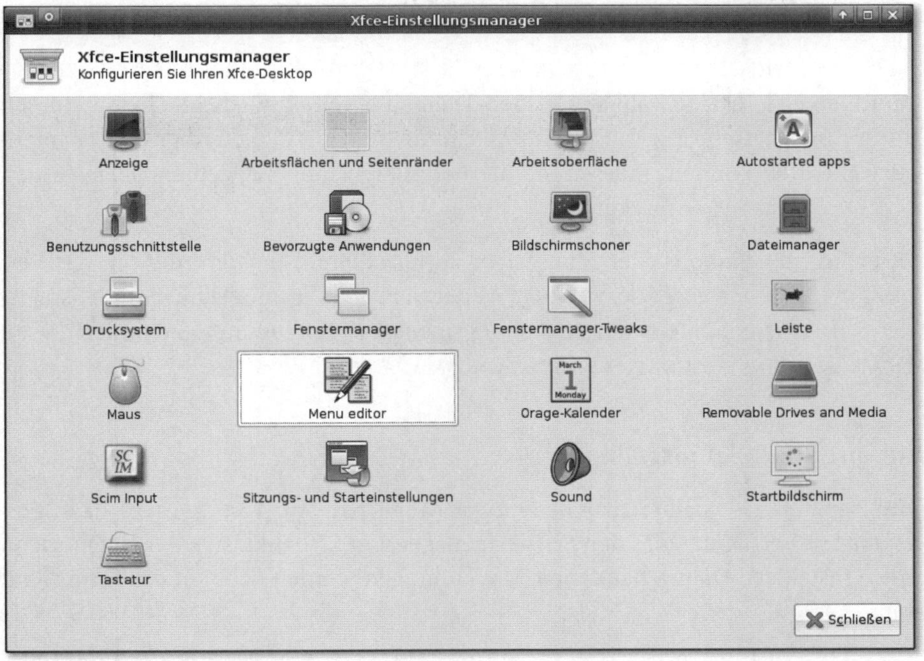

Abbildung 11.12 Der Einstellungsmanager von Xubuntu

11.4.1 Drucker

Um einen Drucker hinzuzufügen genügt es unter Xubuntu den entsprechenden Dialog zu öffnen. Diesen findet man unter APPLICATIONS • EINSTELLUNGEN • DRUCKEN.

Um PDF-Dateien aus jedem Programm heraus zu erstellen den virtuellen Drucker cups-pdf installieren und als Drucker einrichten. [«]

11.4.2 Sprache

Um die Sprache von Xubuntu komplett auf deutsch umzustellen ist eine Internetverbindung notwendig. Zu erreichen ist das Programm über APPLICATIONS • SYSTEM • SPRACHUNTERSTÜTZUNG.

11.5 Xfce-Tipps

Der folgende Abschnitt gibt einige Hinweise darauf, wie man sich das Leben auf dem Desktop verschönern kann.

11.5.1 Personalisieren des Xfce-Desktops

Unter dem Punkt APPLICATIONS • EINSTELLUNGEN • EINSTELLUNGEN DER BENUTZERSCHNITTSTELLE hält Xubuntu eine kleine Auswahl an Desktop-Themen bereit. Zusätzliche Themen finden Sie auch auf der Internetseite *www.xfce-look.org*. Um die neuen Themen über den Themenmanager auswählen zu können, müssen Sie die heruntergeladenen Themenpakete in den Ordner `/usr/share/themes` entpacken.

Um neue Themen für Symbole oder Mauszeiger zu installieren, müssen diese in das Verzeichnis `/usr/share/icons` entpackt werden. Weitere Einstellungsmöglichkeiten, beispielsweise für den Splash Screen, bietet der Einstellungsmanager von Xubuntu. Sie finden diesen unter APPLICATIONS • EINSTELLUNGEN • EINSTELLUNGSMANAGER.

11.5.2 Xubuntu parallel installieren

Um Xubuntu parallel zu installieren, gibt es zwei Möglichkeiten: Erstens steht das Paket *xubuntu-desktop* zur Verfügung, das den Fenstermanager von Xfce inklusive der zugehörigen Anwendungen installiert. Die vorhandenen Anwendungen werden dabei in das Xfce-Menü übernommen.

Zweitens kann man auch das Paket *xfce4* installieren – damit erhält man keine zusätzlichen Anwendungen, sondern nur den Fenstermanager. Dies bietet sich an, wenn man Xfce testen möchte. Die Anwendungen lassen sich auch einzeln nachinstallieren (oder man installiert nachträglich *xubuntu-desktop* für alle Xfce-Anwendungen).

Mit welcher Desktopumgebung Sie dann arbeiten möchten, wählen Sie im Anmeldemanager unter SITZUNGEN aus.

11.5.3 Automatisches Login

Sie sind der einzige Anwender auf Ihrem Rechner oder legen keinen Wert auf das passwortgeschützte Einloggen? Dann interessiert Sie vielleicht die Möglichkeit des automatischen Login. Xubuntu bietet Ihnen die Möglichkeit, ohne den *gdm* zu starten – das verkürzt die ohnehin schon kurze Startzeit des Systems noch einmal spürbar. Das Universe-Paket *rungetty* ermöglicht das Autologin ohne Anmeldemanager. Es sind vorher noch zwei kleine Änderungen in Konfigurationsdateien vorzunehmen. Zunächst wird das automatische Login in die Konsole konfiguriert. Dazu muss in der Datei `/etc/inittab` die Zeile

```
1:2345:respawn:/sbin/getty 38400 tty1
```

in einem mit Root-Rechten gestarteten Editor ersetzt werden durch

```
1:2345:respawn:/sbin/rungetty tty1 --autologin benutzername
```

Wenn Sie möchten, dass Xfce automatisch startet, dann müssen Sie die Datei */home/user/.bash_profile* ebenfalls mit Root-Rechten bearbeiten. Hier ist der folgende Text am Ende einzufügen:

```
if [ -z "$DISPLAY" ] && [ $(tty) == /dev/tty1 ]; then
startxfce4
fi
```

11.5.4 Minimierte Fenster als Desktop-Icons

In der Xfce-Version 4.4 lassen sich minimierte Fenster als Icons auf dem Desktop darstellen. Diese Einstellungsmöglichkeit finden Sie unter APPLICATIONS • EINSTELLUNGEN • ALLE EINSTELLUNGEN • BUTTON LABEL—DESKTOP.

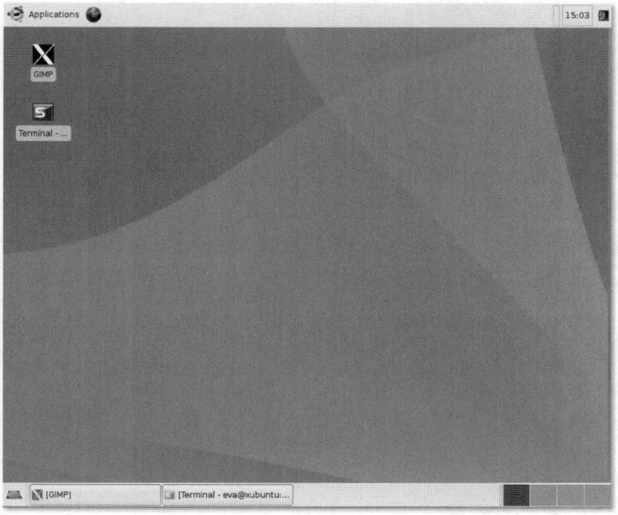

Abbildung 11.13 Minimierte Fenster lassen sich als Icon auf dem Desktop darstellen.

11.5.5 Gimp in einem einzigen Fenster

Das Graphikprogramm *Gimp* startet standardmäßig mit drei Fenstern. Dies kann sich für Sie als Benutzer unter Umständen recht unübersichtlich darstellen. Unter Xfce können Sie dies vereinfachen und ändern: *Gimp* kann in einem einzigen Fenster laufen. Zunächst müssen Sie das Paket *xnest* installieren. Nun können Sie folgendermaßen testen, ob Ihnen das »Ein-Fenster-Design« gefällt:

```
user$  Xnest :1 -ac -name GIMP -geometry 1024x690 & xfwm4 \
--display :1 & gimp --display :1
```

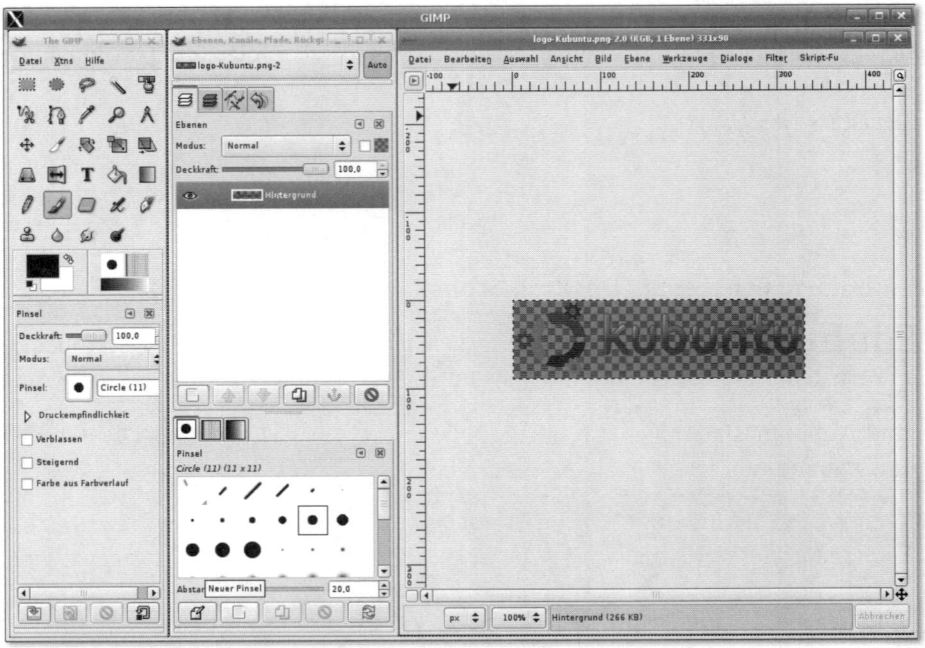

Abbildung 11.14 Gimp in einem einzigen Fenster

Wenn Sie dies dauerhaft beibehalten wollen, können Sie dafür eine Abkürzung anlegen. Zunächst erstellen Sie eine Datei namens *gimp1window* im Ordner */usr/bin*. In diese Datei fügen Sie mit Root-Rechten Folgendes ein:

```
#!/bin/sh
Xnest :1 -ac -name GIMP -geometry 1024x690 & xfwm4 \
--display :1 & gimp --display :1
```

Diese Datei müssen Sie dann ausführbar machen, am einfachsten wird das im Terminal mit `sudo chmod +x /usr/bin/gimp1window` realisiert. Anschließend ändern Sie den Anwendungsstarter für *Gimp* von GIMP auf GIMP1WINDOW.

11.5.6 Wichtige Anlaufstellen

- *www.xubuntu.org* – offizielle Seite von Xubuntu
- *http://start.ubuntu.com/8.04/* – Hilfeseite
- *http://screencasts.ubuntu.com* – Screencasts
- *www.xfce.org* – Projektseite von Xfce
- *www.wiki.ubuntuusers.de/Xubuntu* – Wiki mit ausführlicher Dokumentation

*»Nicht für die Schule –
fürs Leben lernen wir.«*

(Deutsches Sprichwort)

12 Edubuntu

Kubuntu und Xubuntu sind nicht die einzigen Ubuntu-Derivate. So unterscheiden sich Kubuntu und Xubuntu nur in der Wahl der Arbeitsumgebung (KDE oder Xfce) von Ubuntu.

Einen anderen Weg geht Edubuntu (abgeleitet von *Educational Ubuntu*). Edubuntu hat zwar GNOME als Standarddesktop, weicht aber in vielen Bereichen von seinem großen Bruder ab.

Abbildung 12.1 Edubuntu – ein Ubuntu für den spielerischen Lerneinsatz

Mit der Veröffentlichung von Edubuntu 8.04 im April 2008 fand eine Restrukturierung des gesamten Edubuntu-Projektes statt. Aus dem *Educational Ubuntu* wurde ein *Ubuntu*

Education Edition. Dieser kleine Unterschied macht deutlich, dass das Derivat Edubuntu näher an Ubuntu gebunden ist, als dies in der Vergangenheit der Fall war.

Hinter dieser Verbundenheit verbirgt sich eine deutliche Professionalisierung dieses Projektes. Dies ist nötig, da Edubuntu zunehmend Verbreitung an staatlichen Schulen gewinnt. So erklärete beispielsweise im November 2007 die mazedonische Regierung, dass sie bis zu 180.000 Rechner mit Edubuntu ausstatten will. Dies verspricht Folgeaufträge für technischen Support.

Für Edubuntu gilt dasselbe wie für Ubuntu: Es ist den Prinzipien freier und quelloffener Software verpflichtet, es ist kostenlos und wird dies auch immer bleiben.

12.1 Installation

Sie haben prinzipiell zwei Möglichkeiten zu einem Edubuntu zu gelangen:

[o]

- Besorgen Sie sich ein Edubuntu-ISO, z. B. von *www.edubuntu.org*, und installieren Sie damit Ihr System. Abbildung 12.1 zeigt den jugendlichen Edubuntu-Desktop. Die Installation von Edubuntu läuft analog zu dem beschriebenen Verfahren ab. Da Edubuntu durch zusätzliche Software eine Größe von etwa 1,1 GB erreicht hat, passt diese nicht mehr auf eine normale CD. Aus diesem Grund haben Sie die Wahl zwischen einem kompletten Image, das Sie auf eine DVD brennen müssen oder der Erweiterungs-CD. Mit dieser CD können Sie ein bestehendes Ubuntu um die Educational-Funktionen erweitern.
- Andererseits lässt sich ein bestehendes Ubuntu/GNOME-System auch leicht durch Download um die Edubuntu-spezifischen Programme erweitern. Dazu ist lediglich ein einziges Metapaket mit *Synaptic* oder *apt-get* zu installieren. Das Paket heißt *edubuntu-desktop* und wird mit apt-get wie folgt installiert:

```
user$ sudo apt-get install edubuntu-desktop
```

12.2 Das Konzept

Edubuntu ist eine Linux-Distribution, die speziell für Schulen und andere Bildungsstätten entwickelt wurde. Wie der Name vermuten lässt, baut es ebenfalls auf Ubuntu auf. Edubuntu ist ein vollwertiges Betriebssystem mit einer Office-Suite, einem Browser, zahlreichen Bildungsanwendungen und vielem mehr. Es soll vor allem Lehrern und Netzwerkadministatoren das einfache Einrichten eines kompletten Klassenraums von Rechnern ermöglichen.

Abbildung 12.2 Der Bootsplash von Edubuntu

Edubuntu enthält zahlreiche Schlüsseltechnologien, eine der wichtigsten ist das *Linux Terminal Server Projekt* (LTSP). LTSP ermöglicht das Booten sogenannter »Thin-Clients« über einen Edubuntu LTSP-Server. Dies senkt die Hardware-Kosten erheblich, da als Thin-Clients auch alte, ausgemusterte Rechner verwendet werden können.

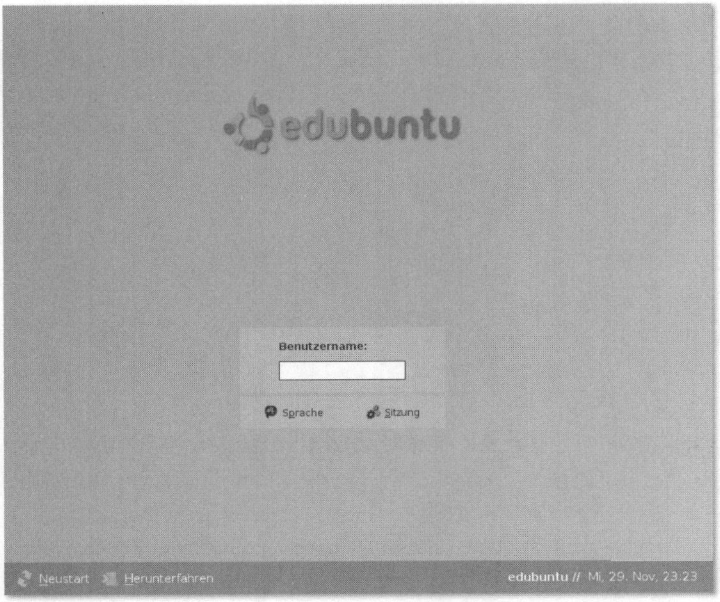

Abbildung 12.3 Auch das Design des Anmeldemanagers gdm ist auf die Zielgruppe abgestimmt – Linux für junge Menschen

Auf den Workstations selbst wird keine Software installiert. Fällt eine aus, muss nur die Hardware ersetzt werden. Dies spart viel Arbeit bei der Administration und verhindert Datenverlust. Somit werden auch Rechenzentren voller Thin-Clients unattraktiv für Einbrecher, sodass eine aufwendige Sicherung entfallen kann.

Thin-Clients

Thin Clients sind die Client-Rechner, an die kaum Ansprüche bezüglich ihrer Performance gestellt werden. Sie benötigen nicht einmal eine Festplatte. Die einzige Voraussetzung ist, dass sie das Starten über ein Netzwerk beherrschen müssen.

Spiel- und Lernprogramme

Wie jede gute Plattform für den Einsatz im Bildungssektor bietet auch Edubuntu spezielle Anwendungen für die Zielgruppe. Schon in der Standardinstallation gibt es etwas für jede Altersgruppe. Von Lernumgebungen für jüngere Kinder, die die ersten Schritte am Computer machen, über Spiel- und Lernprogramme für die etwas älteren Schüler bis hin zu Anwendungen wie der Office Suite, Grafikprogrammen und vielem mehr für die Mittel- und Oberstufe. Wem das nicht reicht, der hat über die Paketquellen die Möglichkeit, weitere Software nachzuinstallieren.

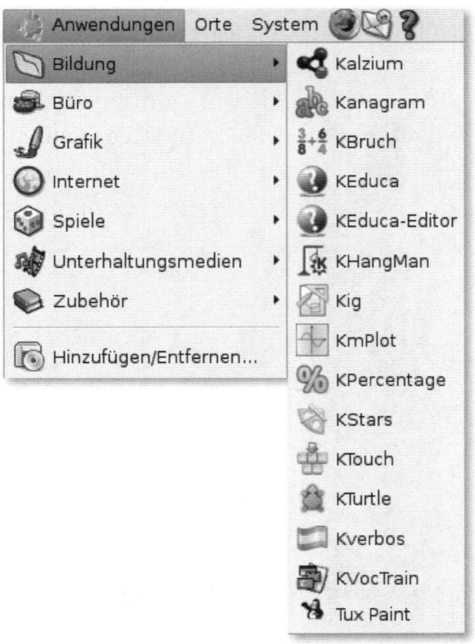

Abbildung 12.4 Edubuntu bietet Ihnen eine große Auswahl an speziellen Anwendungen für Bildungszwecke.

12.3 Warum Edubuntu?

Sicher, einfach und flexibel

Was zeichnet nun Edubuntu besonders für den Einsatz im Bildungsbereich aus? Ich will Ihnen im Folgenden die wichtigsten Vorteile von Edubuntu kurz aufzeigen.

- **Hohe Kompatibilität**
  In den meisten Computernetzwerken im Bildungsbereich kommen neben Windows auch Mac OS X und Linux vor. Das bedeutet, dass ein eingesetztes Betriebssystem auch mit diesen umgehen, also auch kommunizieren können muss. Edubuntu hat damit keinerlei Probleme, ob auf Serverebene oder im Anwendungsbereich. Sowohl der Datenaustausch (beispielsweise über Samba) zwischen den verschiedenen Betriebssystemen als auch das gemeinsame Bearbeiten von Dokumenten (Edubuntu kann die Formate des Microsoft-Office-Pakets lesen und schreiben) ist möglich.

- **Sicherheit**
  Sicherheit im IT-Bereich ist ein sehr wichtiges Thema geworden. An Schulen fehlt aber häufig jemand, der die nötigen Kenntnisse besitzt und die Zeit aufbringen kann, um die Rechner zu sichern und sauberzuhalten. Edubuntu profitiert als Linux-Distribution von den Sicherheitsvorteilen, die UNIX-ähnliche Systeme und Open-Source-Software mit sich bringen.

- **Wenig Verwaltungsaufwand**
  Je größer die Anzahl der Rechner in einem Netzwerk ist, desto höher ist normalerweise der Verwaltungsaufwand. Gerade an Schulen ist dafür praktisch keine Zeit vorhanden. Durch das LTSP-Thin-Client-System sinkt der Verwaltungsaufwand für Edubuntu erheblich. Nur ein einziger Server muss eingerichtet und administriert werden, während er selbst eine große Gruppe von Rechnern verwaltet.

- **Für Bildung gemacht**
  Was Edubuntu von allen anderen Betriebssystemen (auch Ubuntu) unterscheidet, ist der Fokus auf die Bedürfnisse des Bildungssektors. Edubuntus Motto lautet »Linux für junge Menschen«, und jede Entwicklungsentscheidung und jede Anwendung hat dieses Ziel vor Augen. Neben der Übersetzung in zahlreiche Sprachen bietet es auch viele Funktionen, die Behinderten oder sonst eingeschränkten Menschen die Nutzung erleichtern.

12.4 Eine kurze Einführung in den Umgang mit Thin-Clients

Die Verwendung von Thin-Clients hat in der UNIX-Welt eine lange Tradition. Zwar hat sich der direkte Umgang damit weiterentwickelt, das Konzept aber ist dasselbe geblieben.

- Die Clients sind nur für die Grundfunktionen wie für das Monitormanagement, die Tastatur, die Maus und den Sound zuständig.
- Der Server macht die »Schwerarbeit«: Alle Anwendungen laufen auf dem Server.

Günstige Clients

Da die Clients also nur sehr wenige Aufgaben bearbeiten müssen, sind die Hardwareanforderungen gering und die Clients somit billig. Sie sind außerdem relativ robust, da sie keine beweglichen Teile wie Festplatten besitzen. Bei einem Ausfall kommt es zu keinerlei Datenverlust, da nichts auf dem Client selbst gespeichert wird. Also muss nur der Client ausgetauscht werden, um weiterarbeiten zu können. Damit muss man sich auch keine Gedanken um die Sicherheit von Daten bei der Entsorgung (oder bei einem Diebstahl) machen.

Leistungsfähiger Server

Der Terminalserver enthält alle Daten: Auf ihm laufen alle Anwendungen. Die gesamte Wartung (Software-Updates, Administration) findet auf dem Server statt. Der Server muss leistungsfähiger als ein normaler PC sein, er geht aber deutlich effizienter mit Ressourcen wie Prozessorleistung, Festplattenspeicher und Arbeitsspeicher um. Im Endeffekt bedeutet dies, dass Thin-Client/Terminalserver-Umgebungen in Bezug auf Hardware und Verwaltung besser als andere Lösungen dastehen.

Ein möglicher Nachteil des Thin-Client/Server-Modells besteht darin, dass alle Thin-Clients ausfallen, wenn der Server ausfällt. In großen Umgebungen, in denen es auf hohe Verfügbarkeit ankommt, schützt man sich davor mit Ausfallkonzepten. Normalerweise wird dies kein großes Problem darstellen, da Edubuntu sehr stabil ist; Sie sollten dies trotzdem im Hinterkopf behalten. Aber auch ohne Ausfallkonzept kann man mit bewährten Vorgehensweisen die Umgebung schnell wieder online bringen.

12.5 LTSP-Hardwareanforderungen

Über dieses Thema lässt sich jede Menge schreiben, aber im Grunde läuft alles darauf hinaus, dass man billige Clients und leistungsfähige Server verwendet. Aber welche Clients sind geeignet und wie stark müssen die Server sein? Hierfür will ich im Folgenden ein paar Anhaltspunkte geben.

Die Clients stellen nur sehr geringe Anforderungen; Sie können sich hier nach dem zur Verfügung stehenden Budget richten.

- **Kleines Budget**
  Wenn Sie möchten, können Sie praktisch alles an alter Hardware nutzen, was Sie finden – solange es übers Netzwerk bootet. Sehr alte Hardware läuft über Etherboot, etwas neuere ist schon mit PXE-Bootfähigkeiten ausgestattet. Wenn diese nicht verfübar sind,

können Sie entweder einen PXE-fähige Netzwerkkarte einbauen oder den Boot-ROM auf eine bootfähige CD oder Festplatte legen.

- **Normales Budget**
  Anstatt Ihre normalen PCs als Thin-Clients zu verwenden, können Sie auch spezielle Thin-Client-Computer erwerben. Dies sind festplattenlose, sehr kleine und leise Low-End-Geräte, die deutlich günstiger als ein normaler PC sind. Zahlreiche Hersteller (nicht nur große wie HP) haben solche Thin-Clients im Sortiment.
- **Minimalanforderungen**
  233 MHz mit 48 MB RAM und 2 MB Video-RAM
- **Empfohlene Ausstattung**
  400 MHz mit 128 MB RAM und PXE-bootfähig

Problemlos zu erweitern

Die Server müssen leistungsfähiger sein, allerdings ist LTSP einfach zu vergrößern, falls die Leistung nicht ausreicht. Wenn Sie die Kapazität erhöhen wollen, können Sie einfach einen zusätzlichen neben den vorhandenen Server stellen. Ob Sie einen großen Server betreiben wollen oder mehrere kleinere ist Ihre Entscheidung. Die im Folgenden beschriebene empfohlene Ausstattung hängt hauptsächlich von den Anwendungen und der Nutzungsart ab.

- **Arbeitsspeicher**
  Aufgrund der Arbeitsweise von geteiltem Speicher benötigt der Server weniger Speicher, wenn alle dieselben Anwendungen benutzen. Andererseits verbrauchen einige Programme mehr Arbeitsspeicher als andere. Im Allgemeinen benötigen Sie 256 MB für das System und 128 MB pro Nutzer, wenn diese Officeanwendungen und einen Webbrowser nutzen. Es ist ratsam, etwas mehr Speicher als benötigt zu haben, denn wenn der Speicher zu klein wird, kann dies unangenehme Konsequenzen haben. Der Linuxkernel nutzt zusätzlich verfügbaren Speicher zum Cachen, was die Gesamtleistung beschleunigt.
- **Prozessor**
  Wieviel Prozessorleistung benötigt wird, hängt überwiegend vom Anwendungsfall ab. Wenn Sie sehr CPU-lastige Anwendungen nutzen, brauchen Sie etwas mehr, Flash beispielsweise nutzt viel CPU-Zeit. Glücklicherweise bleiben die Thin-Clients weiterhin ansprechbar, selbst wenn einige Nutzer versuchen, die gesamte CPU-Zeit an sich zu reißen (jedenfalls solange die Last nicht extrem hoch wird).
- **Festplatten**
  Es ist überaus ratsam, irgendeine Art von RAID in den Terminalservern zu betreiben. Hierbei ist eine Kombination aus »mirroring« (Daten werden auf eine zweite Platte gespiegelt, also Ausfallsicherheit) und »striping« (Daten werden auf zwei Platten verteilt, dies erhöht die Lesegeschwindigkeit, welche besonders wichtig ist) ratsam. Neben der

Datenrettung, falls eine einzelne Festplatte ausfällt, erhöht dies die Leistung. Da auf den Servern eine starke Festplattenaktivität anfällt, wird das System wahrscheinlich sehr langsam arbeiten, falls Sie kein RAID nutzen. Daneben ist es ratsam, SATA-Platten mit NQC (Native Command Queueing) und 16 MB Cache (oder mehr) zu nutzen. Diese Festplatten sind mittlerweile recht günstig geworden und bieten in Terminalservern große Performance-Vorteile.

- **Netzwerk**
  Wenn Sie mehr als zehn Nutzer haben, empfiehlt sich die Nutzung eines Gigabit-Ethernets für Ihren LTSP-Server. Obwohl die übliche Nutzung zwischen 0,5 und 2 MBit liegt, können die Clients hohe Spitzenlasten (etwa 70 MBit) erzeugen, vor allem wenn Multimedia-Inhalte angeschaut werden.

12.6 Edubuntu als »stand alone«-Installation

Eine »stand alone«-Installation von Edubuntu bietet sich an für:

- den PC zu Hause
- Umgebungen, denen die Serverleistung für Thin-Clients fehlt, die aber Workstations besitzen, auf denen Edubuntu allein läuft
- Laptops und andere Rechner, die nicht ständig mit demselben Netzwerk verbunden sind

Edubuntu auch für zu Hause

Eine stand-alone-Installation von Edubuntu ist genau das, wonach es sich anhört: Eine Installation, die für sich allein bootet und arbeitet, ob mit oder ohne Netzwerkverbindung (eine Internetverbindung ist zum Herunterladen neuer oder aktualisierter Software nötig). Der erste auf diesem System angelegte Nutzer kann Administrationsaufgaben wie das Ändern von Einstellungen, die alle Benutzer betreffen, vornehmen, neue Software installieren usw. Alle Systemdateien, Anwendungen sowie die Benutzerdaten sind auf der Festplatte des Computers gespeichert, im Gegensatz zur Speicherung auf einem zentralen Server wie bei den anderen Edubuntu-Installationen.

12.7 Anwendungen

Edubuntu bietet zahlreiche Anwendungen, die ganz allgemein gesagt der Bildung dienen. Teilweise verfolgen diese konkrete Zwecke, wie beispielsweise KBruch das Einüben der Bruchrechnung. Teils laden sie aber auch einfach zum Entdecken ein, wie Kalzium mit umfassenden Informationen zu den chemischen Elementen oder KStars, das die Sternenbilder zeigt. Die folgenden Kurzvorstellungen sollen einen Vorgeschmack darauf geben, was Sie unter Edubuntu erwartet. Ein richtiges Handbuch (welches unter dem Menüpunkt HILFE für jede Anwendung verfügbar ist) sollen sie nicht ersetzen.

12.7.1 Kalzium

Die chemischen Elemente sind ein weites Feld. Erscheint es dem Chemieanfänger zunächst unüberschaubar und verwirrend, lassen sich die Elemente doch nach Eigenschaften ordnen. Das sogenannte »Periodensystem der Elemente« ist in der Chemie unentbehrlich. Es gruppiert Elemente mit ähnlichen Eigenschaften und erleichtert so das Verstehen von Zusammenhängen.

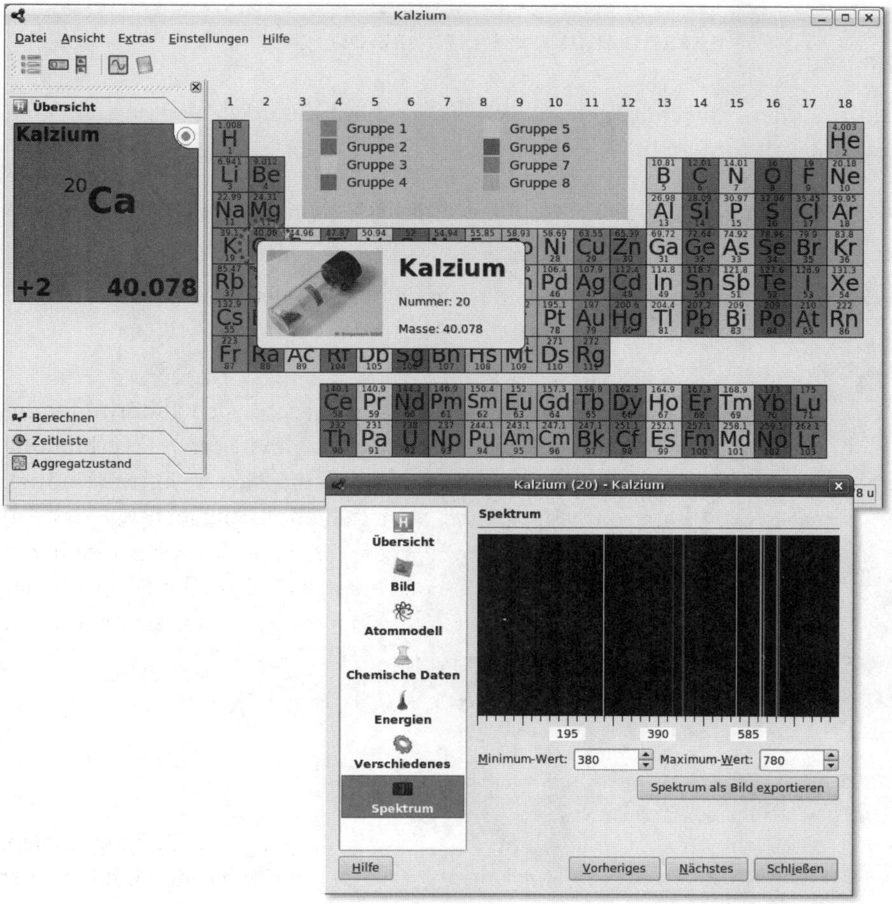

Abbildung 12.5 Kalzium – das Periodensystem der Elemente mit vielen Zusatzinformationen, hier das Spektrum des Erdalkalimetalls Kalzium

Kalzium ist ein interaktives Periodensystem, welches viele Zusatzinformationen mitbringt. Die Elemente lassen sich nach verschiedenen Kriterien farbig hervorheben, als Beispiele seien hier die Gruppen, das Säureverhalten, die Kristallstruktur oder unterschiedliche Aggregatzustände genannt.

Zahlen und Fakten

Zu jedem Element sind zahlreiche Informationen enthalten, zu denen neben den Grunddaten wie Ordnungs- und Massenzahl auch die Elektronenkonfiguration, die chemischen Daten, physikalische Daten wie Schmelz- und Siedepunkt, das Leuchtspektrum und weitere gehören.

Neben den Elementdaten gehört zu *Kalzium* auch ein Glossar, das zu den gebräuchlichsten in der Chemie verwendeten Geräten ein Bild und einen Erklärungstext enthält.

12.7.2 Kanagram

Kanagram gehört zu den Anwendungen, die spielerisch bestimmte Fähigkeiten trainieren und so die Lesefähigkeit fördern.

Abbildung 12.6 Was verbirgt sich hinter diesem Buchstabensalat?

Die Aufgabe besteht darin, den Begriff der sich hinter einem »Schüttelwort« verbirgt zur erraten. Für *Kanagram* stehen verschiedene Sprachen zur Verfügung, sodass auch die Fähigkeiten in einer Fremdsprache trainiert werden können.

Abbildung 12.7 Wem die enthaltenen Worte zu langweilig sind, der kann sich weitere aus dem Internet herunterladen.

12.7.3 KBruch

Bruchrechnung stellt für viele Schüler eine große Schwierigkeit dar. Dies liegt aber häufig nur an mangelnder Übung. *KBruch* bietet die Möglichkeit, das Bruchrechnen ausgiebig zu üben – in verschiedenen Schwierigkeitsgraden. Das unmittelbare Feedback und die Statistik zu den richtig beantworteten Aufgaben motiviert die Schüler.

Umgang mit Vierteln und Achteln

KBruch lässt gezielt den Bereich üben, in dem die größten Probleme bestehen: Zur Verfügung steht beispielsweise das Rechnen von Bruchaufgaben mit einer einzustellenden Zahl von Termen (wahlweise nur Addition/Subtraktion, nur Multiplikation/Division oder alle Rechenarten gemischt), das Umwandeln von Dezimaldarstellung in Bruchdarstellung oder auch das Faktorisieren.

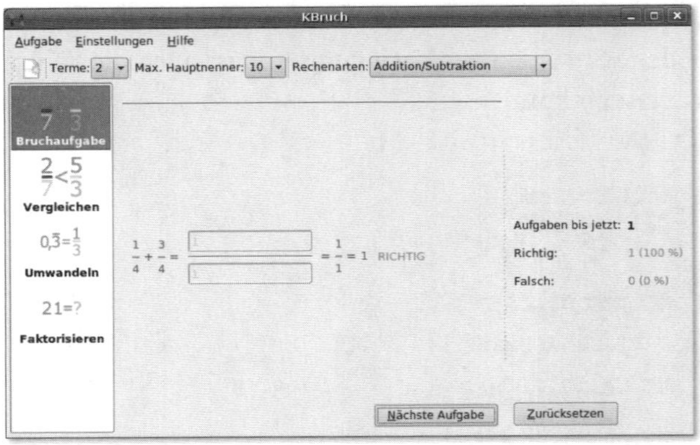

Abbildung 12.8 Bruchrechnung üben – so gelingt die nächste Mathearbeit hoffentlich besser

12.7.4 KHangMan

Der Klassiker: Galgenmännchen

KHangMan ist das klassische Galgenmännchenspiel für Kinder, das sich seit Jahrzehnten großer Beliebtheit erfreut. Es ist für Kinder ab 6 Jahren geeignet (oder besser gesagt, sobald ein ausreichend großer Lesewortschatz vorhanden ist).

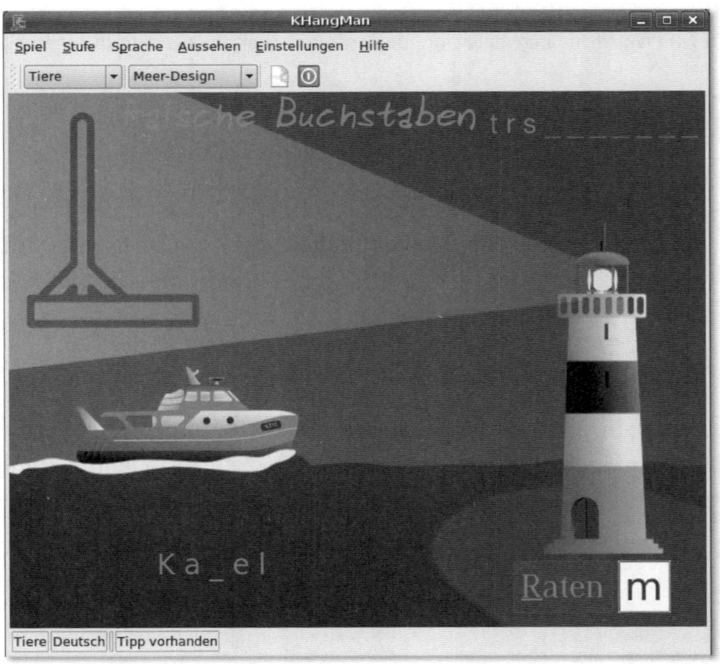

Abbildung 12.9 Nach ein paar Fehlversuchen doch noch geschafft – das Galgenmännchen ist davongekommen.

KHangMan besitzt vier Schwierigkeitsstufen: Tiere (Tiernamen), einfach, mittel und schwer. Dabei ist die mittlere Stufe für Kinder ab etwa 9 Jahren geeignet und die schwere Stufe sogar noch für Erwachsene herausfordernd. In der Standardinstallation kann als Sprache entweder Deutsch oder Englisch ausgewählt werden; insgesamt sind 24 Sprachen verfügbar.

12.7.5 Kig

Kig ist eine Anwendung für interaktive Geometrie. Einerseits können Schüler hier mathematische Figuren wie Kreise und Ellipsen interaktiv entdecken, andererseits ist es ein Werkzeug zum Zeichnen von mathematischen Figuren, die dann in anderen Anwendungen verwendet werden können.

Die gezeichneten Objekte können markiert, verschoben und weiter bearbeitet werden, sodass das Zeichnen komplexer Figuren möglich ist.

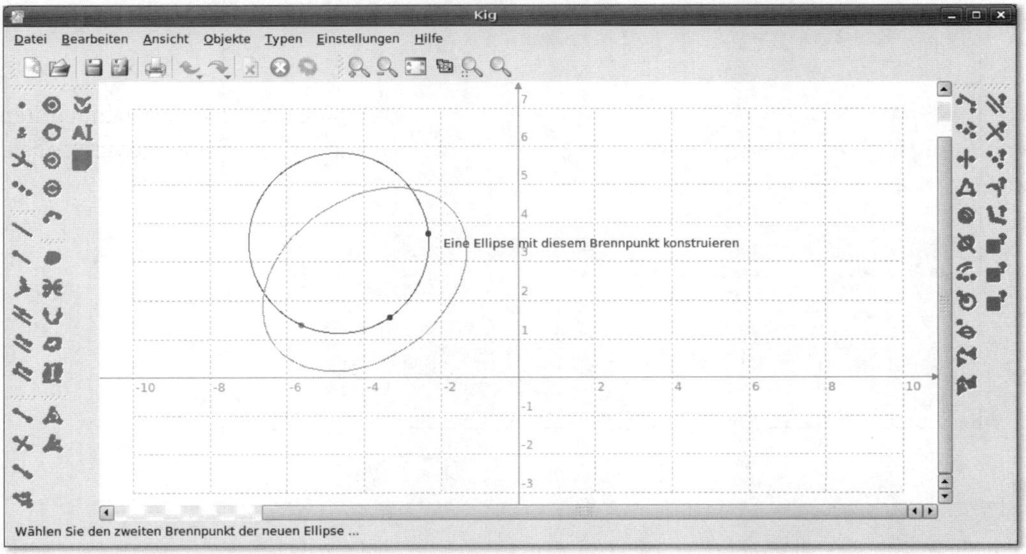

Abbildung 12.10 Verschiedene geometrische Figuren können durch festgelegte Punkte gezeichnet werden.

12.7.6 KmPlot

Zeichnen von Funktionen und Ableitungen

KmPlot ist ein mathematischer Funktions-Plotter, der einen leistungsfähigen Funktions-Analysierer enthält. So können Sie verschiedene Funktionen gleichzeitig zeichnen lassen und Funktionsausdrücke kombinieren. *KmPlot* unterstützt nicht nur kartesische sondern auch Polarkoordinaten, auch verschiedene Arten von Gittern sind möglich.

KmPlot unterstützt das Lernen von Beziehungen zwischen mathematischen Funktionen und deren grafischer Darstellung in Koordinatensystemen durch zusätzliche numerische und visuelle Eigenschaften wie beispielsweise das Zeichnen von Ableitungen und Integralfunktionen oder das Füllen und Berechnen der Fläche zwischen dem Graphen und erster Achse.

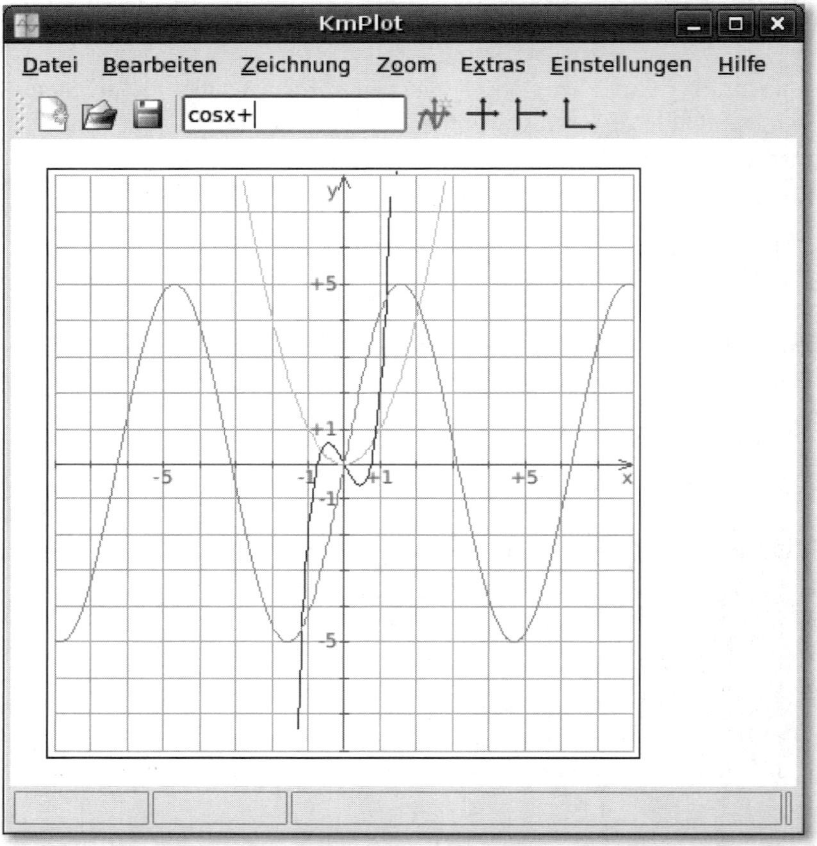

Abbildung 12.11 Polynom, Parabel und Sinuskurve in einem Koordinatensystem

12.7.7 KPercentage

100 % Prozentrechnung

Neben dem Bruchrechnen stellt auch das Prozentrechnen Generationen von Schülern vor große Probleme. In den großen Klassen fehlt oft die Möglichkeit, auf Einzelne gezielt einzugehen; der Lehrplan ist seit der Einführung des 8-stufigen Gymnasiums stark gestrafft und so bleibt zum Üben und Wiederholen immer weniger Zeit. *KPercentage* bietet hier eine motivierende Möglichkeit, das Prozentrechnen in verschiedenen Schwierigkeitsgraden zu üben und zu vertiefen.

Um keine Langeweile aufkommen zu lassen, wenn nur ein Typ von Prozentrechnungen Probleme bereitet, kann entweder jeweils nur ein Typ oder aber eine Mischung aller drei Arten geübt werden. Hierbei stehen jeweils drei Schwierigkeitsgrade zur Verfügung.

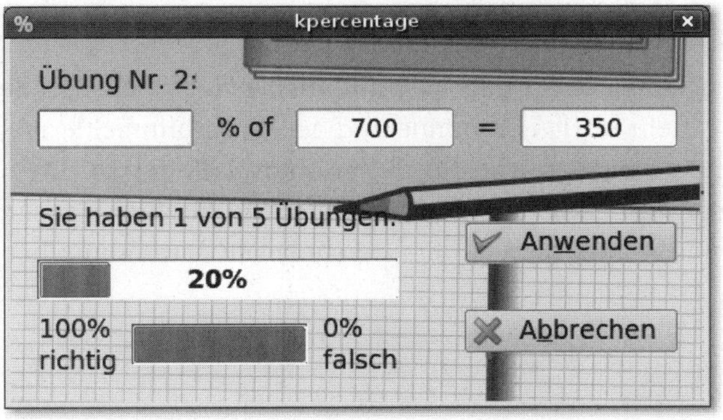

Abbildung 12.12 Die Übung macht's: Prozentrechnen perfekt beherrschen

12.7.8 KStars

Sternenhimmel für den Desktop

KStars ist ein grafisches Planetarium, es simuliert den Nachthimmel mit allen Sternen, Sternbildern, Sternhaufen, Nebeln, Galaxien, allen Planeten, der Sonne, dem Mond, Kometen und Asteroiden.

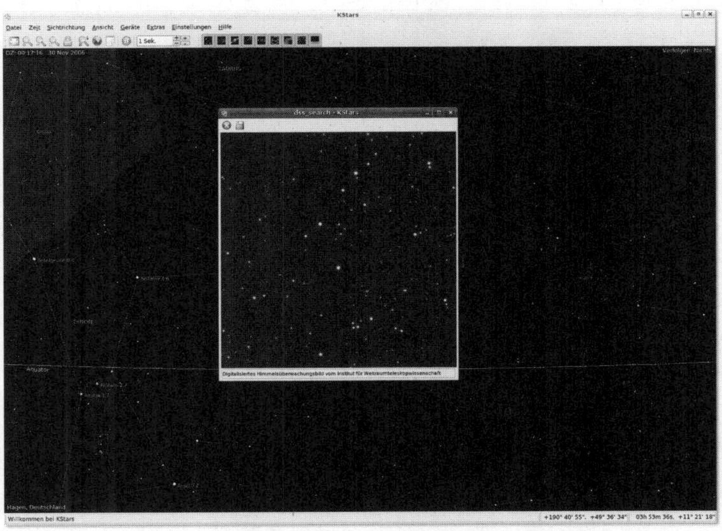

Abbildung 12.13 Der Sternenhimmel über Deutschland – simuliert von KStars

Sie sehen also, dass dies ein recht aufwendiges Programm ist. Sie können in *KStars* den Himmel sehen, wie er von einem beliebigen Standpunkt auf der Erde zu einem frei wählbaren Zeitpunkt aussieht. Die Ansicht kann mit der Maus vergrößert und verschoben werden. Außerdem können Sie Himmelsobjekte einfach identifizieren und auf ihrer Bahn über den Himmel verfolgen.

KStars ist aber nicht nur ein einfacher Simulator für den Nachthimmel. Es bietet eine große Anzahl an Hilfsmitteln, mit denen Sie mehr über Astronomie und den Nachthimmel lernen können. Zu jedem Objekt können Sie ein Fenster mit ausführlichen Informationen aufrufen, die sogar professionelle Literaturreferenzen enthalten. Zusätzlich können Sie Ihre eigenen Bilder und Textnotizen hinzufügen und *KStars* so zu Ihrem persönlichen astronomischen Notizbuch machen.

12.7.9 KTouch

Richtig Tippen lernen

KTouch ist eine Anwendung, die sich eher an ältere Schüler und Erwachsene richtet, die nicht mehr überwiegend mit der Hand sondern viel am Computer schreiben. *KTouch* ist ein Programm, um das korrekte Tippen mit allen zehn Fingern zu erlernen. Der Aufwand lohnt sich, da der Geschwindigkeitszuwachs beim (Blind-)Schreiben ernorm ist.

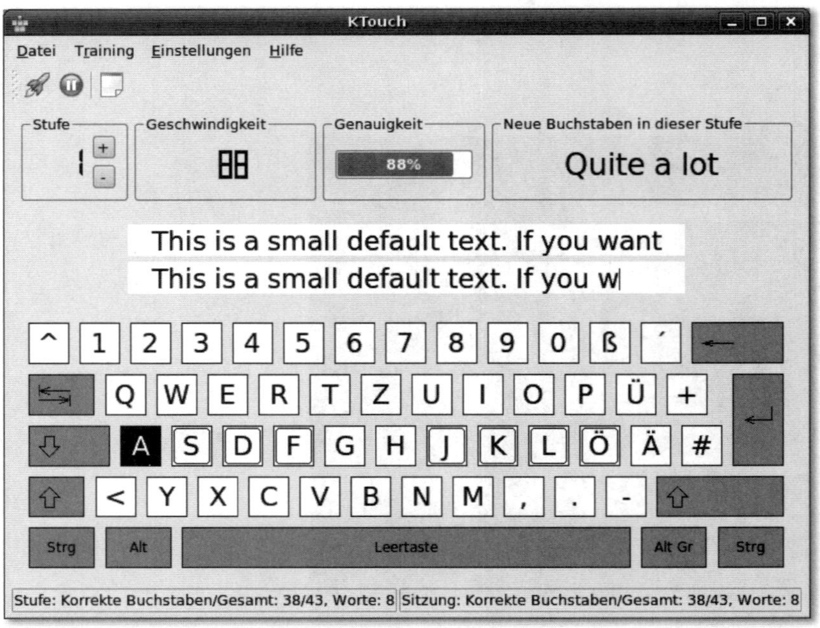

Abbildung 12.14 Genug vom Adler-Suchsystem? Lernen Sie richtig tippen mit KTouch.

Natürlich kann sich *KTouch* auf verschiedensprachige Tastaturlayouts einstellen. Daneben gibt es verschiedene Modi: Für den Anfang ist es sicher sinnvoll, dass angezeigt wird, mit welchem Finger Sie welche Taste als nächstes drücken müssen. Später fällt diese Hilfe weg und Sie sehen anstelle der Hilfstastatur nur noch den zu schreibenden Text auf dem Bildschirm.

12.7.10 KTurtle

Grundlagen der Programmierung

KTurtle ist eine Programmierumgebung zum Lernen mit Logo als Programmiersprache. Logo hat die Besonderheit, dass es Befehle in die Muttersprache des »Programmierers« übersetzt, sodass dieser in seiner eigenen Sprache programmieren kann. Dies geschieht durch einen internen Logo-Interpreter, der für die Übersetzung der Befehle auf XML-Dateien zurückgreift.

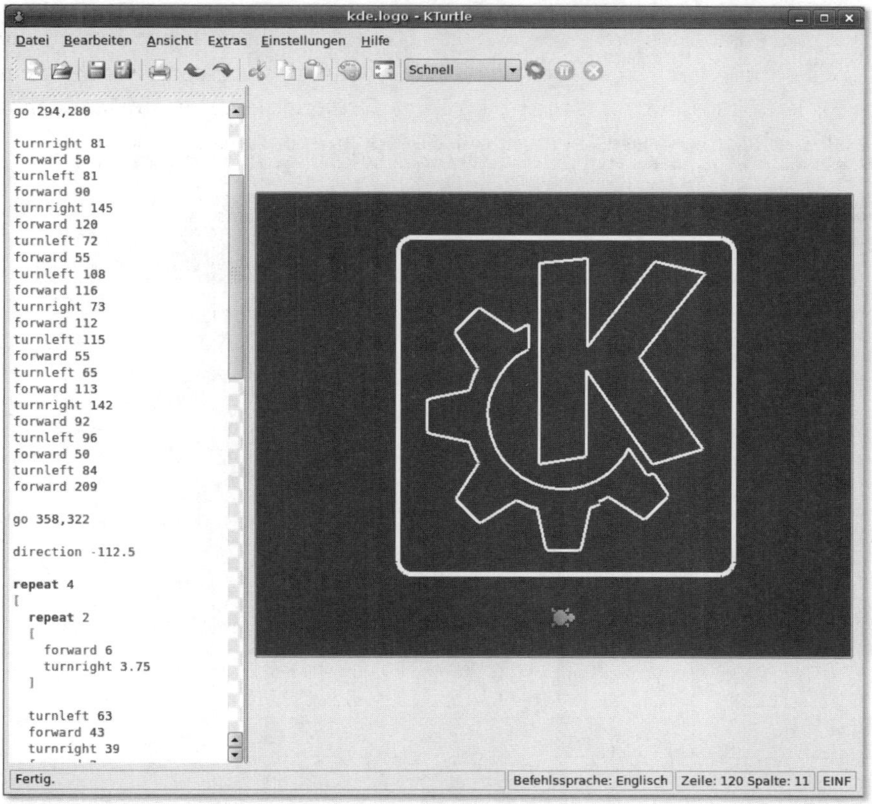

Abbildung 12.15 Das KDE-Logo – mit KTurtle erstellt

KTurtle bringt zahlreiche Beispiele (eines davon, das KDE-Logo, sehen Sie in Abbildung 12.15) mit, die das Erlernen der Programmiersprache erleichtern. Das Prinzip von *KTurtle* ist, die Schildkröte zu bewegen, die dabei malt. Parallel dazu können die Papierfarbe sowie die Stiftfarbe und -größe verändert werden.

12.7.11 KVocTrain

Der persönliche Vokabeltrainer

Vokabeln lernen ist lästig, aber unverzichtbar. Leichter fällt es, wenn man den Erfolg sieht und effektiver ist es, wenn nicht gewusste Wörter häufiger wiederholt werden als gekonnte. Hier kann *KVocTrain* Unterstützung bieten. Im Dialog ABFRAGE • EINSTELLUNGEN lassen sich zahlreiche Möglichkeiten zur Abfrage einstellen. Dabei überwacht *KVocTrain* das Erlernte, indem es den einzelnen Vokabeln eine von sieben Noten zuweist. So kann sinnvollerweise die Menge der Vokabeln pro Abfragedurchlauf begrenzt und der Abfragebereich von der Note, der Anzahl der Abfragen und dem Datum der letzten Abfrage abhängig gemacht werden. Während der Abfrage kann sich die Abfragerichtung zufällig verändern – so wird die Übersetzungsfähigkeit in die Fremdsprache ebenso trainiert wie die Übersetzung aus der Fremdsprache.

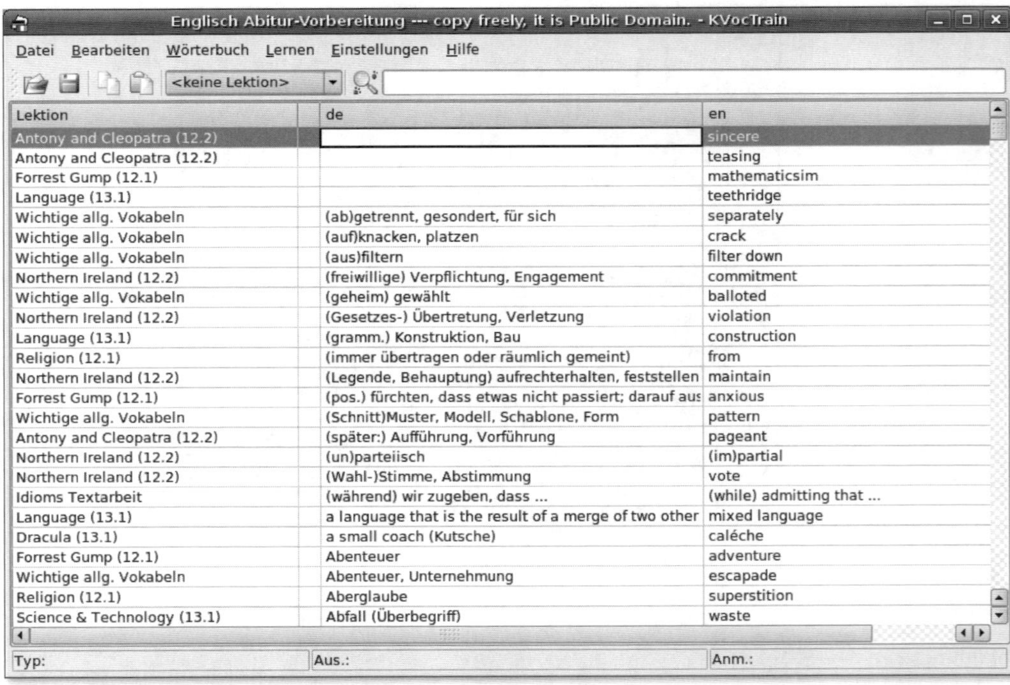

Abbildung 12.16 Vokabeln lernen für das Abitur – leichter geht es mit KVocTrain

Für Schüler bietet sich das manuelle Eingeben der zu lernenden Vokabeln an, da hier meist spezielle Vokabeln als Hausaufgabe zu lernen sind. Für Erwachsene, die ihren Wortschatz erweitern wollen, ist die Möglichkeit, komplette Wortlisten aus dem Internet herunterzuladen, sicherlich sehr interessant. Hier gibt es eine große Auswahl an themenbezogenen (z. B. bestimmte Literatur oder Gebiete wie Anatomie) Wortlisten.

12.7.12 Tux Paint

Fotos und Zeichnungen kombinieren

Tux Paint ist ein einfaches Zeichenprogramm, das intuitiv zu bedienen ist. Neben den üblichen Zeichenwerkzeugen wie Stiften, Pinseln, Radierern, Linien und Formen stehen hier auch viele Tierbilder zum Einfügen (siehe Abbildung 12.17) zur Verfügung. *Tux Paint* richtet sich vor allem an Kinder, die ihre ersten Erfahrungen am Computer sammeln.

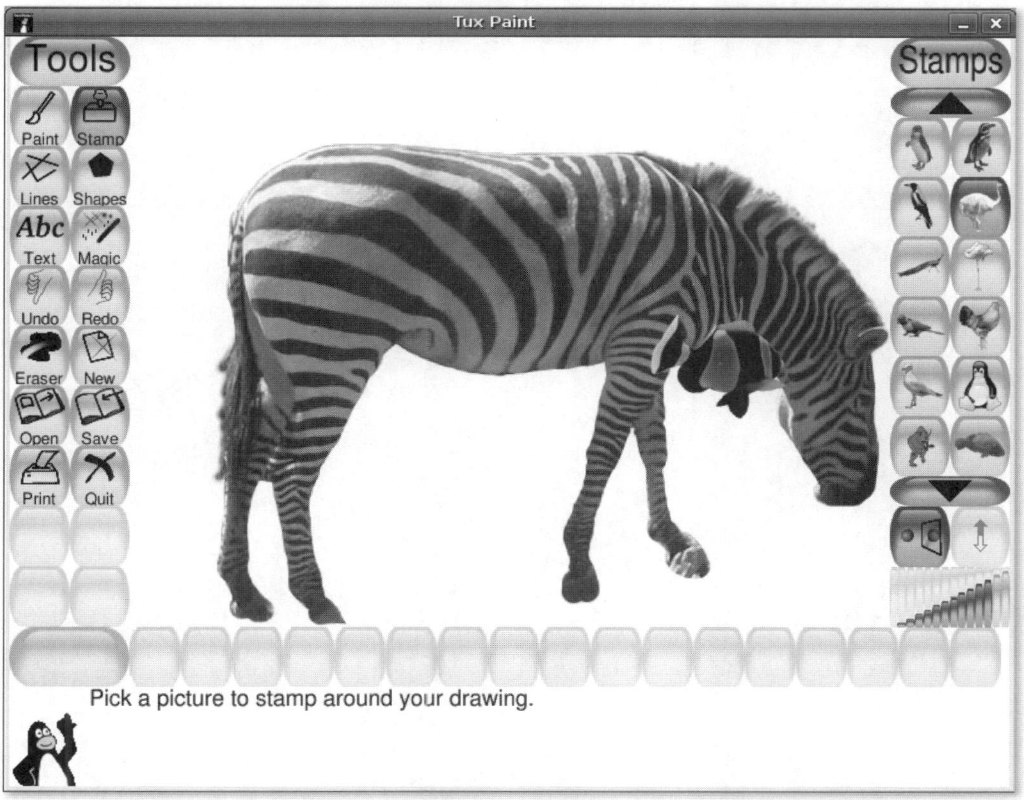

Abbildung 12.17 Als »Stamps« sind eine Reihe von Tierbildern in Tux Paint enthalten und können in Zeichnungen eingebaut werden.

12.8 Häufig gestellte Fragen

Zwar ist Edubuntu ein sehr einfach einzurichtendes und zu administrierendes System, aber trotzdem kann das ein oder andere Problem auftreten. In diesem Fall möchte ich Ihnen die Internetseite *http://wiki.ubuntuusers.de/Edubuntufaq* ans Herz legen.

Hierbei handelt es sich um eine Sammlung häufiger Fragestellungen aus dem #edubuntu-Channel auf Freenode. Die auf dieser Seite veröffentlichten Fragen und Antworten werden durch den Edubuntu-Entwickler Oliver Grawert auf ihre sachliche Richtigkeit hin überprüft.

*»Es gibt Augenblicke,
in denen man nicht nur sehen,
sondern ein Auge zudrücken muß.«*

*Benjamin Franklin (17.01.1706 – 17.04.1790)
US-Staatsmann, Ökonom und Naturforscher*

13 Mythbuntu

Ubuntu ist eine der am schnellsten wachsenden Linux-Distributionen; durch die damit verbundene Popularität wurden einige Derivate hervorgebracht. Einer dieser Abkömmlinge ist Mythbuntu, ein Ubuntu, welches ein komplettes MythTV-System darstellen soll, ähnlich wie Knoppmyth oder Mythdora. In diesem Artikel möchte ich Ihnen Mythbuntu und seine grundlegende Installation und Konfiguration vorstellen.

Wenn es darum geht, sich einen Home Theater PC (HTPC) zusammenzubauen, stellt MythTV eine der besten Plattformen für dieses Unterfangen dar. Leider hat es den zweifelhaften Ruf, nicht besonders einsteigerfreundlich zu sein und sich nur schwer konfigurieren zu lassen. Mythbuntu ist angetreten, um genau dies zu ändern. Es soll die leichte Bedienbarkeit von Ubuntu mit den fantastischen Möglichkeiten von MythTV kombinieren und somit die erste Wahl in Ihrem Wohnzimmer werden.

Die neueste Version basiert hierbei auf dem aktuellen LTS-Release von Ubuntu 8.04, dem Hardy Heron, auch wenn es selber keine besondere Langzeit-Unterstützung genießen wird. Es bleibt auch festzuhalten, dass Mythbuntu kein offizielles Derivat ist, also auch keinen offiziellen Support von Canonical bekommt. [!]

Mythbuntu unterscheidet sich aufgrund seiner Features von anderen HTPC-Distributionen. So lässt sich beispielsweise das MythTV-Frontend von der Live-CD aus starten. Auch bei der Installation auf eine lokale Festplatte können Sie entscheiden, ob Sie lediglich das Frontend, das Backend oder beides installieren möchten. Für einen Einzelplatzrechner kommt eher letzteres in Frage.

Apropos MythTV: Die Entwickler von Mythbuntu setzen hier auf die aktuelle Version 0.21, wobei auch sogenannte *weekly-builds* zum Download bereitstehen. Wir werden später näher hierauf eingehen.

Die neue Version 8.04 hat erstmals Unterstützung für einen Diskless Server an Bord, mit dem Sie auf einfache Weise die Images für Diskless Clients erstellen und administrieren können.

13.1 Systemvoraussetzungen

13.1.1 Minimal

Die minimalen Voraussetzungen zum Betrieb von Mythbuntu werden von den Entwicklern wie folgt angegeben:

- 1.0 GHz x86 oder x86_64 Prozessor
- 192 MB Arbeitsspeicher (RAM)
- 20 GB freier Festplattenplatz
- Grafikkarte mit einer Mindestauflösung von 1024x768
- Unterstützte TV-Karte

13.1.2 Empfohlen

Mit den genannten Rechner-Anforderungen können Sie es wagen Mythbuntu zu installieren. So richtig Spaß macht die Sache aber erst, wenn Sie hardwareseitig etwas besser aufgestellt sind:

- 2.0 Ghz x86 oder x86_64 Prozessor
- 1024 MB Arbeitsspeicher (RAM)
- 80 GB freier Festplattenplatz
- ATI oder nVidia Grafikkarte (mind. 128 MB Speicher) mit TV-Ausgang
- Unterstützte TV-Karte

13.1.3 HDTV

Wollen Sie in den Genuss von HDTV kommen, müssen Sie die obigen Anforderungen noch einmal erheblich steigern. Es empfiehlt sich dann mindestens ein 3 GHz-Prozessor oder ein 2 GHz Dual Core. Die Grafikkarte sollte mindestens 512 MB Speicher besitzen und es bietet sich aufgrund der besseren Unterstützung eine Karte von NVIDIA an. Generell werden aber auch Grafikkarten von ATI und Intel unterstützt und bereiten oftmals keine Probleme. Abstand sollten Sie allerdings von Matrox nehmen, da ihre Stärken nicht im Multimediabereich liegen.

Der Bedarf an Festplattenplatz steigt ebenfalls überproportional. Brauchten Sie zum Aufnehmen von Videos in einer Standardauflösung noch bis zu 2 GB Platz pro Stunde, steigt dieser Wert bei HDTV auf ca. 7 GB. Wir haben es hier also fast mit einer Vervierfachung zu tun.

13.2 Installation

Prinzipiell haben Sie zwei Möglichkeiten, Mythbuntu zu installieren:

1. Auf der offiziellen Homepage des Projekts (*www.mythbuntu.org*) erhalten Sie vollständige CD-Images, die Sie zur kompletten Neu-Installation verwenden können.
2. Sie können bei einem bestehenden Ubuntu die nötigen Pakete einfach nachinstallieren. Hierzu reicht die Installation eines Metapakets

```
user$ sudo apt-get install mythbuntu-desktop
```

Einer der herausragenden Attribute von Mythbuntu ist die Bereitstellung von sogenannten *weekly-builds*. Damit sind Sie in der Lage, bei Bedarf immer die aktuellste MythTV-Version zu integrieren. Somit sind Sie stets auf dem neuesten Stand, wenn Sie Mythbuntu installieren.

Wenn Sie schon einmal Ubuntu installiert haben, wird Ihnen die Installation von Mythbuntu keine Kopfschmerzen bereiten. Das einzige, das sich grundlegend von Ubuntu unterscheidet, ist die Wahl der Desktop-Umgebung. Mythbuntu setzt hier nicht auf GNOME, sondern auf XFCE.

Abbildung 13.1 Auch wenn die Farben und das Logo anders sind, so handelt es sich um den typischen Ubuntu-Installer. Durch das Drücken von Enter starten Sie die Live-CD.

Wenn Sie die CD eingelegt haben, drücken Sie einfach auf Enter oder wählen Sie vorher mit F2 Ihre bevorzugte Sprache. Es wird nun eine reguläre Live-CD gestartet, aus der Sie die Installation beginnen können. Hierzu erscheint nach dem erfolgreichen Booten auf dem Desktop ein Icon mit der Bezeichnung INSTALL MYTHBUNTU. Die Live-CD eignet sich allerdings nicht ausschließlich zur Installation.

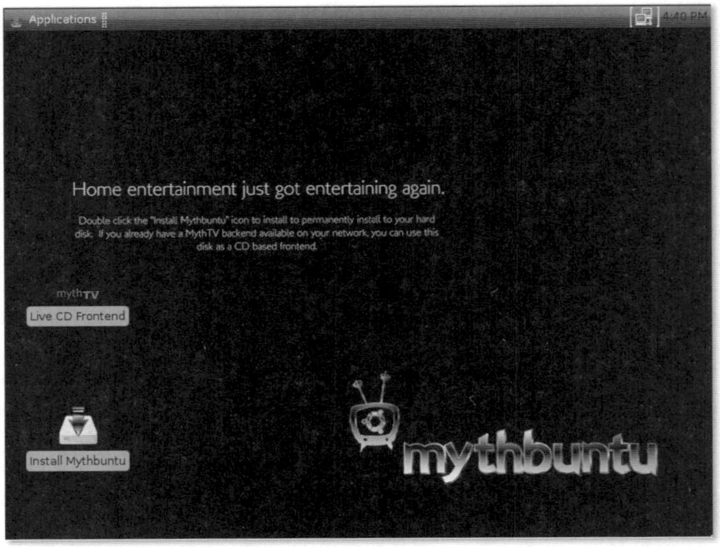

Abbildung 13.2 Die Live-CD ist in ihrer Funktionalität zwar eingeschränkt, erlaubt aber eine bequeme Installation.

13.2.1 Live-Betrieb

Mit der Live-CD haben Sie die Möglichkeit, sämtliche Plugins auch im Live-Betrieb zu testen. Dazu brauchen Sie lediglich auf den Button LIVE-CD FRONTEND zu klicken. Die verschiedenen Einstellungen sind in unterschiedliche Reiter sortiert (siehe Bild), sodass Sie sich hier durchklicken müssen. Zur Konfiguration der Plugins ist allerdings einiges an Hintergrundwissen erforderlich, sodass sich hier ein Blick in die offizielle Installationsanleitung lohnt. Sie erhalten diese als PDF-Datei unter *www.mythbuntu.org/installation_manual*.

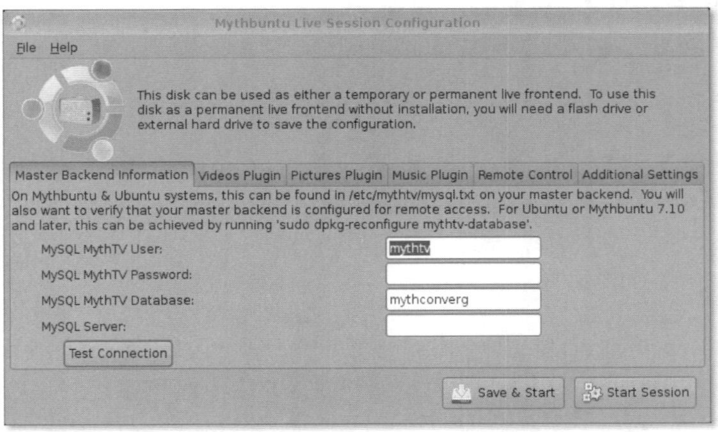

Abbildung 13.3 Konfiguration der Plugins im Live-CD-Betrieb.

13.2.2 Lokale Installation

Wenn Sie sich entschieden haben, Mythbuntu zu installieren, klicken Sie auf den Button INSTALL MYTHBUNTU. Der Installationsprozess an sich gestaltet sich derart einfach, dass wir an dieser Stelle nicht näher darauf eingehen. Er ist analog zu der Installation einer normalen Ubuntu-Version und dauert ungefähr 30 Minuten.

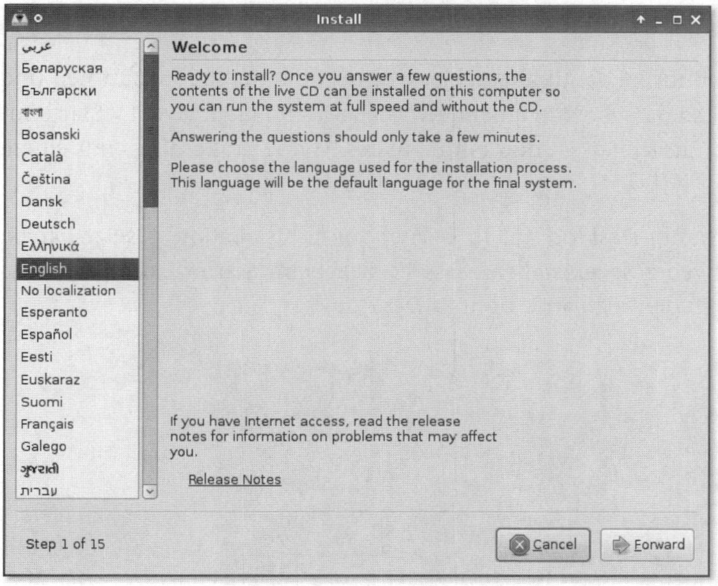

Abbildung 13.4 Die Installation unterscheidet sich generell nicht von der Vorgehensweise bei einem normalen Ubuntu.

In den letzten Schritten zeigen sich aber dennoch Unterschiede zwischen Ubuntu und Mythbuntu. Letzteres gibt zwei Installationsarten auf:

- **Standard Installation**
  Diese Variante installiert und konfiguriert Mythbuntu auf eine Art und Weise, bei der möglichst wenig Eingriff vom Benutzer verlangt wird. Das System wird gleichzeitig Front- und Backend sein. Des Weiteren werden alle Plugins und Themes installiert, Samba und SSH werden vorkonfiguriert. Diese Variante bietet sich an, wenn Sie lediglich einen einzigen Rechner als MythTV-Zentrale nutzen möchten.

- **Fortgeschrittene Installation**
  Diese Variante ist notwendig, wenn Sie den aktuellen PC in eine bestehendes Mythbuntu-Netzwerk integrieren möchten, wenn also beispielsweise das Backend auf einem zentralen Server liegt. An dieser Stelle haben Sie beispielsweise die Möglichkeit, dem MythTV-Backend eine feste IP zuzuweisen, ohne die eine Kommunikation zwischen Back- und Frontend nicht möglich ist.

Im folgenden Schritt können Sie Ihre Fernbedienung konfigurieren. Mythbuntu unterstützt sämtliche Fernbedienungen, die auch vom LIRC-Projekt unterstützt werden. Eine Übersicht aller unterstützten Geräte erhalten Sie unter www.lirc.org/html/table.html Wenn Sie eine Fernbedienung konfigurieren möchten, haben Sie hier die Möglichkeit, diese auszuwählen.

Anschließend erhalten Sie in einer letzten Abfrage die Möglichkeit, fehlende proprietäre Treiber für Ihre Grafikkarte zu installieren. Dies ist oftmals nötig, um den TV-Ausgang der Karte zu aktivieren oder um in den Genuss von HDTV zu kommen.

Ihre Installation von Mythbuntu ist damit abgeschlossen. Mythbuntu startet nun neu und meldet sich automatisch an, so dass Sie von einem etwas abgewandelten MythTV-Startbildschirm empfangen werden. Tatsächlich ist dies ein reguläres MythTV, allerdings mit einem Mythbuntu-Theme.

Sollten Sie bereits einen Ubuntu-Desktop auf Ihre Mythbuntu-Installation gesetzt haben, können Sie Ihr System entweder so einstellen, dass es sich beim Starten automatisch in MythTV einloggt oder aber in den regulären Ubuntu-Desktop.

Abbildung 13.5 Die Oberfläche von Mythbuntu präsentiert sich schlicht und gut ablesbar. Dies ist besonders für die Darstellung auf einem Fernseher wichtig.

Wie bereits erwähnt, läuft im Hintergrund aufgrund des niedrigen Ressourcenbedarfs eine aktuelle XFCE-Umgebung. Sie können diese nutzen, indem Sie MythTV schließen oder mit der Tastenkombination `Ctrl` + `←` auf den Desktop von XFCE schalten.

13.3 Konfiguration

Im laufenden Mythbuntu-Betrieb haben Sie Zugriff auf sämtliche Einstellungen über das Mythbuntu Control Center (MCC). Neben der einfachen Installation ist diese Kommandozentrale ein weiterer gewichtiger Vorteil von Mythbuntu. Sie können hier alles konfigurieren, von den proprietären Treibern und Codecs bis hin zu den Einstellungen von MythTV selbst.

13.3.1 Control Center

Sie finden dieses Kontrollzentrum in XFCE über APPLICATIONS • SYSTEM • MYTHBUNTU CONTROL CENTER, in GNOME finden Sie es unter SYSTEM • SYSTEMVERWALTUNG • MYTHBUNTU CONTROL CENTER, wenn Sie das Mythbuntu-Metapaket nachinstalliert haben. Während MythTV läuft, können Sie ebenfalls über UTILITIES/SETUP Zugang zum Kontrollzentrum MCC erlangen. Zum Starten des MCC benötigen Sie Ihr User-Passwort, da Sie administrative Arbeiten vornehmen.

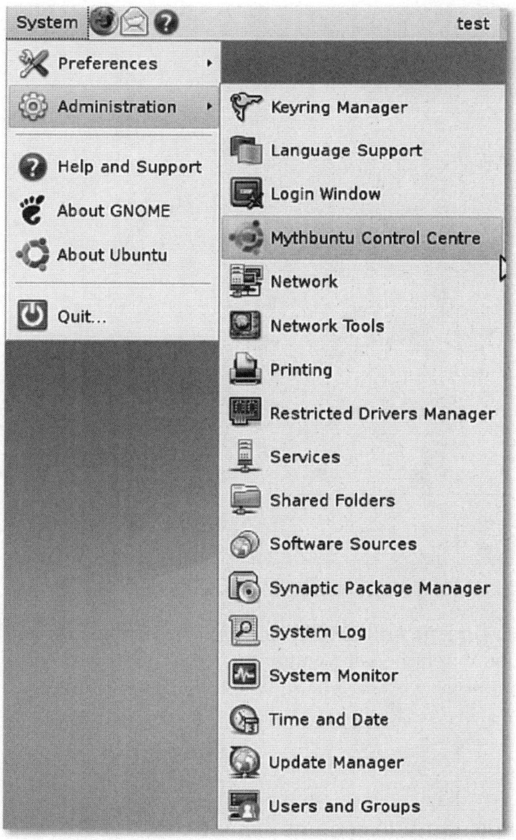

Abbildung 13.6 Mythbuntu lässt sich auch auf einem installierten Ubuntu leicht nachinstallieren.

Des Weiteren ist das MCC durch beliebige Erweiterungen sehr flexibel. Entwickler haben die Möglichkeit, über reguläre Updates neue Funktionen in das MCC zu integrieren. Diese Updates werden über die normalen Systemupdates mitgeliefert. Somit ist die Mythbuntu-Umgebung hervorragend integriert und erfordert nur einen minimalen Administrationsaufwand.

So steckt beispielsweise hinter *MythTV Configuration* das bekannte Programm *MythTV Setup*, während man unter *Applications & Plugins* einzelne Erweiterungen bequem ein- und ausschalten darf. Möchten Sie später den Desktop in ein vollständiges Ubuntu verwandeln, dürfen Sie unter *System Roles* im unteren Bereich eine der drei *flavours* wählen. Mythbuntu lädt dann die fehlenden Pakete nach. Im oberen Teil legen Sie fest, ob dieser Computer als Backend, Frontend oder beides gleichzeitig fungiert.

Die Konfigurationsseite von MythTV gibt Ihnen die bequeme Möglichkeit

1. das MythTV Setup zu verändern, ohne MythTV verlassen zu müssen,
2. ein Terminal zu öffnen, um das Backend zu killen, und anschließend das Setup manuell zu starten.

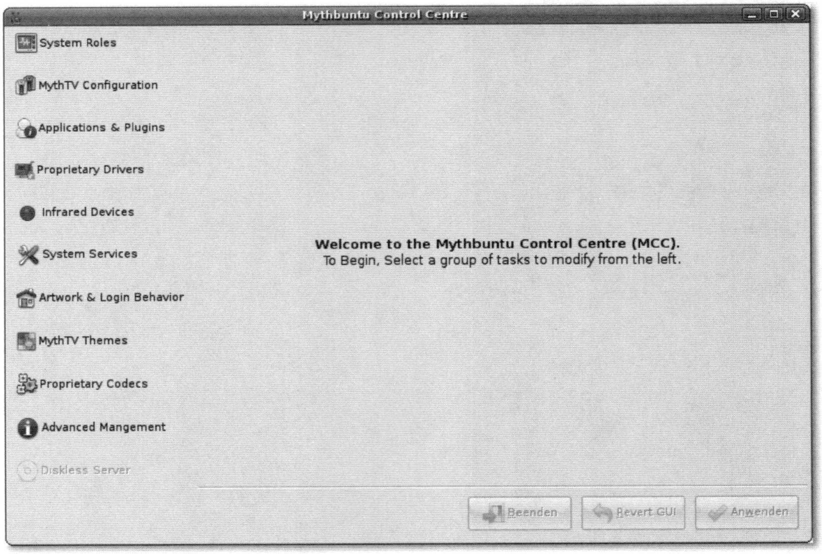

Abbildung 13.7 Das Mythbuntu Control Center ist Ihre zentrale Anlaufstelle für sämtliche Konfigurationen. Es bietet eine hervorragende Benutzerfreundlichkeit und unterscheidet Mythbuntu dadurch klar von Konkurrenten wie Knoppmyth und Mythdora.

13.3.2 Updates

Zu Beginn sollten Sie im MCC zu Ihrem Advanced Management gehen. Von der Advance Management-Seite können Sie mithilfe der *Synaptic*-Paketverwaltung zusätzliche Software installieren, ein Terminal öffnen, Updates abrufen und MySQL- Einstellungen, die nicht standardmäßig bei der MythTV- Installation vorhanden sind, konfigurieren.

Um Ihr System auf dem neusten Stand zu halten, sollten Sie den Update Manager regelmäßig alle Updates ausführen lassen. Der Aktualisierungsprozess ist den Updates vieler Ubuntu-Derivate sehr ähnlich und Ubuntu-Nutzern nicht unbekannt. Wählen Sie die für Sie notwendigen Updates aus und starten Sie Ihren Rechner neu. Der Neustart ist eher eine Vorsichtsmassnahme um zu überprüfen, ob das System weiterhin alle notwendigen Starts vornimmt.

Nach dem Reboot gehen Sie bitte zu Ihrem MCC zurück und laden die proprietären Treiber für Ihre Grafikkarte, sofern Sie dies nicht schon während der eigentlichen Installation vorgenommen haben. Wenn Sie eine Grafikkarte von Nvidia besitzen, können Sie in den Nvidia-Einstellungen Ihre gewünschte Auflösung einstellen. Sollten Sie keine ATI- oder Nvidia- Grafikkarte besitzen, können Sie die Auflösung in den Xorg- Konfigurationen einstellen.

Sobald die Treiber installiert sind, booten Sie bitte erneut und starten Sie die X-Session, damit die Änderungen übernommen werden können. Die wichtigsten Einstellungen wurden nun vorgenommen. Wenn Sie möchten, können Sie nun so viel fernsehen und aufnehmen, wie Ihre Festplatte bewältigen kann. Zum besseren Verständnis werden wir nun aber noch einen tieferen Einblick in den MCC vornehmen, denn dieser setzt Mythbuntu deutlich von MythDora und Knoppmyth ab.

In den *MCC system roles* können Sie veranlassen, dass der Rechner mit dem üblichen Ubuntu Desktop ausgestattet wird. Sollten Sie einen volles Desktoppaket installieren, wird Ihnen ein Balken angezeigt, der Ihnen mitteilt, wie weit der Installationsprozess der betreffenden Dateien fortgeschritten ist. Sie können ausserdem die Optionen für back- und frontend von MythTV ändern. Sie können sich aussuchen, ob Sie ein Primär- oder Sekundär-Backend oder keines von beiden nutzen möchten. Letzteres trifft nur zu, wenn MythTV auf mehr als einem Rechner läuft, aber es kann Ihnen viel Terminal- Zeit ersparen, sollten Sie Ihr System einmal erweitern wollen. Frontend-Optionen sind ebenfalls verfügbar und erlauben es Ihnen, das Frontend einer Machine vollständig auszuschalten, wenn Sie den Rechner lediglich dazu nutzen möchten, User Jobs auszuführen oder TV aufzunehmen.

Das MCC brilliert auch in den Applikationen und Plugins. Im Gegensatz zu Mythdora und Knoppmyth gibt es hier für jedes Plugin eine Checkbox und Sie können Komponenten (de-)aktivieren, ohne MythTV verlassen zu müssen.

Eine weitere Zeitersparnis bei MythTV stellt die Option, das Passwort von MythWeb setzen oder ändern zu können, dar.

Die Anwendungen zur Medienwiedergabe können mithilfe von *Synaptic* installiert werden. Zur Vereinfachung dieses Vorgangs gibt es aber noch eine weitere Möglichkeit: die bereits erwähnten Checkboxen. Diese stellen einen echten Mehrwert für alle gängigen Konfigurationen dar.

Da Mythbuntu ein All-in-one-Paket für MythTV darstellt, kann es natürlich auch DVDs abspielen. Mithilfe der *Proprietary Codecs configuration*-Seite gelingt dies ganz einfach. Hier können Sie die für Sie notwendigen Codecs auf Ihrem System installieren und konfigurieren.

13.3.3 MythTV Plugins

Neben den üblichen PVR-Funktionalitäten bieten Mythbuntu und MythTV auch noch weitere Features wie beispielsweise dem Katalogisieren und Abspielen aller Videos, die auf der Festplatte gespeichert sind. Sollten Sie NFS- oder Samba- Verzeichnisse nutzen, können Sie mit MythTV Videos abspielen, die auf einem beliebigen Rechner Ihres Netzwerks gespeichert sind.

Um die Video-Abspielfunktion von MythTV zu installieren, klicken Sie auf UTILITIES/SETUP • SETUP • MEDIA SETTINGS • VIDEO SETTINGS • GENERAL SETTINGS. Bei dem Verzeichnis, das die Videos enthält, wählen Sie nun das Verzeichnis, in dem Ihre Videos gespeichert sind. Der Ordner kann beispielsweise */Movies* heißen, von wo aus mehrere von NFS eingebundene Laufwerke abgehen, in denen ebenfalls Filme abgespeichert sind. MythVideo spielt in der Regel die Formate .ISO, .IMG, VIDEO_TS, .mpg, .avi, .ts problemlos ab.

Sobald Sie Ihr Verzeichnis, das Ihre Videos beinhaltet, ausgewählt haben, klicken Sie bitte auf UTILITIES/SETUP • VIDEO MANAGER und MythTV wird das Verzeichnis auf Videos überprüfen. Sie können nun Ihre Videos mit Vorschaubildern durchsuchen, indem Sie das Video Ihrer Wahl auswählen und abspielen.

Abbildung 13.8 Vorschauansichten von gespeicherten Videos

Ein weiteres sehr nützliches Werkzeug ist *MythMusic*; hiermit können Sie Ihre digitalen Audiodateien über MythTV abspielen, ähnlich dem System von iTunes oder Amarok. Das aktuelle Interface von MythMusic könnte zwar eine kleine Design-Auffrischung gebrauchen, aber in seiner Funktionalität ist es bisher ungeschlagen.

Mythdora und Knoppmyth

Ubuntu ist nicht die einzige Distribution, die einen Ableger von MythTV besitzt. Auch Fedora, die Community-Distribution unter maßgeblicher Mitwirkung von RedHat, hat mit Mythdora eine Distribution für die gleiche Zielgruppe. Mythdora ist Ende April in der Version 5 erschienen und basiert auf Fedora 8 und MythTV 0.21. Die offizielle Homepage ist unter *http://g-ding.tv/* zu finden.

Mythdora ist neben Mythbuntu die am leichtesten zu installierende MythTV-Distribution. Von ihr hat sich Mythbuntu viel abgeguckt und dies teilweise noch verbessert.

Während Mythdora auf Fedora basiert, ist Knoppmyth ein Derivat von Knoppix, jedoch ohne die gewohnte Oberfläche. Knoppmyth war im August 2003 die erste Distribution, in der MythTV integriert wurde. Es verwendet den sparsamen Fluxbox als Fenstermanager. Die Einrichtung von Knoppmyth im Textmodus wirkt im Gegensatz zu Mythbuntu recht altbacken.

Vorsicht bei der Installation: Bei der Option *Auto Install* räumt Knoppmyth ohne Rücksicht auf Verluste die erste Festplatte frei und richtet sich dort anschließend samt eines funktionierenden MythTV-Back- und Frontend ein.

Die offizielle Homepage des Projektes finden Sie unter *http://mysettopbox.tv/knoppmyth.html* und das offizielle Wiki finden Sie unter *www.knoppmythwiki.org/*.

TEIL III
Praxis

»Das Höchste, wozu der Mensch gelangen kann, ist das Erstaunen.«

Johann Wolfgang von Goethe (28.08.1749 – 22.03.1832)
deutscher Schriftsteller

14 Internet und E-Mail

Als echtes Kind des Internets ist Ubuntu Linux natürlich bestens gerüstet für den Umgang mit der alles umspannenden Matrix des 21. Jahrhunderts. Der folgende Teilabschnitt stellt Lösungen im Bereich Browsing und allgemeine Kommunikation vor, wobei wiederum auf die zwei Standardumgebungen GNOME/Ubuntu und KDE/Kubuntu gesondert eingegangen wird. Dabei werde ich Ihnen jeweils nur Spezialitäten und Besonderheiten der vorgestellten Browser erläutern sowie Tuningmöglichkeiten aufgezeigen; ich gehe davon aus, dass Sie die Grundlagen der Browserbedienung beherrschen.

Den Siegeszug des Internets im häuslichen Bereich hat kein geringerer als Tim Berners-Lee vom renommierten CERN in Genf eingeleitet, als er quasi als Abfallprodukt für den Austausch wissenschaftlicher Erkenntnisse die Dokumentbeschreibungssprache HTML entwickelt hat, auf welche sämtliche aktuellen Browser eingeschworen sind. Beginnen wir bei der Browser-Parade mit dem in Ubuntu integrierten *Firefox*-Browser.

14.1 Browser

Webbrowser (oder allgemein Browser, von *to browse, blättern*) sind Programme, mit denen Sie Webseiten im World Wide Web betrachten können. Das Durchstöbern des World Wide Webs mit Hilfe solch eines Programms wird auch als »Internetsurfen« bezeichnet. Neben HTML-Seiten können sie verschiedene andere Arten von Dokumenten anzeigen. Webbrowser stellen die Benutzeroberfläche für Webanwendungen dar.

2008 feierte das World Wide Web seinen 15. Geburtstag. [«]

14.1.1 Firefox

Der Firefox erschien im September 2002 (damals noch unter dem Namen Phoenix, später Firebird) auf der Bildfläche und ging aus der Mozilla Application Suite hervor. Spätestens mit der Version 1.0, die im November 2004 veröffentlich wurde, begann der Siegeszug dieses Open-Source-Projektes. Inzwischen gehen Schätzungen davon aus, dass der Firefox einen Marktanteil von bis zu 35 % im europäischen Raum besitzt.

Abbildung 14.1 Der Firefox Webbrowser

Nachinstallation bei Kubuntu

Im Normalfall ist der *Firefox* bereits nach der Installation im System unter ANWENDUNGEN • INTERNET • FIREFOX zu finden. Außerdem wurde ein Icon in Form einer Weltkugel (ab Edgy hat ist es das Original-Icon mit dem Fuchs) im Panel angelegt. Kubuntu-Anwender müssen den *Firefox* nachinstallieren, am besten gleich in Verbindung mit der deutschen Lokalisierung.

Folgende Pakete werden hierzu benötigt:

- *firefox*
- *mozilla-firefox-locale-de-de*

LTS und Betaversionen [«]

Die zur Drucklegung dieses Buches aktuelle Version von Ubuntu, »Hardy Heron«, wurde im April 2008 mit einer Betaversion des Firefox 3 veröffentlicht. Dies wirkt auf den ersten Blick wie ein Wagnis und unpassend für eine Ubuntu-Version mit dem Anspruch einer Enterprise-Distribution. Tatsächlich aber ist der Firefox derart ausgereift und stabil, dass die Ubuntu-Entwickler keine Zweifel an der Integration hatten.

Ein weitere Unsicherheit bewog die Entwickler zu diesem Schritt: Ubuntu 8.04 soll auf dem Desktop bis zu drei Jahre mit Sicherheitsupdates versorgt werden und Mozilla wird keine weitere drei Jahre den Firefox 2 mit Updates versorgen.

Im Laufe des Sommers 2008 soll die finale Version des Firefox 3 über ein Update zur Verfügung gestellt werden.

Tuning

In der folgenden Auflistung habe ich Ihnen einige Tuningtipps für Firefox zusammengestellt.

Bevor ich einzelne Pakete aufliste, die Sie mühsam einzeln installieren müssen, möcte ich Sie an dieser Stelle auf das Metapaket *ubuntu-restricted-extras* hinweisen. Wenn Sie dieses Metapaket installieren, haben Sie auf einen Schlag viele der folgenden Tipps umgesetzt. Sie installieren dieses Paket über den Befehl [«]

```
user$ sudo apt-get install ubuntu-restricted-extras
```

- **Java-Unterstützung**
  Um Java mit dem Mozilla Firefox nutzen zu können, benötigen Sie ein Java-Paket wie z. B. *j2re1.4*. Dadurch wird die komplette Blackdown-Java-Runtimeumgebung installiert. Seit kurzer Zeit gibt es eine Neuerung: Sun hat Java in einer neuen Distributoren-Lizenz veröffentlicht. Ein entsprechendes Paket ist in der Multiverse-Sektion von Dapper zu finden und lässt sich mit

  ```
  user$ apt-get install sun-java5-jdk
  ```

  einfach installieren. Alternativ können Sie natürlich auch das Original Javapaket herunterladen. Durch eine Zusammenarbeit zwischen Canonical und SUN erhalten Sie diesen Download ebenfalls über die Paketquellen:

  ```
  user$ sudo apt-get install sun-j2re1.5
  ```

  Ob die Installation geklappt hat, erfährt man wie bei allen Plugins über die Eingabe von `about:plugins` im Adressfeld des Browsers.

- **Flash installieren**

  Mittlerweile kann das Macromedia Flash-Plugin auch unter Linux über den üblichen Plugin-Mechanismus nachinstalliert werden. Alternativ installiert man das Paket `flashplugin-nonfree`. Auf manchen Systemen kann es vorkommen, dass Flashfilme stumm bleiben. Um die Tonausgabe zu ermöglichen, öffnen Sie ein Terminal und geben folgenden Befehl ein:

  ```
  sudo ln -s /usr/lib/libesd.so.0 \
    /usr/lib/libesd.so.1
  ```

  Sollte diese Lösung nicht funktionieren, dann ist die folgende Datei wie folgt zu editieren:

  ```
  #Auszug aus /etc/mozilla-firefox/mozilla-firefoxrc
  # Alter Wert: FIREFOX_DSP="auto"
  FIREFOX_DSP="none"
  ```

- **Multimediainhalte wiedergeben**

  Zu diesem Zweck empfiehlt sich die Installation des Programms *MPlayer* sowie der entsprechenden Plugins für *Firefox*. Folgende Pakete werden benötigt:

  - *mplayer-386* bzw. das für Ihre Rechnerarchitektur geeignete Paket
  - *mozilla-mplayer*
  - *moz-plugger*

  Nach der Installation versucht das Programm zumeist immer noch den Standardplayer *Totem* anzusprechen. Das kann verhindert werden, indem Sie sämtliche Bibliotheken, welche die Buchstabenfolge »totem« enthalten, aus dem Verzeichnis */usr/lib/mozilla/plugins* löschen. Für die Darstellung von Realmedia-Streams empfiehlt sich zusätzlich das Paket *realplayer*.

  Wer Windows WMV-Streams wiedergeben möchte, der benötigt das Paket *avifile-win32-plugin*. Die entsprechenden Codecs können von einer parallelen Windowsinstallation in das Verzeichnis `/usr/lib/win32` kopiert werden.

- **Allgemeine Konfiguration**

  Ein Beispiel: Die mittlere Maustaste kann unter *Firefox* für verschiedene Aufgaben benutzt werden. Befindet sich ein Text in der Zwischenablage und drückt man die mittlere Maustaste, so öffnen Sie damit z. B. die Zwischenablage als URL. Um das Verhalten der mittleren Maustaste zu ändern, geben Sie den Befehl `about:config` in der Adresszeile ein. Anschließend definieren Sie in der Rubrik Filter das Wort middle und erhalten nun einige Optionen für die mittlere Maustaste, die Sie nach Ihren Wünschen anpassen können. Möchten Sie in *Firefox* z. B. schneller scrollen, so ändern Sie die folgenden Werte (Schlüsselwort: `mousewheel`):

```
mousewheel.withnokey.numlines
mousewheel.withnokey.sysnumlines
```

- **Firefox beschleunigen**
  Wenn Sie mit einer älteren Ubuntu-Version noch den Firefox 2 verwenden, stört Sie eventuell die mangelnde Geschwindigkeit des Browsers. Man kann etliche Tuningoptionen in *Firefox* manuell durchführen oder sich das Firefoxplugin *Fasterfox* besorgen. Sie finden das Plugin auf *fasterfox.mozdev.org*. Nach der Installation lässt sich das Plugin nach dem Neustart des *Firefox* über BEARBEITEN • EINSTELLUNGEN • FASTERFOX konfigurieren. *Fasterfox* lädt während des Browsens schon den Inhalt einiger Links im Hintergrund, so dass diese beim Anklicken durch den Benutzer schneller zur Verfügung stehen. Es sollte nicht unerwähnt bleiben, dass diese Verfahrensweise einen höheren Traffic produziert.

  Für den Firefox 3 (integriert ab Ubuntu Version 8.04 »Hardy Heron«) benötigen Sie diese erweiterung nicht mehr. [«]

14.1.2 Firefox-Erweiterungen

Auch unter Linux findet das Leben im World Wide Web hauptsächlich mit Programmen wie Firefox, Thunderbird oder Skype statt. Für alle gibt es zahlreiche wertvolle erweiterungen, die nicht nur Windows-Usern vorbehalten sind.

Der Firefox hat eine sehr gelungene Verwaltung von Plugins, Add-ons, Erweiterungen, Themes usw. Sie erreichen diese über das Menü EXTRA • ADD-ONS (siehe Abbildung 14.2).

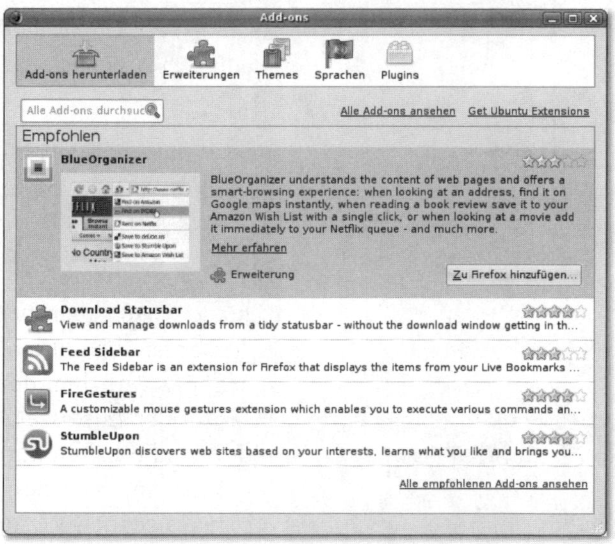

Abbildung 14.2 Der Firefox gibt bei bestehender Internetverbindung Empfehlungen für installierbare Add-ons und bietet die Möglichkeit, diese bequem durch einen Klick zu installieren.

Als Scherz auf die mehrfachen Namensänderungen entstand die Erweiterung *Firesomething*, die bei jedem Start von Firefox dem Programm einen anderen Namen (jeweils zusammengesetzt aus einer Naturkraft und einem Tiernamen) verpasst. Sie finden diese (wie fast alle) Erweiterung auf der offiziellen Seite des Mozilla-Projektes für Erweiterungen: *https://addons.mozilla.org/de/firefox/*.

Aber Scherz beiseite, es gibt auch eine Menge nützlicher Anwendungen, von denen im Folgenden die wichtigsten vorgestellt werden sollen.

Lesezeichen

Auch wenn die Lesezeichenverwaltung im neuen Firefox 3 stark überarbeitet und verbessert wurde, vermissen viele Anwender die Möglichkeit zur Synchronisation dieser Lesezeichen. In diese Lücke sind zahlreiche Tools gesprungen, die das Abgleichen der Favoritenlisten offline übernehmen. Aber warum so kompliziert? Auf das manuelle Synchronisieren können Sie getrost verzichten, wenn Sie Online-Lesezeichen verwenden.

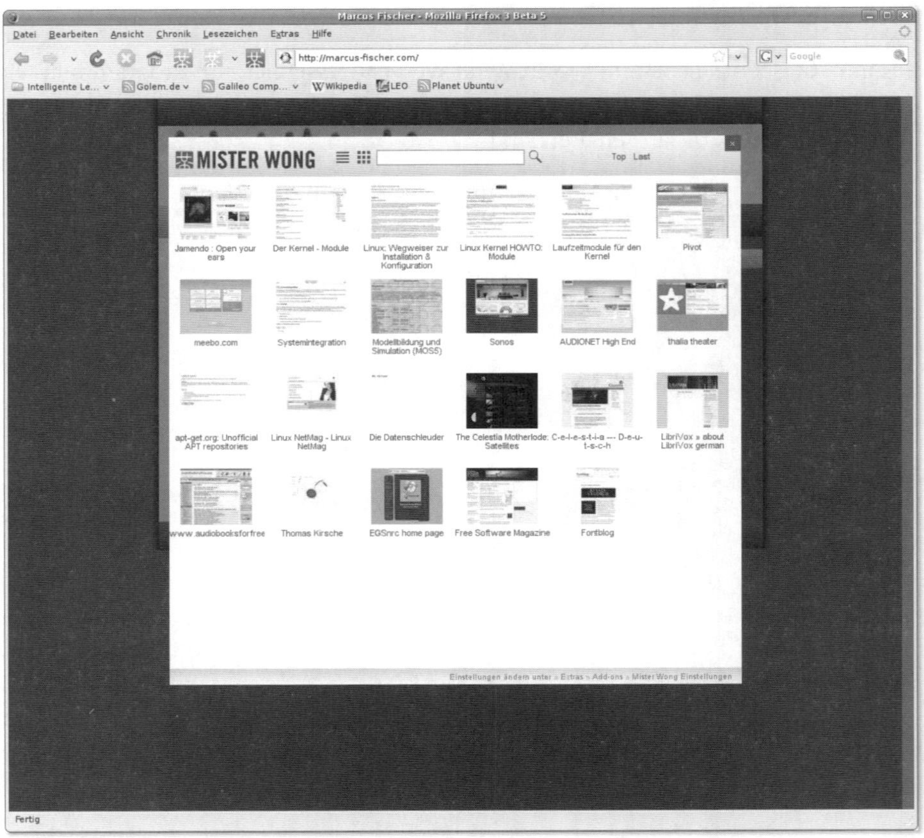

Abbildung 14.3 Die Top-Favoriten lassen sich durch Tastendruck einblenden und erlauben einen schnellen Zugriff auf priorisierte Webseiten.

Hierbei gibt es mehrere Anbieter. Der größte englischsprachige ist *del.icio.us* (engl. *köstlich*), ein Online-Bookmark-Service von Yahoo. Ich möchte hier allerdings einen deutschen Anbieter aus Bremen vorstellen, der auf den etwas sonderlichen Namen Mister Wong hört: *www.mister-wong.de*.

[+] Ich bin auf Mister Wong bereits in Abschnitt 5.7.1, »Social Bookmarking«, auf Seite 214 eingegangen.

Auf der Seite von Mister Wong können Sie nach der Registrierung die Firefox-Toolbar herunterladen (unter Stuff). Wie bei allen anderen Plugins reicht hier ein Klick und Sie finden in der Kontrollleiste Ihres Browsers drei neue Buttons, mit denen Sie entweder besuchte Seiten bookmarken können oder einen Schnellzugriff auf Ihre gespeicherten Lesezeichen haben – die sogenannten Top-Favoriten (siehe Abbildung 14.3).

Flash-Filme aufnehmen

Viele User lieben die kleinen Filme von *YouTube* und vermissen eine einfache Möglichkeit diese mitzuschneiden. Nichts leichter als das mit dem Add-On *Fast Video Download*. Diese Erweiterung erhalten Sie auf der Seite *www.erweiterungen.de*.

Nach der Installation und dem obligatorischen Neustart finden Sie in der Statusleiste unten rechts das Symbol des Download-Add-ons. Wenn Sie nun eine Seite mit einem interessanten Video besuchen, brauchen Sie lediglich auf dieses Symbol zu klicken und das Video wird aufgezeichnet. Hierbei wird der Stream unabhängig von der Wiedergabe gespeichert, d.h. Sie können die Videos zeitgleich im Browser betrachten. Die aufgezeichten Filme im `.flv-Format` lassen sich mit den geeigneten Codecs problemlos mit allen gängigen Videoplayern abspielen.

Als besondere Empfehlung möchten wir den VideoLan-Client (*www.videolan.org/vlc/*) empfehlen, der sämtliche Codecs gleicht mitbringt und problemlos alle möglichen Dateien abspielen. Sie bekommen den VLC entweder über die angegebene Homepage oder über die Paketverwaltung Ihrer Distribution.

Browser splitten

Die Monitore von Notebooks und PCs werden heutzutage immer größer und es lohnt sich meistens nicht, den Browser im Vollbildmodus laufen zu lassen, da der Inhalt der Webseiten oftmals nicht skaliert wird. In solchen Fällen wünscht man sich einen Browser, der ähnlich wie ein Dateimanager mehrere Webseiten gleichzeitig anzeigen kann. Mit der richtigen Erweiterung (*Split Browser*) kann der Firefox auch dies. Sie erhalten diese ebenfalls auf *www.erweiterungen.de*.

Abbildung 14.4 Das Splitten funktioniert über Anklicken der Teilungsschaltflächen, die beim Berühren mit dem Mauszeiger eines der vier Ränder des Inhaltsbereichs eingeblendet werden oder beim Ziehen von Links, Dateien etc. auf eine dieser Schaltflächen.

Nach dem Teilen des Browser-Fensters öffnet sich die neue Teilansicht als eine Art Mini-Browser mit eigener Navigationsleiste mit Vor-, Zurück- und kombinierter Neu Laden-/Stopp-Schaltfläche sowie eigener Adressleiste.

Es sind beleibig viele Teilungen möglich, begrenzt lediglich durch den zur Verfügung stehenden Arbeitsspeicher und die Monitorgröße. Der Status der Teilung wird gespeichert und beim nächsten Start des Browsers wiederhergestellt - diese Option kann über die Erweiterungseinstellungen ab- bzw. angeschaltet werden.

Über Ziehen und Ablegen mit der Maus (das sogenannte Drag&Drop) können Links, Lesezeichen etc. in einer Teilansicht geladen werden. Wenn die Navigationsleiste eines Ansichtsbereichs in einen anderen gezogen wird, wird die entsprechnende Seite in diesem Teilbereich geöffnet. Inzwischen ist in jeder Teilbereich sogar Tabbed-Browsing möglich.

Download-Manager

Wer hat sich noch nicht über abgebrochene Downloads geärgert? Auch zu Zeiten von Flatrates ist ein solcher Zeitkiller ein wahres Ärgernis. Eine der beliebtesten Erweiterungen für den Firefox ist deshalb *DownThemAll!* Hierbei handelt es sich um den ersten und einzigen in Firefox integrierten Download-Manager/-Beschleuniger. Gerade bei großen Dateien wie DVD-Images und ähnlichem kann ein solcher Helfer Wunder wirken.

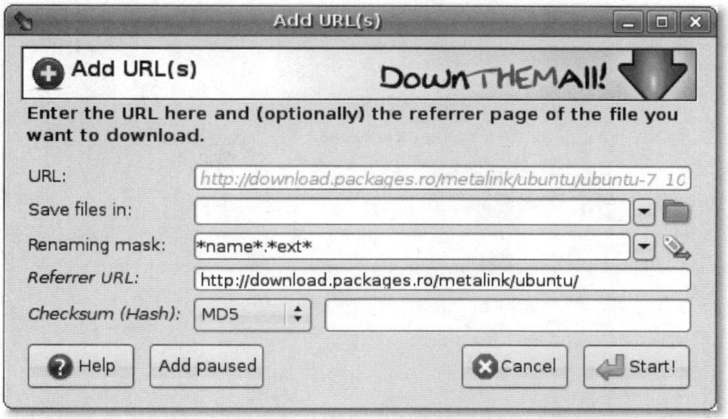

Abbildung 14.5 Ein guter Download-Manager/Beschleuniger ist bei großen Dateien Gold wert.

Werbung blockieren

Als letzte Firefox-Erweiterung wollen wir Ihnen den Klassiker in einer neuen Form vorstellen: *Adblock Plus*. Diese in weiten Teilen überarbeitete und verbesserte Neuauflage von Adblock filtert Werbung aus Webseiten mithilfe von Filterregeln, die selbst angelegt oder in vorgefertigter Form abonniert werden können.

Zudem können Werbeelemente durch Rechtsklick und Auswahl des Adblock-Eintrags oder aus einer Übersicht für die aktuelle Seite, die in einer abkoppelbaren Sidebar angezeigt wird, zu den Filtern hinzugefügt werden. Für selbstdefinierte Filter können sowohl Jokerzeichen wie auch reguläre Ausdrücke zum Einsatz kommen. Bitte beachten Sie, dass Adblock Plus und AdBlock nicht nebeneinander verwendet werden sollten.

14.1.3 Der Konqueror

Unter KDE/Kubuntu hat sich der *Konqueror* als Universallösung zum Browsen etabliert. Starten Sie den *Konqueror* durch Anklicken des Weltkugelsymbols auf der Kontrollleiste. Eine Spezialität des *Konquerors* ist die Definition von Navigationskürzeln. Dies kann unter EINSTELLUNGEN • KONQUEROR EINRICHTEN • WEB-TASTENKÜRZEL vorgenommen werden (siehe Abbildung 14.6).

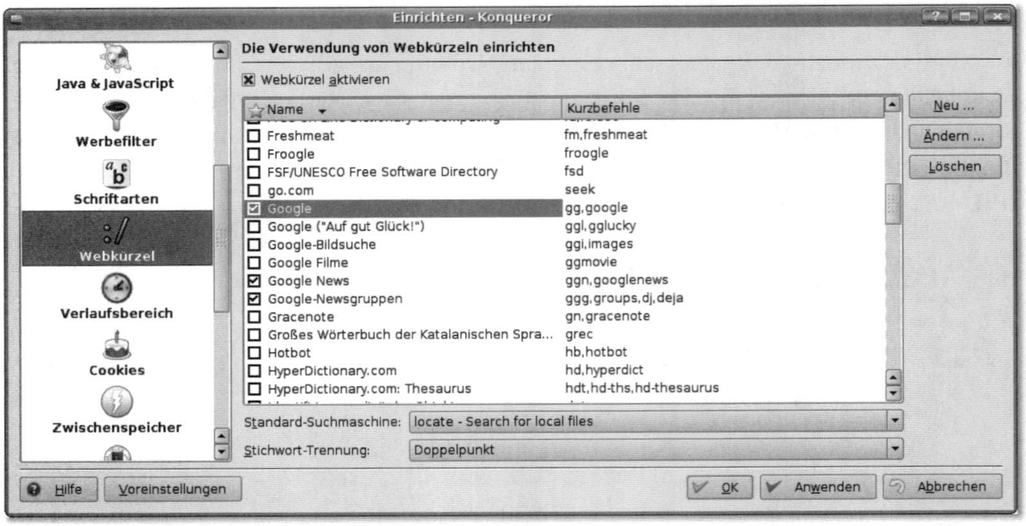

Abbildung 14.6 Definition von Web-Tastenkürzeln im Konqueror

Webkürzel im Konqueror

Die Webkürzel lassen sich wie folgt einsetzen: Möchten Sie z. B. einen bestimmten Begriff oder Satz mithilfe von Google suchen, dann ist das Webkürzel gefolgt von einem Doppelpunkt sowie die Suchphrase in der Adresszeile des *Konquerors* einzugeben:

```
gg: <Hier steht meine Suchphrase>
```

Entsprechend ist mit den anderen über Kürzel definierten Suchbegriffen zu verfahren.

Unter dem Menüpunkt Extras finden Sie einige interessante Ergänzungen. Recht witzig (im wahrsten Sinne des Wortes!) ist die Möglichkeit der automatischen Übersetzung einer im Browser angezeigten Seite mithilfe des Altavista-Programms *Babelfish*. Obwohl manche Übersetzungen streckenweise haarsträubende Verballhornungen von Ausdrücken ergeben, erfasst man in jedem Fall den groben Sinn der Seite. Das ist insbesondere dann nützlich, wenn man sich im fernöstlichen Webspace bewegen muss.

Mit einem Problem haben viele Konqueror-Anwender zu kämpfen, die über einen Router ins Netz gehen: Der Aufruf von Internetseiten geschieht quälend langsam. Die Ursache dafür ist, dass der *Konqueror* versucht, die Verbindung generell zunächst über das IPv6-Protokoll herzustellen. Schalten Sie dieses am besten ab. Dazu erstellen Sie eine Datei namens *bad_list* im Verzeichnis */etc/modprobe.d* mit folgendem Inhalt:

```
#Auszug aus /etc/modprobe.d/badlist
alias net-pf-10 off
```

Danach sollte sich das Problem erledigt haben.

Flash installieren

Auch mit dem Konqueror lässt sich Flash verwenden. Installieren Sie zunächst das Paket *flashplugin-nonfree*. Anschließend im Konqueror EINSTELLUNGEN • KONQUEROR EINRICHTEN auswählen. In der Leiste links (siehe Abbildung 14.7) wählen Sie PLUGINS aus und klicken auf NACH NEUEN PLUGINS SUCHEN und dann auf OK. Fertig!

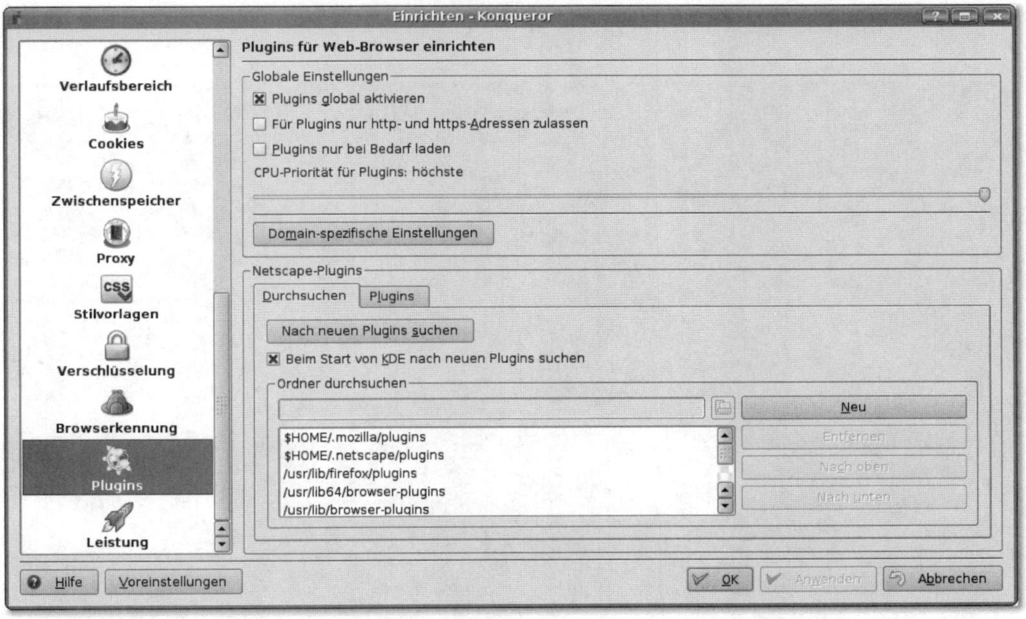

Abbildung 14.7 Flash für den Konqueror installieren

Java-Unterstützung

Schauen Sie zur grundsätzlichen Installation bitte in den entsprechenden Teil im Firefox-Abschnitt. Anschließend wählen Sie in den Konqueror-Einstellungen den Punkt JAVA & JAVA SCRIPT aus. Dort geben Sie dann `/usr/bin/java` im Feld für den Pfad zu Java ein.

Eine weitere Segnung, die uns das Internetzeitalter beschert hat, ist die elektronische Kommunikation per E-Mail. Drei Lösungen möchte ich Ihnen im Folgenden kurz erläutern. Da sich die Konfiguration der Programme nur unwesentlich unterscheidet, soll diese nur an einem Beispiel ausführlich besprochen werden.

14.1.4 Lynx – der Konsolenbrowser

Ab und zu passiert es einfach: Nach einem Update, der Installation des proprietären Grafiktreibers oder manuellen Änderungen in der *xorg.conf* bleibt der Bildschirm schwarz. Sie würden jetzt gern im Forum um Hilfe bitten oder im Wiki nach einer Lösung suchen? Dann tun Sie das! Ja, Sie lesen richtig: *Lynx* ist ein Textbrowser, dem es reichlich egal ist, ob Ihr X-Server startet oder nicht.

Für *lynx* müssen Sie nur das gleichnamige Paket installieren, mit dem Befehl `lynx http://www.ubuntuusers.de` rufen Sie die der Startseite der UbuntuUser auf (siehe Abbildung 14.8). *Lynx* stellt die Seite streng nach Code dar, d.h. was im Quelltext zuerst steht, wird zuerst dargestellt. Framesets stellt *lynx* nicht dar, sondern listet die einzelnen Frames mit ihren Namen auf, die man dann jeweils einzeln anwählen kann.

Abbildung 14.8 Lynx

Links werden blau dargestellt, der aktuell ausgewählte rot. Von einem Link zum nächsten gelangen Sie mittels der TAB oder ↓. Um zum Ziel des aktuell ausgewählten Links zu gelangen, drücken Sie Enter oder →, mit ← springt man zurück zur vorherigen Seite. Geblättert wird mittels der Leertaste bzw. ↓ nach unten, mit ↑ wieder nach oben. Um zu einer neuen Webseite zu gelangen, drücken Sie einfach G. Mit diesen wenigen Tasten können Sie sich bereits durchs Internet bewegen.

Lynx reduziert die Datenmenge

Lynx hat allerdings auch ohne nicht mehr startenden X-Server seine Berechtigung: Er ignoriert Grafiken, PopUps, Flash-Anwendungen und was es sonst noch so gibt, komplett. Dies macht ihn für Modem- oder ISDN-Nutzer interessant, da sich durch die geringere Datenmenge die Surfgeschwindigkeit erhöht.

Weitere Kürzel liefert ein Druck auf (K), `lynx -help` gibt weitere Optionen preis. Sie beenden *lynx* ganz einfach mit (Q).

14.2 E-Mail-Clients

14.2.1 Evolution

Die Standardlösung für E-Mail unter Ubuntu ist das GNOME-Programm *Evolution*. Hierbei handelt es sich eigentlich um eine komplette Personal Information Management (PIM) Suite, die einen Terminplaner und ein Aufgabenwerkzeug mitbringt.

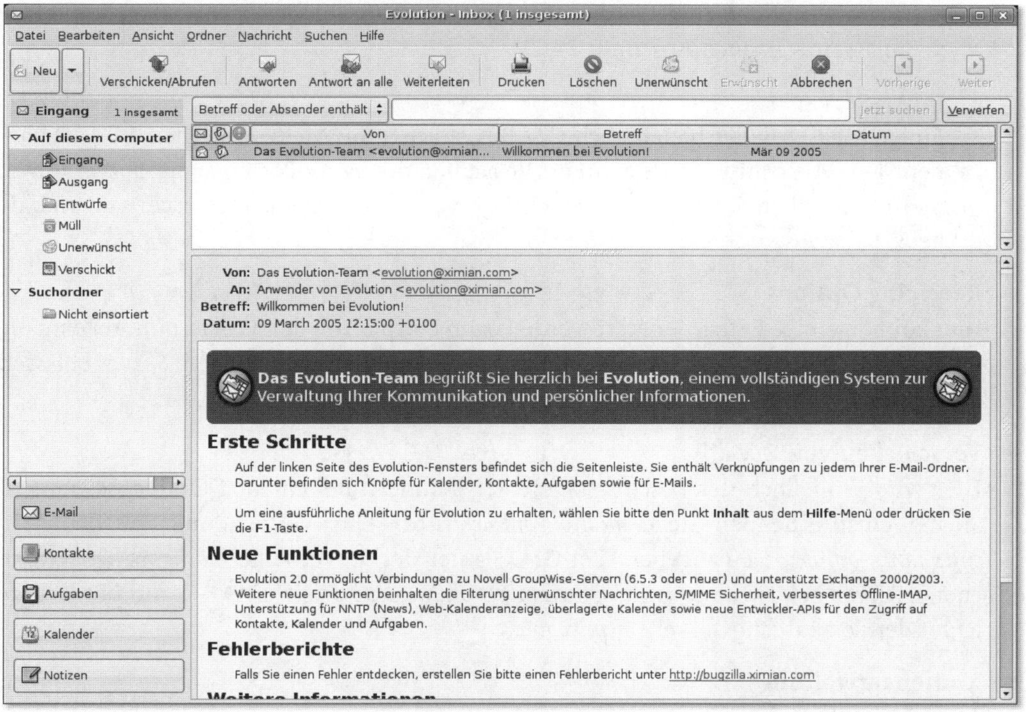

Abbildung 14.9 Das E-Mail Programm Evolution

Nach der Standardinstallation von Ubuntu finden Sie im Panel ein E-Mail-Icon, mit dem *Evolution* gestartet wird. Im Anwendungsmenü finden Sie *Evolution* unter INTERNET • EVOLUTION • EMAIL. Beim ersten Programmstart hilft Ihnen ein Assistent dabei, Ihr E-Mail-Konto einzurichten.

Dabei sind folgende Eingaben vorzunehmen:

- **Identität**
  Hier ist der eigene Name sowie die eigene E-Mail-Adresse einzugeben.
- **Abrufen von E-Mails**
  Definieren Sie hier Ihren Mail-Eingangsserver.
  - **POP3-Server**
    Als Servertyp für den Abruf von Internetmails ist in der Regel POP3 zu wählen, *Evolution* bietet aber auch die Möglichkeit, über einen Exchange-Server abzugleichen. Im Fall eines T-Online-Accounts verwendet man den Server *pop.t-online.de* bzw. bei Nutzung von POP-Mail *popmail.t-online.de*. Der entsprechende GMX-Server wäre *pop.gmx.net*. Wer den Transfer über einen sicheren Mailserver bevorzugt, der erkundigt sich am besten bei seinem Provider nach einer derartigen Möglichkeit. T-Online bietet z. B. Verschlüsselung über *securepop.t-online.de* an. Überdies können Sie natürlich selber tätig werden und die Verschlüsselung der Mail über OpenPGP veranlassen, vgl. auch Abschnitt 24.7.
  - **IMAP-Server**
    Einige Mail-Provider bieten auch IMAP-Postfächer an. Mehr zum Thema IMAP können Sie in Abschnitt 5.3.1 erfahren. Die Namen der IMAP-Posteingangs-Server folgen meist demselben Schema wie die POP3-Server – der Posteingangsserver von web.de heißt beispielsweise *imap.web.de*.
- **Receiving Options**
  Hier können einige Extras definiert werden, zum Beispiel, ob der Mailaccount regelmäßig überprüft werden soll oder ob die Mail nach dem Herunterladen auf dem Server belassen oder gelöscht werden soll.
- **Verschicken von E-Mails**
  Hier wird schließlich der Postausgangsserver definiert. Bei einem T-Online-Account ist an der entsprechenden Stelle *mailto.t-online.de* bzw. bei Verwendung von POP-Mail *smtpmail.t-online.de* einzugeben. Bei GMX lautet der Servername *mail.gmx.net*. Ein sicherer Server bei T-Online wäre *securesmtp.t-online.de*. Für ein IMAP-Konto bei web.de lautet der Postausgangsserver *smtp.web.de*.
- **Kontenverwaltung**
  Abschließend muss das neu erstellte Mailkonto noch benannt werden. Selbstverständlich haben Sie die Möglichkeit, mehrere Konten für verschiedene Accounts (T-Online, GMX, ...) zu definieren. Das können Sie dann im Hauptprogramm über BEARBEITEN • EINSTELLUNGEN • E-MAIL KONTEN durchführen.

Nach vollendeter Konfiguration kann der Mailversand durch Verschicken einer Mail an die eigene Adresse getestet werden (siehe Abbildung 14.9).

14.2.2 Thunderbird

Der Mozilla-Mailclient *Thunderbird* ist ebenso populär wie der *Firefox*-Browser aus dem gleichen Haus. *Thunderbird* liegt der Ubuntu-Distribution bei, wird aber standardmäßig nicht installiert. Sie können das nachholen, indem Sie folgende Pakete installieren:

- *mozilla-thunderbird*
- *mozilla-thunderbird-locale-de*

Nach dem Programmstart über ANWENDUNGEN • INTERNET • THUNDERBIRD MAIL-CLIENT durchläuft man einen ähnlichen Konfigurationsassistenten wie bei *Evolution*, die Einstellungen sind analog zur im letzten Abschnitt beschriebenen Verfahrensweise vorzunehmen. Folgende Optimierungen können Sie bei *Thunderbird* vornehmen:

- *Thunderbird* verfügt über einen intelligenten Spam-Filter, der mittels EXTRAS • JUNKFILTER • EINSTELLUNGEN • LERNFÄHIGER FILTER aktiviert wird.
- Darüber hinaus sollten Sie das Wörterbuch von der deutschsprachigen Hilfeseite *www.thunderbird-mail.de* installieren. Laden Sie von dort das gewünschte Wörterbuch im .xpi-Format (dem Format für Mozilla-Erweiterungen) herunter und speichern Sie es in Ihrem Heimverzeichnis.

  Nach dem Starten von Thunderbird ruft man zunächst das Menü EXTRAS • ERWEITERUNGEN und dann den Punkt INSTALLIEREN auf. Navigieren Sie zur gespeicherten xpi-Datei, wählen Sie diese aus, und klicken Sie danach auf Öffnen. Folgen Sie den Anweisungen; die Meldung, dass es sich um eine nicht authentifizierte Anwendung handelt, können Sie geflissentlich ignorieren.

  Beachten Sie, dass das installierte Wörterbuch nicht im Erweiterungsmanager angezeigt wird. [!]

  Schließen Sie *Thunderbird*, und starten Sie das Programm erneut. Nun kann das soeben installierte Wörterbuch ausgewählt werden. Dazu verfassen Sie eine neue E-Mail und rufen die Rechtschreibprüfung über EINSTELLUNGEN • RECHTSCHREIBPRÜFUNG auf. Im Dialogfeld der Rechtschreibprüfung wählen Sie das Wörterbuch aus. Dieses wird von nun an als Standard verwendet.
- Viele Ubuntunutzer betreiben parallel zu Linux noch eine Windowsinstallation. Wenn *Thunderbird* auch unter Windows Ihr bevorzugtes Mailprogramm ist, so können Sie die Postfächer beider Installationen parallel nutzen. Dazu verwenden Sie eine FAT32-Tauschpartition, auf welche sowohl von Linux als auch von Windows schreibend zugegriffen werden kann. Im *Thunderbird* definieren Sie nun den neuen Speicherort Ihrer Korrespondenz über BEARBEITEN • KONTEN • LOKALER ORDNER. Die wenigsten Probleme gibt es, wenn sowohl das Linux- als auch das Windows-System auf einen neu erstellten Ordner zugreifen. Der Wechsel bei bestehenden Installationen ist meist etwas problematisch.

In der Parallelinstallation sollte dann derselbe Speicherort definiert werden: BEARBEITEN • KONTEN • LOKALE ORDNER. Danach werden die Mails zwischen der Windows- und Linuxinstallation stets synchron gehalten.

- Verschlüsseln von Mails: Wer den Mailservern des Providers nicht traut, hat die Möglichkeit, *Thunderbird* in Verbindung mit GNU-PGP (*Pretty Good Privacy*) zu benutzen. Dazu installieren Sie die folgenden Programme:

  - *mozilla-thunderbird-enigmail*
  - *gnupg-doc*

  Nähere Informationen zu GNU PGP liefert die Dokumentation unter */usr/share/doc/gnupg-doc*. Nach einem Neustart von *Thunderbird* ist ein neues Menü namens *OpenPGP* vorhanden.

  Leider erscheint das Menü zunächst in englischer Sprache, die deutsche Lokalisierung in Form einer *.xpi-Datei finden Sie unter *http://enigmail.mozdev.org*. Zur Installation der Datei verfahren Sie, wie weiter oben bereits beschrieben wurde.

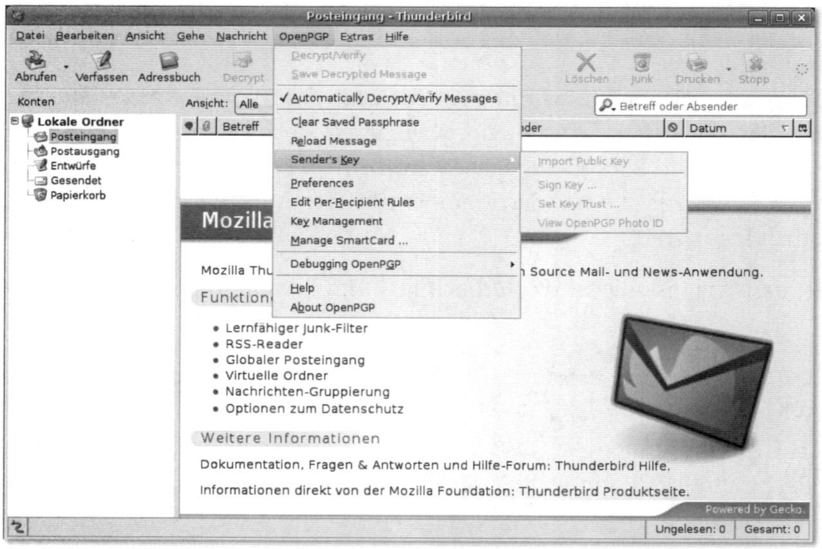

Abbildung 14.10 Das Enigmail GPG-Modul in Thunderbird

Nun muss lediglich noch der Pfad zum gpg-Programm in *Enigmail* definiert werden. Das erledigen Sie im *OpenPGP*-Menü unter EINSTELLUNGEN • PFAD ZUR GNUPG ANWENDUNG. Folgender Pfad ist einzutragen */usr/bin/gpg*. Nun kann *OpenPGP* verwendet werden. Als erster Schritt sollte ein Schlüsselpaar erstellt und der öffentliche Schlüssel verschickt oder auf einen Schlüssel-Server wie z. B. *x-hkp://gpg-keyserver.de* geladen werden.

14.2.3 KMail: E-Mail unter KDE/Kubuntu

Die Maillösung unter KDE *KMail* heißt. Seit KDE Version 3.4 findet man *KMail* als Modul in der Universal-PIM-Suite *Kontact*. Einrichtung und Handhabung sind ähnlich zu dem bereits oben besprochenen Verfahren. Starten Sie zur Konfiguration des Mailclients einfach das Programm *Kontact* und wählen Sie den Punkt EINSTELLUNG • KONTACT EINRICHTEN • IDENTITÄTEN. Die Konfigurationsdialoge sind selbsterklärend.

Eine Besonderheit gibt es allerdings unter *KMail*: Die Einrichtung von Identitäten (Festlegung Ihrer E-Mail-Adresse und persönlicher Daten) und Zugängen (Angabe der Mailserver) erfolgt getrennt. Um Mails abrufen und verschicken zu können, müssen die Identitäten den Zugängen zugeordnet werden. Dies gestaltet sich etwas umständlich: Zunächst müssen Sie eine Identität anlegen (EINSTELLUNGEN • KMAIL EINRICHTEN • IDENTITÄTEN • HINZUFÜGEN. Im Reiter ALLGEMEIN geben Sie Ihren Namen, Ihre E-Mail-Adresse und ggf. die Organisation, zu der die Identität gehört, an. Anschließend beenden Sie das Bearbeiten der Identität vorerst mit einem Klick auf OK. Als nächstes richten Sie unter ZUGÄNGE den Posteingangsserver (unter dem Reiter EMPFANG) und den Postausgangsserver (unter dem Reiter VERSAND) ein.

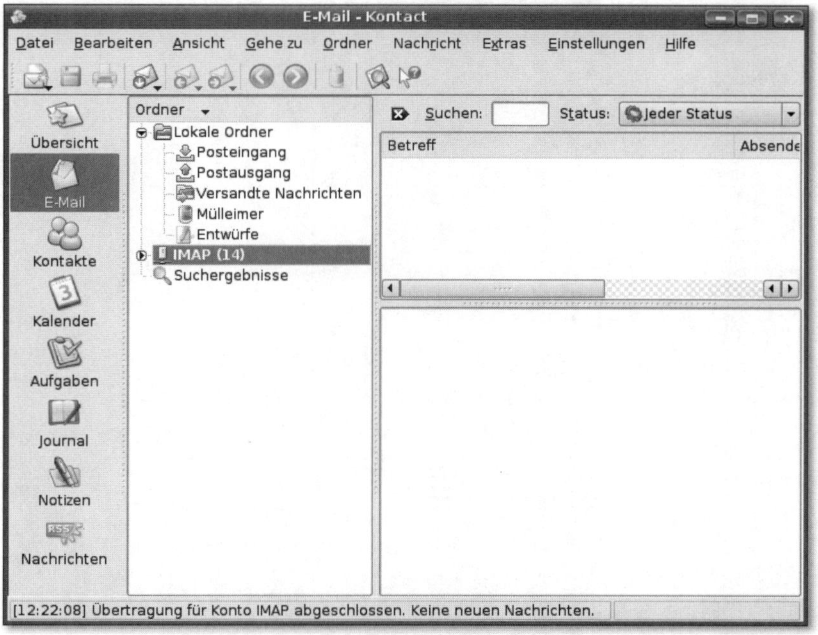

Abbildung 14.11 KMail in der Universal-PIM-Suite Kontact

KMail bietet hier die Möglichkeit, die Fähigkeiten der Server zu testen, wenn Sie sich nicht sicher sind, ob Ihr Mailserver beispielsweise eine Verschlüsselung unterstützt. Nachdem Sie nun die Mailserver eingerichtet haben, müssen Sie Ihre zuvor angelegte Identität weiter bearbeiten. Unter dem Reiter ERWEITERT setzen Sie ein Häkchen bei *Spezielle Versandart* und wählen dort den entsprechenden Mailserver aus. Bevor Sie Mails versenden können, fehlt noch eine letzte Einstellung: Wählen Sie nach einem Rechtsklick auf Ihre Mailordner den Punkt *Eigenschaften* aus und legen Sie die *Absender-Identität* fest.

Wie die meisten KDE-Anwendungen wird *KMail* beim Klick auf das Kreuz rechts oben nicht beendet, sondern verschwindet als Icon im Systemabschnitt der Kontrollleiste. Dort wird bei neuen Nachrichten auch die Anzahl der ungelesenen angezeigt. Sollte Ihnen das nicht gefallen, können Sie dies über EINSTELLUNGEN • KMAIL EINRICHTEN • ERSCHEINUNGSBILD • SYSTEMBEREICH DER KONTROLLLEISTE deaktivieren.

Über neue Nachrichten kann *KMail* Sie auf verschiedene Arten benachrichtigen, die Einstellungen dazu finden Sie unter EINSTELLUNGEN • BENACHRICHTIGUNGEN FESTLEGEN. Durch einen Rechtsklick auf Ihre Mailordner gelangen Sie zu den Ordnereigenschaften. Hier können Sie einzelne Ordner von den Benachrichtigungen ausnehmen (siehe Abbildung 14.12).

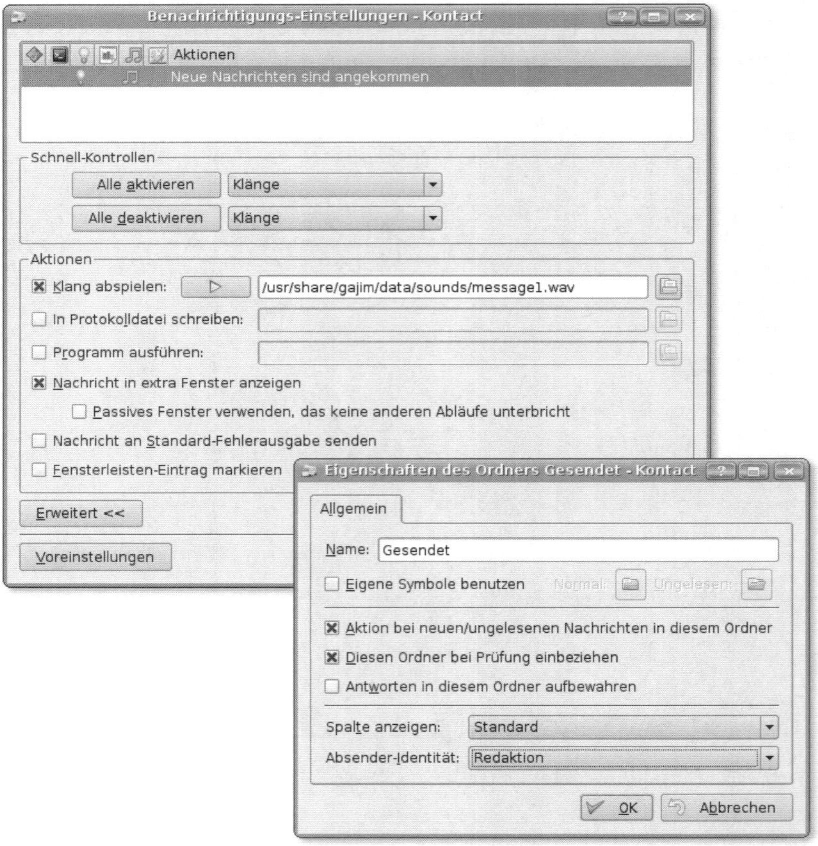

Abbildung 14.12 Benachrichtigungseinstellungen für neue Mails

KMail bietet die Möglichkeit zur Verschlüsselung von E-Mails ohne zusätzliche Plugins, die Einrichtung können Sie für jede Identität getrennt vornehmen.

14.3 Newsreader

14.3.1 Das Usenet

Kein anderer Bereich des Internets bietet ein derart geballtes Fachwissen wie das Usenet: In diesem Bereich treffen sich Gleichgesinnte, die sich über alltägliche und nicht alltägliche Spezialthemen austauschen, wobei die Computerrelevanten Newsgroups den überwiegenden Anteil ausmachen. Die Einrichtung eines solchen Newsreaders erfolgt ähnlich den E-Mail-Programmen nach einem festen Schema. Aus Gründen der Gerechtigkeit möchte ich nachfolgend die Konfiguration der KDE-Lösung ausführlicher besprechen.

14.3.2 Akregator

Akregator ist der KDE-Newsreader und bietet einen Outlook-ähnlichen Standard. *Akregator* ist standardmäßig als Modul in *Kontact* enthalten. Nach dem Start des Programms muss zunächst die eigene Identität und E-Mail-Adresse sowie ein öffentlicher Newsserver angegeben werden (EINSTELLUNGEN • NEWS EINRICHTEN). In Deutschland bietet sich hierfür der freie Server *news.online.de* an.

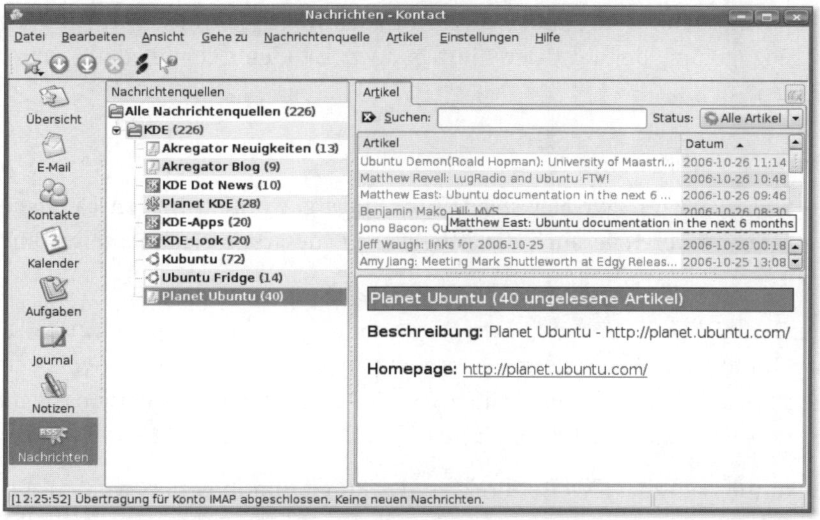

Abbildung 14.13 News lesen mit Kontact

Nach der Konfiguration des Programms kann der *Newsserver* im linken Teilfenster angeklickt werden. Das Programm lädt nach Bestätigung die Liste aller auf dem Server befindlichen Newsgroups herunter. Über ZUGANG • GRUPPEN ABONNIEREN können nun interessante Newsgroups ins persönliche Portfolio übernommen werden. Klickt man eine abonnierte Gruppe an, dann werden die aktuellen Beiträge vom *Newsserver* abgeholt, und Sie können (selbstverständlich unter Beachtung der Netikette) munter mitmischen.

14.3.3 Evolution und Thunderbird

Auch in *Evolution* und *Thunderbird* lassen sich *Newsserver*-Konten anlegen. Dazu verfahren Sie folgendermaßen:

- **Evolution**
  Hier definieren Sie ein Konto über BEARBEITEN • EINSTELLUNGEN • KONTO HINZUFÜGEN. An Stelle des Servertyps *POP* ist nun aber der Servertyp *USENET-News* einzutragen. Um Platz in der Anzeige der Gruppennamen zu sparen, kann diese in Kurznotation gewählt werden. Der Mailserver für die zu verschickenden Postings kann der gleiche sein wie beim normalen E-Mail-Konto. Nach dem Einrichten des Kontos markieren Sie dieses und wählen im Hauptmenü den Punkt ORDNER • ABONNEMENTS. Nun wird eine Liste der Newsgroups abgeholt, und Sie verfahren wie weiter oben beschrieben zum Abonnieren und Lesen der Foren.

- **Thunderbird**
  Unter *Thunderbird* wechselt man zum Ergänzen eines News-Kontos in das Menü BEARBEITEN • KONTEN und wählt den Punkt KONTO HINZUFÜGEN. Auch hier wird nun als Kontotyp *News* hinzugefügt, der Rest der Eintragungen ist identisch mit dem weiter oben Geschriebenen.

Newsfeeds: Dynamische Nachrichten

Besonders populär sind in letzter Zeit Newsfeeds und Blogs geworden. In den gängigen Mailprogrammen gibt es mittlerweile auch die Möglichkeit, derartige Nachrichtenströme dynamisch abzurufen.

[zB] Beispiel *Thunderbird*: Definieren Sie hier ein neues Konto vom Typ RSS-News/Blog. Anschließend wählen Sie das Konto an und klicken im Hauptmenü auf den Punkt Abonnements verwalten. Hier können Sie nun beispielsweise einen RSS-Feed definieren, bei heise.de wäre dies die Adresse *http://www.heise.de/newsticker/heise.rdf*, vgl. Abbildung 14.14.

Auch Internetblogs können auf diese Weise direkt in das Programm integriert werden. Bei neuen Ereignissen klickt man die entsprechende Überschrift auf der rechten Fensterhälfte an, alternativ lassen sich die News auch im Browser direkt öffnen, dazu ist der entsprechende fettlink anzuklicken. Das Aktualisierungsintervall der Feeds setzen Sie im Menü BEARBEITEN • KONTEN • NEWS & BLOGS.

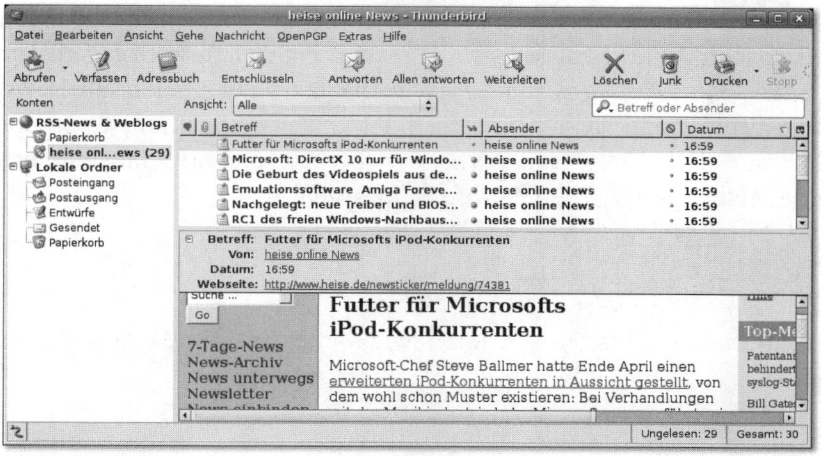

Abbildung 14.14 Thunderbird für RSS-Feeds und Blogs

14.4 Chatprogramme

Manchmal wünscht man sich eine synchrone Kommunikation mit seinem Gegenüber. Insbesondere bei schmalbandigen Verbindungen haben sich die sogenannten Chatprogramme bewährt, deren prominenteste Vertreter ich nachfolgend vorstellen werde.

14.4.1 XChat

Der Klassiker *XChat* hat ein neues Gesicht bekommen: *XChat-GNOME*. Damit soll *XChat* sich besser in die GNOME-Umgebung einfügen und dabei sehr benutzerfreundlich sein. Nach der Installation der entsprechenden Pakete (`xchat` bzw. `xchat-gnome` finden Sie *XChat/-GNOME* bei Ubuntu im Menü ANWENDUNGEN • INTERNET • XCHAT BZW. -GNOME. Beispielhaft soll hier der Klassiker vorgestellt werden, die Konfiguration verläuft bei beiden Clients im Wesentlichen gleich.

Nach dem Start des Programms sollte als Erstes ein passender Nickname gewählt werden. Voreingestellt ist zunächst der definierte Loginname, sowie drei Alternativen. Es ist sinnvoll, hier einen prägnanten Namen nebst Zweitwahl- und Drittwahleinträgen selbst zu definieren.

freenode.net

Anschließend kann ein IRC (*Internet Relay Chat*) Server aus der Liste ausgewählt werden. Im europäischen Bereich trifft man sich bevorzugt bei *freenode.net*. Wählen Sie dieses Netz aus und betätigen Sie den Knopf VERBINDE. Nun muss noch der entsprechende Kanal angegeben werden. Das erfolgt über den Menüpunkt SERVER • BETRETE CHANNEL `#<Kanalname>`. Wer einen Überblick der auf dem Server gehosteten Kanäle haben möchte, der wählt den Menüpunkt FENSTER • CHANNELLISTE und holt sich über *Liste aktualisieren* eine komplette Auflistung. Zur bequemen Offline-Analyse kann die entsprechende Liste auch gespeichert werden. Sie werden feststellen, dass es zu nahezu jedem Thema einen Kanal gibt, der mehr oder weniger intensiv frequentiert wird.

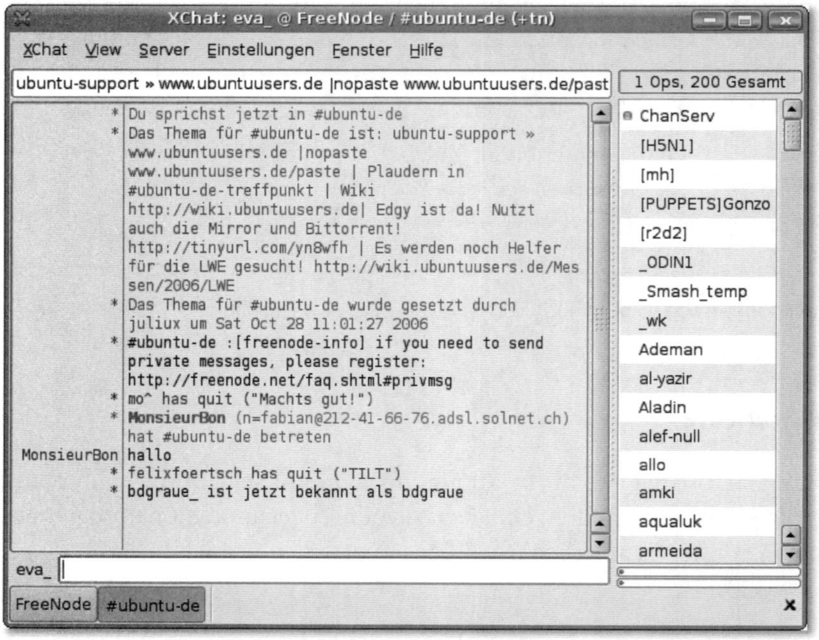

Abbildung 14.15 XChat – Auf Du und Du im IRC

Im Kanal angekommen, wird schließlich die Kommunikation durch Schreiben in der unteren Eingabezeile eröffnet. Besonders praktisch an *XChat* ist die Möglichkeit, dass man Links, die von freundlichen Channel-Usern angegeben wurden, direkt durch Anklicken im Systembrowser öffnen kann. Möchten Sie dazu einen speziellen Browser wie *Firefox* verwenden, so wählen Sie diesen zunächst über das Kontextmenü eines rechten Mausklicks über dem Link. Eine Übersicht von sämtlichen Ubuntu-IRC-Kanälen finden Sie unter *https://wiki.ubuntu.com/InternetRelayChat*.

14.4.2 Pidgin

Das Streben nach universeller Erreichbarkeit ist mehr oder weniger eine Krankheit der »Generation @«. Ihren vorläufigen Höhepunkt hat dieser Trend in der Entwicklung von sogenannten Instant Messenger (IM) Programmen gefunden. Vorreiter war zunächst das *ICQ*-System, AOL hat wenig später seinen *AIM* (AOL Instant Messenger) unters Volk gebracht. Unter Ubuntu gibt es Pidgin Instant Messenger (kurz: *Pidgin*), welcher sich im Menü ANWENDUNGEN • INTERNET befindet.

Pidgin kann in Verbindung mit verschiedenen Instant-Messenger- Protokollen eingesetzt werden. Den Open-Source-Gedanken am nächsten kommt wohl das XMPP-Protokoll (oftmals auch Jabber genannt). Einen XMPP-Server darf jeder einrichten, XMPP ist völlig unabhängig von irgendwelchen Unternehmen oder Einzelpersonen.

Das Einrichten ist denkbar einfach: *Pidgin* starten auf KONTEN und dann auf HINZUFÜGEN klicken. Als Protokoll XMPP auswählen und dann einen Benutzernamen und einen Server auswählen. An dieser Stelle wird auch ersichtlich, dass *Pidgin* ein Universalkommunikationsprogramm ist: Nicht weniger als acht verschiedene Chatprotokolle werden derzeit unterstützt, darunter auch das Microsoftnetz MSN, der Yahoo-Messenger, ICQ oder der im letzten Abschnitt besprochene IRC. Für Letzteres ist *Pidgin* in Ubuntu als Standard vorgesehen und hat damit die Aufgabe des *XChat* zusätzlich übernommen.

Eine Liste von XMPP-Servern ist auf *http://www.xmpp.net/* zu finden. Sie müssen sich nicht auf einer gesonderten Internetseite anmelden wie es oftmals bei anderen Messengern nötig ist. Tragen Sie einfach Ihren gewünschten Benutzernamen und den ausgewählten Server, beispielsweise *jabber.ccc.ce* oder *xmppnet.de*, ein. Anschließend setzen Sie ein Häkchen vor DIESES NEUE KONTO AUF DEM SERVER ANLEGEN und klicken auf SPEICHERN. Sofern der Benutzername noch nicht vergeben ist, hat man sich nun bei diesem XMPP-Server registriert.

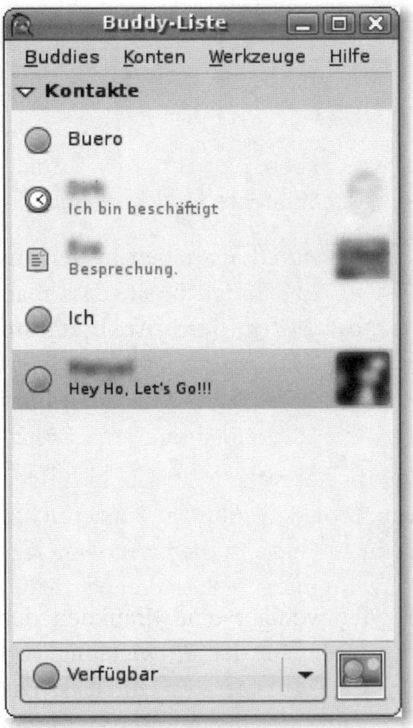

Abbildung 14.16 Pidgin in Aktion

Wo ist Gaim?

Aufgrund eines Rechtsstreites mit AOL, die sich den Namen AIM für den hauseigenen Messenger haben schützen lassen, wurde Gaim Anfang 2007 in Pidgin umbenannt.

Der Name »Pidgin« ist ein Wortspiel zwischen dem Begriff der *Pidgin-Sprachen* und dem ähnlich klingenden englischen Wort *pigeon* (Brieftaube). Deshalb ziert das Programm auch eine lilafarbene Taube.

Der Begriff Pidgin-Sprache bezeichnet eine reduzierte Sprachform, die verschiedensprachigen Personen zur Verständigung dient. Pidgins entwickeln sich generell in Umgebungen, in denen mindestens zwei – meistens nicht näher verwandte – Sprachen in Kontakt treten.

Verbindung herstellen

Nachdem das Konto durch Eingabe von Benutzername und Passwort konfiguriert wurde, können Sie durch Ankreuzen des Häkchens »Online« die Verbindung zum Jabberserver herstellen.

Nun können Sie die Verbindung[1] zu einem weiteren Nutzer testen: Dazu benötigt man die Kenntnis des entsprechenden Screeningnamens. Über das Untermenü BUDDIES • BUDDY HINZUFÜGEN wird der entsprechende Partner zunächst registriert, um zukünftig eine Meldung zu erhalten, wenn die Person online ist. Erscheint der registrierte Freund (Buddy) im Kontaktfenster, so ist dieser online und kann ausgewählt und »angefunkt« werden. Im unteren Bereich des Fensters wird der Text eingegeben, über den Knopf Abschicken wird er schließlich auf die Reise gebracht.

Damit wären natürlich längst nicht alle Möglichkeiten beschrieben: Mit Hilfe des Instant-Messenger-Netzwerkes können Konferenzen bzw. Chats zwischen mehreren Personen unter Ausschluss der Öffentlichkeit abgehalten werden, und es können sogar Dateien an die Mitglieder des Chats versendet werden (siehe Abbildung 14.16).

[»] Pidgin ist inzwischen auch für Microsoft Windows verfügbar. Nähere Informationen und Downloadmöglichkeiten erhalten Sie unter *http://pidgin.im/*.

Plugins

Neben den Protokoll-Plug-ins kann Pidgin auch mit Plug-ins ausgestattet werden, die den Funktionsumfang erweitern. Diese reichen von erweiterten Möglichkeiten der Benachrichtigung beim An- und Abmelden eingetragener Nutzer bis hin zu Plug-ins, die kryptografische Funktionen bieten, um Nachrichten zu verschlüsseln. Zurzeit gibt es, neben den offiziellen Protokoll-Plug-ins, insgesamt mehr als 30 weitere Plug-ins für Pidgin.

1 Wer in der glücklichen Lage ist, zwei Computer zu besitzen (z. B. einen Desktoprechner und einen Laptop), der kann den Chat auch selbst zwischen beiden Rechnern testen.

14.4.3 Konversation

Die IRC-Lösung für KDE heißt *Konversation*. Das Programm verwendet beim ersten Start eine Standardidentität (Ihren Benutzernamen auf dem Rechner) und verbindet sich mit dem Channel `#kubuntu` auf Freenode. Mit einem Klick auf den Knopf Bearbeiten ... können Sie in den Einstellungen die Server und die beim Programmstart automatisch zu betretenden Kanäle (und ggf. das zugehörige Passwort) definieren.

Beim Bearbeiten der Identität lässt *Konversation* neben den üblichen Einstellungen wie dem Passwort für den Service auch das Festlegen von eigenen Nicknames für den Abwesenheitsstatus zu.

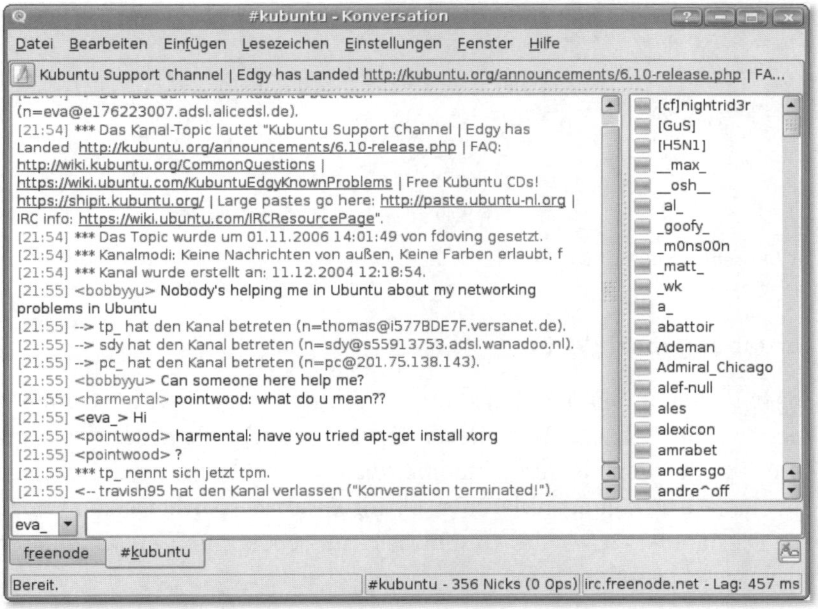

Abbildung 14.17 IRC mit Konversation

14.4.4 Kopete – die KDE-IM-Lösung

Das Rundum-Sorglos-Paket zum Instant-Messenging unter KDE heißt *Kopete* und befindet sich im Internetmenü. Nach dem Start des Programms können Sie mithilfe eines Zugangsassistenten den Zugang zu Ihrem IM-Provider einrichten. Die Einstellungen sind identisch mit den im *gaim*-Abschnitt beschriebenen. Danach können Sie wie gewohnt mit *Kopete* chatten. Wenn Sie sich nicht automatisch beim Programmstart verbinden lassen, so können Sie sich mit einem Rechtsklick auf die Symbol(e) rechts unten im Kontaktlistenfenster auch als *unsichtbar* verbinden lassen – andere Nutzer sehen Sie dann als offline. Aber auch hier zeigen sich wieder die zahlreichen Einstellungsmöglichkeiten der KDE-Programme: Als der einzige mir bekannte Instant Messenger für Linux bietet *Kopete* Ihnen die Möglichkeit, mit einem Rechtsklick auf den entsprechenden Eintrag in Ihrer Kontaktliste für jeden Kontakt einzeln festzulegen, unter welchem Status er Sie sehen darf (vgl. Abbildung 14.18).

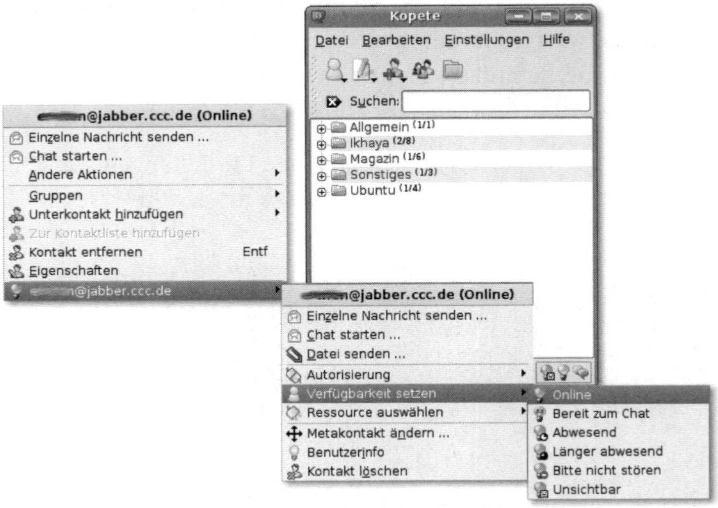

Abbildung 14.18 Instant Messenging unter KDE: Kopete

14.4.5 Gajim – auf Jabber spezialisiert

Ein weiterer Messenger ist *Gajim*, der allerdings nur das Jabber-Protokoll unterstützt. Sie können *Gajim* entweder aus den Ubuntu-Paketquellen installieren oder die neueste Version als sogenanntes »Autopackage« von der Projekthomepage *www.gajim.org* herunterladen. *Gajim* bietet nicht nur Benachrichtigungen darüber, ob Ihr Gesprächspartner gerade tippt oder nicht, sondern auch darüber, ob er das Gesprächsfenster beobachtet, etwas anderes tut, oder das Chatfenster geschlossen hat.

Abbildung 14.19 Gajim – der Jabber-Messenger

14.4.6 Irssi – IRC für die Konsole

Wie ich schon in schrieb: Es kann durchaus vorkommen, dass Sie einmal vor Ihrem Rechner sitzen und keine grafische Oberfläche mehr haben. Hilfe können Sie dann unter anderem im IRC finden, und *Irssi* ist ein IRC-Client, der auch ohne X-Server funktioniert. Genaugenommen sind Installation und Bedienung kaum anders als bei grafischen IRC-Clients. Um *Irssi* zu nutzen, installieren Sie einfach das gleichnamige Paket und starten es von der Konsole oder aus einem Terminal mit `irssi`.

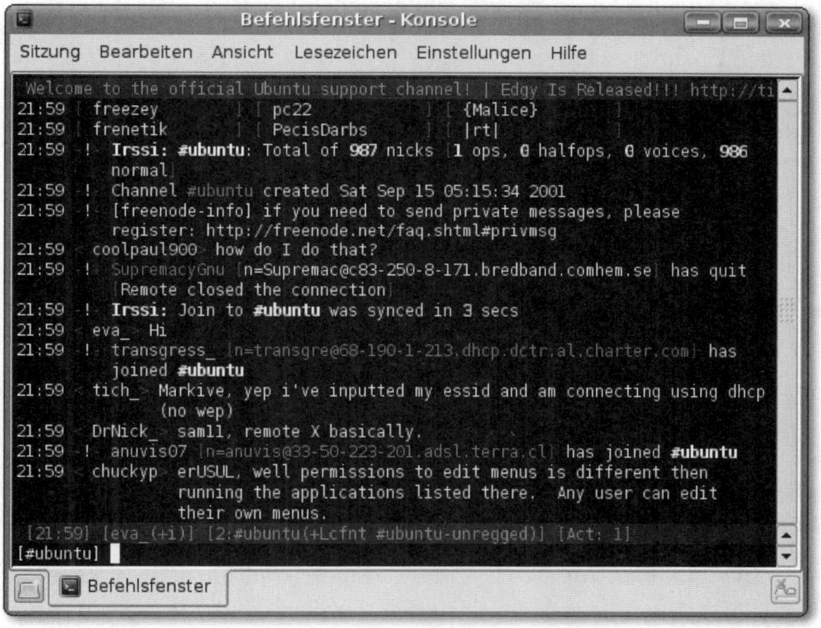

Abbildung 14.20 Irssi in Aktion

Die Oberfläche von *Irssi* gliedert sich folgendermaßen: Unten ist die Eingabezeile und darüber sehen Sie die Meldungen des IRC-Servers bzw. die Beiträge der Channelteilnehmer. Nach dem Programmstart müssen Sie sich als erstes mit einem Server verbinden. Am Beispiel Freenode geschieht dies mit `/connect irc.freenode.net`. Eingeloggt sind Sie zunächst mit dem Usernamen, den Sie auch auf dem genutzten Rechner haben. Den Nicknamen können Sie mit dem Befehl `/nick <Nickname>` ändern. Sollte es ein bereits registrierter Nickname sein, so geben Sie nach der Aufforderung durch *NickServ* `/msg NickServ IDENTIFY <Passwort>` ein.

Sollten Sie nicht wissen, in welchen Channel Sie genau wollen, können Sie sich mit `/list -yes` eine Liste aller Channels des Servers anzeigen lassen. Normalerweise erhalten Sie aufgrund der großen Anzahl registrierter Channel auf einem Server eine Warnung. Mit dem `-yes` unterdrücken Sie diese.

Vermutlich wird aber Ihre erste Anlaufstelle der Channel des deutschen Ubuntu-Supports sein. Den Channel betreten Sie mit `/join #ubuntu-de`. Sollten Sie einen passwortgeschützten Channel betreten wollen, lautet die allgemeine Syntax

```
/join #<Channel> <Passwort>
```

Auch der Besuch mehrere Channel auf demselben Server ist kein Problem: Sowohl der Dialog mit dem Server selbst als auch jeder Channel erhält eine Nummer. Mit der Tastenkombination Alt + 1 erreichen Sie stets den Dialog mit dem Server, von wo aus Sie weitere Channel aufrufen können. Die weiteren Channel sind entsprechend erreichbar.

Beim Betreten eines jeden Channels werden Ihnen in einer Zusammenfassung zunächst das Thema des Channels, wer dieses wann gesetzt hat, und welche User gerade im Channel sind, mitgeteilt. Da es keine Seitenleiste wie bei den grafischen IRC-Clients gibt, wandert die Liste der Nutzer mit der Zeit aus dem Chatfenster heraus. Mit `/users` können Sie sich die Zusammenfassung der Userliste jederzeit erneut anzeigen lassen.

14.5 Versionsverwaltung mit Bazaar

14.5.1 Was ist Bazaar?

Bazaar (*http://bazaar-vcs.org/*) ist ein frei verfügbares dezentrales Versionsverwaltungssystem und eine Implementierung des GNU Arch-Protokolls. Es besteht eine enge Zusammenarbeit zwischen dem Team rund um Bazaar und der GNU Arch-Community.

Bazaar verfolgt einen etwas anderen Ansatz als andere Versionskontrollen: Jede Revision, d. h. Änderung am Quelltext, ist eindeutig identifizierbar. Dadurch sind Zusammenführungen von an sich komplett ungleichartigen Quellcodebäumen möglich.

[»] Die Website Launchpad bietet einen kostenlosen Hosting-Dienst für Bazaar-Projekte im Bereich Open Source an.

Bazaar wird zurzeit (Stand: Juni 2008) hauptsächlich für die Entwicklung von Ubuntu und Launchpad (siehe Abschnitt 2.2.3 auf Seite 100) eingesetzt, steht aber selbstverständlich auch anderen freien Softwareprojekten zur Verfügung. Auch Sie können bei einer Zusammarbeit von mehreren Benutzern von den Möglichkeiten einer Versionsverwaltung profitieren.

[»] Im Februar 2008 wurde Bazaar ein offizielles GNU-Projekt und hat damit den offiziellen Segen von Richard Stallman erhalten. Es ist erhältlich für die Plattformen Windows, GNU/Linux und Mac OS. Canonical bietet offiziellen und kostenpflichtigen Support für Bazaar an.

[+] In Abschnitt 1.4 auf Seite 70 haben Sie bereits mehr über GNU erfahren.

Versionsverwaltung [«]

Unter einer Versionsverwaltung versteht man ein System, welches typischerweise in der Software-Entwicklung zur Versionierung und um den gemeinsamen Zugriff auf Quelltexte zu kontrollieren, eingesetzt wird. Hierzu werden alle laufenden Änderungen erfasst und alle Versionsstände der Dateien in einem Archiv mit Zeitstempel und Benutzerkennung gesichert.

Es wird sichergestellt, dass jeder Benutzer mit dem aktuellen Stand arbeitet oder auf Wunsch auf die archivierten Stände zugreifen kann. Dadurch ist eine Versionsverwaltung nicht nur für professionelle Entwickler in großen Teams, sondern auch für einzelne Entwickler interessant.

Das zentrale Archiv wird als »Repository« (engl. für *Behälter*, *Aufbewahrungsort*) bezeichnet.

14.5.2 Server – ja oder nein?

GNU arch operiert dezentral, folglich gibt es keine Notwendigkeit für einen zentralen Server mit getrennter Benutzerverwaltung gibt. Allerdings unterstützt Bazaar sowohl den Ansatz mit als auch den ohne zentralen Server. Es ist darüber hinaus möglich, beide Ansätze gleichzeitig bei einem Projekt anzuwenden.

14.5.3 Installation

Bazaar ist selbstverständlich über die Repositories von Ubuntu erhältlich. Sie installieren die nötigen Pakete mittels

```
user$ sudo apt-get install bzr bzr-gtk
```

Das Paket *bzr-gtk* stellt *olive*, eine optionale grafische Oberfläche für Bazaar zur Verfügung (siehe Abbildung 14.21).

14.5.4 Ein erstes kleines Projekt

Bevor Sie mit der grafischen Oberfläche von Bazaar arbeiten können, müssen Sie einige Angaben im Terminal erledigen.

Kennung erstellen

Eine grundlegende Aufgabe eines Versionsverwaltungssystems ist die Möglichkeit zur Zusammenarbeit mehrerer Projektteilnehmer. Um vorgenommene Änderungen am Projekt einzelnen Mitgliedern dieser Gruppe zuordnen zu können, muss Bazaar mitgeteilt werden, wer an dem Projekt arbeitet.

Der erste Schritt besteht also darin, dass Sie sich Bazaar einmal persönlich vorstellen und dem Programm Ihren Namen und Ihre E-Mail-Adresse verraten. Dies geschieht durch das Kommando

```
user$ bzr whoami "Marcus Fischer bzr@marcus-fischer.com"
```

Bitte achten Sie darauf, dass Sie auch wirklich die Anführungszeichen verwenden. Ansonsten meldet sich Bazaar mit einem Fehler.

Bazaar richtet jetzt eine Konfigurationsdatei ein, in der Ihr Name und Ihre E-Mail-Adresse vorhanden ist. Um die Korrektheit Ihrer Daten zu überprüfen, können Sie mit

```
user$ bzr whoami
Marcus Fischer bzr@marcus-fischer.com
```

die vorhandenen Angaben überprüfen.

Projekt auswählen

Erstellen Sie nun ein Verzeichnis, das als Heimat Ihres Projektes dienen soll und füllen es mit den Dateien, die von Bazaar verwaltet werden sollen. In diesem Beispiel lege ich mit dem Befehl `touch` einige (leere) Textdokumente an.

```
user$ mkdir Projekt
user$ cd Projekt
user$ touch test1.txt test2.txt test3.txt
```

Bazaar weiß an dieser Stelle natürlich noch nicht, dass es für dieses Verzeichnis zuständig ist, bzw. dieses überwachen soll. Zu diesem Zweck müssen Sie Bazaar in diesem Verzeichnis initialisieren.

[!] Achten Sie bei der Initialisierung darauf, dass Sie sich im Terminal wirklich in dem gewählten Verzeichnis befinden!

Sie erreichen die Initialisierung mittels

```
user$ bzr init
```

Wundern Sie sich nicht, wenn der Befehl keine Antwort erzeugt. Da es sich Bazaar um ein offizielles GNU-Projekt handelt, folgt es auch den Prinzipien von GNU. Dies bedeutet unter anderem, dass bei der erfolgreichen Ausführung eines Befehls keine Rückmeldung erfolgt. Nur Fehler führen zu Hinweisen.

In Wirklichkeit war Bazaar im Hintergrund sehr fleißig, denn es hat durch den Initialisierungsvorgang einen sogenannten Zweig erstellt. In einem solchen Zweig werden die Dateien einer Versionsverwaltung gespeichert, wie beispielsweise Angaben über Änderungen an den vorhandenen Dateien.

Sie können ab diesem Zeitpunkt auch die grafische Oberfläche *Olive* einsetzen (siehe Abbildung 14.21).

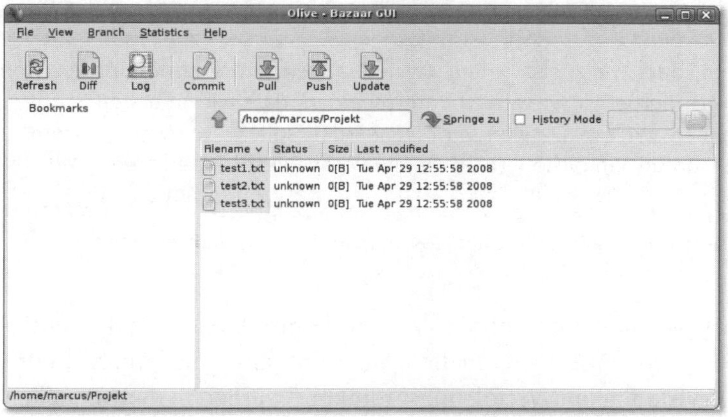

Abbildung 14.21 Mit Olive können Sie Bazaar auch mittels einer grafischen Oberfläche verwenden.

Versionsverwaltung – ein Olivenbaum?

Ein beliebiges Projekt kann man sich bei einer Zusammenarbeit mehrerer Teilnehmer vorstellen wie einen Baum, dessen Zweige einzelnen Entwicklungen gleicht. Alle Zweige führen zurück zum Stamm des Baumes und damit letztendlich zum Projekt selbst.

In diesem Zusammenhang versteht man auch die Namensgebung *Olive*, die sich als Frucht eines dieser Zweige begreift.

Der nächste Schritt besteht darin, dass Sie Bazaar erzählen, welche Dateien in diesem Zweig verfolgt (engl. *to track*) werden sollen. Bazaar geht hierbei nicht automatisch davon aus, dass alle Dateien innerhalb eines Zweiges verfolgt werden sollen. Sie erreichen eine komplette Verfolgung aller Dateien durch

```
user$ bzr add
added test1.txt
added test2.txt
added test3.txt
```

Hier werden rekursiv alle Dateien innerhalb des Zweiges hinzugefügt. Wenn Sie nur einzelne Dateien verfolgen möchten, geben Sie diese einfach hinter `bzr add ...` an.

Legen Sie jetzt einen Startpunkt fest, ab dem die Verfolgung der Dateien durch Bazaar beginnen soll. Dies erreichen Sie dadurch, indem Sie den derzeitigen Stand Ihrer Dateien Bazaar hinzufügen. Sie machen einen sogenannten Snapshot:

```
user$ bzr commit -m "Erste Version"
```

Wir geben der derzeitigen Stand den Kommentar »Erste Version« mit auf den Weg. Bitte gewöhnen Sie sich das Kommentieren an, damit Sie später noch den Überblick haben, wann welche Änderung vorgenommen wurde.

[»]

Snapshot

Es mag verwirrend erscheinen, dass wir zuerst einem Zweig Dateien hinzufügen und danach diese Dateien Bazaar mitteilen. Hierbei ist wichtig zu unterscheiden, dass wir im ersten Schritt Bazaar lediglich mitgeteilt haben, welche Dateien verfolgt werden sollen. Im zweiten Schritt lassen wir Bazaar einen sogenannten »Snapshot« (dt. *Schnappschuss*) dieser Dateien erstellen.

Bazaar speichert diese Snapshots ab, so dass Sie zu einem späteren Zeitpunkt auf Wunsch Ihre Änderungen verwerfen und dem damaligen Zeitpunkt des Snapshots zurückkehren können.

Wie ich bereits erwähnte, ist Bazaar ein dezentrales Versionskontrollsystem und benötigt daher keinen Zugriff auf einen zentralen Server, um diese Snapshots abzupeichern. Alle nötigen Konfigurationsdateien, Revisionen und Verfolgungsprotokolle werden in dem aktuellen Verzeichnis im versteckten Ordner `./bzr` gespeichert.

Änderungen vornehmen

Eine (Projekt-)Entwicklung sollte möglichst dynamisch erfolgen, und so haben wir es im Laufe der Zeit mit vielen Änderungen zu tun. Also nehmen wir eine Änderung an einer der Dateien vor. Wir haben leere Textdateien angelegt, sodass es sich jetzt anbieten würde, wenn wir eine dieser Dateien mit Inhalt füllen.

Rufen Sie also eine dieser Dateien mit Ihrem Lieblingseditor auf (grafisch oder im Terminal mit `gedit test1.txt`). In *Olive* reicht es, wenn Sie die zu ändernde Datei doppelt anklicken. Schreiben Sie als nächstes etwas dort hinein, beispielsweise das Wort *test*. Nach dem Abspeichern dieser Änderungen im Editor können Sie diesen wieder schließen und sich mithilfe von Bazaar die Veränderung anzeigen lassen:

```
user$ bzr diff
=== modified file 'test1.txt'
--- test1.txt 2008-04-29 13:41:39 +0000
+++ test1.txt 2008-04-29 14:29:41 +0000
@@ -0,0 +1,1 @@
+test
```

Sie können sich die Veränderungen auch mit *Olive* anzeigen lassen. Klicken Sie zu diesem Zweck einfach auf den Button DIFF (siehe Abbildung 14.22).

Nach umfangreichen Änderungen macht es Sinn, wenn Sie einen neuen Snapshot anlegen:

```
user$ bzr commit -m "Ein Wort hinzugefügt"
Committed revision 2.
```

[»] Selbstverständlich brauchen Sie nicht bei jeder kleinen Änderung (wie die eben beschriebene) einen neuen Snapshot anlegen. Aber wenn Sie dies tun, dann achten Sie auf einen aussagekräftige Bezeichnung. Das erleichtert das spätere Nachvollziehen einzelner Änderungen im sogenannten »Revisions-Log«.

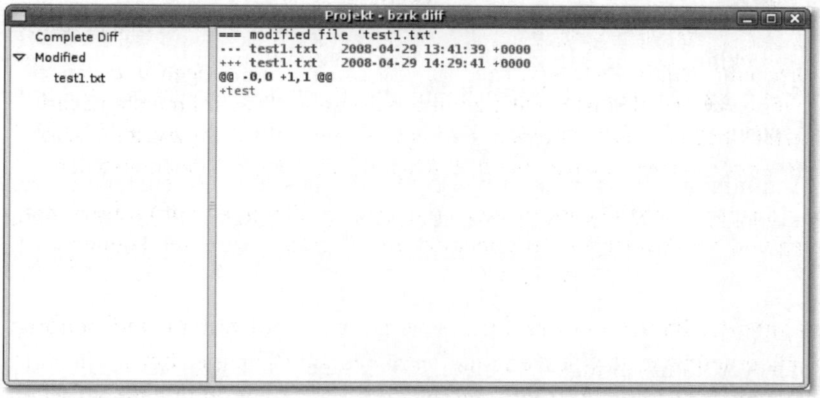

Abbildung 14.22 Veränderungen an den Dateien lassen sich leicht verfolgen.

Revisions-Log

Das Revisions-Log stellt quasi die Geschichte Ihres Zweiges dar, indem es alle angefertigten Snapshots mit den dazugehörigen Kommentaren auflistet. Sie können sich die bisherige Geschichte ansehen, indem Sie `bzr log` im Terminal eingeben:

```
user$ bzr log
------------------------------------------------------------
revno: 2
committer: Marcus Fischer bzr@marcus-fischer.com
branch nick: Projekt
timestamp: Tue 2008-04-29 16:41:42 +0200
message:
  Ein Wort hinzugefügt
------------------------------------------------------------
revno: 1
committer: Marcus Fischer bzr@marcus-fischer.com
branch nick: Projekt
timestamp: Tue 2008-04-29 15:41:39 +0200
message:
  Erste Version
```

Grafisch erreichen Sie dies, wenn Sie in *Olive* auf den Button LOG klicken.

14.5.5 Das Projekt veröffentlichen

Bisher haben Sie ausschließlich alleine an Ihrem Projekt gearbeitet. Auch hierbei ist es durchaus sinnvoll, ein Versionskontrollsystem wie Bazaar zu benutzen, beispielsweise um bei Fehlern zu einem früheren Zustand der Entwicklung zurückkkehren zu können.

Wenn Sie mit mehreren Benutzern zusammen an einem Projekt arbeiten, macht dieser lokale Zweig Ihrer Entwicklung wenig Sinn, wenn er nicht mit anderen abgeglichen werden kann. Zum Abgleich benötigen Sie entweder Zugriff auf einen privaten Server[2] per FTP oder Sie legen sich einen Account bei *Launchpad* an.

[+] *Launchpad* ist eine Sammlung von Werkzeugen zur Entwicklung und Bereitstellung von freien Software-Projekten. Sie erfahren mehr über *Launchpad* in Abschnitt 2.2.3 auf Seite 100.

FTP-Server

Wir beginnen mit der Veröffentlichung auf einem FTP-Server. Im Folgenden gehen wir davon aus, dass auf dem Server ein Ordner mit dem Namen `/Projekt` existiert. Installieren Sie für die Verwendung von sFTP zuerst das Paket *paramiko*:

```
user$ sudo apt-get install python-paramiko
```

Zum Veröffentlichen existiert in Bazaar der Befehl `push`:

```
user$ bzr push --create-prefix sftp://your.name@example.com/Projekt
2 revision(s) pushed.
```

Durch diesen Befehl erstellt Bazaar den entsprechenden Ordner auf dem Server und schieben (engl: *to push*) Ihren Zweig in diesen. Jetzt kann jeder Benutzer seinen eigenen Zweig erstellen, indem er folgendes in seinem Terminal eingibt:

```
user$ bzr branch http://www.example.com/Projekt
```

Launchpad

Wenn Sie keinen eigenen FTP-Server besitzen oder eine elegante und dazu noch kostenfreie Möglichkeit suchen Ihren Zweig zu veröffentlichen, dann bietet Ihnen Canonical einen kostenlosen Account auf *Launchpad* an.

Um Launchpad nutzen zu können, benötigen Sie ein Benutzerkonto (engl. *account*). Die Anmeldung von Launchpad ist kostenlos. Sie benötigen außerdem einen SSH-Schlüssel, um Launchpad mit Bazaar nutzen zu können.

[+] Wie Sie einen SSH-Schlüssel erstellen, ist in Abschnitt 24.8 auf Seite 709 beschrieben.

Öffnen Sie nun Ihren Launchpad-Account und registrieren Sie Ihr Projekt, indem Sie im Reiter »Code« links auf den Link REGISTER BRANCH klicken.

2 Wenn Sie eine Homepage besitzen, haben Sie oftmals auch einen FTP-Zugang und etwas Platz auf dem Server.

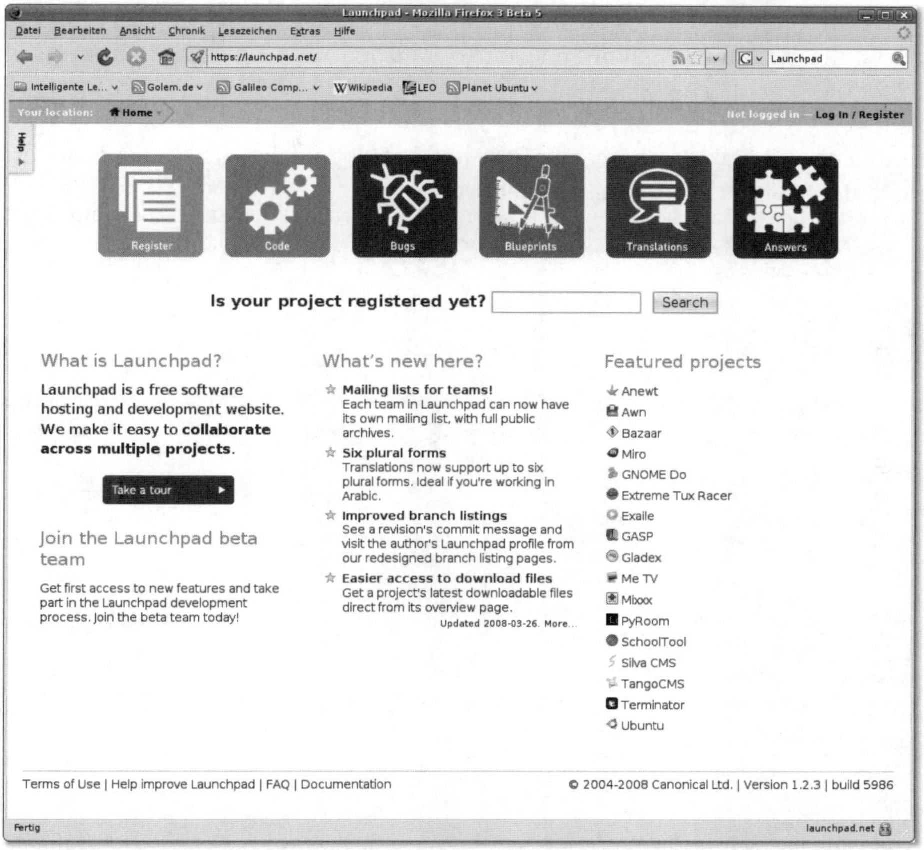

Abbildung 14.23 Die Startseite von Launchpad

Nach der Registrierung können Sie Ihr Projekt mit Bazaar hochladen (siehe Abbildung 14.24). Dies geschieht durch

```
user$ bzr push bzr+ssh://Ihr.Name@bazaar.launchpad.net/~Ihr.Name/+junk/Projekt
```

Den Eintrag `Ihr.Name` ersetzen Sie bitte durch Ihren Benutzernamen auf Launchpad. Diesen Namen können Sie sich – je nach Verfügbarkeit – zulegen und muss nicht zwangsläufig Ihrem realen Namen entsprechen.

Lassen Sie sich nicht durch das Kürzel *+junk* in der Adresse Ihres Projektes verunsichern. **[«]** Dies bedeutet auf keinen Fall, dass Ihr Projekt automatisch dem Müll zugeordnet wird, sondern lediglich, dass Ihr Projekt mit keinem anderen auf Launchpad existierenden Projekt verknüpft ist.

Lauchpad ist eine Basis für die Entwicklung von Open-Source-Software, auch wenn die Plattform selber noch nicht Open Source ist (Stand: Mai 2008). Dies bedeutet, dass selbstverständlich jeder Interessierte eine eigenen Kopie Ihres Zweiges anlegen kann. Dies geschieht durch die Kenntnis der Adresse und der Eingabe folgender Zeile in einem Terminal:

```
user$ bzr branch http://bazaar.launchpad.net/~Ihr.Name/+junk/Projekt
```

Auf Ihrer Launchpad-Projektseite können Sie sich ebenfalls umfangreiche Informationen, beispielsweise das Revisions-Log, ansehen (siehe Abbildung 14.24).

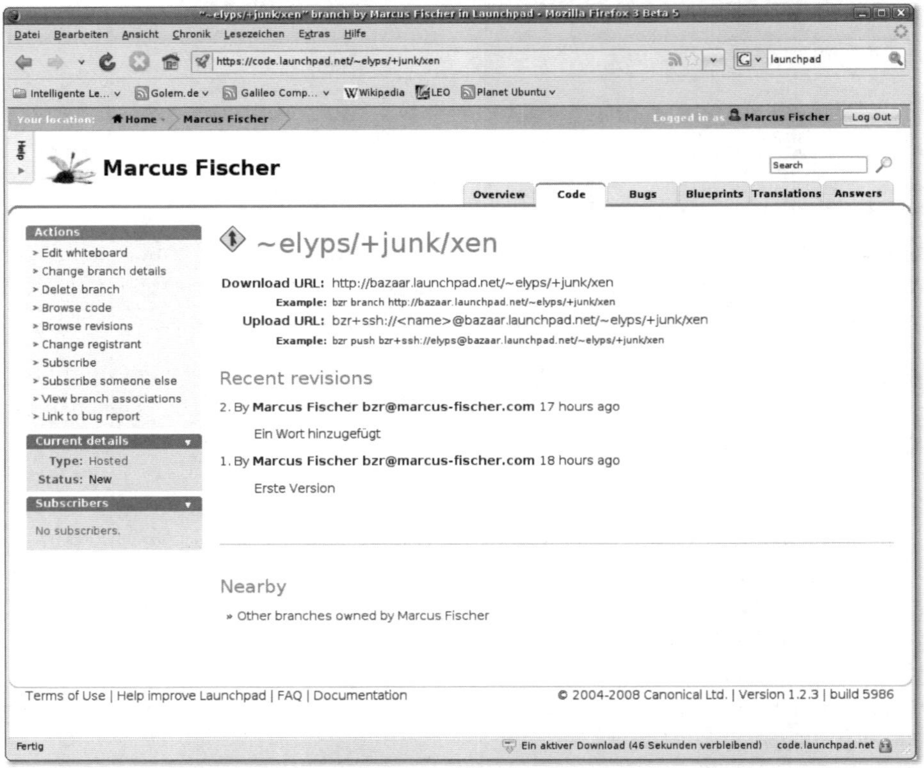

Abbildung 14.24 Ihr Branch in Launchpad

Selbstverständlich können Sie sich auch jederzeit Kopien von den Projekten anderer Benutzer anlegen und ihnen bei der Entwicklung helfen. Launchpad vereinfacht erheblich die Zusammenarbeit an solchen Projekten.

Auf dem Laufenden bleiben

Wenn mehrere Personen gemeinsam an einem Projekt arbeiten, kann es natürlich passieren, dass die Teilnehmer gleichzeitig daran arbeiten. Daher ist es sehr wichtig, dass Sie lokal immer einen aktuellen Zweig vorhalten. Dies geschieht durch regelmäßiges Abgleichen mit dem sogenannten »Hauptzweig«, dem Repository, von dem alle Teilnehmer eine Kopie auf ihren lokalen Rechnern besitzen.

Dieser Abgleich ist nichts anderes als das Zusammenführen diverser Änderungen und geschieht durch

```
user$ bzr merge
```

Prüfen Sie, was sich verändert hat:

```
user$ bzr diff
```

Wenn Sie mit den Änderungen einverstanden sind, können Sie diese zu Ihrem persönlichen Zweig hinzufügen:

```
user$ bzr commit -m "Abgleich"
Committed revision xy.
```

Änderungen hochladen

Zurzeit profitieren Sie nur von dem Projekt, geben aber nichts zurück. Wenn Sie die Änderungen, die Sie selbst an dem Projekt getätigt haben, hochladen möchten, bietet sich der sogenannte »merge directive« (Befehl oder Richlinie zur Zusamenführung) an.

Dieser *merge directive* ist eine maschinenlesbare Anfrage nach einem partiellen Zusammenführen der »Patches« (Flicken). In der Regel enthält eine solche Anfrage eine Vorschau des Patches und die nötigen Revisionen oder einen Zweig, der die diese enthält:

```
user$ bzr send -o mein-code.patch
```

Nachdem Sie den Patch hochgeladen haben, wird automatisch eine E-Mail an alle Teilnehmer des Projekts sowie den »Maintainer« (Hauptentwickler) des Projektes verschickt. Die Hauptentwickler des Projektes (Ersteller des Zweiges) sind nun in der Lage Ihre Verbesserungsvorschläge zu begutachten und bei Bedarf in den Hauptzweig zu integrieren.

Die vorliegende Anleitung ersetzt selbstverständlich keine umfassende Dokumentation, sollte aber dennoch für einen Einstieg genügen. Um mehr über Bazaar zu lernen, können Sie auch die integrierte Hilfe nutzen. Mit

```
user$ bzr help
```

erfahren Sie mehr über die Arbeitsweise von Bazaar, und durch

```
user$ bzr help commands
```

erhalten Sie eine Übersicht und Erklärung aller Bazaar-Befehle.

»Denn es ist nicht genug, einen guten Kopf zu haben;
die Hauptsache ist, ihn richtig anzuwenden.«

René Descartes (31.03.1596 – 11.02.1650)
französischer Philosoph und Mathematiker

15 Office

Seinen Durchbruch im heimischen Bereich hat der PC in den Achtzigerjahren nicht zuletzt durch die Einführung von Textverarbeitung und Tabellenkalkulation erfahren. Mittlerweile tummeln sich die verschiedensten Lösungen rund um den Platzhirsch Microsoft Office auf dem Markt. Unter Linux haben sich die folgenden Office-Pakete durchgesetzt:

- Der GNOME-Anwender findet im Textverarbeitungsprogramm *Abiword* den Ersatz für MS Word; das Excel-Pendant heißt *Gnumeric*. Beide zusammen bilden mit einigen Zusatztools das GNOME-Office. Die Kompatibilität in Verbindung mit den Microsoft-Produkten ist mittelmäßig.
- Die entsprechende Lösung für den KDE-Desktop heißt *KOffice*. Dieses Office-Paket erledigt sämtliche wichtigen Büroaufgaben, die im Alltag anfallen. Die Kompatibilität zu Microsoft Office ist nur bei spärlich formatierten Dokumenten gewährleistet.
- Die Office-Lösung schlechthin findet der Linux-Anwender mit dem Open-Office-Paket (*www.openoffice.org*. Dieses gewährleistet derzeit eine maximale Kompatibilität zur Microsoft-Produktlinie und ist sowohl bei Ubuntu als auch bei Kubuntu standardmäßig installiert.

Unter (K)Ubuntu findet man als Standard das *OpenOffice.org*-Paket. Erstaunlicherweise muss KOffice unter Kubuntu mittels `sudo apt-get koffice` nachinstalliert werden. Im Folgenden werden Sie sich ausschließlich mit OpenOffice beschäftigen. Anhand einiger instruktiver Beispiele sollen die Möglichkeiten der einzelnen Module kurz aufgezeigt werden, sodass sich insbesondere Umsteiger vom Microsoft-Office-Paket schnell umgewöhnen können. Für einen detaillierten Einblick in das OpenOffice-Paket seien weiterführende Werke empfohlen.

OpenOffice.org bietet nicht den gleichen Funktionsumfang wie Microsoft Office. Trotzdem können Sie alle Aufgaben auch mit dieser Office-Suite erledigen. Achten Sie allerdings bei jedem Austausch Ihrer Dateien mit Kollegen auf ein Dateiformat, das auch Microsoft-Anwender lesen können. Entweder exportieren Sie Ihre Dokumente durch einen einfachen Mausklick in das PDF-Format oder Sie speichern Sie im Microsoft-Office-Format ab. [«]

15.1 Textverarbeitung – OpenOffice.org Writer

Ich beginne mit der Vorstellung der Textverarbeitung. Folgende Standardaufgabe soll gelöst werden:

[zB] Erstellen Sie einen gegliederten Text mit Abbildungen und Tabellen, Inhaltsverzeichnis sowie einem Index. Eine Nummerierung der Seiten sowie eine Rechtschreibprüfung innerhalb des Textes sollte ebenfalls durchgeführt werden.

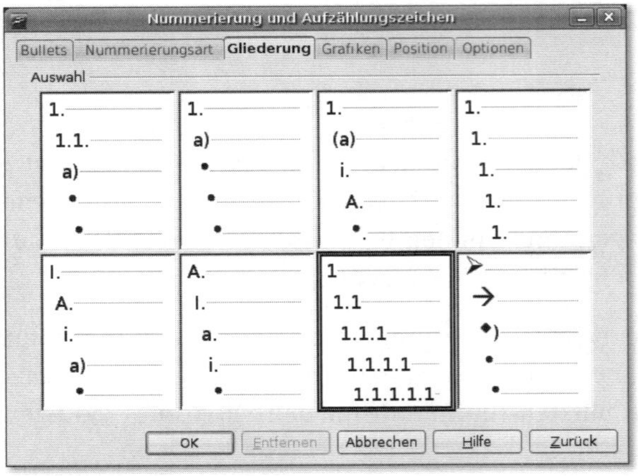

Abbildung 15.1 Erstellen einer Gliederung in OpenOffice Writer

15.1.1 Erstellen eines gegliederten Dokuments

1. Nach dem Start des Programms über ANWENDUNGEN • BÜRO • OPENOFFICE.ORG TEXTVERARBEITUNG sollte automatisch ein leeres Dokument geöffnet werden. Aus der Office-Umgebung heraus kann das durch den Menüpunkt DATEI • NEU • TEXTDOKUMENT geschehen. Legen Sie noch vor Eingabe des ersten Absatzes eine Gliederung über den Menüpunkt FORMAT • NUMMERIERUNG/AUFZÄHLUNG • GLIEDERUNG an (Abbildung 15.1).

2. Nun können Sie mithilfe der Formatvorlage die Gliederung des Dokuments erstellen. Achten Sie zunächst nicht auf die relative Größe der Überschriften. Die Gliederung lässt sich mit der Tabulatortaste `Tab` tieferstufen und mittels `Umschalt` + `Tab` höherstufen.

3. Die Formatierung der einzelnen Überschriften erledigen Sie mit dem Stylist-Fenster, welches (falls noch nicht vorhanden) mit der Taste `F11` zum Vorschein gebracht wird. Dieses Universalwerkzeug ermöglicht die direkte Zuweisung von Formatierungen durch einfaches Anklicken. Platzieren Sie den Cursor in dem zu formatierenden Absatz, und wählen Sie das Format durch zweimaliges Anklicken im Stylist aus. Ein mögliches Ergebnis zeigt die Abbildung 15.2.

4. Nun kann der eigentliche Text eingefügt werden. Begeben Sie sich zu diesem Zweck mit dem Cursor ans Ende der Gliederungsüberschriften, und betätigen Sie die Eingabetaste. Schalten Sie die Nummerierung mithilfe der Schaltfläche auf der Iconleiste aus, wählen Sie als Formatvorlage Textkörper • Einrückung und lassen Sie Ihrer Fantasie freien Lauf.

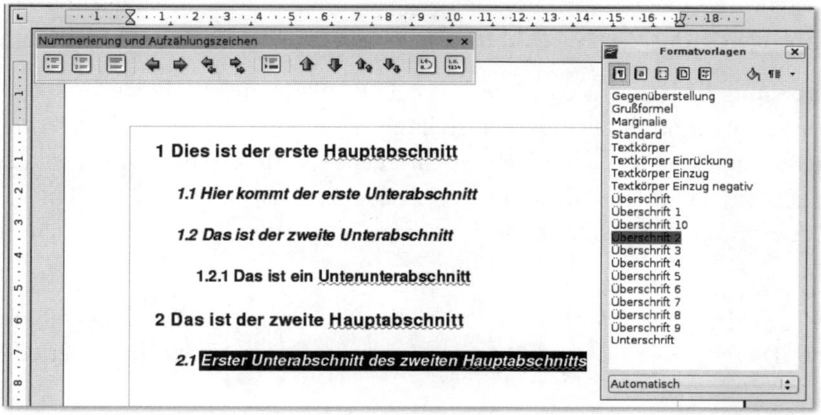

Abbildung 15.2 Formatierung mithilfe des Stylisten

15.1.2 Einfügen von Bildern und Tabellen

1. Zum Testen des Einfügens von Bildern können Sie einen Screenshot mit dem Grafikprogramm *The Gimp* erstellen. Starten Sie *Gimp* über Anwendungen • Grafik • GIMP, und fertigen Sie einen Screenshot an (Datei • Holen • Screen Shot). Dieser sollte anschließend als `screenshot.bmp` im Heimverzeichnis gespeichert werden. Kubuntu-Nutzer erstellen den Screenshot mit *KSnapshot* (zu starten über K-Menü • Grafik • KSnapshot).

2. Die Grafik wird durch Auswahl von Einfügen • Grafik • Aus Datei an die gewünschte Stelle im Dokument eingebunden. Dazu müssen Sie gegebenenfalls mithilfe des Dateibrowsers an die entsprechende Stelle im Verzeichnisbaum navigieren. Achten Sie vor dem Einfügen der Grafik darauf, dass die Schaltfläche Verknüpfen markiert ist. In diesem Fall wird lediglich ein Link zum Bild definiert. Dadurch kann die Größe des Textdokuments klein gehalten werden. Möchten Sie das Dokument allerdings später verschicken, so ist es ratsam, die Grafik fest einzubinden.

3. Durch einen rechten Mausklick über dem eingefügten Bild haben Sie nun die Möglichkeit, die Grafik Ihrem Geschmack entsprechend zu formatieren. Der Gestaltungsmöglichkeit sind dabei keine Grenzen gesetzt; wer sich mit Microsoft Word auskennt, wird sich schnell heimisch fühlen. Die Größe der Grafik kann wie gewohnt mit der Maus geändert werden. Sollen dabei die Proportionen erhalten bleiben, so betätigen Sie während der Größenänderung die `Umschalt`-Taste.

Für die Beschriftung der Grafik empfiehlt sich die automatische Beschriftungsfunktion von *OpenOffice Writer*. Dazu wählen Sie im Grafik-Kontextmenü den Punkt BESCHRIFTUNG. Auf ganz ähnliche Weise können Sie andere Objekte wie Tabellen oder Diagramme einfügen. Im Menü EINFÜGEN finden sich entsprechende Unterpunkte.

15.1.3 Rechtschreibprüfung, Seitenzahlen etc.

Jede gute Textverarbeitung bietet die Möglichkeit, erstellte Dokumente auf korrekte Rechtschreibung hin zu überprüfen. In der Standardeinstellung erfolgt dies bei *OpenOffice Writer* während der Eingabe; unbekannte oder falsch geschriebene Worte erscheinen rot unterkringelt. Möchte man ein eigenes Vokabularium verwenden, so hat man die Möglichkeit, entsprechende Wörter mit einem rechten Mausklick dem Standardwörterbuch hinzuzufügen.

Wer möchte, kann zur Erlangung eines harmonischen Textflusses die automatische Silbentrennung aktivieren. Dies ist über FORMAT • ABSATZ • TEXTFLUSS/SILBENTRENNUNG zu erledigen.

Das Einfügen von Seitenzahlen ist leicht: Erstellen Sie je nachdem, ob die Seitenzahlen im Seitenkopf oder im Seitenfuß erscheinen sollen, eine Kopf- bzw. Fußzeile. Mittels EINFÜGEN • FELDBEFEHL • SEITENNUMMER wird die automatische Nummerierung in die entsprechende Sonderzeile eingefügt. Die Seitennummer kann schließlich mit der üblichen Schaltfläche für die Zentrierung in die Mitte der Seite gerückt werden. Damit haben Sie beste Voraussetzungen geschaffen, ein epochales Werk auf Ihrem Computer entstehen zu lassen.

15.2 Tabellenkalkulation – OpenOffice.org Calc

Tabellenkalkulationen empfehlen sich für den Normalanwender dort, wo man einfache mathematische Aufgabenstellungen nicht programmieren, sondern direkt lösen möchte. Zwei Standardbeispiele werden im Folgenden vorgestellt, die den Einstieg in die Tabellenkalkulation *Calc* erleichtern sollen.

15.2.1 Erstellen einer Tabelle

[zB] Aufgabenstellung: Ein Kapital K wird zu einem Zinssatz von p % jährlich verzinst. Es soll die Zeit berechnet werden, nach der sich das Kapital verdoppelt hat. Die Entwicklung des Kapitals sowie der Zinsen soll zusätzlich graphisch dargestellt werden.

Die Lösung des Problems sieht folgendermaßen aus (die Feldangaben beziehen sich auf die Abbildung 15.3):

1. Starten Sie *OpenOffice.org Tabellenkalkulation* über den entsprechenden Menüpunkt im Startmenü. Wählen Sie im Officemenü den Punkt NEU • TABELLENDOKUMENT.

2. Erstellen Sie eine Überschrift sowie zwei Felder für die Ausgangsgrößen »Kapital« und »Zinssatz«. Außerdem sollte eine Tabelle mit den Spalten »Zeit in Jahren«, »Kapital in Euro« und »Zinsen in Euro« erstellt werden.

3. Die Tabelle wird folgendermaßen ausgefüllt: Unter der Überschrift »Zeit« wird die Folge der Jahre ausgefüllt. Dies erreichen Sie am schnellsten durch Eingabe der ersten Zahlen (0, 1, 2) untereinander und anschließendes Ausfüllen der Zahlenfolge mittels Markieren der bereits ausgefüllten Felder und Herunterziehen des quadratischen »Anfassers«. Im ersten Kapitalfeld (`B7` im vorliegenden Fall) wird das Startkapital mit der Anweisung `=B4` übernommen.

   Die Formel zur Berechnung der Zinsen im Feld `C7` lautet `=B7*$B$3`. In Feld `B8` wird schließlich das nach einem Jahr verzinste Gesamtkapital eingetragen: `=B7+C7`. Zum Schluss werden die Formeln der Felder `B8` und `C7` in die darunterliegenden Felder via Drag & Drop kopiert. Das Resultat zeigt erneut Abbildung 15.3.

15.2.2 Diagramm einfügen

Der Tabelle entnimmt man, dass sich das Kapital zwischen dem 18. und 19. Jahr verdoppelt. Dies möchte man auch gerne graphisch darstellen. Zu diesem Zweck markieren Sie die komplette Tabelle und wählen aus dem Hauptmenü den Punkt EINFÜGEN • DIAGRAMM.

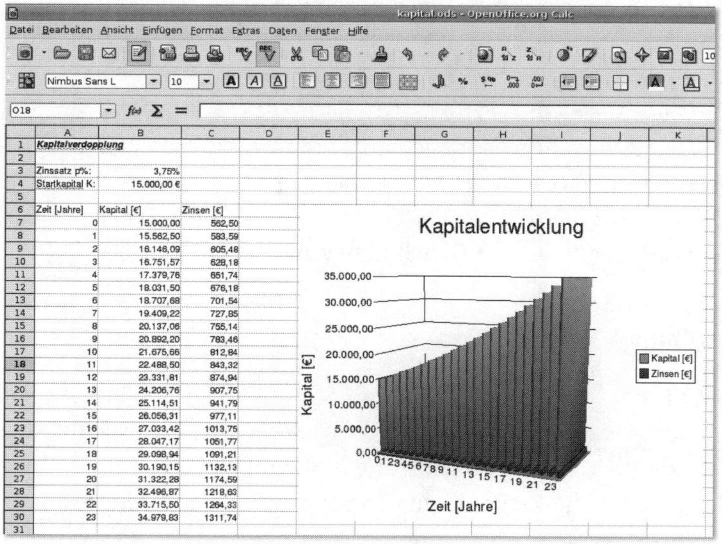

Abbildung 15.3 Berechnung einer Zinsentwicklung mit OpenOffice Calc

Ein selbsterklärender Assistent führt den Benutzer über mehrere Schritte zur Erstellung eines einfachen Diagramms (siehe Abbildung 15.3). Soll die x-Achse der Skalierung der Jahre entsprechend beschriftet werden, so wählen Sie als Diagrammtyp ein xy-Diagramm. Wem die »eingebauten« Diagrammtypen nicht ausreichen, der hat die Möglichkeit, markierte Daten zu exportieren und mit dem Universalwerkzeug *gnuplot* weiterzuverarbeiten.

15.2.3 Lösen eines linearen Gleichungssystems

Die heutigen Tabellenkalkulationen verfügen über mächtige mathematische Werkzeuge. So gelingt es im Handumdrehen, ein komplexes lineares Gleichungssystem mit wenigen Mausklicks zu lösen, wie das folgende Beispiel zeigt.

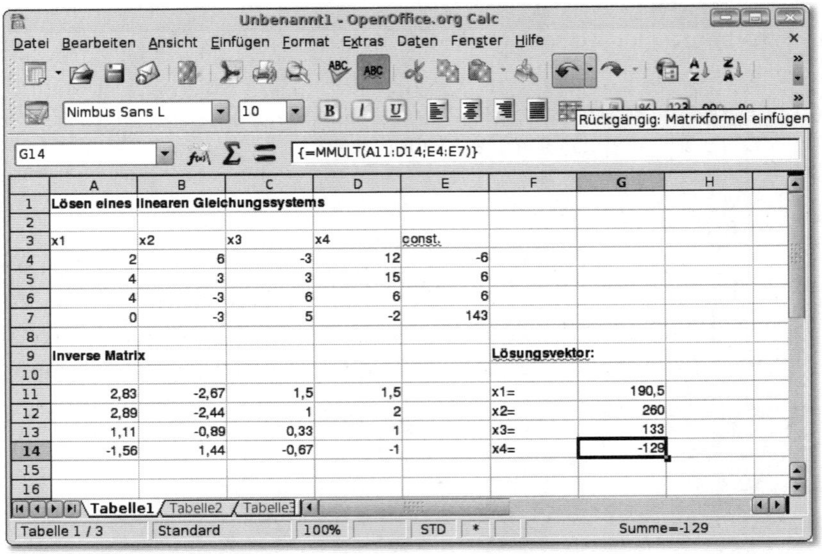

Abbildung 15.4 Lösen von komplexen Problemen mithilfe von Matrixfunktionen

[zB] Aufgabenstellung: Lösen Sie das folgende lineare Gleichungssystem:

$$2\ x_1 + 6\ x_2 - 3\ x_3 + 12\ x_4 = --6$$
$$4\ x_1 + 3\ x_2 + 3\ x_3 + 15\ x_4 = 6$$
$$4\ x_1 -- 3\ x_2 + 6\ x_3 + 6\ x_4 = 6$$
$$-3\ x_2 + 5\ x_3 -- 2\ x_4 = 14$$

Im Einzelnen wurde hierbei folgendermaßen vorgegangen:

1. Im Bereich `A4:E7` wurde zunächst die Koeffizientenmatrix des linearen Gleichungssystems eingegeben.

2. Anschließend wurde die Zelle `A11` ausgewählt und dort die inverse Matrix mit dem Befehl `MINV(A4:D7)` gebildet. Wichtig ist hierbei, dass Matrizenformeln mit der Tastenkombination `Umschalt` + `Strg` + `Enter` übergeben werden. Alternativ kann auch der Funktionsassistent durch Anklicken des Buttons F(X) gestartet werden.
3. Die inverse Matrix aus dem Bereich `A11:D14` wird nun mit dem Konstantenvektor aus dem Bereich `E4:E7` multipliziert. Der zugehörige Befehl lautet `MMULT(A11:D14;E4:E7)`. Das Ergebnis wird dann in der vorher markierten Zelle `G11` ausgegeben.

Die Lösung des Problems zeigt Abbildung 15.4.

15.3 Präsentation – OpenOffice.org Impress

OpenOffice *Impress* ist das Präsentationsprogramm der OpenOffice-Suite und glänzt insbesondere durch die Unterstützung einer Vielzahl von Exportformaten. Sie haben die Möglichkeit, Ihren Vortrag in die drei bedeutenden Formate HTML, PDF oder Flash zu exportieren.

15.3.1 Erstellung mit dem Autopiloten

Die folgende Anleitung bezieht sich weniger auf das eigentliche Verfahren zur Erstellung einer Präsentation, sondern auf die reichhaltigen Möglichkeiten, diese zu verbreiten. Am schnellsten erstellen Sie eine Präsentation mit dem Autopiloten (DATEI • NEU • AUTOPILOT • PRÄSENTATION). Zur Wiedergabe einzelner Absätze der Präsentation können Sie den Kernpunkten Animationseffekte über BILDSCHIRMPRÄSENTATION • BENUTZERDEFINIERTE ANIMATION zuweisen.

15.3.2 Exportfunktionen

Nach Fertigstellung der Präsentation können Sie die verschiedenen Exportformate nacheinander testen. Dazu ist wie folgt vorzugehen: Zum Export der Datei als PDF-Dokument wählen Sie in *Impress* die Option DATEI • EXPORTIEREN ALS PDF. Gegebenenfalls kann die Auflösung der Bilder verringert werden, um die Dateigröße klein zu halten. Sämtliche Folien werden in eine einzige PDF-Datei gepackt. Die Effekte der Bildschirmpräsentation gehen auf diese Weise zwar verloren, am Informationsgehalt ändert dies natürlich nichts.

Wer plant, seinen Vortrag im Internet zu veröffentlichen, ist mit dem Export in eine HTML-Datei bestens bedient. Dazu wählen Sie DATEI • EXPORTIEREN und als Ausgabeformat das HTML-Format. Im Verlauf des HTML-Exports haben Sie die Möglichkeit, verschiedene HTML-Layouts zu wählen. Im Normalfall wird der Export in eine HTML-Seite mit **Frameset** gewählt. *Impress* erstellt dann nach Abarbeiten des Assistenten eine voll navigierbare HTML-Präsentation. Darüber hinaus ist auch ein Export in XHTML möglich.

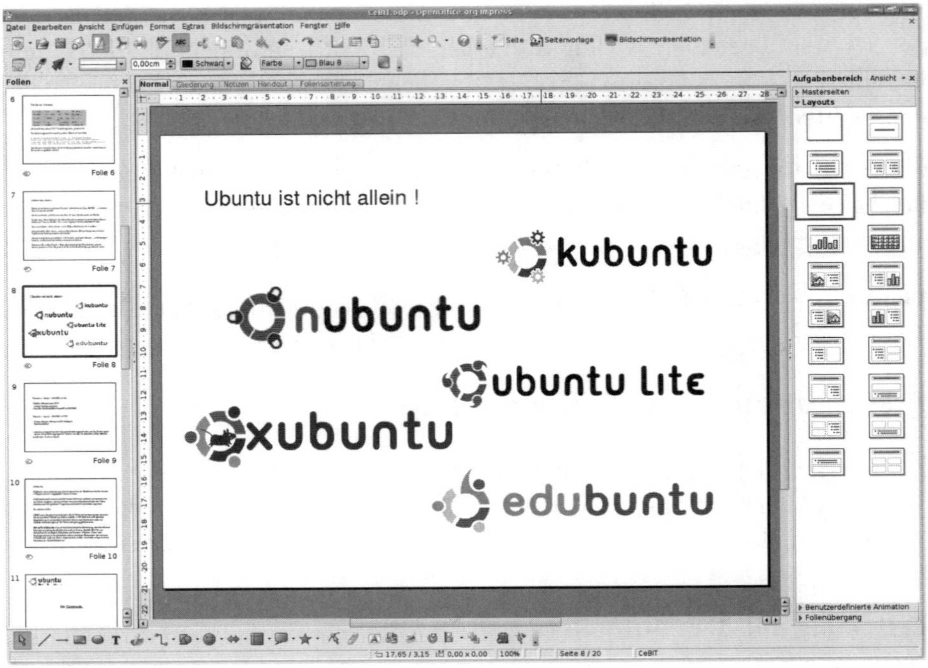

Abbildung 15.5 Präsentationen mit OpenOffice Impress erstellen

Schließlich kann das Macromedia-Flash-Film-Format zum Export vorgewählt werden, eine Möglichkeit, die man bei Powerpoint vergeblich sucht. Der Export erfolgt in ähnlicher Weise wie im Fall des HTML-Dokuments, nur dass an der entsprechenden Stelle das Dateiformat *Macromedia Flash (SWF)* ausgewählt wird. Den fertigen Flashfilm können Sie anschließend direkt im *Firefox*-Browser begutachten, vorausgesetzt, Sie haben das Flash-Plugin installiert. Beeindruckend ist die geringe Dateigröße eines Flashfilms: Die Präsentation aus Abbildung 15.5 nimmt als Flashfilm bescheidene 814 kByte ein - verglichen mit 1,3 MB im Open-Office-Format.

15.4 Datenbank – OpenOffice.org Base

Seit OpenOffice Version 2.0 ist ein eigenes Datenbank-Frontend namens *Base* Bestandteil des Pakets. Dabei handelt es sich um ein Frontend, das die bislang schon bestehende Möglichkeit, eine externe Datenbank vom Typ mySQL zu nutzen, für Einsteiger vereinfacht. In Abschnitt 26.3 werden Sie lernen, wie man den eigenen PC zu einem mySQL-Server ausbaut. Hier soll nur kurz skizziert werden, wie man mithilfe von OpenOffice *Base* auf eine solche Datenbank zurückgreift.

15.4.1 Zusammenarbeit mit mySQL

Das folgende Beispiel geht davon aus, dass auf Ihrem System ein lokaler mySQL-Server läuft. Es soll auf dessen Testdatenbank namens `test` zugegriffen werden.

Der Zugriff auf die Datenbank soll über eine ODBC- (*Open Data Base Connectivity*) Schnittstelle erfolgen, sodass zunächst folgendes Paket installiert werden muss:

- *libmyodbc*

Nun sind zwei Dateien zu editieren, um auf die Testdatenbank des mySQL-Servers zugreifen zu können. Ergänzen Sie Folgendes in die zuvor leeren Textdateien:

```
# Auszug aus /etc/odbc.ini
[MySQL-test]
Description = MySQL database test
Driver = MySQL
Server = localhost
Database = test
Port = 3306
```

Dadurch wird die Datenbank `test` unter dem Namen `MySQL-test` exportiert. Weiterhin muss der Pfad zur ODBC-Bibliothek gesetzt werden:

```
# Auszug aus /etc/odbc.ini
[MySQL]
Description = ODBS for MySQL
Driver = /usr/lib/odbc/libmyodbc.so
FileUsage = 1
```

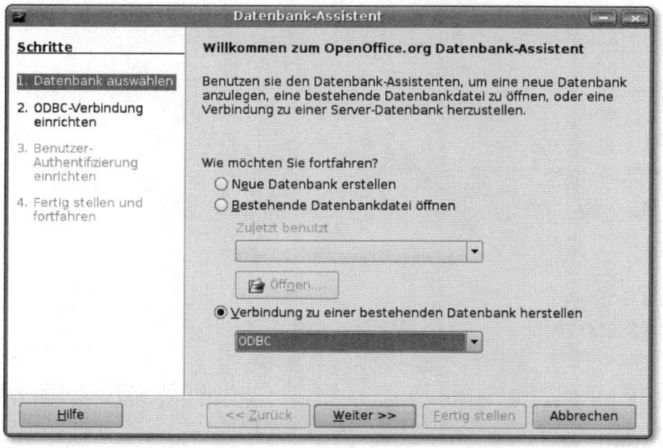

Abbildung 15.6 Herstellen der Verbindung zur Datenbank

15.4.2 Erstellen einer Datenbank

Damit wären alle Vorbereitungen getroffen. Nun starten Sie *OpenOffice Base* aus dem Menü über ANWENDUNGEN • BÜRO • OPENOFFICE BASE. Im ersten Menü ist der Punkt VERBINDUNG ZU BESTEHENDER DATENBANK auszuwählen. Achten Sie darauf, dass als Typ `ODBC` angegeben wird (Abbildung 15.6).

Im nächsten Untermenü können Sie nach bestehenden Datenbanken suchen lassen. Hier sollte dann die oben definierte Datenbank `MySQL-test` erscheinen. Nach Auswahl der Datenbank muss ein Benutzer definiert werden, der auf die Datenbank zugreifen soll,[1] und schließlich wird eine Base-Datei erstellt, die zu benennen ist. Von dieser Datei ausgehend haben Sie nun die Möglichkeit, auf die mySQL-Datenbank zuzugreifen (Abbildung 15.7).

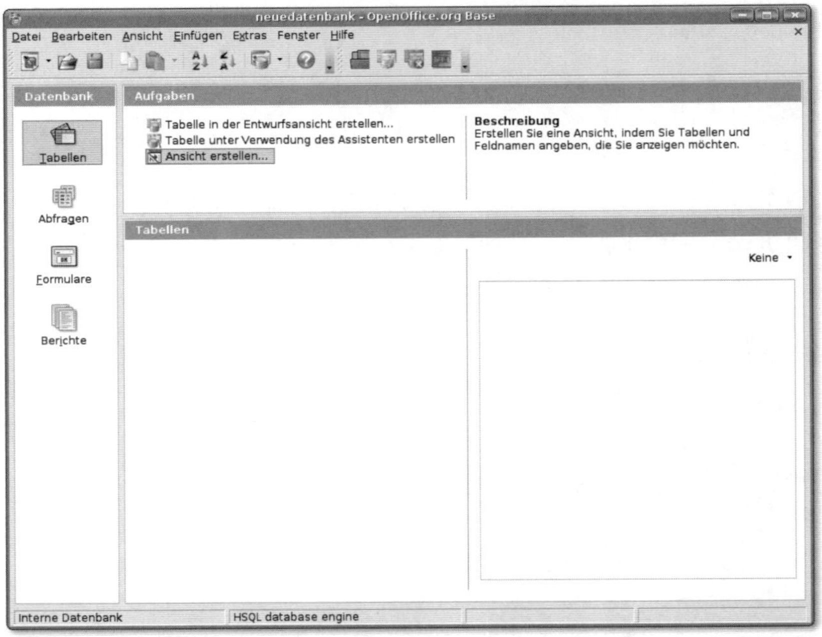

Abbildung 15.7 OpenOffice Base Frontend beim Zugriff auf eine mySQL-Datenbank

15.5 Ordnung und Organisation

Der moderne Mensch kommt heute nicht ohne eine integrierte Organisationsoberfläche aus, die einen Terminplaner, eine Aufgabenliste sowie eine Adressdatenbank umfasst. Je nachdem, ob GNOME oder KDE bevorzugt wird, nutzt man die folgenden zwei Lösungen.

1 Zu Testzwecken kann das zunächst einmal der Administrator Root sein.

15.5.1 Evolution

PDA-Abgleich

Dieser Groupware-Client hat derzeit den Ruf, unter Linux der beste Ersatz für Outlook zu sein. Das Programm startet man entweder durch Anklicken des *Evolution*-Icons im GNOME-Panel oder aus dem GNOME-Menü durch Auswahl von ANWENDUNGEN • BÜRO • EVOLUTION. Die Konfiguration von *Evolution* als E-Mail-Client wurde ja bereits besprochen. Die Organizer-Module entsprechen den üblichen Anforderungen. Nützlich ist insbesondere die Möglichkeit, *Evolution* mit einem PDA abzugleichen. Dazu ist folgendes Paket zu installieren:

- *multisync*

15.5.2 Kontact – die KDE-Lösung

Kontact integriert eine Aufgabenliste, eine Adressverwaltung (*KAddress*), eine Notizzettelapplikation (KNotes), ein E-Mail Programm (*KMail*) sowie einen Kalender (*KOrganizer*) und wird über BÜROPROGRAMME • KONTACT gestartet. Das Programm ist weitestgehend selbsterklärend und Microsoft Outlook sehr ähnlich. Auch unter *Kontact* ist es möglich, Daten mit einem PDA abzugleichen.

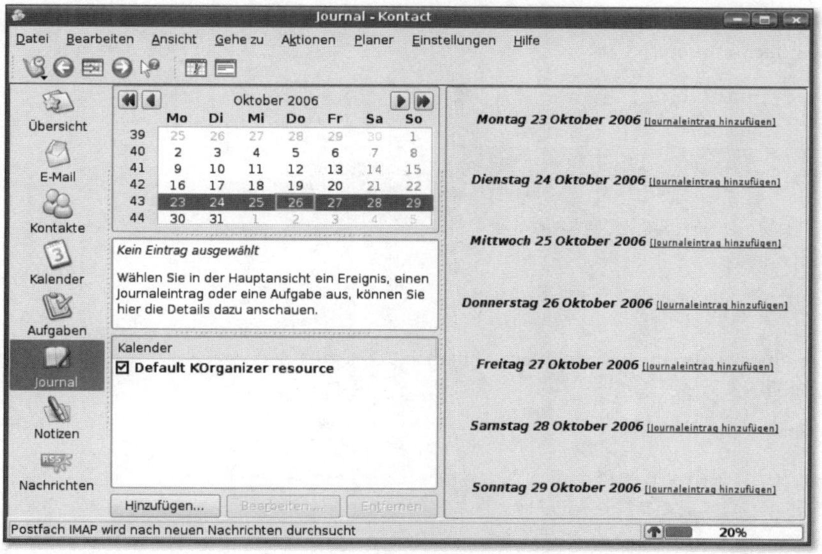

Abbildung 15.8 Die KDE-PIM-Lösung Kontact

15.5.3 Notizen verwalten mit Tomboy

Wir haben jeden Tag viele Dinge zu tun. Ideen, die uns durch den Kopf gehen, und andere Dinge wollen aufgeschrieben werden, damit wir sie nicht vergessen. Dafür gibt es im richtigen Leben Klebezettel, mit denen wir unseren Schreibtisch pflastern können. Bei Ubuntu haben wir dafür *Tomboy*, welches ich hier kurz vorstellen möchte. *Tomboy* ist ein kleines und sehr mächtiges Programm, das zum Panel von GNOME hinzugefügt werden kann und seinem Nutzer dann ermöglicht, Notizen und mehr zu verfassen.

Notizen vernetzen

Tomboy verwaltet Notizen ähnlich wie Wikis, wodurch man Notizen miteinander verlinken und ein Netz von inhaltlichen Verbindungen zwischen den eigenen Notizen erstellen kann. *Tomboy* führt ein Inhaltsverzeichnis aller erstellten Aufzeichnungen, ermöglicht die Suche in ihnen, prüft die Rechtschreibung und sofern man *Beagle* zur lokalen Suche benutzt, finden sich die eigenen Notizen auch dort wieder.

Inzwischen gibt es auch Erweiterungen für *Tomboy*. Einige dieser Erweiterungen bringt das Programm schon standardmäßig mit: z. B. den Ausdruck oder den Export der eigenen Notizen. Man kann seine Notizen sogar in Hinblick auf die Schriftgrößen, Farben und mehr formatieren.

Abbildung 15.9 Die moderne Art Notizen zu erstellen – Tomboy

Um auf *Tomboy* zuzugreifen, kann man die Software dem GNOME-Panel hinzufügen, indem man mit der rechten Maustaste auf das Panel klickt, im Kontextmenü ZUM PANEL HINZUFÜGEN auswählt und dann unter Zubehör TOMBOY NOTIZEN auswählt. Die Software ist einfach zu benutzen und hilft einem, seine Aufgaben und Ideen zu organisieren.

Notizen synchronisieren

Tomboy hat ab der Version 0.8, die in GNOME 2.20 enthalten ist, ein neues Plugin, um Notizen mit beliebigen Ordnern im Web oder auf der lokalen Festplatte zu synchronisieren. Leider funktioniert dies bei den meisten Anwendern nicht auf Anhieb, weil einige notwendige Pakete nicht installiert sind und die Dokumentation in diesem Punkt zu wünschen lässt.

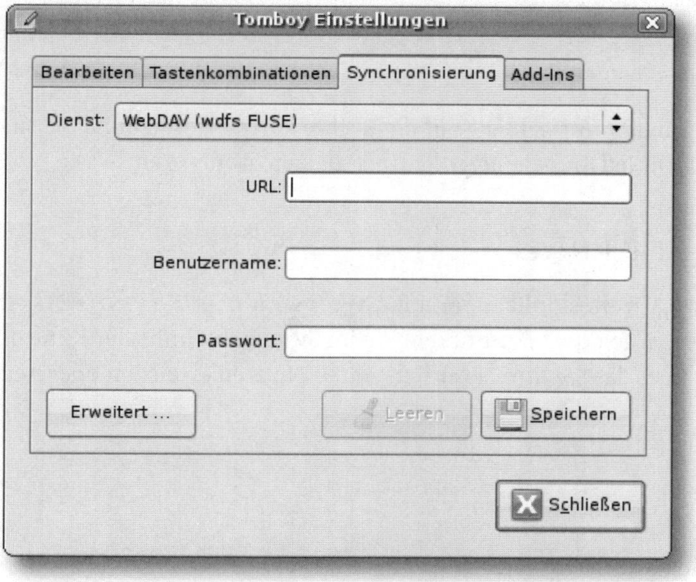

Abbildung 15.10 Mit neuen Tomboy-Versionen lassen sich Notizen synchronisieren, wenn man einige Zusatzpakete installiert.

Installieren Sie als erstes einige fehlende Pakete:

```
user$ sudo apt-get install checkinstall libfuse-dev libneon26 libneon26-dev
```

Damit das plugin aber tatsächlich funktioniert, ist ein zusätzliches Paket notwendig, welches auf fuse basiert. Dieses ist leider nur im Quelltext verfügbar und so müssen Sie sich ein Paket selber erstellen.

Für Ubuntu würde das Vorgehen folgendermaßen aussehen:

```
user$ wget http://noedler.de/projekte/wdfs/wdfs-1.4.2.tar.gz
tar xzvf wdfs-1.4.2.tar.gz
cd wdfs-1.4.2
./configure
sudo checkinstall
sudo dpkg -i wdfs_1.4.2-1_*.deb
```

Wenn Sie einen Fehler bezüglich glib-2.0 erhalten, hilft die Installation von libglib2.0-dev:

```
user$ sudo apt-get install libglib2.0-dev
```

Als letzter Schritt müssen nun noch einige Rechte geändert werden. Bitte ersetzen Sie "user" durch Ihren Benutzernamen:

```
user$ sudo gpasswd -a user fuse
sudo chgrp fuse /dev/fuse
```

Nach einem Abmelden und erneuten Anmelden sind die Rechte korrekt gesetzt und Sie sind nun in der Lage Ihre Notizen mit jedem beliebigen Ordner zu synchronisieren.

15.5.4 Notizen verwalten mit KNotes

Auch KDE wartet mit einer Notizzettelapplikation auf. *KNotes* wird über K-MENÜ • DIENSTPROGRAMME • KNOTES gestartet. Nach dem Start finden Sie im Systemabschnitt der Kontrollleiste ein Notizzettelsymbol, über das Sie Ihre bereits erstellten Notizen erreichen oder neue erstellen können.

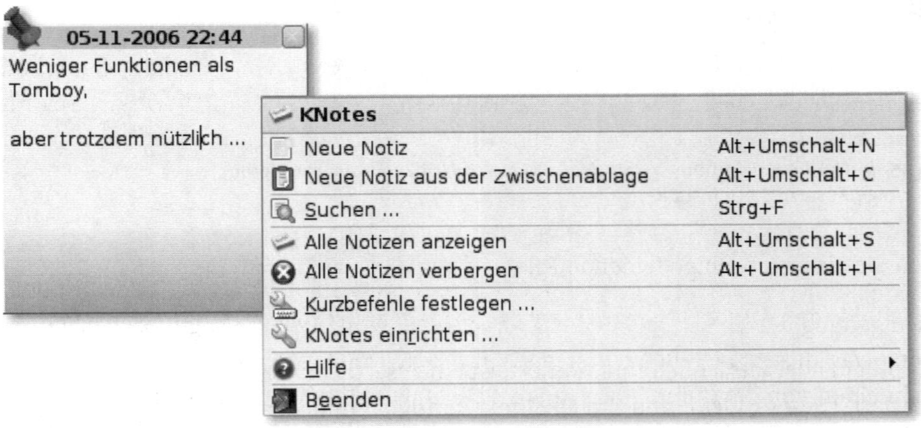

Abbildung 15.11 KNotes

Außerdem können Sie über *KNotes* auch Ihre Notizen verwalten. Die Notizen können gedruckt oder auch per E-Mail versendet werden.

Abbildung 15.12 Kontact verwaltet auch Ihre Notizen.

Nach einem Rechtsklick auf die Titelleiste einer Notiz gelangen Sie zu einem Menü, aus dem Sie DRUCKEN ... oder VERSENDEN ... auswählen können. Das Aussehen der Notizen können Sie Ihrem persönlichen Geschmack anpassen, Text- und Hintergrundfarbe, die Standardbreite sowie die -höhe sind frei einstellbar.

15.6 Viewer und Wörterbücher

15.6.1 PDF und Postscript

Evince ist der Standard-Postscript- bzw. -PDF-Betrachter unter GNOME. Sie sind sicher schon einmal mit dem Programm in Berührung gekommen, nachdem Sie ein PDF-Dokument aus dem Internet auf Ihren Rechner geladen und dieses durch Anklicken im *Nautilus*-Browser angeschaut haben.

KPDF

Die entsprechende Lösung für KDE heißt *KPDF* und wird standardmäßig in der Kubuntu-/KDE-Umgebung installiert. *KPDF* bietet verglichen mit *Evince* einige zusätzliche an Funktionen, was diesen PDF-Betrachter auch für GNOME-Anwender interessant macht: Das Ausschneiden von Text und Grafiken aus PDF-Dokumenten ist sehr komfortabel, ausgeschnittener Text lässt sich wahlweise als Text oder als Bild speichern (vgl. Abbildung 15.13).

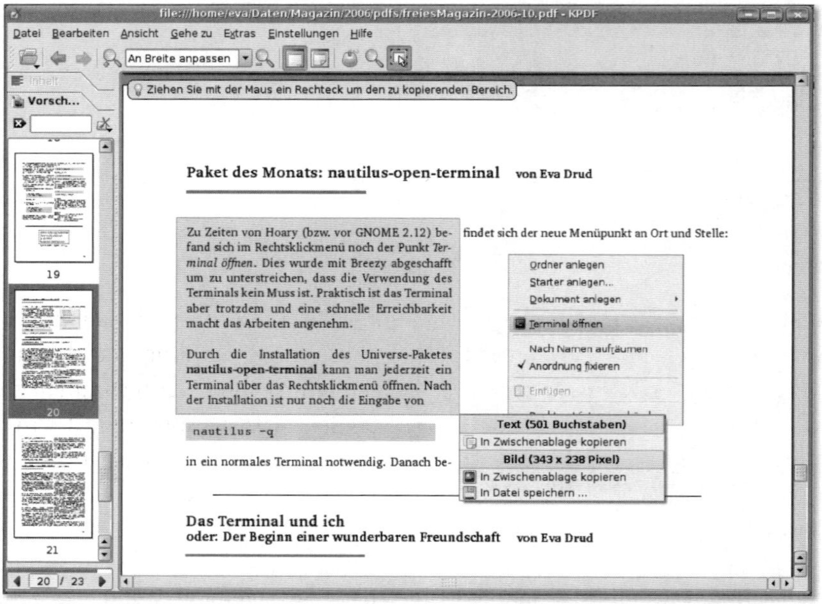

Abbildung 15.13 Text und Grafiken lassen sich mit KPDF einfach ausschneiden.

Während *Evince* neben PDFs auch Postscript-Dateien anzeigen kann, ist unter Kubuntu standardmäßig *KGhostview* installiert.

Adobe Reader

Möchte man proprietäre Software verwenden, so bedient man sich des *Acrobat Reader* der Firma Adobe. Dieser ist recht voluminös, bietet jedoch einige Sonderfunktionen im Vergleich zu den obigen Lösungen. Leider liegt die Linux-Version des Readers zumeist eine Release-Nummer hinter der jeweils aktuellen Windows-Version zurück.

Vor allem kann man den *Acrobat Reader* dazu nutzen, sich zu vergewissern, dass die von Ihnen erstellten PDF-Dokumente auch unter Windows so aussehen, wie sie aussehen sollen. Das Programm findet man im Multiverse-Zweig von Ubuntu. Folgende Pakete sollten installiert werden, um den *Acrobat-Reader* auch innerhalb von *Firefox* nutzen zu können:

- *acroread*
- *mozilla-acroread*

[»] Von der Installation des Pakets *acroread-plugins* rate ich eher ab. Anstatt Ihnen zusätzliche Funktionen zur Verfügung zu stellen, ermöglicht das Senden von Informationen an einen Remote-Host. So erfährt beispielsweise der Autor eines PDFs, wer sein Dokument angesehen hat.

15.6.2 Wörterbücher und Thesauren

Das beliebteste Wörterbuch im Linux-Umfeld nennt sich *ding*. Folgende Pakete müssen zur erfolgreichen Arbeit mit *ding* installiert werden:

- *ding*
- *trans-de-en*
- *agrep* – unterstützt die fehlertolerante Suche

Beim vorletzten Paket handelt es sich um ein sehr umfangreiches Wörterbuch, das an der TU Chemnitz gepflegt wird. Interessant ist insbesondere die Eigenschaft des Programms, markierte Worte in einer parallel gestarteten Anwendung (z. B. einem Webbrowser) simultan zu übersetzen, wenn das unbekannte Wort markiert bzw. angeklickt wurde (Abbildung 15.14). Dazu müssen Sie SUCHVERHALTEN • SUCHE SOFORT BEI NEUER TEXTAUSWAHL aktivieren.

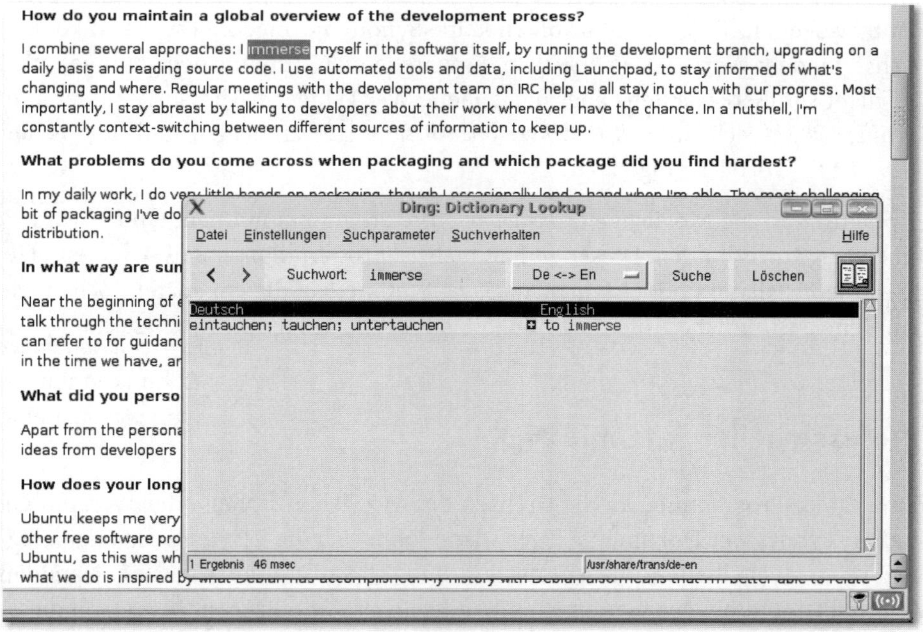

Abbildung 15.14 Das Wörterbuch »ding« übersetzt simultan.

Thesaurus

Viele OpenOffice-Anwender wünschen sich einen ausführlicheren Thesaurus. Der normale Thesaurus des *OpenOffice*-Pakets entstammt dem oben beschriebenen *ding*-Projekt. Um diesen zu installieren, lädt man die täglich neu generierte Datei von *www.openthesaurus.de* herunter.

Die Installation innerhalb von OpenOffice geschieht folgendermaßen:

- Entpacken Sie das Paket, und kopieren Sie die entpackten Dateien in das Verzeichnis `/usr/share/myspell/dicts`:

```
user$ unzip thes_de_DE_v2.zip\
user$  cd OOo2-Thesaurus\
user$  sudo cp * /usr/share/myspell/dicts
```

- Fügen Sie in die Datei `dictionary.lst` folgende Zeile ein:

```
#Auszug aus /usr/share/myspell/dicts/dictionary.lst
THES de DE th_de_DE_v2
```

Starten Sie abschließend *OpenOffice* neu. Zum Ausprobieren setzen Sie einfach den Cursor auf ein Wort und wählen aus dem Menü EXTRAS den Punkt SPRACHE • THESAURUS bzw. alternativ die Hotkey-Sequenz [Strg] + [F7]. Sollten keine Synonyme angezeigt werden, können Sie es zunächst mit dem Wort »Test« versuchen. Es werden nur Grundformen gefunden, z. B. »groß« aber nicht »größer«, »laufen« aber nicht »lief«. Wer Fehler im Thesaurus findet oder Wörter vermisst, kann sich unter *http://www.openthesaurus.de* anmelden und dort Fehler beheben bzw. neue Wörter einfügen.

Besonders praktisch ist die Möglichkeit, das *OpenOffice*-Programm mit dem Online-Thesaurus der Uni Leipzig zu verbinden. Dieser enthält mehr als 100 Millionen Beispieldatensätze. Bedingung ist die Installation der Original Sun Java Runtime, auf die wir später noch eingehen werden. Eine ausführliche Anleitung finden Sie im Wiki auf *www.ubuntuusers.de*.

15.7 Professioneller Satz mit LaTeX

Wenn Sie mit Office-Programmen an die Grenzen des Möglichen stoßen oder Wert auf ein professionelles Layout Ihrer Dokumente legen, dann lohnt sich die Verwendung von LaTeX. LaTeX genießt den zweifelhaften Ruf, kompliziert und schwer erlernbar zu sein. Dass dies nur ein Vorurteil ist und bei genauerem Hinsehen jeglicher Grundlage entbehrt, soll dieser Abschnitt zeigen.

15.7.1 Warum LaTeX?

Es gibt Situationen, in denen man sehr schnell an die Grenzen sämtlicher Office-Programme stößt – nicht nur, wenn Sie ein Buch mit mehreren hundert Seiten und unzähligen Abbildungen schreiben. Wenngleich Office-Programme für die meisten Anwender im alltäglichen Gebrauch ausreichen, so haben sie doch einige typische Schwachstellen.

So ist beispielsweise der Textsatz allgemein mangelhaft, Buchstaben werden entweder zu eng aneinander gesetzt oder zu weit auseinander gezogen. Die feste Einbindung von Grafiken erhöht die Größe des Dokuments dramatisch, sodass sich oftmals diese Programme beim Laden oder Abspeichern der Arbeit mit einem Datenverlust ins Jenseits verabschieden. Dies ist natürlich besonders ärgerlich, wenn es sich um eine wichtige Hausarbeit mit Dutzenden von Seiten handelt. Ein weiteres Manko ist die Einbindung von Formeln in naturwissenschaftlichen Abhandlungen; das Ergebnis ist zumeist nicht vorzeigbar.

Der Buchdruck ist mehr als 600 Jahre alt, und während zu Beginn noch feste Drucktafeln eingesetzt wurden, revolutionierte Gutenberg im 15. Jahrhundert die Druckkunst mit beweglichen Lettern. Vor etwa 30 Jahren folgte eine zweite Revolution und der Siegeszug des Computers begann in den Druckereien. Allerdings waren die Ergebnisse dieser Drucktechnik oftmals mangelhaft und mit den Layout-Fähigkeiten heutiger Office-Programme vergleichbar. Der amerikanische Informatiker und Mathematiker Donald Ervin Knuth wollte dies für seine Bücher nicht akzeptieren und entwickelte in den Jahren 1977 – 1986 eine Software, die den höchsten typografischen Anforderungen beim Buchdruck genügen sollte. Er nannte diese Software TeX nach dem Wortstamm der griechischen Worte für Kunst, Handwerk und Geschick. Gesprochen wird TeX wie "tech" in dem Wort Technik.

TeX setzte allerdings noch eine Menge typografisches Wissen voraus und war somit noch nicht für den unbedarften Anwender geeignet. Dies änderte sich 1982, als der Computerwissenschaftler Leslie Lamport das auf TeX basierende Makropaket LaTeX (Lamports TeX) entwickelte. LaTeX ist eine Sammlung von TeX-Befehlen und weiteren Programmstrukturen (u.a. Makros), die dem Anwender die reine Anwendung von TeX ermöglicht, ohne dass dieser sich mit typografischen Regeln befassen muss. Beispielsweise reicht bei der Verwendung von LaTeX der Befehl `footnote`, um eine Fußnote zu setzen. LaTeX übernimmt selbstständig die Auswahl der Schriftgröße, die Platzierung und Nummerierung der Fußnote, während man bei TeX alle diese Schritte manuell durchführen muss. Da LaTeX aber auf TeX basiert, ist es nachvollziehbar, dass man alle diese Einstellungen nach Bedarf auch ändern kann.

Was ist CTAN?

Das Comprehensive TeX Archive Network (CTAN, *www.ctan.org*) ist das umfangreichste Archiv im Internet für alles rund um (La)TeX. Sie können dort komplette LaTeX-Distributionen für sämtliche Betriebssysteme, Schriften (fonts) und andere Makropakete finden. Sie können mithilfe eines Web-Interfaces das komplette Verzeichnis durchsuchen.

15.7.2 Was ist ein Textsatzsystem?

Bei (La)TeX handelt es sich nicht um ein Textverarbeitungsprogramm wie beispielsweise OpenOffice Writer oder Microsoft Word. Diese beiden Programme laufen nach dem WYSIWYG-Prinzip (What You See Is What You Get), das gedruckte Dokument entspricht der Darstellung auf dem Bildschirm.

(La)TeX hingegen ist ein Textsatzsystem und arbeitet nach dem WYSIWYM-Prinzip (What You See Is What You Mean). Hierbei schreibt der Anwender den Inhalt seines Dokuments mit einem einfachen Texteditor und versieht diesen Text mit den nötigen Formatanweisungen. Das fertige Schriftbild erstellt (La)TeX durch einen Kompiliervorgang selbstständig. Diese zweiteilige Vorgehen (Schreiben und Kompilieren) wirkt auf den ersten Blick unnötig kompliziert, führt aber nach etwas Eingewöhnungszeit zu genauso schnellen Ergebnissen. Zusätzlich sind Layout-Wünsche einfacher umzusetzen und die erreichten Ergebnisse deutlich zuverlässiger.

Mithilfe des professionellen Drucksatzsystems TeX von Donald Knuth bzw. dessen Weiterentwicklung durch die Makros von LaTeX gelingt es auch designtechnisch weniger begabten Anwendern, ansprechende Druckwerke zu erstellen.

Das vorliegende Buch etwa wurde mit LaTeX gesetzt. Folgende Vorteile bietet diese Beschreibungssprache:

Robustes System

- LaTeX-Dateien liegen stets im ASCII-Format vor und nehmen daher im Vergleich zu proprietären Formaten wie z. B. Microsoft Word sehr wenig Platz ein.
- TeX verwendet Quelltexte und kompilierte Ausgabedateien. Die Quelltexte können hierbei mit einem beliebigen Editor erstellt werden und bestehen lediglich aus ASCII-, 8-Bit- oder Unicode-Dateien mit integrierten Fomatierungsbefehlen. Dies macht die Dateien sehr klein und flexibel. Außerdem lassen sich die Quelltexte auf jedem System betrachten, auch wenn kein TeX zur Verfügung steht.
- TeX ist sehr ressourcenschonend, es kann beliebig alte Hardware eingesetzt werden.
- Das Format ist relativ »absturzsicher«: Da es sich um reine Textdateien handelt, ist das Material kaum anfällig gegenüber Abstürzen des Hauptprogramms. So mancher Word-Anwender erlebte schon ein böses Erwachen, wenn sich das Großprojekt vom Kaliber Dissertation oder Diplomarbeit kurz vor Fertigstellung nicht mehr vom Programm öffnen ließ.
- TeX ist frei, die Quelltexte sind für jeden Anwender zugänglich und können von ihm angepasst werden. Zudem ist TeX kostenlos.
- Durch die Offenlegung der Quelltexte besteht für den Anwender die Sicherheit, dass seine Dokumente auch noch in den folgenden Jahren formatiert werden können.

[✱] Ich habe bisher in den ersten Auflages dieses Buchs die Installation der *tetex*-Pakete empfohlen und diese Vorgehensweise ist für die Ubuntu-Versionen bis Oktober 2006 auch legitim. Leider gab es aber danach eine fehlerhafte Integration der *tetex*-Pakete in Ubuntu, die zwar die Nutzung von LaTeX weiterhin erlauben, aber in Verbindung mit dem Einbinden von Bildern und Grafiken im eps-Format zu einer fehlerhaften Darstellung führen. Dieser Fehler tritt in den Ubuntu-Versionen 6.10 »Edgy Eft«, 7.04 »Feisty Fawn« und 7.10 »Gutsy Gibbon« auf und wird aller Wahrscheinlichkeit nach auch nicht mehr behoben, da TeTeX nicht mehr weiterentwickelt wird. Thomas Esser, der Hauptentwickler von TeTeX (*www.tug.org/tetex/*), hat seine Arbeit an dieser TeX-Distribution im Mai 2006 eingestellt. Zum Glück gibt es weitere Distributionen von TeX und so empfiehlt sich eine Installation von TeX Live (*www.tug.org/texlive/*). Die TeX-Distributionen müssen sich alle an die grundlegenden Strukturen von LaTeX halten wie z. B. die TDS (TeX Directory Structure). Ich empfehle ebenfalls TeX Live, da die Pakete für diese Distribution über Synaptic zu installieren sind und die Integration in Ubuntu reibungslos umgesetzt ist.

15.7.3 Installation

Deinstallation von tetex

Wenn Sie bereits TeTex installiert haben und nun auf TeX Live wechseln möchten, dann müssen Sie vorher die alte TeX-Distribution entfernen. Dies geschieht am einfachsten über ein simples

```
user$ sudo apt-get remove tetex
```

im Terminal oder natürlich auch graphisch über Synaptic. Von TeTeX abhängige Pakete entfernen Sie danach automatisch mit dem Befehl

```
user$ sudo apt-get autoremove
```

Wenn Sie keine TeX-Distribution installiert hatten, können Sie obige Ausführungen ignorieren. Ein `sudo apt-get autoremove` empfiehlt sich aber immer, um verwaiste und nicht mehr benötigte Pakete zu löschen. Nun können Sie sich frohen Mutes an die Installation von TeX Live heranwagen. Das Kernpaket für den grundlegenden Betrieb von LaTeX installieren Sie über

```
user$ sudo apt-get install texlive
```

UTF8

Die Abhängigkeiten werden automatisch aufgelöst und die Größe des Downloads hält sich noch in Grenzen (ca. 75 MB). Sie können über Synaptic sehr viele Erweiterungen herunterladen, die aber alle optional und nicht erforderlich für das Erstellen von einfachen Dokumenten sind. Suchen Sie einfach mit Synaptic nach `texlive` und Sie erhalten eine Übersicht aller verfügbaren Pakete. Für das erweiterte Bearbeiten genügt meist schon das zusätzliche Installieren der Pakete `texlive-extra` und `latex-ucs` für die Unterstützung von UTF8 codierten Textdateien.

Wenn Sie DSL, eine Flatrate und eine große Festplatte besitzen, dann haben Sie sicherlich keine Scheu vor großen Datenmengen. In diesem Fall und auch wenn Sie sämtliche Möglichkeiten von TeX Live nutzen möchten können Sie auch das Metapaket `texlive-full` installieren:

```
user$ sudo apt-get install texlive-full
```

Hierbei laden Sie ca. 500 MB herunter und haben im Anschluss die gesamte TeX Live-Distribution auf Ihrem Rechner installiert. Egal, ob Sie nur das Kernpaket oder die komplette Distribution herunterladen und installieren: Sie können mit TeX Live genauso arbeiten wie vorher mit TeTeX.

15.7.4 Das erste Dokument

Erste Schritte unternimmt man am besten mit einem Standardeditor. Die Abbildung 15.15 zeigt das (sehr) einfache Beispiel eines LaTeX-Dokuments. Auf der rechten Seite sind jeweils die Erklärungen als Kommentare hinterlegt, auf die man natürlich auch verzichten könnte. Das Prozentzeichen ist hierbei wichtig, damit es beim Kompilieren ignoriert wird.

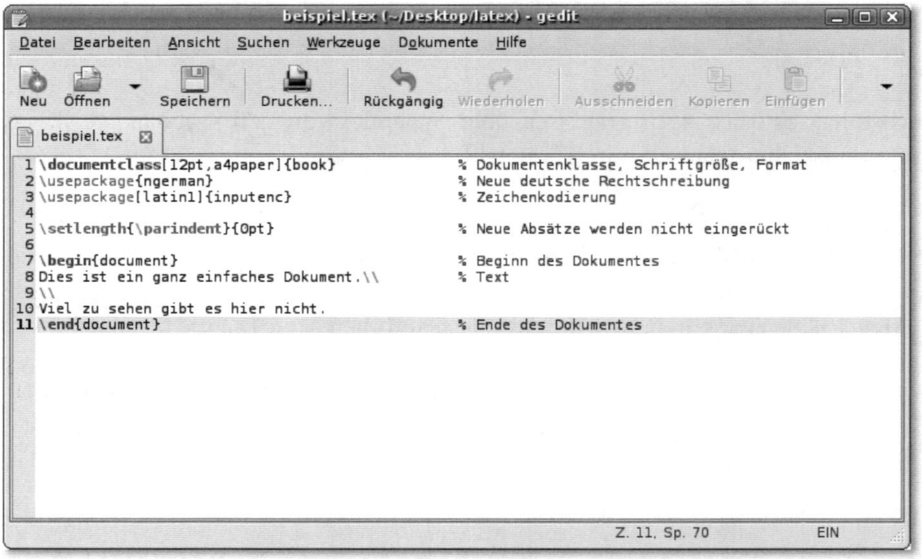

Abbildung 15.15 Ein sehr einfaches Beispiel eines LaTeX-Dokuments

Speichern – Kompilieren – Ansehen

Wenn Sie das Grundgerüst einer LaTeX-Datei fertig erstellt haben, beispielsweise wie in Abbildung 15.15, speichern Sie die Datei unter einem beliebigen Namen mit der Endung *.tex* ab (hier: *beispiel.tex*).

Rufen Sie anschließend diese TeX-Datei mit

```
user$ latex beispiel.tex
```

im Terminal auf.

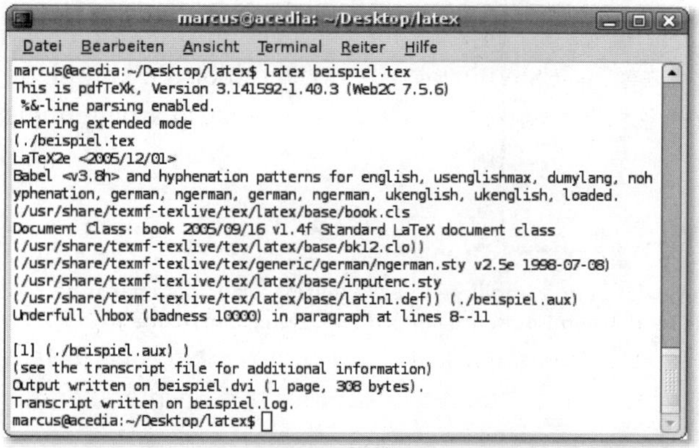

Abbildung 15.16 Durch den Aufruf von Latex wird der Quelltext kompiliert.

Nach Eingabe des Befehls liefert Tex eine detaillierte Rückmeldung, die im Erfolgsfall wie in Abbildung 15.16 aussieht. Wenn Fehler auftreten, stoppt TeX an der betreffenden Stelle und teilt Ihnen den Fehler mit. Etwaige Warnungen können Sie übersehen, Fehler müssen aber unbedingt korrigiert werden, da sonst keine Ausgabedatei erstellt wird.

Neben der Ausgabedatei werden von TeX noch einige weitere Dateien im aktuellen Verzeichnis angelegt:

- *beispiel.aux* – Diese Datei enthält sämtliche Querverweise der Fußnoten und Referenzen des Dokuments.
- *beispiel.toc* – Wenn Sie ein automatisches Inhaltsverzeichnis in Ihrem Dokument anlegen, wird diese Datei zusätzlich erstellt. Ein Inhaltsverzeichnis erstellen Sie in der Inhaltsumgebung mit dem Befehl `\tableofcontents`.
- *beispiel.log* – Dies ist das Protokoll des letzten LaTeX-Aufrufes.
- *beispiel.dvi* – Dies ist die Standard-Ausgabedatei von TeX, eine device independent-Datei. Diese Datei können Sie mit Programmen wie *Evince*, *Kdvi* oder *Xdvi* ansehen. Natürlich können Sie aus einer DVI-Datei auch beispielsweise ein PDF oder eine Postscript-Datei erstellen (siehe unten).

Dadurch wird eine sogenannte *dvi*-Datei erzeugt, »dvi« steht hierbei für *Device Independent*. Diese können mithilfe des Programms *xdvi* dargestellt werden:

```
user$ xdvi beispiel.dvi
```

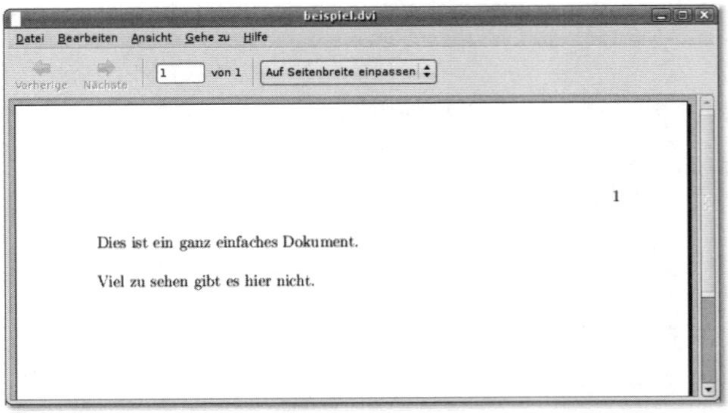

Abbildung 15.17 Dies ist das fertige DVI, das nach dem Kompilieren des Quelltextes aus dem genannten Beispiel entsteht. Das DVI lässt sich anschließend in ein Postscript- oder PDF-Format umwandeln.

15.7.5 Strukturierung

Befehle leiten Sie grundsätzlich mit einem Backslash ein. Ergänzen können Sie diesen Befehl mit bis zu neun Argumenten. Der grundsätzliche Aufbau sieht folgendermaßen aus:

```
\ Befehl[Argumente]Auswahl
```

Hierbei steht die Befehlsauswahl zumeist in geschweiften Klammern, die optionalen Argumente stehen in eckigen Klammern.

Grundsätzlich besteht ein LaTeX-Quelltext immer aus zwei Abschnitten. Dazu gehört als erstes die Präambel. Sie steht vor dem eigentlichen Dokument und definiert alle nötigen grundlegenden Formatierungen. Folgende Schritte werden vollzogen:

1. Die Dokumentenklasse wird mit `\documentclass{book}` definiert. Bei dieser Dokumentenklasse wird ein Buch-Layout voreingestellt. Dies bedeutet, dass der Text zweiseitig ausgerichtet wird (die Seitenzahlen erscheinen hierbei abwechselnd links und rechts). Alternativ können Sie auch *report* oder *article* verwenden. Mit den Argumenten geben wir LaTeX die Information, dass wir Din A4-Format und eine Schriftgröße von 12 verwenden möchten. In einem weiteren Teil dieser kleinen LaTex-Reihe werden wir uns näher mit den Dokumentenklassen beschäftigen. Fürs erste bleiben wir bei der Klasse *book*.

2. Zusätzlich zur Dokumentenklasse kann man im folgenden optionale (Makro-)Pakete laden. Mit `\usepackage{ngerman}` laden Sie beispielsweise ein Paket, welches die Silbentrennung nach der neuen deutschen Rechtschreibung beherrscht und deutsche Überschriften bereitstellt (Alternativ dazu können Sie auch `\usepackage{german}` für die alte deutsche Rechtschreibung verwenden). Mit `\usepackage[latin1]{inputenc}` laden wir die richtige Zeichenkodierung.

Nach der Präambel folgt der zweite Teil, der eigentliche Inhalt des zu setzenden Dokuments. Dieser Abschnitt wird mit `\begin{document}` und `\end{document}` definiert. Obwohl das eigentliche Setzen des Dokuments Aufgabe von LaTeX ist, können Sie natürlich auch selber Einfluss nehmen. So können Sie beispielsweise mit `\\` einen harten Umbruch erzwingen und mit `\newline` einen weichen.

UTF8-Codierung

Das obige Beispiel ist an die Kompilierung innerhalb von UTF8-Systemen angepasst (`\usepackage[utf8]{inputenc}`). Dieser Zeichensatz ist unter Ubuntu standardmäßig vorgewählt. Dazu ist, wie oben bereits erwähnt, das Paket *latex-ucs* zu installieren.

Die richtige Zeichencodierung [«]

Wenn Sie bei der Auswahl der Zeichencodierung trotz [latin1] keine Umlaute darstellen können, dann liegt dies sicherlich daran, dass Ihre Distribution einen neuen Unicode-Zeichensatz benutzt (UTF-8). Für die Verwendung des neuen Zeichensatzes brauchen Sie lediglich in der Präambel [latin1] gegen [utf8] zu tauschen. Auf Debian-basierten Distributionen ist außerdem das Paket *latex-ucs* erforderlich, das Sie über die Paketverwaltung installieren können. Die aktuell verwendete Codierung Ihrer Distribution erfahren Sie mit dem Befehl `locale` im Terminal und ändern können Sie diese über `dpkg-reconfigure locale`.

15.7.6 Dokumente umwandeln

Das Standard-Ausgabeformat von TeX ist DVI (DeVice Independent). Obwohl dieses Format sehr kompatibel ist, wurde es inzwischen durch andere plattformunabhängige Formate wie PDF und Postscript ersetzt. Mithilfe einiger Utilities ist eine Umwandlung in diese Formate aber spielend einfach. Dies soll die folgende Abbildung darstellen.

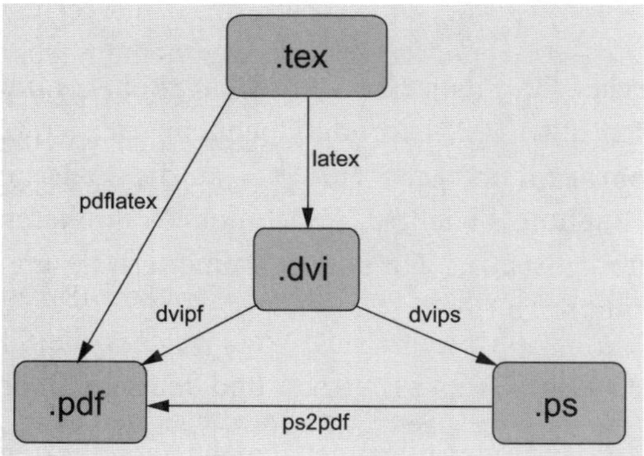

Abbildung 15.18 Aus der LaTeX-Quelldatei (.tex) können Sie mithilfe der hier aufgezeigten Utilities DVI-, PDF- und Postscript-Dateien erstellen.

dvips gehört zum Standardumfang einer LaTeX-Distribution wie *tetex* oder *texlive*, während *dvipdf* Teil des Ghostscript-Paketes (*gs* oder *gs-common*) ist. Auch letzteres ist oft bei verschiedenen Linux-Distributionen vorinstalliert. Um eine DVI-Datei beispielsweise in eine Postscript-Datei zu konvertieren, verwenden Sie:

```
user$ dvips beispiel.dvi
```

oder

```
user$ dvips beispiel.dvi -o beispiel_ps.ps,
```

falls Sie den Ausgabenamen ändern möchten. Aus dieser Postscript-Datei können Sie mittels

```
user$ ps2pdf -dOptimize=true
```

ein PDF äquivalent zum *Adobe Acrobat Distiller* erstellen. Ein Programm wie *Evince* kann im Übrigen alle drei Formate problemlos anzeigen. Evince ist der standardmäßig installierte Dokumentenbetrachter für PDF-Dateien.

Es gibt darüber hinaus einige Programme, die Ihnen eine Menge Arbeit abnehmen können und Ihnen eine Textverarbeitung suggerieren. Ich stelle Ihnen die wichtigsten in Abschnitt 15.8, »Integrierte Umgebungen«, auf Seite 470 vor.

15.7.7 Textformatierungen

Wir haben bisher lediglich das Grundgerüst einer LaTeX-Datei kennengelernt. Mit diesem Gerüst können Sie bereits einfache Dokumente selber erstellen, aber wenn Sie umfangreichere Texte verfassen, haben Sie bestimmt besondere Ansprüche an das Layout. Wir wollen uns im Folgenden mit den grundsätzlichen Formatierungen eines Textes beschäfigen. Viele der hier genannten Beispiel finden Sie in diesem Buch realisiert.

Fußnoten

Auch wenn Fußnoten den Textfluss unterbrechen und daher zu vermeiden sind, kommt man oftmals nicht ohne sie aus. Sie lassen sich mit LaTeX besonders bequem realisieren, indem man ohne Leerzeichen den Befehl `\footnote{Text der Fußnote}` an die Stelle im Text einfügt, an welcher der Verweis auf die Fußnote stehen soll. Nach dem Kompilieren erzeugt LaTeX auf der betreffenden Seite automatisch die Fußnote, nummeriert sie und trennt sie durch einen waagerechten Strich vom übrigen Text.

Schrift und Ausrichtung

Eine Schriftart definieren Sie beispielsweise mit den in der folgenden Tabelle aufgeführten Auszeichnungen. Hierbei gilt die Auszeichnung jeweils für den in den geschweiften Klammern geschriebenen Text. Sie können diese Kommandos selbstverständlich miteinander kombinieren, um ein Wort gleichzeitig kursiv und unterstrichen darzustellen.

Standardmäßig verwendet LaTeX Blocksatz. Sie können dies ändern (beispielsweise in eine zentrierte Anordnung), wenn Sie einen mit Text mit `\begin{center}` und `\end{center}` einrahmen. Alternativ dazu können Sie auch `flushleft` für linksbündigen oder `flushright` für rechtsbündigen Textfluss wählen.

Befehl	Schriftart
\textrm...	Normalschrift (roman)
\textit...	Kursiv (italic)
\textbf...	Fett (bold face)
\underline...	Unterstrichen
\textsf...	Serifenlos (sans serif)
\textsc...	Kapitälchen (small caps)

Tabelle 15.1 Mit diesen Befehlen definieren Sie die Schriftart in Ihrem Dokument.

Marginalien

Eine elegantere Methode, um zusätzliche Informationen auf einer Seite darzustellen, sind die sogenannten Marginalien. Im Gegensatz zu Fußnoten unterbrechen diese Randnotizen den Lesefluss nicht so stark, da sie am jeweils äußeren Seitenrand dargestellt werden. Sie erzeugen Marginalien mit dem Befehl

```
\ marginparText der Marginalie
```

an der Stelle, an der die Randnotiz erscheinen soll.

Aufzählungen

Sie können mit LaTeX selbstverständlich auch Listenumgebungen, sogenannte Aufzählungen, ausgeben. Mit LaTex haben Sie für diesen Zweck die drei Umgebungen *itemize*, *enumerate* und *description*. Sie können Umgebungen selbstverständlich auch miteinander kombinieren oder ineinander verschachteln (bis zu vier Ebenen). Um eine Unterscheidung dieser Ebenen kümmert sich LaTeX selbstständig.

Neue Aufzählungselemente werden mit dem Befehl `\item` gekennzeichnet. Dies sieht beispielsweise so aus:

```
\ beginenumerate
\ item ...
\ item ...
\ beginitemize
\ item ...
\ item ...
\ enditemize
\ endenumerate
```

In der Umgebung *enumerate* werden die einzelnen items durchnummeriert, während bei *itemize* nur ein schwarzer ausgefüllter Kreis vor dem jeweiligen Text erscheint und somit einen neuen Punkt ankündigt. Die Umgebung *description* eignet sich besser für Definitionen oder zu erläuternde Begriffe in einem Text. Hierbei wird in eckigen Klammern (`\item[Beispiel]`) eine Beschreibung des Punktes, der erklärt werden soll, hinzugefügt. Diese Beschreibung wird fett gedruckt.

Gliederung

Eine große Stärke von LaTeX ist die automatische Gliederung eines Dokuments. Wenn Sie also die einzelnen Teile eines mehrseitigen Dokuments korrekt auszeichnen, kümmert sich LaTeX um das Layout und erstellt automatisch ein Inhaltsverzeichnis. Hierzu geben Sie bitte zu Beginn der Dokumenten-Umgebung den Befehl `\tableofcontents` ein. Die folgende Tabelle listet die wichtigsten Auszeichnungsoptionen der Dokumentenklasse *book* auf.

In der Dokumentenklasse *book* stehen Ihnen die obigen Befehle für die Gliederung eines Textes zur Verfügung. Wenn gewünscht, wird die Gliederung dabei automatisch in einem Inhaltsverzeichnis übernommen.

Sie brauchen den Gliederungsbefehlen lediglich die Überschrift als Argument zwischen geschweiften Klammern zu übergeben. Bei sehr langen Überschriften können Sie in eckigen Klammern zusätzlich eine Kurzform angeben, die stattdessen im Inhaltsverzeichnis erscheint. Die Sythax des Gliederungsbefehls lautet

```
\ section[Kurzform]Dies ist die lange Form einer Überschrift
```

Damit LaTeX spätere Änderungen im Inhaltsverzeichnis berücksichtigen kann, müssen Sie den Quelltext immer zweimal kompilieren. Beim ersten Durchgang wird die .toc-Datei aktualisiert, beim zweiten diese veränderte Datei in das Dokument eingebunden.

[»] **Hilfe**

Wenn Sie die Dokumentation von LaTeX ebenfalls installiert haben, finden Sie im Ordner */usr/share/doc/latex** eine Fülle von Hilfedateien im DVI-, PDF- und HTML-Format. Hilfreich sind hier beispielsweise die Dateien *lshort*, die *FAQ* oder *Tipps & Tricks*.

15.8 Integrierte Umgebungen

Natürlich gibt es bequemere Möglichkeiten als einen einfachen Texteditor, um LaTeX-Dateien zu erstellen. Nachfolgend werden zwei populäre Lösungen vorgestellt.

15.8.1 XEmacs

Die Meinungen zu *Emacs* bzw. *XEmacs* sind durchaus zwiespältig: Ein Teil der Linux-Nutzer kann sich ein Leben ohne diesen Editor kaum mehr vorstellen, ein anderer Teil findet ihn grässlich. Fakt ist, dass *XEmacs* unglaublich vielseitig ist, er stellt geradezu eine Art »Betriebssystem im Betriebssystem« dar. Installieren Sie das *XEmacs*-Paket folgendermaßen:

```
user$ sudo apt-get install xemacs21
```

Nichts für Anfänger!

Die Zahl hinter *xemacs* kann je nach Release differieren. Nach der Installation rufen Sie den Editor durch die Eingabe von `xemacs` innerhalb einer Shell auf. Die Bedienung ist recht gewöhnungsbedürftig, Einsteiger sollten sich lieber das folgende Programm anschauen.

15.8.2 Kile

Kile kommt den Anforderungen an eine intergrierte *LaTeX*-Umgebung für Einsteiger sehr nahe. Aus der selben Umgebung heraus wird editiert, kompiliert und gesichtet.

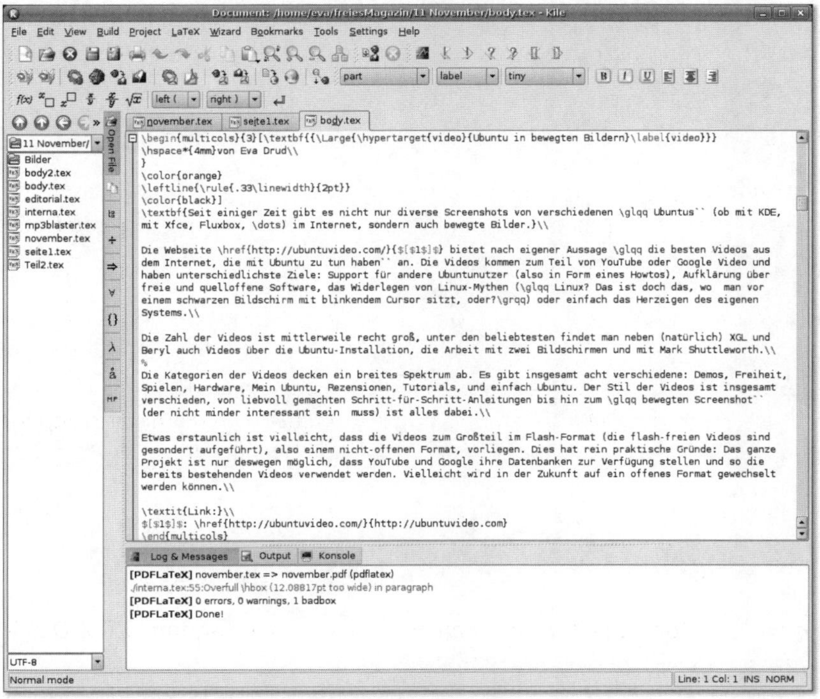

Abbildung 15.19 Kile – die LaTeX-Umgebung

Obwohl das Programm primär für die KDE-Umgebung konzipiert wurde, verrichtet es auch unter GNOME klaglos seinen Dienst. Um in den Genuss von *Kile* zu kommen, installieren Sie das folgende Paket:

- *kile*

Nach der Installation finden Sie das Programm im Menü ANWENDUNGEN • BÜRO. Umittelbar nach dem Programmstart finden Sie auf der linken Seite des Fensters einen Dateibrowser, in dem existierende *TeX*- bzw. *LaTeX*-Dateien zum Bearbeiten ausgewählt werden können, aber auch neue Dateien erstellt werden können.

Zum Zeitpunkt der Drucklegung gab es noch keine deutsche Lokalisierung von *Kile*, deshalb zeigt der folgende Screenshot noch die englischen Menüs (siehe Abbildung 15.19)

»Zeichnen ist Sprache für die Augen, Sprache ist Malerei für das Ohr.«

Joseph Joubert (07.05.1754 – 04.05.1824)
französischer Schriftsteller

16 Grafik und Bildbearbeitung

Auch für kreative Naturen unter den Anwendern ist bei Ubuntu gesorgt. Der aktuelle Abschnitt stellt einige der wichtigsten Lösungen im Bilderstellungs- und -bearbeitungsbereich vor, ohne dabei einen Anspruch auf Vollständigkeit zu erheben.

16.1 Scannen

16.1.1 Unter GNOME: XSane

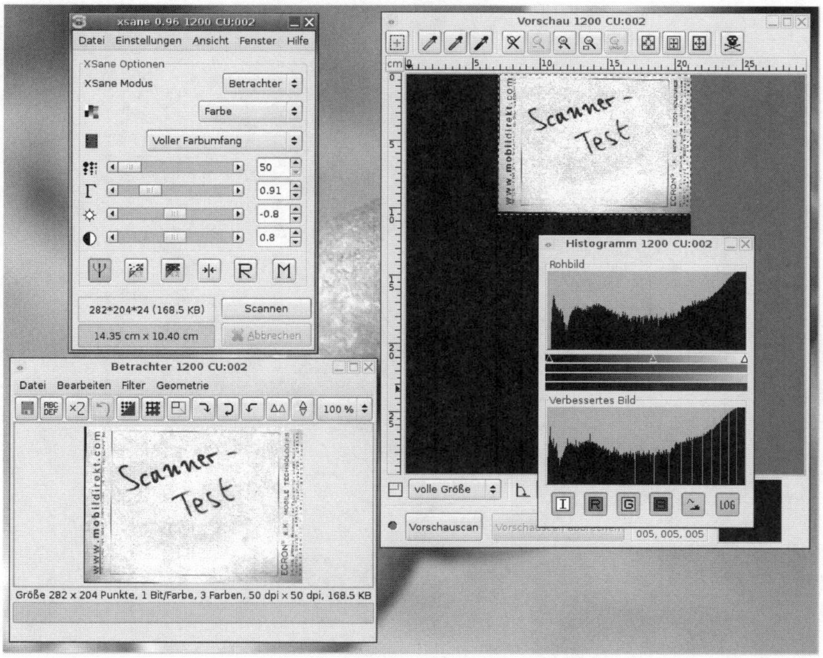

Abbildung 16.1 XSane – ein vielseitiges Scanprogramm

Mit den in Abschnitt 19.9.3 beschriebenen Vorarbeiten wären die Voraussetzungen geschaffen, einen Scanner mit einem grafischen Frontend einzusetzen. Hier bietet sich unter GNOME das Scanprogramm *XSane* an, welches über ANWENDUNGEN • GRAFIK • XSANE SCANPROGRAMM gestartet wird.

Nach dem Programmstart öffnen sich mehrere Teilfenster (vgl. Abbildung 16.1). Im Vorschaufenster können Sie zunächst einen Vorschauscan durchführen, der Knopf *Scannen* im Hauptfenster startet den eigentlichen Scanvorgang. Zuvor kann der Bildausschnitt im Vorschaufenster eingeschränkt werden. Im Hauptfenster wählen Sie außerdem die gewünschte Farbtiefe aus.

16.1.2 Kooka – die KDE-Lösung

Das KDE-Programm *Kooka* befindet sich im KDE-Startmenü unter GRAFIK • KOOKA (SCAN- UND OCR-PROGRAMM) bzw. wird über Eingabe des Befehls `kooka` in einer Konsole gestartet. Nach dem Programmstart sollte der angeschlossene Scanner erkannt werden. Die Programmbedienung entspricht in etwa der von *XSane*.

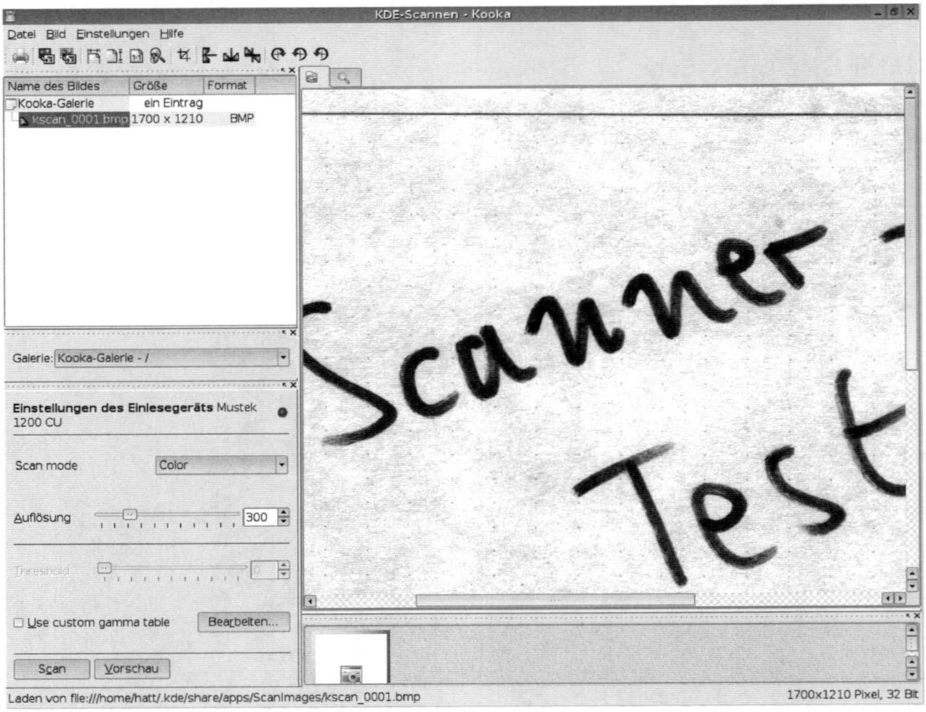

Abbildung 16.2 Kooka – die KDE Scannerlösung

16.2 Vektorgrafik

Vektorgrafiken haben den Vorteil, beliebig skalierbar zu sein, da sie im Prinzip nur aus den Koordinatenangaben von Punkten bzw. Strecken bestehen. Eine Vergrößerung bzw. Verkleinerung der Grafik kann ohne Verlust an Bilddetails durch einfache Koordinatentransformation erfolgen.

16.2.1 OpenOffice.org Zeichnung

Struktogramme

OpenOffice.org Zeichnung ist die integrierte Vektorgrafiklösung des *OpenOffice.org*-Pakets. Besonders praktisch ist die Möglichkeit, dass sämtliche Objekte und Grafikaktionen von *OpenOffice.org Zeichnung* auch in den anderen Programmen der Officesuite eingesetzt werden können. Als einfaches Beispiel für die Handhabung eines derartigen Vektorgrafikprogramms soll im Folgenden ein Struktogramm mit *OpenOffice.org Zeichnung* erstellt werden (siehe Abbildung 16.3). Derartige Diagramme erstellt der gewissenhafte Programmierer, bevor er sich daran begibt, den Code eines neuen Projekts in den Rechner einzugeben.

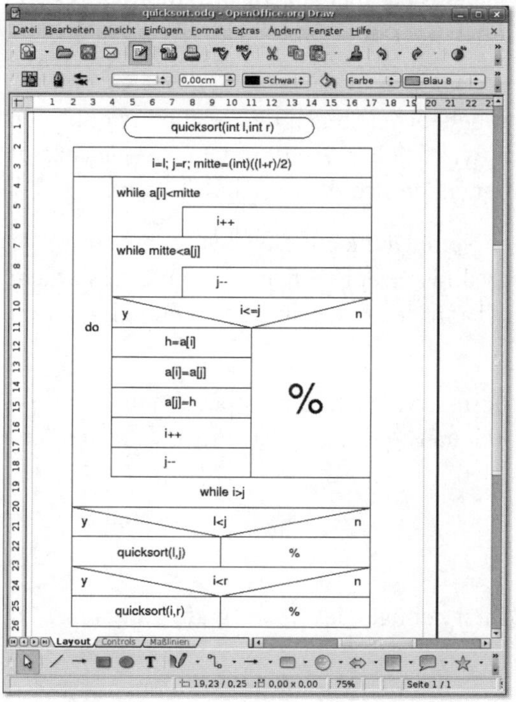

Abbildung 16.3 Struktogramm in OpenOffice.org Zeichnung

Das Programm wird über das Menü ANWENDUNGEN • GRAFIK • OPENOFFICE.ORG ZEICHNUNG gestartet. Legen Sie die Zeichnung großzügig an; am Ende kann das Resultat ohne Qualitätsverlust verkleinert oder vergrößert werden. Für geordnete Strichzeichnungen wie im Beispiel des Struktogramms empfiehlt es sich, den Rastermodus einzuschalten (ANSICHT • RASTER • RASTER SICHTBAR sowie *Am Raster fangen*).

Rastermodi ein- / ausschalten

Da im Laufe der Zeichnung aber nicht alle Objekte am Raster ausgerichtet werden sollen, bedienen wir uns der Schaltflächen in der Optionsleiste (ANSICHT • SYMBOLLEISTEN • OPTIONEN), welche es gestatten, die Rastermodi ein- und auszuschalten. Zur Erstellung der eigentlichen Zeichnung geht man folgendermaßen vor:

1. Zeichnen Sie mit dem Rechteckwerkzeug einen groben Rahmen für das gesamte Struktogramm sowie eine erste Untergliederung von Teilrechtecken. Zwischenverbindungen, wie sie z. B. bei Bedingungs- oder Schleifenstrukturen erforderlich sind, werden mit dem Linienwerkzeug gezeichnet. Dieses wählen Sie per Doppelklick fest aus.
2. In die einzelnen Bereiche des Struktogramms wird nun der Text eingefügt. Dazu gibt es zwei Möglichkeiten: Normalerweise wird Text in einer eigenen Textbox platziert; innerhalb eines rechteckigen Bereichs bietet es sich aber an, die Textoption Text an Rahmen anpassen zu wählen (rechter Mausklick über dem Textobjekt).
3. Nachdem erste Textelemente erstellt wurden, können diese für andere Zwecke mittels Copy and Paste (`Strg`+`C`, `Strg`+`V`) an beliebigen Stellen der Zeichnung dupliziert werden, wodurch die Effektivität gesteigert wird. Sollen mehrere Objekte gleichzeitig ausgewählt und verbunden werden, so bedienen Sie sich der `Umschalt`-Taste.
4. Nach Fertigstellung kann schließlich die komplette Grafik auf die gewünschte Größe gebracht werden, indem Sie mit Hilfe des Auswahlwerkzeugs einen Rahmen um sämtliche Grafikobjekte ziehen und diese anschließend mit der Maus auf die gewünschte Größe ziehen.

   Drückt man beim Skalieren die `Umschalt`-Taste, so bleiben die Proportionen des ausgewählten Objekts beim Vergrößern bzw. Verkleinern erhalten. Das Ergebnis sollte dann in etwa wie in Abbildung 16.3 ausschauen.

16.2.2 Inkscape

Inkscape ist ein weiteres, auch hohen Ansprüchen genügendes Vektorgrafikprogramm. Installieren Sie das Programm über

```
user$ sudo apt-get install inkscape
```

Nach der Installation lässt sich *Inkscape* über ANWENDUNGEN • GRAFIK • INKSCAPE VECTOR ILLUSTRATOR bzw. K-MENÜ • GRAFIK • INKSCAPE VECTOR ILLUSTRATOR starten. Das Handling ähnelt dem von *OpenOffice Draw*, zur Übung kann die Grafik des letzten Abschnitts einmal testweise in der neuen Umgebung nachvollzogen werden.

Ein besonderer Vorteil von *Inkscape* ist dessen SVG-Format: Auf der Internetseite *www.openclipart.org* steht eine Vielzahl frei verwendbarer Cliparts im SVG-Format zum Download bereit, welche Sie für eigene Zwecke nutzen können.

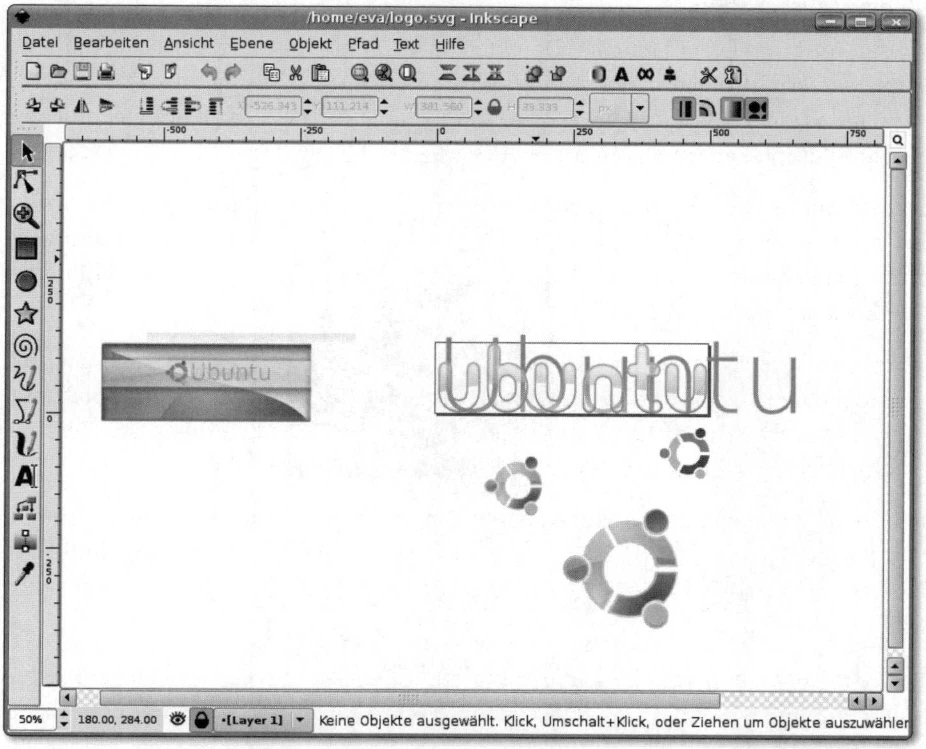

Abbildung 16.4 Professionelle Vektorgrafik mit Inkscape

16.3 Desktop-Publishing (DTP)

Scribus

Das Programm *Scribus* ist die Universallösung für Desktop-Publishing unter Linux schlechthin. Folgende Pakete sollten installiert werden

- *scribus*
- *scribus-template*

Der Assistent hilft

Das letztere Paket enthält einige weitere Formatvorlagen. Unter GNOME ist *Scribus* nach der Installation unter ANWENDUNGEN • BÜRO • SCRIBUS zu finden, unter KDE entsprechend im K-Menüpunkt BÜROPROGRAMME. Nach dem Programmstart können Sie mithilfe des Assistenten über DATEI • NEU VON VORLAGE erste Schritte in *Scribus* wagen. Als erste Übung empfiehlt sich die Erstellung eines Newsletters (siehe Abbildung 16.5), eine entsprechende Vorlage ist im Programm bereits vorhanden.

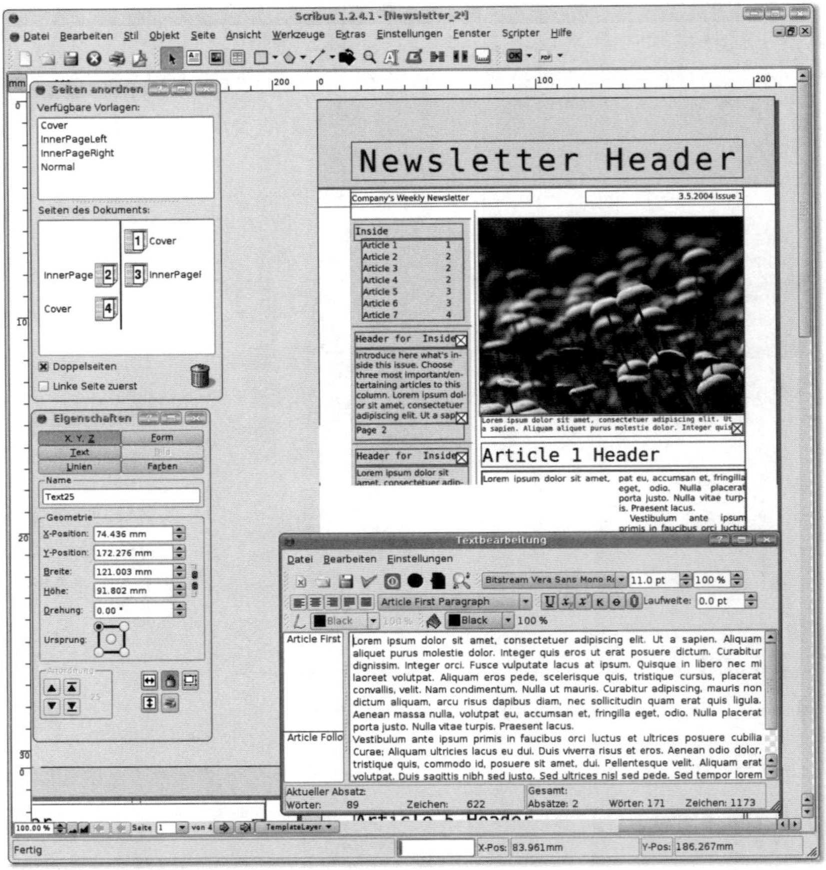

Abbildung 16.5 Scribus – die DTP-Lösung

Profis schätzen die Möglichkeit, das fertige Werk direkt in das PDF-Format[1] exportieren zu können. *Scribus* unterstützt auch die Farbtrennung in die vier Druckfarben Cyan, Magenta, Gelb und Schwarz. Der Datenaustausch mit *OpenOffice.org Zeichnung* bzw. *Inkscape* klappt ebenfalls vorzüglich: Problemlos lassen sich *OpenOffice.org*- Zeichnungen oder *Inkscape*-SVG-Dateien in das Programm importieren.

1 PDF ist das bevorzugte Format in der Druckvorstufe zur Weitergabe von Drucksachen an Druckereien.

Texte werden mit dem integrierten Text-Editor bearbeitet, grundlegende Formatierungsmöglichkeiten wie Schriftart, -größe, -farbe, Blocksatz etc. unterstützt.

16.4 Bildbearbeitung

The GIMP

Was kann man über ein Grafikprogramm schreiben, dessen Online-Handbücher mittlerweile über tausend Seiten umfassen und das nicht zu Unrecht als Photoshop-Äquivalent im Bereich der freien Software gilt? Das *GNU Image Manipulation Programm* (kurz *GIMP*) liegt mittlerweile in der Version 2.2.11 vor und erfreut sich großer Beliebtheit. *GIMP* ist fester Bestandteil der Ubuntu-Standardinstallation.

Aufgrund der Komplexität des Programms erfolgt an dieser Stelle also lediglich ein kleines [zB]
Anwendungsbeispiel, welches einen ersten Eindruck von der Handhabung des Programms vermittelt. Im folgenden Beispiel soll der berüchtigte Rote-Augen-Effekt auf einem Foto wegretuschiert werden.

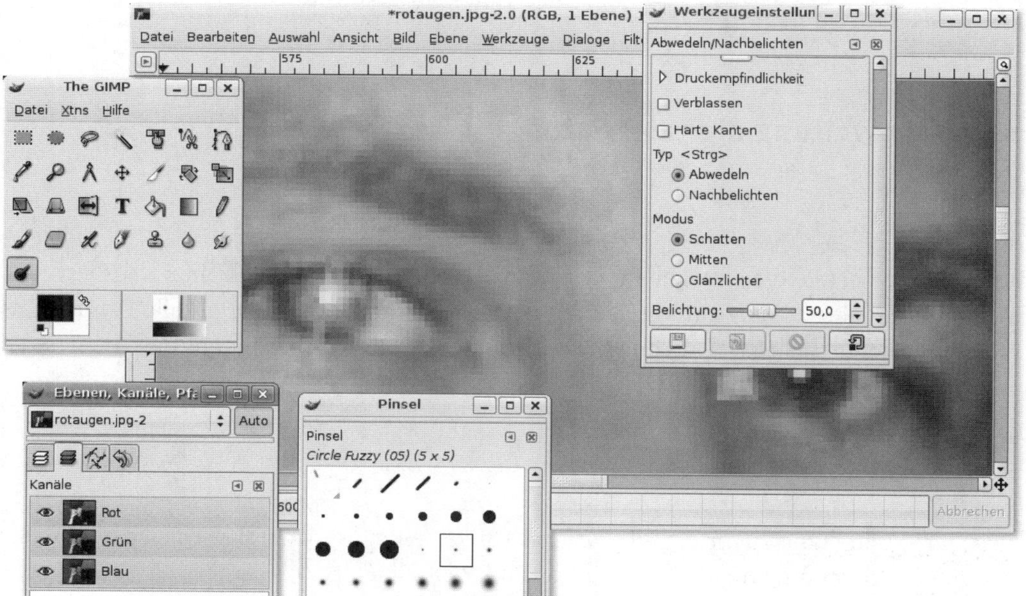

Abbildung 16.6 Korrektur des Rotaugeneffekts mit GIMP

Mit *GIMP* lässt sich ein solches Bildartefakt wie folgt beheben:

1. Vergrößern Sie mit dem Lupenwerkzeug den Bereich der Augenpartie derjenigen Person stark, deren Augen rot erscheinen. Öffnen Sie das Fenster Kanäle (DIALOGE • KANÄLE im Bildhauptfenster) und demarkieren Sie den grünen und blauen Kanal durch Anklicken. Dadurch erreicht man, dass sich die nun folgenden Aktionen nur auf den roten Kanal (sprich: Die roten Augen) auswirken.
2. Für die Anwendung des Retuschiereffekts muss noch das passende Werkzeug ausgewählt werden. Dies ist der Fuzzy Pinsel (DIALOGE • PINSEL); wählen Sie für den Anfang die Größe 5 x 5.
3. Die roten Augen werden nun durch Abwedeln mit dem Nachbelichtungswerkzeug entfernt. Dieses starten Sie mittels `Umschalt` + `D` oder durch Auswahl der Puderquaste im *GIMP* Werkzeugfenster. Als Modus sollte Abwedeln gewählt werden.
4. Nun »wedeln« Sie mit wechselnd gedrückter linker Maustaste über den Rotaugenbereich im Bild. Sie werden feststellen, dass sich das entsprechende Auge normalisiert (siehe Abbildung 16.6).

Die vorgestellte Methode hat den Vorteil, dass im Gegensatz zum einfachen Übermalen der Augen mit einem grauen Kreis die Augen der gewählten Person nach wie vor natürlich erscheinen.

16.5 Verwaltung digitaler Fotos

16.5.1 ImgSeek

Nachdem Sie bereits gelernt haben, wie man Fotos aus einer Digitalkamera ausliest, soll im Folgenden eine Lösung zur Verwaltung derartigen Bildmaterials vorgestellt werden. Das Programm nennt sich *ImgSeek* (Image Seek) und erleichtert insbesondere das Archivieren und Auffinden von Bildern.

ImgSeek wird mittels

```
user$ sudo apt-get install imgseek
```

installiert. Achten Sie zuvor darauf, dass das Universe-Repository freigeschaltet wurde. Sie starten das Programm von einer Konsole aus mit dem Befehl

```
user$ imgSeek
```

(beachten Sie hier bitte die Groß-/Kleinschreibung). Alternativ können Sie das Programm auch wieder in das Startmenü Ihrer Desktopumgebung integrieren. Nach dem Programmstart sollten zunächst ein oder mehrere Verzeichnisse (sogenannte Volumes) definiert werden, in denen Bilder enthalten sind. Im folgenden Beispiel ist dies z. B. eine CD-ROM, die Digitalfotos enthält. Über die Schaltfläche ADD können Sie das Volume dem Suchpfad hinzufügen. Durch Anwahl des Schalters RECURSIVELY werden auch die Unterverzeichnisse indiziert. Bei einer späteren Suche verlangt *ImgSeek* nicht mehr nach dem Medium, vielmehr wird im Volumekatalog gesucht.

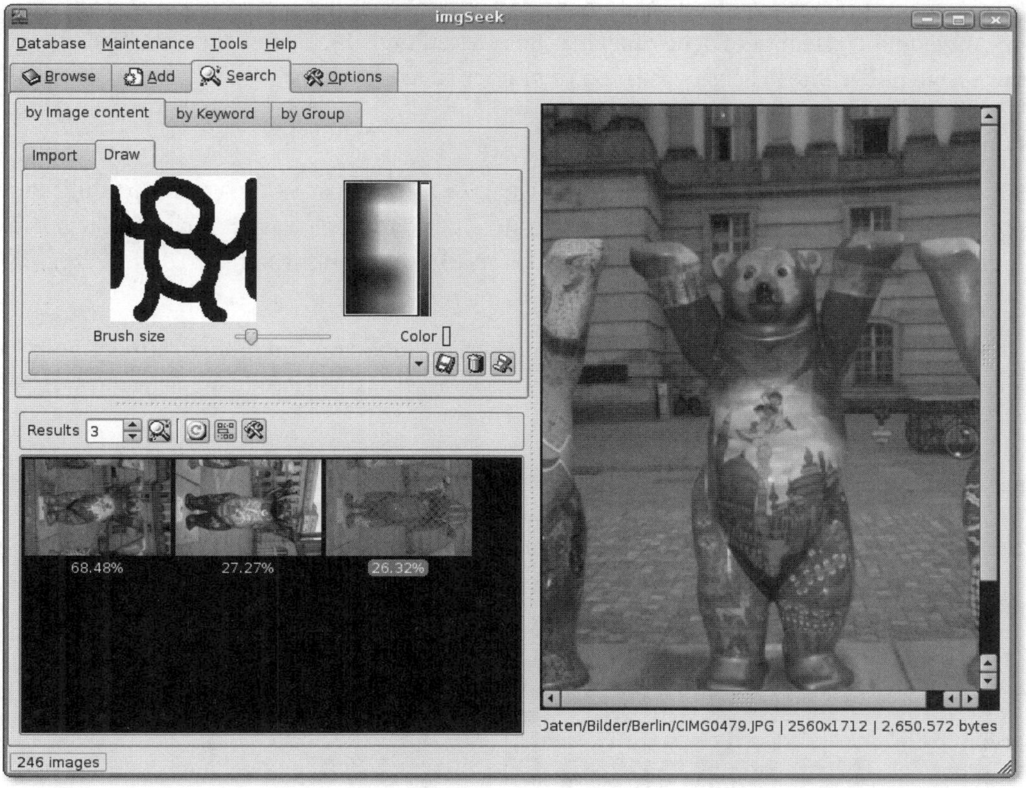

Abbildung 16.7 Bilder suchen mit ImgSeek

Suche anhand von Skizzen

Eine herausragendes Funktion des Programms ist die Bildersuche anhand von vorgegebenen Bildkriterien, die in Form von Piktogrammen oder auch Handskizzen vorliegen können. Dazu wählt man die Schaltfläche SEARCH und gibt den Pfad zu dem Bild einer Clipart-Grafik an, die am ehesten der Form des gesuchten Objektes entspricht. Oder man wählt die Schaltfläche DRAW und zeichnet die grobe Form des Bildes – wie Sie in Abbildung 16.7 sehen, reicht wirklich eine grobe Skizze. Das Programm sucht nun nach dem Prinzip der Mustererkennung ähnliche Bilder heraus.

Natürlich können die Ergebnisse auch schon mal grob von dem Suchziel abweichen, in der Regel ist aber das gesuchte Bild meist in der Suchauswahl enthalten.

16.5.2 Diashows

Hat man seine Bilder erst einmal sortiert, so möchte man diese meist einem Publikum in Form einer Diashow vorstellen. Unter GNOME/Ubuntu steht Ihnen mit dem Programm *F-Spot* ein nützliches Werkzeug für derartige Unterfangen zur Verfügung. Die neue Mono-Anwendung erlaubt einfaches Tagging, Bearbeiten und Hochladen auf verschiedene Fotowebseiten, darunter Flickr (*www.flickr.com*) oder auch Picasaweb.

F-Spot

Sie starten das Tool über Anwendungen • Grafik • F-Spot Fotoverwaltung. Mithilfe des Programms lassen sich auch Bilder katalogisieren, allerdings gestaltet sich die Suche im Archiv nicht ganz so bequem wie bei *ImgSeek*. Im Diashowmodus können Sie jederzeit die Maussteuerung durch Anklicken des Bildes aktivieren.

[»] Unter KDE lassen sich Diashows mit dem Programm *Kuickshow* durchführen. In der normalen Kubuntu-Installation ist das Paket nicht enthalten, es lässt sich jedoch leicht über

```
user$ sudo apt-get install kuickshow
```

nachinstallieren.

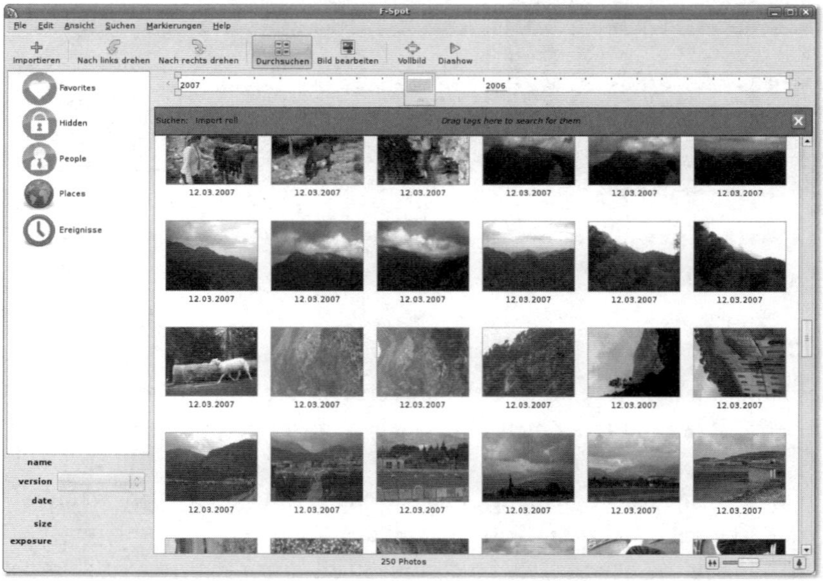

Abbildung 16.8 Das neue F-Spot in Aktion

Wir werden im Folgenden einmal die genaue Funktionsweise von *F-Spot* näher betrachten und den Onlineservice *Flickr* dafür benutzen. Da *F-Spot* sehr mächtig ist und zu Beginn doch recht gewöhnungsbedürftig, werden wir dies in Form eines Workshops angehen.

Um seine Bilder von *F-Spot* verwalten zu lassen wählt man Datei • Importieren und dann den Ordner, in dem sich die Bilder befinden, aus. Wichtig ist hier, dass standardmäßig der Menüpunkt Datei in den Ordner Bilder kopieren aktiviert ist, nach dem Import also alle Bilder doppelt vorhanden sind.

Abbildung 16.9 Standardmäßig werden Kopien aller Bilder in einem eigenen Ordner namens Fotos erstellt. Dieser befindet sich in Ihrem /home-Verzeichnis.

Lässt man diese Option aktiviert, erstellt *F-Spot* im Ordner *Bilder* eine Ordnerstruktur, die sich nach den in den Bildern gespeicherten Datumsangaben richtet. Bereits beim Import lassen sich den Bildern Markierungen zuweisen (möglich sind Favorites, Hidden, People, Places und Events).

Bearbeiten und Sichern

Mit F-Spot lassen sich Bilder bzw. Fotos auch direkt bearbeiten. Dafür stehen verschiedene Werkzeuge, beispielsweise zum Farbabgleich und zum Entfernen roter Augen, zur Verfügung. Die Bilder lassen sich nicht nur auf eine CD oder in einen Ordner, sondern wie gesagt auch zu Flickr exportieren, sofern man dort einen Account hat. Vor dem ersten Export zu Flickr muss man F-Spot zunächst erlauben auf den Flickr-Account zugreifen zu können.

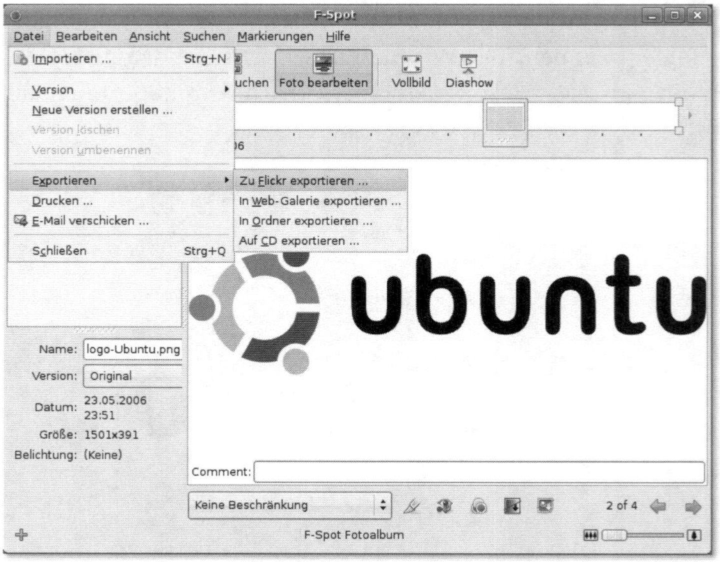

Abbildung 16.10 Es stehen mehrere Exportmöglichkeiten zur Verfügung.

F-Spot authorisieren

Dann öffnet sich ein Browserfenster, in dem man sich erst in seinen Flickr-Account einloggen und dann *F-Spot* authorisieren muss. Anschließend wird man aufgefordert, das Browserfenster zu schließen.

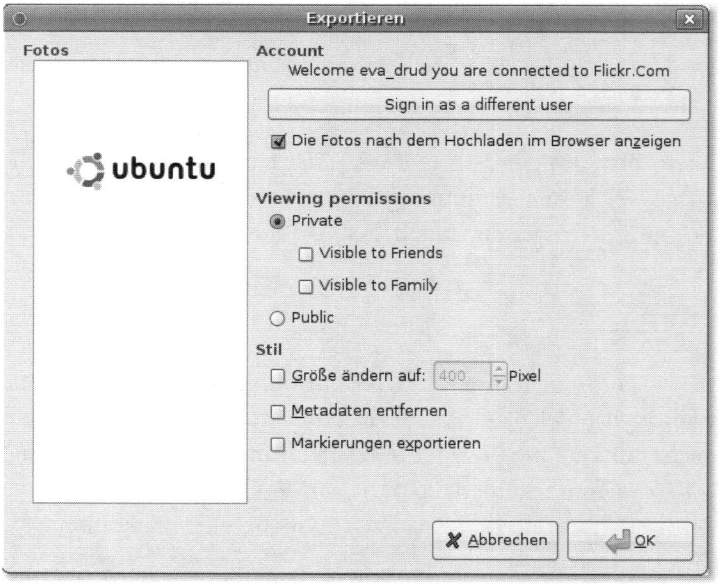

Abbildung 16.11 Im Exportdialog kann eine Reihe von Einstellungen vorgenommen werden.

Nun erfolgt der letzte für den Export erforderliche Schritt. Man kann noch einmal überprüfen, ob man mit dem richtigen Account eingeloggt ist und kann die Rechte für die Bilder vergeben (privat, nur für Freunde und/oder Familie sichtbar oder öffentlich). Außerdem kann man die Bildgröße (in Pixeln) festlegen und entscheiden, ob Metadaten erhalten sowie Markierungen exportiert werden sollen oder nicht.

»Eines Tages wird man offiziell zugeben müssen,
daß das, was wir Wirklichkeit getauft haben,
eine noch größere Illusion ist als die Welt des Traumes.«

Salvador Dali (11.05.1904 – 23.01.1989)
spanischer Maler

17 Multimedia

17.1 CDs und DVDs erstellen und brennen

Der folgende Abschnitt erläutert, wie Sie selbst erstelltes multimediales Material auf CD- bzw. DVD-Rohlinge befördern können. Hierfür sollte bei der Hardware der DMA aktiviert sein.

17.1.1 Brennen von der Kommandozeile

Sämtliche Programme mit grafischen Frontends basieren auf einer Handvoll von Kommandozeilenprogrammen, die man auf die Schnelle auch einmal in einer Konsole testen kann. Basis ist zunächst das Programm *cdrecord*. Das Programm muss innerhalb einer Shell mit Root-Rechten gestartet werden.

Ein Beispiel: Um eine Sicherung von Ihrem Heimverzeichnis zu starten, verwenden Sie zuvor das Programm *mkisofs*: **[zB]**

```
user$ mkisofs -o /tmp/sicherung.iso -r -T -V Sicherung /home/<Benutzer>
user$ sudo cdrecord dev=/dev/cdrom1 speed=48 /tmp/sicherung.iso
```

Geschwindigkeit und Device-Bezeichnung sind natürlich Ihrer Hardware entsprechend zu wählen. Auf diese Weise wird zunächst eine Abbilddatei erstellt (ein sogenanntes ISO-Image), welches anschließend mit *cdrecord* auf einen Rohling geschrieben wird.

Eine komplette CD kann mit folgenden Befehlen 1:1 kopiert werden:

```
user$ dd if=/dev/cdrom of=/tmp/copyiso.img
user$ sudo cdrecord dev=/dev/cdrom1 speed=48 /tmp/copyiso.iso
```

DVDs brennen

An die Stelle von *cdrecord* treten beim Brennen von DVDs die *dvd+rw-tools*. Der Name +RW ist ein wenig irreführend, da die Tools mittlerweile sämtliche Spielarten von Rohlingen (+/–R(W)) beschreiben können. Ein größeres Verzeichnis wird mit folgendem Befehl auf DVD gesichert:

```
user$ sudo growisofs -R -J -Z /dev/cdrom1 /home/<Benutzername>
```

Haben Sie ein DVD-ISO auf Ihren Rechner aus dem Internet heruntergeladen, so können Sie dieses mittels

```
user$ sudo growisofs -dvd-compat -Z /dev/cdrom1=<ISO-Name>
```

auf den Rohling bringen. Der Parameter `dvd-compat` sorgt für eine maximale Kompatibilität mit handelsüblichen DVD-ROM-Laufwerken.

Simple Brennprogramme

Als Ubuntu-Nutzer haben Sie wahrscheinlich schon bemerkt, dass sich unmittelbar nach dem Einlegen eines CD- bzw. DVD-Rohlings ein Fenster öffnet, das nachfragt, ob Daten auf eine CD/DVD gebrannt werden sollen. Wird die Nachfrage bestätigt, so öffnet sich ein Nautilus-Fenster. Damit haben Sie die Möglichkeit, einzelne Dateien oder auch Verzeichnisse per Drag & Drop aus einer anderen Nautilus-Instanz in das Brennerfenster zu schieben.

Abbildung 17.1 Nautilus als Brennprogramm

Die Daten werden auf den Rohling gebrannt, wenn Sie die Schaltfläche AUF CD/DVD SCHREIBEN anklicken. Im nächsten Dialog (siehe Abbildung 17.1) können dann noch einige Parameter wie beispielsweise die Brenngeschwindigkeit angegeben werden, und schon beginnt der Brennvorgang.

Das Brennen von ISO-Abbildern ist in Verbindung mit *Nautilus* ebenfalls ohne Umweg möglich. Dazu navigieren Sie im *Nautilus* zu einem ISO-Abbild und wählen per Rechtsklick den Kontextmenüpunkt AUF CD/DVD SCHREIBEN.

Das Brennen mit dem *Nautilus*-Brennmodul ist natürlich bei Weitem nicht so komfortabel, wie die gängigen Lösungen unter Windows. Es gibt allerdings mittlerweile eine echte GNOME-Brennapplikation namens *Brasero*.

17.1.2 Brasero

Brasero (ehemals *Bonfire*) ist die Standardlösung von GNOME für das Brennen von CDs und DVDs. Das Programm folgt dem GNOME-Konzept, Anwendungen so simpel und gleichzeitig funktional wie möglich zu gestalten. Brasero wurde in GNOME 2.22 erstmalig standardmäßig integriert. Sie starten *Brasero* über das Menü ANWENDUNGEN • UNTERHALTUNGSMEDIEN • BRASERO DISC BURNING.

Brasero kann beim Funktionsumfang nicht mit *K3b* konkurrieren. Wenn Sie spezielle Formate brennen möchten, beachten Sie den Abschnitt über *K3b* (folgender Abschnitt). [«]

Abbildung 17.2 Brasero

17.1.3 K3b

Den Reigen professioneller Brennprogramme unter Linux führt ein KDE-Programm an: *K3b* ist unter Linux die Alternative zu *Nero*, *WinOnCD* und Co. Der riesige Funktionsumfang des Programms reicht sogar bis zum Encodieren von Video-CDs und -DVDs.

Man findet *K3b* nicht in der Ubuntu-Standardinstallation (unter Kubuntu gehört es allerdings zur Standardausstattung). Installieren Sie daher bei Interesse die folgenden Pakete nach:

- *k3b*
- *k3b-i18n*
- *kde-i18n-de*
- *cdrdao*

Mit den Paketen werden zusätzlich einige KDE-Bibliotheken, die für das Funktionieren des Programms erforderlich sind, sowie die Lokalisierungsdateien installiert. Wünschen Sie Unterstützung für das Brennen von MP3-Dateien, dann sollte das Paket *k3b-mp3* ebenfalls installiert werden. GNOME-Anwender sollten nach der Installation kontrollieren, ob im Hauptmenü ANWENDUNGEN • UNTERHALTUNGSMEDIEN ein neuer Eintrag *K3b* zu finden ist und diesen gegebenfalls ergänzen.

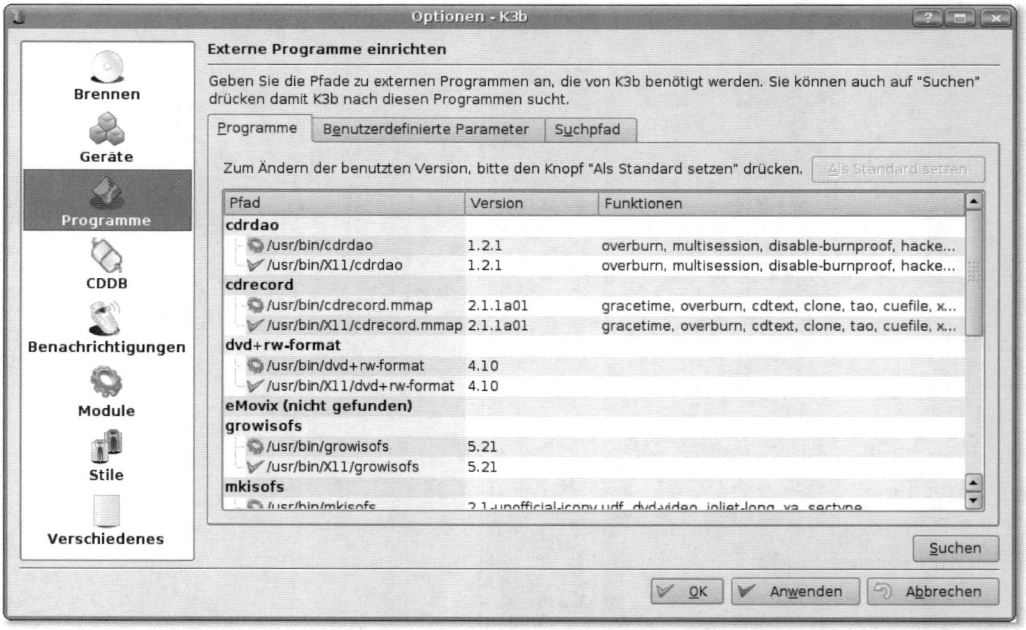

Abbildung 17.3 Konfiguration von K3b

Beim ersten Programmstart wird die erkannte Brennhardware angezeigt. Dies kann auch jederzeit im Menü EINSTELLUNGEN • K3B EINRICHTEN • GERÄTE nachgeprüft werden. Dort sollte weiterhin kontrolliert werden, ob sämtliche zum Brennen benötigten Kommandozeilenprogramme im System zu finden sind. Dies geschieht im Untermenü EINSTELLUNGEN • K3B EINRICHTEN • PROGRAMME (siehe Abbildung 17.3). Beachten Sie, dass nicht unbedingt sämtliche aufgelisteten Programme installiert sein müssen, einige Tools beziehen sich z. B. auf die Erstellung von Video-CDs bzw. -DVDs.

Drag & Drop

Nun können Sie einmal die Funktion des Programms testen. Die goldene Regel lautet: Wählen Sie zunächst in der unteren Fensterhälfte einen Projekttyp aus. Am einfachsten gestalten sich Daten-CD-Projekte, aber auch Audio-CDs lassen sich mit *K3b* einfach zusammenstellen. Ziehen Sie dazu jeweils die gewünschten Dateien bzw. Tracks aus dem Browser im oberen Fensterteil nach unten in das Projektfenster.

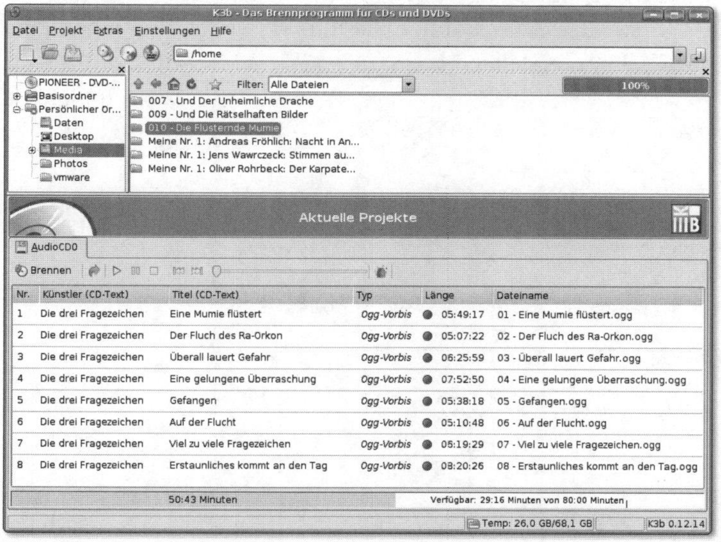

Abbildung 17.4 Eine Audio-CD mit K3b zusammenstellen

Möchten Sie bei Audio-CDs die Titel der Tracks angezeigt bekommen, so ist sicherzustellen, dass Ihr Computer mit dem Internet verbunden ist, da hierfür ein Zugriff auf die CDDB-Datenbank für Musiktitel erforderlich ist (siehe Abbildung 17.4). Zusätzlich muss im Konfigurationsmenü unter *CDDB* der Zugriff auf einen Server konfiguriert werden.

Der eigentliche Brennvorgang wird dann über PROJEKT • BRENNEN initiiert. Im Falle von Daten-CDs haben Sie im Brenndialog/Untermenü EINSTELLUNGEN auch die Möglichkeit, eine Multi-Session-CD bzw. -DVD zu beginnen.

ISO brennen

Möchten Sie ein ISO-Image mit *K3b* brennen, so wählen Sie im Hauptmenü den Punkt EXTRAS • ISO ABBILDDATEI BRENNEN (es existieren dort zwei Einträge: jeweils einer für ein CD- bzw. DVD-ISO). Das Programm berechnet nach Anwahl der Abbilddatei sofort die MD5-Prüfsumme der Datei, um Fehlbrände schon im Vorfeld zu vermeiden.

17.1.4 xcdroast

Bereits vor *K3b* wurde das Programm *xcdroast* entwickelt, das sich auch heute noch ungebrochener Beliebtheit erfreut. Nach der Installation des Programms mittels

```
user$ sudo apt-get install xcdroast
```

muss das Programm zunächst einmal als Superuser gestartet werden, um den Hardwarezugriff zu konfigurieren. Danach sollte im erscheinenden Popup-Fenster der Non-Root-Modus gewählt werden, der es auch normalen Nutzern gestattet, Brennprojekte durchzuführen. In der Programmrubrik EINSTELLUNGEN • BENUTZER können Sie nun entweder allen Benutzern den Zugriff erlauben oder eine Selektion erstellen.

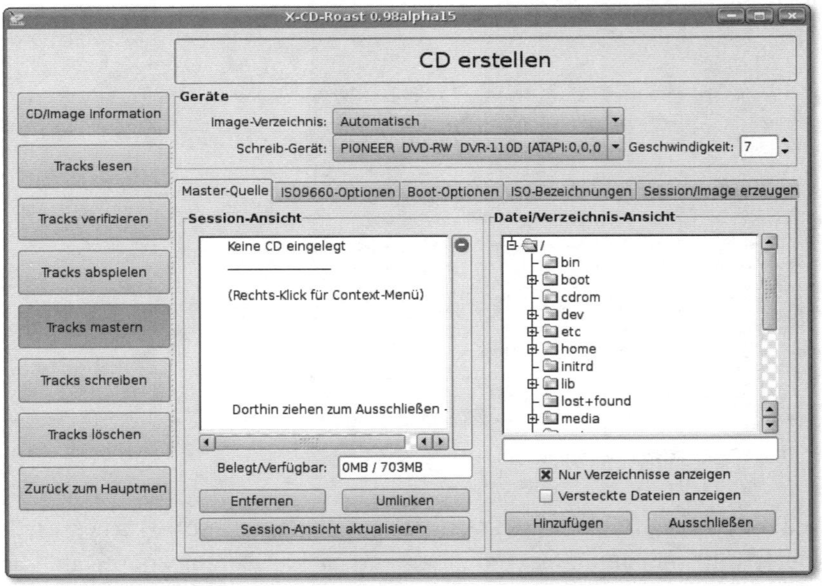

Abbildung 17.5 xcdroast – eine Alternative zu K3b

Temporäres Verzeichnis angeben

Außerdem sollte unter Platteneinstellungen ein Temporärverzeichnis zum Erstellen von Imagedateien definiert werden. Nach dem Bestätigen der Konfigurationsänderungen können

Sie über den Menüpunkt TRACKS MASTERN die Zusammenstellung der Dateien beginnen. Die CD selbst wird schließlich über TRACKS SCHREIBEN erstellt.

17.1.5 Nero Linux

Unter *www.nero.com/deu/NeroLINUX.html* finden Sie es: *Nero* für Linux. Eine Demoversion können Sie kostenlos herunterladen, die Vollversion kostet zur Zeit knapp 20 Euro. Die Demoversion bietet für einen begrenzten Zeitraum dieselbe Funktionalität wie die Vollversion – mit der bekannten Windows-Version kann *nero Linux* allerdings nicht konkurrieren. Laut Herstellerangaben unterstützt *nero Linux* auch das Beschreiben von Dual-Layer-DVDs in mehreren Sitzungen, wobei die beiden Ebenenen abwechselnd beschrieben werden. Wenn Sie diese spezielle Funktion nicht zwingend benötigen, sind Sie mit den bisher vorgestellten Brennprogrammen gut beraten.

17.2 Codecs

So richtig Spaß macht ein Computer dann, wenn man ihm Töne und bewegte Bilder entlocken kann. Der folgende Abschnitt stellt die entsprechende Software vor, die hierfür bei Ubuntu zum Einsatz kommt.

17.2.1 Rechtliche Aspekte

Zu Beginn darf hier aber auch der erhobene Zeigefinger nicht fehlen, denn leider sind bei freier Software einige Dinge zu beachten, wenn man sich nicht am Rand der Legalität bewegen möchte.

- Im **Audiobereich** unterscheidet man generell zwei Arten von Dateiarten:

  1. **Audiorohdateien**
     Diese Dateien liegen oftmals in Form von **.wav*-Dateien vor.

  2. **Komprimierte Dateien**
     Dies sind Dateien, die mithilfe eines psychoakustischen Verfahrens wie z. B. der MP3- oder *Ogg Vorbis*-Kompressionsroutine auf einen geringen Teil ihrer Größe »eingedampft« wurden.

  Während das MP3-Verfahren patentrechtlich geschützt ist, ist *Ogg Vorbis* freie Software, die sich deswegen natürlich gerade unter Linux größter Beliebtheit erfreut. Aufgrund der derzeit noch einigermaßen liberalen Patentlage findet man bei einigen europäischen Linux-Distributionen die MP3-Encoder Software in Form des LAME-Pakets vor, während die für den amerikanischen Markt bestimmten Derivate meist keine MP3-Wiedergabemöglichkeit besitzen.

- Im **Videobereich** sieht die Lage sogar noch trauriger aus: Streng genommen dürfen Sie unter Linux lediglich selbsterstelltes oder im Internet freigegebenes Videomaterial abspielen. Zur Wiedergabe einer handelsüblichen, kommerziellen DVD ist es notwendig, die auf der Mehrzahl dieser DVDs befindliche Content-Scrambling-System (CSS) Verschlüsselungsroutine zu umgehen. Freilich sind derartige Entschlüsselungsroutinen (DeCSS) schon längst im Umlauf. Nach einer Novelle des Kopierschutzgesetzes ist aber bereits das alleinige Umgehen eines (Zitat) »wirksamen Kopierschutzes« strafbar.

Nicht alles ist immer rechtlich einwandfrei

Zur Darstellung von Audio- bzw. Videodaten greift man auf sogenannte Codecs zurück. Der Begriff »Codec« ist ein Kunstwort. Es bezeichnet Bibliotheken, die in der Lage sind, Bild- und Tonmaterial zu

- *co*dieren – ein Vorgang, bei dem eine Datei mithilfe eines Encoders codiert, d.h. in ein bestimmtes anderes Format umgewandelt wird
- und zu *dec*odieren (Rückgängigmachen desselben Vorgangs)

17.2.2 Eine elegante Lösung

Traurig, aber wahr: Es ist rechtlich umstritten, ob ich an dieser Stelle Tipps geben darf wie Sie z. B. DVDs unter Ubuntu anschauen können. Zum Glück geht Ubuntu auch bei dem leidigen Thema der Codecs einen großen Schritt in Richtung einfacher Bedienbarkeit. Seit Erscheinen von Ubuntu 7.10 »Gutsy Gibbon« gibt es ein überaus nützliches Metapaket, mit dessen Hilfe Sie auf einen Schlag die meisten Probleme rund um Codecs los sind. Dieses Paket lässt sich über

```
user$ sudo apt-get install ubuntu-restricted-extras
```

oder über *Synaptic* installieren. Dieses Paket beinhaltet unter anderem so wichtige Codecs und Hilfsprogramme wie

- *flashplugin-nonfree* – Flash
- *libdvdread3* – DVD-Unterstützung
- *libid3tag0, liblame0, libmad0* – MP3-Unterstützung
- *libquicktime1* – Apple-Quicktime-Unterstützung
- *msttcorefonts* – Windows-Schriftarten
- *sun-java6-bin* – Java
- *unrar* – RAR-Packer
- ... und viele weitere.

17.2.3 w32codecs

Leider kann es trotz der Installation aller in den Ubuntu-Repositorys verfügbaren Codecs dazu kommen, dass sich eine Datei nicht abspielen lässt. Meist hilft dann die Installation der **w32codecs**. Diese sind aus lizenzrechtlichen Gründen nicht in den Ubuntu-Paketquellen enthalten. Das Paket lässt sich unter der Adresse *http://www.debian-multimedia.org/pool/main/w\/w32codecs/w32codecs_20060611-0.0_i386.deb* herunterladen. Die Installation erfolgt im Terminal mit

```
sudo dpkg -i w32codecs_20060611-0.0_i386.deb
```

oder grafisch per Rechtsklick und Auswahl des entsprechenden Menüpunktes (siehe auch Abschnitt 9.4.6 und 10.3.6). Das Paket enthält u. a. Codecs für verschiedene Microsoft- und Real-Player-Formate.

17.3 Audio

17.3.1 Wiedergabe

»Normale« Audio-CDs lassen sich ohne Probleme mit dem integrierten CD-Abspieler wiedergeben. Legen Sie dazu einfach die CD in Ihr CD-/DVD-Laufwerk.

CDDB-Datenbank

Unter Ubuntu/GNOME startet kurze Zeit nach dem Einlegen der CD das für die Wiedergabe von CDs verantwortliche Standardprogramm, im vorliegenden Fall der *Soundjuicer* (siehe Abbildung 17.6), der mittlerweile das Standard-Wiedergabeprogramm *gnome-cd* abgelöst hat. Besteht eine Verbindung zum Internet, so holt sich das Programm die Titelliste aus der CDDB-Datenbank.

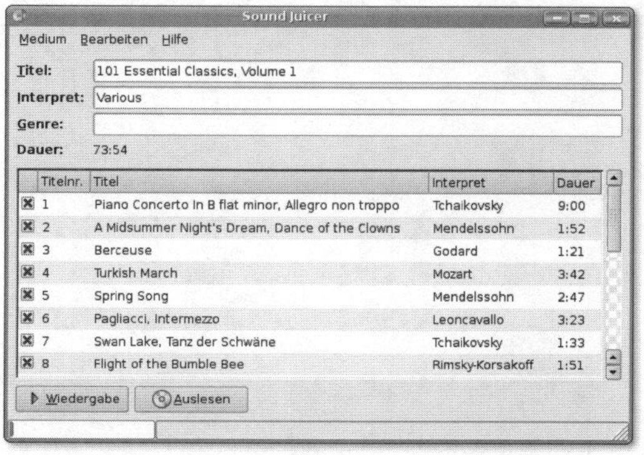

Abbildung 17.6 CDs anhören und rippen mit dem Soundjuicer

Über die Schaltfläche Auslesen werden die vorgewählten Titel in das Heimverzeichnis als *Ogg Vorbis*-Dateien transcodiert und können danach auf einen gängigen USB-*Ogg-Vorbis*-Player (immer mehr Memorystick-Player beherrschen mittlerweile auch die Decodierung von *Ogg Vorbis*-Dateien) befördert werden.

Unter KDE ist der *KsCD*-Player für die Wiedergabe und der *KAudioCreator* für das Auslesen von Audio-CDs zuständig. Nachdem man die CD eingelegt hat, öffnet sich ein Fenster, das – ähnlich zur Verfahrensweise unter Windows – nachfragt, wie mit der CD zu verfahren ist. Zur Auswahl stehen die einfache Wiedergabe, aber auch das Auslesen und Encodieren. Sowohl *KsCD* als auch *KAudioCreator* holen sich die Titelliste aus der CDDB-Datenbank.

Abbildung 17.7 CDs anhören mit KsCD

17.3.2 Codieren von Audiomaterial

Immer beliebter werden die kleinen praktischen USB-Memorysticks, die über integrierte Encodierroutinen für MP3- bzw. *Ogg-Vorbis*-Dateien verfügen. Um Ihre Musikstücke zunächst zu codieren, gibt es mehrere Wege.

Mit KAudioCreator

Ubuntu-Nutzer können den in Abschnitt 17.3 beschriebenen *Sound Juicer* auch zum Codieren von Audiomaterial nutzen. Kubuntu-Nutzer greifen hier auf den *KAudioCreator* zurück.

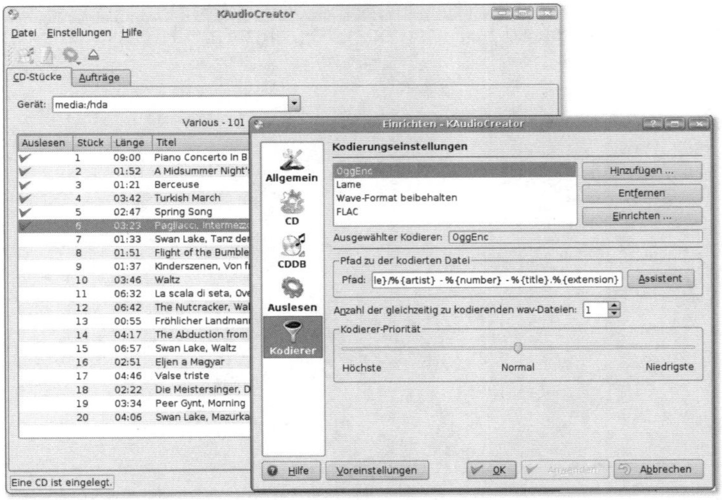

Abbildung 17.8 CDs auslesen mit KAudioCreator

Bevor Sie CDs mit dem *KAudioCreator* auslesen können, müssen Sie zunächst über EINSTELLUNGEN • KAUDIOCREATOR EINRICHTEN • KODIERER das gewünschte Codierungsformat auswählen. Sofern Sie das Paket *lame* installiert haben, stehen Ihnen auch das MP3-Format zur Verfügung. Das Codieren als *Ogg Vorbis* ist ohne zusätzliche Pakete möglich.

Über die Kommandozeile

Die folgende Kurzanleitung zeigt Ihnen, wie Sie von einer Kommandozeile ausgehend Stücke von einer CD in die entsprechenden Formate umwandeln. Stellen Sie sicher, dass folgende Pakete bzw. Programme auf Ihrem PC installiert wurden:

- *cdparanoia*
- *vorbis-tools*
- *lame* (für MP3-Unterstützung)

Zusatzpaket zur Wiedergabe

Einige der Pakete befinden sich im Universe- bzw. Multiverse-Repository. Wollen Sie MP3-Dateien auch wiedergeben können, so benötigen Sie zusätzlich das Paket *gstreamer0.10-plugins-ugly*.

1. Legen Sie die CD Ihrer Wahl in ein freies Laufwerk ein. Ein bestimmter Titel wird zunächst mit dem Befehl

   ```
   user$ cdparanoia <Titelnummer> titel_nr.wav
   ```

   auf die Platte befördert. `<Titelnummer>` ist hierbei eine ganze Zahl, welche die Nummer des Tracks angibt, den man auf den PC befördern (»rippen«) möchte. Das Rip-Programm *cdparanoia* erwartet dabei, dass das Audiomedium über den Standardlink */dev/cdrom* angesprochen werden kann; dieser ist gegebenenfalls an das System anzupassen. Ein Fortschrittsbalken zeigt den aktuellen Transferstatus an.

2. Nun kann man zunächst den Platzbedarf der auf den Rechner übertragenen Datei inspizieren:

   ```
   user$ ls -lah titel_nr.wav
   33M titel_nr.wav
   ```

   Ein durchschnittliches Stück nimmt zwischen 30 MB und 50 MB Datenvolumen ein.

3. Die *wav*-Datei soll schließlich komprimiert werden. Dazu verwenden Sie bitte den Befehl `oggenc` des *Ogg-Vorbis*-Pakets. Ein Komprimierungsbefehl könnte z. B. wie folgt aussehen:

   ```
   user$ oggenc titel_nr.wav -q 6 -o titel_nr.ogg
   ```

   Wenn das Musikstück in das MP3-Format encodiert werden soll, so geschieht dies mit folgendem Encodierbefehl:

```
user$ lame -h -V 6 titel_nr.wav titel_nr.mp3
```

Dabei wurde jeweils die Qualitätsstufe 6 gewählt, das Maximum an Qualität liegt bei 10. Ein erneuter Blick auf die Größe der erzeugten Dateien zeigt den Erfolg der Kompression:

```
user$ ls -lah\
2,8M 2005-12-05 20:22 titel_nr.mp3
4,2M 2005-12-05 20:16 titel_nr.ogg
33M 2005-12-05 20:11 titel_nr.wav
```

Die durchschnittliche Kompressionsrate liegt je nach gewählter Qualitätsstufe bei etwa einem Zehntel der Originaldateigröße.

17.3.3 Bearbeitung von Audiodateien

Nachdem nun einige Musikstücke ihren Weg auf den Rechner gefunden haben, wünscht man sich oft, diese neu abzumischen oder auch einfach nur zu schneiden. Dazu bietet sich der Soundeditor *Audacity* an, der sogar als professionelles Mehrkanaltonstudio eingesetzt werden kann.

Installieren Sie die Software mittels

```
user$ sudo apt-get install audacity
```

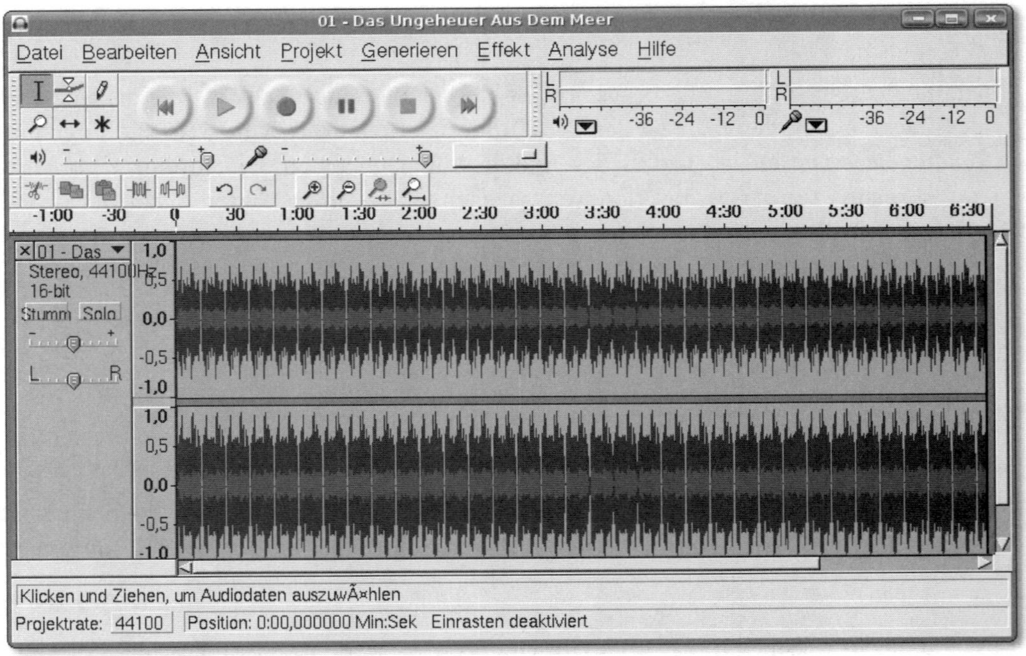

Abbildung 17.9 Audacity – das Linux Tonstudio

Nach der Installation befindet sich das Programm über ANWENDUNGEN • UNTERHALTUNGSMEDIEN • AUDACITY. Nach dem Start müssen Sie zunächst die Menüsprache auswählen, danach kann über DATEI • ÖFFNEN ein Audiosample in den Editor geladen werden, z. B. einer der im letzten Abschnitt gerippten CD-Tracks. Als kleines Projekt soll im Folgenden der Mittelteil eines importierten Stücks isoliert werden sowie mit einer Ein- und Ausblendung und einem Effekt versehen werden.

1. Markieren Sie mit der Maus einen Bereich vom Beginn des Stücks sowie einen Bereich am Ende des Stücks und löschen Sie diesen entweder mit der Taste `Entf` oder durch Anklicken des Scherensymbols in der Iconleiste. Zur besseren Orientierung lässt sich das Musikstück mit den üblichen Kontrollknöpfen im Editor[1] wiedergeben.
2. Für die Einblendung des Anfangsteils markieren Sie eine etwa 10-sekündige Sequenz mit der Maus und wählen im Menü *Effekt* den Punkt EINBLENDEN. Verfahren Sie analog zum Ausblenden des Stücks.
3. Nun sollten Sie einen weiteren Effekt testen. Spaßeshalber möchten wir das geschnittene Stück rückwärts abspielen. Dazu wählen Sie zunächst das komplette Stück mittels `Strg` + `A` aus und wählen den Punkt EFFEKT • REVERSE im Hauptmenü. Eine erneute Wiedergabe des Stücks mit der Playtaste zeigt, ob die obigen Schritte erfolgreich waren.

Selbstverständlich können Sie auch »ernsthaft« mit *Audacity* arbeiten. Über dem Punkt PROJEKT • NEUE TONSPUR können beliebig viele Tracks zum Projekt hinzugefügt und abgemischt werden, sodass Ihrer Kreativität keine Grenzen gesetzt sind. Nach vollendeter Arbeit kann das Ergebnis dann je nach Anzahl und Art der installierten Audio-Encoder-Bibliotheken in das *WAV*, *Ogg Vorbis* oder MP3-Format exportiert werden (DATEI • EXPORTIEREN ALS ...).

Wer sich ein professionelles Tonstudio unter Ubuntu aufbauen möchte, sollte sich das Ubuntu-Derivat *Ubuntustudio* näher ansehen. SIe finden es auf der beiliegenden DVD Nr. 2 oder im Internet unter *www.ubuntustudio.org*. [+]

17.4 Video

17.4.1 Wiedergabe

Auch für die Freunde der bewegten Bilder ist gesorgt: Unter Ubuntu lässt sich eine Vielzahl von Multimedia-Playern installieren, die fast alle gängigen Videoformate wiedergeben können. Ein wenig problematisch ist die Unterstützung sogenannter proprietärer Formate wie z. B. Windows Media oder Apple Quicktime. Aber auch hier finden sich Mittel und Wege.

1 Anmerkung: Das Löschen funktioniert nur dann, wenn Sie sich nicht im Wiedergabemodus befinden.

Totem

Der Videoplayer *Totem* ist die eingebaute Lösung unter GNOME zur Wiedergabe einer Vielzahl multimedialer Materialien. *Totem* greift auf die gstreamer-Engine (Version 0.10) zurück. Die Codecs sind in fünf Kategorien aufgeteilt, abhängig von der Lizenz, der sie unterliegen. `Base` und `good` beinhalten Codecs, bei denen es keinerlei lizenzrechtliche Probleme gibt. In der Kategorie `bad` liegen neue Codecs, die noch nicht ganz ausgereift sind. Nach ausführlicher Erprobung wandern sie in `base` oder `good`.

Es bietet sich die Installation folgender Pakete (nachdem die Universe- und Multiverse-Repositorys freigeschaltet wurden) an:

- *gstreamer0.10-plugins-ugly*-Plugins, die wegen ihrer Lizenz nicht standardmäßig installiert sein dürfen
- *gstreamer0.10-plugins-ugly-multiverse*
- *gstreamer0.10-plugins-bad*-Plugins, die noch nicht ganz ausgereift sind
- *gstreamer0.10-plugins-bad-multiverse*
- *gstreamer0.10-ffmpeg*-Plugins für über 40 Formate wie z. B. MPEG, DivX, MPEG4, AC3, DV usw.
- *gstreamer0.10-gl*-Plugins für die Ausgabe von OpenGL
- *gstreamer0.10-pitfdll*-für die Nutzung der w32codecs mit *gstreamer*
- *libquicktime0*-Plugin für Quicktime-Dateien (MOV u.a.)

Sollte es auf Ihrem System Probleme mit der *gstreamer*-Engine geben, so haben Sie die Möglichkeit, das *totem-xine* Modul einzusetzen. Dieses integriert die Funktionalität des im übernächsten Abschnitt vorgestellten *xine*-Videoplayers in die *Totem*-Oberfläche. Codecs für den xine-Engine sind in dem Paket *libxine-extracodecs* enthalten.

Kaffeine

Kaffeine ist die Standardlösung zur Wiedergabe einer ganzen Reihe von Medien unter Kubuntu. *Kaffeine* bedient sich des im nächsten Abschnitt vorgestellten xine-Engines, Codecs für diesen sind im Paket *xine-extracodecs* enthalten. Zusätzlich bietet sich die Installation des Pakets *libquicktime0* an.

DVB-T

Auch für GNOME-Nutzer ist *Kaffeine* interessant, da hiermit das Nutzen einer DVB-T-Karte sehr einfach ist. Es ist keine manuelle Konfiguration nötig. Unter dem Menüpunkt DVB • Kanäle können Sie die DVB-T-Kanäle Ihrer Region scannen lassen. Die gefunden Kanäle lassen sich dann auswählen und Ihrer Kanalliste hinzufügen. Diese finden Sie unter dem

Reiter DVB in der *Kaffeine*-Standardansicht. Dort gibt es auch den Button SOFORT-AUFNAHME, mit dem Sie das Programm eines ausgewählten Kanals aufnehmen können.

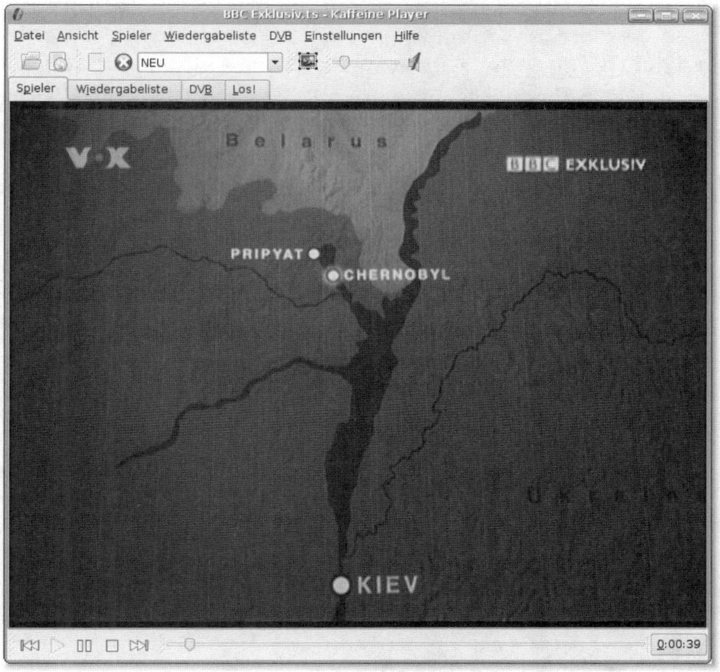

Abbildung 17.10 Echtes Multitalent: Kaffeine

Abbildung 17.11 Auch das Aufnehmen und Ansehen von DVB-T ist kein Problem

Kaffeine beherrscht auch das Einrichten von Timern für die Aufnahme: Nutzen Sie hierfür die Verwaltung unter DVB • TIMER • NEU.

xine

Der *xine*-Videoplayer ist neben dem *MPlayer* die Standardvideolösung unter Linux. *xine* ähnelt den Programmen, die man von Windows her kennt, also z. B. *PowerDVD*. Sie installieren *xine* über die folgenden Pakete:

- *xine-ui*
- *gxine*

Das letzte Paket bietet eine schöne Integration in die GNOME-Oberfläche. Experten bevorzugen aber nach wie vor die Original-*xine*Oberfläche, die Sie ebenso wie *gxine* im Menü ANWENDUNGEN • UNTERHALTUNGSMEDIEN finden. *Xine* integriert sich ebenfalls gut in die KDE-Oberfläche. Die Standard-Mediaplayer *amaroK* und *Kaffeine* unter Kubuntu verwenden den *xine*-Engine.

Es empfiehlt sich die Installation der folgenden zwei Pakete:

- *libxine-extracodecs* für die MP3-Unterstützung
- *libquicktime0* für Quicktime-Dateien wie MOV

Abbildung 17.12 Der Multiformatplayer xine – hier mit Richard Stallman (mehr über ihn erfahren Sie im Abschnitt 1.4 ab Seite 70)

Für einen ersten Test besorgen Sie sich am besten einmal einen freien MPEG2-Trailer aus dem Internet, z. B. über Google mit dem Suchstring `mpeg2 sample clip`. Dieser kann nach dem Herunterladen dann mit

```
user$ xine <Trailername>.mpg
```

gestartet werden, die Erweiterung und der Trailername sind gegebenenfalls anzupassen. Alternativ können Sie natürlich auch eigene Clips, die zuvor von Ihrer Digitalkamera auf den PC befördert wurden, wiedergeben. *Xine* gliedert sich in ein Ansichtsfenster und eine Bedienleiste, die frei verschoben werden kann (siehe Abbildung 17.12).

Einzelne Segmente von MPEG2-Videos können übrigens recht einfach auf der Kommandozeile über

```
user$ cat film1.mpg film2.mpg ... > film.mpg
```

zusammengefügt werden.

DivX installieren

Für die Wiedergabe von DivX-Material müssen die kommerziellen Bibliotheken von *www.divx.com* installiert werden. Andererseits gibt es auch eine Open-Source-Alternative in Form des XviD[2]-Codecs, welcher DivX in Punkto Qualität und Leistungsfähigkeit in nichts nachsteht. Den Original-DivX Codec für Linux können Sie von *www.divx.com/ divx/linux* herunterladen. Das Paket muss entpackt werden, anschließend wechseln Sie in das entpackte Verzeichnis und führen den Installer via

```
user$ sudo ./install.sh
```

aus. Dadurch werden die DivX-Bibliotheken in das System integriert. Für eine reversible Installation empfiehlt sich das Paket checkinstall. Für die Wiedergabe und Erzeugung von XviD-Material benötigen Sie das folgende Paket:

- *libxvidcore4*

17.4.2 Rechtliche Probleme

Bei der Wiedergabe von DVDs besteht das Problem darin, dass lediglich das Abspielen von unverschlüsselten[3] DVDs erlaubt ist. Das selbstgedrehte Urlaubsvideo, das von der Digitalkamera auf den DVD-Datenträger befördert wurde, entspricht aber allemal den rechtlichen Anforderungen. Und: Es gibt teilweise auch unverschlüsselte DVDs im Handel, eine Lis-

2 Man beachte das Wortspiel DivX ↔ XviD.

3 Es sollte erwähnt werden, dass es technisch nicht unmöglich ist, verschlüsselte DVDs unter Linux wiederzugeben. Aufgrund der Rechtslage dürfen der Verlag und der Autor aber keine Hinweise geben, wie hier vorzugehen ist.

te derartiger Medien wird mehr oder weniger sporadisch unter *www.videolan.org/freedvd.html* geführt.

17.4.3 DVD-Wiedergabe

Gehen wir also davon aus, dass Sie über eine unverschlüsselte DVD verfügen. Legen Sie diese in das DVD-Laufwerk ein, und starten Sie *xine* über MULTIMEDIA • XINE. Durch Anklicken der Schaltfläche *DVD* wird der DVD-Navigator gestartet, mit dem Sie durch das Menü der eingelegten DVD navigieren können. Prinzipiell ist es eine Frage des persönlichen Geschmacks, mit welchem der bereits vorgestellten Anwendungen Sie Ihre DVD anschauen – auch der spartanisch wirkenden *Totem* ist zur DVD-Wiedergabe in der Lage.

Korrekter Pfad

Sollte beim Betätigen des DVD-Knopfs nichts passieren, so ist zu untersuchen, ob der Pfad zum Wiedergabegerät korrekt definiert wurde. *Xine* verfügt über ein breites Spektrum von Konfigurationsmöglichkeiten, welche man durch Anklicken des Schraubenschlüsselsymbols in der linken unteren Fensterhälfte erreicht. Im Untermenü *gui* muss zunächst der Erfahrungslevel eingestellt werden. Wer vollen Zugriff auf sämtliche Optionen haben möchte, wählt an dieser Stelle den Modus *Expert* bzw. *Master of the known universe* aus und bestätigt die Auswahl mittels Anwenden. Im Untermenü *media* kann dann schließlich der Pfad auf das korrekte Device gesetzt werden, beispielsweise */dev/dvd* (siehe Abbildung 17.13).

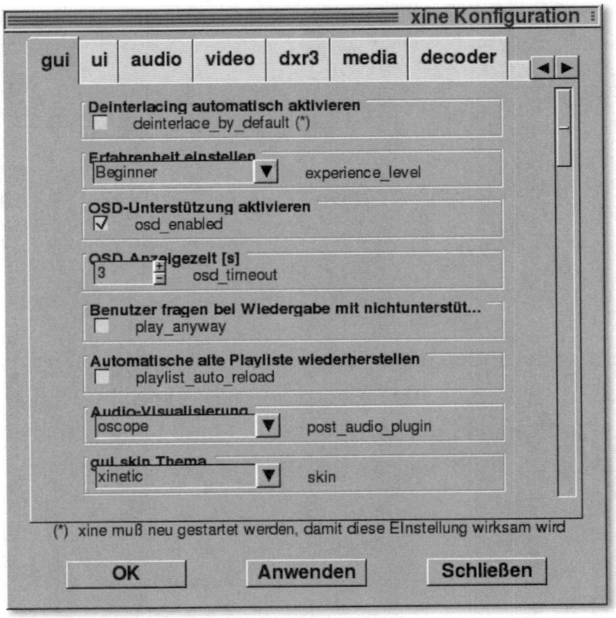

Abbildung 17.13 Konfiguration des xine-Players

MPlayer

Ein weiterer universeller Player ist die Software *MPlayer*, die sich insbesondere in Form eines Plugins auch sehr gut in Verbindung mit der Wiedergabe von Videos in einem Browser nutzen lässt.

Zur Installation des *MPlayers* wählen Sie folgende Pakete aus:

- *mplayer-586* bzw. das Ihrer Rechnerarchitektur entsprechende Paket
- *mozilla-mplayer*, das Plugin für den Firefox-Browser

Wenn Sie einen Video-Encoder benötigen, so können Sie auch noch das folgende Paket installieren:

- *mencoder*

Ob der Player korrekt als Plugin in den Browser integriert wurde, erfahren Sie durch die Eingabe von `about:plugins` in der Eingabezeile des Browsers.

17.5 Wiedergabe von Livestreams

Vielbeschäftigte Menschen, die den ganzen Tag vor dem Computer verbringen und keinen Fernseher in der Nähe vorfinden, schätzen die Möglichkeit, aktuelle Nachrichtensendungen aus dem Internet in Form von Videolivestreams auf dem lokalen Rechner wiedergeben zu lassen. Die beiden Größen für Nachrichtensendungen in Deutschland, *tagesschau.de* und *heute.de*, bieten derartige Streams in den Formaten Windows Media bzw. Real Media an. Dank des Engagements der Firma Real Media, die den bekannten Real Video Player auch als Linux-Version kostenlos weitergibt, bleiben in diesem Fall auch Linux-Anwender nicht außen vor.

17.5.1 RealPlayer

Im Multiverse-Zweig finden Sie einen Realplayer-Installer namens *realplayer*, der das entsprechende Paket von *www.real.com* aus dem Internet lädt und installiert. Dabei handelt es sich um den veralteten Realplayer 8. Wer die neue Version benötigt, kommt nicht umhin, das aktuelle Paket direkt von *www.real.com/linux* zu laden und per Hand zu installieren. Dazu definieren Sie zunächst das Paket als ausführbar und führen den Installer aus.

```
user$ chmod a+x RealPlayer10GOLD.bin\
user$ ./RealPlayer10GOLD.bin
```

17.5.2 Helixplayer

Eine Alternative zum *Realplayer* ist der freie *Helixplayer*, den Sie unter der Adresse *https://player.helixcommunity.org/* herunterladen können. Leider kommt dieser allerdings meist nicht mit den kommerziellen Livestreams wie dem von *tagesschau.de* klar. Auf der *Helixplayer*-Homepage finden Sie neben einem Installer für den *Helixplayer* auch einen für den *Realplayer* 10.0.

Nach dem Herunterladen des Helixplayers wechseln Sie in einem Terminal in das entsprechende Verzeichnis und führen analog zum oben gesagten den Installer des Helixplayers aus.

[»] Eine andere Variante besteht darin, den *MPlayer* zur Wiedergabe von RealMedia Streams zu verwenden. Dies erreichen Sie durch die Installation des Pakets *mozilla-mplayer*.

17.5.3 Video Lan Client

[+] Als abschließender Tipp zur Wiedergabe von Videostreams sollte das *VideoLAN*-Projekt (*www.videolan.org*) nicht unerwähnt bleiben. Dabei handelt es sich um eine komplette Videostreaming-Lösung für Linux, aber auch andere Plattformen, die es gestattet, selber »auf Sendung« zu gehen. Sie können den Player sowie den Streamingserver mithilfe der Pakete

- *vlc*
- *vls*

installieren. *Vls* stellt dabei ein besonders einfach zu konfigurierendes Videoserverpaket dar.

17.6 Videoschnitt und -aufnahme

17.6.1 Kino

Neben dem kommerziellen Programm *MainActor* stellt das Programm *kino* derzeit die beliebteste (weil freie) Lösung für Videoschnitt unter Linux dar. Folgende Pakete werden für eine Komplettinstallation benötigt:

- *kino*
- *kinoplus*

Kino wurde optimiert für den Schnitt von digitalem Videomaterial im DV-Format. Der Import des Materials erfolgt zumeist über eine FireWire-Schnittstelle.

Nach dem Start des Programms über Anwendungen • Unterhaltungsmedien • Kino sollte zunächst eine Filmsequenz von der digitalen Kamera importiert werden. Das geschieht über den Menüpunkt *Capture* bzw. alternativ über das Kommandozeilentool `dvgrab`. Danach haben Sie diverse Möglichkeiten, das Material zu schneiden und mit digitalen Effekten zu versehen. Mehr Informationen über das Programm *kino* finden Sie unter *www.kinodv.org*.

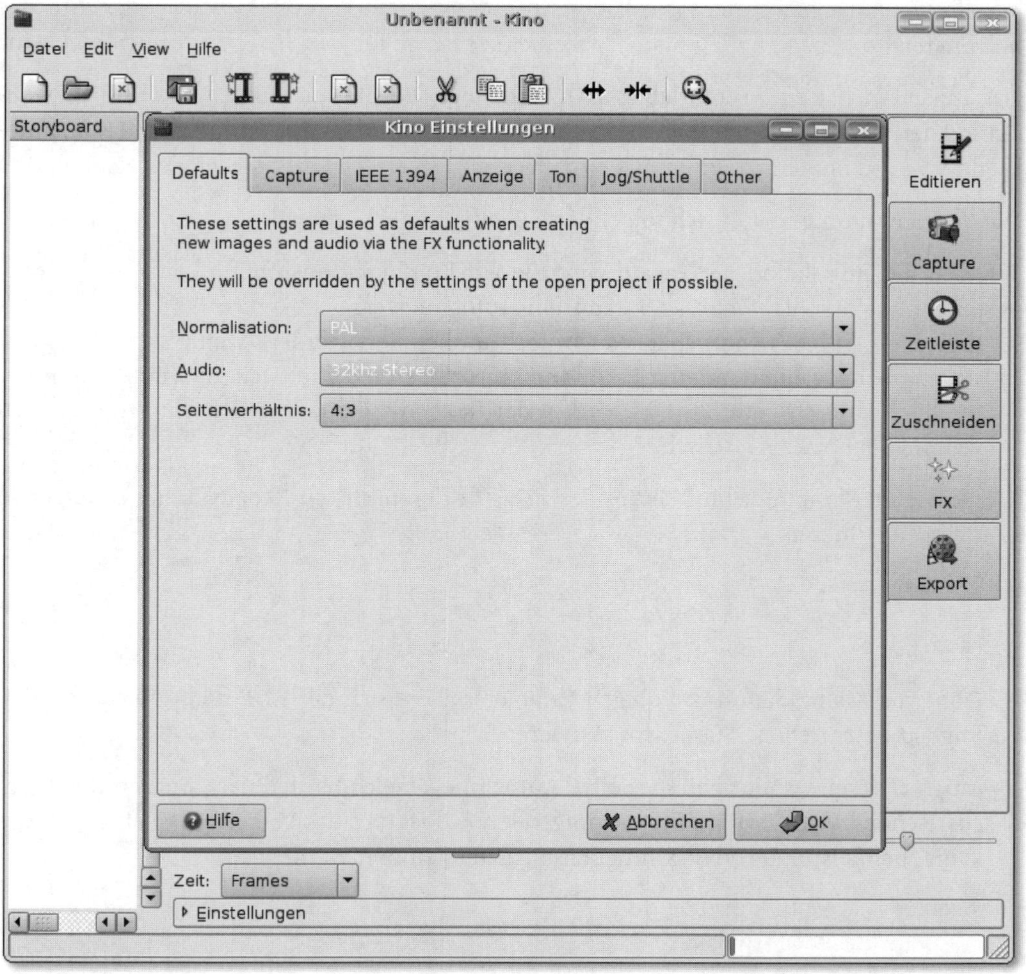

Abbildung 17.14 Schnitt von Videomaterial mit kino

17.6.2 VDR – ein digitaler Videorekorder

Zu einer enorm erfolgreichen Applikation unter Linux hat sich der digitale Videorekorder *VDR* von Klaus Schmiedinger entwickelt (*www.cadsoft.de/vdr*). Zum erfolgreichen Einsatz der Software ist eine DVB-Karte erforderlich, und nach Möglichkeit ein so genanntes »Full Featured«-Modell mit integriertem MPEG2-Dekoder.

Nach dem Einbau und der Konfiguration der Karte sollten folgende Pakete installiert werden:

- *vdr*
- *kvdr*
- *vdradmin*

Das Paket *kvdr* ist ein komfortables Frontend für *VDR*, das auch unter GNOME verwendet werden kann. *Vdradmin* bietet eine browser-gestützte Administration des digitalen Rekorders.

Die Konfiguration gestaltet sich folgendermaßen:

1. Nach der Installation der Pakete wird die vdr-Konfigurationsroutine vom Installationsprogramm durchlaufen. Dabei kann ein Aufnahmeverzeichnis `/var/lib/video.00` erstellt werden. Dies kann später auch noch umdefiniert werden, wenn man die Videoaufnahmen auf einer anderen Partition unterbringen möchte. Danach wird der Typ der Satellitenkarte ausgewählt. Das wird in der Regel die Option Satellit sein, Alternativen wären Kabel bzw.terrestrisch.

2. Aktivieren Sie nun das Init-Skript des *VDR* für den nächsten Reboot. Dazu ist folgende Datei zu editieren:

   ```
   #Auszug aus /etc/default/vdr
   # Change to 1 to enable vdr's init-script
   ENABLED=1
   ```

   Ohne die Manipulation des obigen Parameters lässt sich der *VDR* nicht über das nachfolgend beschriebene Startskript aktivieren.

3. Möglicherweise sollte ein spezielles Aufnahmeverzeichnis definiert werden, das über ausreichend Platz verfügt. Im nachfolgenden Fall ist dies das Verzeichnis `/video`. Dieses kann ebenfalls in der VDR-Konfigurationsdatei definiert werden:

   ```
   #Auszug aus /etc/default/vdr
   # Video-Directory
   VIDEO_DIR="/video"
   ```

4. Wird vdradmin verwendet, so muss man dessen Init-Skript ebenfalls editieren:

   ```
   #Auszug aus /etc/default/vdradmin
   ENABLED=1
   ```

5. Führen Sie ein Reboot des Systems durch. Dadurch sollten die beiden Daemons *vdr* und *vdradmin* gestartet werden. Alternativ können Sie das später auch manuell mithilfe der Init-Skripte durchführen:

```
user$ sudo /etc/init.d/vdr start\
user$ sudo /etc/init.d/vdradmin start
```

Aufschluss darüber, ob beide Daemons laufen, bringt der folgende Befehl:

```
user$ ps ax | grep vdr
```

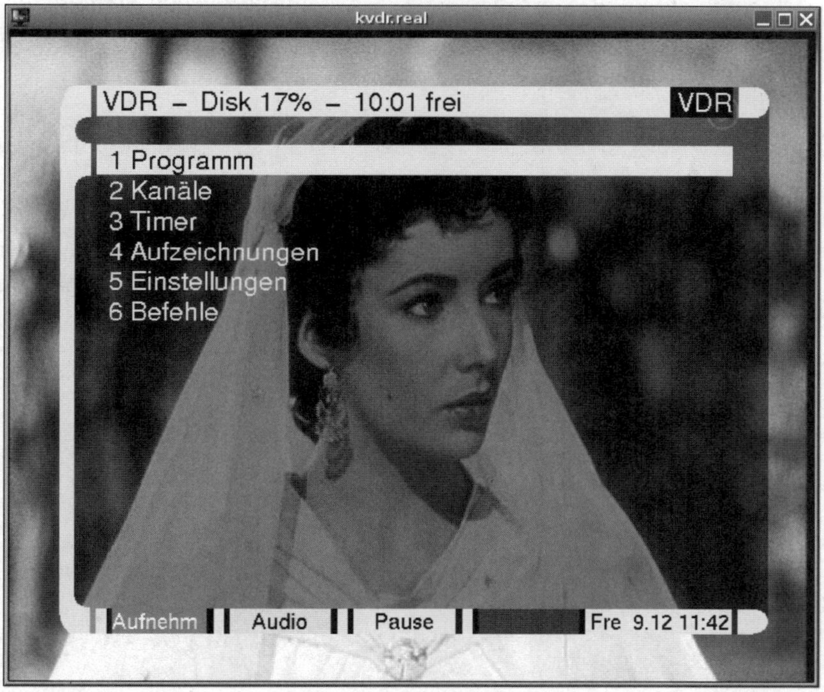

Abbildung 17.15 Der digitale Videorekorder VDR mit Frontend kvdr

Nun können Sie die Funktion von *VDR* z. B. durch den Start des Frontends *kvdr* überprüfen. Nach der Eingabe von `kvdr` auf einer Kommandozeile gelangt man per Ⓜ in das Menü von *VDR* (siehe Abbildung 17.15). Die Taste Ⓒ ermöglicht die Konfiguration des *kvdr*-Frontends.

VDR über Browser

Interessant ist nun die Möglichkeit, VDR über den Systembrowser zu administrieren. Starten Sie zunächst ein Kontrollprogramm für das Videobild, z. B. *xawtv*.

Sollte das Programm noch nicht auf Ihrem System installiert worden sein, so holen Sie das über

```
user$ sudo apt-get install xawtv
```

nach. Um das erste Video-Device wiederzugeben, ist folgender Befehl notwendig:

```
user$ xawtv -c /dev/video0
```

Stellen Sie sicher, das *vdradmin* gestartet ist (`ps ax | vdradmin`), und geben Sie folgende Adresse in Ihrem Browser ein:

```
localhost:8001
```

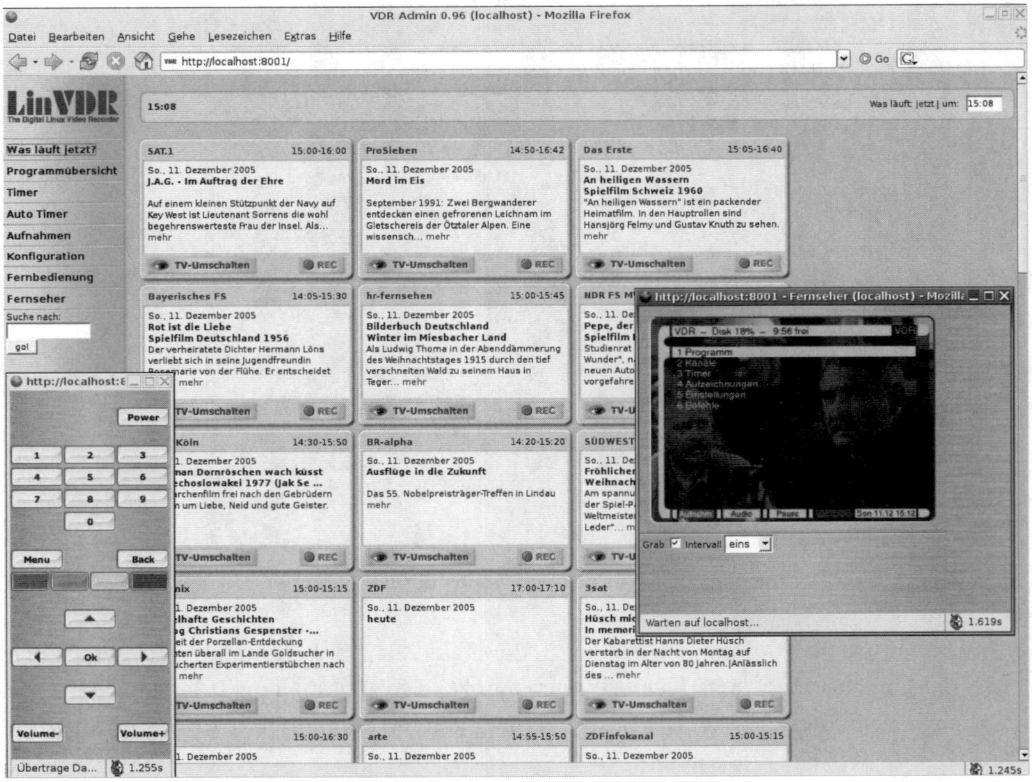

Abbildung 17.16 Programmieren per Browser: Vdradmin

Vdradmin lauscht in der Grundeinstellung auf dem Port 8001. Nach Aufruf der Adresse werden Sie nach einer Login-/Passwortkombination gefragt; hier muss die Kombination `linvdr / linvdr` eingegeben werden.

Administrationsoberfläche

Nun sollten Sie sich auf der Administrationsoberfläche von *Vdradmin* befinden. Hier können Sie zunächst testen, ob VDR ansprechbar ist. Dazu wählen Sie den Punkt *Remote Control* und testen die Reaktion im Videofenster[4] von *xawtv*. Klappt das, können Sie nun *vdr* bzw. *Vdradmin* Ihren Anforderungen entsprechend anpassen und Sendungen einfach durch Anklicken des Programmeintrags unter *Programmübersicht* bzw. *Was läuft jetzt?* programmieren. In Verbindung mit dem DynDNS-Service ist es nun möglich, Ihren persönlichen Videorekorder über das Internet zu programmieren, eine Eigenschaft, die im Vergleich zu handelsüblichen Festplattenrekordern wohl einmalig ist.

17.7 Exkurs: Home-Server

Der Betrieb von Servern ist eine Domäne von UNIX und Linux. Warum sollte dies nicht auch für einen Home-Server gelten? Linux hat in den letzten Jahren enorm an Multimedia-Fähigkeiten und Benutzerfreundlichkeit hinzugewonnen. Daher wollen wir uns in diesem Exkurs mit dem Aufsetzen und Einrichten eines Linux-Home-Servers beschäftigen.

Microsoft möchte den Anwendern ein neues Produkt mit dem Namen »Windows Home Server« verkaufen, von dem viele noch gar nicht wussten, dass sie so etwas brauchen. Abgesehen von den teilweise eklatanten Sicherheitslücken, die dieses neue Produkt hat, ist die Idee weder neu noch schlecht. Ein solcher Server kann vielfältige Aufgaben zuhause übernehmen, die nicht nur den Umgang mit unterschiedlichsten Medien komfortabler machen, sondern auch für eine zusätzliche Datensicherheit sorgen.

17.7.1 Anforderungen

Die wichtigsten Aufgaben eines Home-Servers sind die folgenden beiden Punkte:

1. Bereitstellung von Dateien (Dokumente, Musik, Fotos etc.) für alle im heimischen Netz angeschlossenen Systeme, sowie
2. Datensicherheit durch automatische Backup-Routinen.

Darüber hinaus sind natürlich weitere Optionen möglich, die als technische Bonbons dienen:

- Fernzugriff über das Internet
- Fernsteuerung über WLAN mithilfe eines Palms
- Weckfunktion

4 Alternativ gibt es auch ein Fernsehfenster im Vdradmin-Menü. Dieses liefert allerdings keine Echtzeitbilder, sondern erfasst Standbilder in vorgegebenen Intervallen.

Auch wenn wir uns zuerst einmal auf den grundsätzlichen, performanten und stabilen Betrieb konzentrieren, werden wir auf diese Bonbons später zurückkommen.

[»]

Welche Ubuntu-Version soll man verwenden?

Für den Home-Server ist die Ubuntu-Version »Hardy Heron« im besonderen geeignet, da es sich hierbei um ein sogenanntes LTS-Release (Long Term Support) handelt. Diese Version ist mit den Enterprise-Versionen von RedHat und Novell vergleichbar, wird mindestens drei Jahre mit Sicherheitsupdates versorgt und eignet sich somit hervorragend für den Server-Einsatz.

Auch wenn ein Server in aller Regel über keine grafische Oberfläche verfügt, werden wir aus Gründen der Bequemlichkeit die ganz normale Desktop-Variante von Ubuntu installieren, wie Sie auch auf der Begleit-DVD vorhanden ist. Des Weiteren gehen wir davon aus, dass Sie sich erst einmal keine neue Hardware kaufen und lieber einen älteren Rechner benutzen möchten. Vielleicht aber möchten Sie auch die Daten Ihres bevorzugten Rechner im Arbeitszimmer auch allen anderen Familienmitgliedern zur Verfügung stellen. Die Möglichkeiten, einen Server zu betreiben sind vielfältig.

[!] Wir werden im Sinne eines Exkurses, der über den normalen Anspruch hinausgeht, die meisten Dinge über die Kommandozeile erledigen.

17.7.2 Hardware-Anforderungen

Wenn Sie einen separaten Rechner als Server verwenden möchten, reicht ein alter PC vom Dachboden oder aus dem Keller vollkommen aus, besonders wenn Sie auch noch auf die grafische Oberfläche verzichten und die Server-Installation von Ubuntu vorziehen. An den Prozessor werden keine großen Erwartungen gestellt, sodass hier ein alter Pentium mit einigen hundert Megahertz ausreicht. Der Arbeitsspeicher wird je nach Einsatzbereich des Servers unterschiedlich stark beansprucht, sodass Sie hier mindestens 512 MB (besser 1 GB) einsetzen sollten.

Um den Rechner per Wlan ansprechen zu können, sollte er selbstverständlich noch eine dementsprechende Netzwerkkarte besitzen, sowie selbstverständlich ein CD- oder DVD-Laufwerk. Bei einem Backup besteht die goldenen Regel, dass Sie niemals das Backup auf dem selben Medium anlegen, auf der auch die Originaldaten liegen. Benutzen Sie aus diesem Grund lieber eine zweite Festplatte (intern oder extern).

17.7.3 Installation des Grundsystems

Auf die Installation des Grundsystems wollen wir an dieser Stelle nicht weiter eingehen, da sie in Kapitel 6 ab Seite 219 erläutert wurde. Achten Sie lediglich darauf, dass Ihr PC von CD oder DVD bootet (Einstellung im BIOS). Beim Startbildschirm wählen Sie bei der Desktop-Variante die Option `Auf Festplatte installieren`, bei der Server-Variante von

Ubuntu vielleicht auch `Einen LAMP-Server installieren`, wenn Sie später einen Web- oder Streaming-Server einrichten wollen.

Es ist von Vorteil, wenn Sie Ihrem Server und den Clients, die auf den Server zugreifen sollen, feste IP-Adressen zuteilen. Dies können Sie entweder in der Datei */etc/network/interfaces* festlegen oder über die Konfiguration eines eventuellen Routers. Das Anlegen statischer IP-Adressen in der genannten Datei ist sehr gut in der zugehörigen manpage beschrieben.

Wir gehen im folgenden davon aus, dass der Server die IP `192.168.0.2` und der Client `192.168.0.4` besitzt. [«]

17.7.4 Dateien teilen

Wir wenden uns jetzt der ersten Aufgabe zu, die der Home-Server für uns erledigen soll. Diese besteht darin, dass er anderen Computern im Netzwerk bestimmte Dateien zur Verfügung stellen soll. Wir wollen zunächst einmal davon ausgehen, dass wir keine Rechner mit Windows im Netzwerk haben und daher auch kein *Samba* benötigen.

Um Dateien eines UNIX-Rechners anderen UNIX-Rechnern zur Verfügung zu stellen, benutzen wir das *Network File System* (NFS). Sie installieren dies über

```
user$ sudo apt-get install nfs-kernel-server
```

Benötigte Abhängigkeiten werden automatisch aufgelöst. Wir wollen nun auf dem Server Freigaben erzeugen und dafür sorgen, dass ein anderer Rechner ein freigegebenes Verzeichnis in sein eigenes Dateisystem einbindet und dieses damit nutzen kann, als befände es sich auf der lokalen Festplatte. Der erste Schritt besteht also im Anlegen von Freigaben. Dies geschieht, indem Sie die Datei */etc/exports* editieren. Fügen Sie in diese Datei beispielsweise folgendes ein (siehe Abbildung 17.17):

```
user$ /media   'IP des Clients'(rw,async)
```

Nach jeder Änderung an dieser Freigabe-Datei müssen Sie den NFS-Server neustarten. Dies erledigen Sie mit dem Befehl

```
user$ sudo /etc/init.d/nfs-kernel-server restart
```

Die Freigabe ist zunächst eingerichtet und die in der Freigabe-Datei berechtigsten Clients dürfen auf dieses Verzeichnis zugreifen. Es ist aber wesentlich bequemer, wenn man vom Client aus nicht erst umständlich durch die Verzeichnishierarchie des Servers navigieren müsste, sondern ein festes lokales Verzeichnis als Mountpunkt zur Verfügung stellt.

Die Dateien sollen nun ins Verzeichnis */media/share* auf dem Client eingebunden werden. Da dieses Verzeichnis noch nicht existiert, muss es zuerst angelegt werden:

```
user$ sudo mkdir /media/share
```

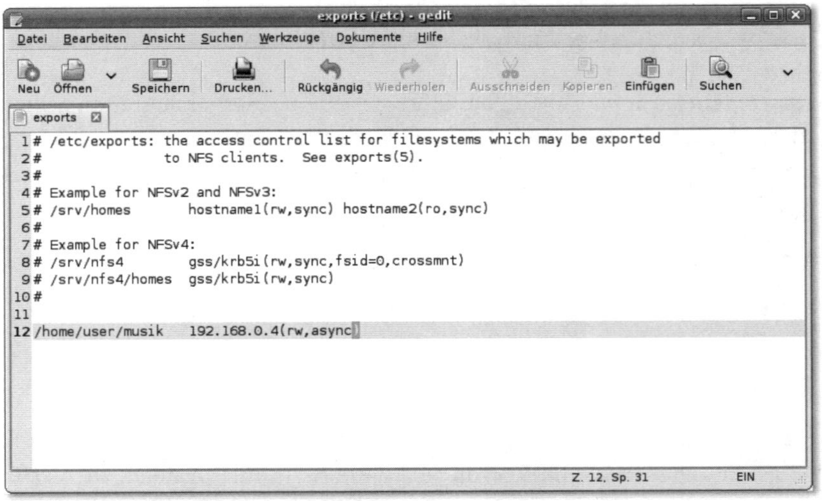

Abbildung 17.17 In der Datei /etc/exports verwalten sie die Freigaben des Servers. Sie ist zu Beginn leer, d.h. andere Rechner besitzen keinerlei Zugriffsrechte.

Jetzt können wir das erstellte Verzeichnis dazu nutzen, den freigegebenen Ordner des Servers an dieser Stelle einzubinden. Dies geschieht durch folgenden Befehl auf dem Client:

```
user$ sudo mount -t nfs
```

Nach dem Einbinden finden Sie alle freigegebenen Dateien des Servers in diesem Verzeichnis, es wurde also korrekt eingebunden. Wenn es sich bei den Dateien um beispielsweise Musik handelt, können Sie jetzt diesen Ordner als Musiksammlung für Rhythmbox angeben und auf Ihrem Client die Musik hören, die eigentlich auf Ihrem Server liegt.

NFS unter Windows

Um Dateien zwischen einem UNIX-Rechner und einem Windows-Rechner auszutauschen, wurde das Samba-Protokoll geboren. Ein zweites Protokoll macht die Einrichtung des Linux-Home-Servers aber unnötig umständlich. Auch Windows kann dem Umgang mit NFS erlernen. Dies wird durch ein Java-Programm namens JFTP ermöglicht: *http://j-ftp.sourceforge.net/*. Es benötigt das aktuelle Java Runtime Environment (JRE) von Sun.

Zur Konfiguration müssen Sie über den Pfad File • Connect to NFS Server folgendes eingeben:

```
URL: nfs://192.168.0.175
```

Den Rest belassen wir so – und schon können wir auch mit Windows auf unseren NFS-Share zugreifen.

17.7.5 Server-Verzeichnisse dauerhaft einbinden

Die obige Vorgehensweise hat einen kleinen Schönheitsfehler: Nach einem eventuellen Neustart Ihres Clients ist die EInbindung des Server-Verzeichnisses wieder aufgehoben und Sie müssen es erneut mounten. Es wäre doch wesentlich bequemer, wenn dies automatisiert bei jedem Systemstart geschehen würde. Nichts leichter als das, Sie brauchen das Verzeichnis des Servers lediglich in die */etc/fstab* Ihres Clients eintragen:

```
192.168.0.2:/media /media/share nfs rw,rsize=8192,wsize=8192 0 0
```

Jetzt ist das freigegebene Verzeichnis nach jedem Bootvorgang sofort verfügbar.

17.7.6 Backup

Jetzt widmen wir uns der zweiten wichtigen Aufgabe unseres Home-Servers: dem Backup. Da wir auf dem Home-Server die Daten zentral verwalten und mit den Clients nur darauf zugreifen, ist die Datenkonsistenz hier überaus wichtig. Das Backup soll nach unseren Erwartungen täglich stattfinden und vollautomatisch ablaufen. Als Backup-Medium verwenden wir eine externe Festplatte. Als Bonbon möchten wir inkrementelle Backups durchführen; es soll also nur das gesichert werden, was sich seit dem letzten Backup geändert hat oder hinzugekommen ist. Diese Aufgabe erledigen wir *rsnapshot*.

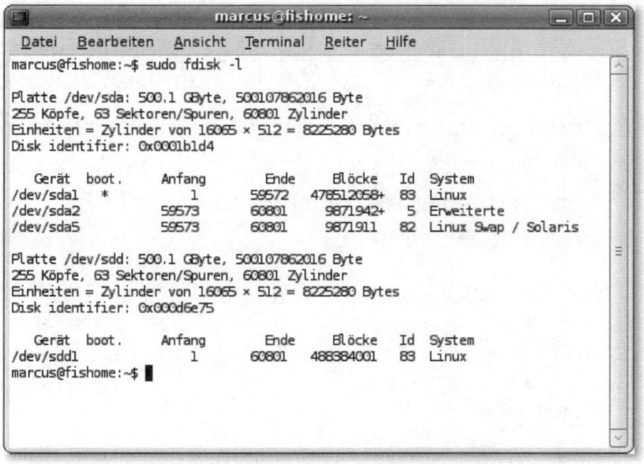

Abbildung 17.18 Der Befehl fdisk gibt Ihnen eine Übersicht aller eingehängten Dateisysteme.

Als erstes müssen wir den Server mit der externen Platte vertraut machen, sodass sie dauerhaft eingebunden bleibt. Dies geschieht, wie bereits bei der Einbindung von Freigaben besprochen, durch das Hinzufügen der Platte in der Datei */etc/fstab*.

Die nötigen Parameter zum Anlegen dieses Eintrages bekommen Sie durch die Informationen des Befehls

```
user$ sudo fdisk -l
```

Hier können Sie erkennen, dass die externe Festplatte als Gerät mit der Bezeichnung */dev/sdd1* eingehängt wurde.

17.7.7 Umgang mit rsnapshot

Auch wenn es inzwischen zahlreiche grafische Backup-Werkzeuge gibt, glänzt rsnapshot mit einer konkurrenzlosen Zuverlässigkeit und Stabilität. Das Programm wird über die Datei */etc/rsnapshot.conf* konfiguriert. Auch wenn die Datei zu Beginn erschlagend wirkt, lohnen sich zwei Minuten Beschäftigung mit ihr. Sie ist sehr übersichtlich aufgebaut und hervorragend kommentiert. Folgenden Zeilen sollten Sie besondere Beachtung widmen, bzw. sie nach eigenem Gusto abändern:

```
no_create_root  1
#interval       hourly  6
#interval       weekly  4
...
#  Bei den Backup-Points hinzufügen
backup  /media/share/      localhost/
```

Für ein automatisches Backup Ihrer Daten kommentieren Sie bitte die zugehörige Intervallzeile aus, und vergessen Sie nicht zu kontrollieren, welche Verzeichnisse in das Backup mit einbezogen werden sollen. Es ist bei der Konfiguration wichtig, dass Sie auf der (externen) Backup-Festplatte ein Verzeichnis (hier: `server`) anlegen, welches sich nicht im Verzeichnisbaum des Servers befindet. Dadurch wird verhindert, dass der Server versucht Backups durchzuführen, wenn die Backup-Festplatte nicht gemountet ist.

Die gesamte Konfiguration können Sie im Anschluß vom Programm selbst testen lassen:

```
user$ rsnapshot configtest
```

Wenn das Skript die Meldung *Synthax OK* zurückgibt, ist es Zeit für ein erstes Backup:

```
user$ sudo rsnapshot -V daily
```

Die Option `-V` lässt rsnapshot detaillierte Informationen ausgeben. *daily* wurde vorher auskommentiert.

Nach dem ersten Durchlauf werden jeweils nur noch Dateien gesichert, die neu hinzugekommen sind oder sich verändert haben. Allerdings bedeuten die Intervallangaben in der Konfigurationsdatei von rsnapshot nicht, dass das Backup ab sofort vollautomatisch im gewählten Intervall abläuft. Dafür müssen wir ein weiteres fleißiges Helferlein aus der Linux-Welt bemühen: *cron*. Konfiguriert wird cron über die Konfigurationsdatei */etc/crontab*.

Abbildung 17.19 Die Konfigurationsdatei von rsnapshot

rsnapshot und Speicherverbrauch

Unter rsnapshot wird bei jedem Backupvorgang ein separater Ordner erstellt. Mit der Zeit würden unheimlich viele Dateien mehrfach vorliegen, wenn man immer komplette Backups des Tages haben will. Ein Hardlink ist hier eine tolle Sache, denn statt der Kopie wird nur ein Hardlink dieser Datei beim nächsten Backup angelegt. Solange sich die Datei nicht ändert, haben wir also lediglich einen Hardlink statt viel Speicherverbrauch.

Wenn Sie nun ein Backup wiederherstellen, dann kopiert sich das System entsprechend der Hardlinks die notwendigen Dateien aus den älteren Ordnern.

Die Einträge von cron sehen bisher so aus:

```
# /etc/crontab: system-wide crontab
# Unlike any other crontab you don't have to run the `crontab'
# command to install the new version when you edit this file.
# This file also has a username field, that none of the other crontabs do.

SHELL=/bin/sh
PATH=/usr/local/sbin:/usr/local/bin:/sbin:/bin:/usr/sbin:/usr/bin

# m h dom mon dow user  command
17 *    * * *   root    run-parts --report /etc/cron.hourly
25 6    * * *   root    test -x /usr/sbin/anacron || run-parts --report
/etc/cron.daily
47 6    * * 7   root    test -x /usr/sbin/anacron || run-parts --report
/etc/cron.weekly
52 6    1 * *   root    test -x /usr/sbin/anacron || run-parts --report
/etc/cron.monthly
#
```

Editieren sie die Datei und fügen Sie einen Eintrag für *rsnapshot* hinzu. Die Zeilen sehen dann folgendermaßen aus:

```
# /etc/crontab: system-wide crontab
# Unlike any other crontab you don't have to run the `crontab'
# command to install the new version when you edit this file.
# This file also has a username field, that none of the other crontabs do.

SHELL=/bin/sh
PATH=/usr/local/sbin:/usr/local/bin:/sbin:/bin:/usr/sbin:/usr/bin

# m h dom mon dow user  command
17 *    * * *   root    run-parts --report /etc/cron.hourly
25 6    * * *   root    test -x /usr/sbin/anacron || run-parts --report
/etc/cron.daily
47 6    * * 7   root    test -x /usr/sbin/anacron || run-parts --report
/etc/cron.weekly
52 6    1 * *   root    test -x /usr/sbin/anacron || run-parts --report
/etc/cron.monthly
0  1    * * *   root    rsnapshot daily
#
```

Wir haben in der letzten Zeile definiert, dass rsnapshot ab jetzt jede Nacht um 1 Uhr automatisch ein Backup der Dateien vornimmt. Die täglich gespeicherten Backups werden bis zu sieben Tage lang gespeichert, d.h. Sie werden den exakten Stand der Dateien von beispielsweise vor fünf Tagen herstellen können.

Damit sind die beiden wichtigsten Aufgaben unseres Home-Servers fertig konfiguriert, und wir haben die größten Vorteile einer derartigen Lösung kennengelernt.

17.7.8 SSH

Gerade wenn Sie vorhaben Ihren Server später ans Internet anzubinden oder ihn per Wlan ansprechen, ist es empfehlenswert, ihn per ssh anzusprechen. ssh ist immer noch die sicherste Methode Ihre Daten vor allzu neugierigen Blicken zu sichern.

Sie können diese Konfiguration selbstverständlich auch nach erfolgreicher Installation der grundsätzlichen Funktionen vornehmen. **[«]**

Hier eine Kurzanleitung:

1. Installieren Sie einen ssh-Server:

   ```
   user$ sudo apt-get install openssh-server
   ```

2. Ändern Sie aus Sicherheitsgründen als root in der Datei */etc/ssh/sshd_config* die folgenden Zeilen auf *no*:

   - PermitRootLogin,
   - PasswortAuthentification und
   - PAM

3. Starten Sie den ssh-Server neu:

   ```
   user$ sudo /etc/init.d/ssh restart
   ```

4. Legen Sie sich auf einem beliebigen Rechner einen Public Key an:

   ```
   user$ ssh-keygen -t dsa
   ```

   Dieser Key wird in */home/user/.ssh/* gespeichert und muss auf den Server kopiert werden (*.ssh/authorized_keys*). Somit können nur noch User, die über diesen Key verfügen, auf den Server zugreifen.

5. Sie werden nun trotzdem noch bei jedem Einloggen nach Ihrem Passwort gefragt, aber auch das können Sie vermeiden, indem Sie Ihren Schlüssel dem ssh-Agenten mitteilen. Dies geschieht durch den Befehl

   ```
   user$ ssh-add
   ```

   Mit `ssh-add -l` können Sie sich die vom Agenten verwalteten Schlüssel anzeigen lassen.

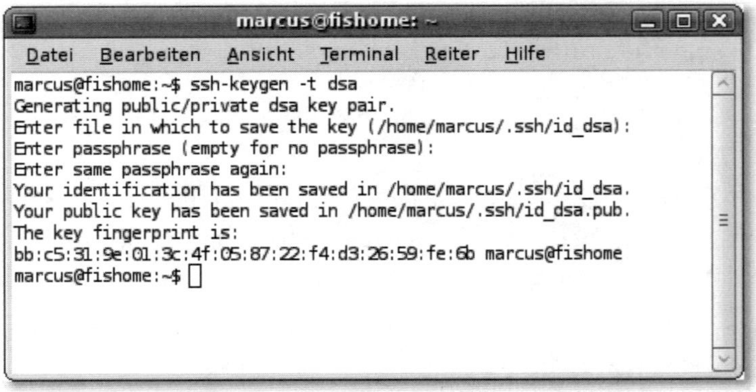

Abbildung 17.20 Der ssh-Key wird im versteckten Ordner .ssh angelegt und muss auf dem Server sowie auf jedem Client vorhanden sein.

»Programmieren ist wie küssen: Man kann darüber reden, man kann es beschreiben, aber man weiß erst dann, was es bedeutet, wenn man es getan hat.«

Andree Beaulieu-Green

18 Programmierung und Design

Installation der Sprachen und Werkzeuge

Im vorliegenden Kapitel möchte ich Ihnen einen Überblick geben, wie man die wichtigsten Programmiersprachen und Entwicklerwerkzeuge installiert. Anhand eines durchgängigen Beispiels wird die Funktion der Werkzeuge demonstriert. Im letzten Abschnitt kommen auch Webentwickler und Layouter nicht zu kurz: Hier werden Werkzeuge zur Erstellung von Internetcontent und druckreifem Material vorgestellt.

18.1 Programmiersprachen

18.1.1 Interpretersprachen

Bei der Verwendung von Interpretersprachen wird der Programmcode zur Laufzeit in maschinennahe Befehle übersetzt. Dieses Vorgehen eignet sich dann, wenn »mal eben schnell« ein kleines Programm erstellt werden soll, das nicht unbedingt auf komplexe Systemfunktionen zugreifen soll.

Shellskripte

Wir beginnen unseren Ausflug in die Welt der Programmierung mit Shellskripten. Diese dienen nicht nur der weitgehenden Automatisierung von Standardaufgaben, vielmehr sorgt auch das Abarbeiten von Skripten beim Starten des Systems für die automatische Konfiguration von Diensten. Derartige Skripte finden Sie z. B. im Verzeichnis `/etc/init.d/`.

Als Beispiel wollen wir selbst eine kleines Shellskript schreiben, das die so genannte Fakultät einer natürlichen Zahl berechnet. Dabei wird die Zahl so lange mit einer jeweils um 1 reduzierten Zahl multipliziert, bis man 1 erreicht hat. Kompliziert? [zB]

Hier ein Zahlenbeispiel:

```
5! = 5 x 4 x 3 x 2 x 1 = 120
```

Das Shellskript, das erst eine Zahl einliest, dann deren Fakultät berechnet und diese schließlich ausgibt, hat folgende Gestalt:

```
#!/bin/bash
declare -i zahl=$1
declare -i fakultaet=1
while [ $zahl -gt 1 ]; do
  fakultaet=$fakultaet*$zahl
  zahl=$zahl-1
done
echo "Fakultät = " $fakultaet
```

- In der ersten Zeile wird zunächst der typische Header von Bash-Shellskripten definiert (`#!/bin/bash`).
- In Zeile 2 und 3 werden die Variablen für das Programm definiert. Die Variable `zahl` wird direkt als Konsolenparameter eingelesen, daher `zahl=$1`.
- Die eigentliche Berechnung erfolgt in den Zeilen 5 bis 8 innerhalb einer while-Schleife. Dabei wird der Inhalt der Variablen `zahl` pro Schleifendurchlauf immer um eine Einheit reduziert, bis man schließlich bei der Zahl 1 angelangt ist.
- Nach Beendigung der Schleife wird der Inhalt der Variablen `fakultaet` schließlich auf der Konsole ausgegeben.

Das Skript selbst wird als `fakultaet.sh` abgespeichert und wie folgt ausgeführt:

```
user$ sh fakultaet.sh 5
Fakultät = 120
```

Rechte ändern

Alternativ hätte man das Skript auch nur `fakultaet` nennen und mittels `chmod+x fakultaet` ausführbar machen können, dies erspart den expliziten Aufruf des bash-Interpreters via `sh`.

Shellskripte sind insbesondere dann recht nützlich, wenn man komplizierte Programmaufrufe nicht mehrfach eingeben möchte, z. B. beim Mastern von bootfähigen CDs oder Transcodieren von Videomaterial.

Perl

Die nächste häufig auftretende, interpretierbare Programmiersprache unter Linux ist Perl. Diese Sprache wurde von Larry Wall mit dem Ziel entwickelt, sich möglichst nahe an menschlichen Sprachgewohnheiten zu orientieren. Perl erfordert für Einsteiger geringe programmiertechnische Vorbildung und zeichnet sich durch eine starke Kombinierbarkeit der

Sprachelemente und einen reichen Wortschatz aus. Für eingefleischte Programmierer stellt Perl eine Art Schweizer Messer unter UNIX/Linux dar.

Möchten Sie Perl unter Ubuntu verwenden, so sollten folgende Pakete installiert sein:

- perl
- perl-base

Das obige Fakultätsprogramm hätte unter Perl folgende Gestalt:

```
#!/usr/bin/perl
sub fac {
  $_[0]>1?$_[0]*fac($_[0]-1):1;
}
print fac(5);
```

Schlanker Code

Das Programm wird von einer Kommandozeile aus über

```
user$ perl fakultaet.pl
```

gestartet, wenn es unter dem Namen `fakultaet.pl` abgespeichert wurde. Komplizierter Code? Nun, auf den ersten Blick sicher. Der Algorithmus reduziert sich hier in genialer Weise auf eine einzige Zeile, in der die Fakultätsfunktion rekursiv berechnet wird. Die Möglichkeiten von Perl veranlassen viele der so genannten Geeks zu Wettbewerben wie *Obfuscation* (das Verschlüsseln von Programmen bis zur Unkenntlichkeit des Sinns) und *Golf* (ein Programm für einen bestimmten Zweck in möglichst wenig Codezeilen erstellen).

Python

Python ist eine objektorientierte Programmiersprache, die sich durch einen klaren Aufbau auszeichnet. Unter Ubuntu wird Python über das Paket

- *python*

installiert. Besonders interessant ist die Ausnahmebehandlung unter Python, die eine Syntaxüberprüfung von Programmstrukturen während der Laufzeit gestattet. Betrachten wir als Beispiel einmal folgenden Codeabschnitt:

```
#!/usr/bin/env python
while True:
  try:
    num = raw_input("Eine Zahl eingeben: ")
    num = int(num)
    break
  except ValueError:
    print "Eine _Zahl_, bitte!"
```

Dieser Code wird den Benutzer so lange nach einer Nummer fragen, bis dieser einen String eingibt, der sich per `int()` in eine Ganzzahl konvertieren lässt, ohne dass ein Fehler auftritt.

Erwähnenswert ist, dass sowohl das BitTorrent-Filesharing-Protokoll als auch das Moin-Moin-Wiki-System in Python implementiert wurden.

18.1.2 Compilersprachen

Das Prinzip

Darunter fällt der Großteil der Programmiersprachen, die zur Umsetzung groß angelegter Softwareprojekte eingesetzt werden. Abbildung 18.1 zeigt das prinzipielle Vorgehen zur Erstellung eines Programms mit Hilfe eines Compilers.

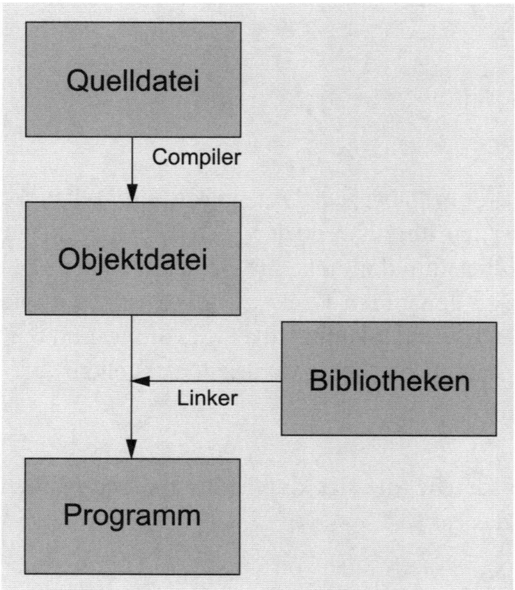

Abbildung 18.1 Schritte zur Übersetzung eines Programms

Der Programmierer muss sich meist »nur« um das Erstellen von einem korrekten Code kümmern, das Kompilieren und Linken der Programme erledigt ein einfacher Kommandozeilenbefehl.

C/C++

Das gesamte Betriebssystem Linux wurde in der Programmiersprache C erstellt. Möchte man selbst Programme aus Quellen übersetzen, so ist mindestens der C-Compiler erforderlich.

Unter Ubuntu installieren Sie sämtliche zum Erstellen von C-Programmen benötigten Pakete über das Metapaket

- *build-essential*

Dadurch werden sowohl der C- als auch der C++-Compiler sowie die make-Utilities installiert. Sie können die Funktionsweise des Compilers erneut mit Hilfe unseres Standardprogramms testen. Erstellen Sie eine Datei `fakultaet.cpp` mit folgendem Inhalt:

```
#include <iostream>
using namespace std;
int fak(int n);
int main(void)
{
  int n;
  cout << "Fakultät: " << fak(5) << endl;
{
int fak(int n) {
  if (n==0) return 1;
  else return n*fak(n-1);
  }
```

Im vorliegenden Fall wurde die Fakultätsberechnung als eigenständige, rekursive Funktion `fak` implementiert. Nach der Eingabe wird das Programm zunächst über

```
user$ g++ -o fakultaet fakultaet.cpp
```

kompiliert und anschließend mittels

```
user$ ./fakultaet
```

gestartet.

Anwenderprogramme kompilieren

Mit Hilfe des C-Compilers können Sie aber nicht nur kleine Programmierprojekte selbst realisieren; vielmehr sind Sie in der Lage, durch Kompilieren von Quellen Linux-Anwenderprogramme ganz Ihren Anforderungen bzw. Ihrer Hardware anzupassen.

Java

Ubuntu bietet Ihnen in der Multiverse-Sektion die original Java-Umgebung von Sun. Möchten Sie damit Java-Projekte realisieren, so benötigen Sie in jedem Fall die Pakete *sun-java5-jdk* und *sun-java5-source*.

Um die Grafikfähigkeiten von Java zu demonstrieren, erstellen wir ein Programm, das eine Treppe aus Rechtecken erstellt, deren Höhe quadratisch zunimmt.

Erstellen Sie eine Datei `treppe.java` mit folgendem Inhalt:

```
import java.applet.*;
import java.awt.*;
public class treppe extends Applet{
  int x=1; int y;
  public void paint (Graphics pen) {
    while (y<100) {
      y=x*x;
      pen.fillRect(x*10, 100-y, 10, y);
      x++;
    }
  }
}
```

Das Programm wird mit dem folgenden Befehl übersetzt:

```
user$ javac treppe.java
```

Applet einbinden

Dadurch wird eine Java-Klassendatei `treppe.class` generiert, die allerdings nicht eigenständig lauffähig ist. Binden Sie die Klasse folgendermaßen in eine HTML-Datei namens `treppe.html` ein:

```
<HTML>
<BODY>
  <APPLET code="treppe.class" width=200 height=200>
  </Applet>
</BODY>
</HTML>
```

Nun können Sie das Applet im Appletviewer, der zum Sun-Java-Paket gehört, folgendermaßen testen (Abbildung 18.2):

```
user$ appletviever treppe.html
```

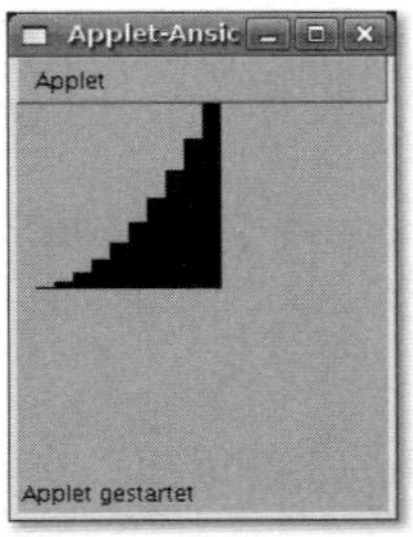

Abbildung 18.2 Der Appletviewer

Wenn das klappt, dann lässt sich das Applet auch in jedem beliebigen Browser darstellen. Selbstverständlich haben Sie auch die Möglichkeit, browserunabhängige Java-Applikationen zu erstellen. Das folgende Beispiel wurde dem beliebten Java-Buch »Java ist auch eine Insel« von Christian Ullenboom, das als Openbook unter *www.galileocomputing.de* für jedermann frei verfügbar ist, entnommen:

```
import java.math.*;
class Fakultaet
{
  static BigInteger fakultät( int n )
  {
    BigInteger big = BigInteger.ONE;
    if ( n == 0 || n == 1 )
      return big;
    if ( n > 1 )
      for ( int i = 1; i <= n; i++ )
        big = big.multiply( BigInteger.valueOf(i) );
    return big;
  }
  static public void main( String args[] )
  {
    System.out.println( fakultät(100) );
  }
}
```

Kompiliert wird die Applikation wieder mittels `javac`, anschließend können Sie das Programm über

```
user$ java Fakultaet
```

starten. Im vorliegenden Fall wird die Java-Mathematikbibliothek dazu verwendet, die Fakultäten möglichst großer Zahlen n in ganzzahliger Darstellung zu berechnen.

Mono

Als Open-Source-Alternative zu Microsofts .NET Framework ist Mono in aller Munde. Skeptiker bescheinigen dem Projekt keine große Zukunft, falls sich Softwarepatente auf breiter Basis durchsetzen.

Unter Ubuntu sind einige (wenn auch veraltete) Monopakete integriert. Eine brauchbare Entwicklungsumgebung lässt sich durch die Installation folgender Pakete installieren:

- mono
- mono-devel
- gtk-sharp

Das letzte Paket stellt Bibliotheken zur Erstellung von GTK-Programmen in Verbindung mit dem C#-Compiler des Monopakets zur Verfügung.

18.2 Integrierte Entwicklungsumgebungen

Bequemer mit IDE

Wesentlich bequemer als über die im vorangegangenen Abschnitt vorgestellte Kompilierung per Kommandozeile arbeitet es sich mit so genannten integrierten Entwicklungsumgebungen (*Integrated Development Environment* = IDE). Damit lassen sich Programme erstellen und testen, ohne die zentrale Programmierumgebung verlassen zu müssen. Mit entsprechenden Plugins ist es sogar möglich, graphische Frontends »zusammenzuklicken«.

18.2.1 Anjuta

Die integrierte Entwicklungsumgebung für C/C++-Projekte, die in Verbindung mit dem GTK+-Toolkit realisiert werden sollen, heißt *Anjuta*.

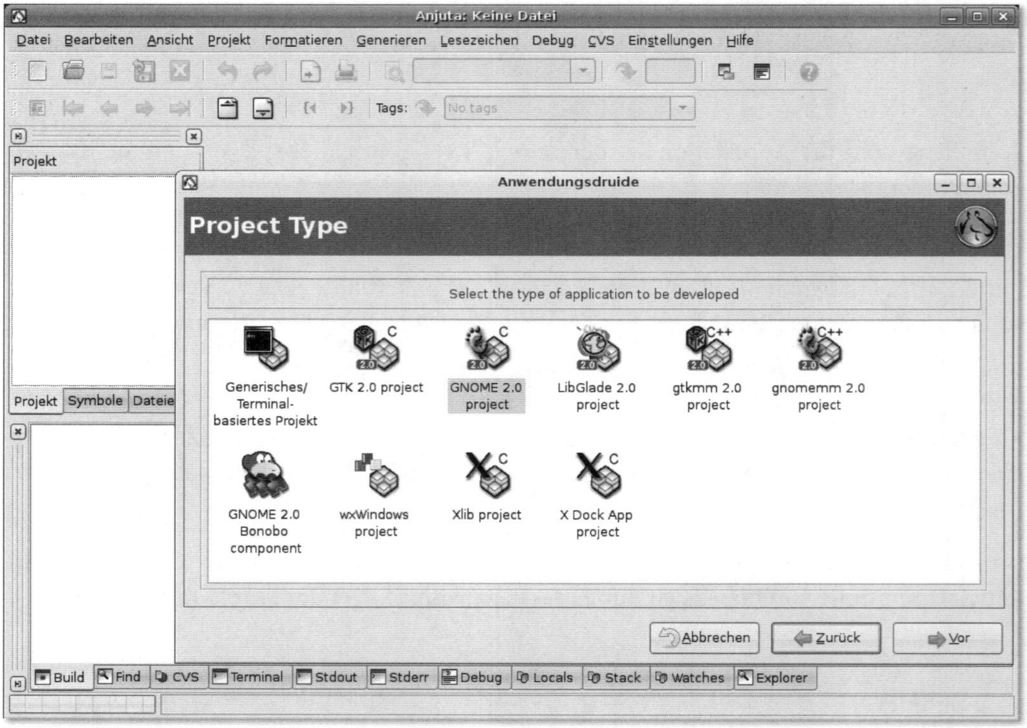

Abbildung 18.3 Die Anjuta-IDE

Für das Erstellen graphischer Applikationen unter GNOME müssen die IDE selbst sowie folgende Pakete installiert werden:

- *anjuta*
- *automake*
- *glade-2*
- *libglib2.0-dev*
- *libgnomeui-dev*

Das Paket `glade-2` stellt dabei einen Editor für die graphische Oberfläche zur Verfügung.

Nach der Installation befindet sich das Programm im GNOME-Startmenü unter ENTWICKLUNG • ANJUTA IDE. Beim ersten Programmstart öffnen sich ein Disclaimer sowie ein Projektfenster, in dem Sie die Möglichkeit haben, ein Standardprojekt mit Hilfe eines Anwendungsdruiden anzulegen.

Es würde an dieser Stelle zu weit führen, die Erstellung eines kompletten Projekts mit *Anjuta* vorzuführen, interessierte Leser seien auf das hervorragende *Anjuta*-Tutorial verwiesen, das Sie im Menü HILFE • ANJUTA TUTORIAL finden.

18.2.2 KDevelop

Das KDE-Gegenstück zu Anjuta heißt *KDevelop* und eignet sich insbesondere dazu, KDE/Qt-Anwendungen zu programmieren.

Das KDevelop-Projekt wurde 1998 am Institut für Informatik an der Universität Potsdam begonnen, um eine einfach zu bedienende integrierte Entwicklungsumgebung für C++ und C auf Unix-basierten Betriebssystemen bereitzustellen. Seit damals ist die KDevelop-IDE öffentlich unter der GPL erhältlich und unterstützt u. a. Qt-, KDE-, GNOME-, C++- und C-Projekte.

Installiert wird *KDevelop* über folgende Pakete:

- *kdevelop3*
- *kdevelop3-doc*
- *kdevelop3-data*
- *kdevelop3-plugins*

Dabei werden auch weitere notwendige Pakete wie z. B. `automake` installiert. Nach der Installation finden Sie das Programm im KDE-Startmenü unter ENTWICKLUNG • KDEVELOP.

KDevelop bietet wie *Anjuta* einen Assistenten zur automatischen Erstellung von Standardanwendungen. Diesen starten Sie über PROJEKT • NEUES PROJEKT (siehe Abbildung 18.4).

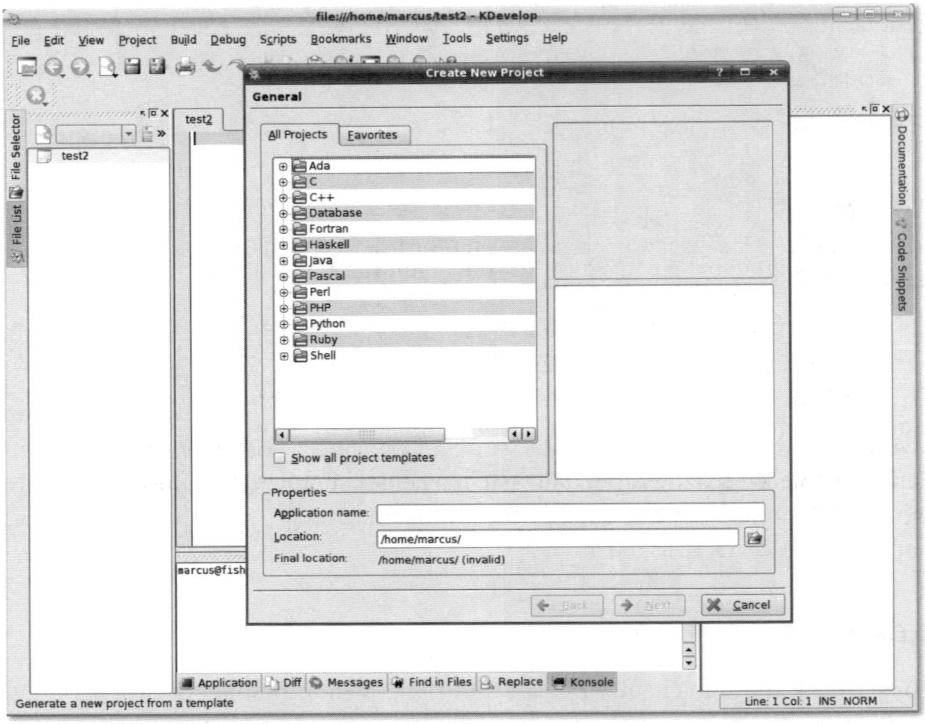

Abbildung 18.4 KDE Applikationen entwickeln mit KDevelop

18.2.3 Eclipse

Java-Entwickler schätzen die *Eclipse*-IDE. Durch die Installation entsprechender Plugins lassen sich aber auch C/C++-Projekte realisieren. Die folgenden Ausführungen setzen voraus, dass Sie ein Java SDK, beispielsweise das Sun Java SDK, installiert haben. Unter Ubuntu wird Eclipse über das folgende Metapaket installiert:

- *eclipse-sdk*

Dadurch wird eine Vielzahl von Plug-ins zusätzlich installiert. Nach der Installation finden Sie *Eclipse* im Menü ANWENDUNGEN • ENTWICKLUNG • ECLIPSE. Beim ersten Programmstart wird der Benutzer zunächst aufgefordert, ein Verzeichnis für den *Eclipse*-Workspace anzugeben. Per Voreinstellung wird der Workspace im aktuellen Benutzerverzeichnis angelegt. Möchte man das Verzeichnis als Standard beibehalten, so ist die entsprechende Option zu markieren.

Nachdem der erste Start erfolgreich war, kann man sich daran begeben, einige Optimierungen vorzunehmen. Dies gelingt unter anderem durch die Installation von Plug-ins. Eine Vielzahl davon finden Sie auf der *Eclipse*-Homepage auf *www.eclipse.org*. Zur Installation der deutschen Sprachunterstützung laden Sie beispielsweise die folgenden Pakete herunter:

- *NLpack1-eclipse-SDK-3.1.1a-gtk.zip*
- *NLpack1_FeatureOverlay-eclipse-SDK-3.1.1.zip*

Pakete entpacken

Die Versionsnummer sollte dabei mit der des Ubuntu-Eclipse-Pakets übereinstimmen. Die Pakete werden mit folgendem Befehl entpackt:

```
user$ unzip NLpack1-eclipse-SDK-3.1.1a-gtk.zip
user$ unzip NLpack1_FeatureOverlay-eclipse-SDK-\
      3.1.1.zip
```

Dadurch wird ein Ordner namens `eclipse` im aktuellen Verzeichnis erzeugt. Die Datenstruktur innerhalb des Ordners wird nun einfach in die bestehende *Eclipse*-Installation hineinkopiert:

```
user$ sudo cp -a eclipse/* /usr/share/eclipse
```

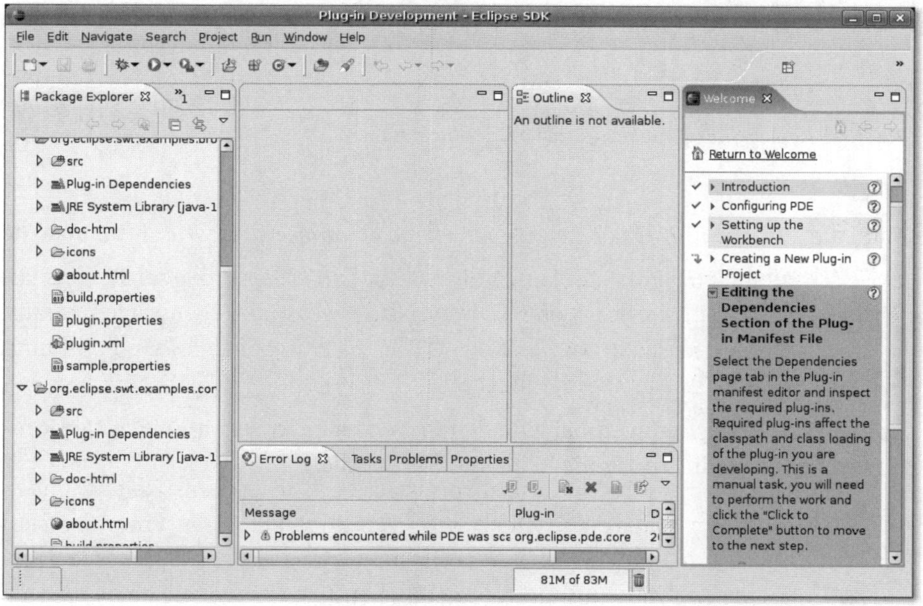

Abbildung 18.5 Die IDE Eclipse im Lernmodus

Nach dem Neustart steht Ihnen die IDE in deutscher Sprache zur Verfügung. Achten Sie darauf, dass bei Verwendung von mehr als einer Java-JRE die richtige ausgewählt wird (FENSTER • BENUTZERVORGABEN • JAVA).

Von der Eclipse-Startseite aus kann man nun eines der vielen Lernprogramme zu *Eclipse* starten und sich spielerisch in die Benutzeroberfläche einarbeiten (siehe Abbildung 18.5).

Kompilierung von C-Programmen

Die Erweiterung CDT zur Kompilierung von C/C++-Programmen unter *Eclipse* findet man ebenfalls auf *www.eclipse.org*. Die Installation erfolgt analog zu dem oben beschriebenen Sprachpaket. Achten Sie darauf, dass die Version des CDT zu Ihrer speziellen *Eclipse*-Version passt. Einige weitere, ausgewählte Plugins zu *Eclipse* finden Sie auf *www.java-tutor.com*.

18.2.4 Lazarus

Delphi-Klon

Lazarus ist eine PASCAL-Programmierumgebung unter Linux, die stark an Borlands Delphi erinnert. Momentan wurde *Lazarus* noch nicht in die Ubuntu-Standardrepositories übernommen, so dass bei der Installation ein wenig Handarbeit angesagt ist. Am schnellsten installieren Sie *Lazarus* mit Hilfe des Pakets `alien` und den entsprechenden RPMs. Stellen Sie hierfür sicher, dass die folgenden Pakete installiert sind:

- *libgtk2.0-0*
- *libgdk-pixbuf2*
- *alien*

Laden Sie nun die Lazarus-RPM-Pakete von *sourceforge.net/projects/ lazarus* herunter. Sie benötigen zwei RPMs:

- *fpc-2.0.1-050923.i386.rpm*
- *lazarus-0.9.10-0.i386.rpm*

Auch hier können die Bezeichnungen bei aktuelleren Versionen von den obigen Versionsnummern abweichen. Installieren Sie die beiden RPMs via alien:

```
user$ sudo alien -i fpc-2.0.1-050923.i386.rpm
user$ sudo alien -i lazarus-0.9.10-0.i386.rpm
```

[+] Sie erfahren mehr über *alien* in Abschnitt 20.4.2 auf Seite 614.

Nach der Installation finden Sie das Programm im Menü ANWENDUNGEN • ENTWICKLUNG. Nach dem Programmstart öffnen sich mehrere Teilfenster. Die Bedienung des Programms ist stark an die Delphi- bzw. Kylix-Oberfläche angelehnt (siehe Abbildung 18.6).

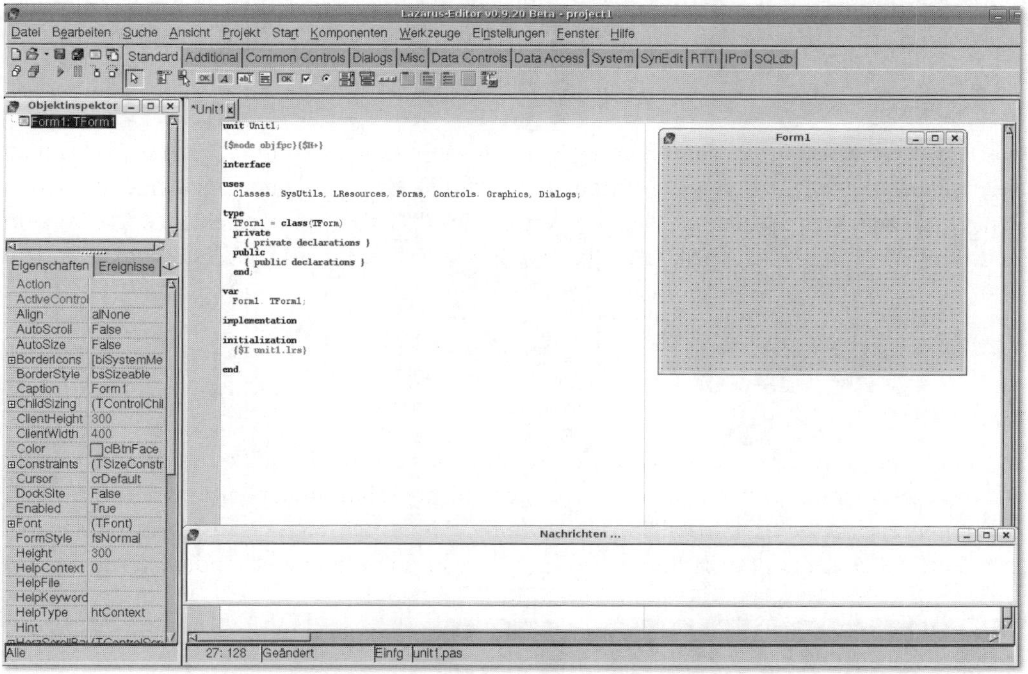

Abbildung 18.6 Delphi/Kylix zum Nulltarif: Lazarus

18.2.5 Gambas

Visual Basic-Ersatz

Den Abschluss der Parade von Programmierwerkzeugen bildet die *Gambas*-IDE. Umsteiger von Microsoft Visual-Basic werden sich sofort heimisch fühlen, es ist sogar möglich, Visual-Basic-Programme mit einigen wenigen Anpassungen unter *Gambas* zum Laufen zu bringen.

Sie installieren *Gambas* über das Metapaket

- *gambas*

Wie alle bisher vorgestellten Entwicklungswerkzeuge findet man nach der Installation einen entsprechenden Eintrag unter ANWENDUNGEN • ENTWICKLUNG. Alternativ kann man *Gambas* auch über die Konsole durch Eingabe von `gambas` starten. Auch unter *Gambas* hilft ein Projektwizzard bei den ersten Gehversuchen bei der Erstellung von Projekten.

[+] Eine hervorragende Dokumentation zu *Gambas* in Form eines Wikis finden Sie unter *de.wikibooks.org/wiki/Gambas*.

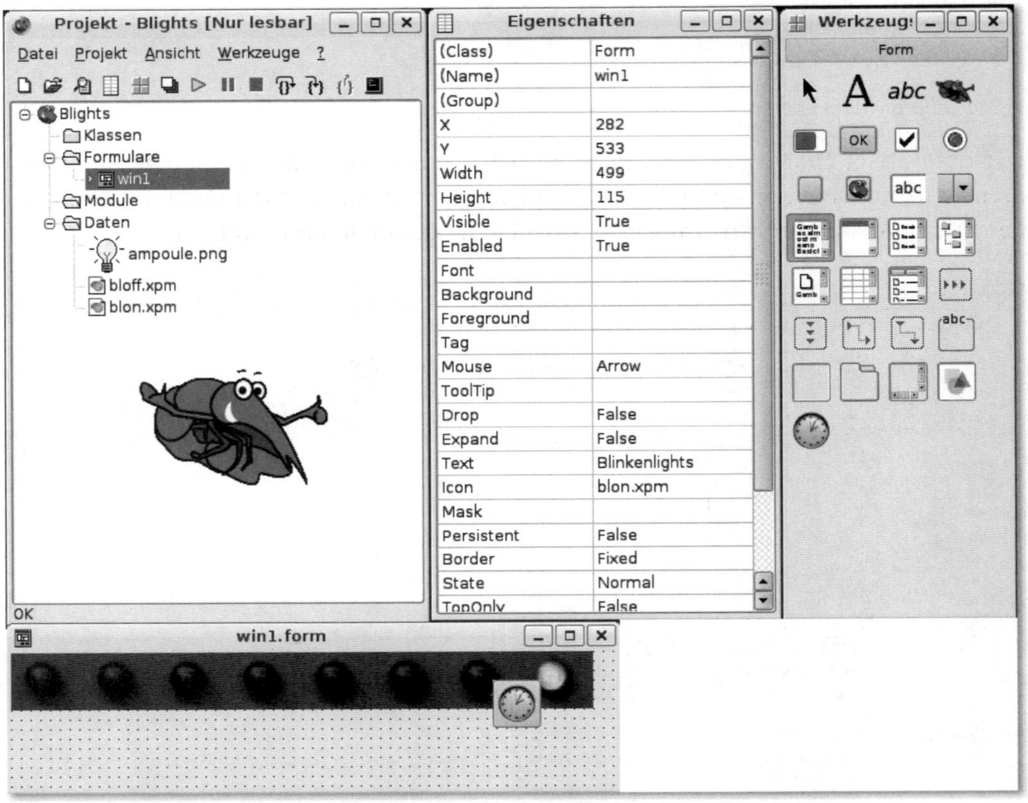

Abbildung 18.7 Der Visual-Basic-Clone Gambas

18.3 Webdesign

WYSIWYG-Lösungen

Eine ganz andere Art der Programmierung ist die Erstellung von Internetseiten auf Basis der HTML-Sprache. Auch wenn die eingefleischten Webdesigner nicht müde werden zu erwähnen, dass das beste Werkzeug für diesen Zweck ein einfacher Texteditor ist, wünscht sich der normale Computeranwender doch eine komfortable WYSIWYG-Oberfläche (*What you see is what you get*). Der folgende Teilabschnitt stellt die gebräuchlichsten Lösungen unter Ubuntu Linux vor.

18.3.1 Mozilla Composer

Der *Mozilla Composer* genügt den meisten Ansprüchen und wird unter Ubuntu durch folgende Pakete installiert:

- *mozilla-browser*
- *mozilla-locale-de-at*

Das letzte Paket enthält die deutsche Lokalisierung, das erste Paket installiert den *Mozilla Browser* nebst *Composer*. Um nun eine Webseite zu erstellen, kann der *Composer* direkt aus dem Menü **Anwendungen • Internet • Mozilla Composer** gestartet werden.

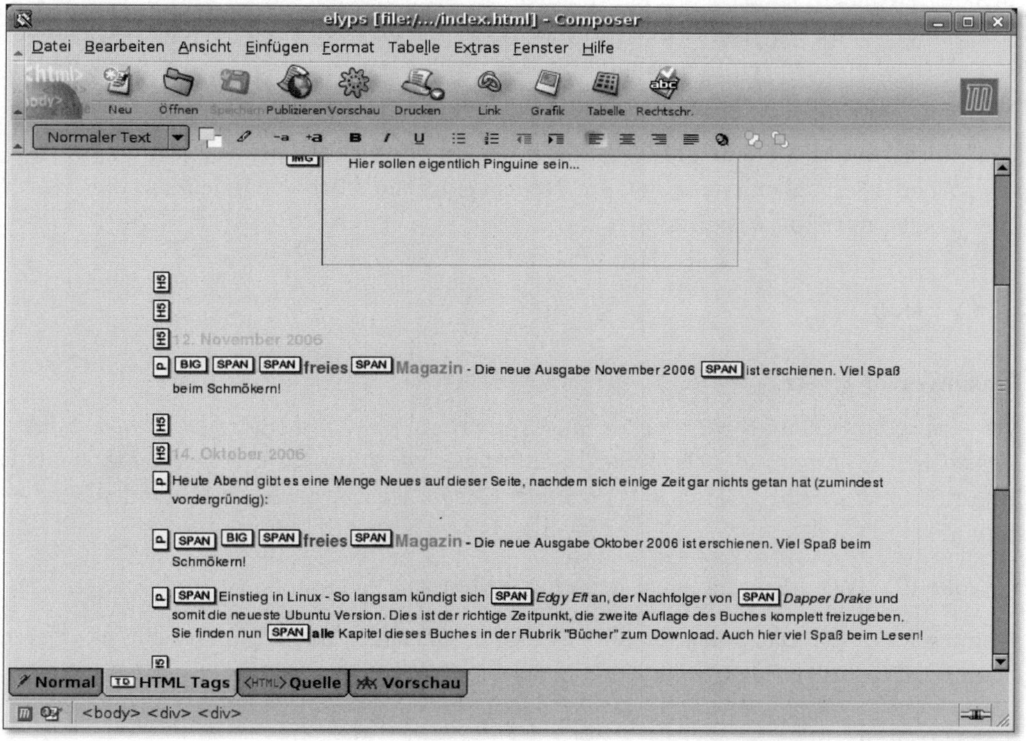

Abbildung 18.8 Der *Mozilla Composer*, ein komfortabler HTML-Editor

Im *Composer* haben Sie die Möglichkeit, in vier verschiedenen Darstellungsformen zu arbeiten (Abbildung 18.8):

- **Normal**
  Dieser Modus eignet sich für Gelegenheitsdesigner, die mit der HTML-Beschreibungssprache nicht in Berührung kommen wollen. Der Editor verhält sich hier wie eine »normale« Textverarbeitung.

- **HTML-Tags**
  Hier sind die wichtigsten HTML-Strukturen eingeblendet, vgl. Abbildung 18.8.
- **Quelle**
  Hier haben fortgeschrittene Anwender die Möglichkeit, HTML-Code direkt einzugeben.
- **Vorschau**
  ... und so sieht die Welt Ihre Seite.

Rechtschreibprüfung

Einige nützliche Features sind im *Composer* eingebaut: Mit Hilfe der Rechtschreibprüfung (Bearbeiten • Rechtschreibprüfung) können Sie Ihre Dokumente vor dem Upload auf Rechtschreibfehler hin überprüfen. Wer sauberen HTML-Code produzieren will, validiert sein Material vor der Veröffentlichung (Extras • HTML validieren). Voraussetzung hierfür ist eine bestehende Internetverbindung.

Schließlich können Sie eine geänderte Seite per Knopfdruck publizieren (Datei • Publizieren). Wer die Serverdaten nicht stets von Neuem eingeben möchte, der definiert diese zuvor über Bearbeiten • Publizierungs-site.

18.3.2 Nvu

Dreamweaver-Ersatz

Nvu – ausgesprochen »N view« – ist eine Weiterentwicklung des *Mozilla Composers*. Mit diesem Editor arbeitet es sich ähnlich komfortabel wie mit dem bekannten Macromedia Editor *Dreamweaver* bzw. Microsofts *Frontpage*. Die Entwickler heben die folgenden Vorzüge hervor:

- Volle WYSIWYG-Funktionalität beim Bearbeiten von Webseiten.
- Integriertes FTP-Dateimanagement: Sie loggen sich auf Ihrem FTP-Server ein, navigieren durch die dortige Dateistruktur und ändern Ihre Webseiten online.
- Zuverlässige HTML-Code-Erstellung, der von den heute beliebtesten Browsern korrekt interpretiert wird. Zwischen der WYSIWYG-Ansicht und der Code-Ansicht kann bequem gewechselt werden.
- Leistungsfähige Unterstützung für Formulare, Tabellen und Vorlagen.

Nvu ist in Universe enthalten und wird über folgendes Paket installiert:

- nvu

Sie starten das Programm nach der Installation über ANWENDUNGEN • INTERNET • NVU. Die derzeit im Ubuntu-Repository enthaltene Version beinhaltet noch keine deutsche Lokalisierung,[1] daher beziehen sich die folgenden Ausführungen auf die englische Version.

Seiten online bearbeiten

Besonders interessant ist der Livebearbeitungsmodus innerhalb von *Nvu*. Definieren Sie im linken Teilfenster eine neue Site über den Knopf EDIT SITES. Im linken Fensterbereich können Sie nun durch die Dateistruktur auf dem Server navigieren und per Doppelklick Dateien zum Bearbeiten auswählen.

Nach Fertigstellen der Änderungen werden die Dateien einfach durch Betätigen des Knopfes PUBLISH auf den Server geladen. Ggf. ist hier noch der absolute Pfad anzupassen.

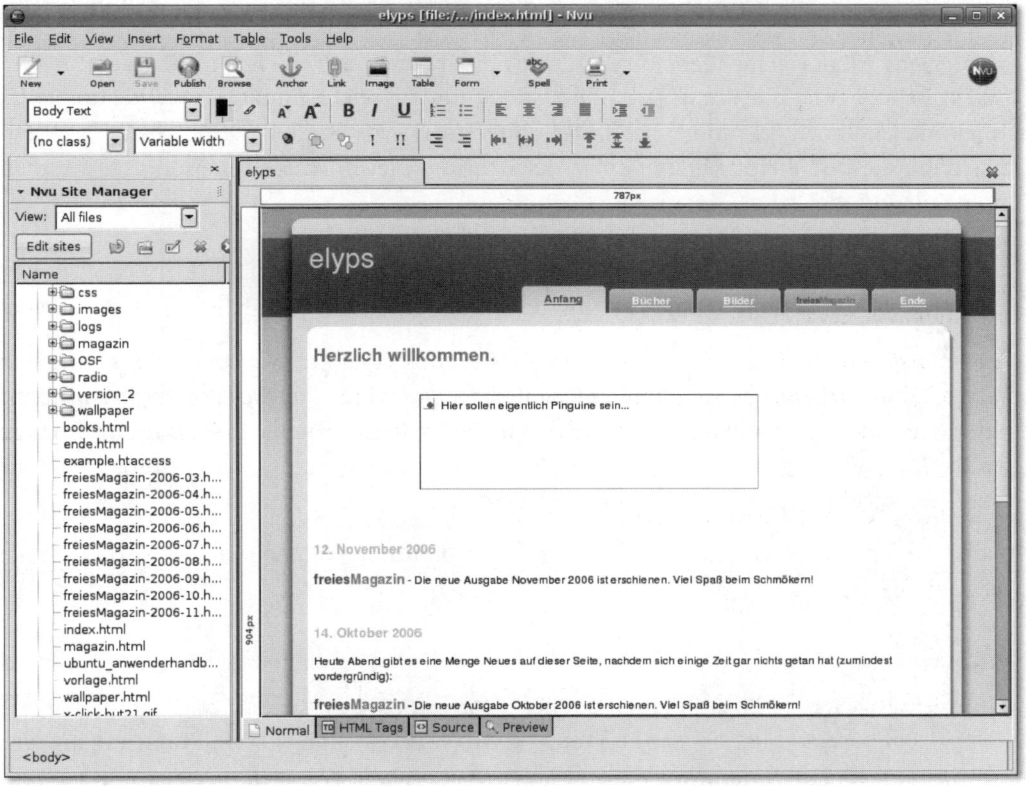

Abbildung 18.9 Websiteverwaltung mit Nvu.

1 Eine deutsche Version von *Nvu* finden Sie auf *http://www.nvu-composer.de*; diese ist allerdings manuell zu installieren.

18.3.3 Weitere Lösungen

Der Vollständigkeit halber sollen noch folgende weitere Lösungen erwähnt werden, die allerdings eine tiefere Einarbeitung in die Materie voraussetzen:

Bluefish

Dieser HTML-Editor ist eher für Experten gedacht, da er das Beherrschen von HTML voraussetzt. *Bluefish* lässt sich unter Ubuntu mit dem Paket

- *bluefish*

installieren, dazu muss das Universe Repository freigeschaltet sein. Zur Unterstützung für den Webdesigner bietet *Bluefish* eine Toolbar mit den gebräuchlichsten HTML-Tags.

Quanta Plus

Quanta Plus ist die erste Wahl für KDE-Anwender, lässt sich aber natürlich auch in der GNOME-Umgebung einsetzen. Der Editor bietet umfangreiche Funktionen wie komplexes Projektmanagment und unterstützt unter anderem HTML, XHTML, XML, Java, PHP und JavaScript. Sie installieren *Quanta* entweder über das gleichnamige Paket oder verwenden unter Kubuntu gleich das Metapaket

- *kdewebdev*

Dadurch wird die komplette Entwicklungsumgebung mit vielen zusätzlichen Plugins installiert.

Quanta bietet darüber hinaus umfangreiche Funktionen wie komplexes Projektmanagement und unterstützt unter anderem HTML, XHTML, XML, Java, PHP und JavaScript. Außerdem ist die Unterstützung für Debugging implementiert. Daher kann Quanta mittlerweile als (Web-) Entwicklungsumgebung bezeichnet werden.

[»] In den Jahren 2003 bis 2006 wurde Quanta Plus von den Mitgliedern des Forums *Linux Questions.org* zum besten Web-Editor gewählt.

Und Flash?

Erste zarte Ansätze, Flash-Animationen auch unter Linux zu erstellen, zeigen Projekte wie *KToon* (*ktoon.toonka.com*, siehe Abbildung 18.10). Zwar bleibt der Funktionsumfang des Programms weit hinter den Möglichkeiten des Macromedia Werkzeugs zurücks, dafür geht *KToon* beim Preis- Leistungs-Vergleich als klarer Sieger hervor.

Das Programm können Sie von der obigen Website entweder als ausführbares Binärprogramm oder als Quellcode herunterladen. Das Binärprogramm `ktoon` kann direkt ausgeführt werden.

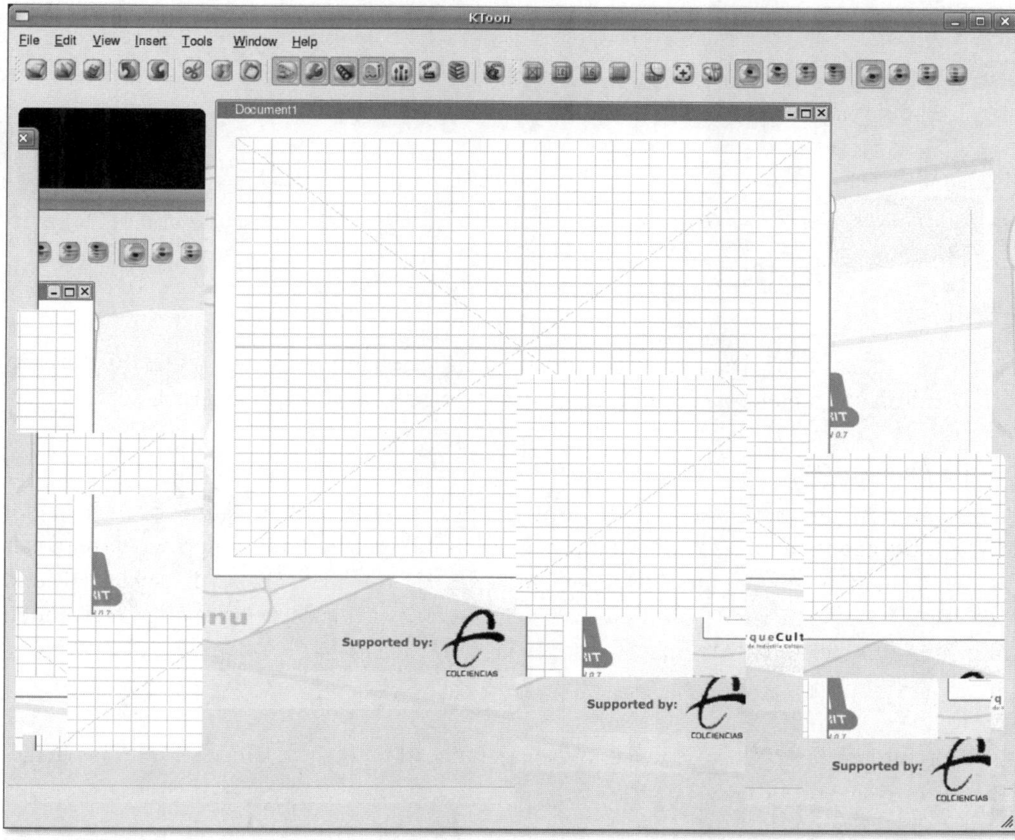

Abbildung 18.10 Flashfilme erstellen mit KToon

TEIL IV
Systemkonfiguration

»Auch aus Steinen,
die einem in den Weg gelegt werden,
kann man Schönes bauen.«

Johann Wolfgang von Goethe (28.08.1749 – 22.03.1832)
deutscher Schriftsteller

19 Hardware-Konfiguration

Linux hat einen weiten Weg seit jenen Zeiten zurückgelegt, als es noch ein echtes Abenteuer war, allein nur ein einfaches grafisches X-Window-System aufzusetzen, ohne dabei den Monitor abrauchen zu lassen.

19.1 Linux und Hardware

Durch den offenen Standard sind die Programmierer des Linux-Kernels allerdings auf den Goodwill der Hardwarehersteller angewiesen: Diese müssen ihre Schnittstellen hardware- und softwaretechnisch offenlegen. Gerade das gestaltet sich in unserer durch Konkurrenz bestimmten Welt natürlich schwierig: Wer möchte durch ein allzu offenherziges Produktplacement seinem Mitbewerber schon eine Know-how-Steilvorlage zuspielen?

Offene Treiber

Dennoch funktioniert das Open-Source-System recht gut: Die Zeitspanne, innerhalb derer Treiber für neue Hardwarekomponenten zur Verfügung gestellt werden, bewegt sich derzeit im Bereich von wenigen Monaten. Wer hoch motiviert ist, kann natürlich auch zur Hardwareunterstützung beitragen und Treiber selbst schreiben.

Ubuntu-Anwender haben es besonders leicht: In dieses moderne System fließen alle aktuellen Linux-Treiberentwicklungen ein, die der Markt hergibt, da Ubuntu im Wesentlichen auf dem Unstable-Zweig von Debian aufsetzt. Sie können davon ausgehen, dass die Hardware eines PCs, dessen Baudatum ein halbes Jahr hinter dem aktuell verwendeten Ubuntu-Release zurückliegt, in der Regel vollständig unterstützt wird. Wer darüber hinaus plant, topaktuelle Hardware einzusetzen, sollte die umseitigen Tipps beherzigen.

- **Recherche**
  Führen Sie eine grundlegende Recherche zur entsprechenden Hardwarekomponente im Internet durch. Dort lassen sich zunächst diverse Linux-Hardwaredatenbanken anzapfen. Erste Anlaufstelle für Ubuntu-Nutzer ist das Ubuntu-Wiki oder auch das Ubuntu-Forum unter *www.ubuntuusers.de*. Dort findet man beispielsweise eine exzellent gepflegte Hardwaredatenbank. Darüber hinaus sind das Linux-Hardware-Wiki unter *www.linuxwiki.org/LinuxHardware* und die Linux Compatibility Howto auf *http://www.tldp.org/HOWTO/Hardware-HOWTO* zu empfehlen.

- **Meinungsbildung**
  Dazu zählt in erster Linie nicht die eigene Meinung zur avisierten Komponente (die hat man sich an dieser Stelle schon gebildet), sondern die anderer Anwender. Zunächst sollte man über die Newsgroupsuchmaschine *groups.google.de* recherchieren, ob es bereits erste Erfahrungen oder gar Probleme mit der entsprechenden Komponente gibt. Sollte es dann immer noch Fragen geben, können Sie selbst aktiv werden und in der entsprechenden Newsgroup (in Deutschland zumeist *de.comp.os.unix.linux.hardware*) höflich nachhaken.

- **Test und Kauf**
  Mit der Ubuntu-Live-CD/DVD haben Sie ein Werkzeug zur Hand, das es Ihnen gestattet, ohne die komplette Installation eines Betriebssystems die Funktionsfähigkeit der Hardware speziell unter Linux zu testen. Planen Sie den Kauf eines Komplettsystems, dann gehen Sie ruhig zum Händler Ihrer Wahl und testen Sie die Hardware durch Booten der Live-CD bzw. -DVD. Beim gängigen Computerversand via Internet ist die Situation noch einfacher: Gemäß dem Fernabsatzgesetz haben Sie hier die Möglichkeit, Hardware innerhalb von 14 Tagen mehr oder weniger kommentarlos zum Versender zurückzuschicken – bei voller Erstattung des Kaufpreises.

Nun muss und kann sich sicher nicht jeder zum aktuellen Zeitpunkt ein komplettes Neusystem zulegen. In diesem Fall gibt es auch eine gute Nachricht: Ubuntu funktioniert natürlich genauso gut auf alter bis mittelalter Hardware. Besonders bei betagten Geräten gibt es immer eine Möglichkeit, eine schlanke Oberfläche wie z. B. *icewm* oder *twm* auszuwählen und dadurch die Ressourcenanforderungen auf ein Minimum zu reduzieren.

Abschließend noch einige Anmerkungen zum Aufbau des Kapitels: Primär wird im Folgenden auf die Hardwarekonfiguration mit Grafischen Tools eingegangen. Bei manchen Komponenten kann dies allerdings nicht immer durchgehalten werden: Dann sind ein Ausflug auf die Kommandozeile und das Editieren von Konfigurationsdateien unumgänglich. In manchen Fällen wird auch die alternative Konfiguration per Shell dem Grafischen Werkzeug gegenübergestellt, damit Sie auf alle Situationen vorbereitet sind: So bequem die Desktopwerkzeuge sind, im Falle eines defekten Grafiksystems nützen sie Ihnen wenig.

Weiterhin wird die Konfiguration mit Grafischen Tools zunächst ausführlich mit Hilfe des entsprechenden GNOME-Werkzeugs erläutert, am Ende eines Abschnitts wird kurz das entsprechende KDE-Tool vorgestellt. So ist auch den KDE- bzw. Kubuntu-Anwendern gedient.

19.2 Netzwerk

Einrichten der Netzwerkkarte

Sie starten die Netzwerkadministration über SYSTEM • ADMINISTRATION • NETZWERK.

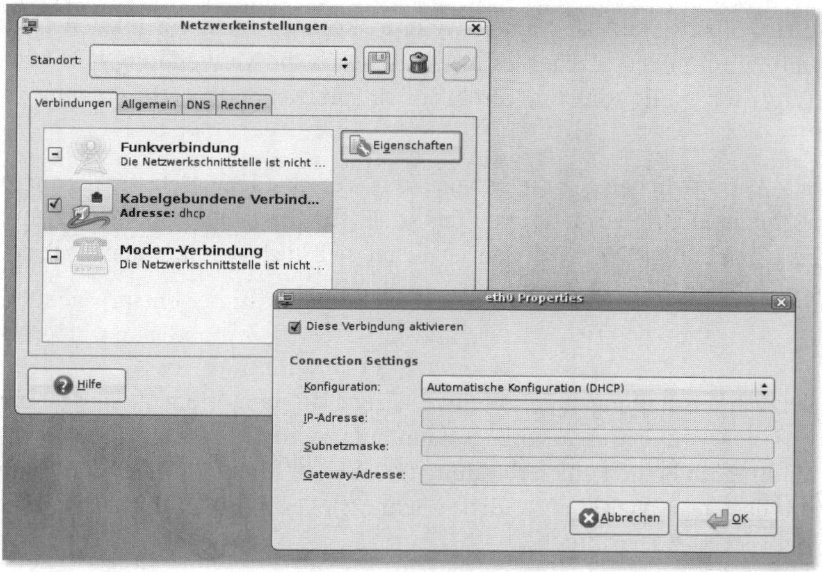

Abbildung 19.1 Konfiguration der Netzwerkschnittstellen

Folgende Teilmenüs stehen Ihnen nach dem Start des Programms zur Verfügung:

- **Verbindungen**
  In diesem Untermenü tauchen alle Netzwerkkomponenten auf, die vom System während des Systemstarts erkannt wurden. Unter anderem sollte hier der Eintrag *Ethernet-Verbindung* auftauchen. Die Eigenschaften der entsprechenden Verbindung können durch Auswahl der Verbindung und Betätigen des Buttons EIGENSCHAFTEN eingesehen werden (siehe Abbildung 19.1). Dort kann insbesondere angegeben werden, ob der Netzwerkkarte eine Adresse über DHCP zugewiesen werden soll, wie dies bei den meisten Routern der Fall ist, oder ob die Einstellungen manuell vorgenommen werden sollen.

- **Allgemein**
  Hier werden der Rechner- sowie der Domänenname definiert. Achten Sie darauf, den Rechner nach Änderung eines der beiden Namen neu zu starten, damit die Änderungen übernommen werden.

- **DNS**
  In diesem Untermenü wird ein Server definiert, der für die Namensauflösung von Internetadressen verantwortlich zeichnet. Bei Verwendung eines kombinierten DSL-

Modems/-Routers ist das meist die IP-Adresse des Routers. Wer einen externen **DNS** (**D**omain **N**ame **S**erver) verwenden möchte, findet im Internet eine reiche Auswahl an IP-Adressen durch eine Google-Suche mit dem Suchstring `dns server <Providername>`. Für `<Providername>` ist ein beliebiger Internetprovider auszuwählen.

- **Rechner**
  Im Menü RECHNER können Sie Alias-Namen weiterer Rechner in Ihrem lokalen Netz definieren. Solche Zuordnungen machen es möglich, durch die Verwendung von Klartextnamen (im Gegensatz zu IP-Adressen) direkt auf entsprechende PCs zuzugreifen.

- **Standort**
  Über den Reiter STANDORT haben Sie die Möglichkeit, verschiedene Netzwerkkonfigurationen für verschiedene Orte zu definieren (also z. B. für Ihren Büroarbeitsplatz und für die häusliche Umgebung). Dieses Verfahren bietet sich insbesondere auch bei der Nutzung unterschiedlicher WLAN-Hotspots an.

Probleme lösen

[*] Das Aufrufen der Netzwerkeinstellungen kann teilweise sehr langsam erfolgen. Dies ist ein Fehler des *Network-Managers* und tritt bevorzugt dann auf, wenn Sie gleichzeitig eine kabelgebundene Verbindung und eine Funkverbindung (WLAN) an Ihrem PC nutzen. Abhilfe schafft beispielsweise das Deaktivieren einer dieser Schnittstellen im BIOS Ihres PCs oder das Entfernen des *Network-Managers* durch

```
user$ sudo apt-get remove network-manager
```

Network-Manager

Der Network-Manager ist ein hilfreiches Programm, um in wechselnden Arbeitsumgebungen die jeweiligen Netzwerkverbindungen zu wechseln. Hierzu taucht ein entsprechendes Symbol oben rechts in Ihrem Panel auf. Dies macht natürlich am ehesten bei einem Notebook Sinn. Wenn Sie Ubuntu auf Ihrem Desktop-PC installiert haben und immer die gleiche Netzwerkverbindung nutzen, dann können Sie den Network-Manager entfernen; die Einrichtung der Netzwerke erfolgt über den bereits beschriebenen Weg.

Testen der Netzverbindung

Nachdem Sie Ihre Netzwerkkarte entweder manuell oder automatisch mit einer IP-Adresse versehen haben, sollten Sie die Netzanbindung testen. Dies erfolgt mit dem Kommando `ping`, einzugeben in einer Konsole auf einem bekannten Rechner im gleichen Subnetz. Im folgenden Beispiel wurde dem Testrechner die IP 192.168.0.111 zugewiesen, ein Router im gleichen Netz hat die IP 192.168.0.254.

[»] Der `ping`-Befehl wird mit dem Kommando [Strg] + [C] unterbrochen. Eine andere Möglichkeit wäre, dem Ping-Befehl über den Parameter `c` mitzuteilen, wie viele Pings ausgeführt werden sollen.

```
user$ ping 192.168.0.254
PING 192.168.0.254 (192.168.0.254): 56(84) bytes
64 bytes from 192.168.0.254: icmp_seq=0 ttl=128
time=0.1 ms
...
--- 192.168.0.254 ping statistics ---
4 packets transmitted, 4 packets received, 0%
packet loss round-trip min/avg/max = 0.1/0.1/0.1 ms
```

Manuelle Konfiguration

Sollte der beschriebene `ping`-Befehl nicht funktionieren bzw. ist keine Antwort von dem adressierten Rechner erfolgt, so ist zu prüfen, ob die entsprechende Schnittstelle korrekt aktiviert wurde:

```
user$ ifconfig
eth0      Protokoll:Ethernet
Hardware Adresse 00:50:BF:08:71:7D
inet Adresse:192.168.0.111  Bcast:192.168.0.255
Maske:255.255.255.0
...
```

Ohne Verwendung des grafischen Werkzeugs lässt sich die Schnittstelle mit den in Abbildung 19.1 sichtbaren Eigenschaften folgendermaßen einrichten:

```
user$ sudo ifconfig eth0 192.168.0.111
              netmask 255.255.255.0
```

Ein Gateway wird über das `route`-Kommando definiert:

```
user$ route add default gw 192.168.0.254
```

Der korrekte Eintrag in die Routing-Tabelle lässt sich durch Aufruf des Befehls `route` (ohne Parameter) testen. Zusätzlich muss noch der Nameserver in der Datei */etc/resolv.conf* wie folgt eingetragen werden:

```
nameserver 192.168.0.254
```

Sollten Sie über mehrere Netzwerk-Devices verfügen (z. B. zusätzlich zum Ethernet-Device ein WLAN-Modul), dann können Sie die jeweils nicht verwendete Netzwerkschnittstelle wie folgt temporär deaktivieren: [«]

```
user$ sudo ifconfig eth0 down
```

Der entsprechende Befehl zur Reaktivierung lautet:

```
user$ sudo ifconfig eth0 up
```

Danach müssen Sie gegebenenfalls die Defaultroute neu setzen.

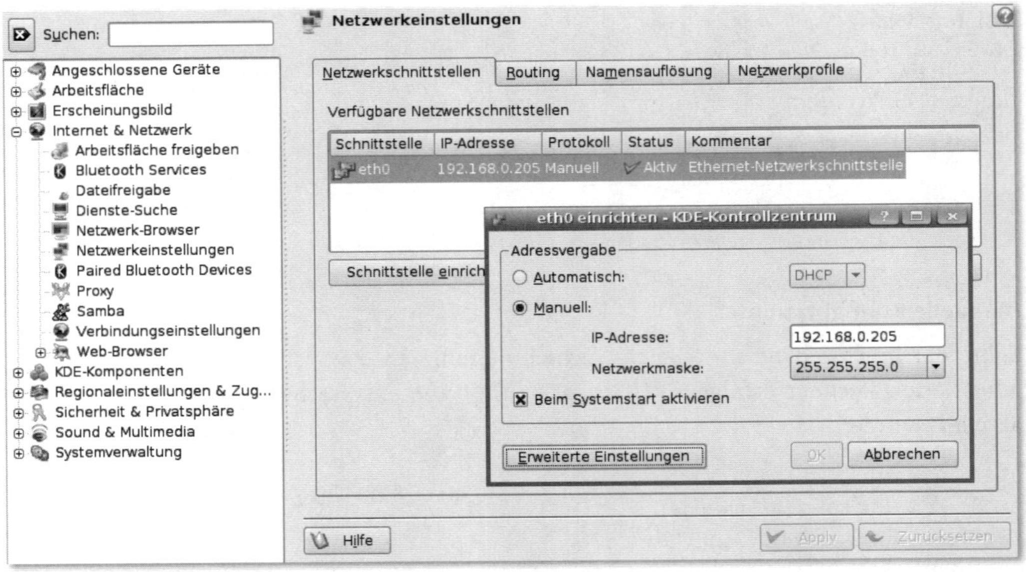

Abbildung 19.2 Netzwerkkonfiguration im KDE-Kontrollzentrum

KDE-Werkzeug zur Netzwerkkonfiguration

Die Konfiguration Ihrer Netzwerkschnittstelle nehmen Sie bei KDE im Kontrollzentrum vor. Dazu ist es notwendig, das entsprechende Modul im Superusermodus auszuführen. Ausgehend von einer Konsole starten Sie das Kontrollzentrum mit folgendem Befehl:

```
user$ kdesu kcontrol
```

Begeben Sie sich nun in das Untermenü INTERNET & NETZWERK • NETZWERKEINSTELLUNGEN. Dort können Sie die im vorherigen Abschnitt beschriebenen Einstellungen vornehmen. Die Syntax bzw. die Untermenüs ähneln stark denen des GNOME-Tools, sodass an dieser Stelle nicht weiter auf die einzelnen Punkte eingegangen werden muss.

19.3 Internetzugang per DSL

Die *Digital Subscriber Line* (DSL) ist zurzeit die schnellste Internetanbindung für Privatanwender. Inzwischen etabliert sich aufgrund stark gefallener Preise die sogenannte *Flatrate* zum Standard für diese Art der Verbindung. Die Einrichtung gestaltet sich einfach. Wenn Sie hingegen Ihre DSL-Leitung nur bei Bedarf aktivieren, dann habe ich am Ende dieses Abschnittes einige Tipps für Sie.

DSL und Router

Die einfachste Möglichkeit ins Internet zu gelangen, bietet die Verwendung einer Kombination aus DSL-Modem und LAN-Router. An dieser Stelle sollen kurz die Konfigurationsschritte bezogen auf den Router besprochen werden.

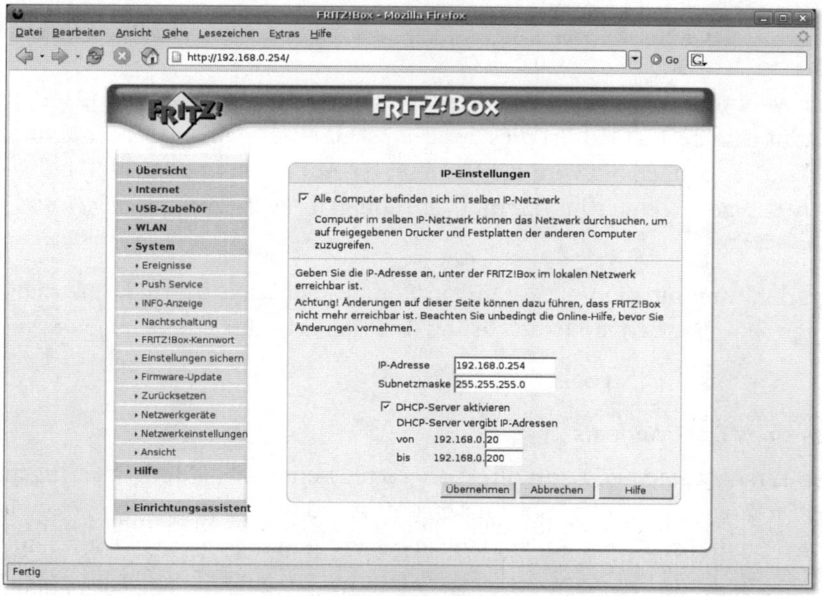

Abbildung 19.3 Einsatz eines Universalrouters zur Herstellung der Internetverbindung

Web-Interface

Moderne Router lassen sich heute via Webbrowser-Interface konfigurieren. Schauen Sie im Handbuch Ihres Routers nach, unter welcher IP-Adresse dieser zu erreichen ist. Geben Sie diese Adresse in der Adresszeile Ihres Browsers ein. Loggen Sie sich nun in den Administratorbereich des Routers ein. Konfigurieren Sie im Router folgende Punkte:

- **Dynamische IP Vergabe**
  Hier wird jedem im Netz befindlichen Computer automatisch eine IP-Adresse zugeteilt.

- **Internetprovider/Zugangsdaten**
  Bei T-Online ist hier beispielsweise die Nutzerkennung in der Form

  ```
  <Anschlusskennung><T-Online-Nr>#0001@t-online.de
  ```

  sowie das Zugangspasswort einzutragen. Nutzer der T-Com-Business-Produkte tragen die Loginkennung folgendermaßen ein:

  ```
  t-online-com/<Benutzerkennung>@t-online-com.de
  ```

Netzwerkkarte

Seitens des Ubuntu-PCs konfigurieren Sie, wie bereits beschrieben, lediglich die Ethernet-Karte. Dort sollte die automatische IP-Adressenvergabe angewählt werden. Als Standard-Gateway geben Sie die IP-Adresse des Routers an, ebenso ist mit der Nameserver-IP zu verfahren.

Prüfen

Nun können Sie per Webbrowser prüfen, ob der Router in Verbindung mit dem DSL-Modem eine Internetverbindung hergestellt hat. Ist dies der Fall, ist zu testen, ob der PC den Router via `ping` erreichen kann. Anschließend wird die Nameserver-Anbindung überprüft: Sind Sie in der Lage, einen beliebigen Rechner im Internet »anzupingen« (z. B. *www.google.de*), steht die Verbindung.

Die Verwendung der Kombination DSL-Modem/Router hat den Vorteil, betriebssystemunabhängig zu sein. Die beschriebene Lösung funktioniert mit allen gängigen Systemen.

Direkter Anschluss eines DSL-Modems

Sollten Sie nur über einen einzigen PC nebst direkt angeschlossenem DSL-Modem verfügen, ist folgendermaßen vorzugehen: Stellen Sie zunächst sicher, dass die Pakete *pppoe* sowie *pppoeconf* auf Ihrem System installiert sind. Starten Sie das Programm *pppoeconf*. Dieses hilft Ihnen bei der Einrichtung Ihres DSL-Zugangs. PPPoE steht hierbei für »PPP over Ethernet«, den Standard für DSL-Zugänge in Deutschland. [1]

```
user$ sudo pppoeconf
```

Nach dem Start des Programms ist zunächst die Netzwerkschnittstelle auszuwählen, an welcher das DSL-Modem angeschlossen ist. Das Programm sucht nun einen PPPoE-Access-Concentrator, das heißt auf gut Deutsch: ein DSL-Modem.

Das Programm *pppoeconf* bietet ausschließlich englische Dialoge. Nachdem das Modem identifiziert wurde, wird nun die Konfiguration der Providerzugangsdaten vorgenommen.

Dazu ist zunächst die Abfrage, ob die Datei */etc/ppp/providers/peers/dsl-provider* modifiziert werden soll, zu bestätigen. Anschließend werden einige Standardkonfigurationseinstellungen durchlaufen; die entsprechenden Dialoge sind ebenfalls zu bestätigen. Wichtig ist schließlich die Eintragung des Provider-Loginnamens im Menü Username (siehe Abbildung 19.4): Im Falle eines T-Online-Accounts hat dieser stets die Form `<Anschlusskennung><T-Online-Nr.>` #0001@`t-online.de`. Anschließend geben Sie noch Ihr Zugangspasswort ein. Die folgenden Abfragen sind ebenfalls wieder zu bestätigen, unter anderem wird

1 In Österreich verwenden die meisten Provider das PPTP-Protokoll. Eine Anleitung für diese Variante finden Sie unter *http://howto.htlw16.ac.at/at-highspeed-howto-2.html*.

die IP-Adresse eines Nameservers konfiguriert. Die Konfigurationsdaten werden schließlich in der Datei */etc/ppp/peers/dsl-provider* gespeichert.

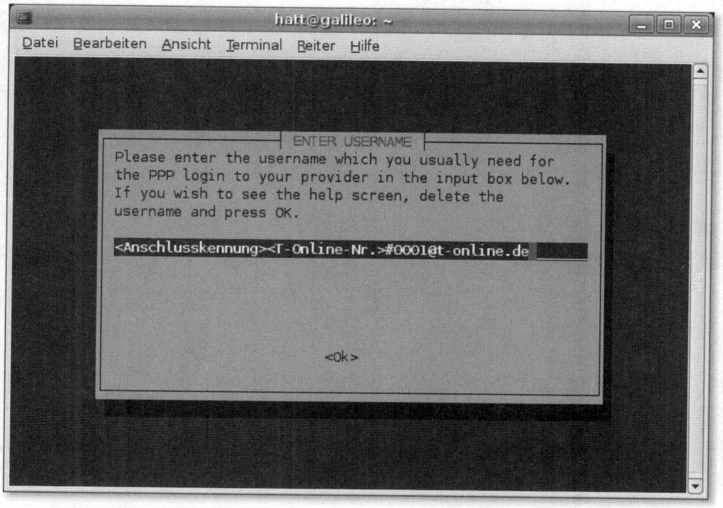

Abbildung 19.4 Eingeben der Providerdaten in pppoeconf

Abschließend erscheint die Nachfrage, ob der PPPoE-Daemon bereits beim Booten gestartet werden soll – eine Möglichkeit, von der insbesondere Besitzer einer Flatrate Gebrauch machen können.

Damit wäre Ihr Internetzugang konfiguriert. Sie können die Verbindung nun manuell mit dem Befehl `sudo pon dsl-provider` starten und mit `sudo poff` wieder stoppen. [«]

Ob Sie Erfolg hatten, zeigt ein Blick in die Log-Datei */var/log/messages*:

```
user$ sudo tail -f /var/log/messages
[...]
PAP authetication succeeded
local IP adress 80.128.28.165
remote IP adress 217.0.116.165
```

Alternativ können Sie an dieser Stelle auch das Kommando `plog` verwenden. Abschließend können Sie testen, ob z. B. mit dem Browser Seiten im Internet aufgerufen werden können. Die Verbindung kann schließlich manuell mit dem Befehl

```
user$ poff dsl-provider
```

beendet werden.

19.4 ISDN

Obwohl ISDN im Vergleich zu DSL etwas aus der Mode gekommen ist, bietet diese Variante in strukturschwachen Gegenden immer noch die schnellste und zuverlässigste Möglichkeit, ohne DSL-Anschluss ins Internet zu gelangen. Es soll nicht verschwiegen werden, dass die saubere Einrichtung des ISDN-Subsystems unter Ubuntu mit einiger Handarbeit (sprich: der Installation zusätzlicher Software und dem Editieren von Konfigurationsdateien) verbunden ist. Der Grund: ISDN ist weltweit wenig verbreitet.

Die beste Linux-Unterstützung bietet ISDN-Hardware der Firma AVM, besser bekannt als Fritz!Card.[2] Die Inbetriebnahme einer solchen Karte in der einfachen PCI-Version soll nachfolgend beschrieben werden. Für komplexere Szenarien wie die Verwendung von USB-Hardware konsultieren Sie am besten das Ubuntu-Wiki.

[»] Die Treiber für die meisten ISDN-Modems von AVM erhalten Sie, wenn Sie das Paket *ubuntu-restricted-extras* installieren. Gleichzeitig erhalten Sie übrigens auch viele Multimedia-Codecs, um Dateien im MP3-Format hören zu können. Kubuntu-Nutzer installieren *kubuntu-restricted-extras*.

Sollte die automatische Einbindung Ihres ISDN-Modems nicht funktionieren, bietet sich die manuelle Herangehensweise an. Gehen Sie wie folgt vor:

Vorgehensweise

Folgende Pakete werden für die Fritz!Card benötigt (die Kernelversion liefert der Befehl `uname -r`):

- *linux-restricted-modules-<Kernelvers.>*
- *avm-fritz-firmware*
- *avm-fritz-firmware-<Kernelvers.>*
- *capiutils*
- *isdnutils*
- *libcapi20-3*
- *pppdcapiplugin*

Das Paket `isdnutils` stellt eine Reihe nützlicher Dienstprogramme zur Verfügung. Während der Installation der Pakete werden Sie bereits aufgefordert, die Daten Ihres Providers ein-

2 An dieser Stelle soll nicht verschwiegen werden, dass es aufgrund einer restriktiveren Politik der Kernelprogrammierer zunehmend schwierig wird, Hardware, die proprietäre Treiber erfordert, wie z. B. auch die Fritz!Card, unter Linux zum Laufen zu bringen. Sollten Sie Probleme mit der Inbetriebnahme Ihrer ISDN-Hardware haben, so konsultieren Sie am besten das Ubuntu-Wiki.

zugeben. Dies kann allerdings auch später noch nachgeholt werden. Nach Einbau der Karte wird ISDN unter Ubuntu folgendermaßen eingerichtet.

Ergänzen Sie in der Datei */etc/modules* folgende Zeile (Root-Rechte erforderlich):

```
# Auszug aus /etc/modules
capidrv
capi
```

Das Laden des Moduls *hisax* sollte hingegen verhindert werden, indem Sie das Modul in eine Blacklist schreiben. Diese legen Sie als Superuser im Verzeichnis */etc/modprobe.d* beispielsweise als *blacklist-hisax* neu an und schreiben in die Datei **[!]**

```
# Auszug aus /etc/modprobe.d/blacklist-hisax
blacklist hisax
```

Danach laden Sie die Module mit folgendem Befehl neu:

```
user$ sudo /etc/init.d/module-init-tools
```

Ob die Module korrekt geladen wurden, erfahren Sie mit folgendem Befehl:

```
user$ lsmod | grep capi
capi         20352  0
capidrv      33268  1
isdn         153504  1 capidrv
capifs       6408  2 capi
kernelcapi   49920  3 capi,capidrv,fcpci
```

Testen Sie, ob die CAPI-Schnittstelle korrekt geladen wurde, indem Sie den Befehl `capiinfo` eingeben. Jetzt müssen Sie nur noch die Zugangsdaten zum Provider eingeben. Dies erledigen Sie bei Ubuntu am bequemsten mit dem Netzwerkkonfigurationswerkzeug (SYSTEM • ADMINISTRATION • NETZWERK, siehe Abbildung 19.5). Wählen Sie dort den Punkt ISDN-VERBINDUNG, und klicken Sie die Schaltfläche EIGENSCHAFTEN an. Geben Sie nun die Telefonnummer sowie Login und Passwort für Ihren Provider an. Aktivieren Sie den ISDN-Anschluss. Verfolgen Sie die Meldungen in der Systemlogdatei. Sollten Sie sich nun nicht beim Provider einloggen können, so kann es daran liegen, dass Sie in der Datei */etc/ppp/peers/ppp0* noch folgende Zeile auskommentieren bzw. löschen müssen:

```
plugin userpass.so
```

Reaktivieren Sie das ISDN-Modul im Netzwerkkonfigurationstool, die Verbindung sollte nun stehen.

Zur einfacheren Bedienung können Sie nun in die Taskleiste ein Symbol zur ISDN-Kontrolle integrieren (ZUM PANEL HINZUFÜGEN • SYSTEM UND HARDWARE • MODEM ÜBERWACHEN). Die ISDN-Verbindung kann dann bequem per rechtem Mausklick auf das Symbol aktiviert werden.

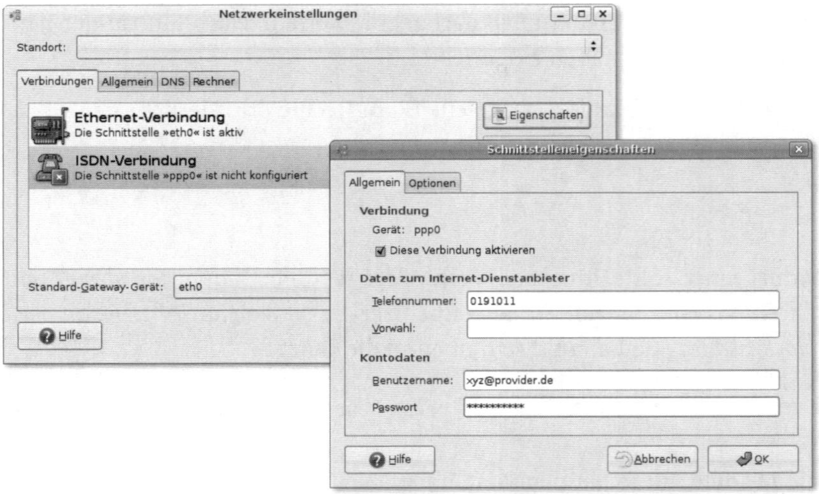

Abbildung 19.5 Konfiguration einer ISDN-Verbindung

Manuelles Konfigurieren der Verbindung

Sie können die Verbindung natürlich auch auf der Kommandozeile konfigurieren, was sich unter anderem beim Einsatz von Kubuntu anbietet. Dazu müssen Sie die Authentifizierungsdatei für Ihren Provider editieren. Hierzu verwenden Sie am besten eine der existierenden Dateien unter */etc/ppp/peers/isdn* und benennen diese in *<Providername>* um:

```
# Auszug aus /etc/ppp/peers/isdn/<Providername>
password <Mein Passwort>
user <Meine Loginkennung>
number <Nummer des Providers>
```

In der Datei sind also die Loginkennung Ihres Providers sowie das Passwort einzugeben.

Die Verbindung wird nun mit folgendem Befehl getestet:

```
user$ sudo pon isdn/<Providername>
```

Ob der Verbindungsaufbau erfolgreich war, zeigt ein Blick in die Datei */var/log/messages* (vergleiche Abschnitt 19.3). Unterbrochen wird die Verbindung wieder mit

```
user$ poff isdn/<Providername>
```

Abschließend ist es noch wichtig, zur Namensauflösung im Internet die IP eines Nameservers explizit in der Datei */etc/resolv.conf* zu definieren:

```
# Auszug aus /etc/resolv.conf
nameserver 194.25.2.129
```

Wer das An- und Ausschalten der Internetverbindung unter Ubuntu etwas bequemer haben möchte, installiert das grafische Werkzeug *gppon* (siehe Abbildung 19.6).

Abbildung 19.6 Grafisches Werkzeug zum Ein-/Ausschalten der ISDN-Verbindung

KDE und ISDN

Die obige Anleitung ist für KDE- bzw. Kubuntu-Anwender gleichermaßen geeignet. Leider sind die beschriebenen Klimmzüge derzeit noch notwendig, um mit Ubuntu per ISDN ins Internet zu gelangen. Es wäre wünschenswert, dass bei zukünftigen Ubuntu-Releases ein entsprechendes benutzerfreundliches grafisches Werkzeug zur Konfiguration der ISDN-Hardware beigefügt würde. Die Verwaltung des ISDN-Zugangs erfolgt nach Einrichtung der Hardware bequem mit dem KDE-Tool *Kppp*, das Sie im K-Menü im Unterverzeichnis INTERNET finden.

Weitere Informationen zur Einrichtung einer Vielzahl von ISDN-Hardware-Komponenten finden Sie unter *www.ubuntuusers.de*. Dort ist unter anderem auch die Einrichtung einer ISDN-PCMCIA-Karte sowie einer Fritz!Card-USB beschrieben.

19.5 Modem

Auch im Zeitalter von DSL hat das gute alte Modem weiterhin durchaus seine Daseinsberechtigung. Nicht jedes Hotel auf der Welt verfügt nämlich über einen Highspeed-Internetanschluss, und dann ist man dankbar, wenn man sein Laptop per Modem ins Internet bringen kann. Apropos Laptop: Die in gängigen Notebooks eingesetzten, sogenannten Win-Modems verhalten sich in diesem Zusammenhang meist problematisch, da sie spezielle Treiber erfordern. Völlig unkompliziert hingegen verhalten sich externe Modems, die über die serielle Schnittstelle an den Computer angeschlossen werden. Diese lassen sich auch unter Linux problemlos verwenden.

Verschiedene Schnittstellen

Aber auch andere Modemtypen werden mittlerweile von Ubuntu »out of the box« unterstützt: Bluetooth-Funkadapter, USB-Modems oder auch Infrarotschnittstellen lassen sich einsetzen. Im Folgenden wird die Installation und Konfiguration eines gewöhnlichen seriellen Modems unter Ubuntu gezeigt.

- Schließen Sie Ihr Modem an den Computer an, und starten Sie das Werkzeug zur Netzwerkkonfiguration über die Menüpunkte SYSTEM • ADMINISTRATION • NETZWERK. Im Untermenü VERBINDUNGEN erscheint nun ein Symbol für die Modemverbindung. Wählen Sie hier die passende Modemverbindung aus, und betätigen Sie anschließend den Knopf

EIGENSCHAFTEN. Um auf die Hardware zugreifen zu können, markieren Sie im nun folgenden Fenster den Schalter DIESE VERBINDUNG AKTIVIEREN und tragen die Zugangsdaten zu Ihrem Provider ein (siehe Abbildung 19.7).

- Wechseln Sie nun in das Untermenü MODEM und starten Sie die automatische Hardwareerkennung über den Button AUTO-ERKENNUNG. Ein serielles Modem sollte üblicherweise an der Schnittstelle */dev/ttyS0* hängen. Als Wahlverfahren ist »Ton« anzugeben, für einen ersten Test sollte auch der Lautsprecher des Modems auf mittlere Lautstärke eingestellt werden. Wenn Sie in Zukunft eine automatische Anwahl der Internetverbindung wünschen, so markieren Sie den Punkt MODEM ALS VORGABEROUTE INS INTERNET VERWENDEN.

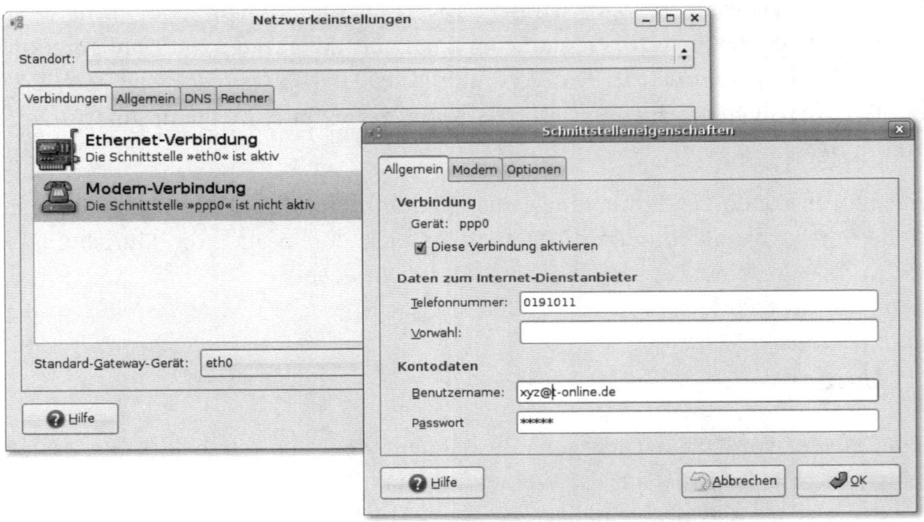

Abbildung 19.7 Konfiguration eines seriellen Modems

- Aktivieren Sie nach Eingabe der Daten die Modemverbindung über VERBINDUNGEN • AKTIVIEREN. Dabei sollte dann die Verbindung zum Provider hergestellt werden. Die Logdatei */var/log/messages* gibt wieder Auskunft über den Status der Verbindung.

- Wenn Sie über eine Nebenstellenanlage ins Internet gehen, ist das Verfahren etwas komplizierter: Tragen Sie Ihre Zugangsdaten in den Dialog ein, aktivieren Sie aber das Modem zunächst nicht. Bestätigen Sie die Änderungen, und verlassen Sie das Programm mit *OK*. Für das Modem wurde eine Datei */etc/chatscripts/ppp0* erstellt, die folgendermaßen zu editieren ist:

```
# Auszug aus /etc/chatscript/ppp0
OK-AT-OK "ATDTX3DT0,W<Providertelefonnummer>"
```

Hinter dem Kommando `AT` folgt also zunächst der Befehl `X3` (Modem an Nebenstellenanlage), der Providertelefonnummer wird ein `0,W` vorangestellt (Amt mit `0` holen, warten auf Freizeichen). Damit sollte die Einwahl nach der Aktivierung des Modems über den Netzwerkmanager auch an einer Nebenstellenanlage gelingen.

Die Modemverbindung wird mit folgendem Befehl getestet:

```
user$ pon ppp0
```

Verfolgen Sie parallel die Ausgaben der Systemlogdatei */var/log/messages* über folgenden Befehl:

```
user$ sudo tail -f /var/log/messages
...
ATX3DT0,W0191011
CONNECT
...
Connect: ppp0 <--> /dev/ttyS0
PAP authentication succeeded
local IP adress 217.245.120.146
...
```

Sollte an dieser Stelle die Meldung *PAP authentification failed* erscheinen, so überprüfen Sie bitte Ihre Logindaten (Kennung, Passwort). Die Verbindung wird wieder beendet mit

```
user$ poff ppp0
```

Auch hier können Sie für die einfache Anwahl wieder das grafische Programm *gppp* installieren (vergleiche Abschnitt 19.4 auf Seite 552).

Modems unter KDE: KPPP

KDE- bzw. Kubuntu-Anwender finden im Tool *KPPP* eine Lösung zur Modemkonfiguration. Das Programm wird entweder aus dem *K-Menü* (INTERNET • KPPP) oder mit Root-Rechten aus einer Konsole über folgenden Befehl gestartet:

```
user$ kdesu kppp
```

Nach dem Programmstart muss zunächst über die Schaltfläche EINRICHTEN eine neue Modemverbindung erstellt werden. Dazu ist die Hardware zu testen. Wählen Sie das Untermenü MODEMS und definieren Sie über NEU ein neues Gerät. Sie haben die Möglichkeit, die Verbindung zum Modem über die Schaltfläche MODEM ABFRAGEN im Untermenü MODEM zu prüfen. An dieser Stelle haben Sie zudem die Möglichkeit, über den Punkt MODEMBEFEHLE eigene Initialisierungs-Strings zu definieren, z. B. ATX3 bei Betrieb an einer Nebenstellenanlage.

Nach der Konfiguration der Hardware muss im Hauptmenü ein Provider-Eintrag über den Schalter ZUGÄNGE definiert werden. Die Bestätigung des Wahlfelds PASSWORT SPEICHERN erspart Ihnen die wiederholte Passworteingabe bei jedem Einwahlvorgang.

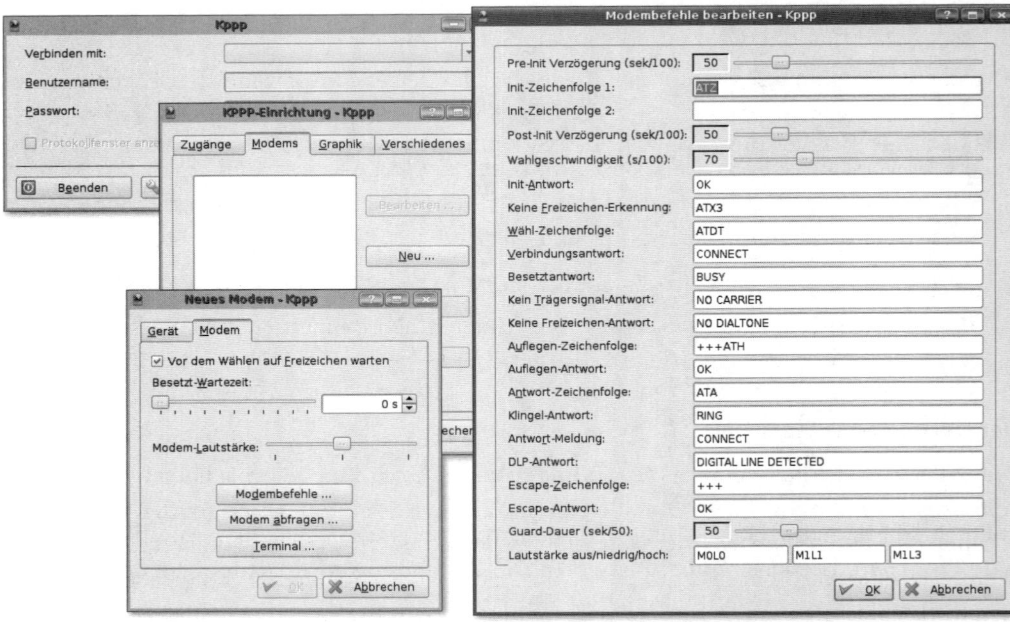

Abbildung 19.8 KPPP: Modemkonfiguration unter KDE

19.6 WLAN einrichten

Still und heimlich schickt sich der WLAN-Standard derzeit an, den momentan für Privatnutzer noch unrentablen UMTS-Netzen den Rang abzulaufen. Ubuntu bringt zur Konfiguration und Nutzung der drahtlosen Netzwerke sämtliche erforderliche Software mit.

Ein wenig Theorie

Grundsätzlich unterscheidet man folgende Betriebsmodi bzw. Zugriffsarten im WLAN:

- Im *Ad-hoc-* oder *Peer-to-Peer-*Modus sind verschiedene Computer mit einer WLAN-Karte ausgestattet und verbinden sich ohne zentrale Anlaufstelle ad hoc miteinander.
- Im *Managed-* oder *Infrastructure-Modus* existiert ein WLAN-Router bzw. -Switch im Netz, der die Datenpakete an die einzelnen Netzteilnehmer verteilt.

Wir werden uns im Folgenden mit der zweiten Variante beschäftigen, die vorgestellten Techniken sind aber leicht auf Ad-hoc-Netze zu übertragen.

In diesem Zusammenhang noch einige Worte zur Sicherheit von WLANs: Laut einer Studie der renommierten Computerzeitschrift *c't* steht jedes zweite WLAN in Deutschland offen wie ein Scheunentor. Die Besitzer von WLAN-Routern machen sich meist nicht die geringste Mühe, ihr Netz auch nur mit einfachsten Sicherheitsvorkehrungen abzusichern. Dazu gehören in jedem Fall die folgenden Punkte. **[!]**

- Sicheres Konfigurationspasswort für den Router setzen: In den meisten Fällen machen sich die Anwender noch nicht einmal die Mühe, das Standardpasswort umzudefinieren.
- WLAN-Verschlüsselung mit WEP-Schlüssel: Es sollte auf jeden Fall ein 128-Bit-Schlüssel für das Netzwerk definiert werden, um unliebsamen Gästen den Einstieg ins Netz so schwer wie möglich zu machen.
- Noch besser ist die Verschlüsselung über WPA (WiFi Protected Access). Die Verschlüsselung des drahtlosen Netzwerks wird hier durch einen dynamischen Schlüssel realisiert. WPA gilt im Vergleich zu WEP als relativ sicher.

Der Network-Manager

Die einfachste Art der Netzwerkverwaltung versteckt sich im oberen Panel auf der rechten Seite (siehe Abbildung 19.9). Durch einen einfachen Klick auf das Symbol der Bildschirme erhalten Sie eine Übersicht der aktuell ereichbaren Funknetze und Kabelverbindungen. Wenn Sie eine Verbindung markieren, erscheint ein Dialogfenster, die die Eingabe des Netzwerkschlüssels (Hex, ASCII) und die Art der Verschlüsselung (WEP, WPA) erfragt.

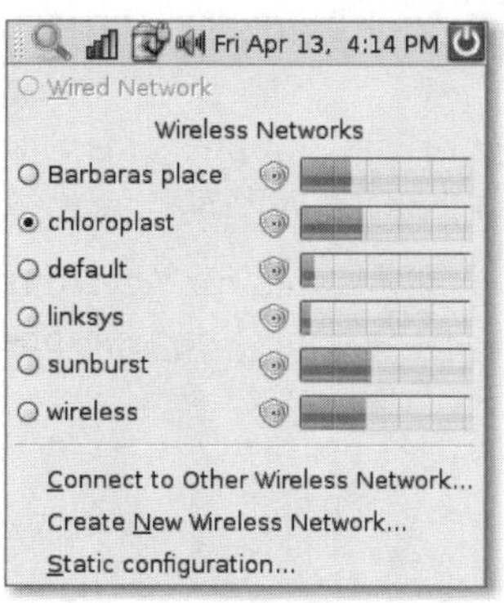

Abbildung 19.9 Der Network-Manager erleichtert das Wechseln der Netzwerke.

Bei manchen Hardware-Konstellationen bereitet der *Network-Manager* teilweise erhebliche Probleme. Hier hilft eine Deinstallation, wie in Abschnitt 19.2 auf Seite 546 beschrieben. **[+]**

Basiskonfiguration

Grundsätzlich sollte für den Betrieb einer WLAN-Karte das Paket *wireless-tools* installiert sein. Es enthält einige Werkzeuge, um die Einstellungen der Karte zu bearbeiten und sich

Informationen über das WLAN anzeigen zu lassen. Falls Sie im Besitz einer PCMCIA-WLAN-Karte sind, muss zusätzlich das Paket *pcmcia-cs* installiert sein. Normalerweise sind diese Pakete standardmäßig installiert, wenn Ubuntu bei der Installation Ihre Hardware korrekt erkannt hat.

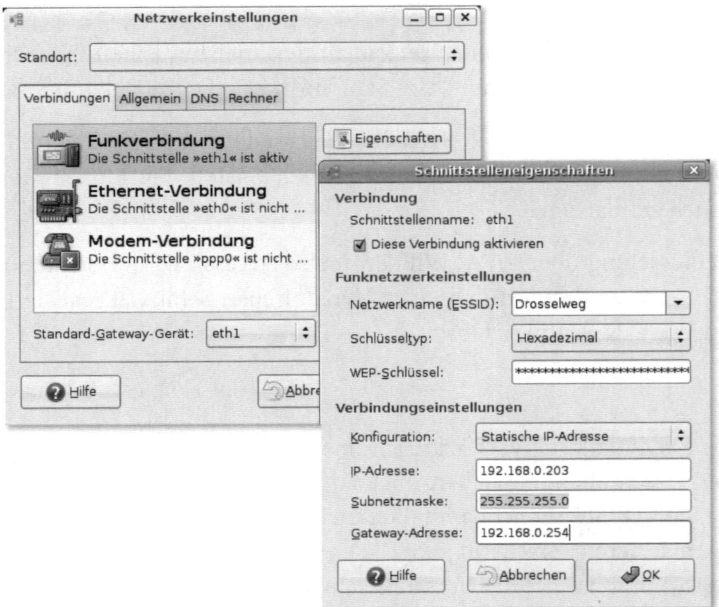

Abbildung 19.10 Konfiguration der WLAN-Schnittstelle

Intels Centrino-Hardware wird bereits während des Bootens erkannt, die komplexe Installation der Originaltreiber mit der *NdisWrapper*-Software entfällt hier. Um die WLAN-Hardware einzubinden, gehen Sie folgendermaßen vor:

- Prüfen Sie zunächst, ob die WLAN-Hardware erkannt wurde. Dies geht am schnellsten über eine Konsole durch Eingabe des Befehls `iwconfig`:

  ```
  user$ iwconfig
  eth0      no wireless extensions.
  eth1      unassociated  ESSID:off/any
            Mode:Managed  Channel=0
            Access Point: 00:00:00:00:00:00
  ...
  ```

  Im vorliegenden Fall ist der Rechner mit einer Ethernet-Schnittstelle `eth0` sowie einer WLAN-Schnittstelle `eth1` ausgestattet.

- Nun können Sie das Netzwerkkonfigurationstool verwenden, um die WLAN-Schnittstelle einzurichten. Starten Sie das Tool über das Menü System • Systemverwal-

TUNG • NETZWERK, und wählen Sie dort den Verbindungstyp FUNKVERBINDUNG. Die vorzunehmenden Einstellungen erledigen Sie über das Menü EIGENSCHAFTEN. Hier ist dem Device gegebenenfalls eine IP-Adresse manuell zuzuordnen bzw. die IP-Adresse per DHCP zu holen (siehe Abbildung 19.10).

- Weiterhin sind der Name des verwendeten Funknetzes (die sogenannte ESSID) sowie ein WEP-Schlüssel zu definieren. Letzterer bedingt die Eingabe eines Hexadezimalcodes. Ein gültiger Schlüssel wäre beispielsweise die Zeichenfolge 3d583028677e24495e2651782b.
- Definieren Sie nun gegebenenfalls noch einen Gateway und einen Nameserver (siehe dazu auch Abschnitt 19.2), verlassen Sie den Dialog und deaktivieren Sie für den WLAN-Test Ihre Ethernet-Schnittstelle. Nach der Aktivierung der Funknetzverbindung sollte ein `ping` auf den Router bzw. einen anderen konfigurierten Rechner eine Antwort des adressierten Rechners ergeben.

KDE-Tool: Wireless Assistant

Unter KDE verwenden Sie zur Basiskonfiguration des WLAN das Tool *Wireless Assistant*. Dieses Programm zeigt insbesondere auch die Stärke der zur Verfügung stehenden drahtlosen Netzwerke an. Mit einem Rechtsklick auf das entsprechende Netzwerk starten Sie die Konfiguration. Wie alle Kubuntu-Programme lässt sich *Wireless Assistant* selbstverständlich auch unter GNOME nutzen (siehe Abbildung 19.11).

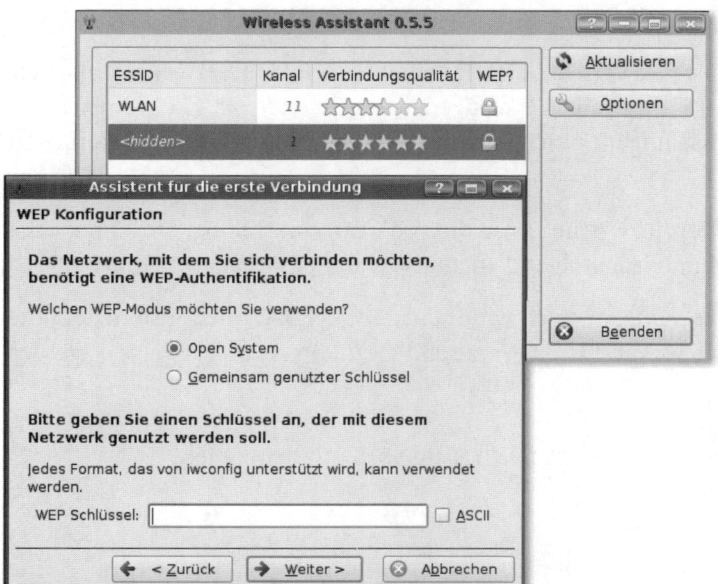

Abbildung 19.11 Aufspüren von drahtlosen Netzwerken mit dem Wireless Assistant

Wahlweise haben Sie unter KDE auch die Möglichkeit, das WLAN über die Systemeinstellungen (K-Menü • Systemeinstellungen • Internet & Netzwerk • Netzwerkeinstellungen) einzurichten.

Für alle Desktop-Umgebungen: Konfigurationsdatei bearbeiten

Manchmal kann es Probleme mit den grafischen Oberflächen zur WLAN-Einrichtung geben. Dann bietet sich die Konfiguration durch das Editieren der Konfigurationsdatei an.

Öffnen Sie mit Root-Rechten die Datei */etc/network/interfaces*, und fügen Sie Folgendes hinzu (anstelle von eth1 müssen Sie eventuell die Bezeichnung Ihrer WLAN-Karte angeben):

```
iface eth1 inet dhcp
wireless-essid <ihrewlanessid>
wireless-key ***********

auto eth1
```

Anschließend starten Sie das Netzwerkgerät mit den folgenden Befehlen einmal neu:

```
sudo ifconfig eth1 down
sudo ifconfig eth1 up
```

Nun gelangen Sie per WLAN ins Internet.

WPA-Verschlüsselung einrichten

Während die oben beschriebene Verschlüsselungsvariante WEP mittlerweile von jedem halbwegs begabten »Skript-Kiddie« mit Werkzeugen wie *airsnort* geknackt werden kann, gilt die WPA-/PSK-Verschlüsselung derzeit noch als relativ sicher. WPA steht hierbei für »WiFi Protected Access«.

[»] Der *NetworkManager* akzeptiert inzwischen auch die WPA-Verschlüsselung. Sie können aber bei Problemen oder Zweifeln die nachfolgende manuelle Konfiguration vornehmen.

Die Datei */etc/wpa_supplicant.conf* kann auch von Hand angelegt bzw. die Musterdatei unter */usr/share/doc/wpasuppl icant/examples* in das Verzeichnis */etc* kopiert und angepasst werden.

```
user$ sudo touch /etc/wpa_supplicant.conf
```

Der obige Befehl legt zunächst die leere Datei an. Nun wird mit dem Befehl

```
user$ sudo wpa_passphrase <ESSID des Netzes> \
<WPA Schlüssel>
```

ein verschlüsselter PSK (Pre Shared Key) erzeugt. Der WPA-Schlüssel kann ein beliebiger Klartextausdruck sein, der zwischen 8 und 63 Zeichen lang ist. Der durch den Befehl erzeugte Hexadezimalschlüssel wird nun in die Datei */etc/wpa_supplicant.conf* eingetragen:

```
# Auszug aus /etc/wpa_supplicant.conf
ctrl_interface=/var/run/wpa_supplicant
eapol_version=1
ap_scan=2
network={
      ssid=<ESSID des Netzes>
      proto=WPA
      key_mgmt=WPA-PSK
      pairwise=TKIP
      group=TKIP CCMP
      psk=<Verschlüsselter PSK, der via
           wpa_passphrase erzeugt wurde>
}
```

Routerseitig ist der PSK ebenfalls einzutragen. Nun müssen Sie noch die Datei */etc/default/wpasupplicant* modifizieren:

```
# Auszug aus /etc/default/wpasupplicant
ENABLED=1
OPTIONS="-w -i eth1 -D ipw -B"
```

Hierbei sind *eth1* und *ipw* durch die verwendete Schnittstelle und den verwendeten Treiber zu ersetzen. Durch den Parameter ENABLED=1 wird die WPA-Verschlüsselung aktiviert. Der eigentliche Verschlüsselungsdaemon kann nun über

```
user$ sudo /etc/init.d/wpa_supplicant start
```

gestartet und mit dem Parameter `stop` wieder angehalten werden. Soll das Ganze automatisch bei Aktivierung des Netzwerk-Interfaces während der Bootzeit erfolgen, so trägt man den obigen Befehl bzw. dessen Parameter in die Datei */etc/network/interfaces* ein.

19.7 Grafikkarten einrichten

Grafikkarten steuern in Ihrem Computer die Bildschirmanzeige. Sie sind entweder als Erweiterungskarten oder als Chipsatz auf der Hauptplatine (Mainboard) des Computers vorhanden. Auch wenn Sie bei Ubuntu sofort nach der Installation eine grafische Oberfläche zur Verfügung haben, so kann es doch sein, dass Sie mit den Leistungen der Bildschirmanzeige nicht zufrieden sind. Mehrere Situationen können dazu Anlass geben:

- Sie möchten gerne eine Auflösung von 1600 x 1200 haben, Ubuntu lässt aber nur 1280 x 1024 als Maximum zu?
- Sie haben störende Artefakte auf Ihrem Desktop?
- Sie können keine 3-D-Spiele spielen, weil die Darstellung nur ruckelt?

Für einige dieser Probleme gibt es leider nur eine Lösung: Sie brauchen proprietäre Grafikkartentreiber. Ich werde im Folgenden beschreiben, wie Sie diese Treiber installieren.

Fähigkeiten testen

Es gibt viele verschiedene Hersteller von Grafikkarten und fast jeder von ihnen hat eigene Treiber. Wenn Sie nicht genau wissen, welche Grafikkarte in Ihrem Computer verbaut ist, so können Sie dies mit dem Befehl `lspci | grep VGA` im Terminal herausfinden. Sie erhalten dann eine Meldung ähnlich der folgenden:

```
00:02.0 VGA compatible controller: Intel
Corporation 82915G/GV/910GL Express
Chipset Family Graphics Controller (rev 04)
```

Um sich einen Eindruck von der aktuellen Leistungsfähigkeit Ihres Grafiksystems zu verschaffen, starten Sie am besten einmal das Tool *glxgears* aus einem Konsolenfenster heraus. Es erscheinen rotierende Zahnräder, die ausgiebig Gebrauch von der 3D-Hardwarebeschleunigung machen. Mit einem kleinen Trick bzw. Parameter lassen sich die Zahnräder auch als Benchmark zweckentfremden:

```
user$ glxgears -printfps
```

Dadurch werden die aktuellen FPS-(Frames per Second)-Werte auf der Konsole ausgegeben (siehe Abbildung 19.12).

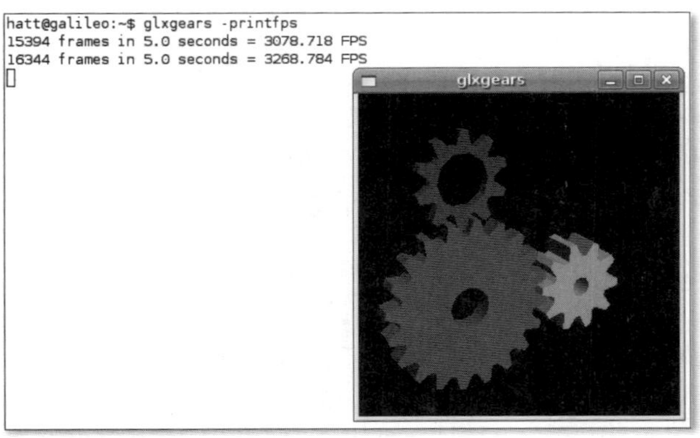

Abbildung 19.12 glxgears als Grafikbenchmarktest

Das Vorhandensein der 3-D-Beschleunigung können Sie mit dem Befehl

```
glxinfo | grep rendering
```

überprüfen. Wenn eine Antwort wie `direct rendering: Yes` erscheint, dann haben Sie bereits die 3D-Beschleunigung aktiviert.

Konfiguration sichern und Erste Hilfe

Wichtig: Sichern Sie vor jeglichen Experimenten mit dem Grafiksystem Ihre Originaldatei unter */etc/X11/xorg.conf.orig*:

```
user$ sudo cp /etc/X11/xorg.conf \
/etc/X11/xorg.conf.orig
```

Sollte das Grafiksystem nach Veränderungen an dieser Datei nicht mehr starten, so können Sie die besagte Sicherungsdatei ganz einfach wieder zurückspielen, indem Sie den vorigen Befehl umkehren:

```
user$ sudo cp /etc/X11/xorg.conf.orig \
/etc/X11/xorg.conf
```

Danach brauchen Sie den X-Server nur durch

```
user$ startx
```

wieder neu zu starten.

19.7.1 3dfx und Matrox

Die 3dfx-Grafikkarten werden von Xorg bei der Installation erkannt und funktionieren normalerweise »out of the box«. Aber auch hier bringt die Aktivierung der 3-D-Unterstützung einen merklichen Qualitätszuwachs. Für die Karten mit den Bezeichnungen »Banshee«, »Voodoo Graphics« und »Voodoo 2« wird die Bibliothek *libglide2* benötigt, für die »Voodoo 3, 4 und 5« die *libglide3*.

Installieren Sie hierzu in einem Terminal die nötigen Bibliotheken:

- *libglide2* oder
- *libglide3*

Für Grafikkarten des Herstellers Matrox ist ein entsprechender Treiber bereits in Ubuntu implementiert. Trotz allem ist auch hier eine Leistungssteigerung möglich, wenn man inoffizielle Treiber benutzt. Für weitere Informationen empfehle ich Ihnen die Seiten

- *http://wiki.ubuntuusers.de/Matrox* und
- *http://www.tuxx-home.at/*

Im genannten Wiki erhalten Sie auch eine Installationsanleitung für diese Treiber.

[!] Bei der Verwendung von inoffiziellen Treibern kann (muss aber nicht) ein höheres Risiko für den Ausfall der grafischen Oberfläche entstehen. Sie sollten auf jeden Fall Ihre Konfigurationsdatei sichern. Wie dies funktioniert, erfahren Sie in Abschnitt 19.7 auf Seite 565.

19.7.2 Intel

Wenn Sie in Ihrem Computer einen Grafikchip von Intel haben, dann gehören Sie zu der glücklichen Sorte von Benutzern, für die es einen freien 3-D-beschleunigten Treiber gibt. Dieser wird normalerweise automatisch während der Installation des Systems installiert. Intel hat seinen Treiber offengelegt und somit ist die Entwicklung eines freien Treibers möglich.

Widescreen

[»] Leider hat dieser Treiber einen kleinen Makel. Er kennt nur eine begrenzte Zahl von Auflösungen, darunter vor allem 4:3-Auflösungen. Heutige Notebooks haben aber häufig eine Widescreen-Auflösung, deren Einrichtung im Folgenden erklärt wird. Um diese Widescreen-Auflösungen korrekt einrichten zu können, brauchen Sie ein zusätzliches Paket aus den Ubuntu-Quellen (*universe*).

Installieren Sie bitte dieses Paket:

```
user$ sudo apt-get install 915resolution
```

Das Paket *915resolution* ist ein Werkzeug, um das Video-BIOS der Serie 800 und 900 zu modifizieren. Dies gilt sowohl für die Chipsätze 845G, 855G und 865G als auch für 915G, 915GM und 945G.

Durch den Aufruf von `sudo 915resolution -l` im Terminal werden alle zur Verfügung stehenden Videomodi angezeigt. Sie brauchen sich jetzt nur noch den gewünschten Modus auszusuchen, also z. B. »3c«.

Mit dem Befehl

```
user$ sudo 915resolution 3c 1400 1050
```

wird der benötigte Eintrag im BIOS erzeugt. Durch einen erneuten Aufruf von

```
user$ sudo 915resolution -l
```

können Sie das leicht überprüfen.

Durch Betätigen der Tastenkombination `Strg` + `Alt` + `Löschen` wird der XServer neu gestartet. Wenn die Modifikation des BIOS-Eintrags funktioniert hat, dann müsste nun die volle Auflösung von 1400 x 1050 Bildpunkten verwendet werden.

[!] Falls Sie durch die oben beschriebene Modifikation kein vernünftiges Bild erhalten, sollten Sie sich mit `Strg` + `Alt` + `F1` in einer Konsole anmelden und dort mit `sudo reboot` einen Neustart durchführen.

Wenn alles funktioniert hat und die volle Auflösung von 1400 x 1050 Bildpunkten genutzt wurde, muss nur noch die Modifikation des BIOS-Eintrags automatisch durchgeführt werden. Dafür ist ein Eintrag in einer Datei nötig, die nicht bei jedem PC-Start, aber vor dem Start des X-Servers, ausgeführt wird.

Diese Änderung am Video-BIOS ist nicht permanent, d. h. nach jedem Neustart ist diese Änderung wieder verloren. Um diesen unbefriedigenden Zustand zu ändern, müssen Sie ein kleines Startskript erstellen. Dazu öffnen Sie einen Editor (z. B. *gedit*) mit Root-Rechten

```
user$ sudo gedit
```

und fügen folgenden Text ein

```
#!/bin/bash
915resolution 3c 1400 1050
```

Diese Datei speichern Sie nun im Verzeichnis */etc/init.d/* unter einem beliebigen Namen, z. B. *resolutionfix.sh*.

An dieser Stelle können können Sie auch ein »Bonbon« der Konsolenarbeit erlernen, das Ihnen die Arbeit erheblich vereinfachen kann. Sie brauchen im Terminal nicht durch unzählige Ordner zu »browsen«, um ein Verzeichnis oder eine Datei zu erstellen. Sie können diese Datei auch bequem direkt im gewünschten Verzeichnis erstellen, egal wo Sie sich gerade befinden. Dazu geben Sie einfach den Pfad dieser Datei, also den Ort, an dem sie erstellt werden soll – [«]

```
user$ sudo gedit /etc/init.d/resolutionfix.sh
```

– in einer Konsole ein. Damit die eben erstellte Skriptdatei auch ausführbar ist, muss sie nun mit `chmod` verändert werden:

```
user$ sudo chmod +rx resolutionfix.sh
```

Sie können das Skript mit folgender Eingabe testen:

```
user$ sudo ./resolutionfix.sh
```

Das Skript sollte dann *915resolution* aufrufen und dessen Ausgabe anzeigen.

Zuletzt muss das Skript noch in die Startsequenz von Ubuntu eingebunden werden. Dies erreichen Sie durch die Eingabe von

```
user$ sudo update-rc.d resolutionfix.sh defaults
```

Nun sollte bei jedem Start automatisch die volle Bildschirmauflösung verwendet werden. Ist dies nicht der Fall, kann man versuchen, im Anmeldungsbildschirm den XServer mit der Tastenkombination `Strg` + `Alt` + `Löschen` neu zu starten.

19.7.3 NVIDIA

Besitzer einer Grafikkarte mit NVIDIA-Chip haben prinzipiell zwei Möglichkeiten, um die 3D-Beschleunigung ihrer Karte auszureizen: Entweder Sie nutzen die Ubuntu-Pakete für diesen Zweck oder Sie kompilieren Ihren eigenen Treiber.

[»] In 99 % aller Fälle erkennt Ubuntu Ihre Grafikkarte automatisch und installiert den passenden proprietären Treiber auf Wunsch. Hier hilft ein Blick in die *eingeschränkten Treiber* unter SYSTEM • SYSTEMVERWALTUNG • VERWALTUNG EINGESCHRÄNKTER TREIBER. Je nach Alter der Karte muss eines der folgenden Pakete installiert werden: Für ältere Hardware der Generation TNT, TNT2 und GeForce2 installieren Sie die Pakete *linux-restricted-modules-<Kernelnummer>*, sowie *nvidia-glx-legacy*. Für neuere Grafikkarten wird anstelle des Legacy-Pakets das Paket *nvidia-glx* oder *nvidia-glx-new* benötigt.

Zur Installation verwenden Sie entweder *Synaptic* oder *apt-get*. Die verwendete Kernelversion bringen Sie durch den Befehl `uname -r` in Erfahrung. Nach der Installation der Pakete muss die Datei */etc/X11/xorg.conf* noch für die Verwendung des aktuellen Treibers angepasst werden:

```
user$ sudo nvidia-xconfig
```

Alternativ können Sie auch den X-Server komplett neu konfigurieren:

```
user$ sudo dpkg-reconfigure xserver-xorg
```

Im ersten Schritt der Konfiguration wählen Sie dann anstelle von *nv* das Modul *nvidia*. Denselben Effekt hätte man übrigens, wenn man in der Datei */etc/X11/xorg.conf* in der Device-Sektion »nv« durch »nvidia« ersetzt. Nach der Neukonfiguration des X-Servers ist das grafische System neu zu starten. Am einfachsten geht das mit der Tastenkombination `Strg` + `Alt` + `Löschen`, nachdem Sie sich ordnungsgemäß aus dem Desktopmanager (also gdm bzw. kdm) ausgeloggt haben.

Treiber selbst kompilieren

1. Zunächst sollten Sie (sofern installiert) das Ubuntu-Paket *nvidia-glx* vom Rechner vollständig entfernen. Dazu gehört auch das Entfernen eines eventuell übrig gebliebenen Skripts mit folgendem Befehl:

   ```
   user$ sudo rm /etc/init.d/nvidia-glx
   ```

2. Laden Sie sich von *www.nvidia.com* über das Menü DOWNLOAD DRIVERS/ Sektion LINUX, FREEBSD AND SOLARIS den zu Ihrer Rechnerarchitektur (Intel 32 Bit, Intel 64 Bit, AMD 64 Bit) passenden Treiber herunter. Das Paket heißt *<Version>-pkg1.run*.

3. Das Paket benötigt zur Installation folgende Ubuntu-Pakete.

- *build-essential*: Hierbei handelt es sich um den C-System-Compiler und einige Pakete zum Selbstkompilieren.
- *linux-headers-<Kernelversion>*: Das sind die Kernel-Headerdateien, die zur Kompilierung der Grafiktreiber benötigt werden.

4. Wechseln Sie mit `Strg` + `Alt` + `F1` in eine Textkonsole, und beenden Sie zunächst den Login-Manager *gdm* bzw. *kdm*:

```
user$ sudo /etc/init.d/gdm stop
```

5. Wechseln Sie in das Verzeichnis der Installationsdatei, und starten Sie mit `sudo sh <Version>-pkg1.run` die NVIDIA-Installationsroutine.
6. Der Verlauf der Installationsroutine ist selbsterklärend. Das Programm erstellt nun die zu Ihrem Kernel passenden Module. Dazu werden, wie oben schon erwähnt, die Kernelheader benötigt.
7. Nun sollte noch der X-Server neu konfiguriert werden. Geben Sie dazu den folgenden Befehl ein:

```
user$ sudo dpkg-reconfigure xserver-xorg
```

   Im ersten Dialog sollten Sie entweder die automatische Erkennung der Grafikhardware wählen oder das Modul NVIDIA selektieren.
8. Nach Fertigstellung können Sie den Desktop-Manager wieder starten:

```
user$ user$ sudo /etc/init.d/gdm start
```

Abbildung 19.13 Test der 3D-Fähigkeiten mit PlanetPenguin Racer

Bei Verwendung des NVIDIA-Treibers werden Sie in Zukunft beim Start des Grafiksystems vom NVIDIA-Logo begrüßt. Testen Sie nun noch einmal Ihre Grafik mit *glxgears* – Sie werden überrascht sein. Wer noch mehr Freude an den neu erworbenen 3D-Grafikfähigkeiten haben möchte, installiert das Paket *planetpenguin-racer*. Dabei handelt es sich um ein kurzweiliges 3D-Rennspiel, welches nach der Installation über ANWENDUNGEN • SPIELE • PLANETPENGUIN RACER gestartet wird (siehe Abbildung 19.13).

Problemlösung

Folgende Tipps haben sich bewährt, wenn es Probleme gibt:

- Starten Sie Ubuntu im Recovery-Modus (siehe Abschnitt 6.4.12), und konfigurieren Sie den X-Server neu über ein

  ```
  user$ sudo dpkg-reconfigure xserver-xorg
  ```

  Deaktivieren Sie während der Konfiguration die Module `dri` und `GLCore`.

- Aktivieren Sie in der Sektion *Device* in der Datei *xorg.conf* explizit AGP durch folgenden Eintrag:

  ```
  Option "NvAGP" "1"
  #1 = use NVAGP, if possible
  ```

- Sollte GNOME nach der Installation der Grafiktreiber träge reagieren, so ergänzen Sie folgenden Eintrag in der Sektion *Device*:

  ```
  Option "RenderAccel" "true"
  ```

- Wenn Sie das NVIDIA-Logo beim Start stört, so können Sie dessen Erscheinen mit folgendem Eintrag in der Datei *xorg.conf* unterbinden:

  ```
  Option "NoLogo" "true"
  ```

WLAN oder ISDN funktionieren nicht mehr?

Wenn bei Ihnen nach der manuellen Installation des NVIDIA-Treibers das WLAN oder ISDN-Verbindung nicht mehr funktionieren, ist die Deinstallation der *linux-restricted-modules* dafür verantwortlich. In diesem Paket ist nämlich nicht nur der Treiber *nvidia-glx*enthalten, sondern auch die Treiber *avm* für viele Fritz-ISDN-Modems sowie *madwifi* für viele WLAN-Chipsätze. Mit einem kleinen Trick können Sie dieses Paket trotz des zu installierenden NVIDIA-Treibers behalten. Hierzu brauchen Sie lediglich folgende Zeile in der Datei */etc/default/linux-restricted-modules-common* einzufügen:

```
DISABLED_MODULES="nv"
```

Nun wird der unerwünschte ältere NVIDIA-Treiber nicht mehr geladen.

19.7.4 ATI

Typ Radeon

In 99 % aller Fälle erkennt Ubuntu Ihre Grafikkarte automatisch und installiert den passenden proprietären Treiber, wenn Sie dies wünschen. Hier hilft ein Blick unter SYSTEM • SYSTEMVERWALTUNG • VERWALTUNG EINGESCHRÄNKTER TREIBER. [«]

Für die älteren Radeon-Karten genügt ein einziger Eingriff in die Datei *xorg.conf*, um das System 3D-tauglich zu machen. Bitte stellen Sie zuvor sicher, dass der neuere FireGLX-Treiber aus dem System entfernt wird:

```
user$ sudo apt-get remove --purge xorg-driver-fglrx
```

Nun ändern Sie in der *xorg.conf* folgende Zeile:

```
Section "Device"
#    Driver "ati" wurde geändert in
Driver "radeon"
```

Starten Sie nun den X-Server mittels Strg + Alt + Löschen neu.

Typ FireGL

Installieren Sie zunächst die zu Ihrem Kernel-Typ passenden proprietären Module:

```
user$ sudo apt-get install linux-restricted-\
modules-<Kernelnummer>
```

Anschließend wird der FireGL-Treiber mit folgendem Befehl installiert:

```
user$ sudo apt-get install xorg-driver-fglrx
```

Nun müssen Sie noch das zu ladende Modul in die Datei */etc/modules* eintragen:

```
# Letzte Zeile in /etc/modules:
fglrx
```

Zusätzlich ist die Datei *xorg.conf* zu editieren:

```
Section "Device"
#    Driver "ati" wurde geändert in
     Driver "fglrx"
```

Nehmen Sie zusätzlich folgende Optionen in die Sektion *Device* auf:

```
Option "backingstore" "true"
Option "UseInternalAGPGART" "no"
```

Abschließend ist der X-Server neu zu starten, nun aber am besten per Reboot, da eine Änderung in der Datei */etc/modules* vorgenommen wurde.

Tipps

[»] Im Falle der Radeon-Treiber führen folgende Optionen in der *Device*-Sektion zu einer merklichen Beschleunigung der Grafikleistung:

```
Option          "EnablePageFlip"        "true"
Option          "DynamicClocks"         "true"
```

Mit dem letzten Befehl wird die dynamische Chip-Taktung des Radeon-Chips aktiviert, was insbesondere bei Laptops eine deutliche Steigerung der Akkulaufzeit bringt.

Manuelle Treiberinstallation ATI

Es steht Ihnen natürlich frei, bei Problemen die Original-ATI-Treiber nach dem Download von der ATI-Website zu installieren. Entfernen Sie zuvor die folgenden Ubuntu-Pakete aus dem System:

- *xorg-driver-fglrx*
- *fglrx-control*

Ersetzen Sie in der Datei */etc/X11/xorg.conf* in der *Device*-Sektion den »Driver« von »fglrx« durch »ati«, da das System sonst nicht mehr mit einer grafischen Oberfläche starten kann.

Stellen Sie sicher, dass die Pakete *build-essential*, *fakeroot*, *module-assistant*, *dh-make* und *debconf* installiert sind. Nun können die heruntergeladenen Treiber folgendermaßen kompiliert werden:

```
user$ sudo sh ./ati-driver-installer-<Version>.run \
       --buildpkg Ubuntu/dapper
```

Der Befehl ist mithilfe des Parameters `buildpkg` an das jeweilige Release anzupassen. Die erstellten Pakete müssen manuell installiert werden (bei älteren Treiberversionen liegen diese im Vezeichnis */tmp*, bei der aktuellen Version im Quellverzeichnis):

```
user$ sudo dpkg -i fglrx-kernel-source_<Version>.deb
user$ sudo dpkg -i xorg-driver-fglrx_<Version>.deb
user$ sudo dpkg -i fglrx-control_<Version>.deb
```

Nun müssen die Kernel-Module eingebunden werden. Dies geschieht mittels

```
user$ sudo module-assistant prepare
user$ sudo module-assistant update
user$ sudo module-assistant a-i fglrx
```

Anschließend ist es erforderlich, dem Module-Loader mitzuteilen, dass es neue Module gibt:

```
user$ sudo depmod -a
```

Schließlich muss die Datei */etc/X11/xorg.conf* mit Root-Rechten in einem Editor geöffnet werden und der Treiber in der *Device*-Sektion in »fglrx« geändert werden.

Alternativ kann man hierfür auch das Ati-Config-Tool verwenden:

```
user$ sudo aticonfig --initial
```

Nach einem Neustart des X-Servers stehen Ihnen die neu installierten Treiber zur Verfügung.

19.7.5 Änderung der Auflösung

Unter dem X-Windows-System ist es stets möglich, mit mehreren Auflösungen parallel zu arbeiten und zwischen diesen per Hotkey-Kombination umzuschalten. Die möglichen Auflösungen sind in der Datei *xorg.conf/* Sektion *Screen* zu definieren.

Ein Beispiel: [zB]

```
Section "Screen"
DefaultColorDepth 16
     ...
     Depth     16
     Modes "1024x768" "800x600" "640x480"
     ...
     EndSubSection
```

In diesem Fall wurde die Default-Farbtiefe auf 16 Bit gesetzt; die für diese Farbtiefe verfügbaren Auflösungen umfassen 1024x768, 800x600 und 640x480 Pixel. Sie können im laufenden Betrieb zwischen diesen Auflösungen entweder mit der Tastaturkombination (Strg) + (Alt) + (+) oder (Strg) + (Alt) + (-) wechseln. Ubuntu-Nutzer verwenden bequemer das GNOME-Applet zur Einstellung der Auflösung über das Menü SYSTEM • EINSTELLUNGEN • BILDSCHIRMAUFLÖSUNG, Kubuntu-Nutzer wählen den Weg über K-MENÜ • SYSTEMEINSTELLUNGEN • ANZEIGE.

19.8 3D-Desktops

Der 3D-Desktop ist in aller Munde. Windows Vista rühmt sich seiner Grafischen Fähigkeiten und seine Benutzer lästern gerne über die vermeintlich vorsintflutartige Darstellung von Linux. Wir wollen an dieser Stelle dem Nutzen dreidimensionaler Desktops auf den Grund gehen und zeigen, dass sich Linux auch in optischen Belangen bei weitem nicht vor anderen Betriebssystemen verstecken muss.

Seit dem 30. Januar 2007 ist Microsoft mit Windows Vista auf dem Markt. Mit dieser Veröffentlichung hat Microsoft die ersten zaghaften Schritte zu einem hardwarebeschleunigten dreidimensionalen Desktop unternommen und eine dementsprechende Resonanz unter den Nutzern dieses Betriebssystems hervorgerufen. Manche meinen sogar, dass die Aero-Oberfläche die einzige wirkliche Neuerung bei Windows Vista darstellt. Die Meinungen über dreidimensionale Desktops sind weit gefächert, aber im Großen und Ganzen ist man sich einig, dass der Benutzer von einem dreidimensionalen Desktop profitieren kann, weil die Darstellung von Fenstern und Programmen wesentlich natürlicher dargestellt werden kann. Ich sage hier bewusst »kann«, weil die Implementierung dieser Technik selbstverständlich auch völlig sinnlose (aber zugegebenermaßen hübsche) Funktionen mit sich bringt.

Abbildung 19.14 Die Effekte sind zahlreich, der Nutzen hingegen begrenzt. Dies gilt auch für den Würfel, auf dessen Oberfläche die Arbeitsflächen projiziert sind.

Der Nutzen von transparenten und wabernden Fenstern, Regentropfen auf dem Desktop oder einer Darstellung der Arbeitsflächen auf der Oberfläche eines Würfels (siehe Abbildung 19.14) erschließt sich einem nicht sofort, wohingegen die räumliche Darstellung von Fenstern mit den dazugehörigen Schatteneffekten nicht nur hübsch aussieht, sondern die Realität auch ein wenig besser abbildet. Wir sind räumlich sehende Wesen, alles zweidimensionale wirkt fremd und unnatürlich auf uns. Bei Computern haben wir uns zwar an diese zweidimensionale Darstellung gewöhnt, aber nicht zuletzt aufgrund dieses Mangels versuchen viele von uns ihrem Desktop durch aufwendige Hintergrundbilder eine räumliche Tiefe zu verleihen. Die Kunst eines guten Fotos oder einer exzellenten Kameraführung liegt oft in einer guten Ausleuchtung und damit wieder einer räumlichen Darstellung. Es spricht also nichts dagegen, wenn man auch die Darstellung auf Ihrem Desktop mit einigen dreidimensionalen Effekten ein wenig natürlicher macht. Und, nebenbei bemerkt, es kann auch noch fantastisch aussehen.

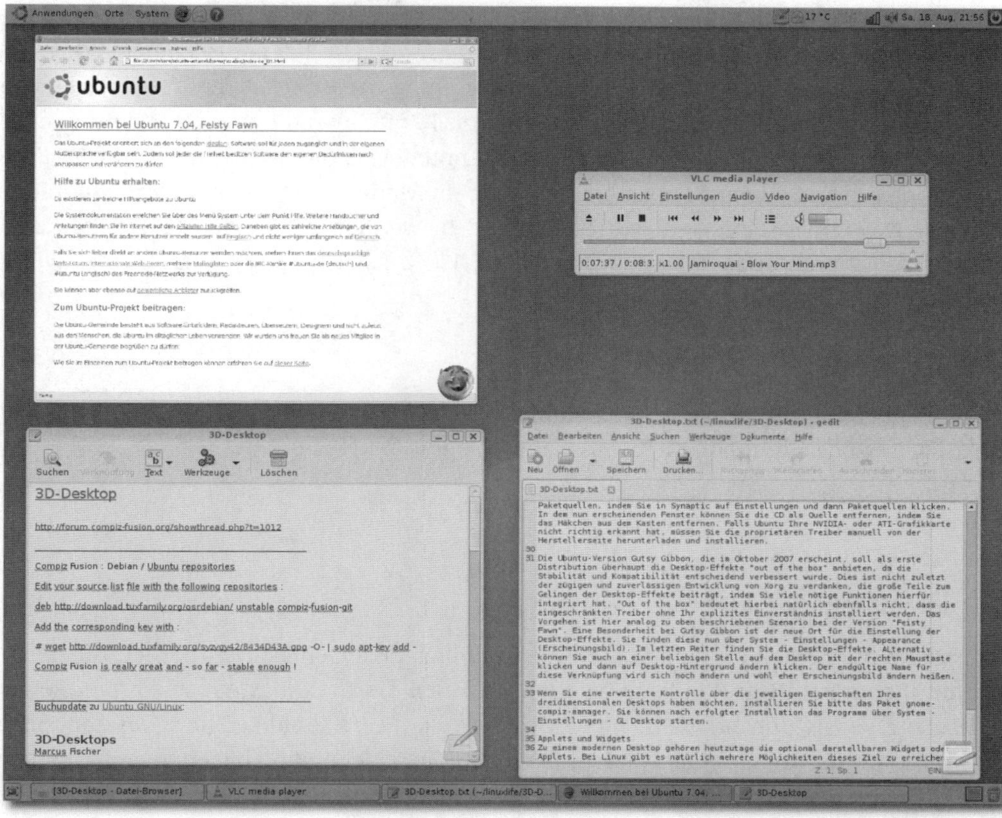

Abbildung 19.15 Expose – Einige Funktionen des 3D-Desktops können durchaus nützlich sein, so verhilft dem Nutzer die Tastenkombination Strg+Alt+(Pfeil oben) zu mehr Überblick auf dem vollen Bildschirm.

Die Entwicklung der dritten Dimension

Schon lange vor Microsoft in den Jahren 1993 und 94 waren es Entwickler aus dem Linux-Lager, die sich mit diesen fortschrittlichen Darstellungen beschäftigten. Es sollten allerdings noch fast drei Jahre vergehen, bevor die ersten Demonstrationen für Begeisterung sorgten. So zeigte Novell 1996 die ersten Demo-Videos und stellte *compiz* vor, einen ersten Fenstermanager oder, genauer gesagt, Composite-Manager, der dreidimensionale Effekte auf den Desktop zaubern konnte. In all den Jahren zuvor hatte der Fenstermanager nichts mit 3D-beschleunigter Hardware zu tun. Die Möglichkeiten moderner Grafikkarten wurden ausschließlich von 3D-Software und Spielen benötigt. Nun schien die Zeit reif zu sein, auch die für das Gestalten des Desktops zuständigen Fenstermanager mit einer hardwarebeschleunigten 3D-Grafik auszustatten.

Unter den Anwendern war die Nachfrage nach einem 3D-Desktop riesig. Wie sonst ist es zu erklären, dass zahlreiche Distributionen bereits 2006 mit zuschaltbaren hardwarebeschleunigten Effekten erschienen, wohl wissentlich, dass die Stabilität noch zu wünschen übrig ließ? Das Team um Ubuntu wollte ebenfalls auf diesen Zug aufspringen und begann bereits kurz nach dem vollendeten ersten Entwicklungszyklus und dem Erscheinen der ersten LTS-Version »Dapper Drake« mit der Implementierung dieser Technik. In den Versionen »Edgy Eft« (Oktober 2006) und «Feisty Fawn« (April 2007) war die Implementierung noch fehlerbehaftet, aber zumindest bei der letztgenannten Version sind schon deutliche Fortschritte erkennbar. So befindet sich hier erstmals ein Menüpunkt *Desktop-Effekte*, zu finden unter SYSTEM • EINSTELLUNGEN • DESKTOP-EFFEKTE. Inzwischen gehört der 3D-Desktop zum Standard bei Ubuntu und wird seit der Version 7.10 »Gutsy Gibbon« automatisch aktiviert, wenn die 3D-Treiber installiert sind.

Technischer Aufbau

Für die Darstellung von hardwarebeschleunigten 3D-Desktops und die Erzeugung sämtlicher Effekte müssen drei Komponenten aufeinander abgestimmt sein:

1. Der Grafiktreiber
2. Ein geeigneter X-Server
3. Der Composite-Manager mit Fenstermanager

Als erste Komponente brauchen Sie selbstverständlich eine Grafikkarte. Hierbei sollten alle neueren Karten keinerlei Probleme bereiten. Nehmen Sie allerdings davon Abstand, einer Karte, die älter als drei bis vier Jahre ist, diesen hardwarebeschleunigten Desktop zuzumuten. Die Grafikkarte muß eine ausreichende 3-D-Beschleunigung bieten; damit kommen wir um den Einsatz von proprietären Grafikkartentreibern nicht herum. Ubuntu hat die Installation dieser Treiber sehr vereinfacht. In diesem Zusammenhang wurde der Restricted Manager eingeführt, der Ihnen als Benutzer die Verwaltung der eingeschränkten Treiber erleichtern soll. Sie finden den Restricted Manager unter SYSTEM • ADMINISTRATION • VERWALTUNG EINGESCHRÄNKTER TREIBER.

Manchmal werden diese eingeschränkten Treiber aber benötigt, um in den Genuss der neuen dreidimensionalen Effekte zu gelangen. Wenn Sie Besitzer einer Grafikkarte von NVIDIA oder ATI sind, dann sind Sie auf jeden Fall auf diese Treiber angewiesen. Als Besitzer eines Intel-Grafikchipsatzes kommen Sie wunderbar mit dem freien Treiber zurecht. Der Restricted Manager zeigt Ihnen an, ob Ubuntu irgendeine Hardwarekomponente in Ihrem PC erkannt hat, für die es eingeschränkte Treiber gibt. Dies können neben Grafikkarten auch WLAN-Adapter sein. Wenn eine solche Hardware gefunden wurde, wird Ihnen mitgeteilt, dass der eingeschränkte Treiber nicht in Betrieb ist. Setzen Sie nun vor der jeweiligen Komponente in das betreffende Kästchen ein Häkchen, wird Ubuntu diesen Treiber herunterladen und installieren. Nach einem Neustart des Systems ist der Treiber aktiviert. Schlägt dies fehl, müssen Sie höchstwahrscheinlich Ihre Paketliste aktualisieren. Hierzu rufen Sie bitte *Synaptic* auf, und klicken dort auf NEU LADEN.

Sollten Sie DSL und eine Flatrate besitzen, dann empfiehlt es sich, spätestens jetzt die CD aus den Paketquellen zu entfernen. Dies hat den Vorteil, dass Sie für das Installieren neuer Pakete nun nicht mehr die CD einlegen brauchen, falls die gewünschten Pakete sich auf der CD befinden. Stattdessen werden alle Dateien direkt von dem Ubuntu-Server oder dem deutschen Mirror geladen. Sie entfernen die CD aus den Paketquellen, indem Sie in *Synaptic* auf EINSTELLUNGEN und dann PAKETQUELLEN klicken. In dem nun erscheinenden Fenster können Sie die CD als Quelle entfernen, indem Sie das Häkchen aus dem Kasten entfernen. Falls Ubuntu Ihre NVIDIA- oder ATI-Grafikkarte nicht richtig erkannt hat, müssen Sie die proprietären Treiber manuell von der Herstellerseite herunterladen und installieren.

Über der Schicht der Grafiktreiber befindet sich der X-Server. Der standardmäßig in Ubuntu enthaltene X-Server ist, wie bei den meisten anderen Distributionen, Xorg. Die schnelle Verbreitung von 3D-Desktops ist nicht zuletzt der zügigen und zuverlässigen Entwicklung von Xorg zu verdanken, die große Teile zum Gelingen der Desktop-Effekte beiträgt. Xorg hat seit der Version 7.1 viele für den 3D-Desktop nötige Funktionen integriert, so z.B den Befehlssatz von *AIGLX* (Accelerated Indirect GLX) und insbesondere die dringend benötigte Funktion *GLX_EXT_texture_from_pixmap*. *AIGLX* ist eine vom Fedora-Projekt angestoßene Erweiterung des X-Servers, welcher dadurch Schritt für Schritt mit 3D-beschleunigten Funktionen erweitert werden soll.

Falls man die 3-D-Effekte auf dem Desktop nutzen möchte sind allerdings Grafiktreiber erforderlich, die auf diese Funktion des X-Servers zugreifen können und die Funktion *GLX_EXT_texture_from_pixmap* implementiert haben. Dies ist z. B. bei den neueren Treibern von NVIDIA der Fall. Um zu sehen, ob der Treiber diese Erweiterung zur Verfügung stellt, hilft die Ausgabe von

```
glxinfo | grep GLX_EXT_texture_from_pixmap
```

Die eigentlichen Effekte wie Transparenz und Dreidimensionalität werden durch Anwendungen erzeugt, die auf den X-Server zurückgreifen und damit die oberste Schicht darstellen. Diese Anwendungen sind:

- der Composite-Manager, welcher für sämtliche Effekte verantwortlich ist und
- der Fenstermanager, der die Fensterverwaltung und das Zeichnen der Fensterrahmen organisiert.

Das Mittel der Wahl für diese letzte Schicht des Aufbaus ist *compiz*. *Compiz* ist ein Composite-Manager, der den durch *OpenGL* beschleunigten X-Server *XGL* oder die OpenGL-beschleunigte X-Erweiterung *AIGLX* verwenden kann und sich damit für die dreidimensionalen Effekte verantwortlich zeichnet. Im Gegensatz zu anderen Composition-Managern ist *compiz* nicht nur ein solcher, sondern gleichzeitig auch Windowmanager, d. h. er kümmert sich auch um das Zeichnen von Fensterrahmen, Titelleisten, Minimier- und Maximierschaltflächen etc. Da *compiz* dem ICCCM-Standard entspricht, kann es hierzu den Windowmanager der Desktopumgebung wie z. B. *Metacity* bei GNOME oder *KWin* bei KDE ersetzen. Des

Weiteren ist es modular aufgebaut. Alle Effekte, aber auch grundlegende Dinge wie die Möglichkeit, Fenster zu verschieben oder ihre Größe zu ändern, sind als Plugins realisiert. Hierdurch ist *compiz* leicht erweiterbar.

Das technische Prinzip eines Composite-Managers ist theoretisch einfach. Er schiebt zwischen dem Rendern und dem Darstellen eines Fensters auf dem Desktop einfach einen Zwischenschritt ein. In diesem Zwischenschritt wird für jedes darzustellende Fenster ein Abbild im Speicher der Grafikkarte erzeugt. Diese zwischengespeicherten Abbilder werden durch *OpenGL* mit den gewünschten Effekten gerendert und dann durch den Composite-Manager zu einem sichtbaren Desktop zusammengefügt. Die Anwendungen bekommen von dieser Prozedur nichts mit und profitieren somit ohne Leistungseinbuße von diesen Hardwareeingriffen.

Die Ubuntu-Version Gutsy Gibbon bietet als erste Distribution überhaupt die Desktop-Effekte »out of the box« an. »Out of the box« bedeutet hierbei natürlich nicht, dass die eingeschränkten Treiber ohne Ihr explizites Einverständnis installiert werden. Eine Besonderheit bei Gutsy Gibbon ist der neue Ort für die Einstellung der Desktop-Effekte. Sie finden diese nun über SYSTEM • EINSTELLUNGEN • ERSCHEINUNGSBILD. Im letzten Reiter finden Sie die VISUAL EFFECTS (Desktop-Effekte). Alternativ können Sie an einer beliebigen Stelle auf dem Desktop mit der rechten Maustaste klicken und dann auf DESKTOP-HINTERGRUND ändern klicken.

Wem die normalen Desktop-Effekte zu bieder sind und die wackenden Fenster zu einem müden Gähnen verleiten, der wird die erweiterten Einstellungsmöglichkeiten des Pakets *compizconfig-settings-manager* lieben:

```
user$ sudo apt-get install compizconfig-settings-manager
```

Sie erreichen die Einstellungsmöglichkeiten über einen zusätzlichen Auswahlpunkt auf dem Reiter VISUAL EFFECTS der ERSCHEINUNGSBILD-EINSTELLUNGEN.

Den echten Mehrwert muss man bei den vielen Effekten erst suchen, wenn man ihn denn überhaupt findet. Trotz allem gibt es einige sehr nützliche und ergonomisch richtige Features, die man nach erstmaligem Ausprobieren nicht mehr missen möchte. So ist z. B. die natürlichere Darstellung von räumlicher Tiefe auf dem Desktop eine echte Bereicherung. Ubuntu tut gut daran, sich bei der Verwendung der neuen Möglichkeiten zurückzuhalten und sich auf einige wenige Funktionen zu konzentrieren. Eines ist sicher, die dreidimensionale Darstellung des Desktops wird in nicht allzuferner Zukunft selbstverständlich sein, spätestens, wenn die 2D-Beschleunigung aus dem Grafikchip verschwindet. Dann bleibt dem Nostalgiker nur noch die Erinnerung an die gute, alte flache Zeit.

Aktion	Tastenkombination
Fenster wechseln auf aktuellem Desktop	Alt + TAB
Fenster wechseln auf allen Desktops	Strg + Alt + TAB
Fenster in entgegengesetzter Richtung wechseln	Alt + Umschalt + TAB
Fenster bewegen	Alt + linke Maustaste gedrückt halten
Fenster auf- und zuklappen	Doppelklick auf die Fensterleiste
Schnell auf anderes Fenster wechseln	Mittlere Maustaste auf Fensterrahmen klicken
Fenstergröße verändern	Alt + mittlere Maustaste
Alle Fenster übersichtlich darstellen (nur aktueller Desktop)	F9 oder Maus in rechte obere Ecke bewegen
Alle Fenster übersichtlich darstellen (alle Desktops)	F8 oder Maus in linke untere Ecke bewegen
Schnell auf Desktop wechseln	F6 oder Maus in rechte untere Ecke bewegen
Würfelseite wechseln	Strg + Alt + →
Würfelseite wechseln und das aktivierte Fenster mitnehmen	Strg + Umschalt + Alt + →
Würfel mit der Maus drehen	Strg + Alt + linke Maustaste
Einmalig reinzoomen	SUPERTASTE + Rechtsklick
Manuell reinzoomen	SUPERTASTE + Mausrad hoch
Manuell rauszoomen	SUPERTASTE + Mausrad runter
Regen	Umschalt + F9
Transparenz verändern	Alt + Mausrad hoch/runter
Screenshot (Speicherort Desktop)	SUPERTASTE + gehaltene linke Maustaste + Ausschnitt markieren
Farbeninvertierung (Bildschirm)	SUPERTASTE + M
Farbeninvertierung (Fenster)	SUPERTASTE + N

Tabelle 19.1 Tastenkürzel der Plugins (die SUPERTASTE ist die Taste mit dem Windows-Symbol)

Fenster-Compositing

Metacity, der Fenstermanager von GNOME besitzt ab der Version 2.22 einen eigenen Composite-Manager. Dieser ermöglicht dreidimensionale Effekte ohne zusätzlichen Ballast wie Compiz. Die Effekte sind aber »GNOME-like«, d. h. sehr schlank nach dem Motto »So wenig wie möglich, soviel wie nötig«. So beschränkt sich Metacity zumeist darauf, ausgiebig Gebrauch von *Alpha-Blending* zu machen.

Die auffälligste Neuerung ist ein Schatten um Fenster, die Echtzeitvorschau, wenn mittels Alt+Tab zwischen Fenstern umgeschaltet wird, und Transparenzeffekte.

Nicht jede Grafik-Hardware unterstützt *Compositing* zuverlässig, weshalb diese Funktion derzeit standardmäßig abgeschaltet und nicht in den Einstellungen sichtbar ist. Wenn Sie sicher sind, dass Ihre Grafik-Hardware *Compositing* unterstützt, können Sie dieses über das Ausführen des Befehls

```
gconftool-2 -s --type bool /apps/metacity/general/compositing_manager true
```

vom Ausführen-Dialog einschalten oder den entsprechenden Schlüssel im Konfigurationseditor setzen. Um *Compositing* abzuschalten, setzen Sie den Schlüssel auf false:

```
gconftool-2 -s --type bool /apps/metacity/general/compositing_manager false
```

19.9 Standardhardware anpassen

Dieser Abschnitt beschäftigt sich mit dem Feintuning der Hardware für den täglichen Betrieb: Tastatur, Maus, Drucker, Festplatte und CD-/DVD-Laufwerke können mit einigen Kniffen optimiert werden.

19.9.1 Eingabegeräte

Zur Konfiguration von Maus und Tastatur bietet Ubuntu die üblichen Werkzeuge im GNOME-Menü unter SYSTEM • EINSTELLUNGEN • TASTATUR bzw. SYSTEM • EINSTELLUNGEN • MAUS. Kubuntu stellt diese Werkzeuge unter K-MENÜ • SYSTEMEINSTELLUNGEN • TASTATUR und K-MENÜ • SYSTEMEINSTELLUNGEN • REGIONALEINSTELLUNGEN & ZUGANGSHILFEN bzw. K-MENÜ • SYSTEM-
EINSTELLUNGEN • MAUS zur Verfügung.

Mäuse

Bei komplexen Mäusen hat man die Möglichkeit, diese in der Datei *xorg.conf* in der Sektion Input Device zu definieren.

[zB] Ein Beispiel:

```
Section "InputDevice"
  Identifier   "Configured Mouse"
  Driver       "mouse"
  Option      "CorePointer"
  Option      "Device"      "/dev/input/mice"
  Option      "Protocol"    "ImPS/2"
  Option      "Emulate3Buttons"     "true"
  Option      "ZAxisMapping"    "4 5"
EndSection
```

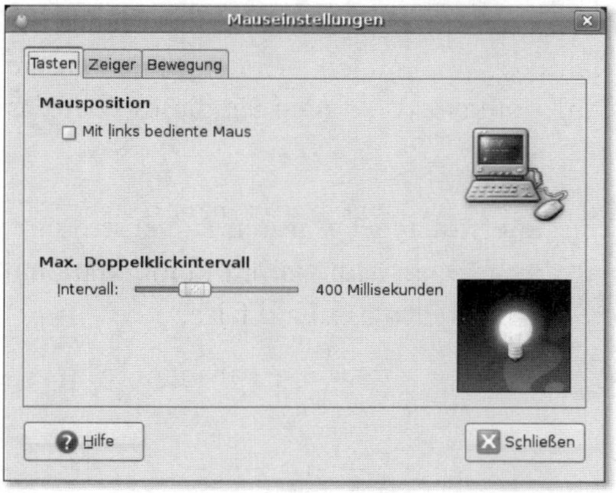

Abbildung 19.16 Einstellen des Doppelklicks unter GNOME

Bei der obigen Maus handelt es sich um eine zusätzlich angeschlossene USB-Maus an einem Laptop (ImPS/2). Das Scrollrad der Maus wurde aktiviert (ZAxisMapping 4 5). Das Drücken beider Maustasten interpretiert das System als eine virtuelle mittlere Maustaste.

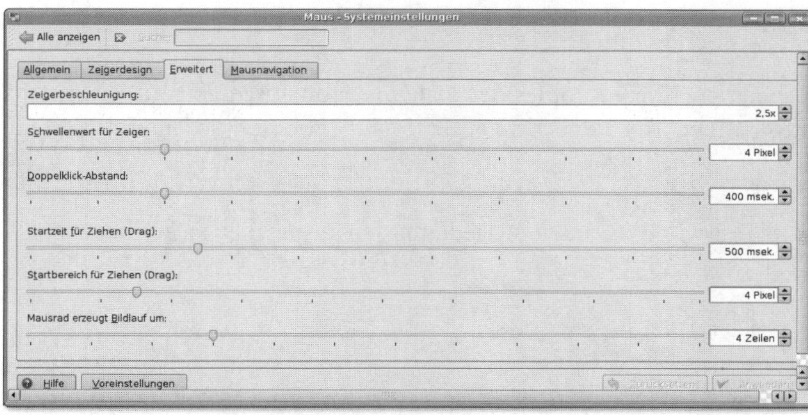

Abbildung 19.17 Einstellen des Doppelklicks unter KDE

Apropos Laptop: Auch die weit verbreiteten Synaptic-Touchpads werden mittlerweile ohne Probleme unterstützt, Ubuntu konfiguriert sogar das Softscrolling via Touchpad-Rand.

Multimediatastaturen nutzen

Für diesen Anwendungsfall gibt es das Programm *lineak*, das für eine Vielzahl der handelsüblichen Tastaturen eingesetzt werden kann. Folgende Pakete müssen dazu aus der Universe-Sektion installiert werden: *lineak-defaultplugin, lineak-kdeplugins, lineak-xosdplugin, lineakd*. Nach der Installation der Pakete muss *lineak* noch konfiguriert werden.

Geben Sie zunächst folgenden Befehl in einem Terminal ein:

```
user$ lineakd -l
```

Tastatur konfigurieren

Darauf erscheint eine Übersicht, in der sämtliche unterstützten Tastaturen aufgelistet sind. Wählen Sie aus der Liste Ihre spezielle Tastatur aus. Die Tastatur wird anschließend mit folgendem Befehl konfiguriert:

```
user$ lineakd -c <Tastaturtyp>
*** Creating fresh configuration in
/home/hatt/.lineak/lineakd.conf
      for keyboard type: <Tastaturtyp>
```

Damit wird eine Konfigurationsdatei namens *lineakd.conf* in Ihrem Heimverzeichnis im versteckten Verzeichnis *.lineak* erstellt.

[zB] Öffnen Sie mit einem Editor die soeben erstellte Datei *lineakd.conf*. In dieser lassen sich nun den Sondertasten selbst definierte Befehle zuordnen. Hier ein Beispiel für einen selbst definierten Eintrag:

```
Mail = firefox http://www.gmx.de
```

Damit wird bei Betätigen des E-Mail-Knopfes der Tastatur automatisch eine *Firefox*-Instanz für die GMX-Startseite geöffnet. Möchten Sie hingegen *Evolution* starten, so lautet der Befehl:

```
Mail = evolution
```

Um einen Multimediaplayer wie *xmms* mit den Medientasten ansprechen zu können, erstellt man folgende Einträge:

```
PLAY = xmms --play
STOP = xmms --stop
PAUSE = xmms --pause
PLAYPAUSE = xmms --play-pause
NEXT = xmms --fwd
PREVIOUS = xmms --rew
```

Um nun die Multimediatastatur nutzen zu können, muss der lineak-Daemon im Hintergrund laufen. Das erreichen Sie mit folgendem Befehl:

```
user$ lineakd &
```

Natürlich können Sie das Programm auch beim Start der grafischen Oberfläche automatisch laden. Damit sollten Sie die verschiedenen Tasten einer komplexen Tastatur mit Leben füllen können.

19.9.2 Drucker

Auch in Zeiten des papierlosen Büros ist er noch längst nicht ausgestorben: der gute alte Drucker. Spätestens dann, wenn es z. B. darum geht, Handouts auf Vorträgen zu verteilen, braucht man doch etwas »Handfestes«.

[!] Eines sollte an dieser Stelle nicht verschwiegen werden: Es gibt einige Drucker, die trotz heftigster Bemühungen seitens des Anwenders unter Linux nicht zur Mitarbeit zu bewegen sind. Das sind meist die so genannten GDI-Drucker, für die ausschließlich Windowstreiber vorliegen. Sollten Sie planen, sich einen neuen Drucker zuzulegen, dann sehen Sie zunächst auf der Internetseite *www.linuxprinting.org* in der reichhaltigen Datenbank nach, welche Erfahrungen es mit dem avisierten Modell gibt. Eine weitere Anlaufstelle ist *www.turboprint.org*: Der dort angebotene kostenpflichtige Treiber genügt auch hohen Ansprüchen und unterstützt die Mehrzahl der auf dem Markt befindlichen Drucker.

Sowohl GNOME als auch KDE nutzen seit geraumer Zeit das CUPS-Drucksystem unter Linux. Der Begriff CUPS steht für *Common UNIX Printing System*. Dabei handelt es sich um eine unglaublich vielseitige Schnittstelle zur Einbindung von Druckern, die sogar die Bereitstellung von lokalen Druckern in einem Netzwerk ermöglicht. Das Einrichten eines handelsüblichen Druckers soll im Folgenden für beide Oberflächen beschrieben werden. Schließen Sie Ihren Drucker über eine entsprechende Schnittstelle (Parallel/USB) an Ihren PC an, schalten Sie den Drucker ein und folgen Sie der entsprechenden Anleitung.

Druckerkonfiguration unter GNOME

Starten Sie das Druckerkonfigurationswerkzeug über den Menüpunkt SYSTEM • SYSTEMVERWALTUNG • DRUCKER. Es erscheint ein Fenster mit einem Icon NEUER DRUCKER. Führen Sie einen Doppelklick über dem Icon durch.

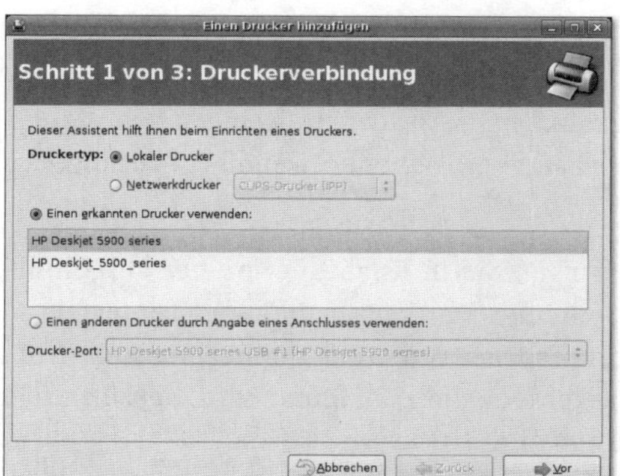

Abbildung 19.18 Druckerkonfiguration unter GNOME

Die Druckerkonfiguration ist in zwei Schritten erledigt: Zunächst sollte der angeschlossene Drucker vom Programm erkannt werden (Abbildung 19.18). Sie haben an dieser Stelle aber auch die Möglichkeit, einen Netzwerkdrucker auszuwählen, der z. B. via CUPS von einem anderen Linuxrechner oder über eine Windows-Druckerfreigabe exportiert wurde.

Im nächsten Schritt ist das spezielle Modell aus einer entsprechenden Liste auszuwählen. Sollte Ihr spezieller Drucker nicht aufgeführt sein, so wählen Sie dasjenige Modell mit dem ähnlichsten Namen. Zusätzlich haben Sie hier auch die Möglichkeit, externe Treiber des Herstellers, sofern vorhanden, zu installieren. Über *Anwenden* wird die Auswahl bestätigt, und ein neues Icon erscheint im Druckerfenster. Per rechtem Mausklick über dem Icon haben Sie die Möglichkeit, mit Hilfe des Menüs *Eigenschaften* eine Testseite auszudrucken. Wenn das geklappt hat, ist die Druckerkonfiguration abgeschlossen.

Druckerkonfiguration unter KDE

KDE bietet in Form von KPrint eine vielseitige Umgebung zur Druckereinbindung und -konfiguration an. Wir wollen uns dies im Folgenden etwas näher ansehen.

1. Starten Sie das KDE-Druckerkonfigurationswerkzeug KPrint über das K-Menü • Systemeinstellungen • Hardware • Drucker.
2. Wählen Sie das Menü Hinzufügen • Drucker/Klasse hinzufügen. Die folgenden Dialoge sind im Wesentlichen selbsterklärend im Einzelnen müssen die folgenden Punkte abgearbeitet werden:
   - Ein lokaler Drucker (parallel, seriell, USB) ist auszuwählen.
   - Der lokale Anschluss (entweder Parallel oder USB) ist zu definieren.
   - Sie müssen das Druckermodell aus der Liste auswählen, das Ihrem Typ am nächsten kommt.
   - Ein spezieller Treiber im Treiberauswahlmenü ist zu selektieren: Hier ist ein wenig Testen und Fingerspitzengefühl angesagt. Zumeist wird aber ein Treiber als empfohlen markiert, manchmal ist auch das Probieren anderer Treiber notwendig, um erfolgreich drucken zu können.
3. Drucken Sie eine Testseite aus. Dadurch bringen Sie in Erfahrung, ob der ausgewählte Treiber mit Ihrem Modell harmoniert. Sollte der Drucker Unsinn von sich geben, so genügt es leider nicht, ihn auszuschalten. Linux speichert den Auftrag in einer so genannten Spoolquery. Mit den Befehlen `lpq` (Druckerquery anzeigen) und `lprm` (spezifizierten Druckjob löschen) schaffen Sie wieder Ordnung im Drucksystem.
4. Und schließlich: Testen Sie den Ausdruck aus einer beliebigen KDE-Anwendung. Der konfigurierte Drucker sollte nun im Druckermenü der Anwendung erscheinen.

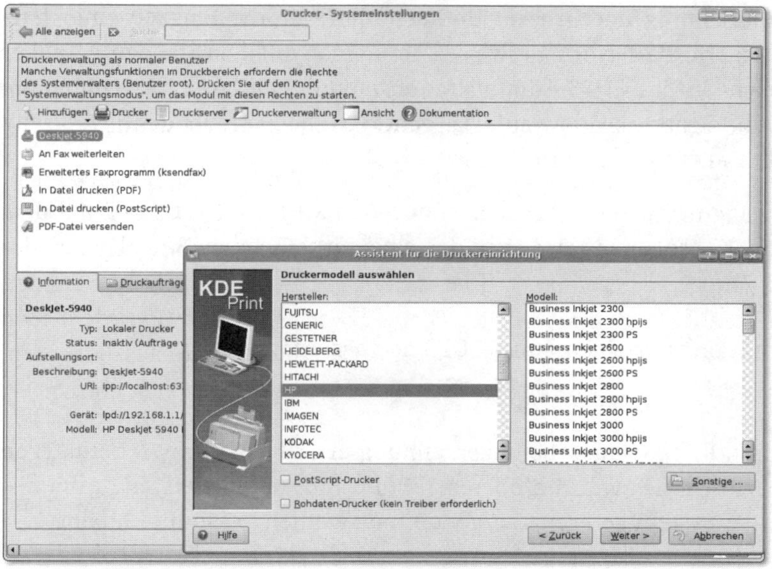

Abbildung 19.19 KPrint – ein komfortables Frontend

Drucker über den Browser administrieren

Hat alles mit der Druckerkonfiguration geklappt, so können Sie das CUPS-Gerät künftig auch über ein Webinterface administrieren. Dazu geben Sie einfach die Adresse `localhost:631` in die Adresszeile eines beliebigen Browsers ein.

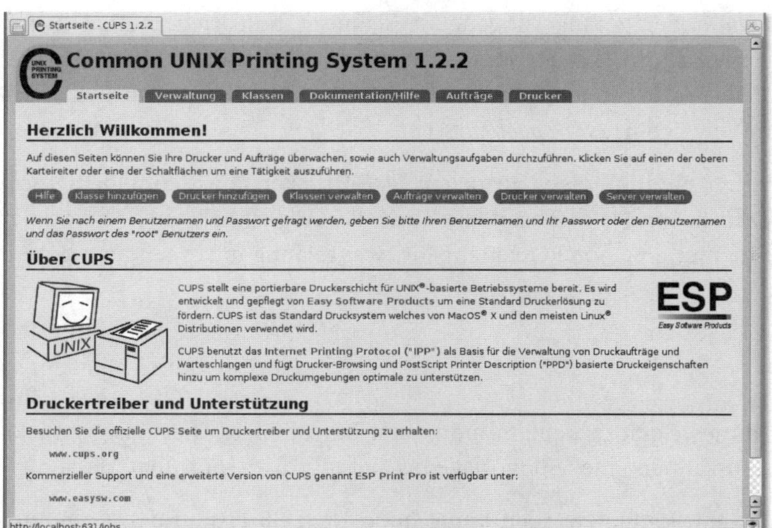

Abbildung 19.20 CUPS lässt sich mit beliebigen Browsern nutzen

Etwas knifflig ist die Einrichtung der Druckeradministration, die die Eingabe einer Login-/Passwort-Kombination erfordert. Normalerweise kommt man mit dem Standardbenutzer und dessen Passwort nicht in das CUPS-Administrationsmodul. Die Lösung: Nehmen Sie den Benutzer cupsys in die Gruppe shadow auf. Das geht recht bequem über das Werkzeug System • Systemverwaltung • Benutzer und Gruppen.

Um die Gruppe shadow angezeigt zu bekommen, ist noch ein Klick auf Alle Benutzer und Gruppen anzeigen nötig. Konsolenfans erreichen dasselbe mit folgendem Befehl:

```
user$ sudo adduser cupsys shadow
```

Um die Änderungen wirksam zu machen, muss CUPS neu gestartet werden:

```
user$ sudo /etc/init.d/cupsys restart
```

Danach sollten Sie sich mit Ihrer Standardbenutzerkennung in CUPS per Browser einloggen können. Der ubuntuspezifische Hinweis im oberen Teil des Browserfensters, die Administration könne nur über das Systemwerkzeug vorgenommen werden, ist somit hinfällig.

Ein Drucker besonderer Art: Der PDF-Printer

Wenn Sie häufiger Dokumente mit Kollegen über das Internet austauschen, so bietet sich ein Export in das PDF-Format an. Im Universe-Repository finden Sie das Tool *cups-pdf*, das einen direkten Export eines Dokuments über die CUPS-Schnittstelle in PDF ermöglicht.

Nach der Installation des Treibers erscheint beim Aufruf der GNOME- bzw. KDE-Druckerkonfiguration ein neuer Drucker namens »PDF«.

Die Einrichtung erfolgt wie in den vorangegangenen Abschnitten beschrieben: Als Drucker wird einfach ein Graustufenlaserdrucker aus der Druckerliste ausgewählt. Dieser Drucker steht nun als virtueller PDF-Drucker in jeder Anwendung zur Verfügung. Die Ausdrucke des PDF-Druckers landen im Verzeichnis */var/spool/cups-pdf*.

Etwas komfortabler ist die Definition eines virtuellen PDF-Druckers aus dem OpenOffice-Paket heraus möglich. Dort haben Sie insbesondere auch die Möglichkeit, die Qualität der PDF-Dokumente zu definieren. Eine hohe Qualität geht zwangsläufig mit einer gesteigerten Dateigröße einher.

19.9.3 Scanner

Mittlerweile darf auch dieses Gerät in keinem modernen Büro fehlen. Die Einsatzzwecke reichen vom schnellen Einscannen einer Bildvorlage bis zur automatischen Texterfassung.

Die meisten handelsüblichen Scanner werden heute über den USB-Bus an den Computer angeschlossen.

Früher musste man zur Verwendung eines Scanners zumeist noch eine Extrakarte in den PC einbauen, um dem System eine SCSI- Schnittstelle zur Verfügung zu stellen, welche die meisten damaligen Scanner benötigten.

Schalten Sie zunächst den Scanner ein und testen Sie, ob dieser vom System erkannt wurde. Dazu gibt man den folgenden Befehl in einer Konsole ein:

```
user$ sudo tail -f /var/log/messages
libusbscanner: loaded successful
```

Im obigen Beispiel wurde ein Mustek USB-Scanner an eine entsprechende Schnittstelle angeschlossen. Genauere Informationen über das verwendete Modell liefert folgender Befehl:

```
user$ lsusb
Bus 002 Device 002: ID 055f:0001 Mustek Systems,
Inc. Scanexpress 1200 CU
```

Die Linux-Lösung zum Scannen nennt sich **SANE** (**S**canner **A**ccess **N**ow **E**asy) und ist heute zumeist hinter komfortablen Frontends versteckt. Um zu testen, ob der Scanner auch von SANE identifiziert wurde, geben Sie den folgenden Befehl ein:

```
user$ sudo sane-find-scanner -p
found USB scanner (vendor=0x055f, product=0x0001,
chip=MA-1017) at libusb:002:00
```

Mehr zum Thema Scansoftware finden Sie in Abschnitt 16.1.

19.9.4 CD-/DVD-Laufwerke

DMA aktivieren

Für CD-/DVD-Brenner bzw. die Wiedergabe von Video-DVDs ist es wichtig, dass der **DMA** (**D**irect **M**emory **A**ccesss) bei den entsprechenden Laufwerken aktiviert ist. Bis einschließlich Breezy erfolgte dies bei Ubuntu nicht automatisch. Die Maintainer wollten ganz einfach sicher gehen, dass das System auf jeglicher Hardware läuft. Unter Dapper und Edgy ist DMA normalerweise aktiviert.

Fakt ist, dass sowohl das Brennen als auch das Wiedergeben von DVDs ohne aktivierten DMA große Probleme bereiten kann, da in diesem Fall der Prozessor sämtliche Steueraufgaben für das Laufwerk übernehmen muss. Sehen Sie sich nun einmal die Situation auf Ihrem System an. Zunächst sollten Sie herausfinden, unter welcher Device-Bezeichnung Ihr optisches Laufwerk eingebunden ist:

```
user$ dmesg | grep CD
hda: PLEXTOR DVD-ROM PX-130A, ATAPI CD/DVD-ROM drive
hdb: _NEC DVD_RW ND-3520A, ATAPI CD/DVD-ROM drive
```

hdparm

Im vorliegenden Fall befindet sich ein DVD-Laufwerk unter */dev/hda* sowie ein DVD-Brenner unter */dev/hdb*. Nun testen Sie mit dem Befehl `hdparm` (ausgeführt als Administrator), ob sich der DMA bei beiden Laufwerken aktivieren lässt:

```
user$ sudo hdparm -d1 /dev/hda
/dev/hda:
 setting using_dma to 1 (on)
 using_dma    =  1 (on)
```

Hat das geklappt, dann können die Einstellungen bereits während des Systemstarts vorgenommen werden. Zu diesem Zweck editieren Sie die Datei */etc/hdparm.conf* folgendermaßen (in diesem Fall wurde bei den oben identifizierten Laufwerken der DMA aktiviert):

```
# Auszug aus /etc/hdparm.conf
/dev/hda  {
   dma = on
}
/dev/hdb  {
   dma = on
}
```

Sollte das System beim Start unerwartet hängen, so kann das daran liegen, dass das hdparm-Skript während des Bootens zu früh aktiviert wird. Der Zeitpunkt der Aktivierung kann folgendermaßen hinausgeschoben werden:

```
user$ sudo mv /etc/rcS.d/S07hdparm \
/etc/rcS.d/S21hdparm
```

Bei manchen Systemen genügt auch diese Verzögerung nicht: Von Zeit zu Zeit hängt sich bei Aktivierung des DMA das System beim Booten auf. Die Lösung: Aktivieren Sie den DMA über ein Skript im Ordner */etc/autostart*. Dazu müssen dann allerdings die Änderungen in */etc/hdparm.conf* wieder rückgängig gemacht werden. Die Datei zur Aktivierung des DMA selbst sieht folgendermaßen aus:

```
# Datei /etc/autostart/hdparmstart
hdparm -d1 /dev/hda
hdparm -d1 /dev/hdb
```

Nach diesem Vorbild können im Übrigen beliebige Startdateien angelegt werden.

19.10 Bluetooth einrichten

Bluetooth ist eine kurzreichweitige Funktechnik und dient zur Kommunikation zwischen verschiedenen Bluetooth-fähigen Geräten, wie z. B. PCs und Handys. Aber auch einige Peripheriegeräte wie z. B. Drucker, Tastaturen und Headsets lassen sich über den Kurzstreckenfunk ansprechen. Damit diese Geräte über Bluetooth miteinander kommunizieren können, müssen sie eine geeignete Schnittstelle bereitstellen.

19.10.1 Installation

Folgende Pakete müssen zur Kommunikation eines PCs mit einem bluetoothfähigen Handy installiert sein:

- *bluez-utils*
- *obexserver*

Beim ersten Paket handelt es sich um eine Sammlung von Utilitys, das zweite Paket integriert das OBEX-Protokoll ins System, mit dessen Hilfe die Kommunikation von Mobiltelefonen mit dem PC stattfindet.

Bei einem PC wird meist ein USB-Stick (ein sogenannter Bluetooth-Dongle) Als Schnittstelle verwendet. Sind die obigen Pakete installiert, so wird normalerweise beim Einstecken des USB-Bluetooth-Dongles automatisch das HCID (Host Controller Interface Device) gestartet. Dieses dient als Schnittstelle zum Bluetooth-Gerät. Eine entsprechende Meldung findet man bei der Inspektion der Systemlogdatei */var/log/messages*. Mit dem Befehl

```
user$ hcitool scan
```

sollten jetzt alle an den PC angeschlossenen Bluetooth-Geräte gefunden werden. Erscheint an dieser Stelle eine Fehlermeldung, so kann man Bluetooth mit dem folgenden Befehl in einem Terminal neu starten:

```
user$ sudo /etc/init.d/bluez-utils restart
```

Damit wäre sichergestellt, dass das Bluetooth-Subsystem funktioniert. Nun können je nach Anwendung weitere Pakete installiert werden.

19.10.2 Dateiaustausch mit einem Mobiltelefon

Zum Dateiaustausch empfehlen sich je nach verwendetem Desktop die Pakete *gnome-bluetooth* bzw. *kdebluetooth*. Beide sind seit Ubuntu Breezy Bestandteil des Universe-Zweigs. Die GNOME-Werkzeuge findet man nach der Installation unter ANWENDUNGEN • SYSTEMWERKZEUGE, die KDE-Bluetooth-Tools sind im K-Menü im Bereich INTERNET untergebracht.

Mit den Anwendungen kann man nun in der Umgebung nach bluetoothfähigen Geräten suchen sowie über die entsprechenden Dateimanager auch Daten mit den Geräten austauschen.

19.10.3 Synchronisation mit Evolution

Ein häufiger Anwendungsfall ist der Datenabgleich mit dem PIM-Programm *Evolution*. Es können Kalendereinträge, Termine und Kontakte synchronisiert werden. Dazu wird das Programm *Multisync* benötigt. Folgende Pakete bzw. Plug-ins müssen je nach Partnergerät installiert werden:

- *libmultisync-plugin-evolution* für alle Geräte
- *libmultisync-plugin-irmc-bluetooth* für neuere Handys, die diese Funktion unterstützen
- *libmultisync-plugin-opie* für Zaurus und iPaq
- *libmultisync-plugin-palm* für Palm
- *libmultisync-plugin-syncml* für eine Vielzahl von Handys
- *synce-multisync-plugin* für Windows-CE-Geräte

Das Programm *Multisync* finden Sie nach der Installation im Menü unter Anwendungen • Zubehör • Multisync. Nun kann man GNOME mit New Sync Pair ein neues Gerätepaar angeben, das zu synchronisieren ist. Als Plugins müssen beide Geräte definiert werden, also z. B. *Evolution* und der PDA. Bei den Optionen des *Evolution*-Plugins müssen alle drei Einträge auf *Persönlich* eingestellt werden. Beim Plugin der Gegenstelle kann man nun nach dem mobilen Gerät suchen lassen. Wird dieses gefunden, dann sollte auch die Synchronisation durch Betätigen des *Sync*-Knopfes funktionieren.

19.11 Ubuntu und Multimedia-Hardware

Dieser Abschnitt beschäftigt sich mit den Möglichkeiten, die dem Linuxanwender mittlerweile auch im Multimediabereich zur Verfügung stehen. Im Normalfall wird die gängige Hardware, wie z. B. Sound- oder TV-Karte, von Ubuntu ohne größere Anstrengungen unterstützt. Auch der Einsatz von externer Hardware wie Camcorder oder Digitalkamera ist problemlos möglich.

19.11.1 Das Soundsystem

Mittlerweile hat in nahezu allen Linuxdistributionen das Soundsystem **ALSA** Einzug gehalten. ALSA steht für **A**dvanced **L**inux **S**ound **A**rchitecture und bietet mehr als nur die Steuerung des Lautstärkevolumens der angeschlossenen Boxen. Werden Sie direkt nach dem Einloggen in die Grafische Oberfläche von einem Startklang begrüßt, dann können Sie davon ausgehen, dass das Soundsystem korrekt eingerichtet wurde.

Zu Problemen mit dem Sound kann es unter Ubuntu dann kommen, wenn Applikationen noch das ältere **OSS**-System verwenden. Zu derartigen Programmen gehören das **Flash**

Plugin, sowie die *Skype* Voice-over-IP-Software. Hier kann es passieren, dass mehrere Soundquellen zeitgleich den Soundserver beanspruchen und dieser nur eine Quelle zum Zuge kommen lässt. Abhilfe schafft Soundhardware, die über die Eigenschaft des Hardwaremixings verfügt, also sozusagen die Aufgabe des Soundservers übernimmt. Folgende Soundkarten zählen dazu:

```
Aureal Vortex2 (au8830)
Creative SoundBlaster Audigy2 ZS
EMU10K1 - Sound Blaster Live! (rev.7)
Terratec DMX Xfire 1024
```

Für die GNOME-Oberfläche wird ESD, der »Enlightened Sound Daemon«, seit Dapper nur noch für Programme, die Esound direkt aufrufen, verwendet (beispielsweise die GNOME-Sounds). Dieser wird über SYSTEM • EINSTELLUNGEN • AUDIO aktiviert bzw. deaktiviert (siehe Abbildung 19.21).

Abbildung 19.21 Aktivierung des ESD unter GNOME

Die entsprechende Lösung unter KDE heißt *aRts* (*analog Real time synthesizer*). Dieses Tool finden Sie in den Systemeinstellungen/dem KDE-Kontrollzentrum unter dem Punkt SOUND & MULTIMEDIA. Im Untermenü Hardware haben Sie die Möglichkeit, entweder automatisch nach einem Treiber suchen zu lassen oder gezielt die verwendete Hardware direkt zu definieren.

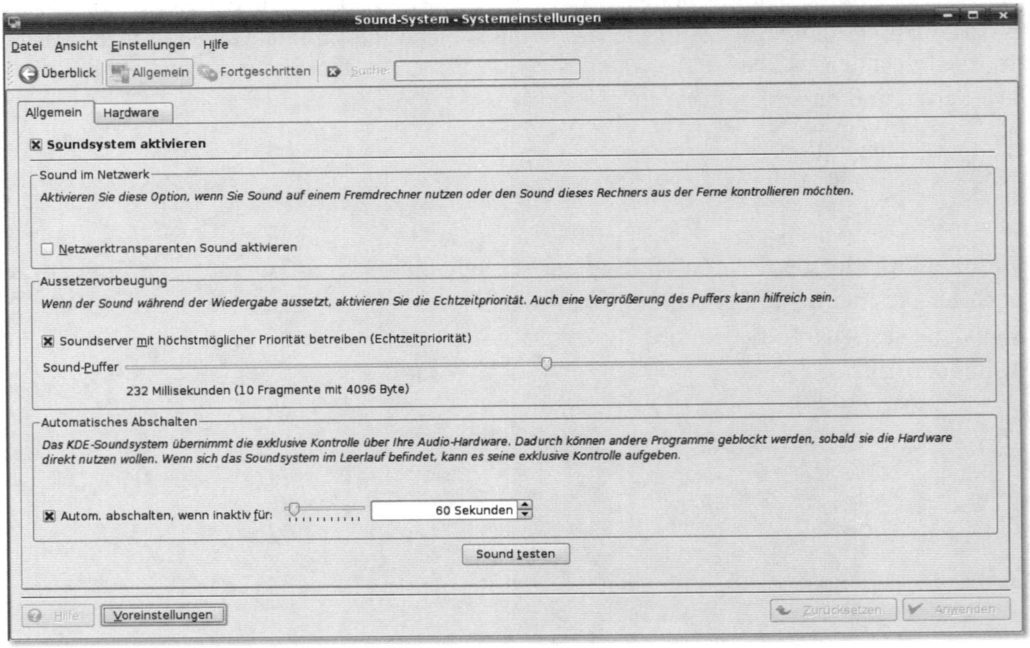

Abbildung 19.22 aRts – Das KDE-Soundsystem

Zur Justierung eines 5.1-Dolby-Surround-Soundsystems empfiehlt sich die Verwendung des *Alsamixers*. Dieser wird in einer Konsole mit dem Befehl `alsamixer` aufgerufen und bietet nach dem Start eine Vielzahl von Reglern, die es gestatten, sämtliche Varianten des 3D-Klangs mit einer mehrkanalfähigen Soundkarte zu produzieren (siehe Abbildung 19.23).

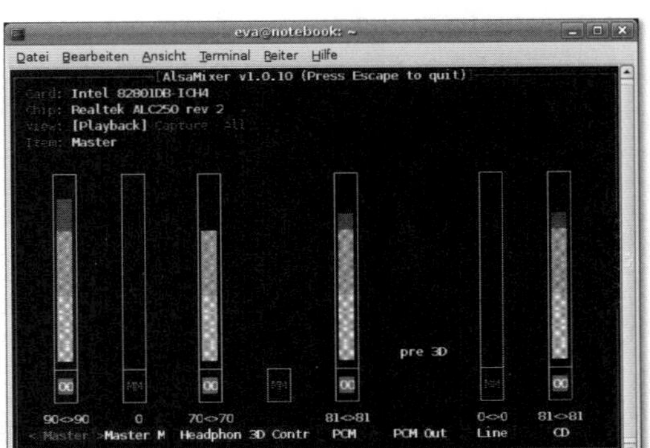

Abbildung 19.23 Dolby Surround Downmix mit dem Alsamixer

Unter KDE gelangt man zu einer grafisch schöner anzusehenden Mixervariante, indem man mit der rechten Maustaste auf das Lautsprechersymbol in der Taskleiste klickt und über das Kontextmenü das Mixerfenster öffnet. Anfänger verbringen oft Stunden mit der Konfiguration von 3D-Sound bzw. AC3-Sound (Dolby Digital 5.1) mit dem *Alsamixer*. Die folgende Tabelle fasst die wichtigsten Kanäle für die weit verbreiteten Soundblaster-Live-Karten und deren Funktion zusammen, um den Einstieg zu erleichtern.

Reglername	Funktion
Tone	Bass-/Höhenregler
3D Control Switch	3-D-Kontrolle an/aus
3D Depth	Räumliche Tiefe des Klangs
3d Rear Depth	Hintergrundtiefe des Klangs
PCM	PCM-Volumen
Surround	5.1-Surroundeffekte
Center, LFE	Center und Subwooferregler
Wave	Wiedergabe von Wavedateien
SB Live Analog/Digital	Umschalter für externen Dolby-Digitalausgang S/PDIF

Tabelle 19.2 Wichtige Kanäle im Alsamixer für eine Soundblaster-Live-Soundkarte

19.11.2 TV-Hardware nutzen

Durch die Einführung der TV-Ergänzungskarte mutierte der PC vom braven Arbeitstier zur Multimediazentrale. Im Moment koexistieren in Deutschland das klassische analoge Fernsehen sowie die neue Digitaltechnik DVB (Digital Video Broadcasting). Beide Varianten lassen sich unter Ubuntu betreiben.

Analoge TV-Karten nutzen

Nach Einbau einer TV-Karte, die aber zumeist in den All-in-one-PCs der großen Kaufhausketten schon enthalten ist, bootet man den Rechner neu. Die meisten handelsüblichen TV-Karten basieren auf der Chipserie BT8xx. Ob Ihre Karte erkannt wurde, finden Sie mit folgendem Befehl heraus:

```
user$ dmesg | grep bttv
bttv: driver version 0.9.15 loaded
bttv: using 8 buffers with 2080k (520 pages) each
for capture
bttv: Bt8xx card found (0).

bttv0: registered device video0
bttv0: registered device vbi0
```

Die identifizierte Karte wurde als Videodevice unter dem Devicenamen video0 registriert. Um die Karte nutzen zu können, verwendet man am besten das Standardprogramm *xawtv*:

```
user$ apt-get install xawtv
```

Nun können Sie das Programm mittels

```
user$ xawtv -c /dev/video0
```

starten. In diesem Fall wird das beim Booten erkannte Device über den Parameter `-c` als Videoquelle angegeben, eine Verfahrensweise, die insbesondere bei paralleler Verwendung einer Webcam erforderlich ist. Es kann vorkommen, dass hierbei folgende Fehlermeldung erscheint:

```
This is xawtv-3.95, running on Linux/i686 (2.6.17-10-generic)
X Error of failed request:  XF86DGANoDirectVideoMode
  Major opcode of failed request:  136 (XFree86-DGA)
  Minor opcode of failed request:  1 (XF86DGAGetVideoLL)
  Serial number of failed request:  65
  Current serial number in output stream:  65
```

In diesem Fall müssen Sie *xawtv*mit den folgenden Optionen starten:

```
user$ xawtv -c /dev/video -remote -global:filter "linear bend"
```

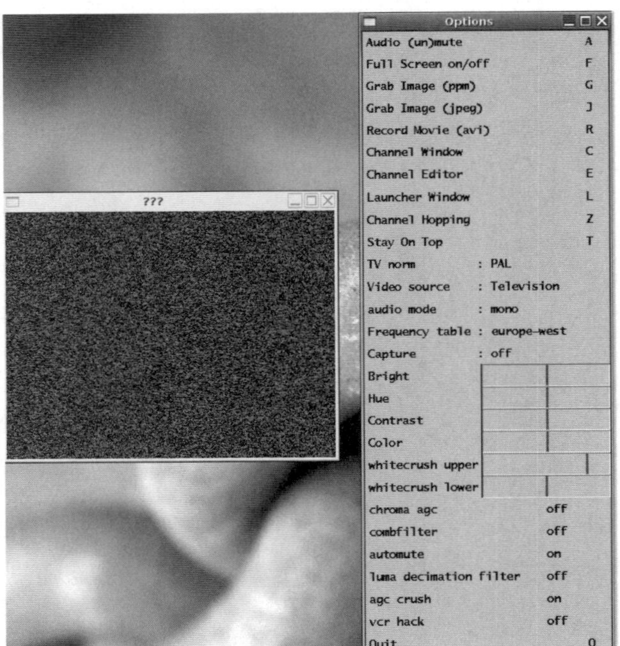

Abbildung 19.24 Erste Schritte mit xawtv

Sollten Sie nach dem Start des Programms kein Rauschen im xawtv-Hauptfenster sehen (vgl. Abbildung 19.24), so muss der Capturemodus auf GRABDISPLAY umgestellt werden. Dieser Modus belastet die Ressourcen des PCs allerdings stärker als der Overlay-Modus. Um Letzteren zu aktivieren, ergänzen Sie folgenden Eintrag in Ihrer Datei */etc/X11/xorg.conf* im Abschnitt *Module*:

```
Load "v4l"
```

Um die Änderungen zu übernehmen, muss der X-Server mittels Strg + Alt + Backspace neu gestartet werden.

Die Einstellung der Kanäle erfolgt über das Kanaleditormenü (Channel Editor). Dabei ist zu bemerken, dass der Tunerchip von analogen TV-Karten zumeist nicht »das Gelbe vom Ei« ist. Günstiger ist in diesem Fall die Einkopplung des TV-Signals eines externen Tuners (z. B. eines Videorekorders) über den Composite-Eingang der Karte (Video Source: Composite).

Digital-TV unter Ubuntu (DVB)

Hochwertige TV-Bilder erhält man mithilfe des DVB-Standards, der digitale TV-Streams auf den Rechner zaubert. Dieses Material kann mit geeigneten Tools auf die Festplatte zwischengespeichert und später auf einen DVD-Rohling gebrannt werden. Für den problemlosen Betrieb unter Linux haben sich sogenannte Full-Featured-Karten bewährt, die über einen Hardware-MPEG2-Decoder verfügen. Dadurch wird der Prozessor bei der Dekodierung des Streams spürbar entlastet.

Bootlogdatei prüfen

Bauen Sie Ihre DVB-Karte in den PC ein und untersuchen Sie nach dem Neustart die Bootlogdatei nach entsprechenden Meldungen:

```
user$ dmesg | grep dvb
saa7146: register extension 'dvb'.
dvb-ttpci: could not load firmware, file not found:
dvb-ttpci-01.fw
dvb-ttpci: usually this should be in /usr/lib/hotplug
/firmware
dvb-ttpci: and can be downloaded here
http://www.linuxtv.org/download/dvb/firmware/
```

Die obige Meldung gibt an, was zur Nutzung der Karte zu tun ist: Für das entsprechende Modell (im vorliegenden Fall eine Hauppauge Nexus S) muss eine spezielle Firmware aus dem Internet geladen werden, und zwar von der Seite *http://www.linuxtv.org/download/dvb/firmware*.

Diese wird mit den folgenden Befehlen zunächst umbenannt und anschließend in das Firmware-Verzeichnis des Hotplug-Daemons kopiert:

```
user$ mv dvb-ttpci-01.fw-2622 dvb-ttpci-01.fw
user$ sudo cp dvb-ttpci-01.fw \
/lib/firmware/<Kernelversion>
```

Die aktuell verwendete Kernelversion erfahren Sie über den Befehl

```
user$ uname -a
```

Nach einem Reboot des Rechners sollten folgende Bootmeldungen erscheinen:

```
user$ dmesg | grep dvb
saa7146: register extension 'dvb'.
dvb-ttpci: gpioirq unknown type=0 len=0
dvb-ttpci: info @ card 0: firm f0240009, rtsl b0250018, vid 71
010068, app 80002622
dvb-ttpci: firmware @ card 0 supports CI link layer interface
dvb-ttpci: adac type set to 0 @ card 0
dvb-ttpci: found av7110-0.
```

Damit wäre die Karte einsatzbereit. Zum Testen kann der Universalmediaplayer *xine* verwendet werden, der sowohl in Ubuntu als auch in Kubuntu eingesetzt werden kann.[3] Weiterhin ist die Installation der DVB-Utilities erforderlich:

```
user$ sudo apt-get install xine-ui
user$ sudo apt-get install dvb-utils
```

xine starten

Nach der Installation sollte das Programm xine einmal gestartet werden, damit das Konfigurationsverzeichnis *.xine* erzeugt wird. Das Programm *xine* benötigt eine Kanalkonfigurationsdatei. Hierfür kann man eines der Beispiele aus */usr/share/doc/dvb-utils/examples* nutzen. Die entsprechende Datei ist zu entpacken und in das versteckte Verzeichnis .xine zu kopieren:

```
user$ cp /usr/share/doc/dvb-utils/examples/channels.\
conf-dvbs-astra.gz ~/.xine
user$ cd ~/.xine
user$ gunzip channnels.conf-dvbs-astra.gz
user$ mv channnels.conf-dvbs-astra channels.conf
```

Nun kann das Programm *xine* über ANWENDUNGEN • UNTERHALTUNGSMEDIEN • XINE gestartet werden und mit der Schaltfläche *DVB* der DVB-Tuningmodus eingeschaltet werden. Daraufhin sollte das DVB-Bild im *xine*-Hauptfenster erscheinen. Durch Anklicken des Kanalsymbols können Sie die vordefinierten Kanäle durchschalten.

3 Es gibt natürlich auch Speziallösungen für Ubuntu (gDVB) sowie für Kubuntu das zur Grundausstattung gehörende Kaffeine.

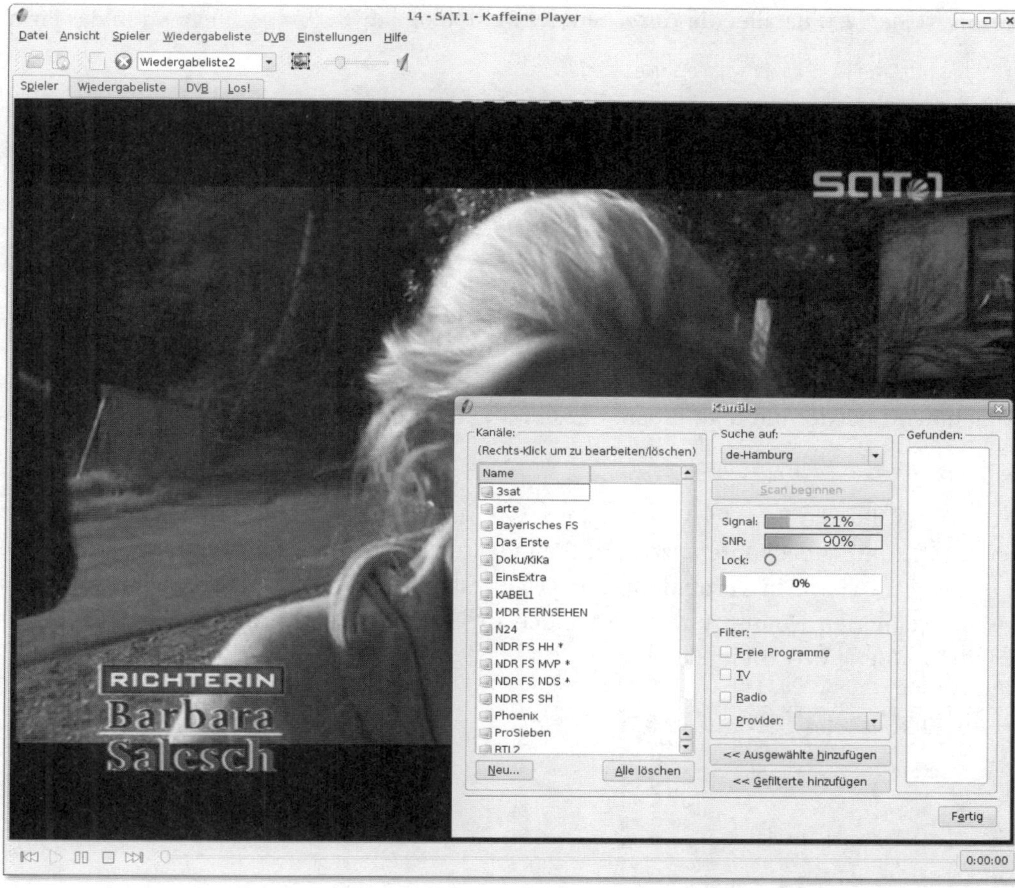

Abbildung 19.25 DVB-Streams mit kaffeine wiedergeben

Der Vorteil von *Kaffeine* an dieser Stelle ist, dass man keine Kanalkonfigurationsdatei benötigt, sondern einfach nach allen empfangbaren Kanälen scannen kann. Mehr zu *Kaffeine* erfahren Sie in Abschnitt 17.

19.12 Externe Geräte nutzen

19.12.1 Webcams unter Ubuntu

Besonders in Verbindung mit Instant-Messaging-Programmen haben sich USB-Webcams durchgesetzt. Die Hardware wird von Ubuntu als Hotplug-Device nach dem Anstecken an einen freien USB-Port erkannt.

Verfolgen Sie dazu parallel die Ausgaben der Systemlogdatei:

```
user$ sudo tail -f /var/log/messages
usb 1-1: new full speed USB device using uhci_hcd
 and address 2
Linux video capture interface: v1.00
pwc: loaded successfully
pwc Philips PCVC730K (ToUCam Fun)/PCVC830 (ToUCam II)
 USB webcam detected.
pwc Registered as /dev/video0
```

Die vorliegende USB-Kamera (eine Philips USB-Webcam) wurde mithilfe des pwc-Kernelmoduls als Videodevice */dev/video0* in das System eingebunden. Die Funktionsfähigkeit der Kamera wird wieder mit dem Programm *xawtv* getestet:

```
user$ xawtv -c /dev/video0
```

Daraufhin sollte das Bild der Webcam im xawtv-Hauptfenster erscheinen. Wenn Sie vorhaben, in Zukunft Videokonferenzen mit Freunden im Internet abzuhalten, dann können Sie Ihre Webcam gleich in Verbindung mit *Ekiga* testen, einer Software, die bereits auf dem frisch installierten Ubuntusystem vorhanden ist. Starten Sie das Programm zunächst über ANWENDUNGEN • INTERNET • EKIGA.

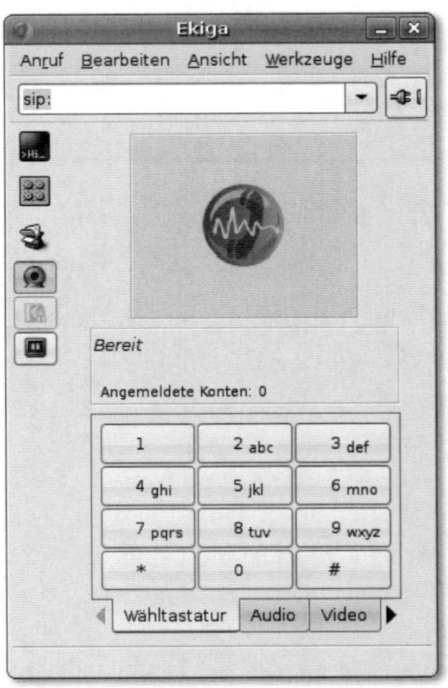

Abbildung 19.26 Test der Webcam mit Ekiga

Der so genannte Konfigurations-Assistent führt Sie in zehn Schritten zu einem funktionsfähigen Videokonferenzsystem. Zunächst werden die Benutzerdaten und die Art der Internetverbindung (Modem, ISDN, DSL o.a.) abgefragt. Die angeschlossene Kamera wird dann über den Knopf *Bilder von der eigenen Kamera anzeigen* getestet.

19.12.2 Eine digitale Fotokamera anschließen

Sie möchten die Bilder Ihrer Digitalkamera gern unter Linux verwalten und bearbeiten? Kein Problem, Ubuntu eröffnet Ihnen auch hier eine Vielzahl von Möglichkeiten. Zunächst sollten Sie sicherstellen, dass Ihre Kamera vom System erkannt wird. Die Verbindung erfolgt in der Regel über USB. Nach dem Anschließen und Einschalten der Kamera wird diese automatisch vom System erkannt, und es erscheint ein Dialog, der anbietet, die Fotos vom Speicherchip auf die lokale Platte zu importieren. Danach öffnet sich *gThumb* und über DATEI • FOTOS IMPORTIEREN ... können Sie dann den Speicherordner angeben und die Fotos von der Kamera laden (siehe Abbildung 19.27).

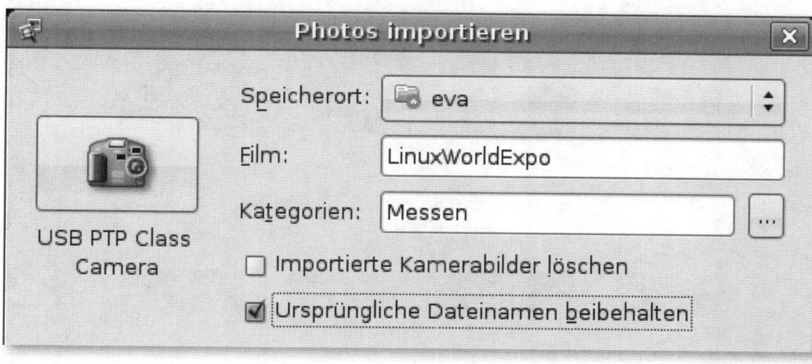

Abbildung 19.27 Fotos werden von einer Digitalkamera geladen.

Sollte der Import der Fotos scheitern, was an einer Fehlermeldung zu erkennen ist, so sollten das Paket *gphoto2* und dessen Grafisches Frontend *gtkam* installiert werden. Letzteres wird im oberen Panel über ANWENDUNGEN • GRAFIK • GTKAM gestartet. Hier kann nun die Kamera über den Menüpunkt KAMERA • WÄHLE KAMERA im sogenannten PTP-Modus betrieben werden. Damit sollte sich jede moderne Kamera ansprechen lassen.

Unter KDE lassen sich Digitalfotos übrigens relativ einfach im *Konqueror* begutachten. Zu diesem Zweck geben Sie einfach in der *Konqueror*-Adresszeile den Schlüsselbegriff `media:/camera` ein. Bei der neuesten KDE-Version erscheint bei Anschluss einer Digitalkamera automatisch ein Icon auf dem Bildschirm, das nach Anklicken eine Browserinstanz zum Durchforsten der Speicherkarte öffnet. Als komfortables Frontend unter KDE bietet sich das Programm *digiKam* an (Abbildung 19.28). Installieren Sie dazu folgende Pakete:

- *digikam* – das eigentliche Programm
- *digikamimageplugins* – Bilder mit Effekten versehen
- *kipi-plugins* – Stapelverarbeitung von Bildern

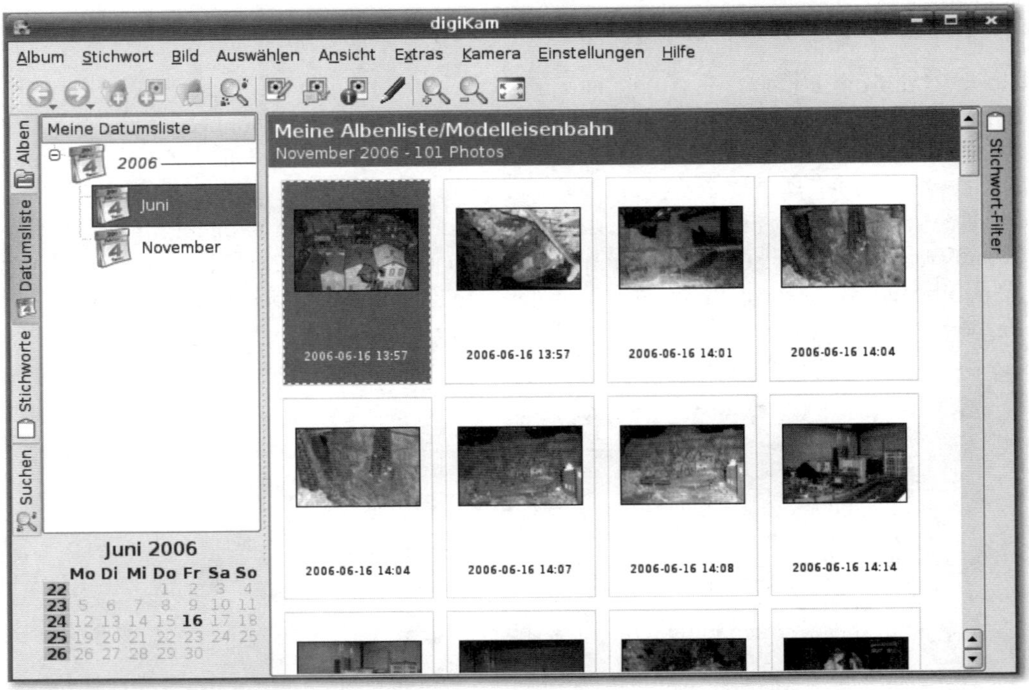

Abbildung 19.28 digiKam – die KDE-Lösung zur Bildverwaltung

19.12.3 Anschluss eines CamCorders

Moderne digitale Camcorder verfügen über eine IEEE1394-Schnittstelle, auch FireWire genannt. Ubuntu entdeckt derartige Geräte unmittelbar nach dem Anschließen und Einschalten. Folgende Meldungen erscheinen im Syslog:

```
user$ sudo tail -f /var/log/messages
ieee1394.agent[10196]:  raw1394: loaded successfully
ieee1394: raw1394:   /dev/raw1394 device initialized
ieee1394.agent[10196]:   dv1394: loaded successfully
```

Die Datenübertragung zwischen Kamera und PC kann mit dem Kommandozeilen-Tool *dvgrab* getestet werden.

Installieren Sie dieses zunächst mittels

```
user$ sudo apt-get install dvgrab
```

Dadurch wird das zusätzliche Paket *libquicktime* installiert. Testen Sie den Transfer einer Videosequenz von der Kamera mit

```
user$ sudo dvgrab testfilm
```

Die Aufzeichnung wird durch Eingabe von Strg + C beendet. Nun sollte sich im aktuellen Verzeichnis ein Filmausschnitt mit dem Namen *testfilm001.avi* befinden. Dieser kann mit einem Standard-Videoplayer begutachtet werden, vorausgesetzt, dieser ist in der Lage, das Digitalvideoformat zu decodieren. Dies schaffen in jedem Fall Programme wie *xine* oder der *MPlayer*. Für den Schnitt von digitalem Video bietet sich das Programm *kino* an (siehe Abbildung 19.29).

Mehr zu Software zur Wiedergabe und Bearbeitung von Videos finden Sie in Abschnitt 17 ab Seite 487. [+]

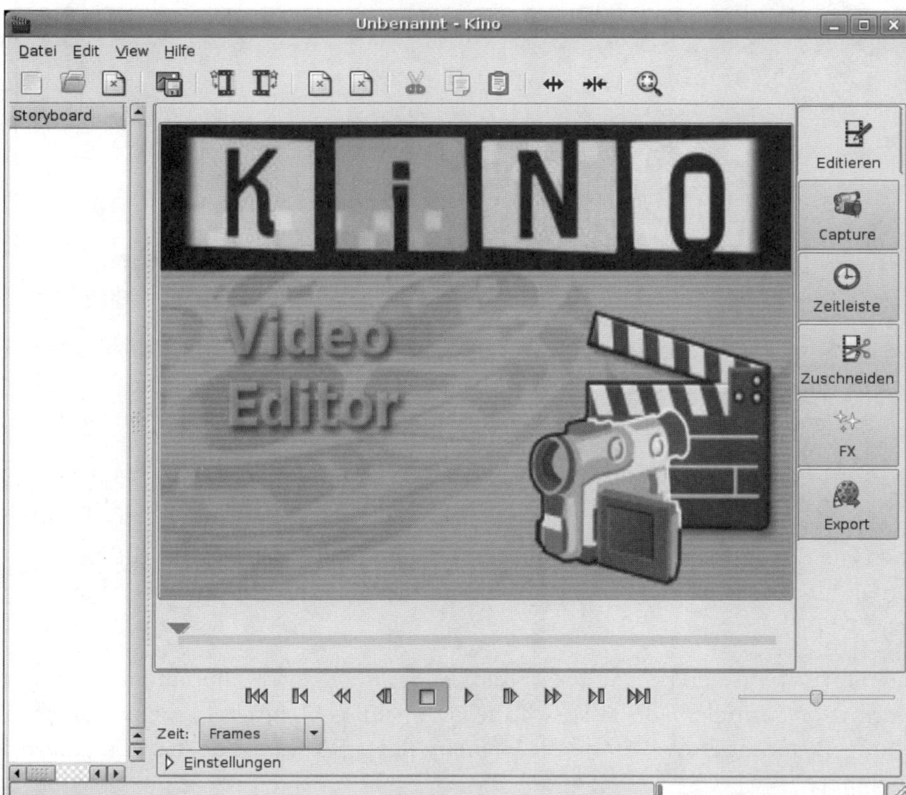

Abbildung 19.29 Videos importieren und schneiden mit kino

19.12.4 Datenaustausch mit dem PDA

Der moderne Datennomade geht heutzutage nicht mehr ohne den praktischen, elektronischen PDA (**P**ersonal **D**igital **A**ssistant) aus dem Haus. Diese Geräte bieten Software für die private Organisation auf kleinstem Raum.

Um einen PDA in Verbindung mit Ubuntu nutzen zu können, benötigt man zumeist nur noch ein grafisches Frontend. Die Hardware wird in der Regel schon vom Kernel erkannt. Im Folgenden wird am Beispiel eines PalmOne-Handhelds gezeigt, wie der Datenaustausch unter Ubuntu abläuft. Installieren Sie für die folgenden Übungen das Paket *multisync* sowie die Plugins *libmultisync-plugin-evolution* und *libmultisync-plugin-palm*. Besitzer eines Windows CE-Handhelds ersetzen das letzte Paket durch *synce-multisync-plugin*.

Die Mehrzahl der heutigen PDAs wird über ein USB-Cradle synchronisiert. Nachdem man den PDA darin platziert hat, drückt man den *HotSync*-Knopf des Cradles und verfolgt die Meldungen des Syslogs:

```
user$ sudo tail -f /var/log/messages
kernel: usb 4-2: new full speed USB device
 using uhci_hcd and address 2
kernel: drivers/usb/serial/usb-serial.c: USB Serial
 support registered for Handspring V isor / Palm OS
kernel: usb 4-2: Handspring Visor / Palm OS converter
 now attached to ttyUSB0
kernel: usb 4-2: Handspring Visor / Palm OS converter
 now attached to ttyUSB1
kernel: drivers/usb/serial/visor.c: USB HandSpring
 Visor / Palm OS driver v2.1
```

Offenbar werden im vorliegenden Fall zwei USB-Schnittstellen angezeigt. Nun muss man lediglich herausfinden, mit welcher Schnittstelle das Gerät anzusprechen ist. Dazu installiert man das Paket *pilot-link*, drückt den *HotSync*-Knopf und testet die Verbindung wie folgt:

```
user$ pilot-xfer -p /dev/ttyUSB1 -l
Reading list of databases in RAM ...
```

Es folgt eine Liste der auf dem PDA befindlichen Dateien. Sollte das Gerät nicht reagieren, so ist das Programm zunächst via `Strg` + `C` zu unterbrechen und eine andere Schnittstelle (z. B. */dev/ttyUSB0*) zu testen.

Das zentrale Informationswerkzeug unter Ubuntu ist *Evolution*, ein Mailprogramm mit integrierter Informationszentrale. Dort lässt sich Ihr PDA nahtlos integrieren, die entsprechenden Einstellungen sind nach dem Start von *Evolution* unter WERKZEUGE • PILOT-EINSTELLUNGEN vorzunehmen.

Unter Kubuntu bietet *Kontact* das Werkzeug *KPilot*. Die Einstellungen können Sie über EINSTELLUNGEN • KONTACT EINRICHTEN ... • KPILOT-EINRICHTUNG vornehmen. *KPilot* kann auch über das K-Menü unter DIENSTPROGRAMME • KPILOT gestartet werden. Für *KPilot* steht auch ein Einrichtungsassistent zur Verfügung. *KPilot* kann für den Abgleich mit *Kontact* oder mit *Evolution* oder nur für die Datensicherung konfiguriert werden.

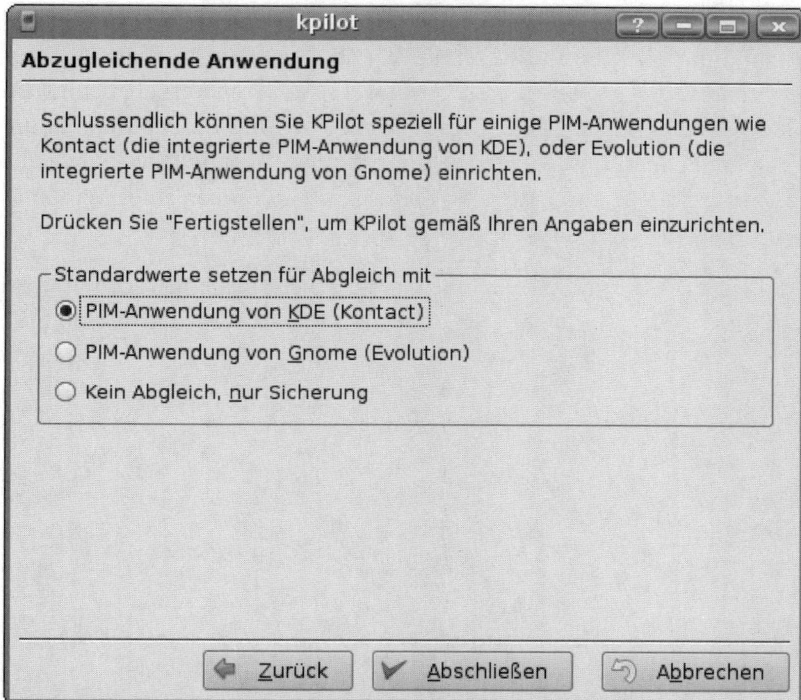

Abbildung 19.30 Synchronisationsmöglichkeiten mit kpilot

»Die Reparatur alter Fehler kostet oft mehr als die Anschaffung neuer.«

Wieslaw Brudzinski, polnischer Satiriker

20 Software- und Paketverwaltung

Nun steigen Sie schon tiefer in Linux ein und kommen zum ersten Mal mit Paketen, Repositories, dpkg, apt usw. in Kontakt. Das sind alles böhmische Dörfer für Sie? Kein Problem, Sie werden in diesem Kapitel all diese Begriffe kennenlernen und natürlich auch den Umgang mit ihnen.

20.1 Vorwort: Software unter Linux/Ubuntu

Die Installation von Programmen ist unter Linux nicht so einheitlich und einfach wie in der Windows-Welt. Unter Linux gibt es keine *.exe*-Dateien, die sich durch Doppelklick ausführen lassen (engl.: *to execute = ausführen*). Eine *setup.exe* sucht man hier meist vergebens. Unter Ubuntu/Linux gibt es vielfältige und zum Teil grundsätzlich verschiedene Möglichkeiten, neue Programme zu installieren bzw. schon vorhandene auf den aktuellen Stand zu bringen. Diese Vielfalt ist auf den ersten Blick unübersichtlich und eventuell auch ein wenig abschreckend, aber die ersten Hürden werden wir in diesem Kapitel gemeinsam meistern.

Einfach und klar

Wie in allen übrigen Bereichen verfolgt Ubuntu auch bei der Installation von Software ein einfaches Konzept: Für Sie als eventuellen Umsteiger soll sich Linux nicht wie ein unverständliches technisches Machwerk darstellen, sondern so einfach wie möglich zu bedienen sein. Es gibt bei verschiedenen Distributionen ganz unterschiedliche Konzepte. So wird z. B. bei der Standardinstallation von SUSE Linux eine unüberschaubare Anzahl von Programmen mitinstalliert. Für jeden Zweck und für jede Aufgabe gibt es mehrere Programme. Dies ist gerade für Umsteiger sehr verwirrend.

Ubuntu verfolgt in diesem Punkt den Ansatz, dass bei der Standardinstallation für jeden Zweck nur ein Programm installiert wird. Sie sind mit diesen Programmen nicht zufrieden? Kein Problem. Mit dem fortschrittlichen Paket-Manager *dpkg*, dem Verwaltungswerkzeug *APT* (**A**dvanced **P**ackage **T**ool) von Debian und der grafischen Benutzeroberfläche *Synaptic* verfügen Sie über sehr mächtige Werkzeuge. Mit deren Hilfe können Sie aus einem riesigen Fundus von mehr als 10.000 Paketen auswählen.

Manche Begriffe, die im Folgenden behandelt werden, sind Ihnen vielleicht schon früher in diesem Buch begegnet. Hier wollen wir uns etwas mehr mit den Details und den Hintergründen beschäftigen.

20.2 Varianten der Softwareinstallation

Vielleicht haben Sie von verschiedenen Seiten gehört, dass Sie unter Linux nur Software installieren können, wenn Sie diese direkt aus ihrem Quellcode heraus kompilieren? Dann kann ich Sie beruhigen: Dem ist nicht so. Aber welche verschiedenen Möglichkeiten gibt es, Programme unter Linux im Allgemeinen und unter Ubuntu im Speziellen zu installieren? Die folgenden Teilabschnitte geben eine Übersicht.

[+] Eine ganz besonders bequeme Art der Installation von Software lernen Sie in Abschnitt 20.5.3 ab Seite 620 kennen – *Synaptic*. Mit *Synaptic* haben Sie vollen Zugriff auf Tausende von Programmen.

20.2.1 Explizite Setup-Skripte

Wenn Sie Windows- oder Mac-OS-Anwender sind, werden Sie es gewohnt sein, nach Programmen im Internet zu suchen, sie herunterzuladen und durch Anklicken einer Setup-Datei zu installieren. Sie sind sicher auch mit Software vertraut, die auf CDs oder DVDs verbreitet wird und über einen Autorun-Mechanismus verfügt, der Ihnen bei der Installation der Programme hilft.

Auch für freie und offene Systeme wie Ubuntu bzw. GNU/Linux existiert ein solcher Installationsmechanismus für Software. Dabei handelt es sich meist um proprietäre Programme mit geschlossenem Quelltext. Dieser Weg mag für Windows-Anwender sehr bequem sein, aber Sie werden sehr schnell die Vorteile der Debian-Paketverwaltung zu schätzen wissen. Das Suchen nach Programmen gehört hierbei in den meisten Fällen der Vergangenheit an.

[zB] Beispiele für proprietäre Programme, die sich auf diese Art und Weise installieren lassen, wären

- die universelle Virtualisierungssoftware *VMware* (*www.vmware.com*)
- der *Turboprint*-Druckertreiber (*www.turboprint.de*)
- der *NVIDIA*- Grafikkartentreiber (*www.nvidia.com*)

Statt einer *exe*-Datei ist zumeist ein Shellskript zur Installation zu starten, im Falle der *NVIDIA*-Treiber erreicht man das durch folgenden Befehl:

```
user$ sudo sh NVIDIA-Linux-x86-<Version>-pkg1.run
```

20.2.2 Tarballs (Tar-Archive)

In den unendlichen Weiten des Open-Source-Universums sind Programme üblicherweise in einem typischen UNIX-Format verbreitet, den sogenannten Tar-Archiven (**tarballs**). Diese **tarballs** sind gepackte Sammlungen von Dateien. Die Programme werden üblicherweise im Quelltext verbreitet und in diese Archive gepackt. Meist tragen die Dateien dann die Endung *tar.gz* oder *tgz*.

Um ein solches Programm zu installieren, müssen auf dem System eine komplette Entwicklungsumgebung mit dem *GNU C-Compiler* sowie einige Utilities wie *automake* und *autoconf* installiert sein, da die Software vor der Installation erst noch für das entsprechende System übersetzt werden muss.

Ubuntu stellt zu diesem Zweck übrigens das Metapaket *build-essential* zur Verfügung, in dem sämtliche zum Kompilieren benötigten Werkzeuge enthalten sind. Sie installieren dieses Paket über die Zeile [+]

```
user$ sudo apt-get install build-essential
```

Für Entwickler, die Programme häufig studieren oder abändern, ist diese Variante recht praktisch, nicht aber für die Anwender, die von einem Programm einfach nur wollen, dass es einfach zu installieren ist und gut funktioniert.

20.2.3 Der Debian/Ubuntu-Weg

Wenn Sie Ubuntu installiert haben und nun nach speziellen Programmen suchen, werden Sie früher oder später auf den Ausdruck »Repository« stoßen. Auch in dem vorliegenden Buch war davon bereits mehrfach die Rede. Aber was sind diese Repositories eigentlich?

Auf Systemen wie Ubuntu kommt freie und quelloffene Software (Open-Source-Software) sehr oft in vorgefertigten Paketen, den *deb*-Dateien, daher. Eine andere Variante sind die *rpm*-Dateien, die man auf SUSE- und RedHat-Systemen findet. Solche Pakete enthalten alle benötigten Programme und Bibliotheken und sind leicht zu installieren. Sie finden die *deb*-Pakete in den verschiedenen Repositories. Das sind Server, die ganze Sammlungen von Paketen zum Download bereitstellen. Auf derartige Pakete kann man mit Verwaltungstools wie z. B. *apt-get* oder *Synaptic* zugreifen und sie auf den PC herunterladen und anschließend installieren. Ein manuelles Kompilieren und Installieren der Software ist somit nicht nötig.

GDebi

Wenn Sie trotzdem einmal in die Verlegenheit kommen und Debian-Pakete manuell installieren möchten, so bringt *hardy* dafür ein grafisches Tool mit. Nach einem Rechtsklick auf das entsprechenden Debian-Paket wählen Sie `Mit »GDebi Paketinstaller« öffnen` aus. In dem sich öffnenden Fenster des Paket-Installers werden Informationen und die Abhängigkeiten des Pakets angezeigt (siehe Abbildung 20.1). Nach einem Klick auf PAKET INSTALLIEREN werden das Paket und gegebenenfalls die vorhandenen Abhängigkeiten installiert.

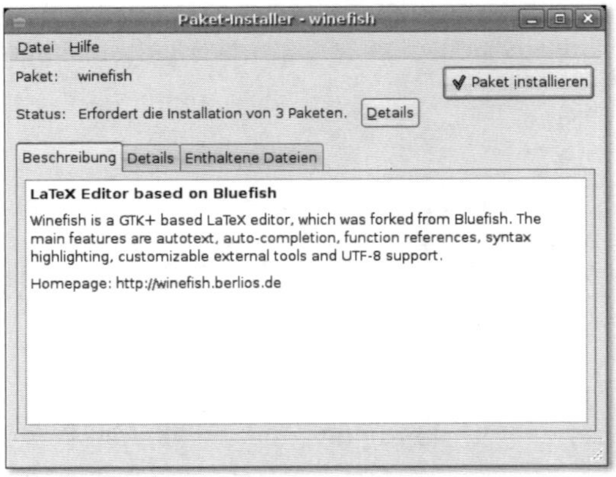

Abbildung 20.1 Komfortable Paketinstallation mit GDebi

Wenn Sie mit dem Browser (z. B. dem *Firefox*) Debian-Pakete aus dem Internet herunterladen, können Sie diese gleich mit *gdebi* öffnen und installieren. In *Breezy* oder älteren Versionen ist dazu ein kurzer Ausflug auf die Konsole nötig. Mit

```
user$ sudo dpkg -i 'Dateiname'
```

wird das Paket installiert. Dazu müssen Sie sich natürlich in dem entsprechenden Verzeichnis befinden, in dem sich auch das .deb-Paket befindet. Mit `dpkg` rufen Sie den Paketmanager *debian package* auf, die Option `-i` installiert dieses Paket dann.

Die Paket-Verwaltungstools listen alle installierten Pakete auf, angefangen vom verwendeten Kernel bis hin zu Ihren bevorzugten Anwendungen samt allen Bibliotheken. Zusätzlich kann man sich darüber informieren, welche Pakete in den verschiedenen Repositories zur Verfügung stehen, sofern Sie die entsprechenden Repositories dem Tool auch bekannt gemacht haben. Wie man das macht, wird weiter unten erklärt.

Zentrale Verwaltung

Durch den Einsatz solcher Tools lassen sich die zentralen Aufgaben des Paket-Managements zentral und einfach halten, als da wären:

- Installation von Programmen
- restlose Deinstallation von Programmen
- Deinstallation von Programmen bei Erhalt von Konfigurationsdateien
- Suchen nach Programmen
- Updates von Programmen

Zugleich bieten die Paketmanager den Distributoren der Pakete eine einfache Möglichkeit, Sie mit Paket-Updates zu versorgen.

In Abschnitt 20.4 ab Seite 612 werde ich mich näher mit *dpkg*, der Grundlage aller Paketverwaltung unter Ubuntu beschäftigen. Sie erfahren mehr über die auf *dpkg* aufsetzenden Management-Tools [+]

- *APT* in Abschnitt 20.5.1 ab Seite 617 und
- *aptitude* in Abschnitt 20.5.2 ab Seite 619.

20.3 Repositories

Ich habe Ihnen bereits in Abschnitt 2.4.1 ab Seite 113 etwas über die Einteilung der Software in Repositories erzählt. An dieser Stelle wollen wir uns dies noch einmal etwas genauer ansehen und die Hintergründe der gesamten Paketverwaltung kennenlernen.

20.3.1 Definition

Zur Erinnerung: Wer jemals mit Debian GNU/Linux gearbeitet hat, der kennt die Problematik: Möchte man wirklich aktuelle Software verwenden, die auch moderne Hardwarekomponenten unterstützt, so kommt man um den Zugriff auf Softwarepools von Drittanbietern nicht herum. Ubuntu Linux teilt aus diesem Grund die Software in mehrere Kategorien bzw. Repositories ein.

Was bedeutet Repository?

Repository bedeutet im Deutschen unter anderem Fundgrube, Ablage oder Quelle. Hier können Sie Software für Ubuntu finden. Der Begriff »Quelle« ist insofern etwas unglücklich gewählt, als dieses Wort nur den Standpunkt des Anwenders berücksichtigt und suggeriert, dass die Software aus diesen Quellen (ohne Ende) heraussprudelt. Dem ist aber nicht so, da die Entwickler der Software die Repositories füllen müssen.

Debian bevorzugt daher den Begriff »Paketdepot« als Übersetzung für Repository.

Nach erfolgter Installation von Ubuntu sind nicht alle Repositories von Beginn an freigeschaltet, sondern nur die, die von den Ubuntu-Entwicklern aktiv gepflegt werden.

Im Ubuntu-System brauchen Sie zumindest die Basis-Repositories von Ubuntu. Ein Teil davon befindet sich auf der Installations-CD/-DVD. Es ist nicht unüblich, auch weitere Repositories anderer Distributoren zu benutzen, wie zum Beispiel die der Debian-GNU/Linux-Distribution.

[!] Bedenken Sie aber, dass ein Mischmasch von Debian- und Ubuntu-Paketen mitunter auch Probleme erzeugt. Sie können hier speziell bei späteren Upgrades auf eine neuere Ubuntu-Version auf größere Schwierigkeiten treffen.

In der nachfolgend abgebildeten Matrix können Sie einen Überblick über die verschiedenen Repositories gewinnen. Im Anschluss daran finden Sie eine ausführliche Erläuterung der einzelnen Softwarequellen.

[+] Wie Sie die einzelnen Kanäle »freischalten«, erfahren Sie in Abschnitt 20.5.3 ab Seite 620 für das Programm *Synaptic* und in Abschnitt 20.6 ab Seite 626 für das manuelle Editieren der Konfigurationsdatei. Diese Konfigurationsdatei ist zuständig für die korrekte Quellenverwaltung, sie ist sozusagen der Schlüssel zum Software-Universum.

	Free Software	Non-free Software
supported	Main	Restricted
unsupported	Universe	Multiverse

Wie Sie in der obigen Matrix sehen können, teilt Ubuntu jegliche Software, die Sie auf Ihrem installierten System verwenden können, in vier Repositories (sogenannte »components«) ein. Diese vier Komponenten wollen wir uns gemeinsam in den folgenden Abschnitten ansehen.

20.3.2 main

Das Main-Repository enthält ausschließlich Pakete, die den Ubuntu-Lizenzanforderungen entsprechen (das ist in erster Linie die GPL) und die vom Ubuntu-Team unterstützt werden.

Das Main-Repository können Sie bedenkenlos freischalten. Unter anderem ist dies auch auf den beiliegenden DVDs enthalten und ist automatisch verfügbar, wenn Sie von dieser DVD installiert haben.

20.3.3 Restricted

Hier befinden sich Pakete, welche die Ubuntu-Entwickler zwar (mitunter nur eingeschränkt) unterstützen, die aber nicht unter einer geeigneten freien Lizenz stehen, um sie in main zu implementieren. Es handelt sich z. B. um binäre Pakete für Grafikkarten-Treiber. Der Grad an Unterstützung ist deshalb eingeschränkter als für main, weil die Entwickler keinen Zugriff auf den Quelltext der betreffenden Software haben.

Auch hier sind normalerweise keine Probleme zu erwarten.

20.3.4 Universe

Hier finden Sie Pakete freier Software, die unabhängig von ihrer Lizenz vom Ubuntu-Team nicht unterstützt werden. Damit haben Benutzer die Möglichkeit, solche Programme innerhalb des Ubuntu-Paketverwaltungssystems zu installieren. Der Vorteil, dass sich diese Programme gut in das Ubuntu-System integrieren, bleibt gewahrt. Dennoch sind diese nicht unterstützten Pakete getrennt von den unterstützten Paketen in Main und Restricted. Diese Softwareprodukte werden vom Ubuntu-Team nicht gewartet, Bugs werden nicht gefixt. Die Verwendung obliegt der eigenen Verantwortung.

20.3.5 Multiverse

Zu den Multiverse-Komponenten gehört ein noch breiteres Spektrum an Software, die das Ubuntu-Team unabhängig von ihrer Lizenz nicht unterstützt. Hier sind Pakete zu finden, die nicht den Lizenzbestimmungen freier Software unterliegen müssen und dennoch als Debian-Pakete vorhanden sind. Der Vorteil, dass sich diese Programme gut in das Ubuntu-System integrieren, bleibt also auch hier gewahrt. Diese Softwareprodukte werden vom Ubuntu-Team nicht gewartet, Bugs werden nicht gefixt. Die Verwendung obliegt der eigenen Verantwortung. Zu beachten ist, dass z.T. auch Pakete enthalten sind, deren rechtliche Grundlage in vielen Ländern nicht gegeben ist. Dazu gehört ein Großteil der Multimedia-Codecs wie die für MP3.

Die Integration kann schwierig sein

Die Paketverwaltung in Ubuntu funktioniert nun ganz einfach: Die allermeisten Programme, die Sie in Ubuntu jemals benötigen werden, befinden sich bereits in einem der vier Ubuntu-Repositories und liegen damit als bequem zu handhabende deb-Dateien vor. Sie können im Internet prinzipiell auch nach weiteren Paketen verschiedener Programme suchen (*tar*-Archive, *rpm*-Pakete, *deb*-Pakete). Allerdings lassen sich diese Programme mitunter schwieriger installieren, und sie integrieren sich auch nicht so gut in Ihr Ubuntu-System.

20.3.6 Backports

Da Ubuntu eine Variante von Debian ist, fragt man sich: Kann man einfach für Debian bestimmte *deb*-Pakete in sein Ubuntu-System installieren? Obwohl Ubuntu und Debian weitgehend übereinstimmen und eine Menge an Paketen teilen, sind die Pakete für Ubuntu und Debian meist nicht identisch, weil sie unabhängig voneinander erzeugt werden. Die Verwendung von Debian-Paketen in Ubuntu hat problematische Auswirkungen für die Paketverwaltung in Ubuntu.

Zielführender ist die Verwendung von sogenannten *Backports*. Das sind Repositories, die bestimmte Pakete, die nicht in den oben genannten Zweigen erhältlich sind, nutzbar machen. Damit brauchen Sie prinzipiell auf kein Programm, das für Linux erhältlich ist, zu [«]

verzichten. Backports enthalten sehr aktuelle Programme oder auch Software, die keinen Eingang in das Ubuntu-System gefunden hat.

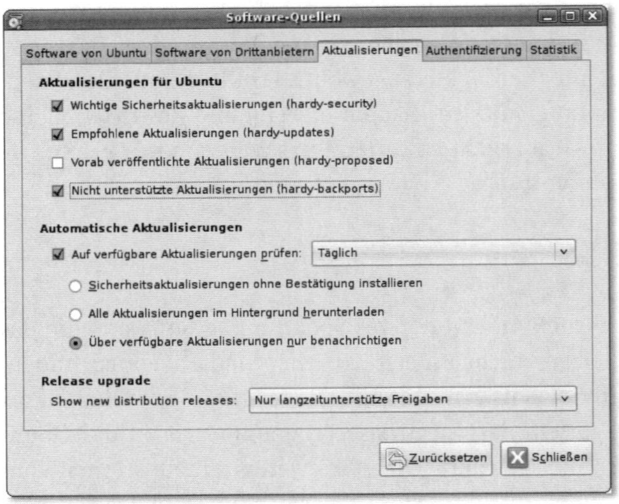

Abbildung 20.2 Die Backports lassen sich über die Paketverwaltung aktivieren.

20.4 dpkg – Die Basis der Paketverwaltung

Debian-basierte Systeme verpacken ihre Pakete in einem *deb*-Format und arbeiten mit dem *Debian Package Manager (dpkg)*. Ubuntu macht hier keine Ausnahme.

Die Paketverwaltung kümmert sich um die Grundlage Ihres Betriebssystems – die Pakete, aus denen Ubuntu und Linux bestehen. Hierbei werden durch *dpkg* die Pakete so verwaltet, dass ein stabiles System resultiert. Um dies zu erreichen, prüft *dpkg* beständig die Abhängigkeiten zu installierender Pakete und verhindert konsequent das Installieren von Programmen, wenn diese durch nicht auflösbare Abhängigkeiten das System in seiner Stabilität gefährden könnten. Der umgekehrte Weg wird ebenso überwacht: *dpkg* verhindert das Entfernen von Paketen, die das System zu einem einwandfreien Betrieb braucht.

[»] Wenn Sie mehr über die vielfältigen Fähigkeiten des Paketmanagers *dpkg* erfahren möchten, dann lohnt sich ein Blick in die Manpage mit

```
user$ man dpkg
```

Kurzreferenz

Mit dem Lesen dieser Manpage kann man Stunden verbringen und daher lohnt sich für das schnelle »Nachschlagen« von Befehlen die Kurzreferenz, die Sie mit dem Befehl `dpkg`

`-h | less` aufrufen können. Hierbei wird die Ausgabe über die *Pipe* (»|«) an den Pager *less* weitergegeben.

Die meisten Optionen, die Sie angeben, existieren in Kurz- und Langform. So können Sie statt

```
user$ dpkg -i
```

für das Installieren eines Paketes auch

```
user$ dpkg --install
```

angeben.

20.4.1 Standortbestimmung

Schnell stieß man mit *dpkg* an die Grenzen. Man erkannte sehr früh, dass die Installation zwar einfacher wurde, da man nicht mehr bei jeder zu installierenden Anwendung diese selbst kompilieren musste, aber das Problem der Abhängigkeiten blieb weiterhin. Wenn man ein bestimmtes Paket installieren wollte, musste man teilweise mehrere andere Pakete vorher installieren, um die hinderlichen Abhängigkeiten aufzulösen. Dies konnte unter Umständen sehr zeitaufwendig und nervenraubend sein.

Schnell fand man eine Lösung für dieses Problem und entwickelte »Aufsätze« für *dpkg*, die allesamt noch die Grundstruktur von *dpkg*, also das Installieren und Entfernen von *deb*-Paketen, benutzen, sich aber teilweise im Vergleich zum alten Programm deutlich weiterentwickelt haben.

Als erste Verbesserung entstand *dselect*, das bis Debian 2.2 die bevorzugte Installationsmethode war. Es konnte bereits Abhängigkeiten auflösen, war aber rein konsolenbasiert und entsprechend unhandlich. So starteten ziemlich schnell Projekte wie *APT* und *aptitude*, auf die ich in den folgenden Abschnitten näher eingehen möchte.

Definition

Es gibt genau genommen zwei Arten von Paketmanagern: Auf der einen Seite stehen die Programme, die aus anderen Quellen Pakete nachladen können, um Abhängigkeiten aufzulösen, auf der anderen Seite diejenigen Programme, die direkt die Pakete installieren oder löschen, aber keine Abhängigkeitsverwaltungs- und Konfliktlösungsmechanismen kennen.

Zwei konkrete Fälle: Das Programm RPM kann Pakete vom Typ .rpm installieren und löschen, das Programm dpkg kann Pakete vom Typ .deb installieren und löschen. Beide können aber keine Abhängigkeiten auflösen, da sie keine Funktionen haben, um Software nachzuladen. Dies können erst die »richtigen« Paketmanager wie YUM, APT und andere.

20.4.2 Alien – Mittler zwischen Welten

Manchmal gibt es die gewünschte Lieblingssoftware nur im *rpm*-Format. Um diese dennoch installieren zu können, muss man dieses Paket in das bevorzugte *deb*-Format umwandeln. Bei dieser Aufgabe helfen einem leider keine Außerirdischen, aber ein kleines Programm namens *alien*, das als Vermittler zwischen diesen beiden Softwarewelten fungiert.

RPM- und Debian-Pakete sind häufig nicht kompatibel, können aber meist mit der Hilfe von *alien* von einem ins andere Format konvertiert werden. Sie installieren *alien* im Terminal mit

```
user$ sudo apt-get install alien
```

Wenn Sie nun ein Paket im *rpm* (paket.rpm) vorliegen haben, verwandeln Sie dieses mittels

```
user$ alien paket.rpm
```

in ein *deb*-Format. Sie finden nun im gleichen Verzeichnis die Datei *paket.deb*. Diese können Sie mit

```
user$ dpkg -i paket.deb
```

installieren.

[!] Dieses Verfahren birgt aber auch einige Tücken. Es können Probleme auftreten, wenn das zu konvertierende Paket von Bibliotheken abhängt, die gar nicht oder in einer anderen Version vorliegen. In einem solchen Fall wird zwar eventuell trotzdem die Transformation mit *alien* abgeschlossen, die anschließende Installation scheitert jedoch. Dann bleibt Ihnen meist nichts anderes übrig, als auf dieses Paket zu verzichten.

20.4.3 Pakete installieren und deinstallieren

Pakete installieren

Wie Sie ein Paket installieren, haben Sie bereits im vorigen Beispiel gesehen. Diese Aktion müssen Sie mit Administratorrechten ausführen, *dpkg* schreibt alle Meldungen, Warnungen und Fehler in das Terminal, in das Sie den Befehl eingegeben haben:

```
user$ sudo dpkg -i bum_2.1.8-1_all.deb
Password:
Wähle vormals abgewähltes Paket bum.
(Lese Datenbank ... 145205 Dateien und Verzeichnisse sind derzeit installiert.)
Entpacke bum (aus bum_2.1.8-1_all.deb) ...
dpkg: Abhängigkeitsprobleme verhindern Konfiguration von bum:
 bum hängt ab von libgtk2-gladexml-perl; aber:
  Package libgtk2-gladexml-perl is not installed.
dpkg: Fehler beim Bearbeiten von bum (--install):
```

```
 Abhängigkeitsprobleme - lasse es unkonfiguriert
Fehler traten auf beim Bearbeiten von:
 bum
```

Ich habe im umseitigen Beispiel mit Absicht ein Paket gewählt, das sich nicht so einfach installieren lässt, damit ich Ihnen anhand dieses Beispiels eine solche Fehlermeldung präsentieren kann.

Wie installieren Sie nun dieses Paket? Dies ist prinzipiell auf zwei Arten möglich. Zum Einen könnten Sie sich auf die Suche nach allen Paketen begeben, die im umseitigen Beispiel gefordert werden, oder Sie nutzen eine smarte Paketverwaltung wie *APT*. *APT* löst die Abhängigkeiten automatisch auf und installiert alle abhängigen Pakete mit.

[+] Sie erfahren mehr über *APT* in Abschnitt 20.5.1 ab Seite 617.

Wenn Sie mehrere Pakete installieren möchten, können Sie diese einfach an den obigen Befehl anhängen:

```
user$ dpkg --install paket1:deb paket2.deb
```

Pakete entfernen

Wenn Sie ein Paket verschicken bzw. wieder entfernen möchten, dann nutzen Sie die Option `-r`. Ein Aufruf sieht folgendermaßen aus:

```
user$ sudo dpkg -r bum
(Lese Datenbank ... 145242 Dateien und Verzeichnisse sind
derzeit installiert.)
Entferne bum ...
```

Mit dem obigen Befehl haben Sie allerdings nur das Programm entfernt, seine Konfigurationsdateien bleiben vorhanden. Dies ist kein Fehler, sondern beabsichtigt. So brauchen Sie bei einer erneuten Installation des Programmes dieses nicht erneut einzurichten. Wenn Sie das Programm komplett entfernen möchten, also mitsamt seinen Konfigurationsdateien, dann müssen Sie es »purgen«:

```
user$ sudo dpkg -P bum
```

20.4.4 Installierte Pakete konfigurieren

Manchmal müssen Sie bereits installierte Pakete neu konfigurieren. Dies kann mehrere Gründe haben: Entweder ist bei der vorherigen Installation eines Pakets etwas schiefgelaufen oder Sie müssen eventuell Ihren X-Server nach dem Einbinden eines neuen Treibers anpassen.

Dieses Konfigurieren funktioniert mit dem folgenden Befehl:

```
user$ sudo dpkg --configure <Paket>
```

und das Rekonfigurieren z. B. des X-Servers erfolgt mit

```
user$ sudo dpkg-reconfigure xserver-xorg
```

20.4.5 Pakete finden

Sie können sich vorstellen, dass in einem Repository mehr als nur ein paar Pakete liegen – es sind sehr viel mehr. Sie werden in den Ubuntu-Repositories mehr als 10.000 Pakete finden, so dass man sehr viel Zeit mit dem Suchen nach dem richtigen Paket verbringen kann. Erschwerend kommt hinzu, dass die Pakete, die man installieren will, oftmals einen anderen Namen haben als die Programme, die sich in diesem Paket befinden.

Der Paketmanager *dpkg* hilft Ihnen auch hier. Mit der Option `-S` oder `-search` können Sie das Paket ermitteln, in dem sich eine bestimmte Datei befindet.

[zB] Sie möchten wissen, in welchem Paket sich das Programm *ls* befindet? Hier müssen wir einen kleinen Trick anwenden, da wir nicht wissen, wo sich der Pfad des ausführbaren Programms befindet. Diesen finden wir mit dem Befehl `which`, und das Ergebnis binden wir in die Suche mit ein:

```
user$ sudo dpkg -S `which ls`
coreutils: /bin/ls
```

Wie Sie sehen, befindet sich das gewünschte Programm in einem Paket namens *coreutils*.

Wenn Sie eine Liste aller installierten Pakete haben möchten, dann benutzen Sie die Option `-l`. Diese Liste ist natürlich sehr lang und daher ist eine Umleitung an *less* wieder sinnvoll:

```
user$ dpkg -l | less
```

Nach Eingabe dieses Befehls sehen Sie nicht nur eine ellenlange Liste von Paketen, sondern auch zusätzliche Informationen über deren Status (siehe Abbildung 20.3).

In den ersten beiden Spalten sehen Sie den Status des jeweiligen Pakets. Die Bedeutung der Buchstaben wird Ihnen am Anfang der Liste erklärt.

[»] Wenn Sie die Liste wieder verlassen möchten, dann brauchen Sie das Terminal dazu nicht zu schließen, sondern Sie nutzen die Tastenkombination (Strg) + (Alt) + (Q) und anschließend noch einmal (Alt) + (Q).

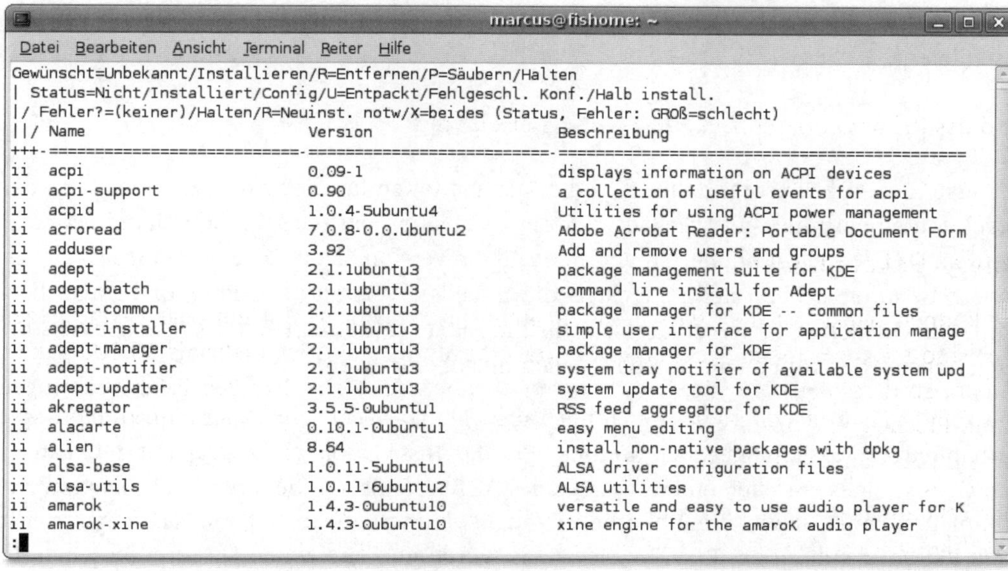

```
marcus@fishome: ~
Datei Bearbeiten Ansicht Terminal Reiter Hilfe
Gewünscht=Unbekannt/Installieren/R=Entfernen/P=Säubern/Halten
| Status=Nicht/Installiert/Config/U=Entpackt/Fehlgeschl. Konf./Halb install.
|/ Fehler?=(keiner)/Halten/R=Neuinst. notw/X=beides (Status, Fehler: GROß=schlecht)
||/ Name                       Version                    Beschreibung
+++-==========================-==========================-============================================
ii  acpi                       0.09-1                     displays information on ACPI devices
ii  acpi-support               0.90                       a collection of useful events for acpi
ii  acpid                      1.0.4-5ubuntu4             Utilities for using ACPI power management
ii  acroread                   7.0.8-0.0.ubuntu2          Adobe Acrobat Reader: Portable Document Form
ii  adduser                    3.92                       Add and remove users and groups
ii  adept                      2.1.1ubuntu3               package management suite for KDE
ii  adept-batch                2.1.1ubuntu3               command line install for Adept
ii  adept-common               2.1.1ubuntu3               package manager for KDE -- common files
ii  adept-installer            2.1.1ubuntu3               simple user interface for application manage
ii  adept-manager              2.1.1ubuntu3               package manager for KDE
ii  adept-notifier             2.1.1ubuntu3               system tray notifier of available system upd
ii  adept-updater              2.1.1ubuntu3               system update tool for KDE
ii  akregator                  3.5.5-0ubuntu1             RSS feed aggregator for KDE
ii  alacarte                   0.10.1-0ubuntu1            easy menu editing
ii  alien                      8.64                       install non-native packages with dpkg
ii  alsa-base                  1.0.11-5ubuntu1            ALSA driver configuration files
ii  alsa-utils                 1.0.11-6ubuntu2            ALSA utilities
ii  amarok                     1.4.3-0ubuntu10            versatile and easy to use audio player for K
ii  amarok-xine                1.4.3-0ubuntu10            xine engine for the amaroK audio player
:
```

Abbildung 20.3 Liste aller installierten Pakete

Was ist *dselect*?

Die Basis der Paketverwaltung *dpkg* kann keine Abhängigkeiten auflösen, sondern »nur« Pakete (de-)installieren. Mit *dpkg* arbeiten verschiedene Paketmanager, unter anderem *dselect*. *Dselect* kann selbstständig Abhängigkeiten zwischen Paketen auflösen und Konflikte zwischen Paketversionen erkennen. Zum eigentlichen Installieren und Konfigurieren von Paketen kommt aber *dpkg* zum Einsatz. *Dselect* kann Pakete aus Quellen wie CDs, NFS- oder FTP-Servern beziehen. Dieser Paketmanager war bis Debian 2.2 der bevorzugte Paketmanager, wurde aber inzwischen von *aptitude* abgelöst.

20.5 Paketmanager

20.5.1 Advanced Packaging Tool (APT)

Das zentrale Programm, das man unter Ubuntu zum Aktualisieren und Installieren von Paketen benutzt, ist *apt-get*. APT (**A**dvanced **P**ackaging **T**ool) ist eine fortschrittliche Schnittstelle zum Ubuntu- bzw. Debian-Paketsystem *dpkg*. Als grafische Benutzeroberfläche für APT bietet sich *Synaptic* an (SYSTEM • SYSTEMVERWALTUNG (ADMINISTRATION) • SYNAPTIC-PAKETVERWALTUNG). Wie bereits beschrieben, arbeitet Ubuntu als Abkömmling von Debian mit *deb*-Paketen.

Sie lassen sich über das Werkzeug apt-get von einer Kommandozeile aus folgendermaßen installieren:

```
user$ sudo apt-get update
user$ sudo apt-get install <Paketname>
```

Die erste Befehlszeile sorgt dafür, dass die Informationen für die Pakete, die man ja in der Regel von einem Internetserver lädt, vor der Installation auf den neuesten Stand gebracht werden. Da sich die Anzahl der Programme und die Version mancher Programme fast täglich ändert, ist somit sichergestellt, dass stets die aktuellste Version eines Programms installiert wird. Die Quellen (d.h. Serveradressen) für die Pakete sind in der Datei */etc/apt/sources.list* eingetragen. Hier können auch neue Quellen hinzugefügt werden.

Die zweite Zeile installiert das genannte Paket. Durch Leerzeichen getrennt können hier auch mehrere Pakete angegeben werden. Bei der Installation via *apt-get* kommt man in den Genuss eines entscheidenden Vorteils des APT-Systems: Oft benötigt ein Programm zur kompletten Funktion weitere Bibliotheken (engl.: *libraries*), die in anderen Paketen versteckt sind. Bei Verwendung des RPM-Paketsystems würde nun eine wilde Sucherei losgehen, in welchen Paketen die entsprechenden Bibliotheken zu finden sind.

Nicht so unter Ubuntu: Der Paketmanager sorgt automatisch dafür, dass die fehlenden Pakete mit installiert werden. Mitunter kann das natürlich bei der Installation aus dem Internet zu langwierigen Downloads führen. apt-get fragt daher nach, ob die entsprechende Installation auch wirklich vorgenommen werden soll, und gibt hierbei alle benötigten Pakete an.

[zB] Die Installation des Kubuntu-Desktops aus einer GNOME-Ubuntu-Installation heraus wäre ein solches Beispiel:

```
user$ sudo apt-get install kubuntu-desktop\
Reading package lists ...\
Building dependency tree ...\
Die folgenden zusätzlichen Pakete werden installiert:\
adept akode akregator amarok amarok-gstreamer ark \
arts debtags enscript gtk2-engines-gtk-qt gwenview \
 ...\
Die folgenden Pakete werden aktualisiert:\
libartsc0 python2.4 python2.4-gdbm python2.4-minimal \
python2.4-tk\
5 aktualisiert, 146 neu installiert, 0 zu entfernen \
und 303 nicht aktualisiert.\
Es müssen noch 135 MB von 135 MB Archiven geholt \
werden.\
Nach dem Auspacken werden 388 MB Plattenplatz \
zusätzlich benutzt.\
Möchten Sie fortfahren [J/n]?
```

Dadurch wird das komplette KDE-Framework inklusive der wichtigsten Programme mit einem einzigen Befehl installiert.

20.5.2 Aptitude

In den vorigen Abschnitten haben wir eine Menge über die Basis der Paketverwaltung *dpkg* und den darauf aufbauenden Paketmanager *APT* gelernt und es mag verwirrend erscheinen, warum ich Alternativen hierzu vorstellen möchte.

Nur Konsole

APT ist rein konsolenbasiert, Sie müssen folglich alles über das Terminal erreichen und haben keinerlei grafische Hilfsmittel. Um dieses Dilemma zu beheben, wurde *aptitude* entwickelt (siehe Abbildung 20.4).

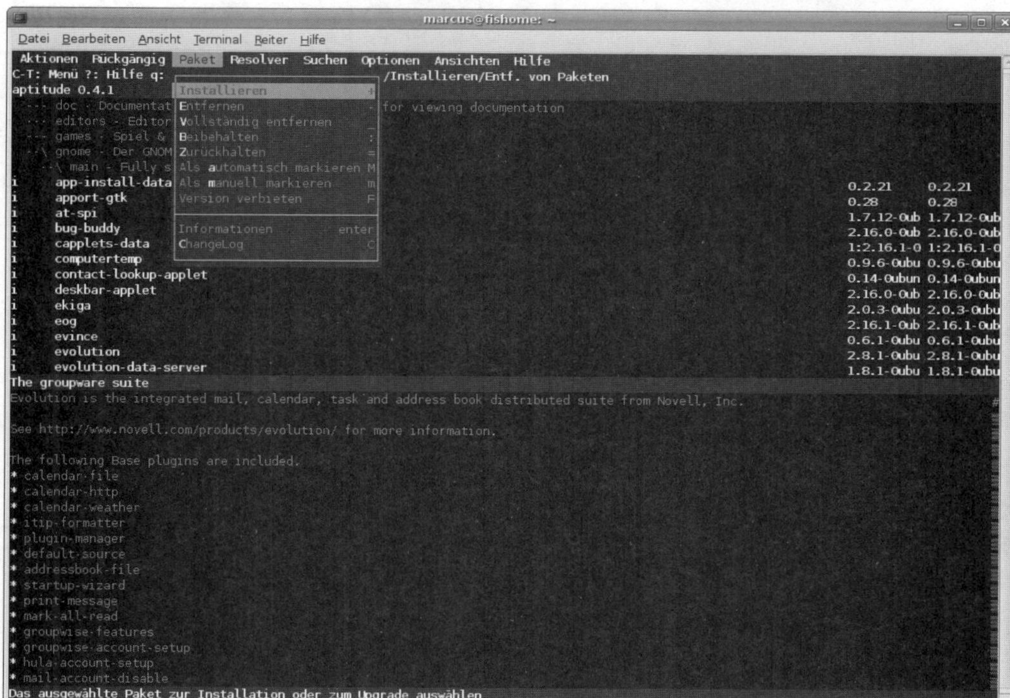

Abbildung 20.4 Paketverwaltung mit aptitude

Aptitude wird über das Terminal mit

```
user$ sudo aptitude
```

gestartet und lässt sich auf zwei Arten bedienen, entweder über die Tastatur oder mit der Maus.

[»] Unter Debian GNU/Linux ist *aptitude* inzwischen die bevorzugte Installationsmethode, da es bei manchen Paketen die Abhänggkeiten besser auflöst und beim Entfernen sämtliche Abhängigkeiten berücksichtigt.

Das Erscheinungsbild ist gelinde gesagt bescheiden, auch wenn die Fähigkeiten von *aptitude* mächtig sind, und daher wurden graphische Oberflächen entwickelt. Auf den folgenden Seiten möchte ich Ihnen *Synaptic* und *Adept* vorstellen, zwei Vertreter dieser modernen Art der Paketverwaltung.

20.5.3 Synaptic

Die meisten Computeranwender schätzen heutzutage GUI-Programme, sprich: klickbare, visuell ansprechende Oberflächen. Die GUI-Variante von apt-get heißt *Synaptic*.

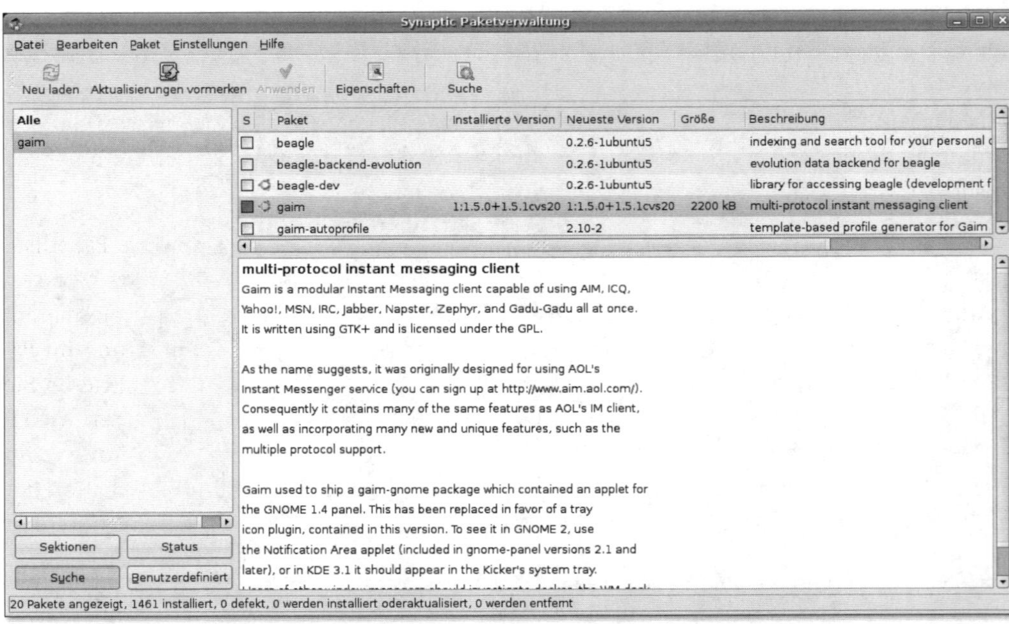

Abbildung 20.5 Komfortable Paketverwaltung mit Synaptic

Synaptic nimmt Ihnen eine Menge lästige Arbeit auf Knopfdruck ab:

- Es löst automatisch sämtliche Abhängigkeiten auf. Wenn also das zu installierende Programm andere Pakete oder Bibliotheken voraussetzt, dann installiert *Synaptic* diese gleich mit.[1]

1 Dieses automatische »Mit-Installieren« geschieht natürlich nicht ohne Ihre Einwilligung. Sie werden bei Bedarf gefragt, ob Sie dies zulassen wollen.

- Es installiert natürlich auch die von Ihnen gewünschte Anwendung.
- Des Weiteren konfiguriert *Synaptic* das neue Programm dahingehend, dass es optimal mit den vorhandenen Programmen zusammenarbeitet.
- Nicht zuletzt deinstalliert es genauso einfach vorhandene Programme wieder.

Mit *Synaptic* haben Sie Zugriff auf über 10 000 Pakete.

Sie starten *Synaptic* über SYSTEM • SYSTEMVERWALTUNG (ADMINISTRATION) • SYNAPTIC-PAKETVERWALTUNG. *Synaptic* ist sehr einfach zu bedienen. Wenn Sie auf SUCHE klicken, können Sie nach Programmen und Paketen suchen, die Sie dann durch Anklicken auswählen, herunterladen und gleichzeitig installieren.

Auswahlmenü

Durch Rechtsklick auf ein Paket erhält man ein selbsterklärendes Auswahlmenü. Nach Auswahl der zu installierenden Pakete beginnt man die Installation durch Betätigen des Knopfs ANWENDEN. Der Punkt AKTUALISIERUNGEN VORMERKEN merkt alle Pakete vor, von denen es in den aktiven Quellen der Datei *sources.list* neuere Versionen gibt. Selbstverständlich werden auch bei der Verwendung von *Synaptic* etwaige Paketabhängigkeiten automatisch aufgelöst.

Jedes Mal, wenn Sie *Synaptic* starten, sollten Sie auf NEU LADEN klicken, um Ihre Paketliste zu aktualisieren. Dies entspricht einem `apt-get update` auf der Konsole. Unter EINSTELLUNGEN • PAKETQUELLEN können Sie zusätzliche Paketquellen, also Repositories, freischalten. Um sämtliche möglichen Quellen anzuzeigen, bedarf es einer kleinen Veränderung im Paketquellenmenü. Klicken Sie im Paketquellendialog auf EINSTELLUNGEN und markieren Sie im folgenden Menü den Punkt BENUTZEROBERFLÄCHE • DEAKTIVIERTE PAKETQUELLEN ANZEIGEN. Jetzt erscheinen im Hauptmenü auch die sonst unsichtbaren *Universe*-Repositories. Um diese freizuschalten genügt es, den Haken vor dem Eintrag zu setzen. Zum Freischalten der *Multiverse*-Sektion ist der *Universe*-Eintrag auszuwählen und die entsprechende Sektion über das BEARBEITEN-Menü zu ergänzen (Abbildung ??).

In Abschnitt 20.3 ab Seite 609 haben Sie bereits unter anderem die Bedeutung von *Universe* und *Multiverse* kennengelernt. [+]

20.5.4 Lokales Repository mit Synaptic verwalten

Manchmal müssen Debian-Pakete heruntergeladen werden, sei es, weil es sich nicht lohnt, für ein einziges Programm ein neues Repository einzutragen (was außerdem das Neuladen der Paketliste verlangsamt), oder weil es gar kein Repository gibt. Die heruntergeladenen Pakete müssen dann über eine Kommandozeile mit `dpkg -i PAKET` installiert werden, was jedoch Abhängigkeiten nicht automatisch auflöst und außerdem ein Umweg ist.

Die Vorteile

Eine andere Möglichkeit besteht darin, ein lokales Repository zu führen, in das die Debian-Pakete heruntergeladen werden und das man wie jedes andere Repository über *Synaptic* verwalten kann. Die Vorteile liegen auf der Hand:

- leichtere Verwaltung
- automatische Auflösung von Paketabhängigkeiten
- kein Kommandozeilen-Wirrwarr (insbesondere für Neulinge interessant)

Um lokale Pakete zu verwalten, müssen Sie manuell ein Repository erstellen:

- Um das Repository zu erstellen, legt man zunächst einen neuen Ordner an (z. B.: `Downloads/Software`), in den man dann die schon vorhandenen Pakete schiebt.
- Nun werden alle Pakete in eine Datei eingelesen (quasi eine Art Index). Man wechselt in einem Terminal zunächst in das Verzeichnis mit den Paketen und führt den folgenden Befehl aus:

```
user$ sudo dpkg-scanpackages ./ /dev/null | \\
gzip > Packages.gz
```

- Fertig. Das Repository kann jetzt benutzt werden.

Nun müssen Sie das Repository in *Synaptic* einbinden. Dazu steuern Sie bitte in *Synaptic* EINSTELLUNGEN • PAKETQUELLEN und klicken hier auf HINZUFÜGEN und dann auf BENUTZERDEFINIERT. Jetzt brauchen Sie das Formular nur noch nach folgendem Schema auszufüllen:

```
deb file:///Downloads/Software ./
```

Achten Sie darauf, dass Sie die Angabe so vollständig schreiben, wie dort gefordert wird. Anderenfalls wird das Repository nicht hinzugefügt.

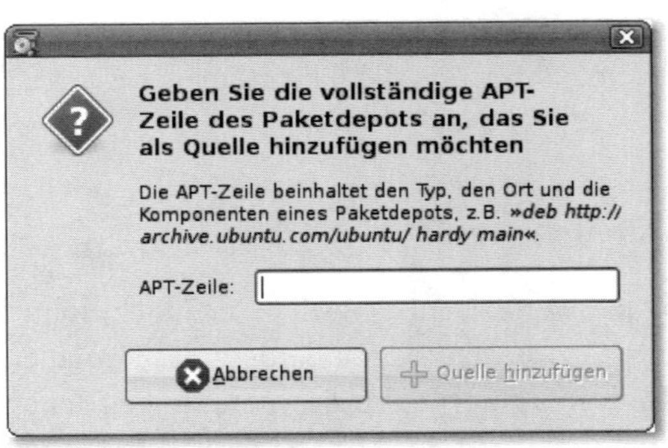

Abbildung 20.6 Anlegen eines lokalen Repositorys

20.5.5 Die Ubuntu-Aktualisierungsverwaltung

Bequeme Updates

Sicher ist es ein mühsames Unterfangen, jeden Tag die installierten Pakete durchzugehen und zu prüfen, ob mittlerweile eine aktuelle Version vorliegt. Diese Arbeit können Sie sich mit der Ubuntu-Aktualisierungsverwaltung sparen. Das Programm führt in regelmäßigen Abständen eine Aktualisierung der Paketliste durch und meldet neue Pakete via Panel-Icon.

Darüber hinaus haben Sie stets die Möglichkeit, das Programm über das Menü SYSTEM • SYSTEMVERWALTUNG (ADMINISTRATION) • AKTUALISIERUNGSVERWALTUNG selbstständig zu starten. Die eigentliche Aktualisierung des Systems erfolgt dann per Knopfdruck durch Betätigen der Schaltfläche AKTUALISIERUNGEN INSTALLIEREN (siehe Abbildung 20.7). Konsolenfans erreichen denselben Effekt durch Eingabe der folgenden beiden Befehle innerhalb einer Konsole:

```
user$ sudo apt-get update\
user$ sudo apt-get dist-upgrade
```

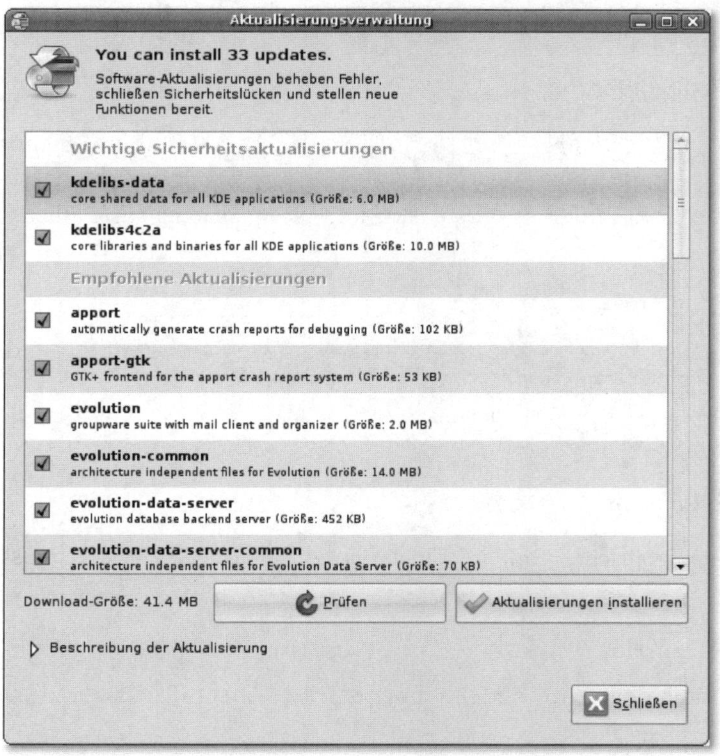

Abbildung 20.7 Die Ubuntu-Aktualisierungsverwaltung

20.5.6 Die Ubuntu-Anwendungsverwaltung

Besonders Einsteiger werden ein neues Werkzeug schätzen, das seit »Breezy Badger« Einzug auf dem Ubuntu-Desktop gehalten hat: die Ubuntu-Anwendungsverwaltung. Diese wird über Anwendungen • Hinzufügen/Entfernen gestartet. Im Hauptfenster finden Sie eine Vielzahl verfügbarer Programme, übersichtlich in der gleichen Menüstruktur geordnet, die auch das GNOME-Startmenü bietet. Zu jedem Untermenüpunkt findet man auch eine Schaltfläche Mehr Anwendungen. Dort sind insbesondere Anwendungen zu finden, die keinen Eingang in das Ubuntu-Basissystem gefunden haben.

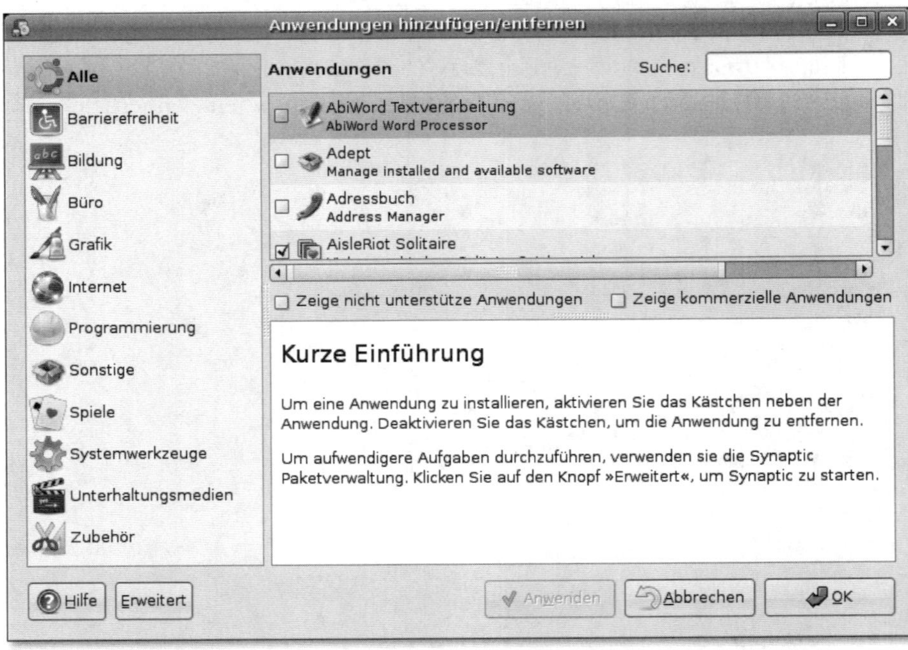

Abbildung 20.8 Installation für Einsteiger: der Applikationsmanager

20.5.7 Adept – die KDE-Lösung

Unter Kubuntu/KDE heißt das grafische Frontend für *apt-get Adept*. Gegebenenfalls muss das Programm mittels

```
user$ sudo apt-get install adept
```

nachinstalliert werden. Sie finden *Adept* im K-Menü unter System • Adept (Package Manager).

[»] Das Programm *Adept* befindet sich derzeit noch im Alpha-Stadium und bleibt ein wenig hinter der Funktionalität von *Synaptic* zurück, sodass ich Ihnen an dieser Stelle empfehlen möchte, auch unter KDE *Synaptic* zu benutzen.

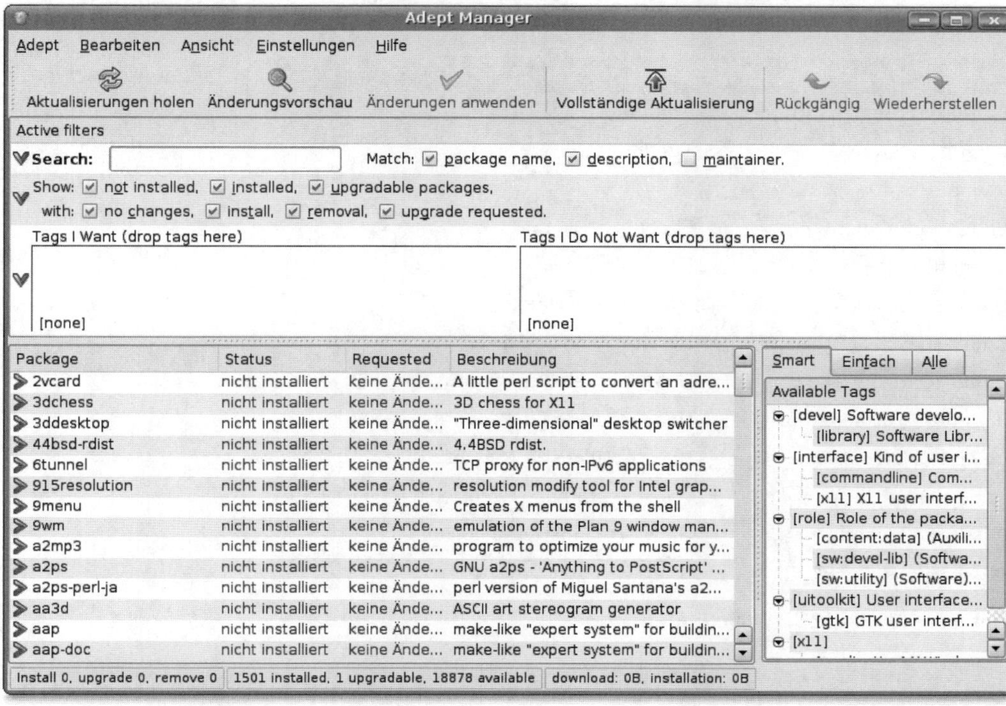

Abbildung 20.9 Paketverwaltung mit Adept

20.5.8 Metapakete

Nach dem Lesen der vorangegangenen Abschnitte haben Sie vielleicht den Eindruck erhalten, dass es sehr kompliziert ist, wenn man ganze Gruppen von Paketen installieren will. Eine praktische Anwendung wäre zum Beispiel, wenn Sie Ubuntu auf Ihrem Computer installiert haben, aber nun einmal Kubuntu oder Xubuntu ausprobieren möchten. Es hat schließlich noch nie geschadet, mal einen Blick über den Tellerrand zu werfen.

Nun besteht z. B. Kubuntu nicht (nur) aus KDE, sondern aus einer Auswahl von KDE-Programmen. Die original KDE-Arbeitsumgebung wurde zugunsten der Übersichtlichkeit und der Anpassung an die Ubuntu-Grundsätze so weit modifiziert, dass Sie mitnichten ein Kubuntu haben, wenn Sie ein KDE aus separaten Quellen installieren.

Um Ihnen als Anwender nun ein umständliches Zusammensuchen und Anpassen der zahlreichen Pakete zu ersparen, wurden sogenannte Metapakete kreiert. Diese Metapakete sind Sammlungen von Paketen, die Sie brauchen, um ein bestimmtes Projekt zu installieren. Auf diese Weise können Sie alle Komponenten »auf einen Rutsch« installieren.

Zur Zeit können Sie folgende Metapakete installieren:

Name des Metapaketes	Installierte Umgebung
ubuntu-desktop	Ubuntu
kubuntu-desktop	Kubuntu
xubuntu-desktop	Xubuntu
edubuntu-desktop	Edubuntu-Client
edubuntu-server	Edubuntu-Server
ubuntu-mimimal	Ubuntu Kernpakete
ubuntu-standard	Ubuntu Standardpakete
ubuntu-restricted-extras	Unfreie Pakete für Ubuntu
kubuntu-restricted-extras	Unfreie Pakete für Kubuntu
xubuntu-restricted-extras	Unfreie Pakete für Xubuntu
build essential	Wichtige Kompilierwerkzeuge
linux-image-generic	Neuester Linux-Kernel (generic)
linux-headers-generic	Neueste Kernelquellen

Tabelle 20.1 Übersicht der Ubuntu-Metapakete

20.6 Quellenstudium und -pflege

20.6.1 Manuelles Editieren der Datei sources.list

Quellen für das Paketsystem werden in der Datei */etc/apt/sources.list* definiert. Sie ist vom Administrator mit folgendem Befehl zu bearbeiten:

```
user$ sudo gedit /etc/apt/sources.list\
#Auszug aus /etc/apt/sources.list\
deb cdrom:[Ubuntu 8.04_Hardy Heron_ - Release i386 \\
(20080425)]/ hardy main restricted
```

Primärquelle definieren

Hier wird zunächst die Installations-CD als Primärquelle definiert.

```
deb http://de.archive.ubuntu.com/ubuntu hardy main restricted
```

Dies sind die *Main-* und *Restricted*-Repositories der Ubuntu-Distribution. Aufgrund der während der Installation vorgenommenen Lokalisierung wurde eine Einschränkung auf den deutschen Teil (*de*) vorgenommen.

```
deb http://de.archive.ubuntu.com/ubuntu hardy-updates main restricted
```

In diesen Zweigen sind Bugfixes und Updates untergebracht.

```
deb http://de.archive.ubuntu.com/ubuntu hardy universe multiverse
```

In der obigen Zeile wurden *Universe-* und *Multiverse-*Repository freigeschaltet.

```
# deb http://de.archive.ubuntu.com/ubuntu hardy-backports main restricted
```

Die Ubuntu-Backports wurden noch nicht freigeschaltet, was am vorangestellten Kommentarzeichen zu erkennen ist. Das Freischalten der Backports erfolgt durch Entfernen des Kommentarzeichens. Zu den oben explizit behandelten Binärquellen kommen gegebenenfalls noch Quellpaket-Repositories hinzu, die durch den Schlüsselbegriff *deb-src* gekennzeichnet sind. Die Syntax für einen Eintrag in der Datei *sources.list* lautet

```
deb URL DISTRI BEREICH
```

für Binärpakete bzw.

```
deb-src URL DISTRI BEREICH
```

für Quellpakete.

Abbildung 20.10 Ein Beispiel für eine sources.list mit deutschem Mirror

Welche Tuningmaßnahmen gibt es? Günstigerweise verwendet man für einen Repository-Server einen Rechner im eigenen Land, um den Netzwerkverkehr in Grenzen zu halten.

In Deutschland gibt es z. B. einen Mirror an der TU Dresden (siehe Abbildung 20.10). Ein entsprechender Eintrag, der auf diesen Mirror bezogen ist, sieht dann folgendermaßen aus:

```
deb http://ftp.inf.tu-dresden.de/os/linux/dists/ \
ubuntu hardy main restricted universe multiverse
```

URL vorher testen

Es empfiehlt sich, die URL des Mirrors vorher mit einem gewöhnlichen Browser wie *Firefox* zu testen. Die Repository-Verzeichnisse können damit auf Vollständigkeit hin überprüft werden.

Nachdem Sie eine Änderung an der Datei *sources.list* vorgenommen haben, ist es unbedingt notwendig, die Paketlisten von den Servern neu einzulesen:

```
user$ sudo apt-get update
```

20.6.2 Externe Quellen

Gelegentlich steht eine Software innerhalb des benutzten Ubuntu-Releases nicht oder nur in einer älteren Version zur Verfügung. Wenn diese Software aber in einer anderen Distribution wie Debian *testing* oder *unstable* oder einem neueren Ubuntu-Release enthalten ist, erscheint es verlockend, sie einfach aus diesen Quellen zu installieren.

[!] Das kann aber leicht zu Problemen führen, da die Ubuntu-Pakete zwar auf Debian basieren, aber nicht zwangsläufig mit diesen identisch sind. Wie Sie wissen, setzt sich eine Linux-Distribution aus einer Vielzahl von Paketen zusammen, die Hand in Hand arbeiten und dadurch voneinander abhängig sind. Diese Abhängigkeiten können bei verschiedenen Distributionen sehr unterschiedlich sein.

Durch die Installation von Paketen aus einer anderen Distribution, wie Debian *testing* oder *unstable* oder einem anderen Ubuntu-Release, kann es deshalb zu verschiedenen Problemen kommen: Möglicherweise harmoniert das installierte Paket nicht mit einem der anderen installierten Pakete. Wenn eine selten genutzte Software betroffen ist, fällt das vielleicht erst einmal gar nicht auf.

Außerdem ist es üblich, dass ein Paket die Installation anderer Pakete voraussetzt. Wenn nun eines dieser Pakete in der »fremden« Distribution in einer neueren Version vorhanden ist, kann es sein, dass die im Basissystem bereits installierte Version ersetzt wird. Besonders heimtückisch ist das bei Paketen aus Distributionen, die sich regelmäßig ändern, wie Debian *testing* und *unstable* oder die jeweilige Entwicklerversion von Ubuntu. Wo heute die Installation eines einzelnen Pakets noch keine Probleme bereitet, können morgen schon durch eine neue Version Dutzende weiterer Pakete benötigt werden. Ob diese mit dem Basissystem funktionieren, ist manchmal reine Glückssache.

[!] Aus diesem Grund sollte man beim Eintragen von Quellen einer anderen Distribution sehr vorsichtig sein. Braucht man wirklich neuere Pakete, sollte man auf sogenannte Backports zurückgreifen. Dies sind Pakete eines neueren Entwicklungsstands, die gezielt für die ältere Distribution gebaut wurden. Sie verwenden also nur Abhängigkeiten, die entweder durch die Distribution selbst oder durch die eigenen Backports erfüllt werden können.

Andere Quellen, beispielsweise *www.os-works.com/debian/*, führen oft den Namen »Debian« in ihrer Adresse und entwickeln ihre Pakete meist für Debian *testing*. Pakete für die verschiedenen Debian-Distributionen *können* unter Ubuntu problemlos funktionieren, jedoch sollte man sie nur dann verwenden, wenn es das Paket nicht in den Ubuntu-Quellen gibt und man dieses Programm unbedingt benötigt.

Manuelles Hinzufügen

Sowohl durch direktes Editieren der *sources.list* als auch mithilfe des *Synaptic*-Pakettools ist es möglich, zusätzliche Repository-Quellen, die nicht aus der Ubuntu-Hierachie stammen, zu ergänzen.

20.6.3 GPG-Schlüssel importieren

Ein wesentliches Sicherheitsmerkmal der Ubuntu-Paketverwaltung ist die Möglichkeit, die Authentizität der Softwarepakete zu prüfen. Dadurch kann verhindert werden, dass sogenannte Malware (schädliche Programme wie Viren, Trojaner etc.) ins System gelangt. Mit der Installation werden die GPG-Keys der offiziellen Ubuntu-Pakete in das System integriert. Problematisch wird es dann, wenn Fremd-Repositories verwendet werden. In diesem Fall ist es erforderlich, auf der entsprechenden Internetseite nach Instruktionen zum Import des Schlüssels zu forschen. Den Schlüssel importieren Sie dann durch:

```
user$ gpg -keyserver wwwkeys.eu.pgp.net -recv-keys 1F41B907
user$ gpg -armor -export 1F41B907 | sudo apt-key add -
```

20.6.4 Update auf CD

Wie Sie schon bemerkt haben, besitzt Ubuntu mit dem APT-Werkzeug eine universelle Schnittstelle zum System-Update. Eine Frage stellt sich dennoch: Wie kann man die ganzen heruntergeladenen *deb*-Pakete sichern und für spätere Installationen wieder zur Verfügung stellen? Gehen Sie wie folgt vor:

- Erstellen Sie einen Ordner, in den die ganzen Debian-Dateien vom Originalordner */var/cache/apt/archives* kopiert werden (z. B. im eigenen */home*-Verzeichnis):

```
user$ mkdir /home/<Benutzername>/updates
user$ cp /var/cache/apt/archives/* /home/ <Benutzername>/updates
```

- In diesem Ordner wird nun eine Paketliste angelegt:

```
user$ cd /home/<Benutzername>/updates
user$ dpkg-scanpackages ./ /dev/null | gzip > Packages.gz
```

- Im Ordner */updates* wurde dadurch eine gezippte Datei *Packages.gz* angelegt, die eine Liste aller *deb*-Dateien enthält. Man brennt sich nun einfach den Ordner */updates* auf eine CD. Dabei müssen alle Dateien direkt ins Root-Verzeichnis der CD befördert werden.

Wenn die CD gebrannt wurde, können Sie diese mit dem Kommando

```
user$ sudo apt-cdrom add -d <Mountpoint der CDROM>
```

oder im Programm *Synaptic* über das Menü BEARBEITEN • CD HINZUFÜGEN ergänzen.

Liste aller installierten Pakete erstellen

Um eine Liste zu erstellen, die alle installierten Pakete und deren Beschreibungen enthält, machen Sie bitte folgende Eingabe:

```
user$ sudo dpkg-query -l > packages.list
```

Die alphabetisch sortierte Paketliste befindet sich danach in der Datei *packages.list* in dem Verzeichnis, in dem Sie sich gerade befinden. Sie können sich diese Textdatei mit einem beliebigen Editor anzeigen lassen (siehe Abbildung 20.11), z. B. *gedit* oder *kate*:

```
user$ gedit packages.list
```

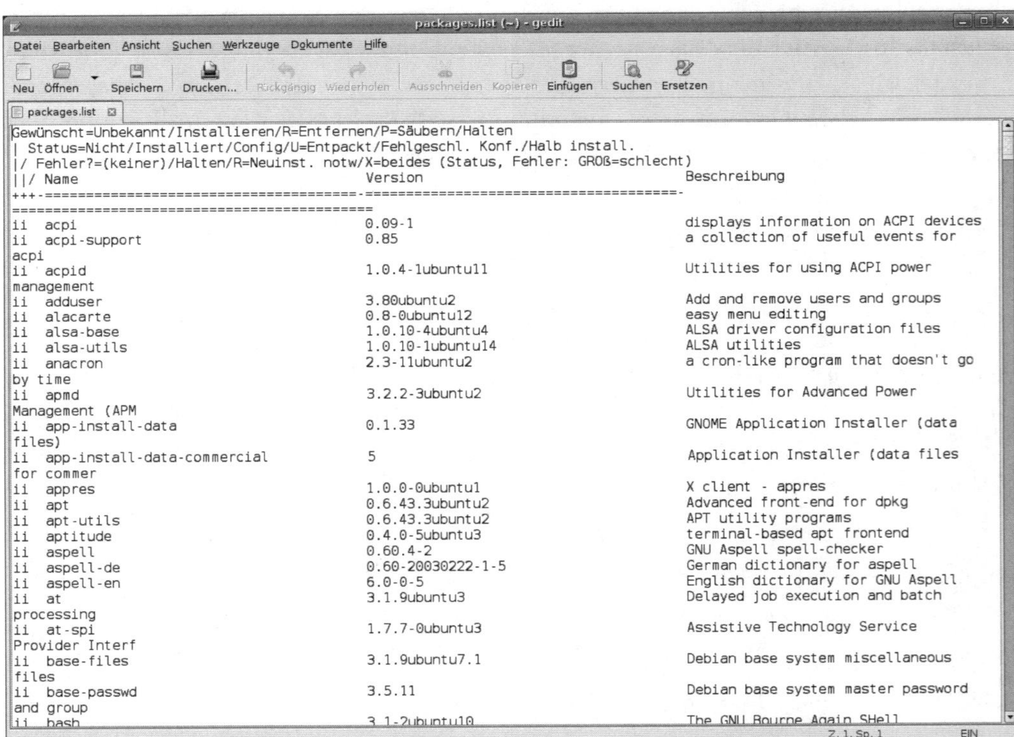

Abbildung 20.11 Eine alphabetisch sortierte Liste aller auf Ihrem System installierten Pakete/Programme

20.6.5 Das System aufräumen

Mit dem kleinen Programm *deborphan* kann man wunderbar sein System aufräumen und so Ubuntu in Schuss halten. Es ist ein Programm, das auf einem Debian-System nach verwaisten Paketen sucht. Wird ein Paket gefunden, von dem keine anderen Pakete abhängig sind, so wird der Name ausgegeben. Dies ist hauptsächlich sinnvoll, um installierte Bibliotheken zu finden, die nicht mehr benötigt werden. Sie installieren *deborphan* ganz einfach im Terminal:

```
user$ sudo apt-get install deborphan
```

Verwaiste Pakete

Nun können Sie sich nach einem einfachen Aufruf `deborphan` alle verwaisten Pakete anzeigen lassen. Mit dem Befehl

```
user$ sudo dpkg -r PAKET
```

können Sie nun Pakete löschen, die Sie nicht mehr brauchen. Gehen Sie hierbei behutsam vor und prüfen Sie gewissenhaft, ob Sie die angezeigten Pakete wirklich nicht mehr brauchen.

20.7 Fremdsoftware unter Ubuntu Linux

Fremdsoftware wie beispielsweise Windows-Programme können entweder mithilfe des *Wine*-Pakets oder mit plattformübergreifenden Applikationen auf Java-Basis ausgeführt werden. Dadurch erhält der Windows-Umsteiger die Möglichkeit zur »sanften Umgewöhnung«.

20.7.1 Windows-Programme unter Linux

Folgende Möglichkeiten gibt es, Windows-Software unter Linux zum Laufen zu bringen:

- **Wine**
  Hierbei handelt es sich um eine Umgebung, die es aufgrund von angepassten Bibliotheken gestattet, Windows-Programme auch unter Linux ablaufen zu lassen. Das Kürzel *Wine* steht dabei für »Wine is not an emulator« und deutet an, das *Wine* kein echter Emulator ist, der eine eigene Hardwarestruktur abbildet, sondern lediglich das Betriebssystem simuliert. Der Kompatibilitätsgrad ist dabei mittelmäßig, einfache Anwendungen arbeiten aber meist brauchbar unter *Wine*.
- **Crossover Office**
  Diese kommerzielle Variante von *Wine* wurde insbesondere auf die Microsoft-Office-Produktlinie angepasst und arbeitet daher auch recht gut mit der Originalsoftware zusammen. Das Programm ist allerdings kostenpflichtig, für die Standardversion fallen ca. 50 Euro an.

- **Cedega**
  Das *Cedega*-Projekt (vormals *WineX*) gibt dem spielbegeisterten Anwender die Möglichkeit, Windows-DirectX-Spiele unter Linux zu betreiben. Die Software ist in Form eines Abonnements erhältlich.

- **VMware**
  Wenn alle Stricke reißen: Mithilfe der kommerziellen *VMware*-Software simulieren Sie einen eigenständigen PC unter Linux, auf welchem ein vollwertiges Windows-System installiert werden kann. Damit können Sie nahezu sämtliche Originalsoftware zum Laufen bringen. Die Ausnahme sind Spiele, die DirectX erfordern.

Nachfolgend soll ein einfaches *Wine*-System konfiguriert werden; mehr zu *VMware* finden Sie in Kapitel 28, »VMware und QEMU«, ab Seite 793. Details zu den anderen oben genannten Projekten entnehmen Sie bitte den Internetseiten der Hersteller bzw. Vertreiber.

Installation von Wine

Es gibt zwei Möglichkeiten, unter Ubuntu zu einer lauffähigen Wine-Installation zu gelangen. Die einfachste: Installieren Sie das folgende Paket aus dem Universe-Repository:

- *wine*

Wer stets die aktuelle Version von *Wine* installiert wissen möchte, der definiert (abhängig von der verwendeten Ubuntu-Version) die folgende Quelle in der Datei *sources.list*:

```
deb http://wine.budgetdedicated.com/apt hardy main
```

winecfg

Nach der Installation von *Wine* müssen Sie zunächst einmal `wine` im Terminal aufrufen, das Programm richtet dann notwendige Ordner etc. ein. Zur Konfiguration von *Wine* gelangen Sie mit dem Befehl

```
user$ sudo winecfg
```

Danach kann die Funktionsfähigkeit des Programms durch Aufruf des Programms `winemine` getestet werden. Dabei handelt es sich um einen Minesweeper-Clone, der regen Gebrauch von den Windows-Bibliotheken macht. Der nächste Test könnte darin bestehen, das bekannte Solitärspiel aus einer parallelen Windows-Installation in Ihr Linux-System zu kopieren. Dieses kann danach mit

```
user$ wine sol.exe
```

getestet werden (siehe Abbildung 20.12).

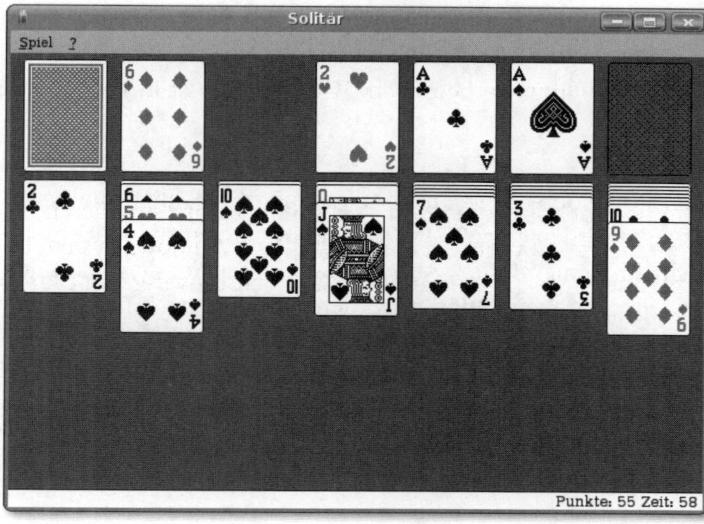

Abbildung 20.12 Windows Solitär unter Linux

Nun kann man ein fremdes Programm testen. Suchen Sie einfach eines der im Internet reichlich vorhandenen Freeware-Programme. Starten Sie nach dem Download die Installation mittels

```
user$ wine setup.exe
```

bzw. mit dem jeweiligen Befehl zur Installation der Software. Sämtliche installierten Programme befinden sich in einem versteckten Verzeichnis namens *.wine* in Ihrem Home-Verzeichnis im Unterpfad *drive_c*. Sollte etwas schief laufen, so löschen Sie einfach dieses versteckte Verzeichnis. Danach geben Sie Folgendes in einem Terminal ein:

```
export WINEPREFIX=/home/username/.wine
wineprefixcreate --prefix /home/username/.wine
```

Danach können Sie von vorn beginnen.

Wine ist eher die Notlösung

Als Faustregel für *Wine* gilt: Je älter die Anwendungen sind, desto größer ist die Wahrscheinlichkeit, die Windows-Software angemessen zum Laufen zu bringen. Seien Sie vor allem nicht enttäuscht, wenn das eine oder andere Programm nicht wunschgemäß funktioniert: *Wine* ist nach wie vor eher als Notlösung zu sehen.

Es gibt noch ein Zusatzprogramm mit dem Ziel, die Standardinstallation von *Wine* kompatibler zu machen. Allerdings setzen einige der von *WineTools* installierten Programme voraus, dass man eine (legale) Windows-Lizenz besitzt.

WineTools können Sie unter *http://www.von-thadden.de/Joachim/WineTools/index.html#download* herunterladen. Nach dem Herunterladen müssen Sie die Archivdatei entpacken und das Installationsskript mit dem Befehl `sudo ./install` starten.

Geschichte von wine

An dem Wine-Projekt sind über 300 Hobby- und Profiprogrammierer beteiligt, die in der ganzen Welt verstreut sind. Bis jetzt werden etwa 70 Prozent der Systemaufrufe unterstützt, wobei die restlichen noch nicht implementierten Aufrufe fast immer Sonderfunktionen sind, die nur von sehr wenigen Programmen benötigt werden. Wine ist nach über einem Jahrzehnt immer noch im Entwicklungsstadium, etwa alle zwei Wochen steht eine neue Version zum Herunterladen bereit. Am 25. Oktober 2005 erschien die erste Beta-Version, welche die Versionsnummer 0.9 erhielt. Mittlerweile gibt es einen Code-Freeze für die – für Juni 2008 angekündigte – Wine Version 1.0.

20.7.2 Java-Programme unter Linux

Eine wesentlich bessere, auch rechtlich sauberere Lösung als das im letzten Abschnitt beschriebene Vorgehen mit *Wine* stellt der Einsatz von Java-Software unter Linux dar. Dieser Einsatz soll nachfolgend an zwei Beispielen gezeigt werden. Voraussetzung ist die Installation einer Java-Runtime-Umgebung. Seit kurzer Zeit gibt es eine Neuerung: Sun hat Java in einer neuen Distributoren-Lizenz veröffentlicht. Ein entsprechendes Paket lässt sich mit

```
user$ apt-get install sun-java6-jdk
```

einfach installieren.

Sollten Sie mehrere Java-Umgebungen installiert haben, können Sie die korrekte Version mit folgendem Befehl auswählen:

```
user$ sudo update-alternatives --config java
```

Der Sun-Java Compiler wird über

```
user$ sudo update-alternatives --config javac
```

ausgewählt. Damit wären sämtliche Voraussetzungen für einen ersten Test gegeben.

ProjectX: Videoaufnahmen konvertieren

Zum Umwandeln der Aufnahmen des digitalen Videorekorders VDR bietet sich die Software *ProjectX* an *www.lucike.info*. Das Java-Programm zum Demultiplexen von Videostreams wird nach dem Download und dem Entpacken der ZIP-Datei folgendermaßen gestartet:

```
user$ java -jar ProjektX<Version>.jar
```

Das Kürzel `*.jar` steht hierbei für ein Java-Archiv. Nach dem Start des Programms können Sie zunächst über das Menü SPRACHE die Menüsprache Deutsch wählen. Anschließend kann über das Menü DATEI • HINZUFÜGEN ein mit VDR aufgenommener Videostream geladen und bearbeitet werden, sodass das Material schließlich auf eine DVD gemastert werden kann.

Abbildung 20.13 ProjectX – Java-Programm zum Demuxen von VDR-Streams

GEONExT: Geometrie auf Java-Basis

Das Programm *GEONExT* (*http://geonext.uni-bayreuth.de* ist eine java-basierte Anwendung für den Mathematikunterricht, die das Zeichnen von geometrischen Figuren sowie Funktionsgraphen ermöglicht.

Die Graphen und Zeichnungen können nach Bearbeitung als PNG- oder SVG-Dateien exportiert werden. Nach dem Download der Datei ist eine Installation erforderlich:

```
user$  chmod a+x geonext_linux.bin\
user$  ./geonext_linux.bin
```

Das Programm wird im Normalfall in das Heimverzeichnis des Benutzers installiert. Dort wird auch ein Link namens RUNGEONEXT erstellt. Durch Anklicken des Links in einem Browser wird das Programm schließlich gestartet. Das interaktive Geometriesystem kann eine Vielzahl von Zusammenhängen und geometrischen Sätzen veranschaulichen (siehe Abbildung 20.14).

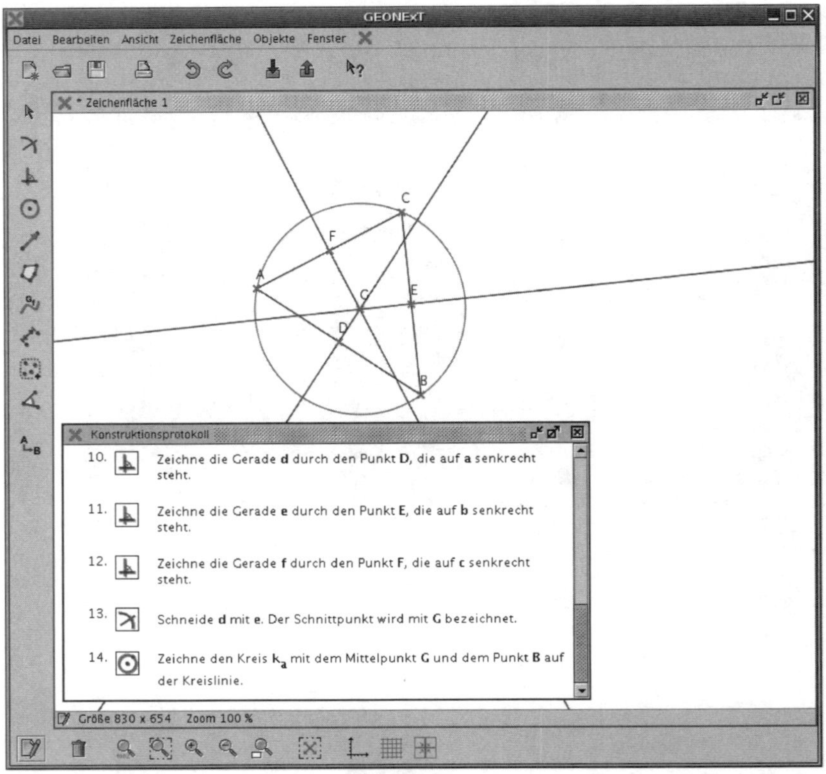

Abbildung 20.14 Interaktive Geometrie mit GEONexT

20.8 Sekundärsoftware aus Quellen

Würden Sie einen Porschemotor in einen Smart einbauen? Oder umgekehrt einen Porsche mit einem Smartmotor versehen? Genau dies geschieht im übertragenen Sinne bei der Verwendung gängiger Betriebssysteme. Die Entwickler versuchen stets, Diener vieler Herren zu sein, ohne dabei auf die Stärken und Schwächen der Hardware, auf der das System eingesetzt werden soll, einzugehen.

Linux besitzt die einzigartige Möglichkeit, voll konfigurierbar und skalierbar zu sein. Das System macht in der Armbanduhr als Embedded-System eine ebenso gute Figur wie als Cluster-Betriebssystem des Rechnerparks einer Universität. Das Geheimnis besteht darin, dass das System quelloffen ist und daher (einen entsprechenden Compiler vorausgesetzt) auf viele Systeme portiert und an diese angepasst werden kann. Der folgende Abschnitt zeigt, wie man selbst eine optimale Anpassung der Software an den heimischen PC erreicht. Der Ubuntu-relevante Part stammt zum Teil aus einigen lesenswerten Artikeln des Ubuntuusers-Wiki, dessen Autoren ich an dieser Stelle für die geleistete Arbeit danken möchte.

Bei jedem Programm für Linux hat man die Möglichkeit, selbst Hand anzulegen und die Quellpakete selbst zu kompilieren und zu installieren. Dies funktioniert jedoch nicht immer auf Anhieb, da hierbei die Abhängigkeiten nicht automatisch aufgelöst werden. Die allermeisten Entwickler von Programmen stellen auf ihrer Homepage die Quellpakete der Programme zur Verfügung. Diese sind meist im `tar.gz`- oder einem anderen Format gepackt und müssen mit einem Packprogramm wie z. B. *guitar* oder *Ark* (KDE) entpackt werden.

20.8.1 Der Linux-Dreisprung

Um die entpackten Dateien weiter bearbeiten zu können, muss man der Besitzer der Dateien sein oder Root-Rechte haben. Meist werden die Dateien nach dem Muster des folgenden Dreisprungs (dem Linux-Dreisprung) kompiliert und installiert (siehe Abbildung 20.15).

Linux-Dreisprung

Zunächst wird über das Konfigurationsskript `configure`[2] die eigentliche Kompilierumgebung angepasst und es wird geprüft, ob sämtliche für den Übersetzungsprozess notwendigen Pakete auf dem System zur Verfügung stehen. Bei etwaigen Fehlermeldungen müssen dann meist die sogenannten Developer-Pakete, die die fehlenden Bibliotheken oder Header enthalten, nachinstalliert werden.

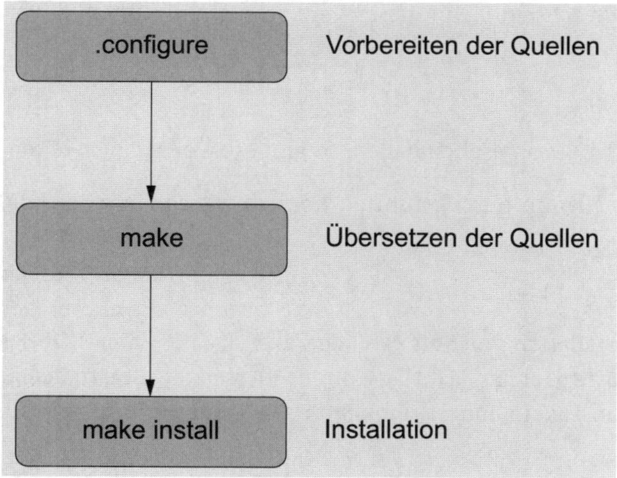

Abbildung 20.15 Der »Linux-Dreisprung«

Beim Kompilieren über `make` wird der Quellcode des Programms in eine ausführbare Datei umgewandelt.

2 Das vorangestellte Kürzel `./` bedeutet, dass die Konfigurationsroutine aus dem aktuellen Verzeichnis aufgerufen wird.

Danach wird diese über

```
user$ sudo make install
```

installiert, d. h. sie wird in den Programmordner verschoben, mit anderen Dateien und Bibliotheken verknüpft und eventuell wird ein Eintrag im GNOME- bzw. KDE-Menü erstellt. Dazu sind meist Root-Rechte erforderlich, daher die Verbindung mit `sudo`.

[!] Bei vielen Programmen liegt den gepackten Dateien eine Anleitung namens *README* oder *INSTALL* bei, die man unbedingt beachten sollte!

Die obige Vorgehensweise lässt sich bei nahezu allen Linux-Distributionen durchführen. Einen Schönheitsfehler gibt es hier dennoch: Das durch `make install` (mit Root-Rechten!) aufgerufene Skript packt die ausführbaren Dateien zumeist in Pfade, die nach der Installation nicht mehr so einfach nachvollziehbar sind. Möchte man die Software bei Nichtgefallen wieder entfernen, so weiß man zumeist nicht mehr, wo sich die einzelnen installierten Dateien befinden.

20.8.2 Reversible Installation

Anwenderfreundliche Programmierer haben für diesen Zweck meist das Target `uninstall` vorgesehen. Dieses setzt allerdings voraus, dass Sie das Entpack-und Arbeitsverzeichnis der Software noch nicht gelöscht haben. Wechseln Sie in dieses Verzeichnis und führen Sie zur Deinstallation folgenden Befehl aus:

```
user$ sudo make uninstall
```

Sollte der Programmierer kein `uninstall` vorgesehen haben, so gibt es zwei Möglichkeiten:

- Protokollieren Sie die bei der Installation durchgeführten Kopiervorgänge in einer Logdatei (z. B. `softinst.log`):

  ```
  user$ sudo make install > softinst.log
  ```

- Verwenden Sie zur reversiblen Installation von Software das Paket `checkinstall`: Dieses Programm erzeugt ein rudimentäres Debian-Paket aus Ihren übersetzten Binärdateien, das mit dem gewöhnlichen Debian-Paketmanager ohne Spuren wieder entfernt werden kann.

20.8.3 Installation unter Ubuntu

Im Folgenden finden Sie eine kurze Übersicht darüber, was beim Kompilieren von Sekundärsoftware speziell unter Ubuntu-/Debian-Systemen zu beachten ist. Stellen Sie zunächst sicher, dass die beiden Pakete *build-essential* und *checkinstall* auf Ihrem System installiert sind.

Sämtliche der folgenden Schritte finden innerhalb einer Konsole statt. Zunächst besorgt man sich die Quelltext-Dateien des gewünschten Programms aus dem Internet.

Handelt es sich um ein Ubuntu-*Standard/Universe/Multiverse*-Paket, dann haben Sie es besonders einfach: Die Quellen können Sie sich auch aus dem Repository beschaffen, lesen Sie dazu einfach in Abschnitt 20.8.5 ab Seite 643 weiter. Anderenfalls ist folgendermaßen zu verfahren: **[+]**

Entpacken der Quellen

Die Quelltext-Dateien, die das Programm ausmachen, sind stets gepackt und komprimiert. Normalerweise werden dabei Verzeichnisse mit dem Archivierungsprogramm *tar* (vgl. die Referenz in Kapitel 33 ab Seite 883) in einer Datei mit der Endung *.tar* zusammengefasst. Um Bandbreite zu sparen, werden diese `tar`-Archive dann auch noch mit `gzip` komprimiert, sodass letztlich Dateien der Form *<progname>.tgz* oder *<progname>.tar.gz* zur Verfügung stehen. Manchmal wird auch nicht mit `gzip`, sondern mit dem Programm *bzip2* komprimiert. Das Archiv hat dann einen Namen der Form *<progname>.tar.bz2*.

Verzeichnis anlegen

Zunächst sollte man ein Verzeichnis anlegen, in dem das heruntergeladene Archiv gespeichert wird. Das kann z. B. der Ordner *packages* im Heimverzeichnis sein. Dort kann man das Archiv nach dem Download entpacken. Für Archive mit der Endung **.tgz* oder **.tar.gz* geht das folgendermaßen:

```
user$ tar -xzf Dateiname
```

Für Archive mit der Endung *.tar.bz2* verwendet man:

```
user$ tar -xjf Dateiname
```

Beachten Sie, dass zum Entpacken und Kompilieren der Software noch keine Root-Rechte erforderlich sind.

Normalerweise entsteht beim Entpacken ein neues Verzeichnis mit dem Namen des Pakets, in das man nun wechselt:

```
user$ cd Verzeichnisname
```

Installationsanweisung lesen

Zugegeben, fast alle Installationen laufen nach dem gleichen Verfahren ab - aber manchmal gibt es eben doch Abweichungen. Deshalb lohnt es sich, in Dateien wie `INSTALL` und `README` nach Hinweisen auf benötigte Programme bzw. Bibliotheken oder mögliche Probleme samt Lösungen zu suchen. Auch eventuell abweichende Installationsverfahren sind hier erklärt. Diese Dateien können bequem mit einem Editor Ihrer Wahl gelesen werden, notfalls tut es auch der Pager `less` auf der Kommandozeile.

Konfigurieren

Der folgende Befehl startet die Erstellung einer Konfiguration, die später zur eigentlichen Übersetzung des Quellcodes und zur Installation benötigt wird:

```
user$ ./configure --prefix=/usr/local
```

Das geänderte Präfix trägt der speziellen Ubuntu-Verzeichnisstruktur Rechnung, in den meisten Fällen können Sie aber das Präfix auf der Voreinstellung belassen. Optionale Features des Programms kann man mit Optionen wie `--enable-xyz` ein- und mit `--disable-xyz` ausschalten. Die vollständige Auflistung aller möglichen Optionen bringt

```
user$ ./configure --help
```

Wenn man Glück hat, läuft der Konfigurationsprozess ohne Fehlermeldungen durch. Meist endet die Ausgabe mit einer ausdrücklichen Erfolgsmeldung und der Aufforderung, jetzt `make` zu starten.

Was tun bei Fehlern?

Mit weniger Glück fehlt die eine oder andere Komponente, und man bekommt eine Fehlermeldung, die wie folgt aussehen kann:

```
checking for XML::Parser... configure:
error: XML::Parser perl module
is required for intltool
```

Was kann man mit dieser Meldung anfangen? Alle benötigten Informationen stecken in der Fehlermeldung: Es wird etwas benötigt, das mit »xml«, »parser« und »perl« zu tun hat. Also sucht man nach einem Paket, das all diese Bestandteile im Namen enthält. Dazu verwendet man das Tool *aptitude*:

```
user$ aptitude search ~nxml~nparser~nperl
p   libxml-parser-perl -
Perl module for parsing XML files
```

`~n` leitet dabei ein Wort ein, das als Teil eines Paketnamens gesucht werden soll.

Hilft das noch nicht? Dann könnte `~d` helfen. Dieser Parameter durchsucht statt des Paketnamens gleich den gesamten Beschreibungstext. In diesem Fall war der erste Befehl allerdings schon erfolgreich: Er führte zum Paket *libxml-parser-perl*. Installieren Sie das benötigte Paket über

```
user$ sudo apt-get install libxml-parser-perl
```

und starten Sie die Konfiguration erneut.

Benötigte Pakete beginnen meist mit *lib*. Stehen mehrere Pakete zur Auswahl, dann ist dasjenige richtig, das auf *-dev* endet.

Übersetzen

Der nächste Schritt ist meist einfach:

```
user$ make
```

Währenddessen kann man je nach Programmgröße und Rechenleistung eine Tasse Kaffee holen und/oder an etwas anderem arbeiten.

Was tun bei Fehlern?

Auch bei `make` kann einmal etwas schiefgehen. Der erste Schritt ist wieder die Untersuchung der Ausgabe. Dabei kommt es diesmal nicht auf die letzten Zeilen an, die meist nur Folgefehler enthalten, sondern auf eine Zeile, die, wenn man Glück hat, auf eine fehlende Datei mit der Endung *.h* verweist. Hat man diese Datei gefunden, ist das Problem schon so gut wie gelöst, und der größte Aufwand ist die Erstellung einer Fehlermeldung an den Programmautor wegen eines unvollständigen `configure`-Skripts, das die fehlende Komponente nicht bemerkte.

Wir müssen nun herausbekommen, welches Paket die fehlende Datei enthält. Dazu muss das Paket *apt-file* aus dem *Universe*-Repository installiert sein. Die folgende Befehlsfolge aktualisiert zunächst die Datenbank von *apt-file*:

```
user$ sudo apt-file update
```

Suche mit apt-file

Da Sie auf das Debian-Paketsystem zugreifen, sind hierzu Root-Rechte erforderlich (`sudo`). Nun können Sie nach der fehlenden Datei suchen:

```
user$ sudo apt-file search Dateiname
```

Das fehlende Paket ist nun zu installieren, danach kann *make* erneut gestartet werden. Glücklicherweise arbeitet es beim letzten Arbeitsstand weiter und fängt nicht wie *configure* ganz von vorne an.

Installieren

Der folgende Befehl startet die Verwandlung des Programms in ein simples *deb*-Paket und startet dessen Installation:

```
user$ sudo checkinstall
```

Dabei werden einige Fragen gestellt, die man meist mit der Eingabe-Taste bestätigen kann.

Schlägt die Installation fehl, finden sich Informationen in der Ausgabe von *dpkg*, die man sich anzeigen lassen sollte. Wird dabei gemeldet, dass Dateien aus anderen Paketen überschrieben werden müssten, sollte man dies sehr gründlich abwägen.

Eine Installation ließe sich in solchen Fällen zwar mit

```
user$ sudo dpkg --force-overwrite -i Paketname
```

erzwingen, von dieser Vorgehensweise ist jedoch abzuraten, da man dadurch meist ein inkonsistentes System riskiert.

Abweichende Installationsverfahren

Manche Programme verzichten auf ein *configure*-Script und werden nur mit *make* gebaut, andere verwenden ganz andere Systeme wie *SCONS*. Für all diese Verfahren gilt: Die eigentliche Installation sollte man durch Einsatz von `checkinstall` abfangen, da nur so das Paketsystem über die neuen Programme Bescheid weiß und das ungewollte Überschreiben von Dateien verhindert werden kann. Vor dem eigentlichen Installationsbefehl muss daher `checkinstall` eingefügt werden – aus `sudo ./install.sh` oder `sudo scons install` wird

```
user$ sudo checkinstall ./install.sh
```

oder

```
user$ sudo checkinstall scons install
```

[!] In den meisten Installationsanleitungen, die nicht für Ubuntu geschrieben sind, fehlt `sudo` oder ist durch `su` ersetzt. Bei Ubuntu muss jedoch stets `sudo` verwendet werden.

20.8.4 Alternativen: dh_make und fakeroot

Als Alternative zu `checkinstall` und dem Vorspiel mit `configure` und `make` bieten sich die Kompilierung mittels `dh_make` und die Erstellung des Paketes über `fakeroot` an. Der Vorteil ist, dass weniger Befehle ausgeführt werden müssen, und dass `fakeroot` das **.deb*-Paket ohne Nachfrage erstellt. Zusätzlich müssen hierfür die folgenden Pakete installiert sein:

- *dh-make*
- fakeroot

Die Schritte sind bis zu der Stelle, an der `./configure` auszuführen ist, dieselben. Entpacken Sie also das Quelltext-Archiv und wechseln Sie in das entpackte Verzeichnis.

Anstatt `./configure` führt man nun aber `dh_make` aus. Die Frage nach dem Pakettyp bitte immer mit »Single Binary«, also »s« beantworten. Dies erstellt die Regeln für `fakeroot`, führt das `configure`-Skript aus und erzeugt eine Sicherheitskopie des Ordners mit dem Quelltext. Anschließend wird das Programm mit

```
user$ fakeroot debian/rules binary
```

kompiliert und sofort danach das *deb*-Paket im Unterordner erstellt. Dieses lässt sich dann wie gewohnt mit *dpkg* installieren, wozu wieder Root-Rechte benötigt werden.

KDE-Programme kompilieren

Für sämtliche KDE-Programme gilt, dass bei `configure` das Präfix auf `/usr` festgelegt werden muss:

```
user$ ./configure --prefix=/usr
```

20.8.5 Zwei Beispiele zur Installation

Ein einfaches Beispiel

Das folgende Beispiel zeigt die Kompilierung und Installation des klassischen Videoplayers MPlayer aus Quellen.

1. Laden Sie von der Seite des Projekts MPlayer (*www.mplayerhq. hu*) eine aktuelle Version des Programms herunter, und entpacken Sie diese wie folgt in Ihrem Heimverzeichnis:

   ```
   user$ tar -xjf MPlayer-<Version>.tar.bz2
   ```

2. Begeben Sie sich nun in das entpackte Quellverzeichnis, bereiten Sie die Quellen vor und kompilieren Sie diese:

   ```
   user$ cd MPlayer-<Version>
   user$ ./configure
   Detected operating system: Linux
   Detected host architecture: i386
   Checking for cc version ... 4.0.2, bad
   Checking for gcc version ... 4.0.2, bad
   Checking for gcc-3.4 version ... 3.4.5, ok
   Checking for host cc ... gcc-3.4
   ...
   user$ make
   ```

   Im vorliegenden Fall wurde übrigens der bei Ubuntu als Standard installierte C-Compiler gcc-4 als schlecht eingestuft, auf dem vorliegenden System ist allerdings noch parallel der gcc-3.4 installiert, mit dem sich die Software problemlos installieren lässt.

3. Bevor die Software installiert wird, empfiehlt es sich, diese zunächst lokal (d.h. in dem Verzeichnis, in dem sie kompiliert wurde), zu testen.

   ```
   user$ ./mplayer <Testfilm>
   ```

4. Verläuft der Test erfolgreich, so kann das Programm schließlich per `sudo checkinstall` installiert werden.

Deinstallation möglich

Die Verwendung von `checkinstall` bei der MPlayer-Installation ist eigentlich nicht notwendig: Freundlicherweise geben die Maintainer der Software dem Anwender die Möglichkeit, die Software bei Nichtgefallen per `make uninstall` zu deinstallieren. Mehr noch: In einem Unterordner *debian* finden Sie einige Informationen darüber, wie sich leicht ein Debian-Paket erstellen lässt.

Ein komplexes Beispiel

Schwieriger wird die Kompilierung, wenn das Quellpaket auf anderen Paketen aufbaut und insbesondere sogenannte Header-Dateien benötigt. Ein prominentes Beispiel findet man mit dem beliebten Videoumwandlungsprogramm *transcode*. Gerade wenn es um die Umwandlung von Videomaterial geht, macht sich eine perfekte Optimierung der Software bemerkbar.

Sie finden den Quellcode von `transcode` unter *www.transcoding.org*. Natürlich gibt es auch ein fertiges Debian-Paket, das mittels `apt-get install transcode` in kürzester Zeit auf Ihren Rechner befördert werden kann. Hierzu muss das Nerim/Marillat-Repository freigeschaltet werden. Dieses Binärpaket ist allerdings nur wenig optimiert.

Gehen Sie zum Kompilieren von *transcode* folgendermaßen vor:

1. Entpacken Sie zunächst die Quellen mittels

   ```
   user$ tar xvfz transcode-<Version>.tar.gz
   ```

2. Wechseln Sie nun in das Quellverzeichnis und versuchen Sie, die Quellen mit einigen komplexen Optionen zu konfigurieren[3] (mehr zu diesen Optionen erfahren Sie über `./configure --help`):

   ```
   user$ cd transcode-<Version>
   user$ ./configure --prefix=/usr/local \
   --enable-avifile --enable-ogg --enable-libdv \
   --enable-mjpegtools --enable-a52
   ```

   Nun sollten Sie mit einigen Fehlermeldungen erschlagen werden, die darauf beruhen, dass etliche *dev*-Dateien (also im Wesentlichen Header) für die vorgewählten Optionen nicht zur Verfügung stehen:

   ```
   ...
   ERROR: option '--enable-mjpegtools' failed:
   cannot compile mjpegtools/yuv4mpeg.h
   mjpegtools/yuv4mpeg.h can be found
   in the following packages:
   mjpegtools  http://mjpeg.sourceforge.net/
   ...
   ```

3 Im Normalfall wird man zunächst einmal versuchen, das Paket ohne Sonderoptionen zu kompilieren, die beschriebene Vorgehensweise dient ausschließlich Demonstrationszwecken.

Fehlende Headerdatei finden

Die obige Meldung resultiert also aus der Option `--enable-mjpeg tools`. Sie können nun entweder auf die Option verzichten oder die fehlende Headerdatei ausfindig machen. Wir wählen letzteren Weg.

3. Wir verwenden das Werkzeug *apt-file*, um das zur fehlenden Datei gehörende Paket zu finden:

   ```
   user$ apt-file search yuv4mpeg.h
   libmjpegtools-dev:usr/include/mjpegtools/yuv4mpeg.h
   ...
   ```

   Die Datei befindet sich also im Paket *libmjpegtools-dev*, das sogleich nachinstalliert werden soll:

   ```
   user$ sudo apt-get install libmjpegtools-dev
   ```

4. Danach wird die Konfigurationsroutine zumindest nicht mehr an der Prüfung der MJPEG-Header scheitern. Auf diese Weise installieren Sie sämtliche benötigten Header, bis die Konfiguration glatt durchläuft.

5. Schließlich können Sie das Programm mittels `make` und `checkinstall` kompilieren und installieren.

Leider kann es wie oben bereits erwähnt auch vorkommen, dass der Kompiliervorgang mit `make` in Folge eines Fehlers im Konfigurationsskript stecken bleibt. Auch in diesem Fall ist zu 99 % eine fehlende Headerdatei der Übeltäter, es ist also mitunter Detektivarbeit angesagt, um derart komplexe Programme zu kompilieren.

Der einfache Weg

Sicher werden Sie sich fragen, ob die Sache mit dem Kompilieren von Programmen aus Quellen nicht auch einfacher zu realisieren ist. Dazu muss man ein klein wenig tiefer ins System eindringen. Zu fast jedem Ubuntu-Paket findet man stets ein gleichnamiges Quellpaket, vorausgesetzt, diese sogenannten Sourcen werden in der Datei */etc/apt/sources.list* durch das Schlüsselwort `deb-src` definiert. Im Falle der Ubuntu-*Standard/Universe/Multiverse*-Pakete muss man lediglich das Kommentarzeichen »#« vor den Quellverzeichnissen löschen, um diese zu aktivieren.

```
# Auszug aus /etc/apt/sources.list
# Binärpakete
deb http://de.archive.ubuntu.com/ubuntu breezy
universe multiverse main restricted
# Quellpakete
deb-src http://de.archive.ubuntu.com/ubuntu breezy
universe multiverse main restricted
```

Quellen freischalten

Die Auswahl der Sourcen lässt sich natürlich auch einfach über *Synaptic* erledigen. Um nun für unser spezielles Beispiel »transcode« die Quellen freizuschalten, ist folgender Eintrag in der Datei `sources.list` vorzunehmen:

```
## Videorepository Marillat
deb ftp://ftp.nerim.net/debian-marillat/
   sarge main
deb-src ftp://ftp.nerim.net/debian-marillat/
   sarge main
```

Danach ist wie üblich ein `sudo apt-get update` vorzunehmen. Möchte man nun die Quellen eines Pakets wie z. B. *transcode* auf den Rechner befördern, so muss der folgende Befehl verwendet werden:

```
user$ sudo apt-get source <Paketname>
```

Die Quellen landen dabei im aktuellen Verzeichnis. Sollen diese gleich nach dem Herunterladen kompiliert werden, so ergänzt man den Befehl um den Parameter `-b`. Da bei einer derart komplexen Software wie *transcode* aber mit Sicherheit einige unaufgelöste Abhängigkeiten auftreten, verwendet man stattdessen den folgenden Befehl:

```
user$ sudo apt-get build-dep transcode
```

In diesem Fall werden sämtliche Programme und Bibliotheken, die für eine erfolgreiche Kompilierung des Programms erforderlich sind, auf dem Rechner installiert.[4] Damit hätten Sie einen einfachen Weg aus dem Abhängigkeitsdschungel beim Kompilieren gefunden.

4 Im Falle von *transcode* wird das Programm mit sämtlichen denkbaren Optionen kompiliert, wenn man von der Default-Konfiguration der Quellen ausgeht.

»Der Zauber steckt immer im Detail.«

Theodor Fontane (30.12.1819 – 20.09.1898)
deutscher Schriftsteller

21 Dateisystem

Ganz zu Beginn dieses Buches habe ich schon einmal kurz erwähnt, wie Linux im Allgemeinen aufgebaut ist. Hier nun wagen wir einen etwas tieferen Blick ins System und schauen uns Ubuntu im Detail an. Dieses Kapitel ist für den Leser mit Interesse und Vorkenntnisse gedacht, der die Grundlagen von Ubuntu bereits beherrscht und noch detaillierter verstehen möchte, wie die Zahnräder von Linux und Ubuntu ineinandergreifen. Ich gehe in diesem Kapitel besonders auf die Besonderheiten von Ubuntu ein, insbesondere die Eigenschaften, die Ubuntu von anderen Linux-Distributionen unterscheidet.

Wie so oft stellt sich das Problem: Wo fange ich an und wo höre ich auf? Selbst mit dem detaillierten Aufbau eines Kernels (der Betriebssystemkern) kann man spielend ein ganzes Buch füllen. Es ergibt also wenig Sinn, derart tief in die Materie einzusteigen. Sie sollen nach der Lektüre in erster Linie verstehen, wie ein Linux-System prinzipiell funktioniert und wo Sie bestimmte Dateien im Verzeichnisbaum finden. Auch mit dem Systemstart und dem Einbinden von Modulen und Treibern werden wir uns beschäftigen.

Keine Angst vor Linux

Ein besonderes Anliegen ist mir, Ihnen die Verunsicherung zu nehmen, wenn Sie sich das erste Mal mit Linux auseinandersetzen. Hierzu benötigen Sie allerdings einige theoretische Grundlagen, die Ihnen den Unterschied zwischen den beiden Betriebssystem-Welten Microsoft und Linux verdeutlichen. Sie werden abschließend wissen, warum Linux ein wesentlich moderneres Betriebssystem als Windows ist, die Mühe des Lernens lohnt sich also. Ich hoffe, dass ich mit diesem Anliegen die »alten Linux-Hasen« nicht allzu sehr langweile und verweise sie auf spezifische Techniken, die Ubuntu eingeführt, z. B. *Upstart*, den Ersatz von *Sys-V-init* (siehe Seite 665).

Für eine erfolgreiche Installation und »Erkundung« Ihres neuen Linux-Systems sind diese Grundlagen nicht essentiell, für das Verständnis des Systems sind sie jedoch unverzichtbar. Diese Grundlagen sind größtenteils natürlich nicht Ubuntu-spezifisch, sondern gelten für alle Linux-Distributionen.

Dieses Kapitel ist in die folgenden drei Themengebiete eingeteilt:

1. **Dateisystem**
   Zu Beginn werden wir uns die Grundlagen und die Administration des Dateisystems ansehen.
2. **Systemstart**
   In diesem Abschnitt beschäftigen wir uns intensiv mit dem Startprozess von Ubuntu. Sie erfahren hier Details über die verwendeten Techniken und lernen, wie Sie GRUB an Ihre Bedürfnisse anpassen.
3. **Kernel und Module**
   Im letzten Abschnitt schließlich werfen wir einen Blick auf den Kernel. Sie lernen hier den Aufbau des Kernels und den Umgang mit Kernel-Modulen kennen.

21.1 Das Biotop Linux

21.1.1 Wie eine Zwiebel

Linux ist wie eine Zwiebel? Stimmt, aber Sie werden dennoch nicht weinen, wenn Sie sich näher mit dem Aufbau von Linux beschäftigen. Die Überschrift soll das Schalenmodell verdeutlichen, das man zur Veranschaulichung von Linux verwenden kann.

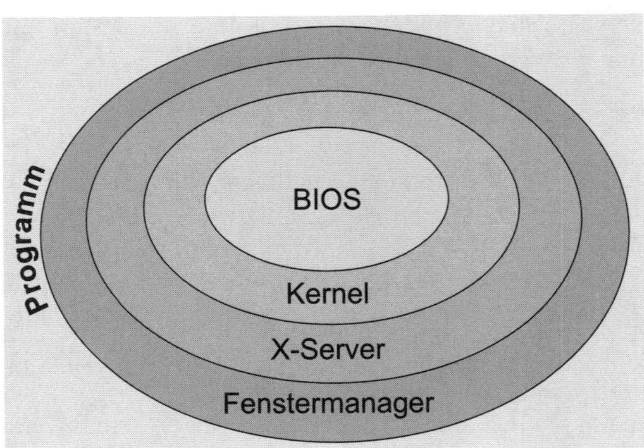

Abbildung 21.1 Die Softwareschichten des Linux-Systems liegen übereinander wie bei einer Zwiebel.

Aufbau moderner Softwarestruktur

Sie haben während des Bootvorgangs schon Bekanntschaft mit den einzelnen Schichten des Gesamtkunstwerks »Linux« gemacht. Wird ein Programm im System gestartet, so kommuniziert es über einige Ebenen hinweg mit der Hardware. Abbildung 21.1 zeigt den prinzipiellen Aufbau moderner Softwarestrukturen am Beispiel des Betriebssystems Linux.

Um zu verstehen, woran es bei einem bestimmten Programm liegt, wenn es nicht so läuft, wie Sie möchten, sollten Sie zuerst festzustellen versuchen, welche der obigen Schichten für die Fehlfunktion verantwortlich ist. Ein Beispiel: In den Internet-Newsgroups liest man oft von Linux-Einsteigern, die es geschafft haben, ihr System zum Absturz zu bringen. In 99,9 % aller Fälle ist das System aber gar nicht abgestürzt: Lediglich ein Glied der Kette funktioniert nicht mehr, beispielsweise könnte ein Grafikprogramm den Fenstermanager zum Abstürzen gebracht haben.

[+] Selbst wenn Sie während des Betriebes von Ubuntu plötzlich Störungen in der grafischen Oberfläche haben, wenn beim Einbinden von externen Grafikkartentreibern z. B. etwas schiefgelaufen ist, so haben Sie immer noch die Möglichkeit auf der Konsole weiterzuarbeiten, um das Problem zu lösen. Wissen Sie noch, wie Sie auf die Konsole(n) von Linux gelangen? Richtig: Mit der Tastenkombination Strg + Alt + F1 bis F6 gelangen Sie auf die sechs Standardkonsolen von Linux, mit Strg + Alt + F7 gelangen Sie zurück auf den X-Server.

Für einen simplen Neustart des grafischen Systems (X-Server) brauchen Sie nicht das gesamte System zeitaufwendig neu zu starten, die Tastenkombination Strg + Alt + <- erledigt dies blitzschnell für Sie. Diese Tastenkombination ist nur für den Notfall gedacht, alle laufenden Programme werden sofort geschlossen, und Sie finden sich auf dem Anmeldebildschirm wieder. Wenn Sie laufende Programme auf diese Art und Weise »schließen«, ist ein Datenverlust meistens nicht zu vermeiden.

21.1.2 Datenträger und Dateisystem – Muttererde und erste Wurzeln

Wenn Sie sich auf eine Entdeckungsreise durch Ihr neues System machen, werden Sie ziemlich schnell feststellen, dass es unter Linux keine Laufwerksbuchstaben wie beispielsweise C:\ gibt. Umsteiger von Windows auf Linux fragen sich oft, wo die gewohnten Laufwerksbuchstaben zu finden sind. Die Antwort ist einfach: Nirgendwo - es gibt sie schlichtweg nicht. Dateisysteme werden unter Linux ganz anders und wesentlich flexibler gehandhabt. Man spricht bei Linux von einem »Verzeichnisbaum«. Wir werden diesen im Folgenden gemeinsam genauer betrachten, beginnend bei den Wurzeln des Systems. Diese Wurzeln sind dafür verantwortlich, dass der Baum »Linux« einen sicheren Stand hat – selbst wenn ungebetene Gäste an ihm hochklettern möchten (z. B. Viren oder sonstige Eindringlinge).

Ubuntu wächst

Wir aber haben den Baum in unserem Computer – einem kleinen Biotop für vom Aussterben bedrohte Betriebssysteme – gepflanzt und ihn liebevoll gepflegt, bis er groß wurde. Nun dürfen wir auch in seine Krone klettern und den Ausblick von dort genießen. Und schauen Sie sich um, merken Sie, wie klein die Microsoft-Bäume von hier aus sind?

Skalierbarkeit

Nun aber genug mit den biologischen Abschweifungen und ran an die Arbeit. Datenträger befinden sich physisch immer an einem bestimmten Ort, dies ist keine Überraschung. Man bezeichnet mit »Datenträger« unter anderem die Partition einer Festplatte oder ein CD-ROM-Laufwerk. In einem Linux-System werden diese Datenträger an einer bestimmten Stelle in einem Verzeichnisbaum verwendet (*/home/media/cdrom, ...*). An der Schreibweise dieser »Orte« können Sie schon erkennen, dass es sich um (beliebige) Verzeichnisse handelt.

Unter Linux lässt sich der Ort, an dem Sie auf einen Datenträger zugreifen können, beliebig festlegen. An der Stelle des Verzeichnisses */home/benutzer/test* könnte sich demzufolge technisch gesehen eine Festplattenpartition befinden oder eine CD-ROM oder etwas ganz anderes.

Dies kann mehrere Vorteile haben, z. B. bei der Datensicherung. Ich möchte Ihnen hierzu ein kurzes Beispiel geben. Bei der Installation des Betriebssystems haben Sie alles auf einer einzigen Partition gespeichert, das System ebenso wie die Dateien der einzelnen Benutzer selbst. Nun haben Sie eine zusätzliche Festplatte oder Partition in Ihrem Computer und möchten diese Dateien auf die neue Partition verschieben. Unter Windows wären die Daten dann unter einem anderen Laufwerksbuchstaben erreichbar. Bei Linux nicht, */home* bleibt */home*, ob darunter nun die einzige Partition der einzigen Festplatte liegt, die dritte Partition auf der externen Festplatte oder eine Netzwerkfreigabe auf irgendeinem Server oder was auch immer. Man spricht hier in diesem Falle von Skalierbarkeit – Linux ist in höchstem Maße skalierbar.

Mounten

Jeder Datenträger kann also jederzeit an einer beliebigen Stelle in den Verzeichnisbaum eingehängt werden. Dieser Vorgang wird auch als »Einbinden« oder »Mounten« bezeichnet. Zwischen dem physischen Ort und dem Zugriffsort besteht kein notwendiger und oft störender Zusammenhang.

21.1.3 Einzelne Wurzeln – die fstab

Jedes Dateisystem kann einem Mount-Punkt (Einhängepunkt) zugewiesen werden. So weiß das System beim Start, welcher Datenträger z. B. das Verzeichnis */home* enthält oder wo das CD-ROM-Laufwerk einzuhängen ist. Diese Zuordnungen sind in einer Datei namens *fstab* (FileSystemTABle) gespeichert, die sich im Verzeichnis */etc* befindet. In dieser */etc/fstab* werden die physischen Datenträger gemeinsam mit ihren Einhängepunkten aufgelistet.

Konfigurationsdateien

[+] Die meisten editierbaren Konfigurationsdateien für einzelne Bestandteile des Systems befinden sich im Verzeichnis */etc*. Sie finden hier unter anderem die Dateien */etc/apt/sources.list* zum Bearbeiten der Paketquellen sowie */etc/X11/xorg.config* zum Modifizieren der Konfiguration des X-Servers. Sämtliche Dateien sind generell für das Bearbeiten durch einzelne User gesperrt. Nur Benutzer mit *sudo*-Rechten dürfen diese Dateien editieren (lesbar sind sie für jeden).

Wenn Sie *fstab* bearbeiten möchten, rufen Sie die Datei wie folgt auf:

```
user$ sudo gedit /etc/fstab
```

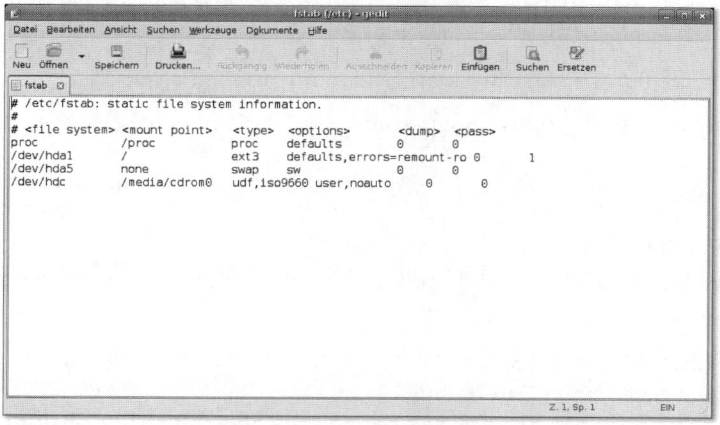

Abbildung 21.2 Ein Beispiel für eine fstab-Datei

Die Datei *fstab* besteht aus mehreren Einträgen:

- **Geräte**
  Im Verzeichnis */dev* befinden sich alle Gerätedateien, mit deren Hilfe sich die Hardware, also das physikalische Gerät (z. B. Partition auf einer Festplatte oder ein CD-ROM-Laufwerk) ansprechen lassen. Wenn Sie in dieses Verzeichnis hineinschauen, werden Sie den *Nautilus* wahrscheinlich gleich wieder erschrocken schließen. Eine unüberschaubare Anzahl an Gerätetreibern erwartet Sie dort. Aber keine Angst: Auch wenn es nicht so aussehen mag, die Bezeichnung dieser Geräte folgt einem einfachen Schema, das wir nun kennenlernen werden.

  An erster Stelle steht die Art des Geräts:

  - IDE-Festplatten (also fast alle normalen, internen Festplatten) beginnen mit den Buchstaben hd.
  - Normale CD-/DVD-Laufwerke (ATAPI) beginnen ebenfalls mit hd, denn sie werden ebenso wie IDE-Festplatten angeschlossen.
  - SCSI-Festplatten (dazu zählen auch Festplatten, die über USB oder *Firewire* angeschlossen sind) beginnen mit sd.
  - Externe oder SCSI-CD-/DVD-Laufwerke beginnen mit scd.

Nun kann es in einem Computer mehrere IDE-Anschlüsse geben, so dass die bisherige Benennung nicht ausreicht. Deswegen folgt als nächster Buchstabe die Art des Anschlusses. Bei IDE-Geräten (interne Festplatten und CD-ROM-Laufwerke) ist es wichtig, mit welchem IDE-Anschluss das Gerät verbunden ist. Jeder Anschluss kann zwei Geräte aufnehmen (sogenannte »Master« und »Slave«):

- Das Master-Gerät am ersten IDE-Anschluss erhält den Buchstaben a (*/dev/hda*).
- Das Slave-Gerät am ersten IDE-Anschluss erhält den Buchstaben b (*/dev/hdb*).
- Das Master-Gerät am zweiten IDE-Anschluss erhält den Buchstaben c (*/dev/hdc*).
- Das Slave-Gerät am zweiten IDE-Anschluss erhält den Buchstaben d (*/dev/hdd*).
- Bei SCSI-Festplatten werden die Buchstaben der Reihe nach verwendet (*/dev/sda*, */dev/sdb*, */dev/sdc*, ...),
- SCSI- oder externe CD-ROMS werden, bei 0 beginnend, durchnummeriert (*/dev/scd0*, */dev/scd1*, ...).

Das ist aber noch nicht alles. Festplatten können darüber hinaus in mehrere Partitionen unterteilt sein. Es gibt zwei Arten von Partitionen:

- Die klassischen primären Partitionen werden von 1 bis 4 nummeriert (*/dev/hda1*, */dev/sdb3*, ...).
- Eine der primären Partitionen kann als erweiterte Partition weitere Partitionen, die sogenannten logischen Laufwerke, enthalten. Deren Benennung beginnt in jedem Fall bei der Ziffer 5 (*/dev/hdb5*, */dev/sda12*, ...).
- RAID-Geräte beginnen mit md und werden dann mit 0 beginnend hochgezählt (*dev/md0*, */dev/md1*, ...).

Logische Volumes, wie sie von LVM oder EVMS erzeugt werden, finden sich an gesonderter Stelle. Hierzu empfiehlt sich die Lektüre der jeweiligen Anleitung.

- **Dateisystem**
  Das Dateisystem ist der dritte Eintrag in der *fstab*. Die Daten auf einem Datenträger sind dort nicht willkürlich verteilt oder einfach aneinander gehängt, sondern so organisiert, dass man auf einzelne Dateien und Verzeichnisse zugreifen, diese verschieben und bearbeiten sowie Berechtigungen zuweisen kann. Die zugrundeliegenden Organisationsprinzipien, die solche Aktivitäten erst ermöglichen, werden als Dateisysteme bezeichnet. Es gibt verschiedene Typen, von denen die folgenden für Sie von Interesse sein könnten:
  - *ext3* ist das Standard-Dateisystem für Festplatten unter Linux.
  - *iso9660* und *udf* werden auf CD-ROMS und DVDs verwendet. Sie kennen keine Berechtigungen. *udf* wird für DVD-RAMs verwendet.

- *NTFS* ist das Dateisystem neuerer Windows-Versionen wie 2000 oder XP. Da die Spezifikation von *NFTS* geheim ist und freie Treiber den Interessen von Microsoft zuwiderlaufen, müssen die *NTFS*-Treiber in Linux mit großem Aufwand per Reverse-Engineering geschrieben werden. *NTFS* läßt sich von Linux daher zwar lesen, aber nicht sicher beschreiben.
- *FAT* ist das Dateisystem der Windows-Versionen bis Win98/ME. Es ist ziemlich primitiv, neigt zur Fragmentierung und unterstützt keine Berechtigungen. Allerdings kann Linux *FAT* beschreiben, sodass sich eine mit *FAT* formatierte Partition zum Datenaustausch mit Windows anbietet.

Es gibt bei Linux noch andere Dateisysteme für Festplatten, z. B. *ReiserFS* oder *XFS*, die je nach Einsatz in manchen Punkten gegenüber *ext3* Vorteile haben können.

- **Mount-Optionen**
  Die *fstab* hat noch mehr Informationen zu bieten. Es folgen verschiedene Optionen, die festlegen, auf welche Weise das betreffende Dateisystem eingehängt werden soll. Beispielsweise führt die Option ro (*readonly*) dazu, dass auf dem Dateisystem nichts geschrieben werden kann, noexec (*no execution*) verbietet das Ausführen von Dateien.

  Eine ausführliche Auflistung aller Optionen findet sich in der Anleitung zum Befehl `mount`, die im Terminal mit

  ```
  user$ man mount
  ```

  aufgerufen werden kann.

Was bedeuten diese zwei Zahlen?

Am Ende der *fstab*-Zeile stehen zwei merkwürdige Zahlen. Die erste Zahl bezieht sich auf das Programm *dumpfs* und wird im Moment ignoriert. Sie ist sozusagen prophylaktisch eingebaut, falls sie später gebraucht wird. Die zweite Zahl gibt an, ob und in welcher Reihenfolge das Dateisystem beim Systemstart in die regelmäßigen Fehlerüberprüfungen einbezogen werden soll. Meistens ist an dieser Stelle für die Root-Partition (die Wurzel des Dateisystems, */*) 1 eingetragen, für alle anderen Partitionen 2 (danach prüfen) oder 0 (keine Überprüfung).

Das Programm *dumpfs* gibt Informationen über den Superblock und die Blockgruppen eines entsprechenden Gerätes heraus.

Welches ist die gesuchte Partition?

Es kann vorkommen, dass Sie sich einmal einen Überblick über die Partitionen auf einer Festplatte verschaffen wollen.

Damit Sie nicht erst einen Texteditor bemühen müssen (oder falls Sie keine grafische Benutzeroberfläche zur Verfügung haben), können Sie sich die grundlegenden Informationen auch in einem Terminal anschauen:

```
user$ sudo fdisk -l
```

Anhand des Partitionstyps und der relativen Größe lässt sich dann die gesuchte Partition meist leicht herleiten.

Manuelles Mounten

Der Befehl `mount` wird verwendet, um ein Dateisystem einzuhängen. Ein typischer Befehl sieht zum Beispiel so aus:

```
user$ mount -t ext3 -o ro,noexec /dev/hda5 /media/data
```

Befehlssystem

Die Option `-t` gibt den Dateisystemtyp an und kann meist entfallen, da das Dateisystem normalerweise automatisch erkannt wird. Die Option `-o` wird von den Mount-Optionen gefolgt. Sie entfällt, wenn keine Optionen anzugeben sind. Wenn ein Dateisystem genau so eingehängt werden soll wie es in der *fstab* eingetragen ist, kann entweder die Angabe des Gerätes oder die des Mount-Punktes entfallen.

Zum Aushängen dient der Befehl `umount` (unmount), gefolgt von der Angabe des Gerätes oder des Mount-Punktes.

21.1.4 Der Verzeichnisbaum

Im Dateisystembaum von Linux gibt es drei wichtige Verzeichnisse, die Sie auf jeden Fall kennen sollten:

- */home* enthält die persönlichen Verzeichnisse der Benutzer.
- In */media* erscheinen Wechseldatenträger wie CD-ROMs oder USB-Sticks (natürlich erscheint alles auch auf dem Desktop, sodass Sie nur draufklicken brauchen).
- */mnt* kann wie */media* zum Einbinden zusätzlicher Datenträger verwendet werden.

Solange ein Datenträger eingehängt (gemountet) ist, darf man ihn nicht entfernen. Bei CDs wird einfach die Schublade verriegelt, bei USB-Sticks muss man allerdings selbst aufpassen: Klicken Sie vor dem Abziehen des Sticks immer auf das passende Symbol auf dem Desktop und bestätigen Sie dann `Datenträger aushängen`.

[!] Wenn Sie ein Gerät nicht ordentlich wieder aus dem Dateibaum aushängen, können Daten verloren gehen.

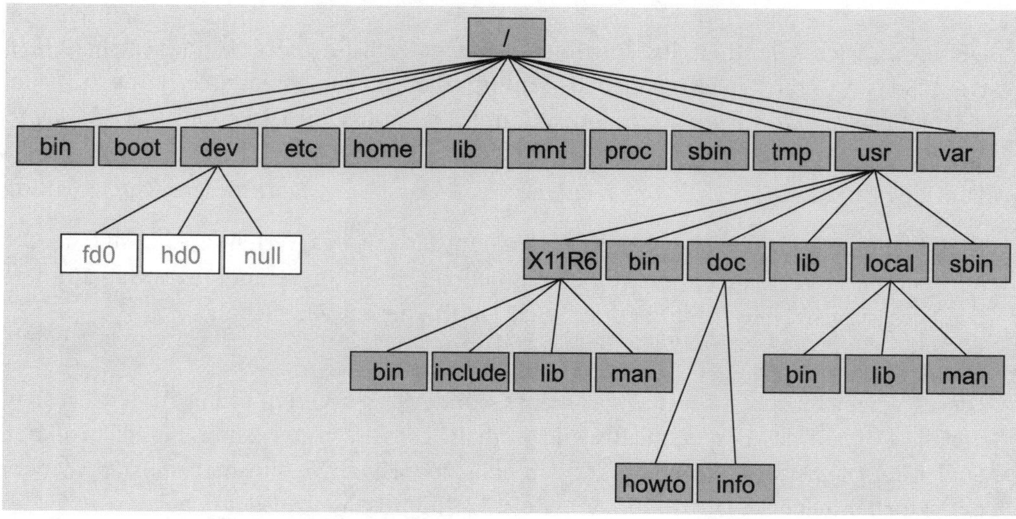

Abbildung 21.3 Verzeichnishierarchie unter Linux

Filesystem Hierarchy Standard

Dies ist im Prinzip bei Windows nicht anders, nur wissen Sie jetzt durch Linux, warum dies so ist. Die Verzeichnisse eines Linux-Systems folgen bis auf wenige Ausnahmen den Regeln, die der sogenannte *Filesystem Hierarchy Standard* festlegt. Dies ist ein Standard, auf den sich die Linux-Distributoren geeinigt haben. Diese Festlegung hat den enormen Vorteil, dass bei allen Linux-Distributionen das Dateisystem gleich aufgebaut ist und weitgehend dieselben Verzeichnisse enthält. Welche Verzeichnisse dies sind, werden wir uns im Folgenden erarbeiten:

- **/**
  Das ist das Haupt-, Root- oder Wurzelverzeichnis, der Beginn des Verzeichnisbaums. Hier sollten möglichst keine Dateien liegen, nur Verzeichnisse.
- **/bin**
  Hier befinden sich wichtige Programme (*binaries*) zur Systemverwaltung, die immer verfügbar sein müssen, wie *echo* oder *kill*. Anwendungsprogramme wie z. B. *OpenOffice* befinden sich nicht in diesem Verzeichnis.
- **/boot**
  Dieses Verzeichnis beinhaltet das Herz des Betriebssystems, den Kernel. Außerdem enthält es den Bootloader.
- **/cdrom**
  Dieses Verzeichnis gehört nicht zum Standard-Verzeichnisbaum. Es ist unter Ubuntu lediglich eine Verknüpfung mit dem Verzeichnis */media/cdrom0*, dem eigentlichen Einhängepunkt einer CD-ROM.

- **/dev**
  Dieses Verzeichnis enthält ausschließlich Gerätedateien für die gesamte Peripherie (*devices*). Solche Gerätedateien dienen als Schnittstellen für die eingesetzte Hardware. Zum Beispiel ist */dev/fd0* für die Kommunikation mit dem (ersten) Diskettenlaufwerk (*floppy disk 0*) zuständig.

- **/etc**
  Hier befinden sich die globalen Konfigurationsdateien des Systems. Dies sind in der Regel einfache Textdateien, die mit einem beliebigen Editor verändert werden können. Die Filesystem-Tabelle (*fstab*) befindet sich z. B. in diesem Verzeichnis.

- **/floppy**
  Dieses Verzeichnis ist eigentlich gar keines, sondern eine Verknüpfung zu dem Ordner, der die Dateien des Diskettenlaufwerks enthält. Dieser Ordner kann an verschiedenen Stellen im Dateisystem liegen, findet sich meist jedoch entweder unter */mnt/floppy* oder bei manchen neueren Distributionen wie z. B. Ubuntu unter */media/floppy*

- **/home**
  Das Home-Verzeichnis ist wohl eines der meistgenutzten Verzeichnisse. Die Heimat-Verzeichnisse der angelegten Benutzer werden hier als Unterverzeichnisse angelegt. Nur in seinem *Home*-Verzeichnis kann ein Benutzer Dateien und Verzeichnisse anlegen, ändern oder löschen.

- **/initrd**
  Hierbei handelt es sich meist um eine Verknüpfung zu der *initial ramdisk* des (üblicherweise) neuesten installierten Kernels. Bei Ubuntu ist das Verzeichnis leer.

- **/lib**
  Hier liegen die Programmbibliotheken (*libraries*). Diese Bibliotheken enthalten Funktionen, die von mehreren Programmen gleichzeitig genutzt werden. Das spart jede Menge Systemressourcen. Von diesem Verzeichnis sollte man am besten die Finger lassen!

- **/lost+found**
  Auch dieses Verzeichnis gehört nicht zum Standard-Verzeichnisbaum. Es wird nur angelegt, wenn man das Dateisystem *ext3* verwendet und ist normalerweise leer. Bei einem Systemabsturz (z. B. durch Blitzschlag) werden gerettete Daten beim nächsten Systemstart hierher verschoben.

- **/media**
  In diesem Verzeichnis werden – allerdings nicht bei allen Distributionen – die Mount-Punkte für Wechseldatenträger (CD-ROM-Laufwerk, Diskettenlaufwerk) als Unterverzeichnisse angelegt. Andere Distributionen nutzen dafür das Verzeichnis */mnt*.

- **/mnt**
  Das Standard-Mount-Verzeichnis unter Linux heißt */mnt*. Es wird zwar unter Ubuntu standardmäßig nicht benutzt, ist aber vorhanden. Stattdessen wird das Verzeichnis */media* verwendet. Festplatten-Partitionen anderer Betriebssysteme sollte man aber der Ordnung halber hier einhängen.
- **/opt**
  Gehört nicht zum Standard und ist auch nicht bei jeder Distribution im Dateisystem vorhanden. In */opt* können vom Benutzer selbst installierte Programme, die nicht als Pakete vorliegen, (optional) installiert werden.
- **/proc**
  Ist ein (virtuelles) Dateisystem, in dem Informationen über aktuell laufende Prozesse (*process*) in Unterverzeichnissen gespeichert werden.
- **/root**
  Das Heimatverzeichnis des Superusers Root. Es liegt traditionell im Wurzelverzeichnis, damit der Systemverwalter auch bei Wartungsarbeiten darauf Zugriff hat.
- **/sbin**
  Hierin befinden sich, ähnlich wie in */bin*, wichtige Programme, die nur mit Systemverwaltungsrechten ausgeführt werden dürfen.
- **/srv**
  Gehört nicht zum Standard. Dieses Verzeichnis soll Beispielumgebungen für Web- und FTP-Server enthalten. Unter Ubuntu ist es in der Regel leer.
- **/sys**
  Systeminformationen des Kernels
- **/tmp**
  Dieses Verzeichnis kann jederzeit von Benutzern und Programmen als Ablage für temporäre Dateien verwendet werden. Daher hat auch jeder Benutzer in diesem Verzeichnis Schreibrechte.
- **/usr**
  Das Kürzel bedeutet nicht, wie vielfach angenommen, User, sondern *Unix System Resources*. Das Verzeichnis */usr* hat die umfangreichste Struktur des Linux-Systems. Hier liegt ein Großteil der (als Pakete) installierten Programme, die meisten davon im Unterverzeichnis */usr/bin*. Auch die Dateien der grafischen Oberfläche (X-Window-System) werden hier gespeichert.
- **/var**
  Hier werden, ähnlich wie in */tmp*, Daten gespeichert, die sich ständig verändern, so z. B. die Zwischenablage, die Druckerwarteschlange oder (noch) ungesendete E-Mails.

»Man schließt die Augen der Toten behutsam;
nicht minder behutsam muss man die Augen
der Lebenden öffnen.«

Jean Cocteau (05.07.1889 – 11.10.1963)
frz. Dichter, Filmregisseur, Choreograph und Maler

22 Systemstart

Sie werden sich sicherlich fragen, warum ich dem Systemstart von Ubuntu ein eigenes Kapitel widme. Der Grund liegt darin, dass dieser überaus wichtig ist. Er ist nicht nur verantwortlich dafür, dass eine friedliche Koexistenz mit anderen Betriebssystemen möglich ist, sondern startet auch lebensnotwendige Dienste.

Des Weiteren werden viele Vorgänge automatisch protokolliert. Diese sogenannten Log-Dateien können Ihnen Aufschluß bei zahlreichen Problemen geben. Daher macht es durchaus Sinn, sich den Bootvorgang näher anzusehen.

Wenn Sie Ubuntu starten, treten drei Komponenten in Erscheinung:

1. **GRUB**
   GRUB ist die Abkürzung für *Grand Unified Bootloader*. Es ist ein kleines Programm, das sich auf der Festplatte befindet und beim Systemstart als erstes geladen wird.
2. **Kernel**
   Der Kernel führt eine erste Systeminitialisierung durch und kann durch Bootoptionen beeinflusst werden.
3. **Upstart**
   Upstart wird vom Kernel gestartet und kümmert sich um die Einbindung von Dateisystemen, dem Starten von Netzwerkdiensten usw.

Diese drei Komponenten stellen allerdings noch nicht den gesamten Bootprozess dar. Der Vollständigkeit halber möchte ich kurz den eigentlichen Vorgang des Systemstarts umreißen.

22.1 Details des Bootvorgangs

Wenn Sie Ihren PC einschalten, starten Sie eine Befehlskette, die ihren Beginn mit dem BIOS hat. Das BIOS ist eine Abkürzung für *Basic Input/Output-System* und ist wie ein kleines

Betriebssystem, d. h. es verwaltet grundlegende Eigenschaften Ihres PCs. Das BIOS ist fest einprogrammiert und befindet sich in einem kleinen Speicherbaustein (ROM, Read-Only-Memory) auf dem Mainboard Ihres PCs. Auf dieses (kleine) Betriebssystem haben Sie nur einen geringen Einfluss. Allerdings können Sie es bei Problemen aktualisieren, wenn der Hersteller eine Aktualisierung zur Verfügung stellt. Des Weiteren haben Sie die Möglichkeit, in Ihrem BIOS umfangreiche Einstellungen vorzunehmen. Diese Einstellungen müssen sogar ab und zu verändert werden, wenn beispielsweise die Bootreihenfolge nicht stimmt oder Sie bestiimmte Funktionen (de-)aktivieren möchten.

Oftmals können Sie die ersten Aktionen des BIOS direkt auf dem Bildschirm sehen, wenn Sie auf einmal Informationen über deneingebauten Prozessor oder die Menge des verfügbaren Arbeitsspeichers usw. sehen. Das BIOS ist in erster Linie dazu da, die verfügbare Hardware Ihres PCs zu erkennen und entweder ganz oder teilweise zu aktivieren. Dementsprechend ist es nachvollziehbar, dass Sie durch Änderungen am BIOS einzelne Funktionalitäten (beispielsweise die USB-Unterstützung) an- bzw. abschalten können.

Eine wichtige Funktion des BIOS ist die Suche nach geeigneten bootfähigen Medien, beispielsweise einer Festplatte oder einem USB-Stick. Findet es ein solches, wird der darin enthaltene Bootcode ausgeführt.

Ein Bootcode hat primär zwei Aufgaben:

1. **Start eines Betriebssystems**
   Das Betriebssystem befindet sich auf einer als *aktiv* markierten Partition.
2. **Auswahl eines Betriebssystems**
   Wenn sich mehrere Betriebssysteme oder Kernelversionen auf der Festplatte befinden, wird dem Benutzer die Möglichkeit geboten, zwischen diesen auszuwählen.

Platzproblem

Der Bootcode muss sich den ersten Sektor mit der Partitionstabelle teilen (s. u.). Da ein Sektor eine feste Größe von 512 Bytes besitzt und die Partitionstabelle 64 Bytes davon beansprucht, stehen für den Bootcode effektiv nur 446 Bytes zur Verfügung. Die letzten beiden Bytes dienen der Identifizierung des MBRs. Diese 446 Bytes reicht nicht aus, um einen vernünftigen Bootloader zu integrieren.

Daher dient der Bootcode in diesem Segment meistens nur dazu, den sogenannten *secondary bootloader* zu laden. Typische Vertreter dieser *secondary bootloader* sind LILO oder GRUB. Letzterer ist der Standard Bootloader von Ubuntu.

Der Bootcodebefindet sich im ersten Sektor der Festplatte. Daher wird dieser meistens auch mit *Master-Boot-Record* (MBR) bezeichnet.

Partitionstabelle

Wie bereits erwähnt, findet innerhalb des ersten Sektors (im MBR) auch die Partitionstabelle ihren Platz. Die Partitionstabelle listet sämtliche Partitionen auf, die sich auf der betreffenden Festplatte befinden. Diese Datensätze sind in vier jeweils 16 Byte langen Einträgen sortiert. Dadurch ist auch verständlich, dass Sie pro Festplatte nur maximal vier primäre Partitionen erstellen können.

In den jeweiligen Datensätzen wird auch für jede Partition der jeweilige Typ festgelegt. Zur Identifikation verwendet man eine zweistellige Nummer, die sogenannte *ID*. Wenn Sie *fdisk* aufrufen, finden Sie diese *ID* in der vorletzten Spalte:

```
user$ sudo fdisk -l
```

ID	Bedeutung
04	FAT16-Dateisystem
05	Erweiterte DOS-Partition
07	NTFS (Windows 2000, XP, Vista)
82	Linux Swap
83	Linux 2nd / 3rd extended
85	Linux extended

Tabelle 22.1 Einige IDs

22.2 GRUB

Ubuntu verwendet *GRUB* als Bootmanager oder genauer gesagt als *secondary bootloader* (siehe Kasten auf Seite 660). Ein Bootmanager verwaltet den Systemstart und ist somit den installierten Betriebssystemen vorgeschaltet. Nur durch ein ordentlich konfiguriertes *GRUB* werden Sie in die Lage versetzt das System zu starten oder eine Auswahl zwischen verschiedenen installierten Beriebssystemen zu treffen.

Installation

Bei einer Standardinstallation brauchen Sie sich in aller Regel keine Gedanken um GRUB zu machen, die Konfiguration wird vom Betriebssystem übernommen. Anders sieht dies aus, wenn *GRUB* durch eine falsche Konfiguration seinen Dienst verweigert oder durch eine Installation von Windows gelöscht wurde.

Windows und der MBR

Die heutigen Betriebssysteme von Microsoft haben die schlechte Angewohnheit, keine UNIX-artigen Betriebssysteme neben sich zu dulden. Diese Intoleranz zeigt sich darin, dass sämtliche Linux-Distributionen (so auch Ubuntu) für Microsoft unsichtbar sind.

Wenn Sie auf einem PC mit bereits installiertem Linux parallel Windows installieren, wird *GRUB* vom Microsoft-Bootloader (*NT-Loader*) überschrieben. Dies wäre nicht weiter schlimm, wenn man im NT-Loader die Asuwahl zwischen Microsoft und Linux bekommen würde. Leider ist dies nicht der Fall, so dass uns nichts anderes übrig bleibt, als GRUB neu zu installieren.

Im Optimalfall sind für die Installation zwei Schritte notwendig:

1. **Installation in den MBR**
   Wenn man *GRUB* in den Bootsektor der ersten Festplatte installieren möchte, ruft man einfach `grub-install` mit der jeweiligen Festplatte als Argument auf:

   ```
   user$ sudo grub-install /dev/sda
   ```

2. **Kernel-Liste updaten**
   In aller Regel erkennt *GRUB* bei der Installation alle vorhandenen Kernel und parallel vorhandene Betriebssysteme. Wenn Sie sich allerdings nicht sicher sind, ob *GRUB* alles korrekt erkannt hat oder Sie manuell einen neuen Kernel installiert haben, können Sie diesen Suchlauf auch noch einmal manuell starten:

   ```
   user$ sudo update-grub
   ```

22.3 Ubuntu und die Dienste

Wir wollen uns im Folgenden kurz mit den sogenannten Diensten (auch *Dämonen* genannt) beschäftigen. Linux-Dienste sind Skripte im Ordner */etc/init.d/*, die eine bestimmte Funktion auf dem System bereitstellen. Aufgrund ihres Speicherortes werden sie auch manchmal Init-Skripte genannt. Beispiele für solche Dienste sind:

- *samba* – Der Samba Dienst öffnet die TCP Ports 139 und 445 und stellt somit Windows-Dateifreigaben bereit.
- *hotplug* – Der Hotplug Dienst erkennt Hardwareänderungen, z.B. wenn eine PCMCI-A-Karte eingesteckt wurde, und lädt das entsprechende Kernelmodul.

Diese Dienste sind im Grunde einfache Shell-Skripte, die Sie verändern oder selbst schreiben können.

Allgemein können diese Dienste mit verschiedenen Parametern aufgerufen werden:

- `start` – Der Dienst wird gestartet
- `stop` – Der Dienst und alle Abhänigen Dienste werden beendet.
- `pause` – Der Dienst wird angehalten, bis er mit `start` wieder gestartet wird.
- `status` – Es wird angezeigt in welchem Status sich der Dienst befindet.
- `ineed` – Es werden die Dienste angezeigt, die der Dienst zum laufen benötigt.
- `needsme` – Es werden die Dienste angezeigt die den Dienst zum laufen benötigen.

Deaktivieren von Diensten

Bevor man entscheiden kann, welche Dienste nicht benötigt werden, muss man erst einmal wissen, welche Dienste überhaupt ausgeführt werden. Dafür benutzt man den Befehl `netstat`:

```
user$ sudo netstat -tap > listening.services
```

Der Befehl lenkt die Ausgabe von *netstat* in eine Textdatei im aktuellen Verzeichnis um. Diese können Sie sich mit einem Editor Ihrer Wahl ansehen oder mit

```
user$ less listening.services
```

im Terminal betrachten. Die Datei zeigt eine Liste aller Dienste an, die derzeit mit dem Status *LISTEN* im Hintergrund laufen. Ebenfalls aufgeführt sind die *PIDs* der Dienste und die Namen der Programme, welche diese Dienste gestartet haben.

Das Aktivieren/Deaktivieren von Diensten geht sehr bequem mit dem Befehl `update-rc.d`.

Der folgende Befehl aktiviert z. B. den Dienst postfix: **[zB]**

```
user$ sudo update-rc.d postfix defaults
```

Entfernen lässt sich der Dienst nun mit:

```
user$ sudo update-rc.d postfix remove
```

Den Dienst sollte man jetzt von Hand stoppen:

```
user$ sudo /etc/init.d/postfix stop
```

da er anderenfalls beim nächsten Herunterfahren des Systems nicht sauber beendet wird. Die Links zur Skriptdatei von Postfix werden beim Starten und Herunterfahren des Systems nicht mehr benutzt.

GUIs zum Deaktivieren von Diensten

Es gibt auch graphische Benutzeroberflächen (GUI – *Graphical User Interface*) zum Deaktivieren von Diensten. Eine Konsolen-GUI ist *rcconf*. Sie bekommen *rcconf* aus den Ubuntu-Quellen mittels:

```
user$ sudo apt-get install rcconf
```

22.4 Initialisierung

22.4.1 Runlevel

Und dann wären da noch die Runlevel: Während des Systemstarts werden verschiedene Stufen durchlaufen, für die jeweils Skripte abgearbeitet werden. Diese befinden sich im Systemverzeichnis */etc/init.d*. Die Reihenfolge, in der die Skripte in den einzelnen Stufen (Runleveln) durchlaufen werden, ist in Unterverzeichnissen */etc/rc.Xd* abgelegt. Im Einzelnen unterscheidet man die folgenden Runlevel:

- **Runlevel 0**
  Anhalten des Systems bzw. kontrolliertes Herunterfahren in den Systemhalt.
- **Runlevel 1**
  Hierbei handelt es sich um den Einzelbenutzermodus, d.h., es kann maximal ein Benutzer mit dem System arbeiten.
- **Runlevel 2-5**
  Volle graphische Runlevel mit Multiuser- sowie Netzwerkfähigkeiten. Dies ist mittlerweile der Standard-Runlevel bei modernen Debian- und Ubuntu-Versionen. Zwischen den Runleveln 2-5 werden keine Unterschiede mehr gemacht.
- **Runlevel 6**
  Reboot (Neustart) des Systems.

Der Übergang in die einzelnen Runlevel kann vom Superuser unter Verwendung des Kommandos `init` herbeigeführt werden. Loggen Sie sich zu diesem Zweck einmal als Root ein und versuchen Sie, das System von der Konsole aus neu zu starten:

```
user$ sudo init 6
```

Nun können Sie auch einmal versuchen, in den Singleuser-Modus via `init 1` zu wechseln: Dabei öffnet sich eine Linux-Konsole. Apropos Kommandozeile: Im Multiusermodus können Sie jederzeit mittels `Strg` + `Alt` + `Fx` auf eine Konsole Ihrer Wahl im textbasierten Modus wechseln. `F1`, `F2` und `F3` sind Standardkonsolen, `F5` ist die Grafikkonsole. Das ersetzt quasi mehrere Fenster, falls Sie sich im Runlevel 1 oder 3 befinden.

22.4.2 init

In Abschnitt 22.4.1 haben wir kurz die Runlevel kennengelernt, die vom Sys-V-init (init auf System V-orientierten Systemen) verwaltet werden. Das Sys-V-init wird heutzutage von fast allen UNIX-Systemen verwendet und stellt das standardmäßige Bootkonzept dar. Genauer gesagt handelt es sich bei Sys-V-init um den Prozess, der als erstes vom Kernel gestartet wird und daher die Prozess-ID 1 bekommt. Dieser Prozess nun startet anhand der gewünschten Runlevel die benötigten Systemdienste. Der Ablauf ist fest vorgegeben und normalerweise unter Linux in der Datei /usr/src/linux/init/main.c festgelegt.

Die Aufgaben von init sind mannigfaltig. Am Anfang wird init (oder Sys-V-init) vom kernel gestartet, dies ist der erste Prozess und er bekommt folgerichtig die Prozess-ID 1. Init startet nun im Userspace alle weiteren nötigen Prozesse und initialisiert den Rechner. Es werden nun Kernelmodule geladen, Netzwerke eingerichtet, Dateisysteme gemountet, Serverdienste gestartet und letztendlich der grafische Login-Manager gdm geladen. Dass dies alles in einer vernünftigen Reihenfolge geschehen muss, leuchtet sofort ein, denn so macht die Synchronisation der Systemzeit erst Sinn, wenn zuvor die Netzwerkhardware korrekt initialisiert und eingerichtet wurde.

22.4.3 Upstart

Wenn man sich die Vorgehensweise von init verinnerlicht (siehe Abschnitt 22.4.2), tritt eine deutliche Schwäche dieses Systems hervor: Aufgrund seiner Konzeption startet Sys-V-init in den Runlevel die Prozesse immer in einer vorgegebenen Reihenfolge und startet einen Prozess meist erst dann, wenn der vorherige Prozess fertig initialisiert wurde und damit abgeschlossen ist. Dieses Schritt-für-Schritt-Vorgehen macht den Bootvorgang sehr zuverlässig, aber leider auch relativ langsam.

Schon seit längerem gibt es verschiedene Versuche dieses Konzept zu überarbeiten oder wenigstens zu modifizieren. So gibt es zum Beispiel bei einigen Linux-Distributionen (z. B. Gentoo Linux) Umsetzungen alle Prozesse in einem Runlevel gleichzeitig starten zu lassen. Diese Modifikationen beschleunigen zwar den Startprozess geringfügig, können aber natürlich bei anderen Problemen, wie z. B. bei wechselnder Hardware im laufenden Betrieb, keine Akzente setzen. Alternativen zu init gab es in der Vergangenheit zuhauf. Beispiele sind hier InitNG, eINIT und Launchd in Mac OS X.

Nun ist die Anzahl der zu startenden Dienste aufgund der Komplexität moderner Hardware und veränderten Bedürfnissen der Benutzer in den letzten Jahren stetig gewachsen. Von einem Betriebssystem wird heutzutage erwartet, dass es spielend leicht und schnell mit wechselnden Mobilgeräten umgehen kann, wie sie z. B. oft per USB Anschluss an den Rechner finden. Es muss somit dynamisch seine Systemkonfiguration ändern können.

Ziel vs. Ereignis

Upstart (*http://upstart.ubuntu.com*) ist der Name eines völlig neuartigen Konzeptes, welches eine völlige Abkehr von init darstellen soll. Die bisherigen Konzepte haben eines gemeinsam: sie sind zielorientiert. Dies bedeutet, dass vorher festgelegt wird, welche Dienste am Ende des Startvorganges laufen sollen. Die Abhängigkeiten werden vorher in einer sinnvollen Reihenfolge definiert. Upstart hingegen soll ereignisorientiert sein. Bei dieser Vorgehensweise lauern die Dienste im Hintergrund und starten erst dann, wenn alle Vorbedingungen erfüllt sind. Dies sind die sogenannten »Events«. Beispiel: Wenn Sie einen USB-Stick an den Rechner stecken, löst dies ein Event aus, welches dazu führt, dass der USB-Stick gemountet wird.

Die Events werden in die folgenden drei Klassen eingeteilt:

1. **Edge-Events**
   Dies sind einfache Events wie »Benutzer löst durch Tastendruck eine bestimmte Funktion aus«.
2. **Temporale Events**
   Dies sind zeitgesteuerte Ereignisse.
3. **Level-Events**
   Diese Events erhalten einen zusätzlichen Parameter, beispielsweise den Zustand einer bestimmten Hardware. Dienste starten hierbei bei jedem beliebigen Wert oder einem Schwellenwert des Parameters.

Upstart soll nicht nur das Booten des Sytems beschleunigen, sondern auch das dynamische Verwalten von Diensten. Dies betrifft folgende Bereiche, die mit Upstart vereinheitlicht und verwaltet werden sollen:

- Viele Dienste hängen vom Funktionieren bestimmter Hardware ab. So können manche Dienste erst gestartet werden, wenn die dazu nötige Netzwerkverbindung ad hoc aufgebaut wurde.
- Die Dynamik der Dienste-Verwaltung betrifft auch zeitabhängige Prozesse. So gibt es Services wie Cron oder den Anacron, die bestimmte Prozesse zu festgelegten Zeitpunkten starten.

Die Entwicklung steht noch am Anfang, aber die erste Implementation dieses neuen Konzeptes hat 2006 Einzug in die regulären Ubuntu-Versionen und inzwischen auch in die testing-Version von Debian gehalten. Um den reibungslosen Betrieb der Distributionen nicht zu gefährden, erfolgen große Teile der Initialisierung mithilfe des Kompatibilitätsscriptes <I>/etc/init.d/rc<P> durch die herkömmlichen init-Dateien. Die Ausweitung auf Teile des Systemstarts erfolgt kontinuierlich in neueren Ubuntu-Versionen, wobei temporale Events noch nicht integriert sind.

Start-Analyse

Der Systemstart (Version 7.10, upstart 0.3.8) erfolgt recht zügig. Allerdings sind die Unterschiede aufgrund des Kompatibilitätsmodus marginal. Testmessungen zeigen Unterschiede im Bereich von wenigen Sekunden. Zur Auswertung eignet sich das Tool *Bootchart*, welches Sie über die Quellen von Ubuntu bekommen (siehe Abbildung 22.1). Dieses Messwerkzeug protokolliert während des Startvorganges in einem Takt von 0,2 Sekunden die CPU-Auslastung sowie die Platten-IO-Leistung und speichert die grafische Darstellung in dem Ordner */var/log/Bootchart/*. Hier werden alle Protokolle eindeutig bezeichnet und im PNG-Format abgespeichert.

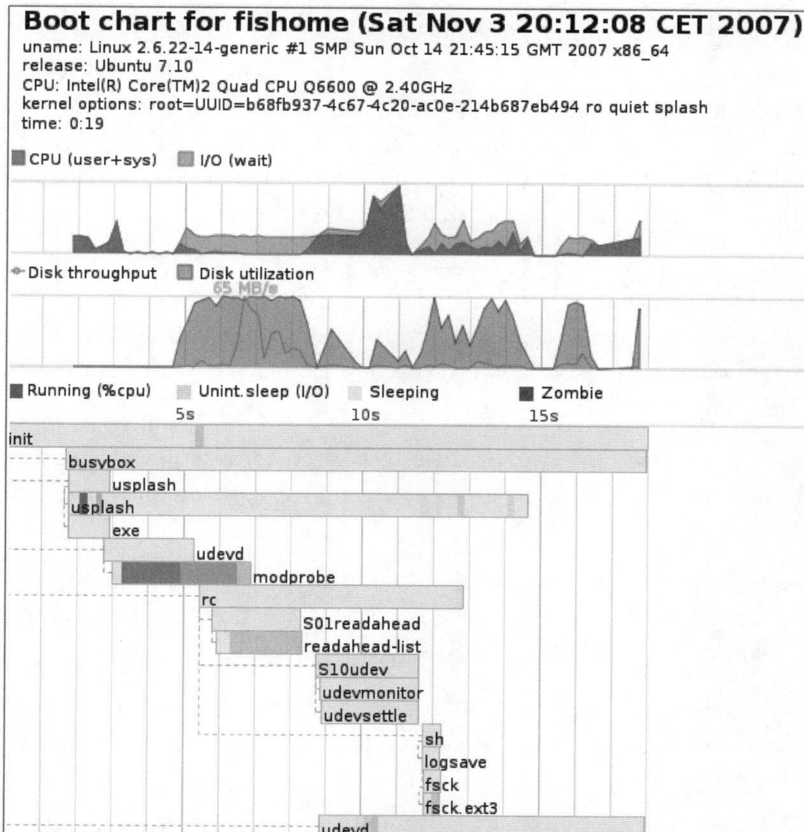

Abbildung 22.1 Die Abbildung zeigt eine Bootchart-Analyse eines Ubuntu GNU/Linux 7.10, welches mit upstart hochfährt. Der Beispielrechner benötigt 19 Sekunden vom Starten des Kernels bis zum grafischen Login-Manager.

Wenn für Ihre Distribution bootchart nicht in den Paketquellen ist, können Sie dieses praktische Tool auch von der Seite *www.bootchart.org* herunterladen. Nach der Installation muss der Start des Programmes noch in der Kernel-Kommandozeile eingetragen werden. Dies sieht für das normale *init* beispielsweise folgendermaßen aus:

```
/boot/grub/menu.lst
[...]
title Ubuntu (2.6.10) - bootchart
    root (hd0,1)
    kernel /vmlinuz-2.6.10 ro root=/dev/hda1 init=/sbin/bootchartd
    initrd /initrd-2.6.10.img
```

Wenn Sie Upstart parallel installiert haben, fügen Sie zu der betreffenden Zeile die Angabe

```
@1:bootchart_init=/opt/upstart/sbin/init
```

hinzu.

Bei einer Standard-Installation von Ubuntu werden die Fortschritte beim Booten durch ein Boot-Splash versteckt. Wenn Sie hier die Meldungen des Systems sehen möchten, ändern Sie eine Zeile der Grub-Konfigurationsdatei (siehe Abbildung menu.png). Löschen Sie den Parameter quiet splash aus der Kernelzeile und starten Sie Ihren Rechner neu.

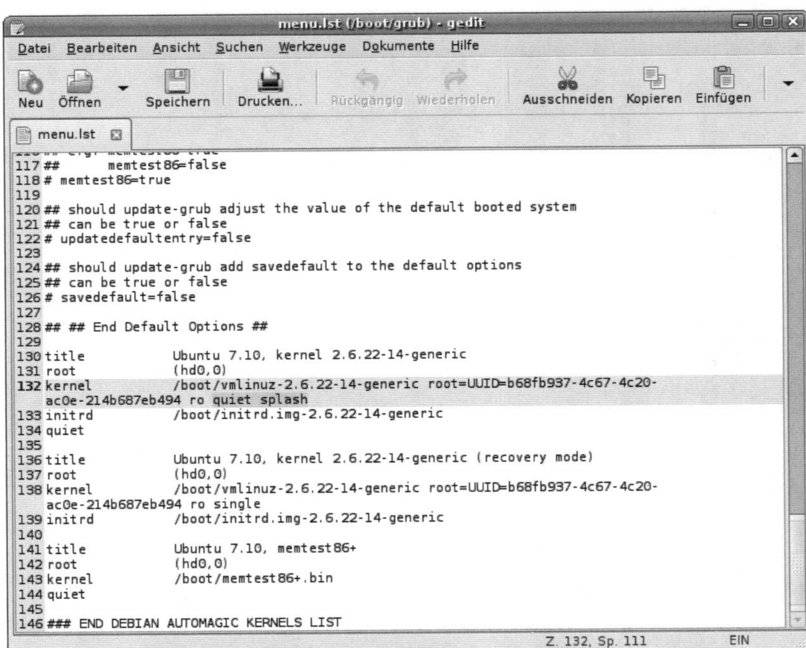

Abbildung 22.2 In der Grub-Konfigurationsdatei können Sie bestimmen wie gesprächig Linux sich beim Starten gibt. Entfernen Sie den Parameter quiet splash aus der Kernel-Kommandozeile, wenn Sie eine detaillierte Anzeige wünschen.

Bei Debian ist der Schritt, Init durch Upstart zu ersetzen, inzwischen sehr kurz. Die Debian-Entwickler haben hierzu init in die beiden Pakete *sysvinit* und *sysvinit-utils* aufgeteilt. Ein einfaches Austauschen von sysvinit durch upstart lässt den Anwender in den Genuss von upstart kommen. Die alten Skripte werden dabei beibehalten. Upstart lässt sich durch

```
root$ apt-get install upstart upstart-compat-sysv
```

installieren. Sie können natürlich Upstart auch aus den Quellen kompilieren. Hierzu gibt es eine ausführliche Anleitung und Beispiel-Jobs auf der Upstart-Webseite (*http://upstart.ubuntu.com*). Aber vergessen Sie bitte nicht, vorher das sysvinit-Paket zu entfernen.

Jobs

Die einzelnen Skripte, die beim Eintreffen eines Events ausgeführt werden sollen, werden von Upstart als Jobs bezeichnet. Diese Skripte werden im Verzeichnis */etc/event.d* gesammelt (siehe Abbildung 22.3). Wie bei dem init-Konzept wird auch bei Upstart das Programm */sbin/init* als erster Prozess vom Kernel gestartet. Die bekannte Datei */etc/inittab* gibt es bei Upstart nicht mehr. Stattdessen werden die Jobs aus dem Verzeichnis */etc/event.d* vom Upstart-Init gelesen.

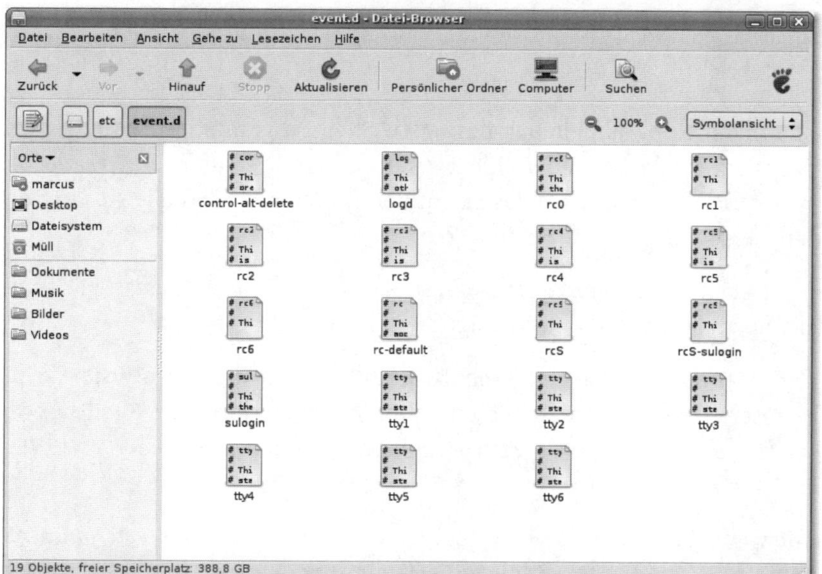

Abbildung 22.3 Upstart-Events

Viele dieser Skripte sind in einem Kompatibilitätsmodus geschrieben. So wird man bei vielen Job-Skripten, beispielsweise einem typischen Runlevel-Skript, zurzeit feststellen, dass sie nichts anderes tun, als das entsprechende rc-Skript aufzurufen.

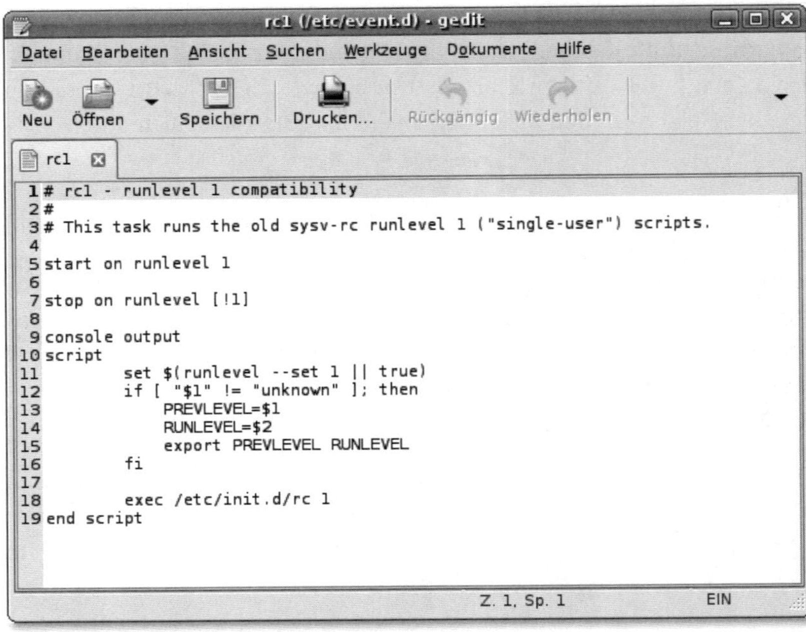


```
1 # rc1 - runlevel 1 compatibility
2 #
3 # This task runs the old sysv-rc runlevel 1 ("single-user") scripts.
4
5 start on runlevel 1
6
7 stop on runlevel [!1]
8
9 console output
10 script
11         set $(runlevel --set 1 || true)
12         if [ "$1" != "unknown" ]; then
13             PREVLEVEL=$1
14             RUNLEVEL=$2
15             export PREVLEVEL RUNLEVEL
16         fi
17
18         exec /etc/init.d/rc 1
19 end script
```

Abbildung 22.4 Kompatibilitätsscript vom rc1-Skript, welches das System in den ersten Runlevel startet. Die Synthax ähnelt der Shell-Programmierung.

Das Skript aus Abbildung rc1.png ähnelt der normalen Shell-Programmierung und wird gestartet, wenn das System in den ersten Runlevel startet (start on runlevel 1, Zeile 5). Sobald dieser Runlevel verlassen wird, wird das Skript derart gestartet, dass alle gestarteten Tasks beendet werden (stop on runlevel [!1], Zeile 7).

Die Ausgabe des Skripts läuft über */dev/console* (console output, Zeile 9), anstatt sie standardmäßig nach */dev/null* zu leiten und damit zu ignorieren.

Mit den Befehlen `script` und `end script` (Zeile 10 und 19) wird das eigentliche Skript begrenzt. Innerhalb dieser Grenzen werden alle enthaltenen Zeilen durch die Shell */bin/sh* ausgeführt; es wird der Runlevel gewechselt (Zeile 14) und der alte Runlevel über `PREVLEVEL` neu gesetzt (Zeile 13).

Zum Schluß wird der *exec*-Befehl ausgeführt (Zeile 18). Dieser ruft das */etc/init.d/rc*-Skript mit dem Parameter 1 auf (Erster Runlevel). Damit sind alle Schritte abgearbeitet und der Job ist erledigt.

Eine komplexere Semantik mit der Berücksichtigung von Vorbedingungen wird durch zusätzliche Befehle wie `pre-start/end script` und `post-stop/end script` formuliert. Weiterhin können logische Verknüpfungen erstellt und den Skripten Parameter übergeben werden. Wenn mehrere Dienste voneinander abhängig sind, können die Ereignisse *start on* bzw. *stop on* in Form von *stopped name* bzw. *started name* definiert werden.

Beispielsweise wird durch folgende Zeilen erreicht, dass das Skript erst dann ausgeführt wird, wenn *rcS* gestoppt ist:

```
@1:# /etc/event.d/rc-default
start on stopped rcS
script
...
end script
```

Um die Ereignisorientierung zu verstehen, sehen wir uns die Konfigurationsdatei */etc/event.d/tty1* an (siehe Abbildung). Dieser Job ist zuständig für den Start des Terminalemulators *getty* für die Textkonsole 1. Hier sieht man, dass die exec-Anweisung (Zeile 16) erst dann ausgeführt wird, wenn eines der vorher mit start on definierten Ereignisse eintritt (Zeile 6-9). Analog wird getty wieder beendet, sobald ein Ereignis mit stop on eintritt (Zeile 11-13). Wenn das Programm ungeplant beendet wird, bewirkt das respawn einen Neustart von getty (Zeile 15).

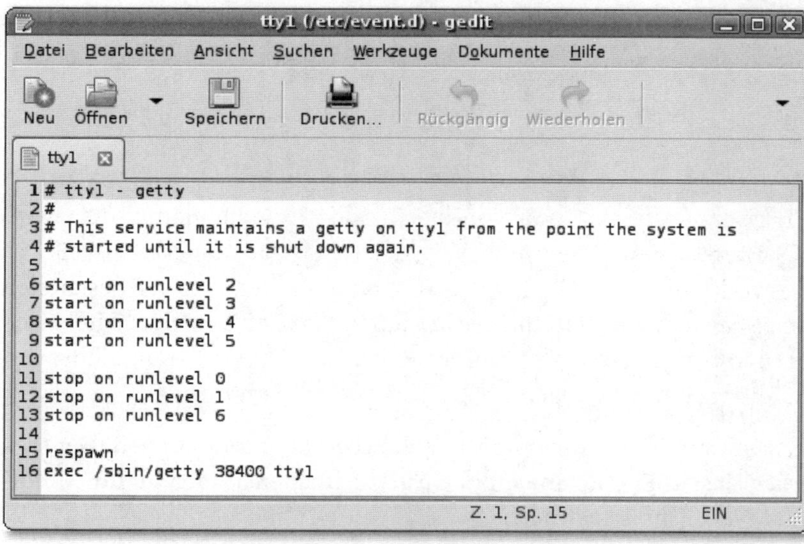

Abbildung 22.5 Dieser Job ist zuständig für den Start des Terminalemulators getty für die Textkonsole 1.

Kompatibilität

Zurzeit werden lediglich die Terminalemulatoren der Textkonsolen von Upstart gestartet. Alle anderen Aufgaben werden durch das Kompatibilitätsscript */etc/init.d/rc* erledigt. Dieses Skript wird durch die Upstart-Konfigurationsdateien rc0 bis rc6 sowie rcS gestartet und funktioniert wie gehabt. Das heißt, es führt alle Start- und Stopp-Skripte in den Ordnern */etc/rc0...6, S* aus. Mittelfristig werden diese Verzeichnisse aber verschwinden und */etc/event.d* alle Aufgaben übernehmen.

Wie wir gesehen haben, benutzt Upstart einige neue Kommandos, um Prozesse zu starten und zu stoppen, anstehende Ereignisse anzuzeigen und zu überwachen. Dienste, die über die Kompatibilitätsschicht gestartet werden, funktionieren weiterhin nach der Debian-Methode, d.h. über *invoke.rc*, *update-rc.d* usw.).

Die folgende Tabelle zeigt eine Übersicht der in Ubuntu 7.10 vorhandenen Skripte im Verzeichnis */etc/event.d* (die zweite Spalte gibt lediglich die start-on-Ereignisse an):

Skript	Ereignis	Funktion
control-alt-delete	control-alt-delete	Neustart des Systems mit Strg+Alt+Entf
logd	-	Protokollierung
rc0-rc6	runlevel n	Wechselt in den Runlevel n
rc-default	stopped rcS	Setzt den Standard-Runlevel 2
rcS	startup	Systeminitialisierung
rcS-sulogin	runlevel S	rcS im Single-User-Betrieb
sulogin	-	Rescue Modus (läuft, wenn keine anderen Jobs ausgeführt werden)
tty1	runlevel 2-5	Start der Terminalemulatoren in Textkonsole 1
tty2-tty6	runlevel 2-3	Startet die Terminalemulatoren der anderen Textkonsolen

Tabelle 22.2 Vorhandene upstart-Skripte

Das erste Ereignis beim Systemstart ist startup, welches durch */sbin/init* ausgelöst wird. Nach Ausführen der Skripte in *rcS* und *rc-default* wird der Runlevel 2 aktiviert. Daraufhin wird das Skript aus *rc2* und die exec-Anweisungen aus tty1 bis tty6 ausgeführt.

Im Übrigen befinden sich im Ordner */var/log/boot* zahlreiche Log-Informationen. Generell gehen die Ausgaben der Upstart-Skripte an den in Upstart enthaltenen logd, der die Informationen im genannten Verzeichnis speichert.

Kommandos

Wenn im Verzeichnis */etc/event.d* eine entsprechende Konfigurationsdatei liegt, starten bzw. beenden die Befehle `start` bzw. `stop` einen Prozess. Der Befehl `status` gibt den aktuellen Zustand des Prozesses an.

Administrative Aufgaben erledigen Sie mit `initctl` (man initctl). Mit `initctl list` verschaffen Sie sich einen Überblick über alle laufenden Prozesse (siehe Abbildung 22.7).

Wenn Sie eigene Skripte testen möchten, können Sie durch Eingabe von

```
user$ initctl emit 'name'
```

ein Ereignis mit dem Namen 'name' erzeugen.

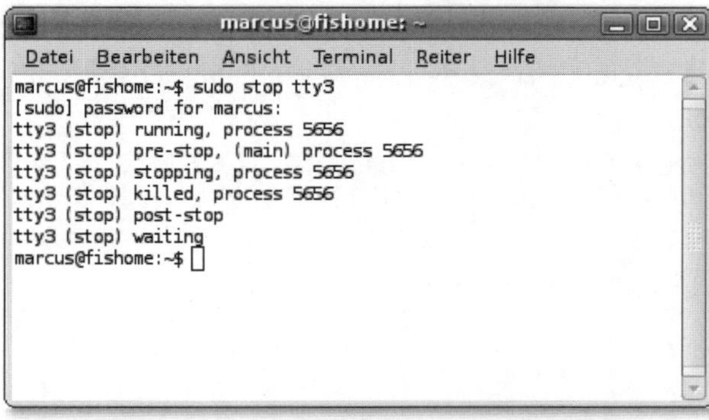

Abbildung 22.6 Mit start bzw. stop können Sie Prozesse stoppen.

Upstart kennt aus Kompatibilitätsgründen zum Init-V-System auch Runlevel. Diese sind allerdings als Ereignisse mit den Namen runlevel n definiert. Das Kommando `runlevel` zeigt Ihnen den aktuellen runlevel an. Einen neuen runlevel aktivieren Sie mit `telinit n`.

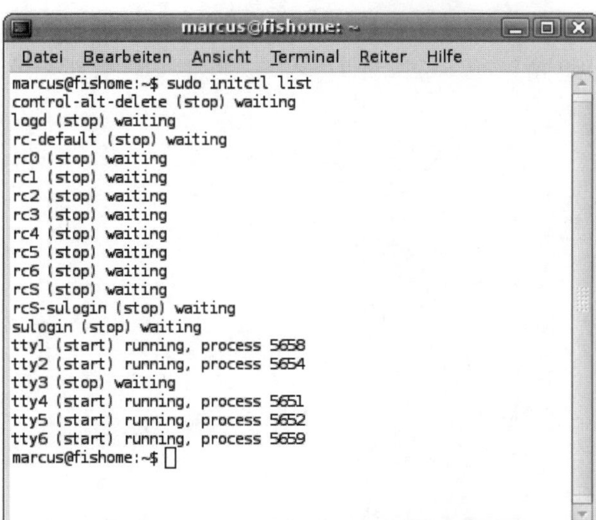

Abbildung 22.7 Mit dem Befehl initctl verschaffen Sie sich Überblick.

Fazit

Auch Upstart ist also kein Wundermittel; Bootzeiten wie bei Spielekonsolen sind auch mit diesem Ansatz reine Phantasie. Die Unterschiede zum bisherigen init sind marginal, aber es ist nicht zu bezweifeln, dass Upstart vom Konzept her der bisherigen Technik überlegen ist. Mit etwas Optimismus lässt sich erahnen, dass seine Vorteile in den nächsten Jahren wesentlich stärker zum Vorschein treten werden. Auch wenn Upstart nur einige Sekunden Zeitvorteil erarbeitet, trifft es hier doch die Achillesferse unserer modernen Betriebssysteme. Jede Sekunde, die sich hier einsparen lässt, strapaziert unsere Geduld etwas weniger. Wer Upstart nur auf das Booten des PCs beschränkt, tut dem Projekt Unrecht. Upstart ist auf dem guten Weg dahin, in zukünftigen Versionen immer mehr die Aufgabe eines zentralen Service-Daemons zu übernehmen.

»Willst du dich am Ganzen erquicken,
so musst du das Ganze im Kleinsten erblicken.«

Johann Wolfgang von Goethe (28.08.1749 – 22.03.1832)
deutscher Schriftsteller

23 Kernel und Module

Die Anleitung richtet sich an fortgeschrittene Anwender. Dies bedeutet, dass Sie im Normalfall schon über einige Erfahrung verfügen sollten, bevor Sie sich an das Kernelbauen heranwagen. Sie machen hierbei eine Operation »am offenen Herzen« Ihres Systems. **[!]**

Zuerst sollten Sie ein paar grundsätzliche Dinge beachten:

- Behalten Sie stets eine Sicherungskopie Ihres alten und funktionierenden Kernels. Falls etwas schiefgeht, kann man das System immer noch benutzen und muss nicht mit einer Rettungs-CD arbeiten. Also seien Sie grundsätzlich vorsichtig, wenn es um das Thema *Löschen* geht.
- Man sollte, bevor man überhaupt an das Selberbauen des Kernels herangeht, herausfinden, welche Hardware im Rechner verbaut ist. Sie erfahren sehr viele Details über die verbaute Hardware mithilfe einiger Kommandos, die ich in Abschnitt 23.1 ab Seite 676 näher erörtern werde.
- Lesen Sie bitte die Hilfebeschreibungen zu den Kerneloptionen durch. Wenn Sie bei irgendeiner Option unsicher sind, was Sie tun sollten, dann geben Sie dies auch offen zu und tippen bei der entsprechenden Abfrage `Yes`.
- Alle Module und Optionen, die man nicht unbedingt benötigt, kann man abwählen. Wer z. B. keinen SCSI-Adapter hat, braucht auch keine Module dafür einzubinden.
- Alles, was Sie nicht oft benötigen werden, sollte als Modul eingebunden werden, z. B. USB-Geräte. Möchten Sie allerdings das System später von einem USB-Stick booten, so kann hier das feste Einbinden in den Kernel notwendig sein.
- Das Dateisystem für die Root-Partition ist fest in den Kernel einzubinden. Alle anderen Dateisysteme, die man sonst noch benötigt, können als Modul eingebunden werden. Das erspart einem das Erstellen einer »Initial Ramdisk«. Die zugehörige Option können Sie dann getrost abwählen.

- Wer eine USB-Tastatur und/oder Maus besitzt, sollte den Treiber für das USB-Subsystem, den Treiber für seinen USB-Baustein und die Treiber für HID-Geräte fest einbinden. Eventuell können Sie dann die Treiber für den PS/2-Anschluss weglassen. Dies hätte den Vorteil, dass ein so getunter Kernel viel weniger Platz benötigt und Hotplug viel weniger Zeit beim Starten braucht.

23.1 Was sind Module?

Im März 1995 erschien der Kernel in der Version 1.2. Der Umfang stieg nicht nur auf rund 300000 Zeilen Quellcode, erstmals ließ sich Linux nun auch auf den Architekturen Alpha und Sparc installieren und nutzen. Die PCI-Erweiterungen erreichten die Marktreife, und ganz nebenbei wurde für die Nutzer ein System im Kernel eingeführt, das vorher nur in kommerziellen UNIX-Systemen Einsatz fand: die Module.

Unter Linux ist die überwiegende Anzahl der Treiber in Modulen realisiert. Früher mussten z. B. sämtliche Treiber fest in den Kernel kompiliert werden, ob man sie nun brauchte oder nicht. Denn dieser Kernel sollte ja auf sehr vielen verschiedenen Hardwareplattformen laufen und sämtliche Eventualitäten abdecken. Allerdings wurde der Kernel dadurch sehr groß und langsam wegen des erhöhten Speicherbedarfs. Es war und ist nahezu unmöglich, einen Universal-Kernel zu generieren, der alle Möglichkeiten an verschiedener Hardware abdeckt und für jedes noch so seltene Gerät einen Treiber integriert hat. Dies führte dazu, dass eine Installation von Linux fast immer mit einer anschließenden Kernelkompilation endete. Dies erzeugte insbesondere bei Anfängern den Ruf, Linux sei ein schwer zu konfigurierendes System.

Mit Erscheinen der Kernel-Version 1.2 wurde das Konzept der Module eingeführt. Es wurde nun möglich, Treiber (aber auch andere Komponenten), die während des Bootens nicht zwingend notwendig sind, in separate Einheiten - die Module - auszulagern. Module lassen sich zur Laufzeit, d.h. wenn der Kernel eine bestimmte Eigenschaft benötigt, zu diesem hinzufügen. Umgekehrt kann man aber auch, wenn ein Treiber temporär oder dauerhaft nicht mehr benötigt wird, diesen wieder aus der aktuellen Kernelkonfiguration entfernen. Die ersten Module mussten allerdings noch per Hand ge- oder entladen werden. Dieser Prozess wurde später automatisiert. Der Kernel konnte durch dieses Prinzip der Modularisierung relativ klein und schnell bleiben. Das modulare Design erlaubt nun automatisches Erkennen von Hardware und ein dynamisches Hinzufügen von benötigten Treibern. Die Treiber werden hierfür separat als ein Modul kompiliert, ein langwieriges Kompilieren des gesamten Kernels entfällt somit.

23.2 Einen eigenen Kernel bauen

Manchmal benötigt man einen angepassten Kernel mit zusätzlichen Features, oder ein bestimmter Treiber soll fest eingebaut werden. In diesen Fällen müssen Sie sich einen eigenen Kernel aus den Quellen kompilieren. Wir werden im Folgenden den typischen Weg zum Kernelbauen unter Ubuntu für den Kernel 2.6.x beschreiten. Hierzu sind mehrere Schritte nötig, die wir nachfolgend einzeln abhaken werden.

23.2.1 Vorbereitungen

Kontrollieren Sie bitte zuerst, ob folgende Pakete installiert sind:

- *build-essential*
- *kernel-package*

Je nachdem, in welcher Umgebung Sie die Kernelkonfiguration vornehmen möchten, sollten die folgenden Pakete installiert werden:

- *libncurses5-dev* für eine ncurses-basierte Oberfläche zur Konfiguration innerhalb einer Konsole
- *libgtk2.0-dev*, *libglib2.0-dev* und *libglade2-dev*, falls Sie eine GTK-Oberfläche zur Kernelkonfiguration bevorzugen
- *libqt3-mt-dev* sollten KDE-Anwender bevorzugen. Dadurch lässt sich der Kernel in einer Qt-Oberfläche anpassen.

Wenn Ihnen eines der obigen Pakete fehlen sollte, dann installieren Sie dieses bitte per `apt-get` nach.

Kernelquellen

Als Nächstes werden die Quellen des Ubuntu-Kernels benötigt. Diese Quellen sind als Paket erhältlich und können mit `apt-get` oder Synaptic installiert werden. Sie erkennen dieses Paket an der Bezeichnung »*linux-source-x.x.x*«. Die beste Basis ist das Quellpaket, dessen Versionsnummer dem derzeit benutzten Kernel entspricht. Sie erhalten die aktuelle Versionsnummer, wenn Sie im Terminal

```
user$ uname -r
2.6.24-17-generic
```

eingeben. Was zählt, sind die ersten drei Zahlen, also im obigen Fall 2.6.24. Die Quellen dieses Kernels würden bei der aktuellen Version in jedem Fall installiert, wenn Sie Folgendes in einer Konsole eingeben:

```
user$ sudo apt-get install linux-source-2.6.24
```

In den Ubuntu-Quellen sind auch etliche Ubuntu-spezifische Patches enthalten. Es steht Ihnen natürlich frei, sich einen Original-(Vanilla-)Kernel von *www.kernel.org* zu beschaffen.

Optional: Kernelpatches herunterladen

Meist werden Sie den Kernel patchen wollen, um gewisse Funktionalitäten in den Kernel zu integrieren, die im Standardkernel (noch) nicht enthalten sind. In diesem Fall wissen Sie wahrscheinlich, welchen Patch Sie benötigen. Besonders komfortabel ist es natürlich, wenn der benötigte Patch in einem Repository zu bekommen ist. Einige Patches finden sich beispielsweise im Universe-Repository. Achten Sie hierbei wie bei allen Patches auf die richtige Versionsnummer. Für jeden Kernel gibt es einen passenden Patch.

Kernelquellen auspacken

Die Kernelquellen befinden sich nach der Installation als *tar.bz2*-Archiv im Verzeichnis */usr/src*. Mit

```
user$ cd /usr/src
user$ sudo tar -xjf linux-source-<Versionsnummer>
```

und durch `cd linux-source-<Versionsnummer>` entpacken Sie die Kernelquellen und wechseln ins Quellverzeichnis.

Optional: Kernel patchen

Patches, die über das Paketmanagement installiert wurden, befinden sich in einem Unterverzeichnis von */usr/src/kernel-patches/diffs*. Sie liegen üblicherweise als *gz-* oder *bz2*-komprimierte Diff-Datei vor (**.diff.gz* oder **.diff.bz2*). Sie lassen sich mit folgendem Befehl einbauen:

```
user$ gunzip -c /usr/src/kernel-patches/diffs/\
<Patchverzeichnis>/<Patchdatei> | \
sudo patch -p1
```

Bei *bz2*-Kompression ist *gunzip* durch *bunzip2* zu ersetzen.

23.2.2 Kernel konfigurieren

Die Konfiguration des Kernels wird im aktuellen Kernelquellverzeichnis in der Datei *.config* gespeichert. Es ist stets ratsam, von der aktuellen Kernelkonfiguration auszugehen. Diese findet man im Verzeichnis */boot/config*. Sie wird folgendermaßen kopiert:

```
user$ sudo cp /boot/config-<Kernelversion> .config
```

Alternativ kann die Konfiguration des laufenden Kernels meist auch aus einer komprimierten Datei in */proc* gelesen werden. Dies ist im Standardkernel von Ubuntu nicht aktiviert, bei einem selbst kompilierten kann man dieses Feature aber aktivieren: [«]

```
user$ sudo zcat /proc/config.gz > .config
```

Auf der Basis dieser Konfiguration kann man nun eigene Einstellungen vornehmen.

Je nach den am Anfang installierten Bibliotheken geht das z. B. für die GTK-Umgebung mit

```
user$ sudo make gconfig
```

Die entsprechenden Aufrufe für die Konsole bzw. die QT-Oberfläche lauten:

```
user$ sudo make menuconfig
```

bzw.

```
user$ sudo make xconfig
```

Wer eine minimale Standardkonfiguration erzeugen möchte, der wählt einfach

```
user$ sudo make defconfig
```

Beim Wechsel auf eine neue Kernelversion kann die Datei `.config` aus dem alten Kernelverzeichnis in das neue kopiert werden. Nach dem Wechsel in dieses neue Verzeichnis kann

```
user$ sudo make oldconfig
```

aufgerufen werden, wobei dann nur die Einstellungen für die neuen Kernelfeatures abgefragt werden.

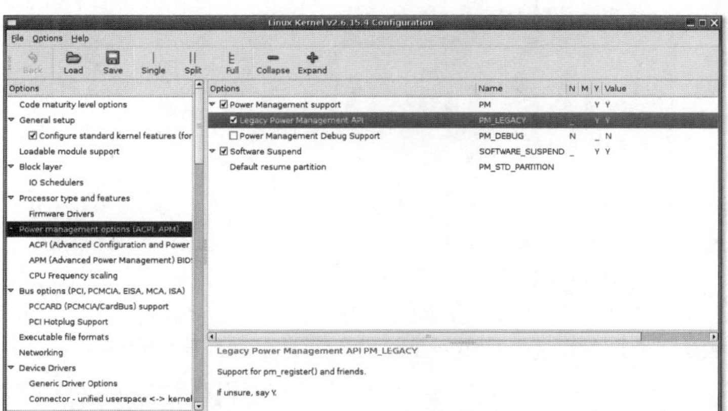

Abbildung 23.1 Konfiguration des Kernels mit `gconfig`

XConfig

Die Konfiguration des Kernels innerhalb der grafischen Oberfläche (Abbildung 23.1) erfolgt nun durch einfaches (*xconfig*) bzw. doppeltes (*gconfig*) Anklicken der entsprechenden Optionen. Nach dem Fertigstellen der Konfiguration vergessen Sie bitte nicht, die Änderungen zu sichern (SAVE in Abbildung 23.1).

23.2.3 Kernel kompilieren

Nach Abschluss der obigen Konfiguration muss der Kernel kompiliert werden. Mit dem folgenden Befehl erzeugen Sie auch gleich einfach installierbare *.deb*-Pakete für das Kernel-Image, die Kernel-Header, das Kernel-Doc und die Kernel-Source:

```
user$ sudo make-kpkg ---initrd \
---revision <meineVersion> binary
```

Der Parameter `binary` sorgt für die Erstellung der genannten `*.deb`-Pakete. Wenn Sie nur ein Kernelimage-Paket benötigen, können Sie `binary` durch `kernel_image` ersetzen. Bei Angabe des optionalen Parameters `revision` ist darauf zu achten, dass die Bezeichnung sich nicht mit einem im System vorhandenen Kernel überschneidet. Weitere Möglichkeiten sind in der Manpage von `make-kpkg` aufgeführt.

Kernel schrittweise übersetzen

Sollte es während des Laufs von `make-kpkg` zu einer Fehlermeldung kommen, so können Sie versuchen, den Kernel in folgenden einzelnen Schritten zu übersetzen, um den Fehler genauer zu lokalisieren:

```
user$ sudo make clean bzImage
user$ sudo make-kpkg --initrd kernel_image
user$ sudo make
user$ sudo make-kpkg --initrd binary
```

Einige Anmerkungen

Eine Initial Ramdisk ist nicht notwendig, wenn man seine Hardware kennt (und das sollte man, wenn man seinen eigenen Kernel kompiliert!). In diesem Falle deaktiviert man in der Konfigurationsphase die Unterstützung für `initrd` und bindet die Treiber für das Root-Laufwerk (das sind meist die ATAPI/IDE-Treiber für die Festplatte) fest und nicht als Modul ein. Hilfreich ist auch das feste Einbinden von USB, wenn man eine USB-Tastatur und/oder -Maus benutzt. Möchte man eine externe Firewire-Festplatte schon beim Booten einbinden, so müssen auch die Firewire-Treiber fest in den Kernel kompiliert werden.

Danach startet man das Kompilieren mit

```
user$ sudo make-kpkg binary
```

Nach einer Änderung der Konfiguration kann es nötig sein, vor einem erneuten `make-kpkg` einmal `sudo make` auszuführen. Wird der Kernel nochmals gepatcht, so sollten bereits übersetzte Teile aufgeräumt werden. Nur dann wird beim nächsten Mal alles neu kompiliert:

```
user$ sudo make clean
```

Wurde der Kernel mittels `make-kpkg` kompiliert, so ist es auch empfehlenswert, alle Teile mit

```
user$ sudo make-kpkg clean
```

aufzuräumen. Dadurch werden zum Beispiel auch die Stamp-Dateien gelöscht.

23.2.4 Kernel installieren und booten

Das erzeugte Kernelpaket können Sie nun ganz einfach mit dem Befehl

```
user$ sudo dpkg -i ../kernel-image-<neueVersion>.deb
```

installieren. Nach einem Neustart des Systems lässt sich der neue Kernel im Bootmenü auswählen.

Alten Kernel entfernen

Sollte sich der neue Kernel nach einer Erprobungsphase bewährt haben, können Sie den alten Kernel mit folgendem Befehl aus dem System entfernen:

```
user$ sudo dpkg -r kernel-image-<alteVersion>
```

Für den Anfang empfiehlt es sich jedoch, den alten Kernel parallel zum neuen beizubehalten, um sich nicht einer wichtigen Rettungsmöglichkeit zu berauben.

»Real men don't make backups.
They upload it via FTP and let the world mirror it.«

Linus Torvalds

24 Backup und Sicherheit

Wir kommen nun zu einem besonders heiklen Thema, dem Thema Sicherheit. Wir wollen uns diesem Thema so langsam wie möglich annähern, da man hierbei nicht sensibel genug vorgehen kann. Mit einer einfachen Aussage wie »Mit Linux sind Sie sicher« oder »Unter Linux brauchen Sie vor nichts Angst zu haben« wollen wir es hier nicht bewenden lassen.

Ist Linux sicherer?

Wir werden im Folgenden gemeinsam untersuchen, ob Linux wirklich sicherer ist oder sein kann als Windows. Die Idee scheint verlockend, dass Sie bei der Verwendung von Linux auf Virenscanner, Firewalls, Anti-Spyware und was es sonst noch alles gibt wirklich verzichten können. Aber ist diese Vorstellung auch realistisch?

Fakt ist, dass es sich bei 99 % aller Gemeinheiten, die im Internet auf Sie warten, um Schädlinge handelt, die nur Windows-Systeme befallen können. Ich möchte Ihnen hier aber kein falsches Bild suggerieren. Auch Windows kann sehr sicher sein, wenn man den nötigen Aufwand betreibt.

Ich werde zu Beginn auf das Thema »Datensicherung« eingehen. Auch das sicherste System kann Sie z. B. nicht vor einer kaputten Festplatte beschützen. Die kleinen Gemeinheiten des Tages können Sie nicht verhindern, aber glücklich ist derjenige, der immer ein aktuelles Backup seiner Daten besitzt.

24.1 Grundlagen der Sicherung

Ein häufiger Dialog in Internetforen verläuft ungefähr folgendermaßen:

> *»Ich habe eine wichtige Datei gelöscht. Gibt es eine Möglichkeit, diese unter dem Betriebssystem XY wieder herzustellen?«*
>
> *»Ja. Mit dem Backup des gestrigen Tages.«*

Damit derartige Antworten Ihnen nichts anhaben können, beschäftigen wir uns im vorliegenden Kapitel mit dem Thema Datensicherung.

Grundsätzlich unterscheiden wir zwei Varianten des Backups im privaten Bereich:

- Die regelmäßige Sicherung persönlicher Daten wie der täglichen Korrespondenz und der aktuellen Arbeit. Diese Sicherung sollte so oft wie möglich durchgeführt werden. Vorsichtige und/oder fleißige Naturen machen dies einmal täglich.
- Die sporadische Sicherung des gesamten Systems in Form einer Platten- bzw. Partitionsspiegelung. Diese Variante ist natürlich aufwendiger und wird entsprechend seltener durchgeführt. Nichtsdestotrotz kann man durch Zurückspielen eines Komplettbackups ein System innerhalb kürzester Zeit wieder aufsetzen.

24.1.1 Medien für die Sicherung

Bevor wir mit der Sicherung beginnen, stellt sich natürlich unmittelbar die Frage »Wohin damit?«. Sie müssen nicht wie Linus Torvalds die Möglichkeit besitzen, Ihre wichtigen Daten auf einen FTP-Server hochzuladen, meist reicht ein »klassisches« Speichermedium für die beiden oben genannten Sicherungsfälle aus.

Üblicherweise legt man bei einer Datensicherung die Daten zunächst auf ein schnell handhabbares Medium wie eine Festplattenpartition ab und brennt sie anschließend in Ruhe auf optische Datenträger wie CD bzw. DVD. Diese Vorgehensweise hat den Vorteil, dass vor dem Transfer auf das finale Medium eine Komprimierung der Daten vorgenommen und somit der Speicherplatz der optischen Medien besser genutzt werden kann.

Original und Backup trennen

Ganz schlecht ist in diesem Zusammenhang die Idee, eine Festplattenpartition auf eine andere Partition innerhalb desselben Datenträgers zu sichern. Fällt eine Platte aus (z.B. durch einen Hardwaredefekt), so sind meist sämtliche darauf enthaltenen Partitionen betroffen.

[!]

Merksatz

Die Grundregel lautet: Physikalische Trennung von Original und Backup. Diese ist in jedem Fall gewahrt, wenn man zur Sicherung eine Zweitplatte verwendet.

Einige der genannten Medien, wie z. B. USB-Sticks, sind hotplugfähig, was so viel heißt wie »dranstecken und benutzen«. Andere Medien, wie z. B. Festplatten, müssen vor der Benutzung entsprechend vorbereitet, sprich partitioniert werden.

Medium	max. Kapazität
Komplettsicherung	
Festplattenpartition	bis 1 TB
Weitere Festplatte	bis 1 TB
Externe USB-Festplatte	bis 1 TB
NFS-Server	Festplattengröße des Servers
Komplettsicherung, komprimiert	
Blue-ray	25 – 50 GB
DVD+R/DVD-R/RW	4,4 – 9 GB
Microdisk	bis 4 GB
Persönliche Daten/Heimverzeichnis	
USB-Stick	16 GB
CD-R/RW	700 MB
FTP-Server	je nach Provider

Tabelle 24.1 Medien für die Datensicherung

24.1.2 Neue Festplatten hinzufügen

Der Einbau einer zusätzlichen internen Festplatte in ein stationäres System ist heutzutage ein Kinderspiel. Bei modernen Gehäusen kommen Sie dabei sogar meist ohne Schraubendreher zurecht, die Laufwerke (Festplatten, Wechsellaufwerke) werden dort einfach in Slots geschoben. Befindet sich am gleichen Kabel (dem Bus-Strang) schon eine IDE-Platte, so ist darauf zu achten, dass eine Platte als »Master« und die andere Platte als »Slave« konfiguriert wird. Bei modernen *S-ATA*-Platten sind derartige Feinheiten nicht mehr zu beachten, da deren Konfiguration vollautomatisch abläuft.

Externe Festplatten

Wer vor derartigen Arbeiten zurückschreckt, der kann den Erwerb einer externen Festplatte ins Auge fassen, die über den USB-Bus bzw. über Firewire an den PC angeschlossen wird.

24.1.3 Partitionierung

Bevor Sie sich nun an die Einrichtung von Sicherungs- oder Systempartitionen begeben, müssen einige mahnende Worte gesprochen werden. Bei einer falsch durchgeführten Partitionierung haben Sie gute Chancen, Ihr System softwareseitig in die ewigen Jagdgründe zu befördern. Ängstlichen Naturen sei deshalb Folgendes empfohlen: Verwenden Sie in jedem Fall eine Zweitplatte für Ihre Experimente! Klemmen Sie zur Partitionierung dieser Platte einfach die bereits im System befindliche andere Platte zeitweilig ab. Dies geschieht durch [+]

das Entfernen sowohl der Spannungsversorgung als auch des entsprechenden Datenkabels. Nach erfolgter Arbeit kann das andere Gerät wieder angeschlossen werden.

24.1.4 Partitionstabelle und Bootsektor sichern

Arbeitet man mit nur einer Platte, so sollte man in jedem Fall vor Partitionierungsarbeiten ein Backup des Bootsektors vornehmen. Dann besteht eine gute Chance, dass man bei eventuellen Problemen die alte Partitionstabelle wieder herstellen kann. Sichern Sie dazu den sogenannten Master Bootrecord (MBR) mit dem folgenden Befehl:

```
user$ sudo dd if=/dev/hda of=mbr_backup \
bs=512 count=1
```

Jetzt befindet sich in dem aktuellen Verzeichnis eine 512 Byte große Datei, die exakt den MBR der entsprechenden Platte enthält. Es wird dringend empfohlen, diese Datei auf einem dauerhaften Datenträger wie z.B. einem USB-Stick zu sichern.

Sicherung ohne Partitionstabelle

Die so gesicherte Bytesequenz enthält sowohl die Partitionstabelle als auch den Bootcode. Möchten Sie auf eine Sicherung der Partitionstabelle verzichten, so sind bei der Sicherung statt 512 Byte nur 446 Byte zu übertragen, d.h. der Befehl lautet in diesem Fall:

```
user$ dd if=/dev/hda of=bootcode_backup \
bs=446 count=1
```

Es ist sinnvoll, stets beide Varianten zu sichern. Die Rücksicherung z.B. des kompletten MBR erfolgt dann über den Befehl

```
user$ dd if=mbr_backup of=/dev/hda bs=512 count=1
```

Achten Sie dabei unbedingt auf die korrekte Schreibweise der Befehle beim Sichern/Rücksichern, ein Zahlendreher bei der Größenangabe der zu sichernden Bytesequenz kann fatale Folgen haben.

24.1.5 Partitionierung der Zweitplatte

Wenn Sie noch eine alte Festplatte irgendwo herumliegen haben, dann können Sie relativ leicht sofort loslegen und Ihre ersten Experimente auf diesem Gebiet durchführen. Klemmen Sie doch einfach einmal ein solches Gerät an Ihren Festplattenbus, installieren und starten Sie das universelle Werkzeug *gparted* durch Eingabe des gleichnamigen Befehls aus einer Konsole heraus:

```
user$ sudo apt-get install gparted && gparted
```

Hierbei können Sie einen ersten Überblick über die angeschlossene Festplattenlandschaft gewinnen.

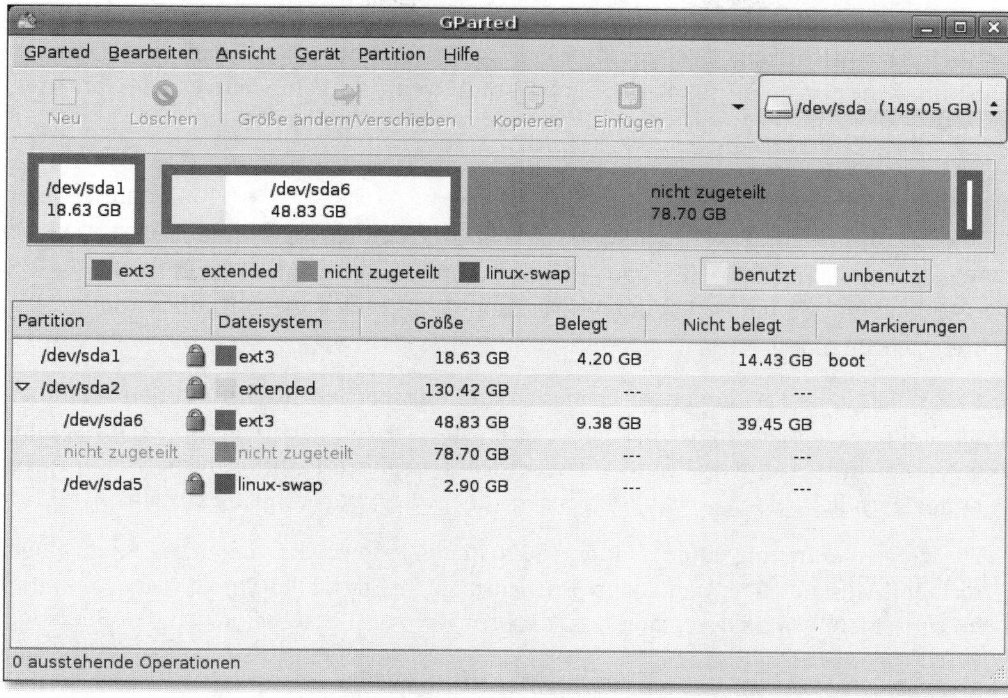

Abbildung 24.1 Überblick über die vorhandenen Festplattenpartitionen mit gparted

gparted

Sie können sich in *gparted* die jeweilige Festplatte mit den dazugehörigen Partitionen anzeigen lassen, wenn Sie oben rechts Ihre Festplatte auswählen (siehe Abbildung 24.1). Sollte Ihre eingebaute zweite Festplatte randvoll sein, so können Sie die darauf angelegten Partitionen durch Anklicken zunächst markieren und durch Auswahl des Mülleimersymbols oder durch PARTITION • LÖSCHEN schließlich löschen. In dieser Weise ist so lange zu verfahren, bis man genügend freien Speicherplatz erzeugt hat.

In dem freien Bereich, den Sie gerade erzeugt haben, können Sie nun leicht eine neue Partition, die allein Sicherungszwecken dient, erstellen. Dazu wählen Sie den freien Bereich aus und klicken auf das Symbol zum Erstellen einer neuen Partition (PARTITION • ERSTELLEN). In dem nun erscheinenden Untermenü geben Sie die Größe, den Typ und gegebenenfalls den Namen der zu erstellenden Partition an. Ein Klick auf (OK) bestätigt schließlich die vorzunehmenden Arbeiten.

24.1.6 Verkleinerung von bestehenden Partitionen

Nun wollen wir einmal genauer betrachten, wie man freien Platz für den Fall schafft, dass man nur über eine einzige Festplatte verfügt und diese komplett partitioniert ist, also über keinen unzugeordneten Speicherbereich verfügt.

[!] Bei der nachfolgenden Aktion ist allerdings Vorsicht geboten. Machen Sie auf jeden Fall eine vorherige Datensicherung Ihrer persönlichen Daten auf einem Wechselmedium. Die Verkleinerung einer Partition ist z.B. dann interessant, wenn man ein weiteres Betriebssystem auf eine (volle) Platte befördern möchte.

Vorher defragmentieren

Die Verkleinerung von UNIX-Partitionen gestaltet sich in aller Regel einfach und ist mit *gparted* selbsterklärend. Es ist schon weitaus komplizierter, wenn es sich bei der zu verkleinernden Partition um eine Windows-Partition (FAT32 oder NTFS) handelt. Hierbei sind mehrere Schritte nötig:

- Bevor man diese Partitionen verkleinern kann, müssen sie zunächst mit den Windows-Bordmitteln defragmentiert werden. Die Fragmentierung (zu Deutsch: Zerstückelung) der Daten tritt dadurch auf, dass das Betriebssystem die Partition nicht von vorn bis hinten auffüllt, sondern Daten-»Häppchen« über die ganze Festplatte verteilt.

  Die Defragmentierung unter Windows 2000 und Windows XP findet man z.B. mit einem rechten Mausklick über dem Symbol Arbeitsplatz im Startmenü/Punkt VERWALTEN, dort im Untermenü DATENSPEICHER • DEFRAGMENTIERUNG (siehe Abbildung 24.2).

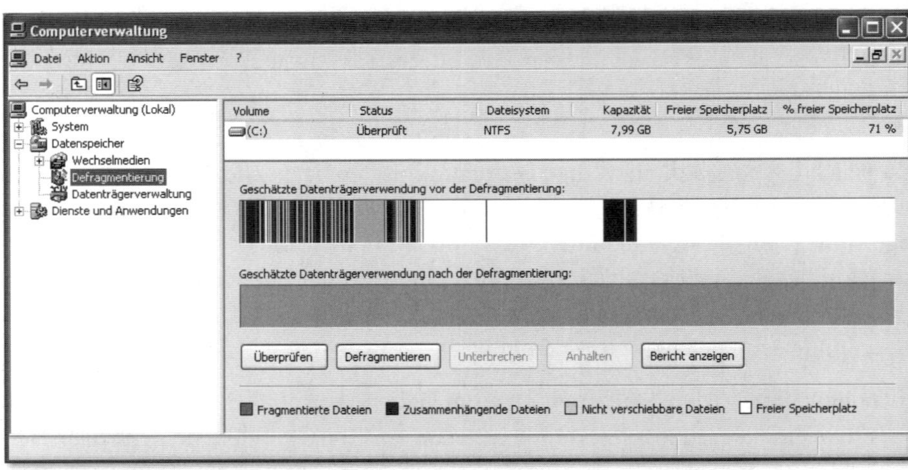

Abbildung 24.2 Beispiel einer fragmentierten Partition

- Die virtuelle Windows-Auslagerungsdatei *pagefile.sys* sollte für die Defragmentierung kurzfristig ausgeschaltet werden (SYSTEMSTEUERUNG • SYSTEM • LEISTUNGSMERKMALE • VIRTUELLER ARBEITSSPEICHER, dort den Punkt KEINE AUSLAGERUNGSDATEI markieren bzw. den Wert der Auslagerungsdatei auf null setzen). Vergessen Sie nach der Defragmentierung nicht, den virtuellen Speicher wieder einzuschalten, um Systeminstabilitäten zu vermeiden.

Die frisch defragmentierte Partition kann nun mit *gparted* verkleinert werden. Hier wählt man die entsprechende Partition aus und wählt den Menüpunkt PARTITION • GRÖSSE ÄNDERN/VERSCHIEBEN. Mithilfe eines Schiebers können Sie den Speicherbereich dann auf die gewünschte Größe verkleinern.

24.1.7 Partitionierung einer externen Festplatte

Dieser Fall ist sogar noch einfacher zu handhaben als die angesprochene Variante des Einbaus einer weiteren internen Festplatte. Schließen Sie die externe USB-/FireWire-Platte am entsprechenden Bus an. Starten Sie anschließend *gparted*, und Sie werden feststellen, dass ein neuer Datenträger vom System erkannt wurde. Dieser kann nun wie oben beschrieben aufgeteilt und mit den Dateisystemen Ihrer Wahl versehen werden. Zum sogenannten Direkten der Platte, dem Einbinden ins System, sollte diese vor dem nächsten Bootvorgang angeschlossen werden. Damit wären Sie schließlich gegen die meißten auftretenden Partitionierungsprobleme gewappnet.

24.2 Datensicherung

Nachdem die Vorarbeiten erledigt wurden und gemäß dem vorangegangenen Abschnitt temporäre Sicherungspartitionen erstellt wurden, wenden wir uns im vorliegenden Abschnitt der eigentlichen Sicherungstechnik zu. Ich möchte mich hierbei auf eine besonders schöne und einfache Sicherungstechnik beschränken - das inkrementelle Backup.

24.2.1 Inkrementelles Backup

Intelligentes Backup

Mit *rsnapshot* ist es möglich, sogenannte Snapshot-Ordner zu erstellen, z.B. auf einer externen USB-Festplatte. *rsnapshot* überprüft dabei selbstständig, welche Dateien neu hinzugekommen sind oder entfernt wurden. Dies bezeichnet man als inkrementelles Backup. Es hat den Vorteil, dass die Sicherung wesentlich schneller verläuft, als wenn man jedes Mal wieder alles aufs Neue sichern muss. Hierbei wird kein (Komplett-)Image angelegt, sondern es werden nur explizit die Ordner gesichert, die in der Datei */etc/rsnapshot.conf* eingetragen werden.

Nach der Installation über *Synaptic* oder per

```
user$ apt-get install rsnapshot
```

muss nur noch die Datei */etc/rsnapshot.conf* angepasst werden.

Das Editieren dieser Datei ist ganz einfach, rufen Sie die Datei auf:

```
user$ sudo gedit /etc/rsnapshot.conf
```

Erschrecken Sie nicht vor der Größe der Datei. Sie müssen dem Programm jetzt durch das Verändern dieser Datei mitteilen, wann und wie Ihre Backups gemacht werden sollen. Suchen Sie einfach nach dem entsprechenden Abschnitt in dieser Datei. Folgendes muss editiert werden:

- **Backup-Intervall (interval hourly, daily usw.)**
  Hier können Sie dem Programm mitteilen, ob Sie regelmäßige Sicherungen wünschen. Bei Bedarf entfernen Sie einfach bei der entsprechenden Zeile die Raute davor.
- **Name des Backup-Verzeichnisses (snapshot_root)**
  Dieses Verzeichnis kann auch auf externen Medien wie */media/usb/snapshot/* liegen.

[!] Vergessen Sie das Speichern nicht. Aufgerufen werden kann das Programm dann über die Konsole mittels

```
user$ sudo rsnapshot hourly
```

oder über **daily**, je nachdem, wie Sie es eingestellt haben.

24.2.2 Direktes Klonen via dd

Eine elegante Möglichkeit für eine Gesamtsicherung bietet das Kommandozeilenwerkzeug *dd* (Disk Dump). Dieses Tool ist in der Lage, ein 1:1-Abbild von beliebigen Partitionen herzustellen. Dabei wird die komplette Festplattenstruktur von einer Festplatte *bitweise* auf eine andere Festplatte übertragen. Dieses Verfahren bietet sich insbesondere dann an, wenn man eine Installation auf identische Hardware übertragen möchte.

[!] Es ist wichtig, dass die Original- und die Spiegelpartition *exakt* in der Größe übereinstimmen. Wenn sich die beiden Festplatten in demselben PC befinden, so lautet der Befehl für die Spiegelung der Partition */dev/hda1* auf */dev/hdb1*:

```
user$ sudo dd if=/dev/hda1 of=/dev/hdb1
```

Dieser Befehl ist mit äußerster Vorsicht anzuwenden: Die Verwechselung der Argumente `if` (Input File) und `of` (Output File) kann hier fatale Folgen haben. Außerdem bleibt das Programm sofort stehen, wenn es defekte Sektoren auf einer Platte entdeckt.

24.3 Ist Linux sicherer als Windows?

Linux und Windows unterscheiden sich in einigen Ansätzen grundsätzlich. Oft wird behauptet, Linux sei eigentlich konzeptionell gar nicht sicherer als Windows. Sobald sich dieses System weiter verbreiten würde, müssten die Anwender mit einer wahren Flut von Linux-Viren rechnen, so wie man es unter Windows schon kennt.

Dies ist aber nur die halbe Wahrheit. Es stimmt zum Teil, dass die Verbreitung von Viren bei Monokulturen wie Windows wesentlich einfacher ist. Bei dieser Betrachtungsweise wird aber vergessen, dass Windows und Linux sich schon vom Ansatz her teilweise deutlich unterscheiden. Zugegeben, kein Mensch kann in die Zukunft sehen. Dennoch: In der Art, wie heutzutage Viren in Windows-Rechner eindringen und dort Schaden anrichten, kann dies unter Linux nicht passieren.

Wir werden uns im Folgenden zuerst einmal die verschiedenen Konzepte etwas genauer ansehen und uns unsere Gedanken über ein sicheres Betriebssystem machen. Im Zuge dessen werfen wir einen Blick unter die Haube von Ubuntu und widmen uns den Möglichkeiten, die wir haben, um uns von der Sicherheit zu überzeugen oder diese sogar noch auszubauen. Schließlich widmen wir uns der Verschlüsselung von E-Mails.

24.3.1 Verschiedene Konzepte

Sehen wir uns nun die beiden grundlegenden Unterschiede zwischen Linux und Windows einmal genauer an:

- Bei beiden Systemen ist ein wesentlicher Teil des Konzepts, dass es Benutzer mit unterschiedlichen Privilegien gibt. Bei Linux hat ein Benutzer tatsächlich nur Zugriff auf seine persönlichen Daten. Somit kann der Benutzer auch nur seine eigenen Daten verändern oder löschen. Unter Windows XP zum Beispiel ist der Benutzer standardmäßig ein Administrator, also ein Benutzer, der uneingeschränkten Zugriff auf das gesamte System hat. Jeder Virus, der in ein solches System eindringt, hat dann die gleichen Rechte wie der Benutzer, der gerade im Internet war. Und wenn der Benutzer ein Administrator ist, dann hat auch der Virus Zugriff auf das gesamte System.
- Nun weiß der Windows-Benutzer ja, dass man unter Windows nicht unbedingt ein Administrator sein muss. Man kann sich auch die Rechte entziehen und als eingeschränkter Benutzer durch das System navigieren. Aber jetzt mal im Ernst, haben Sie dies schon einmal probiert? Ich kann Ihnen sagen, dass dies mit solchen Hürden verbunden ist, dass Sie ganz schnell die Nase voll davon haben werden und sich – trotz der Gefahr – lieber wieder einen Administrator-Status zulegen werden.
- Es ist bestimmt nicht Teil des Sicherheitskonzepts von Windows, unsichere Dienste standardmäßig im Internet anzubieten, trotzdem geschieht es. Geht Windows dieses Risiko aus Bequemlichkeit ein oder damit z. B. der Benutzer noch eine Animation mehr beim Surfen hat? Ich möchte hier nicht näher auf dieses Thema eingehen, im Internet finden Sie bei Bedarf sehr viele Informationen hierzu.

- Aber es geht auch anders. Bei Linux sind solch unsichere Dienste abgeschaltet. Dies mag zwar manchmal etwas unbequemer für den Benutzer sein, ist aber dafür wesentlich sicherer.

Windows kann sicher gemacht werden

Damit haben wir gerade die wichtigsten Gründe kennengelernt, warum Windows-Systeme so anfällig für Schädlinge sind: Es liegt gar nicht am Konzept selbst, sondern an der mangelhaften oder fehlenden Umsetzung bzw. Umsetzbarkeit. Daraus ergibt sich dann die Notwendigkeit von Virenscannern und Firewalls. Ich möchte noch einmal betonen, dass man Windows prinzipiell schon sehr sicher machen kann, es erfordert aber eine Menge Handarbeit, die gerade den PC-Anfänger überfordert.

24.3.2 Root versus Sudo

Ein wichtiger Grund für die hohe Sicherheit von Linux-Systemen gegenüber Windows ist die strikte Beschränkung bei den Zugriffsrechten. Vergleichbar ist dies überhaupt nur mit den NT-basierten Systemen von Windows, also NT, 2000 und XP. Die Windows-9.x-Reihe hat keine (ausreichende) Rechteverwaltung. Sie haben bereits einige Grundlagen über die Verwendung von Root bzw. Sudo kennengelernt. In diesem Abschnitt wollen wir diese Kenntnisse noch einmal vertiefen und weiter ausbauen.

Root ist der Superuser unter Linux, vergleichbar mit dem Administrator unter Windows, er darf alles. Ihm gehören fast alle Dateien des Systems und er kann alle Dateien bearbeiten. Ähnliches gilt für den Admin-Account bei Windows-Systemen. Daher ist es aus oben genannten Gründen sehr gefährlich, ständig mit Root-Rechten unterwegs zu sein.

Auch unter Windows 2000 und XP Professional ist es möglich, aus dem laufenden System heraus (vorübergehend) Systemverwaltungsrechte zu erlangen, um z. B. ein Programm zu installieren. Man muss die Umschalt-Taste gedrückt halten, eine ausführbare Datei (z. B. Installationsprogramm, die Systemsteuerung ist leider nur über Umwege erreichbar) per Rechtsklick auswählen, und dort AUSFÜHREN ALS wählen. Dort gibt man dann den Benutzer »Administrator« und das zugehörige Passwort an. Schon startet das gewünschte Programm mit Administratorrechten. Trotz dieser Möglichkeiten melden sich Windows-Benutzer in den meisten Fällen gleich als Administrator an, da auf diese Weise die Bedienung des Systems sehr bequem und einfach ist.

Nachteile

Als Administrator oder als Root zu arbeiten hat aber entscheidende Nachteile, besonders dann, wenn der Rechner mit dem Internet verbunden ist. Gelingt es einem Angreifer, in das System einzudringen (eventuell mit einem Virus), so besitzt er ebenfalls sofort Administratorrechte und kann tun, was immer er will. Bei Linux-Systemen hingegen ist es sehr einfach, während des Betriebs kurzzeitig Root-Rechte zu erlangen. Hat man dann die Aufgabe erledigt, meldet man sich als Root ab und ist wieder normaler Benutzer.

Dieses Prinzip macht das System sehr sicher. Denn sollte es trotzdem einmal einem Angreifer gelingen, sich in das System einzuklinken, hat er nur normale Benutzerrechte, d.h., er darf ausschließlich die Dateien im Home-Verzeichnis des Benutzers bearbeiten. Auf den Großteil des Computers, vor allem auf die sensiblen Bereiche, hat er keinerlei Zugriff.

Root – der Standard bei Linux

Bei jedem Linux-System muss man, meist bei der Installation, einen Benutzer »Root« und ein Passwort für diesen Benutzer angeben. Darüber hinaus können noch weitere Benutzer angelegt werden. Will man nun im laufenden Betrieb eine Aktion durchführen, die Systemverwaltungsrechte erfordert, wird man von Linux zur Eingabe des Root-Passworts aufgefordert. Im Terminal kann man mit `su` und dem Root-Passwort zum Root werden. Nach Beendigung der Aufgabe verlässt man das entsprechende Programm und ist wieder normaler Benutzer.

Nachteile von Root

Diese Methode hat sich bereits über einen langen Zeitraum bewährt, sie hat jedoch auch einige Nachteile:

1. Es kann nur einen Superuser Root geben.
2. Vergisst man, sich als Root abzumelden, bleibt das System gefährdet.
3. Man muss sich mindestens zwei (unterschiedliche) Passwörter merken.
4. Die Methode verleitet zur ständigen Arbeit als Root.

Sudo – der Standard unter Ubuntu

Gerade den Umsteigern von einer anderen Linux-Distribution dürfte während der Installation aufgefallen sein, dass man nirgendwo ein Root-Passwort festlegen musste. Der Grund ist ein ganz einfacher: Ubuntu verwendet *sudo*. Aber was ist das eigentlich genau?

Nun, in der »normalen« Linux-Welt gibt es, stark vereinfacht gesagt, Roots und User. Die Roots dürfen alles (Administration, Installationen etc.), die User dürfen das System lediglich »benutzen«. *Sudo* (Substitute User DO) ist lediglich ein Paket, das einem normalen User zeitweise (d.h. für den Befehl, vor dem ein `sudo` steht) die privilegierten Rechte eines Roots einräumt. Hierzu muss er dann bei jeder Benutzung von *sudo* sein normales Benutzerkennwort als Authentifizierung einsetzen. Es ist sozusagen eine Vereinfachung für den User, damit er sich nicht für jede Kleinigkeit als Root »umloggen« muss. Wer einen neueren Mac besitzt, kann sich vielleicht an diese Art des Root-Umgangs erinnern. Der Ansatz ist dort der gleiche.

Natürlich hat nicht jeder Nutzer diese Möglichkeit: Administrative Befehle mit *sudo* kann im Normalfall nur der bei der Installation von Ubuntu angelegte Benutzer (Uid=1000) durchführen. Um weiteren Benutzern die Möglichkeit zu geben, auch mit *sudo* zu arbeiten, müssen diese Benutzer zu der Linux-Gruppe *admin* hinzugefügt werden.

Ein Nachteil dieses Verfahrens ist, dass man bei längerer Tätigkeit als Root eventuell das Passwort mehrmals eingeben muss. Außerdem verleitet es dazu, ein recht einfaches Passwort zu wählen. Davon abgesehen bietet dieser Ansatz aber einige Vorteile:

1. Es kann mehrere Superuser mit unterschiedlichen Rechten geben.
2. Das Passwort bleibt 15 Minuten lang aktiv, danach wird es automatisch deaktiviert.
3. Man muss sich meist nur ein Passwort merken.
4. Er schult im Umgang mit Root-Rechten, da man das Passwort (in einer Root-Shell) immer wieder eingeben muss.

Den Nachteil, dass man das Passwort vor jedem Befehl schreiben muss, kann man ganz leicht beheben, indem man in der Datei `/.bashrc` mit einem Texteditor Folgendes in der letzten Zeile hinzufügt:

```
alias su=sudo -s
```

Nun kann man mit `su` in ein simuliertes Root-Terminal umschalten.

Root-Passwort wieder deaktivieren

Da bei Ubuntu das ganze System auf *sudo* ausgerichtet ist, kann es zu großen Problemen führen, wenn man nachträglich den Benutzer Root aktiviert. Alle Werkzeuge unter dem Menüpunkt SYSTEM • SYSTEMVERWALTUNG greifen z. B. auf das Programm *gksudo* zurück, das wiederum auf *sudo* basiert und nicht auf *su*.

Wird nun aber der Benutzer Root freigeschaltet, funktioniert die Anmeldung über *sudo* nicht mehr und sowohl die Menüpunkte als auch einige andere Sachen lassen sich nicht mehr aufrufen. Wenn Sie jetzt aber schon einen Root-Account angelegt haben, dann können Sie ihn mit folgender Eingaben wieder deaktivieren:

```
user$ sudo passwd -l root
```

24.3.3 Allgemeine Bemerkungen

Auch in Linux gibt es immer mal wieder Sicherheitslücken, manche davon werden sogar als schwerwiegend bezeichnet. Kein Betriebssystem ist vor solchen Gefahren gefeit, auch Linux nicht. Allerdings weist Linux im Gegensatz zu Windows ein paar Unterschiede im Umgang mit diesen Sicherheitslücken auf.

Sicherheit – eine Stärke von Open Source

Durch den großen Kreis von freiwilligen Entwicklern und die Möglichkeit, dass jeder das Betriebssystem verbessern kann (Sie wissen schon – Open Source), werden Sicherheitslücken sehr schnell erkannt und dadurch auch wesentlich schneller geschlossen als bei der »Konkurrenz«.

Außerdem sind die möglichen praktischen Auswirkungen von Sicherheitslücken aufgrund des konsequent eingehaltenen Sicherheitskonzeptes vergleichsweise gering, wie bereits besprochen.

Die größte Gefahr geht tatsächlich vom Benutzer selbst aus: Auch das beste Betriebssystem kann nicht verhindern, dass ein unvorsichtiger Anwender seine Bankdaten per unverschlüsselter E-Mail oder durch ein ungesichertes Programm versendet.

Deswegen ein paar eindringliche Worte zum Thema Sicherheit: [!]

- Seien Sie *stets wachsam*, wenn Sie sich mit dem Internet auseinandersetzen, besonders, wenn es um das Thema Geld geht!
- Antworten Sie auf keinen Fall auf sogenannte *Phishingmails*[1], benutzen Sie keine Links, die Ihnen per E-Mail zugesandt werden!
- *Ignorieren* Sie vermeintliche E-Mails von Ihrer oder von anderen Banken! Noch nie hat sich eine Bank per E-Mail an Ihre Kunden gewandt.
- Benutzen Sie nur *verschlüsselte Verbindungen*, wenn Sie Online-Banking betreiben (SSL). Sie erkennen eine solche Verbindung daran, dass in der Adressleiste Ihres Browsers nicht mehr http://..., sondern https://... steht.

24.3.4 SELinux

SELinux (Security Enhanced **Linux**) ist eine spezielle Erweiterung des Linux-Kernels. Es implementiert die Zugriffskontrollen auf Ressourcen im Sinne von Mandatory Access Control.[2]

---

1 Phishing beschreibt die Tatsache, dass einige finstere Gestalten im Internet versuchen, an Ihre Bankdaten heranzukommen, um Ihr Konto zu plündern. Zu diesem Zweck werden E-Mails verschickt, die täuschend echt das Layout Ihrer Bank imitieren. In diesen Mails werden Sie auf irgendeine Art aufgefordert, einen Link in dieser Mail anzuklicken. Dadurch kommen Sie dann auf eine speziell eingerichtete Internetseite, die wiederum genauso aussieht wie die von Ihrer Bank. Wenn Sie nun auf dieser Seite irgendwo Ihre geheimen Daten eintippen, hat der Verbrecher sein Ziel erreicht. Er besitzt nun Ihre Daten und kann Ihr Konto leerräumen. Deshalb: Ignorieren Sie vermeintlich von Ihrer Bank kommende E-Mails!

2 Mandatory Access Control ist ein Konzept für die Kontrolle und Durchsetzung von Zugriffsrechten auf Computern, bei der die Entscheidung über Zugriffsberechtigungen nicht auf der Basis Identität des Akteurs (Benutzers, Prozesses) und des Objektes (Datei, Gerät) gefällt wird, sondern aufgrund allgemeiner Regeln und Eigenschaften des Akteurs und Objektes. Auch erhalten häufig Programme eigene Rechte, die die Rechte des ausführenden Benutzers weiter einschränken.

SELinux wurde maßgeblich von der NSA entwickelt. Für Kernel 2.4.x gibt es einen Patch, in Kernel 2.6.x ist *SELinux* direkt integriert. Die Linux-Distribution Fedora Core (Community-Version von RedHat) ist die erste Distribution, die von Haus aus SELinux-Unterstützung mitliefert. Fedora Core 3 und Red Hat Enterprise Linux 4 enthalten erstmals *SELinux* standardmäßig und die Unterstützung ist ebenfalls standardmäßig aktiviert. Die Integration von *SELinux* in Ubuntu ist geplant und soll in einer der folgenden Veröffentlichungen vorhanden sein.

24.4 Virenscanner und Firewall

Sicherheitsprogramme unter Windows sind zwar unverzichtbar, betreiben aber zu einem sehr großen Teil auch nur Augenwischerei. Anti-Viren-Programme und Firewalls versuchen durch Icons oder Meldungsfenster auf sich aufmerksam zu machen, damit der Anwender sich rundum geschützt fühlt. Dummerweise kann ein Virus den Virenscanner oder die Firewall leicht deaktivieren oder verändern, wenn es einmal im System angekommen ist. Schließlich hat ein Administrator (und diesen Status hat ein Virus unter Windows) jedes Recht dazu.

Unter Linux ist ein Virenscanner mangels Viren überflüssig. Es gibt zwar auch Virenscanner für Linux, aber die dienen in erster Linie dazu, Dateien oder Mails auf Windows-Viren hin zu untersuchen.

24.4.1 Überprüfung des Systems

Natürlich kann man mit einigem Glück und Können auch in ein Linux-System einbrechen, wobei der Aufwand bei einem Desktopsystem in keinem vernünftigen Verhältnis zu dem zu erwartenden Ertrag steht. Eine Überprüfung ist selbstverständlich trotzdem möglich. Am besten ist es natürlich, wenn Sie Ihr System von außen überprüfen, beispielsweise von einer separaten CD (z.B. Knoppix) aus. Alle anderen Möglichkeiten wie Virenscanner und Firewalls, die beide nur intern im System laufen, sind eher als Vorbeugung zu sehen. Unter Windows ist das im Prinzip natürlich nicht anders.

Virenscanner

ClamAV ist ein Open-Source-Virenscanner, den Sie ganz einfach über *Synaptic* bekommen. Die jeweils neue Version von *ClamAV* befindet sich in der *Universe*-Sektion. Das zu installierende Paket heißt *clamav*. Sie können *ClamAV* natürlich auch über

```
user$ apt-get install clamav
```

installieren. Bitte achten Sie darauf, dass Sie dies per *sudo*, nicht als Root, tun. *ClamAv* wird als Benutzer im Terminal mit dem Kommando `clamscan` gestartet.

clamscan

Dabei werden die gescannten Verzeichnisse/Dateien angezeigt. Zunächst können folgende einfache Scan-Befehle verwendet werden (alle als normaler User ohne Root-Rechte):

- **clamscan hallo.pdf**
  scannt die Datei *hallo.pdf* im aktuellen Verzeichnis.
- **clamscan /etc**
  scannt das Verzeichnis */etc* ohne die Unterverzeichnisse.
- **clamscan -r /etc**
  rekursiver Scan des Verzeichnisses */etc* und aller Unterverzeichnisse
- **sudo freshclam**
  führt ein Update der Virendefinitionen aus.

Dieser Befehl:

```
user$ clamscan -ril /home/user/Desktop/clamscan.txt \
--bell --remove --unrar=/usr/bin/unrar \
--tgz=/bin/tar /home
```

scannt das Home-Verzeichnis inklusive Unterverzeichnissen, schreibt eine Logdatei (*clam scan.txt*) nach */home/user/Desktop*, piepst bei Virenfund, löscht das Virus, benutzt *unrar* (für **.zip*) und *tar* (für **.tar.gz*).

Weitere Informationen lesen Sie in der Hilfe `clamscan -h`.

Grafisches Scannen

Für weniger versierte Benutzer steht in der *Universe*-Sektion auch das Paket *clamtk* bereit, das eine grafische Benutzeroberfläche für *ClamAV* installiert. Nach erfolgter Installation können Sie den Virenscanner nun mit dem Befehl `clamtk` aufrufen.

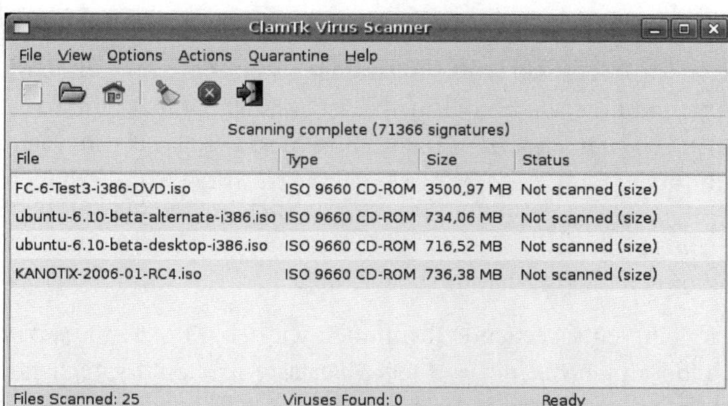

Abbildung 24.3 Mit ClamAV (ClamTK) scannen Sie bequem Ihr Ubuntu.

Um die Virendefinitionen auf den neuesten Stand zu bringen, muss *ClamTK* mit Root-Privilegien gestartet werden. Sies erreichen Sie mit dem Befehl:

```
user$ gksudo clamtk
```

Firewall

Auch eine Personal Firewall ist bei Ubuntu eigentlich überflüssig. Eine Personal Firewall hat unter Windows zwei Aufgaben:

- Sie blockiert Zugriffe aus dem Internet auf Dienste, die auf dem Rechner laufen. Die Ubuntu-Standardinstallation bietet im Internet erst gar keine Dienste an, also gibt es auch nichts, was man blockieren könnte.
- Sie blockiert ebenfalls unerwünschte Zugriffe vom Computer auf das Internet für Programme, die man absichtlich oder unabsichtlich (Viren, Trojaner, versteckte Spionageprogramme) auf seinem Computer installiert hat. Unter der Software, die über die offiziellen Ubuntu-Quellen installiert werden kann, befinden sich solche Spionageprogramme erst gar nicht.

Firestarter

Eine sehr gute und bequem zu konfigurierende Firewall stellt *Firestarter* dar. Das Paket *firestarter* befindet sich in der Sektion *universe* und ist einfach über *Synaptic* zu installieren. Das Programm lässt sich starten durch:

```
user$ firestarter
```

oder mit der Maus über ANWENDUNGEN • INTERNET. Beim ersten Start erscheinen einige leicht verständliche Aufforderungen, wie z. B. »Bitte wählen Sie das mit dem Internet verbundene Netzwerkgerät aus der Liste der verfügbaren Geräte.« etc. Nach Beendigung des Assistenten werden alle wichtigen Firewall-Regeln automatisch angelegt. Auf den zu schützenden Rechner darf erstmal keiner zugreifen (»DROP all«) und der Rechner gibt keine Antwort auf Fragen wie z. B. `Ping`.

Grundlegende Einstellungen wie z. B. Antwort auf Pingabfragen können dann unter BEARBEITEN • EINSTELLUNGEN vorgenommen werden. Sinnvoll ist es hier, unter dem Punkt BENUTZEROBERFLÄCHE die beiden Häkchen zu setzen. Damit minimiert sich das Fenster beim Schließen in der Taskleiste und man kann Zugriffe direkt durch ein rotes Icon erkennen. Diese werden im Reiter EREIGNISSE im Hauptfenster protokolliert und angezeigt.

Richtlinien

Im Reiter RICHTLINIE kann man dann entsprechende Richtlinien wie z. B. ZUGRIFFE AUS DEM INTRANET ZULASSEN anlegen, indem man mit der rechten Maustaste in die entsprechende Kategorie klickt und dann auf REGEL HINZUFÜGEN. Das System startet beim nächsten Booten automatisch.

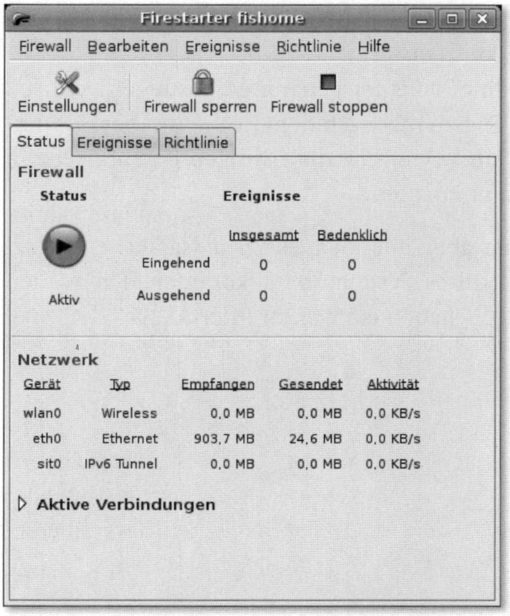

Abbildung 24.4 Firestarter – eine einfach zu konfigurierende Firewall

24.4.2 Sicherheits-Updates

Sicherheitslücken können auf jedem Computersystem vorkommen. Unter Ubuntu ist der Umgang damit besonders bequem gelöst:

- Einmal täglich wird automatisch in der Datenbank der verfügbaren Programme nach Sicherheits-Updates gesucht. Das betrifft nicht nur das Grundsystem, sondern normalerweise alle installierten Programme. Bei den Programmen, die in der Paketverwaltung *Synaptic* mit einem Ubuntu-Symbol gekennzeichnet sind, werden schnelle Sicherheits-Updates sogar garantiert.
- Wenn Sicherheits-Updates vorliegen, erscheint im oberen Panel ein kleines Symbol, der Update-Notifier. Sie brauchen nur auf dieses Symbol zu klicken und Ihr Passwort einzugeben. Ihnen werden dann die verfügbaren Updates angezeigt und Sie können diese installieren. So bleiben Sie einfach und zuverlässig auf dem neuesten Stand.
- Bei Verwendung der original Ubuntu-Repositories kann ausgeschlossen werden, dass sich Viren auf diesem Weg in Ihrem Rechner einnisten. Die Pakete sind hier von den Ubuntu-Entwicklern geprüft und mit einem zusätzlichen Schlüssel gekennzeichnet, der vor jeder Installation geprüft wird.

24.5 Informationen über Ihr System

Wie schon erwähnt, brauchen Sie nicht unbedingt eine der genannten Lösungen zu installieren. Eventuell reicht es schon, wenn Sie ab und zu mal nach dem Rechten sehen. Ubuntu möchte keine Geheimnisse vor Ihnen haben, und wenn Sie die richtigen Befehle kennen, dann erzählt Ihnen Ubuntu alles, was Sie wissen möchten.

Ich möchte hier nicht ins Detail gehen, Ihnen aber dennoch die grundsätzlichen Prinzipien zeigen, mit denen Sie an Informationen Ihres Systems herankommen. Für weitere Informationen benutzen Sie die Manpages oder schauen einfach im Internet nach.

24.5.1 Prozesse anzeigen

Mit den Befehlen:

```
user$ pstree
```

oder

```
user$ ps -A
```

sehen Sie, welche Prozesse gerade auf dem System laufen. Die ausführlichsten Angaben mit CPU-Auslastung, Zeit des gestarteten Prozesses usw. erhalten Sie mit

```
user$ ps aux
```

24.5.2 Offene Ports anzeigen

Wenn man wissen will, welche Ports (sozusagen die Türen nach draußen) offen sind, ist der Befehl `nmap` genau richtig. Sie müssen dieses Programm erst mit dem Befehl

```
user$ apt-get install nmap
```

installieren. Anschließend genügt ein einfaches

```
user$ nmap localhost
```

Überblick über offene Ports

Der eben genannte Befehl verschafft Ihnen schon einen recht guten Überblick über die Außentüren, die derzeit offen stehen.

```
Starting nmap 3.81 (http://www.insecure.org/nmap/)
at 2006-01-05 21:29 CET
Interesting ports on localhost.localdomain:
(The 1660 ports scanned but not shown below are in
state: closed)
PORT      STATE SERVICE
```

```
631/tcp   open  ipp
32770/tcp open  sometimes-rpc3
32771/tcp open  sometimes-rpc5
Nmap finished: 1 IP address (1 host up) scanned in
0.430 seconds
```

Wenn Sie aber einen detaillierteren Überblick haben möchten, dann reicht dieser Befehl nicht mehr aus. Für solche Einsätze brauchen Sie *netstat*. Nicht jeder offene Port ist ein Einfallstor für Schädlinge. Einen Dienst mit dem Status »unbekannt« sollten Sie sich aber immer genauer anschauen.

24.6 Verschlüsselung

Wenn auf der Festplatte des Rechners sensible Daten liegen, bietet es sich an, diese zu verschlüsseln. Prinzipiell lassen sich einzelne Dateien verschlüsseln; wirkliche Sicherheit bietet aber nur die Verschlüsselung des Systems. Weitgehende Sicherheit ist nur erreichbar, wenn man alle Stellen bedenkt, an denen die zu schützenden Daten auftauchen können, und sei dies auch nur vorübergehend. »Gelöschte« Daten lassen sich nämlich mit entsprechendem Aufwand durchaus noch auslesen. Traditionell verhindert man dies, indem man die Daten beim Löschen mehrfach überschreibt. Dies ist bei modernen Dateisystemen jedoch nicht möglich.

Folgende Bereiche müssen deshalb verschlüsselt werden:

- die Daten selber, z.B. die Partition mit den persönlichen Ordnern (*/home*)
- die Auslagerungspartition (*swap*)
- die temporären Dateien (*/tmp*)
- die Dateien in */var*, in denen z.B. Druckaufträge zwischengespeichert sind

24.6.1 Einrichtung des Systems

Um die oben genannten Partitionen zu verschlüsseln, brauchen Sie das Programm *cryptsetup*. Sie installieren es bequem über

```
user$ apt-get install cryptsetup
```

Um einerseits unnötig viele Passworteingaben beim Systemstart zu vermeiden, andererseits aber die Datensicherung nicht zu erschweren, verwenden Sie eine Partition für */home* und eine weitere gemeinsame für */tmp* und */var*. Sie brauchen dementsprechend beim Systemstart nur zwei zusätzliche Passwörter. Besteht für */home* noch keine eigene Partition, so muss dies geändert werden. Für */tmp* und */var* muss ebenfalls eine Partition angelegt werden.

Anlegen der Partitionen für /home, /tmp und /var

Diese Schritte müssen von einer Live-CD aus erledigt werden, da die Systempartition betroffen ist. Sie werden mit dem grafischen Partitionierungsprogramm *GParted* vorgenommen.

- **Beim Start**
  mit der Live-CD muss ein Parameter eingegeben werden:

  ```
  live noswap
  ```

  Er verhindert die Nutzung von Swap-Partitionen, denn dies könnte die Bearbeitung der Partitionstabelle stören.

- **Verkleinerung der Systempartition**
  Zuerst muss die Systempartition verkleinert werden. Fünf GB sind meist angemessen, sofern nicht bereits mehr Platz auf dem Gerät belegt ist.

- **Verschieben der Swap-Partition**
  Die Leistung leidet, wenn die Swap-Partition zu weit hinten auf der Festplatte liegt. Sie ist daher direkt an das Ende der Systempartition zu verschieben.

- **Anlage der neuen Partitionen**
  Zwei Partitionen sind nun anzulegen:

  - Für die gemeinsame Partition für */tmp* und */var* genügen etwa ein bis zwei GB. Diese Partition sollte möglichst hinter dem Swap-Bereich liegen.
  - Für die spätere */home*-Partition kann man den restlichen verfügbaren Platz verwenden.

  Normalerweise wird man für beide Partitionen das *ext3*-Dateiystem wählen. Die Bezeichnungen der Systempartition und der neuen Partitionen sollten Sie sich notieren. Auch die nächsten Schritte werden mit der Live-CD erledigt, starten Sie also noch nicht neu.

- **Daten umverteilen**
  Die Daten, die derzeit noch auf der alten Partition liegen, müssen jetzt an den richtigen Ort verschoben werden. Diese Schritte finden von einer Live-CD aus und im Terminal statt.

- **Partitionen einbinden**
  /dev/hda1 sei die Systempartition, */dev/hda5* die Partition für */tmp* und */var*, */dev/hda6* sei die neue */home*-Partition. Die Verzeichnisse zum Einbinden werden im Terminal erzeugt mit

  ```
  user$ sudo mkdir /mnt/root,crypt,home
  ```

Die Partitionen werden eingehängt mit

```
user$ sudo mount /dev/hda1 /mnt/root
user$ sudo mount /dev/hda5 /mnt/crypt
user$ sudo mount /dev/hda6 /mnt/home
```

- **Daten verschieben**
  Falls sich das */home*-Verzeichnis noch nicht auf der separaten Partition befindet, wird sein Inhalt mit folgendem Befehl an die entsprechende Stelle kopiert:

```
user$ sudo cp -a /mnt/root/home/* /mnt/home/
```

Die Verzeichnisse */tmp* und */var* werden wie folgt kopiert bzw. angelegt:

```
user$ sudo mkdir /mnt/crypt/tmp
user$ sudo chmod 1777 /mnt/crypt/tmp
user$ sudo cp -a /mnt/root/var /mnt/crypt/
```

/tmp wird nicht kopiert, sondern neu angelegt, weil der Inhalt beim Systemstart ohnehin automatisch gelöscht wird. Den Inhalt der Partitionen kann man sich wie folgt anzeigen lassen:

```
user$ ls /mnt/crypt
user$ ls /mnt/home
```

Dort sollten sich die Verzeichnisse */tmp* und */var* bzw. alle persönlichen Ordner der Benutzer befinden. Damit ist dieser Schritt erledigt. Nun sollte wieder das normale System gestartet werden. Loggen Sie sich bitte nicht in der grafischen Oberfläche ein, sondern wechseln Sie mit `Strg` + `Alt` + `F1` auf eine Konsole und melden Sie sich dort an.

24.6.2 Konfiguration der Cryptopartitionen

Die zu verschlüsselnden Partitionen sind in der Datei */etc/crypttab* gelistet, die in einem Editor mit Root-Rechten bearbeitet werden kann. Die Swap-Partition wird hier ebenfalls angezeigt.

```
# <target device><source device><key file><options>
crypt   /dev/hda5
home    /dev/hda6
swap0 /dev/hda2 /dev/urandom swap
```

An erster Stelle wird der gewünschte Name des verschlüsselten Gerätes eingetragen, an zweiter Stelle die zu verschlüsselnde Partition bzw. das zu verschlüsselnde Volume, falls man EVMS verwendet. Die weiteren Optionen für den Swap geben an, dass als Schlüssel eine Zufallszahl verwendet und das verschlüsselte Gerät nach Einrichtung als Swap formatiert werden soll.

24.6.3 Umwandlung der unverschlüsselten Partitionen

Beim ersten Mal legen Sie das Cryptogerät noch von Hand an, um eine doppelte Passwortabfrage zu erhalten. Später beim automatischen Start der Verschlüsselung wird das Passwort natürlich nur einmal pro Partition abgefragt. Das wäre jetzt im Fall eines Vertippers fatal, also:

```
user$ sudo cryptsetup create -y crypt /dev/hda5
user$ sudo cryptsetup create -y home /dev/hda6
```

[!] Jetzt kommt der abenteuerliche Teil: Die folgenden Befehle wandeln die bestehenden Partitionen um. Sie dürfen dabei *nicht* eingebunden sein. Die enthaltenen Dateisysteme samt Inhalt sind danach über das verschlüsselte Gerät unversehrt zugänglich.

```
user$ sudo dd if=/dev/hda5 of=/dev/mapper/crypt
user$ sudo dd if=/dev/hda6 of=/dev/mapper/home
```

Nun sollte bei Zugriff auf die »originale« Partition nur noch Datenmüll zu sehen sein. Die alten Inhalte sind über */dev/mapper/home* zugänglich. Sie testen nun die Korrektheit der umgewandelten Partition mit

```
user$ sudo fsck /dev/mapper/crypt
user$ sudo fsck /dev/mapper/home
```

Zur Sicherheit können Sie die Partition auch schon einmal einbinden, um ihre Inhalte zu betrachten:

```
user$ sudo mount /dev/mapper/crypt /mnt
user$ sudo mount /dev/mapper/home /home
```

Eintrag der neuen Dateisysteme

In der *fstab* (zu bearbeiten via `sudo gedit /etc/fstab`) sollten nun noch Einträge für die neuen oder geänderten Partitionen wie folgt erstellt bzw. angepasst werden:

```
/dev/mapper/swap  none    swap  sw        0   0
/dev/mapper/crypt /crypt  ext3  defaults  0   2
/dev/mapper/home  /home   ext3  defaults  0   2
```

Das Verzeichnis */crypt* existiert noch nicht, Sie müssen es anlegen:

```
user$ sudo mkdir /crypt
```

Alte Daten zur Seite räumen

Nun müssen die alten Daten aus dem Weg geräumt werden, damit auf die neuen, verschlüsselten Daten zugegriffen werden kann. Hierzu starten Sie noch einmal eine Live-CD und binden die Systempartition ein:

```
mount /dev/hda1 /mnt
```

Unverschlüsselte Dateien umbenennen

Zur Sicherheit benennen Sie die alten, unverschlüsselten Daten erst einmal um, anstatt sie gleich zu löschen. Sollte irgend etwas doch nicht funktionieren, ist der Weg zurück so besonders einfach. Lediglich das beim Systemstart ohnehin leere */tmp* wird sogleich gelöscht. Dann werden leere Verzeichnisse bzw. Links auf die verschlüsselten Daten erstellt.

```
user$ sudo mv /mnt/home /mnt/noenc-home
user$ sudo mkdir /mnt/home
user$ sudo rm -rf /mnt/tmp
user$ sudo ln -s /crypt/tmp /mnt/tmp
user$ sudo mv /mnt/var /mnt/noenc-var
user$ sudo ln -s /crypt/var /mnt/var
```

24.6.4 Der erste verschlüsselte Start

Beim nächsten Start des installierten Systems wird nach dem Passwort für die verschlüsselten Partitionen gefragt. Wenn man sich vertippt, hat man Pech gehabt und landet auf einer Konsole. Sie können die Passworteingaben wiederholen, wenn Sie hier */etc/init.d/cryptdisks restart* eingeben. Nach Betätigen von Strg + D wird der Systemstart dann fortgesetzt. Funktioniert alles, müssen die zuvor umbenannten Daten noch gelöscht werden:

```
user$ sudo rm -rf /noenc*
```

24.6.5 Datenspuren vernichten

Im Prinzip könnten nun auf der Systempartition noch die Daten aus den verschobenen Verzeichnissen zu finden sein. Diese überschreiben Sie, indem Sie den gesamten leeren Platz auf der Partition mit Zufallszahlen auffüllen. Dies funktioniert mithilfe einer Live-CD. Die Systempartition binden Sie mit

```
user$ sudo mount /dev/hda1 /mnt
```

ein. Danach schreiben Sie mit dem Befehl

```
user$ sudo dd if=/dev/urandom of=/mnt/zufall && \
sudo rm /mnt/zufall
```

Zufallszahlen in eine Datei, und zwar so lange, bis der Platz erschöpft ist. Danach löschen Sie diese Datei wieder. Nun befinden sich alle sensiblen Daten ausschließlich auf verschlüsselten Partitionen.

24.7 Verschlüsseln mit GPG

GnuPG oder *GPG* (*Gnu Privacy Guard*, englisch für »GNU-Wächter der Privatsphäre«) ist ein freies Kryptographie-System, das zum Ver- und Entschlüsseln von Daten sowie zum Erzeugen und Prüfen elektronischer Signaturen dient.

Funktionen von GnuPG

GnuPG hat sich zum Ziel gesetzt, einer möglichst großen Benutzergruppe die Verwendung von kryptographischen Methoden zur vertraulichen Übermittlung von elektronischen Daten zu ermöglichen. *GnuPG* unterstützt dazu folgende Funktionen:

- Verschlüsselung von Daten (z. B. E-Mails), um vertrauliche Informationen an einen oder mehrere Empfänger zu übermitteln, die nur von den Empfängern wieder entschlüsselt werden können.
- Erzeugung einer Signatur über die versendeten Daten, um deren Authentizität und Integrität zu gewährleisten.

Beide Funktionen können kombiniert werden. In der Regel wird dabei zuerst die Signatur gebildet und an die Daten angehängt. Dieses Paket wiederum wird dann an die Empfänger verschlüsselt gesendet.

Sie werden im Folgenden lernen, wie Sie mit einfachen Mitteln beliebige Dateien und E-Mails ver- und entschlüsseln können.

24.7.1 Verschlüsselung einzelner Dateien

Um einzelne Dateien zu verschlüsseln, genügt die Installation von *GnuPG*. Sie benötigen hierzu die Pakete

- *gnupg*
- *gnupg-doc* (optional, enthält die Dokumentation)

Wenn Sie die Dokumentation mitinstallieren, können Sie diese mit dem Browser unter der Adresse

```
file:///usr/share/doc/gnupg-doc/ GNU_Privacy_Handbook/de/html/book1.htm
```

lesen. Die Verschlüsselung selbst findet im Terminal statt. Ein einfaches Kommando wie

```
user$ gpg -c DATEINAME
```

genügt, um die Datei *Dateiname* zu verschlüsseln. Hierbei werden Sie nach einem Passwort gefragt, das Sie nun beliebig wählen können.

Die Hauptsache ist, dass Sie es nicht vergessen. Zur Vermeidung von Tippfehlern müssen Sie das Passwort zweimal eingeben. Mit

```
user$ gpg  --decrypt DATEINAME.gpg > Datei
```

oder

```
user$ gpg  -d DATEINAME.gpg > Datei
```

packt man die Datei wieder aus. Sie können hierbei einen beliebigen Dateinamen generieren (Datei). Auf die eben beschriebene Weise lassen sich mit vertretbarem Aufwand einzelne Dateien ver- und entschlüsseln. Alles, was Sie hierzu brauchen, ist ein persönliches Passwort. Das Verschlüsseln von E-Mails ist im Vergleich dazu schon ein wenig komplizierter, aber auch dies ist mithilfe von geeigneten Programmen leicht zu bewerkstelligen. Wir werden uns damit im nächsten Abschnitt beschäftigen.

24.7.2 E-Mails verschlüsseln mit GnuPG

GPG im Detail

Sie haben bereits in Abschnitt 14.2.1 auf Seite 417 die Verschlüsselung von E-Mails mit Programmen wie dem *Mozilla Thunderbird* kennengelernt. Leider haben die grafischen Programme den Nachteil, dass sie teilweise Informationen vor dem Benutzer, also vor Ihnen, verstecken. Wir werden nun etwas tiefer in die Materie einsteigen und ausgiebig Gebrauch von der Konsole machen.

Schlüsselpaar erzeugen

Damit Sie Ihre Mails signieren/verschlüsseln können, benötigen Sie zunächst ein eigenes Schlüsselpaar. Ein Schlüsselpaar besteht aus einem privaten und einem öffentlichen Schlüssel. Der private Schlüssel ist nur für Sie und der öffentliche ist, wie der Name bereits vermuten lässt, zum Veröffentlichen gedacht.

- Mit Ihrem privatem Schlüssel können Sie Ihre Mails signieren.
- Besitzt der Empfänger der signierten Mail Ihren öffentlichen Schlüssel, kann er diese Signatur verifizieren und somit die Echtheit des Absenders sicherstellen.
- Um eine Mail verschlüsseln zu können, benötigen Sie den öffentlichen Schlüssel des Empfängers. Mit diesem wird die Mail verschlüsselt und kann dann nur vom Empfänger mithilfe seines privaten Schlüssels und der dazugehörigen Passphrase entschlüsselt werden.

Den Schlüssel können Sie im Terminal mit dem Befehl

```
user$ gpg --gen-key
```

erzeugen. Sie werden nun gefragt, welche Art von Schlüssel Sie generieren möchten:

```
Please select what kind of key you want:
   (1) DSA and ElGamal (default)
   (2) DSA (sign only)
   (4) RSA (sign only)
Your selection?
```

Wählen Sie hier bitte die (1).

```
About to generate a new ELG-E keypair.
  minimum keysize is  768 bits
  default keysize is 1024 bits
  highest suggested keysize is 2048 bits
  What keysize do you want? (1024) 1024
Requested keysize is 1024 bits
```

Daraufhin werden Sie nach der

Bestimmen Sie Ihre Schlüsselstärke

Schlüsselstärke gefragt. Hier sollten 1024 Bit ausreichend sein. Anschließend muss man auswählen, wie lange der Schlüssel gültig sein soll:

```
Please specify how long the key should be valid.
  0 = key does not expire
  <n>  = key expires in n days
  <n>w = key expires in n weeks
  <n>m = key expires in n months
  <n>y = key expires in n years
Key is valid for? (0)
```

Nun brauchen Sie nur Ihren Namen und Ihre E-Mail-Adresse anzugeben, für die Ihr Schlüsselpaar gelten soll:

```
You need a User-ID to identify your key; the software
constructs the user id from Real Name, Comment and
Email Address in this form:
    "Heinrich Heine (Der Dichter)
 <heinrichh@duesseldorf.de>"
Real name: Vorname Nachname
Email address:  <IhreMailAdresse@domain>
Comment: optional
```

Passwort wählen

Zu guter Letzt werden Sie gefragt, ob Ihre Angaben korrekt sind, und Sie werden um ein Passwort gebeten. Dieses können Sie beliebig wählen, nur vergessen dürfen Sie es nicht. Das Passwort brauchen Sie später, um Mails signieren und entschlüsseln zu können. Es sollte nicht leicht zu erraten sein und mindestens acht Stellen besitzen.

Nun liegt Ihr Schlüssel im Verzeichnis *~/.gnupg* als *secring.gpg*. Der Befehl

```
user$ gpg --list-secret-keys
```

zeigt Ihnen Informationen des Schlüssels in der Konsole an. Wichtig ist hierbei Ihre Key-ID, die sich hinter der »Schlüsselstärke« befindet. Diese Key-ID ist ein achtstelliger Hex-Code.

24.7.3 Wichtige GPG-Befehle

Folgende Übersicht erläutert die elementaren Befehle rund um GPG.

Befehl	Was er bewirkt
gpg –search-keys »Vorname Nachname«	Suche nach Schlüsseln
gpg –keyserver subkeys.pgp.net –send-key	Der Schlüssel wird zum Server geschickt.
gpg –refresh-keys pgp.mit.edu ********	Man hat an einer Keysigningparty teilgenommen und den Fingerprint untereinander ausgetauscht und der Schlüssel wurde von jemandem signiert. Nun muss der eigene Schlüssel wieder heruntergeladen werden.
gpg –recv-keys subkeys.gpg.net –recv-keys ********	Lädt einen fremden Schlüssel herunter.
gpg –list-sigs DDE93F54	Anzeige der Signatur eines Keys
gpg –clearsign -a test.txt	Signieren eines Textes

Tabelle 24.2 Wichtige GPG-Befehle

24.8 SSH

Es gibt prinzipiell mehrere Arten, auf einen anderen Rechner so zuzugreifen, als stünde er auf Ihrem Schreibtisch. Die Einsatzmöglichkeiten sind vielfältig:

- Sie können einen (Root-)Server aus der Ferne administieren, ohne dass Sie vor Ort sein müssen.
- Sie können Launchpad mit *Bazaar* nutzen (zur Versionsverwaltung eines Projekts). Nähere Details hierzu erhalten Sie in Abschnitt 14.5 auf Seite 432.
- Sie können sichere Verbindungen aufbauen, sei es in einem heimischen Netzwerk oder wenn Sie anderen Nutzern mittels eines Remote-Desktops helfen.

Im Vergleich zu älteren und unsicheren Möglichkeiten wie *telnet* oder *rlogin* ist für die oben beschriebenen Anwendungsszenarios *SSH* das Mittel der Wahl. SSH überträgt im Gegensatz zu den anderen Lösungen die Login-Informationen und das Passwort verschlüsselt.

[»] Um SSH nutzen zu können, muss auf dem entfernten Rechner, auf den Sie Zugriff haben möchten, ein SSH-Server laufen. Das nötige Paket hierzu heißt *openssh-server* und muss unter Ubuntu nachinstalliert werden. Der SSH-Client ist in der Standardkonfiguration von Ubuntu bereits installiert. Sie haben bei Ubuntu ebenfalls die Möglichkeit, ein Metapaket namens *ssh* zu installieren. Dieses Paket installiert auf einen Schlag den SSH-Client und -Server.

Selbstverständlich können Sie sich auch mit anderen Rechnern verbinden, auf denen andere Linux-Distributionen installiert sind. Hierbei kann es vorkommen, dass bei diesen der SSH-Server standardmäßig bereits installiert ist.

Schlüssel erstellen

Bisher mussten Sie sich immer am entfernten Rechner anmelden, weil der andere Rechner Sie nicht automatisch erkennen konnte. Wenn Sie sich wiederholt auf dem anderen Rechner anmelden, kostet dies viel kostbare Zeit. Des Weiteren hat diese Art der Nutzung den entscheidenden Nachteil, dass sich jeder, der im Besitz Ihres Passwortes ist, bei diesem Rechner anmelden kann.

Dies kann vermieden werden, indem Sie sich eindeutig identifizieren. Der Trick besteht darin, dass Sie sich einen privaten und einen öffentlichen Schlüssel anlegen. Der öffentliche Schlüssel wird auf dem Zielrechner in die Datei */.ssh/authorized_keys* eingefügt. Wenn diese Datei noch nicht existieren sollte, müssen Sie sie erst erstellen. Sie benötigen auf jedem Rechner, der sich mit dem Zielrechner verbinden soll, diese Schlüssel.

[»] Verwenden Sie zum Kopieren des öffentlichen Schlüssels am besten *scp*.

Sie erstellen die beiden Schlüssel (siehe Abbildung 24.5) durch

```
user$ ssh-keygen -t rsa
```

Die beiden Schlüssel

- *id_rsa* (privat) und
- *id_rsa.pub* (öffentlich)

befinden sich in Ihrem*/home*-Verzeichnis in dem versteckten Ordner *./ssh*.

Bei der Erstellung des privaten Schlüssels werden Sie nach einem Passphrase gefragt. Im Gegensatz zu einem Passwort können Sie hierbei einen freien Text, bestehend aus mehreren Wörtern, angeben (Es reicht selbstverständlich auch ein Wort).

[!]

Wählen Sie unbedingt eine Passphrase! Mit dieser wird nämlich Ihr privater Schlüssel vor neugierigen Blicken geschützt. Ein gutes Passwort garantiert Sicherheit.

Hüten Sie Ihren privaten Schlüssel wie Ihren Augapfel und lassen Sie ihn nicht in fremde Hände gelangen. Wenn Sie den Schlüssel zu Sicherungszwecken in einem Backup aufbewahren, ist es sinnvoll, diesen noch einmal zu verschlüsseln (beispielsweise mit GPG).

Abbildung 24.5 Mit ssh-keygen erzeugen Sie einen privaten und einen öffentlichen Schlüssel.

Bei einer SSH-Verbindung werden nun zwischen Ihrem Rechner und dem Zielrechner die Schlüsselinformationen ausgetauscht, sodass ein Anmelden im herkömmlichen Sinne nicht mehr nötig ist. Ein kleiner Wermutstropfen bleibt allerdings: Sie müssen nun bei jeder Verwendung des privaten Schlüssels Ihre Passphrase eingeben. Somit haben wir zwar an Sicherheit, nicht aber an Komfort und Geschwindigkeit gewonnen.

Seahorse

Um auch die geforderte Geschwindigkeit und den Komfort einer Anmeldung ohne Eingabe einer Passphrase zu erhalten, verwendet Ubuntu standardmäßig das Programm *Seahorse*. Sie finden *Seahorse* im GNOME-Menü unter ANWENDUNGEN • ZUBEHÖR • PASSWÖRTER UND VERSCHLÜSSELUNG. Dieses Programm verwaltet auf Wunsch Ihre sämtlichen Passwörter und Schlüssel, sodass Sie sie nicht wiederholt eingeben müssen.

Die Freigabe dieser Schlüssel und Passwörter ist an Ihr Benutzerkonto auf dem lokalen Rechner gekoppelt, sodass Sie sich mit Ihrem Benutzerpasswort authentifizieren. Sie finden hier beispielsweise auch den Schlüssel für ein Funknetzwerk (Wlan). Die gepeicherten Angaben kann sich somit jeder ansehen, der Zugriff auf Ihr Benutzerkonto hat.

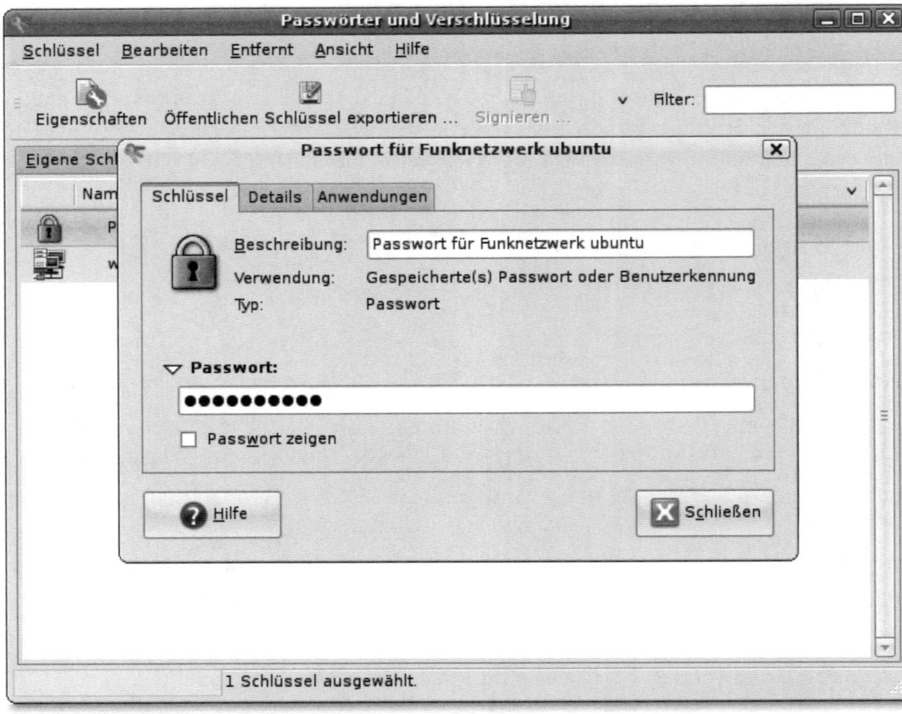

Abbildung 24.6 Seahorse ist Ihr virtuelles Portemonnaie.

24.9 Systemreparatur

Eine vorhandene Systemkomplettsicherung ist ungemein beruhigend. Dennoch kann das Rückspielen des Backups nur den Systemzustand zum Zeitpunkt der Datensicherung wieder herstellen. Daten, die in der Zwischenzeit auf dem Computer gelandet sind, verliert man trotzdem. Daher ist es immer sinnvoll, vor einer eventuellen Rücksicherung zu versuchen, ein »zerschossenes« System zu reanimieren. Der folgende Abschnitt gibt hierzu einige Tipps.

24.9.1 GRUB installieren/reparieren

Beginnen wir mit dem Notwendigsten: dem Bootloader, der dafür sorgt, dass das Betriebssystem Ihrer Wahl überhaupt startet. Im Fall von Ubuntu heißt der Bootloader *GRUB*. In Abschnitt 24.1.4 auf Seite 686 haben Sie bereits gelernt, wie man mithilfe des Werkzeugs *dd* den Bootsektor einer Festplatte sichert. Da man aber in 99% aller Fälle gerade keine Sicherung des aktuellen Bootsektors zur Hand hat, folgt an dieser Stelle ein kleiner Exkurs, wie man einen Bootsektor wiederbelebt, bei dem der Boot-Code beschädigt wurde.

Eine Neuinstallation von *GRUB* erreichen Sie folgendermaßen:

```
user$ sudo grub-install /dev/hda
```

Das Kommando `grub-install` greift dabei auf die *GRUB*-Konfigurationsdatei namens *menu.lst* in */boot/grub* der entsprechenden Partition zurück. Diese Datei kann beispielsweise wie folgt aussehen:

```
title Linux
  root (hd1,2)
  kernel /boot/vmlinuz root=/dev/hdc3
  initrd /boot/initrd
```

Beachten Sie, dass *GRUB* bei der Angabe der Root-Partition von null an zu zählen beginnt. Das Device */dev/hda1* wäre dann z.B. (hd0,0) usw. Meist kann keine eindeutige Aussage getroffen werden, welche Bezeichnung eine bootbare Partition unter *GRUB* hat. In diesem Fall schlägt die große Stunde der *GRUB*-Kommandozeile: Begeben Sie sich bei einem angezeigten Fehler während des Bootens mittels (E) in den Editiermodus, oder geben Sie die obigen Befehle in der *GRUB*-Shell nach dem Prompt > ein. Nun können verschiedene Root-Partitionen getestet werden, bis der Bootvorgang schließlich ordnungsgemäß startet.

24.9.2 Passwörter zurücksetzen

Haben Sie sich schon einmal gefragt, warum jeder Administrator einer größeren Ansammlung von Computern peinlich darauf bedacht ist, das Disketten- und CD-ROM-Laufwerk von der Liste der bootbaren Medien im BIOS zu entfernen? Nun, jeder halbwegs computerkundige Mensch könnte durch Booten einer Live-CD die Kontrolle über die entsprechenden Rechner erhalten, indem er einfach die Administrator- oder Benutzerkennwörter ändert.

Gehen wir im Folgenden einmal davon aus, dass Sie nicht vorhaben, irgendeinen armen Administrator ins Unglück zu stürzen, sondern einfach das Administrator- oder Benutzerkennwort in der Linux-Installation auf dem heimischen Rechner vergessen oder verlegt haben. Dann brauchen Sie nur eine Live-CD und gehen wie folgt vor:

- Booten Sie zunächst das Live-System und starten Sie eine Konsole. Mounten Sie die Partition les- und schreibbar, auf der sich Ihre Linux-Installation befindet:

  ```
  user$ sudo mount -o rw /dev/hda9 /mnt/hda9
  ```

- Wechseln Sie wie oben beschrieben mit dem Befehl `chroot` in die externe Linux-Installation:

  ```
  user$ chroot /mnt/hda9
  ```

- Sie sind nun als Root in der Installation eingeloggt. Möchten Sie das Root-Passwort ändern, so genügt die Eingabe des Befehls `passwd` in der Shell:

```
user$ passwd
Enter new UNIX password:
Retype new UNIX password:
passwd: password updated successfully
```

Soll hingegen nur das Passwort eines »normalen« Benutzers geändert werden, so ist dem Kommando `passwd` noch der Name des entsprechenden Benutzers als Argument zu übergeben, beispielsweise: `passwd marcus`. Das klingt erschreckend einfach, und das ist es auch. Aber keine Angst, das sieht bei Windows nicht anders aus ...

24.9.3 Beschädigte Dateisysteme reparieren

Das kommt in den besten Familien vor: Ein Mitbewohner steckt den Staubsauger in die Steckdose, die Sicherung fliegt raus und das gerade hochgefahrene Linux-System wird in einer Nanosekunde von 100 auf null gefahren. Linux-Veteranen der ersten Stunde wissen, was in früheren Zeiten damit verbunden war: eine mühsame Überprüfung des Dateisystems, die einige Zeit in Anspruch nahm.

Grund für die Verhaltensweise ist der Linux-typische Umgang mit Schreib-/Lesevorgängen im System: Das System puffert diese im RAM und führt den Befehl dann aus, wenn wenig zu tun ist. Hier wirkt sich ein Crash natürlich tödlich aus: Stürzt das System ab, wenn noch nicht alle Schreib-/Lesevorgänge abgeschlossen sind, so kommt es unweigerlich zu Datenverlusten. Nach dem erneuten Hochfahren des Computers muss dann in jedem Fall das Dateisystem überprüft werden, was je nach Größe der Partition recht langwierig sein kann.

Journaling-Dateisysteme

Heute verwendet man unter Linux sogenannte Journaling-Dateisysteme. Diese führen genau Protokoll über alle anstehenden und abgeschlossenen Dateioperationen, sodass ein Dateisystemcheck relativ schnell erfolgen kann.

Für den Zweck der Überprüfung dieser Dateisysteme bieten sich mehrere Tools an. Die Kommandos beginnen allesamt mit `fsck`. Bei Ubuntu werden eine Vielzahl von Dateisystemen unterstützt:

```
user$ fsck <TabulatorgpTastatur><TabulatorgpTastatur>
fsck         fsck.ext3    fsck.msdos   fsck.reiserfs
fsck.cramfs  fsck.jfs     fsck.nfs     fsck.vfat
fsck.ext2    fsck.minix   fsck.reiser4 fsck.xfs
```

Bevor Sie aber eines Ihrer installierten Systeme auf Herz und Nieren prüfen, beachten Sie folgenden wichtigen Hinweis: Ein Dateisystem, das überprüft werden soll, muss ausgebunden sein! Anderenfalls bestehen gute Chancen, durch die Reparatur den Zustand des Systems zu »verschlimmbessern«. Ein *ext2-* bzw. *ext3*-Dateisystem wird folgendermaßen überprüft: Geben Sie direkt auf einer Kommandozeile den Befehl **[!]**

```
user$ sudo fsck /dev/hda9
fsck 1.35
e2fsck 1.35
/dev/hda9: i.O., 154647/738432 Dateien
```

ein. Wer zu dieser langwierigen Aktion einen Fortschrittsbalken sehen möchte, verwendet den Parameter -C. Sollte die Routine nun auf Fehler stoßen, so wird versucht, diese zu reparieren. Bestätigen Sie in diesem Fall sämtliche Nachfragen mit (Y). Zur Überprüfung des *Reiser*-Dateisystems verwendet man den folgenden Befehl:

```
user$ sudo reiserfsck --check /dev/hda10
```

Weitere Parameter und deren Wirkungsweise entnehmen Sie bitte den Manpages von *fsck* und *reiserfsck*.

TEIL V
Server

*»Bei der Eroberung des Weltraums sind zwei Probleme zu lösen:
die Schwerkraft und der Papierkrieg.
Mit der Schwerkraft wären wir fertig geworden.«*

*Wernher von Braun (23.03.1912 – 16.06.1977)
deutsch-amerikanischer Raketenforscher und -Ingenieur*

25 Netzwerktechnik

Nachdem Sie in den Einstiegskapiteln die Netzhardware physikalisch in Betrieb genommen haben, wollen wir im Folgenden einen kleinen Blick hinter die Kulissen werfen und Fragen, die bei der bisherigen Konfiguration aufgetaucht sind, beantworten.

25.1 Grundlagen

TCP/IP

Linux verwendet standardmäßig das TCP/IP-Protokoll zur Übertragung von Informationen. Dieses Protokoll hat sich gegenüber den zunächst von Microsoft favorisierten Netzwerkprotokollen NetBEUI oder IPX/SPX auf breiter Front durchgesetzt. Folgende Parameter sind von Interesse:

- **Die IP-Adresse**
  Nach dem derzeitigen Standard IPv4[1] benötigt jeder Rechner eine eindeutige 32-Bit-Adresse. Diese besteht aus vier aufeinanderfolgenden Zahlen im Bereich von 0 bis 255. Da dieser Zahlenbereich längst nicht ausreicht, um die mittlerweile existenten Rechner zu katalogisieren, wurden verschiedene Netzwerktypen definiert, siehe Tabelle 25.1. Im Heimnetzbereich haben sich Adressen aus dem Bereich 192.168.0.x durchgesetzt, also z. B. die vielfach bemühte Adresse 192.168.0.1.
- **Die Subnetzmaske**
  Sie gibt an, welcher Teil der Adresse eines Rechners zur Rechneridentifikationsnummer zählt und welcher Teil das Netzwerk selbst klassifiziert. Für die oben definierte Netzwerkadresse 192.168.0.1 würde eine Netzwerkmaske von 255.255.255.0 bedeuten, dass sämtliche Rechner des Netzes in den ersten drei Bytes übereinstimmen. Hat

1 In den Startlöchern steht derweil schon der neue Standard IPv6, der einen größeren Pool von Netzwerkadressen bietet und vom Linux-Kernel bereits voll unterstützt wird.

man mehr als 256 Rechner, so empfiehlt es sich, auf ein höherwertiges Netz mit der Netzmaske 255.255.0.0 zu migrieren, um die Kombinationsmöglichkeiten des dritten Bytes hinzuzufügen.

- **Die Routing-Tabelle**
  gibt an, welche Netzwerke vom Rechner aus »betreten« werden dürfen bzw. aus welchen Netzen der Rechner Anfragen beantworten soll. Routing ist insbesondere dann von Interesse, wenn ein Rechner in einem heimischen Netzwerk als Internetgateway fungieren soll.

Die folgende Tabelle 25.1 Sie gibt einen Überblick über die derzeit definierten Netzwerkklassen des Standards IPv4.

	Klasse A	Klasse B	Klasse C
Adressbereich	10.0.0.0 - 10.255.255.255	172.16.0.0 - 172.31.255.255	192.168.0.0 - 192.168.255.255
Rechneranzahl pro Netzwerk	16,7 Millionen	65536	256
Subnetz	255.0.0.0	255.255.0.0	255.255.255.0

Tabelle 25.1 Übersicht über die privaten Netzwerkklassen unter IPv4

25.1.1 Netzwerktest

Prüfen der eigenen Netzwerkschnittstellen mit ifconfig

Bereits in Abschnitt 19.2 auf Seite 545 wurde der Befehl `ifconfig` zum Testen der erfolgreich konfigurierten Netzwerkschnittstelle vorgestellt. Eine Alternative dazu ist das universelle Kommando `ip`, mit dem sämtliche oben beschriebenen Parameter konfiguriert und geprüft werden können:

```
user$ ip addr
1: lo: <LOOPBACK,UP> mtu 16436 qdisc noqueue
...
2: eth0: <BROADCAST,MULTICAST,UP> mtu 1500 qdisc
...
    inet 192.168.0.1/24 brd 192.168.0.255 scope eth0
    inet6 fe80::20e:a6ff:fe86:3cf/64 scope link
       valid_lft forever preferred_lft forever
```

Im vorliegenden Fall wurden das Loopback-Device *lo* sowie eine Netzwerkkarte unter der Adresse 192.168.0.1 erkannt. Die Netzmaske wurde im Fall der eth0-Schnittstelle in der Kurzform /24 angegeben.

Kontaktaufnahme im LAN

Nun kann man versuchen, einen weiteren Rechner im gleichen Netzwerk mit dem Befehl `ping` zu kontaktieren:

```
user$ ping -c 5 192.168.0.103
64 bytes from 192.168.0.103: icmp_seq=1 ttl=128
time=0.154 ms
...
5 packets transmitted, 5 received, 0% packet loss,
time 4000 ms
```

Interessant ist hier zum Abschätzen der Netzwerk-Performance die Angabe der Antwortzeit (in diesem Fall 0.154 ms) sowie der Anteil der verlorenen Pakete (in diesem Fall 0 %). Das vorliegende Netzwerk zeigt somit eine gute Performance.

25.1.2 Routing

Rechner in anderem Subnetz erreichen

Nun kann es vorkommen, dass Sie an ein Netzwerk angeschlossen sind, welches das Subnetz 192.168.0.x verwendet, Sie aber Ihren persönlichen Rechner lieber mit der IP 192.168.1.1 versehen[2] möchten. In diesem Fall müssen die beiden Subnetze miteinander verbunden werden. Diese Verbindung geschieht am einfachsten über die Erweiterung der Subnetzmaske in der Gestalt, dass beide Netzwerke erreicht werden können. Eine manuelle Konfiguration kann auf der Kommandozeile mittels `ifconfig` vorgenommen werden. Anschließend muss das Netzwerk neu gestartet werden:

```
user$ sudo ifconfig eth0 192.168.1.1 \
netmask 255.255.0.0
user$ sudo /etc/init.d/networking restart
```

Selbstverständlich können Sie die obige Einstellung auch mit dem grafischen Netzkonfigurationswerkzeug vornehmen. Um den Linux-Rechner von einem anderen Netzwerkteilnehmer aus erreichen zu können, muss dort die Subnetzmaske entsprechend gesetzt werden.

Eine Brücke zwischen zwei Netzen aufbauen

Meist verwendet man die oben beschriebene Lösung aus Sicherheitsgründen nicht, da man zwei Netzwerke logisch und physikalisch trennen möchte. Ein mögliches Beispiel wäre ein aus zwei Segmenten bestehendes Verwaltungsnetzwerk einer öffentlichen Institution. Beide Segmente sollen zwar miteinander kommunizieren, aber logisch voneinander getrennt sein. In diesem Fall setzt man einen Rechner als Bridge (Brücke) ein, der über zwei Netzwerkkarten verfügt, die mit den beiden einzelnen Netzwerken verbunden sind.

2 Ein eher künstliches Beispiel, um Ihnen die Technik des Routings zu verdeutlichen.

[zB] Für das folgende Beispiel nehmen wir an, dass den beiden Karten im Bridge-Rechner die Netzwerkadresse 192.168.1.9 bzw. 192.168.0.9 zugewiesen wurde. Die Subnetze liegen entsprechend auf 192.168.1.0 und 192.168.0.0.

IP-Forwarding

Zunächst ist es notwendig, für derartige Experimente das IP-Forwarding auf dem Bridge-Rechner zu aktivieren. Dies geschieht idealerweise in einer Root-Konsole mit dem folgenden Befehl:

```
user$ sudo -s
root# sudo echo 1 > /proc/sys/net/ipv4/ip_forward
```

Ob der Befehl erfolgreich war, zeigt ein

```
root# cat /proc/sys/net/ipv4/ip_forward
```

Hier sollte nun eine »1« ausgegeben werden. Nun muss die Routing-Tabelle auf der Bridge wie folgt ergänzt werden:

```
root# route add -net 192.168.1.0 netmask 255.255.255.0 gw 192.168.1.9
root# route add -net 192.168.0.0 netmask 255.255.255.0 gw 192.168.0.9
```

Der Bridge-Rechner fungiert in diesem Fall als Gateway (`gw`) zwischen den beiden Subnetzen. Mit dem Befehl `route` überprüft man, ob die Routing-Tabelle erfolgreich geändert wurde. Schließlich können Sie abschließend testen, ob sich die Rechner gegenseitig »anpingen« lassen.

25.1.3 Netzwerküberwachung

Ist die Netzwerkschnittstelle einmal eingerichtet, so ist es oftmals nützlich, den Datentransfer zu überwachen. Seit Ubuntu *Breezy* finden Sie ein kleines Netzwerk-Icon im oberen Bereich der Taskleiste. Dieses blinkt bei jeglichen Netzwerkaktivitäten auf.

Wer die Netzwerkaktivitäten etwas anschaulicher dargestellt haben möchte, der kann das Werkzeug *EtherApe* einsetzen (siehe Abbildung 25.1). Das Programm finden Sie nach der Installation über `sudo apt-get install etherape` im Internetmenü.

Sie können *EtherApe* als Root mittels `sudo etherape` oder aus dem GNOME-Menü über ANWENDUNGEN • INTERNET • ETHERAPE AS ROOT starten. Führen Sie anschließend einmal ein ping auf einen bekannten Internetrechner durch, und verfolgen Sie den Weg der Grafikpakete in der grafischen Darstellung.

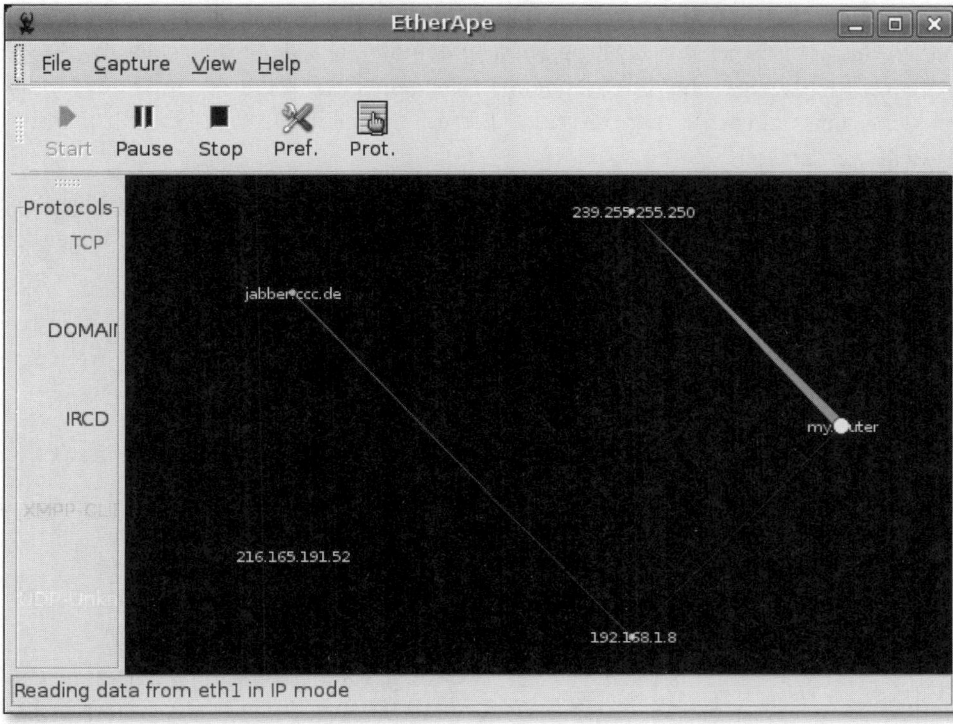

Abbildung 25.1 Der Netzwerkmonitor EtherApe

Paketsniffer

Um sich den Netzwerkverkehr explizit anzuschauen, bedient man sich des Werkzeugs *tcpdump*. Öffnen Sie dazu eine Konsole und geben Sie den gleichnamigen Befehl ein. Starten Sie nun beispielsweise den Webbrowser *Firefox* und rufen Sie eine Internetseite auf. Sollten Sie via DSL über eine Netzwerkkarte an das Internet angebunden sein, so protokolliert das Programm *tcpdump* alle Pakete, die über die Leitung gehen.

```
user$ sudo tcpdump
tcpdump: verbose output suppressed
listening on eth0, link-type EN10MB (Ethernet)
15:31:40.526335 arp who-has 192.168.0.254 tell august
...
15:31:45.632652 IP august.46492 > 66.249.93.99.www: S
```

Im vorliegenden Fall wurde mit dem Browser die Seite *www.google.de* aufgerufen. Der PC richtet seine Anfrage betreffs der IP der Webseite zunächst an den Router und erhält kurze Zeit später die Antwort (66.249.93.99). Das Werkzeug ist insbesondere dann nützlich, wenn es darum geht, Störungen im DSL-Betrieb auf den Grund zu gehen.

[zB] Wer genau protokollieren möchte, was für Daten über die Ethernet-Schnittstelle gehen, der bedient sich des Tools *Ethereal*. Das Programm finden Sie nach der Installation über `sudo apt-get install ethereal` im Internetmenü. Nachdem das Programm im Root-Modus gestartet wird, muss zunächst über CAPTURE • INTERFACES das Device ausgewählt werden, das belauscht werden soll.

Durch Betätigen des Knopfes CAPTURE wird der Mitschnitt gestartet. Sollte Ihr E-Mail-Verkehr über das entsprechende Interface laufen (dies ist beispielsweise bei Verwendung von DSL der Fall), so können Sie einmal spaßeshalber eine E-Mail an sich selbst schicken und nachschauen, ob die Informationen vielleicht sogar im Klartext lesbar sind. Dies ist ein deutliches Indiz dafür, dass Sie sich Gedanken über den Wechsel des Mailservers/Providers machen sollten (Abbildung 25.2).

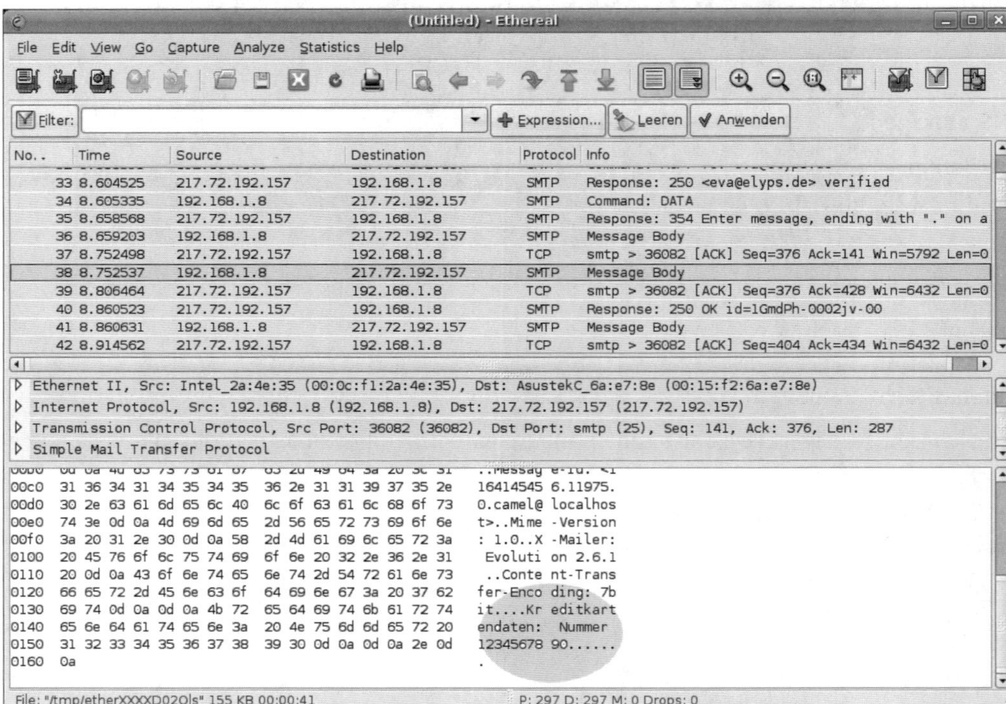

Abbildung 25.2 Der Paketsniffer Ethereal

25.1.4 Probleme mit der Namensauflösung

Domain Name Server

Ein Problem, das beim Einrichten des Internetzugangs unter Ubuntu auftritt, ist die gestörte Namensauflösung von Internetseiten. Der sogenannte DNS (*Domain Name Server*) wird dem

Anwender in der Regel dynamisch zugewiesen. Oft kommt es jedoch vor, dass solche Name-Server überlastet sind. Dann tut man gut daran, einen weniger frequentierten Server zu definieren. Das kann entweder mit dem Netzwerkkonfigurationswerkzeug oder durch direkte Bearbeitung der Datei */etc/dhcp3/dhclient.conf* erfolgen. Der notwendige Eintrag hat folgende Gestalt:

```
prepend domain-name-servers 62.72.64.237
```

In der Datei ist bereits ein entsprechender Eintrag vorhanden, dort muss das Kommentarzeichen # entfernt und die IP-Adresse geändert werden. Um die Änderungen ohne Neustart des Systems zu übernehmen, ist noch folgender Befehl erforderlich:

```
user$  sudo /etc/init.d/networking restart
```

Welcher DNS-Server gerade genutzt wird, erfährt man durch folgenden Befehl:

```
user$  grep nameserver /etc/resolv.conf
```

DNS abfragen

Der Befehl `dig` schließlich testet, ob ein gegebener Name-Server (im folgenden Beispiel 194.25.2.129) eine Anfrage umsetzt:

```
user$  dig @194.25.2.129 www.ubuntulinux.org a
; (1 server found)
;; Query time: 51 msec
;; SERVER: 194.25.2.129#53(194.25.2.129)
```

Wie man sieht, kann man auf diese Weise auch die Reaktionszeit des Name-Servers abschätzen.

25.2 Datentransfer in Linux/UNIX-Netzen

Im Folgenden wird gezeigt, wie Sie zwischen zwei Linux-Rechnern Daten austauschen können. Das kann beispielsweise Ihr Laptop sein, das mit dem häuslichen Desktop-PC synchronisiert werden soll. Andererseits können Sie mit den gezeigten Verfahren auch Daten über das Internet austauschen, vorausgesetzt, Sie sind im Besitz der entsprechenden Zugangsdaten.

25.2.1 Basiskommunikation mit SSH

Bevor man sich anschickt, Daten zwischen zwei Rechnern auszutauschen, sollte man versuchen, den ersten Rechner über den zweiten von der Kommandozeile aus »fernzusteuern«. Das veraltete (und unsichere, weil abhörbare) Telnet-Verfahren wurde in der Vergangenheit durch die SSH (die *Secure Shell*) abgelöst. Um einen SSH-Server auf einem Rechner so aufzusetzen, dass sich die Benutzer auf diesem aus der Ferne (engl. *remote*) einloggen können, muss zunächst das Paket *openssh-server* auf dem Rechner installiert werden, der als Server fungieren soll:

```
user$ sudo apt-get install openssh-server
```

Das Paket *openssh-client* wurde per Default installiert. Nach der Installation des Pakets wird auf dem entsprechenden Rechner der SSH-Server gestartet. Dies erkennt man z. B. mit folgendem Kommando:

```
user$ ps ax | grep sshd
15009  Ss  0:00 /usr/sbin/sshd
```

Bestätigen bei erstem Login

Nun können Sie versuchen, sich von einem im gleichen Netz befindlichen Client auf dem SSH-Server einzuloggen. Dazu öffnen Sie eine Konsole und geben das Kommando `ssh <Rechnername/IP>` ein. Wenn Sie das erste Mal versuchen, mit dem Server Kontakt aufzunehmen, müssen Sie die Verbindungsaufnahme explizit bestätigen:

```
user$ ssh flitzi
The authenticity of host 'flitzi (192.168.0.103)'
can't be established. RSA key fingerprint is
02:28:76:ef:ab:43:2a:60:91:78:d9:51:16:a6:27:ef.
Are you sure you want to continue connecting
(yes/no)? yes
```

Schließlich müssen Sie das Passwort Ihres Accounts auf dem Server eingeben. Dazu sollten Sie auf dem Rechner eingeloggt sein. Das Ganze setzt natürlich voraus, dass ein entsprechender Account auf dem Server existiert. Wer sich unter einem anderen Loginnamen einloggen möchte, gibt folgenden Befehl ein:

```
user$ ssh <Benutzername>@<Host>
```

wobei die Platzhalter entsprechend zu ersetzen sind. Nun können Sie sich auf dem entsprechenden Rechner bewegen, als würden Sie direkt davor sitzen. Sie können sogar Programme starten. Aber halt, werden Sie sagen, wie steht es mit grafischer Software? Man kann ja nicht sehen, was in den entsprechenden Fenstern ausgegeben wird ... In diesem Fall bietet sich ein X-Tunnel an. Sie verlassen die SSH-Shell mit der Tastenkombination Strg + D.

Dateien kopieren via scp

Es ist sogar möglich, Dateien zwischen zwei Rechnern zu kopieren:

```
user$ scp test1.txt hatt@192.168.0.1:~
```

kopiert die Datei *test1.txt* in das Heimverzeichnis (gekennzeichnet durch die Tilde »~«) des Benutzers *hatt* auf dem SSH-Server (IP: 192.168.0.1) kopiert. Die Syntax für den Pfad lautet dabei Benutzer@Server:<Pfad>.

Den umgekehrten Weg demonstriert der folgende Befehl:

```
user$ scp hatt@192.168.0.1:~/test.txt .
```

Vorher: Passwort eingeben

Hier wird eine Datei *test2.txt* vom Server in das aktuelle Verzeichnis kopiert (erkennbar an dem nachfolgenden Punkt ».«). Die obige IP-Adresse ist natürlich den entsprechenden Gegebenheiten anzupassen - in jedem Fall muss vor dem Kopiervorgang das für den Benutzer definierte Passwort eingegeben werden. Nun ist das Kopieren auf der Kommandozeile nicht jedermanns Sache, schöner wäre es, wenn man hierzu einen Dateimanager verwenden könnte. Kein Problem: Starten Sie unter GNOME den Remotezugriff auf einen SSH-Server über ORTE • VERBINDUNG ZU SERVER. In dem folgenden Menü (Abbildung 25.3) definieren Sie die IP oder den Namen des Servers (Letzteres bietet sich an, wenn dieser in Ihrer Datei */etc/hosts* verzeichnet ist). Als Dienst wird SSH angegeben. Darüber hinaus können Sie außerdem ein Startverzeichnis angeben, in das direkt nach dem Einloggen gewechselt wird.

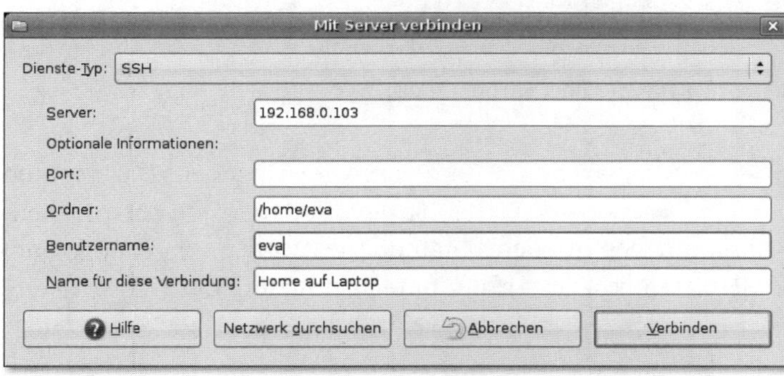

Abbildung 25.3 Mit dem Server verbinden

Durch die obigen Schritte wird auf dem Desktop ein kleines Icon erzeugt, das die Verbindung repräsentiert. Wenn Sie das Icon durch Anklicken öffnen, werden Sie nach Ihrem Serverpasswort gefragt, und schließlich zeigt *Nautilus* die entsprechenden Inhalte auf dem Server an. Nun können Sie in gewohnter Weise Daten zwischen Client und Server kopieren.

KDE

KDE-Nutzer können den Universalbrowser *Konqueror* in ähnlicher Weise einsetzen. Dazu starten Sie eine *Konqueror*-Instanz und geben in der Adresszeile den Servernamen bzw.

dessen IP wie folgt ein:

```
fish://192.168.0.103
```

Das Kopieren funktioniert dann, wie oben beschrieben, in Verbindung mit einem weiteren *Konqueror*-Fenster.

Abbildung 25.4 Der Konqueror bietet den Transfer über SSH frei Haus.

25.2.2 NFS einsetzen

Bequemer als die im letzten Abschnitt beschriebene Methode via *scp* ist der Aufbau eines dedizierten File-Servers unter UNIX/Linux. Dies erfolgt unter Benutzung des NFS (*Network File Systems*).

Stellen Sie zunächst sicher, dass folgende Pakete auf Ihrem System installiert sind:

- *nfs-common*
- *nfs-kernel-server*
- *portmap*

[zB] In folgendem Beispiel soll auf einem Server mit der IP 192.168.0.1 ein explizites Tauschverzeichnis namens *tausch* unter */media* angelegt werden, auf das ein Client mit der IP 192.168.0.103 zugreifen soll. Der Client soll in dem entsprechenden Verzeichnis Lese- und Schreibrecht besitzen.

Wir legen zunächst das entsprechende Verzeichnis an und setzen die Rechte:

```
user$ sudo mkdir /media/tausch
user$ sudo chmod ugo+rw /media/tausch
```

Nun ist es erforderlich, dass das neu erstellte Verzeichnis zum Export via NFS freigegeben wird. Dazu ist die Datei */etc/exports* folgendermaßen zu editieren:

```
user$ sudo nano /etc/exports
# Auszug aus /etc/exports
/media/tausch     192.168.0.103/255.255.255.0(rw)
```

Der Parameter `rw` steht hierbei für Lese-/Schreibberechtigung. Mehr zum Aufbau dieser Datei erfahren Sie durch Eingabe von `man exports`. Zusätzlich zur IP des Rechners muss noch die Subnetzmaske definiert werden. Des Weiteren muss der entsprechende Rechner in der Datei */etc/hosts. allow* eingetragen werden:

```
user$ sudo nano /etc/hosts.allow
# Auszug aus /etc/hosts.allow
192.168.0.103
```

Abschließend wird der NFS-Server mit folgendem Befehl neu gestartet:

```
user$ sudo /etc/init.d/nfs-kernel-server restart
```

Abbildung 25.5 Grafisches Frontend zum Export von NFS-Shares unter GNOME

Portmapper installieren

Nun können Sie versuchen, das Exportverzeichnis des Servers vom Client aus einzubinden. Dazu sollte auf dem Client sowohl das *nfs-common*-Paket als auch der Portmapper installiert sein. Das erledigen Sie bequem mittels `sudo apt-get install nfs-common`. Gehen Sie dann zum Einbinden des Verzeichnisses folgendermaßen vor:

```
user$ sudo mkdir /media/server
user$ sudo mount -t nfs 192.168.0.1:/media/tausch /media/server/
```

Nun können Sie beliebig Dateien mit dem Server über das Tauschverzeichnis tauschen.

Wem die Einrichtung über die Kommandozeile zu kompliziert ist, der kann den Austausch von Ordnern auch über das Menü SYSTEM • SYSTEMVERWALTUNG • GEMEINSAME ORDNER einrichten. Hierbei handelt es sich um ein bequemes Frontend für den Export von NFS-Shares (siehe Abbildung 25.5).

Möchten Sie das NFS-Verzeichnis dauerhaft auf dem Client importieren, so ist ein Eintrag in die Datei */etc/fstab* in der folgenden Gestalt vorzunehmen (bitte in eine Zeile schreiben):

```
user$ sudo nano /etc/fstab
# Auszug aus /etc/fstab
192.168.0.1:/media/tausch /media/server
             nfs rw,rsize=8192,wsize=8192 0 0
```

Dabei wurde über die Parameter *rsize* und *wsize* ein kleines Tuning vorgenommen, das den Datentransfer beschleunigen soll.

25.2.3 FTP-Server nutzen

Der Vollständigkeit halber soll an dieser Stelle noch kurz der Zugriff auf den FTP-Server beschrieben werden. Damit ist nicht etwa der triviale Download von Inhalten wie z. B. Ubuntu-ISOs über einen Browser durch Angabe einer URL der Form *ftp://* von einem öffentlichen Server gemeint, sondern das Login auf einem nicht-öffentlichen Server, um beispielsweise HTML-Content abzulegen.

Die beschriebene Aufgabe lässt sich sowohl unter KDE als auch unter GNOME mit dem jeweiligen Systembrowser erledigen, also dem *Konqueror* bzw. *Nautilus*. Geben Sie die Adresse des Servers, mit dem Sie per FTP Daten austauschen möchten, auf der Adresszeile des Browsers ein. Diese ist im Nautilus per Default nicht sichtbar. Sie erreichen die Adresszeile durch Eingabe von Strg + L. Im Falle eines nicht-öffentlichen Servers werden nun der Loginname sowie das Passwort abgefragt – fertig (Abbildung 25.6).

Das Hin- und Herkopieren erfolgt dann mit den browsereigenen Mitteln per Drag & Drop. Hardcore-Konsolenfreaks schätzen an dieser Stelle die Möglichkeit, das File Transfer Protocol mit dem Befehl `ftp` auch von der Kommandozeile aus zu bedienen.

Dazu öffnet man mittels

```
user$ ftp <Servername / IP>
```

eine FTP-Verbindung zum entsprechenden Server. Mittels `get` können nun einzelne Dateien vom Server heruntergeladen, mittels `put` hochgeladen werden. Die restlichen Befehle ähneln dem alltäglichen Umgang innerhalb einer UNIX-Shell. Der FTP-Konsolen-Client kann schließlich mittels `quit` wieder verlassen werden.

Wesentlich bequemer loggt man sich aber über den Menüpunkt ORTE • VERBINDUNG ZU SERVER im GNOME-Standardmenü auf einem FTP-Server ein. Dieses Tool wurde ja bereits in Abschnitt 25.2.1 vorgestellt. Es muss hier lediglich der Dienstetyp FTP MIT ZUGANGSBESCHRÄNKUNG ausgewählt werden.

Abbildung 25.6 FTP-Server nutzen mit Nautilus.

25.2.4 Datenaustausch über Peer-to-Peer-Netze

Es ist schon ärgerlich: Jedesmal, wenn ein neues Ubuntu-Release in Form eines ISOs auf dem offiziellen Server oder auf einem Mirror abgelegt wird, glühen die Leitungen und man kann froh sein, ein wenig Bandbreite zugeteilt zu bekommen. Ein weiteres Problem stellt sich, wenn man eines der riesigen DVD-ISOs auf den heimischen PC befördern möchte: Hier kann es vorkommen, dass der Download mittendrin abbricht.

BitTorrent: Spart Bandbreite

Für die oben genannten Anwendungsbereiche bietet sich die Methode des Peer-to-Peer-Downloads über das BitTorrent-Netzwerk an. Vorbildlicherweise ist in Ubuntu ein BitTorrent-Client integriert.

Wenn Sie damit die neueste Ubuntu-Version downloaden möchten, ist folgendermaßen zu verfahren:

[zB] Navigieren Sie mit dem Standardsystembrowser zum Downloadverzeichnis des Ubuntu-Servers *www.ubuntu.com/download*, und wählen Sie dort einen deutschen Mirror aus. Als Beispiel wollen wir im Folgenden ein DVD-ISO herunterladen. Dazu folgen Sie dem Link im oberen Seitenbereich, der Sie zu *http://cdimage.ubuntu.com/releases/dapper/release* führt. Klicken Sie hier die entsprechende Datei mit der Endung *.torrent* an, und der BitTorrent-Downloadmanager wird nach Bestätigung des folgenden Dialogs automatisch gestartet (siehe Abbildung 25.7). Nun müssen Sie lediglich den Speicherort der Datei angeben, und die Datei wird häppchenweise auf Ihren Rechner befördert. Sollten Sie den entsprechenden Download schon einmal gestartet haben, so kann dieser fortgesetzt werden – ein probates Mittel bei Verbindungsstörungen bzw. -abbrüchen.

Abbildung 25.7 Der GNOME-BitTorrent-Client Transmission in Aktion

aMule

Jeder kennt *eMule*. Die beliebte Tauschbörse ist natürlich auch unter Linux verfügbar, das entsprechende Paket nennt sich hier *aMule* (*another eMule file-sharing program*). Seit neuestem liegt *aMule* im Ubuntu-Repository in der aktuellsten Version 2.2 vor und benutzt die Library `wxgtk2.6`. Damit entfällt die bislang übliche Eigeninstallation von der Entwicklerseite. Nach der Installation des Pakets mittels `sudo apt-get install amule` erscheint das Programm im GNOME-Menü unter ANWENDUNGEN • INTERNET.

Ähnlich wie *BitTorrent* verwendet man *aMule* im Ubuntu-Umfeld als Peer-to-Peer-System zur Verbreitung von ISO-Images auch oder gerade bei Verwendung von schmalbandigen Internetanschlüssen.

Download alter Ubuntu-Versionen

Nehmen wie einmal an, Sie suchen eine alte Ubuntu-Version, die Sie auf einem betagten Rechner installieren möchten. Nach dem Programmstart wird zunächst eine Serverliste aus dem Internet geholt. Wählen Sie einen der angezeigten Server aus, und verbinden Sie sich mit einem rechten Mausklick. Nun wechseln Sie in das Untermenü SUCHEN, geben einen Suchbegriff ein und harren der Ergebnisse (siehe Abbildung 25.8). Der Download wird schließlich per Doppelklick über dem entsprechenden Objekt gestartet. Überflüssig an dieser Stelle zu erwähnen, dass Sie besonderes Augenmerk auf die rechtlich einwandfreie Herkunft der Dateien legen sollten.

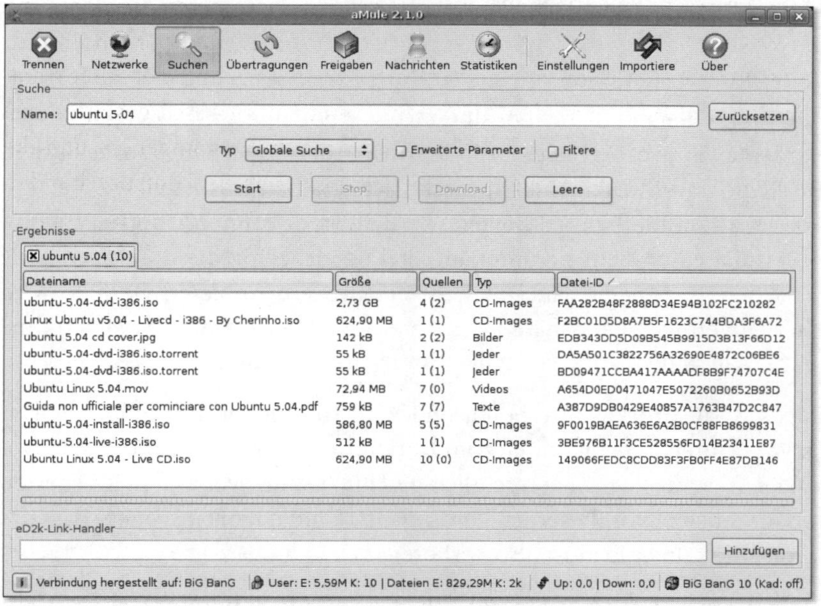

Abbildung 25.8 Filesharing mit aMule

25.2.5 Was ist erlaubt und was nicht?

Fast jeder zweite Haushalt in Deutschland hat einen Internetanschluss. Die immer leistungsfähigeren Anschlüsse werden nicht nur zum Surfen benutzt. Man schätzt, dass ein Drittel des Datenverkehrs auf Dateiaustausch zurückgeht. Musik- und Filmindustrie wehren sich heftig gegen die Verbreitung geschützter Werke und strahlen in Kino und Fernsehen Werbung aus, die Raubkopierern fünf Jahre Haft androht. Wo aber beginnt die Raubkopie und sind Raubkopierer Verbrecher? Was darf kopiert werden und welche Strafen drohen tatsächlich?

Privatkopie über Rohlinge bezahlt

Das Kopieren zum privaten Gebrauch ist nach wie vor erlaubt. Als Privatkopien gelten nicht nur Sicherheitskopien von Software, sondern auch Duplikate von Musik-CDs, um sie im Auto zu hören oder sie an Freunde und Familie weiterzugeben. Wer glaubt, diese Kopien seien kostenlos, liegt aber falsch. Denn das Vervielfältigen von urheberrechtlich geschützten Werken ist gebührenpflichtig. Diese Gebühren werden allerdings beim Kauf von Rohlingen, Brennern und Mp3-Playern bezahlt. Diese Pauschale betrug letztes Jahr knapp sechs Cent für einen CD-Rohling. Mit dem Kauf des Speichermediums wird also bereits jede private Vervielfältigung bezahlt.

Ist eine Musik-CD oder ein Film aber kopiergeschützt, so ist es verboten, diesen Kopierschutz zu umgehen. Ein Aufkleber »kopiergeschützt« zählt noch nicht als Kopierschutz. Der Schutz muss auch eine technische Schranke darstellen.

Auch Download verboten

Tauschbörsen wie KaZaa, Emule und BitTorrent sind nicht verboten, ebenso wenig ihre Nutzung. Denn hier werden auch urheberrechtlich freie Musikstücke und Filme ausgetauscht. Wer aber geschützte Filme und Musik anbietet, macht sich strafbar. Das ist vielen Nutzern bereits bewusst. Problematisch hierbei: Bei Börsen wie BitTorrent kann man nicht nur runterladen. Wer zum Beispiel einen Film herunterlädt, stellt gleichzeitig die unfertigen Teile zur Verfügung, die er bereits geladen hat. Damit ist er auch ein Anbieter. Deshalb wird immer mehr auf Alternativen wie Rapidshare zurückgegriffen. Hier werden Dateien online zur Verfügung gestellt. Man lädt sie direkt von der Homepage herunter.

Doch auch diese Praxis ist ausdrücklich verboten und wird strafrechtlich verfolgt. Es handelt sich um Kopien von »unrechtmäßig online zum Download angebotenen« Vorlagen. Unrechtmäßig sind Vorlagen, wenn sie urheberrechtlich geschützt sind. Wer also den neuesten *James Bond* herunterlädt, noch bevor dieser im Kino anläuft, kann davon ausgehen, dass das Angebot illegal ist. Auch der Download ist also verboten.

Der gelegentliche Nutzer von Tauschbörsen macht sich ebenso strafbar wie der kommerzielle Vermarkter von Raubkopien. Eine Bagatell-Klausel für geringfügige Verstöße gibt es nicht - auch wenn Verfahren bei wenigen Verstößen wegen Überlastung der Justiz oft eingestellt werden.

Theoretisch Haft – in der Praxis meist Geldstrafen

Die Filmverleiher zeigen in ihrer »Raubkopierer-sind-Verbrecher«-Kampagne in Kinos und im Fernsehen Spots, die vor bis zu fünf Jahren Haft für Raubkopierer warnen. Tatsächlich ist dieses Höchstmaß noch nie verhängt worden und gilt nur für kommerzielle Kopierer, die unrechtmäßige Duplikate verkaufen.

Als Verbrechen werden rechtlich Straftaten eingestuft, die mit einer Mindeststrafe von einem Jahr Gefängnis bestraft werden. Eine solche Mindeststrafe gibt es für Urheberrechtsverletzungen nicht. Raubkopierer begehen also kein Verbrechen, sondern lediglich ein Vergehen. Für Vergehen zum privaten Gebrauch drohen zwar Haftstrafen von bis zu drei Jahren. Meist werden sie als minderschwer aber nur mit Geldstrafen geahndet oder man einigt sich außergerichtlich auf Ausgleichszahlungen und Unterlassung. Nur jedes fünfte von 1843 Verfahren im Jahr 2006 wurde mit einer Verurteilung abgeschlossen.

Durchschnittlich 3000 Euro Strafe

Die Höhe der Zahlung richtet sich nach dem Schaden, also dem Handelswert der geladenen Dateien und der wirtschaftlichen Situation des Raubkopierers. Durchschnittlich müssen 3000 Euro Schadensersatz gezahlt werden. Dabei werden nicht nur die kürzlich heruntergeladenen Stücke berücksichtigt. Oftmals steht die Polizei unangemeldet vor der Tür und nimmt gleich den ganzen Rechner mit. Dann kann ganz in Ruhe erfasst werden, welche illegalen Kopien sich auf der Festplatte befinden.

Aber auch, wenn es gar nicht zu einer Verhandlung kommt, kann es teuer werden. Allein das Verbotsschreiben eines Anwalts kostet bis zu 2000 Euro Gebühr. Wer den Internetanschluss mit anderen teilt oder seinen Kindern zur Verfügung stellt, sollte wachsam sein. Es haftet nämlich der Besitzer des Internetanschlusses.

Anbieten heißt noch mehr Risiko

Der Download ist zwar genauso verboten wie das Anbieten von geschütztem Material. Das Risiko erwischt zu werden, ist beim Anbieten aber viel höher. Um gegen die illegale Verbreitung vorzugehen, setzen die Inhaber der Lizenz- oder Urheberrechte von Filmen und Musik Suchprogramme ein. Damit wollen sie vor allem die illegalen Anbieter aufspüren.

Durchsucht werden Tauschbörsen und Internetseiten. Dabei erhalten sie allerdings nur die IP-Adresse des Internetnutzers. Anhand dieser Nummer kann jeder Nutzer vom Internetanbieter eindeutig identifiziert werden. Die Anbieter sind nicht immer bereit, die Daten ihrer Kunden preiszugeben. Oft tun sie dies erst, wenn eine Anzeige bei der Staatsanwaltschaft gegen den Internetnutzer vorliegt.

Das Risiko einer Anzeige steigt mit der Anzahl der angebotenen Dateien, aber auch mit ihrer Popularität und Aktualität. Gesucht wird in den Suchmaschinen nach angebotenen Titeln: Wer bietet das aktuelle No-Angels-Album an oder das von Tokio Hotel? Je öfter ein Nutzer mit derselben IP-Adresse auffällt, desto größer wird die Wahrscheinlichkeit einer Anzeige. Da diese Suche recht aufwendig ist, wird vor allem nach den Titeln gesucht, bei denen die größten Verluste vermutet werden. Das sind besonders aktuelle oder populäre Titel. Wer neueste Kinofilme herunterlädt und damit bei den meisten Börsen auch anbietet gerät also schneller ins Visier der Ermittler.

25.3 Datentransfer in heterogenen Netzen

Nun wollen wir einen Blick über den Tellerrand werfen und das wohl am weitesten verbreitete Szenario betrachten, in dem ein Ubuntu-Rechner mit dem Rest der LAN-Welt, bei dem es sich zumeist um Windows-Boxen handelt, verbunden werden soll.

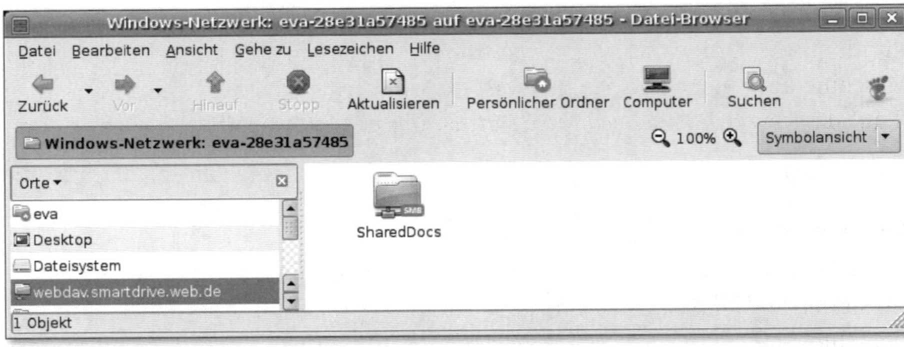

Abbildung 25.9 Browsen von Windows-Freigaben

Das Zauberwort heißt in diesem Fall *Samba* und bezeichnet nicht den bekannten lateinamerikanischen Tanz, sondern vielmehr ein geniales Stück Software von dem australischen Programmierer Andrew Tridgell. Durch sogenanntes Reverse Engineering konnte mit dieser Software ein Windows-Netzwerkprotokoll entschlüsselt und somit in der Folge von *Samba*-Clients und -Servern in UNIX-Umgebungen genutzt werden.

Jeder, der schon einmal versucht hat, einen *Samba*-Server unter Linux »von Hand« aufzusetzen, wird überrascht sein, wie problemlos dies bei Ubuntu möglich ist.

25.3.1 Zugriff auf Windows-Freigaben

Mit einfachen Bordmitteln gelingt es jedem Laien im Handumdrehen, auf eine Windows-Freigabe (das wäre z. B. der Ordner *Gemeinsame Dateien*) zuzugreifen. Unter GNOME verwenden Sie hierzu den Netzwerkbrowser über das Menü Orte • Netzwerkserver.

Nautilus als Netzwerkbrowser

Sollte sich nun im lokalen Netzwerk ein Windows-Rechner befinden, so erscheint im *Nautilus*-Browser ein Icon Windowsnetzwerk. Per Doppelklick auf das Icon lassen sich nun die Rechner anzeigen, die zur entsprechenden Windows-Arbeitsgruppe gehören. Besitzen diese Rechner freigegebene Verzeichnisse (Abbildung 25.9), so können Sie in diese navigieren und Dateien zwischen diesen Verzeichnissen und einer anderen *Nautilus*-Instanz hin- und herkopieren.

Klappt das nicht auf Anhieb, so starten Sie *Nautilus* und wählen im Menü den Punkt Datei • Mit Server verbinden. Alternativ können Sie auch das bekannte Menü Orte • Verbindung zu Server wählen. Hier geben Sie die IP des gewünschten Windows-Servers sowie als Dienstetyp Windowsfreigabe an. Nun sollte der entsprechende Rechner als Icon auf dem Desktop erscheinen. Durch Anklicken des Icons können Sie die Remoteverzeichnisse durchsuchen.

Beachten Sie bitte: Manche Verzeichnisse benötigen eine Loginkennung sowie ein Passwort, um auf nichtöffentliche Ordner zugreifen zu können. In diesem Fall müssen Sie auf der Windows-Maschine über einen entsprechenden Account verfügen. In der Regel sollte man aber Zugriff auf das Verzeichnis *Gemeinsame Dateien* (unter Linux sichtbar als *Shared Docs*) erhalten.

Browsen von Freigaben unter KDE

Auch unter KDE lässt sich mithilfe des *Konquerors* leicht ein Netz nach Windows-Freigaben durchforsten. Starten Sie den *Konqueror* und geben Sie in der Adresszeile `smb:/` ein. Dadurch wird das angeschlossene Netz nach Windows-Rechnern durchsucht. Nun können Sie per Mausklick auf die Rechner beispielsweise auf die freigegebenen Ressourcen zugreifen. Das Hin- und Herkopieren erfolgt einfach durch Drag & Drop zwischen zwei *Konqueror*-Fenstern.

25.3.2 Manuelles Einbinden einer Windows-Freigabe

Freunde der Konsole installieren das Paket *smbfs* und binden eine Windows-Freigabe (auch *Share* genannt) relativ schnell mit folgenden Befehlen ein:

```
user$ mkdir tausch
user$ sudo mount -t smbfs -o username=<Name>, \
password= <Passwort> //192.168.0.103/tausch tausch
```

Zu den einzelnen Parametern: Über `-t` wird dem Mountbefehl mitgeteilt, dass das einzubindende System ein *Samba*-Dateisystem ist. Des Weiteren werden Benutzername sowie Passwort übergeben; dies kann bei öffentlichen Shares entfallen. Der Rechner selbst sowie der Share werden in der Konvention *//<Rechnername>/<Share>* angegeben. Das Verfahren bedingt natürlich die Kenntnis sowohl des Rechner- als auch des Share-Namens. Kennt man nur den Rechnernamen bzw. dessen IP, so kann man sich die freigegebenen Ressourcen über den Befehl `smb client` wie folgt anzeigen lassen:

```
user$ smbclient -U <Benutzer> -L 192.168.0.103
Password:
   Sharename      Type      Comment
   IPC$           IPC       Remote-IPC
   Shared Docs    Disk
   tausch         Disk
```

In diesem Fall findet man den allgemein zugänglichen Ordner *Shared Docs* sowie ein manuell freigegebenes Verzeichnis namens *tausch* auf dem Windows-Rechner. Soll ein freigegebenes Verzeichnis von jedem beliebigen Benutzer eingebunden werden können, so ist ein entsprechender Eintrag in der Systemdatei */etc/fstab* erforderlich. [zB]

Ein Beispiel:

```
#Auszug aus /etc/fstab
//<Rechnername>/<Freigabename> /media/<Freigabename>
smbfs auto,username=user,password=pass 0 0
```

In diesem Fall kann jeder Benutzer die entsprechende Freigabe auf ein (zuvor noch zu generierendes) Verzeichnis */media/<Freigabename>* einbinden.

25.3.3 Linux als Windows-Server (Samba)

Ihren großen Siegeszug hat die *Samba*-Software als Server für Windows-Clients erfahren. Um einen eigenen Datei- oder Druckerserver aufzusetzen, benötigen Sie die folgenden Pakete:

- *samba*
- *smbfs*

Zunächst sollte ein Verzeichnis zum Tauschen explizit erstellt und freigegeben werden. Hier ist dies der Ordner */media/ server*:

```
user$ sudo mkdir /media/server
user$ sudo chmod ugo+rw /media/server
```

Durch den letzten Befehl wurde das Verzeichnis */media/server* weltles-/schreibbar definiert. Für komplexere Rechtevergaben konsultieren Sie die Befehlsreferenz.

Nun gilt es, das neu erstellte Verzeichnis via *Samba* ins Windows-Netz zu exportieren. Dazu muss die Datei */etc/samba/smb.conf* wie folgt geändert bzw. ergänzt werden:

```
user$ sudo gedit /etc/samba/smb.conf
# Auszug aus /etc/samba/smb.conf #
[server]
   comment = Ubuntu Server Verzeichnis
   public = yes
   browseable = yes
   path = /media/server
   writeable = yes
   guest ok = yes
```

security = share

Des Weiteren muss der Sicherheitsmodus angepasst werden. Suchen Sie in der Datei folgende Zeilen und entfernen Sie gegebenenfalls die vorangestellten Kommentarzeichen:

```
security = share
...
guest account = nobody
```

Sollten Sie auf Ihrem Windows-Rechner nicht die Standardarbeitsgruppe *Workgroup* definiert haben, so ist eine weitere Änderung in dieser Datei erforderlich:

```
# Change this to the workgroup/NT-domain name your
# Samba server will part of
   workgroup = <Name Ihrer Arbeitsgruppe>
```

Nach der Änderung der Datei muss der *Samba*-Serverdienst neu gestartet werden:

```
user$ sudo /etc/init.d/samba restart
* Stopping Samba daemons..        [ ok ]
* Starting Samba daemons..        [ ok ]
```

Kommt es wie im obigen Beispiel zu keinerlei Fehlermeldungen, so sollte Ihr *Samba*-Server laufen. Dies lässt sich im Übrigen auch mit

```
user$ ps ax | grep smbd
```

feststellen. Nun können Sie versuchen, den *Samba*-Server von einem Windows-Rechner aus zu erreichen (Abbildung 25.10).

Zu diesem Zweck durchsuchen Sie einfach das Netzwerk (WINDOWSMENÜ • NETZWERKUMGEBUNG • ARBEITSGRUPPENCOMPUTER ANZEIGEN).[3] Das Anklicken des entsprechenden Computer-Icons gibt nun den Blick auf den soeben erstellten Share frei. Testweise kann darin ein Verzeichnis angelegt werden.

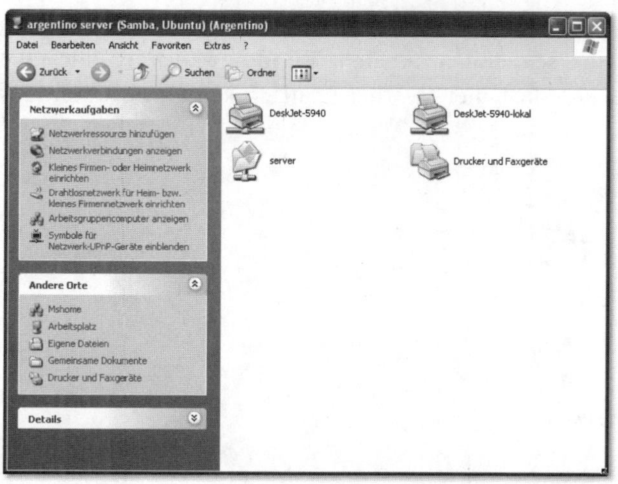

Abbildung 25.10 Samba Share unter Windows

3 Alternativ können Sie auch mit dem Windows-Explorer nach dem Ubuntu-Server suchen, dafür muss Ihnen aber dessen IP-Adresse bekannt sein.

Aufsetzen eines Printservers

Auch Drucker können mit *Samba* vom Ubuntu-Rechner exportiert werden. Dazu ist die *Samba*-Konfigurationsdatei folgendermaßen zu editieren:

```
# Auszug aus /etc/samba/smb.conf #
        printcap name = cups
        load printers = yes
        printing = cups
        printer admin = @users
        use client driver = yes
...
[printers]
        comment = All Printers
        path = /var/tmp
        create mask = 0600
        printable = Yes
        guest ok = yes
        browseable = No
        print command = lpr-cups -P %p -o raw %s -r
```

Starten Sie *Samba* neu, und prüfen Sie im Windows Explorer, ob der Drucker als Freigabe angezeigt wird. Nun muss der Netzwerkdrucker unter Windows noch integriert werden. Wählen Sie dazu in der Systemsteuerung das Druckermenü/Punkt DRUCKER HINZUFÜGEN. In dem Assistenten wählen Sie dann die Option NETZWERKDRUCKER aus. Hier kann der freigegebene Drucker gesucht und ausgewählt werden (Abbildung 25.11). Bei der oben vorgenommenen Konfiguration müssen schließlich auf dem Windows-Rechner noch die Druckertreiber des exportierten Druckers installiert werden, danach kann vom Client aus gedruckt werden.

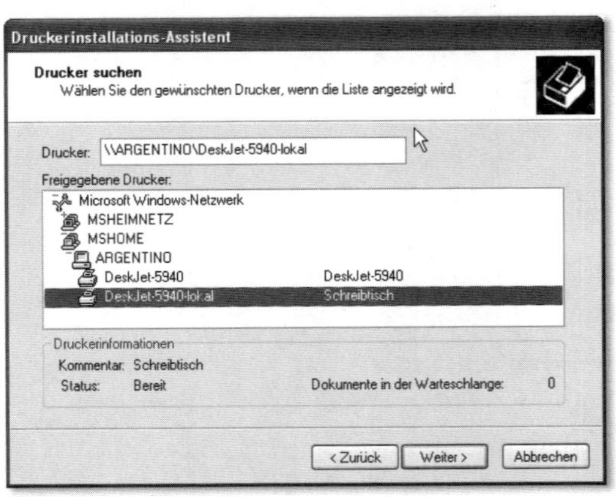

Abbildung 25.11 Einen Samba-Drucker unter Windows nutzen

Administration über SWAT

Wer es leid ist, *Samba* mühsam im Editor zu konfigurieren, installiert am besten das Browser-Frontend SWAT, das *Samba Web Administration Tool.*

Um SWAT nutzen zu können, werden die folgenden Pakete benötigt:

- *swat*
- *xinetd*

Zunächst muss dem Internet-Superserver *xinetd* der Zugriff auf SWAT ermöglicht werden. Dies erreicht man durch Ergänzen des folgenden Eintrags in der Konfigurationsdatei */etc/xinetd.conf*:

```
user$ sudo gedit /etc/xinetd.conf
# Auszug aus /etc/xinetd.conf #
service swat
{
port = 901
socket_type = stream
wait = no
only_from = 127.0.0.1
user = root
server = /usr/sbin/swat
log_on_failure += USERID
disable = no
}
```

Im obigen Beispiel wurde der Zugriff auf SWAT auf den lokalen PC beschränkt. Wünschen Sie einen Remotezugriff, so ist der Punkt ONLY_FROM entsprechend zu modifizieren. Danach kann mithilfe des Programms *nmap*[4] zunächst getestet werden, ob der Dienst *SWAT* gestartet wurde.

```
user$ nmap localhost
...
901/tcp   open  samba-swat
```

Root-Account freischalten

War der Test erfolgreich, so können Sie in einem beliebigen Browser die Zeile `localhost:901` eingeben und sollten dann im *SWAT*-Konfigurationsmenü nach dem Einloggen mit der Standardbenutzer-Account/Passwort-Kombination landen. Für Standardbenutzer ist es jedoch nur möglich, sich den *Samba*-Status sowie die Freigaben anzuschauen. Zur echten

4 nmap muss zunächst via `sudo apt-get install nmap` installiert werden.

Administration muss der Root-Account mittels `sudo passwd root`[5] freigeschaltet werden. Dann kann man sich mit der Login/Passwort-Kombination des Benutzers Root einloggen und die Shares entsprechend verwalten (siehe Abbildung 25.12).

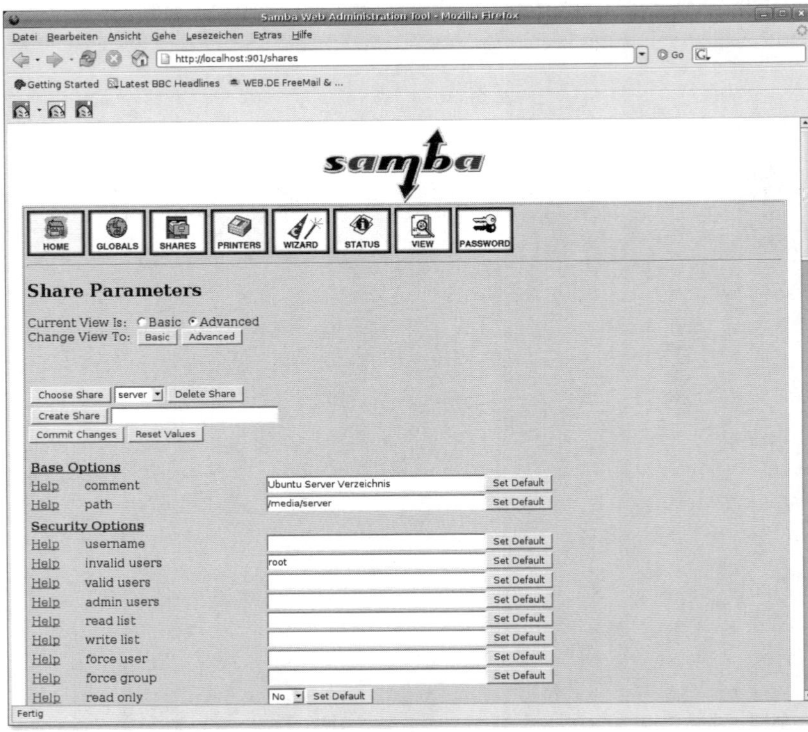

Abbildung 25.12 Samba-Administration mit SWAT

25.4 Remote-Administration

Fernsteuerung

Rechner fernsteuern – das weiß nicht nur der Administrator zu schätzen, der seinen im Keller befindlichen Server warten muss. Außendienstmitarbeiter wünschen sich einen sicheren Zugriff auf das Firmennetzwerk, Anfänger lassen sich von Experten über einen Remote-Desktop helfen. Heutzutage gibt es unter Linux eine Vielzahl von Programmen, die den Zugriff auf einen entfernten Rechner vereinfachen.

5 Beachten Sie, dass dies nur derjenige tun sollte, der weiß, was er damit anrichten kann. Das komplette Ubuntu-System ist, wie in der Einleitung bereits erwähnt, auf die Verwendung des Sudo-Befehls für Root-Aufgaben eingerichtet.

25.4.1 Einen SSH-Tunnel aufbauen

Nachdem Sie in Abschnitt 25.2.1 gelernt haben, wie man mithilfe der Secure Shell SSH auf einen weiteren Rechner per Konsole zugreifen kann, soll im Folgenden gezeigt werden, wie man auf diese Weise auch grafische Programme über das Netzwerk nutzen kann. Dazu wird ein sogenannter X-Tunnel via SSH aufgebaut.

X-Tunneling

Starten Sie den SSH-Server auf dem Zielrechner (das kann über eine Konsolenverbindung geschehen), und loggen Sie sich von dem Client-Rechner aus mittels

```
user$ ssh -X <Benutzername>@<Rechnername>
```

ein. Das Passwort des Benutzers ist bei der Nachfrage einzugeben. Durch den Parameter `-X` wird das sogenannte X-Tunneling aktiviert. Dadurch werden grafische Anwendungen (also: X-Anwendungen) auch auf dem Client korrekt dargestellt. Sie können nun einmal testweise ein grafisches Terminal wie z. B. das `gnome-terminal` durch Eingabe des gleichnamigen Befehls nach dem Einloggen starten. Das neu gestartete Programm sollte dann auf dem Display des Clients erscheinen. Anschließend können komplexere Programme wie *Firefox* oder *OpenOffice* getestet werden. Beachten Sie, dass für den Start von KDE-Programmen auf dem Client-PC die entsprechenden KDE-Bibliotheken installiert sein müssen.

Voraussetzung für derartige Experimente ist eine ausreichend schnelle Netzwerkanbindung beider PCs. Was im LAN flüssig abläuft, kann sich bei einer Modem- oder ISDN-Verbindung als viel zu träge für produktives Arbeiten erweisen. Hier schlägt die große Stunde des im nächsten Abschnitt vorgestellten NX-Servers bzw. Clients.

25.4.2 Den Ubuntu-Desktop exportieren

GNOME-Desktop-Export

Im GNOME-Systemmenü finden Sie *VNC* über EINSTELLUNGEN • ENTFERNTER DESKTOP. Nach dem Starten des Tools (Abbildung 25.13) haben Sie die Möglichkeit, anderen Benutzern im Netz Ihren Desktop zur Verfügung zu stellen. Das ist z. B. in solchen Fällen interessant, wenn Sie Hilfe von einem Experten benötigen.

Aus Sicherheitsgründen empfiehlt es sich, die Nachfrage sowie das Passwort für den Client zu aktivieren. Auf der Clientseite muss nun in einer Konsole lediglich der folgende Befehl eingegeben werden:

```
user$ vncviewer <Rechnername bzw. IP>:0
```

Nun ist gegebenenfalls das oben definierte Passwort einzugeben und abzuwarten, ob der Desktopbesitzer den Zutritt gewährt.

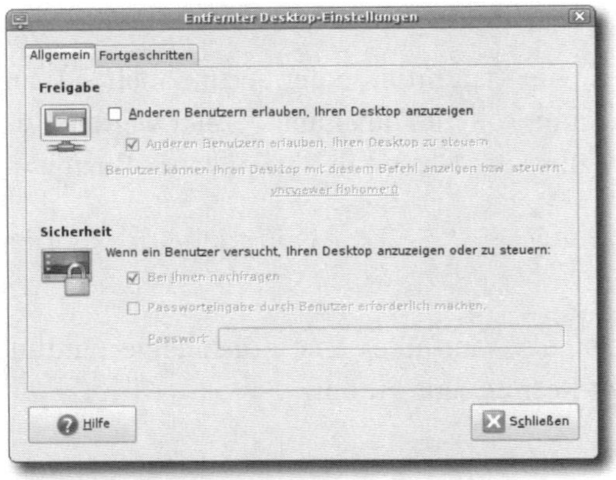

Abbildung 25.13 Export des GNOME-Desktops mit VNC

VNC

Der Export des Desktops basiert auf der Software *VNC* (*Virtual Network Computing*) und eignet sich hervorragend in pädagogischen Umgebungen, um Schülern, die Probleme mit der Software haben, sprichwörtlich unter die Arme zu greifen. Es gibt übrigens auch einen *VNC*-Viewer für Windows, mit dem auf einen laufenden Linux-Server zugegriffen werden kann. Sie finden das Programm unter *www.realvnc.com/download.html*.

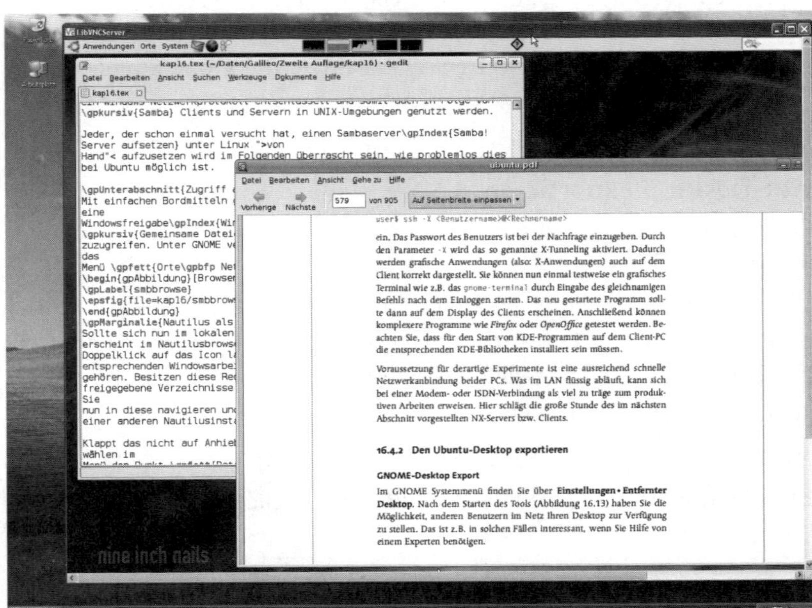

Abbildung 25.14 Ubuntu von Windows aus fernsteuern

Dadurch sparen Sie sich teure Zusatzsoftware, die Windows mit einem X-Server ausstattet, um per SSH-X-Tunneling auf einen Linux-Client zuzugreifen. Der umgekehrte Weg funktioniert übrigens auch ganz hervorragend (Abbildung 25.14).

Desktopexport mit KDE

Auch KDE bringt einen entsprechenden Server mit, um per *VNC* die Oberfläche zu exportieren. Sie finden das entsprechende Programm unter SYSTEM • VERBINDUNG ZU FREMDRECHNER • ARBEITSFLÄCHE FREIGEBEN. Das Frontend heißt *krfb*.

FreeNX

FreeNX ist der neue Shooting Star in der Szene, wenn es darum geht, grafische Benutzeroberflächen auf einem Client-PC auch über eine relativ schmalbandige Anbindung (z. B. Modem oder ISDN) zu nutzen. Wer jemals probiert hat, KDE über das im vorigen Abschnitt beschriebene VNC-Interface per Modem fernzusteuern, weiß, wovon die Rede ist. Der quälend langsame Aufbau der Fenster sowie die kaugummizähen Reaktionen der Maus lassen hier keine wirkliche Freude bei der Remote-Desktopnutzung aufkommen.

NX von Nomachine

NX wurde von der Firma Nomachine entwickelt. Der Client zur Verbindung mit einem NX-Server ist kostenlos, die Serversoftware selbst ist kostenpflichtig. Der *Knoppix*-Entwickler Fabian Franz hat zusammen mit Kurt Pfeifle den quelloffenen, freien FreeNX-Server programmiert, der mittlerweile auch für Ubuntu erhältlich ist.

Der unglaublich schnelle Aufbau des Desktops sowie die unmittelbare Reaktionsfähigkeit beruhen auf den folgenden technischen Kniffen:

- Die Übertragung der grafischen Daten mit dem X-Protokoll erfolgt in Verbindung mit einer ausgeklügelten Datenkompression.
- Häufig benutzte grafische Elemente des Desktops werden lokal gespeichert (gecachet).
- Im Gegensatz zu *VNC* wird nicht der gesamte Desktop übertragen, sondern immer nur kleine Änderungen. Das Verfahren ist im weitesten Sinne vergleichbar mit dem MPEG-Kompressionsverfahren im Videobereich.

Die genannten Eigenschaften führen zu einer wesentlich geringeren CPU-Belastung auf der Serverseite. Unter Ubuntu wird *FreeNX* folgendermaßen konfiguriert: Zunächst ist es notwendig, ein externes Repository in die Paketverwaltung einzubinden. Dazu ergänzen Sie die folgende Zeile in der Datei */etc/apt/sources.list*:

```
# Auszug aus /etc/apt/sources.list #
deb http://seveas.ubuntulinux.nl/ breezy-seveas all
```

Um das Repository nutzen zu können, muss noch dessen gpg-Schlüssel importiert werden:

```
user$ sudo gpg --keyserver subkeys.pgp.net \
--recv-keys 1135D466
user$ sudo gpg --export --armor 1135D466 | \
sudo apt-key add -
```

Nun können Sie mithilfe von *Synaptic* oder auf der Kommandozeile via `sudo apt-get freenx` das Paket *freenx* installieren. Nach der Installation meldet sich sofort die Konfigurationsroutine des Programms. Als Schlüsseltyp empfiehlt sich die Verwendung des Nomachine-Keys. Nun sollte ein bestehender Systembenutzer dem NX-Server bekannt gemacht und dessen Passwort gesetzt werden:

```
user$ sudo nxserver --adduser <Benutzername>
user$ sudo nxserver --passwd <Benutzername>
NX> 100 NXSERVER - Version 1.4.0-45-SVN OS (GPL)
New password:
Password changed.
NX> 999 Bye
```

Jetzt können Sie sich bereits mit Hilfe eines NX-Clients auf dem Rechner einloggen. Für Ubuntu-Clients installieren Sie hierfür das Paket *nxclient* aus dem oben definierten Repository.

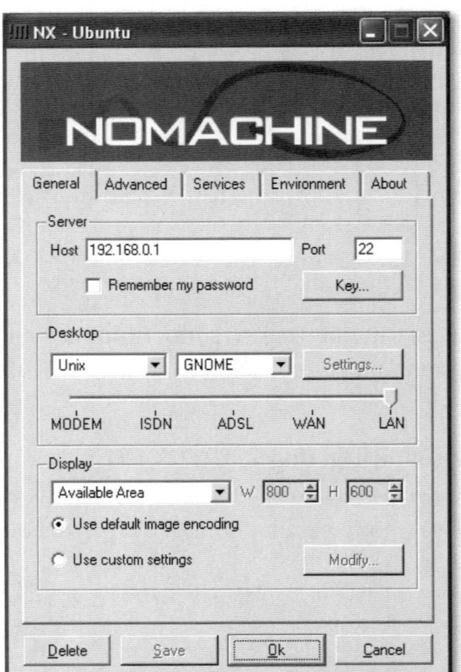

Abbildung 25.15 Konfiguration des NX-Clients, hier die Windows-Variante

Das Programm wird nach der Installation folgendermaßen gestartet:

```
user$ /usr/NX/bin/nxclient
```

Danach startet eine Setup-Routine, die im Wesentlichen selbsterklärend ist. Als Desktopsystem sollte in der Regel GNOME definiert werden.

Im Verlauf der Installationsroutine wird ein Icon auf dem Desktop erzeugt, das später genutzt werden kann. Nun können Sie sich auf der Remote-Maschine mit Ihrer Kennung anmelden.

Windows-Anwender laden den freien Client von der Seite *www.nomachine.com* herunter und installieren diesen. Die Konfiguration der Clients ist selbsterklärend. Zur Aufnahme der Verbindung muss die oben gesetzte Login-Passwortkombination eingegeben werden. Als Desktopsystem wird GNOME definiert (Abbildung 25.15). Nun können Sie sich auch unter Windows an der äußerst flotten Remoteverbindung erfreuen.

25.4.3 Virtual Private Networking (VPN)

Das Konzept des Virtual Private Networking (*VPN*) gibt dem Benutzer die Möglichkeit, vertrauliche Daten gesichert über ein per se unsicheres Netzwerk zu transportieren. Durch die Einrichtung eines sogenannten VPN-Tunnels gelangen die Daten (abhör)sicher vom Sender zum Empfänger und zurück. Unter Ubuntu lässt sich *VPN* leicht mit dem Paket *openvpn* realisieren.

OpenVPN ist Bestandteil des Universe Repositorys. Seit der Version 2.0 kann das Programm auch als Server z. B. innerhalb eines Firmennetzes betrieben werden. Für den Privatanwender bietet sich der Einsatz in Verbindung mit den üblicherweise schwach abgesicherten WLAN-Netzen an. Im Folgenden sollen zwei prominente Beispiele vorgestellt werden.

WLAN per VPN-Tunnel

Zunächst soll das für Heimanwender interessante Beispiel besprochen werden, ein WLAN mit VPN-Tunnel abzusichern. Um Komplikationen bei der Konfiguration zu vermeiden, empfiehlt es sich, zunächst die WLAN-Verschlüsselung zu deaktivieren und sie nach dem erfolgreichen Einrichten des *VVPN* wieder zu aktivieren. Das folgende Planspiel geht von der folgenden Infrastruktur aus:

- Ein Laptop ist mit einem WLAN-Device *wlan0* (IP: 192.168.0.104) ausgestattet.
- Das VPN-Device auf der Seite des Laptops wird mit der IP-Adresse 192.168.8.104 definiert.
- Im Netz befindet sich ein Server, der über einen Ethernet-Adapter (IP: 192.168.0.1) an den zentralen Router angeschlossen ist.
- Die IP des VPN-Devices auf der Serverseite wird als 192.168.8.1 definiert.

Schlüssel erzeugen

Zunächst muss auf dem Server ein Schlüssel erzeugt werden. *VPN* arbeitet zwar auch mit dem Konzept des privaten und öffentlichen Schlüssels, in privaten Netzen ist es jedoch am einfachsten, wenn Client und Server mit dem gleichen Schlüssel arbeiten.

Mit folgendem Befehl wird der Schlüssel zunächst auf dem Server *server$* erzeugt:

```
server$ sudo openvpn --genkey --secret \
/etc/openvpn/secret.key
```

Dieser Schlüssel muss nun auf sicherem Weg auf den Server befördert werden. Dazu bedient man sich des Werkzeugs *scp*. Zu beachten ist, dass bei der ganzen Aktion mehrfach die Rechte der Datei umdefiniert werden müssen. Das Ganze geschieht unter Zuhilfenahme der jeweiligen Home-Verzeichnisse. Auf dem Server ist folgendermaßen zu verfahren:

```
server$ sudo cp /etc/openvpn/secret.key ~
server$ cd
server$ sudo chmod a+r secret.key
server$ sudo scp secret.key <Benutzer>@client:~
```

Auf dem Client wird der importierte Schlüssel in das Verzeichnis */etc/openvpn* befördert

```
client$ cd
client$ sudo cp secret.key /etc/openvpn
```

Damit wären die Schlüssel abgeglichen. Nun wird der VPN-Tunnel »gebohrt«. Auf der Serverseite ist folgender Befehl einzugeben:

```
server$ sudo openvpn --daemon --dev tun0 \
--remote 192.168.0.104 \
--ifconfig 192.168.8.1 192.168.8.104 \
--secret /etc/openvpn/secret.key
```

Auf der Clientseite sind die IP-Adressen entsprechend anzupassen:

```
server$ sudo openvpn --daemon --dev tun0 \
--remote 192.168.0.1 /
--ifconfig 192.168.8.104 192.168.8.1 \
--redirect-gateway \
--secret /etc/openvpn/secret.key
```

Routing setzen

Der zusätzliche Parameter *redirect-gateway* sorgt dafür, dass auf dem Client jeglicher Datentransfer per Routing über den Tunnel geleitet wird. Auf beiden Rechnern sollte in jedem Fall ein neues Netzwerk-Device zu finden sein:

```
server$ ifconfig
...
tun0      Protokoll:UNSPEC  Hardware Adresse
00-00-00-00-00-00-00-00-00-00-00-00-00-00-00-00
inet Adresse:192.168.8.1  P-z-P:192.168.8.104
```

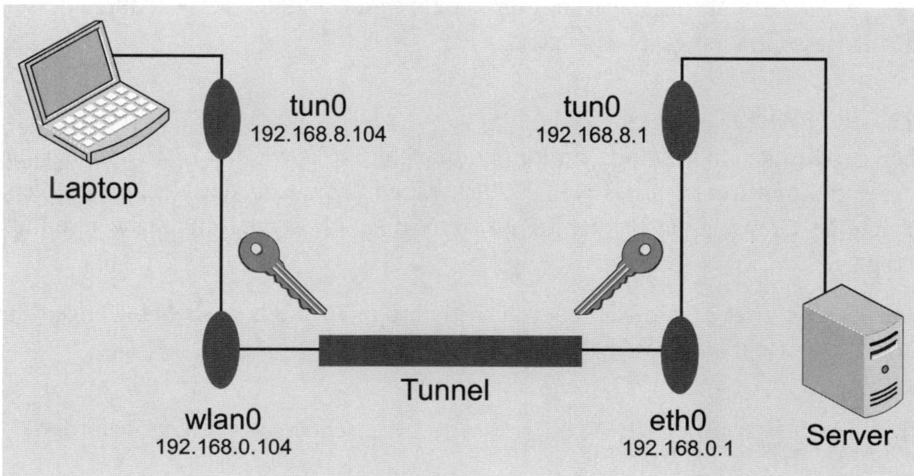

Abbildung 25.16 Topologie eines VPN

Nachdem Sie per `ping` getestet haben, ob die Verbindung steht, können die üblichen WLAN-Schutzmechanismen (WEP-Key etc.) wieder aktiviert werden. Die beschriebene Situation ist noch einmal in Abbildung 25.16 dargestellt.

Per Internet auf den Heim-PC

Eine weitere Anwendungsmöglichkeit von *VPN* ist die sichere Verbindung aus dem Internet auf den heimischen Rechner. Da ein solcher Rechner vom Provider zumeist eine dynamische IP zugewiesen bekommt, kann man einen Dienst wie *DynDNS* (*www.dyndns.org*) in Anspruch nehmen.

Auf dem Server soll nun der *VPN*-Dienst gestartet werden. Da dieser aber zunächst nicht die IP-Adresse des Clients kennt, fehlt bei der Konfiguration der Parameter `remote`:

```
server$ sudo openvpn --daemon --dev tun0 \
--ifconfig 192.168.8.1 192.168.8.104 \
--secret /etc/openvpn/secret.key
```

Nun wartet der Server darauf, dass sich der Client bei ihm meldet. Der *VPN*-Befehl auf dem Client sieht folgendermaßen aus:

```
server$ sudo openvpn --daemon --dev tun0 \
--remote server.dyndns.org \
--ifconfig 192.168.8.104 192.168.8.1 \
--redirect-gateway \
--secret /etc/openvpn/secret.key
```

In diesem Fall wurde also die bislang als bekannt vorausgesetzte IP des Servers durch dessen DynDNS-Hostadresse *server.dyndns.org* ersetzt.

Eine Firewall durchtunneln

Mit der oben beschriebenen Methode zur Einrichtung eines *VPN* werden Sie in den meisten Firmennetzwerken und Internetcafés wenig Glück haben. Dort läuft der Netzwerkverkehr zumeist über eine Firewall, die für die UDP-Pakete, die *VPN* standardmäßig verwendet, undurchlässig ist.

[+] Durch einen kleinen Trick lassen sich aber auch derartige Firewalls aushebeln: Fügen Sie einfach auf der Clientseite den Parameter

```
--proto tcp-client
```

und auf der Serverseite den Parameter

```
--proto tcp-server
```

beim Aufruf von *openvpn* hinzu. Dadurch wird eine normale, browser-konforme TCP-Verbindung aufgebaut, die durch jegliche Firewall ungehindert durchkommt. Müßig zu erwähnen, dass derartige Möglichkeiten den Administratoren schlaflose Nächte bereiten.

25.5 Echtzeit-Kommunikation

Die Voice-over-IP Technik (kurz: *VOIP*) schickt sich derzeit an, den Kommunikationsmarkt ordentlich aufzumischen. Aber nicht nur die Telefonie über Internet, sondern auch das Durchführen von Videokonferenzen ist unter Ubuntu Linux leicht realisierbar. Der folgende Abschnitt stellt die bekanntesten Lösungen vor.

25.5.1 Internettelefonie

Beginnen wir mit einer freien Telefoniesoftware. Die Software *Ekiga* arbeitet mit dem verbreiteten SIP-Protokoll (*Session Initiation Protocol*). Dieses übernimmt lediglich die Koordination und signalisiert im Prinzip nur das Hereinkommen eines Gesprächs. Die eigentliche Datenübertragung erfolgt über das *Realtime Transport Protocol* (RTP). Die Teilnehmer besitzen SIP-Adressen der Form `sip:Benutzername@Host`. Wer Internettelefonie langfristig betreiben möchte, der kommt um einen Account bei den gängigen Providern nicht herum. Ein erster Test kann zunächst im heimischen Netz zwischen zwei PCs (z. B. Desktop oder Laptop) erfolgen. Für das folgende Beispiel werden wir einen PC mit der IP 192.168.0.1 mit einem Laptop (IP: 192.168.0.2) verbinden. Dazu sollte auf beiden Rechnern die Soundhardware (Lautsprecher/Kopfhörer, Mikrofon) konfiguriert sein. Ideal ist hierbei die Verwendung eines USB-Headsets,[6] dessen Einrichtung im Folgenden noch einmal kurz besprochen werden soll. Alternativ können Sie aber mittlerweile auch Bluetooth-Headsets verwenden.

Konfiguration der Hardware

Schließen Sie das Headset an einen freien USB-Port Ihres Rechners an, warten Sie einen Augenblick, und öffnen Sie das GNOME-Audiokonfigurations-Applet (SYSTEM • EINSTELLUNGEN • AUDIO). Wählen Sie hier unter der Rubrik DEFAULT SOUND CARD das hoffentlich erkannte Headset aus.

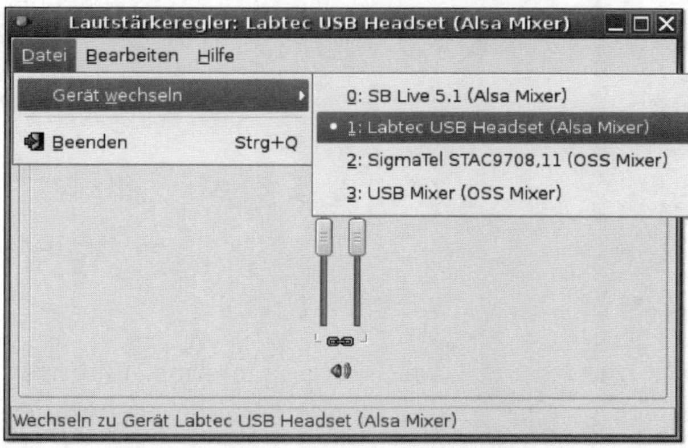

Abbildung 25.17 Einstellung der Pegel des Headsets

Pegel kontrollieren

Nun müssen noch Wiedergabe- und Aufnahmepegel eingestellt und getestet werden. Öffnen Sie dazu das Mixer-Applet (Rechtsklick über dem Lautsprechersymbol im Panel bzw. ANWENDUNGEN • UNTERHALTUNGSMEDIEN • LAUTSTÄRKEREGLER). Hiermit können Sie über DATEI • GERÄT WECHSELN zunächst das Headset auswählen und schließlich die Aussteuerung für Mikrofon und Kopfhörer justieren (Abbildung 25.17). Bei der Kontrolle des Mikrofonpegels hilft das Menü ANWENDUNGEN • UNTERHALTUNGSMEDIEN • AUFNAHMEPEGELANZEIGE.

Einrichtung der Software

Starten Sie nun das Programm *Ekiga* auf beiden Rechnern (ANWENDUNGEN • INTERNET • EKIGA bzw. durch Eingabe von `linphone` in einer Shell). Zunächst sollte getestet werden, ob die Soundhardware innerhalb des Programms korrekt erkannt wurde. Wechseln Sie zu diesem Zweck zum Menü START • EINSTELLUNGEN, dort zum Untermenü SOUNDTREIBER, und wählen

6 USB-Soundhardware hat den Vorteil, digitale Signale direkt ohne Umweg über die Soundkarte zu liefern.

Sie dort Ihr Headset aus. Nun kann getestet werden, ob der Kommunikationspartner im LAN erreichbar ist. Geben Sie im Eingabefeld die SIP-Adresse des Gegenübers ein, und betätigen Sie den Knopf ANRUFEN (Abbildung 25.18). Der Partner muss nun den Anruf mit dem entsprechenden Knopf bestätigen, und das Gespräch kann beginnen.

Abbildung 25.18 Die VOIP-Software Linphone

Probleme durch Firewall

Probleme können gegebenenfalls auftreten, wenn die Kommunikation durch eine Firewall läuft. Hierbei ist darauf zu achten, dass die Firewall auf den Ports 7078/udp und 5060/udp geöffnet wird. Sollten Sie einen Router verwenden, so müssen diese beiden Ports auf die interne IP-Adresse des entsprechenden PCs weitergeleitet werden. Eine andere Alternative, die auch bei geschlossenen Firewalls funktioniert, ist die Verwendung des Zusatzprotokolls STUN (*Simple Traversal of UDP via NATs*). Leider wird dieses Zusatzprotokoll derzeit von *Linphone* noch nicht unterstützt.

Gespräch über das Internet führen

Wer international per VOIP telefonieren möchte, der sollte sich einen Account bei einem der gängigen Anbieter beschaffen.

[»] Eine Marktübersicht finden Sie unter *http://www.onlinekosten.de/voip/anbieter*.

Generell gilt: Anrufe von PC zu PC sind innerhalb des gleichen Netzes kostenlos; möchte man auch in das Festnetz telefonieren, so fallen Gebühren von circa 1,0 ct/min an, Gespräche in die Mobilfunknetze kosten circa 20 ct/min. Für Einsteiger eignen sich insbesondere die Anbieter Sipgate (*www.sipgate.de*), Freenet (*www.freenet.de*) und web.de (*www.web.de*).

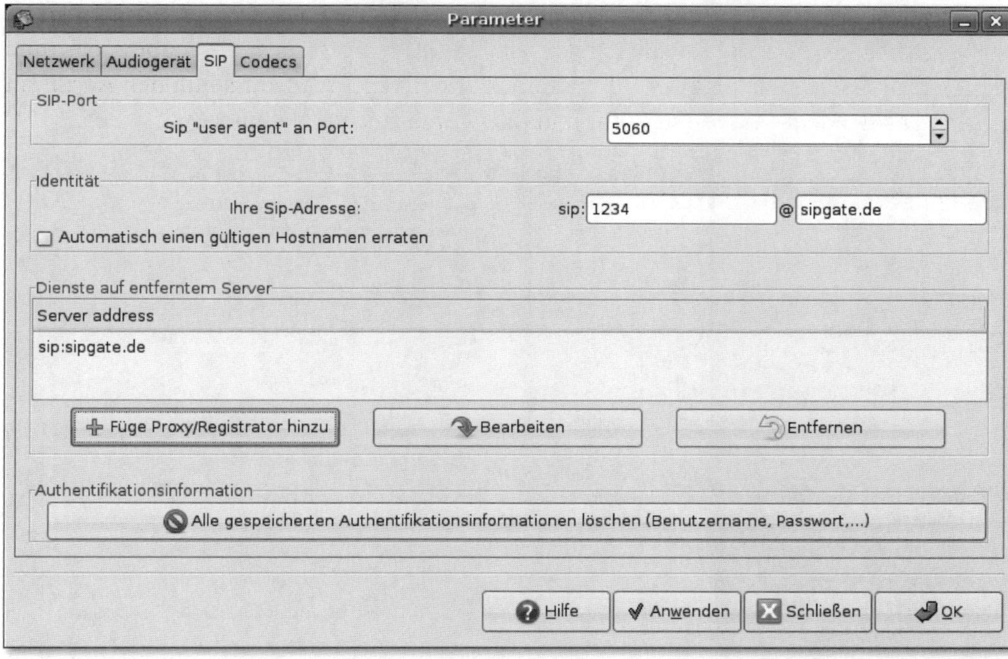

Abbildung 25.19 Konfiguration des Sipgate-Anschlusses.

Das Festnetz erreichen

Möchte man ins Festnetz telefonieren, so ist lediglich der Proxyserver des SIP-Providers im Menü unter EINSTELLUNGEN • SIP zu definieren. Zudem muss die eigene, vom Provider zugewiesene SIP-Adresse angegeben werden (Abbildung 25.19). Die Verbindung selbst erfolgt dann analog zur im letzten Abschnitt beschriebenen Verfahrensweise. Für Festnetzverbindungen ist das Nummernwahlpad zu verwenden, das sich hinter der Schaltfläche MEHR ANZEIGEN • DTMF verbirgt. Um einen Festnetzteilnehmer anzurufen, wählt man am besten im Format *<Länderkennung><Ortsnetzvorwahl ohne Null><Rufnummer>*.

KPhone

Nicht nur KDE-Anwender sind von der Software *KPhone* angetan. Im Gegensatz zu *Ekiga* funktioniert hier auch das STUN-Verfahren. Sie installieren *KPhone* durch das gleichnamige Paket.

Unter GNOME sind einige zusätzliche KDE-Bibliotheken erforderlich, was aber bei Verwendung von *Synaptic* bzw. *apt-get* automatisch berücksichtigt wird. Die Konfiguration des Programms ähnelt der Verfahrensweise bei *Linphone*. Zusätzlich haben Sie die Möglichkeit, eine Webcam für Videokonferenzen zu integrieren.

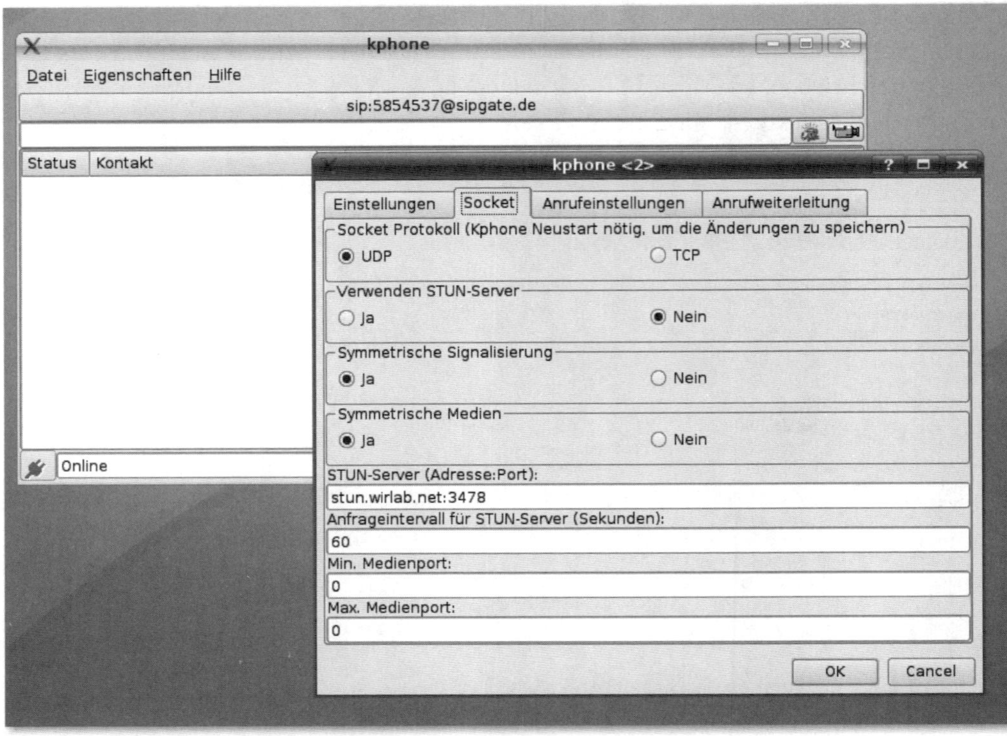

Abbildung 25.20 KPhone – Voice over IP unter KDE

[»] Möchten Sie die Nutzung eines Providers umgehen, so bietet es sich an, einen Account bei *dyndns.org* zu reservieren und Ihren Kommunikationspartnern die URL zukommen zu lassen. Auf diese Weise können Sie ein komplett freies Kommunikationsnetz einrichten.

Ein paar Worte zu Skype

Sicherlich wird sich der eine oder andere Leser fragen, warum die *Skype*-Software an dieser Stelle nur am Rande erwähnt wird. Der Grund: *Skype* verwendet zum Datentransfer ein proprietäres Protokoll, das in keiner Weise mit dem SIP-Protokoll in Einklang zu bringen ist. Darüber hinaus ist das Programmpaket nicht Bestandteil der Ubuntu Repositorys. Es bleibt abzuwarten, ob *Skype* sich dem Open-Source-Markt öffnet.

25.5.2 Videokonferenzen

Ekiga

Der nächste Schritt besteht darin, den Kommunikationspartner nicht nur zu hören, sondern auch zu sehen. Das entsprechende Werkzeug zu diesem Zweck ist ebenfalls das Programm *Ekiga* (Anwendungen • Internet • Ekiga. Nachdem im vorigen Abschnitt bereits das Mikrofon zur Übertragung von Audiosignalen justiert wurde, muss nun noch die Webcam angeschlossen werden. Die Verfahrensweise dazu wurde bereits in Abschnitt 19.12.1 auf Seite 597 beschrieben, sodass wir bei der folgenden Beschreibung von einer komplett vorkonfigurierten Hardware-Infrastruktur ausgehen.

Abbildung 25.21 Der Ekiga-Konfigurationsdruide

Der Konfigurationsassistent

Beim ersten Start von *Ekiga* durchlaufen Sie den Konfigurationsdruiden. In den einzelnen Phasen ist folgendermaßen vorzugehen:

- Nach Bestätigung des Begrüßungstextes geben Sie zunächst Ihren Namen sowie Ihre E-Mail-Adresse an. Letztere ist insbesondere wichtig, um sich beim *Ekiga*-Benutzerverzeichnis anzumelden. Mit der erzeugten »callto«-Adresse sind Sie künftig im *Ekiga*-Netz erreichbar. Um sich in dem Verzeichnis anzumelden, entfernen Sie bitte den Haken im unteren Fensterbereich.
- In den nächsten Schritten werden der Verbindungstyp sowie der NAT-Router definiert. Klicken Sie im entsprechenden Menü auf NAT-TYP ERKENNEN.Gegebenenfalls empfiehlt das Programm, das STUN-Protokoll bzw. einen STUN-Server zu verwenden, was bestätigt werden sollte.
- Nun beginnt die Hardware-Einrichtung. Für Ihre Audiohardware sollte die ALSA-Schnittstelle verwendet werden. Als Gerät für Aufnahme und Wiedergabe wählen Sie Ihr Headset aus. Zudem haben Sie hier die Möglichkeit, die Funktion des Systems zu testen (Abbildung 25.21).

- Als Videomanager sollte *V4L* (*Video for Linux*) verwendet werden. Auch bei der Videohardware empfiehlt es sich, den angebotenen Test durchzuführen.
- Im letzten Schritt werden die Einstellungen noch einmal aufgelistet. Wichtig ist dabei die generierte callto-Adresse der Form `callto:ils. seconixcom/<E-Mail-Adresse>`. Unter dieser Adresse sind Sie nun für Ihre Gesprächspartner weltweit erreichbar.

Damit wäre die Konfiguration abgeschlossen und das *Ekiga*-Hauptprogramm öffnet sich. Zunächst sollten Sie durch Betätigen des Webcam-Symbols Ihr eigenes Kamerabild testen. Anschließend können Sie durch Eingeben einer callto-Adresse die eigentliche Videokonferenz starten. Sollten Sie niemanden kennen, mit dem Sie in Verbindung treten können, so können Sie das Benutzerverzeichnis aus der Symbolleiste aufrufen und sich jemanden aussuchen, der Kontakte akzeptiert (siehe Kommentarzeile im Benutzerverzeichnis). Dadurch lassen sich Videokonferenzen rund um den Globus abhalten.

Parallelwelten erreichen: Amsn

Obwohl *GnomeMeeting* auch mit einigen Tricks Verbindungen zu Netmeeting-Clients aus der Windows-Welt aufnehmen kann, bietet sich hier ein anderes Programm an: Mit dem Microsoft Messenger harmoniert am besten das Linux-Paket *amsn* (*Alvaro's MSN Messenger*). Installieren Sie den Messenger über

```
user$ sudo apt-get install amsn
```

und starten Sie das Programm durch Eingabe von `amsn` in einer Konsole. Die Konfiguration ähnelt der des Microsoft-Programms. Sie haben die Möglichkeit, sich über das Programm beim MSN-System anzumelden und dort ein Konto einzurichten.

*»Was wir brauchen, sind ein paar verrückte Leute;
seht euch an, wohin uns die Normalen gebracht haben.«*

*George Bernard Shaw (26.07.1856 – 02.11.1950)
irischer Dramatiker, Schriftsteller und Nobelpreisträger*

26 Ubuntu als Server

In diesem Abschnitt sollen einige spezielle Serveranwendungen besprochen werden, die vielleicht nicht ganz alltäglich sind. Dazu gehört z. B. der Apache Webserver und der SQL-Server. Beginnen wollen wir allerdings mit einigen nützlichen Standard-Serverdiensten.

26.1 Einen Nameserver einrichten

Wer etwas größere lokale Netzwerke zu administrieren hat, der wird den Einsatz eines Nameservers schätzen. Dieser sorgt dafür, dass die Clients des Netzwerks nicht mühsam von Hand mit IP-Adressen versehen werden müssen. Das Standardpaket unter Linux ist *dhpd*, einfacher geht die Einrichtung des Nameserverdienstes aber mit dem Paket *dnsmasq*, das im *Universe*-Repository zu finden ist. Sie installieren *dnsmasq* über

```
sudo apt-get install dnsmasq
```

26.1.1 dnsmasq

Das Programmpaket beinhaltet unter anderem auch einen Nameserver-Forwarder, sodass sämtliche lokalen Rechner auch noch mit dem richtigen Nameserver versorgt werden. *Dnsmasq* leitet Anfragen nach externen Adressen an den Nameserver, der in der Datei */etc/resolv.conf* definiert wurde, weiter. Wir unterscheiden im Folgenden zwei verschiedene Konfigurationsszenarien.

26.1.2 Konfiguration als einfacher DNS-Server

Dnsmasq greift zur lokalen Namensauflösung auf */etc/hosts* zurück.

Darin sind die im Netzwerk befindlichen Rechner einzutragen:

```
# Auszug aus /etc/hosts auf Server
192.168.0.1  server.heimnetz.de  server  # Server
192.168.0.2  desktop.heimnetz.de desktop # Desktop-PC
192.168.0.3  laptop.heimnetz.de  laptop  # Laptop
```

Soll *dnsmasq* nur als DNS arbeiten, ist die Konfiguration auf dem Server damit beendet. Auf der Clientseite ist in der Datei */etc/resolv.conf* der Server als DNS einzutragen:

```
# Auszug aus /etc/resolv.conf auf Client
search heimnetz.de
nameserver 192.168.0.1
```

Dadurch wird dann insbesondere auch der auf dem Server befindliche DNS-Eintrag des Providers weitergereicht.

26.1.3 Konfiguration als DHCP-Server

Spätestens dann, wenn die Anzahl der Rechner im lokalen Netz zweistellig wird, fährt man mit einem DHCP-Server besser. Dieser verteilt dynamische IP-Adressen an die im Netz befindlichen PCs, ungefähr so, wie das bei der Einwahl zu Ihrem Internetprovider auch geschieht. Die Konfiguration ist ein wenig aufwendiger. Zunächst wird die Datei */etc/dnsmasq.conf* bearbeitet:

```
# Auszug aus /etc/dnsmasq.conf
# Bereich, aus dem dnsmasq die IP-Adressen verteilt
dhcp-range=192.168.0.41,192.168.0.50,12h
# 12h ist die Lease-Time
```

26.1.4 MAC-Adressen nutzen

Wenn man möchte, dass einzelne Clients immer die gleiche IP-Adresse bekommen sollen, so lässt sich das über folgenden Eintrag mithilfe der MAC-Hardwareadressen realisieren:

```
dhcp-host=00:0E:A6:86:03:CF,
laptop,192.168.0.3,infinite
```

In diesem Fall wird die Hardwareadresse der Netzwerkhardware fest mit der obigen IP verknüpft. Erstere erfährt man durch den Befehl `ifconfig` auf dem entsprechenden Rechner:

```
user$ ifconfig
eth0  Hardware Adresse 00:0E:A6:86:03:CF
```

Wer im Besitz eines Laptops ist, das wechselweise per Ethernet-Kabel oder WLAN mit dem Netz zu verbinden ist, kann folgende Einstellung vornehmen:

```
dhcp-host=00:00:F0:71:EE:74,link,infinite
dhcp-host=00:0E:35:22:9D:1B,link,infinite
```

So werden demselben physikalischen Gerät in Abhängigkeit von dem genutzten Device unterschiedliche Adressen zugeteilt. Der DHCP-Server kann seinen Clients weitere Informationen übermitteln, beispielsweise die Adresse eines weiteren Rechners, der als Internetgateway agiert:

```
# Syntax: Optionsnummer, Adresse
dhcp-option=3,192.168.1.1
```

Mehr zu der Zuordnung der Optionsnummern entnehmen Sie den Kommentaren in der Datei */etc/dnsmasq.conf*. Ein Zeitserver zum Abgleich der lokalen Zeit wird schließlich folgendermaßen eingetragen:

```
dhcp-option=42,192.53.103.103
# Timeserver ptbtime1.ptb.de
```

In diesem Fall wurde der Stratum1-Server der Physikalisch-Technischen Bundesanstalt Braunschweig zum Zeitabgleich definiert. Apropos Zeitserver: In der »normalen« Ubuntu-Installation wird automatisch der Abgleich der lokalen Zeit mit dem Ubuntu-Zeitserver *ntp.ubuntulinux.org* eingestellt. Dieser Server wird in der Datei */etc/default/ntpdate* definiert. Hier ist es sicherlich ratsam, einen lokalen Server wie z. B. den oben angegebenen zu definieren. Nach der Änderung des Zeitservers kann dieser über

```
user$ sudo /etc/init.d/ntpdate restart
```

getestet werden.

26.2 Einen Webserver aufsetzen

Webdesigner und Blogger schätzen die Möglichkeit, unter Ubuntu Linux in kurzer Zeit einen voll funktionsfähigen *Apache*-Webserver aufsetzen zu können, um ihre Webinhalte im lokalen Netz zu testen, bevor diese auf den Internetserver hochgeladen werden.

26.2.1 Apache-Webserver

Folgende Pakete sind zunächst für die aktuelle *Apache*-Serverbasis zu installieren:

- *apache2*
- *apache2-common*
- *apache2-doc*

Damit wird das neue *Apache2*-Release installiert. Wer ein schlankes, bewährtes System bevorzugt, der kann auch getrost auf die ältere Version 1.3.x zurückgreifen und folgende Pakete installieren:

- *apache*
- *apache-common*
- *apache-doc*

Zusätzlich können nun noch einige Module installiert werden, um den *Apache* z. B. um die *PHP*- sowie *Python*-Funktionalität zu erweitern:

Zur Integration von PHP sind dies

- *libapache2-mod-php5*
- *php5*
- PHP-Module wie *pear*, *mysql*, *pgsql*, ...

Python wird mit folgenden Paketen nachgerüstet:

- *libapache2-mod-python*
- *python*

Nach der Installation der obigen Pakete via `apt-get` bzw. *Synaptic* lässt sich der Apache-Server mit folgenden Kommandos kontrollieren:

```
user$ sudo /etc/init.d/apache <start|stop|restart>
```

26.2.2 Test per Browser

Dabei ist jeweils einer der Parameter `start`, `stop` bzw. `restart` zu verwenden. Ob der Server läuft, erfahren Sie am einfachsten durch den Aufruf der lokalen IP bzw. durch Eingabe des Schlüsselworts `localhost` in einem Browser Ihrer Wahl. Dort wird dann zunächst ein Verzeichnis *apache2-default* angezeigt. Klickt man dieses an, so landet man auf der Default-Startseite des Webservers (Abbildung 26.1).

Das Verzeichnis des Webservers befindet sich in der Standardeinstellung unter */var/www* und ist nur für den Administrator beschreibbar. Sämtliche nachinstallierten Module legen dort ebenfalls ihre Dateien ab. Möchten Sie als normaler Nutzer Webinhalte testen, so empfiehlt es sich, das Verzeichnis entweder weltles-/schreibbar zu machen oder es einfach mithilfe eines symbolischen Links umzusiedeln.

Die folgenden Befehle verschieben dash Verzeichnis in ein privates */home*-Verzeichnis:

```
user$ sudo cd /home/<Benutzer>
user$ sudo mv /var/www .
user$ sudo chown -R <Benutzer> www
user$ sudo ln -s /home/<Benutzer>/www /var/www
```

Nun kann in dem entsprechenden Verzeichnis ohne Root-Rechte gearbeitet werden. Testweise kann dort beispielsweise eine Seite *index.html* erstellt werden, die dann automatisch bei Aufruf der entsprechenden IP-Adresse dargestellt wird.

Abbildung 26.1 Die Startseite des Apache-Webservers

26.2.3 Startdienste definieren

In der Standardkonfiguration wird der *Apache*-Server bei jedem Booten des Systems gestartet. Wenn Sie das nicht wünschen, so können Sie den *Apache*-Dienst folgendermaßen aus dem Bootprozess entfernen:

```
user$ sudo update-rc.d -f apache2 remove
```

Soll der Dienst wieder automatisch beim Booten gestartet werden, so kann er erneut über den Befehl

```
user$ sudo update-rc.d apache2 defaults
```

aktiviert werden. Dadurch wird das Startskript in die entsprechenden Runlevel-Vezeichnisse geschrieben, mehr zum Thema »Runlevel« finden Sie in Abschnitt 10.2.2.

[+] Interessant ist noch die Möglichkeit, den *Apache*-Server mit Modulen aufzurüsten. So liefert beispielsweise das Paket *phpsysinfo* in Verbindung mit dem PHP-Modul Informationen über den Status des Systems, z. B. die Festplattenkapazitäten, den Prozessortyp und dessen Temperatur.

26.3 Installation von MySQL

In Verbindung mit dem *Apache*-Webserver bietet die Verwendung der Datenbank *MySQL* ein professionelles Webserve-Umfeld. Die gesamte Technik fand man bis vor kurzem noch unter der Sammelbezeichnung LAMP (*Linux-Apache-MySQL-PHP*), mittlerweile ist man zur Bezeichnung XAMP übergegangen. Das X soll signalisieren, dass man die gleiche Softwarekombination auch unter Windows realisieren kann, dort fand man früher die Bezeichnung WAMP vor.

Für den Einsatz in Verbindung mit der Datenbank *MySQL* benötigt man folgende Pakete:

- *mysqlserver*
- *php5-mysql*
- *phpmyadmin*

phpMyAdmin

Durch Auswahl des Pakets *phpmyadmin* wird das gesamte Spektrum der LAMP-Software installiert. Zusätzlich steht Ihnen mit dem Tool ein exzellentes Konfigurationswerkzeug zur Hand. Während der Installation wird ggf. die Konfiguration des zusätzlich benötigten *postfix*-Pakets angefordert, hier wählt man einfach NO CONFIGURATION.

Nach der Installation geben Sie im Server die lokale IP bzw. das Schlüsselwort `localhost` an und wechseln innerhalb des Browserfensters in den Ordner *phpmyadmin*. Es öffnet sich die Administrationsstartseite, und man muss sich in das System einloggen. Als Loginnamen verwenden Sie `root`, das Passwort bleibt für das erste Login leer. Darauf sollte sich die Administrationsoberfläche von *phpMyAdmin* öffnen (Abbildung 26.2).

Wenn Sie planen sollten, das System in einen produktiven Server zu überführen, dann sollte zunächst das Administratorpasswort gesetzt werden. Dies erledigen Sie über den Menüpunkt KENNWORT ÄNDERN. Anschließend können Sie (entsprechende Kenntnisse vorausgesetzt) bestehende Datenbanken verändern, neue Datenbanken anlegen und diese administrieren (Abbildung 26.3).

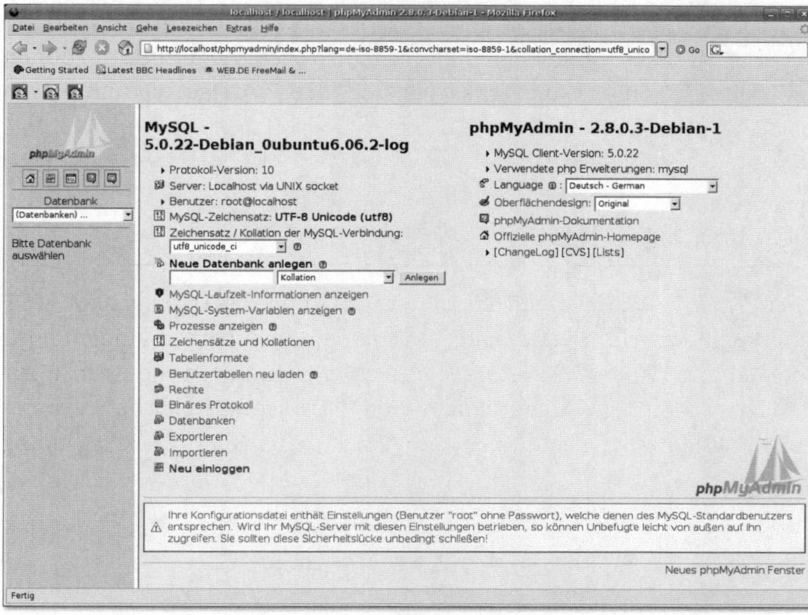

Abbildung 26.2 Administration des LAMP-Systems mit phpMyAdmin

26.4 Ein einfacher FTP-Server

Zur unkomplizierten Einrichtung eines einfachen FTP-Servers gibt es unter Ubuntu Linux das Paket *ProFTP*. Sie installieren es schnell mittels

```
user$ sudo apt-get install proftpd
```

26.4.1 ProFTP

Während der Installation wird man gefragt, ob das Programm als eigenständige Anwendung oder in Verbindung mit dem *(x)inetd-Internet-Daemon* gestartet werden soll. Befindet sich das letztgenannte Programm ohnehin schon auf Ihrem System, dann sollten Sie *ProFTP* mit *(x)inetd* verknüpfen. Anderenfalls wählen Sie den Punkt DAEMON.

Ob der ProFTP-Daemon läuft, erfahren Sie über das Kommando

```
user$ ps ax | grep ftp
   proftpd: (accepting connections)
```

Nun gilt es, den Zugang beispielsweise für den anonymen FTP-Zugang freizuschalten. Dazu ist die Konfigurationsdatei */etc/proftpd.conf* anzupassen.

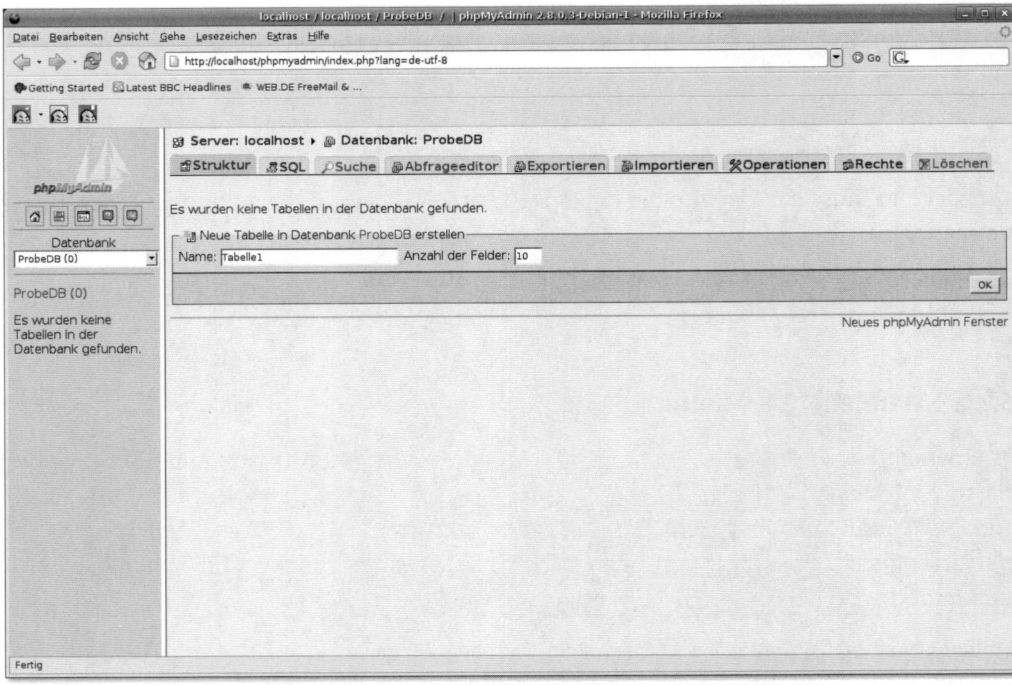

Abbildung 26.3 Bearbeiten einer bestehenden Datenbank unter phpMyAdmin

[zB] Im folgenden Beispiel soll das Verzeichnis */home/ftp*, das während der Installation erstellt wurde, per Anonymous FTP exportiert werden. Die Benutzer sollen Leserechte, aber keine Schreibrechte für das Verzeichnis erhalten. Zunächst sind also die Rechte für das Verzeichnis zu setzen:

```
user$ sudo chmod 775 -R /home/ftp/
```

Nun muss die Konfigurationsdatei angepasst werden, was im Wesentlichen auf ein Entfernen einiger Kommentarzeichen in der Standardkonfiguration hinausläuft:

```
user$ sudo gedit /etc/proftpd.conf
# Auszug aus /etc/proftpd.conf
<Anonymous ~ftp>
   User ftp
   Group nogroup
   UserAlias anonymous ftp
   DirFakeUser on ftp
   DirFakeGroup on ftp
   RequireValidShell off
   MaxClients 10
   DisplayLogin welcome.msg
   DisplayFirstChdir message
   <Directory *>
```

```
    <Limit WRITE>
      DenyAll
    </Limit>
  </Directory>
</Anonymous>
```

Abschließend muss der Daemon neu gestartet werden, damit die neue Konfiguration übernommen wird:

```
user$ sudo /etc/init.d/proftpd restart
Restarting ProFTPD ftp daemon.proftpd.
```

26.4.2 Manueller Verbindungstest

Für einen einfachen Test des Servers kann man nun versuchen, sich von einer Kommandozeile aus mit dem FTP-Protokoll als Benutzer `anonymous` einzuloggen. Die Passwortabfrage kann einfach durch Drücken der `Enter`-Taste übersprungen werden. Das folgende Beispiel zeigt ein Login auf einen Server mit der IP 192.168.0.1 mit anschließendem Download einer Datei *test.txt*:

```
user$ ftp 192.168.0.1
Connected to 192.168.0.1.
220 ProFTPD 1.2.10 Server (Debian) [192.168.0.1]
Name (192.168.0.1:hatt): anonymous
Remote system type is UNIX.
Using binary mode to transfer files.
ftp> dir
200 PORT command successful
150 Opening ASCII mode data connection for file list
-rw-r--r-- 1 ftp ftp 37 Nov 18 11:30 test.txt
-rwxrwxr-x 1 ftp ftp 166 Sep  5 17:17 welcome.msg
226 Transfer complete.
ftp> get test.txt
local: test.txt remote: test.txt
200 PORT command successful
150 Opening BINARY mode data connection for
test.txt (37 bytes)
226 Transfer complete.
37 bytes received in 0.00 secs (81.2 kB/s)
ftp> quit
221 Goodbye.
```

Die vom Benutzer eingegebenen Befehle sind im obigen Listing jeweils fett dargestellt.

26.4.3 Zugriff per Browser

Nachdem auf diese Weise die Grundfunktionalität des Servers sichergestellt wurde, kann man unter Ubuntu auch mit jedem beliebigen Browser auf das freigegebene FTP-Verzeichnis zugreifen. Der Vorteil an dem Datentransfer via FTP ist die Möglichkeit, unterbrochene Downloads in Verbindung mit einem Downloadmanager fortzusetzen. Selbstverständlich kann auch das Menü ORTE • VERBINDUNG ZU SERVER eingesetzt werden, hier ist der Dienste-Typ ÖFFENTLICHER FTP auszuwählen.

26.5 Der Squid-Proxyserver

Mithilfe des Webproxys *Squid* lässt sich der Internetzugang für mehrere PCs in einem lokalen Netz dadurch beschleunigen, dass man die aufgerufenen Seiten temporär in einem sogenannten Cache abspeichert. Wird von einem Client-PC eine Seite aufgerufen, so geht die Anfrage bei Nutzung von *Squid* zunächst an den Proxy. Dieser schaut nach, ob er die gewünschte Seite bereits in seinem Cache zur Verfügung stehen hat und ob deren Inhalt noch aktuell ist. Auf diese Weise lassen sich Internetinhalte effektiver in einem LAN verteilen.

Sie installieren den Webproxy *Squid* unter Ubuntu mithilfe des folgenden Pakets:

- *squid*

Folgende Konfigurationsschritte sind durchzuführen, um *Squid* von jedem PC im angeschlossenen LAN nutzen zu können:

Bearbeiten Sie zunächst auf dem Server, auf dem der Proxy installiert ist, die Datei */etc/squid/squid.conf*:

```
# Auszug aus /etc/squid/squid.conf
# Privates Netzwerk den Zugriff gestatten
acl mein_netzwerk src 192.168.0.0/24
http_access allow mein_netzwerk
# Der Rest der Welt bleibt draußen
http_access deny all
```

Im vorliegenden Fall wird dem kompletten Netzwerk 192.168.0.x erlaubt, auf den Proxy zuzugreifen. Mit dem Parameter `acl` wird dabei die Zugriffsregel gesetzt. Nach jeder Änderung an der Konfigurationsdatei ist der *Squid*-Proxy neu zu starten:

```
user$ sudo /etc/init.d/squid restart
Restarting proxy server: squid.
```

Konfiguration der Clients

Die Konfiguration der Clients erfolgt innerhalb des jeweils verwendeten Browsers. Suchen Sie zu diesem Zweck in Ihrem Browser ein Untermenü, in dem der Zugang per Proxy definiert werden kann. Im *Firefox* ist dies unter BEARBEITEN • EINSTELLUNGEN • ALLGEMEIN • VERBINDUNG zu finden. Im *Konqueror* finden Sie die Proxy-Einstellungen unter EINSTELLUNGEN • KONQUEROR EINRICHTEN • PROXY EINSTELLUNGEN MANUELL VORNEHMEN. Die Nutzer des *Internet Explorers* auf im Netz befindlichen Windows-PCs stellen den Proxy unter EXTRAS • INTERNETOPTIONEN • VERBINDUNGEN • LAN-EINSTELLUNGEN ein.

Zur Nutzung des *Squid*-Proxys tragen Sie dann einfach an den oben beschriebenen Stellen die IP des Servers sowie die Portnummer 3128 ein (Abbildung 26.4).

[+] Sind Sie gar Administrator eines Internetservers innerhalb einer öffentlichen Institution, so ist das Filtern von Webinhalten eine weitere, vordringliche Aufgabe. Zu diesem Zweck lassen sich innerhalb der *Squid*-Konfigurationsdatei reguläre Ausdrücke oder ganze Domänen definieren, bei deren Aufruf entsprechende Seiten gesperrt werden. Besonders einfach lässt sich die aktive Filterung von Webinhalten mithilfe des Pakets *dansguardian* realisieren.

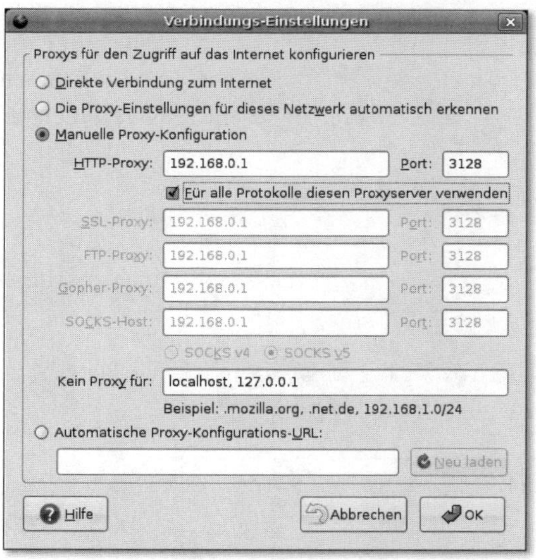

Abbildung 26.4 Definition eines Proxys in Firefox

26.6 CUPS

Generell ist der Zugriff auf das Druckersystem unter Ubuntu durch den GNOME-*CUPS*-Manager geregelt. Dieser befindet sich im Menü SYSTEM • SYSTEMVERWALTUNG • DRUCKER.

Möchte man aber den Drucker im gesamten Netz freigeben, so nutzt man am besten die browsergestützte Verwaltung des *CUPS*-Druckersystems. Die benötigte *CUPS*-Software ist schon in der Ubuntu-Standardinstallation enthalten. Allerdings sind unter Ubuntu einige Klimmzüge erforderlich, um den vollen Administratorzugriff auf das *CUPS*-System zu bekommen.

Zunächst muss das *CUPS*-System der Gruppe `shadow` zugeordnet werden:

```
user$ sudo adduser cupsys shadow
Füge Benutzer cupsys in Gruppe shadow hinzu...
```

Anschließend sollte noch ein Passwort für den *CUPS*-Administrator festgelegt werden, um gegebenenfalls auch einen Remote-Zugriff zu gewährleisten.

[zB] Das folgende Beispiel setzt voraus, dass auf dem entsprechenden System der Root-Account aktiviert wurde. Das Passwort sollte eine Länge von mindestens sechs Zeichen haben und mindestens eine Ziffer enthalten:

```
sudo lppasswd -g sys -a root
```

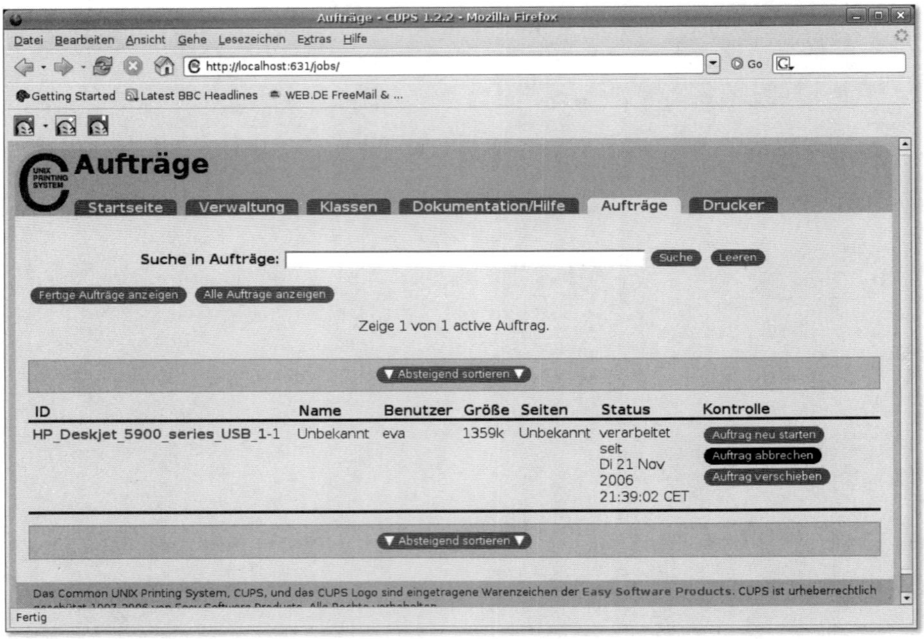

Abbildung 26.5 Administration von CUPS über den Browser

Damit die Änderungen übernommen werden, muss *CUPS* neu gestartet werden:

```
user$ sudo /etc/init.d/cupsys restart
 * Restarting Common UNIX Printing System: cupsd
```

Geben Sie nun folgende Adresse in eine Zeile Ihres Browsers ein:

```
http://localhost:631/admin
```

Schließlich können Sie sich nun auf dem *CUPS*-Rechner lokal mit Ihrem normalen Accountnamen und Ihrem normalen Passwort im Administrationsbereich einloggen. Hier können

Sie auch Druckaufträge von anderen Benutzern löschen sowie neue Drucker und Klassen hinzufügen (Abbildung 26.5).

Zugriff per Netzwerk

Um die Verwaltung von *CUPS* über das Netzwerk freizugeben, muss die Datei */etc/cups/cupsd.conf* angepasst werden. Zunächst muss *CUPS* sämtlichen Netzwerkzugriffen auf Port 631 lauschen. Dazu ist folgende Zeile in der Konfigurationsdatei zu ersetzen:

```
# Auszug aus /etc/cups/cupsd.conf
# Listen 127.0.0.1:631
Port 631
```

Nun muss noch die Erlaubnis erteilt werden, aus dem angeschlossenen LAN auf *CUPS* zuzugreifen:

```
# Auszug aus /etc/cups/cupsd.conf
<Location /admin>
# Restrict access to local domain
Deny From All
Allow From 127.0.0.1
Allow From 192.168.0.0/24
</Location>
```

Im obigen Fall wurde erneut der Zugriff innerhalb eines lokalen Netzes 192.168.0.x sowie vom lokalen PC gestattet. Nach der Änderung muss der *CUPS*-Daemon erneut gestartet werden.

Für den administrativen Zugriff von einem entfernten PC aus wird nun die Login-Passwort-Kombination des CUPS-Rootaccounts verwendet. CUPS lässt sich übrigens auch hervorragend in Verbindung mit dem *Samba*-System in einem heterogenen Netzwerk mit Windows-PCs nutzen. [+]

TEIL VI
Virtualisierung

»Aus kleinem Anfang entspringen alle Dinge.«

Marcus Tullius Cicero (106-43 v. Chr.)
römischer Redner und Schriftsteller

27 Grundlagen der Virtualisierung

Das Thema »Virtualisierung« ist derzeit in aller Munde, aber was bedeutet es eigentlich? Wo liegen die Wurzeln und wo der Nutzen dieser Technik? Ist dies nur ein Thema für Administratoren eines großen Serverparks oder profitiere auch ich als Privatanwender davon? Und wenn ja, welche Lösung sollte ich bevorzugen: QEMU, VMware, Xen, KVM, ...?

All dies und noch vieles mehr sind Fragen, auf die ich in den folgenden Kapiteln Antworten geben möchte.

Details zur Virtualisierung [«]

Die folgenden Kapitel zur Virtualisierung können naturgemäß nur einen Einstieg in dieses umfangreiche Thema darstellen. Wenn Sie darüberhinaus Interesse an diesem Thema haben, möchte ich auf mein Buch *Xen – Das umfassende Handbuch, Galileo Computing 2008, 600 Seiten* hinweisen. Dort gebe ich einen detaillierten Einblick in das Thema Virtualisierung, wobei ich mich schwerpunktmäßig mit Xen und KVM beschäftige.

Bei Interesse an den verschiedenen Produkten von VMware empfehle ich Ihnen einen Blick in die Bücher von Dennis Zimmer, einem ausgewiesenen Experten bei allen Fragen rund um VMware. Seine Bücher erscheinen ebenfalls bei Galileo Computing.

27.1 Überblick

Für den normalen Benutzer weitgehend verborgen hat die Virtualisierung seit einigen Jahren zunehmend an Bedeutung gewonnen. Die Techniken wurden hierbei stetig verbessert, so dass Sie heutzutage kaum einen Unterschied bemerken, wenn Sie sich auf einem virtuellen Server befinden. Egal, ob hier nur statische HTML-Seiten lagern oder ein komplettes Forum: Sie werden bei einem gut aufgesetztem Server kaum einen Unterschied in der Performance spüren.

Virtualisierung ist Trend

Es vergeht kaum eine Woche, in der keine Nachrichten über die verschiedensten Techniken zur Realisierung der Virtualisierung erscheinen, und immer mehr Firmen springen auf diesen Zug auf. Das Vorzeigestück der Open-Source-Welt ist hierbei Xen, welchem ich mich ausführlich in Abschnitt 30 ab Seite 843 widme. Zunächst aber wollen wir einen Überblick über dieses komplexe Thema gewinnen.

Was ist Virtualisierung?

Obwohl Virtualisierung derzeit ein großer Trend ist und die Fortschritte im Soft- und Hardwarebereich uns diese Technik in den letzten Jahren auf den heimischen PC gebracht haben, blickt sie bereits auf eine inzwischen 40 Jahre lange Entwicklung zurück. Schon in den 1960er Jahren legte IBM den Grundstein für diese Technik. Die Idee hierzu entstand zunächst aus der Not heraus, denn Computer waren damals noch sehr groß, selten und dementsprechend teuer. Was damals ganze Räume oder kleine Häuser füllte und ein Vermögen kostete, finden Sie heutzutage unter Ihrem Schreibtisch in einem kleinen Gehäuse.

Effizienz

Die Rechenleistung moderner Computer hat sich seitdem vervielfacht und die effiziente Ausnutzung der vorhanden Hardware hat heute bei den stark gesunkenen Preisen an Priorität verloren. Dies sah damals Zeit ganz anders aus. Man war gezwungen, der vorhandenen Hardware ein Höchstmaß an Leistungsfähigkeit und Effizienz abzugewinnen. Ein probates Mittel zu diesem Zweck war schnell gefunden: die Virtualisierung.

Virtualisierung vereinfacht

Virtualisierung beschäftigt sich in erster Linie mit dem Grundgedanken, dass sich verschiedene Betriebssysteme gleichzeitig einen Rechner teilen und zur gleichen Zeit unterschiedliche Aufgaben auf exakt der gleichen Hardware ausführen. Hierbei sind zwei Aspekte wichtig. Virtualisierung ermöglicht zum einen den parallelen Betrieb mehrerer gleicher oder unterschiedlicher Betriebssysteme auf einem Rechner. Zum Anderen bewirkt sie die Separierung des Betriebssystems (oder der Software) von der verwendeten Hardware.

Jeder von Ihnen hat schon einmal mit Virtualisierung zu tun gehabt und dies oftmals auch bei der täglichen Arbeit. Eine etwas abstrakte Vorstellung von Virtualisierung können Sie mit einfachen Mitteln begreifen und zwar wenn Sie mit mehren Programmen gleichzeitig Ihren Rechner beanspruchen. Dies geschieht ständig. Hierbei greifen Sie über mehrere getrennte Programme gleichzeitig und parallel auf dieselbe Hardware zu. Die verschiedenen Programme teilen sich alle dieselben Ein- und Ausgabegeräte wie z. B. Tastatur und Maus.

Für den effizienten Umgang verschiedener Programme mit dem knappen vorhandenen Arbeitsspeicher und dem Prozessor ist die virtuelle Speicherverwaltung bzw. der Scheduler zuständig. Mehr erfahren Sie dazu in Abschnitt 1.3.2 ab Seite 64. [+]

RAID

Aber auch in anderen Bereichen haben Sie ständig Kontakt mit diesem Thema. So haben Sie eventuell in Ihrem Computer ein RAID-System verbaut, in dem mehrere Festplatten mit mehreren Partitionen arbeiten. Diese verschiedenen Platten agieren und präsentieren sich Ihnen wie eine einzige große Platte. Hier haben Sie es mit virtuellen Speichereinheiten zu tun.

Wahrscheinlich nutzen Sie Ihren Computer ebenfalls, um im Internet zu surfen. Dann bewegen Sie sich dort von Adresse zu Adresse, von einer Domain zur anderen. Hierbei kann es oftmals sein, dass Sie bei einem Adressenwechsel gar nicht physisch den zuständigen Server wechseln, sondern dass dieser ein »Virtual Host« ist. Hierbei ist der Host gleichzeitig Server für verschiedene Domains und Internetseiten.

27.2 Konzepte

Wie Sie wahrscheinlich schon bemerkt haben, gibt es unterschiedliche Kozepte und Möglichkeiten der Virtualisierung. Um den umfassenden und verallgemeinernden Begriff »Virtualisierung« näher definieren zu können, müssen wir uns kurz mit Begriffen wie »Virtuelle Maschine«, »Virtueller Server«, »Virtuelle Laufzeitumgebung« und »Virtualisierungssoftware« beschäftigen.

Virtuelle Maschinen, Server und Laufzeitumgebungen

Um diese Begriffe fassen zu können, müssen wir gar nicht in die Weiten des Internets eintauchen. Auch Sie sind garantiert schon einmal einer virtuellen Maschine begegnet, spätestens wenn Sie Java auf Ihrem Computer installiert haben. Bei der Programmiersprache Java haben Sie es mit sogenannten »Java Virtual Machines« (JVM) zu tun, die Ihnen eine hypothetische Maschine zur Verfügung stellen. Hierbei handelt es sich um eine virtuelle Ausführungsumgebung mit einem virtuellen Prozessor und emulierten Schnittstellen.

Hier liegt auch das Geheimnis, warum Applikationen, die in Java geschrieben sind, auf jedem beliebigen Betriebssystem ausführbar sind, auf dem die virtuelle Java-Laufzeitumgebung installiert ist. Die Applikationen werden in einer virtuellen Maschine vom darunter liegenden Betriebssystem separiert und agieren so unabhängig von diesem.

Virtuelle Server hingegen bilden ein vollständiges Computersystem nach und nicht nur eine Laufzeitumgebung für einzelne Applikationen. Virtuelle Server können somit ganze Betriebssysteme beherbergen. Dieser virtuelle Server ist für das darunter liegende Betriebssystem, den sogenannten Host, nur eine Anwendung und läuft damit unabhängig von der verwendeten Hardware.

Alles virtuell?

Virtuelle Maschinen teilen einen Computer in mehrere parallele Einheiten auf. Hierbei kann eine virtuelle Maschine entweder einen virtuellen Server oder eine virtuelle Laufzeitumgebung darstellen. Virtuelle Server sind vollständig nachgebildete Computersysteme, die ein Betriebssystem beherbergen können. Virtuelle Laufzeitumgebungen sind demgegenüber nur Umgebungen für einzelne Anwendungen.

Wir wollen uns im Folgenden der Virtualisierung von ganzen Betriebssystemen (Virtuelle Server) zuwenden und die virtuelle Laufzeitumgebung außer Acht lassen.

27.2.1 Paravirtualisierung

Die Technik der Paravirtualisierung kann man sich vereinfacht als Kompromiss zwischen vollständiger Virtualisierung und derjenigen auf Betriebssystemebene vorstellen. Dies bedeutet explizit, dass mehrere voneinander getrennte virtuelle Maschinen mit eigenen Betriebssystemen auf eine gemeinsame Hardware zugreifen. Gesteuert und verwaltet wird dies durch einen Hypervisor.

[»] *Para* stammt aus dem Griechischen und bedeutet u. a. »*nebenher*«.

Im Unterschied zur vollständigen Virtualisierung muss das Gastsystem angepasst werden, da es nicht direkt mit der Hardware, sondern durch den Hypervisor mit ihr kommuniziert. Dies geschieht durch separat bereitgestellte Schnittstellen. In Abbildung 27.1 ist die grundsätzliche Wirkungsweise der Paravirtualisierung schematisch dargestellt.

Der Host besteht aus einem angepassten Kernel und einem privilegierten Betriebssystem zur Verwaltung der virtuellen Maschinen. Die Paravirtualisierung setzt hierbei unter dem eigentlichen Kernel an.

VMware und Paravirtualisierung

VMware hat angekündigt, dass in naher Zukunft einige ihrer Produkte wie beispielsweise der ESX Server um die Technik der Paravirtualisierung erweitert werden sollen. Dies setzt in diesem Fall selbstverständlich eigens angepasste Gastsysteme voraus.

Eine zusätzliche Schicht, der sogenannte Hypervisor, sitzt zwischen der eigentlichen Hardware und dem Kernel des Hosts. Dieser wiederum stellt im Regelfall alle notwendigen

Treiber für die virtuellen Maschinen zur Verfügung. Dies hat den entscheidenden Vorteil, dass eine Virtualisierung auf jeder Hardware möglich ist, auf der auch der Host läuft.

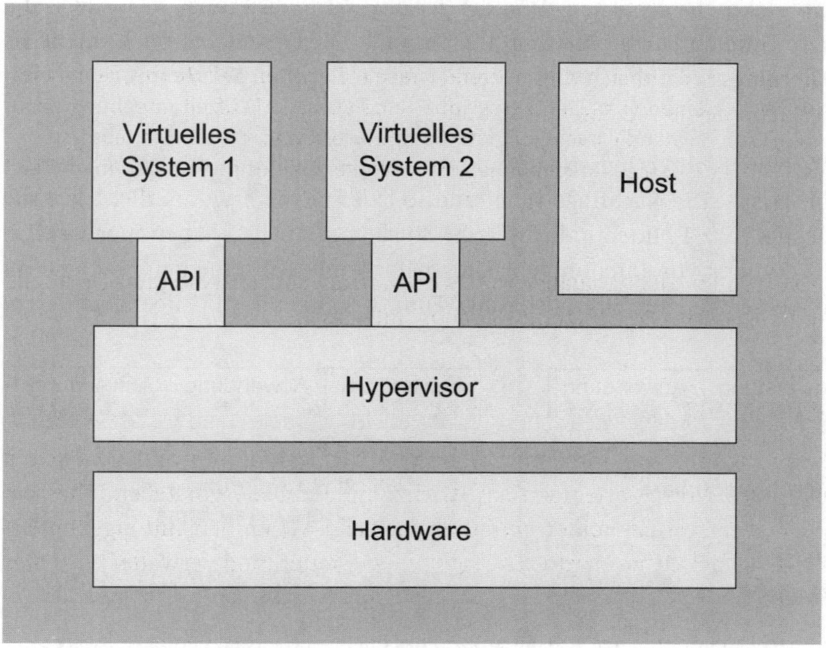

Abbildung 27.1 Paravirtualisierung

Vor- und Nachteile

Paravirtualisierung ist höchst effizient, von allen Hypervisor-Ansätzen ist diese Technik die leistungsstärkste. Die virtuellen Maschinen kommunizieren quasi direkt mit der Hardware und dadurch entsteht ein sehr geringer Overhead. Allerdings müssen die Gastsysteme angepasst werden. Dies erfodert Zugriff auf den Quelltext des Betriebssystems und erklärt die Fokussierung auf Open-Source-Systeme wie beispielsweise Linux.

Dieser Nachteil wird durch die hardwarebasierte Virtualisierung wettgemacht. Auf diese Technik gehe ich in Abschnitt 27.2.2 auf Seite 778 ein. [+]

Beispiel: Xen

Xen ist der bekannteste Vertreter der Paravirtualisierung. Da ich im weiteren Verlauf des Buches detailliert auf die Funktionsweise von Xen eingehe, verzichte ich an dieser Stelle auf eine genauere Beschreibung.

Sie erfahren mehr über Xen in Kapitel 30, »Xen«, ab Seite 843. [+]

27.2.2 Hardwareunterstützte Virtualisierung

Virtualisierung kann nicht nur durch Emulation erreicht werden. Mit der geeigneten Hardware lässt sich noch viel mehr erreichen. Wie die gesamte Virtualisierung, so ist auch die hardwareunterstützte Unterstützung eine sehr alte Technik. Die Geschichte reicht mehr als 40 Jahre zurück. Allerdings befand sich diese Technik nur auf großen Servern und Mainframes, auf Desktop-PCs spielte sie nie eine große Rolle.

Dies hat sich in den letzten Jahren massiv verändert und so ist auch hier die Virtualisierung massiv auf dem Vormarsch. Die Nachfrage steigt und so ist es nicht verwunderlich, dass die großen Prozessorhersteller, z. B. Intel und AMD, ihr Stück vom Kuchen haben möchten. So gibt es seit Ende 2005 zuerst von Intel und ein Jahr später vom AMD eine neue Generation von Prozessoren, die einen Teil der Virtualisierungs-Funktionalität auf CPU-Ebene abbilden.

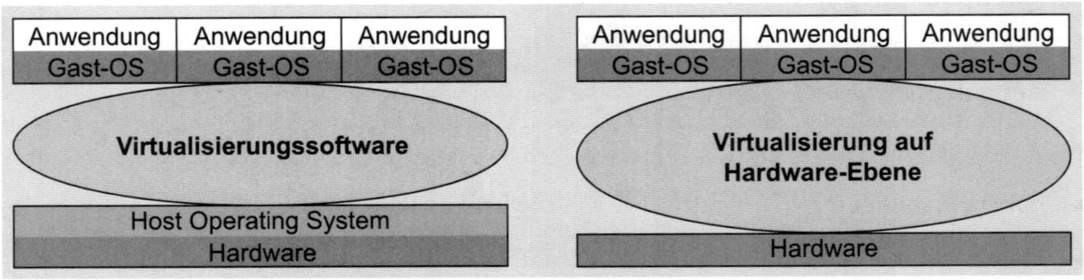

Abbildung 27.2 Zwei verschiedene Arten der Virtualisierung: links durch eine Virtualisierungssoftware (z. B. VMware), rechts durch Virtualisierung auf Hardwareebene (z. B. Intel mit Vanderpool) (Bildquelle: Wikipedia).

Vor- und Nachteile

Die Vorteile dieser Funktionsverlagerung in die Hardware sind vielfältig:

- Die virtuellen Maschinen haben eine wesentlich höhere Leistung mit geringerem Overhead.
- Aufgrund der Unterstützung durch den Prozessor ist die Architektur der Virtualisierungslösung schlanker. Die Unzulänglichkeiten der Prozessorarchitektur müssen nicht mehr berücksichtigt werden und somit wird eine höhere Stabilität erreicht.
- Die Gastsysteme müssen nicht mehr angepasst werden. Somit können auch proprietäre Betriebssysteme wie Microsoft Windows in einer virtuellen Umgebung installiert werden.
- Die Separierung der virtuellen Maschinen unterienander ist konsequenter umgesetzt, da diese Trennung bereits im Prozessor umgesetzt wird.
- Die Erweiterung der Virtualisierungs-Befehlssätze in die CPU ist bei Intel und AMD ähnlich. Dadurch existiert eine gewisse Standardisierung, die unter Umständen auf eine

Interoperabilität der Virtualisierungslösungen führen wird. Die ersten Anzeichen für diese Austauschbarkeit und Vereinfachung kann man zur Zeit bei Parallels beobachten, die ihre Consumer- und Firmenlösungen zusammenlegen.

Nachteile lassen sich bei dieser Virtualisierungstechnik nicht entdecken, wenn man einmal davon absieht, dass die Anwender oder Administratoren teilweise neue Hardware brauchen, wenn sie auf diese Technik umsteigen wollen.

Die Prozessoren tragen die Bezeichnung

- Intel VT (*Virtualization Technology*) – Codename »Vanderpool«
- AMD SVM (*Secure Virtual Machine*) – Codename »Pacifica«

Die Vorteile einer hardwareseitigen Virtualisierungslösung liegen auf der Hand:

- Virtualisierungslösungen wie Xen sind paravirtualisierende Systeme, die mit Hilfe hardwareseitiger Unterstützung durch die eben genannten Prozessoren beliebige unmodifizierte Betriebssysteme als virtuelle Maschinen ausführen können.
- wesentlich höhere Leistungsfähigkeit der virtuellen Maschinen
- höhere Stabilität durch geringere Notwendigkeit der Emulation
- mehr Sicherheit durch höhere Isolation zwischen Host und VM
- Hardwarebdingte Standardisierung.

Neben der höheren Geschwindigkeit bei den neuen Prozessoren, wovon natürlich jede Anwendung und auch Virtualisierung profitiert, kann Xen hier seine Stärken voll ausspielen. [+]

Um herauszufinden, ob der Prozessor in Ihrem PC die nötige *PAE*-Erweiterung (*Physical Adress Extension*) besitzt, die Sie für die hardwarebeschleunigte Virtualisierung benötigen, führen Sie bitte das folgende Kommando in einem Terminal aus:

```
user$ grep pae /proc/cpuinfo
flags: fpu vme de pse tsc msr pae mce cx8 apic sep
mtrr pge mca cmov pat pse36 clflush dts acpi mmx fxsr
sse sse2 ss ht tm pbe nx lm pni monitor ds_c pl vmx
est tm2 cx16 xtpr lahf_lm
```

Wenn Sie wie in der obenstehenden Ausgabe die Abkürzung *pae* finden, dann unterstützt Ihr Prozessor diese hardwarebeschleunigte Virtualisierung. Einem grenzenlosen Xen-Vergnügen steht also nichts im Wege.

Um ein vollständig virtualisiertes Gastsystem zu betreiben, ist die Unterstützung von Gastprozessoren zwingend erforderlich. Wenn Sie nicht wissen, ob Ihr Prozessor dies unterstützt, hilft ebenfalls ein Blick in die oben ausgegebenen *CPU-Flags*. Suchen Sie bei Pozessoren von Intel nach der Abkürzung *vmx*, bei AMD-Prozessoren nach *svm*.

Wenn Sie diese Bezeichnung finden, wird die vollständige Virtualisierung von Ihrem Prozessor unterstützt. Allerdings ist die Option zur vollständigen Virtualisierung in vielen PCs standardmäßig abgeschaltet. Sie müssen diese erst im BIOS Ihres PCs einschalten.

[»] Sie können aktuelle Versionen von Windows nur als Gastsysteme installieren, wenn Ihr Prozessor die vollständige Virtualisierung unterstützt. Der Grund liegt darin, dass ein Betriebssystem sonst angepasst werden muss, damit es als Gast auf Xen läuft. Damit scheiden normalerweise Betriebssysteme wie Windows aus, da sie nicht in Form von veränderbarem Quelltext vorliegen.

Um ein Betriebssystem zu virtualisieren, müssen einige Bedingungen notwendig erfüllt sein. Man begann relativ früh in der Geschichte der Computer mit der Virtualisierung von Prozessoren. Die Konzepte des Time-Sharing und Multiprogramming revolutionierten die Verwendung einer CPU und veränderten unsere Vorstellung von einer CPU. Erstmals trennte man die Funktion einer CPU von der zugrundeliegenden Hardware. Man unterschied ab dem Zeitpunkt zwischen physikalischer und virtueller CPU.

Zur Erinnerung: Ein physikalischer Prozessor kann nur eine Aufgabe (Operation) zu einer Zeit ausführen. Dies kann sich auch mit größter Anstrengung nicht ändern, aber es gibt einen Trick: Man unterbricht regelmäßig die Arbeit des Prozessors, speichert den aktuellen Bearbeitungsstand und gibt ihm damit die Gelegenheit, eine andere Aufgabe auszuführen, bevor auch diese Arbeit wieder unterbrochen wird. Diese Unterbrechungen geschehen beispielsweise alle zehn Millisekunden und sind so kurz, dass der Anwender davon nichts bemerkt.

Der grundlegende Unterschied besteht darin, dass jede Anwendung jetzt »denkt«, sie hätte einen eigenen Prozessor, der die ihm gestellten Aufgaben exklusiv bearbeitet. Wenn mehrere Anwendungen ihre Aufgaben an die CPU geben, entstehen auf diese Art mehrere »virtuelle Prozessoren«.

[!] Die physikalische CPU und die virtuelle CPU sind nicht identisch!

Wenn das Betriebssystem läuft, befindet sich die CPU im *privilegierten Modus*. Dieser Modus ermöglicht die eben beschriebene Virtualisierung der CPU und erlaubt beispielsweise den Anwendungen den Zugriff auf realen Speicher.

Nach dieser Übersicht möchte ich jetzt detaillierter auf die eben angesprochene Architektur eingehen. Ich beginne mit einer präzisen Beschreibung der x86-Architektur. Dies hat zwei Gründe: Zum einen ist Xen primär für diese Architektur[1] entwickelt worden, zum anderen möchte ich die Hintergründe darstellen, die eine Virtualisierung prinzipiell erschweren.

1 Inzwischen gibt es aber auch Portierungen auf andere Architekturen wie beispielsweise IBM PowerPC, SUN UltraSparc usw.

27.3 Die Ringe

Ich habe bereits erwähnt, dass den Segmenten des Hauptspeichers jeweils ein Privilegien-Level zugeordnet werden kann. Um sich diese Segmentierung und Aufteilung in vier Level besser vorstellen zu können, entwickelte man die Vorstellung von Ringen.

27.3.1 Grundsätzlicher Aufbau

Jeder Prozess kann immer nur in einem einzelnen Ring ausgeführt werden. Dabei ist ihm nicht erlaubt, aus diesem Ring auszubrechen. Die Ringe werden dadurch unterschieden, dass jeder Ring den ihm laufenden Prozess nur einen Teil des CPU-Befehlssatzes zur Verfügung stellt.

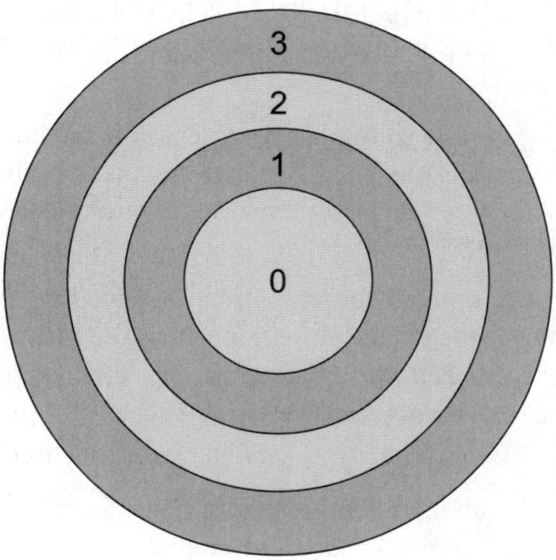

Abbildung 27.3 Ringmodell – Ring 0 ist der Supervisor Mode und stellt den uneingeschränkten Zugriff auf den Befehlssatz der CPU dar. Je höher die Ringnummer, desto eingeschränkter der Zugriff.

Prozessoren der x86-Architektur stellen vier solcher Ringe zur Verfügung. Diese werden von 0 bis 3 nummeriert. Hierbei stelllt der Ring 0 den uneingeschränkten Zugriff auf die CPU dar (Supervisor Mode) und Ring 3 den Level mit der größten Einschränkung (siehe Abbildung 27.3).

- Ring 0 ist üblicherweise die Heimat des Kernels und bildet daher auch den sogenannten Kernelspace. Man nennt diesen Ring auch Supervisor Mode.
- In Ring 3 hingegen laufen die Anwendungen, deshalb bildet Ring 3 den sogenannten Userspace.

Nun stellt sich die Frage, welche Prozesse in den Ringen 1 und 2 ihr virtuelles Zuhause finden. Die Antwort ist einfach: Keine. Der Grund liegt darin, dass andere aktuelle Prozessorarchitekturen nur zwei Ringe unterscheiden. Um Anwendungen leichter portieren zu können, entschied man sich dafür, zwei der ursprünglich vier Ringe nicht zu nutzen[2].

27.3.2 Generelles Problem bei x86-Virtualisierung

Soll ein Hypervisor ein Betriebssystem kontrollieren, das standardmäßig in Ring 0 läuft, ergibt sich ein generelles Problem: Um das Betriebssystem kontrollieren zu können, so muss der Hypervisor selbstverständlich in einem Ring laufen, der mehr Rechte besitzt als das Betriebssystem. Das Betriebssystem wiederum ist so konzipiert, dass es auf Ring 0 laufen muss (manche Instruktionen des Betriebssystems erfordern dies).

Und genau in diesem Zwiepalt liegt das Problem, warum ein x86- Prozessor ohne spezielle Virtualisierungs-Unterstützung, nicht effektiv virtualisiert werden kann: Das Betriebssystem läuft bei der Virtualisierung in der Regel auf Ebene 3 und deshalb gibt es Befehle, bei denen es zu Problemen kommt[3]. Probleme heisst in diesem Fall, dass sich ein Befehl je nach Ring, in dem er ausgeführt wird, unterschiedlich verhält.

[+] Ich komme auf diese Probleme in Abschnitt 27.3.4 auf Seite 783 noch einmal zurück.

27.3.3 Möglichkeiten der x86-Virtualisierung

Auch wenn die x86-Architektur alles andere als optimal für Virtualisierungszwecke ist, wurde aufgrund ihrer hohen Verbreitung sehr viel Arbeit in die Entwicklung von x86-Virtualisierung investiert. Diese Arbeit trug im Laufe der Zeit ihre Früchte. Es folgt eine kurze Übersicht über die dabei verwendeten Techniken und Vorgehensweisen:

1. **Emulation**
   Jedes Stück Hardware wird von der Software simuliert. Dies ermöglicht zwar eine saubere Virtualisierung und eine große Zahl von unterstützten Hardware-Komponenten, erfordert allerdings viel Rechenleistung bei der Ausführung und einen hohen Implementierungsaufwand, da für jedes Stück Hardware ein Simulator und die Abbildung auf die reale Hardware geschrieben werden muss (von Fehlern im Simulator und davon ausgehenden Sicherheitsrisiken ganz zu schweigen).
2. **Paravirtualisierung**
   Hierbei wird Betriebssystemen durch den Hypervisor eine Software-Schnittstelle bereitgestellt, die ähnlich zur, aber nicht identisch mit der Hardware-Schnittstelle ist. Konkret heisst das, das der Hypervisor auf Ebene 0 läuft und das Betriebssystem so angepasst wird, dass es ohne Probleme auf Ebene 1 oder 3 laufen kann.

2 Eine Ausnahme stellt hier OS/2 dar.
3 Robin und Irvine haben 17 Instruktionen ermittelt, bei denen dies der Fall ist.

Dadurch kann der Hypervisor schlanker sein und es ergibt sich eine höhere Performance (es muss beispielsweise bei einem portierten Betriebssystem nicht für jede Instruktion geprüft werden, ob sie eine Aktion durchführen möchte, die nur auf Ring 0 erfolgreich sein kann). Allerdings ist das Anpassen des Betriebssystems aufwändig und bei proprietären Betriebssystemen ohne offenen Quellcode schlicht unmöglich.

3. **Binary translation**
Die aufwendigste Art der Virtualisierung ist die Binary Translation. Hierbei überprüft der Hypervisor für jede Instruktion des Betriebssystems, ob sie die Virtualisierung beeinflusst oder ob Probleme bezüglich der Rechte auftreten. Ist dies der Fall, so ersetzt der Hypervisor diese Instruktion durch eine Folge anderer Instruktionen. Dass dies einen sehr hohen Verwaltungs-Aufwand mit sich bringt, ist offensichtlich.

27.3.4 Machtmissbrauch

Wenn ein Prozess in einem wenig privilegierten Ring eine Operation ausführt, zu der ihm die nötigen Privilegien fehlen, wird von der CPU eine sogenannte Exception erzeugt. Diese Exception wird im Normalfall an einen privilegierteren Ring weitergegeben. Routinen zur Behandlung dieser Exceptions können den privilegierten Befehl emulieren. Um dies aber effizient zu bewerkstelligen, sind jetzt erheblich mehr Instruktionen erforderlich. Dieser Umgang mit Exceptions verlangsamen zwangsläufig das System. Misslingt dieser Exceptions-Umgang, kommt es zu einem General Protection Fault. Als Folge davon stürzt der initiierende Prozess ab. Wenn der Initiator der Kernel selbst ist, stürzt das gesamte System ab.

Die wichtigste Voraussetzung für das Funktionieren dieses Ansatzes ist, dass der Prozessor bei jeder unberechtigt durchgeführten privilegierten Anweisung eine Exception auslöst. Allerdings sind die x86-Prozessoren nicht ganz so gründlich bei den Exceptions. Beispielsweise werden Speicherzugriffe beim x86 über eine GDT (Global Descriptor Table) abgewickelt. Diese GDT ist eine globale Ressource und wird vom Betriebssystem verwaltet. Eigentlich müsste jeder direkte Zugriff auf diese Ressource als privilegierte Handlung angesehen werden und dementsprechend im User Mode nicht erlaubt sein. Der x86 behandelt die LGDT-Anweisung (Load Global Descriptor Table) auch als privilegiert. Allerdings führt SGDT (Store Global Descriptor Table) nicht zu einer Schutzverletzung.

Allein diese Inkonsistenz verhindert es, die GDT zu virtualisieren. Intels Virtualization Technology greift hier ein und erleichtert unter anderem auch das Exceptions-Handling (siehe Abbildung 27.4). VM-Software mit Virtualization Technology Support lässt sich somit einfacher programmieren und bietet gleichzeitig eine höhere Betriebssicherheit und Stabilität.

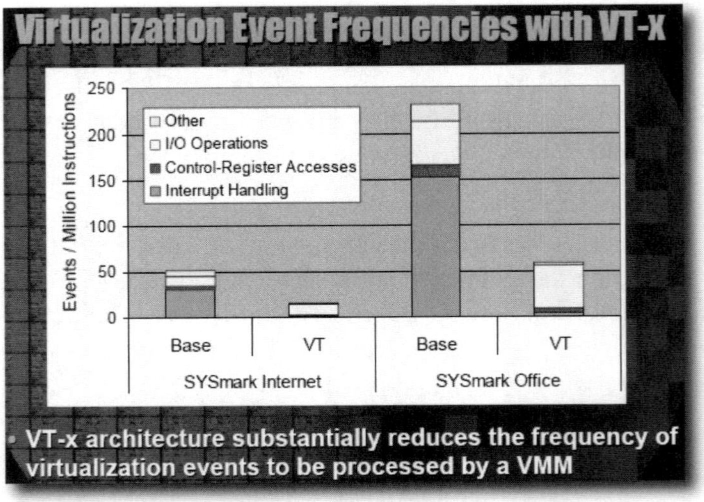

Abbildung 27.4 Mit Vanderpool muss eine VM-Software deutlich weniger Vorkommnisse für die Instruktionen 'umbiegen', die von der virtuellen Maschine erzeugt werden. Die im Bild mit »Base« gekennzeichneten Balken basieren dabei auf herkömmlicher VM-Software. Die VT-Balken zeigen die Vanderpool-Lösung (Quelle:Intel).

27.3.5 Ungenutzte Ringe

In nicht virtualisierten Systemen laufen sowohl der Kernel als auch sämtliche Hardwaretreiber in Ring 0, während die Anwendungen in Ring 3 arbeiten. Ring 1 und 2 bleiben ungenutzt und genau dies machen sich manche Voll-Virtualisierungslösungen wie beispielsweise *VMware* zunutze: Die Gäste werden in einem nicht genutzten Ring ausgeführt.

Kommt es hierbei zu Exceptions, werden diese vom VMM in Ring 0 und nicht vom Gast ausgeführt. *Xen* arbeitet nach dem gleichen Prinzip und setzt den Hypervisor in Ring 0. Abbildung 27.5 soll diese Wirkungsweise veranschaulichen.

Hypercalls

Hypercalls sind die Befehle, um die Xen den Befehlssatz der x86-Architektur erweitert hat. Sie entsprechen in ihrer Funktionsweise den UNIX-System-Calls.

- Wenn ein Prozess im Userspace eine privilegierte Operation ausführen möchte, ruft er einen UNIX-System-Call auf.
- Ebenso wird ein Hypercall aufgerufen, wenn ein Gastsystem eine privilegierte Operation ausführen möchte.

Der Kernel wandert im gleichzeitig von Ring 0 in einen weniger privilegierten Ring. Je nach Architektur des zugrundeliegenden Systems kann dies Ring 1 oder 3 sein.

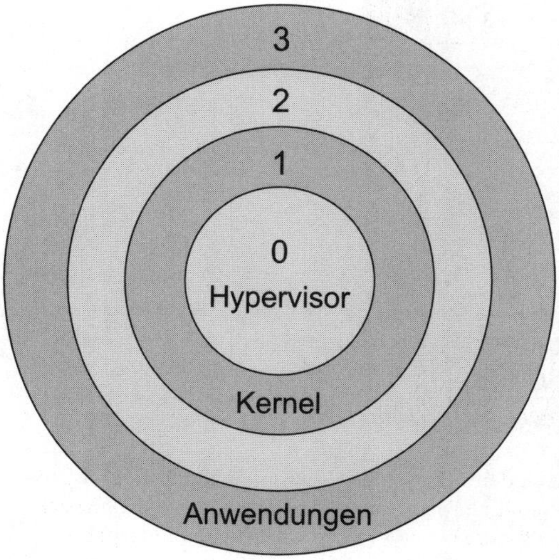

Abbildung 27.5 Nutzung der Ringe durch Xen, hier dargestellt an einer 32-Bit-CPU

27.4 Intel VT-x und AMD-V

AMD und Intel versprechen umfangreiche Virtualisierungsunterstützung durch ihre Prozessoren. In Wirklichkeit steht die Technik erst am Anfang. Ich möchte an dieser Stelle einen Überblick über die verschiedenen Techniken geben und deren Grenzen aufzeigen.

Virtualisierung bedeutet immer auch Kompromisse. Bei einer Vollvirtualisierung muss man erhebliche Performance-Nachteile in Kauf nehmen. Für eine Paravirtualisierung, die große Teile dieser Nachteile ausgleicht, ist es erforderlich, dass das Gastbetriebssystem zu erheblichen Teilen abgeändert wird, und die ressourcensparende Containervirtualisierung kann überhaupt nur identische Betriebssysteme in mehreren virtuellen Instanzen ausführen.

Ziel einer Prozessorunterstützung für Virtualisierung muss es sein, den Komfort einer Vollvirtualisierung für den Anwender zu erreichen und gleichzeitig deren Performance-Nachteile zu eliminieren.

Bei Vollvirtualisierung laufen auch die Kernel-Mode-Teile der Gastbetriebssysteme nicht im Ring 0 des Prozessors, sondern je nach Virtualisierungslösung in Ring 1 oder 3. In diesen Ringen sind nicht alle Befehle möglich.

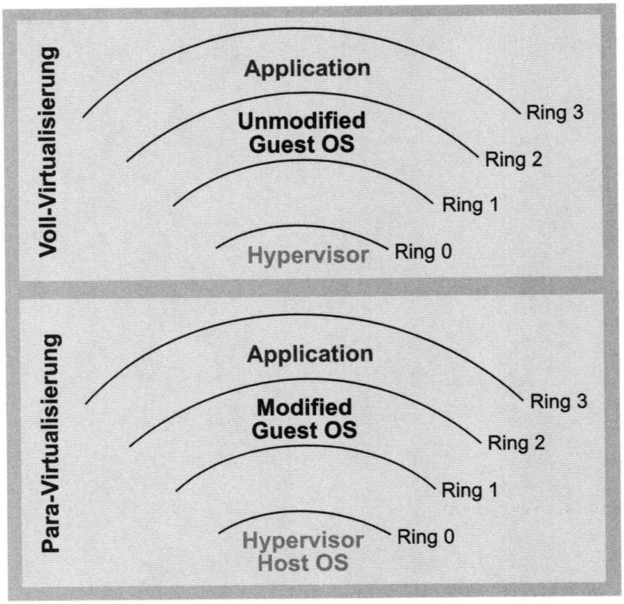

Abbildung 27.6 Nutzung der Ringe durch modifizierte und unmodifizierte Gastsysteme

27.4.1 Welche Prozessoren bieten diese Technik?

Bei AMD sind prinzipiell Sempron-Prozessoren nicht hardware-virtualisierungsfähig. Alle Opteron- und Athlon-Prozessoren, die am AM2-Socket Platz finden, unterstützen heute AMD-V.

Athlon 64	Athlon 64 X2	Turion 64 X2	Opteron
3800+	5000+	TL-60	1000 Series
3500+	4800+	TL-56	2000 Series
3200+	4600+	TL-52	8000 Series
3000+	4400+	TL-50	
FX-62	4200+		
	4000+		
	3800+		

Tabelle 27.1 Unterstützte Prozessoren von AMD

Bei Intel ist die Erkennung, ob die Prozessoren Hardware-Virtualisierung untersützen, viel einfacher. Es gibt eine Liste, die alle VT-Prozessoren beinhaltet. Die Virtualisierung bei Intel-Pentium-Prozessoren nennt sich VT-x.

Core Duo	Pentium	Xeon
X6800	965	7041
E6700	955	7040
E6600	960	7030
E6400	950	7020
E6300	940	5080
T2600	930	5063
T2500	920	5060
T2400	672	5050
T2300	662	5030

Tabelle 27.2 Unterstützte Prozessoren von Intel

27.4.2 Gründe für Performance-Probleme

Die Virtualisierungssoftware fängt nun Befehle, die in Ring 0 nicht möglich sind, in Form einer Exception ab, sodass sie für das Gastbetriebssystem als privilegierte Befehle erscheinen. Im Falle von Speicherverwaltung bedeutet dies, dass die Virtualisierungssoftware aus der physikalischen Speichertabelle Speicher allokiert und in den Adressraum der Gastumgebung legt.

Bei der Intel-Architektur wird Speicher in einer Tabelle in Blöcken zu 4 KB verwaltet. Die Gastumgebung hat eine gleich strukturierte Tabelle, jedoch wird der Zugriff darauf abgefangen und die Tabelle in Wahrheit von der Virtualisierungssoftware mitverwaltet.

Hier liegt ein großes Performance-Hindernis für vollvirtualisierte Umgebungen. Der eigentliche Hauptspeicher eines Computers ist relativ langsam. Eine Beschleunigung ergibt sich durch den Cache. Der Cachespeicher hängt jedoch immer komplett zusammen und wird aus Performance-Gründen nicht in Blöcken verwaltet.

Bei jedem Abfangen von Speicherverwaltung muss daher der Cache komplett in den Hauptspeicher geschrieben werden, was zusätzlich zu der emulierten Speicherverwaltung viel Zeit kostet.

Nachteile beim I/O-Zugriff

Ähnlich sieht es beim I/O-Zugriff aus. Hier liest und schreibt das Gastbetriebssystem in die I/O-Ports, was allerdings von der Virtualisierungssoftware abgefangen und in entsprechende Aktionen transformiert wird. Während einfache Bausteine, etwa ein serielles oder ein paralleles Interface, mit wenigen I/O-Ports auskommen, müssen Devices, bei denen es auf Geschwindigkeit ankommt, in den Speicheradressraum des Prozessors gelegt werden.

Ein Standard Ethernetpaket beispielsweise kann bis zu 1500 Bytes groß sein. Neuere Ethernetkarten unterstützen auch Jumbo-Pakete mit bis zu 9000 Bytes. Da immer ein ganzes

Paket übertragen werden muss, benötigt eine Ethernetkarte immer mindestens den Speicheradressraum für ein Paket. Moderne Ethernetkarten bieten jedoch Speicheradressraum für mehrere Pakete. Der Prozessor legt dabei mindestens ein Paket in den gemeinsamen Adressraum. Danach geschieht die Übertragung über den DMA-Baustein des Motherboards, damit der Prozessor weiterarbeiten kann und die Übertragung über I/O-Ports nicht selbst übernehmen muss.

Hier liegt das größte Performance-Problem der Vollvirtualisierung. Die echten DMA-Bausteine können nur im Kernel-Mode verwaltet werden. Daher muss bei jeder Verwendung eines Peripheriegerätes, etwa Netzwerk, Festplatte oder Bildschirm, ein Taskswitch in die Virtualisierungssoftware durchgeführt werden, der dazu führt, dass der Cache invalidiert wird und der langsame Hauptspeicher bemüht werden muss.

Um diese Performance-Nachteile einer virtualisierten Umgebung auszugleichen, gibt es verschiedene Ansätze. Ein softwareseitiger Ansatz ist der Austausch von Treibern nach der Installation des Gastbetriebssystems. Diese neuen Treiber versuchen nicht mehr, die Hardware zu programmieren, sondern übergeben Pakete, die an Netzwerkkarte, Festplattencontroller oder Videokarte gesendet werden sollen, an die Virtualisierungssoftware.

Allerdings verläuft auch diese Übergabe nicht ohne Performance-Verlust. Da das Gastbetriebssystem grundsätzlich davon ausgeht, den gesamten Adressraums eines Computers alleine nutzen zu können, müssen die Treiber absichtlich einen privilegierten Befehl ausführen, um eine Exception zu provozieren.

Dies hat natürlich wieder eine Invalidierung des Caches zur Folge. Erst dann kann die Virtualisierungssoftware die Pakete abholen. Lediglich die Emulation der Devices und der DMA-Bausteine fällt in diesem Fall weg.

27.4.3 Pacifica und Vanderpool sind inkompatibel

Um Abhilfe zu schaffen, bieten die Prozessorhersteller mittlerweile hardwareseitig Unterstützung an. AMD und Intel gehen hier unterschiedliche Wege – damit sind ihre Lösungen inkompatibel. Virtualisierungssoftware muss sowohl für AMD-V (Codename: Pacifica) und Intels VT-x (Codename: Vanderpool) Unterstützung bieten.

Dabei kann man die hardwareseitige Unterstützung in drei Bereiche unterteilen: Als erstes sind neue privilegierte Prozessorbefehle zu nennen. Grundsätzlich wird dabei eine neue, super-privilegierte Umgebung implementiert, die Intel »Ring minus eins« nennt.

So können mehrere Gastbetriebssysteme jeweils einen eigenen Ring 0, mit den dazugehörigen privilegierten Befehlen nutzen, ohne dass eine gegenseitige Beeinflussung möglich ist. Damit laufen die Kernel-Mode-Teile eines Betriebssystems nicht mehr im Ring 1 oder 3, wo jeder privilegierte Befehl per Exception abgefangen werden muss. Die Anzahl der Taskswitches wird dadurch deutlich reduziert, was generell eine höhere Performance bedeutet.

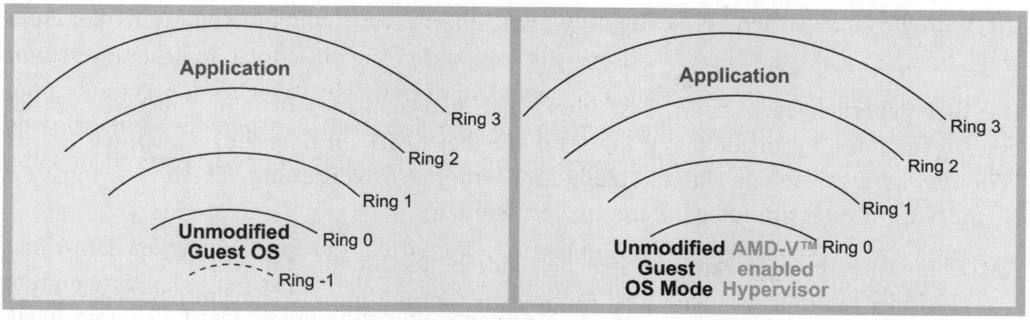

Abbildung 27.7 Unterschiedliche Implementierung bei den CPUs

Diese Technologie steht heute bei den modernen Prozessoren von AMD und Intel zur Verfügung. Alle namhaften Anbieter von Virtualisierungslösungen unterstützen heute beide Architekturen.

27.4.4 Nested Page Tables

Die zweite Hilfestellung seitens der Prozessorhersteller könnte Speichervirtualisierung sein. Sie ist heute bei Intel gar nicht und bei AMD zum Teil implementiert. Die Grundidee besteht darin, dass einer virtuellen Maschine einmalig Speicher zugeteilt werden kann, der dann von der virtuellen Maschine in gewohnter Weise über Speichertabellen verwaltet wird, ohne dass die Virtualisierungssoftware eingreifen muss.

AMD bietet mit AMD-V heute »Tagged-Translation-Look-Aside-Buffer«. Hinter diesem Begriff verbirgt sich eine Tabelle, die sich merkt, welche Speicherbereiche vom Hypervisor der Virtualisierungssoftware und vom Adressraum der virtuellen Maschinen gleichzeitig genutzt werden.

Damit können Taskswitches durchgeführt werden, ohne dass der Cache invalidiert werden muss. Dies bietet zwar deutlichen Performance-Gewinn, muss aber als Zwischenlösung betrachtet werden, da Taskswitches ganz vermieden werden sollen.

Ziel von AMD und Intel ist es, »Nested Page Tables« zu implementieren. Damit kann die Virtualisierungssoftware eine Master-Table verwalten und den Gastbetriebssystemen davon abhängige Tabellen zur Verfügung stellen, sodass jede virtuelle Maschine hardwareseitig eine eigene Speicherverwaltung besitzt.

AMDs Quad-Core-Opteron mit Nested Page Tables

AMD hat Nested Page Tables für dieses Jahr angekündigt und will diese Technologie in allen zukünftigen Opteron-Prozessoren standardmäßig anbieten. AMD und VMware haben bereits eine Experimentalversion eines Quad-Core-Opteron mit Nested Page Tables demonstriert. Intel ist inzwischen verdächtig ruhig und verweist auf seine bestehende VT-x-Technologie.

Dies hat sicherlich den Grund, dass Intel einen externen Memory-Controller verwendet, den sogenannten Frontsidebus, während dieser bei AMD auf dem Prozessor integriert ist. Will Intel hardwareseitige Unterstützung für Memory-Virtualisierung anbieten, so muss der Memory-Controller grundlegend modifiziert werden.

AMD bietet heute sogar explizite Speichermodellunterstützung für Nostalgiker: den Paged-Real-Mode, bei dem virtuelle Real-Mode-Adressierung mittels Speichertabellen möglich ist. Allerdings muss man sich fragen, was AMD hiermit erreichen möchte. Diesen Mode gibt es schließlich bereits seit dem Intel 80386, wenngleich nicht im virtuellen Ring-0-Modus.

Zu Zeiten von DOS waren damit mittels Tools wie EMM386 oder QEMM386 wahre Wunder möglich. Auch DOS-Multitasker wie *Desqview* wurden damit realisiert. Der praktische Einsatz beschränkt sich heute darauf, dass in den 32- und 64-Bit-Gastbetriebssystemen hardwareunterstützte DOS-Boxen möglich sind.

27.4.5 I/O-Virtualisierung

Die dritte Unterstützungsmöglichkeit seitens der Prozessorhersteller ist die I/O-Virtualisierung. Sowohl AMD mit IOMMU als auch Intel mit VT-d haben für 2008 Serienreife angekündigt.

In dieser Hinsicht können die Prozessorhersteller jedoch noch nur einen Teil beitragen. Intel und AMD können DMA-Buffer so legen, dass diese von allen virtuellen Maschinen genutzt werden können, ohne dass ein Taskswitch oder eine Cache-Invalidierung erforderlich ist. Ein anderer Teil muss von den Herstellern der PCI-Karten selbst kommen. Zum heutigen Stand heute ist es nicht möglich, dass verschiedene Prozesse unabhängig voneinander I/O-Ports programmieren.

Dies könnte geändert werden, indem eine PCI-Karte mehrere I/O-Port-Ranges mit demselben Zweck anbietet, die unabhängig von verschiedenen Prozessen oder virtuellen Maschinen genutzt werden und dann in der PCI-Karte selbst serialisiert werden. Erst dann können I/O-Operationen in virtualisierten Umgebungen mit vergleichbaren Geschwindigkeiten wie in nativen Betriebssystemen ausgeführt werden.

Selbst wenn die Prozessorhersteller ihren Teil bis 2008 liefern, dürften die PCI-Kartenhersteller deutlich länger brauchen. Die verschiedenen Hersteller müssen sich schließlich erst einmal absprechen, was erfahrungsgemäß dauern kann.

27.4.6 Zusammenfassung

Um die Performance-Nachteile einer Virtualisierung auszugleichen, beginnen die Prozessorhersteller heute mit hardwareseitiger Unterstützung. Diese Unterstützung ist aber alles andere als ausreichend.

Bezüglich privilegierter Instruktionen im Ring 0 haben sowohl Intel als auch AMD ihre Hausaufgaben bereits gemacht. Hinsichtlich Speichervirtualisierung bietet AMD heute eine Teilunterstützung, hat aber die volle Unterstützung mit Nested Page Tables bereits auf der Vmworld 2006 der Öffentlichkeit eindrucksvoll demonstriert.

Intel hinkt hier eindeutig hinterher. Dies hängt vor allem damit zusammen, dass Intel-Prozessoren auf einen externen Memory-Controller zurückgreifen müssen. Deshalb wird es noch einige Zeit dauern, bis Intel bei der Speichervirtualisierung nachzieht. Hardwareseitige I/O-Virtualisierung wird heute weder von Intel noch von AMD unterstützt und ist erst für 2008 angekündigt.

Neben vollvirtualisierten Systemen können auch paravirtualisierte Systeme von der Prozessorunterstützung, insbesondere der Speicherverwaltungsunterstützung, Gebrauch machen. Durch die Einblendung von Schnittstellen der Virtualisierungslösung in den Adressraum der Gastbetriebssysteme können APIs realisiert werden, die zum Beispiel Ressourcen wie Hauptspeicher und Plattenplatz dynamisch zwischen den einzelnen Gastmaschinen verteilen.

Dies würde eine Containervirtualisierung, die pro Computer nur ein Betriebssystem unterstützt, weitgehend überflüssig machen. Nötig dafür sind allerdings Schnittstellenabsprachen zwischen den Herstellern von Betriebssystemen und Virtualisierungslösungen. Die neuerliche Kooperation von Microsoft und Novell in Sachen Virtualisierung lässt hoffen.

»Die Ideen sind nicht verantwortlich für das, was die Menschen aus ihnen machen.«

Werner Heisenberg (05.12.1901 – 01.02.1976) deutscher Physiker

28 VMware und QEMU

Im Jahr 1999 tritt die vorher unbekannte Firma *VMware* in die Öffentlichkeit und präsentiert die Software »VMware Workstation«. Mit dieser Software war es fortan zum ersten Mal möglich, einen kompletten x86-Computer auf einem x86-Hostsystem performant zu virtualisieren. Die virtuelle Maschine besitzt hierbei sogar ein eigenes BIOS und eigene virtuelle Hardware. Diese Hardware kann innerhalb bestimmter Grenzen von der virtuellen Maschine eigenständig konfiguriert werden.

Diese Art der Virtualisierung war eine Sensation, da die x86-Architektur vorher als nicht effizient virtualisierbar galt.

28.1 Allgemeines

Die Software *VMware* stellt eine virtuelle Rechnerumgebung zur Verfügung. Diese kann dann zur Installation eines beliebigen Betriebssystems in einer virtuellen Maschine (VM) verwendet werden. So können Sie beispielsweise Windows XP als sogenanntes »Gastsystem« in einem Anwendungsfenster unter Linux laufen zu lassen (siehe Abbildung 28.1). VMware bringt sogar ein BIOS für die VM mit, in dem Sie dann Einstellungen wie beispielsweise die Boot-Reihenfolge einstellen können.

In der virtuellen Maschine wird dem Gastsystem eine Pseudohardware emuliert. Für das Gastsystem ist ein Unterschied zwischen der »echten« Systemhardware und der virtuellen nicht festzustellen. Das Gastsystem benötigt daher auch keine Treiberdateien für die Systemhardware, die außerhalb eine virtuellen Umgebung benötigt würden.

Hierzu ist festzuhalten, dass die virtuelle Maschine nie so leistungsstark wie eine »richtige« Installation sein kann. So sind leistungshungrige 3-D-Spiele oder Multimedia-Applikationen in einer Windows-VM sicherlich nicht sinnvoll nutzbar. Des Weiteren darf das Gastsystem nicht zu »schwach auf der Brust« sein: Einen Prozessor mit ca. 2 GHz und einem Gigabyte RAM sollte das Gastsystem schon besitzen, damit das Arbeiten mit einer VM auch wirklich Spaß macht.

[+] Eine wesentlich leistungsstärkere Virtualisierungsmethode stellt *Xen* dar. Sie können mehr über *Xen* in Abschnitt 30 ab Seite 843 erfahren.

Abbildung 28.1 Windows XP in einer virtuellen Maschine auf dem Ubuntu-Desktop

Einsatzgebiete

Die möglichen Einsatzgebiete virtueller Maschinen sind vielfältig:

- Eine VM kann als Testumgebung dienen, um andere Betriebssysteme auszuprobieren oder aber gravierende Änderungen im Gastsystem zu testen – ohne Auswirkungen auf das Produktivsystem. Hier ist die sogenannten »Snapshot«-Funktion sehr nützlich. Mit ihr lässt sich eine Momentaufnahme des Gastsystems speichern und später wiederherstellen.
- Wenn man als Entwickler seine Software ohne die existierende Entwicklungsumgebung testen möchte, braucht man ein »sauberes« System. Nur so lässt sich beispielsweise feststellen, ob die frisch kompilierte Software auch ohne Entwicklungsbibliotheken funktioniert. Dies kann man einfach in einer virtuellen Maschine erledigen.
- Schließlich kann es sein, dass man als Linux-Anwender ein bestimmtes Programm unbedingt benötigt, für welches es unter Linux keinen adäquaten Ersatz gibt. Sofern es weder

besonders ressourcenintensiv ist noch 3-D-Beschleunigung (wie die meisten Spiele) benötigt, lautet die Lösung: Windows unter Linux. Somit ist kein Neustart des Rechners in ein parallel installiertes Windows nur für ein einziges Programm notwendig.

VMware ist für Privatanwender in drei Varianten erhältlich:

1. *VMware Player*: Kostenlose Umgebung, um existierende Maschinen starten zu können. Mit dem *VMware Player* ist es jedoch nicht möglich neue virtuelle Maschinen zu erstellen.
2. *VMware Workstation*: Kostenpflichtige Variante mit allen Funktionen. Diese Variante beschreibe ich im Abschnitt 28.3 ab Seite 798.
3. *VMware Server*: Praktisch vergleichbar zur Workstation, allerdings läuft *VMware Server* unter einer freien Lizenz. Er kann also kostenlos installiert und genutzt werden. Diese Variante beschreibe ich im Abschnitt 28.4 ab Seite 799.

28.2 VMware Player

Eine interessante Möglichkeit für Windows-Nnutzer, einmal »gefahrlos« in Ubuntu hineinzuschnuppern, bietet der *VMware Player*. Damit können Sie Ubuntu direkt unter Windows betreiben, ohne Ihr System neustarten geschweige denn den Verlust Ihres Systems durch Fehlpartitionierung riskieren zu müssen.

Auf der beiliegenden DVD Nr. 2 finden Sie im Verzeichnis *virtual* ein Image von Ubuntu 7.10 »Gutsy Gibbon« und den *VMware Player*. [«]

28.2.1 Installation unter Windows

Beginnen wir mit der Installation des Windows-Players. Im Unterverzeichnis *VMware Player* finden Sie eine ausführbare Installationsdatei mit der Endung `*.exe`. Ein einfacher Klick bzw. Doppelklick auf diese Datei startet die selbsterklärende Installationsroutine für den Player. Während der Installation werden Sie gefragt, ob der Autorun-Mechanismus Ihres DVD-Laufwerks deaktiviert werden soll. Verneint man diese Frage, so kann es zu ungewünschten Interferenzen des Wirts- und des Gastbetriebssystems beim Einlegen einer DVD kommmen. Sie finden nach der Installation einen Eintrag für den VMware Player im Startmenü.

28.2.2 Installation unter Linux

Anwender einer anderen Linux-distribution haben ebenfalls die Möglichkeit, einmal unverbindlich in Ubuntu ohne Neuinstallation hineinzuschnuppern. Wenn Sie eine Distribution verwenden, die das RPM-Paketsystem verwendet (z. B. SUSE oder Red Hat), so wechseln Sie in das Verzeichnis *virtual* auf der DVD und installieren Sie den Player folgendermaßen:

```
user$ sudo rpm -ivh *.rpm
```

Anwender anderer Distributionen können die **.tar.gz*-Datei verwenden, welche zuvor auf die Festplatte kopiert werden muss:

```
user$ mkdir /tmp/vmplayer
user$ cp *.tar.gz /tmp/vmplayer
user$ cd /tmp/vmplayer
user$ tar xfz *.tar.gz
user$ cd vmware-player-distrib
user$ sudo ./vmware-install.pl
```

Sie können nun den *VMware Player* aus einer Konsole durch `vmplayer` heraus starten. Meist findet man auch im Menü einen Eintrag, bei Ubuntu z. B. unter ANWENDUNGEN • SYSTEMWERKZEUGE • VMWARE PLAYER.

28.2.3 Nutzung der virtuellen Maschine

Die Begleit-DVD enthält eine kompakte Ubuntu-VM, die hervorragend als abgeschottete Surfumgebung genutzt werden kann. Sie finden die Datei ebenfalls im Verzeichnis *virtual*. Kopieren Sie die etwa 350-MB-große Datei auf Ihre Festplatte.

[!] Achtung: Sie benötigen mindestens 1,3 GB freien Festplattenspeicher für das Abbild.

Starten Sie nun den *VMware Player*, navigieren Sie zu dem entpackten Abbild der VM und wählen Sie die Datei *ubuntuvm.vmx* aus. Daraufhin sollte Ubuntu im Player starten. Nach dem Hochfahren des virtuellen Systems können Sie wie im Buch beschrieben mit Ubuntu arbeiten. Der Internetzugang wird automatisch via NAT konfiguriert, sodass Sie in der Regel sofort lossurfen können. Einige technische Daten zur VM:

- **Hauptspeicher:**
  zunächst 256 MB, kann aber variiert werden über PLAYER • TROUBLESHOOT • CHANGE MEMORY ALLOCATION
- **Virtuelle Festplatte:**
  Maximalkapazität: 10 GB
- **CD-ROM:**
  Auto Detect Modus, bei Linux-Wirtssystemen gegebenenfalls innerhalb der Konfigurationsdatei *ubuntuvm.vmx* anzupassen.
- **Auflösung:**
  Es wurde eine Auflösung von 1024 x 768 Pixeln für das Display voreingestellt.

Sie können die virtuelle Maschine jederzeit mithilfe des Knopfes SCHLIESSEN des VMware Player Fensters herunterfahren.

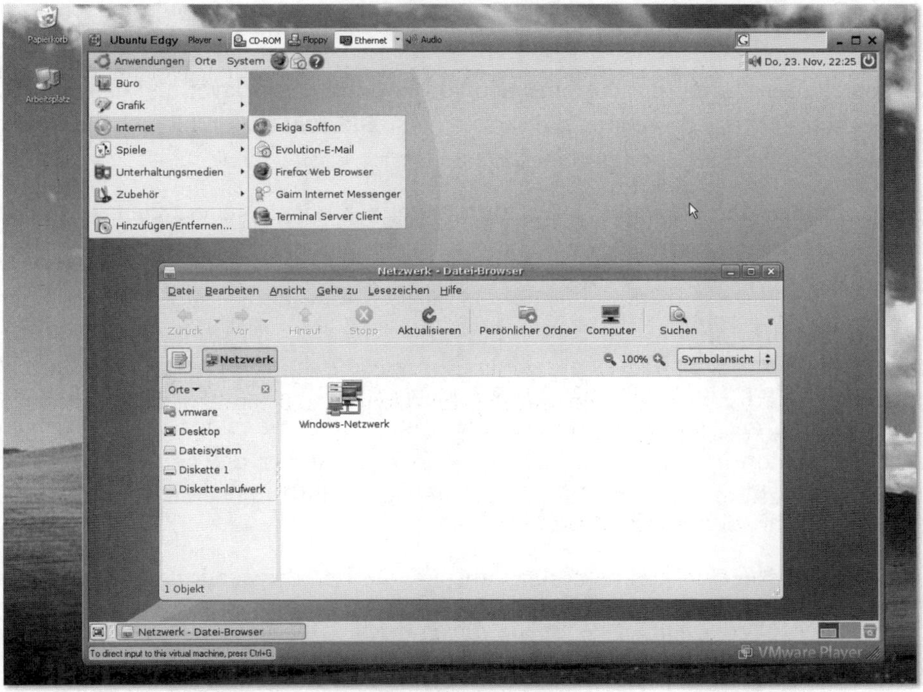

Abbildung 28.2 Ubuntu goes Redmond: VM unter Windows

28.2.4 Tipps für Windows-Anwender

Im Folgenden sind noch zwei Tipps für Windows-Anwender aufgeführt: **[+]**

- **Datenaustausch:**
  Um Daten zwischen Gast- und Wirtssystem auszuauschen, richten Sie unter Windows eine normale Ordner-Freigabe ein. Diese suchen Sie dann im Ubuntu-Gastsystem über das Menü ORTE • NETZWERKSERVER. Nun können Sie problemlos Daten zwischen den Systemen hin und her schieben.

- **Drucken:**
  Geben Sie Ihren Windows-Drucker zunächst als Netzwerkdrucker frei. Installieren Sie anschließend in der VM die Pakete *gno me-cups-manager* und *libgtk1.2*. Besorgen Sie sich nun die Turboprinttreiber von *www.turboprint.org* und installieren Sie diese. Im Setup wählen Sie Ihren speziellen Drucker als Netzwerkdrucker aus. Anschließend können Sie auf den Windows-Drucker von der VM aus zugreifen.

28.3 VMware Workstation

Neben den kostenlosen Virtualisierungsoptionen von *VMware*, dem Player und dem Server, gibt es auch kostenpflichtige Angebote, die zahlreiche Sonderfunktionen bieten. Hier lohnt sich ein genauer Blick auf die Homepage des Herstellers *www.vmware.de*.

Die neueste Version 6 der VMware Workstation bietet zahlreiche Neuerungen, lässt sich aber nicht mehr so einfach installieren wie die Vorgängerversion.

28.3.1 Voraussetzungen

Sie installieren das Programm über das Skript `vmware-install.pl`, welches Sie mit Sudo-Rechten ausführen müssen. Bevor Sie dies aber tun, müssen Sie einige Vorbereitungen treffen. Die Workstation braucht genauso wie der VMware-Server die *kernel-headers* und einige Werkzeuge zum Kompilieren. Die Werkzeuge laden und installieren Sie durch den Befehl

```
user$ sudo apt-get install build-essential
```

oder natürlich auch über *Synaptic*, wenn Sie die grafische Oberfläche bevorzugen. Hier suchen Sie einfach nach dem gleichnamigen Paket.

Die Kernel-Headers brauchen Sie, weil *VMware* einige Kernelmodule bauen muss, die dann in den Kernel intergiert werden. Dies bedeutet natürlich, dass die passenden *kernel-headers* zu Ihrem installierten Kernel brauchen. Sie erfahren durch den Befehl

```
user$ uname -a
```

die Bezeichnung des aktuell installierten Kernels. Hierbei sollte so etwas wie

```
Linux hardy 2.6.24-generic #1 SMP Thu Jun 1 15:59:45 GMT 2008 i686 GNU/Linux
```

in Ihrem Terminal erscheinen. An dritter Stelle erscheint die Bezeichnung des Kernels – 2.6.22-8-generic. Nun laden Sie bitte das zugehörige Paket *linux-headers-2.6.22-8-generic* herunter. Hierbei ersetzen Sie den letzten Term bitte durch die Ausgabe auf Ihrem PC:

```
user$ sudo apt-get install linux-headers-2.6.22-8-generic
```

Jetzt fehlt noch eine Kleinigkeit, bevor Sie mit der Installation loslegen können: Die VMware Workstation erwartet eine leicht andere Verzeichnisstruktur als Ubuntu sie vorgibt. Statt des von Ubuntu vorgegebenen Verzeichnisses */usr/src/linux-headers-2.6.22-8* (in diesem Fall) muss das Verzeichnis schlicht */usr/src/linux* heißen. Dieser kleine Makel ist allerdings schnell behoben, da Sie nur ein Verzeichnis umzubenennen brauchen. Dies erledigen Sie durch folgenden Befehl:

```
user$ sudo mv /usr/src/linux-headers-2.6.22-8-generic /usr/src/linux
```

28.3.2 Installation

Nun steht einer Installation durch den Aufruf des Skripts nichts mehr im Wege. Dies erledigen Sie, wenn Sie sich im gleichen Verzeichnis befinden, durch die Eingabe von

```
user$ sudo ./vmware-install.pl
```

Die folgenden Abfragen können Sie meist sämtlich bestätigen, indem Sie die Gebrauch von der Enter-Taste machen. Sie finden die VMware Workstation nach erfolgter Installation im Menü unter ANWENDUNGEN • SYSTEMWERKZEUGE • VMWARE WORKSTATION. Eine Version des VMware Players wird hierbei gleich mitinstalliert.

Die Installation der VMware Tools (z. B. zur Verbesserung der graphischen Leistungsfähigkeit) erfolgt analog zum VMware-Server. Sehen Sie hierzu bitte im Abschnitt 28.5 ab Seite 804 nach.

28.4 VMware Server

Kommen wir nun zur zweiten kostenlos erhältlichen VMware-Variante. Diese virtuelle Maschine lässt sich für viele Dinge gebrauchen. Die beliebtesten Einsatzzwecke sind sicherlich das Starten einer VM mit Windows, um liebgewonnene oder benötigte Programme auszuführen. Oder ein neues Betriebssystem zu testen, ohne das Gastsystem zu formatieren oder zu beschädigen. Ich werde im Folgenden das Einrichten einer virtuellen Maschine mit *VMware Server* beschreiben und anschließend ein weiteres Ubuntu, z. B. eine neue Beta-Version zum Ausprobieren, installieren.

Mehr Funktionen

Ich nutze hierfür den VMware-Server aus dem Grunde, da diese Version ebenso wie der VMware-Player kostenlos verfügbar ist, aber deutlich mehr Funktionen als der Player bietet. Mit dem Player ist es nur möglich bestehende Maschinen zu nutzen, das Anlegen von neuen Maschinen ist nur mit zahlreichen Tricks möglich.

28.4.1 VMware Server installieren

Im Gegensatz zum *VMware-Player* ist der *VMware-Server* nicht in den Ubuntu-Paketquellen enthalten. Er muss von Hand heruntergeladen und installiert werden. Ebenso ist eine Seriennummer nötig, die man sich jedoch auf der Downloadseite von VMware kostenlos erzeugen lassen kann. Diese Nummer wird direkt auf der Website angezeigt. Sie können hier bis zu 100 Lizenzen kostenlos bekommen. Die damit aktivierten Server sind zeitlich unbeschränkt gültig.

Gehen Sie im ersten Schritt auf die Internetseite *www.vmware.com/download/server/*. Sie finden hier die nötigen Schritte leicht erklärt. Wichtig ist, dass Sie das .tar.gz-Archiv für Linux herunterladen. Eine andere Möglichkeit ist der Download mithilfe von *wget*:

```
wget -c http://download3.vmware.com/software/vmserver/VMware-server-\
1.0.6-91891.tar.gz
```

Im zweiten Schritt sollten Sie sicherstellen, dass die Pakete

- *build-essential*
- *linux-headers-generic*
- *xinetd*
- *linux-kernel-devel*

installiert sind:

```
sudo aptitude install build-essential linux-kernel-devel linux-headers-\
generic xinetd
```

Anschließend wechseln Sie in das Verzeichnis mit dem Download des VMware-Servers, entpacken dieses mit

```
user$ tar xf VMware-server-1.0.6-*.tar.gz
```

und wechseln danach in das entpackte Verzeichnis

```
user$ cd vmware-server-distrib/
```

[»] Da VMware die Installation abbricht, wenn ältere Installationen erkannt wurden, müssen diese komplett deinstalliert werden. Falls z. B. der VMware Player aus den Ubuntu Paketquellen über Synaptic oder apt installiert wurde, dann wird dieser auf gleichem Weg deinstalliert und das übriggebliebene Verzeichnis */etc/vmware* mit

```
sudo rm -rf /etc/vmware
```

gelöscht.

Jetzt können Sie VMware installieren. Dazu gibt es ein eigenes Skript, welches mit dem Befehl

```
sudo ./vmware-install.pl
```

ausgeführt wird.

Alle Fragen, die im Laufe der Installation gestellt werden können im Normalfall mit einem »Return« bestätigt werden. Das Installationsscript sucht die linux-headers normalerweise im Standardverzeichnis. Sollte dieser Pfad aus irgendeinem Grund nicht korrekt sein, finden Sie diesen mit dem Befehl

```
whereis linux-headers-ARCH
```

Im Menü ANWENDUNGEN • SYSTEMWERKZEUGE • VMWARE SERVER CONSOLE findet man zu guter Letzt das neue Programm.

In der aktuellen Ubuntu-Version 8.04 »Hardy Heron« vermisst *VMware* einige Bibliotheken und lässt sich nicht nach der Installation nicht starten. Sie beheben dies durch das Anlegen der beiden folgenden symbolischen Links: [*]

```
sudo ln -sf /usr/lib/gcc/i486-linux-gnu/4.2.3/libgcc_s.so \
/usr/lib/vmware/lib/libgcc_s.so.1/libgcc_s.so.1
sudo ln -sf /usr/lib/libpng12.so.0 \
/usr/lib/vmware/lib/libpng12.so.0/libpng12.so.0
```

28.4.2 Virtuelle Maschinen anlegen

Startet man VMware Server, so existieren noch keine virtuellen Maschinen. Diese müssen zunächst erstellt und eingerichtet werden, bevor man anschließend ein Gast-Betriebsystem installieren kann. Im Beispiel beschreibe ich das Anlegen einer VM für Ubuntu Edgy. Andere Betriebssysteme lassen sich entsprechend erstellen.

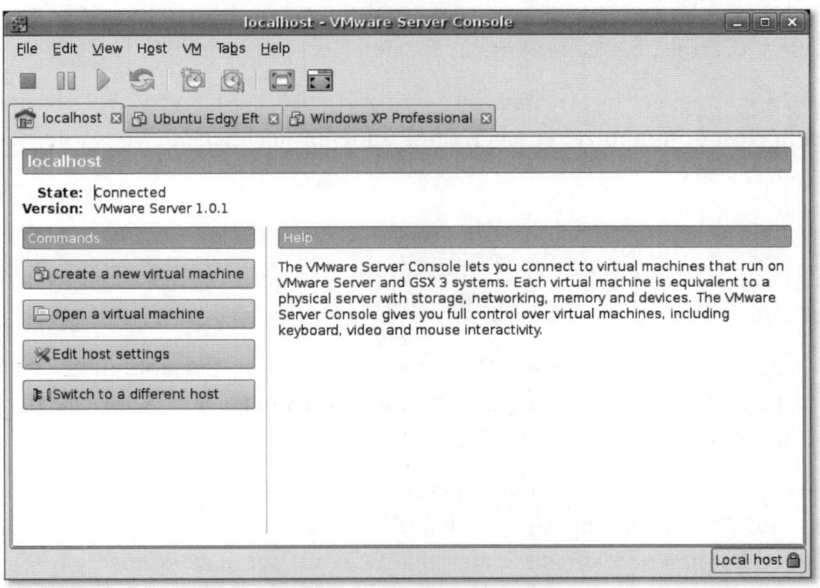

Abbildung 28.3 Der Hauptbildschirm von Vmware Server

Man beginnt damit, dass man aus dem Hauptbildschirm von VMware eine neue VM mittels *Create a new virtual machine* erstellt. Diese startet einen Installationsassistenten, der Sie durch den Prozess führt. Für viele Betriebsysteme sind schon Vorlagen hinterlegt, die die optimalen Konfigurationen für das Gastsystem beinhalten. Linux und darin Ubuntu sind dort schon enthalten. Daher wählt man *Typical* aus. Im nächsten Dialog präzisiert man die Auswahl und gibt LINUX • UBUNTU an.

[»] Im nächsten Schritt kann man der VM noch einen passenderen Namen, also *Ubuntu Edgy Eft* geben und den Pfad angeben, wo die Virtuelle Maschine abgelegt werden soll. Da die Clientpartitionen für VMware nachträglich nicht vergrößert werden können, sollte man von vornherein auf ausreichend Festplattenkapazität für die später einzurichtenden Gast-Betriebssysteme achten. Für ein einfaches Windows 2000 oder Windows XP benötigt man etwa 4-8 GB je nach Aufgabenstellung. Bei Verwendung einer eigenen Festplatte oder Partition für VMware ist darauf zu achten, diese mit ext3 zu formatieren.

Netzwerk-Konfiguration

Anschließend wird das Netzwerk konfiguriert. Folgende Punkte stehen hier zur Wahl:

- *Bridged Networking:* Diese Einstellung sollten Sie üblicherweise auswählen. Die VM erscheint damit als »richtiger« Rechner im Netzwerk, d. h. mit eigener IP im gleichen Subnetz. Dadurch können Server-Dienste problemlos eingerichtet werden.
- *NAT:* Der Host-Rechner fungiert praktisch als Router und verbindet die VM als Router mit dem lokalen Netzwerk. Dadurch können Server-Dienste eingeschränkt werden. Das Internet ist für die VM erreichbar (sofern es das für den Host-Rechner auch ist).
- *Host-Only Networking:* Erzeugt ein privates Netzwerk zwischen Host und VM. D. h. die VM kann mit dem Host kommunizieren aber keine anderen Rechner oder das Internet erreichen.
- *Kein Netzwerk*

Danach werden Sie nach der Größe der »Festplatte« in der VM gefragt. Zusätzlich stehen noch die beiden folgenden Optionen zur Wahl:

- *Allocate all disk space now:* Wenn Sie diese Option aktivieren, wird der komplette Festplattenplatz sofort zugewiesen. Dies bringt etwas mehr Leistung der VM, belegt aber einige Gigabyte auf der Festplatte, die sonst frei wären.
- *Split disk into 2 GB files:* Teilt die virtuelle Festplatte in max 2GB große Stücke. So kann die virtuelle auch auf Partitionen abgelegt werden, die nicht mit Dateien, die größer als 2 GB sind, umgehen können oder um sie später auf DVDs auslagern zu können.

Nun ist die virtuelle Maschine komplett angelegt.

28.4.3 Installation des Gastsystems

Nehmen wir einmal an, Sie sind zufriedener Dappernutzer. Getreu dem Grundsatz »Never touch a running system« wollen Sie also nicht einfach auf Edgy aktualisieren, aber ein bisschen neugierig sind Sie schon. Sie haben sich also das Image einer Edgy-Installations-CD heruntergeladen (welches Installationsmedium – also Desktop- oder Alternate-CD – Sie wählen ist egal; nur die Architektur muss stimmen). Hier zeigt sich eine Funktion von VMware, die im Sinne des Umweltschutzes sehr zu begrüßen ist: Die ISO-Datei müssen Sie nicht auf CD brennen. Sie können stattdessen das ISO-Image direkt in VMware einbinden, sodass das Image als virtuelles CD-Laufwerk zur Verfügung steht.

Dazu öffnen Sie die vorhin neu erstellte virtuelle Maschine, klicken unter DEVICES mit links doppelt auf das virtuelle Laufwerk CD-ROM 1 und wählen dort USE ISO IMAGE • UBUNTU EDGY CD AUSWÄHLEN.

Nun sind Sie fertig gerüstet, um die virtuelle Maschine mit *Power on this virtual machine* zu starten.

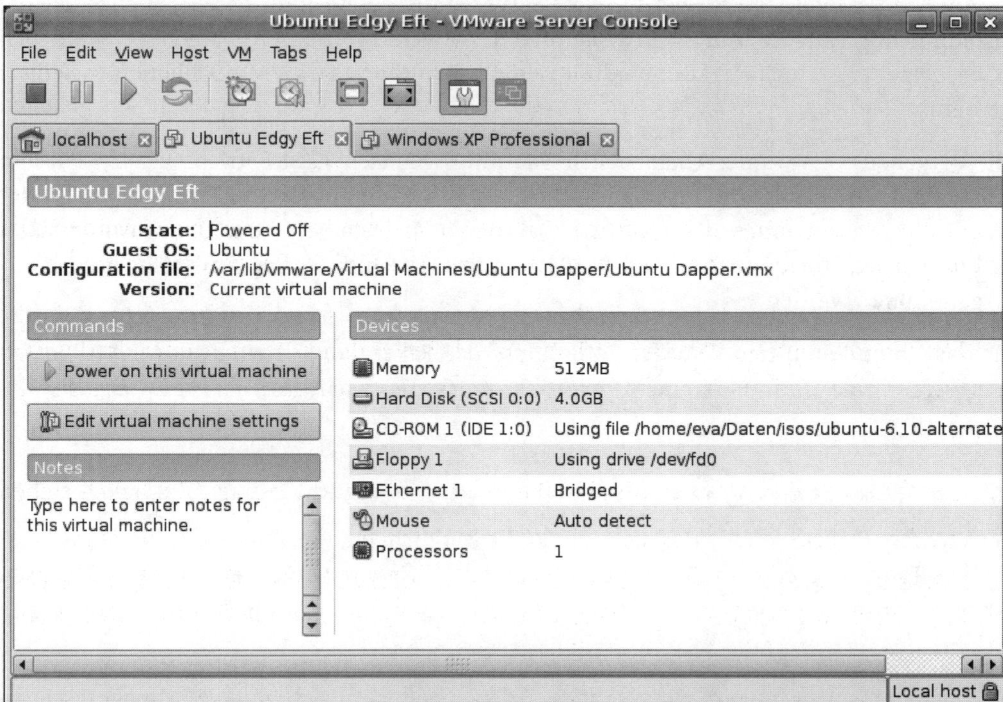

Abbildung 28.4 Der Reiter der virtuellen Maschine »Edgy Eft«.

Da die Ubuntu-CD schon virtuell im Laufwerk liegt, werden Sie vom Installer bzw. von der Live-CD empfangen. Die Installation läuft nun wie für ein normales System ab. Allerdings sollten Sie keine SWAP-Partition anlegen. Über die Partitionierung müssen Sie sich auch keine Gedanken machen, schreiben Sie alles in eine große (die VM komplett ausfüllende Partition).

Aus der VM befreien

Solange Sie in der VM arbeiten, sind die Maus und die Tastatur in der VM »gefangen« bis sie durch Drücken von `Ctrl` + `Alt` die Maus befreit werden. Ist das Gastsystem komplett installiert, können Sie dieses unbequeme Verhalten unter Dapper durch die Installation der VMware-Tools (siehe Abschnitt 28.5, zum Vorgehen unter Edgy ebenfalls) beheben. Danach können Sie die Maus transparent zwischen Gast und Host hin- und herbewegen.

28.5 VMware Tools

Um den Gast-Betriebssystemen zusätzliche Funktionen zur Verfügung zu stellen, gibt es die *Vmware Tools*. Damit können Sie sich die Arbeit unter VMware erleichtern und die Leistung der VM verbessern. Der VMware Server enthält diese Tools bereits, ebenso wie die kostenpflichtig Variante. Auf die Installation der VMware Tools im VMware Player werde ich später eingehen. Prinzipiell können die Tools aus dem Menü von VMware heraus installiert werden.

Die Vorgehensweise unterscheidet sich allerdings je nach Gast-Betriebssystem. Für ein »Gast-Windows« erfolgt die Installation über das Ausführen einer .exe-Datei innerhalb der VM. Unter Linux werden die Tools nicht automatisch installiert, und Ubuntu unterstützt die auf dem ISO-Image enthaltene RPM-Datei nicht. Die Installation muss also »von Hand« vorgenommen werden.

Für das Kompilieren der VMware Tools muss das Paket *build-essential* in der VM installiert werden, bis Ubuntu Dapper Drake 6.06 muss zusätzlich das Paket *linux-headers-386* installiert sein.

VMware Tools mit dem VMwarePlayer

Der VMware Player bietet leider nicht direkt die Möglichkeit, die VMware Tools zu installieren. Die Tools sind jedoch z. B. im .tar.gz Archiv des VMware Servers enthalten. Sie müssen daher daher VMware Server herunterladen (siehe oben) und anschließend das Archiv entpacken.

Im Verzeichnis *vmware-server-distrib/lib/isoimages* befinden sich nun ISO-Images wie linux.iso oder windows.iso, die die VMware Tools für das jeweilige Gastbetriebsystem beinhalten. Diese können Sie nun mit

```
mkdir /tmp/vmware_tools
sudo mount -o loop vmware-server-distrib/lib/isoimages/\
windows.iso /tmp/vmware_tools
```

in Ihr Dateisystem einbinden und anschließend aus */tmp/vmware_tools* in ein Verzeichnis Ihrer Wahl kopieren. Von dort aus übertragen Sie die Datei in das entsprechende Gastsystem. Allerdings bietet sich wohl eher an, VMware-Server gleich zu installieren.

28.5.1 Installation der VMware Tools

Aus dem Menü von VMware Server kann unter VM • INSTALL VMWARE TOOLS die Installation der Tools aufgerufen werden. Daraufhin erscheint (in Linux-Gastsystemen) eine CD auf dem Desktop der virtuellen Maschine. Von dieser CD kopieren Sie die entsprechende .tar.gz-Datei auf den Desktop oder in einen anderen Ordner und entpacken diese. Ist das Gastsystem ein Windows, so finden Sie in der Taskleiste ein Icon, mit dem automatisch ein Setup-Programm gestartet wird.

Anschließend wechseln Sie in einem Terminal in das neu erstellte Verzeichnis mit den VMware Tools (hier Desktop/vmware-tools) und führen die Installation der Tools aus

```
cd Desktop/vmware-tools
sudo ./vmware-install.pl
```

Auflösungswerte richtig einstellen

Alle Fragen, die während der Installation gestellt werden, können Sie mit der Eingabetaste bestätigen. Als Wert für die Auflösung sollten Sie die maximale Auflösung des Hostbetriebssystems angeben. Dadurch können Sie im Vollbildmodus mit der höchsten Auflösung arbeiten. Die Auswahl kleinerer Auflösungen ist im Gastbetriebssystem jederzeit möglich (Sie können im Menü EDIT • PREFERENCES wählen, ob die Auflösung an die Fenstergröße oder umgekehrt angepasst werden soll).

Schließlich starten Sie noch mit

```
sudo /etc/init.d/gdm restart
```

den XServer neu.

28.5.2 Konfiguration

Nach einem Kernelupdate des Gastsystems müssen Sie die Installation der VMware Tools wiederholen (oder Sie möchten dies aus einem anderen Grund tun).

Die Konfigurationsroutine rufen Sie mit dem Befehl

```
sudo vmware-config-tools.pl
```

auf. Die Toolbox ermöglicht eine Reihe zusätzlicher Einstellungen, wie beispielsweise

- Zeitsynchronisation zwischen Host und Gast
- Geräteeinstellungen, wie Festplatte, Sound, etc.
- Skripte
- Verkleinern virtueller Platten

Die Toolbox wird mit

```
sudo vmware-toolbox
```

gestartet.

Maus automatisch aus der VM lösen

Normalerweise reicht es bei Ubuntu aus, die VMwareTools zu installieren, um die Maus automatisch aus der Virtuellen Maschine lösen zu können. Wenn Sie allerdings selbst nach der Installation der VMwareTools noch `Strg` + `Alt` drücken müssen, um die Maus aus der VM zu lösen, fehlt Ihnen das Paket *xserver-xorg-input-vmmouse*. Allerdings sollten Sie die Datei *etc/X11/xorg.conf* kontrollieren. Diese sollte in etwa folgende Konfiguration besitzen:

```
#Auszug aus der /etc/X11/xorg.conf
Section "InputDevice"
        Identifier      "Configured Mouse"
#       Driver "mouse"
        Driver          "vmmouse"
        Option          "CorePointer"

EndSection
```

ändern. Nach eine Neustart des XServers in der VM können Sie die Maus wie gewohnt einfach aus dem Fenster der VM bewegen um wieder im Hostsystem zu arbeiten.

28.6 QEMU

Freie Alternative zur Wokstation

QEMU ist eine freie Alternative zu VMWare Workstation. Es gilt das in Abschnitt 28 gesagte: Man kann damit ein Betriebssystem in einer »virtuellen Maschine« installieren. Genau wie VMware sorgt QEMU dafür, dass das Gast-System glaubt, auf echter Hardware zu laufen, obwohl diese emuliert wird. Virtuelle Maschinen stellen deshalb dem Gast Pseudo-Hardware bereit und managen die Kommunikation zwischen der »echten« Hardware im System und der Hardware, die dem Gastsystem vorgegaukelt wird. QEMU finden Sie wie den VMware Player in den Ubuntu Paketquellen, die zugehörige Dokumentation ist unter *http://fabrice.bellard.free.fr/qemu/qemu-doc.html* zu finden.

28.6.1 Installation

Die Version ohne Beschleunigung läuft deutlich langsamer, dafür ist die Installation sehr viel einfacher. Sie müssen lediglich das Paket *qemu* über einen Paketmanager Ihrer Wahl installieren. Die weitere Einrichtung beschreibe ich im Abschnitt 28.6.2.

QEMU mit Beschleunigung kompilieren

Anwendungen auf emulierter Hardware laufen immer langsamer als im unemulierten Betrieb. Um QEMU einen Turbo zu spendieren, gibt es den »QEMU Accelerator«, auch »kqemu« genannt. Diese Erweiterung ist keine quelloffene Software, da Fabrice Bellard sich diese Techologie wohl als Rentenversicherung zurückbehält. Trotzdem darf das Modul kostenlos genutzt werden. Es bringt eine Beschleunigung etwa um den Faktor 5. Zur Nutzung des Moduls muss QEMU aus dem Quellcode compiliert werden. Allerdings funktionieren Windows 95 und Windows 98 nicht mit kqemu.

Folgende Pakete müssen installiert sein:

- linux-headers-ARCH (ARCH entsprechend Ihrer Rechnerarchitektur ersetzen)
- zlib1g-dev
- texi2html
- libsdl1.2-dev

Die jeweils aktuelle Version des QEMU-Quellcodes finden Sie auf *http://fabrice.bellard.free.fr/qemu/download.html*. Auch das kqemu-Paket müssen Sie von dort herunterladen. Außerdem müssen Sie die alte Version *gcc-3.4* des GCC installieren. Damit dieser auch verwendet wird, müssen Sie dem Compiler noch mitteilen, dass die ältere Version verwendet werden soll:

```
./configure --cc=gcc-3.4
```

Danach wird QEMU mit `make` und sudo make install normal compiliert. Sie können auch eine der in Abschnitt 20.8 beschriebenen Methoden für die reversible Installation verwenden. Für das Compilieren von kqemu gehen Sie entsprechend vor, müssen aber zwingend `sudo make install` am Ende benutzen.

Kommt es beim Compilieren von QEMU zu einer Fehlermeldung wie [«]

```
/home/marcus/Software/qemu-0.8.2/usb-linux.c:29:28:
linux/compiler.h: No such file or directory
make[1]: *** [usb-linux.o] Fehler 1
```

müssen Sie in der Datei *usb-linux.c* den Eintrag

```
#include <linux/compiler.h>
```

auskommentieren, in dem Sie ein /* davor und ein */ dahinter stellen.

```
/*Auszug aus usb-linux.c*/
/*#include <linux/compiler.h>*/
```

Laden des kqemu-Moduls

Wenn das Compilieren fehlerfrei beendet wurde, können Sie nun testweise das kqemu-Modul laden mit `sudo modprobe kqemu major=0`. Danach sollte in der Systemlogdatei */var/log/messages* eine Erfolgsmeldung auftauchen.

Den Systemlog können Sie sich im Terminal anzeigen lassen:

```
user:~$ tail -f /var/log/messages
Nov 15 09:38:17 localhost kernel: KQEMU installed,
max_instances=4 max_locked_mem=129560kB.
```

Unter Edgy können Sie das Modul folgendermaßen beim nächsten Systemstart verfügbar machen: Zunächst erweitern Sie Datei */etc/modules* um den Eintrag

```
kqemu major=0
```

Anschließend ergänzen Sie die Datei */etc/rcS.d/S55bootmisc.sh* vor dem Eintrag `: exit 0` um

```
chmod 666 /dev/kqemu
```

28.6.2 Gastsysteme installieren

Nach der Installation erstellen Sie in Ihrem Home-Verzeichnis ein Verzeichnis namens »qemu«, führen Sie dann in einem Terminal die folgenden Befehle aus:

```
user$ cd qemu
qemu-img create hd.img 10GB
```

Damit haben Sie eine 10 GB-große virtuelle Festplatte erstellt. Auch die Angabe der Größe in MB ist möglich:

```
user$ cd qemu
qemu-img create hd.img 1000M
```

Im nächsten Schritt müssen Sie die virtuelle Maschine von der Installations-CD booten. In diesem Beispiel verwenden wir das CD-ROM Laufwerk als Laufwerk unseres virtuellen PCs:

```
qemu -boot d -cdrom /dev/cdrom -hda hd.img
```

Das -boot d bedeutet, dass die virtuelle Maschine von CD-ROM starten soll und ist eine kuriose Remineszenz an die Windows-Laufwerksbuchstaben. Wenn man es weglässt, bootet das System von der Festplatte.

Um ein ISO-Image anstelle einer Installations-CD zu verwenden, tippen Sie

```
qemu -hda hd.img -cdrom DATEINAME.iso -boot d
```

Windows 98 mit der Bootdiskette installieren

Wenn Sie keine bootfähige Windows-98-CD zur Hand hat, dann können Sie Qemu natürlich auch von einer Diskette booten. Legen Sie die Bootdiskette ein und geben Sie in der Konsole folgendes ein:

```
qemu -fda /dev/fd0 -hda win98.img -boot a
```

Zunächst muss die virtuelle Festplatte partitioniert und formatiert werden. Dazu starten Sie nach dem Booten der Diskette das DOS-Programm *fdisk* in QEMU mit dem Befehl

```
fdisk
```

Nach dem Partionieren schließen Sie QEMU am besten und booten es mit mit dem eben genannten Befehl erneut. Nach dem Neustart formatieren Sie die virtuelle Platte mit dem DOS-Befehl

```
format c:
```

Keine Angst, der richtigen Festplatte passiert nichts – nur die virtuelle Platte wird formatiert. Danach QEMU nochmal beenden. Nun legen Sie die Windows-98-CD ein und starten QEMU erneut, diesmal mit dem Befehl

```
qemu -fda /dev/fd0 -hda win98.img -cdrom /dev/cdrom -boot a
```

Das Setup sollten Sie nach dem Booten jetzt mit dem Befehl

```
setup.exe
```

starten können. Alles Weitere läuft ganz normal, wie bei jeder gewöhnlichen Windows 98-Installation.

Nein, nicht ganz: Während der Installation führt Windows 98 einen Neustart durch. An dieser Stelle müssen Sie QEMU beenden und wie folgt weitermachen:

```
qemu -hda win98.img  -cdrom /dev/cdrom -boot c
```

Nach beendeter Installation können Sie Windows 98 einfach mit

```
qemu -hda win98.img
```

starten.

Windows 2000 installieren

Um Windows 2000 unter QEMU zu installieren, müssen Sie dieses mit der zusätzlichen Option `-win2k-hack` gestartet werden, um zu verhindern, dass die Festplatte im Verlauf der Installation fälschlicherweise als voll erkannt wird.

Größeren Arbeitsspeicher für Gastsysteme erlauben

QEMU wird standardmäßig mit einer Arbeitsspeicherzuteilung von 128 MB für das Gastsystem gestartet. Da dies zugegebenermaßen für moderne Windowsversionen ein wenig knapp ist, können Sie einen größeren Arbeitsspeicher beim Start von QEMU zuteilen. Dazu ist allerdings eine kleine Vorbereitung notwendig. Zuerst binden Sie das temporäre Dateisystem durch einen Eintrag in die *etc/fstab* dauerhaft ein

```
# /dev/shm vergrössern für Qemu
#
none              /dev/shm          tmpfs    defaults,size=528M
```

Der Eintrag `size=528M` ist bewusst größer als 512 MB gewählt, da das temporäre Dateisystem stets ein wenig größer als der tatsächlich benötigte Arbeitsspeicher des Gastsystems sein sollte. Mit dem Befehl `sudo mount -o remount /dev/shm` binden Sie das temporäre Dateisystem mit sofortiger Wirkung ein. Um dem Gastsystem 512 MB Arbeitsspeicher zuzuteilen, geben Sie die Option `-m 512` an.

28.6.3 Start des Gastsystems

Option	Erklärung
`-hda <Datei>`	Gibt das Image der primären Festplatte an. Weitere Festplatten können Sie mit `-hdb`, `-hdc` und `-hdd` angeben.
`-fda <Datei>`	Gibt Diskettenlaufwerke an. Sie können das reale Diskettenlaufwerk verwenden, wenn Sie `/dev/fd0` als Dateiname angeben.
`-cdrom <Datei>`	Gibt das zu verwendende CD-Laufwerk an. Sie können ein Gerät wie `/dev/cdrom` oder eine Imagedatei angeben.
`-boot <Laufwerksbuchstabe>`	Gibt an, von welchem Laufwerk gestartet werden soll. Dabei steht a für Diskette, c für Festplatte und d für CD-ROM.
`-snapshot`	Bewirkt, dass Änderungen nicht in das Festplattenimage geschrieben, sondern in einer temporären Datei gespeichert werden. Erst mit (Strg) + (Alt) + (S) oder dem Kommando `commit` in der QEMU-Konsole werden die Änderungen übernommen.
`- m <Speichergröße>`	Gibt den zu verwendenden Arbeisspeicher in MB an.
`-user-net`	Ermöglicht einfachen Zugriff aufs Netzwerk. Das Gastsystem muss zur Verwendung von DHCP konfiguriert werden.
`-smb <Freigabe>`	Ermöglicht den Zugriff auf Verzeichnisse und Drucker des Hosts. Dazu muss Samba auf dem Host installiert und eingerichtet sein.
`-no-kqemu`	Startet QEMU ohne Beschleunigung. Dies kann zur Fehlerbehebung nützlich sein.

Tabelle 28.1 Übersicht der wichtigsten Startoptionen von QEMU

28.6.4 Tastenkombinationen

Tasten	Erklärung
Strg + Alt	Befreit die Maus aus dem QEMU-Fenster.
Strg + Alt + 2	Wechselt vom Gastsystem in die QEMU-Konsole.
Strg + Alt + 1	Wechselt von der QEMU-Konsole ins Gast-Betriebssystem.
Strg + Alt + F	Wechselt zwischen Fenster- und Vollbildmodus.

Tabelle 28.2 Übersicht der wichtigsten Tastenkombinationen in QEMU

28.6.5 Tipps und Tricks

Software von CD installieren

Wenn Sie in Ihrem Gastsystem Software von CD installieren wollen, müssen Sie beim Start von QEMU daran denken, den Parameter für das CD-Rom-Laufwerk anzugeben:

```
qemu -hda hd.img -cdrom /dev/cdrom
```

Screenshots vom emulierten System machen

Die aktuellen QEMU-Versionen können Screenshots des Gastsystems von Haus aus erstellen: Dazu wechseln Sie mit Strg + Alt + 2 in die QEMU-Console. Der Screenshot wird mit dem Befehl

```
screendump bildname.ppm
```

erstellt.

Sollte bei Ihnen diese Funktion aus irgendeinem Grund nicht funktionieren, können Sie sich mit folgender Vorgehensweise behelfen. Der etwas längliche Befehl

```
xwd -silent -nobdrs -id "$(xwininfo -name QEMU | grep 'Window \
id:' | cut -d ' ' -f4)" > DATEINAME.png
```

erzeugt einen Screenshot namens `DATEINAME.png`. Um diesen Befehl abzukürzen, erstellen Sie die Datei */usr/local/bin/qemu-screenshot* mit folgendem Inhalt:

```
#!/bin/sh
xwd -silent -nobdrs -id "$(xwininfo -name QEMU | grep 'Window \
id:' | cut -d ' ' -f4)" > $1
```

Nach dem Speichern müssen Sie die Datei ausführbar machen, dies geht am einfachsten im Terminal mit

```
chmod +x /usr/local/bin/qemu-screenshot
```

Jetzt können Sie einen Screenshot mit dem Befehl

```
qemu-screenshot DATEINAME.png
```

erstellen.

Reine Prozessoremulation

Wenn Sie einen 64Bit-Prozessor besitzen und auch die AMD-64-Version von Ubuntu installiert haben, können Sie eigentlich keine 32Bit-Programme starten. QEMU schafft hier Abhilfe, da es in der Lage ist, für ein bestimmtes Programm einen 32Bit-Prozessor zu emulieren. Dazu müssen Sie die entsprechende Anwendung mit

```
qemu-i386 <anwendung>
```

starten. Um wine unter einem 64Bit-Prozessor mit QEMU zu emulieren, sollten Sie die Dokumentation auf der Homepage (*http://fabrice.bellard.free.fr/qemu/qemu-doc.html*) des QEMU-Projekts zu Rate ziehen.

»Nur wer seinen eigenen Weg geht,
kann von niemandem überholt werden.«

Marlon Brando (1924 – 2004)
amerikanischer Schauspieler

29 Kernel-based Virtual Machine

In diesem Kapitel möchte ich Ihnen *KVM*, die *Kernel-based Virtual Machine*, vorstellen. KVM hat es verdient etwas ausführlicher behandelt zu werden. Dies liegt nicht nur daran, dass Canonical, die Firma hinter Ubuntu, Anfang 2008 verkündet hat, dass KVM die Standard Virtualisierungslösung für das nächste Long-Term-Release »Hardy Heron« darstellt.[1]

Ich werde in Abschnitt 29.5 auf Seite 827 detailliert auf die Konstellation KVM / Ubuntu eingehen. **[+]**

Ein anderer Grund für die nähere Betrachtung liegt darin, dass KVM eine sehr interessante Technik darstellt. Zum einen ist die Art der Implementierung dieser Technik sehr gelungen und dies ist auch ein Grund dafür, dass KVM sehr schnell Einzug in den offiziellen Linux-Kernel gefunden hat. Zum Anderen profitiert KVM enorm von der fortgeschrittenen Entwicklung des QEMU-Projektes.

29.1 Übersicht

Die Kernel-based Virtual Machine (KVM) ist eine Linux-Kernel-Infrastruktur für Virtualisierung und läuft auf x86-Hardware (32 oder 64 Bit) mit den Hardware-Virtualisierungstechniken von Intel (VT) oder AMD (AMD-V).

Entwickelt wird KVM von dem US-amerikanischen Unternehmen Qumranet und steht dort unter Beaufsichtigung von Avi Kivity. **[«]**

Die Ankündigung

Am 19. Oktober 2006 wurde ein Patch auf der Mailingliste der Kernel-Entwickler angekündigt. Dieser Patch implementierte die Schnittstelle */dev/kvm* in den Kernel und ermöglichte

1 »Hardy Heron« erschien am 25.04.2008.

die direkte Nutzung der Intel Virtualisierungserweiterungen für die x86-Architektur. Der original Wortlaut lautete wie folgt:

```
From: Avi Kivity <avi <at> qumranet.com>
Subject: [PATCH 0/7] KVM: Kernel-based Virtual Machine
Newsgroups: gmane.linux.kernel
Date: 2006-10-19 13:45:49 GMT

The following patchset adds a driver for Intel's hardware
virtualization extensions to the x86 architecture. The
driver adds a character device (/dev/kvm) that exposes the
virtualization capabilities to userspace.  Using this driver,
a process can run a virtual machine (a "guest") in a fully
virtualized PC containing its own virtual hard disks, network
adapters, and display.

Using this driver, one can start multiple virtual machines on
a host.  Each virtual machine is a process on the host; a
virtual cpu is a thread in that process.  kill(1), nice(1),
top(1) work as expected.

In effect, the driver adds a third execution mode to the
existing two: we now have kernel mode, user mode, and guest
mode.  Guest mode has its own address space mapping guest
physical memory (which is accessible to user mode by
mmap()ing /dev/kvm).  Guest mode has no access to any I/O
devices; any such access is intercepted and directed to user
mode for emulation.

The driver supports i386 and x86_64 hosts and guests.  All
combinations are allowed except x86_64 guest on i386 host.
For i386 guests and hosts, both pae and non-pae paging modes
are supported.

SMP hosts and UP guests are supported.  At the moment only
Intel hardware is supported, but AMD virtualization support
is being worked on. (...)
```

29.1.1 Funktionsweise

KVM steht für Kernel based Virtual Machine. Es besteht aus zwei Komponenten:

1. einem Gerätetreiber mit der Schnittstelle /dev/kvm zur Verwaltung der virtualisierten Hardware und
2. einem virtuellen PC auf der Basis von Qemu

Jede virtuelle Maschine ist ein regulärer Prozess, der vom originalen Linux-Scheduler verwaltet wird. Wie jeder normale Linux-Prozess hat auch dieser zwei Ausführungsmodi:

1. den kernel- und
2. den user-mode.

KVM fügt diesen beiden einen dritten Modus hinzu, den *guest-mode*. Dieser guest-mode hat seinen eigenen kernel- und user-mode.

Ein moderner Prozessor mit Unterstützung von Virtualisierungstechniken ist dabei Grundvoraussetzung. **[!]**

Das Kernelmodul von KVM ist seit Kernel 2.6.20 fester Bestandteil des Linux Kernels (s. o.). **[«]**

Aufgrund der QEMU-Basis können mit Qemu angelegte Images unter KVM unverändert weiterverwendet werden. Alles in den vorherigen Kapiteln zu Qemu gesagte gilt dementsprechend auch für KVM. Einzige Ausnahme: KQEMU (also die Parameter `-no-kqemu` und `-kernel-kqemu`) wird nicht unterstützt.

KVM ist dabei ein vollständiger Ersatz für das Gespann QEMU/KQEMU. Qemu muss nicht installiert sein, um KVM zu nutzen. Auf der anderen Seite kann das Standard-QEMU natürlich auch nicht KVM nutzen.

Bestandteile der KVM sind die Kernel-Module

1. **kvm.ko**
   Das allgemeine KVM-Kernelmodul lässt sich auch älterne Kernel-Versionen integrieren. Aus eigenen Erfahrungen würde ich aber nicht weiter zurückgehen als Kernel 2.6.16. Seit 2.6.20 ist KVM offizieller Bestandteil des Kernels.
2. **kvm-intel.ko/kvm-amd.ko**
   Dies sind die hardwarespezifischen Module, die abhängig von Ihrem Prozessor eingesetzt werden.

KVM selber nimmt keine Emulation vor, sondern stellt nur die Infrastruktur dazu bereit; ein modifiziertes QEMU ist derzeit die einzige Möglichkeit diese zu nutzen. Nach dem Laden des Moduls arbeitet der Linux-Kernel selbst als Hypervisor für virtuelle Maschinen.

Als Gastsysteme unterstützt KVM

- Linux (32 und 64 Bit),
- Windows (32 Bit),
- Haiku OS,
- AROS,
- ReactOS,

- FreeDOS,
- Solaris und
- diverse BSD-Derivate.

KVM läuft auch auf SMP-Hostsystemen, SMP-Gastsysteme sind ebenfalls möglich. Die Unterstützung für Paravirtualisierung soll in Zukunft folgen.

Bestandteile von KVM sind Open-Source-Software und stehen unter verschiedenen Varianten der GPL:

- KVM-Kernel-Modul: GPL v2
- KVM-Benutzer-Modul: LGPL v2
- QEMU CPU-Bibliothek (libqemu.a) und QEMU-PC-Emulator: LGPL
- Linux-Usermode von QEMU: GPL
- BIOS-Dateien (bios.bin, vgabios.bin und vgabios-cirrus.bin): LGPL v2 oder neuer

[+] QEMU ist ein Prozess-Emulator , der von Fabrice Bellard entwickelt wird. Ich bin bereits in Abschnitt 28.6 auf Seite 806 näher auf QEMU eingegangen.

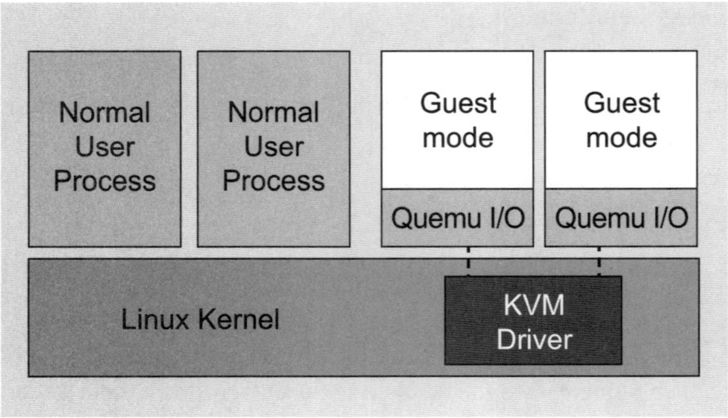

Abbildung 29.1 Die Architektur von KVM

29.1.2 Voraussetzungen

Bei den Voraussetzungen zeigt sich die größte Schwäche von KVM: die Verknüpfung mit moderner Hardware. Diese Art der Virtualisierung ist zum einen nur mit einem relativ aktuellen Kernel ab 2.6.16 möglich, zum anderen ist die Verwendung eines sehr neuen Prozessors mit Virtualisierungstechnologie (Intel-VT oder AMD-V, siehe unten) zwingend erforderlich.

Während die erste Anforderung keinerlei Probleme verursacht,[2] ist die zweite Forderung nur mit erhöhtem Kapitaleinsatz zu erfüllen.

Wenn Sie als Privatnutzer oder Administrator die Anschaffung neuer Hardware planen, achten Sie darauf, dass nicht nur Ihr neuer Prozessor die erweiterten Virtualisierungstechniken beherrscht, sondern diese auch durch das Mainboard (BIOS) unterstützt werden. [«]

Wie bereits erwähnt, muss der Prozessor die Techniken Intel-VT oder AMD-V unterstützen. Wenn Sie sich nicht sicher sind, ob Ihr Prozessor diese erweiterten Befehlssätze integriert hat , können Sie dies mit folgendem Befehl prüfen:

```
egrep '^flags.*(vmx|svm)' /proc/cpuinfo
```

Auf einem modernen Quadcore-Prozessor von Intel sieht die Ausgabe wie in Abbildung 29.2 aus.

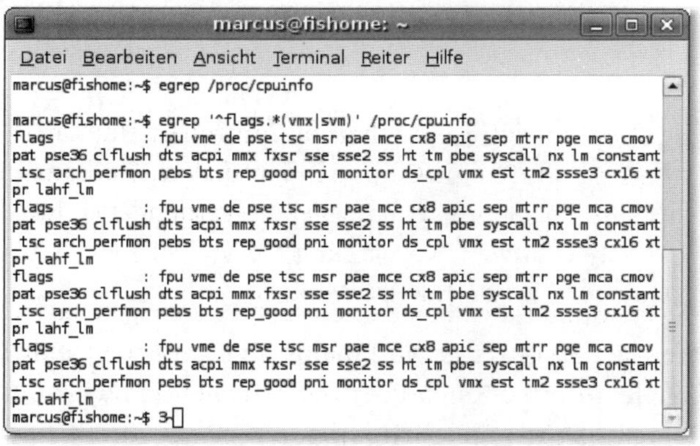

Abbildung 29.2 Wenn Ihr Prozessor die flags svm und vmx besitzt, eignet er sich für die hardwarebasierte Virtualisierung.

Wenn diese Synonyme nicht erscheinen, bedeutet dies zwangsläufig, dass Ihr Prozessor die gewünschten Erweiterungen der Befehlssätze nicht besitzt und somit untauglich für die hardwarebasierte Virtualisierung mit KVM ist. Sollten Sie sich allerdings sicher sein, dass Ihre CPU dennoch geeignet ist, ist die Erweiterungstechnik im BIOS Ihres Mainboards höchstwahrscheinlich nicht aktiviert. Starten Sie zur Änderung Ihren PC neu und aktivieren Sie im BIOS diese TEchniken. Sie finden diese zumeinst über ihren Codenamen *Vanderpool* bzw. *Pacifica*.

In Abschnitt 27.4 ab Seite 785 erfahren Sie mehr über die besonderen Prozessoren von Intel und AMD. [+]

2 Die meisten Distributionen haben einen Kernel ab 2.6.18 integriert.

29.2 Grundsätzliche Installation

KVM unterliegt einer sehr dynamischen und engagierten Entwicklung, bei der alle zwei bis drei Wochen eine neue Version erscheint. Diese Veröffentlichungen werden anders als bei anderen Softwareprojekten nicht mit x.y bezeichnet sondern fortlaufend nummeriert. Zum Zeitpunkt der Drucklegung dieses Buches haben die Entwickler die Versionsnummer 65 erreicht.

29.2.1 Distributionspakete

Die Virtualisierung mit KVM basiert auf drei Komponenten, die Sie (hoffentlich) von Ihrem Distributor als vorkompilierte Pakete installieren können:

1. **KVM**
   KVM bezeichnet die hardwarebasierte Virtualisierungstechnologie.
2. **libvirt**
   Die libvirt ist eine Sammlung von Werkzeugen für die Verwaltung von virtuellen Maschinen. Diese Bibliothek unterstützt QEMU und KVM gleichermaßen.
3. **virt-manager**
   Der virt-manager ist die grafische Softwarelösung zur Verwaltung der virtuellen Maschinen. Die angebotenen Funktionen bedienen sich der libvirt-Werkzeuge.

Vor der Installation von KVM sollten Sie sicherstellen, dass Ihr Prozessor hierfür geeignet ist. Die Vorgehensweise ist in Abschnitt 29.1.2 auf Seite 816 beschrieben. Das Paket libvirt-bin beinhaltet die Binaries, um die Bibliothek libvirt nutzen zu können. Bei der Installation werden alle nötigen Abhängigkeiten aufgelöst und die nötigen Pakete (u. a. die bridge-utils) automatisch mitinstalliert. Des Weiteren wird eine Gruppe libvirtd eingerichtet, zu der Sie sich hinzufügen müssen:

```
$ adduser 'name' libvirtd
```

Mitglieder der Gruppe libvirtd haben einen uneingeschränkten Zugriff auf fortgeschrittene Netzwerkeinstellungen.

[!] Sie müssen sich ab- und wieder anmelden, um die Mitgliedschaft in der neuen Gruppe zu aktivieren. Bei manchen Installationen müssen Sie sich auch zur Gruppe *kvm* hinzufügen.

Bei der Installation der obigen Pakete wird eine neue Netzwerkschnittstelle mit der Bezeichnung vnet0 eingerichtet. Diese neue Schnittstelle kann allerdings die dynamische Konfiguration des Netzwerk-Mangers durch- einander bringen. Um dies zu verhindern, ist es hilfreich diese Schnittstelle permanent hinzuzufügen. Dies erledigen Sie, indem Sie die folgende Zeile an das Ende der Datei */etc/network/interfaces* anhängen (siehe Abbildung 29.3):

```
iface vnet0 inet manual
```

Dies können Sie bequem im Terminal erledigen:

```
$ sudo pico /etc/network/interfaces
```

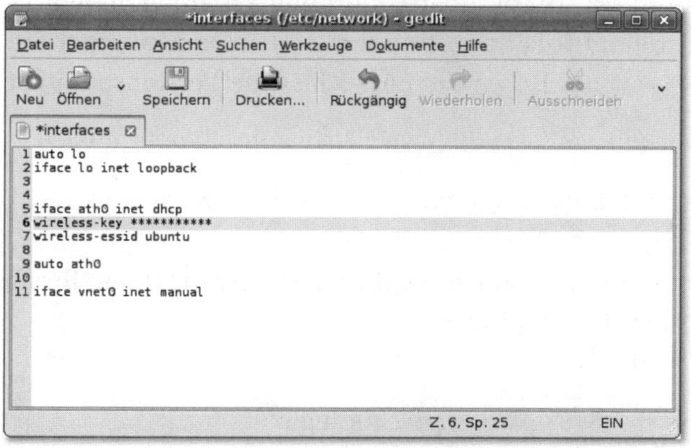

Abbildung 29.3 Fügen Sie die virtuelle Schnittstelle permanent hinzu.

Nach dem Editieren und Abspeichern der Datei können Sie den Status der Schnittstelle kontrollieren, indem Sie das virtuelle Netzerk abfragen:

```
$ sudo virsh -c qemu:///system list
 Id Name                 State
----------------------------------
```

Im Normalfall erhalten Sie die oben dargestellte Antwort; das virtuelle Netzwerk ist erreichbar und der Hypervisor arbeitet korrekt. Wenn bei der Installation Fehler auftraten oder Sie nicht der Gruppe libvirtd beigetreten sind, werden Sie folgende Antwort erhalten:

```
$ virsh -c qemu:///system list
libvir: Remote error : Permission denied
error: failed to connect to the hypervisor
```

Wie bereits erwähnt, hat diese Fehlermeldung meistens die Ursache, dass Sie nicht der Gruppe libvirtd angehören und damit keine Schreibrechte auf die Datei */var/run/libvirt/libvirt-sock* besitzen. Ändern Sie Ihre Gruppenzugehörigkeit oder erlangen Sie die nötigen Schreibrechte, indem Sie die Zugriffsrechte der Datei ändern.

29.2.2 Quellen kompilieren

Wenn Sie Wert auf die aktuelleste Version von KVM legen oder Ihr Distributor kein Paket für KVM bereitstellt, können Sie sich die Quellen bei sourceforge unter *http://sourceforge.net/projects/kvm/* herunterladen.

Wenn Sie einen Kernel haben, der älter als die Version 2.6.20 ist, ist es von Vorteil, dass Sie die KVM-Module mit dem GNU-C-Compiler in der Version 3.x bauen. Man kann KVM auch mit der Version 4.x übersetzen. Allerdings kann man dann KVM nur zusammen mit dem Kernelmodul starten. Dies kann insbesondere bei der Installation von Windows Gästen zu Problemen führen. Also muss zunächst einmal dafür gesorgt werden, dass auch der gcc in der Version 3.x installiert ist.

Dadurch kommen Sie in die unerfreuliche Lage, dass Sie zweigleisig kompilieren müssen:

- Das Kernelmodul mit der gcc-Version passend zum Kernel (4.x) gebaut werden und
- der virtuelle PC wie QEMU mit gcc 3.x

Wenn Sie die Übersetzung mit gcc 4.x anstelle von gcc 3.x durchführen möchten, geben Sie im ./configure-Schritt folgende Option an:

```
--disable-gcc-check --qemu-cc=gcc
```

Falls der installierte Kernel bereits die KVM-Module enthält, können Sie die Option

```
--with-patched-kernel
```

wählen.

[!] Bitte beachten Sie die Abhängigkeiten der Pakete. Es kann vorkommen, dass nicht jede Version von KVM mit den Modulen des installierten Kernels harmoniert. Hier hilft ein Blick auf die Hinweise im KVM-Downloadbereich.

[»] Wenn Sie für die Netzwerkverbindungen Ihrer virtuellen Maschinen »Bridging« nutzen möchten, müssen Sie zusätzlich die Pakete

- uml-utilities und
- bridge-utils

installieren.

29.2.3 Module laden

Sie laden die übersetzten Module je nach verwendetem Prozessor als root mit folgendem Befehl:

- *AMD* – `modprobe kvm-amd`
- *Intel* – `modprobe kvm-intel`

[»] Wenn der Befehl `modprobe kvm-intel` Ihnen die Meldung `Operation is not supported` zurückgibt, liegt dies daran, dass die Virtualisierungserweiterung für Ihren Prozessor nicht verfügbar ist. Aktivieren Sie diese gegebenenfalls im BIOS.

29.3 Installation von Gästen

Ich werde mich nun mit dem wichtigsten Teil dieses Kapitels beschäftigen, der Installation von KVM-Gästen. Schließlich haben Sie und ich KVM nicht aus akademischer Neugier installiert, sondern weil wir andere Betriebssysteme in virtuellen Maschinen installieren möchten. Für die meisten Anwender handelt es sich hierbei um Windows.

Ich werde im Folgenden stichwortartig die Installation von Windwos XP, Vista, aber auch einer älteren Ubuntu-Version beschreiben.

29.3.1 Windows XP

- **Virtuelle Festplatte**
  Nutzen Sie wie im untenstehenden Beispiel die Option *-f qcow*, um Festplattenplatz zu sparen. Andernfalls wird die maximale Menge sofort reserviert.

  ```
  user$ qemu-img create windows.img -f qcow 6G
  ```

- **KVM starten und Windows installieren**
  Legen Sie die Windows Installations-CD ein und führen Sie folgenden Befehl aus:

  ```
  user$ kvm -no-acpi -m 384 -cdrom /dev/cdrom -boot d windows.img
  ```

  Die Option `-m` gibt an, wieviel Speicher benötigt wird, `-256M` ist ein betriebssicheres Minimum. Ein weiterer Befehl, der mit mehr Speicher angewendet werden kann und ein Iso benutzt, sieht folgendermassen aus:

  ```
  user$ kvm -no-acpi -m 512 -cdrom /backups/windows.iso -boot d windows.img
  ```

  Üblicherweise fordert der Windows-Installer Sie daraufhin auf, F6 zu drücken, um zusätzliche Treiber zu installieren. Damit später Probleme mit acpi zu vermeiden, drücken Sie aber bitte statt dessen auf F5. Der Installer wird Ihnen die Option geben, einen Standard PC oder andere PC auszuwählen. Wählen Sie den Standard PC und die Installation wird fortfahren.

  Das '-boot d' Flag weist KVM an, zuerst zu versuchen, von der CD-ROM zu booten. Nachdem XP installiert wurde, können Sie Ihre virtuelle Maschine mit einem einfachen **[«]**

  ```
  user$ kvm -no-acpi -m 384 -cdrom /dev/cdrom windows.img
  ```

  starten.

Button einrichten

Sie können einen Panel Launcher für XP einrichten, indem Sie den Pfad zum Image spezifizieren (*/home/user/windows.img*).

Sollten Sie folgende Fehlermeldung erhalten:

```
Could not configure '/dev/rtc' to have a 1024 Hz timer. This is not a fatal
error, but for better emulation accuracy either use a 2.6 host Linux kernel or
type 'echo 1024 > /proc/sys/dev/rtc/max-user-freq' as root.
```

Listing 29.1 1024 Hz-Fehlermeldung

können Sie diesen mit folgender Ausgabe beheben:

```
user$ sudo sh -c "echo 1024 > /proc/sys/dev/rtc/max-user-freq"
```

Wenn Ihre virtuelle Maschine langsam startet und läuft, sollten Sie die ACPI-Arbeitsumgebung nutzen. Sie erhalten weitere Informationen unter der Adresse *http://kvm.qumranet.com/kvmwiki/Windows_ACPI_Workaround*.

29.3.2 Windows Vista

Um Vista installieren zu können, benötigen Sie ACPI. Zudem beinhaltet Vista keine Treiber für die ne2k_pci Netzwerkkarte, wohl aber Treiber für die rtl8139 Netzwerkkarte:

```
user$ kvm -m 1000 -cdrom /dev/cdrom -boot d -net nic,model=rtl8139 -net\
user windows-vista.img
```

Das KVM-Wiki gibt jedoch an, dass das emulierte rtl8139 Gerät nicht mit dem Vistra- Treiber korreliert. Aus diesem Grund müssten Sie bitte versuchen, Vista mit der voreingestellten ne2k_pci Netzwerkkarte zu installieren.

```
user$ kvm -m 1000 -cdrom /dev/cdrom -boot d windows-vista.img
```

Anschliessend können Sie die Treiber in Vista installieren. Hierzu beachten Sie bitte die Hinweise aus dem KVM-Wiki: *http://kvm.qumranet.com/kvmwiki/Vista_Networking_Workaround*

29.3.3 Ubuntu 7.10

- **Virtuelle Festplatte**
  Erstellen Sie eine Datei für die virtuelle Festplatte:

  ```
  user$ qemu-img create edgy.img -f qcow 6G
  ```

- **KVM starten und Edgy installieren**
  Legen Sie die Edgy Installations-CD ein und führen Sie folgenden Befehl aus:

  ```
  user$ kvm -m 256 -cdrom /dev/cdrom -boot d edgy.img
  ```

  Sie können auch eine .iso Datei auf Ihrer Festplatte spezifizieren.

Mit Prozessoren von Intel wird der Standard Installer aufgrund des realen Modus fehlschlagen. [!]

Starten Sie Ihre virtuelle Maschine mit Hilfe von

```
user$ kvm -m 256 edgy.img
```

29.4 Fortgeschrittene Netzwerkeinrichtung

KVM als Standardeinstellung erlaubt es der outside world nicht, sich mit Ihren virtuellen Maschinen zu verbinden. Wenn Sie diese wie normale Rechner in dem Netzwerk angezeigt bekommen möchten, skip down to Virtual NICs Bridged Directly to Outside. Andere komplexere Installationswege werden im folgenden beschrieben. Wenn das Folgende Ihren Erfordernissen nicht entspricht, sollte alle bestehende qemu Documentation für KVM ebenso relevant sein.

29.4.1 Terminologie

VLAN: ein virtuelles Netzwerksegment. Man kann es als einen virtuellen Switch abbilden. Sie verbinden virtuelle Netzwerkkarten mit VLANs, verkabeln VLANs miteinander und erstellen letztlich eine Switch-Struktur, die realen Installationen ziemlich nahe kommen. Default, Usermode Networking

Wenn Sie keine Netzwerkoptionen spezifizieren, konstruiert KVM standardmässig eine Netzwerkkarte, die mit einem nicht-öffentlichen VLAN verbunden ist. Auf diesem VLAN wird auch ein einzelner Host emuliert, der als DHCP- Server and standardmässiger Router fungiert. Sämtliche Verbindungen, die vom Gast initiiert worden sind, werden durch den nicht-öffentlichen Stack von KVM gesteuert und erscheinen auf dem Host - Computer als Anfragen von Sockeln, die von dem KVM-Prozess auf 127.0.0.1 kommen.

Die Netzwerke des Benutzer-Modus von KVM enthalten üblicherweise nur zwei Adressen: 10.0.2.2 (virtueller Host) und 10.0.2.15 (Gast).

In der Sprache von KVM dargestellt:

```
user$ kvm -net nic -net user ...
```

Mit anderen Worten: Fügen Sie eine Netzwerkarte hinzu und verbinden Sie sie mit vlan 1. Fügen Sie auch einen virtuellen Host hinzu, der mit vlan 1 verbunden ist. Der virtuelle Host verbindet das VLAN über NAT mit dem physischen Host. Da das Netzwerk im Benutzermodus über das SLIRP Protokoll implementiert wird, wird UDP nicht unterstützt. Sollten Sie UDP-Pakete zum Host oder nach aussen transportieren müssen, bedarf dies einer anderen Technik.

Bei der Installation der Gäste haben wir bisher keinen großen Aufwand betrieben und die Standardeinstellungen bei der Netzwerkkonfiguration übernommen. Dies hat zur Folge, dass die Gäste per NAT die Einstellungen des Wirts übernehmen. Damit ist es selbstverständlich nicht möglich, von außerhalb auf die virtuellen Maschinen zuzugreifen, da der ankommende Datenverkehr nicht zu einem bestimmten Gast gelenkt werden kann. Um dies zu ermöglichen, ist eine das sogenannte »Bridging« notwendig, das den Datenverkehr quasi mithilfe einer Brücke über den Wirt leitet.

29.4.2 Bridging

Um das Bridging einzurichten, sind zwei Schritte notwendig. Als erstes muss die Brücke auf dem Wirt erstellt werden, bevor man dem Gast mitteilt, dass er diese Brücke für sein Netzwerk nutzen soll. Die Brücke ist eine virtuelle Schnittstelle, die von außerhalb wie eine reale physikalische Schnittstelle angesprochen werden kann. Dies hat bequemerweise zur Folge, dass diese wie normale Hosts dem restlichen Netzwerk zur Verfügung stehen.

Eine Brücke auf dem Wirt erstellen

Die Brücke erstellen Sie wie jede andere Netzwerkschnittstelle, indem Sie die Datei */etc/network/interfaces* editieren. Ersetzen Sie die bestehenden Angaben oder kommentieren Sie sie aus. Fügen Sie folgende Angaben hinzu:

```
auto lo
iface lo inet loopback

auto br0
iface br0 inet static
        address 192.168.0.10
        network 192.168.0.0
        netmask 255.255.255.0
        broadcast 192.168.0.255
        gateway 192.168.0.1
        bridge_ports eth0
        bridge_fd 9
        bridge_hello 2
        bridge_maxage 12
        bridge_stp off
```

Starten Sie nun das Netzwerk neu und Ihre virtuellen Maschinen werden währen der Laufzeit als ganz normale Hosts in Ihrem Netzwerk erscheinen:

```
user$ sudo /etc/init.d/networking restart
```

Den Gast einrichten

Wir müssen an dieser Stelle selbstverständlich der virtuellen Maschine noch mitteilen, welche Schnittstelle zum Netzwerk sie ab sofort zu verwenden hat. Bei einer Neuinstallation einer virtuellen Maschine gelingt dies, indem man beispielsweise die Option ebenfalls angibt:

```
virt-install --name=hardyjeos --ram=256 --file-size=2 \
--bridge=br0 --vnc --connect=qemu:///system --accelerate \
-c hardy-jeos-i386.iso
```

Alternativ können Sie selbstverständlich auch bei der grafischen Abfrage des Virtual Machine Manager das richtige Netzwerk auswählen.

Um die geänderten Netzwerk-Bedingungen einer bereits vorhandenen virtuellen Maschinen mitzuteilen, genügt es, die XML-Datei im Ordner */etc/libvirt/qemu/* zu bearbeiten. Achten Sie darauf, dass Sie die MAC-Adresse beim Editieren nicht ändern.

```
<interface type='network'>
      <mac address='00:11:22:33:44:55'/>
      <source network='default'/>
    </interface>
```

Eine Änderung in dieser Datei könnte folgendermaßen aussehen:

```
<interface type='bridge'>
      <mac address='00:11:22:33:44:55'/>
      <source bridge='br0'/>
    </interface>
```

Damit diese Konfiguration übernommen werden kann, müssen Sie alle virtuellen Maschinen herunterfahren und livirtd neugestartet werden:

```
user$ sudo /etc/init.d/libvirtd restart
```

29.4.3 Mehrere virtuelle Netzwerke

Mehrere Netzwerke/VLANs

Wenn Sie eine virtuelle Maschine mit mehreren Netzwerken aufbauen möchten, müssen Sie mehrere VLANs erstellen, an die die Netzwerke angeschlossen werden können. Um mehr als ein VLAN zu erstellen, ordnen Sie jedem VLAN eine ID zu. Der folgende Befehl besipielsweise erstellt zei Netzwerke und zwei VLANs:

```
user$ kvm -net nic,vlan=0 -net socket,listen=:8010,vlan=0 -net nic,vlan=1 \
-net user,vlan=1 ...
```

Socket Connections

Mit den Socket Connections können Sie Ihre virtuellen Maschinen mit nicht-öffentlichen VLANs verbinden. Die Verwendung von TCP sockets ist hier sicher die einfachste Methode. Ein VLAN stellt den Empfänger dar:

```
user$ kvm -net nic -net socket,listen=:8010 ...
```

während der andere der Initiator ist:

```
user$ kvm -net nic -net socket,connect=127.0.0.1:8010 ...
```

Sollten Sie keine Adresse festlegen, wird der Empfänger alle verbundenen Interfaces empfangen. Um nur einen Localhost zu empfangen, legen Sie bitte folgendes fest:

```
user$ kvm -net nic -net socket,listen=127.0.0.1:8010 ...
```

Selbstverständlich können auch virtuelle LANs, die auf anderen Hosts laufen, miteinander verbunden werden. Multicast Sockets

Möchten Sie mehrere Initiatoren mit einem einzelnen Empfänger verbinden, sollten Sie einen Multicast- Sockel verwenden.

```
user$ kvm -net nic -net socket,mcast=230.0.0.1:1234 ...
kvm -net nic -net socket,mcast=230.0.0.1:1234 ...
kvm -net nic -net socket,mcast=230.0.0.1:1234 ...
```

Damit werden drei VLANs am selben Punkt miteinander verbunden. Frames, die an einen der VLANs gesendet werden, werden von allen drei VLANs empfangen. Es können aber auch mehrere VLANs mit einem einzelnen VDE verbunden werden. VDEs werden in Abschnitt Advanced Networking genauer beschrieben.

VLANs mit dem Host verbinden

Nachdem Sie sich nun mit einer Vielzahl von virtuellen Strukturen verbinden können, möchte ich Ihnen im folgenden darstellen, wie Sie VLANs mit bestehenden, echten Netzwerken verbinden können.

Fast alle Verbindungen von virtuellen zu physischen Maschinen werden durch einen Tap-Device erzeugt. Tap-Devices sind regelmässige Schnittstellen, ähnlich eth0, eth1, lo, etc. Ein Ende des Taps wird mit dem VLAN verbunden, das andere mit normalen Netzwerkprogrammen konfiguriert (ifconfig, route, etc).

```
user$ kvm -net nic -net tap ...
```

Dieser Befehl hat einen neuen, einzelnen Tap ethernet device erstellt (tap0, tap1, etc). Das Skript /etc/qemu-ifup wird dafür genutzt, das neue Netzwerk-Device einzurichten. Die Standardeinstelltung /etc/qemu-ifup ordnet dem neuen Interface die IP- Adresse 172.20.0.1 zu. Mithilfe von ifname=IF können Sie dem Ganzen einen Netzwerknamen zuordnen, mit script=SCRIPT starten Sie ein anderes Skript:

```
user$ kvm -net nic -net tap,ifname=qtap0,script=/var/vm/vm0.ifup
```

Taps lösen das Netzwerkproblem für eine einzelne virtuelle Maschine. Allerdings benötigt jeder Gast seinen eigenen Tap-Device. Wie Sie sich vorstellen können, führt das zu einigen Verlangsamungen im System.

29.5 Ubuntu und KVM

Hinter Ubuntu verbirgt sich die Firma Canonical

Die Linux-Distribution Ubuntu (*www.ubuntu.com*) hat schon sehr früh eine gute Unterstützung für KVM angeboten. So sind die Verwaltungs- werkzeuge schon in den Versionen 7.04 (April 2007) und 7.10 (Oktober 2007) enthalten und neben Xen auch an KVM angepasst. Die Integration der nötigen KVM-Kernelmodule ist nahtlos und gelingt innerhalb weniger Minuten. Dabei können die Management-werkzeuge gleichzeitig verschiedene Xen- und KVM-Instanzen parallel verwalten. Aufgrund dieser vorbildlichenen Realisierung möchte ich an dieser Stelle näher auf die Integration von KVM in Ubuntu eingehen.

29.5.1 Eine spezielle Verbindung

Anfang 2008 wurde bekanntgegeben, dass die im April desselben Jahres erscheinende Version 8.04 (»Hardy Heron«) KVM als Standard-Virtualisierungslösung unterstützen wird. Diese Ankündigung hat einen besonderen Stellenwert, da die Version 8.04 eine sogenannte LTS-Version ist und daurch eine besonders lange Unterstützung seitens Canonical erfährt (siehe Kasten).

> *»Unsere Programmierer haben verschiedene Optionen untersucht, darunter auch Xen. Aber wir haben festgestellt dass KVM einfach am besten für unsere Zwecke geeignet ist«,*

sagt Soren Hansen, Virtualisierungsspezialist des Ubuntu-Server-Teams. Red Hat Enterprise Linux und Novells Suse Linux Enterprise Server hingegen arbeiten beide mit Xen. Auch Simon Crosby, Technologie-Chef bei der Virtualisierungsabteilung von Citrix Systems, stimmt nicht mit Ubuntus Einschätzung überein. Denn KVM würde sich nicht wirklich gut für Server eignen:

> *»Datenzentren brauchen eine umfassende virtuelle Infrastruktur, die unabhängig von irgendwelchen Gastbetriebssystemen ist. Und das bestätigt uns auch jeder Kunde.«*

Dieser unerwartet deutliche Zuspruch zugunsten von KVm bedeutet nicht, dass Xen vernachlässigt wird. Ubuntu legt Wert darauf, dass auch die Integration von Xen stabil ist und einfach erfolgt. KVM und Xen teilen sich die Verwaltungswerkzeuge, was für eine einfache Handahbung beider Lösungen spricht.

Ubuntu versucht einen Spagat – ob er gelingt, bleibt abzuwarten

Dieses Prinzip hat sich Canonical auf die Fahne geschrieben und es hat zur Konsequenz, dass der Fokus der Entwicklung auf eine einfache Bedienung des Systems ausgerichtet ist. Dies hat unweigerlich zur Folge, dass der Weg, den Ubuntu mit diesem Ziel beschreitet, ein schmaler Grat ist. Viele erfahrene Linuxnutzer möchte nicht von ihrem Betriebssystem »bevormundet« werden. Deshalb wird bei Ubuntu sichergestellt, dass diese Profis beliebigen Zugriff auf das gesamte System haben und durch die auf Einsteiger gezielten Vereinfachungen nicht behindert werden.

[»] **LTS**

LTS ist die Abkürzung für »Long Term Support« (Langzeit-Unterstützung) und bezeichnet besonders ausgezeichnete Versionen von Ubuntu. Während alle sechs Monate eine neue Ubuntu-Version veröffentlicht wird, erschient nur alle zwei Jahre eine LTS-Version. Diese Versionen markieren jeweils das Ende eines Entwicklungszyklus, der sich über vier Versionen erstreckt.

Man kann die LTS-Versionen mit den Enterprise-Versionen anderer Anbieter vergleichen. Diese Veröffentlichungen richten sich an die sogenannten Poweruser und Firmen, die Priorität auf größtmögliche Stabilität, zertifizierte Kompatibilität und lange Unterstützung durch den Hersteller legen. Der Support-Zeitraum beträgt drei Jahre für die Desktop- und fünf Jahre für die Server-Variante.

Momentan gibt es zwei LTS-Versionen von Ubuntu: »Dapper Drake« (Juni 2006) und »Hardy Heron« (April 2008).

Ein Prozessor mit Virtualisierungserweiterung ist Voraussetzung

Unter der Voraussetzung, dass der Anwender einen modernen Prozessor besitzt, ist KVM einfacher zu integrieren und damit für den Einsteiger performanter. Des Weiteren wollen viele Einsteiger aus nachvollziehbaren Gründen ein Microsoft Windows parallel behalten. Da Windows nicht angepaast werden kann, eignet sich zu diesem Zweck ausschließlich die hardwarebasierte Virtualisierung. Durch die Integration von KVM in den Kernel und neuen geschwindigkeitessteigernden Patches kann KVM bei dieser Aufgabe seine Vorzüge ausspielen.

[»] Es gibt allerdings noch einen weiteren wichtigen Grund für die Bevorzugung von KVM und dieser ist in den Schwächen der Xen-Portierung zu suchen. XenSource bietet Xen als vollständiges Quellpaket zurzeit lediglich für den Kernel 2.6.18 an, der Basis für besonders restriktive Linux-Distributionen wie RedHat und Debian ist. Für neuere Kernel werden Patches bereitgestellt, die von Distributoren oder Anwender manuell hinzugefügt werden müssen. Diese Anpassung an moderne Kernel ist aufwendig und dementsprechend fehleranfällig. In Anbetracht dessen, dass »Hardy Heron« eine LTS-Version wird, genügt ein solcher Xen-Kernel nicht den Qualitätsanspüchen der Entwickler.

29.5.2 8.04 »Hardy Heron« LTS

Die Virtualisierung mit KVM basiert auf drei Komponenten:

1. **KVM**
   KVM bezeichnet die hardwarebasierte Virtualisierungstechnologie.
2. **libvirt**
   Die libvirt ist eine Sammlung von Werkzeugen für die Verwaltung von virtuellen Maschinen. Diese Bibliothe unterstützt QEMU und KVM gleichermaßen.
3. **virt-manager**
   Der virt-manager ist die grafische Softwarelösung zur Verwaltung der virtuellen Maschinen. Die angebotenen Funktionen bedienen sich der libvirt-Werkzeuge.

Vor der Installation von KVM sollten Sie sicherstellen, dass Ihr Prozessor hierfür geeignet ist. Die Vorgehensweise ist in Abschnitt 29.1.2 auf Seite 816 beschrieben.

Installation

Zu Beginn benötigen Sie die oben aufgeführten Pakete, die Sie folgendermaßen installieren:

```
user$ sudo apt-get install virt-manager kvm libvirt-bin
```

Das Paket libvirt-bin beinhaltet die Binaries, um die Bibliothek libvirt nutzen zu können. Bei der Installation werden alle nötigen Abhängigkeiten aufgelöst und die nötigen Pakete (u. a. die bridge-utils) automatisch mitinstalliert. Des Weiteren werden die Gruppen *libvirtd* und *kvm* eingerichtet, zu denen Sie sich hinzufügen müssen:

```
user$ sudo adduser 'name' libvirtd
user$ sudo adduser 'name' kvm
```

Mitglieder der Gruppe libvirtd haben einen uneingeschränkten Zugriff auf fortgeschrittene Netzwerkeinstellungen.

Sie müssen sich ab- und wieder anmelden, um die Mitgliedschaft in der neuen Gruppe zu aktivieren. [!]

Bei der Installation der obigen Pakete wird eine neue Netzwerkschnittstelle mit der Bezeichnung vnet0 eingerichtet. Diese neue Schnittstelle kann allerdings die dynamische Konfiguration des Netzwerk-Mangers durch- einander bringen. Um dies zu verhindern, ist es hilfreich diese Schnittstelle permanent hinzuzufügen. Dies erledigen Sie, indem Sie die folgende Zeile an das Ende der Datei */etc/network/interfaces*

```
user$ sudo pico /etc/network/interfaces
```

anhängen (siehe Abbildung 29.4):

```
iface vnet0 inet manual
```

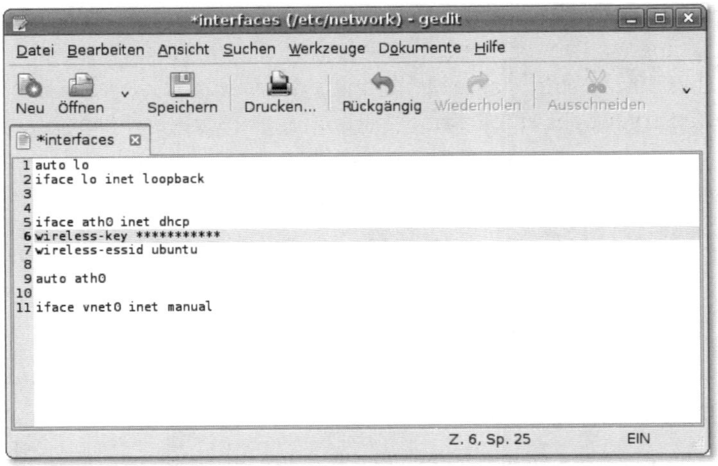

Abbildung 29.4 Fügen Sie die virtuelle Schnittstelle permanent hinzu.

Nach dem Editieren und Abspeichern der Datei können Sie den Status der Schnittstelle kontrollieren, indem Sie das virtuelle Netzerk abfragen:

```
user$ sudo virsh -c qemu:///system list
 Id Name                 State
----------------------------------
```

Im Normalfall erhalten Sie die oben dargestellte Antwort; das virtuelle Netzwerk ist erreichbar und der Hypervisor arbeitet korrekt. Wenn bei der Installation Fehler auftraten oder Sie nicht der Gruppe libvirtd beigetreten sind, werden Sie folgende Antwort erhalten:

```
user$ virsh -c qemu:///system list
libvir: Remote error : Permission denied
error: failed to connect to the hypervisor
```

Wie bereits erwähnt, hat diese Fehlermeldung meistens die Ursache, dass Sie nicht der Gruppe libvirtd angehören und damit keine Schreibrechte auf die Datei */var/run/libvirt/libvirt-sock* besitzen. Ändern Sie Ihre Gruppenzugehörigkeit oder erlangen Sie die nötigen Schreibrechte, indem Sie die Zugriffsrechte der Datei ändern.

Konfiguration des VMM

Sie finden nach erfolgter Installation den virt-manager unter ANWENDUNGEN • SYSTEMWERKZEUGE • VIRTUAL MACHINE MONITOR. Dieses grafische Verwaltungswerkzeug mit dem Namen »Virtual Machine Manager« (VMM) ist in Abbildung 29.5 abgebildet und ermöglicht sowohl das Management von KVM- als auch Xen-Instanzen.[3]

3 Unter der Voraussetzung, dass Xen installiert ist.

Beim Start dieses Werkzeugs wird in der Regel ein leeres Fenster angezeigt, da Sie sich zuerst mit dem localhost verbinden müssen. Dies ist nötig, um den Wirt zu definieren. Dies klingt zunächst unlogisch, macht aber Sinn, wenn man bedenkt, dass man mithilfe dieses kleinen Programms auch virtualisierte Server über eine Remote-Verbindung ansprechen kann.

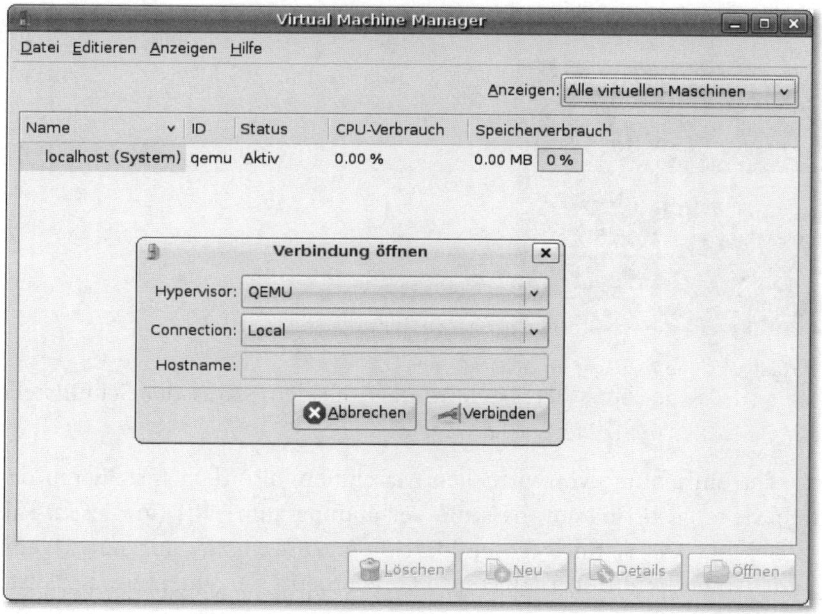

Abbildung 29.5 Der Virtual Machine Manager

Wenn Sie ausschließlich KVM auf einem einzelnen Rechner betreiben möchten, beispielsweise auf Ihrem heimischen Desktop, so macht es Sinn, den Virtual Machine Manager beim ersten Mal mit einer zusätzlichen Option zu starten:

```
user$ virt-manager -c qemu:///system
```

Dieser Befehl öffnet den Virtual Machine Manager und weist ihn direkt an, die Verbindung zum localhost aufzubauen. Dabei soll KVM (QEMU) als Virtualisierungslösung verwendet werden.[4] Diese Anweisung erfolgt ausschließlich beim ersten Starten; der Status wird gespeichert.

Wenn Sie planen, zusätzlich zu KVM noch Xen zu nutzen, beispielsweise weil KVM noch keine Paravirtualisierung beherrscht, dann starten Sie den VMM lieber ohne Option, also ohne Angabe einer URL. Dies sollten Sie auch tun, wenn Sie mehrere KVM-Systeme, beispielsweise über Fernsteuerung, verwenden. [«]

4 Zur Erinnerung: Mithilfe von KVM können QEMU-Instanzen verwendet werden.

Sie können den VMM über ein Terminal mittels

```
user$ virt-manager
```

starten oder über den Desktop. Unter GNOME finden Sie die Verknüpfung unter ANWENDUNGEN • SYSTEMWERKZEUGE • VIRTUAL MACHINE MANAGER (siehe Abbildung 29.6).

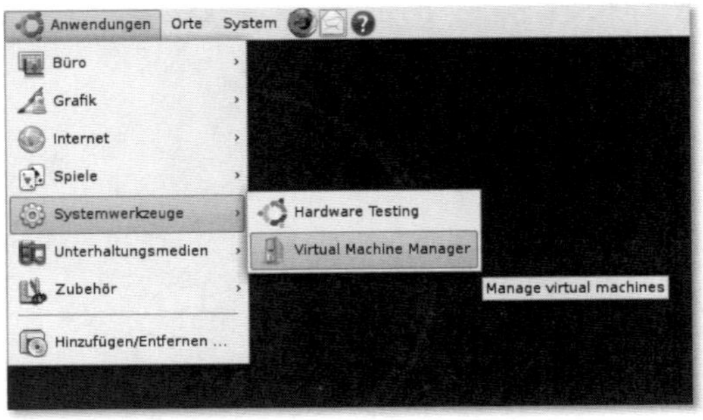

Abbildung 29.6 Der Virtual Machine Manager im GNOME-Menü

Installation der Gäste

Nun können Sie mit der Einrichtung von virtuellen Maschinen, also dem Installieren der Gäste. Hierbei achten Sie zunächst darauf, dass die Verbindung zum Wirt (in diesem Fall dem localhost) hergestellt ist. Der Status wechselt hierbei von *Disconnected* auf *Aktiv*. Wenn Sie die Zeile mit dem Namen localhost markieren, können Sie in der unteren Statusleiste über DETAILS einen Überblick über die momentane CPU- und Speicherauslastung, sowie über die Konfiguration der virtuellen Netzwerke bekommen (siehe Abbildung 29.7).

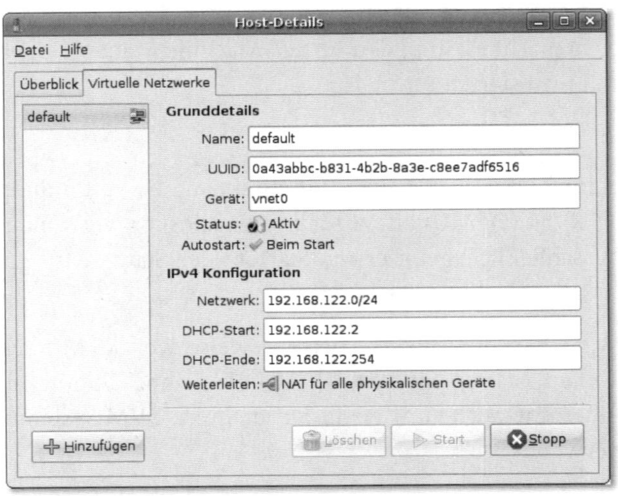

Abbildung 29.7 Die Details des Wirts – hier die Konfiguration der virtuellen Netzwerke

Hier können Sie über den Button HINZUFÜGEN auch neue virtuelle Netzwerke erstellen. Der Standard für virtuelle Netzwerke ist automatisch NAT. d.h. die Schnittstelle übernimmt die Konfiguration der physikalischen Netzwerkschnittstelle. Sie können bei der Einrichtung neuer Netzwerke aber auch isolierte Netzwerke (beispielsweise zwischen den Gästen) herstellen. Durch Betätigen des Stopp-Buttons können Sie das virtuelle Netzwerk anhalten und somit beispielsweise für alle Gäste die Internetverbindung unterbrechen. Ein Druck auf den Start-Button stellt die Verbindung wieder her. Eine neue virtuelle Maschine erstellen Sie über den Button NEU.

Bitte beachten Sie, dass die Gäste aus technischen Gründen nur IPv4 unterstützen. [!]

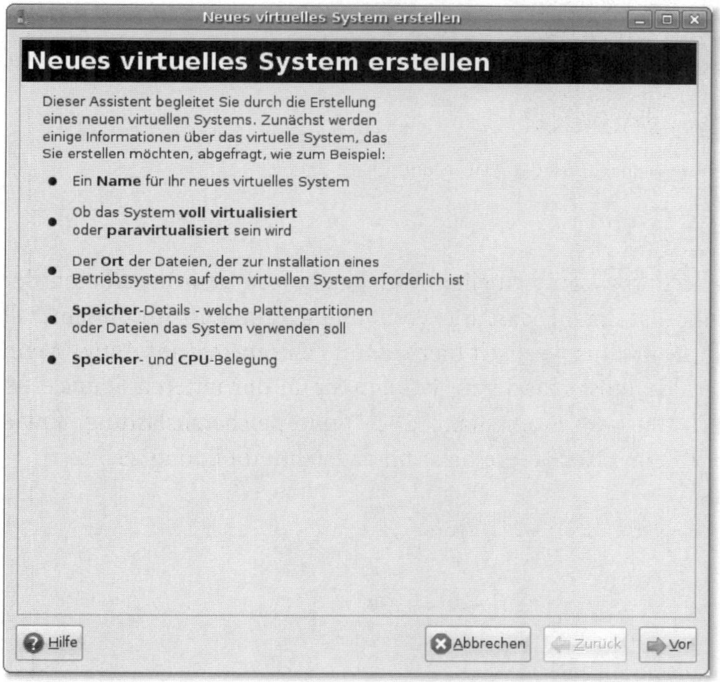

Abbildung 29.8 Eine virtuelle Maschine erstellen Sie über eine grafische Oberfläche.

Es erscheint eine grafische Abfrage einiger systemrelevanten Informationen (siehe Abbildung 29.8):

- **Name**
  Als erstes weisen Sie der virtuellen Maschine einen Namen zu. Bitte verwenden Sie hierbei keine Sonderzeichen.

- **Voll- oder Paravirtualisiert**
  Die zweite Abfrage (siehe Abbildung 29.9) ist wesentlich technischer. Sie werden gefragt, welche Art der Virtualisierung Sie wünschen. Dabei stehen die Voll- und Paravirtuali-

sierung zur Auswahl. Wenn Sie lediglich KVM nutzen, steht Ihnen hier ausschließlich die Option *Voll virtualisiert* zur Verfügung. Sie brauchen nur zu entscheiden, ob Sie einen 32 oder 64 Bit-Gast installieren möchten. Aktivieren Sie zum Schluß die Kernel- / Hardware-Beschleunigung, um die Beschleunigungstechnik von KVM zu nutzen.

[»] Die Option »Paravirtualisiert« steht Ihnen lediglich zur Auswahl, wenn Sie Xen Installiert haben und die Xen-Gäste (DomU) mit dem Virtual Machine Manager verwalten möchten. Auf die Installation von Xen unter Ubuntu gehe ich in Kapitel 30 ab Seite 843 detailliert ein.

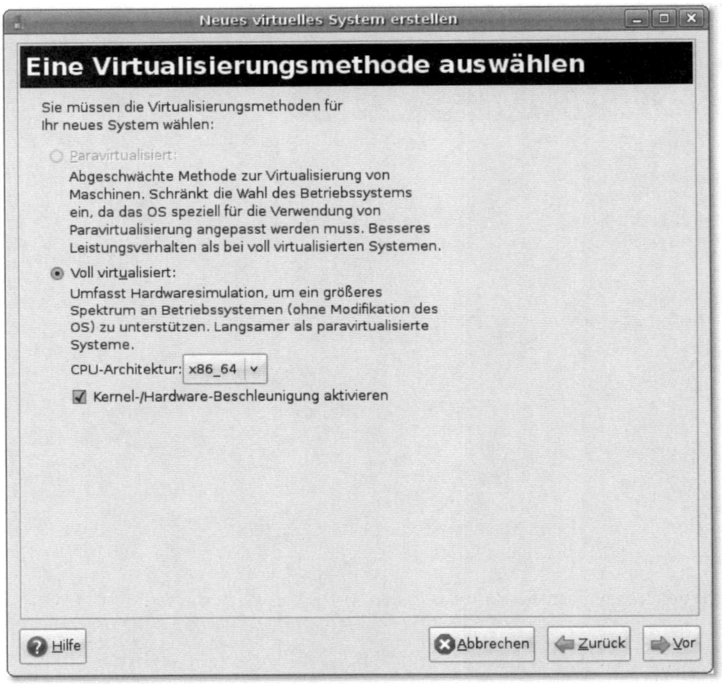

Abbildung 29.9 Voll- oder Paravirtualisiert?

- Bei der dritten Abfrage (siehe Abbildung 29.10) müssen Sie angeben, von welchem Medium Sie das Betriebssystem Ihres Gastes installieren möchten. Zusätzlich haben Sie hier die Möglichkeit das Betriebssystem näher zu spezifizieren. In der Liste befinden sich eine Reihe getesteter Systeme, aus denen Sie auswählen können. Die Bandbreite reicht hierbei von einer Vielzahl unterschiedlicher Linux-Disributionen über Solaris und einige BSD-Derivate bis hin zu den Windows-Systemen seit Windows 2000. KVM bietet einige systemspezifische Anpassungen für diese Betriebssysteme.

[!] Auch wenn sich Ihr gewünschtes Betriebssystem in dieser Auflistung befindet, ist dies keine Garantie, dass die Installation reibungslos funktioniert. Bei meinen Tests musste ich teilweise stockende Installationen neustarten oder eine andere Auswahl treffen. Hier lohnt es sich, ein bißchen mit den Auswahlmöglichkeiten zu experimentieren. Mit den Einstellungen *Generic/Generic* oder *Linux/Generic 2.6.x Kernel* sind Sie sehr flexibel und haben meistens Erfolg bei der Installation des gewünschten Betriebssystems. Bei der Installation von Windows Vista ist die Auswahl dieses Systems an dieser Stelle zwingend erforderlich, da ansonsten die Installation wegen eines ACPI-Fehlers abbricht.

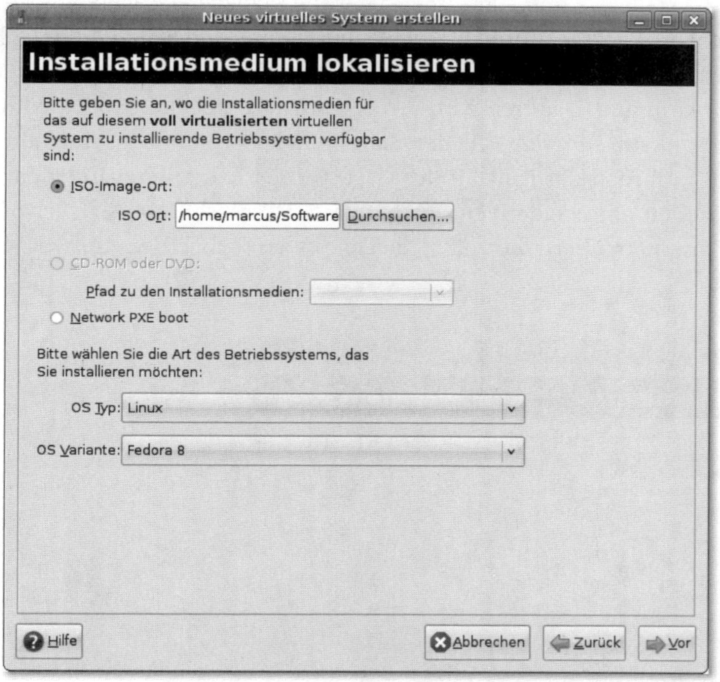

Abbildung 29.10 Auswahl des Installationsmediums und (optional) des gewünschten Systems

- In einem weiteren Dialog (siehe Abbildung 29.11) werden Sie danach gefragt, wo Sie Ihren Gast installieren möchten. Sie haben an dieser Stelle die Wahl, der virtuellen Maschine eine eigene Partition zuzuweisen oder den Gast in eine Image-Datei zu installieren.
  - Bei der ersten Option müssen Sie sicherstellen, dass Sie zuerst eine Partition angelegt haben und diese auch verfügbar ist. Alle eventuell vorhanden Daten in dieser Partition werden bei der Installation überschrieben. Hier ist also Vorsicht angebracht. Auch wenn die zweite Option – das Installieren in eine Datei – wesentlich bequemer ist und von den meisten Anwendern zu bevorzugen ist, hat die Zuweisung einer eigenen Partition einige entscheidende Vorteile. So gewinnt man in Verbindung mit LVM eine ungeahnte Freiheit im Betrieb der virtuellen Maschinen, indem man die Partitionengrößen während der Laufzeit vergrößern oder migrieren kann. Man kommt hierbei dem Ziel der Hochverfügbarkeit ziemlich nahe.

- In den meisten Fällen werden sich Privatanwender der zweiten Option bedienen, dem Speichern des Gastes in einer einfachen Image-Datei. Hierbei brauchen Sie lediglich den Ort und die gewünschte Größe Ihrer Installation angeben und der VMM erstellt eine Image-Datei, in die Sie das Betriebssystem anschließend installieren. Für eine beliebige Linux-Distribution reichen 10 Gigabyte zum Testen vollkommen aus, während Sie für ein Windows Vista mindestens 20 Gigabyte einplanen müssen.

  Wenn Sie ausreichend Platz auf Ihrer Festplatte besitzen, aktivieren Sie die Option »Allocate entire virtual disk now?«, um in den Genuss einer deutlichen Geschwindigkeitssteigerung zu kommen. Dadurch wird die gesamte angegebene Größe dem Gast zugewiesen, während im anderen Fall der Platz lediglich reserviert wird und die virtuelle Festplatte während der Laufzeit des Gastes eingerichtet wird. In jedem Fall hat die Installation den entscheidenden Vorteil, dass sich diese Datei sehr leicht auf einen anderen Computer übertragen lässt, beispielsweise über den Umweg einer externen Festplatte.

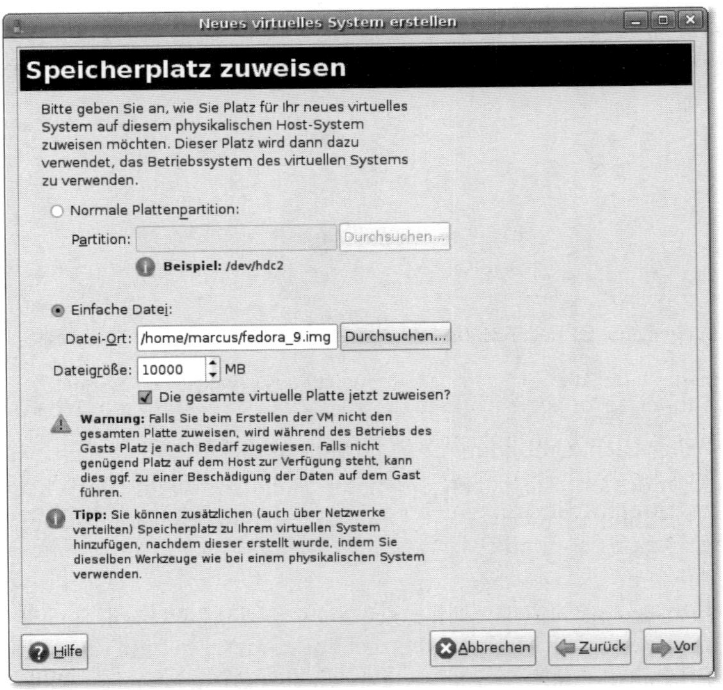

Abbildung 29.11 Wo soll die virtuelle Maschine eingerichtet werden?

- Die folgende Abfrage (siehe Abbildung 29.12) ist wieder eher etwas technischer Natur. Hier wählen Sie normalerweise das virtuelle Netzwerk aus, das libvirt während der Installation von KVM angelegt hat: *default*. Allerdings können Sie hier selbstverständlich auch andere (vorher angelegte) virtuelle Netzwerke auswählen, wenn SIe beispielsweise nur die Gäste untereinander vernetzen möchten.

Sie werden während des Betriebes einer virtuellen Maschine feststellen, dass Ihr Host ein neues Netzwerkgerät mit der Bezeichnung *virbr0* besitzt, das mit dem virtuellen Netzwerk verbunden ist.

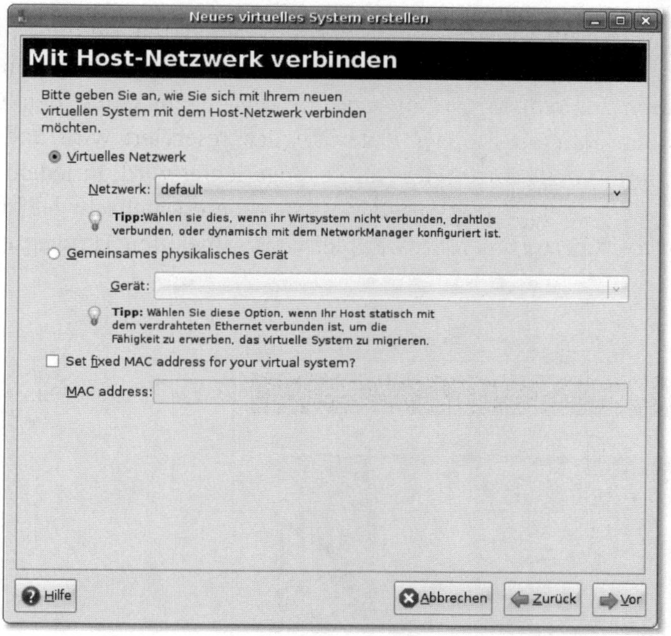

Abbildung 29.12 Einstellungen zum virtuellen Netzwerk, das die virtuelle Maschine nutzen soll

- Zu guter letzt legen Sie bei der letzten Abfrage die Menge des verfügbaren Arbeitsspeichers und die Anzahl der virtuellen Prozessoren fest (siehe Abbildung 29.13). Die Definition dieser virtuellen CPUs ist im übrigen unabhängig von der tatsächlichen Anzahl der physikalischen Prozessoren. Sie können einer virtuellen Maschine bis zu 32 Prozessoren zuweisen – auch wenn sich die Leistungsfähigkeit des Gastes nicht erhöht. Diese Möglichkeit ist in erster Linie für diejenigen Anwender interessant, die die Multiprozessorfähigkeit bestimmter Systeme oder Anwendungen überprüfen möchten.

Nach der Einrichtung des Netzwerkes erhalten Sie eine Übersicht der vorgenommenen Einstellungen Ihrer neuen virtuellen Maschine. Sie können diese bestätigen oder zu einer beliebigen Abfrage zurückkehren. Im Falle der Bestätigung wird im Anschluß die Image-Datei – Ihre virtuelle Festplatte – zugewiesen und für die Verwendung durch den Gast vorbereitet. Dieser Vorgang kann je nach Größe der Datei mehrere Minuten dauern (siehe Abbildung 29.14).

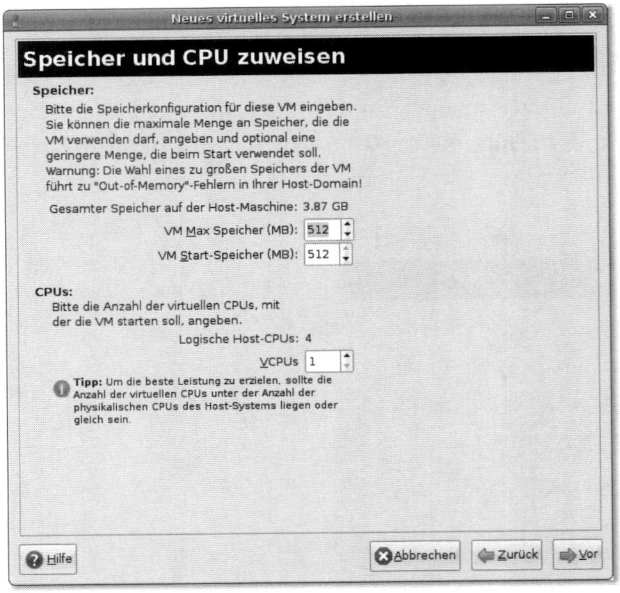

Abbildung 29.13 Wieviel Arbeitsspeicher und (virtuelle) Prozessoren soll die virtuelle Maschine nutzen?

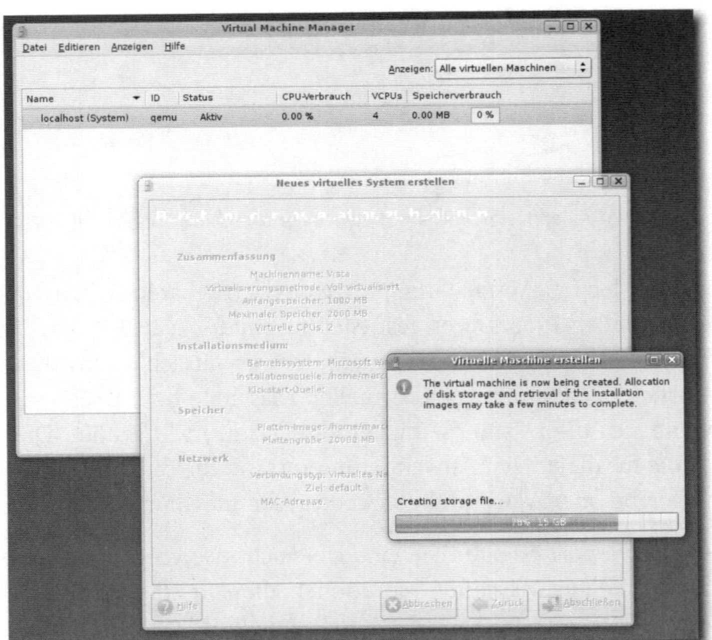

Abbildung 29.14 Die Einrichtung der virtuellen Festplatte kann abhängig von der Größe Zeit in Anspruch nehmen.

Mögliche Probleme

Das Anlegen von virtuellen Maschinen kann auf mehrere Probleme stoßen, die ihre Ursache meist in den derzeitigen technischen Grenzen von KVM haben. So gibt es beispielsweise oftmals Probleme mit den ACPI- und Grafik-Einstellungen. Manche von ihnen kann man umgehen, wenn man andere Voreinstellungen bei der Installation des Gastes auswählt.

- **ACPI**
  KVM bietet intern einige Bochs-BIOS-Anpassungen für bestimmte Gäste. Die korrekte Auswahl des zu installierenden Betriebssystems kann daher essentiell sein. Wählen Sie entweder das richtige System aus oder experimentieren Sie etwas mit der Einstellung »Generic«. Alternativ dazu können Sie die Einstellung *Linux/Generic 2.6.x Kernel* wählen, um eine beliebige Linux-Distribution zu installieren.

  Trotzdem befindet sich die Entwicklung der ACPI-Unterstützung noch in »den Kinderschuhen«. Es wird Ihnen bei Ihren Gästen zumeist nicht möglich sein, die entsprechenden Energie-Einstellungen von ACPI zu nutzen. Xen hat bei dieser Thematik mit der Version 3.2 einen großen Schritt nach vorn gemacht.

- **gfxboot**
  Wenn Sie ein älteres Ubuntu als die Version 8.04 »Hardy Heron«, beispielsweise die Version 6.06 »Dapper Drake», in einer virtuellen Maschine installieren möchten, wird dies bei Verwendung eines Intel-Prozessors höchstwahrscheinlich nicht gelingen. KVM wird die Installation dieser Systeme ohne Fehlermeldung verweigern oder Ihnen das Startmenü nicht anzeigen können.

  Oftmals erscheint lediglich ein schwarzer Bildschirm. Hier reicht ein einfacher Druck auf die Enter-Taste, um die Installation zu starten. [«]

  Der Grund ist in der Begrenzung einer bestimmten Erweiterung von Intels Virtualisierungstechnik zu suchen. Diese Erweiterung verhindert die Installation der älteren Ubuntu-Versionen, da in der virtuellen Maschine das animierte GRUB-Menü (Gfxboot) nicht angezeigt werden kann. Für dieses Problem gibt es leider noch keine offizielle Lösung. Es besteht allerdings die Möglichkeit gfxboot im Image des Installationsmediums zu deaktivieren.

  Der folgende etwas längliche Befehl führt zu dem gewünschten abgeänderten CD-Image, von welchem Sie im Anschluß die Installation starten können. Dieser Befehl darf nicht abgeändert werden.

```
user$ sed -e 's/GFXBOOT bootlogo/#FXBOOT bootlogo/g' < \
ubuntu-6.06-amd64.iso > \
ubuntu-6.06-amd64-nogfxboot.iso
```

Wenn der obige Befehl nicht zum gewünschten Ergebnis führt oder Sie eine bequemere Möglichkeit bevorzugen, laden Sie sich das kleine Werkzeug gfxboot-disable von Anthony Liguori, einem Mitarbeiter von IBM herunter. Sie finden es unter *http://hg.codemonkey.ws/gfxboot-disable*. Starten Sie das Skript mit der folgenden Zeile

```
user$ gfxboot-disable ubuntu-7.10-server-amd64.iso
```

Im Anschluß können Sie mithilfe von

```
user$ qemu-img create ubuntu-server.img -f qcow2 6G
```

das Image erstellen.

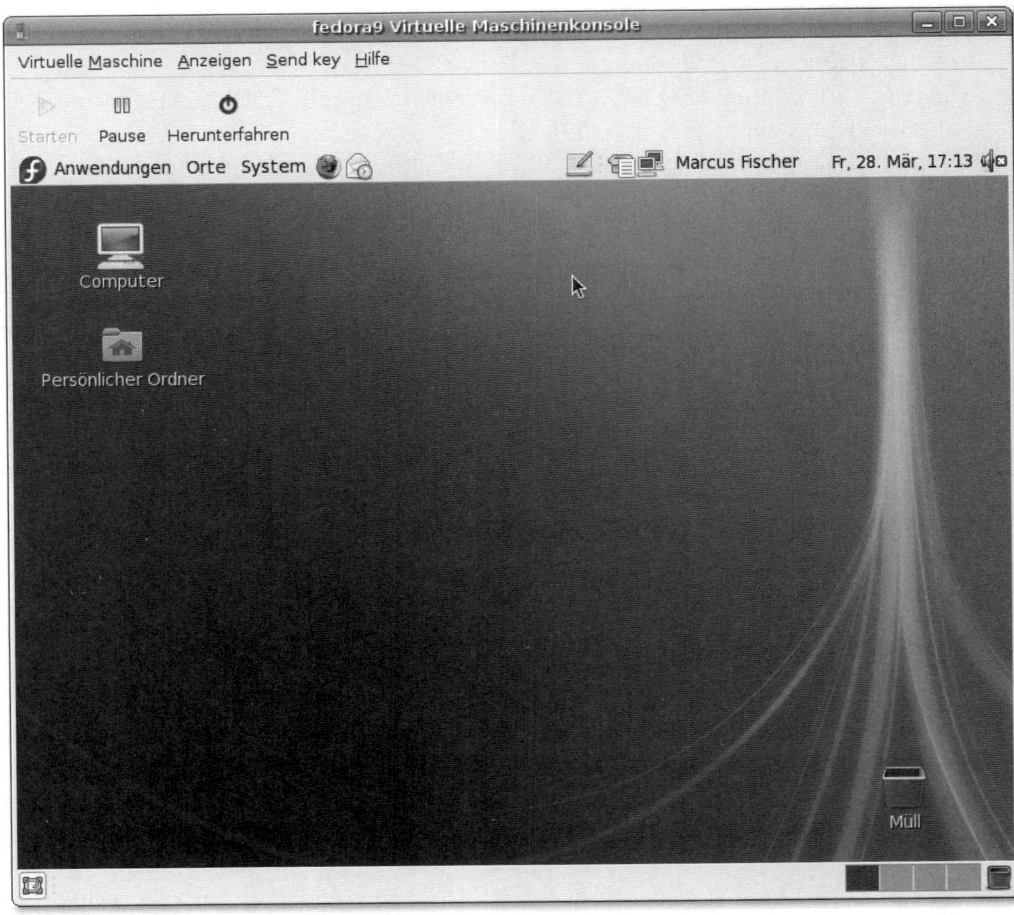

Abbildung 29.15 Für die Installation von Fedora 9 als virtuelle Maschine unter Ubuntu wurde die Einstellung Linux / Generic 2.6.x Kernel gewählt.

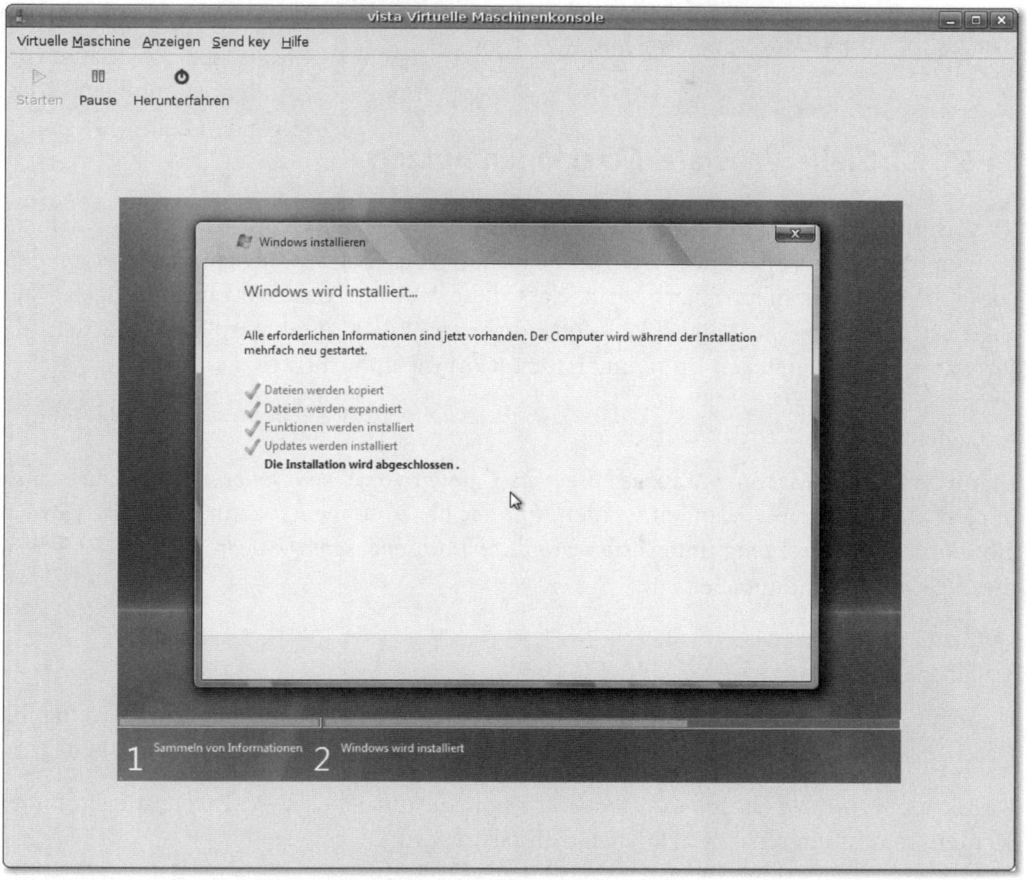

Abbildung 29.16 Windows Vista als virtuelle Maschine

Remote management

Wie ich bereits erwähnte, können Sie mithilfe des VMM auch virtuelle Maschinen und KVM-Instanzen auf entfernten Rechnern steuern und verwalten. Der Virtual Machine Manager arbeitet dabei ähnlich wie ein Terminal in Zeiten der Großrechner.

Während Sie auf einem einzelnen Rechner mit installiertem KVM Ihren Wirt mit dem Befehl `qemu:///system` definieren, können Sie mit

```
user$ virt-manager -c qemu+ssh://virtnode1.mydomain.com/system
```

über eine ssh-Verbindung einen anderen Wirt ansprechen und dessen Gäste verwalten.[5]

5 Dies setzt selbstverständlich voraus, dass Sie bereits eine ssh-Verbindung eingerichtet haben und befugt sind, auf den entfernten Rechner zuzugreifen.

[»] Die Live-Migration von virtuellen Maschinen zwischen einzelnen KVM-Instanzen befindet sich gerade in der Entwicklung (Stand April 2008).

29.6 Virtuelle VMware-Maschinen nutzen

KVM ist in der Lage virtuelle Maschinen zu betreiben, die von VMware erstellt wurden. Sie können somit Ihre aufwendig erstellten Snapshots von VMware-Gästen weiterverwenden. Die einzige Einschränkung liegt darin, dass diese VMware-Gäste in einer einzigen Datei abgespeichert sind. Die Möglichkeit einer direkten Nutzung von gesplitteten Gästen, die VMware ebenfalls erstellen kann, unterstützt KVM (noch) nicht.

Vorgehensweise

Damit der Virtual Machine Manager die *.vmx*-Dateien von VMware lesen kann, müssen sie in eine XML-Datei umgewandelt werden, mit der libvirt umgehen kann. Für diesen Zweck gibt ein kleines Werkzeug unter *http://people.ubuntu.com/ soren/vmware2libvirt/*. Rufen Sie dieses Skript folgendermaßen auf:

```
user$ vmware2libvirt -f ./file.vmx > file.xml
virsh -c qemu:///system define file.xml
```

Das erste Kommando kovertiert die VMware-Datei *file.vmx* in eine für libvirt kompatible Datei *file-xml*. Das zweite Kommando importiert die neu erstellte XML-Datei in libvirt.[6]

[»] Das Skript *vmware2libvirt* soll in absehbarer Zeit in die offiziellen KVM-Pakete aufgenommen werden, so dass ein separater Download entfallen wird.

[!] Bitte behalten Sie im Auge, dass Sie die original *.vmx*-Datei bei dieser Aktion verändern und Sie diese danach nicht mehr in VMware verwenden können. Falls Sie dies dennoch wünschen, verwenden Sie ein Backup dieser Datei.

6 Die importierten XML-Dateien finden Sie im Ordner /etc/libvirt/qemu.

»Aus kleinem Anfang entspringen alle Dinge.«

Marcus Tullius Cicero

30 Xen

30.1 Allgemeines

In diesem Abschnitt möchte ich Ihnen eine Virtualisierungssoftware vorstellen, die sich in ihrer kurzen Geschichte einen bereits beachtlichen Ruf erarbeitet hat: Xen.

Xen wird englisch ausgesprochen: »Zen« mit weichem »Z«. DIe Software ging aus einem größeren Projekt, dem *Xeno-Server*, hervor. Inzwischen ist Xen eigenständig und wird von einer Arbeitsgruppe um Ian Pratt an der Universität Cambridge entwickelt.

Xen hatte schon zu Beginn einen derartigen Erfolg und Einfluß, dass die Prozessorhersteller die neueste Generation von Prozessoren mit bestimmten Techniken ausrüsten, um die Virtualisierung durch Xen zu unterstützen.

Die Technik wurde erstmals 2003 in einem Aufsatz mit dem Titel »Xen and the Art of Virtualization« wie folgt beschrieben:

> *» Xen is an open-source hypervisor that enables increased server utilization and server consolidation by enabling multiple operating system images to simultaneously run on a single physical server.«*

Sie erreichen die offizielle Homepage des Xen-Projekts unter der Adresse *www.cl.cam.ac.uk/Research/SRG/netos/Xen/*.

30.2 Was ist Xen?

Xen bietet eine sehr effektive Methode zur Ausführung mehrerer Betriebssysteme auf einem Rechner. Es erfordert bei Prozessoren ohne Vanderpool- oder Pacifica-Technologie allerdings angepasste Betriebssysteme. Daher ist man ohne diese Prozessoren auf Linux und einige BSD-Varianten eingeschränkt. Andererseits ist die Leistung der parallel laufenden Systeme geradezu phänomenal hoch, die Verluste liegen stets im einstelligen, meist sogar im niedrigen einstelligen Prozentbereich.

Die Entwicklung von Xen macht zurzeit sehr schnell große Fortschritte. Während die voll- [!]

ständige Integration in anderen Distributionen, z. B. in Fedora, schon sehr weit fortgeschritten ist, steht diese in Ubuntu erst am Anfang. Ehrlicherweise muss man sagen, dass es zum Zeitpunkt der Drucklegung dieses Buchs mit Ubuntu weitaus schwieriger ist, ein funktionsfähiges Xen-System zu erreichen, als es dies mit anderen Distributionen möglich ist.

Der folgende Abschnitt über Xen soll lediglich einen einführenden Charakter besitzen und kann eine tiefere Beschäftigung mit dieser komplexen Technik nicht ersetzen. Fassen Sie die folgenden Schritte bistte deshalb nur als Hinweise auf, die Ihnen einen roten Faden geben sollen. Bitte beachten Sie, dass die folgende Anleitung auf der aktuellen Version 3.2 von Xen beruht (Stand Februar 2008). Xen 3 ist inkompatibel zu Gästen aus der Xen-Version 2. Grundsätzlich sollten sich nur erfahrene Anwender an die Konfiguration eines Xen-Systems wagen, daher bitte ich um Verständnis, wenn die nachfolgenden Schritte nicht so detailliert sind wie sich ein Einsteiger dies wünschen würde.

[»] **Details zur Virtualisierung**

Die folgenden Kapitel zur Virtualisierung können naturgemäß nur einen Einstieg in dieses umfangreiche Thema darstellen. Wenn Sie darüber hinaus Interesse an diesem Thema haben, möchte ich auf mein Buch *Xen – Das umfassende Handbuch, Galileo Computing 2008, 600 Seiten* hinweisen. Dort gebe ich einen detaillierten Einblick in das Thema Virtualisierung, wobei ich mich schwerpunktmäßig mit Xen und KVM beschäftige.

30.3 Systemanforderungen

Wie bei allen Anwendungen gibt es einige Systemanforderungen zu beachten:

- Das System muss *GRUB* verwenden. Dies ist bei Ubuntu der Standard-Bootloader und sofern Sie daran nichts geändert haben, ist die erste Voraussetzung leicht zu erfüllen.
- Sie brauchen ausreichend Platz auf Ihrer Festplatte für die zu installierenden Gastsysteme. Während ein minimales System mit 600 MB auskommt, braucht eine vollständige grafische Linux-Installation leicht bis zu 3 GB Platz.
- Sie brauchen als Faustregel ungefähr jeweils 256 MB Arbeitsspeicher für jedes Gastsystem.

30.4 Xen installieren

Der erste Schritt besteht darin, dass Sie sich die aktuelle Xen-Version vom Server des Projektes herunterladen. Das Verzeichnis hierfür befindet sich unter *www.cl.cam.ac.uk/research/srg/netos/Xen/downloads/*. Laden Sie sich dort einfach das aktuellste Paket passend für Ihren PC herunter und entpacken Sie dieses dann, z.B. durch rechten Mausklick auf das Archiv und dann den Menüpunkt *Hier entpacken* auswählen. Öffnen Sie nun als nächstes ein Terminal und installieren Sie die *bridge-utils*:

```
user$ sudo apt-get install bridge-utils
```

Nun wechseln Sie in das Verzeichnis, das nach dem Entpacken des Xen-Archivs entstanden ist:

```
user$ cd /home/marcus/Xen-3.0.2-install
```

Rufen Sie dort mit `sudo ./install.sh` die Installationsroutine auf. Sie erhalten einen Ausgabe wie folgt:

```
Installing Xen from './install' to '/'...
All done.
Checking to see whether prerequisite tools are installed...
Xen CHECK-INSTALL  Fr 1 Dez 00:22:30 CET 2006
Checking check_brctl: OK
Checking check_hotplug: OK
Checking check_iproute: OK
Checking check_python: OK
Checking check_zlib_lib: OK
All done.
```

Als nächstes müssen Sie den Xen-Kernel in *GRUB* eintragen.

30.5 Anpassung der Bootkonfiguration zum Start von Xen

Der eigentlich zu bootende Kernel ist der Xen-Kernel selbst. Der für die privilegierte Domäne zu verwendende Speicher ist als Option in kB anzugeben. Der Linux-Kernel der privilegierten Domäne wird wie sonst eine *initrd* mit dem Grub-Befehl `module` geladen. Eine *initrd* dieses Kernel erfordert einen weiteren *module*-Befehl. Dies ist ein Beispiel für einen Eintrag in */boot/grub/menu.lst*, in der der Xen-Kernel als Standard ausgewählt ist:

```
title  Xen(3.0)/Linux(2.6.15)
kernel /boot/Xen.gz dom0_mem=393216
module /boot/vmlinuz-2.6-Xen0 root=/dev/evms/root
module /boot/evms-2.5.2-initrd.gz
savedefault
```

Anschließend können Sie bereits *Xend* starten:

```
user$ /etc/init.d/Xend start
```

Nun brauchen Sie lediglich Ihren PC neuzustarten und den Xen-Kernel auswählen, sofern Sie ihn nicht als Standard ausgewählt haben. Wenn das System korrekt gestartet ist, dann haben Sie das Gröbste bereits überstanden. Überprüfen Sie zunächst mithilfe von `uname -r`, ob Sie gerade unter dem Xen-Kernel arbeiten. Die Ausgabe dieses Befehls sollte den aktuell verwendeten Kernel anzeigen, z. B. *2.6.15.Xen*. Mit `xm list` erhalten Sie eine Übersicht über alle laufenden Betriebssysteme. Hier sollte zu Beginn nur ein Eintrag stehen: *Domain-0*. Dies ist das Betriebssystem, unter welchem SIe gerade arbeiten, der Host.

[!] Bitte beachten Sie, dass in den Standardeinstellungen das Netzwerk für die installierten Gastsysteme gebrückt ist. Dies bedeutet, dass diese Systeme eine IP-Adresse aus dem gleichen Netzwerk, in welchem sich der Host befindet, benötigen. Wenn Sie einen DHCP-Server haben, müssen Sie dementsprechend sicherstellen, dass dieser den Gastsystemen solche Adressen zuweist. In der Datei */etc/Xen/Xend-config.sxp* können SIe einen anderen Netzwerktyp festlegen.

Deaktivierung von TLS

TLS verwendet eine Art der Speicheradressierung, die in Xen umständliche Emulation erfordert. Das System wird daher wesentlich schneller, wenn man *TLS* deaktiviert. Dazu muß der Ordner */lib/tls* umbenannt werden, z. B. nach */lib/tls-disabled*.

30.6 Xen-Dämonen automatisch starten

Zwei Dienste müssen dazu gestartet werden:

- Xend
- Xendomains

Die Funktion von *Xend* hatten wir bereits kennengelernt. *Xenddomains* wird verwendet, um VMs automatisch zu starten und zu stoppen, wenn das Xen-Wirts-System (Domain 0) gestartet bzw. herunter gefahren wird. Damit die beiden Dienste nach jedem Neustart automatisch gestartet sind, müssen symbolische Links von den Init-Skripten in die entsprechenden rc-Verzeichnisse angelegt werden.

Unter Ubuntu kann dies geschehen mit dem Tool *update-rc.d*:

```
user$ update-rc.d Xend defaults 20 21
user$ update-rc.d Xendomains defaults 21 20
```

Wenn das Verzeichnis */var/lock/subsys/* nicht gefunden werden kann, dann müssen Sie es eventuell manuell erstellen:

```
user$ mkdir /var/lock/subsys/
```

30.7 Installation von Gastsystemen

Gastsysteme können auf physische Partitionen oder in Imagedateien installiert werden. In beiden Fällen hat man die Wahl zwischen der Verwendung fertiger Systemimages und der manuellen Installation eines Gastsystems. Bei der Installation auf physischen Partitionen empfiehlt sich die Verwendung von *evms*. Das schafft nicht nur mehr Übersicht, sondern ermöglicht auch Partitionssnapshots der Gastsysteme, so dass eine besonders einfache Wiederherstellung möglich ist.

30.8 Gast-Linux installieren auf einer virtuellen Maschine

Es gibt grundsätzlich zwei Möglichkeiten, ein Gastsystem zu installieren:

- In ein eigenes reales Dateisystem
- In eine Image-Datei in das Dateisystem des Xen-Wirtsystems

In ein eigenes reales Dateisystem installieren

Ist auf der Festplatte noch Platz für weitere Partitionen, kann ein Linux für eine virtuelle Maschine ganz normal von bootfähiger CD in diese freien Bereiche installiert werden. Der Bootmanager darf allerdings NICHT in den MBR geschrieben werden, da ja Xen das virtuelle Linux startet, nicht *GRUB*. Für weitere VMs kann das so von CD installierte System kopiert werden.

Um ein /-Dateisystem-Image mit 1 GB und ein Swap-Image mit 256 MB zu erzeugen, ist folgendes einzugeben:

```
mkdir /var/images
dd if=/dev/zero of=/var/images/vm1disk bs=1024k count=1024
dd if=/dev/zero of=/var/images/vm1swap bs=1024k count=256
mkfs.ext3 /var/images/vm1disk && mkswap /var/images/vm1swap
```

Mit `count="Zahl"` wird die Größe des Images im MB definiert. Das erstellte Image binden Sie in das UNIX-Dateisystem mit:

```
mkdir /mnt/disk
mount -o loop /var/images/vm1disk /mnt/disk
```

Nun kann ein Betriebssystem in die Image-Datei kopiert werden. Ich möchte im Folgenden Debian als virtuelle Maschine einrichten. Hierzu nutze ich *debootstrap*.

Das Programm *debootstrap* muss natürlich auf dem Xen-System installiert werden:

```
user$ sudo apt-get install debootstrap
```

Nach der Einbindung eines Images in das Dateisystem wird z. B. ein Debian-Linux installiert mit:

```
user$ debootstrap --arch i386 sarge /mnt/disk \
http://debian.tu-bs.de/debian/
```

Hierbei ist die Quelle mit `http://` nach eigenen Wünschen anzupassen.

Ist das Image nun erfolgreich erzeugt, kann dieses als Vorlage für weitere virtuelle Maschinen dienen. Für eine neue VM wird diese Datei einfach kopiert und angepasst. Dazu wechseln bitte zunächst aus Sicherheitsgründen in eine chroot-Umgebung

```
user$ chroot /mnt/disk /bin/bash
```

Anschließend den neuen virtuellen PC über die folgenden Dateien anpassen:

```
/etc/hostname => Hostnamen eintragen
/etc/network/interfaces => Netzwerk konfigurieren, z. B.

auto lo
iface lo inet loopback
auto eth0
iface eth0 inet static
        address 192.168.1.11
        netmask 255.255.255.0
        network 192.168.1.0
        broadcast 192.168.1.255
        gateway 192.168.1.1

/etc/apt/sources.list => Quellen anpassen
/etc/fstab => Dies z. B. anpassen wie folgt:

/dev/sda1  /       ext3  errors=remount-ro 0 1
/dev/sda2 none swap sw                         0 0
proc         /proc proc  defaults                 0 0
```

Wie bei dem Xen-Wirtssystem ist auch auf dem Gastsystem abschließend *TLS* zu deaktivieren

```
user$ mv /lib/tls /lib/tls.disabled
```

Nun aus der chroot herausgehen und das Images aus dem Dateisystem entfernen

```
user$ exit
user$ umount /mnt/disk
```

Nach starten der VM brauchen Sie nur noch die Debian-Grundkonfiguration durchzuführen:

```
user$ base-config
```

30.9 VM starten

Die Beispiel-Konfigurations-Datei */etc/Xen/xmexample1* ist zu kopieren und anschließend an die eigene Umgebung anzupassen.

Beispiel der Einträge: **[zB]**

```
kernel = "/boot/vmlinuz-2.6.12-XenU"
## RAM-Speicher Zuweisung (in Megabyte) für die neue Domain
memory = 128
## Name des virtuellen Servers
name = "Xenvm1"
### Liste von zugewiesenen Partitionen oder Imagedateien
## Eintrag für oben genannte debootstrap-Beispiel mit Image.
disk = [ 'file:/var/images/vm1disk,sda1,w', 'file:/var/images\
/vm1swap,sda2,w' ]
## Beispiel für reale Partitionen
#disk = [ 'phy:hda7,sda1,w', 'phy,sda2,w' ]
root = "/dev/sda1 ro"
```

Um eine VM starten zu können, muss, falls dem nicht schon so ist, der Xen-Dämon Xend gestartet werden

```
user$ Xend start
```

Wenn die Konfigurationsdatei z. B. *Xenvm1* genannt wurde, kann die VM gestartet werden mit

```
user$ xm create -c Xenvm1 vmid=1
```

Das `-c` bewirkt, dass man nach dem Start der VM gleich auf der Konsole von dieser landet. Die Boot-Meldungen sollten beim create über den Bildschirm laufen, abschließend sollte der Login-Prompt erscheinen.

VM automatisch starten

Um virtuelle Maschinen automatisch nach einem Reboot des Xen-Wirtssystem zu starten, muss die Konfigurations-Datei in das korrekte Verzeichnis /etc/Xen/auto verlinkt werden. Für eine Beispiel-Konfigurations-Datei mit Namen *Xenvm1* ist folgendes einzugeben:

```
user$ ln -s /etc/Xen/Xenvm1 /etc/Xen/auto/
```

30.10 Administration der virtuellen Maschinen

Das Haupt-Programm zur Verwaltung von Xens Gast-VMs ist *xm*. Sie haben es im vorigen Abschnitt schon einmal benutzt, um die VMs zu starten. *xm* kann aber wesentlich mehr.

Zum Beispiel zeigt der Aufruf des Befehls `xm list` eine Liste aller laufenden VMs an (inklusive des Hosts):

```
# xm list
Name        ID Mem(MiB) VCPUs State  Time(s)
Domain-0  0       64           1      r-----   112.0
vm1         3      128          1       ------    27.4
```

Die folgende Tabelle gibt die Bedeutung der einzelnen Punkte wieder. Eine erheblich detailliertere Ausgabe wird durch `xm list -l` erreicht.

Begriff	Bedeutung
`Name`	Name der VM
`ID`	Identifikationsnummer der VM
`Mem(MiB)`	Arbeitsspeicherzuweisung in Megabyte
`VCPUs`	Anzahl der zugewiesenen Prozessoren
`Status (State) r`	running - laufend
`Status (State) b`	blockiert
`Status (State) p`	pausierend
`Status (State) s`	shutdown - heruntergefahren
`Status (State) c`	crashed - abgestürzt
`Time(s)`	Verbrauch von CPU-Rechenzeit in Sekunden

Tabelle 30.1 Die Bedeutung von xm list -l

xm console

Dieser Befehl dient dem Zugriff auf die Konsole. Damit erscheint genau das vor einem, was man sehen würde, als wenn man vor einem realen PC sitzen würde. Hierbei benutzen Sie die Identifikationsnummern der VMS, z. B. `xm console 3`.

[!] Um sich wieder von der VM-Konsole abzumelden, muss bei deutscher Tastatur `Ctrl` + `5` eingegeben werden.

Einige Befehle

Mit dem Kommando

```
user$ xm shutdown <Domänen-Id>
```

wird das Betriebssystem der VM angewiesen, herunterzufahren. Über das Kommando

```
user$ xm mem-set <Domänen-Id> <Hauptspeicher>
```

kann die Speicherzuweisung für eine VM angepasst werden. Soll die Speicherzuweisung auf Dauer verändert werden, ist in der VM-Konfigurations-Datei der Wert memory anzupassen

TEIL VII
Referenz

Die Welt der Software ist wie ein großes Haus voller Türen;
man muss nur wissen, durch welche man gehen muss,
um zum Ziel zu gelangen.

31 Übersicht: Software für (K)Ubuntu

Die folgende Zusammenstellung soll Ihnen einen ersten Einblich in die Programmvielfalt von Ubuntu geben. Benötigen Sie weitere Informationen zu einem bestimmten Programm, recherchieren Sie am besten im Internet via Google nach dem Programmnamen. Wer bevorzugt deutsche Seiten finden möchte, erreicht dies über die erweiterten Sucheinstellungen von Google.

31.1 GNOME-Programme

Da Ubuntu Linux GNOME als Standard-Desktop-Umgebung nutzt, finden Sie hier Programme, die auf dem GTK+-Toolkit basieren. Zudem wurde vermerkt, ob das Paket Bestandteil der Standardinstallation ist.

31.1.1 Internet/E-Mail/Netzwerk

Beschreibung	Name	Paket	Sektion	Standard?
Webbrowser	Firefox	mozilla-firefox	main	ja
E-Mail-Client	Evolution	evolution	main	ja
PIM (Personal Information Management)	Evolution	evolution	main	ja
Newsreader	Pan en	pan	main	nein
Dateidownload	Firefox	mozilla-firefox	main	ja
Downloadmanager	gwget	gwget	universe	nein
Download von HTML-Seiten	HTTrack	httrack	universe	nein
FTP-Client	gFTP	gftp-gtk	main	nein
IRC-Client	XChat	xchat	main	ja
Instant Messaging Client	Pidgin	Pidgin	main	ja
Jabber Client	Pidgin	Pidgin	main	ja

Beschreibung	Name	Paket	Sektion	Standard?
Videokonferenz	Gnome-Meeting	gnomemeeting	main	ja
WYSIWYG-HTML-Editor	Nvu	nvu	universe	nein
HTML-Editor	Bluefish	bluefish	universe	nein
Internettelefonie (VoIP)	Skype	–	–	nein
Personal Firewall	Firestarter	firestarter	universe	nein
Antivirenprogramm	ClamAV	clamav	universe	nein
Webserver	Apache	apache2	main	nein
Content Filter	Privoxy	privoxy	universe	nein
Faxprogramm	Hyla-Fax	hylafax-server	universe	nein
Einwahlprogramm	Gnome-PPP	gnome-ppp	universe	nein
SSH/Telnet Client	Putty	putty	universe	nein
Netzwerkanalyse/Sniffer	Ethereal	ethereal	universe	nein
Dateifreigabe im Linux-Netz	NFS	nfs-common	main	nein
Dateifreigabe im Windows-Netz	Samba	samba-common	main	ja

Tabelle 31.1 GNOME-Programme Internet/E-Mail/Netzwerk

31.1.2 Multimedia/Grafik

Beschreibung	Name	Paket	Sektion	Standard?
Audio-Player	Rhythmbox	rhythmbox	main	ja
Video-Player	Totem	totem	main	ja
Brennprogramm	Gnomebaker	gnomebaker	universe	nein
CD-Player	Gnome-CD	gnome-media	main	ja
CDs rippen	Sound Juicer	sound-juicer	main	nein
MP3-Encoder	Lame	lame	multiverse	nein
Ogg-Vorbis-Encoder	Oggenc	vorbis-tools	main	nein
Realplayer	Realplayer	–	–	nein
FM-Radio (über Kabel/Antenne)	Gnome-Radio	–	–	nein
Internetradio	Streamtuner	streamtuner	universe	nein
Streams mitschneiden	Streamripper	streamripper	universe	nein
Audio-Editor	Audacity	audacity	universe	nein
ID3-Tag-Editor	Easytag	easytag	universe	nein

Beschreibung	Name	Paket	Sektion	Standard?
DVD-Player	Totem	totem	main	ja
Videokonvertierung	Transcode	transcode	multiverse	nein
DVDs rippen	dvd::rip	dvdrip	multiverse	nein
Bildbetrachter	gThumb	gthumb	main	ja
Bildbearbeitung	The Gimp	gimp	main	ja
Videobearbeitung	Avidemux	–	–	nein

Tabelle 31.2 GNOME-Programme Multimedia/Grafik

31.1.3 Datei-, Office- und Systemsoftware

Beschreibung	Name	Paket	Sektion	Standard?
Office-Paket	OpenOffice	openoffice	main	ja
Textverarbeitung	Abiword	abiword	universe	nein
Tabellenkalkulation	Gnumeric	gnumeric	universe	nein
Desktop-Publishing	Passepartout	passepartout	universe	nein
Charts/Diagramme	Dia	dia-gnome	main	nein
Lokale Datenbank	Gnome-DB	gnome-db	universe	nein
Finanzverwaltung	Gnu-Cash	gnucash	universe	nein
Online-Banking	Gnu-Cash	gnucash	universe	nein
Packer/Entpacker	File-Roller	file-roller	main	ja
Texteditor	GEdit	gedit	main	ja
PDF/PS Anzeige	Evince	evince	main	ja
Terminverwaltung/ Kalender	Evolution	evolution	main	ja
Wörterbuch (deutsch/englisch)	Ding	ding	universe	nein
Scan-Software	XSane	xsane	main	ja
Partitionierung	GParted	gparted	main	nein
Bibel-Software	Gnomesword	gnomesword	universe	nein

Tabelle 31.3 GNOME-Programme Datei-, Office- und Systemsoftware

31.2 KDE-Programme

Kubuntu Linux verwendet KDE als Standard-Desktop-Umgebung. Daher werden in diesem Abschnitt in erster Linie Programme empfohlen, die auf dem QT-Toolkit basieren.

31.2.1 Internet/E-Mail/Netzwerk

Beschreibung	Name	Paket	Sektion	Standard?
Webbrowser	Konqueror	konqueror	main	ja
E-Mail-Client	KMail	kmail	main	ja
PIM (Personal Information Management)	Kontact	kontact	main	ja
RSS-Feedreader	Akregator	akregator	main	ja
Dateidownload	Konqueror	konqueror	main	ja
Downloadmanager	KGet	kget	universe	nein
Download von HTML/CSS-Seiten	HTTrack	httrack	universe	nein
FTP-Client	Konqueror	konqueror	main	ja
IRC-Client	Konversation	konversation	main	ja
Instant Messaging Client	Kopete	kopete	main	ja
Jabber Client	Kopete	kopete	main	ja
WYSIWYG-HTML-Editor	Nvu	nvu	universe	nein
HTML-Editor	Quanta+	quanta	main	nein
XML-Editor	Quanta+	quanta	main	nein
Internettelefonie (VoIP)	KPhone	kphone	universe	nein
Personal Firewall	Guarddog	guarddog	universe	nein
Antivirenprogramm	ClamAV	clamav	universe	nein
Webserver	Apache	apache2	main	nein
Content Filter	Privoxy	privoxy	universe	nein
Filesharing	KMLDonkey	kmldonkey	universe	nein
Faxprogramm	KdeprintFax	kdeprint	main	ja
Einwahlprogramm	Kppp	kppp	main	nein
Remote-Zugriff	Krdc	krdc	main	ja
SSH/Telnet Client	Putty	putty	universe	nein
Netzwerkanalyse/ Sniffer	Ethereal	ethereal	universe	nein
Dateifreigabe Linux-Netz	NFS	nfs-common	main	nein
Dateifreigabe Windows-Netz	Samba	samba-common	main	ja

Tabelle 31.4 KDE-Programme Internet/E-Mail/Netzwerk

31.2.2 Multimedia/Grafik

Beschreibung	Name	Paket	Sektion	Standard?
Audio-Player	amaroK	amarok	main	ja
Video-Player	Kaffeine	kaffeine	main	ja
Brennprogramm	K3b	k3b	main	ja
CD-Player	KsCD	kscd	main	ja
CDs rippen	KAudioCreator	kaudiocreator	main	ja
MP3-Encoder	Lame	lame	multiverse	nein
Ogg-Vorbis-Encoder	Oggenc	vorbis-tools	main	nein
Realplayer	Realplayer	–	–	nein
Internetradio	Streamtuner	streamtuner	universe	nein
Streams mitschneiden	KStreamripper	kstreamripper	universe	nein
Audio-Editor	Audacity	audacity	universe	nein
ID3-Tag-Editor	Kid3	kid3	universe	nein
DVD-Player	Kaffeine	kaffeine	main	ja
Videokonvertierung	Transcode	transcode	multiverse	nein
DVDs rippen	dvd::rip	dvdrip	multiverse	nein
Video-CD erstellen	K3b	k3b	main	ja
Bildbetrachter	Gwenview	gwenview	main	ja
Bildbearbeitung	Krita	krita	main	ja

Tabelle 31.5 KDE-Programme Multimedia/Grafik

31.2.3 Datei-, Office- und Systemsoftware

Beschreibung	Name	Paket	Sektion	Standard?
Online-Banking	KmyMoney	kmymoney2	universe	nein
Packer/Entpacker	Ark	ark	main	ja
Texteditor	Kate	kate	main	ja
PDF/PS-Anzeige	KPDF	kpdf	main	ja
Terminverwaltung/Kalender	Kontact	kontact	main	ja
Wörterbuch	KDing	kding	–	nein
Scan-Software	Kooka	Kooka	main	ja
Partitionierung	QtParted	qtparted	universe	nein
Bibel-Software	Bibletime	bibletime	universe	nein

Beschreibung	Name	Paket	Sektion	Standard?
Office-Paket	OpenOffice	OpenOffice	main	ja
Office-Paket	KOffice	koffice	main	nein
Desktop-Publishing	Scribus	scribus	main	nein
Charts/Diagramme	KTechlab	–	–	nein
Finanzverwaltung	KmyMoney	kmymoney2	universe	nein

Tabelle 31.6 KDE-Programme Datei-, Office- und Systemsoftware

31.3 Vergleich: Windows- und Linux-Programme

Gerade Umsteiger tun sich oftmals schwer bei der Suche nach Alternativen für ihr Lieblingsprogramm unter Windows. Eine exzellente Übersicht, die sporadisch weiter gepflegt wird, findet man auf der Seite *www.angelfire.com/linux/liste/start.html* (Abbildung 31.1).

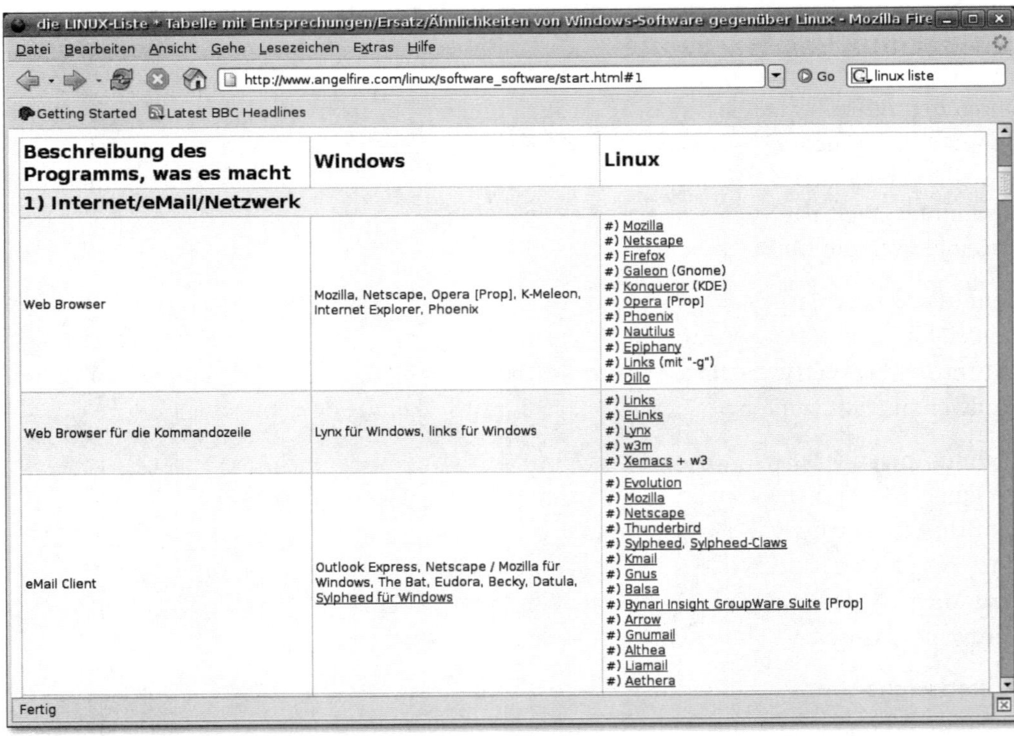

Abbildung 31.1 Vergleich von Windows- und Linux-Programmen

»Man darf nie aufhören zu fragen.«

Albert Einstein (14.03.1879 – 18.04.1955)
Physiker

32 Wo bekomme ich weitere Hilfe?

Linux hat einen weiten Weg seit jenen Zeiten zurückgelegt, als es noch ein echtes Abenteuer war, allein nur ein einfaches grafisches X-Window-System aufzusetzen, ohne dabei den Monitor »abrauchen« zu lassen.

32.1 Linux und Hardware

Durch den offenen Standard sind die Programmierer des Linux-Kernels allerdings auf den Goodwill der Hardwarehersteller angewiesen: Diese müssen ihre Schnittstellen hardware- und softwaretechnisch offenlegen. Gerade das gestaltet sich in unserer durch Konkurrenz bestimmten Welt natürlich schwierig: Wer möchte durch ein allzu offenherziges Produkt-Placement seinem Mitbewerber schon eine Know-how-Steilvorlage zuspielen?

Dennoch funktioniert das Open-Source-System recht gut: Die Zeitspanne, innerhalb derer Treiber für neue Hardwarekomponenten zur Verfügung gestellt werden, bewegt sich derzeit im Bereich von wenigen Monaten. Wer hoch motiviert ist, kann natürlich auch zur Hardwareunterstützung beitragen und Treiber selbst schreiben.

Ubuntu-Anwender haben es besonders leicht: In dieses moderne System fließen alle aktuellen Linux-Treiberentwicklungen ein, die der Markt hergibt, da Ubuntu im Wesentlichen auf dem Unstable-Zweig von Debian aufsetzt. Sie können davon ausgehen, dass die Hardware eines PCs, dessen Baudatum ein halbes Jahr hinter dem aktuell verwendeten Ubuntu-Release zurückliegt, in der Regel vollständig unterstützt wird. Wer darüber hinaus plant, topaktuelle Hardware einzusetzen, sollte die folgenden Tipps beherzigen.

- **Recherche**
  Führen Sie eine grundlegende Recherche zur ins Auge gefassten Hardwarekomponente im Internet durch. Dort lassen sich zunächst diverse Linux-Hardwaredatenbanken anzapfen. Erste Anlaufstellen für Ubuntu-Nutzer sind das Ubuntu-Wiki oder auch das Ubuntu-Forum unter *www.ubuntuusers.de*. Dort findet man beispielsweise eine exzellent gepflegte Hardwaredatenbank. Darüber hinaus sind das Linux-Hardware-Wiki unter

www.linuxwiki.org/Linux/Hardware und die Linux Compatibility Howto auf *http://www.tldp.org/HOWTO/Hardware-HOWTO* zu empfehlen.

- **Meinungsbildung**
  Zunächst sollte man über die Newsgroup-Suchmaschine *groups.google.de* recherchieren, ob es bereits erste Erfahrungen oder gar Probleme mit der entsprechenden Komponente gibt. Sollte es dann immer noch Fragen geben, können Sie selbst aktiv werden und in der entsprechenden Newsgroup (in Deutschland zumeist *de.comp.os.unix.linux.hardware*) höflich nachhaken.

- **Test und Kauf**
  Mit der Ubuntu-Live-CD/-DVD haben Sie ein Werkzeug zur Hand, das es Ihnen gestattet, ohne die komplette Installation eines Betriebssystems die Funktionsfähigkeit der Hardware speziell unter Linux zu testen. Planen Sie den Kauf eines Komplettsystems, so gehen Sie ruhig zum Händler Ihrer Wahl und testen Sie die Hardware durch Booten der Live-CD bzw. -DVD vor Ort. Beim gängigen Computerversand via Internet ist die Situation noch einfacher: Gemäß Fernabsatzgesetz haben Sie hier die Möglichkeit, Hardware innerhalb von 14 Tagen mehr oder weniger kommentarlos zum Versender zurückzuschicken – bei voller Erstattung des Kaufpreises.

32.2 Hardwaretests

Sie planen den Erwerb eines neuen PCs oder Laptops? Dann sollten Sie sich mit der beiliegenden DVD im Handgepäck in den Fachhandel begeben und diese für die im Folgenden beschriebenen Tests verwenden.

32.2.1 Etikettenschwindel

So manches Schnäppchen beim Discounter entpuppt sich beim näheren Hinsehen als Mogelpackung. Leider kann man sich in den seltensten Fällen vor Ort per Schraubendreher Einblick in das Innere eines PCs verschaffen. Zunächst sind der verbaute Prozessortyp sowie dessen Taktfrequenz von Interesse.

Booten Sie zum Zweck der Analyse die Begleit-DVD im Live-Modus und verfolgen Sie die Meldungen auf dem Bildschirm. Während des Bootvorgangs können Sie diesen mit der Tastenkombination (Strg) + (S) unterbrechen und sich so in aller Ruhe die entsprechenden Hardwaremeldungen anschauen. Insbesondere Prozessortyp und Taktfrequenz werden dort ausgegeben. Dadurch lässt sich leicht feststellen, ob der verwendete Prozessor übertaktet wurde, um ein Quäntchen Mehrleistung auf Kosten der Lebensdauer zu erhalten. Der Bootvorgang lässt sich nach der Unterbrechung mit der Tastenkombination (Strg) + (Q) fortsetzen.

32.2.2 Mehr Informationen

Nach dem Systemstart können Sie die Bootmeldungen auch noch einmal in Ruhe durch Eingabe des Kommandos `dmesg` einsehen. Von besonderem Interesse ist für Laptopbenutzer die Frage, ob das ACPI-System, das unter anderem für das Energiemanagement verantwortlich zeichnet, korrekt erkannt und eingebunden wurde. Halten Sie daher insbesondere nach ACPI-Meldungen Ausschau:

```
user$ dmesg | grep ACPI
...
ACPI: Fan [FAN0] (on)
ACPI: CPU0 (power states: C1[C1] C2[C2] C3[C3])
ACPI: Processor [CPU0] (supports 4 throttling states)
ACPI: Thermal Zone [THRM] (30 C)
...
ACPI: AC Adapter [ADP1] (on-line)
ACPI: Battery Slot [BAT1] (battery present)
ACPI: Power Button (FF) [PWRF]
ACPI: Lid Switch [LID0]
ACPI: Sleep Button (CM) [SLPB]
ACPI: Power Button (CM) [PWRB]
```

Die obigen Meldungen stimmen optimistisch: Das gebootete Laptopsystem wurde als ACPI-tauglich eingestuft, und es werden sämtliche erkannten Sensoren aufgelistet. Insbesondere wurde auch der Temperatursensor ausgelesen: Die Temperatur während des Bootens betrug im vorliegenden Fall 30 Grad Celsius.

Beachten Sie aber, dass diese Meldungen noch keine Garantie für die Funktionsfähigkeit des ACPI-Systems sind. Entscheidend ist eine korrekte DSDT-Tabelle. Generell wurde Ubuntu für den Einsatz auf Laptops so optimiert, dass in der Regel schon die Standardinstallation eine hervorragende Unterstützung des Energiemanagements bietet.

32.2.3 Speichertest

Das nächste wichtige Element des Systems nach dem Prozessor ist der Hauptspeicher. Zunächst können Sie durch Eingabe des Befehls `free` feststellen, ob der physikalische Speicher vollständig erkannt wurde. Eine Eingabe von `free -m` führt z. B. zu folgendem Ergebnis:

```
total     used     free     shared  buffers  cached
Mem:  1010        548    461            0        89      315
```

Die Angabe des Parameters `-m` bewirkt eine Anzeige des freien Speichers in Megabyte. Sollten Sie Besitzer eines AMD 64-Bit-Systems sein, so wird der komplette Speicher erst bei Verwendung des SMP-Kernels genutzt bzw. angezeigt.

Wer sich vom Zustand seines verbauten RAM ein genaues Bild machen möchte, der sollte einen ausführlichen Speichertest durchführen. Booten Sie zu diesem Zweck die Ubuntu-Installations-DVD und starten Sie den Speichertest *memtest86+* durch Eingabe von

```
boot: memtest
```

am Bootprompt. Auch aus einer bestehenden Installation heraus kann *memtest* gestartet werden. Zumeist wird für den Speichertest während der Installation ein Extra-Boottarget angelegt. *Memtest86+* ist mittlerweile auch für Centrino-Laptops geeignet. Lassen Sie den Test ruhig einmal 24 Stunden laufen, um völlig sicherzugehen, dass der Speicher keine Fehler aufweist.

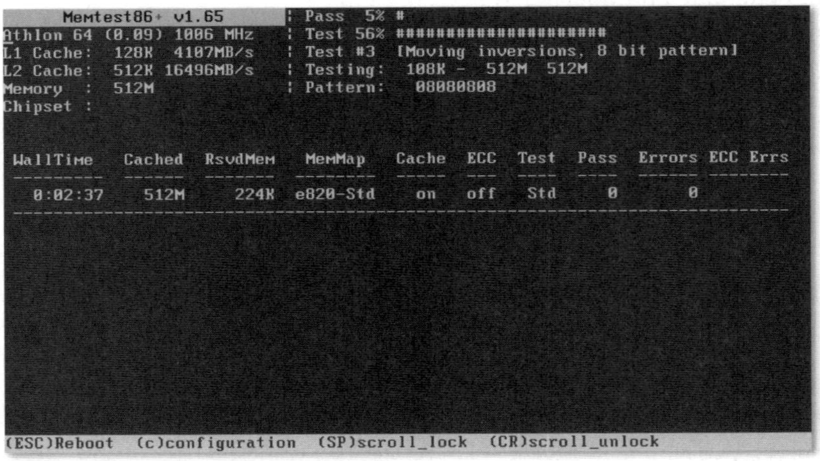

Abbildung 32.1 Der Speichertest memtest86+

32.2.4 Festplattentest

Nach der Installation von Ubuntu erfahren Sie durch `hdparm`, ob Ihre Festplatte einen optimalen Durchsatz hat.

```
user$ sudo hdparm -t /dev/hdc
/dev/hdc: Timing buffered disk reads:
158 MB in  3.02 seconds =  52.33 MB/sec
```

Hier sollten Werte oberhalb von 30 MB/sec erzielt werden.

```
user$ sudo hdparm -T /dev/hdc
/dev/hdc: Timing cached reads:
2156 MB in  2.00 seconds = 1077.62 MB/sec
```

Im Falle des gecacheten Lesens von der Platte sollte ein deutlich höherer Durchsatz erzielt werden. Nähere Informationen über den Befehl entnehmen Sie `man hdparm`.

32.2.5 Weitere Hardwarekomponenten

Die folgende Checkliste stellt noch einmal, geordnet nach Relevanz, die vor einem eventuellen Kauf zu prüfenden Hardwarekomponenten nebst exemplarischer Ausgabe des Tools *dmesg* zusammen.

- **Grafikkarte**
  Normalerweise sollte die Grafikhardware »aus dem Stand heraus« laufen. Läuft sie erst nach Eingabe des FrameBuffer-Kernel-Parameters, so sollte vom Kauf der entsprechenden Hardware Abstand genommen werden. Wer die Grafikfähigkeit ganz ausreizen möchte, muss sicherstellen, dass die entsprechenden 3D-Module geladen werden. Dies erfolgt zumeist durch das Einbinden proprietärer Treiber, die auf den Homepages der Hersteller über das Internet heruntergeladen werden können. Ein guter Test ist der Aufruf des Werkzeugs *glxgears* mit folgendem Parameter

  ```
  user$ glxgears \
  -iacknowledgethatthistoolisnotabenchmark
  15979 frames in 5.0 seconds = 3195.632 FPS
  16859 frames in 5.0 seconds = 3371.716 FPS
  16981 frames in 5.0 seconds = 3396.104 FPS
  ```

  Moderne Grafikchips sollten hier eine Render-Leistung von mehreren tausend Frames pro Sekunde erbringen.

- **Netzwerkhardware**
  Eine funktionierende Netzwerkschnittstelle ist heutzutage unabdingbar. Wer plant, sich einen Laptop mit WLAN-Schnittstelle zuzulegen, bootet testweise die Installations-DVD im Live-Modus, um zu sehen, ob auch die WLAN-Hardware korrekt erkannt wird. Dies lässt sich nach dem Booten mit dem Befehl `dmesg` prüfen oder noch einfacher über `System` • `Systemverwaltung` • `Netzwerk`. Dort sollten sämtliche Netzwerkadapter des Systems aufgelistet sein. Im Falle eines Intel-Centrino WLAN-Chipsatzes sollte folgende Meldung im Syslog erscheinen:

  ```
  ipw2200: Intel(R) PRO/Wireless 2200/2915
  Network Driver, 1.0.6
  ipw2200: Copyright(c) 2003-2004 Intel Corporation
  ```

- **Eingabegeräte**
  Ohne Frage von großer Bedeutung ist die Funktionalität von Tastatur und Maus bzw. Touchpad. Testen Sie bei Laptops insbesondere auch, ob sich beim Touchpad ein Klick bzw. Doppelklick durch Antippen des Pads realisieren lässt. Die Identifikation eines Touchpads beim Booten sieht etwa folgendermaßen aus:

  ```
  Synaptics Touchpad, model: 1, fw: 6.1,
  id: 0x2580b1, caps: 0xa04713/0x200000
  [4294849.525000] input: SynPS/2 Synaptics TouchPad
  on isa0060/serio4
  ```

- **Soundsystem**
  Untrügliches Kennzeichen für ein funktionsfähiges Soundsystem ist die Wiedergabe des Ubuntu-Sounds beim Desktop-Start.

- **PCI-Bus**
  Weitere aufschlussreiche Informationen liefert ein Scan des PCI-Bus mit dem Befehl `lspci`:

```
user$ lspci
...
FireWire (IEEE 1394): VIA Technologies,
Inc. IEEE 1394 Host Controller (rev 80)
Ethernet controller: Marvell Technology Group Ltd.
Yukon Gigabit Ethernet 10/100/1000Base-T Adapter
Multimedia audio controller:
Creative Labs SB Live! EMU10k1
Multimedia controller:
Philips Semiconductors SAA7146
```

  Im vorliegenden Fall wurde ein FireWire-Controller, ein Ethernet-Controller, eine Creative-Labs-Soundkarte sowie eine DVB-Karte mit Philips-Chipsatz identifiziert. Sie können davon ausgehen, dass Geräte, die ohne Fehlermeldungen angegeben werden, auch funktionsbereit sind.

Manchmal würde man sich gerne die im Computer eingebauten Geräte anzeigen lassen. Linux stellt für diesen Zweck das */proc*-Verzeichnis zur Verfügung. Darin werden einige virtuelle Ordner und Dateien abgelegt, die Informationen über die aktuellen Prozesse und angeschlossenen Geräte enthalten. Der Inhalt einer Datei lässt sich mit `cat` ausgeben bzw. mit einem ähnlichen Befehl in der gewünschten Programmiersprache.

32.2.6 IDE-Geräte

Informationen über die angeschlossenen IDE-Geräte finden sich im Ordner */proc/ide*. Für jedes IDE-Gerät wird ein Ordner *ideX* erstellt, der einige Informationen enthält. In der Praxis wird man aber nicht den *ideX*-Ordner verwenden, sondern den Symlink mit dem Linux-Gerätenamen (z. B.: hda). Das kann dann etwa so aussehen:

Gerätetyp `/proc/ide/hdX/media` (cdrom, disk)
Bezeichnung `/proc/ide/hdX/model`
Gerätenummer (z. B.: MATSUSHITADVD-RAM UJ-820S)
Geräteeinstellungen `/proc/ide/hdX/settings`
Einstellungen als ASCII Table
Mediumgröße1 `/proc/ide/hdX/capacity`
Größe des Mediums in Bytes (z. B.: 946032)

32.2.7 SCSI-/USB-Geräte

Auch hier liegen alle Einstellungen in Ordnern vor. Für die SCSI-Geräte ist dies */proc/scsi*. Mit

```
user$ /proc/scsi/scsi
```

kann man sich alle angeschlossenen SCSI-Geräte anzeigen lassen. Zusätzlich gibt es den Ordner */proc/bus/usb* für USB-Geräte. Angeschlossene USB-Geräte und Hubs lässt man sich entsprechend mit

```
user$ /proc/bus/usb/devices
```

anzeigen.

32.2.8 Eingabegeräte

Für Tastaturen und Mäuse gibt es den Ordner */proc/bus/input*. Der Befehl

```
user$ /proc/bus/input/devices
```

gibt alle angeschlossenen Eingabegeräte aus.

32.2.9 Soundkarten

Für Soundkarten gibt es einen Ordner */proc/asound*. Alle Soundeinstellungen können hier abgerufen werden. Für jede Soundkarte wird ein Ordner */proc/asound/cardX* angelegt. Der Befehl

```
user$ /proc/asound/cards
```

listet alle gefundenen Soundkarten auf. Mit

```
user$ /proc/asound/cardX/id
```

können Sie sich die Gerätebezeichnung der Soundkarte X ausgeben lassen. Zusätzlich wird für jeden Mixer ein Verzeichnis mit dem Namen */proc/asound/cardX/pcmXc* angelegt.

32.2.10 Netzwerkgeräte

Für sämtliche Netzwerkkarten (auch Wireless LAN) gibt es den Ordner */proc/net*. Mit

```
user$ /proc/net/arp
```

lassen Sie sich IP-Adresse, Mac-Adresse und Hardwarename (*eth1*, *wlan0*) der aktiven Karten ausgeben. Die IPV6-Adressen der Netzwerkgeräte erhalten Sie mit

```
user$ /proc/net/if_inet6
```

32.2.11 ACPI-Informationen ausgeben

Um Informationen über das Linux-ACPI-System[1] zu erhalten (z. B. Batteriestand) kann man sich eines einfachen Mittels bedienen. Die Informationen zu ACPI liegen im Ordner */proc/acpi/* und lassen sich mit einem Programm wie *cat* oder auch mit *gedit* anzeigen. Zum Beispiel befinden sich die Informationen über die Prozessor-Taktreduzierung (etwa in Centrino-Notebooks) in der Datei */proc/acpi/processor/CPU1/throttling*

32.3 Ubuntu auf Laptops

Vor einigen Jahren galt »Linux auf Laptops« noch als gewagtes Unterfangen. Aufgrund der mangelnden Offenlegung von Hardwarespezifikationen seitens der Hersteller gelang es oft nicht, das gerade im Laptopbereich wichtige Energiemanagement in den Griff zu bekommen, und man wurde als Linux-Nutzer mit indiskutablen Akkulaufzeiten bestraft. Mittlerweile hat sich Linux auch auf portablen Computern etabliert. Ubuntu setzt derzeit vorbildlich um, was mit Linux auf Laptops »machbar« ist. Es empfiehlt sich dennoch, vor dem Erwerb eines neuen Notebooks einige Informationen bezüglich der Eignung für Linux im Allgemeinen einzuholen. Zentrale Anlaufstellen diesbezüglich sind die folgenden Internetseiten:

- **Linux on Laptops**
  Auf der Seite *www.linux-laptop.net* finden Sie nach Hersteller und Typ geordnet Informationen, ob sich jemand schon einmal näher mit Linux auf dem Gerät Ihrer Wahl beschäftigt hat. Sie haben auch die Möglichkeit, eigene Informationen auf der Seite abzulegen. Wurde Ihr gewünschtes Modell dort nicht beschrieben, so heißt das noch lange nicht, dass die entsprechende Hardware nicht Linux-geeignet ist.
- **TuxMobil**
  Unter *http://tuxmobil.org* findet man die zweite große Seite, die sich mit Linux auf mobilen Geräten beschäftigt. Zum Teil findet man dort auch Geräte, die auf *linux-laptop.net* nicht besprochen werden.
- **UbuntuUsers**
  Last but not least findet man im Wiki auf *www.ubuntuusers.de* etliche Erfahrungsberichte und Tipps zu Ubuntu auf aktuellen Laptops.

Der Installationsvorgang

Der eigentliche Installationsvorgang unterscheidet sich nicht von dem auf einem Desktop-PC. Lediglich die Systempartition sollte in Anbetracht der beengten Platzverhältnisse auf einer Laptop-Festplatte vielleicht nicht ganz so großzügig ausfallen. 5 GByte sind allerdings die Mindestvoraussetzung für ein passabel arbeitendes System. Installieren Sie das Ubuntu-

1 ACPI – (Avanced Computer Power Interface) ist ein System zur Verwaltung der Energieeinstellungen.

System wie in Kapitel 6 beschrieben. Gerade bei einem Laptop ist die Sicherung der persönlichen Daten und gegebenenfalls des bislang installierten Betriebssystems von größter Wichtigkeit, da man in der Regel eine Umpartitionierung vornehmen muss.[2] Nach Abschluss der Installation und nach einem Reboot folgen einige laptop-spezifische Feinarbeiten.

Powermanagement und ACPI

Ein vordringliches Problem ist die Sicherstellung der korrekten Funktionsweise des Energiemanagements Ihres Laptops. Unglücklicherweise befindet sich eine Vielzahl von Geräten auf dem Markt, deren ACPI (*Advanced Configuration and Power Interface*) im BIOS mangelhaft implementiert wurde. Während Windows über derlei Unzulänglichkeiten großzügig hinwegsieht, ist Linux hier wesentlich kritischer.

Kernstück des ACPI-Systems ist die DSDT (*Differentiated System Description Table*). In dieser Tabelle befinden sich oft Fehler, die man bei Centrino-Laptops mithilfe des Intel-Compilers aufspüren und beseitigen kann. Die neu erstellte Tabelle kann dann dem Linux-System bei Systemstart übergeben werden. Wer das Patchen der DSDT scheut: Eine Anlaufstelle für gepatchte Tabellen, sortiert nach Hardwaretypen, ist im Internet auf der Seite *acpi.sourceforge.net* zu finden.

Sie können diese DSDT-Tabelle selber konfigurieren. Aus Platzgründen kann ich hier nicht näher darauf eingehen. Sie finden eine Anleitung aber im Buch »Linux«, das auch als Openbook im Internet und auf der beiliegenden DVD verfügbar ist. [+]

Das Grafiksystem anpassen

Beschaffen Sie sich gegebenenfalls die proprietären Treiber für Ihre Grafikkarte aus dem Internet und installieren Sie diese. Wie dies funktioniert, habe ich ausführlich in Abschnitt 19.7 erläutert.

Bei Laptops entstehen Schwierigkeiten, wenn diese über außergewöhnliche Display-Abmaße verfügen. Ein Beispiel wäre ein Breitbild-Laptop mit einer nativen Auflösung von 1440 x 900 Pixeln. Hier forscht man entweder im Internet nach, ob jemand für die entsprechende Auflösung bereits einen *Modeline*-Eintrag für die XFree-Konfigurationsdatei generiert hat, oder man erzeugt diesen rasch selbst mithilfe von Internetseiten wie z. B. *xtiming.sourceforge.net*.

Ein typischer Konfigurationseintrag für ein Breitbild-Display der oben genannten Dimension könnte wie folgt aussehen:[3] [zB]

2 Das zumeist vorinstallierte Windows-Betriebssystem breitet sich in der Regel auf der ganzen Festplatte aus. Oft wurde auch noch eine Rettungspartition erstellt, die ein Abbild des Windows-Systems enthält.

3 Bitte beachten Sie, dass dieser Eintrag ausschließlich für ein bestimmtes Display (im vorliegenden Fall mit der Auflösung 1440 x 900) gültig ist.

```
Section "Monitor"
Identifier    "Monitor0"
Option  "DPMS"    "true"
HorizSync     30.0 - 64.0
VertRefresh  50.0 - 100.0
# in eine Zeile schreiben:
ModeLine  "1440x900" 97.54 1440 1472 1840
    1872 900 919 927 946
EndSection
...
Section "Screen"
SubSection "Display"
Depth     24
Modes "1440x900" "1024x768" "800x600" "640x480"
EndSubSection
EndSection
```

Testen Sie außerdem, ob sich das Grafiksystem nun »flimmerfrei« in den Konsolenmodus via Strg + Alt + F1 schalten lässt. Damit hätten Sie die wesentlichen Komponenten Ihres Laptops konfiguriert. Zum Einbinden der restlichen Peripherie (Ethernet, WLAN, Modem, etc.) verfahren Sie wie in den entsprechenden Abschnitten des Buchs beschrieben.

32.4 Ubuntu auf 64-Bit-Systemen

Mittlerweile haben sich 64-Bit-Architekturen auch im heimischen Bereich etabliert. Während auf dem mobilen Sektor Intel mit der Centrino-Technik die Nase vorn hat, bietet der Konkurrent AMD die ausgereiftere 64-Bit-Desktop-Plattform in Form des Athlon 64.[4]

64-Bit-Architekturen – eine kurze Einführung

Welchen Vorteil bieten 64-Bit-Systeme? Zunächst einmal fällt unter der 64-Bit-Architektur die Limitierung des Hauptspeichers auf eine Gesamtgröße von 4 GByte weg, ein Feature, dass sicherlich nur im Serverbereich von Bedeutung ist. Für den Endanwender sind Anwendungen im Bereich der Audio- und Videoencodierung interessanter, die speziell für die entsprechende Plattform kompiliert wurden und daher deutlich schneller als auf 32-Bit-Systemen laufen.

Einfach ausgedrückt: Sie fahren sicherlich auch lieber auf einer vierspurigen als auf einer zweispurigen Autobahn. Pro Rechnertakt können doppelt so viele Daten im Prozessor verarbeitet und weitergeleitet werden. Voraussetzung ist allerdings, wie oben bereits erwähnt, dass die Programmierer ihre Programme an die spezielle Prozessorarchitektur anpassen bzw. vom Compiler entsprechend optimieren lassen.

4 Laptops mit 64-Bit-Technik erobern ebenfalls den Markt, im Fall von AMD ist das die *Turion*-Reihe.

Der Schlüssel zur optimalen Ausnutzung der 64-Bit-Architektur ist also erst in zweiter Linie das Betriebssystem, in erster Linie müssen die interessanten Anwendungen des Userspace auf die 64-Bit-Plattformen portiert werden. Gerade in diesem Bereich bietet die quelloffene Struktur von Linux immense Vorteile im Vergleich zu den gängigen Windows-Systemen.

Installation von Ubuntu 64

Auf der beiliegenden DVD befindet sich im Ordner *isos* ein CD-Abbild von Ubuntu *Hardy Heron 64*. Dieses muss zunächst auf einen handelsüblichen CD-Rohling befördert werden. Kopieren Sie dazu das Abbild in ein Verzeichnis Ihres Rechners. Wenn Sie prüfen möchten, ob das Abbild bit-genau kopiert wurde, sollten Sie dessen MD5-Summe prüfen.

Geben Sie dazu Folgendes in ein Terminal ein:

```
user$ cp /cdrom/isos/ubuntu-8.04-desktop-amd64.iso ~/
user$ cp MD5SUMS_ubuntu ~/
user$ md5sum -c MD5SUMS_ubuntu
ubuntu-7.10-desktop-amd64.iso: Ok
```

Nachfolgende Fehlermeldungen, die darauf beruhen, dass nicht alle in der MD5-Datei aufgeführten Ubuntu-ISOs auf der DVD enthalten sind, können Sie getrost ignorieren.

Nun brennen Sie das ISO-Abbild auf einen CD-Rohling. Das geht am schnellsten per Kommandozeile:

```
user$ sudo cdrecord -dao dev=/dev/cdrom1 \
ubuntu-8.04-desktop-amd64.iso
```

Selbstverständlich können Sie auch das grafische Frontend *K3b* verwenden. Hier wählen Sie zum Brennen des Abbilds den Menüpunkt EXTRAS • CD-ABBILDDATEI BRENNEN und navigieren im folgenden Menü zur ISO-Datei. Nach Auswahl der Datei berechnet *K3b* automatisch die Prüfsumme. Windows-Anwender können das Abbild mit einem der Standardbrennprogramme wie z. B. Nero auf den Rohling befördern. Näheres entnehmen Sie bitte der entsprechenden Programmdokumentation. Die eigentliche Installation des 64-Bit-Systems unterscheidet sich in keiner Weise von der in Kapitel 6 beschriebenen Verfahrensweise. Am Bootprompt ist nur die Eingabetaste zu betätigen.

Nach der Installation sollten dann die üblichen Nacharbeiten vorgenommen werden (Aktualisierung des Systems, Grafiktreiber, etc.), und schon können Sie sich an einem leistungsfähigen 64-Bit-System erfreuen.

Paralleles Arbeiten mit 32-Bit-Software

Obwohl schon sehr viele Anwendungen auf Ubuntu-Linux-64-Bit portiert wurden, sind einige Programme noch nicht vollends angepasst. Prominente Beispiele sind der *Macromedia Flashplayer* sowie einige Videoapplikationen und Codecs.

Es gibt prinzipiell zwei Workarounds:

- **Das linux32-Paket**
  Dadurch können 32-Bit-Anwendungen direkt innerhalb einer 64-Bit-Umgebung genutzt werden.

- **Die chroot-Umgebung**
  Diese etwas schwieriger zu konfigurierende Variante versagt auch nicht bei »kritischen Fällen«.

chroot einsetzen

Wenn Sie native 32-Bit-Anwendungen häufig nutzen möchten, empfiehlt sich der Einsatz einer *chroot*-Umgebung. Dazu wird ein eigenes Verzeichnis */chroot* erstellt, das als Heimat für die 32-Bit-Umgebung dienen soll. Zunächst müssen die folgenden Pakete installiert werden:

- *dchroot*
- *debootstrap*

Erstellen Sie nun das Verzeichnis */chroot* via `sudo mkdir /chroot`. Die Konfigurationsdatei */etc/dchroot.conf* muss folgendermaßen editiert werden:

```
# Auszug aus /etc/dchroot.conf
breezy /chroot
```

Führen Sie anschließend folgenden Befehl aus:

```
user$ sudo debootstrap --arch i386 gutsy /chroot/
I: Retrieving Release
I: Retrieving Packages
I: Validating Packages
I: Checking component main on archive.ubuntu.com
I: Extracting base-files...
I: Extracting base-passwd...
I: Extracting bash...
...
```

Auf diese Weise wird ein 32-Bit-System im Verzeichnis */chroot* installiert. Nun sind die lokalen Einstellungen anzupassen:

```
user$ sudo chroot /chroot
root# dpkg-reconfigure locales
```

Wählen Sie hier den Punkt `de_DE.UTF-8 UTF-8`. Außerdem sind die Quellen des Paketsystems anzupassen. Legen Sie dazu die folgende Datei aus einer neuen Konsole an, und ergänzen Sie die folgenden Zeilen (die `deb`-Einträge sind jeweils in eine Zeile zu schreiben):

```
user$ sudo gedit /chroot/etc/apt/sources.list
# Auszug aus /chroot/etc/apt/sources.list
deb http://archive.ubuntu.com/ubuntu gutsy
main restricted universe multiverse
deb http://security.ubuntu.com/ubuntu gutsy-security
main restricted universe multiverse
```

»Gutsy« müssen Sie bei nachfolgenden Versionen durch die neuen Bezeichnungen ersetzen, beispielsweise »hardy« für Ubuntu 8.04. Es können natürlich auch lokale Mirror verwendet werden. Zur Aktualisierung Ihres *chroot*-Systems geben Sie folgendes innerhalb der *chroot*-Umgebung ein:

```
root# apt-get update
root# apt-get upgrade
```

Damit wäre Ihr *chroot*-System aktualisiert. Nun müssen noch die Benutzerstrukturen beider Umgebungen angepasst werden, was wieder außerhalb der *chroot*-Umgebung erfolgen muss. Öffnen Sie gegebenenfalls eine neue Konsole, und geben Sie die folgenden Befehle ein:

```
user$ sudo cp /etc/passwd /chroot/etc/
user$ sudo cp /etc/shadow /chroot/etc/
user$ sudo cp /etc/group /chroot/etc/
user$ sudo cp /etc/sudoers /chroot/etc/
user$ sudo cp /etc/hosts /chroot/etc/
```

Die Datei */etc/fstab* des 64-Bit-Host-Systems muss folgendermaßen angepasst werden:

```
user$ sudo gedit /etc/fstab
/home /chroot/home none bind 0 0
/tmp /chroot/tmp none bind 0 0
/dev /chroot/dev none bind 0 0
/proc /chroot/proc proc defaults 0 0
/media/cdrom0 /chroot/media/cdrom0 none bind 0 0
# In einer Zeile:
/usr/share/fonts /chroot/usr/share/fonts
 none bind 0 0
```

Danach werden zwei Mount-Punkte für das CD-ROM-Laufwerk und das Fontverzeichnis in der *chroot*-Umgebung angelegt:

```
user$ sudo mkdir /chroot/media/cdrom0
user$ sudo mkdir /chroot/usr/share/fonts
```

Verlassen Sie die *chroot*-Umgebung via `Strg` + `D`, und mounten Sie gemäß der Vorgaben in der geänderten Datei */etc/fstab* neu: `sudo mount -a`. Um 32-Bit-Anwendungen in einfacher Weise aus der 64-Bit-Umgebung ausführen zu können, ist es nützlich, das folgende Skript `do_dchroot` zu erstellen:

```
user$ sudo gedit /usr/local/bin/do_dchroot
# Auszug aus /usr/local/bin/do_dchroot
#!/bin/bash
/usr/bin/dchroot -d "`echo $0 | sed 's|^.*/||'` $*"
```

Das Skript muss anschließend ausführbar gemacht werden:

```
user$ sudo chmod 755 /usr/local/bin/do_dchroot
```

Schließlich sollte das Programm *Synaptic* für die 32-Bit-Umgebung installiert werden. Öffnen Sie zu diesem Zweck eine neue Konsole, und geben Sie folgendes ein:

```
user$ sudo dchroot -d
user$ sudo apt-get synaptic
user$ sudo ln -s /usr/sbin/synaptic \
/usr/sbin/synaptic32
user$ exit
user$ sudo ln -s /usr/local/bin/do_dchroot \
/usr/local/bin/synaptic32
user$ sudo synaptic32
```

An diesem Punkt haben Sie eine funktionsfähige 32-Bit-Umgebung mit der Möglichkeit, über *synaptic32* weitere Programme innnerhalb der *chroot*-Umgebung zu installieren. Solche Programme werden dann aus der 64-Bit-Umgebung mit dem Wrapper-Skript `do_dchroot` ausgeführt. Es empfiehlt sich, die Programme ähnlich wie oben für *Synaptic* beschrieben im 64-Bit-System zu verlinken.

Auf die Schnelle können Sie stets folgendermaßen in die *chroot*-Umgebung wechseln und ein Programm ausführen:

```
user$ dchroot -d
user$ <Programmname>
```

Vergessen Sie anschließend aber nicht, die Umgebung über den Befehl `exit` zu verlassen.

Benchmarking

[zB] Momentan sind 64-Bit-Systeme insbesondere auf dem Gebiet der Audio- und Videoencodierung unschlagbar schnell, wenn Programme verwendet werden, die für diese Architektur angepasst wurden. Das ist bei den Programmen des Ubuntu 64-Repositorys der Fall. Legen Sie eine Audio-CD Ihrer Wahl in Ihr CD-/DVD-Laufwerk ein, und rippen Sie einen Titel:

```
user$ cdparanoia <Titelnummer> titel_nr.wav
```

Folgende Zeiten liefern einen Vergleich der Encodierung des gleichen 5-minütigen Titels auf einem 32-Bit- bzw. einem 64-Bit-Ubuntu-System unter Verwendung identischer Hardware (AMD Athlon64/3200+):[5]

---

5 Das Beispiel setzt die Installation des Pakets *vorbis-tools* voraus.

32-Bit-System

```
user$ oggenc titel_nr.wav -q 6 -o titel_nr.ogg
...
Done encoding file "titel_nr.ogg"
        File length:  5m 03,0s
        Elapsed time: 0m 22,5s
        Rate:         13,4611
        Average bitrate: 184,1 kb/s
```

64-Bit-System

```
...
Done encoding file "titel_nr.ogg"
        File length:  5m 03,0s
        Elapsed time: 0m 15,5s
        Rate:         19,6033
        Average bitrate: 184,1 kb/s
```

Beachten Sie in beiden Fällen den Punkt *elapsed time*: Die Encodierung auf dem 64-Bit-System läuft um ca. 30 % schneller ab als auf dem 32-Bit-System.

32.5 Support

32.5.1 Zeiträume

Wie Sie anhand der Tabelle in Abschnitt 3.1 ab Seite 126 erkennen können, ist der Support für die ersten drei Versionen von Ubuntu inzwischen ausgelaufen (Stand Dezember 2007). Allgemein beläuft sich der Support-Zeitraum, in dem es für die einzelnen Versionen zugesicherte Sicherheits-Updates gibt, auf eineinhalb Jahre für die »normalen« Releases sowie auf drei Jahre für die LTS-Versionen.[6]

32.5.2 Welche Updates bekommt der Anwender?

Noch ein Wort zu den zugesicherten Updates, bevor wir uns explizit mit den bisherigen Releases beschäftigen. Innerhalb des zugesicherten Support-Zeitraums werden lediglich Sicherheits-Updates zur Verfügung gestellt, d.h. ausschließlich Aktualisierungen, die aufgetretene Sicherheitslöcher stopfen. Es werden über Updates keine neuen Funktionen bereitgestellt.

6 Die Server-Version erhält sogar fünf Jahre lang zugesicherte Sicherheits-Updates, da diese Systeme sehr lange eingesetzt werden und das Interesse an einer neuen Version und dem damit verbundenen Umstieg sehr gering ist.

Diese Aussage bedarf einer kleinen Einschränkung. Von den Sicherheits-Updates profitieren in erster Linie Programme, die aus dem Main-Repository stammen. Nur diese genießen die offizielle Unterstützung durch die Ubuntu-Entwickler.

Wenn Sie allerdings die sogenannten Backports aktiviert haben, dann erhalten Sie hierüber auch neue Programmversionen, die eventuell neue Funktionen implementieren.

[»] Sie erfahren mehr über Repositorys in Abschnitt 20.3 und über die Backports in Abschnitt 20.3.6.

32.5.3 Kostenpflichtiger Support

Support erhalten Firmen und Privatanwender über die Firma Canonical. Canonical bietet für die Distribution Support ab 250 $ pro Jahr an. Weitere zertifizierte Software-Stacks mit Support-Angeboten sollen hinzukommen.

Umfang	9x5	24x7
Desktop-Support	$ 250	$ 900
Server-Support	$ 750	$ 2750
Großanlagen (Cluster)	$ 1200	$ 4000
Zeitraum	1 Jahr	1 Jahr
Telefon-Support	ja	ja
E-Mail-Support	ja	ja
Kostenlose Upgrades	ja	ja
Sicherheits-Updates	ja	ja

Tabelle 32.1 Die offiziellen Supporta-Agebote von Canonical (Stand Dezember 2007). 9/5 bedeutet eine Support-Möglichkeit von 9 Stunden an 5 Tagen. 24/7 bedeutet entsprechend einen »Rund um die Uhr«-Service. Der Zeitraum beträgt immer ein Jahr.

Auf der Seite *www.ubuntu.com/support* erfahren Sie mehr über die Support-Angebote von Canonical.

Bei einer großen Firmeninstallation ist es möglich, für einzelne Systeme Support zu kaufen, ohne für alle Installationen einen Service-Vertrag abschließen zu müssen. Hierin unterscheidet sich Ubuntu von Novell und RedHat: Bei der Konkurrenz sind Firmen verpflichtet, für jede Installation gesondert Support zu kaufen.

[»] Generell können Firmen natürlich Ubuntu auch ohne jegliche Service-Verträge einsetzen – Ubuntu ist auch für Firmen kostenlos.

32.5.4 Marketplace

Neben dem offiziellen Support durch die Firma *Canonical Ltd* hat sich eine stetig wachsende Anzahl von lokal ansässigen Firmen gebildet, die sich entweder ebenfalls um einen breit angelegten Support bemühen oder auf Teilbereiche spezialisiert haben.

Die zentrale Anlaufstelle für eine Übersicht dieser Firmen ist der Ubuntu-Marktplatz, den Sie unter *http://webapps.ubuntu.com/marketplace/* finden. Hier finden Sie eine Auflistung aller Firmen, die speziellen Support für Ubuntu liefern.

Zum Zeitpunkt der Drucklegung dieses Buches waren für den deutschen Bereich knapp 30 Unternehmen auf dem Marktplatz anzutreffen. Die Palette reicht von reinen Beratungs- und Supportangeboten bis hin zu dem Verkauf von vorinstallierten Rechnern mit Ubuntu.

32.6 Integrierte Hilfe

Unter Ubuntu steht Ihnen ein reichhaltiges Spektrum an Informationswerkzeugen zur Verfügung.

32.6.1 Manpages und Info

Unter Linux/UNIX greift man insbesondere auf die Manual- und Infoseiten zurück, die mit fast jeder Software installiert werden können. Zunächst ist darauf zu achten, dass die *Manpages* in der richtigen Lokalisierung vorliegen. Das erreichen Sie durch folgenden Befehl:

```
user$ sudo apt-get install manpages-de
```

Dadurch werden Informationen zu den wichtigsten Systembefehlen in deutscher Sprache gegeben. Auf der Konsole rufen Sie die Hilfe folgendermaßen auf:

```
user$ man <Befehlsname>
```

Daraufhin wird die Syntax des Befehls nebst möglicher Optionen erläutert. Ausführlichere Informationen, die schon fast Handbuchcharakter haben, liefert Ihnen der Befehl `info` auf der Kommandozeile:

```
user$ info <Befehlsname>
```

32.6.2 Yelp

Wer nun lieber mit einer Browser-Umgebung arbeitet, hat mit dem Hilfesystem *yelp* eine weitere Möglichkeit, sich eigenständig Informationen und Hilfe zu einem Problem zu holen. *Yelp* verbirgt sich hinter dem Rettungsring-Icon bzw. dem Menübefehl SYSTEM • HILFE. Nach dem Anklicken des Icons wird eine Browser-Instanz gestartet.

Das Hilfesystem ist in folgende Bereiche unterteilt:

- **Desktop**
  Fragestellungen rund um den GNOME-Standarddesktop
- **Anwendungen**
  Hilfetexte zu den installierten Anwendungen, geordnet nach Anwendungsbereichen
- **Sonstige Dokumentationen**
  Einige spezielle Informationen, z. B. zu *Synaptic* oder zum Ubuntu-Update-Manager
- **Befehlszeilen-Hilfe**
  Hier sind die *mMnpages* zu verschiedenen Befehlen oder auch Anleitungen zu Programmen zu finden.

Die Mehrzahl der Dokumentationen liegt derzeit noch in englischer Sprache vor. Es gibt aber bereits etliche freiwillige Projekte, bei denen eifrig an der Übersetzung ins Deutsche gearbeitet wird.

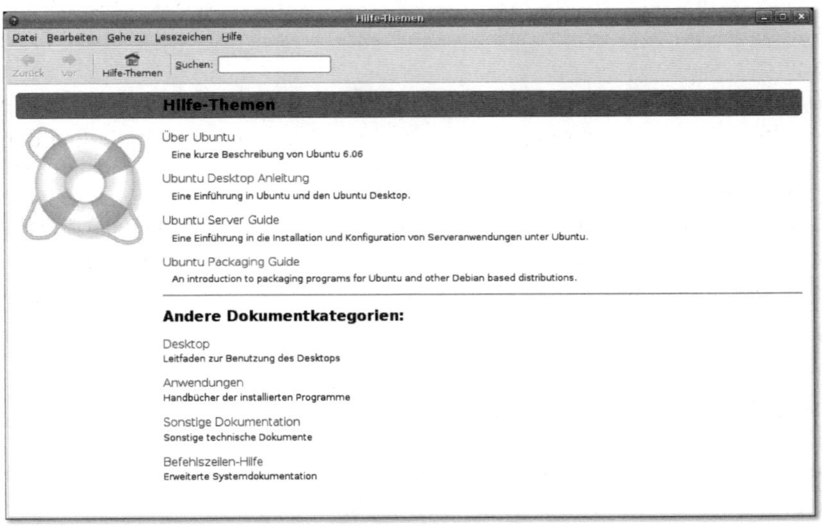

Abbildung 32.2 yelp – das GNOME-Hilfesystem

Des Weiteren finden Sie in *yelp* wichtige Dokumente wie:

- **Ubuntu-Desktop-Anleitung**
  eine Einführung in Ubuntu und den Ubuntu-Desktop
- **Ubuntu-Server-Guide**
  eine Einführung in die Installation und Konfiguration von Server-Anwendungen unter Ubuntu

KDE- bzw. Kubuntu-Anwender haben eine einfache Möglichkeit, auf das Man- bzw. Infopage-System zuzugreifen: Geben Sie im *Konqueror* in der Browser-Adresszeile `man:/<Befehlsname>` bzw. `info:/<Befehlsname>` ein. Es erscheint die entsprechende Seite im Browser.

Sollte Ihnen einmal der Name eines Befehls entfallen sein, so haben Sie die Möglichkeit, über den Befehl `apropos` ein entsprechendes Kommando zu finden.

Ein Beispiel: Sie möchten einen Überblick über alle Befehle im Zusammenhang mit dem Bootloader *GRUB*. Geben Sie dazu folgenden Befehl ein: [zB]

```
user$ apropos grub
```

Zugegeben, auch hier kann es nicht schaden, einige englische Vokabeln zu beherrschen.

32.7 Informationen aus dem Internet

Der Siegeszug von Linux in der Computerwelt basiert nicht zuletzt auf der Existenz des Internets: Viele begeisterte Entwickler und Anwender trugen durch ihre regen Diskussionen dazu bei, dass das System sich ständig verbessert hat. Aber das Internet ist nicht nur ein Sammelort für Entwickler – dort treffen sich auch viele Millionen Anwender, die sich gegenseitig helfen. Sie finden im Internet zahlreiche Anlaufstellen, bei denen Sie passive oder aktive Hilfe erhalten. Mit den wichtigsten Anlaufstellen werden wir uns im Folgenden gesondert beschäftigen.

Die Gemeinschaft der Ubuntu-Benutzer ist für ihren ausgesprochen freundlichen Umgang mit Anfängern bekannt. Scheuen Sie sich nicht, Fragen zu stellen, aber seien Sie auch bereit, die bereits vorhandenen Dokumentationen in den Foren zu durchsuchen und neue Dinge zu erlernen. [«]

32.7.1 Passive Hilfe

Die folgende Tabelle fasst zunächst die wichtigsten Anlaufstellen für Ubuntu-Anwender zusammen, wobei der Fokus auf deutschsprachigen Stellen liegt.

Die meisten der hier angeführten Quellen bieten Suchfunktionen, mit deren Hilfe man spezielle Themen recherchieren kann. Sollte das nicht der Fall sein, so hilft ein kleiner Trick, die Suchmaschine Google zum Durchforsten der entsprechenden Domain zu benutzen. Zu diesem Zweck fügen Sie bei Ihrer Suchanfrage im normalen Google-Fenster einfach das Schlüsselwort »site:«, gefolgt vom URL der entsprechenden Webpage an.

Beispiel: Sie suchen Informationen zum Einsatz von ISDN-Adaptern der Firma AVM auf der Seite *ubuntuusers.de*. Dann ist folgender Such-String einzugeben: `AVM isdn adapter site:ubuntuusers.de` [zB]

Bereich	URL (Adresse)	Inhalt
Offizielle Seiten		
	www.ubuntu.com	die offizielle Ubuntu-Homepage
	www.kubuntu.org	die offizielle Kubuntu-Homepage
	http://lists.ubuntu.com/mailman/listinfo/ubuntu-de	die Mailingliste zu Ubuntu
Foren		
	www.ubuntuusers.de	ein deutschsprachiges Forum
	www.ubuntu-forum.de	ein weiteres Forum zu Ubuntu
	www.ubuntuforums.org	das offizielle englischsprachige Forum
Dokumentation		
	www.ubuntuusers.de/wiki	ein deutschsprachiges Wiki
	https://wiki.ubuntu.com/Kubuntu	ein englisches Wiki zu Kubuntu
	www.elyps.de	das Ubuntu-Anwender-handbuch
	www.ubuntuguide.org	der Ubuntu-Guide (engl.)
Linux allgemein		
	www.debiananwender handbuch.de	Handbuch rund um Debian, den Kern von Ubuntu
	www.linuxfibel.de	das Kompendium rund um Linux

Tabelle 32.2 Wichtige Anlaufstellen im Internet

Wenn Sie Zweifel haben, ob Ihre Hardware einwandfrei mit Ubuntu zusammenarbeitet, sei es vor oder nach der Installation, so gibt es im Internet zahlreiche Anlaufstellen. Dort wird die Hardware aufgelistet, die nachweislich mit Linux zusammenarbeitet. Außerdem finden Sie dort konkrete Hife und weiterführende Literatur. Diese kann aufgrund des Umfangs hier nicht aufgeführt werden.

- **www.linux-laptop.net/**
  Diese Seite beschäftigt sich hauptsächlich mit Linux auf Notebooks. Die Liste ist nach Herstellern sortiert (in englischer Sprache).
- **www.linuxprinting.org/**
  Diese Seite beschäftigt sich hauptsächlich mit der Einrichtung von Druckern unter Linux (in englischer Sprache).
- **www.linmodems.org/**
  Diese Seite beschäftigt sich mit dem Einsatz und Betrieb von Modems unter Linux (in englischer Sprache).

- **http://tuxmobil.org/**
  Hier wird das Zusammenspiel von Linux und mobilen Geräten behandelt (in englischer Sprache).
- **http://tuxmobil.de/**
  deutsche Ausgabe von eben genannter Seite
- **www.tuxhardware.de/**
  Hier finden Sie eine Datenbank, in der Hardware aufgelistet wird, die garantiert unter Linux läuft.

32.7.2 Aktive Hilfe

Trotz der reichhaltigen Dokumentation zu Linux im Allgemeinen und Ubuntu im Speziellen gibt es natürlich immer wieder Situationen, in denen man den Rat von Experten benötigt. Beliebtester Anlaufpunkt ist das Usenet, die Nachrichtengruppen (Newsgroups) des Internets. Zwar gibt es derzeit im Usenet noch keine speziellen Ubuntu-Newsgroups, dennoch kann man folgende Linux-bezogene Gruppen uneingeschränkt zum Austausch mit Gleichgesinnten empfehlen:

- Allgemeine Gruppen zu Linux: *de.comp.os.unix.linux.**. In diesem Gruppensegment plaudern deutschsprachige Linux-Anwender über ihr Lieblingsbetriebssystem. Hier gibt es die Unterabteilungen *misc*, *hardware*, *infos*, *isdn* sowie *moderated*.
- Fragen zu Anwendungen unter Linux finden Sie in den Gruppen *de.comp.os.unix.apps.** mit den Untergruppen *kde*, *gnome* und *misc*.
- Debian-spezifische Fragen werden in den Mailinglisten *linux.debian.** beantwortet. Hier bietet sich insbesondere die deutschsprachige Untergruppe *linux.debian.user.german* an.

Achten Sie bei Fragen stets darauf, dass diese in die entsprechende Unterkategorie passen und nicht »OT« sind (»off topic«, d.h. nicht zum Gruppenthema passend). Darüber hinaus kann es nicht schaden zu prüfen, ob Ihr spezielles Problem eventuell schon diskutiert wurde. Hier bietet sich in jedem Fall eine vorherige Recherche mit Google bzw. dessen speziellem Suchbereich für Groups an.

Wer den direkten Draht zu den Ubuntu-Entwicklern oder -Anwendern wünscht, der begibt sich in die entsprechenden Kanäle des IRC (Internet Relay Chat). Für Ubuntu-Anwender existieren auf den FreeNode-Servern die Kanäle `#ubuntu` bzw. `#ubuntu-de`. Beachten Sie aber auch hier, dass man genervte Antworten »ernten» kann, wenn man sich nicht genügend in die Thematik eingearbeitet hat.

Forum

Wenn Ihnen eine Newsgroup zu unpersönlich ist, dann können Sie natürlich auch in einem Forum vorbeischauen. Eine sehr gute Adresse ist hier *www.ubuntuusers.de*. Dieses Forum wurde im Oktober 2004 gegründet und stützt sich auf das Engagement von Sascha Morr und Armin Ronacher sowie eines sehr aktiven Teams im Hintergrund. Das Wichtigste in einem Forum sind aber Sie, der Benutzer, der das Forum mit Leben erfüllt.

Wiki

Schließlich noch ein letzter Hinweis: Sie können jederzeit auch selbst aktiv zur Dokumentation von Ubuntu beitragen, indem Sie Ihre eigenen Erkenntnisse der Allgemeinheit durch die aktive Benutzung des Wikis auf *wiki.ubuntuusers.de* zukommen lassen. Das Wiki ist ein Projekt, das sich dem Aufbau einer freien Enzyklopädie widmet. Damit geben Sie der Ubuntu-Gemeinschaft ein wenig von dem zurück, was Ihnen durch Ubuntu selbst zuteil wurde.

32.8 Bücher, E-Books, Openbooks

Kommen wir zu den portablen Informationsmedien. Das gute alte Buch aus Papier hat noch längst nicht ausgedient (schließlich halten Sie ja gerade eins in der Hand). Daneben findet man aber auch zunehmend E-Books, Bücher in elektronischer Form, die gegen ein geringeres Entgelt als die gedruckten Exemplare aus dem Internet auf den heimischen Rechner heruntergeladen werden können. Openbooks sind im Gegensatz zu E-Books frei erhältlich und quelloffen, sie sind sozusagen die Open-Source-Variante der E-Books.

Die folgenden Werke möchte ich dem interessierten Leser zur Weiterbildung empfehlen, schließlich kann mit dem vorliegenden Buch nur ein kleiner Teilausschnitt des Linux-Universums wiedergegeben werden.

- **Linux, allgemein**
    - Steffen Wendzel, Johannes Plötner: »**Linux**«, Galileo Computing, 2008. Ein unersetzliches Buch für künftige Linux-Administratoren. Jenseits grafischer Oberflächen werden die Grundlagen des Linux-Systems verständlich und locker erläutert. Das Buch vollbringt dabei das Kunststück, wirklich unabhängig von Linux-Distributionen zu sein.
    - Ellen Siever, et al.: »**Linux in a Nutshell**«, 4. Auflage, O'Reilly 2005. Ein Referenz- und Nachschlagewerk, wenn man einfach mal schnell nachschauen möchte, welche Syntax ein bestimmter Befehl hat, und dies auch anhand konkreter Beispiele nachvollziehen möchte.

- **Debian-spezifisch**
  - Frank Ronneburg: **Debian GNU/Linux Anwenderhandbuch**, Addison-Wesley 2005. Ein Standardwerk zum Debian-System. Sie können es auch in elektronischer Form im Internet unter *http://debiananwenderhandbuch.de* finden. Das Buch eignet sich insbesondere für Einsteiger.
  - Martin F. Krafft: **The Debian System**, Open Source Press 2005. Das neue Referenzwerk für Fortgeschrittene in englischer Sprache. Wer wirklichen Tiefgang sucht, ist mit der Lektüre dieses Werks gut beraten. Hier erfahren Sie alles über die Interna des Debian GNU/Linux-Systems aus erster Hand.

- **Office Software**
  - Thomas Krumbein: **OpenOffice.org 2.3 – Einstieg und Umstieg**, 3. Auflage, Galileo Computing 2008. Die Referenz unter den Open-Office.org-Büchern. Beim gleichen Verlag sind mittlerweile auch etliche Spezialbücher erschienen, die sich mit den Teilmodulen *Calc*, *Writer*, *Base* und *Impress/Draw* beschäftigen.

»Es ist des Lernens kein Ende.«

Robert Schumann (08.06.1810 – 29.07.1856)
Komponist

33 Befehlsreferenz Ubuntu Linux

33.1 Überblick

Die vorliegende Übersicht wurde dem Buch »Shell-Programmierung« von Jürgen Wolf, erschienen bei Galileo Computing, entnommen, dem ich an dieser Stelle herzlich für das zur Verfügung gestellte Material danken möchte. Wer sich tiefer in die Materie einarbeiten möchte, dem sei die Lektüre dieses Buchs ans Herz gelegt. Zunächst erfolgt eine Übersicht aller Kommandos in alphabetischer Reihenfolge, die in diesem Kapitel beschrieben werden. Dabei handelt es sich im Allgemeinen um Befehle, die in einem Ubuntu-Standardsystem zur Verfügung stehen. Sollte der eine oder andere Befehl auf Ihrem System nicht zu finden sein, so suchen Sie am besten über *Synaptic* das Paket, das die entsprechende Funktion zur Verfügung stellt, und installieren dieses.

Kommando	Bedeutung
`accept`	Druckerwarteschlange auf »empfangsbereit« setzen
`alias`	Kurznamen für Kommandos vergeben
`apropos`	nach Schlüsselwörtern in man-Seiten suchen
`arp`	Ausgeben von MAC-Adressen
`at`	Kommando zu einem bestimmten Zeitpunkt ausführen lassen
`badblocks`	Überprüft, ob ein Datenträger defekte Sektoren beinhaltet.
`basename`	Gibt den Dateianteil eines Pfadnamens zurück.
`batch`	Kommando zu einem späteren Zeitpunkt ausführen lassen
`bc`	Taschenrechner
`bg`	einen angehaltenen Prozess im Hintergrund fortsetzen
`bzcat`	Ausgabe von bzip2-komprimierten Dateien
`bzip2`, `bunzip2`	(De-)Komprimieren von Dateien
`cal`	Zeigt einen Kalender an.
`cancel`	Druckaufträge stornieren

Kommando	Bedeutung
`cat`	Datei(en) nacheinander ausgeben
`cdrecord`	Daten auf eine CD brennen
`cd`	Verzeichnis wechseln
`cfdisk`	Partitionieren von Festplatten
`chgrp`	Gruppe von Dateien oder Verzeichnissen ändern
`cksum`, `sum`	eine Prüfsumme für eine Datei ermitteln
`chmod`	Zugriffsrechte von Dateien oder Verzeichnissen ändern
`chown`	Eigentümer von Dateien oder Verzeichnissen ändern
`clear`	Löschen des Bildschirms
`cmp`	Dateien miteinander vergleichen
`comm`	zwei sortierte Textdateien miteinander vergleichen
`(un)compress`	(De-)Komprimieren von Dateien
`cp`	Dateien kopieren
`cpio`	Dateien und Verzeichnisse archivieren
`cron`, `crontab`	Programme in bestimmten Zeitintervallen ausführen lassen
`csplit`	Zerteilen von Dateien (kontextabhängig)
`cut`	Zeichen oder Felder aus Dateien herausschneiden
`date`	Datum und Uhrzeit
`dd`	Datenblöcke zwischen Devices kopieren (Low Level)
`df`	Erfragen, wie viel Speicherplatz die Filesysteme benötigen
`diff`	Vergleicht zwei Dateien.
`diff3`	Vergleicht drei Dateien.
`dig`	DNS-Server abfragen
`dirname`	Verzeichnisanteil eines Pfadnamens zurückgeben
`disable`	Drucker deaktivieren
`dos2unix`	Dateien vom DOS- ins UNIX-Format umwandeln
`du`	Größe eines Verzeichnisbaums ermitteln
`dumpe2fs`	Zeigt Informationen über ein ext2/ext3-Dateisystem an
`dvips`	DVI-Dateien umwandeln nach Postscript
`e2fsck`	Repariert ein ext2/ext3-Dateisystem.
`enable`	Drucker aktivieren
`enscript`	Textdatei umwandeln nach Postscript
`exit`	eine Session (Sitzung) beenden
`expand`	Tabulatoren in Leerzeichen umwandeln
`fdformat`	Formatiert eine Diskette
`fdisk`	Partitionieren von Festplatten
`fg`	Einen angehaltenen Prozess im Vordergrund fortsetzen

Kommando	Bedeutung
`file`	den Dateityp ermitteln
`find`	Suchen nach Dateien und Verzeichnissen
`finger`	Informationen zu anderen Benutzern abfragen
`fold`	Einfaches Formatieren von Dateien
`free`	verfügbaren Speicherplatz (RAM und Swap) anzeigen
`fsck`	Reparieren und Überprüfen von Dateisystemen
`ftp`	Dateien von und zu einem anderen Rechner übertragen
`groupadd`	eine neue Gruppe anlegen
`groupdel`	Löschen einer Gruppe
`groupmod`	Group-ID und/oder Namen ändern
`groups`	Gruppenzugehörigkeit ausgeben
`growisofs`	Frontend für mkisofs zum Brennen von DVDs
`gs`	PostScript- und PDF-Dateien konvertieren
`gzip`, `gunzip`	(De-)Komprimieren von Dateien
`halt`	alle laufenden Prozesse beenden
`hd`	Datei hexadezimal bzw. oktal ausgeben
`head`	Anfang einer Datei ausgeben
`hostname`	Namen des Rechners ausgeben
`id`	eigene Benutzer- und Gruppen-ID ermitteln
`ifconfig`	Netzwerkzugang konfigurieren
`info`	GNU-Onlinemanual
`jobs`	Anzeigen angehaltener bzw. im Hintergrund laufender Prozesse
`killall`	Signale an Prozesse mit einem Prozessnamen senden
`kill`	Signale an Prozesse mit einer Prozessnummer senden
`last`	An- und Abmeldezeit eines Benutzers ermitteln
`less`	Datei(en) seitenweise ausgeben
`line`	eine Zeile von der Standardeingabe einlesen
`ln`	Links auf eine Datei erzeugen
`logname`	Namen des aktuellen Benutzers anzeigen
`logout`	Beenden einer Session (Sitzung)
`lpadmin`	Verwaltungsprogramm für das CUPS-Print-Spooler-System
`lp`	Ausgabe auf dem Drucker mit dem Print-Spooler
`lpc`	Steuerung von Druckern
`lphelp`	Optionen eines Druckers ausgeben
`lpmove`	Druckerauftrag zu einem anderen Drucker verschieben
`lpq`	Druckerwarteschlange anzeigen

Kommando	Bedeutung
`lpr`	Dateien auf den Drucker ausgeben
`lprm`	Druckaufträge in der Warteschlange stornieren
`lpstat`	Status der Aufträge anzeigen
`ls`	Verzeichnisinhalt auflisten
`mail`	E-Mails schreiben und empfangen
`man`	die traditionelle Onlinehilfe für Linux
`md5sum`	eine Prüfsumme für eine Datei ermitteln
`mesg`	Nachrichten auf die Dialogstation zulassen oder unterbinden
`mkdir`	ein Verzeichnis anlegen
`mkfs`	Dateisystem einrichten
`mkisofs`	Erzeugt ein ISO9660/JOLIET/HFS-Dateisystem.
`mkreiserfs`, `mkreiser4`	ein ReiserFS(4)-Dateisystem anlegen
`mkswap`	eine Swap-Partition einrichten
`more`	Datei(en) seitenweise ausgeben
`mount`	Einbinden eines Dateisystems
`mt`	Streamer steuern
`mv`	Datei(en) und Verzeichnisse verschieben oder umbenennen
`netstat`	Statusinformationen über das Netzwerk
`newgrp`	Gruppenzugehörigkeit kurzzeitig wechseln
`nice`	Prozesse mit anderer Priorität ausführen lassen
`nl`	Datei mit Zeilennummer ausgeben
`nohup`	Prozesse beim Beenden einer Sitzung weiterlaufen lassen
`nslookup`	DNS-Server abfragen (künftig ist `dig` zu verwenden)
`od`	Datei(en) hexadezimal bzw. oktal ausgeben
`parted`	Partitionen anlegen, verschieben, vergrößern oder verkleinern
`passwd`	Passwort ändern bzw. vergeben
`paste`	Dateien spaltenweise verknüpfen
`patch`	Pakete upgraden
`pdf2ps`	Umwandeln von PDF nach PostScript
`ping`	Verbindung zu anderem Rechner testen
`printenv`	Umgebungsvariablen anzeigen
`ps2ascii`	Umwandeln von PostScript nach ASCII
`ps2pdf`	Umwandeln von PostScript nach PDF
`ps`	Prozessinformationen anzeigen
`pstree`	Prozesshierarchie in Baumform ausgeben

Kommando	Bedeutung
`pwd`	Ausgeben des aktuellen Arbeitsverzeichnisses
`rcp`	Dateien im Netz kopieren
`rdev`	Kernel-Datei verändern
`reboot`	alle laufenden Prozesse beenden und System neu starten
`reiserfsck`	Reparieren und Überprüfen von Dateisystemen
`reject`	Warteschlange für weitere Aufträge sperren
`renice`	Priorität laufender Prozesse verändern
`reset`	Zeichensatz für ein Terminal wiederherstellen
`rlogin`	auf anderem Netzrechner einloggen
`rm`	Dateien und Verzeichnisse löschen
`rmdir`	ein leeres Verzeichnis löschen
`rsh`	Programme auf entferntem Rechner ausführen
`rsync`	Replizieren von Dateien und Verzeichnissen
`init`	Runlevel wechseln
`setterm`	Terminaleinstellung verändern
`shutdown`	System herunterfahren
`sleep`	Prozesse suspendieren (schlafen legen)
`sort`	Dateien sortieren
`split`	Dateien in mehrere Teile zerlegen
`ssh`	sichere Shell auf anderem Rechner starten
`stty`	Terminaleinstellung abfragen oder setzen
`su`	Ändern der Benutzerkennung (ohne Neuanmeldung)
`sudo`	ein Programm als anderer Benutzer ausführen
`swapoff`	Swap-Datei oder -partition deaktivieren
`swapon`	Swap-Datei oder -partition aktivieren
`swap`	Swap-Space anzeigen
`sync`	alle gepufferten Schreiboperationen ausführen
`tac`	Dateien rückwärts ausgeben
`tail`	Ende einer Datei ausgeben
`tar`	Dateien und Verzeichnisse archivieren
`tee`	Ausgabe duplizieren
`time`	Zeitmessung für Prozesse
`top`	Prozesse nach CPU-Auslastung anzeigen
`touch`	Anlegen von Dateien oder Zeitstempel verändern
`tput`	Terminal- und Cursorsteuerung
`traceroute`	Route zu einem Rechner verfolgen
`tr`	Zeichen ersetzen bzw. Umformen von Dateien

Kommando	Bedeutung
`tsort`	Dateien topologisch sortieren
`tty`	Terminalname erfragen
`type`	Kommandos bzw. Dateien klassifizieren
`umask`	Dateierstellungsmaske ändern bzw. ausgeben
`umount`	Ausbinden eines Dateisystems
`unalias`	einen Kurznamen löschen
`uname`	Rechnernamen, Architektur und OS ausgeben
`uniq`	doppelte Zeilen einmal ausgeben
`unix2dos`	Dateien vom UNIX- ins DOS-Format umwandeln
`uptime`	Laufzeit des Rechners
`useradd`, `adduser`	einen neuen Benutzer anlegen
`userdel`	einen Benutzer löschen
`usermod`	Eigenschaften eines Benutzers ändern
`wall`	Nachrichten an alle Benutzer verschicken
`wc`	Zeichen, Wörter und Zeichen einer Datei zählen
`whatis`	Kurzbeschreibung zu einem Kommando
`whereis`	Suchen nach Dateien innerhalb von PATH
`whoami`	Namen des aktuellen Benutzers anzeigen
`who`	eingeloggte Benutzer anzeigen
`write`	Nachrichten an andere Benutzer verschicken
`zcat`	Ausgabe von gunzip-komprimierten Dateien
`zip`, `unzip`	(De-)Komprimieren von Dateien
`zmore`	gunzip-komprimierte Dateien seitenweise ausgeben
`zless`	leistungsfähigere Alternative zu `zmore`

Die Befehle werden nach Themenschwerpunkten geordnet besprochen:

- dateiorientierte Kommandos
- Verwaltung von Benutzern und Gruppen
- Programm- und Prozessverwaltung
- Dateisystem-Kommandos
- Archivierung und Backup
- Systemkommandos
- Netzwerkbefehle
- Benutzerkommunikation

33.2 Dateiorientierte Kommandos

33.2.1 bzcat – Ausgabe von bzip2-komprimierten Dateien

Mit *bzcat* können Sie die Inhalte von `bzip2`-komprimierten Dateien ausgeben, ohne dass Sie hierbei die komprimierte Datei dekomprimieren müssen. Dies ist z. B. auch ein Grund, warum Sie mit einem Dateibrowser wie z. B. *Nautilus* den Inhalt einer komprimierten Datei sehen und sogar lesen können, obwohl Sie diese noch gar nicht dekomprimiert haben. Ansonsten funktioniert `bzcat` wie `cat`.

33.2.2 cat – Datei(en) nacheinander ausgeben

Mit diesem Kommando werden gewöhnlich Dateien ausgegeben. Geben Sie `cat` beim Aufruf keine Dateien zum Lesen als Argument mit, liest `cat` so lange aus der Standardeingabe, bis [Strg] + [D] (End of File) betätigt wurde.

Verwendung	Bedeutung
`cat file`	Gibt den Inhalt von *file* aus.
`cat file	kommando`	Gibt den Inhalt von *file* via Pipe an die Standardeingabe von *kommando* weiter.
`cat file1 file2 > file_all`	Dateien aneinander hängen
`cat > file`	Schreibt alle Zeilen, die von der Tastatur eingegeben wurden, in die Datei *file*, bis [Strg] + [D] betätigt wurde

33.2.3 chgrp – Gruppe ändern

Mit `chgrp` ändern Sie die Gruppenzugehörigkeit einer Datei oder eines Verzeichnisses. Dieses Kommando bleibt somit nur dem Eigentümer einer Datei, eines Verzeichnisses oder dem Superuser vorbehalten. Als Eigentümer können Sie außerdem nur diejenigen Dateien oder Verzeichnisse einer bestimmten Gruppe zuordnen, der Sie selbst auch angehören.

Wollen Sie die Gruppenzugehörigkeit aller Dateien in einem Verzeichnis mit allen Unterverzeichnissen ändern, dann bietet sich hierzu die Option `-R` (für rekursiv) an.

33.2.4 cksum/md5sum/sum – Prüfsummen ermitteln

Mit diesen Funktionen errechnet man die CRC-Prüfsumme (*Cyclic Redundancy Check*) und die Anzahl der Bytes (Anzahl Bytes gilt nur für `cksum`) für eine Datei. Wird keine Datei angegeben, liest `cksum` diejenige aus der Standardeingabe, bis [Strg] + [D] betätigt wurde, und berechnet hieraus die Prüfsumme.

Diese Kommandos werden häufig eingesetzt um festzustellen, ob zwei Dateien identisch sind. So kann z. B. überprüft werden, ob eine Datei, die Sie aus dem Internet geladen haben, auch korrekt übertragen wurde. Voraussetzung hierfür ist natürlich, dass Sie die Prüfsumme der Quelle kennen. Häufig findet man die Anwendung einer MD5-Prüfsumme beim Herunterladen von Ubuntu-ISO-Abbildern. Ein anderer Anwendungsfall wäre das Überprüfen auf Virenbefall. Hiermit kann ermittelt werden, ob sich jemand an einer Datei zu schaffen gemacht hat, beispielsweise:

```
user$ cksum data.conf
2935371588 51 data.conf
user$ cksum data.conf
2935371588 51 data.conf
user$ echo Hallo >> data.conf
user$ cksum data.conf
966396470 57 data.conf
```

Im obigen Beispiel sieht man eine Konfigurationsdatei *data.conf*, bei der zweimal mit `cksum` derselbe Wert (nur zur Demonstration) berechnet wurde. Kurz darauf wurde am Ende dieser Datei ein Text angehängt und erneut `cksum` ausgeführt. Jetzt erhalten Sie eine andere Prüfsumme. Voraussetzung dafür, dass dieses Prinzip funktioniert, ist natürlich auch eine Datei oder Datenbank, die solche Prüfsummen zu den entsprechenden Dateien speichert. Dabei können Sie auch zwei Dateien auf einmal eingeben, um die Prüfsummen zu vergleichen:

```
user$ cksum data.conf data.conf~bak
966396470 57 data.conf
2131264154 10240 data.conf~bak
```

`cksum` ist gegenüber `sum` zu bevorzugen, da diese Version neuer ist und auch dem POSIX.2-Standard entspricht. Beachten Sie allerdings, dass alle drei Versionen zum Berechnen von Prüfsummen (`sum`, `cksum` und `md5sum`) untereinander inkompatibel sind und andere Prüfsummen als Ergebnis berechnen:

```
user$ sum data.conf
20121     1
user$ cksum data.conf
966396470 57 data.conf
user$ md5sum data.conf
5a04a9d083bc0b0982002a2c8894e406  data.conf
```

Noch ein beliebter Anwendungsfall von *md5sum*:

```
user$ cd /bin; md5 'ls -R /bin' | md5
```

Wenn sich jetzt jemand am Verzeichnis */bin* zu schaffen gemacht hat, merkt man dies relativ schnell. Am besten lässt man hierbei einen cron-Job laufen und sich gegebenenfalls täglich per E-Mail benachrichtigen.

33.2.5 chmod – Zugriffsrechte ändern

Mit chmod setzen oder verändern Sie die Zugriffsrechte auf Dateien oder Verzeichnisse. Die Benutzung von chmod ist selbstverständlich nur dem Dateieigentümer und dem Superuser gestattet. Die Bedienung von chmod dürfte jedem Systemadministrator geläufig sein, weil es ein sehr häufig verwendetes Kommando ist. chmod kann sehr flexibel eingesetzt werden. Man kann z. B. einen numerischen Wert verwenden:[1]

```
user$ chmod 755 file
```

oder

```
user$ chmod 0755 file
```

Einfacher anzuwenden ist *chmod* über eine symbolische Angabe wie:

```
user$ chmode u+x file
```

Hier bekommt der User (u; Eigentümer) der Datei *file* das Ausführrecht (+x) erteilt.

```
user$ chmod g-x file
```

Damit wurde der Gruppe (g) das Ausführrecht entzogen (-x). Wollen Sie hingegen allen Teilnehmern (a) ein Ausführrecht erteilen, dann funktioniert dies so:

```
user$ chmod a+x file
```

Mit chmod können Sie auch die Spezialbits setzen (SUID, SGUID oder Sticky). Wollen Sie z. B. für eine Datei das *setuid*-Bit (*Set-User-ID*) setzen, funktioniert dies folgendermaßen:

```
user$ chmod 4744 file
```

Das *setgid*-Bit (*Set Group ID*) hingegen setzen Sie mit »2xxx«. Zu erwähnen ist auch die Option -R, mit der Sie ein Verzeichnis rekursiv durchlaufen und alle Dateien, die sich darin befinden, entsprechend den neu angegebenen Rechten ändern.

33.2.6 chown – Eigentümer ändern

Mit chown können Sie den Eigentümer von Dateien oder Verzeichnissen ändern. Als neuen Eigentümer kann man entweder den Loginnamen oder die User-ID angeben. Name oder Zahl müssen selbstverständlich in der Datei */etc/passwd* vorhanden sein. Dieses Kommando kann wiederum nur vom Eigentümer selbst oder dem Superuser aufgerufen und auf Dateien bzw. Verzeichnisse angewendet werden.

1 Gegebenenfalls ist dem jeweiligen Befehl ein sudo voranzustellen, da man für die Veränderung von Systemdateirechten als Administrator operieren muss.

```
user$ chown john file1 file2
```

Hier wird der User »john« Eigentümer der Dateien *file1* und *file2*. Wollen Sie auch hier ein komplettes Verzeichnis mitsamt den Unterverzeichnissen erfassen, so kann wieder die Option -R verwendet werden. Wollen Sie sowohl den Eigentümer als auch die Gruppe einer Datei ändern, nutzen Sie folgende Syntax:

```
user$ chown john:user file1 file2
```

33.2.7 cmp – Dateien miteinander vergleichen

Mit der Funktion cmp vergleichen Sie zwei Dateien Byte für Byte miteinander und erhalten die dezimale Position und Zeilennummer vom ersten Byte zurück, bei dem sich beide Dateien unterscheiden. cmp vergleicht auch Binärdateien. Sind beide Dateien identisch, erfolgt keine Ausgabe.

```
user$ cmp out.txt textfile.txt
out.txt textfile.txt differieren: Byte 52, Zeile 3.
```

33.2.8 comm – zwei sortierte Textdateien vergleichen

Mit comm vergleichen Sie zwei sortierte Dateien und geben die gemeinsamen und die unterschiedlichen Zeilen jeweils in Spalten aus, indem die zweite und dritte Spalte von einem bzw. zwei Tabulatorvorschüben angeführt werden.

```
user$ comm [-123] file1 file2
```

Die erste Spalte enthält die Zeilen, die nur in der Datei *file1* enthalten sind. Die zweite Spalte hingegen beinhaltet die Zeilen, die in der zweiten Datei *file2* enthalten sind, und die dritte Spalte enthält die Zeilen, die in beiden Dateien enthalten sind.

```
user$ cat file1.txt
# wichtige Initialisierungsdatei
# noch eine Zeile
Hallo
user$ cat file2.txt
# wichtige Initialisierungsdatei
# noch eine Zeile
Hallo
user$ comm file1.txt file2.txt
                # wichtige Initialisierungsdatei
                # noch eine Zeile
                Hallo
user$ echo "Neue Zeile" >> file2.txt
user$ comm file1.txt file2.txt
                # wichtige Initialisierungsdatei
```

```
              # noch eine Zeile
              Hallo
       Neue Zeile
user$ comm -3 file1.txt file2.txt
       Neue Zeile
```

In der letzten Zeile ist außerdem zu sehen, wie Sie mit dem Schalter `-3` die Ausgabe der dritten Spalte ganz abschalten, um nur die Differenzen beider Dateien zu erkennen. `comm` arbeitet zeilenweise, weshalb hier keine Vergleiche mit binären Dateien möglich sind. Weitere Schalterstellungen und ihre Bedeutung sind:

Verwendung	Bedeutung
`-23 file1 file2`	Es werden nur Zeilen ausgegeben, die in `file1` vorkommen.
`-123 file1 file2`	Es wird keine Ausgabe erzeugt.

33.2.9 cp – Dateien kopieren

Den Befehl `cp` zum Kopieren von Dateien und Verzeichnissen haben Sie schon des Öfteren verwendet, daher hier nur noch eine Auflistung der gängigsten Verwendungen.

Verwendung	Bedeutung
`cp file newfile`	Es wird mit `newfile` eine Kopie von `file` erzeugt.
`cp -p file newfile`	`newfile` erhält dieselben Zugriffsrechte, Eigentümer und Zeitstempel.
`cp -r dir newdir`	Es wird ein komplettes Verzeichnis rekursiv (`-r`) kopiert.
`cp file1 file2 file3 dir`	Es werden mehrere Dateien in ein Verzeichnis `dir` kopiert.

33.2.10 csplit – Zerteilen von Dateien

Mit `csplit` können Sie eine Datei in mehrere Teile aufteilen. Als Trennstelle kann hierbei ein Suchmuster, also auch ein regulärer Ausdruck, angegeben werden. Dabei werden aus einer Eingabedatei mehrere Ausgabedateien erzeugt, deren Inhalt vom Suchmuster abhängig gemacht werden kann. Ein Beispiel:

```
user$ csplit Kapitel20.txt /Abschnitt 1/ \
/Abschnitt 2/ /Abschnitt 3/
```

Hier wird das *Kapitel20.txt* in vier Teile aufgeteilt. Zunächst vom Anfang bis zum »Abschnitt 1«, dann von »Abschnitt 1« bis »Abschnitt 2«, dann von »Abschnitt 2« bis »Abschnitt 3« und zu guter Letzt von »Abschnitt 3« bis »Abschnitt 4«. Hier können Sie allerdings auch einzelne Zeilen angeben, ab denen Sie eine Datei teilen wollen:

```
user$ csplit -f Abschnitt Kapitel20.txt 20 40
```

Hier haben Sie mit der Option `-f` veranlasst, dass statt eines Dateinamens wie *xx01*, *xx02*, ... *xx99* eine Datei wie *Abschnitt01*, *Abschnitt02* usw. erzeugt wird. Hier zerteilen Sie die Datei *Kapitel20.txt* in drei Dateien: Abschnitt01 (Zeile 1–20), *Abschnitt02* (Zeile 21–40) und *Abschnitt03* (Zeile 41 bis zum Ende). Sie können mit {n} am Ende auch angeben, dass ein bestimmter Ausdruck n-mal angewendet werden soll. Beispiel:

```
user$ csplit -k /var/spool/mail/$LOGNAME /^From / 100
```

Hier zerteilen Sie in Ihrer Mailbox die einzelnen E-Mails in die einzelnen Dateien *xx01*, *xx02*, ...*xx99*. Jeder Brief einer E-Mail im *mbox*-Format beginnt mit »From«, weshalb dies als Trennzeichen für die einzelnen Dateien dient. Weil Sie wahrscheinlich nicht genau wissen, wie viele Mails in Ihrer Mailbox liegen, können Sie durch die Angabe einer relativ hohen Zahl zusammen mit der Option `-k` erreichen, dass alle Mails getrennt und nach einem eventuell vorzeitigen Scheitern die bereits erzeugten Dateien nicht wieder gelöscht werden.

33.2.11 cut – Zeichen oder Felder aus Dateien schneiden

Mit `cut` schneiden Sie bestimmte Teile aus einer Datei heraus. Dabei liest `cut` von der angegebenen Datei und gibt die Teile auf dem Bildschirm aus, die Sie als gewählte Option und per Wahl des Bereichs verwendet haben. Ein Bereich ist eine durch Kommata getrennte Liste von einzelnen Zahlen bzw. Zahlenbereichen. Diese Zahlenbereiche werden in der Form »a–z« angegeben. Wird »a« oder »z« weggelassen, so wird hierzu der Anfang bzw. das Ende einer Zeile verwendet.

33.2.12 diff – Vergleichen zweier Dateien

`diff` vergleicht den Inhalt von zwei Dateien. Da `diff` zeilenweise vergleicht, sind keine binären Dateien erlaubt. Ein Beispiel:

```
user$ diff file1.txt file2.txt
2a3
> neueZeile
```

Hier wurden die Dateien *file1.txt* und *file2.txt* miteinander verglichen. Die Ausgabe »2a3« besagt lediglich, dass Sie in der Datei *file1.txt* zwischen Zeile 2 und Zeile 3 die Zeile »neueZeile« einfügen (a = *append*) müssten, damit die Datei exakt mit der Datei *file2.txt* übereinstimmt. Ein weiteres Beispiel:

```
user$ diff file1.txt file2.txt
2c2
< zeile2
---
> zeile2 wurde verändert
```

Hier bekommen Sie mit `2c2` die Meldung, dass die zweite Zeile unterschiedlich (c = *change*) ist. Die darauf folgende Ausgabe zeigt auch den Unterschied dieser Zeile an. Eine sich öffnende spitze Klammer (<) zeigt *file1.txt* und die sich schließende spitze Klammer bezieht sich auf *file2.txt*. Und eine dritte Möglichkeit, die Ihnen `diff` meldet, wäre:

```
user$ diff file1.txt file2.txt
2d1
< zeile2
```

Hier will Ihnen `diff` sagen, dass die zweite Zeile in *file2.txt* fehlt (d = *delete*) bzw. gelöscht wurde. Daraufhin wird die entsprechende Zeile auch ausgegeben. Natürlich beschränkt sich die Verwendung von diff nicht ausschließlich auf Dateien. Mit der Option `-r` können Sie ganze Verzeichnisse miteinander vergleichen:

```
user$ diff -r dir1 dir2
```

33.2.13 diff3 – Vergleich von drei Dateien

Die Funktion entspricht etwa der von `diff`, nur dass Sie hierbei drei Dateien Zeile für Zeile miteinander vergleichen können. Folgendes besagt die Ausgabe von `diff3`:

```
user$ diff3 file1 file2 file3
```

Ausgabe	Bedeutung
====	Alle drei Dateien sind unterschiedlich.
====1	*file1* ist unterschiedlich.
====2	*file2* ist unterschiedlich.
====3	*file3* ist unterschiedlich.

33.2.14 dos2unix – Dateien umwandeln

Mit `dos2unix` können Sie Textdateien vom DOS- in das UNIX-Format umwandeln. Alternativ gibt es außerdem noch den Befehl `mac2unix`, mit dem Sie Textdateien vom MAC- in das UNIX-Format konvertieren können.

```
user$ dos2unix file1.txt file2.txt
dos2unix: converting file file1.txt to UNIX format...
dos2unix: converting file file2.txt to UNIX format...
```

33.2.15 expand – Tabulatoren in Leerzeichen umwandeln

`expand` ersetzt alle Tabulatoren einer Datei durch eine Folge von Leerzeichen. Standardmäßig sind dies acht Leerzeichen, allerdings kann dieser Wert explizit mit einem Schalter verändert werden. Wollen Sie z. B., dass alle Tabulatorzeichen durch nur drei Leerzeichen ersetzt werden, erreichen Sie dies folgendermaßen:

```
user$ expand -3 file
```

Allerdings erlaubt `expand` nicht das vollständige Entfernen von Tabulatorenzeichen – sprich ein Schalter mit `-0` gibt eine Fehlermeldung zurück. Hierzu können Sie alternativ z. B. das Kommando `tr` verwenden.

33.2.16 file – den Inhalt von Dateien analysieren

Das Kommando `file` versucht, die Art oder den Typ einer von Ihnen angegebenen Datei zu ermitteln. Hierzu führt `file` einen Dateisystemtest, einen Kennzahlentest und einen Sprachtest durch. Je nach Erfolg wird eine entsprechende Ausgabe des Tests vorgenommen. Der Dateisystemtest wird mithilfe des Systemaufrufes `stat(2)` ausgeführt. Dieser Aufruf erkennt viele Arten von Dateien.

Der Kennzahlentest wird anhand von festgelegten Kennzahlen (meist enthalten in der Datei */etc/magic*) durchgeführt. In dieser Datei steht beispielsweise geschrieben, welche Bytes einer Datei zu untersuchen sind und auf welches Muster man dann den Inhalt dieser Datei zurückführen kann. Am Ende erfolgt noch ein Sprachtest. Hier versucht `file`, eine Programmiersprache anhand von Schlüsselwörtern zu erkennen.

```
user$ cat > hallo.c
#include <stdio.h>
int main(void) {
   printf("Hallo Welt\n");
   return 0;
}
STRG + D
user$ file hallo.c
hallo.c: ASCII C program text
user$ gcc -o hallo hallo.c
user$ ./hallo
Hallo Welt
user$ file hallo
hallo: ELF 32-bit LSB executable, Intel 80386,
version 1 (SYSV), for GNU/Linux 2.2.0, dynamically
linked (uses shared libs), not stripped
```

33.2.17 find – Suchen nach Dateien

Zum Suchen nach Dateien wird häufig auf das Kommando `find` zurückgegriffen. `find` durchsucht eine oder mehrere Verzeichnisebenen nach Dateien mit einer bestimmten vorgegebenen Eigenschaft. Die Syntax zu `find`:

```
find [Verzeichnis] [-Option ...] [-Test ...] \
[-Aktion ...]
```

Die Optionen, Tests und Aktionen können Sie mit Operatoren zusammenfassen. Dabei wertet `find` jede Datei in den Verzeichnissen hinsichtlich der Optionen, Tests und Aktionen von links nach rechts aus, bis ein Wert unwahr ist oder die Kommandozeilenargumente zu Ende sind. Wenn kein Verzeichnis angegeben wird, wird das aktuelle Verzeichnis verwendet. Wenn keine Aktion angegeben ist, wird meistens `-print` (abhängig von einer eventuell angegebenen Option) für die Ausgabe auf dem Bildschirm verwendet. Hierzu einige Beispiele.

Gibt alle Verzeichnisse und Unterverzeichnisse ab dem Heimverzeichnis aus:

```
user$ find $HOME
```

Gibt alle Dateien mit dem Namen *kapitel* aus dem Verzeichnis (und dessen Unterverzeichnissen) */dokus* aus:

```
user$ find /dokus -name kapitel
```

Gibt alle Dateien aus dem Verzeichnis (und dessen Unterverzeichnissen) dokus mit dem Namen *kap...* aus, bei denen »you« der Eigentümer ist:

```
user$ find /dokus /usr -name 'kap*' -user you
```

Damit durchsuchen Sie ab dem Wurzelverzeichnis nach einem Verzeichnis (`-type d` = *directory*) mit dem Namen »dok, ...« und geben dies auf dem Bildschirm aus:

```
user$ find / -type d -name 'dok*'
```

Sucht leere Dateien (`size = 0`) und löscht diese nach einer Rückfrage (`-ok`):

```
user$ find / -size 0 -ok rm  \;
```

Gibt alle Dateien ab dem Wurzelverzeichnis aus, die in den letzten sieben Tagen verändert wurden:

```
user$ find / -mtime -7
```

33.2.18 fold – einfaches Formatieren von Dateien

Mit `fold` können Sie Textdateien ab einer bestimmten Zeilenlänge umbrechen. Standardmäßig sind hierbei 80 Zeichen pro Zeile eingestellt. Da `fold` die Bildschirmspalten und nicht die Zeichen zählt, werden auch Tabulatorzeichen korrekt behandelt. Wollen Sie etwa eine Textdatei nach 50 Zeichen umbrechen, gehen Sie folgendermaßen vor:

```
user$ fold -50 Kap003.txt
...
Sicherlich erscheint Ihnen das Ganze nicht sonderl
ich elegant oder sinnvoll, aber bspw. in Schleifen
eingesetzt, können Sie hierbei hervorragend alle A
rgumente der Kommandozeile zur Verarbeitung von Op
tionen heranziehen. Als Beispiel ein kurzer theoreti
scher Code-Ausschnitt, wie so etwas in der Praxis
realisiert werden kann.
```

Allerdings kann man an der Ausgabe erkennen, dass einfach die Wörter abgeschnitten und in der nächsten Zeile fortgeführt werden. Wollen Sie dies unterbinden, so können Sie die Option `-s` verwenden. Damit findet der Zeilenumbruch beim letzten Leerzeichen der Zeile statt, wenn in der Zeile ein Leerzeichen vorhanden ist.

```
user$ fold -s -50 Kap003.txt
...
Sicherlich erscheint Ihnen das Ganze nicht
sonderlich elegant oder sinnvoll, aber bspw. in
Schleifen eingesetzt, können Sie hierbei
hervorragend alle Argumente der Kommandozeile zur
Verarbeitung von Optionen heranziehen. Als Beispiel
ein kurzer theoretischer Code-Ausschnitt, wie so
etwas in der Praxis realisiert werden kann.
```

Ein recht typischer Anwendungsfall ist es, Text für eine E-Mail zu formatieren:

```
user$ fold -s -72 text.txt | \
mail -s "Betreff" name@host.de
```

33.2.19 head – Anfang einer Datei ausgeben

Mit der Funktion `head` geben Sie immer die ersten Zeilen einer Datei auf dem Bildschirm aus. Standardmäßig werden dabei die ersten zehn Zeilen ausgegeben. Wollen Sie selbst bestimmen, wie viele Zeilen vom Anfang der Datei ausgegeben werden sollen, können Sie dies explizit mit `-n` angeben:

```
user$ head -5 file
```

Es erscheinen die ersten fünf Zeilen von `file` auf dem Bildschirm.

33.2.20 less – Datei(en) seitenweise ausgeben

Mit `less` geben Sie eine Datei seitenweise auf dem Bildschirm aus. Der Vorteil von `less` gegenüber `more` ist, dass Sie mit `less` auch zurückblättern können. Da `less` von der Standardeingabe liest, ist so auch eine Umleitung eines anderen Kommandos mit einer Pipe möglich. Mit der Leertaste blättern Sie eine Seite weiter, und mit (B) können Sie jeweils eine Seite zurückblättern. Die meisten less-Versionen bieten außerdem das Scrollen nach unten bzw. oben mit den Pfeiltasten an. Mit (Q) wird less beendet. less bietet außerdem eine Unmenge von Optionen und weiterer Features an, über die Sie sich durch Drücken von (H) informieren können.

33.2.21 ln – Links auf eine Datei erzeugen

Wenn eine Datei erzeugt wird, werden im Verzeichnis der Name, ein Verweis auf eine Inode, die Zugriffsrechte, der Dateityp und gegebenenfalls die Anzahl der belegten Blöcke eingetragen. Mit ln wiederum wird ein neuer Eintrag im Verzeichnis abgelegt, der auf die Inode einer existierenden Datei zeigt. Man spricht dabei von einem Hardlink. Er wird standardmäßig ohne weitere Angaben angelegt. Es ist allerdings nicht möglich, diese Hardlinks über Dateisystemgrenzen hinweg anzulegen. Hierzu müssen Sie einen symbolischen Link mit der Option -s erzeugen:

```
user$ ln -s filea fileb
```

Damit haben Sie einen symbolischen Link auf die bestehende Datei *filea* mit dem Namen *fileb* angelegt. Wollen Sie hingegen einen Hardlink auf die bestehende Datei *filea* mit dem Namen *fileb* anlegen, so gehen Sie wie folgt vor:

```
user$ ln filea fileb
```

33.2.22 ls – Verzeichnisinhalt auflisten

Mit ls wird der Inhalt eines Verzeichnisses auf dem Dateisystem angezeigt. Wer sich den Inhalt eines Verzeichnisses inklusive versteckter Dateien anzeigen lassen möchte, verwendet folgende Option:

```
user$ ls -lah <Verzeichnisname>
```

33.2.23 more – Datei(en) seitenweise ausgeben

more wird genauso eingesetzt wie less, und zwar zum seitenweisen Lesen von Dateien. Allerdings bietet less gegenüber more erheblich mehr Features und Funktionalitäten an.

33.2.24 mv – Datei(en) verschieben oder umbenennen

Mit mv können Sie eine oder mehrere Dateien bzw. Verzeichnisse verschieben oder umbenennen.

Verwendung	Bedeutung
`mv file filenew`	eine Datei umbenennen
`mv file dir`	eine Datei in ein Verzeichnis verschieben
`mv dir dirnew`	ein Verzeichnis in ein anderes Verzeichnis verschieben

33.2.25 nl – Datei mit Zeilennummer ausgeben

Mit `nl` geben Sie die Zeilen einer Datei mit deren Nummer auf dem Bildschirm aus. Dabei ist `nl` nicht nur ein »dummer« Zeilenzähler, sondern er kann die Zeilen einer Seite auch in einen Header, einen Body und einen Footer unterteilen und in unterschiedlichen Stilen nummerieren, zum Beispiel:

```
user$ ls | nl -w3 -s') '
  1) abc
  2) bin
  3) cxoffice
  4) Desktop
  5) Documents
  6) file1.txt
...
```

Wenn Sie mehrere Dateien verwenden, beginnt die Nummerierung allerdings nicht mehr neu, sondern es werden mehrere Dateien wie eine behandelt. Die Zeilennummer wird nicht zurückgesetzt. Ein weiteres Beispiel:

```
user$ nl hallo.c -s' : ' > hallo_line
user$ cat hallo_line
     1 : #include <stdio.h>

     2 : int main(void) {
     3 :    printf("Hallo Welt\n");
     4 :    return 0;
     5 : }
```

Mit der Option `-s` (optional) geben Sie das Zeichen an, das zwischen der Zeilennummer und der eigentlichen Zeile stehen soll.

33.2.26 od – Datei(en) hexadezimal bzw. oktal ausgeben

`od` liest von der Standardeingabe eine Datei ein und gibt diese – Byte für Byte – formatiert und codiert auf dem Bildschirm aus. Standardmäßig wird dabei die siebenstellige Oktalzahl in je acht Spalten zu zwei Bytes verwendet:[2]

2 Aus Gründen der Darstellung wurde eine Spalte im Listing weggelassen.

```
user$ od file1.txt
0000000 064546 062554 035061 062572 066151 030545
0000020 030545 075072 064545 062554 005062 064546
0000040 062572 066151 031545 000012
0000047
```

Jede Zeile enthält in der ersten Spalte die Positionsnummer in Bytes vom Dateianfang an. Mit der Option `-h` erfolgt die Ausgabe in hexadezimaler Form und mit `-c` in ASCII-Form.

33.2.27 rm – Dateien und Verzeichnisse löschen

Mit dem Kommando `rm` können Sie Dateien und Verzeichnisse löschen.

Verwendung	Bedeutung
rm datei	Löscht eine Datei.
rm dir	Löscht ein leeres Verzeichnis.
rm -r dir	Löscht ein Verzeichnis rekursiv.
rm -rf dir	Erzwingt rekursives Löschen (ohne Warnung).

33.2.28 sort – Dateien sortieren

Gewöhnlich wird `sort` zum Sortieren einzelner Zeilen einer Datei oder der Standardeingabe verwendet. `sort` kann auch Dateien daraufhin überprüfen, ob diese sortiert sind, und mehrere sortierte oder auch unsortierte Dateien zu einer sortierten zusammenfügen. Ohne Angabe einer Option sortiert `sort` eine Datei zeilenweise in alphabetischer Reihenfolge:

```
user$ sort kommandos.txt
a2ps - Textdatei umwandeln nach Postscript
accept - Druckerwarteschlange empfangsbereit setzen
afio - Ein cpio mit zusätzlicher Komprimierung
alias - Kurznamen für Kommandos vergeben
...
user$ ls | sort
abc
bin
cxoffice
Desktop
Documents
...
```

Häufig verwendete Optionen zum Sortieren, die mit `sort` benutzt werden, sind in der folgenden Tabelle aufgeführt.

Option	Bedeutung
`-n`	Sortiert eine Datei numerisch.
`-f`	Unterscheidet nicht zwischen Klein- und Großbuchstaben.
`-r`	Sortiert nach Alphabet in umgekehrter Reihenfolge.
`-n -r`	Sortiert numerisch in umgekehrter Reihenfolge.
`-c`	Überprüft, ob die Dateien bereits sortiert sind. Wenn nicht, wird mit einer Fehlermeldung und dem Rückgabewert 1 abgebrochen.
`-u`	Gibt keine doppelt vorkommenden Zeilen aus.

Alternativ gibt es hierzu noch das Kommando `tsort`, das Dateien topologisch sortiert.

33.2.29 split – Dateien in mehrere Teile zerlegen

Mit `split` teilen Sie eine Datei in mehrere Teile auf. Ohne Angabe einer Option wird eine Datei in je 1000 Zeilen aufgeteilt. Die Ausgabe erfolgt in Dateien mit »x...« oder mit einem entsprechenden Präfix, wenn eines angegeben wurde:

```
user$ split -50 kommandos.txt
user$ ls x*
xaa  xab  xac  xad  xae
```

Die Datei können Sie folgendermaßen wieder zusammensetzen:

```
user$ for file in `ls x* | sort`; do cat $file >> \
new.txt; done
```

Hier wurde z. B. die Textdatei *kommandos.txt* in je 50-zeilige Häppchen aufgeteilt. Wollen Sie den Namen der neu erzeugten Datei verändern, gehen Sie wie folgt vor:

```
user$ split -50 kommandos.txt kommandos
user$ ls komm*
kommandosaa  kommandosab  kommandosac
kommandosad  kommandosae  kommandos.txt
```

Das Kommando `split` wird häufig eingesetzt, um große Dateien zu splitten, die nicht auf ein einzelnes Speichermedium passen.

33.2.30 tac – Dateien rückwärts ausgeben

Vereinfacht ausgedrückt ist `tac` wie `cat`, nur dass `tac` die einzelnen Zeilen rückwärts ausgibt (daher auch der rückwärts geschriebene Kommandoname). Es wird somit zuerst die letzte Zeile ausgegeben, dann die vorletzte usw. bis zur ersten Zeile.

```
user$ cat file1.txt
file1:zeile1
file1:zeile2
file2:zeile3
user$ tac file1.txt
file2:zeile3
file1:zeile2
file1:zeile1
```

33.2.31 tail – Ende einer Datei ausgeben

`tail` gibt die letzten Zeilen (standardmäßig, ohne spezielle Angaben die letzten zehn) einer Datei aus.

```
user$ tail -3 kommandos.txt
write - Nachrichten an andere Benutzer verschicken
zcat - Ausgabe von gunzip-komprimierten Dateien
zip/unzip - (De-) Komprimieren von Dateien
```

Hier gibt `tail` die letzten drei Zeilen der Datei *kommandos.txt* aus. Wollen Sie eine Datei ab einer bestimmten Zeile ausgeben lassen, gehen Sie wie folgt vor:

```
user$ tail +100 kommandos.txt
```

Hier werden alle Zeilen ab Zeile 100 ausgegeben. Wollen Sie `tail` wie `tac` verwenden, können Sie die Option `-r` verwenden:

```
user$ tail -r kommandos.txt
```

Hiermit wird die komplette Datei zeilenweise rückwärts, von der letzten zur ersten Zeile ausgegeben. Häufig verwendet wird auch die Option `-f` (follow), die immer wieder das Dateiende ausgibt. Dadurch kann man eine Datei beim Wachsen beobachten, da jede neu hinzugekommene Zeile angezeigt wird. Natürlich lässt sich diese Option immer nur jeweils auf eine Datei gleichzeitig anwenden. Eine beliebte Anwendung in diesem Zusammenhang ist das Beobachten der Syslog-Datei */var/log/messages*:

```
user$ sudo tail -f /ver/log/messages
```

33.2.32 tee – Ausgabe duplizieren

Mit `tee` lesen Sie von der Standardeingabe und verzweigen die Ausgabe auf die Standardausgabe und -datei.

33.2.33 touch – Zeitstempel verändern

Mit `touch` verändern Sie die Zugriffs- und Änderungszeit einer Datei auf die aktuelle Zeit. Existiert eine solche Datei nicht, wird diese angelegt. Einige Optionen zu `touch` und ihre jeweilige Bedeutung:

Option	Bedeutung
`-a`	Ändert nur die Zugriffszeit.
`-c`	Falls eine Datei nicht existiert, wird diese trotzdem nicht erzeugt.
`-m`	Ändert nur die Änderungszeit

33.2.34 tr – Zeichen ersetzen

Mit `tr` können Zeichen durch andere Zeichen ersetzt werden. Dies gilt auch für nicht druckbare Zeichen.

```
user$ tr str1 str2 file
```

Wird in der Datei *file* ein Zeichen aus *str1* gefunden, wird es durch das entsprechende Zeichen in »str2« ersetzt.

33.2.35 type – Kommandos klassifizieren

Mit `type` können Sie klassifizieren, wie die Shell den angegebenen Namen interpretieren soll, wenn Sie diesen in der Kommandozeile verwenden. `type` unterscheidet hierbei zwischen einem Alias, einem Built-in (Shell-Funktion), einer Datei oder einer Skriptfunktion.

```
user$ type ls echo ./hallo
ls is aliased to `/bin/ls $LS_OPTIONS'
echo is a shell builtin
./hallo is ./hallo
```

33.2.36 umask – Datei-Erstellungsmaske ändern

Mit der Shell-Funktion `umask` setzen Sie eine Maske, mit der die Zugriffsrechte auf eine Datei bzw. auf Verzeichnisse direkt nach der Erzeugung durch einen von der Shell kontrollierten Prozess bestimmt werden. Die in der Maske gesetzten Bits werden bei den Zugriffsrechten für die neue Datei bzw. das Verzeichnis gelöscht (man sagt auch: Sie werden maskiert).

33.2.37 uniq – doppelte Zeilen nur einmal ausgeben

Mit `uniq` können Sie doppelt vorhandene Zeilen löschen. Voraussetzung ist allerdings, dass die Datei sortiert ist und die doppelten Zeilen direkt hintereinander folgen. Beispielsweise:

```
user$ cat file1.txt
file1:zeile1
file1:zeile2
file1:zeile2
file2:zeile3
user$ uniq file1.txt
file1:zeile1
file1:zeile2
file2:zeile3
```

33.2.38 wc – Zeilen, Wörter und Zeichen zählen

Mit `wc` können Sie die Zeilen, Wörter und/oder Zeichen einer Datei zählen. Ohne spezielle Optionen wird eine Zeile mit den folgenden Zahlen ausgegeben:

```
user$ wc file1.txt
 4  4 52 file1.txt
```

Die erste Spalte enthält die Anzahl der Zeilen, gefolgt von der Anzahl der Wörter und am Ende die Anzahl der Zeichen. Einzeln können Sie dies mit der Option `-l` (lines = *Zeilen*), `-w` (words = *Wörter*) und `-c` (characters = *Zeichen*) ermitteln.

33.2.39 whereis – Suche nach Dateien

Mit dem Kommando `whereis` wird vorwiegend in wichtigen Pfaden (meistens allen Einträge in *PATH*) nach Binärdateien oder *man*-Dateien gesucht. `whereis` ist nicht so flexibel wie `find`, aber dafür erheblich schneller.

```
user$ whereis ls
/bin/ls /usr/share/man/man1/ls.1.gz
/usr/share/man/man1p/ls.1p.gz
user$ whereis -b ls
/bin/ls
user$ whereis -m ls
/usr/share/man/man1/ls.1.gz
/usr/share/man/man1p/ls.1p.gz
```

Zuerst wurde der Pfad zum Programm `ls` ermittelt. Hierbei werden allerdings auch gleich die Pfade zu den *man*-Seiten mit ausgegeben. Wollen Sie nur den Pfad zum Binärprogramm erhalten, müssen Sie die Option `-b` verwenden. Wünschen Sie nur den Pfad zu den *man*-Seiten, so verwenden Sie die Option `-m`, wie im Beispiel gesehen.

33.2.40 zcat, zless, zmore – Ausgabe von zip-Dateien

Alle drei Funktionen haben dieselbe Funktionsweise wie ihre Gegenstücke ohne »z«, nur dass hiermit *gzip*- bzw. *gunzip*-komprimierte Dateien gelesen und ausgegeben werden können, ohne dass diese dekomprimiert werden müssen. Auf manchen Systemen gibt es mit `zgrep` auch noch eine entsprechende `grep`-Version.

33.3 Verzeichnisorientierte Kommandos

33.3.1 basename – Dateianteil eines Pfadnamens

`basename` liefert den Dateinamen ohne den Pfadnamen zurück, indem dieser abgeschnitten wird. Geben Sie ein Suffix an, wird auch die Dateiendung abgeschnitten.

33.3.2 cd – Verzeichnis wechseln

Das Shell-Kommando `cd` wird zum Wechseln des aktuellen Verzeichnisses verwendet. Wird kein Verzeichnis angegeben, so wird in das Heimverzeichnis gewechselt.

33.3.3 dirname – Verzeichnisanteil eines Pfadnamens

`dirname` ist das Gegenstück zu `basename` und gibt den Verzeichnisanteil zurück. Es wird hierbei also der Dateiname aus der absoluten Pfadangabe »ausgeschnitten«.

33.3.4 mkdir – ein Verzeichnis anlegen

Mit `mkdir` legen Sie ein leeres Verzeichnis an. Wollen Sie gleich beim Anlegen die Zugriffsrechte erteilen, so können Sie dies mit der Option `-m` vornehmen:

```
user$ mkdir -m 600 mydir
```

Wollen Sie ein neues Verzeichnis mitsamt Elternverzeichnissen anlegen, können Sie die Option `-p` verwenden:

```
user$ mkdir doku/neu/buch
mkdir: kann Verzeichnis doku/neu/buch nicht anlegen:
       Datei oder Verzeichnis nicht gefunden
user$ mkdir -p doku/neu/buch
```

33.3.5 pwd – aktuelles Arbeitsverzeichnis ausgeben

Mit `pwd` lassen Sie das aktuelle Arbeitsverzeichnis ausgeben, in dem Sie sich gerade befinden.

33.3.6 rmdir – ein leeres Verzeichnis löschen

Mit der Funktion `rmdir` können Sie ein leeres Verzeichnis löschen. Nicht leere Verzeichnisse können Sie mit `rm -r` rekursiv löschen. `rm -r` kann allerdings keine Verzeichnisse löschen, für die kein Ausführrecht vorhanden ist. Dies ist logisch, weil `rm` mit der Option `-r` im Verzeichnis enthalten sein muss. `rmdir` hingegen vermag auch das:

```
user$ mkdir -m 600 mydir
user$ rm -r mydir
rm: kann nicht aus Verzeichnis . in mydir wechseln:
    Keine Berechtigung
user$ rmdir mydir
```

33.4 Verwaltung von Benutzern und Gruppen

33.4.1 exit, logout – eine Session oder Sitzung beenden

Mit beiden Befehlen beenden Sie eine Shell-Sitzung (eine Textkonsole bzw. ein Shell-Fenster). Gleiches würden Sie auch mit (Strg) + (D) erreichen.

33.4.2 finger – Informationen zu Benutzern abfragen

Mit `finger` können Sie detaillierte Informationen zu aktuell angemeldeten Benutzern abfragen (ähnlich wie mit `who`, nur dass die Terminals nicht einzeln aufgelistet werden):

```
user$ finger
Login     Name      Tty       Idle  Login Time
hatt      Rainer Hattenhauer  *:0       Jan  2 10:42
hatt      Rainer Hattenhauer   pts/1    Jan  2 11:19
```

Ohne irgendwelche Optionen gibt `finger` zu allen aktiven Benutzern eine Informationszeile aus. Geben Sie einen Benutzernamen ein, so erhalten Sie eine detailliertere Auskunft (im Langformat):

```
user$ finger hatt
Login: hatt       Name: Rainer Hattenhauer
Directory: /home/hatt    Shell: /bin/bash
On since Mon Jan  2 10:42 (CET) on :0 (messages off)
On since Mon Jan  2 11:19 (CET) on pts/1 from :0.0
No mail.
No Plan.
```

Natürlich können Sie auch zu allen anderen aktiven Benutzern dieses Langformat mit der Option `-l` ausgeben lassen. Wollen Sie einen Benutzer auf einem entfernten System suchen, müssen Sie »benutzername@hostname« für den Benutzer angeben.

33.4.3 groupadd etc. – Gruppenverwaltung

Eine neue Gruppe können Sie mit `groupadd` anlegen:

```
user$ sudo groupadd [-g GID] gruppenname
```

Die ID einer Gruppe (*gid*) können Sie mit `groupmod` verändern:

```
user$ sudo groupmod [-g neueGID] gruppenname
```

Eine Gruppe wieder löschen können Sie mit `groupdel`:

```
user$ sudo groupdel gruppenname
```

33.4.4 groups – Gruppenzugehörigkeit ausgeben

Um alle Gruppen eines Benutzers zu ermitteln, wird `groups` verwendet. Wird `groups` ohne Angabe eines bestimmten Benutzers ausgeführt, so werden alle Gruppen des aktuellen Benutzers ausgegeben.

33.4.5 id – eigene Benutzer- und Gruppen-ID ermitteln

Mit `id` können Sie die User- und Gruppen-ID eines Benutzers ermitteln. Geben Sie keinen bestimmten Benutzer an, so werden die UID und GID des aktuellen Benutzers ermittelt und ausgegeben.

33.4.6 last – An- und Abmeldezeit eines Benutzers

Einen Überblick zu den letzten An- und Abmeldezeiten von Benutzern erhalten Sie mit `last`:

```
user$ last
hatt pts/1  :0.0  Mon Jan  2 11:19   still logged in
hatt pts/1  :0.0  Mon Jan  2 10:51 - 11:11  (00:20)
wtmp begins Mon Jan  2 10:51:44 2006
```

Wollen Sie nur die Loginzeiten eines einzelnen Users ermitteln, so müssen Sie diesen als Argument angeben.

33.4.7 logname – Name des aktuellen Benutzers

Mit `logname` erhalten Sie den Benutzernamen, der von *getty* in der Datei */var/run/utmp* gespeichert wird.

33.4.8 newgrp – Gruppenzugehörigkeit wechseln

Mit `newgrp` kann ein Benutzer während einer Sitzung in eine andere Gruppe wechseln (in der er ebenfalls Mitglied ist). Wird keine Gruppe als Argument verwendet, so wird in eine Standardgruppe von `/etc/passwd` gewechselt. Als Argument wird der Gruppenname – wie dieser in `/etc/group` eingetragen ist – erwartet, nicht die Gruppen-ID.

33.4.9 passwd – Passwort ändern bzw. vergeben

Mit dem Kommando `passwd` können Sie die Passwörter aller Benutzer in der Datei */etc/passwd* ändern. Damit hierbei wenigstens der Benutzer, der nicht zugleich Root ist, die Möglichkeit hat, sein eigenes Passwort zu ändern, läuft `passwd` als SUID Root. Damit hat der Anwender für kurze Zeit Root-Rechte, kann somit sein Passwort ändern und darf in die Datei schreiben. Alle Passwörter darf nur Root verändern, unter Ubuntu ist also die Voranstellung von sudo erforderlich:

```
user$ sudo passwd hatt
Changing password for hatt.
New password:********
Re-enter new password:********
Password changed
```

Wenn Sie mit Root-Rechten arbeiten, haben Sie noch folgende Optionen, einen Benutzer mit den Passworteinstellungen zu verwalten:

Verwendung	Bedeutung
`passwd -l benutzername`	Sperrt den Benutzer (`-l` = lock).
`passwd -f benutzername`	Zwingt den Benutzer dazu, beim nächsten Anmelden das Passwort zu verändern.
`passwd -d benutzername`	Löscht das Passwort des Benutzers. Danach kann sich der Benutzer ohne Passwort anmelden.

33.4.10 useradd/adduser etc. – Benutzerverwaltung

Einen neuen Benutzer legen Sie mit `useradd` bzw. `adduser` an:

```
user$ sudo useradd testuser
user$ sudo passwd testuser
Changing password for testuser.
New password:********
Re-enter new password:********
Password changed
```

Die Eigenschaften eines Users können Sie mit `usermod` modifizieren.

```
user$ sudo usermod -u 1235 -c "Test User" \
 -s /bin/bash -d /home/testdir testuser
```

Hier haben Sie z. B. einem User die ID 1235, den Kommentar bzw. Namen »Test User«, die Bash als Shell und als Verzeichnis */home/testdir* zugewiesen. Hierzu gibt es noch eine Menge Optionen mehr, die Sie mit `usermod` einstellen können (siehe auch *man*-Seite zu `usermod`). Wollen Sie einen Benutzer wieder entfernen, können Sie dies mit `userdel` erreichen:

```
user$ sudo userdel testuser
```

Beim Löschen wird eventuell noch überprüft, ob sich in `crontab` ein Eintrag für diesen User befindet. Dies ist sinnvoll, da der `cron`-Daemon sonst unnötig ins Leere laufen würde.

33.4.11 who – eingeloggte Benutzer anzeigen

Mit dem Kommando `who` werden alle angemeldeten Benutzer mit Namen, Loginzeit und Terminal ausgegeben.

```
user$ who
hatt     :0          Jan  2 10:42
hatt     pts/1       Jan  2 11:19 (:0.0)
```

33.4.12 whoami – Namen des aktuellen Benutzers anzeigen

Mit `whoami` können Sie ermitteln, unter welchem Namen Sie gerade arbeiten. Dies wird oft verwendet, um zu überprüfen, ob man als Root oder »normaler« User arbeitet. Unter Ubuntu ist das Kommando freilich obsolet, da die Arbeit als Benutzer Root eigentlich nicht vorgesehen ist.

```
user$ sudo whoami
Password:
root
```

33.5 Programm- und Prozessverwaltung

33.5.1 at – Zeitpunkt für Kommando festlegen

Mit dem Kommando `at` können Sie ein Kommando zum angegebenen Zeitpunkt ausführen lassen, auch wenn der Benutzer zu diesem Zeitpunkt nicht angemeldet ist. Durch

```
user$ at 2130 -f myscript
```

können Sie das Skript »myscript« um 21:30 Uhr ausführen lassen. Natürlich lassen sich mehrere solcher zeitgesteuerten Kommandos einrichten. Jeder dieser at-Aufrufe wird an die at-Queue (atq) angehängt. Natürlich funktioniert dies auch mit Datum:

```
user$ at 2200 apr 21 -f myscript
```

So würde das Skript »myscript« am 21. April um 22 Uhr ausgeführt. Wollen Sie sich alle Aufträge der atq auflisten lassen, müssen Sie die Option -l verwenden:

```
user$ at -l
```

Wollen Sie den Status des Auftrags mit der Nummer 33 anzeigen lassen, geben Sie Folgendes ein:

```
user$ at -l 33
```

Soll dieser Auftrag gelöscht werden, so kann die Option -d verwendet werden:

```
user$ at -d 33
```

33.5.2 batch – Kommando später ausführen lassen

Mit batch lesen Sie Kommandos von der Kommandozeile, die zu einem späteren Zeitpunkt ausgeführt werden, sobald das System Zeit hat. Dies wird bei extrem belasteten Rechnern gern verwendet, wenn man das Kommando bzw. Skript zu einer Zeit ausführen lassen will, in der die Systemlast definitiv niedrig ist, und dies nicht nur zu vermuten ist. Die angegebenen Kommandos werden auch dann ausgeführt, wenn der Benutzer nicht angemeldet ist. Um batch auszuführen, muss auch hier der at-Daemon, der auch für das Kommando at verantwortlich ist, laufen.

```
user$ batch
warning: commands will be executed using /bin/sh
at> ls -l
at> ./myscript
at> sleep 1
at> (Strg) + (D)
job 1 at 2005-12-21 23:30
```

Das Ende der Kommandozeileneingabe von batch müssen Sie mit (Strg) + (D) angeben.

33.5.3 bg – einen Prozess im Hintergrund fortsetzen

Mit dem Kommando bg können Sie einen (z. B. mit (Strg) + (Z)) angehaltenen Prozess im Hintergrund fortsetzen.

33.5.4 cron/crontab – Programme zeitgesteuert ausführen

Mit `cron` können Sie beliebig viele Kommandos automatisch in bestimmten Zeitintervallen ausführen lassen. Einmal pro Minute sieht dieser Daemon in einen Terminkalender (`crontab`) nach und führt gegebenenfalls darin enthaltene Kommandos aus.

33.5.5 fg – Prozesse im Vordergrund fortsetzen

Mit dem Kommando `fg` können Sie einen (z. B. mit Strg + Z) angehaltenen Prozess im Vordergrund fortsetzen.

33.5.6 jobs – Anzeigen von im Hintergrund laufenden Prozessen

Mit `jobs` wird eine Liste mit den aktuellen Jobs zurückgegeben. Neben der Jobnummer stehen bei jedem Job der Kommandoname, der Status und eine Markierung. Die Markierung »+« steht für den aktuellen Job, »-« für den vorhergehenden Job.

33.5.7 kill – Signale an Prozesse mit Nummer senden

Mit `kill` senden Sie den Prozessen durch Angabe der Prozessnummer ein Signal. Standardmäßig wird das Signal `SIGTERM` zum Beenden des Prozesses gesendet. Es lassen sich aber auch beliebige andere Signale senden. Das Signal wird dabei als Nummer oder als Name übermittelt. Einen Überblick über die möglichen Signalnamen erhalten Sie mit der Option `-l`.

33.5.8 killall – Signale an Prozesse mit Namen senden

Der Name `killall` ist etwas irreführend. MIt diesem Kommando lassen sich nicht etwa alle Prozesse »killen«, sondern `killall` stellt eher eine Erleichterung für `kill` dar. Anstatt wie mit `kill` einen Prozess mit der Prozessnummer zu beenden bzw. ein Signal zu senden, kann mit `killall` der Prozessname verwendet werden. Diese Möglichkeit stellt gerade bei unzählig vielen gleichzeitig laufenden Prozessen eine erhebliche Erleichterung dar, weil man hier nicht mühsam erst nach der Prozessnummer (z. B. mit dem Kommando `ps`) suchen muss. Im Übrigen lässt sich `killall` ähnlich wie `kill` verwenden, nur dass der Signalname ohne das vorangestellte `SIG` angegeben wird. Eine Liste aller Signale erhalten Sie auch hier mit der Option `-l`.

```
user$ sleep 60 &
[1] 5286
user$ killall sleep
[1]+  Beendet          sleep 60
```

33.5.9 nice – Prozesse mit anderer Priorität ausführen

Mit `nice` können Sie veranlassen, dass ein Kommando mit einer niedrigeren Priorität ausgeführt wird. Die Syntax lautet:

```
nice [-n] kommando [argumente]
```

Für `n` können Sie dabei mit einer Ziffer angeben, um wie viel die Priorität verändert werden soll. Der Standardwert, falls keine Angabe erfolgt, lautet 10 (-20 ist die höchste und 19 die niedrigste Priorität). Prioritäten höher als 0 darf ohnehin nur der Root starten. Häufig wird man das Kommando mit `nice` im Hintergrund starten wollen:

```
user$ nice find / -name document -print > /home/tmp/find.txt &
```

Hier wird mit `find` nach einer Datei *document* gesucht und die Ausgabe in die Datei *find.txt* geschrieben. Der Hintergrundprozess `find` wird dabei von `nice` mit einer niedrigen (10) Priorität gestartet. Dies stellt eine gängige Verwendung von `nice` dar.

33.5.10 nohup – Prozesse nach Abmelden fortsetzen

Mit `nohup` schützen Sie Prozesse vor dem `HANGUP`-Signal. Dadurch ist es möglich, dass ein Prozess im Hintergrund weiterlaufen kann, auch wenn sich ein Benutzer abmeldet. Ohne `nohup` würden sonst alle Prozesse einer Login-Shell des Anwenders durch das Signal `SIGHUP` beendet.

33.5.11 ps – Prozessinformationen anzeigen

`ps` ist wohl das wichtigste Kommando für Systemadministratoren, um an Informationen zu aktiven Prozessen zu gelangen (neben `top`). Rufen Sie `ps` ohne irgendwelche Argumente auf, werden Ihnen die zum jeweiligen Terminal gestarteten Prozesse aufgelistet. Zu jedem Prozess erhalten Sie die Prozessnummer (`PID`), den Terminal-Namen (`TTY`), die verbrauchte Rechenzeit (`TIME`) und den Kommandonamen (`COMMAND`). Neben diesen Informationen lassen sich über Optionen noch viele weitere Informationen entlocken. Häufig verwendet wird dabei der Schalter `-e`, mit dem Informationen zu allen Prozessen zu gewinnen sind (also nicht nur zum jeweiligen Terminal), und ebenso der Schalter `-f`, der Ihnen noch vollständigere Informationen verschafft:

```
user$ ps -ef
UID     PID  PPID  C STIME TTY     TIME CMD
root      1     0  0 10:41 ?    00:00:00 init [2]
root      2     1  0 10:41 ?    00:00:00 [migration/0]
root      3     1  0 10:41 ?    00:00:00 [ksoftirqd/0]
root      4     1  0 10:41 ?    00:00:00 [events/0]
...
marcus  19380 13264  0 15:15 pts/1  00:00:00 ps -ef
```

Mittlerweile beinhaltet das Kommando `ps` eine Vielzahl von Optionen, Näheres liefert die *man*-Seite von `ps`. Häufig sucht man in der Liste von Prozessen nach einem ganz bestimmten Prozess. Diesen können Sie folgendermaßen »herauspicken«:

```
user$ ps -ax | grep apache
12444 ?  SNs    0:00 /usr/sbin/apache2 -k start -DSSL
...
```

Durch die Verwendung der obigen Parameter wird zugleich auch die Prozessnummer geliefert. Dieselbe Funktion hat das im Folgenden beschriebene Kommando `pgrep`:

33.5.12 pgrep – Prozesse über ihren Namen finden

Sofern Sie die Prozessnummer eines Prozessnamens benötigen, ist `pgrep` das Kommando der Wahl.

```
user$ pgrep kamix
3171
```

`pgrep` liefert zu jedem Prozessnamen die Prozessnummer, sofern ein entsprechender Prozess gerade aktiv ist und in der Prozessliste (`ps`) auftaucht.

33.5.13 pstree – Prozesshierachie in Baumform ausgeben

Mit `pstree` können Sie die aktuelle Prozesshierarchie in Baumform ausgeben lassen. Ohne Angabe von Argumenten zeigt `pstree` alle Prozesse an, angefangen vom ersten Prozess `init` (PID = 1). Geben Sie hingegen eine PID oder einen Loginnamen an, so werden nur die Prozesse des Benutzers oder der Prozessnummer hierarchisch angezeigt.

33.5.14 renice – Priorität laufender Prozesse verändern

Mit dem Kommando `renice` können Sie im Gegensatz zu `nice` die Priorität von bereits laufenden Prozessen verändern. Ansonsten gilt auch hier alles, was bereits zum Kommando `nice` gesagt wurde. Komfortabler können Sie die Priorität laufender Prozesse übrigens mit dem Kommando `top` verändern. Ein Tastendruck (R) fragt Sie nach der Prozessnummer und dem `nice`-Wert des Prozesses, dessen Priorität Sie verändern wollen.

33.5.15 sleep – Prozesse schlafen legen

Mit `sleep` legen Sie einen Prozess für n Sekunden schlafen. Voreingestellt sind zwar Sekunden, aber über `Optionen` können Sie hierbei auch Minuten, Stunden oder gar Tage verwenden.

33.5.16 su – Ändern der Benutzerkennung

Dieses Kommando bedeutet *SwitchUser*. Durch die Angabe ohne Argumente wird hierbei gewöhnlich nach dem Passwort des Superusers gefragt. Unter Ubuntu erfordert das Nutzen des su-Befehls die Einrichtung und Freischaltung des Root-Accounts:

```
user$ sudo passwd
Password: <Hauptbenutzerpasswort eingeben>
Enter new UNIX password: <Rootpasswort definieren>
Retype new UNIX password: <Rootpasswort bestätigen>
passwd: password updated successfully
user$ whoami
hatt
user$ su
Password:
root# whoami
root
root# exit
user$ whoami
hatt
```

Wie bereits mehrfach erwähnt, sollte der Root-Account nach Möglichkeit deaktiviert bleiben. Sie können den Root-Account nach Freischaltung über

```
user$ sudo passwd -l root
```

wieder zurücksetzen.

su startet immer eine neue Shell mit der neuen Benutzer- (UID) und Gruppenkennung (GID). Wie bei einem neuen Login wird nach einem Passwort gefragt. Geben Sie keinen Benutzernamen an, versucht su zu UID 0 zu wechseln - also zum Superuser. Sofern Sie »Superuser« sind, können Sie auch die Identität eines jeden Benutzers annehmen, ohne dessen Passwort zu kennen.

33.5.17 sudo – Programme als anderer Benutzer ausführen

Mit sudo kann ein bestimmter Benutzer ein Kommando ausführen, zu dem er normalerweise nicht berechtigt ist(z. B. für administrative Aufgaben). Dazu legt Root gewöhnlich in der Datei /etc/sudoers folgenden Eintrag ab:

```
# Auszug aus /etc/sudoers
john ALL=/usr/bin/kommando
```

Jetzt kann der User »john« das Kommando mit folgendem Aufruf starten:

```
user$ sudo /usr/bin/kommando
Passwort: *********
```

Nachdem »john« sein Passwort eingegeben hat, wird das entsprechende Kommando ausgeführt, wozu er normalerweise ohne den Eintrag in `/etc/sudoers` nicht im Stande wäre. Der Eintrag wird gewöhnlich mit dem Editor `vi` über den Aufruf `visudo` vorgenommen.

Unter Ubuntu wurde der während der Installation angelegte Standardbenutzer automatisch der Gruppe `admin` zugeordnet, sodass er sämtliche administrativen Aufgaben »aus dem Stand« erledigen kann:

```
# Auszug aus /etc/sudoers / Ubuntu
# User privilege specification
root ALL=(ALL) ALL
# Members of the admin group may gain root privileges
%admin ALL=(ALL) ALL
```

Soll ein weiterer Benutzer auf Ihrem System über Root-Rechte und somit die Fähigkeit verfügen, via `sudo` Root-Kommandos auszuführen, so ordnen Sie diesen Benutzer am besten über `addgroup` der Gruppe `admin` zu.

33.5.18 time – Zeitmessung für Prozesse

Mit `time` führen Sie das in der Kommandozeile angegebene Kommando bzw. Skript aus und bekommen die Zeit, die dafür benötigt wurde, zurückgeliefert. Diese Zeit wird aufgeteilt in die tatsächlich benötigte Zeit (`real`), die Rechenzeit im Usermodus (`user`) und diejenige im Kernel-Modus (`sys`).

```
user$ time find . -name *.tex
...
real    0m0.657s
user    0m0.104s
sys     0m0.127s
```

33.5.19 top – Prozesse nach CPU-Auslastung anzeigen

Mit `top` erhalten Sie eine Liste der gerade aktiven Prozesse angezeigt. Die Liste wird nach CPU-Belastung sortiert. Standardmäßig wird `top` alle fünf Sekunden aktualisiert; beendet wird `top` mit `q`. `top` kann aber noch mehr, als die Auslastung der einzelnen Prozesse anzuzeigen, beispielsweise können Sie mit dem Tastendruck (K) (kill) einem bestimmten Prozess ein Signal senden oder mit (R) (renice) die Priorität eines laufenden Prozesses verändern. Ein Blick auf die *man*-Seite von `top` offenbart eine Vielzahl weiterer Möglichkeiten dieses auf den ersten Blick einfachen Kommandos.

33.6 Speicherplatzinformationen

33.6.1 df – Abfrage des Speicherplatzes für Dateisysteme

Das Kommando `df` zeigt den freien Festplattenplatz für das Dateisystem an, wenn Sie einen Pfad als Verzeichnis angegeben haben. Wird kein Verzeichnis angegeben, so wird der freie Plattenplatz für alle montierten Dateisysteme angezeigt. Der zusätzliche Parameter *h* listet den Speicherplatz in menschenlesbarer Form (h=human), sprich: in Giga- bzw. Megabyte, auf:

```
user$ df -h
Dateisystem    Größe Benut  Verf Ben% Eingehängt auf
/dev/sda11      20G  4,7G   14G  26%      /
...
/dev/sda3       23G  7,3G   15G  34%      /daten
/dev/sdb5       29G   19G  8,4G  70%      /remaster
/dev/hdc1       47G  3,2G   44G   7%      /video
/dev/hdc3       51G   13G   36G  26%      /vmware
```

Die erste Spalte stellt die Gerätedatei dar, die zweite Spalte die Größe der Partition (hier in GByte), die dritte Spalte zeigt an, wie viel Speicherplatz benutzt wird und die vierte Spalte, wie viel noch verfügbar ist. Die Prozentangabe gibt den prozentualen Wert der Plattennutzung an. Am Ende finden Sie noch den Mount-Point im Dateisystem.

33.6.2 du – Größe eines Verzeichnisbaums ermitteln

`du` zeigt die Belegung (Anzahl von KByte-Blöcken) durch die Dateien an. In Verzeichnissen wird dabei die Belegung der darin enthaltenen Dateibäume ausgegeben. Um den Wert der Ausgabe zu steuern, können folgende Optionen verwendet werden:

Option	Bedeutung
`-b`	Ausgabe in Bytes
`-k`	Ausgabe in Kilobytes
`-m`	Ausgabe in Megabytes
`-h`	(human-readable) Ausgabe in Byte, KB, MB oder GB

Häufig möchte man nicht, dass bei umfangreichen Verzeichnissen jede Datei einzeln ausgegeben wird, sondern nur die Gesamtzahl der Blöcke. In diesem Fall verwendet man den Schalter -s.

```
user$ du -s /home
582585  /home
user$ du -sh /home
569M    /home
```

Wollen Sie nicht der kompletten Tiefe eines Verzeichnisses folgen, so können Sie sie auch mittels `-max-depth=n` festlegen:

```
user$ du --max-depth=1 -m /home
26      /home/john
569     /home
```

33.6.3 free – verfügbaren Speicherplatz anzeigen

Den verfügbaren Speicherplatz (RAM und Swap-Speicher, also Arbeitsspeicher und Auslagerungsspeicher auf der Festplatte) können Sie sich mit `free` anzeigen lassen:

```
user$ free
     total    used    free  shared buffers cached
Mem: 1035300  695424  339876   0  57032  381024
-/+ buffers/cache:  257368     777932
Swap:       1052216    0    1052216
```

33.7 Dateisystem-Kommandos

[!] Bei den Kommandos zu den Dateisystemen handelt es sich häufig um Kommandos, die nur als Root ausführbar sind. Aus Erfahrung weiß ich, dass man schnell gern mit Root-Rechten spielt, um mit solchen Kommandos zu experimentieren. Hiervor möchte ich Sie aber warnen, sofern Sie nicht genau wissen, was Sie tun. Mit zahlreichen dieser Kommandos verlieren Sie häufig nicht nur ein paar Daten, sondern können z. T. ein ganzes Dateisystem korrumpieren – was sich so weit auswirken kann, dass Ihr Betriebssystem nicht mehr startet.

33.7.1 badblocks – überprüft defekte Sektoren

Mit dem Kommando `badblocks` testen Sie den physischen Zustand eines Datenträgers. Dabei sucht `badblocks` auf einer Diskette oder Festplatte nach defekten Blöcken.

```
user$ sudo badblocks -s -o block.log /dev/fd0 1440
```

Hier wird z. B. bei einer Diskette (1,44 MByte) nach defekten Blöcken gesucht. Das Fortschreiten der Überprüfung wird durch die Option `-s` simuliert. Mit `-o` schreiben Sie das Ergebnis defekter Blöcke in die Datei *block.log*, die wiederum von anderen Programmen verwendet werden kann, damit diese beschädigten Blöcke nicht mehr genutzt werden. Die Syntax sieht somit wie folgt aus:

```
user$ badblocks [-optionen] Gerätedatei [startblock]
```

Die »Gerätedatei« ist der Pfad zum entsprechenden Speichermedium (z. B. */dev/hda1* = erste Festplatte). Es kann außerdem auch optional der »startblock« festgelegt werden, von dem aus mit dem Testen begonnen werden soll. Die Ausführung dieses Kommandos bleibt selbstverständlich dem Superuser vorbehalten.

33.7.2 cfdisk – Partitionieren von Festplatten

Mit `cfdisk` teilen Sie eine formatierte Festplatte in verschiedene Partitionen ein. Natürlich kann man auch eine bestehende Partition löschen oder eine vorhandene verändern (z. B. eine andere Systemkennung vergeben). Man kann mit `cfdisk` allerdings auch eine »rohe«, ganze Festplatte bearbeiten (nicht nur einzelne Partitionen). Die Gerätedatei lautet also */dev/hda* für die erste IDE-Festplatte, */dev/hdb* für die zweite Festplatte, */dev/sda* für die erste SCSI- bzw. S-ATA-Festplatte, */dev/sdb* für die zweite SCSI- bzw. S-ATA- Festplatte usw.

Starten Sie `cfdisk`, so werden alle gefundene Partitionen mitsamt ihren Größen angezeigt. Mit den Pfeiltasten »nach oben« und »nach-unten« können Sie hierbei eine Partition auswählen und mit den Pfeiltasten »nach-rechts« bzw. »nach-links« ein Kommando. Mit `q` können Sie `cfdisk` beenden.

Selbstverständlich ist `cfdisk` nur als Root ausführbar. Sollten Sie Root-Rechte haben und ohne Vorwissen mit `cfdisk` herumspielen, ist Ihnen mindestens ein Datenverlust sicher. **[!]**

33.7.3 dd – Datenblöcke zwischen Devices kopieren

Mit `dd` können Sie eine Datei lesen und den Inhalt in einer bestimmten Blockgröße mit verschiedenen Konvertierungen zwischen verschiedenen Speichermedien (Festplatte, Diskette usw.) übertragen. Auf diese Weise lassen sich neben einfachen Dateien auch ganze Festplatten-Partitionen kopieren. Ein komplettes Backup kann mit diesem Kommando realisiert werden. Ein Beispiel:

```
user$ sudo dd if=/dev/hda bs=512 count=1
```

Damit geben Sie den Boot-Sektor (nur als Root möglich) auf dem Bildschirm aus. Wollen Sie jetzt auch noch ein Backup des Boot-Sektors auf einer Diskette sichern, dann gehen Sie folgendermaßen vor:

```
user$ sudo dd if=/dev/hda of=/dev/fd0 bs=512 count=1
```

Bevor Sie jetzt noch weitere Beispiele zum mächtigen Werkzeug `dd` sehen werden, müssen Sie sich zunächst mit den Optionen vertraut machen – im Beispiel werden `if`, `of`, `bs` und `count` verwendet.

Option	Bedeutung
`if` = Datei	*Input File*: Hier gibt man den Namen der Eingabedatei (Quelldatei) an – ohne Angaben wird die Standardeingabe verwendet.
`of` = Datei	*Output File*: Hier wird der Name der Ausgabedatei (Zieldatei) angegeben – ohne Angabe wird hier die Standardausgabe verwendet.
`ibs` = Schritt	*Input Block Size*: Hier wird die Blockgröße der Eingabedatei angegeben.
`obs` = Schritt	*Output Block Size*: Hier wird die Blockgröße der Ausgabedatei angegeben.
`bs` = Schritt	*Block Size*: Hier legt man die Blockgröße für Ein- und Ausgabedatei fest.
`cbs` = Schritt	*Conversion Block Size*: Die Blockgröße für die Konvertierung wird bestimmt.
`skip` = Blöcke	Hier können Sie eine Anzahl Blöcke angeben, die von der Eingabe zu Beginn ignoriert werden sollen.
`seek` = Blöcke	Hier können Sie eine Anzahl Blöcke angeben, die von der Ausgabe am Anfang ignoriert werden sollen; das Kommando unterdrückt am Anfang die Ausgabe der angegebenen Anzahl Blöcke.
`count` = Blöcke	Hier wird angegeben, wie viele Blöcke kopiert werden sollen.

Eine spezielle Option steht Ihnen mit `conv`-Konvertierung zur Verfügung. Folgende Konvertierungen sind dabei möglich:

Option	Konvertierung
`conv=ascii`	EBCDIC nach ASCII
`conv=ebcdic`	ASCII nach EBCDIC
`conv=ibm`	ASCII nach big blue special EBCDIC
`conv=block`	Es werden Zeilen in Felder mit der Größe `cbs` geschrieben und das Zeilenende wird durch Leerzeichen ersetzt. Der Rest des Feldes wird mit Leerzeichen aufgefüllt.
`conv=unblock`	Abschließende Leerzeichen eines Blocks der Größe `cbs` werden durch ein Zeilenende ersetzt.
`conv=lcase`	Großbuchstaben in Kleinbuchstaben
`conv=ucase`	Kleinbuchstaben in Großbuchstaben
`conv=swab`	Vertauscht je zwei Bytes der Eingabe. Ist die Anzahl der gelesenen Bytes ungerade, wird das letzte Byte einfach kopiert.
`conv=noerror`	Lesefehler werden ignoriert.
`conv=sync`	Füllt Eingabeblöcke bis zur Größe von `ibs` mit Nullen.

Es folgen noch einige interessante Beispiele zu dd:

```
user$ sudo dd if=/vmlinuz of=/dev/fd0
```

Damit kopieren Sie den Kernel (hier in »vmlinuz« – bitte anpassen) in den ersten Sektor der Diskette, die als Boot-Diskette verwendet werden kann.

```
user$ sudo dd if=/dev/hda of=/dev/hdc
```

Mit diesem Befehl klonen Sie praktisch in einem Schritt die erste Festplatte am Master-IDE-Controller auf die Festplatte am zweiten Master-Anschluss. Somit haben Sie auf */dev/hdc* denselben Inhalt wie auf */dev/hda*. Natürlich kann die Ausgabedatei auch auf ein anderes Medium geschrieben werden, z. B. auf einen DVD-Brenner, eine Festplatte am USB-Anschluss oder in eine Datei.

Zwar ist dd ein mächtigeres Werkzeug, als es hier vielleicht den Anschein hat, dennoch sollten Sie gewarnt sein vor unbedachten dd-Aufrufen. Der Datensalat entsteht auch hier schneller als bei anderen Werkzeugen. Daher benötigt man wieder die allmächtigen Root-Rechte. Falls Sie größere Datenmengen mit dd kopieren, können Sie dem Programm von einer anderen Konsole aus mittels kill das Signal SIGUSR1 senden, um dd zu veranlassen, den aktuellen Fortschritt auszugeben. [!]

33.7.4 dd_rescue – fehlertolerantes Kopieren

Falls Sie eine defekte Festplatte – oder eine Partition auf derselben – kopieren wollen, stößt dd schnell an seine Grenzen. Zudem ist beim Retten von Daten eines defekten Speichermediums die Geschwindigkeit wichtig, da das Medium weitere Fehler verursachen kann und somit weitere Dateien korrumpiert werden können. Ein Fehlversuch mit dd kann hier also fatale Folgen haben.

An dieser Stelle bietet sich das Werkzeug dd_rescue an, das bei Ubuntu mithilfe des gleichnamigen Pakets nachinstalliert wird. Sie können damit – ähnlich wie mit dd – Dateiblöcke auf Low-Level-Basis auf ein anderes Medium kopieren. Als Zielort ist eine Datei auf einem anderen Speichermedium sinnvoll. Von diesem Abbild der defekten Festplatte können Sie eine Kopie erstellen, um das ursprüngliche Abbild nicht zu verändern. In einem der Abbilder können Sie versuchen, das Dateisystem mittels fsck wieder zu reparieren. Ist dies gelungen, können Sie das Abbild wieder mit dd_rescue auf eine neue Festplatte kopieren. Ein Beispiel:

```
user$ sudo dd_rescue -v /dev/hda1 \
/mnt/rescue/hda1.img
```

In dem Beispiel wird die Partition /dev/hda1 in die Abbilddatei /mnt/ rescue/hda1.img kopiert.

33.7.5 dumpe2fs – Analyse von ext2/ext3-Systemen

`dumpe2fs` gibt eine Menge interner Informationen zum Superblock und anderen Blockgruppen zu einem *ext2/ext3*-Dateisystem aus (vorausgesetzt, dieses Dateisystem wird auch verwendet), zum Beispiel:

```
user$ sudo dumpe2fs -b /dev/hda6
```

Mit der Option `-b` werden alle Blöcke von `/dev/hda6` auf die Konsole ausgegeben, die als »schlecht« markiert wurden.

33.7.6 e2fsck – repariert ein ext2/ext3-Dateisystem

`e2fsck` überprüft ein *ext2/ext3*-Dateisystem und repariert den Fehler. Damit `e2fsck` verwendet werden kann, muss `fsck.ext2` installiert sein. Das eigentliche Programm *e2fsck* ist nur ein »Frontend« dieses Programmes. Die Befehlssyntax lautet:

```
user$ sudo e2fsck Gerätedatei
```

Mit der »Gerätedatei« geben Sie die Partition an, auf der das Dateisystem überprüft werden soll (das selbstverständlich wieder ein *ext2/ext3*-Dateisystem sein muss). Bei den Dateien, bei denen die Inodes in keinem Verzeichnis notiert sind, werden sie von `e2fsck` im Verzeichnis `lost+found` eingetragen und können so repariert werden. `e2fsck` gibt beim Überprüfen einen Exit-Code zurück, den Sie mit `echo $?` abfragen können. Folgende wichtigen Exit-Codes und deren Bedeutung können dabei zurückgegeben werden:

Exit-Code	Bedeutung
0	kein Fehler im Dateisystem
1	einen Fehler im Dateisystem gefunden und repariert
2	schweren Fehler im Dateisystem gefunden und korrigiert, das System sollte dennoch neu gestartet werden.
4	Fehler im Dateisystem gefunden, aber nicht korrigiert
8	Fehler bei der Kommandoausführung von `e2fsck`
16	falsche Verwendung von `e2fsck`
128	Fehler in den Shared-Libraries

Wichtige Optionen, die Sie mit `e2fsck` angeben können, sind:

Option	Bedeutung
`-p`	alle Fehler automatisch reparieren ohne Rückfragen
`-c`	Durchsucht das Dateisystem nach schlechten Blöcken.
`-f`	Erzwingt eine Überprüfung des Dateisystems, auch wenn der Kernel das System für OK befunden hat (valid-Flag gesetzt).

`fsck` fragt meist nach, ob das Kommando wirklich ausgeführt werden soll. Als Antwort genügt der Anfangsbuchstabe »j« oder »y« nicht, sondern es muss »yes« oder »ja« (je nach Fragestellung) eingegeben werden. Anderenfalls bricht `fsck` an dieser Stelle kommentarlos ab. [«]

33.7.7 fdformat – formatiert eine Diskette

Auch wenn viele Rechner mittlerweile ohne Diskettenlaufwerk ausgeliefert werden, wird das Diskettenlaufwerk immer wieder einmal benötigt (z. B. für eine Rettungsdiskette mit einem Mini-Linux). Mit dem Kommando `fdformat` formatieren Sie eine Diskette. Das Format wird dabei anhand von im Kernel gespeicherten Parametern erzeugt. Beachten Sie allerdings, dass die Diskette nur mit leeren Blöcken beschrieben wird und nicht mit einem Dateisystem. Zum Erstellen von Dateisystemen stehen Ihnen die Kommandos `mkfs`, `mk2fs` oder `mkreiserfs` zur Verfügung. Die Syntax des Befehls lautet:

```
fdformat Gerätedatei
```

33.7.8 fdisk – Partitionieren von Speichermedien

`fdisk` ist die etwas unkomfortablere Alternative zu `cfdisk`, eine Festplatte in verschiedene Partitionen aufzuteilen, zu löschen oder gegebenenfalls zu ändern. Im Gegensatz zu `cfdisk` können Sie hier nicht mit den Pfeiltasten navigieren, sondern müssen einzelne Tastenkürzel verwenden. Allerdings hat `fdisk` den Vorteil, fast überall und immer präsent zu sein. Die wichtigsten Tastenkürzel zur Partitionierung sind:

Taste	Bedeutung
B	»bsd disklabel« bearbeiten
D	eine Partition löschen
L	die bekannten Dateisystemtypen anzeigen (Sie benötigen die Nummer)
M	ein Menü mit allen Befehlen anzeigen
N	eine neue Partition anlegen
P	die Partitionstabelle anzeigen
Q	Ende ohne Speichern der Änderungen
S	einen neuen leeren »Sun disklabel« anlegen
T	den Dateisystemtyp einer Partition ändern
U	die Einheit für die Anzeige/Eingabe ändern
V	die Partitionstabelle überprüfen
W	die Tabelle auf die Festplatte schreiben und das Programm beenden
W	zusätzliche Funktionen (nur für Experten)

Noch ein Vorzug ist, dass `fdisk` nicht interaktiv läuft. Man kann es z. B. benutzen, um mehrere Festplatten automatisch zu formatieren. Dies ist praktisch, wenn man ein System identisch mehreren Rechnern installieren muss. Man installiert in diesem Fall das System nur auf einem der Rechner, erzeugt mit `dd` ein Image, erstellt ein kleines Skript, bootet die anderen Rechner z. B. von »damnsmall-Linux« (einer speziellen Mini-Distribution z. B. für den USB-Stick) und führt das Skript aus, das dann per `fdisk` formatiert und per `dd` das Image des Prototypen installiert.

Anschließend muss man nur noch die IP-Adresse und den Hostname anpassen, was auch skriptgesteuert möglich ist. Einen komfortablen Überblick zu allen Partitionen auf allen Festplatten können Sie sich mit der Option `-l` anzeigen lassen:

```
user$ sudo fdisk -l
Platte /dev/hdc: 120.0 GByte, 120034123776 Byte
255 Köpfe, 63 Sektoren/Spuren, 14593 Zylinder
Einheiten = Zylinder von 16065 × 512 = 8225280 Bytes
Gerät      Anfang     Ende     Blöcke   Id  System
/dev/hdc1    1        6079    48829536   83  Linux
/dev/hdc2 6080        7903    14651280   83  Linux
/dev/hdc3 7904       14593    53737425   83  Linux
```

Zum Partitionieren müssen Sie `fdisk` mit der Angabe der Gerätedatei starten:

```
user$ sudo fdisk /dev/hda
```

33.7.9 fsck – Reparieren und Überprüfen

`fsck` ist ein unabhängiges Frontend zum Prüfen und Reparieren der Dateisystem-Struktur. `fsck` ruft gewöhnlich je nach Dateisystem das entsprechende Programm auf. Bei *ext2/ext3* ist dies *fsck.ext2*, bei einem Minix-System *fsck.minix*, bei ReiserFS *reiserfsck* usw. Die Zuordnung des entsprechenden Dateisystems nimmt `fsck` anhand der Partitionstabelle oder durch eine Kommandozeilenoption vor. Die meisten dieser Programme unterstützen die Optionen `-a`, `-A`, `-l`, `-r`, `-s` und `-v`.

Meistens wird hierbei die Option `-a -A` verwendet. Mit `-a` veranlassen Sie eine automatische Reparatur, sofern dies möglich ist, und mit `-A` geben Sie an, dass alle Dateisysteme getestet werden sollen, die in */etc/fstab* eingetragen sind. `fsck` gibt beim Überprüfen einen Exit-Code zurück, den Sie mit `echo $?` abfragen können. Folgende wichtige Exit-Codes und deren Bedeutung können dabei zurückgegeben werden:

Exit-Code	Bedeutung
0	kein Fehler im Dateisystem
1	einen Fehler im Dateisystem gefunden und repariert
2	schweren Fehler im Dateisystem gefunden und korrigiert, das System sollte dennoch neu gestartet werden.
4	Fehler im Dateisystem gefunden, aber nicht korrigiert
8	Fehler bei der Kommandoausführung von `fsck`
16	falsche Verwendung von `fsck`
128	Fehler in den Shared-Libraries

Besonders wichtig ist es auch, `fsck` immer auf nicht eingebundene bzw. nur im *read-only*-Modus eingebundene Dateisysteme anzuwenden. Denn `fsck` kann sonst eventuell ein Dateisystem verändern (reparieren), ohne dass das System dies zu realisieren vermag. Ein Systemabsturz ist dann vorprogrammiert. Gewöhnlich wird `fsck` bzw. *fsck.ext3* beim Systemstart automatisch ausgeführt, wenn eine Partition nicht sauber ausgebunden wurde oder nach jedem 30sten Booten bei Ubuntu in der Standardeinstellung. [«]

33.7.10 mkfs – Dateisystem einrichten

Mit `mkfs` können Sie auf einer zuvor formatierten Festplatte bzw. Diskette ein Dateisystem anlegen. Wie schon `fsck` ist auch `mkfs` ein unabhängiges Frontend, das die Erzeugung des Dateisystems nicht selbst übernimmt, sondern auch hier das spezifische Programm zur Erzeugung des entsprechenden Dateisystems verwendet. Auch hierbei richtet sich `mkfs` wieder nach den Dateisystemen, die in der Partitionstabelle aufgelistet sind, oder gegebenenfalls nach der Kommandozeilenoption. Abhängig vom Dateisystemtyp ruft `mkfs` dann das Kommando `mkfs.minix` (für Minix), `mk2fs` (für ext2/ext3), `mkreiserfs` (für ReiserFS) usw. auf. Die Syntax lautet:

```
user$ mkfs [option] Gerätedatei [blöcke]
```

Für die »Gerätedatei« müssen Sie den entsprechenden Pfad angeben (z. B. */dev/hda1*). Es kann außerdem auch die Anzahl von Blöcken angegeben werden, die das Dateisystem belegen soll. Auch `mkfs` gibt einen Exit-Code über den Verlauf der Kommandoausführung zurück, den Sie mit `echo $?` auswerten können.

Exit-Code	Bedeutung
0	alles erfolgreich durchgeführt
8	Fehler bei der Programmausführung
16	ein Fehler in der Kommandozeile

Mit der Option `-t` können Sie den Dateisystemtyp des zu erzeugenden Dateisystems festlegen. Ohne `-t` würde hier versucht, das Dateisystem anhand der Partitionstabelle zu bestimmen. Sie erzeugen z. B. mit

```
user$ sudo mkfs -f xfs /dev/hda7
```

auf der Partition `/dev/hda7` ein Dateisystem *xfs* (alternativ zu *ext2*).

33.7.11 mkswap – eine Swap-Partition einrichten

Mit `mkswap` legen Sie eine Swap-Partition an. Diese können Sie z. B. dazu verwenden, schlafende Prozesse, die auf das Ende von anderen Prozessen warten, in die Swap-Partition der Festplatte auszulagern. So halten Sie Platz im Arbeitsspeicher für andere laufende Prozesse frei. Sofern Sie nicht schon bei der Installation von Ubuntu die (gewöhnlich) vorgeschlagene Swap-Partition eingerichtet haben, können Sie dies nachträglich mit dem Kommando `mkswap` vornehmen. Zum Aktivieren einer Swap-Partition rufen Sie das Kommando `swapon` auf. Ist Ihr Arbeitsspeicher ausgelastet, können Sie auch kurzfristig solch einen Swap-Speicher einrichten. Ein Beispiel:

```
user$ sudo dd bs=1024 if=/dev/zero \
of=/tmp/myswap count=4096
4096+0 Datensätze ein
4096+0 Datensätze aus
user$ sudo mkswap -c /tmp/myswap 4096
Swapbereich Version 1 wird angelegt,
Größe 4190 KBytes
user$ sudo sync
user$ sudo swapon /tmp/myswap
```

Zuerst legen Sie mit `dd` einen leere Swap-Datei mit 4 Megabytes Größe mit Null-Bytes an. Anschließend verwenden Sie diesen Bereich als Swap-Datei. Nach einem Aufruf von `sync` müssen Sie nur noch den Swap-Speicher aktivieren. Wie dieser Swap-Bereich allerdings verwendet wird, haben Sie nicht in der Hand: Dies wird vom Kernel mit dem »Paging« gesteuert.

[»] Eine Datei, die als Swap-Bereich eingebunden wird, sollte nur genutzt werden, wenn keine Partition dafür zur Verfügung steht, da die Methode erheblich langsamer ist als eine Swap-Partition.

33.7.12 mount, umount – Dateisysteme an- bzw. abhängen

Das Kommando `mount` hängt einzelne Dateisysteme mit den verschiedensten Medien (Festplatte, CD-ROM, Diskette, etc) an einen einzigen Dateisystembaum an. Die einzelnen Partitionen werden dabei als Gerätedateien im Ordner */dev* angezeigt. Rufen Sie `mount` ohne irgendwelche Argumente auf, werden alle »gemounteten« Dateisysteme aus */etc/mtab* aufgelistet. Auch hier bleibt es wieder Root überlassen, ob ein Benutzer ein bestimmtes Dateisystem einbinden kann oder nicht. Hierzu muss nur ein entsprechender Eintrag in */etc/fstab* vorgenommen werden.

In der folgenden Tabelle finden Sie einige Beispiele, wie verschiedene Dateisysteme eingehängt werden können:

Verwendung	Bedeutung
`mount /dev/fd0`	Hängt das Diskettenlaufwerk ein.
`mount /dev/hda9 /home/you`	Hier wird das Dateisystem `/dev/hda9` an das Verzeichnis `/home/you` gemountet.
`mount goliath:/progs \` `/home/progs`	Mountet ein Dateisystem per NFS von einem Rechner namens »goliath« und hängt dieses an das lokale Verzeichnis `/home/progs`

Wollen Sie ein Dateisystem wieder aushängen, dann nehmen Sie dies mit `umount` vor:

```
user$ umount /dev/fd0
```

Hier wird das Diskettenlaufwerk aus dem Dateisystem ausgehängt. Wenn ein Eintrag für ein Dateisystem in der `/etc/fstab` besteht, reicht es aus, `mount` mit dem Device oder dem Mount-Punkt als Argument aufzurufen: »mount /dev/fd0«. [«]

33.7.13 parted – Partitionen anlegen etc.

Mit `parted` können Sie nicht nur – wie mit `fdisk` bzw. `cfdisk` – Partitionen anlegen oder löschen, sondern diese auch vergrößern, verkleinern, kopieren und verschieben. `parted` wird gern verwendet, wenn man Platz auf der Festplatte schaffen will für ein neues Betriebssystem oder alle Daten einer Festplatte auf eine neue kopieren will. Mehr hierzu entnehmen Sie der *Man*-Seite von `parted`.

33.7.14 swapon, swapoff – Swap-Speicher (de)aktivieren

Wenn Sie auf dem System eine Swap-Partition eingerichtet haben (siehe `mkswap`), so existiert diese zwar, sie muss aber noch mit dem Kommando `swapon` aktiviert werden. Den so aktivierten Bereich können Sie jederzeit mit `swapoff` wieder aus dem laufenden System deaktivieren.

33.7.15 sync – gepufferte Schreiboperationen ausführen

Normalerweise verwendet Linux einen Puffer (Cache) im Arbeitsspeicher, in dem sich ganze Datenblöcke eines Massenspeichers befinden. So werden Daten häufig temporär erst im Arbeitsspeicher verwaltet, da sich ein dauernd schreibender Prozess äußerst negativ auf die Performance des Systems auswirken würde. Stellen Sie sich das einmal bei hundert Prozessen vor! Gewöhnlich übernimmt ein Daemon die Arbeit und entscheidet, wann die veränderten Datenblöcke auf die Festplatte geschrieben werden.

Mit dem Kommando `sync` können Sie nun veranlassen, dass veränderte Daten sofort auf die Festplatte (oder auf jeden anderen Massenspeicher) geschrieben werden. Dies ist häufig der letzte Rettungsanker, wenn das System sich nicht mehr richtig beenden lässt. Können Sie hierbei noch schnell ein `sync` ausführen, so werden alle Daten zuvor nochmals gesichert und der Datenverlust kann eventuell ganz verhindert werden.

33.8 Archivierung und Backup

33.8.1 bzip2/bunzip2 – (De-)Komprimieren von Dateien

Das Kommando `bzip2` ist dem Kommando `gzip` nicht unähnlich, erreicht aber einen besseren Komprimierungsgrad als `gzip`. `bzip` arbeitet mit der HUffmann-Codierung und dem Burrows-Wheeler-Block-Sorting-Algorithmus, der den Text zwar nicht komprimiert, aber leichter komprimierbar macht. Die Kompression mit `bzip2` ist zwar erheblich besser, aber dafür auch erheblich langsamer. Alle Dateien, die mit `bzip2` komprimiert werden, erhalten automatisch die Dateiendung *.bz2*. TAR-Dateien, die mit `bzip2` komprimiert werden, erhalten üblicherweise die Endung *.tbz*. Die »2« bei `bzip2` bzw. `bunzip2` geht auf den Vorgänger `bzip` zurück, der allerdings aus patentrechtlichen Gründen nicht mehr weiterentwickelt wurde.

Komprimieren können Sie Dateien mit `bzip2` folgendermaßen:

```
user$ bzip2 file.txt
```

Sie entpacken die komprimierte Datei wieder mit der Option `-d` und `bzip2` oder mit `bunzip2`.

```
user$ bzip2 -d file.txt.bz2
```

oder

```
user$ bunzip2 file.txt.bz2
```

Sie können gern `bzip2` mit der Option `-d` bevorzugen, weil `bunzip2` nichts anderes ist als ein Link auf `bzip2`, wobei allerdings automatisch die Option `-d` verwendet wird. Interessant ist in diesem Zusammenhang auch das Kommando `bzcat`, mit dem Sie `bzip2`-komprimierte Dateien lesen können, ohne diese vorher zu dekomprimieren.

```
user$ bzcat file.txt.bz2
...
```

33.8.2 cpio, afio – Dateien archivieren

cpio (*copy in and out*) eignet sich hervorragend, um ganze Verzeichnisbäume zu archivieren. Etwas ungewöhnlich auf den ersten Blick ist, dass cpio die zu archivierenden Dateien nicht von der Kommandozeile, sondern von der Standardeingabe liest. Häufig wird daher cpio in Verbindung mit den Kommandos ls oder find und einer Pipe verwendet. Damit ist es möglich, ein spezielles Archiv zu erzeugen, das Eigentümer, Zugriffsrechte, Erzeugungszeit, Dateigröße usw. berücksichtigt. Gewöhnlich wird cpio auf drei verschiedenen Arten aufgerufen.

33.8.3 copy out

Diese Art wird mit der Option -o bzw. --create verwendet. So werden die Pfadnamen der zu kopierenden Dateien von der Standardeingabe eingelesen und auf die Standardausgabe kopiert. Es können z. B. der Eigentümer, die Zugriffsrechte und die Dateigröße ausgegeben werden. Gewöhnlich verwendet man copy out mit einer Pipe und einer Umlenkung:

```
user$ cd meinbuch
user$ ls
Kap001.txt  Kap002.txt
...
user$ ls *.txt | cpio -o > meinbuch.cpio
1243 blocks
```

In diesem Beispiel wurden alle Textdateien im Verzeichnis meinbuch zu einem cpio-Archiv (meinbuch.cpio) gepackt. Allerdings konnten hier nur bestimmte Dateien erfasst werden. Wollen Sie ganze Verzeichnisbäume archivieren, so verwenden Sie das Kommando find:

```
user$ find $HOME/meinbuch -print | cpio -o > \
meinbuch.cpio
```

Natürlich können Sie mit find-üblichen Anweisungen nur bestimmte Dateien archivieren. Ebenso lassen sich Dateien auch auf ein anderes Laufwerk archivieren:

```
user$ ls -a | cpio -o > /dev/fd0
```

Hier wurden beispielsweise alle Dateien des aktuellen Verzeichnisses auf die Diskette kopiert. Dabei können Sie genauso gut einen Streamer, eine andere Festplatte oder gar einen anderen Rechner verwenden.

33.8.4 copy in

Wollen Sie das mit cpio -o erzeugte Archiv wieder entpacken bzw. zurückspielen, so wird cpio mit dem Schalter -i bzw. --extract verwendet. Damit liest cpio die archivierten Dateien von der Standardeingabe ein. Es ist sogar möglich, hierbei reguläre Ausdrücke zu verwenden. Mit folgender Befehlsausführung entpacken Sie das Archiv wieder:

```
user$ cpio -i < meinbuch.cpio
```

Um nur bestimmte Dateien zu entpacken, nutzen Sie folgenden Befehl:

```
user$ cpio -i "*.txt" < meinbuch.cpio
```

Hier entpacken Sie nur Textdateien mit der Endung *.txt*. Natürlich funktioniert das Ganze auch mit den verschiedensten Speichermedien:

```
user$ cpio -i "*.txt" < /dev/fd0
```

Hier werden alle Textdateien von einer Diskette entpackt. Allerdings werden die Dateien immer ins aktuelle Arbeitsverzeichnis zurückgespielt, sodass Sie den Zielort schon zuvor angeben müssen, zum Beispiel:

```
user$ cd $HOME/meinbuch/testdir ; \
> cpio -i < /archive/meinbuch.cpio
```

Hier wechseln Sie zunächst in ein entsprechendes Verzeichnis, in dem Sie anschließend das Archiv entpacken wollen. Wollen Sie außerdem erst wissen, was Sie entpacken, also was für Dateien sich in einem `cpio`-Archiv befinden, so verwenden Sie `cpio` nur mit der Option `-t`:

```
user$ cpio -t < meinbuch.cpio
...
```

33.8.5 copy pass

Mit `copy pass` werden die Dateien von der Standardeingabe gelesen und in ein entsprechendes Verzeichnis kopiert, ohne dass ein Archiv erzeugt wird. Hierzu wird die Option `-p` eingesetzt. Voraussetzung ist natürlich, dass ein entsprechendes Verzeichnis existiert. Anderenfalls können Sie zusätzlich die Option `-d` verwenden, die ein solches Verzeichnis erzeugt.

```
user$ ls *.txt | cpio -pd /archive/testdir2
```

Hiermit werden aus dem aktuellen Verzeichnis alle Textdateien in das Verzeichnis *testdir2* kopiert. Der Aufruf entspricht:

```
user$ cp *.txt /archive/testdir2
```

Einen ganzen Verzeichnisbaum des aktuellen Arbeitsverzeichnisses könnten Sie somit mit folgendem Aufruf kopieren:

```
user$ find . -print | cpio -pd /archiv/testdir3
```

33.8.6 afio

`afio` bietet im Gegensatz zu `cpio` die Möglichkeit, die einzelnen Dateien zu komprimieren. Somit stellt `afio` eine interessante `tar`-Alternative dar (für alle, die `tar` mit seinen typischen

Optionsparametern nicht mögen). afio komprimiert die einzelnen Dateien, noch bevor sie in einem Archiv zusammengefasst werden. Unter Ubuntu muss afio allerdings zunächst mit dem gleichnamigen Paket nachinstalliert werden. Ein einfaches Beispiel zur Anwendung von afio:

```
user$ ls *.txt | afio -o -Z meinbuch.afio
```

Sie komprimieren zunächst alle Textdateien im aktuellen Verzeichnis und fassen dieses Verzeichnis dann in dem Archiv meinbuch.afio zusammen. Die Platzeinsparung im Vergleich zu cpio ist beachtlich:

```
user$ ls -l Shellbook*
-rw-------  1 tot users 209920 meinbuch.afio
-rw-------  1 tot users 640512 meinbuch.cpio
```

Entpacken können Sie das Archiv wieder - wie bei cpio - mit dem Schalter -i:

```
user$ afio -i -Z Shellbook.afio
```

33.8.7 ccrypt – Dateien verschlüsseln

Mit dem Kommando ccrypt wird ein zu ver-/entschlüsselnder Text von der Standardeingabe gelesen, um diesen wieder ver-/entschlüsselt auf die Standardausgabe auszugeben. ccrypt wird unter Ubuntu mithilfe des gleichnamigen Pakets installiert. Ein Anwendungsbeispiel:

```
user$ ccrypt file.txt
Enter encryption key:
Enter encryption key: (repeat)
```

Wie oben zu sehen, ist die Eingabe eines Schlüssels erforderlich, der zusätzlich zu bestätigen ist. Es wird eine Binärdatei *file.txt.cpt* erzeugt. Diese lässt sich mit der Option -d dechiffrieren:

```
user$ ccrypt -d file.txt.cpt
Enter encryption key:
```

Beachten Sie bitte die Gesetzeslage zur Verschlüsselung in Ihrem Heimatland. Kryptographie ist inzwischen in einigen Ländern verboten. So darf man in Frankreich zum Beispiel kein PGP einsetzen. **[«]**

33.8.8 gzip/gunzip – (De-)Komprimieren von Dateien

Das Kommando gzip komprimiert Dateien und fügt die Dateiendung *.gz* an. Die Originaldatei wird hierbei durch die komprimierte Datei ersetzt. gzip basiert auf dem deflate-Algorithmus, der eine Kombination aus LZ77 und Huffman-Codierung ist. Der Zeitstempel einer Datei sowie die Zugriffsrechte bleiben beim Komprimieren und auch beim Entpacken mit gunzip erhalten.

[»] Sofern Sie Softwareentwickler in C sind und Datenkompression verwenden wollen, sollten Sie sich die Bibliothek `zlib` ansehen. Diese Bibliothek unterstützt das `gzip`-Dateiformat.

Sie komprimieren eine oder mehrere Datei(en) ganz einfach mit:

```
user$ gzip file1.txt
```

Zur Dekomprimierung verwenden Sie entweder `gzip` und die Option `-d`:

```
user$ gzip -d file1.txt.gz
```

oder `gunzip`:

```
user$ gunzip file1.txt.gz
```

`gunzip` ist hier kein symbolischer Link, sondern ein echtes Kommando. `gunzip` kann neben `gzip`-Dateien auch Dateien dekomprimieren, die mit `zip`, `compress` oder `pack` komprimiert wurden.

Wollen Sie, dass beim (De-)Komprimieren nicht die Originaldatei berührt wird, so müssen Sie die Option `-c` verwenden:

```
user$ gzip -c file1.txt > file1.txt.gz
```

Diese Option können Sie ebenso mit `gunzip` anwenden:

```
user$ gunzip -c file1.txt.gz > file1_neu.txt
```

Auf diese Weise lassen Sie die `gzip`-komprimierte Datei *file1.txt.gz* unberührt und erzeugen eine neue dekomprimierte Datei *file1_neu.txt*. Denselben Vorgang können Sie auch mit `zcat` erledigen:

```
user$ zcat file1.txt.gz > file1_neu.txt
```

33.8.9 mt – Streamer steuern

Mit `mt` können Magnetbänder vor- oder zurückgespult, positioniert und gelöscht werden. `mt` wird häufig in Shell-Skripten in Verbindung mit `tar`, `cpio` oder `afio` verwendet, weil jedes der Kommandos zwar auf Magnetbänder schreiben, diese aber nicht steuern kann. So wird `mt` wie folgt in der Praxis verwendet:

```
mt -f Tape Befehl [Nummer]
```

Mit `Tape` geben Sie den Pfad zu Ihrem Bandlaufwerk an und mit `Nummer`, wie oft `Befehl` ausgeführt werden soll. In der folgenden Tabelle finden Sie hierzu die gängigsten Befehle.

Befehl	Bedeutung
`eom`	Band bis zum Ende der letzten Datei spulen. Ab hier kann mit `tar`, `cpio` und `afio` ein Backup aufgespielt werden.
`fsf` Anzahl	Band um »Anzahl« Archive (Dateiendemarken) vorspulen. Nicht gleichzusetzen mit der letzten Datei (*eom*).
`nbsf` Anzahl	Band um »Anzahl« Archive (Dateiendemarken) zurückspulen
`rewind`	Das Band an den Anfang zurückspulen
`status`	Statusinformationen vom Magnetlaufwerk ermitteln und ausgeben (z. B. ein Band eingelegt oder nicht?)
`erase`	Band löschen und initialisieren
`retension`	Band einmal ans Ende spulen und wieder zum Anfang zurück, um es neu zu »spannen«
`offline`	Band zum Anfang zurückspulen und auswerfen

33.8.10 tar – Dateien und Verzeichnisse archivieren

Das Kommando `tar` (*tape archiver*) wurde ursprünglich zur Verwaltung von Bandarchiven verwendet. Mittlerweile wird `tar` aber auch auf Disketten oder für normale Dateien oder Verzeichnisse angewendet. Das Kommando wird zur Erstellung und zum Zurückladen von Sicherungen bzw. Archiven genutzt. Die Syntax lautet:

```
tar Funktion [Optionen] [Datei(en)]
```

Mit `Funktion` geben Sie an, wie die Erstellung bzw. das Zurückladen von Archiven erfolgen soll. Mit `Datei(en)` bestimmen Sie, welche Dateien oder Dateibäume herausgeschrieben oder wieder eingelesen werden sollen. Gibt man hierbei ein Verzeichnis an, so wird der gesamte darin enthaltene Dateibaum verwendet. Gewöhnlich werden Archive mittels `tar` nicht komprimiert, aber auch hier kann man mit `tar` die Ein- und Ausgabe durch einen Kompressor leiten. Neuere Versionen unterstützen sowohl `compress` als auch `gzip` und `bzip2`, das inzwischen einen recht hohen Stellenwert hat. Das gilt auch nicht nur für GNU-`tar`.

Das Kommando `tar` (besonders GNU-`tar`) hat besonders viele Funktionen und Optionen. Da `tar` eigentlich zu einem sehr beliebten Archivierungswerkzeug gehört, sollen im Folgenden mehrere Optionen und Funktionen erwähnt werden.

In der nachfolgenden Tabelle sind die Optionen, mit denen Sie die Funktion von `tar` festlegen, aufgelistet (es darf bei den 1-Zeichen-Funktionen auch das führende `-` weggelassen werden).

Option	Bedeutung
`-A`	Hängt ein komplettes Archiv an ein zweites vorhandenes Archiv an (oder fügt es auf dem Band hinten an).
`-c`	Erzeugt ein neues Archiv.
`-d`	Vergleicht die im Archiv abgelegten Dateien mit den angegebenen Dateien.
`--delete` Datei(en)	Löscht die angegebenen »Datei(en)« aus dem Archiv (nicht für Magnetbänder).
`-r`	Erwähnte Dateien werden ans Ende von einem bereits existierenden Archiv angehängt (nicht für Magnetbänder).
`-t`	Zeigt den Inhalt eines Archivs an.
`-u`	Benannte Dateien werden nur dann ins Archiv aufgenommen, wenn diese neuer als die bereits archivierten Versionen oder noch gar nicht im Archiv vorhanden sind (nicht für Magnetbänder).
`-x`	Bestimmte Dateien sollen aus einem Archiv gelesen werden; werden keine Dateien erwähnt, werden alle Dateien aus dem Archiv extrahiert.

Darüber hinaus gibt es einige Zusatzoptionen. Die gängigsten sind:

Option	Bedeutung
`-f` Datei	Benutzt »Datei« oder das damit verbundenen Gerät als Archiv; die Datei darf auch Teil von einem anderen Rechner sein.
`-l`	Geht beim Archivieren nicht über die Dateisystemgrenze hinaus.
`-v`	tar gibt gewöhnlich keine speziellen Meldungen aus; mit dieser Option wird jede Aktion von `tar` gemeldet.
`-w`	Schaltet `tar` in einen interaktiven Modus, in dem zu jeder Aktion eine Bestätigung erfolgen muss.
`-y`	Komprimiert oder dekomprimiert die Dateien bei einer `tar`-Operation mit `bzip2`.
`-z`	Komprimiert oder dekomprimiert die Dateien bei einer `tar`-Operation mit `gzip` bzw. `gunzip`.
`-Z`	Komprimiert oder dekomprimiert die Dateien bei einer `tar`-Operation mit `compress` bzw. `uncompress`.

Neben diesen zusätzlichen Optionen bietet `tar` noch mehr an. Weitere Informationen entnehmen Sie der *man*-Seite zu `tar`. Allerdings dürften Sie mit den genannten Optionen bereits sehr weit kommen. Am häufigsten wird `tar` wohl in folgender Grundform verwendet:

```
user$ tar cf Archiv_Name Verzeichnis
```

Damit wird aus dem Verzeichniszweig `Verzeichnis` ein Archiv mit dem Namen *Archiv_Name* erstellt. In der Praxis sieht dies folgendermaßen aus: `tar cf home_jan06 $HOME`. Aus dem kompletten Heimverzeichnis des Benutzers wird das Archiv *home_jan06* erstellt.

Damit Sie beim Zurückspielen der Daten flexibler sind, sollten Sie einen relativen Verzeichnispfad angeben:

```
cd Verzeichnis ; tar cf Archiv_Name .
```

Im Beispiel:

```
user$ cd ; tar cf home_jan06 .
```

Hierfür steht Ihnen für das relative Verzeichnis auch die Option `-C` Verzeichnis zur Verfügung:

```
tar cf Archiv_Name -C Verzeichnis .
```

Wollen Sie die Dateien und Verzeichnisse des Archivs wiederherstellen, so lautet der gängige Befehl hierzu wie folgt:

```
tar xf Archiv_Name
```

Kommen wir auf unser Beispiel zurück:

```
user$ tar xf home_jan06
```

Wollen Sie einzelne Dateien aus einem Archiv wiederherstellen, so ist auch dies kein allzu großer Aufwand:

```
user$ tar xf home_jan06 datei1 datei2 ...
```

Beachten Sie allerdings, wie Sie die Datei ins Archiv gesichert haben (relativer oder absoluter Pfad). Wollen Sie die Datei `meinbuch.cpio` mit dem relativen Pfad wiederherstellen, so können Sie dies wie folgt tun:

```
user$ tar xf meinbuch_jan06 ./meinbuch.cpio
```

Wenn etwas mit `tar` nicht klappt, so ist der Fehler häufig eine falsche Pfadangabe. Man sollte daher immer überlegen: Wo liegt das Archiv, wo soll rückgesichert werden und wie wurden die Dateien ins Archiv aufgenommen (absoluter oder relativer Pfad)? **[«]**

Wollen Sie außerdem mitverfolgen, was beim Erstellen oder Auspacken eines Archivs alles passiert, sollten Sie die Option `v` verwenden. Hierbei können Sie außerdem gleich erkennen, ob Sie die Dateien mit dem absoluten oder relativen Pfad gesichert haben.

```
# neues Archiv erzeugen, mit Ausgabe aller Aktionen
tar cvf Archiv_Name Verzeichnis

# Archiv zurückspielen, mit Ausgabe aller Aktionen
tar xvf Archiv_Name
```

Den Inhalt eines Archivs können Sie mit der Option `t` ansehen:

```
tar tf Archiv_Name
```

In unserem Beispiel:

```
user$ tar tf home_jun08
./
./Ubuntubuch
./Ubuntubuch/kapitel_1.tex
...
```

Hier wurde also der relative Pfadname verwendet. Wollen Sie ein ganzes Verzeichnis auf Diskette sichern, so erledigen Sie dies folgendermaßen:

```
user$ tar cf /dev/fd0 Ubuntubuch
```

Hier kopieren Sie das ganze Verzeichnis auf eine Diskette. Zurückspielen können Sie das Ganze wieder wie folgt:

```
user$ tar xvf /dev/fd0 Ubuntubuch
```

Wollen Sie einen kompletten Verzeichnisbaum mit Kompression archivieren (z. B. mit `gzip`), gehen Sie folgendermassen vor:

```
user$ tar czvf Ubuntubuch_jun08.tgz Ubuntubuch
```

Dank der Option `z` wird jetzt das ganze Archiv auch noch komprimiert.

Ansehen können Sie sich das komprimierte Archiv weiterhin mit der Option `t`:

```
user$ tar tzf Ubuntubuch_jun08.tgz Ubuntubuch
Ubuntuch/
Ubuntubuch/kapitel_1.tex
...
```

Hier wurde also der absolute Pfadname verwendet. Entpacken und wieder einspielen können Sie das komprimierte Archiv wieder mit:

```
user$ tar xzvf Ubuntubuch_jun08.tgz Ubuntubuch
```

33.8.11 zip/unzip – (De-)Komprimieren von Dateien

Mit `zip` können Sie einzelne Dateien bis hin zu ganzen Verzeichnissen komprimieren und archivieren. Besonders gern werden `zip` und `unzip` allerdings verwendet, weil diese zu den Versionen von Windows und DOS voll kompatibel sind. Wer sich also immer schon geärgert hat, dass sein Mailanhang wieder einmal etwas im ZIP-Format enthält, der kann hier auf `unzip` zurückgreifen. Ein ZIP-Archiv aus mehreren Dateien erstellen Sie wie folgt:

```
user$ zip files.zip file1.txt file2.txt file3.txt
  adding: file1.txt (deflated 56%)
  adding: file2.txt (deflated 46%)
  adding: file3.txt (deflated 24%)
```

Hier packen und komprimieren Sie die Dateien zu einem Archiv namens `files.zip`. Wollen Sie eine neue Datei zum Archiv hinzufügen. Nichts einfacher als das:

```
user$ zip files.zip hallo.c
  adding: hallo.c (deflated 3%)
```

Möchten Sie alle Dateien des Archivs in das aktuelle Arbeitsverzeichnis entpacken, so gehen Sie wie folgt vor:

```
user$ unzip files.zip
Archive:  files.zip
  inflating: file1.txt
  inflating: file2.txt
  inflating: file3.txt
  inflating: hallo.c
```

Wenn Sie eine ganze Verzeichnishierarchie packen und komprimieren wollen, so müssen Sie die Option `-r` (*rekursive*) verwenden:

```
user$ zip -r Ubuntubuch.zip $HOME/Ubuntubuch
...
```

Entpacken können Sie das Archiv wieder wie gewohnt mittels `unzip`.

33.8.12 Übersicht zu den Packprogrammen

Die folgende Tabelle gibt eine kurze Übersicht zu den Dateiendungen und den zugehörigen (De-)Komprimierungsprogrammen gegeben.

Endung	gepackt mit	entpackt mit
**.bz* und **.bz2*	bzip2	bzip2
**.gz*	gzip	gzip, gunzip oder zcat
**.zip*	Info-Zip, PKZip, zip	Info-Unzip, PKUnzip, unzip, gunzip (eineDatei)
**.tar*	tar	tar
**.tbz*	tar und bzip2	tar und bzip2
**.tgz; *.tar.gz*	tar und gzip	tar und g(un)zip
**.Z*	compress	uncompress; gunzip
**.tar.Z*	tar und compress	tar und uncompress
**.pak*	pack	unpack, gunzip

33.9 Systeminformationen

33.9.1 cal – zeigt einen Kalender an

Das Kommando `cal` zeigt Ihnen einen Kalender wie folgt an:

```
user$ cal
 Januar 2006
So Mo Di Mi Do Fr Sa
 1  2  3  4  5  6  7
 8  9 10 11 12 13 14
15 16 17 18 19 20 21
22 23 24 25 26 27 28
29 30 31
```

Ohne Angaben wird immer der aktuelle Monat aufgeführt. Wünschen Sie einen Kalender zu einem bestimmten Monat und Jahr, müssen Sie diese Syntax verwenden:

```
cal Monat Jahr
```

»Monat« und »Jahr« müssen jeweils numerisch angegeben werden. Den Kalender für April 2023 erstellen Sie wie folgt:

```
user$ cal 4 2023
     April 2023
So Mo Di Mi Do Fr Sa
                   1
 2  3  4  5  6  7  8
 9 10 11 12 13 14 15
16 17 18 19 20 21 22
23 24 25 26 27 28 29
30
```

33.9.2 date – Datum und Uhrzeit

Mit `date` lesen bzw. setzen Sie die Linux-Systemzeit. `date` wird weniger in der Kommandozeile als vielmehr in Shell-Skripten eingesetzt. `date` ist im Grunde »nur« ein Frontend für die C-Bibliotheksfunktion `strf-time(3)`. Dabei leitet man durch ein Pluszeichen einen Formatstring ein, der durch entsprechende Datumsangaben ergänzt wird. Die Ausgabe erfolgt anschließend auf die Standardausgabe. Ein Beispiel:

```
user$ date +'%Y-%m-%d'
2006-01-04
```

33.9.3 uname – Rechnername, Architektur und OS

Mit uname können Sie Betriebssystem, Rechnernamen, OS-Release und -Version, Plattform, Prozessortyp und Hardwareklasse des Rechners anzeigen lassen. Hierzu rufen Sie uname mit der Option -a auf:

```
user$ uname -a
Linux august 2.6.12-9-k7-smp #1 SMP Mon Oct 10
13:58:43 BST 2005 i686 GNU/Linux
```

33.9.4 uptime – Laufzeit des Rechners

Das Kommando uptime zeigt an, wie lange der Rechner bereits läuft.

```
user$ uptime
15:07:38 up  3:36, 2 users, load average: ...
```

33.10 Systemkommandos

33.10.1 dmesg – letzte Kernel-Boot-Meldungen

Wollen Sie sich die Kernel-Meldungen des letzten Bootvorgangs ansehen, so können Sie sich diese mit dem Kommando dmesg anzeigen lassen. Dabei können Sie feststellen, welche Hardware beim Booten erkannt und initialisiert wurde. dmesg wird gern zur Diagnose verwendet, ob eine interne bzw. externe Hardware auch vom Betriebssystem korrekt erkannt wurde. Natürlich setzt dies auch entsprechende Kenntnisse der Hardware auf dem Computer und ihrer Bezeichnungen voraus.

33.10.2 halt – alle laufenden Prozesse beenden

Mit dem Kommando halt beenden Sie alle laufenden Prozesse. Das System wird komplett angehalten und reagiert auf keine Eingabe mehr. Selbstverständlich ist solch ein Befehl nur vom Root ausführbar. Meistens ist halt ein Verweis auf shutdown.

33.10.3 reboot – System neu starten

Mit reboot werden alle noch laufenden Prozesse auf dem System unverzüglich beendet und das System neu gestartet. Bei einem System im Runlevel 1 bis 5 wird hierzu ein shutdown aufgerufen. Selbstverständlich bleibt auch dieses Kommando dem Root vorbehalten.

33.10.4 shutdown – System herunterfahren

Mit `shutdown` können Sie (Root-Rechte vorausgesetzt) das System herunterfahren. Mit den Optionen `-r` und `-h` kann man zwischen einem `Halt` des Systems und einem `Reboot` auswählen. Damit das System ordentlich gestoppt wird, wird jedem Prozess zunächst das Signal `SIGTERM` gesendet, mit dem sich ein Prozess ordentlich beenden kann. Nach einer bestimmten Zeit (Standard ist zwei Sekunden oder einstellbar mit `-t <SEKUNDEN>`) wird das Signal `SIGKILL` an die Prozesse gesendet. Natürlich werden auch die Dateisysteme ordentlich abgehängt (`umount`), `sync` wird ausgeführt und in einen anderen Runlevel gewechselt. Die Syntax zu `shutdown` lautet:

```
shutdown [Optionen] Zeitpunkt [Nachricht]
```

Den Zeitpunkt zum Ausführen des `shutdown`-Kommandos können Sie entweder im Format `hh:mm` als Uhrzeit übergeben (z. B. 23:30) oder Sie können eine Angabe wie +m vornehmen, indem Sie die noch verbleibenden Minuten angeben (z. B. wird mit +5 in fünf Minuten der `shutdown`-Befehl ausgeführt). Ein sofortiger `shutdown` kann auch mit `now` bewirkt werden. Das Kommando `shutdown` benachrichtigt außerdem alle Benutzer, dass das System bald heruntergefahren wird, und lässt somit auch keine Neuanmeldungen zu. Hier können Sie eine eigene Nachricht an die Benutzer senden. Folgende Optionen stehen Ihnen zur Verfügung:

Option	Bedeutung
`-t` Sekunden	Zeitspanne in »Sekunden«, die zwischen den SIGTERM- und SIGKILL-Signalen zum Beenden von Prozessen gewartet wird
`-k`	Hier wird kein Shutdown ausgeführt, sondern es werden nur Meldungen an alle anderen Benutzer gesendet.
`-r`	(reboot) Neustart nach dem Herunterfahren
`-h`	System anhalten nach dem Herunterfahren
`-f`	beim nächsten Systemstart keinen Dateisystem-Check ausführen
`-F`	beim nächsten Systemstart Dateisystem-Check ausführen
`-c`	Wenn möglich, wird der laufende Shutdown abgebrochen.

33.11 Druckeradministration

Die Druckerbefehle werden aus Platzgründen nur mit Kommando und der jeweiligen Bedeutung beschrieben. Näheres entnehmen Sie hierbei den entsprechenden *man*-Seiten.

Kommando	Bedeutung
accept	Druckerwarteschlange auf empfangsbereit setzen
cancel	Druckaufträge stornieren
disable	Drucker deaktivieren
enable	Drucker aktivieren
lp	Ausgabe auf dem Drucker mit dem Print-Spooler
lpadmin	Verwaltungsprogramm für das CUPS-Print-Spooler-System
lpc	Steuerung von Druckern
lphelp	Optionen eines Druckers ausgeben
lpmove	Druckerauftrag zu einem anderen Drucker verschieben
lpq	Druckerwarteschlange anzeigen
lpr	Dateien auf den Drucker ausgeben
lprm	Druckaufträge in der Warteschlange stornieren
lpstat	Status der Aufträge anzeigen
reject	Warteschlange für weitere Aufträge sperren

33.12 Netzwerkbefehle

Netzwerkbefehle erfordern ein tieferes Verständnis. Wenn Sie als Administrator mit Begriffen wie IP-Adresse, MAC-Adresse, DNS, FTP, SSH noch nichts anfangen können, wäre eine fortführende Lektüre wichtig.

33.12.1 arp – Ausgeben von MAC-Adressen

Wenn Sie die Tabelle mit den MAC-Adressen der kontaktierten Rechner benötigen, können Sie das Kommando `arp` verwenden. Ein Beispiel:

```
user$ arp -a
fritz.box (192.168.0.254) auf 00:04:0E:A5:F5:4E
[ether] auf eth0
```

Im obigen Fall ist der Rechner über eine DSL-Modem/Router-Kombination an das Internet angeschlossen, eine sogenannte FritzBox. Die MAC-Adresse ist hierbei die sechsstellige Hexadezimalzahl »00:04:0E:A5: F5:4E«. Benötigen Sie hingegen die MAC-Nummer Ihrer eigenen Netzwerkkarte, so können Sie diese mit `ifconfig` ermitteln:

```
user$ ifconfig -a
eth0       Protokoll:Ethernet
Hardware Adresse 00:0E:A6:86:03:CF
...
```

In der Zeile *eth0* finden Sie hierbei die entsprechende MAC-Adresse unter *Hardware Adresse*.

33.12.2 ftp – Dateien übertragen

Mithilfe von `ftp` (*File Transfer Protocol*) können Sie Dateien innerhalb eines Netzwerks (z.B. Internet) zwischen verschiedenen Rechnern transportieren.

Da `ftp` über eine Menge Features und Funktionen verfügt, soll hier nur auf den »Hausgebrauch« eingegangen werden, und zwar darauf, wie man Daten von einem entfernten Rechner abholt und auf diesen transferiert. Zunächst müssen Sie sich auf dem Server einloggen. Dies geschieht üblicherweise mit

```
ftp Server_Name
```

Nachdem `ftp` eine Verbindung mit dem Server aufgenommen hat, werden Sie aufgefordert, Ihren Benutzernamen und anschließend das Passwort einzugeben. Wenn alles korrekt war, befindet sich vor dem Prompt `ftp>` und wartet auf weitere Anweisungen. Jetzt können Sie im Eingabeprompt Folgendes machen:

- gewünschtes Verzeichnis durchsuchen: `cd`, `dir`, `lcd` (lokales Verzeichnis)
- FTP-Parameter einstellen: `type binary`, `hash`, `prompt`
- Datei(en) abholen: `get`, `mget`
- Datei(en) hinbringen: `put`, `mput`
- Abmelden: `bye` oder `exit`

Natürlich bietet `ftp` weitaus mehr Befehle als diese an, aber alle aufzulisten würde den Rahmen des Buchs sprengen. Im Folgenden soll der Umgang mit `ftp` anhand eines Beispiels erläutert werden.

Zunächst loggen Sie sich per FTP auf einen Server ein:

```
user$ ftp upload.meinserver.de
Connected to upload.meinserver.de.
220 Welcome to FTP service.
Name (upload.meinserver.de:hatt): <Mein Login>
331 Please specify the password.
Password:
230 Login successful. Have fun.
Remote system type is UNIX.
Using binary mode to transfer files.
ftp>
```

Zunächst werden Sie sich wohl das Inhaltverzeichnis ansehen wollen. Verwenden Sie den Befehl `dir` (der auf Linux-Systemen meistens dem Aufruf von `[ls -l` entspricht) zum Auflisten:

```
user$ ftp> dir
200 PORT command successful. Consider using PASV.
150 Here comes the directory listing.
drwxr-xr-x  9 1092  1091   4096 Dec 17 15:31 .
drwxr-xr-x  8 0     0      4096 Mar 07  2005 ..
drwxr-xr-x  5 1092  1091   4096 Sep 04  2001 OLD
drwxr-xr-x  3 1092  1091   4096 Sep 03  2001 counter
drwxr-xr-x  8 1092  1091   4096 Sep 02  2001 daten
...
```

Wollen Sie nun in ein Verzeichnis wechseln, so können Sie auch hier das schon bekannte Kommando `cd` verwenden. Ebenso sieht es aus, wenn Sie das aktuelle Arbeitsverzeichnis erfahren wollen, in dem Sie sich gerade befinden. Hier leistet das bekannte `pwd` seine Dienste. Das aktuelle Verzeichnis auf dem lokalen Rechner können Sie mit dem Kommando `lcd` wechseln. Sie können übrigens auch die Befehle auf Ihrem lokalen Rechner verwenden, wenn Sie ein `!`-Zeichen davor setzen. Hierzu ein Beispiel, das die Befehle nochmals demonstriert.

```
ftp> pwd
257 "/htdocs"
ftp> cd daten
250 Directory successfully changed.
ftp> pwd
257 "/htdocs/daten"
ftp> !pwd
/home/hatt
ftp> lcd text
Local directory now /home/hatt/text
ftp>
```

Hier befinden wir uns auf dem Remoterechner im Verzeichnis *daten*, lokal sind wir mittels `lcd` in das Verzeichnis *text* gewechselt. Im entfernten Verzeichnis soll sich die Datei *server.txt* befinden, die wir auf den Server befördern wollen. Das geschieht mit dem Kommando `get`:

```
user$ ftp> get server.txt
local: server.txt remote: server.txt
200 PORT command successful
150 Opening BINARY mode data connection
server.txt (3231 bytes)
226 Transfer complete.
```

Und schon haben wir die Datei *server.txt* auf den lokalen Rechner ins Verzeichnis *text* kopiert. Wollen Sie mehrere Dateien oder gar ganze Verzeichnisse holen, so verwenden Sie mget. Hierbei stehen Ihnen auch die Wildcard-Zeichen * und ? zur Verfügung. Damit mget Sie bei mehreren Dateien nicht jedes Mal fragt, ob Sie diese wirklich holen wollen, können Sie den interaktiven Modus mit prompt abstellen.

Haben Sie jetzt die Datei *server.txt* bearbeitet und wollen diese wieder hochladen, so verwenden Sie put (oder bei mehreren Dateien mput).

```
ftp> put server.txt
local: server.txt remote: server.txt
200 PORT command successful
150 Opening BINARY mode data connection
for server.txt
226 Transfer complete.
3231 bytes sent in 0.000106 secs
```

Damit sollten Sie erfolgreich Dateien ein- und auschecken können. Sie verlassen das System wieder mittels quit, bye oder exit.

[!] Bedenken Sie, dass ftp nicht ganz sicher ist, da Sie bei der Authentifizierung das Passwort unverschlüsselt übertragen.

33.12.3 hostname – Rechnername ermitteln

Das Kommando hostname können Sie verwenden, um den Namen des lokalen Rechners anzuzeigen bzw. zu setzen oder zu verändern. So ein Name erhält eigentlich erst im Netzwerkbetrieb seine echte Bedeutung. Im Netz besteht ein vollständiger Rechnername (*Fully Qualified Domain Name*) aus einem Eigennamen und einem Domainnamen. Der (DNS-) Domainname bezeichnet das lokale Netz, an dem der Rechner hängt.

Ohne Angabe einer Option wird der vollständige Rechnername ausgegeben. Mit der Option -s geben Sie nur den Eigennamen des Rechners aus und mit -d nur den (DNS-)Domainnamen des lokalen Netzes.

```
user$ hostname
ripley.nostromo.com
user$ hostname -s
ripley
user$ hostname -d
nostromo.com
```

33.12.4 ifconfig – Netzwerkzugang konfigurieren

Mit dem Kommando ifconfig kann man die Einstellungen einer Netzwerkschnittstelle abfragen oder setzen. Alle Einstellungen können Sie sich mit der Option -a anzeigen lassen, dabei werden auch die inaktiven Schnittstellen aufgelistet. Die Syntax zu ifconfig lautet:

```
ifconfig Schnittstelle [Addresse [Parameter]]
```

Dabei geben Sie den Namen der zu konfigurierenden Schnittstelle an. Befindet sich etwa auf Ihrem Rechner eine Netzwerkkarte, so lautet unter Linux die Schnittstelle hierzu *eth0*, die zweite Netzwerkkarte im Rechner (sofern eine vorhanden ist) wird mit *eth1* angesprochen. Die *Adresse* ist die IP-Adresse, die der Schnittstelle zugewiesen werden soll. Hierbei kann man die Dezimalnotation (xxx.xxx.xxx.xxx) verwenden oder einen Namen, den `ifconfig` in `/etc/host` nachschlägt.

Verwenden Sie `ifconfig` ohne die Option `-a`, um sich einen Überblick zu verschaffen, dann werden die inaktiven Schnittstellen nicht mit angezeigt. Der Aufruf für die Schnittstelle zu Ethernet-Karte *eth0* sieht beispielsweise wie folgt aus:

```
user$ ifconfig
eth0
Link encap:Ethernet  HWaddr 00:02:2A:D4:2C:EB
inet addr:192.168.1.1
Bcast:192.168.1.255  Mask:255.255.255.0
UP BROADCAST RUNNING MULTICAST  MTU:1500  Metric:1
RX packets:80 errors:0 dropped:0 overruns:0 frame:0
TX packets:59 errors:0 dropped:0 overruns:0 carrier:0
collisions:0 txqueuelen:100
RX bytes:8656 (8.4 KiB)  TX bytes:8409 (8.2 KiB)
Interrupt:11 Base address:0xa000

lo
Link encap:Local Loopback
inet addr:127.0.0.1  Mask:255.0.0.0
UP LOOPBACK RUNNING  MTU:16436  Metric:1
RX packets:8 errors:0 dropped:0 overruns:0 frame:0
TX packets:8 errors:0 dropped:0 overruns:0 carrier:0
collisions:0 txqueuelen:0
RX bytes:560 (560.0 b)  TX bytes:560 (560.0 b)
...
```

Wenn IPv6 konfiguriert ist, kommt noch die IPv6-Adresse dazu.

Der Ausgabe kann man entnehmen, dass auf dieser Netzwerkkarte 59 Pakete gesendet (TX) und 80 empfangen (RX) wurden. Die maximale Größe einzelner Pakete beträgt 1500 Byte (MTU). Die MAC-Adresse (Hardwareadresse), die unsere Netzwerkkarte eindeutig identifiziert (außer diese wird manipuliert) lautet »00:02:2A:D4:2C:EB«.

Wollen Sie eine Schnittstelle ein- oder ausschalten, so können Sie dies mit den zusätzlichen Parametern `up` (für Einschalten) und `down` (für Abschalten) vornehmen. Als Beispiel dient wieder die Netzwerkkarte mit dem Namen »eth0« als Schnittstelle:

```
user$ sudo ifconfig eth0 down
```

Hier haben Sie die Netzwerkkarte »eth0« abgeschaltet. Einschalten können Sie sie folgendermaßen:

```
user$ sudo ifconfig eth0 up
```

Eine IP-Adresse stellen Sie ein oder verändern Sie ebenfalls mit `ifconfig`:

```
user$ sudo ifconfig eth0 192.18.19.91
```

Wollen Sie bei der Schnittstelle Netzmaske und Broadcast verändern, so ist dies mit `ifconfig` wenig Arbeit (unterlassen Sie es, wenn Sie nicht genau wissen, was Netzmaske und Broadcast sind):

```
user$ sudo ifconfig eth0 10.25.38.41 netmask \
  255.255.255.0 broadcast 10.25.38.255
```

Damit weisen Sie der Netzwerkkarte die IP-Adresse 10.25.38.41 aus dem Netz 10.25.38.xxx zu. Mit *netmask* geben Sie an, wie groß das Netz ist (hier ein Netzwerk der Klasse C).

33.12.5 mail/mailx – E-Mails schreiben und empfangen

Mit dem Kommando `mail` können Sie aus einem Shell-Skript heraus E-Mails versenden. Zuvor muss für Ubuntu allerdings noch die Postfix-Konfiguration angepasst werden, Näheres hierzu entnehmen Sie der Dokumentation zu Postfix. Mithilfe der Option `-s` können Sie dann eine einfache Textmail mit Betreff (`-s` = Subject) an eine Adresse schicken, beispielsweise:

```
user$ echo "Hallo" | mail -s "Betreff" rhatt@gmx.de
```

Da nicht alle `mail`-Kommandos die Option `-s` für einen Betreff haben, können Sie gegebenenfalls auch auf `mailx` oder `Mail` (mit großen »M«) zurückgreifen, die auf einigen Systemen vorhanden sind. Mit `cat` können Sie natürlich auch den Inhalt einer ganzen Datei an die Mailadresse senden:

```
user$ cat datei.txt | mail -s "Ein Textdatei" \
rhatt@gmx.de
```

Dabei kann man auch die Ausgaben eines Kommandos per `mail` an eine Adresse versenden:

```
user$ ps -ef | mail -s "Prozesse 12Uhr" \
rhatt@gmx.de
```

Sinnvoll kann dies z. B. sein, wenn auf einem System ein bestimmtes Limit überschritten wurde. Dann können Sie sich (oder einem anderen Benutzer) eine Nachricht zukommen lassen. Ebenso kann überprüft werden, ob ein Server dauerhaft verfügbar ist. Testen Sie etwa stündlich (z. B. mit `cron`) mittels `nmap` (hier kann man nicht nur nachsehen, ob die Netzwerkkarte das UDP-Paket zurückschickt, sondern auch direkt nachschauen, ob der Port des betreffenden Dienstes noch offen ist), ob der Server erreichbar ist. Ist er es einmal nicht, können Sie sich hierbei eine Nachricht zukommen lassen.

Zusätzliche Optionen, die Sie mit `mail` bzw. `mailx` verwenden können, sind:

Option	Bedeutung
`-s` Betreff	Hier können Sie den Betreff (Subject) der E-Mail angeben.
`-c` adresse	Diese Adresse bekommt eine Kopie der Mail.
`-b` adresse	Diese Adresse bekommt eine blind carbon copy der Mail.

33.12.6 netstat – Statusinformationen über das Netzwerk

Für die Anwendung von `netstat` gibt es viele Möglichkeiten. Mit einem einfachen Aufruf von `netstat` zeigen Sie den Zustand einer bestehenden Netzwerkverbindung an. Neben der Überprüfung von Netzwerkverbindungen können Sie mit `netstat` Routentabellen, Statistiken zu Schnittstellen, maskierte Verbindungen und noch vieles mehr anzeigen lassen. In der Praxis lässt sich somit problemlos die IP oder der Port eines ICQ-Users ermitteln oder ob ein Rechner mit einen Trojaner infiziert ist. Hier einige Beispiele:

```
user$ netstat -nr
```

Mit diesem Befehl lassen Sie die Routing-Tabelle (`-r`) des Kernels ausgeben.

```
user$ netstat -i
```

Mit der Option `-i` erhalten Sie die Schnittstellenstatistik.

```
user$ netstat -ta
```

Mit `-ta` erhalten Sie die Anzeige aller Verbindungen. Die Option `-t` steht dabei für TCP. Mit `-u`, `-w` bzw. `-x` zeigen Sie die UDP-, RAW- bzw. UNIX-Sockets an. Mit `-a` werden dabei auch die Sockets angezeigt, die noch auf eine Verbindung warten.

33.12.7 nslookup (host/dig) – DNS-Server abfragen

Mit `nslookup` können Sie aus dem Domain-Namen eine IP-Adresse bzw. die IP-Adresse zu einem Domain-Namen ermitteln. Zur Auflösung des Namens wird gewöhnlich der DNS-Server verwendet.

Bei der Verwendung von `nslookup` werden Sie lesen, dass `nslookup` künftig von den Kommandos `host` oder `dig` abgelöst wird. [«]

Hier sehen Sie `nslookup` und `host` bei der Ausführung über einen vorgeschalteten Router (IP: 192.168.0.254):

```
user$ nslookup www.google.de
Server:         192.168.0.254
Address:        192.168.0.254#53
Non-authoritative answer:
...
Name:   www.l.google.com
Address: 66.249.93.104
Name:   www.l.google.com
Address: 66.249.93.99
user$ host www.google.de
www.google.de is an alias for www.google.com.
www.google.com is an alias for www.l.google.com.
www.l.google.com has address 64.233.183.104
```

33.12.8 ping – Verbindung zu anderem Rechner testen

Wollen Sie die Netzwerkverbindung zu einem anderen Rechner testen oder einfach nur den lokalen TCP/IP-Stack überprüfen, so können Sie das Kommando `ping` (*Paket Internet Groper*) verwenden. Die Syntax lautet `ping Host`.

`ping` überprüft dabei, ob der »Host« (IP-Adresse oder Domain-Name) antwortet. `ping` bietet noch eine Menge zusätzlicher Optionen an, die noch mehr Infos liefern, die allerdings hier aus Platzgründen nicht genauer erläutert werden können. Zur Überprüfung sendet `ping` ein ICMP-Paket vom Typ ICMP Echo Request an die Netzwerkstation. Hat die Netzwerkstation das Paket empfangen, sendet sie ebenfalls ein ICMP-Paket, allerdings vom Typ ICMP Echo Reply, zurück.

```
user$ ping -c3 www.google.de
PING www.l.google.com (66.249.93.104) 56(84) bytes
64 bytes from 66.249.93.104: icmp_seq=1 time=74.8 ms
64 bytes from 66.249.93.104: icmp_seq=2 time=75.3 ms
64 bytes from 66.249.93.104: icmp_seq=3 time=75.5 ms

--- www.l.google.com ping statistics ---
3 packets transmitted, 3 received, 0% packet loss,
time 2002ms
rtt min/avg/max/mdev = 74.831/75.249/75.575/0.443 ms
```

Hier wurden drei Pakete (mit der Option `-c` kann die Anzahl der Pakete angegeben werden) an *www.google.de* gesendet und wieder erfolgreich empfangen, wie aus der Zusammenfassung am Ende zu entnehmen ist. Rufen Sie `ping` hingegen ohne eine Option auf

```
user$ ping www.google.de
```

so müssen Sie selbst für eine Beendigung des Datenaustausches zwischen den Rechnern sorgen. Ein einfaches (Strg) + (C) tut in diesem Fall seinen Dienst, und man erhält ebenfalls wieder eine Zusammenfassung. Neben der Möglichkeit, die Verfügbarkeit eines Rechners und des lokalen TCP/IP-Stacks zu prüfen (`ping localhost`), können Sie außerdem auch die Laufzeit von Paketen vom Sender zum Empfänger ermitteln. Hierzu wird die Zeit halbiert, bis das »Reply« eintrifft.

33.12.9 Die r-Kommandos (rcp, rlogin, rsh)

Aus Sicherheitsgründen sei empfohlen, die Tools rcp, rlogin und rsh nicht mehr einzusetzen und stattdessen auf die mittlerweile sichereren Alternativen `ssh` und `scp` zu setzen. Bei den unsicheren r-Kommandos wird das Passwort beim Einloggen im Klartext, ohne jede Verschlüsselung, übertragen. Bedenken Sie, dass ein unverschlüsseltes Passwort, das zwischen zwei Rechnern im Internet übertragen wird, jederzeit (mit einem »Sniffer«) abgefangen und mitgelesen werden kann. Für Passwörter gilt im Allgemeinen, dass man diese niemals im Netz unverschlüsselt übertragen sollte. Da es mittlerweile Möglichkeiten zur Passwortübertragung mit der Secure Shell (`ssh`) gibt, haben die `r`-Kommandos eigentlich keine Berechtigung mehr.

Schlimmer noch, für die Befehle `rsh` und `rcp` war auf den Zielrechnern nicht einmal ein Passwort nötig. Eine Authentifizierung erfolgte hierbei über die Datei */etc/hosts.equiv* und */.rhosts*. Darin wurden einzelne Rechner eingetragen, die als vertrauenswürdig empfunden wurden und so die Passwort-Authentifizierung umgehen konnten.

33.12.10 ssh – sichere Shell auf anderem Rechner starten

Der Dienst `ssh` (*Secure Shell*) zählt mittlerweile zu einem der wichtigsten Dienste überhaupt. Er ermöglicht es, eine verschlüsselte Verbindung zwischen zwei Rechnern aufzubauen. `ssh` wurde aus der Motivation heraus entwickelt, sichere Alternativen zu `telnet` und den r-Kommandos zu schaffen.

Wenn Sie zum ersten Mal eine Verbindung zu einem anderen Rechner herstellen, bekommen Sie gewöhnlich eine Warnung, in der `ssh` nachfragt, ob Sie dem anderen Rechner vertrauen wollen. Wenn Sie mit »yes« antworten, speichert `ssh` den Namen und den RSA-Fingerprint (dies ist ein Code zur eindeutigen Identifizierung des anderen Rechners) in der Datei */.ssh/known_hosts*. Beim nächsten Starten von `ssh` erfolgt diese Abfrage dann nicht mehr.

Im nächsten Schritt erfolgt die Passwortabfrage, die verschlüsselt übertragen wird. Bei korrekter Eingabe des Passworts beginnt die Sitzung am anderen Rechner (als hätte man diesen Rechner vor sich). Die Syntax lautet:

```
ssh -l Loginname Rechnername
```

Zur Beruhigung der ganz Ängstlichen: Für jede Verbindung über `ssh` wird zwischen den Rechnern immer ein neuer Sitzungsschlüssel ausgehandelt. Will man einen solchen Schlüssel knacken, benötigt der Angreifer unglaublich viel Zeit. Sobald Sie sich ausloggen, müsste der Angreifer erneut versuchen, den Schlüssel zu knacken. Dieses Szenario ist natürlich nur rein theoretisch, denn es handelt sich immerhin um Schlüssel wie RSA, BLOWFISH, IDEA und TRIPLEDES, zwischen denen man hier wählen kann. Alle diese Schlüssel gelten als sehr sicher.

33.12.11 scp – Dateien per ssh kopieren

Das Kommando `scp` ist Teil einer `ssh`-Installation, mit der man Dateien sicher zwischen unterschiedlichen Rechnern kopieren kann. `scp` funktioniert genauso wie das lokale `cp`. Der einzige Unterschied ist natürlich die Angabe der Pfade auf den entfernten Rechnern. Dabei sieht die Verwendung des Rechnernamens wie folgt aus:

```
benutzer@rechner:/verzeichnis/zum/ziel
```

Um auf einen Account `meinserver.de` zu gelangen, dessen Benutzername »meinlogin« lautet, verfahren Sie wie folgt:

```
user$ scp datei.txt meinlogin@meinserver.de:~
meinlogin@meinserver.de's password:********
datei.txt        100% 3231
   3.2KB/s   00:00
user$ scp meinlogin@meinserver.de:~/bilder/bild.gif \
$HOME
meinlogin@meinserver.de's password:********
baum.gif         100%
8583
   8.4KB/s   00:00
```

Zuerst wurde die Datei *datei.txt* aus dem aktuellen lokalen Verzeichnis in das Heimverzeichnis von *meinserver.de* kopiert (*/home/mein login*). Anschließend wurde aus dem Verzeichnis */home/meinlogin/ bilder* die GIF-Datei `bild.gif` auf meinen lokalen Rechner kopiert. `scp` ist in der Tat eine interessante Lösung, um Dateien auf mehreren Rechnern mit einem Skript zu kopieren.

Was allerdings bei der Skriptausführung stören dürfte (besonders wenn diese automatisch geschehen sollte), ist die Passwortabfrage, denn durch die würde der Prozess angehalten. Hierzu bietet es sich an, sich mithilfe eines asymmetrischen Verschlüsselungsverfahrens ein Login ohne Passwort zu verschaffen. Dazu stellt man am besten auf dem Client-Rechner mit dem Programm `ssh-keygen` ein entsprechendes Schlüsselpaar (hier mit einem RSA-Schlüssel) bereit:

```
user$ ssh-keygen -t rsa
Generating public/private rsa key pair.
Enter file in which to save the key
(/home/hatt/.ssh/id_rsa): (Enter)
```

```
Enter passphrase (empty for no passphrase): (Enter)
Enter same passphrase again: (Enter)
Your identification has been saved
in /home/hatt/.ssh/id_rsa.
Your public key has been saved
in /home/hatt/.ssh/id_rsa.pub.
The key fingerprint is:
46:85:12:80:9d:a7:62:01:18:0f:1c:a0:27:61:a2:94
hatt@august
```

In diesem Beispiel wurden zwei RSA-Schlüssel ohne Passphrase erstellt. Jetzt haben Sie zwei Schlüssel, eine privaten (`id_rsa.`) und einen öffentlichen (`id_ rsa.pub`). Damit Sie jetzt alle *ssh*-Aktionen ohne Passwort durchführen können, müssen Sie den öffentlichen Schlüssel nur noch auf den Benutzeraccount des Servers hochladen.

```
user$ scp .ssh/id_rsa.pub \
meinlogin@meinserver.de:~/.ssh/
meinlogin@meinserver.de.de's password:********
id_rsa.pub                100%  219
   0.2KB/s   00:00
```

Loggen Sie sich nun nochmal ein, und hängen Sie die Datei `id_rsa.pub` an die Datei */.ssh/authorized_keys*:

```
user$ ssh meinlogin@meinserver.de
meinlogin@meinserver.de's password:********
...
user$ cd ~/.ssh
user$ ls
id_rsa.pub  known_hosts
user$ cat id_rsa.pub >> authorized_keys
```

Nach erneutem Einloggen über `ssh` oder nach dem Kopieren mit `scp` sollte die Passwortabfrage der Vergangenheit angehören.

33.12.12 rsync – Replizieren von Dateien und Verzeichnissen

Das Kommando `rsync` wird verwendet, um Dateien bzw. ganze Verzeichnis(bäume) zu synchronisieren. Hierbei kann sowohl eine lokale als auch eine entfernte Synchronisation vorgenommen werden.

Der Ausdruck »synchronisieren« ist rein syntaktisch nicht richtig. Man kann zwar einem Verzeichnisbaum »X« Daten hinzufügen, sodass dieser exakt denselben Inhalt erhält wie der Verzeichnisbaum »Y«. Dies funktioniert allerdings umgekehrt nicht. Man spricht hierbei korrekt vom »Replizieren«. Die Syntax zu `rsync` lautet:

```
rsync [Optionen] Ziel Quelle
```

Einige Beispiele:

```
user$ rsync -avzb -e ssh meinserver.de:/ \
/home/hatt/backups/
```

Diese Eingabe synchronisiert die Internet-Webseite *meinserver.de* mit dem lokalen Verzeichnis */home/hatt/backups*. Mit `a` verwenden Sie den Archive-Modus, mit `b` werden Backups erstellt und mit `v` (für *verbose*) wird `rsync` etwas gesprächiger. Durch die Option `z` werden die Daten komprimiert übertragen. Außerdem wird mit der Option `-e` und `ssh` eine verschlüsselte Datenübertragung verwendet.

Geben Sie bei der Quelle als letztes Zeichen einen Slash (/) an, so wird dieses Verzeichnis nicht mitkopiert, sondern nur der darin enthaltene Inhalt, beispielsweise:

```
user$ rsync -av /home/hatt/ubuntubuch/ \
/home/hatt/backups
```

Hier wird der Inhalt von `/home/hatt/ubuntubuch` nach `/home/hatt/backups` kopiert. Würden Sie hingegen Folgendes schreiben

```
user$ rsync -av /home/hatt/ubuntubuch \
/home/hatt/backups
```

so würde in `/home/hatt/backups` das Verzeichnis `ubuntubuch` angelegt (`/home/hatt/backups/ubuntubuch/`) und alles dorthin kopiert. Dieser Fehler hat schon viele Anwender einige Nerven gekostet.

Es folgt nun ein Überblick zu einigen Optionen von `rsync`. Weiterführende Informationen zu `rsync` finden Sie auf der Webseite *http://rsync.samba.org* oder wie üblich auf der Manual-Seite.

Option	Bedeutung
`-a` (archive mode):	Kopiert alle Unterverzeichnisse mitsamt Attributen (Symlinks, Rechte, Dateidatum, Gruppe, Devices) sowie (wenn man Root ist) den Eigentümer der Datei(en).
`-v` (verbose):	Gibt während der Übertragung eine Liste der übertragenen Dateien aus.
`-n` (dry-run):	Nichts schreiben, sondern den Vorgang nur simulieren – ideal zum Testen.
`-e` Programm	Wenn in der Quelle oder dem Ziel ein Doppelpunkt enthalten ist, interpretiert `rsync` den Teil vor dem Doppelpunkt als Hostnamen und kommuniziert über das mit `-e` spezifizierte Programm. Gewöhnlich wird hierbei als Programm `ssh` verwendet. Weitere Parameter können Sie diesem Programm in Anführungszeichen gesetzt übergeben.

Option	Bedeutung
-z	Der Parameter -z bewirkt, dass rsync die Daten komprimiert überträgt.
-delete -force, -delete-excluded	Löscht alle Einträge im Zielverzeichnis, die im Quellverzeichnis nicht (mehr) vorhanden sind.
-partial	Wurde die Verbindung zwischen zwei Rechnern getrennt, so wird die nicht vollständig empfangene Datei nicht gelöscht. So kann bei einem erneuten rsync die Datenübertragung fortgesetzt werden.
-exclude=Pattern	Hier kann man Dateien angeben, die man ignorieren möchte. Reguläre Ausdrücke sind möglich.
-x	Schließt alle Dateien auf einem Filesystem aus, die in ein Quellverzeichnis hineingemountet sind.

33.12.13 traceroute – Route zu einem Rechner verfolgen

`traceroute` ist ein TCP/IP-Tool, mit dem Informationen darüber ermittelt werden können, welche Computer ein Datenpaket über ein Netzwerk passiert, bis es bei einem bestimmten Host ankommt, z. B.:

```
user$ traceroute www.heise.de
traceroute to www.heise.de (193.99.144.85),
30 hops max, 38 byte packets
1  fritz.box (192.168.0.254)  0.660 ms  6.143 ms
2  217.0.116.165 (217.0.116.165) 32.240 ms 32.623 ms
3  217.0.71.242 (217.0.71.242) 32.934 ms 33.571 ms
4  m-ec1.M.DE.net.DTAG.DE (62.154.28.26) 46.186 ms
...
```

33.13 Benutzerkommunikation

33.13.1 wall – Nachrichten an alle Benutzer verschicken

Mit dem Kommando `wall` senden Sie eine Nachricht an alle aktiven Benutzer auf dem Rechner. Damit ein Benutzer auch Nachrichten empfangen kann, muss dieser mit `mesg yes` diese Option einschalten. Natürlich kann ein Benutzer das Empfangen von Nachrichten auch mit `mesg no` abschalten. Nachrichten werden nach einem Aufruf von `wall` von der Standardeingabe eingelesen und mit der Tastenkombination Strg + D abgeschlossen und versendet. Gewöhnlich wird `wall` vom Systemadministrator verwendet, um den Benutzer auf bestimmte Ereignisse, wie etwa das Neustarten des Systems, hinzuweisen.

33.13.2 write – Nachrichten an Benutzer verschicken

Ähnlich wie mit `wall` können Sie mit `write` eine Nachricht versenden, allerdings an einen bestimmten oder an mehrere Benutzer.

```
user$ wall Benutzer1 ...
```

Im Übrigen gilt für die Verwendung von `write` das Gleiche wie für `wall`. Auch hier wird die von der Standardeingabe eingelesene Nachricht mit (Strg) + (D) beendet und auf der Gegenstelle muss auch hier `mesg yes` gelten, damit der Benutzer die Nachricht empfangen kann. Natürlich ist es dem Root gestattet, jedem Benutzer eine Nachricht zu senden, selbst wenn dieser das Empfangen von Nachrichten mit `mesg no` abgeschaltet hat.

33.13.3 mesg – Nachrichten zulassen oder unterbinden

Mit dem Kommando `mesg` können Sie einem anderen Benutzer erlauben, auf das Terminal (mittels `write` oder `wall`) zu schreiben oder zu sperren. Rufen Sie `mesg` ohne Optionen auf, wird so ausgegeben, wie die Zugriffsrechte gesetzt sind: `y` (für yes) und `n` (für no). Wollen Sie dem Benutzer explizit erlauben, dass er auf Ihre Dialogstation schreiben darf, können Sie dies mit `mesg` folgendermaßen erreichen:

```
user$ mesg yes
```

oder

```
user$ mesg -y
```

Wollen Sie hingegen unterbinden, dass jemand Nachrichten auf Ihre Dialogstation ausgibt, wird `mesg` so verwendet:

```
user$ mesg no
```

oder

```
user$ mesg -n
```

Beispielsweise:

```
user$ mesg
is n
user$ mesg yes
user$ mesg
ist y
```

33.14 Bildschirm- und Terminalkommandos

33.14.1 clear – Löschen des Bildschirms

Mit dem Kommando `clear` löschen Sie den Bildschirm, sofern dies möglich ist. Das Kommando sucht in der Umgebung nach dem Terminaltyp und dann in der `terminfo`-Datenbank, um herauszufinden, wie der Bildschirm für das entsprechende Terminal gelöscht wird.

33.14.2 reset – Zeichensatz wiederherstellen

Mit dem Kommando `reset` können Sie jedes virtuelle Terminal wieder in einen definierten Zustand (zurück-)setzen.

33.14.3 setterm – Terminaleinstellung verändern

Mit `setterm` können die Terminaleinstellungen wie etwa die Hintergrund- bzw. Vordergrundfarbe verändert werden. Ruft man `setterm` ohne Optionen auf, so erhält man einen Überblick über alle Optionen von `setterm`. Sie können `setterm` entweder interaktiv verwenden

```
user$ setterm -bold on
```

(hier schalten Sie z. B. die Fettschrift an) oder aber Sie sichern die Einstellungen dauerhaft in der Datei *~/.profile*. Einige wichtige Einstellungen von `setterm` sind:

Verwendung	Bedeutung
`setterm -clear`	Löscht den Bildschirm.
`setterm -reset`	Versetzt das Terminal wieder in einen definierten Zustand zurück.
`setterm -blank n`	Schaltet den Bildschirm nach n Minuten Untätigkeit ab.

33.14.4 stty – Terminaleinstellung abfragen oder setzen

Mit `stty` können Sie die Terminaleinstellung abfragen oder verändern. Rufen Sie `stty` ohne Argumente auf, so wird die Leitungsgeschwindigkeit des aktuellen Terminals ausgegeben. Wenn Sie `stty` mit der Option `-a` aufrufen, erhalten Sie die aktuelle Terminaleinstellung.

```
user$ stty -a
speed 38400 baud; rows 24; columns 80; line = 0;
intr = ^C; quit = ^\; erase = ^?; kill = ^U;
eof = ^D; eol = M-^?; eol2 =M-^?; start = ^Q;
stop = ^S; susp = ^Z; rprnt =^R; werase = ^W;
lnext = ^V; flush = ^O; min = 1; time = 0;
-parenb -parodd cs8 hupcl -cstopb cread -clocal
-crtscts -ignbrk brkint -ignpar -parmrk -inpck
```

```
-istrip -inlcr -igncr icrnl ixon -ixoff -iuclc
ixany imaxbel opost -olcuc -ocrnl onlcr -onocr
-onlret -ofill -ofdel nl0 cr0 tab0 bs0 vt0 ff0
isig icanon iexten echo echoe echok -echonl
-noflsh -xcase -tostop -echoprt echoctl echoke
```

Die Einstellungen lassen sich häufig schwer beschreiben. Hierzu bedarf es einer intensiveren Beschäftigung mit der Funktionsweise zeichenorientierter Gerätetreiber im Kernel und in der seriellen Schnittstelle – was hier allerdings nicht zur Diskussion steht.

Alle Flags, die sich mit `stty` verändern lassen, können Sie sich mit `stty -help` auflisten lassen. Viele dieser Flags lassen sich mit einem vorangestellten Minus abschalten und ohne ein Minus (wieder) aktivieren. Wenn Sie beim Ausprobieren der verschiedenen Flags das Terminal nicht mehr vernünftig steuern können, hilft Ihnen das Kommando `reset` oder `setterm -reset`, um das Terminal wiederherzustellen. Über

```
user$ stty -echo
```

schalten Sie beispielsweise die Ausgabe des Terminals ab, und mit

```
user$ stty echo
```

stellen Sie die Ausgabe auf dem Bildschirm wieder her. Allerdings müssen Sie hier recht sicher im Umgang mit der Tastatur sein, weil Sie ja zuvor die Ausgabe deaktiviert haben.

33.14.5 tty – Terminalnamen erfragen

Mit `tty` können Sie den Terminalnamen inklusive Pfad erfragen, der die Standardeingabe entgegennimmt.

```
user$ tty
/dev/pts/1
```

Verwenden Sie die Option `-s`, so erfolgt keine Ausgabe, vielmehr wird nur der Status gesetzt. Dabei haben diese Werte folgende Bedeutung:

Status	Bedeutung
0	Standardeingabe ist ein Terminal.
1	Standardeingabe ist kein Terminal.
2	Ein unbekannter Fehler ist aufgetreten.

Ein Beispiel:

```
user$ tty -s
user$ echo $?
0
```

33.15 Online-Hilfen

33.15.1 apropos – nach Schlüsselwörtern suchen

Die Syntax für `apropos` lautet:

```
apropos Schlüsselwort
```

Mit `apropos` werden alle *man*-Seiten aufgelistet, in denen sich das Wort »Schlüsselwort« befindet. Selbiges kann auch mit dem Kommando `man` und der Option `-k` erreicht werden. Ein Beispiel:

```
user$ apropos bluetooth
/etc/bluetooth/hcid.conf (5) [hcid.conf] -
Configuration file for the hcid
Bluetooth HCI daemon
avctrl (8)  - Bluetooth Audio/Video control utility
bluepin (1) - bluetooth PIN helper
ciptool (1) - Bluetooth Common ISDN Access Profile
...
```

33.15.2 info – GNU-Online-Manual

`info` ist das Hilfesystem für die bei Linux mitgelieferte GNU-Software:

```
user$ info Kommando
```

Die wichtigsten Tasten zum Verwenden der Infoseiten sind:

Taste	Bedeutung
(Leertaste)	eine Seite nach unten blättern
(Löschen)	eine Seite nach oben blättern
(B)	Anfang des info-Textes
(E)	Ende des info-Textes
(TAB)	zum nächsten Querverweis springen
(Enter)	Querverweis folgen
(H)	Anleitung zur Bedienung von info
(?)	Kommandoübersicht von info
(Q)	info beenden

33.15.3 man – die traditionelle Onlinehilfe

Mit `man` geben Sie die Manual-Seiten zu einem entsprechenden Namen aus:

```
man Name
```

Die Anzeige der `man`-Seite erfolgt über einen Pager, meistens `less` oder eventuell auch `more`. Den Pager können Sie aber auch mit der Option `-P` oder der Umgebungsvariablen `PAGER` selbst bestimmen.

Die *man*-Seiten werden in verschiedene Kategorien aufgeteilt:

1. Benutzerkommandos
2. Systemaufrufe
3. C-Bibliotheksfunktionen
4. Beschreibungen der Gerätedateien
5. Dateiformate
6. Spiele
7. Makropakete für die Textformatierer
8. Kommandos für den Systemverwalter
9. Kernelroutinen

Die Reihenfolge, in der die Sektionen nach einer Manual-Seite durchsucht werden, ist in der Konfigurationsdatei `/etc/man path.config` festgelegt. In der `MANSEC`-Umgebungsvariablen kann jeder User für sich eine andere Reihenfolge bestimmen.

Ebenso sind die Verzeichnisse, in denen nach den *man*-Seiten gesucht werden soll, in `manpath.config` festgeschrieben. Da die Datei *manpath.config* nur vom Root bearbeitet werden darf, besteht auch hierbei die Möglichkeit, dass der Benutzer mit der Umgebungsvariablen `MANPATH` ein anderes Verzeichnis angeben kann.

Das Kommando `man` hat eine Reihe von Optionen, die drei wichtigsten lauten:

- **-a**
  Häufig gibt es gleichnamige *man*-Seiten in verschiedenen Kategorien. Geben Sie beispielsweise `man sleep` ein, wird die erste gefundene Sektion (abhängig von der Reihenfolge, die in `manpath.config` oder `MANSEC` angegeben wurde) mit entsprechendem Namen ausgegeben.

  Wollen Sie alle *man*-Seiten zu einem bestimmten Namen bzw. Kommando lesen, so müssen Sie nur die Option `-a` verwenden. Mit `man -a sleep` erhalten Sie jetzt alle *man*-Seiten mit `sleep`.

- **-k Schlüsselwort:**
  Entspricht `apropos Schlüsselwort`; es werden alle *man*-Seiten ausgegeben, die das Wort »Schlüsselwort« enthalten.

- **-f Schlüsselwort**
  Entspricht `whatis Schlüsselwort`; es wird eine einzeilige Bedeutung von »Schlüsselwort« ausgegeben.

33.15.4 whatis – Kurzbeschreibung zu einem Kommando

Die Syntax lautet:

```
user$ whatis Schlüsselwort
```

Mit dem Kommando `whatis` wird die Bedeutung von »Schlüsselwort« als ein einzeiliger Text ausgegeben. `whatis` entspricht einem Aufruf von `man -f Schlüsselwort`.

33.16 Alles rund um PostScript-Kommandos

Die Befehle rund um das Postscript-Format werden aus Platzgründen nur mit Kommando und Bedeutung beschrieben. Näheres entnehmen Sie den entsprechenden *man*-Seiten.

Kommando	Bedeutung
`a2ps`	Textdatei umwandeln nach Postscript
`dvips`	DVI-Dateien umwandeln nach Postscript
`enscript`	Textdatei umwandeln nach Postscript
`gs`	PostScript- und PDF-Dateien konvertieren
`html2ps`	Umwandeln von HTML-Dateien nach PostScript
`pdf2ps`	Umwandeln von PDF nach PostScript
`ps2ascii`	Umwandeln von PostScript nach ASCII
`ps2pdf`	Umwandeln von PostScript nach PDF
`psutils`	Paket zur Bearbeitung von PostScript-Dateien

33.17 Sonstige Kommandos

33.17.1 alias/unalias – Kurznamen für Kommandos

Mit `alias` können Sie für einfache Kommandos benutzerdefinierte Namen anlegen. Löschen können Sie dieses Synonym wieder mit `unalias`.

33.17.2 bc – Taschenrechner

`bc` ist ein arithmetischer, sehr umfangreicher Taschenrechner für die Konsole mit vielen ausgereiften Funktionen.

33.17.3 printenv/env – Umgebungsvariablen anzeigen

Mit `printenv` können Sie Umgebungsvariablen für einen Prozess anzeigen lassen. Geben Sie kein Argument an, so werden alle Variablen ausgegeben, anderenfalls der entsprechende Wert der Umgebungsvariablen. Soll zum Beispiel der Standardpfad kontrolliert werden, so ist Folgendes einzugeben:

```
user$ printenv PATH
/usr/local/bin:/usr/local/sbin:/sbin:/usr/sbin:
/bin:/usr/bin:/usr/bin/X11:/usr/games
```

Anhang

A Häufig gestellte Fragen

Ich möchte hier ganz im Sinne einer FAQ (*Frequently Asked Questions* – häufig gestellte Fragen) eine Zusammenstellung von typischen Fragen und Antworten auflisten, die einem bei der Arbeit mit Ubuntu immer wieder begegnen. Das Spektrum reicht hierbei von den typischen Linux- oder Debian-Anfängerfragen bis hin zu Detailfragen zum Betriebssystem Ubuntu.

Die Antworten sind bewusst knapp gehalten, damit der Überblick nicht verloren geht. Wenn möglich, wird zur weiteren Lektüre auf den entsprechenden Abschnitt im Buch verwiesen.

A.1 Allgemeines über Ubuntu

A.1.1 Woher kommt der Name »Ubuntu«?

Das Wort »Ubuntu« kommt aus den Sprachen der Zulu und der Xhosa. Es steht für »Menschlichkeit« und »Gemeinsinn«, aber auch für den Glauben an ein »universelles Band des Teilens, das alles Menschliche verbindet«. Aus der Bedeutung des Begriffs leiten sich auch die Grundsätze der Distribution ab (siehe S. 94).

A.1.2 Welche Grundsätze hat Ubuntu?

Ubuntu ist eine freie, quelloffene Software, die nach Aussagen ihres Gründers und Förderers Mark Shuttleworth immer frei bleiben wird und die darüber hinaus kostenlos erhältlich ist (siehe S. 121).

A.1.3 Wie oft erscheint Ubuntu?

Eine neue Version erscheint alle sechs Monate; bisher immer jeweils im April und Oktober eines Jahres. Die Versionsnummer setzt sich aus dem Jahr und dem Monat der Veröffentlichung zusammen. Beispielsweise steht bei Ubuntu 6.10 die Versionsnummer für Oktober 2006. Die bisherigen Veröffentlichungen finden Sie auf Seite 92 aufgelistet.

A.1.4 Was bedeutet LTS?

Das Kürzel »LTS« steht für *Long Term Support* (Langzeit-Unterstützung). Die Ubuntu-Veröffentlichungen sind immer gruppiert: Jede vierte Version ist eine besondere Ubuntu-Version, die dann das Kürzel LTS trägt. Der erste Zyklus, beginnend mit »Warty Warthog« (über »Hoary Hedgehog« und »Breezy Badger«) endete in der LTS-Version »Dapper Drake«.

Mit »Edgy Eft« begann im Oktober 2006 der zweite Zyklus, der im April 2008 in die nächste LTS-Version münden wird.

A.1.5 Unter welcher Lizenz steht Ubuntu?

Alle per Standard von Ubuntu installierten Programme sowie Ubuntu selbst stehen unter der GNU General Public Licence und sind damit freie Software, die beliebig oft kopiert und weitergegeben werden darf. Auch darf man den Quellcode selbst verändern, solange man die Veränderung dokumentiert und den Originalautor angibt. Sie finden die vollständige Übersetzung dieser Lizenz ab S. 1005.

A.1.6 Wie lautet das Passwort für Root?

Im Gegensatz zu den meisten anderen Linux-Distributionen gibt es unter Ubuntu zwar einen Root-Account, dieser ist jedoch standardmäßig deaktiviert und wird nicht benutzt. Es wird auch nicht empfohlen, den Account zu verwenden. Stattdessen arbeitet Ubuntu mit dem Werkzeug »Sudo«. Hierbei kann der erste angemeldete Benutzer vorübergehend Root-Rechte erlangen (siehe Seite 264).

A.1.7 Kubuntu, Xubuntu usw. – Was ist das?

Der einzige Unterschied zwischen Ubuntu und Kubuntu ist die per Standard installierte grafische Benutzeroberfläche. Während Ubuntu auf GNOME setzt, verwendet Kubuntu KDE. Dadurch werden auch unterschiedliche Anwendungsprogramme als Standard installiert. Ab Seite 331 finden Sie ein umfassendes Kapitel über Kubuntu.

Xubuntu ist ein Ubuntu mit dem Window Manager Xfce als Standard-Desktop. Xubuntu ist seit dem Release »Dapper Drake« ein offizielles Derivat von Ubuntu und wird als offizielles Projekt auf den Servern von Ubuntu vertreten.

Auf Seite 357 finden ein vollständiges Kapitel über Xubuntu.

Edubuntu ist eine Ubuntu-Version, die speziell für den Unterricht an Schulen konzipiert wurde und entsprechende Programme enthält. Ab Seite 290 finden ein vollständiges Kapitel über Edubuntu.

Bei *Ubuntu Lite* handelt es sich um eine Version für ältere, weniger gut ausgestattete Rechner. Das inoffizielle Projekt steht allerdings noch am Anfang seiner Entwicklung. Als grafische Oberfläche kommt IceWM zum Einsatz. Mehr über diese und andere Varianten von Ubuntu finden Sie in Kapitel 8, »Die Ubuntu-Familie«, ab Seite 285.

A.2 Installation

A.2.1 Kann ich Ubuntu unverbindlich testen?

Ja, dies ist jederzeit möglich. Dazu gibt es eine sogenannte Live-CD. Mit dieser startet das komplette Betriebssystem inklusive aller Anwendungsprogramme direkt von der CD. Das auf der Festplatte installierte System wird dabei nicht verändert. So kann man gefahrlos die Hardware-Erkennung und Funktion von Ubuntu testen. Diesem Buch sind zwei DVDs beigelegt. DVD Nr. 1 fungiert dabei als Live-CD/DVD mit der Version Ubuntu 8.04 LTS. Sie erfahren mehr über die Verwendung dieser beiden DVDs in Kapitel 4 ab Seite 175.

A.2.2 Welche Systemvoraussetzungen muss mein Computer erfüllen?

Linux läuft generell auf nahezu jedem PC. Allerdings setzen aktuelle grafische Desktopumgebungen mindestens eine CPU mit circa 500 MHz und 256 MB RAM voraus, um einigermaßen flüssig zu laufen. Des Weiteren benötigt ein aktuelles Ubuntu ungefähr 2 GB Platz auf der Festplatte. Für ältere Rechner gibt es jedoch die Möglichkeit, einen schnellen und leichten Windowmanager wie etwa *Xfce* oder *Fluxbox* zu verwenden. Auf Seite 219 erfahren Sie mehr über die Voraussetzungen, die Ihr Computer erfüllen muss, damit Ubuntu einwandfrei läuft.

A.2.3 Wo kann ich Ubuntu herunterladen?

Eine Übersicht über die Downloadmöglichkeiten der aktuellen stabilen Version (als CD und DVD) und der momentan in der Entwicklung befindlichen, instabilen Version von Ubuntu habe ich auf Seite 107 zusammengestellt.

A.2.4 Welche Version sollte ich für mein System benutzen?

Ubuntu unterstützt derzeit zwei Architekturen: Diese sind x86 und AMD64. Die Live-CD (siehe oben) und die Installations-CD liegen jeweils als ISO-Image vor. Für alle Intel-Prozessoren von i386 bis Pentium 4 und für alle AMD-Prozessoren bis einschließlich AMD Athlon K7 ist die ISO-Datei mit der Endung *i386* die Richtige. Für den Prozessor AMD64 (Athlon K8) sollte man das Image mit der Bezeichnung »amd64« verwenden. Des Weiteren befinden sich auf den Servern zusätzlich die Installations-CD für die Server-Variante von Ubuntu. Diese gibt es zusätzlich für die Sparc-Achitektur.

A.2.5 Wie installiere ich Ubuntu?

Wenn Sie Ubuntu installieren möchten, finden Sie in Kapitel 6 ab Seite 219 Installationsanleitungen für verschiedene Voraussetzungen und Installationsformen, wie z. B. »alte Systeme« oder die Installation auf externen Festplatten.

A.2.6 Kann ich Ubuntu parallel zu Windows auf der Festplatte installieren?

Das ist kein Problem. Sie sollten allerdings beachten, dass Sie für eine Installation mit grafischer Oberfläche mindestens 2 GB freien Festplattenplatz benötigen. Am besten installieren Sie zuerst Windows und dann Ubuntu. Ubuntu richtet automatisch einen Bootloader (GRUB) ein, mit dem Sie auswählen können, welches Betriebssystem Sie starten möchten. In Kapitel 6 ab Seite 219 finden Sie detaillierte Informationen über die Parallel-Installation.

A.2.7 Kann ich Ubuntu auf einer externen Festplatte installieren?

Wenn Ihr BIOS den Systemstart über ein USB-Gerät unterstützt, können Sie Ubuntu entsprechend der in Kapitel 6 ab Seite 219 beschriebenen Anleitung installieren.

A.3 Software/Paketmanagement

A.3.1 Was sind Pakete bei Ubuntu?

Pakete sind komprimierte Archive von Anwendungssoftware, Bibliotheken, Treibern etc., die neben der eigentlichen Software noch spezielle Abhängigkeits- und Versionsinformationen enthalten. So wird die Installation und Aktualisierung von Software erheblich vereinfacht. Da Ubuntu auf Debian basiert, kommt auch hier das Debian-Paketformat zum Einsatz. Hierzu lesen Sie bitte Abschnitt 20.4 ab Seite 612.

A.3.2 Wie installiert/deinstalliert man Pakete?

Pakete werden bei Ubuntu über den Paketmanager *dpkg* verwaltet, der auf einfache Art und Weise Pakete installiert und aktualisiert. Für *dpkg* gibt es einige grafische Oberflächen (sogenannte Frontends). Unter Ubuntu wird das Frontend *Synaptic* verwendet, bei Kubuntu das Frontend *Adept*. Einen Starter für die Paketverwaltung finden Sie jeweils im GNOME- bzw. KDE-Menü. Sie erfahren mehr über die Installation und Deinstallation von Paketen in Abschnitt 20.4.3 ab Seite 614.

A.3.3 Wie kann man die Liste der Paketquellen bearbeiten?

Der Paketmanager muss wissen, bei welchen Internetquellen er die Pakete finden kann. Dazu greift er auf die Datei */etc/apt/sources.list* zurück und durchsucht alle dort eingetragenen Paketquellen nach neuen Paketen. Der Anwender kann komplett neue Quellen hinzufügen, oder nur sogenannte Sektionen innerhalb von Quellen. Mehr Informationen zu diesem Thema finden Sie in Abschnitt 20.6 ab Seite 626.

A.3.4 Welche Paketquellen darf/sollte man verwenden?

Sie sollten ausschließlich die offiziellen Quellen der aktuell eingesetzten Ubuntu-Version verwenden. Diese enthalten alle das Wort »Ubuntu« und den Codenamen der Version, z. B. »Hardy«. Außerdem können Sie die Ubuntu-Backports verwenden, wenn Sie neuere Programmversionen benötigen. Verwenden Sie bitte keine Fremdquellen, auch nicht solche, die Pakete für Debian enthalten. Näheres hierzu erfahren Sie in Abschnitt 20.6.2 ab Seite 628.

A.3.5 Wie installiert man ein einzelnes Paket?

Auch wenn Sie keinen Internetzugang haben oder ein Paket aus einem anderen Grund nur einzeln vorliegt, können Sie es mit dem Paketmanager *dpkg* installieren. Diese Pakete haben alle die Endung *.deb*. Details zur Installation einzelner Pakete erfahren Sie in Abschnitt 20.4 ab Seite 612.

A.3.6 Gibt es eine Liste der Pakete, die für Ubuntu verfügbar sind?

Unter der Adresse *http://packages.ubuntu.com/* finden Sie eine Datenbank, in der Sie nach Paketen für die einzelnen Ubuntu-Versionen suchen können. Auch die Abhängigkeiten werden dort aufgelistet. Die Pakete können einzeln heruntergeladen werden. Hier finden Sie auch alle Pakete von Kubuntu.

A.3.7 Wo finde ich ein passendes Programm für eine Aufgabe?

Sie haben im Paketmanager *dpkg* die Möglichkeit, nach Begriffen im Namen und in der Beschreibung der Pakete zu suchen. Die meisten Suchergebnisse erzielen Sie, wenn Sie den Suchbegriff weiter fassen und nach Begriffsteilen suchen. In Abschnitt 20.4.5 auf Seite 616 finden Sie mehr Informationen zur Suche nach Paketen.

A.3.8 Was machen Pakete wie ubuntu-, kubuntu- oder xubuntu-desktop?

Diese Pakete sind sogenannte Metapakete. Sie enthalten selbst kein Programm, sondern sorgen dafür, dass eine Reihe anderer Pakete installiert wird. Wählt man beispielsweise *ubuntu-desktop* aus, so werden alle Pakete installiert, die auch bei einer Ubuntu-Standardinstallation benutzt werden. Von diesen Metapaketen gibt es noch einige weitere; sie können ohne Gefahr für das System deinstalliert werden. Näheres zu diesem Thema erfahren Sie in Abschnitt 20.5.8 ab Seite 625.

A.3.9 Wie installiert man Software, die nicht in den Paketquellen enthalten ist?

Programme, die nicht in den Ubuntu-Quellen enthalten sind, können auch in anderen Formaten als dem *.deb*-Paket vorliegen. Es ist auch möglich, Pakete alternativer Paketmanager (z. B. des »Red Hat Package Managers«) zu nutzen. In der Regel kompilieren Sie zur Installation der Programme den Quellcode. Einige Programmarchive enthalten auch ausführbare Installationsskripte, die eine Installation vereinfachen. Eine genaue Anweisung zur Installation steht in der README-Datei jedes Programmes. In Kapitel 20 ab Seite 605 finden Sie detaillierte Informationen über die Installation von Software.

A.4 Konfiguration

A.4.1 Kann ich von Linux aus auf meine Windows-Partitionen zugreifen?

Grundsätzlich ja, jedoch kommt es darauf an, mit welcher Ubuntu-Version Sie dies probieren. Bei der ersten Version »Warty Warthog« mussten Sie die Windows-Partitionen noch manuell einbinden. Mit Ubuntu 5.10 wurden die FAT-Partitionen dann automatisch eingebunden, allerdings teilweise nur mit lesendem Zugriff. In den Folgeversionen wurde die automatische Einbindung weiterverbessert. Seit Erscheinen der Version »Gutsy Gibbon« (Oktober 2007) werden FAT- und NTFS-Partitionen zuverlässig und automatisch eingebunden. Inzwischen kann auch zuverlässig auf NTFS-Partitionen geschrieben werden.[1]

A.4.2 Kann man den Dateicheck nach jedem 30. Booten abbrechen?

Nach jeweils 30 Bootvorgängen werden die Festplatten Ihres PCs auf Fehler untersucht. Dies ist eine reine Vorsichtsmaßnahme und dient der Datensicherheit. Probleme sollen so möglichst frühzeitig erkannt werden. Wenn Sie den Festplatten-Check abbrechen wollen, brauchen Sie lediglich auf die Taste Esc zu drücken. Allerdings startet der Check beim nächsten Booten erneut. Die Komplettabschaltung der Überprüfung ist jedoch nicht empfehlenswert, da man so keine Informationen über eventuelle Probleme erhält.

1 Dies war lange Zeit nur unter Vorbehalt möglich, da Microsoft die Spezifikationen von NTFS nicht veröffentlicht und somit freie Entwickler daran hindert, die Unterstützung für NTFS in Linux zu integrieren.

A.4.3 Wie richtet man eine Internetverbindung ein?

Es kommt hierbei auf die verwendete Hardware an. Am einfachsten funktioniert die Einrichtung einer Internetverbindung mit DSL, am schwierigsten wird es mit einem Modem über eine analoge Telefonleitung. Mehr dazu lesen Sie in Abschnitt 19.2 ab Seite 545.

A.4.4 Wie kann man mit Ubuntu MP3s anhören?

MP3s kann unter Linux so gut wie jeder Audio-Player abspielen. Da Ubuntu aber aus Lizenzgründen standardmäßig keinen MP3-Codec enthält, muss dieser erst nachinstalliert werden. Wie dies funktioniert, erfahren Sie in Abschnitt 17 ab Seite 487. Generell werden Sie in den neueren Versionen von Ubuntu (ab »Feisty Fawn«) auf die Installation der entsprechenden Codecs hingewiesen, sobald Sie eine entsprechende Datei abspielen möchten. Die Installation geschieht sehr einfach durch wenige Mausklicks.

Wenn Sie sich eine Menge Arbeit ersparen möchten, können Sie das Metapaket *ubuntu-restricted-extras* installieren. In diesem Metapaket ist eien Sammlung der wichtigsten Codecs, aber auch *Java*, *Flash* und *RAR* enthalten.

A.4.5 Wie kann man DVDs abspielen?

Um DVDs unter Linux abspielen zu können, ist es erforderlich, den Kopierschutz *css2* zu umgehen. Da dies in Deutschland gesetzlich verboten ist, darf ich in diesem Buch keine Anleitung veröffentlichen, die erklärt, wie man unter Ubuntu dennoch in den Genuss von legal erworbenen DVDs kommt.

Allerdings kann ich Ihnen den Tipp geben, sich den Mediaplayer *vlc* zu installieren. Dieser Player liefert bereits von Haus aus sehr viele Codecs mit, um Media-Dateien jeglicher Herkunft abspielen zu können. Die Oberfläche dieses Programms ist zwar nicht so hübsch wie bei anderen Programmen, dafür ist *vlc* ein wahres Multitalent. [«]

A.4.6 Welche Codecs benötigt man zum Abspielen von Videos?

Auch unfreie Video-Codecs sind unter Ubuntu standardmäßig nicht installiert. Dies betrifft besonders zahlreiche Windows-Formate, wie *mpg*, *wmv* oder *asf*. Wer Videos in diesen Formaten anschauen möchte, muss die entsprechenden Codecs installieren. Welche Pakete dazu benötigt werden und wo sie zu finden sind, erkläre ich in Abschnitt 17 ab Seite 487. Generell werden Sie in den neueren Versionen von Ubuntu (ab »Feisty Fawn«) auf die Installation der entsprechenden Codecs hingewiesen, sobald Sie eine entsprechende Datei abspielen möchten. Die Installation geschieht sehr einfach durch wenige Mausklicks.

Wenn Sie sich eine Menge Arbeit ersparen möchten, können Sie das Metapaket *ubuntu-restricted-extras* installieren. In diesem Metapaket ist eien Sammlung der wichtigsten Codecs, aber auch *Java*, *Flash* und *RAR* enthalten.

A.4.7 Wie kann man den Browser schneller machen?

Die meisten Browser werden schneller, wenn die Unterstützung für IPv6 ausgeschaltet wird. Am besten »tunen« lässt sich der *Firefox*.

A.4.8 Wie kann man unnötige Dienste deaktivieren?

Dienste lassen sich relativ einfach deaktiveren und wieder aktivieren. Seit Ubuntu 5.10 »Breezy Badger« gibt es im GNOME-Menü unter SYSTEM • SYSTEMVERWALTUNG • DIENSTE auch eine komfortable graphische Oberfläche für diese Aufgabe.

Abbildung A.1 Alle Dienste lassen sich bequem durch Anklicken an- und abwählen.

A.5 Hardware einrichten

A.5.1 Wie installiert man einen Drucker?

Ubuntu erkennt die meisten Drucker automatisch, wenn Sie über die USB-Schnittstelle angeschlossen sind. Die Installation und Konfiguration eines Druckers wird in Abschnitt 19.9.2 ab Seite 583 erklärt.

A.5.2 Wie richtet man die Grafikkarte richtig ein?

Die Installation von Grafiktreibern unter Linux gestaltet sich mitunter schwierig und ist abhängig von Hersteller und Alter der Grafikkarte. So gibt es häufiger Probleme bei der Unterstützung von ATI-Karten oder sehr neuen Modellen. Wie Sie Ihre Grafikkarte einrichten, erfahren Sie in Abschnitt 19.7 ab Seite 563.

Bei Ubuntu gestaltet sich die Installation dieser proprietären Treiber seit Erscheinen der Version »Feisty Fawn« denkbar einfach. In den allermeisten Fällen erkennt Ubuntu die Verwendung einer solchen Karte automatisch und weist Sie durch eine Meldung im Panel darauf hin, dass Sie die Systemleistung durch Einsatz proprietärer Treiber erhöhen können.

A.5.3 Wie kann man eine höhere Bildschirmauflösung einstellen?

Dazu gibt es mehrere Möglichkeiten. Das manuelle und dadurch detaillierte Ändern der Konfigurationsdatei wird in Abschnitt 19.7.5 auf Seite 573 näher beschrieben. Meistens reicht das grafische Werkzeug zur Einstellung der Auflösung. Sie finden dies unter SYSTEM • EINSTELLUNGEN • BILDSCHIRMAUFLÖSUNG.

A.5.4 Wie kann man die WLAN-Karte unter Ubuntu einrichten, falls diese nicht erkannt wurde?

In Abschnitt 19.6 ab Seite 558 erkläre ich Ihnen, wie man WLAN einrichtet und die Verschlüsselung aktiviert.

A.6 Verschiedenes

A.6.1 Wie kann ich den Bootsplash abstellen?

Falls Sie beim Starten des Systems öfter Probleme haben, der Bootsplash Sie einfach nervt oder wenn Sie Ihr System beim Booten beschleunigen wollen, dann deinstallieren Sie den Bootsplash ganz einfach, indem Sie in der Datei `/boot/grub/menu.lst` den Eintrag »splash« entfernen (siehe Seite 152).

A.6.2 Wie kann man das Ruckeln beim Abspielen von Filmen beheben?

Beim Abspielen von Filmen auf CD/DVD kann es manchmal zu Ruckeln und Hängern kommen. Oftmals liegt die Lösung dieses Problems darin, den DMA-Modus zu aktivieren. Wie man diesen aktiviert, wird in Abschnitt 19.9.4 auf Seite 587 beschrieben. Falls es nach der Aktivierung des DMA-Modus immer noch Probleme gibt, sollte man (falls man *Totem* als Videoplayer verwendet) das Paket *totem-xine* installieren.

[»] Es lohnt sich, den Mediaplayer *vlc* zu installieren. Dieser Player liefert bereits von Haus aus sehr viele Codecs mit, um Media-Dateien jeglicher Herkunft abspielen zu können. Die Oberfläche dieses Programms ist zwar nicht so hübsch wie bei anderen Programmen, dafür ist *vlc* ein wahres Multitalent und sehr leistungsstark.

A.6.3 Wie kann ich den Bootloader wiederherstellen?

Wenn Windows im Anschluß an Ubuntu installiert wird, überschreibt es ohne Nachfrage den Bootloader, so dass Linux nicht mehr gestartet werden kann. In Abschnitt 22.2 ab Seite 661 wird erklärt, wie Sie den Bootloader GRUB mit Hilfe einer Live-CD wiederherstellen können.

A.6.4 Was kann man tun, wenn das System beschädigt ist?

Kapitel 24, »Backup und Sicherheit«, gibt ab Seite 683 Anleitungen, wie man Daten von einer Festplatte rettet.

A.6.5 Wie lässt sich der Start von Netzwerkkarten beschleunigen?

Ein langsamer Start des Netzwerkes liegt entweder an einer hohen Wartezeit bei DHCP oder an der nicht-simultanen Abarbeitung der Netzwerkkonfiguration. Eine Lösung dazu finden Sie in Abschnitt 25.1.4 ab Seite 724.

A.6.6 Wie kann ich die Anmeldung beim Booten umgehen?

Um Ubuntu ohne Anmeldung nutzen zu können, bzw. wenn Sie immer einen bestimmten User automatisch anmelden möchten, müssen Sie dies dem System mitteilen. Dies geschieht grafisch über das Menü SYSTEM • SYSTEMVERWALTUNG • ANMELDEFENSTER. Hier finden Sie im Reiter SICHERHEIT die Möglichkeit zur automatischen Anmeldung eines bestimmten Users.

B Glossar

Account Benutzerkonto auf einem UNIX-System. Ein Account besteht es aus den beiden Angaben »Benutzername« und »Benutzer-ID« (im Englischen »login« und »UID«).

ACPI *Advanced Configuration and Power Interface* (Powermanagement). Die ACPI-Schnittstelle ist u. a. für die korrekte Verwaltung Ihres Akkus im Notebook oder für die Standby-Eigenschaften Ihres PCs zuständig.

AIGLX *Accelerated Indirect GLX*. Ein freies Softwareprojekt der X.Org-Foundation und Bestandteil des X.Org-Servers. Es wurde vom Fedora-Core-Projekt mit dem Ziel entwickelt, Hardwarebeschleunigung für den Linux-Desktop nutzbar zu machen. Das Projekt soll damit ähnlich dem XGL-Projekt grafische Effekte wie echte Transparenz, stufenlosen Zoom und 3D-Effekte ermöglichen. Für diese Effekte sind außerdem geeignete Hardware und ein Composite-Manager erforderlich.

Alpha Blending Eine Technik in der Bild- oder Videobearbeitung, bei der verschiedene Bilder zu einem Gesamtbild überlagert werden, wobei neben der Farbinformation auch der Alphakanal berücksichtigt wird. Der Alphawert eines Bildpunkts (Pixel) ist dabei ein Maß für die Transparenz bzw. Opazität. Ein Alpha-Wert von 0 steht dabei für völlige Transparenz, der Pixel wird unsichtbar. Ein Alpha von 1 steht für völlige Lichtundurchlässigkeit, der Pixel überlagert alle Bildpunkte hinter ihm.

ALSA *Advanced Linux Sound Architecture*. Mit ALSA wird die Soundschnittstelle bezeichnet, die die Nachfolge von OSS antritt.

AMD *Advanced Micro Devices*. US-amerikanischer Chiphersteller und einer der Hauptkonkurrenten der Firma Intel im Markt der x86-kompatiblen Prozessoren.

ANSI *American National Standards Institute*

Assembler Eine bedeutende Programmiersprache, in der u.a. auch Linux geschrieben ist.

Apache Open-Source-Webserver. Der Apache Webserver ist mit einem Anteil von über 60 Prozent der meistgenutzte Webserver. Er ist für Windows, Netware OS/2 und die meisten UNIX-Derivate verfügbar (siehe auch *http://www.apache.org*).

APM *Advanced Power Management*. Ein Standard für Energiesparmethoden für Personal Computer, entwickelt von der Intel Corporation und Microsoft in den frühen 1990er Jahren. Das neuere *Advanced Configuration and Power Interface* (ACPI), das ebenfalls Energiesparmethoden definiert, hat den APM-Standard aber bereits fast wieder verdrängt.

APT *Advanced Packaging Tool*. Ein Paketmanagement-System, das im Bereich des Betriebssystems Debian GNU/Linux entstanden ist. Mittels APT ist es sehr einfach, Programmpakete zu suchen, zu installieren oder auch das ganze System komplett auf den neuesten Stand zu bringen. Dieses Tool nutzt den eigentlichen Paketmanager *dpkg* (Debian Package Manager).

aptitude Ein Frontend für das *Advanced Packaging Tool* (APT), das das Paketsystem *dpkg* verwaltet. Es erlaubt dem Benutzer interaktiv Pakete zu verwalten. Ursprünglich wurde es für die Debian GNU/Linux-Distribution erstellt, taucht aber auch in RPM-basierten Distributionen auf.

AT&T *American Telephone & Telegraph Corporation*. Ein nordamerikanischer Telekommunikationskonzern, der neben Telefon-, Daten- und Videotelekommunikation auch Mobilfunk und Internetdienstleistungen für Unternehmen, Privatkunden und Regierungsorganisationen zur Verfügung stellt.

Bazaar Versionsverwaltungssystem und Implementierung des GNU-Arch-Protokolls. Mehr dazu erfahren Sie im Abschnitt 2.2.2 auf Seite 98. Ein kurzer Einstieg in den Umgang mit Bazaar liefert Abschnitt 14.5 auf Seite 432.

Bell *Bell Telephone Laboratories* bzw. *Bell Labs* war ursprünglich die Entwicklungsabteilung des Bell-Konzerns (gegründet 1876 von Alexander Graham Bell). Unter anderem wurden dort grundlegende Bauteile für Vermittlungsstellentechnik, spezielle Isolierungen für Telefonkabel und der Transistor erfunden. 1925 wurden die Bell Labs ein eigenständiges Unternehmen, Anteilseigner waren zu gleichen Teilen die Unternehmen Western Electric und AT&T.

Beryl Composition- und Fenstermanager, der den durch OpenGL beschleunigten X-Server *Xgl* oder die OpenGL-beschleunigte X-Erweiterung *AIGLX* verwendet. Es ist ein *Fork* von *Compiz*, wird aber nicht mehr weiterentwickelt. Beide Projekte fusionierten im April 2007 zu *Compiz-Fusion*.

BIOS *Basic-Input-Output-System*. Basissoftware auf x86-PCs, die der Computer direkt nach dem Einschalten lädt und ausführt. Ein BIOS unterscheidet sich von der funktionsähnlichen Lowlevel-Firmware darin, dass es nicht selbst den Betrieb des Computers steuert, sondern dazu ein Betriebssystem bootet. *Bios* ist ebenfalls das griechische Wort für »Leben«. In Analogie dazu haucht das BIOS dem Computer Leben ein.

Bit Maßeinheit für die Datenmenge. In der Informatik ist 1 Bit die kleinste darstellbare Datenmenge, die beispielsweise durch eine Binärziffer dargestellt werden kann. Größere Datenmengen sind immer ganzzahlige Vielfache von 1 Bit.

Blog Ein *Weblog* (engl. Wortkreuzung aus *Web* und *Log*), oft einfach nur *Blog* genannt, ist eine Website, die periodisch neue Einträge enthält. Neue Einträge stehen an oberster Stelle, ältere folgen in umgekehrt chronologischer Reihenfolge. Die Tätigkeit des Schreibens in einem Blog wird als »Bloggen« bezeichnet.

Bluetooth Ein in den 1990er Jahren ursprünglich von Ericsson entwickelter Industriestandard für die drahtlose (Funk-)Vernetzung von Geräten über kurze Distanz. Bluetooth bietet eine drahtlose Schnittstelle, über die sowohl mobile Kleingeräte wie Mobiltelefone und PDAs als auch Computer und Peripheriegeräte miteinander kommunizieren können.

Bochs Freier x86-Emulator, der den Bedingungen der LGPL unterliegt. Viele Betriebssysteme, wie etwa Windows oder Linux, können unter Bochs betrieben werden. Ebenso ist Bochs für viele verschiedene Betriebssysteme erhältlich.

Breezy Badger Entwicklungsbezeichnung für die Version Ubuntu 5.10. Mehr dazu erfahren Sie in Abschnitt 3.3.3 ab Seite 139.

Browser Software, die Webseiten visuell darstellt. Bekannte Browser sind der Internet Explorer, der Firefox, Opera, Konqueror oder Lynx (siehe auch *http://browsers.evolt.org/*).

BSD *Berkley Software Distribution*. Ein UNIX-Derivat, das sich inzwischen aufgepaltet hat in die *Forks* FreeBSD, OpenBSD und NetBSD.

Bugs Mit »Bugs« (engl. für *Käfer*) bezeichnet man in der Informatik Fehler in Programmen. Jeder Benutzer von Linux-Software wird gebeten, sich am sogenannten Bug-Hunting (Käfer jagen) zu beteiligen und auftretende Fehler den Entwicklern zu melden. Gute Anlaufpunkte hierfür sind Portale wie *www.bugzilla.com* oder *www.launchpad.com*. Auf diesen Seiten können Sie Fehler in vielen verschiedenen Projekten melden und so aktiv an der Entwicklung dieser Projekte teilhaben.

Cache Schneller Zwischenspeicher, in dem z. B. bereits besuchte Webseiten auf der lokalen Festplatte archiviert werden, um bei erneuter Ansicht schneller zur Verfügung zu stehen.

Canonical Ein international tätiges Unternehmen mit Sitz auf der Isle of Man. Canonical ist die wirtschaftliche Basis, die den kostenpflichtigen Support für Ubuntu liefert. Mehr dazu erfahren Sie in Abschnitt 2.2.1 auf Seite 95.

Cern *Conseil Européen pour la Recherche Nucléaire*, Europäische Organisation für Kernforschung. Eine Großforschungseinrichtung mit zwei Speicherringen (Synchrotronen) sowie verschiedenen Teilchenbeschleunigern in Meyrin in der Nähe von Genf in der Schweiz. 1989 schlug Tim Berners-Lee seinem Arbeitgeber CERN ein Projekt vor, das auf dem Prinzip des Hypertexts beruhte und den weltweiten Austausch sowie die Aktualisierung von Informationen zwischen Wissenschaftlern vereinfachen sollte. Er verwirklichte dieses Projekt und entwickelte dazu den ersten Browser »WorldWideWeb« und den ersten Webserver unter NeXTSTEP. Dies sollte den Ursprung des World Wide Webs darstellen.

Circle of friends Das Logo von Ubuntu wird durch mehrere Menschen aus unterschiedlichen Kulturkreisen nachgebildet. Dieser »circle of friends« symbolisiert den wesentlichen Charakterzug von Ubuntu – Linux for human beings.

Client Software, die Daten oder Anwendungen von einem Server anfordert. Ein Browser ist beispielsweise ein Client, der Webseiten darstellt, die von einem Server geliefert werden.

Cluster Verbund von mehreren (teilweise tausenden) Computern, die gemeinsam rechenintensive Aufgaben lösen können. Die Leistung eines solchen Supercomputers steigt fast linear mit der Anzahl der beteiligten Computer an.

CoC *Code of Conduct*. Richtlinen für den Umgang der Ubuntu-Entwickler untereinander. Mehr dazu erfahren Sie in Abschnitt 2.5.3 auf Seite 119.

Compiler Der Compiler dient zur Erstellung von Programmen. Er übersetzt den Quelltext in eine maschinenlesbare Form und ist für das sogenannte Linking der Quelldateien zuständig. Ein geläufiger Compiler ist *gcc*.

Compiz Im Zuge der Entwicklung von XGL wurde mit Compiz ein erster, experimenteller Composition Manager entwickelt, der die neuen Möglichkeiten von XGL demonstriert. Eine wichtige Besonderheit von Compiz ist, dass es neben der Compositing-Funktionalität gleichzeitig auch als Windowmanager fungiert, d. h. er kümmert sich also auch um das Zeichnen von Fensterrahmen, Titelleisten, Minimier- und Maximierschaltflächen etc. Da Compiz dem ICCCM-Standard entspricht, kann es hierzu den Windowmanager der Desktopumgebung wie z. B. Metacity bei GNOME oder KWin bei KDE ersetzen. Compiz ist modular aufgebaut. Alle Effekte, aber auch grundlegende Dinge wie die Möglichkeit, Fenster zu verschieben oder ihre Größe zu ändern, sind als Plugins realisiert. Hierdurch ist Compiz leicht erweiterbar. Von Compiz gab es einige Monate lang den *Fork* Beryl, der aber im April 2007 wieder mit Compiz zu Compiz-Fusion fusionierte.

Compiz-Fusion Compiz-Fusion entstand im April 2007 aus dem Zusammengehen von Compiz und dem *Fork* Beryl. Die Website *www.compiz-fusion.org* befindet sich derzeit im Aufbau, aber unter *forum.compiz-fusion.org* befindet sich ein Forum, in welchem man fertige Pakete und Repositorys in Erfahrung bringen kann.

Composition Manager Computerprogramm, das es ermöglicht, Compositing-Techniken bei Bildschirmausgaben von Computern zu benutzen. Composition Manager spielen eine besondere Rolle bei der Nutzung hardwarebeschleunigter Effekte auf normalen Computer-Desktops. So sind dort genutzte Effekte wie Transparenz, 3D-Darstellung, stufenloses Zoomen und Live-Vorschauen von Videos oder animierten Sequenzen erst mithilfe der Composition Manager möglich.

CPU *Central Processing Unit*. Der Prozessor im Innern Ihres Computers. Renommierte CPU-Hersteller sind Intel und AMD.

CUPS *Common Unix Printing System*. Ein Drucksystem (»Daemon«), der das Drucken unter den verschiedenen UNIX-artigen Betriebssystemen ermöglicht.

Daemons Unter Linux werden im Hintergrund ablaufende Dienste oftmals als sogenannte *daemons* bezeichnet. Der Begriff hat seine Wurzeln in UNIX.

Dapper Drake Entwicklungsbezeichnung für die Version Ubuntu 6.06. Mehr dazu erfahren Sie in Abschnitt 3.3.4 ab Seite 143.

Debian GNU/Linux-Distribution, die ausschließlich aus freier Software besteht. Debian enthält das Betriebssystem und eine große Auswahl an Anwendungsprogrammen, Tools und Utilities, zusammen mit einem passenden Kern. Es ist für elf unterschiedliche Prozessorarchitekturen erhältlich.

DEB *Debian Package*. Paket, das speziell für die Distribution Debian kompiliert wurde. Es ist an der Endung *.deb* zu erkennen. Diese Pakete können (müssen aber nicht zwangsläufig) unter Ubuntu installiert und ausgeführt werden.

Derivat Man spricht bei den Varianten von Ubuntu von sogenannten »Derivaten« (von lateinisch »derivare« – »ableiten«, deutsch: Abkömmling). Allgemein bezeichnet dies eine Struktur, die von einer anderen Struktur abgeleitet ist. Im Bereich der Software ist ein Derivat eine Ableitung oder Fork (Projektaufspaltung) von existierender Software.

Device Ein Device ist eine Geräteschnittstelle, die unter Linux als Gerätedatei im virtuellen Dateisystem vorhanden ist. Diese Dateien finden Sie im Verzeichnis */dev*.

DHCP Das *Dynamic Host Configuration Protocol* ermöglicht mithilfe eines entsprechenden Servers die dynamische Zuweisung einer IP-Adresse und weiterer Konfigurationsparameter an Computer in einem Netzwerk (z. B. Internet oder LAN).

Dispatcher Im Rahmen der Prozessverwaltung eines Betriebssystems dient der »Dispatcher« dazu, bei einem Prozesswechsel dem derzeit aktiven Prozess die CPU zu entziehen und anschließend dem nächsten Prozess den Prozessor zuzuteilen. Die Entscheidung, welcher Prozess der nächste ist, wird vom »Scheduler« im Rahmen der Warteschlangenorganisation getroffen.

DMA *Direct Memory Access* bezeichnet in der Computertechnik eine Zugriffsart, die über ein Bus-System direkt auf den Speicher zugreift. Die DMA-Technik erlaubt angeschlossenen Peripheriegeräten, wie Netzwerkkarte oder Soundkarte, ohne Umweg über die CPU direkt mit dem Arbeitsspeicher zu kommunizieren. Der Vorteil der DMA-Technik ist die schnellere Datenübertragung bei gleichzeitiger Entlastung des Prozessors.

DNS *Domain Name System*. Einer der wichtigsten Dienste im Internet. Hauptaufgabe ist die Auflösung von Namen.

DOS *Disk Operating System*. Eine IBM-Entwicklung, die später von Microsoft aufgekauft wurde. Aus dem DOS entwickelte Microsoft das berühmte Windows.

dpkg Basis der Paketverwaltung der Linux-Distribution Debian GNU/Linux und das grundlegende Programm zum Installieren und Manipulieren von Softwarepaketen. Die Pakete haben die Dateiendung *.deb*.

DRI *Direct Rendering Infrastructure*. Softwarepaket, das Anwendungen den Zugriff auf hardwarebeschleunigte Grafik ermöglicht.

dselect Frontend, das selbstständig Abhängigkeiten zwischen Paketen auflösen und Konflikte zwischen Paketversionen erkennen kann. Zum eigentlichen Installieren und Konfigurieren von Paketen kommt *dpkg* zum Einsatz. *dselect* kann Pakete aus diversen Quellen wie CDs, NFS- oder FTP-Servern beziehen. Dieses Frontend war bis Debian 2.2 der bevorzugte Paketmanager und wurde durch *aptitude* ersetzt.

DSL *Digital Subscriber Line* (engl. für »digitale Teilnehmeranschlussleitung«). Technik, die das Senden und Empfangen von Daten mit hoher Übertragungsrate senden (1000 bis maximal 25.000 kbit/s). DSL stellt eine wesentliche Verbesserung gegenüber Modem- oder ISDN-Verbindungen mit nur bis zu 64 kbit/s dar. An der verlegten Telefonleitung muss nichts geändert werden, denn DSL nutzt die bereits verlegten zwei bis vier Kupferadern des Telefonnetzes auf einer anderen, höheren Frequenz.

DVB *Digital Video Broadcasting*. Der digitale Videorundfunk ist die neue Generation des Fernsehens, die in den großen deutschen Ballungsgebieten mittlerweile auch auf terrestrischem Weg (DVB-T) übertragen wird.

Ebuntu Ein Ubuntu mit dem Window-Manager Enlightenment als Standard. Das Projekt hat sich umbenannt in *OpenGEU*. Mehr dazu erfahren Sie in Abschnitt 8.3.4 ab Seite 294.

Edgy Eft Entwicklungsbezeichnung für die Version Ubuntu 6.10. Mehr dazu erfahren Sie in Abschnitt 3.4.1 ab Seite 149.

Edubuntu Eine speziell an die Bedürfnisse für den Einsatz in Klassenzimmern angepasste Ubuntu-Version. Mehr dazu erfahren Sie in Abschnitt 8.2.3 auf Seite 290.

Emulation Das funktionelle Nachbilden eines Systems durch ein anderes. Das nachbildende System erhält die gleichen Daten, führt die gleichen Programme aus und erzielt die gleichen Ergebnisse wie das originale System. Ein Emulator ist ein System, das ein anderes nachahmt. Zu unterscheiden sind Hardware- und Software-Emulatoren. Mehr erfahren Sie dazu in Kapitel 27 ab Seite 773.

Enterprise Mit »Ubuntu Enterprise« sollte ursprünglich die Unternehmensversion von Ubutu heissen. Mehr erfahren Sie dazu in Abschnitt 8.3.6 auf Seite 295. Allgemein bezeichnet der Begriff die Unternehmensversionen einiger Linux-Distributionen.

ext2/ext3 Die beiden primär unter Linux eingesetzten Dateisysteme und die Standardwahl bei Ubuntu. Das neuere *ext3* unterstützt dabei das sogenannte Journaling, ist aber abwärtskompatibel zu *ext2*.

FAQ *Frequently Asked Questions*. Eine Sammlung von Antworten auf häufig gestellte Fragen.

FAT *File Allocation Table* (deutsch: Dateizuordnungstabelle). Dateisystem, das von Seattle Computer Products für dessen Betriebssystem QDOS, dem direkten Vorgänger von MS-DOS, entwickelt wurde. FAT32 ist ein von Microsoft entwickeltes Dateisystem, das seit 1997 die Vorgängerversion FAT16 ergänzt. Partitionen kleiner als 512 MByte werden nach wie vor mit FAT16 erzeugt, von 512 MByte bis 2 GByte hat man die Wahl, ab 2 GByte wird FAT32 benutzt.

Fedora Eine einfach zu installierende Linux-Distribution, die aus dem ehemaligen Red Hat Linux heraus entstanden ist.

Feisty Fawn Entwicklungsbezeichnung für die Version Ubuntu 7.04.

Firewall Einrichtung, die Ihren Rechner (oder das lokale Netzwerk) vor feindlichen Angriffen aus dem Internet schützen soll. Firewalls können als Software in einem System laufen oder hardwareseitig in einem Router oder vorgeschalteten Rechner ihren Dienst verrichten.

Firewire (auch bekannt als i.Link oder IEEE 1394) ist eine von Apple entwickelte Schnittstelle.

Flash Software zum Erstellen multimedialer Inhalte für das World Wide Web. Mit Flash können vektorbasierte Animationen erstellt werden, die aufgrund ihrer geringen Dateigröße optimal für das Internet geeignet sind. Mit neueren Versionen von Flash lassen sich nicht nur Animationen, sondern komplette Anwendungen erstellen und abspielen. Flash-Inhalte werden im Browser durch ein Zusatzprogramm (Plugin) wiedergegeben (siehe auch *www.macromedia.com*).

Fluxbuntu Ubuntu mit dem Window-Manager Fluxbuntu als Standard. Mehr erfahren Sie dazu in Abschnitt 8.3.5 auf Seite 294.

Fork Der Begriff »Fork« (deutsch: Gabel) bezeichnet in der Software-Entwicklung die Aufspaltung eines Projekts in zwei oder mehr Folgeprojekte, wobei Teile des Quellcodes kopiert und dann unabhängig von dem ursprünglichen Projekt weiterentwickelt werden. Gründe für eine Fork können verschiedene Ziele für das Projekt, Uneinigkeiten in der technischen Ausführung oder persönliche Unstimmigkeiten zwischen den Entwicklern sein.

Framebuffer Der Bildspeicher ist Teil des Video-RAM von Computern und entspricht einer digitalen Kopie des Monitorbildes. Das heißt, jedem Bildschirmpixel kann genau ein bestimmter Bereich des Framebuffers zugewiesen werden, der dessen digital übersetzten Farbwert enthält.

Freedom Toaster Auf dem sogenannten Freedom Toaster lassen sich verschiedene Distributionen kostenlos auf einem selbst mitgebrachten Rohling brennen. Mehr dazu erfahren Sie in Abschnitt 2.2.2 auf Seite 99.

freenode (früher als Open Projects Network (OPN) bekannt) ist ein IRC-Netzwerk, dessen Sinn und Ziel es ist, eine kostenlose und stabile Kommunikationsplattform für die Open-Source-Gemeinde anzubieten.

FTP *File Transfer Protocol*. Dienst zur Versendung von Dateien über das Internet. Dabei werden mit einer Software (dem sogenannten FTP-Client) die Dateien von einem FTP-Server abgerufen.

GIF Datei- bzw. Komprimierungsformat für Grafikdaten im Internet. Grafikdaten im GIF-Format sind verlustfrei komprimiert nach dem sogenannten Lempel/Zev/Welch-Algorithmus, können aber nur 256 Farben enthalten. Das Komprimierungsverfahren ist patentiert,so dass Hersteller von Programmen, die GIFs erzeugen oder verarbeiten, Lizenzzahlungen leisten müssen. GIF-Bilder können eine sogenannte transparente Farbe enthalten, durch die der Hintergrund durchscheint. Mit dem Format GI89a können GIF-Dateien auch mehrere Grafiken enthalten, die nacheinander abgespielt werden - animierte GIFs. GIF-Grafiken können von allen Browsern angezeigt werden.

GLX *OpenGL Extension to the X Window System*. Unterstützt die lückenlose Verbindung zwischen OpenGL und dem X-Window-System. Es ermöglicht es, OpenGL-Programme auf ein Fenster des X-Window-Systems zu zeichnen.

GNOME Akronym für *GNU Network Object Model Environment*. Eine Desktopumgebung für Unix- und unixoide Systeme, die unter den freien Lizenzen GPL und LGPL veröffentlicht wird. GNOME ist Teil des GNU-Projekts und basiert auf der GTK-Widgetsammlung.

GNU Rekursives Akronym für *GNU's not UNIX* Eine Sammlung von frei verfügbaren Programmen. GNU ist wesentlich älter als Linux und lieferte schon auf UNIX-Systemen eine große Anzahl von Applikationen. Ins Leben gerufen wurde GNU von Richard Stallmann.

GNU Arch GNU Arch ist eine Software zur Versionskontrolle. Bazaar ist eine Implementierung des GNU-Arch-Protokolls, das die Open-Source-Entwickler benutzen. Mehr erfahren Sie dazu im Abschnitt 2.2.2 auf Seite 98.

Go Open Source Campaign Die »Go Open Source«-Kampagne hat es sich zum Ziel gemacht, den Vorteil von Open-Source-Software in Südafrika publik zu machen. Mehr dazu erfahren Sie in Abschnitt 2.2.2 auf Seite 99.

GUI *Graphical User Interface*. Die grafische Schnittstelle zwischen Mensch und Computer. Eine grafische Benutzeroberfläche ist eine Softwarekomponente, die einem Computerbenutzer die Interaktion mit der Maschine über grafische Elemente (Arbeitsplatz, Symbole, Menü) erlaubt.

Gutsy Gibbon Entwicklungsbezeichnung für die Version Ubuntu 7.10.

GPL Die *GNU Public License* ist die Lizenz, unter der Linux und andere freie Software vertrieben werden.

GTK Das *GIMP-Toolkit* (abgekürzt: GTK+) ist eine freie Komponentenbibliothek unter der LGPL, mit der grafische Benutzeroberflächen (GUI) für Softwareprogramme erstellt werden können, z. B. basiert GNOME auf GTK.

Hexadezimal Zahlensystem mit Basis 16 (0–15). Als Zahlen gelten neben den Ziffern 0–9 auch noch die Buchstaben A (=10) bis F (=15). Hexadezimale Zahlen werden verwendet, um Farbangaben für Webseiten anzugeben.

Header In der Informationstechnik werden Metadaten am Anfang einer Datei oder eines Datenblocks als Header bezeichnet. Diese können verwendet werden, um das Dateiformat zu beschreiben oder weitere Angaben beispielsweise zum Ursprung der Daten zu machen. So werden zum Beispiel in E-Mails sogenannte Kopfzeilen (dt. für header) verwendet, um Absender, Empfänger, Betreff, Datum, Route der Nachrichten und vieles mehr zu beschreiben.

HTML Die *Hypertext Markup Language*, oft auch kurz als »Hypertext« bezeichnet, ist eine textbasierte Auszeichnungssprache zur Darstellung von Inhalten wie Texten, Bildern und Hyperlinks in Dokumenten. HTML-Dokumente sind die Grundlage des World Wide Web und werden von einem Webbrowser dargestellt.

Hoary Hedgehog Entwicklungsbezeichnung für die Version Ubuntu 5.04. Mehr dazu erfahren Sie in Abschnitt 3.3.2 ab Seite 135.

Host (engl. für »Wirt«, »Gastgeber«). In der Informationstechnik ein Computer in einem Netzwerk, auf dem ein oder mehrere Server betrieben werden. Aus diesem Zusammenhang heraus werden Hosts umgangssprachlich häufig als Server bezeichnet.

HTTP *HyperText Transfer Protocol*. Der Standard, mit dem die Interaktion zwischen Computern und/oder Servern im Internet geschieht.

Hurd Hurd, eigentlich *GNU Hurd*, stellt die Sammlung von Servern dar, die auf dem Kernel *GNU Mach* laufen. Diese Services implementieren Dateisysteme, Netzwerkprotokolle, Datei-Zugriffs-Kontrollen und andere Eigenschaften.

Hypervisor Synonym für den »virtuellen Maschinen-Monitor« (VMM). Der VMM sorgt für die Aufteilung der Hardware-Ressourcen eines Computers für mehrere verschiedene virtuelle Maschinen.

IBM *International Business Machines*. Eines der ältesten IT-Unternehmen, das anfangs mit Lochkartenmaschinen und später mit Großrechnern eine marktbeherrschende Stellung einnahm. Es entwickelte u. a. das Betriebssystem DOS, welches später an Microsoft verkauft wurde.

Icon Im Computerbereich ein Piktogramm, das eine Datei oder Ähnliches repräsentiert.

IceWM Ein in C++ programmierter, unter LGPL stehender Fenstermanager für das X11-Fenstersystem. Ziele von IceWM sind Geschwindigkeit, Schlichtheit und Bedienerfreundlichkeit.

IDE IDE bezeichnet entweder *Integrated Drive Electronics*, eine Schnittstelle in einem Computer, oder *Integrated Development Environment* (auch *Interactive Development Environment*), die integrierte Entwicklungsumgebung.

IEEE *Institute of Electrical and Electronic Engineers*

IMAP *Internet Message Access Protocol*. IMAP erlaubt den Zugriff auf und die Verwaltung von empfangenen E-Mails. Im Gegensatz zum weiter verbreiteten Protokoll POP3 verbleiben die Mails in der Regel auf dem Mailserver und werden nur bei Bedarf auf den Client-Rechner übertragen. IMAP wurde mit dem Ziel entwickelt, den Zugriff auf Mailboxen und Nachrichten so bereitzustellen, als ob diese sich auf dem lokalen Rechner befänden.

init Der init-Prozess ist bei UNIX-artigen Betriebssystemen der erste Prozess eines Systems: Er hat immer die Prozess-ID 1. Traditionell startet er alle anderen Prozesse; auf welche Art er dies tut, wird unter Linux und anderen System V-orientierten Systemen wie Solaris in der Datei */etc/inittab* festgelegt (SysVinit). *Init* soll bei Ubuntu durch *upstart* ersetzt werden, die Integration von upstart steht aber noch am Beginn der Entwicklung.

initrd steht für *initial ramdisk* (sinngemäß übersetzt Ausgangspartition im Arbeitsspeicher). Die *initrd* ist ein reservierter Bereich im Arbeitsspeicher, der vom Kernel wie eine Festplattenpartition behandelt wird.

Intel Die Intel Corporation (**Int**egrated **el**ectronics) ist eine US-amerikanische Firma mit Hauptsitz in Santa Clara, Kalifornien. Intel ist vor allem für PC-Mikroprozessoren bekannt, bei denen die Firma einen Marktanteil von etwa 80 % hält.

Interpreter Ein Interpreter führt ein in einer Programmiersprache geschriebenes Skript aus.

Intrepid Ibex Entwicklungsbezeichnung für die Version Ubuntu 8.10.

IRC *Internet Relay Chat*. Ein textbasiertes Chatsystem. Es ermöglicht Gespräche mit einer beliebigen Anzahl von Teilnehmern in so genannten Channels, aber auch Gespräche zwischen zwei Teilnehmern. Neue Channels können üblicherweise jederzeit von jedem Teilnehmer frei eröffnet werden, ebenso kann man gleichzeitig an mehreren Channels teilnehmen.

ISDN *Integrated Services Digital Network*. Ein internationaler Standard für ein digitales Telekommunikationsnetz.

ISO 9660 Die ISO 9660 beschreibt den Standard eines Dateisystems für Wechselmedien (CDs und DVDs). Typische Merkmale sind z. B. Beschränkungen in der Länge von Dateinamen oder fehlende Informationen bezüglich der Dateieigentümer und der Rechte.

Java Eine objektorientierte Programmiersprache und als solche eingetragenes Warenzeichen der Firma Sun Microsystems. Java ist eine Komponente der Java-Technologie. Java-Programme werden in Bytecode übersetzt und dann in einer speziellen Umgebung ausgeführt, die als Java-Laufzeitumgebung oder Java-Plattform bezeichnet wird. Deren wichtigster Bestandteil ist die Java Virtual Machine (Java-VM), die Programme ausführt, indem sie den Bytecode interpretiert. Java-Programme laufen in aller Regel ohne weitere Anpassungen auf verschiedenen Computern und Betriebssystemen, für die eine Java-VM existiert. Sun bietet neben dem eigenen UNIX-Derivat Solaris auch Java-VMs für Linux und Windows an. Andere Hersteller lassen ihre Java-VM für ihre Plattform zertifizieren, zum Beispiel die Firma Apple für Mac OS X.

JavaScript ist eine einfache Programmiersprache, die im Webbrowser ausgeführt wird – man spricht auch von clientseitiger Ausführung (im Gegensatz zu Sprachen wie PHP, ASP, CFML oder Perl, die auf dem Server ausgeführt werden). Dadurch eignet sich Javascript beispielsweise, um Formulare zu überprüfen, bevor sie an den Server geschickt werden, oder für DHTML-Effekte. JavaScript wurde ursprünglich von Netscape entwickelt und hat mit der Programmiersprache Java nur den Namen gemeinsam.

Journaling Die Protokollierung jeder Transaktion in einem Dateisystem. Dies kann den Vorteil haben, dass man nach einem Crash des Systems eventuell auf das aufwendige Reparieren des Dateisystems verzichten kann.

JPEG *Joint Photographic Experts Group*. Ein Komprimierungsstandard für unbewegte Bilder, entwickelt von der »Joint Photographic Experts Group«. Die zu komprimierende Datei wird in Quadrate aufgeteilt. In diesen Quadraten werden Pixel ähnlicher Farbwerte zusammengefasst. Kompressionen nach dem JPEG-Standard sind verlustbehaftet, d.h. bei der Komprimierung gehen Dateiinformationen verloren.

KDE *K Desktop Environment*, ursprünglich *Kool Desktop Environment*. Eine frei verfügbare Arbeitsumgebung für Unix-Betriebssysteme wie z. B. Linux, BSD oder Solaris.

Kernel Basis und Kernkomponente eines Betriebssystems. Der Kernel ist verantwortlich für grundlegende Aufgaben wie die Prozess- und Speicherverwaltung, sowie der Hardwareunterstützung.

Kernel-Module Kernel-Module sind dynamisch in den Kernel integrierbare Komponenten, die oft einen Treibercode zur Verfügung stellen. Mithilfe solcher Module kann oftmals auf das aufwendige Rekompilieren eines Kernels verzichtet werden.

Kernelspace Der Kernelspace ist ein reservierter Speicherbereich im RAM, in dem z. B. Kernel-Module gespeichert werden.

Knowledge Base Eine Wissensdatenbank (engl. Knowledge Base) ist eine Datenbank für ein Wissensmanagement. Sie stellt die Grundlage für die Sammlung von Informationen dar.

Kubuntu Ubuntu mit der Arbeitsumgebung KDE als Standard. Mehr dazu erfahren Sie in Kapitel 10 ab Seite 331.

KVM *Kernel based Virtual Machine*. Mehr dazu erfahren Sie in Kapitel 29 ab Seite 813.

LAN *Local Area Network*. Ein Rechnernetz, das meist physisch getrennt von einem WAN (*Wide Area Network*) existiert.

LaTeX LaTeX ist ein Softwarepaket, das die Benutzung des Textsatzprogramms TeX mithilfe von Makros vereinfacht. Es wurde bereits 1984 von Leslie Lamport entwickelt und es ist zur bevorzugten Methode des TeX-Einsatzes geworden. Dieses Buch wurde ebenfalls mit TeX gesetzt.

Launchpad Portal, das eine Sammlung von Services für Open-Source-Projekte bietet. Es besteht u. a. aus den Modulen »Rosetta« und »Malone«. Mehr dazu erfahren Sie in Abschnitt 2.2.3 auf Seite 100.

Live-System Betriebssystem, das ohne Installation und Beeinflussung des Inhalts der Festplatte gestartet werden kann. Das gesamte Betriebssystem wird hierzu auf einen bootfähigen Speicher wie USB-Stick, Flash-Speicher, Diskette, CD-ROM oder DVD installiert.

Looking Glass 3-D-Benutzeroberfläche, die von Sun Microsystems entwickelt wird. Das Projekt will neue Interaktionsmöglichkeiten mit einem Computerdesktop entwickeln und versteht sich als technische Vorausentwicklung für kommende Benutzerschnittstellen. Die ausgedehnte Verwendung eines dreidimensionalen Desktops ermöglicht es beispielsweise, Notizen zu Webseiten auf der Rückseite des Browserfensters zu machen. Looking Glass ist ein Open Source-Projekt und und steht unter der *GNU General Public License*. Es verwendet und erweitert Java 3D (*www.sun.com/software/looking_glass/*).

LTS Diese Abkürzung kennzeichnet die Ubuntu-Versionen, die einen besonders langen Support-Zeitraum genießen. Dieser beträgt für die Desktop-Versionen drei Jahre und für die Server-Versionen fünf Jahre.

LTSP *Linux Terminal Server Project*. Mit LTSP ist die Verbindung des Edubuntu-Servers zu einer Vielzahl von Clients möglich. Mehr dazu erfahren Sie in Abschnitt 8.2.3 auf Seite 290.

LVM *Logical Volume Manager*. Eine hauptsächlich im UNIX- und Linux-Umfeld verbreitete Abstraktionsebene zwischen Festplatten und Dateisystemen. Festplatten (Physical Volume, PV) werden zu einem Pool (Volume Group, VG) zusammengefasst, aus dem dynamisch *Partitionen* (Logical Volume, LV) angefordert werden können. Auf diesen Logical Volumes werden die Dateisysteme angelegt.

Mach Eigentlich *GNU Mach* – der Microkernel von GNU.

Main Ubuntu teilt seine Software in die vier Repositories Main, Restricted, Universe und Multiverse ein. Mehr dazu erfahren Sie in Abschnitt 20.3 auf Seite 609.

Malone Ein System für das sogenannte Bug-Tracking. Mehr dazu erfahren Sie in Abschnitt 2.2.3 auf Seite 100.

Malware Als Malware (ein Kofferwort von engl. *malicious* = boshaft und *Software*) bezeichnet man Computerprogramme, die vom Benutzer unerwünschte (schädliche) Funktionen ausführen.

Mandatory Access Control Konzept für die Kontrolle und Durchsetzung von Zugriffsrechten auf IT-Systemen, bei der die Entscheidung über Zugriffsberechtigungen nicht auf der Basis der Identität des Benutzers (Prozesses) und des Objektes (Datei, Gerät) gefällt wird, sondern aufgrund allgemeiner Regeln und Eigenschaften des Akteurs und Objekts.

Mandriva Linux-Distribution des französischen Unternehmens Mandriva (ehemals Mandrakesoft).

MBR *Master Boot Record*. Der erste Datenblock eines in Partitionen aufgeteilten, bootfähigen Speichermediums. Der MBR beherbergt eine Partitionstabelle sowie den Bootloader, ein Programm, welches das richtige Betriebssystem startet.

Metisse Ein 2.5D-Desktop, der auf dem X-Window-System basiert. Metisse ist ist in den Linux-Distributionen Mandriva One und Sabayon Linux enthalten und hat viele Eigenschaften, die ihn von den traditionellen 3D-Desktops wie *Compiz-Fusion* abheben. So können Fenster dreidimensional in alle Richtungen gedreht werden und mitsamt dem Inhalt verkleinert werden Für das Entwicklerteam hat Funktionalität und Produktivität höhere Priorität als bloßer Blickfang (*http://insitu.lri.fr/metisse/*).

MMU *Memory Management Unit* Der Kernel steuert nicht nur den Zugriff auf den physikalischen Teil des Speichers, denn dies hat den Nachteil, dass die aktiven Prozesse selbst niemals mehr Speicherplatz belegen dürfen als physikalisch zur Verfügung steht. Um dieses durch immer komplexere Programme entstandene Problem zu lösen, wurde das Prinzip der »virtuellen Speicherverwaltung« entwickelt. Dabei verwenden Prozesse nur noch virtuelle und keine physikalischen Adressen mehr. Die Umsetzung der virtuellen Adresse in eine physikalische Adresse übernimmt die »Memory Management Unit«.

Metacity Der Standard-Fenstermanager der Desktop-Umgebung GNOME.

Metapaket Eine Sammlung von vielen einzelnen Paketen, die in einem einzigen Paket zusammengefasst sind. Mithilfe solch eines Metapaketes lassen sich große Projekte leichter installieren. So braucht man sich z. B. unter Ubuntu keine einzelnen KDE-Pakete und deren Abhängigkeiten installieren – das Metapaket *kubuntu-desktop* nimmt einem diese Arbeit ab.

Microsoft Ein von Bill Gates und Paul Allen gegründetes Softwareunternehmen. Firmensitz ist Redmond in der Nähe von Seattle, USA. Microsoft ist der Hersteller des Betriebssystems Windows. Inzwischen gehört auch der Vertrieb von Hardware zu den Einnahmequellen des Unternehmens.

MINIX Ein zu Beginn der 90er Jahre in Universitäten weit verbreitetes UNIX-Derivat. Es wurde maßgeblich von Andrew Tanenbaum entwickelt. MINIX war für Thorvalds der Anstoß zur Entwicklung von Linux.

MIT *Massachussets Institute of Technology*

Module Siehe *Kernel-Module*.

Moodle Ein Kurs-Management-System. Mehr dazu erfahren Sie in Abschnitt 8.2.3 auf Seite 290.

MULTICS *Multiplexed Information and Computing Service* Ein gemeinsam von den Firmen Bell, General Electric und dem MIT im Jahr 1965 entwickeltes Betriebssystem, das nie fertiggestellt wurde. MULTICS diente in seinen Grundzügen als Basis von UNIX.

Multitasking Mehrprozessfähigkeit, bei der mehrere Aufgaben oder Prozesse parallel ausgeführt werden.

Multiuser Bei einem Multiuser-System können mehrere Benutzer voneinander getrennt Aufgaben an einem Betriebssystem wahrnehmen. Dies kann entweder in Folge oder parallel geschehen.

Multiverse Ubuntu teilt seine Software in die vier Repositories Main, Restricted, Universe und Multiverse ein. Mehr dazu erfahren Sie in Abschnitt 20.3 auf Seite 609.

MySQL SQL-Datenbankverwaltungssystem der schwedischen Firma MySQL AB. MySQL ist als Open-Source-Software für verschiedene Betriebssysteme verfügbar und bildet die Grundlage vieler Webauftritte.

NetBIOS *Network Basic Input Output System*. Eine Programmierschnittstelle zur Kommunikation zwischen zwei Programmen über ein Netzwerk.

Newsgroup Virtuelle Diskussionsforen im Internet (früher auch abseits des Internets in selbstständigen (Mailbox-)Netzen), in denen zu einem umgrenzten Themenbereich Textbeiträge (auch Nachrichten, Artikel oder Postings genannt) ausgetauscht werden.

NFS *Network File System* (auch: *Network File Service*). Ein von Sun Microsystems entwickeltes Protokoll, das den Zugriff auf Dateien über ein Netzwerk ermöglicht. Dabei werden die Dateien nicht wie z. B. bei FTP übertragen, sondern die Benutzer können auf Dateien, die sich auf einem entfernten Rechner befinden, so zugreifen, als ob sie auf ihrer lokalen Festplatte abgespeichert wären.

Novell Softwareunternehmen mit Sitz in den USA. 2004 kaufte Novell SUSE und vertreibt seitdem SUSE Enterprise und unterstützt die Community-Version OpenSUSE. Novell machte 2007 Schlagzeilen, als es als erstes Unternehmen aus dem Linux-Lager ein Patentabkommen mit Microsoft unterschrieb.

NTFS *New Technology File System* Das Dateisystem von Windows NT, einschließlich seiner Nachfolger Windows 2000, Windows XP, Windows Server 2003 und Windows Vista. Im Vergleich zu FAT bietet NTFS u.a. einen gezielten Zugriffsschutz auf Dateiebene durch vollständige Unterstützung von Zugriffskontrolllisten. Des Weiteren ist bei NTFS die Dateigrößenbeschränkung von maximal vier Gigabyte aufgehoben.

NVIDIA Die NVIDIA Corporation ist einer der größten Entwickler von Grafikprozessoren und Chipsätzen für Personal-Computer.

Olive Grafische Oberfläche für das Versionskontrollsystem Bazaar. Ein kurzer Einstieg in den Umgang mit Bazaar und Olive liefert Abschnitt 14.5 auf Seite 432.

OpenCD Die »Open Source CD« ist eine Zusammenstellung von Open-Source-Software für den Windows-Bereich. Sie soll den Nutzern von Windows die Möglichkeit geben, ohne besondere Vorkenntnisse Open-Source-Programme zu nutzen. Mehr dazu erfahren Sie in Abschnitt 2.2.2 auf Seite 99.

OpenGL *Open Graphics Library*. Spezifikation für ein plattform- und programmiersprachenunabhängiges API (*Application Programming Interface*) zur Entwicklung von 3-D-Computergrafik. Der OpenGL-Standard beschreibt etwa 250 Befehle, die die Darstellung komplexer 3-D-Szenen in Echtzeit erlauben. Zudem können andere Organisationen (zumeist Hersteller von Grafikkarten) proprietäre Erweiterungen definieren.

Open Source Bewegung zur Förderung freier Software. Freie Software definiert sich durch ihre freie Nutzung sowie durch die Verfügbarkeit der Quelltexte, nicht durch Kostenlosigkeit.

OSS *Open Sound System* – Vorgänger von ALSA.

PAE *Physical Address Extension* Technische Erweiterung aus dem Gebiet der Rechnerarchitektur. PAE ermöglicht es, mehr Arbeitsspeicher anzusprechen als durch die Wortbreite des verwendeten Mikroprozessors festgelegt ist. Mit PAE sind bis zu 64 GB Hauptspeicher adressierbar.

Paketmanager Ein Paketmanager ermöglicht das komfortable Management von Software auf einem Computersystem, wie es insbesondere unter Linux sehr verbreitet ist. Dazu gehört das Installieren, Aktualisieren und Deinstallieren der Software in Form gepackter Programme.

Panel Synonym für die Taskleiste (Startleiste).

Parallels Softwarefirma, die die gleichnamige Virtualisierungssoftware herstellt und vertreibt.

PASCAL Programmiersprache und Weiterentwicklung von ALGOL. Das wichtigste Konstruktionsprinzip war, die Sprache so einfach wie möglich zu gestalten, damit sie in der Ausbildung genutzt werden konnte. Gleichzeitig sollte strukturierte Programmierung möglich sein. Alle Variablen müssen vor der Benutzung deklariert werden.

Patch (dt gpkursivflicken). Eine Korrekturauslieferung für Software oder Daten aus Endanwendersicht, um zum Beispiel Sicherheitslücken zu schließen oder bislang nicht vorhandene Funktionalität nachzurüsten. Der Begriff stammt noch aus der Zeit, als man kleine Korrekturen an Software auf Lochkarten durch Stanzen bzw. Zukleben einzelner Löcher bewerkstelligte.

P2P *Peer-to-Peer*-Connection und Rechner-Rechner-Verbindung sind synonyme Bezeichnungen für eine Kommunikation unter Gleichen, hier bezogen auf ein Netzwerk von Computern. In einem Peer-to-Peer-Netz sind alle Computer gleichberechtigt und können sowohl Dienste in Anspruch nehmen als auch Dienste zur Verfügung stellen.

PDF *Portable Document Format*. Ein plattformübergreifendes Dateiformat für Dokumente, das von der Firma Adobe Systems entwickelt und 1993 veröffentlicht wurde. PDF ist ein kommerzielles, aber offengelegtes Dateiformat.

Phishing Eine Form der Tricktäuschung im Internet. Dabei wird per E-Mail versucht, den Empfänger zur Herausgabe von Zugangsdaten und Passwörtern zu bewegen. Dies bezieht sich in den meisten Fällen auf Online-Banking und andere Bezahlsysteme.

PHP Rekursives Backronym für »Hypertext Preprocessor«, ursprünglich »Personal Home Page Tools«. Eine Programmiersprache mit einer an Java bzw. Perl angelehnten Syntax, die hauptsächlich zur dynamischen Erstellung von Webseiten oder Webanwendungen verwendet wird. PHP ist Open-Source-Software. PHP zeichnet sich besonders durch die leichte Erlernbarkeit, die breite Datenbankunterstützung und Internet-Protokolleinbindung, sowie die Verfügbarkeit zahlreicher, zusätzlicher Funktionsbibliotheken aus. Es existieren beispielsweise Programmbibliotheken, um Bilder und Grafiken zur Einbindung in Webseiten dynamisch zu generieren.

POSIX Portable Operating System Interface – Ein Gremium des *IEEE*, das Standards für Schnittstellen definiert.

POP3 *Post Office Protocol Version 3*. Ein Übertragungsprotokoll, über das ein Client E-Mails von einem E-Mail-Server abholen kann. Eine ständige Verbindung zum Mailserver ist bei POP3 nicht notwendig. Die Verbindung zum Server wird bei Bedarf vom Client aufgebaut und danach wieder beendet. POP3 ist in der Funktionalität sehr beschränkt und erlaubt nur das Abholen und Löschen von E-Mails am E-Mail-Server. Für weitere Funktionalitäten wie hierarchische Mailboxen direkt am Mailserver, Zugriff auf mehrere Mailboxen während einer Sitzung, Vorselektion der E-Mails usw. müssen Protokolle wie IMAP verwendet werden.

Ports (engl. für Anschlüsse). Adresskomponenten, die in Netzwerkprotokollen eingesetzt werden, um Datensegmente den richtigen Diensten zuzuordnen. Dieses Konzept ist z. B. in TCP, UDP und SCTP implementiert. Hierbei ist die Portnummer 16 Bit groß, d. h. sie kann Werte von 1 bis 65535 annehmen.

PPPoE *PPP over Ethernet*. Die Verwendung des Netzwerkprotokolls *Point-to-Point Protocol* (PPP) über eine Ethernet-Verbindung. PPPoE wird heute bei ADSL-Anschlüssen in Deutschland verwendet. In Österreich wurde ursprünglich für ADSL-Zugänge das *Point To Point Tunneling Protocol* (PPTP) verwendet. Mittlerweile wird allerdings PPPoE auch dort von einigen ISPs angeboten.

proprietär Die Freie-Software-Bewegung benutzt den Begriff »proprietär« für Dinge, die nicht »frei« sind. Der Begriff bezeichnet zum einen Software, zum anderen Dateiformate, Protokolle usw. Bekannte Beispiele proprietärer Software sind: Microsoft Windows, Adobe Photoshop, AutoCAD oder Macromedia Flash. Beispiele für proprietäre Dateiformate sind das MS-Word-Format oder das WMA-Format. Beispiele für nicht proprietäre, offene Formate sind Ogg Vorbis, das Portable-Network-Graphics-Format oder das HTML-Format.

Proxy-Server Ein Rechner zwischen vielen Clients und einem vorgeschalteten Server. Seine Aufgabe besteht darin, anfallende Anfragen der Clients zu puffern (zwischenzuspeichern), um den Server zu entlasten.

Prozess Unter Linux ist ein Prozess ein laufendes Programm. Zu diesem Programm gehört neben dem auszuführenden Code auch eine Umgebung, die unter anderem Shell-Variablen enthält.

Postscript Seitenbeschreibungssprache, die unter diesem Namen seit 1984 von der Firma Adobe entwickelt wird. Sie ist eine Weiterentwicklung der Sprache InterPress. Postscript hat sich über die Jahre zu einem Standard in der Druckindustrie entwickelt.

QEMU ist ein CPU-Emulator bzw. eine virtuelle Maschine für die Betriebssysteme Linux, Windows, FreeBSD, NetBSD, OpenBSD und Mac OS X. Mittels HX DOS Extender ist QEMU auch in FreeDOS und DR-DOS lauffähig. Mehr dazu erfahren Sie in Abschnitt 28.6 auf Seite 806.

Qt Klassenbibliothek für die plattformübergreifende Programmierung grafischer Benutzeroberflächen unter C++. Qt wird besonders in den Bibliotheken des K Desktop Environments verwendet. Qt wird von der norwegischen Firma Trolltech entwickelt und steht seit dem Jahr 2000 sowohl unter der GNU General Public License (GPL) als auch unter einer kommerziellen Lizenz.

RAID Ein RAID-System dient zur Organisation zweier oder mehrerer physikalischer Festplatten eines Computers zu einem logischen Laufwerk, das eine größere Speicherkapazität, eine höhere Datensicherheit bei Ausfall einzelner Festplatten und/oder einen größeren Datendurchsatz erlaubt als eine physikalische Platte. Während die meisten in Computern verwendeten Techniken und Anwendungen darauf abzielen, Redundanzen (das Vorkommen doppelter Daten) zu vermeiden, werden bei RAID-Systemen redundante Informationen gezielt erzeugt, damit beim Ausfall einzelner Komponenten das RAID als Ganzes seine Funktionalität behält.

RAM ist die Abkürzung für *Random Access Memory*. Dies ist der Arbeitsspeicher Ihres Computers, der sich auf den separaten Slots Ihres Mainboards befindet.

RHL *Red Hat Linux*. Eine der populärsten Linux-Distributionen, zusammengestellt von der Firma Red Hat. Sie wurde im September 2003 eingestellt und ging im Fedora-Core-Projekt und in Red Hat Enterprise Linux auf.

ReiserFS Das *Reiser File System* ist ein wichtiges Dateisystem, das *Journaling* unterstützt.

Repository Ablagen, in der Pakete hinterlegt werden. Ubuntu teilt seine Software in die vier Repositorys Main, Restricted, Universe und Multiverse ein. Mehr dazu erfahren Sie in Abschnitt 20.3 auf Seite 609.

RMS *Richard Matthew Stallman* (geboren am 16. März 1953 in Manhattan, New York City). Ein US-amerikanischer Informatiker und studierter Physiker. Stallman, der unter seinen Initialen RMS bekannt ist, gründete das GNU-Projekt und ist einer der frühesten und bekanntesten Protagonisten freier Software. Stallman hatte beträchtlichen Anteil am Erfolg von GNU/Linux – er ist der erste Präsident der Free Software Foundation.

Root Der Root Account ist das Benutzerkonto mit Administratorrechten bei UNIX-artigen Betriebssystemen.

Rosetta Ein Übersetzungsportal – mehr dazu erfahren Sie in Abschnitt 2.2.3 auf Seite 100.

Restricted Ubuntu teilt seine Software in die vier Repositories main, restricted, universe und multiverse ein. Mehr dazu erfahren Sie in Abschnitt 20.3 auf Seite 609.

RPM Rekursives Akronym für den *RPM Package Manager*. Das Paketformat und alle nötigen Software-Tools um RPM-Pakete zu erstellen, zu installieren und zu verwalten, wurden von der Firma Red Hat entwickelt und unter der GPL-Lizenz veröffentlicht (ursprünglich Red Hat Package Manager). Mit der Endung *.rpm* versehene Pakete sind für den Einsatz auf *rpm*-basierten Systemen kompiliert worden, z. B. RedHat, Fedora Core und Mandriva. Diese Pakete sind ohne zusätzlichen Aufwand (Transformation) nicht unter Ubuntu zu installieren.

SABDFL *Self Announced Benevolent Dictator For Life*, dt. »Selbst ernannter gütiger Diktator auf Lebenszeit«. Mit dem ironischen Titel eines *Benevolent Dictator For Life* (BDFL) werden in Open-Source-Projekten oftmals die anerkannten Leiter eines Projekts benannt. Tatsächlich gibt es in Open-Source-Projekten keine wirklichen Dikatatoren, da ein Fork (siehe Fork) eines bestehenden Projektes immer möglich ist. Linus Torvalds ist z. B. der BDFL für das große Projekt »Linux«.

SANE *Scanner Access Now Easy*. Ein *Application Programming Interface* (API) für den Zugriff auf Scanner zur Datenerfassung über verschiedene Schnittstellen (USB, SCSI etc.) unter Linux. SANE ist die freie Linux-Alternative zu TWAIN als Programmierschnittstelle.

SCSI *Small Computer System Interface*. Eine standardisierte, parallele Schnittstelle zur Datenübertragung zwischen Geräten auf einem Computer-Bus.

Scheduler Werden auf einem Computer mehrere Prozesse gleichzeitig ausgeführt, so muss das Betriebssystem durch den »Scheduler« die vorhandenen Ressourcen auf die verschiedenen Prozesse aufteilen. Dieses Verhalten ist typisch für ein Multitasking-System.

Schooltool Eine serverbasierte Kalenderverwaltung. Mehr dazu erfahren Sie in Abschnitt 8.2.3 auf Seite 290.

SELinux *Security-Enhanced Linux*. Eine Erweiterung des Linux-Kernels. SELinux implementiert die Zugriffskontrollen auf Ressourcen im Sinne von *Mandatory Access Control*. SELinux wird maßgeblich von der NSA und von dem Linux-Distributor Red Hat entwickelt.

ShipIt Mit diesem kostenlosen Versandservice können Sie sich kostenlos Ubuntu-, Kubuntu- und Edubuntu-Versionen der LTS-Versionen zusenden lassen. Mehr dazu erfahren Sie in Abschnitt 2.3.3 auf Seite 111.

SID *Still In Development*. Diese Abkürzung bezeichnet die Unstable-Version von Debian.

Slackware Linux-Distribution, die eher im professionellen Umfeld zu finden ist. Slackware basiert auf SLS (*Softlanding Linux System*), der ersten umfassenden Linux-Distribution überhaupt.

SMB Protokoll für Dateifreigaben in einem Netzwerk. SMB wird hauptsächlich in der Windows-Welt genutzt.

SMTP *Simple Mail Transfer Protocol*. Standardprotokoll zum Versenden von E-Mails.

Spiftacity Variante von Metacity mit aktiviertem Compositing; sie war nur für Ubuntu 6.10 verfügbar. Inzwischen ist diese Erweiterung standardmäßig in Metacity integriert und muss lediglich aktiviert werden.

SQL *Structured Query Language*. Eine deklarative Datenbanksprache für relationale Datenbanken.

sudo *substitute user do* (oft aber fälschlicherweise als *super user do* bezeichnet). Ein Befehl unter UNIX und UNIX-artigen Betriebssystemen wie GNU/Linux, der dazu benutzt wird, Prozesse mit den Rechten eines anderen Benutzers, beispielsweise des Superusers Root, als denen des gerade angemeldeten Benutzers zu starten.

SUN Ein im Silicon Valley ansässiger Hersteller von Computern und Software.

Supercomputer Hochleistungsrechner, die zum Zeitpunkt ihrer Einführung im obersten realisierbaren Leistungsbereich operieren. Ein typisches Merkmal eines Supercomputers ist seine große Anzahl an Prozessoren, die auf einen sehr großen Hauptspeicher zugreifen. Seit geraumer Zeit etablieren sich vermehrt sogenannte *Cluster*, bei denen eine große Anzahl von (meist preiswerten) Einzelrechnern zu einem großen Rechner vernetzt werden. UNIX hat im Bereich der Supercomputer ein Monopol.

SUSE SUSE Linux (SL) (ehemals SuSE Linux Professional, zukünftig openSUSE) ist eine Linux-Distribution der Firma Novell bzw. deren Tochterunternehmen Suse Linux GmbH (Software- und System-Entwicklungsgesellschaft mbH, Nürnberg).

SVR4 *System V Release 4*. Aktueller Entwicklungsstand von UNIX. Dieser Standard gilt seit 1989.

Swap Eine »Tauschpartition« auf der Festplatte. Das Swapping beschreibt in der Informatik den Vorgang des Ein- und Auslagerns von Speichersegmenten vom Arbeitsspeicher auf die Festplatte (und zurück). Dieser Vorgang ist Teil der Segmentierung, einer speziellen Art der Speicherverwaltung in Betriebssystemen.

SyncML *Synchronization Markup Language*. Plattformunabhängiger Standard der *Open Mobile Alliance* (OMA) zur Datensynchronisation. Bei den Daten kann es sich um beliebige Informationen handeln, wie z. B. Adressen, Kalendereinträge, E-Mail-Nachrichten. Um den Datenabgleich zwischen unterschiedlichen Endgeräten über Hardware- und Systemgrenzen hinweg, unabhängig vom Hersteller der verwendeten Komponenten, zu ermöglichen, ist SyncML nicht als proprietäre Lösung, sondern als offener Standard ausgelegt. SyncML ist nicht auf eine bestimmte Netzwerkarchitektur festgelegt, möglich ist z. B. eine Synchronisation über das Internet, das Mobilfunknetz oder zwischen zwei direkt miteinander verbundenen Endgeräten. Jedes beliebige Gerät mit einem SyncML-konformen Client kann Daten mit einem SyncML-fähigen Server abgleichen. Typische Endgeräte, zwischen denen Daten abgeglichen werden können, sind PC, Mobiltelefone und Handcomputer.

Syscall *System-Call* bezeichnet einen Aufruf von speziellen Kernel-Funktionen durch ein Programm, das im Userspace läuft.

TCP/IP Die Internetprotokollfamilie (engl. *internet protocol suite*) ist eine Gruppe von rund 500 Netzprotokollen, die die Basis für die Netzkommunikation im Internet bilden. Synonym dazu wird auch die Bezeichnung TCP/IP-Protokoll-Familie verwendet. TCP bedeutet *Transmission Control Protocol* und kennzeichnet die Übertragung von Datenströmen im Internet.

TEX ist das liegende Satzprogramm von Donald E. Knuth.

Torvalds, Linus Linus Benedict Torvalds (geboren am 28. Dezember 1969 in Helsinki, Finnland) ist Gründer des freien Software-Projekts Linux, das er bis heute koordiniert.

Tracker Bug-Tracker sind in der Software-Entwicklung eingesetzte Computerprogramme, die als Werkzeug der Erfassung und Dokumentation von Programmfehlern dienen.

Trojanisches Pferd Als »Trojaner« bezeichnet man ein Programm, das als nützliche Anwendung getarnt ist, im Hintergrund aber ohne Wissen des Anwenders eine andere Funktion erfüllt. Bezogen auf den Ursprung des Begriffs »Trojanisches Pferd« aus der Mythologie, ist die gebräuchliche Kurzform nicht ganz unproblematisch zu sehen, da die Trojaner eigentlich die Opfer des Trojanischen Pferdes geworden sind.

Trouble Ticket System (Help Desk System). Eine Art von Software, um den Empfang, die Bestätigung, die Klassifizierung und die Bearbeitung von Benutzeranfragen (*Trouble Tickets*) zu handhaben.

Tux Das offizielle Maskottchen des freien Betriebssystemkerns Linux. Der Name wurde von James Hughes als Ableitung von Torvalds UNIX vorgeschlagen.

Ubuntu Lite Ein speziell für schwache Computer konzipiertes Ubuntu. Mehr dazu erfahren Sie in Abschnitt 8.3.3 auf Seite 294.

Universe Ubuntu teilt seine Software in die vier Repositories Main, Restricted, Universe und Multiverse ein. Mehr dazu erfahren Sie in Abschnitt 20.3 auf Seite 609.

UNIX Ein Mehrbenutzer-Betriebssystem, das Anfang der 70er Jahre von den Bell Laboratories zur Unterstützung der Software-Entwicklung entwickelt wurde. UNIX bezeichnet im allgemeinen Sprachgebrauch Betriebssysteme, die entweder ihren Ursprung im UNIX-System von AT&T (ursprünglich Bell Laboratories) haben oder dessen Konzepte implementieren. Linux basiert ebenfalls auf UNIX.

upstart Dieses Programm soll ein vollständiger Ersatz für das in UNIX-Systemen zum Starten von Prozessen verwendete *init* werden und wurde von den Ubuntu-Entwicklern eingeführt, hauptsächlich von James Scott Remnant. Upstart ist ereignisbasiert und soll die Probleme von *init* bezüglich Geschwindigkeit, wechselnder Hardware und dem Neustarten von Prozessen beheben. Zurzeit (Oktober 2007) läuft *upstart* aber noch im Kompatibilitätsmodus und startet weiterhin die *init*-Skripte.

USB *Universal Serial Bus*. Ein Bussystem zur Verbindung eines Computers mit Zusatzgeräten wie Mäusen, Telefonen oder Tastaturen. Hierbei werden die angeschlossenen Geräte ebenfalls mit Strom versorgt. Mit USB ausgestattete Geräte können im laufenden Betrieb miteinander verbunden werden (Hot-Plugging), angeschlossene Geräte und deren Eigenschaften können automatisch erkannt werden.

Userspace Der Userspace ist ein Speicherbereich im Arbeitsspeicher, der für alle Programme und Daten genutzt wird, die nichts direkt mit dem Kernel zu tun haben. Diese haben damit aus Sicherheitsgründen keinen Zugriff auf den Speicherbereich des Kernels.

Vanderpool Die *Intel Virtualization Technology* (Codename »Vanderpool«) ist eine von Intel entwickelte Technik, die in den hauseigenen Prozessoren intergiert ist und eine virtuelle Aufteilung des Computers ermöglicht. Diese Technik ist unabdingbar für das Ausführen von unmodifizierten Betriebssystemen wie Microsoft Windows in einer virtualisierten Umgebung (z. B. Xen).

VESA *Video Electronics Standards Association*. Organisation, in der sich über 100 Mitglieder zusammengeschlossen haben, um einheitliche Spezifikationen von Videostandards speziell für den Bereich der Computergrafik zu erstellen.

VirtualPC Microsoft Virtual PC wird als Virtualisierungssoftware für Windows wie auch als x86-Emulator für Mac OS X angeboten. Es ist Bestandteil des Produkts Microsoft-Office-Professional für Mac OS X. Mit Virtual PC wird ein kompletter PC virtualisiert bzw. emuliert, das heißt, mithilfe einer sogenannten virtuellen Maschine wird ein PC nachgebildet. Dadurch wird es möglich, mehrere Betriebssysteme gleichzeitig auf nur einem PC zu betreiben.

Virus Ein Computervirus ist ein sich selbst reproduzierendes Computerprogramm, das sich in andere Computerprogramme einschleust. Die Klassifizierung als Virus bezieht sich hierbei auf die in der Regel schädliche Verbreitungs- und Infektionsfunktion.

Virtuelle Speicherverwaltung Eine spezielle Implementierung einer Speicherverwaltung in einem Computer. Sie findet heute in beinahe allen modernen Betriebssystemen Verwendung.

Virtueller Server Ein virtueller Server ist ein Server, der sich aus Anwendersicht wie ein physikalischer Server verhält, jedoch keinen physischen Host repräsentiert. Häufig residieren mehrere virtuelle Server (Gast-Systeme) auf einem physischen Host (Gastgeber-System).

VFS *Virtual file system*. Eine Abstraktionsschicht oberhalb konkreter Dateisysteme. Alle anderen Dateisysteme werden an sogenannten *Mountpoints* integriert und sind so transparent für den Benutzer.

VMware VMware Inc. ist eine Softwarefirma, die sich auf Emulation und Virtualisierung spezialisiert hat und deren bekanntestes Produkt die »VMware Workstation« ist. Ende 2003 wurde VMware von der EMC Corporation übernommen. Mit VMware lassen sich mehrere Maschinen mit verschiedenen Betriebssystemen gleichzeitig virtualisieren. Die virtualisierten Betriebssysteme sind in Abhängigkeit vom Speicherausbau etwas langsamer als vergleichbare Installationen auf identischer Hardware.

W3C Das World Wide Web Consortium (W3C) ist das Gremium zur Standardisierung von Techniken, die das World Wide Web betreffen. Gründer und Vorsitzender des W3C ist der Brite Tim Berners-Lee, der auch als der Erfinder des World Wide Web bekannt ist. Das W3C wurde 1994 gegründet.

Warty Warthog Entwicklungsbezeichnung für die Version Ubuntu 4.10. Mehr dazu erfahren Sie in Abschnitt 3.3.1 ab Seite 131.

Wiki Ansammlung von HTML-Seiten im Internet, die von jedem registrierten Leser selbst ergänzt und korrigiert werden können. Der Name stammt von *wikiwiki*, dem hawaiischen Wort für »schnell«.

WLAN Abkürzung für Wireless LAN, ein Netzwerk, das über Funkverbindungen hergestellt wird.

WWW *World Wide Web*, das Internet.

WYSIWYG *What You See Is What You Get* (»Was du siehst, ist, was du bekommst.«). Beim Prinzip des WYSIWYG wird ein Dokument während der Bearbeitung am Bildschirm genauso angezeigt, wie es bei der Ausgabe über ein anderes Gerät, z. B. einen Drucker, aussieht.

X11 Das X Window System (X Version 11 oder X11) ist eine Sammlung von Protokollen, Computerprogrammen und Standards zur Ansteuerung grafischer Bildschirme und zur Anzeige einer grafischen Benutzungsoberfläche.

XEN Open-Source-virtuelle-Maschinen-Monitor (VMM), der unter der GNU General Public License (GPL) steht und an der Universität Cambridge entwickelt wird. Xen läuft direkt auf der x86-Hardware. Diese wird für die darauf laufenden Systeme (Domains) paravirtualisiert. Dabei wird eine sehr hohe Performance erzielt, da die Hardware nicht emuliert wird, sondern den Gastsystemen mit einem sehr kleinen Overhead zur Verfügung gestellt wird. Mehr erfahren Sie dazu im Abschnitt ?? ab Seite ??.

XFCE Ein ressourcenschonendes Desktop-Environment. Mitgelieferte Programme sind unter anderem der Fenstermanager Xfwm4 und der Dateimanager Thunar. Außerdem verfügt Xfce über verschiedene Themes. Anfangs basierte Xfce auf der *XForms*-Bibliothek, daher stand das Akronym ursprünglich für XForms Common Environment, kurz XFCE. Da neuere Versionen von Xfce nicht mehr auf XForms aufbauen ist das Akronym inzwischen jedoch ohne Bedeutung.

XGL Implementierung des X-Window-Systems, die durch OpenGL hardwarebeschleunigt ist. Sie befindet sich gegenwärtig in der Frühphase ihrer Entwicklung. XGL soll auf dem Linux-Desktop zusätzliche Effekte wie Transparenz, Schattierungen oder Animationen ermöglichen, welche die 3-D-Funktionen moderner Grafikkarten ohne zusätzliche Belastung des Prozessors ausnutzen.

XML *Extensible Markup Language* (dt. »erweiterbare Auszeichnungs-Sprache«). Ein Standard zur Modellierung von halbstrukturierten Daten in Form einer Baumstruktur, der vom World Wide Web Consortium (W3C) definiert wird. XML definiert also Regeln für den Aufbau von Dokumenten, die Daten enthalten, die zum Teil einer fest vorgegebenen Struktur entsprechen.

X/Open Ein Standardisierungsgremium, das die Grundlage für die Entwicklung einer gemeinsamen Anwendungsumgebung geschaffen hat. Es baut auf POSIX und dem X-Window System des MIT auf.

Xubuntu Ubuntu mit der Arbeitsumgebung XFCE als Standard. Mehr dazu erfahren Sie in Kapitel 11 ab Seite 357.

Zeta Ein alternatives Betriebssystem.

Zombie Als Zombie bezeichnet man vor allem in UNIX-ähnlichen Betriebssystemen (z. B. Linux) ein Programm, das nicht mehr läuft, das aber trotzdem noch in der Tabelle der laufenden Programme aufgeführt wird.

C Mark Shuttleworth

C.1 Biographie

Mark Shuttleworth wurde am 18. September 1973 in der südafrikanischen Goldgräberstadt Welkom geboren und verbrachte dort seine Kindheit.

Abbildung C.1 Der geistige Vater von Ubuntu – Mark Shuttleworth

Er studierte Finanzen und Informationstechnologie an der Universität Kapstadt und gründete 1995 die auf Internetsicherheit spezialisierte Firma Thawte. Thawte war eine der ersten Firmen, die sowohl von Netscape als auch von Microsoft als verlässliche dritte Partei für Websitezertifikate anerkannt wurde. Schnell entwickelte sich die Firma zum führenden Anbieter für Lösungen, mit denen Internetgeschäfte rund um die Welt im Netz sicher abgewickelt werden konnten.

Vier Jahre später, im Jahr 1999, verkaufte Shuttleworth Thawte an die US-Firma VeriSign und gründete danach die Firma HBD Venture Capital sowie die Wohltätigkeitsorganisation Shuttleworth Foundation, die sich der Förderung südafrikanischer Bildungsprojekte verschrieben hat. HBD investiert in Firmen mit Sitz in Südafrika, deren Potential, auf dem globalen Markt zu agieren, durch finanzielle Mittel gestärkt werden kann. HBD investiert hierbei in die unterschiedlichsten Sektoren, zum Beispiel in Software, pharmazeutische Dienstleistungen, Elektronik und Mobilfunkdienstleistungen.

Bekannt wurde Shuttleworth, als er sich am 25. April 2002 seinen Traum erfüllte und als erster Afrikaner und zweiter Weltraumtourist ins All flog. Er war Mitglied der russischen Sojus TM-34 und startete von Baikonur in Kasachstan in den Weltraum. Für den Flug bezahlte er rund 20 Millionen US-Dollar.

Shuttleworth gründete die Firma Canonical, welche die freie Linux-Distribution namens Ubuntu sponsert und für dieses System kostenpflichtige Unterstützung anbietet, aber auch kostenlos CDs verschickt. Ein weiteres von ihm gegründetes Projekt zur Verbreitung von Open-Source-Software sind die sogenannten Freedom Toaster. Freedom Toaster sind Brennstationen, die an öffentlichen Plätzen in Südafrika errichtet wurden, um der Bevölkerung die Möglichkeit zu geben, sich kostenlos Kopien freier Software zu brennen. Mithilfe dieser Freedom Toaster sollen die Schwierigkeiten, die sich aus der schlechten Internet-Infrastruktur in Südafrika ergeben, überwunden werden und allen Interessierten der Zugang zu freier Software erleichtert werden.

Mark Shuttleworth lebt heute in London. Mehr Informationen über ihn erhalten Sie auf seiner englischen Homepage *http://www.markshuttleworth.com*.

C.2 Fragen und Antworten

Anfang Oktober 2005 veröffentlichte Mark Shuttleworth eine Liste von häufig gestellten Fragen zu Ubuntu. Im Folgenden sollen hier auszugsweise die wichtigsten Fragen und Antworten wiedergegeben werden.Die englische Originalfassung des Interviews können Sie auf *https://wiki.ubuntu.com/MarkShuttleworth* lesen.

Warum mache ich Ubuntu?

Um den Bug #1 (Bug #1 in Ubuntu: »Microsoft hat den größten Marktanteil«) zu beheben natürlich. Ich glaube, dass freie Software uns in ein neues Technologiezeitalter bringt und außerdem verspricht sie den universellen Zugang zu den Werkzeugen des digitalen Zeitalters. Ich treibe Ubuntu voran, weil ich dieses Versprechen Realität werden sehen will.

Wird Ubuntu je Lizenzgebühren verlangen?

Nein. Nie. Es liegt nicht in meiner Absicht, Ubuntu der proprietären Softwareindustrie anzugliedern. Das ist ein schreckliches Geschäft, das langweilig und schwierig ist und sowieso am Aussterben ist. Meine Motivation und mein Ziel ist es, ein globales Desktop-Betriebssystem zu entwickeln, das nicht nur in jeglicher Hinsicht »frei« ist, sondern auch zukunftsfähig und in der Lage, es qualitätsmäßig mit allem aufzunehmen, für das man bezahlen muss. Wenn wir versagen, tja, dann werde ich eben ein anderes Projekt verfolgen, anstatt in das Geschäft mit der proprietären Software einzusteigen. Davon abgesehen kann ich mir nicht vorstellen, dass irgendeiner der Entwickler aus dem Kern von Ubuntu oder die Community mit dabei wären, wenn ich so verrückt wäre und das versuchen würde.

Wenn Ihnen das nicht reicht, dann wird es Sie freuen zu hören, dass Canonical Verträge mit der Regierung unterzeichnet hat, die besagen, dass es nie eine »kommerzielle« Version von Ubuntu geben wird. Es wird nie einen Unterschied zwischen dem »kommerziellen« und dem »freien« Produkt geben, wie es bei Red Hat (RHEL und Fedora) der Fall ist. Ubuntu-Releases werden immer umsonst zu haben sein.

Das heißt aber nicht, dass Sie nicht für Ubuntu oder etwas, das Ubuntu-Code enthält, zahlen können, wenn Sie wollen. Linspire, das kostenpflichtig ist, enthält bereits Ubuntu-Code. Obwohl Linspire (bisher) nicht direkt auf Ubuntu basiert, ist es nicht unmöglich, dass die Linspire-Leute auf die Idee kommen, das lieber früher als später zu tun. Es ist durchaus wahrscheinlich, dass es viele spezielle Ubuntu-Versionen unter anderen Markennamen geben wird, die kommerzielle oder proprietäre Merkmale besitzen. Dies könnten beispielsweise proprietäre Schriftarten oder Add-ons oder auch die Integration von Diensten usw. sein. Es ist außerdem anzunehmen, dass es eine Menge proprietärer Software für Ubuntu geben wird (davon gibt es inzwischen einige – zum Beispiel wurde kürzlich Opera für Ubuntu angekündigt). Aber weder Canonical noch ich selbst noch der Ubuntu-Community-Rat oder der technische Vorstand werden eine »Ubuntu Professional Edition ($XX,00)« herausbringen. Es wird ganz sicher kein »Ubuntu Vista« geben.

Wenn Sie keine kommerzielle »Ubuntu Professional Edition« herausbringen, wie kann Ubuntu zukunftsfähig sein?

Wir haben ein erstes Einkommen aus Diensten, die mit Ubuntu in Verbindung stehen. Wir haben Verträge über die Erstellung von maßgeschneiderten Distributionen abgeschlossen und nehmen an groß angelegten Ausschreibungen für große Linux-Einsätze, üblicherweise in Kooperation mit Firmen aus der Region, teil. Unsere Aufgabe ist dabei der Support. Zusätzlich zur weiten Verbreitung von Ubuntu in Entwicklungsländer, ist es gut möglich, dass Ubuntu bald überall auf dem Moffett Field der NASA läuft ... Wir haben also die Basis eines zukunftsfähigen Projektes geschaffen und ich bin zuversichtlich, dass wir eine echte Chance haben, Ubuntu an den Punkt zu bringen, an dem es sein eigenes Wachstum finanziert.

Wie genau das alles von einem geschäftlichen Standpunkt aus aussehen wird, ist schwer zu sagen. Ich kann das nicht beantworten – was in Ordnung ist, da dies ein risikoreiches Unternehmen ist, das sich immer noch in einer frühen Entwicklungsphase befindet. Deshalb erwarte ich nicht, die Antworten zu kennen. Meine Investition in Ubuntu (zumindest das Geld, das wir für Open-Source-Entwicklung und Tools wie Launchpad für Open-Source-Entwickler, ausgeben) kann ich persönlich philantropisch begründen, weil ein Großteil meines Glücks und meines Wohlstands nur durch die Verwendung von Open-Source-Tools entstanden ist. Ich schätze mich glücklich, einen Teil davon der Community zurückgeben zu können. Gegenwärtig verdienen wir etwas Geld damit, dass wir Zertifizierungsdienste anbieten (Zertifizierung von Entwicklern, Administratoren, Anwendungen und Hardware) sowie kundenspezifische Anfertigungen (Sie wollen Ihre eigene auf Ubuntu basierende Distribution? Reden wir darüber). Die Nachfrage nach diesem Service wächst. Ich bin mir ziemlich sicher, Canonical auf dieser Basis kostendeckend arbeiten lassen zu können. Und das reicht mir, denn es bedeutet, dass Ubuntu weiterhin für Aufruhr sorgen wird, selbst wenn ich beschließe, dass es Zeit ist, zurück ins All zu gehen, und dabei die falsche Sojus erwische.

Es ist auch wichtig, zwischen Canonical, dem profitorientierten Servicebetrieb, und der Ubuntu-Foundation, die ihr Kapital von mir auf einer Non-Profit-Basis erhalten hat, zu unterscheiden, um die Arbeit mit Ubuntu fortzuführen. Mit der Gründung der Ubuntu-Foundation habe ich im Grunde gesagt »O.K., dieses Projekt hat Hand und Fuß, ich stecke genügend Kapital hinein, um das Ganze eine längere Zeit am Laufen zu halten, egal was mit mir oder Canonical geschieht«. Wir haben also jede Menge Zeit, um die Zukunftsfähigkeit des Projekts zu entwickeln. Wenn Sie an dieser Front mithelfen wollen, schicken Sie Canonical Arbeit, wenn Sie das nächste Mal etwas mit Ubuntu erledigt haben wollen. Wir werden Sie nicht im Stich lassen.

Wie sieht es mit der Programmkompatibilität zwischen den Distributionen aus?

Es wurde schon viel darüber diskutiert, dass Debian nicht kompatibel zu Ubuntu ist. Manchmal zeigt sich das als »Ich kann keine Ubuntu-Pakete unter Debian installieren«, manchmal eher als Frage, »Warum verwendet Ubuntu GCC 4, wo doch Debian GCC 3.3 benutzt?«, oder als Frage »Warum sind der Kernel und glibc von Ubuntu 5.04 andere als in Debian Sarge?«. Ich werde versuchen, auf alle diese Fragen einzugehen.

Ich werde mit unserer grundlegenden Politik und Herangehensweise beginnen und dann auf einige der obigen Beispiele näher eingehen.

Zunächst muss gesagt werden, dass »Programmkompatibilität« für verschiedene Menschen verschiedene Bedeutungen hat. Falls Sie die Verhandlungen rund um den LSB-Standardprozess verfolgt haben, werden Sie verstehen, wie schwierig eine aussagefähige Definition des Begriffs über die Distributionsgrenzen hinweg ist. Im Wesentlichen ist das der Grund, warum wir »Programmkompatibilität« bei Ubuntu nicht als Ziel gesetzt haben. Manchmal kommt das zwar vor, aber das ist dann zufällig oder weil sich die Gelegenheit dazu ergab – nicht weil es ein spezielles Ziel wäre.

Um es ganz klar zu machen: Wir streben keine »Programmkompatibilität« mit irgendeiner anderen Distribution an. Warum?

Kurz gesagt, weil wir an freie Software als einen gemeinschaftlichen Prozess, basierend auf *Quellcode*, glauben. Wir betrachten sie als dem auf spezifische Anwendungen und Binärzeichen fokussierten proprietären Prozess überlegen. Wir haben entschieden, den größten Teil unserer Energie in die Verbesserung des fast überall und frei erhältlichen Quellcodes zu investieren, anstatt Arbeit in Binärzeichen zu stecken, die nicht so weitgehend geteilt werden können. Wenn wir Stunden an einem Feature arbeiten, dann wollen wir, dass diese Arbeit von so vielen Distributionen wie möglich genutzt werden kann. Deshalb veröffentlichen wir den Quellcode in »Realtime«, sobald wir neue Paketversionen veröffentlichen. Wir unternehmen große Anstrengungen, um diese Korrekturen in einem leicht zu findenden Format verfügbar zu machen, damit sie den Upstreams und anderen Distributionen nützlich sein können. Davon profitiert Debian, aber auch SUSE und Red Hat, wenn sie willens sind, die Zeit in das Studium und die Anwendung der Korrekturen zu investieren.

Wir synchronisieren unsere Entwicklung regelmäßig mit Upstream, mit Debian und mit anderen Distributionen wie Suse, Gentoo, Mandrake und Red Hat. Wir beziehen Code von den neuesten Upstreams (der teilweise weder in Debian noch in Red Hat enthalten ist, noch in der LSB behandelt wird). Wir versuchen, gleichzeitig mit Debian Unstable (auch als Sid bekannt) alle sechs Monate zu veröffentlichen. Wir haben keine Kontrolle über die Release-Prozesse anderer Distributionen oder Upstreams. Daher ist es uns nicht möglich, ein API oder ABI für jedes Release im Voraus zu definieren. Jedes Mal, wenn wir Ubuntu in der Vorbereitung auf eine neue Version »einfrieren«, sind wir hunderten anderer Entwickler ausgeliefert. Obwohl die Ubuntu-Community Substanz besitzt und schnell wächst, ist sie immer noch winzig im Vergleich zur Gesamtzahl der Entwickler, die an den ganzen freien Anwendungen, die die Distribution selbst ausmachen, arbeiten. Unsere Aufgabe ist es, das Verfügbare effizient und zusammenhängend zu bündeln und nicht zu versuchen, es in eine Kompatibilitätsform zu pressen. Wir konzentrieren uns darauf, die neuesten, aber stabilen und ausgefeilten Versionen der besten Open-Source-Anwendungen für Ihren Server oder Desktop zu liefern. Wenn wir Programmkompatibilität (egal in welchem Ausmaß) die höchste Priorität geben würden, würde dies unsere Fähigkeit einschränken, neuere Software zu liefern oder bessere Integration und den letzten Schliff zu bieten. Und wir sind der Meinung, dass es unseren Usern am wichtigsten ist, die besten und bestintegrierten Anwendungen auf CD zu bekommen.

Erwähnenswert ist, dass der Linux-Kernel selbst den selben Weg geht: Die »Programmkompatibilität« wird zu Gunsten eines »maßgeschneiderten Kernels aus einem Guss« vernachlässigt. Jeder Kernel-Release erfordert, dass er getrennt von vorherigen Releases kompiliert wird. Module (Treiber) müssen mit dem neuen Release neu kompiliert werden, sie können nicht einfach in ihrer Binärform genutzt werden. Linus hat besonders betont, dass der monolithische Kernel – der auf Quellcode basiert und nicht versucht, eine binäre Schnittstelle für Treiber über die Releases hinweg aufrechtzuerhalten – besser für den Kernel ist. Wir glauben, dass das auch für die Distribution gilt.

So setzt das Gebot, mit sehr aktuellem Code zu arbeiten, die Idee der Kompatibilitätspflege mit einem spezifischen ABI außer Kraft. Insbesondere, wenn wir wenig oder nichts im ABI zu sagen haben, sollten wir versuchen, damit kompatibel zu bleiben.

Ich habe aber gehört, dass Ubuntu weniger kompatibel als vergleichbare Projekte ist?

Das stimmt absolut nicht. Wenn Sie den Kernel oder X-Server oder Clients oder libc oder Compiler verändern, dann haben Sie sich im Endeffekt selber inkompatibel gemacht. Und soweit ich weiß, hat jede Distribution von Bedeutung mit gutem Grund Arbeit in diese

Komponenten gesteckt, um sicherzustellen, dass sie die Bedürfnisse ihrer User erfüllen. Währendessen machen sie sich selbst »programminkompatibel«. Was die Arbeit mit Open Source trotzdem so interessant macht, ist die Tatsache, dass sich Quellcode und Patches üblicherweise distributionsübergreifend verbreiten. Dies ist der Grund, warum wir uns darauf konzentrieren und nicht auf die Binärzeichen.

Einige Leute sagen vielleicht »aber ich habe ein Linspire-Paket unter Ubuntu installiert und es funktionierte. Also müssen sie kompatibel sein«. Und ja, in vielen Fällen wird ein Binärpaket von Linspire oder Debian ganz einfach funktionieren. Aber das ist »unbeabsichtigte Kompatibilität«, keine »zertifizierte Programmkompatibilität«. »Ihr individueller Gebrauch kann von den Herstellerangaben abweichen« – das ist nicht die Art von Sicherheit, die die meisten Leute akzeptieren würden, und kann auch kaum als »Kompatibilität« bezeichnet werden. Viele Pakete haben sehr simple Abhängigkeiten und erfordern eigentlich keine bestimmten Versionen von Systembibliotheken – sie können durchaus problemlos funktionieren. Aber wenn man sich das Ganze genauer anschaut, dann findet man Programminkompatibilität in jedem Distributionsabkömmling von Bedeutung – von Knoppix über Linspire und den DCC bis zu Ubuntu.

Es ist möglich, nur mit Paketen aus anderen Distributionen eine neue Distribution zu entwickeln, und das ist auch nützlich. Es ist wie mit dem CDD-Projekt – und wird in Zukunft auch in der Ubuntu-Welt Bedeutung haben. Aber es ist grundsätzlich nicht besonders interessant – es ist nur ein Selektieren von Paketen, das einer bestimmten Usergruppe nützen mag, aber die Open-Source-Technik nicht voranbringt.

O.K., warum kompilieren Sie Pakete neu?

Wir stellen sicher, dass Ubuntu vollständig mit der Standard-Toolausstattung von Ubuntu erstellbar ist. Normalerweise setzen wir eine neue Version von GCC in Ubuntu ein, und mit Sicherheit eine neuere Version als Debian. So stellen wir sicher, dass wir alle Pakete in Ubuntu mit dieser neuen Version erzeugen.

Theoretisch sollte die Verwendung von neueren GCC-Versionen auch bessere Programme erzeugen (obwohl in der Vergangenheit in einigen GCC-Versionen auch Rückschritte die Basis für spätere Fortschritte bildeten). Außerdem erlaubt sie uns auch, mit ABI-Veränderungen umzugehen, besonders im C++-Code, und die Zahl der ABI-Pakete, die wir im Archiv herumliegen haben, zu reduzieren.

Das gilt genauso für Pakete aus dem »Universe«-Repository, das die Tausende von Paketen in Ubuntu, die von Debian kommen, einschließt, obwohl es auch alternative Quellen gibt. Das MOTU-Team (»Masters of the Universe«) von Ubuntu kümmert sich um diese Pakete und stellt sicher, dass die ABI-Wechsel und (zum Beispiel) die Python-Versionswechsel auch dort vorgenommen werden. Um die Konsistenz zu gewährleisten, werden alle diese Pakete ebenfalls neu erstellt.

Wie wäre es mit ein paar konkreten Beispielen?

Es gibt einige gute Beispiele von anderen Distributionen, die dasselbe tun. Da sich Ian Murdock und Progeny darüber lautstark geäußert haben, lassen Sie uns dort beginnen. Progeny 1.x war nicht »programmkompatibel« mit dem damaligen stabilen Debian-Release. Ja, in der Tat. Das aktuelle »DCC Alliance«-Release verwendet einen anderen Kernel und libc als Debian Sarge. In beiden Fällen allerdings werden Quellcode-Patches von diesen Projekten zu Ubuntu (und zu Debian) übertragen, und wir sind froh, sie zu verwenden. Das ist es, was die Open-Source-Entwicklung ausmacht: Fokussierung auf den *Quellcode* und Zusammenarbeit rund um den Code selbst – das ist produktiver als proprietäre Entwicklung.

Es liegt nicht in meiner Absicht, die anderen Distributionen schlecht zu machen. Doch es ist bemerkenswert, dass die Leute, die am lautesten nach »Programmkompatibilität« rufen, diese in ihrer eigenen Arbeit fröhlich ignorieren. Denn in der Open-Source-Welt ist sie ganz einfach nicht so wichtig und als ein Ziel höchster Priorität auch nicht praktikabel.

Warum war Ubuntu 5.04 (»Hoary Hedgehog«) nicht »programmkompatibel« mit Debian Sarge?

Es gibt viele Leute, die keine Probleme mit dem Paketaustausch zwischen Ubuntu 5.04 und Sarge haben, sie sind aber nicht völlig kompatibel. Sie besitzen kleine, aber bedeutende Unterschiede in den libc-Versionen. Als Ubuntu 5.04 released wurde, war es mit der damaligen »deep freeze«-Sarge-Version kompatibel. Nach dem Release von Hoary wurde eine Änderung von Debian vorgeschlagen. Um diese zu implementieren, musste das Debian-Team die Kompatibilität mit Hoary aufgeben. Dies wurde öffentlich diskutiert und die Entscheidung fiel zugunsten der Änderung aus. Wir (von Ubuntu) glauben, dass diese Entscheidung absolut richtig von Debian war. Es geht um Open Source, und wir können effektiv zusammenarbeiten, wenn wir uns auf den Quellcode konzentrieren. Hätte Debian sich verpflichtet gefühlt, die Änderung nicht einzupflegen, um die Kompatibilität zu Ubuntu zu bewahren, dann hätte die Open-Source-Welt darunter gelitten.

Soweit es also eine Programmkompatibilität zwischen diesen zwei Releases gibt, wurde sie nicht vom Ubuntu-Team eingeführt. Im Gegenteil, wir unterstützten aktiv den Entscheidungsprozess, der zu der Inkompatibilität führte – das ist es, was Open Source stark macht.

Was ist mit dem Wechsel zu GCC 4.0? Warum haben Sie GCC 4.0 übernommen?

Wir sind stets bemüht, die neuesten stabilen Entwicklungswerkzeuge, Bibliotheken und Anwendungen einzubinden. GCC 4.00 wurde zu Beginn des Breezy-Entwicklungszyklus veröffentlicht, deshalb war es die geeignete Compiler-Wahl für dieses Release. Das bedeutete, dass unter Breezy kompilierte C++-Anwendungen standardmäßig ein anderes Application Binary Interface (ABI) zu den entsprechenden unter Sarge (das GCC 3 benutzt) kompilierten Bibliotheken haben.

Dieses Thema wurde mit den Entwicklern der Debian-Toolkette besprochen, die ebenfalls planten, GCC 4 zu gegebener Zeit zu übernehmen. Man kam überein, Programmpakete, die mit GCC 4 kompiliert wurden, besonders zu benennen, so dass Übernahme und Upgrade für User, die von vorherigen Versionen von Ubuntu (oder Debian) aktualisieren, elegant möglich sind. Das Ubuntu-Team ging voran und bereitete den Weg, indem es Patches für Hunderte von Paketen bereitstellte, um die vereinbarte Namensgebung für GCC 4 vorzunehmen. Diese Patches sind allen Debian-Entwicklern zugänglich und machen die GCC-4.0-Übernahme in Debian sehr viel einfacher.

Warum ist der Standard-Desktop von Ubuntu braun?

Das alles überspannende Thema der ersten Reihen von Ubuntu-Releases ist »Menschlichkeit«. Dies bestimmt unsere Wahl der Artwork genauso wie unsere Auswahl der Pakete und Entscheidungen rund um den Installer. Unser Standard-Theme in den ersten vier Ubuntu-Versionen heißt »Menschlichkeit« und betont warme, menschliche Farben – braun.

Ja, das ist in einer Welt voller blauer und grüner Desktops recht ungewöhnlich, und das Mac OS-X ist zum Küchengerät geworden. Zum Teil gefiel uns die Tatsache, dass Ubuntu anders, wärmer ist. Der Computer ist nicht länger nur ein Gerät, er ist eine Erweiterung Ihres Geistes, Ihr Gateway zu anderen Menschen (per E-Mail, VoIP, IRC und übers Internet). Wir wollten ein einmaliges, bemerkenswertes, beruhigendes und vor allem menschliches Gefühl vermitteln. Wir haben uns für braun entschieden, was eine ziemlich riskante Sache ist – um braun zu erzeugen, muss Ihr Bildschirm zarte Schattierungen von blau, grün und rot erzeugen. Selbst leichteste Abweichungen von der Norm können das »braun« gewaltig verändern. Doch heutzutage sind die Monitor- und LCD-Bildschirm-Standards so einheitlich, dass wir das Risiko als akzeptabel ansahen. In Hoary und Breezy haben wir ein kräftigeres, rötliches Braun verwendet, aufgrund des Feedbacks von Lower-end-Laptop- und LCD-Bildschirm-Nutzern.

Wird braun immer die Standard-Desktopfarbe bleiben?

Es ist unwahrscheinlich, dass die Farbe des Desktops *für immer* unverändert bleibt, schließlich erwarten wir, dass es Ubuntu eine lange Zeit geben wird :-)

Gegenwärtig planen wir, dass der »Dapper Drake« (Ubuntu 6.04, wenn wir unser Release-Datum April 2006 einhalten) der letzte der ersten »Serie« von Versionen wird. So können wir anschließend ein neues »Feeling« oder übergreifendes Theme definieren. Es wird höchstwahrscheinlich nicht ... blau sein. Aber es kann gut sein, dass es sich grundlegend vom aktuellen Menschlichkeits-Theme unterscheidet. Momentan wollen wir uns auf den Weg zu Dapper konzentrieren und dem existierenden Human-Theme den letzten Schliff verpassen und danach neue Wege beschreiten.[1]

1 Anmerkung: Dieser Absatz ist inzwischen veraltet. Eine starke Überarbeitung des Aussehens steht jetzt (Stand Juni 2008) für die Version Ubuntu 8.10 »Intrepid Ibex« auf dem Plan.

Ist Ubuntu ein Debian-Ableger?

Ja, Ubuntu ist ein Ableger. Nein, ist es nicht. Doch, ist es! Ach, was auch immer.

Kurz gesagt sind wir ein Projekt, das mit vielen anderen Projekten zusammenzuarbeiten versucht – so wie Upstream X.org, GNOME und natürlich Debian. Häufig ist der Code, den wir ausliefern, verändert oder anders als der Code, der von den anderen Projekten ausgeliefert wird. Wenn das geschieht, bemühen wir uns sehr, dass unsere Änderungen in einem geeigneten, für andere Entwickler leicht zu verstehenden und einzubindenden Format weit verbreitet werden.

Wir haben große Anstrengungen unternommen, um Entwicklungswerkzeuge zu entwerfen, die eine Zusammenarbeit mit Ubuntu einfach machen und uns helfen, mit Upstreams und anderen Distributionen zusammenzuarbeiten. Zum Beispiel gibt es einen automatischen »Patch Publisher«, der Debian-Entwicklern zeigt, welche Patches für ihre Pakete für Ubuntu erhältlich sind. Es ist sehr einfach für sie zu entscheiden, welche Patches sie wollen und welche nicht. Und natürlich ist es für uns sehr viel einfacher, wenn sie sie anwenden, aber dazu können wir sie nicht zwingen. Viele der Patches sind nur in Ubuntu sinnvoll. Als Nebeneffekt sind diese Patches auch für Gentoo, Red Hat, Linspire (ja, ehrlich) und SUSE erhältlich. Und wir wissen, dass sie sich die ansehen und einige verwenden – was völlig in Ordnung ist.

Doch die Zusammenarbeit geht über Patches hinaus. Wir haben Malone entwickelt, einen »Bug-Tracker«, der eine Zusammenarbeit zwischen Ubuntu und anderen Distributionen beim Beseitigen von Bugs herzustellen versucht. Jeder Bug kann an vielen verschiedenen Orten gefunden werden, und an einem einzigen Ort kann man den Status des Bugs an allen Orten einsehen. Das ist echt klasse.

Eines der Dinge, die mich dazu gebracht haben, mit dem »Kosmonauten-Playboy-internationaler-Schürzenjäger-des-Geheimnisvollen«-Spiel aufzuhören und Ubuntu ins Leben zu rufen, war die Notwendigkeit von Tools wie TLA, das eine noch bessere Zusammenarbeit zwischen den Distributionen und Upstreams am Quellcode versprach. Also haben wir viel an TLA gearbeitet, bis es so verändert war, dass wir es »Bazaar« nannten. Anschließend haben wir ein grundlegendes Re-Write in Python gemacht und heraus kam Bazaar-NG, oder Bzr, das bis März 2006 Bazaar 2.0 sein wird. Warum das wichtig ist? Weil das Herumreichen von Patches nicht halb so effektiv ist wie das Arbeiten in einem wirklich verteilten Revisions-Kontrollsystem. Viele der Ubuntu-Leute arbeiten an Tools wie Bazaar und HCT, nicht an der Distribution. Wir hoffen, dass das die effektive Art der Zusammenarbeit in der Open-Source-Welt beschleunigen wird. Die Zukunft wird es zeigen.

Zusammengefasst: Die Programmkompatibilität zwischen Ubuntu und Debian hat für uns keine Priorität. Unserer Meinung nach helfen wir der Open-Source-Welt mehr, wenn wir Patches anbieten, die Ubuntu- (und Debian-) Pakete besser funktionieren lassen, und eine topaktuelle Distribution anbieten, an der andere mitarbeiten können. Wir stecken eine Menge Energie in die Verbreitung und einfache Erreichbarkeit unserer Pakete für Entwickler *aller* anderen Distributionen genauso wie Upstream, weil wir glauben, dass unsere Arbeit so den größten Langzeiteffekt haben wird. Und wir entwickeln Tools (siehe Bazaar, Bazaar-NG, Launchpad, Rosetta und Malone), die, wie wir hoffen, die Zusammenarbeit am Quellcode noch effizienter machen werden.

Was das Aufspalten der Community angeht: Die Ubuntu-Community ist sehr schnell gewachsen, einige Leute befürchten, dass dieses Wachstum zu Lasten der anderen Open-Source-Communities, besonders Debian, gehen könnte.

Unter den gegebenen Umständen, dass Patches so einfach zwischen Ubuntu und Debian hin- und herfließen, scheint es mir umso besser für beide Projekte zu sein, je größer wir unsere gesamte Entwicklergemeinschaft machen. Ubuntu profitiert von einem starken Debian und Debian von einem starken Ubuntu. Das gilt besonders deshalb, weil die beiden Projekte etwas unterschiedliche Ziele haben. Ubuntu wird neue Anwendungsfelder schneller erschließen und Debian profitiert stark von den Patches (schauen Sie sich nur einmal die Changelogs von Debian Sid seit den Sarge Releases an, dann sehen Sie, wie viele Bezüge zu Ubuntu sich darin befinden. Und das sind nur die Fälle, in denen »danke« gesagt wurde).

Würden die Ubuntu- und Debian-Communities in derselben Weise funktionieren, dann hätten diese Bedenken mehr Substanz, weil wir dieselben Leute ansprechen würden. Das würde bedeuten, dass wir um Können konkurrieren. Aber die beiden Communities sind sehr unterschiedlich. Die Organisation ist anders und wir haben verschiedene Prioritäten – was dazu führt, dass wir verschiedene Typen von Entwicklern anziehen.

Klar, es gibt bestimmt Debian-Entwickler, die den Großteil ihrer Arbeit an Ubuntu verrichten. Genauso gibt es Entwickler, die an Ubuntu und Debian gleich viel arbeiten. Aber der Großteil der Ubuntu-Community besteht aus Entwicklern, die sich von der Art, wie Ubuntu Dinge tut, angesprochen fühlen. Es wird immer etwas Abwanderung und Bewegung zwischen den Communities geben, aber das ist nur gut, weil es gute Ideen verbreiten hilft.

Was geschieht, wenn der Erfolg von Ubuntu zum Tod von Debian führt?

Das wäre sehr schlecht für Ubuntu, denn jeder Debian-Entwickler ist auch ein Ubuntu-Entwickler. Wir stimmen unsere Pakete regelmäßig auf Debian ab, weil das die neueste Arbeit, den neuesten Upstream-Code und die neuesten Paketentwicklungen einer großen und kompetenten Open-Souce-Community implementiert. Ohne Debian wäre Ubuntu nicht machbar. Doch der Weg von Debian ist nicht gefährdet, es bekommt viel mehr Aufmerksamkeit, seit Ubuntu gezeigt hat, was alles in dieser Community verwirklicht werden kann.

Warum gehört Ubuntu nicht zur DCC-Allianz?

Ich glaube nicht, dass die DCC Erfolg haben wird, obwohl ihre Ziele hochfliegend und rühmlich sind. Die Teilnahme wäre teuer und würde uns verbieten, die neuen Features, den Glanz und die Integration, die wir in neuen Versionen wollen, einzupflegen. Ich bin nicht bereit, knappe Ressourcen einer Initiative zu opfern, die nach meiner Überzeugung unweigerlich fehlschlagen wird. Es ist zwecklos, hier auf die genauen Gründe für meine Überzeugung einzugehen – die Zeit wird es zeigen. Ich würde die Mitglieder der Ubuntu-Community ermutigen, an den DCC-Diskussionen teilzunehmen, sofern sie Zeit und Interesse daran haben. Sollte die DCC guten Code produzieren, dann sollten wir den in die Ubuntu-Releases aufnehmen, und das sollte einfach sein.

Warum haben Sie Ubuntu gegründet, anstatt Debian Geld zu geben?

Ich habe viel darüber nachgedacht, wie ich am besten einen Beitrag zur Open-Source-Welt leisten kann, wie ich am besten den Einfällen, die mich am meisten interessieren, nachgehen kann: Zum Beispiel, was der beste Weg ist, um Open Source auf den Desktop zu bringen. Eine Möglichkeit war, der Position von DPL (»Ich bin ein DD, erster Entwickler von Apache 1996 blabla ...«) zu folgen und diese Ideen in Debian einzubringen. Doch ich entschied mich, eine parallele Distribution ins Leben zu rufen und eine Infrastruktur zu finanzieren, um die Zusammenarbeit zwischen Distributionen viel effizienter zu gestalten.

Warum?

Erstens: Viele der Dinge, die mir vorschwebten, schlossen eine Verringerung des Spielraums der Distribution ein. Das würde ihren Nutzen für einen Teil von Leuten *vergrößern*, ihn aber auf der anderen Seite für andere *verkleinern*. Beispielsweise unterstützen wir momentan nur drei Architekturen von Ubuntu. Das ist *toll* für die Leute, die eine dieser Architekturen verwenden, aber offensichtlich nicht so praktisch für die, die etwas anderes verwenden.

Des Weiteren unterstützen wir etwa 1000 Kernanwendungen unter Ubuntu. Dies sind die Herzstücke, die die Hauptanteile für Ubuntu, Kubuntu und Edubuntu darstellen. Alles andere ist über Universe oder Multiverse zugänglich, wird aber nicht offiziell unterstützt.

Mir wurde nach und nach klar, dass dies der falsche Weg für Debian war, das einen Großteil seiner Stärke aus seiner »Universalität« zieht. Es war sinnvoller, diese Vorhaben in einem eigenen Projekt durchzuführen. Wir können für diese Dinge Pionierarbeit leisten und uns darauf konzentrieren; die Patches sind sofort für die DDs verfügbar, die sie ebenfalls geeignet für Debian halten.

Zweitens: Das Problem des »Teilens zwischen Distributionen« ist sehr interessant. Momentan neigen wir dazu, die Welt als Upstream, Distro und Abkömmlinge zu sehen. In Wirklichkeit besteht die Welt mehr aus einem Bündel verschiedener Projekte, die zusammenarbeiten müssen. Wir müssen mit Debian zusammenarbeiten, aber wir sollten auch in der Lage sein, mit Upstream und Gentoo zusammenzuarbeiten. Mit Red Hat ebenfalls. Wir müssen herausfinden, wie effektive Zusammenarbeit mit Distributionen, die ein ganz anderes Paketsystem als wir verwenden, möglich ist. Denn die Zukunft der Open-Source-Welt liegt in einer wachsenden Zahl an Distributionen, von denen jede die Bedürfnisse einer kleinen Gruppe erfüllt – je nach ihrem Job, ihrer kulturellen Identität, der Institution, für die sie arbeiten, oder ihren persönlichen Interessen.

Das Problem der Zusammenarbeit der Distros zu lösen, würde Open Source sehr voranbringen. Also ist es das, was wir mit Ubuntu erreichen wollen. Wir arbeiten an Launchpad, das ist ein Web-Service für die gemeinsame Arbeit an Bugs, Übersetzungen und technischem Support. Wir arbeiten an Bazaar, was ein Revisions-Kontrollsystem ist, das Zweige und Distributionen versteht und in Launchpad integriert ist. Wir hoffen, dass diese Tools unsere Arbeit leicht verfügbar für Debian, Gentoo und Upstream machen. Und sie erlauben uns ebenfalls, gute Arbeit von anderen Distros zu nehmen (selbst wenn diese es lieber hätten, wenn wir das nicht täten ;-)).

Schließlich scheint es mir, dass der schwierige Part nicht das Verfügbarmachen von Geldern ist, sondern vielmehr, diese an Leute und Projekte zu verteilen. Ich könnte ganz einfach einen Scheck auf SPI, Inc. ausstellen über denselben Betrag, den ich in Ubuntu investiert habe. Aber wer würde entscheiden, wofür das Geld verwendet wird? Haben Sie etwa die Jahresabschlussberichte von SPI, Inc. der letzten Jahre gelesen? Wer würde bestimmen, wer einen Vollzeitjob bekommt und wer nicht? Wer würde entscheiden, welche Projekte weiterhin finanziert werden und welche nicht? So sehr ich auch die Führung und soziale Struktur von Debian bewundere – ich glaube nicht, dass die Verteilung von Geldern an Debian effektiv wäre. Ich glaube nicht, dass dieselbe Produktivität herauskäme, die wir bisher im Ubuntu-Projekt erreichen konnten.

Die Vermischung von Finanzierung mit ehrenamtlicher Arbeit führt zu allen möglichen Problemen. Fragen Sie Mako nach dem Experiment, das zeigt, dass diese Schwierigkeiten in unseren Genen verankert sein könnten. Es gibt schwerwiegende soziale Schwierigkeiten in Projekten, die bezahlte Vollzeitarbeit mit ehrenamtlicher verbinden. Ich bin nicht sicher, ob Debian diese Art der Herausforderung gebrauchen kann. Man kann sehr schnell in ernsten Streit darüber geraten, wer Geld verteilen und Leute engagieren und wer über die Finanzierung von Vorhaben entscheiden darf und wer nicht. Eines der Dinge, die meiner Meinung nach Debian seine wahre Stärke verleihen, ist der Sinn für »Unbeflecktheit«. Bis zu einem gewissen Grad hat die Tatsache, dass Ubuntu Debian *keine* Änderungen aufzwingt, Debians gesunde Reputation gestärkt.

O.K., aber warum nennen Sie es dann nicht einfach »Debian für Desktops«?

Weil wir die Markenpolitik von Debian respektieren. Möglicherweise haben Sie kürzlich die verwirrenden Verzerrungen um die Definition der »DCC Alliance« verfolgt – ein Beispiel dafür, was geschieht, wenn Leute das nicht tun. Ganz einfach ausgedrückt ist das Ubuntu-Projekt nicht Debian, also hat es auch kein Recht auf diesen Namen. Und die Verwendung des Namens würde Debians eigenen Markennamen schwächen. Abgesehen davon gefällt uns der »Menschlichkeits«-Aspekt des Namens Ubuntu, also haben wir uns für ihn entschieden.

Wo wir gerade bei der Namensgebung sind: Was hat es mit dieser »Funky Fairy« (»irre Fee«) Nomenklatur auf sich?

Der offizielle Name von jeder Ubuntu-Version lautet »Ubuntu X.YY«, wobei X die letze Ziffer der Jahreszahl und YY den Monat des Release in dem betreffenden Jahr bezeichnet. Die erste Version, die im Oktober 2004 herauskam, heißt also »Ubuntu 4.10«.

Der Entwicklungsname einer Version besitzt die Form »Adjektiv Tier«. Zum Beispiel Warty Warthog (Ubuntu 4.10, warziges Warzenschwein), Hoary Hedgehog (Ubuntu 5.04, altersgrauer Igel) und Breezy Badger (Ubuntu 5.10, Frechdachs oder frecher Dachs) sind die Namen der ersten drei Ubuntu- Versionen. Im Allgemeinen wird die Version mit dem Adjektiv bezeichnet, wie »Warty« oder »Breezy«.

Viele vernünftige Menschen haben sich gefragt, warum wir uns für dieses Benennungsmuster entschieden haben. Es entstand aus einem Scherz auf einer Fähre zwischen Circular Quay und irgendwo in Sydney:

lifeless: Wie lange haben wir noch bis zum ersten Release?
sabdfl: Das muss was Schlagkräftiges sein. Höchstens sechs Monate.
lifeless: Sechs Monate! Das ist nicht viel Zeit für den letzten Schliff.
sabdfl: Na, dann wird das eben das "Warty WarthogRelease.

Und voilà, der Name blieb. Die erste Mailingliste für das Ubuntu-Team erhielt den Namen »Warthogs«, und wir pflegten auf *#warthogs* auf *irc.freenode.net* herumzuhängen. Für die folgenden Versionen wollten wir an den »hog«-Namen festhalten, also kamen wir auf »Hoary Hedgehog« und »Grumpy Groundhog«. Aber »Grumpy« hörte sich nicht richtig an für eine Version, die richtig gut zu werden versprach und eine fantastische Beteiligung der Community hatte. Wir suchten also weiter und entschieden uns für »Breezy Badger«. Wir werden »Grumpy Groundhog« noch verwenden, aber diese Pläne sind noch eine Überraschung . . .

An alle, die meinen, dass die gewählten Namen noch verbesserungsfähig wären: Sie werden möglicherweise erleichtert darüber sein, dass der »Frechdachs« ursprünglich ein »Bendy Badger« (»Gelenkiger Dachs«) werden sollte. (Ich finde immer noch, dass das gerockt hätte.) Es gab noch andere ... .

Wir werden alles geben, um die Namen nach Breezy alphabetisch zu vergeben. Vielleicht werden wir Buchstaben überspringen und irgendwann einmal werden wir einen Umbruch vornehmen müssen. Aber zumindest die Namenskonvention wird noch ein Weilchen bestehen bleiben. Die Möglichkeiten sind unendlich. Gregarious Gnu (geselliges Gnu)? Antsy Aardvark (nervöses Erdferkel)? Phlegmatic Pheasant (phlegmatischer Fasan)? Schicken Sie uns Ihre Vorschläge, wir ziehen sie in Betracht.

D Deutsche Übersetzung der General Public License – Version 3

Aufgrund der ungeheuren Bedeutung für die Verbreitung und der Idee von Open-Source-Software möchte ich hier eine deutsche Übersetzung für diese Lizenz abdrucken. Es handelt sich hierbei um die Übersetzung der Version 3 der GPL vom 29. Juni 2007.[1] Den offiziellen englischen Originaltext finden Sie unter *http://www.gnu.org/licenses/gpl.html*. Der Autor dieser Übersetzung ist Peter Gerwinski.

Dies ist eine inoffizielle deutsche Übersetzung der GNU General Public License, die nicht von der Free Software Foundation herausgegeben wurde. Es handelt sich hierbei nicht um eine rechtsgültige Festlegung der Bedingungen für die Weitergabe von Software, die der GNU GPL unterliegt; dies leistet nur der englische Originaltext. Wir hoffen jedoch, daß diese Übersetzung deutschsprachigen Lesern helfen wird, die GNU GPL besser zu verstehen. [!]

Es ist jedermann gestattet, diese Lizenzurkunde zu vervielfältigen und unveränderte Kopien zu verbreiten; Änderungen sind jedoch nicht erlaubt.

Vorwort

Die GNU General Public License – die Allgemeine Öffentliche GNU-Lizenz – ist eine freie Copyleft-Lizenz für Software und andere Arten von Werken.

Die meisten Lizenzen für Software und andere nutzbaren Werke sind daraufhin entworfen worden, Ihnen die Freiheit zu nehmen, die Werke mit anderen zu teilen und zu verändern. Im Gegensatz dazu soll Ihnen die GNU General Public License die Freiheit garantieren, alle Versionen eines Programms zu teilen und zu verändern. Sie soll sicherstellen, daß die Software für alle ihre Benutzer frei bleibt. Wir, die Free Software Foundation, nutzen die GNU General Public License für den größten Teil unserer Software; sie gilt außerdem für jedes andere Werk, dessen Autoren es auf diese Weise freigegeben haben. Auch Sie können diese Lizenz auf Ihre Programme anwenden.

Wenn wir von freier Software sprechen, so beziehen wir uns auf Freiheit, nicht auf den Preis. Unsere Allgemeinen Öffentlichen Lizenzen sind darauf angelegt, sicherzustellen, daß Sie die Freiheit haben, Kopien freier Software zu verbreiten (und dafür etwas zu berechnen, wenn Sie möchten), die Möglichkeit, daß Sie die Software als Quelltext erhalten oder den Quelltext auf Wunsch bekommen, daß Sie die Software ändern oder Teile davon in neuen freien Programmen verwenden dürfen und daß Sie wissen, daß Sie dies alles tun dürfen.

Um Ihre Rechte zu schützen, müssen wir andere daran hindern, Ihnen diese Rechte zu verweigern oder Sie aufzufordern, auf diese Rechte zu verzichten. Aus diesem Grunde

1 Copyright © 2007 Free Software Foundation, Inc. (*http://fsf.org/*) 51 Franklin Street, Fifth Floor, Boston, MA 02110-1301, USA.

tragen Sie eine Verantwortung, wenn Sie Kopien der Software verbreiten oder die Software verändern: die Verantwortung, die Freiheit anderer zu respektieren.

Wenn Sie beispielsweise die Kopien eines solchen Programms verbreiten – kostenlos oder gegen Bezahlung – müssen Sie an die Empfänger dieselben Freiheiten weitergeben, die Sie selbst erhalten haben. Sie müssen sicherstellen, daß auch die Empfänger die Software im Quelltext erhalten bzw. den Quelltext erhalten können. Und Sie müssen ihnen diese Bedingungen zeigen, damit sie ihre Rechte kennen.

Software-Entwickler, die die GNU GPL nutzen, schützen Ihre Rechte in zwei Schritten:

1. Sie machen ihr Urheberrecht (Copyright) auf die Software geltend, und
2. sie bieten Ihnen diese Lizenz an, die Ihnen das Recht gibt, die Software zu vervielfältigen, zu verbreiten und/oder zu verändern.

Um die Entwickler und Autoren zu schützen, stellt die GPL darüberhinaus klar, daß für diese freie Software keinerlei Garantie besteht. Um sowohl der Anwender als auch der Autoren Willen erfordert die GPL, daß modifizierte Versionen der Software als solche gekennzeichnet werden, damit Probleme mit der modifizierten Software nicht fälschlicherweise mit den Autoren der Originalversion in Verbindung gebracht werden.

Manche Geräte sind daraufhin entworfen worden, ihren Anwendern zu verweigern, modifizierte Versionen der darauf laufenden Software zu installieren oder laufen zu lassen, wohingegen der Hersteller diese Möglichkeit hat. Dies ist grundsätzlich unvereinbar mit dem Ziel, die Freiheit der Anwender zu schützen, die Software zu modifizieren. Derartige gezielte mißbräuchliche Verhaltensmuster finden auf dem Gebiet persönlicher Gebrauchsgegenstände statt – also genau dort, wo sie am wenigsten akzeptabel sind. Aus diesem Grunde wurde diese Version der GPL daraufhin entworfen, diese Praxis für diese Produkte zu verbieten. Sollten derartige Probleme substantiell auf anderen Gebieten auftauchen, sind wir bereit, diese Regelung auf diese Gebiete auszudehnen, soweit dies notwendig ist, um die Freiheit der Benutzer zu schützen.

Schließlich und endlich ist jedes Computerprogramm permanent durch Software-Patente bedroht. Staaten sollten es nicht zulassen, daß Patente die Entwicklung und Anwendung von Software für allgemein einsetzbare Computer einschränken, aber in Staaten, wo dies geschieht, wollen wir die spezielle Gefahr vermeiden, daß Patente dazu verwendet werden, ein freies Programm im Endeffekt proprietär zu machen. Um dies zu verhindern, stellt die GPL sicher, daß Patente nicht verwendet werden können, um das Programm nicht-frei zu machen.

Es folgen die präzisen Bedingungen für das Kopieren, Verbreiten und Modifizieren.

Lizenzbedingungen

0. Definitionen

»Diese Lizenz« bezieht sich auf die Version 3 der GNU General Public License.

Mit »Urheberrecht« sind auch urheberrechtähnliche Rechte gemeint, die auf andere Arten von Werken Anwendung finden, beispielsweise auf Fotomasken in der Halbleitertechnologie.

»Das Programm« bezeichnet jedes urheberrechtlich schützbare Werk, das unter diese Lizenz gestellt wurde. Jeder Lizenznehmer wird als »Sie« angeredet. »Lizenznehmer« und »Empfänger« können natürliche oder rechtliche Personen sein.

Ein Werk zu »modifizieren« bedeutet, aus einem Werk zu kopieren oder es ganz oder teilweise auf eine Weise umzuarbeiten, die eine urheberrechtliche Erlaubnis erfordert und kein Eins-zu-eins-Kopieren darstellt. Das daraus hervorgehende Werk wird als »modifizierte Version« des früheren Werks oder als auf dem früheren Werk »basierendes« Werk bezeichnet.

Ein »betroffenes Werk« bezeichnet entweder das unmodifizierte Programm oder ein auf dem Programm basierendes Werk.

Ein Werk zu »propagieren« bezeichnet jedwede Handlung mit dem Werk, für die man, wenn unerlaubt begangen, wegen Verletzung anwendbaren Urheberrechts direkt oder indirekt zur Verantwortung gezogen würde, ausgenommen das Ausführen auf einem Computer oder das Modifizieren einer privaten Kopie. Unter das Propagieren eines Werks fallen Kopieren, Weitergeben (mit oder ohne Modifikationen), öffentliches Zugänglichmachen und in manchen Staaten noch weitere Tätigkeiten.

Ein Werk zu »übertragen« bezeichnet jede Art von Propagation, die es Dritten ermöglicht, das Werk zu kopieren oder Kopien zu erhalten. Reine Interaktion mit einem Benutzer über ein Computer-Netzwerk ohne Übergabe einer Kopie ist keine Übertragung.

Eine interaktive Benutzerschnittstelle zeigt »angemessene rechtliche Hinweise« in dem Umfang, daß sie eine zweckdienliches und deutlich sichtbare Funktion bereitstellt, die

1. einen angemessenen Copyright-Vermerk zeigt und
2. dem Benutzer mitteilt, daß keine Garantie für das Werk besteht (ausgenommen in dem Umfang, in dem Garantie gewährt wird), daß Lizenznehmer das Werk gemäß dieser Lizenz übertragen dürfen und wie man ein Exemplar dieser Lizenz zu Gesicht bekommen kann. Wenn die Benutzerschnittstelle eine Liste von Benutzerkommandos oder Optionen anzeigt, zum Beispiel ein Menü, dann erfüllt ein deutlich sichtbarer Punkt in dieser Liste dieses Kriterium.

1. Quelltext

Der »Quelltext« eines Werkes bezeichnet diejenige Form des Werkes, die für Bearbeitungen vorzugsweise verwendet wird. „Objekt-Code" bezeichnet jede Nicht-Quelltext-Form eines Werks.

Eine »Standardschnittstelle« bezeichnet eine Schnittstelle, die entweder ein offizieller Standard eines anerkannten Standardisierungsgremiums ist oder – im Falle von Schnittstellen, die für eine spezielle Programmiersprache spezifiziert wurden – eine Schnittstelle, die unter Entwicklern, die in dieser Programmiersprache arbeiten, weithin gebräuchlich ist.

Die »Systembibliotheken« eines ausführbaren Werks enthalten alles, ausgenommen das Werk als Ganzes, was

1. normalerweise zum Lieferumfang einer Hauptkomponente gehört, aber selbst nicht die Hauptkomponente ist, und
2. ausschließlich dazu dient, das Werk zusammen mit der Hauptkomponente benutzen zu können oder eine Standardschnittstelle zu implementieren, für die eine Implementation als Quelltext öffentlich erhältlich ist. Eine „Hauptkomponente" bezeichnet in diesem Zusammenhang eine größere wesentliche Komponente (Betriebssystemkern, Fenstersystem usw.) des spezifischen Betriebssystems (soweit vorhanden), auf dem das ausführbare Werk läuft, oder des Compilers, der zur Erzeugung des Objekt-Codes eingesetzt wurde, oder des für die Ausführung verwendeten Objekt-Code-Interpreters.

Der »korrespondierende Quelltext« eines Werks in Form von Objekt-Code bezeichnet den vollständigen Quelltext, der benötigt wird, um das Werk zu erzeugen, es zu installieren, um (im Falle eines ausführbaren Werks) den Objekt-Code auszuführen und um das Werk zu modifizieren, einschließlich der Skripte zur Steuerung dieser Aktivitäten. Er schließt jedoch nicht die Systembibliotheken, allgemein einsetzbare Werkzeuge oder allgemein erhältliche freie Computerprogramme mit ein, die in unmodifizierter Form verwendet werden, um die o. a. Tätigkeiten durchzuführen, die aber nicht Teil des Werks sind. Zum Beispiel enthält der korrespondierende Quelltext die zum Programmquelltext gehörenden Schnittstellendefinitionsdateien sowie die Quelltexte von dynamisch eingebundenen Bibliotheken und Unterprogrammen, auf die das Werk konstruktionsbedingt angewiesen ist, beispielsweise durch komplexe Datenkommunikation oder Ablaufsteuerung zwischen diesen Unterprogrammen und anderen Teilen des Werks.

Der korrespondierende Quelltext braucht nichts zu enthalten, das der Anwender aus anderen Teilen des korrespondierenden Quelltextes automatisch regenerieren kann.

Der korrespondierende Quelltext eines Werks in Quelltextform ist das Werk selbst.

2. Grundlegende Genehmigungen

Alle unter dieser Lizenz gewährten Rechte werden gewährt auf Grundlage des Urheberrechts an dem Programm, und sie sind unwiderruflich, solange die festgelegten Bedingungen erfüllt sind. Diese Lizenz erklärt ausdrücklich Ihr uneingeschränktes Recht zur Ausführung des unmodifizierten Programms. Die beim Ausführen eines betroffenen Werks erzeugten Ausgabedaten fallen unter diese Lizenz nur dann, wenn sie, in Anbetracht ihres Inhalts, ein betroffenes Werk darstellen. Diese Lizenz erkennt Ihr im Urheberrecht vorgesehenes Recht auf angemessene Benutzung – oder seine Entsprechung – an.

Sie dürfen betroffene Werke, die Sie nicht übertragen, uneingeschränkt erzeugen, ausführen und propagieren, solange Ihre Lizenz ansonsten in Kraft bleibt. Sie dürfen betroffene Werke an Dritte übertragen für den einzigen Zweck, Modifikationen exklusiv für Sie durchzuführen oder Einrichtungen für Sie bereitzustellen, um diese Werke auszuführen, vorausgesetzt, Sie erfüllen alle Bedingungen dieser Lizenz für das Übertragen von Material, dessen Urheberrecht nicht bei Ihnen liegt. Diejenigen, die auf diese Weise betroffene Werke für Sie anfertigen oder ausführen, müssen dies ausschließlich in Ihrem Namen tun, unter Ihrer Anleitung und Kontrolle und unter Bedingungen, die ihnen verbieten, außerhalb ihrer Beziehung zu Ihnen weitere Kopien Ihres urheberrechtlich geschützten Materials anzufertigen.

Übertragung ist in jedem Fall ausschließlich unter den unten aufgeführten Bedingungen gestattet. Unterlizensierung ist nicht gestattet, ist aber wegen §10 unnötig.

3. Schutz von Anwenderrechten vor Umgehungsverbotgesetzen

Kein betroffenes Werk darf als Teil eines wirksamen technischen Mechanismus' unter jedwedem anwendbarem Recht betrachtet werden, das die Auflagen von Artikel 11 des am 20. Dezember 1996 verabschiedeten WIPO-Urheberrechtsvertrags oder unter vergleichbaren Gesetzen, die die Umgehung derartiger Mechanismen verbietet oder einschränkt.

Wenn Sie ein betroffenes Werk übertragen, verzichten Sie auf jedes Recht, die Umgehung technischer Mechanismen zu verbieten, insoweit diese Umgehung durch die Ausübung der von dieser Lizenz gewährten Rechte in bezug auf das betroffene Werk herbeigeführt wird, und Sie weisen jede Absicht von sich, die Benutzung oder Modifikation des Werks zu beschränken, um Ihre Rechtsansprüche oder Rechtsansprüche Dritter zum Verbot der Umgehung technischer Mechanismen gegen die Anwender des Werks durchzusetzen.

4. Unveränderte Kopien

Sie dürfen auf beliebigen Medien unveränderte Kopien des Quelltextes des Programms, wie sie ihn erhalten, übertragen, sofern Sie auf deutliche und angemessene Weise auf jeder Kopie einen angemessenen Urheberrechts-Vermerk veröffentlichen, alle Hinweise intakt lassen, daß diese Lizenz und sämtliche gemäß §7 hinzugefügten Einschränkungen auf den Quelltext anwendbar sind, alle Hinweise auf das Nichtvorhandensein einer Garantie intakt lassen und allen Empfängern gemeinsam mit dem Programm ein Exemplar dieser Lizenz zukommen lassen.

Sie dürfen für jede übertragene Kopie ein Entgelt – oder auch kein Entgelt – verlangen, und Sie dürfen Kundendienst- oder Garantieleistungen gegen Entgelt anbieten.

5. Übertragung modifizierter Quelltextversionen

Sie dürfen ein auf dem Programm basierendes Werk oder die nötigen Modifikationen, um es aus dem Programm zu generieren, kopieren und übertragen in Form von Quelltext unter den Bestimmungen von §4, vorausgesetzt, daß Sie zusätzlich alle im folgenden genannten Bedingungen erfüllen:

1. Das veränderte Werk muß auffällige Vermerke tragen, die besagen, daß Sie es modifiziert haben, und die ein darauf bezogenes Datum angeben.
2. Das veränderte Werk muß auffällige Vermerke tragen, die besagen, daß es unter dieser Lizenz einschließlich der gemäß §7 hinzugefügten Bedingungen herausgegeben wird. Diese Anforderung wandelt die Anforderung aus §4 ab, »alle Hinweise intakt zu lassen«.
3. Sie müssen das Gesamtwerk als Ganzes gemäß dieser Lizenz an jeden lizensieren, der in den Besitz einer Kopie gelangt. Diese Lizenz wird daher – ggf. einschließlich zusätzlicher Bedingungen gemäß §7 – für das Werk als Ganzes und alle seine Teile gelten, unabhängig davon, wie diese zusammengepackt werden. Diese Lizenz erteilt keine Erlaubnis, das Werk in irgendeiner anderen Weise zu lizensieren, setzt aber eine derartige Erlaubnis nicht außer Kraft, wenn Sie sie diese gesondert erhalten haben.
4. Wenn das Werk über interaktive Benutzerschnittstellen verfügt, müssen diese jeweils angemessene rechtliche Hinweise anzeigen. Wenn allerdings das Programm interaktive Benutzerschnittstellen hat, die keine angemessenen rechtlichen Hinweise anzeigen, braucht Ihr Werk nicht dafür zu sorgen, daß sie dies tun.

Die Zusammenstellung eines betroffenen Werks mit anderen gesonderten und unabhängigen Werken, die nicht ihrer Natur nach Erweiterungen des betroffenen Werks sind und die nicht mit ihm in einer Weise kombiniert sind, um ein größeres Programm zu bilden, in oder auf einem Speicher- oder Verbreitungsmedium wird als »Aggregat« bezeichnet, wenn die Zusammenstellung und das sich für sie ergebende Urheberrecht nicht dazu verwendet werden, den Zugriff oder die Rechte der Benutzer der Zusammenstellung weiter einzuschränken, als dies die einzelnen Werke erlauben. Die Aufnahme des betroffenen Werks in ein Aggregat sorgt nicht dafür, daß diese Lizenz auf die anderen Teile des Aggregats wirke.

6. Übertragung in Nicht-Quelltext-Form

Sie dürfen ein betroffenes Werk in Form von Objekt-Code unter den Bedingungen der Paragraphen 4 und 5 kopieren und übertragen – vorausgesetzt, daß Sie außerdem den maschinenlesbaren korrespondierenden Quelltext unter den Bedingungen dieser Lizenz übertragen auf eine der folgenden Weisen:

1. Sie übertragen den Objekt-Code in einem physikalischen Produkt (einschließlich ein physikalisches Speichermedium) gemeinsam mit dem korrespondierenden Quelltext, der sich unveränderlich auf einem haltbaren physikalischen Medium befindet, das üblicherweise für den Austausch von Software verwendet wird.
2. Sie übertragen den Objekt-Code in einem physikalischen Produkt (einschließlich ein physikalisches Speichermedium) gemeinsam mit einem schriftlichen Angebot, das mindestens drei Jahre lang gültig sein muß und so lange, wie Sie Ersatzteile und Kundendienst für dieses Produktmodell anbieten, jedem, der im Besitz des Objekt-Codes ist, entweder
   - eine Kopie des korrespondierenden Quelltextes der gesamten Software, die in dem Produkt enthalten und von dieser Lizenz betroffen ist, zur Verfügung zu stellen – auf einem haltbaren physikalischen Medium, das üblicherweise für den Austausch von Software verwendet wird, und zu nicht höheren Kosten als denen, die begründbar durch den physikalischen Vorgang der Übertragung des Quelltextes anfallen, oder
   - kostenlosen Zugriff, um den korrespondierenden Quelltext von einem Netzwerk-Server zu kopieren.
3. Sie übertragen Kopien des Objekt-Codes gemeinsam mit einer Kopie des schriftlichen Angebots, den korrespondierenden Quelltext zur Verfügung zu stellen. Diese Alternative ist nur für gelegentliche, nicht-kommerzielle Übertragung zulässig und nur, wenn Sie den Objekt-Code als mit einem entsprechenden Angebot gemäß Absatz 6b erhalten haben.
4. Sie übertragen den Objekt-Code dadurch, daß Sie Zugriff auf eine dafür vorgesehene Stelle gewähren, und bieten gleichwertigen Zugriff auf den korrespondierenden Quelltext auf gleichem Weg auf dieselbe Stelle und ohne zusätzliche Kosten. Sie müssen nicht von den Empfängern verlangen, den korrespondierenden Quelltext gemeinsam mit dem Objekt-Code zu kopieren. Wenn es sich bei der für das Kopieren vorgesehenen Stelle um einen Netzwerk-Server handelt, darf sich der korrespondierende Quelltext auf einem anderen Server befinden (von Ihnen oder von einem Dritten betrieben), der gleichwertige Kopiermöglichkeiten unterstützt – vorausgesetzt Sie legen dem Objekt-Code klare Anleitungen bei, die besagen, wo der korrespondierende Quelltext zu finden ist. Unabhängig davon, welcher Netzwerk-Server den korrespondierenden Quelltext beherbergt, bleiben Sie verpflichtet, sicherzustellen, daß dieser lange genug bereitgestellt wird, um diesen Bedingungen zu genügen.
5. Sie übertragen den Objekt-Code unter Verwendung von Peer-To-Peer-Übertragung – vorausgesetzt, Sie informieren andere Teilnehmer darüber, wo der Objekt-Code und der

korrespondierende Quelltext des Werks unter den Bedingungen von Absatz 6d öffentlich und kostenfrei angeboten werden.

Ein abtrennbarer Anteil des Objekt-Codes, dessen Quelltext von dem korrespondierenden Quelltext als Systembibliothek ausgeschlossen ist, braucht bei der Übertragung des Werks als Objekt-Code nicht miteinbezogen zu werden.

Ein »Benutzerprodukt« ist entweder

1. ein »Endbenutzerprodukt«, womit ein materieller persönlicher Besitz gemeint ist, der normalerweise für den persönlichen oder familiären Gebrauch oder im Haushalt eingesetzt wird, oder
2. alles, was für den Einbau in eine Wohnung hin entworfen oder dafür verkauft wird.

Bei der Entscheidung, ob ein Produkt ein Endbenutzerprodukt ist, sollen Zweifelsfälle als erfaßt gelten. Wenn ein spezieller Anwender ein spezielles Produkt erhält, bezeichnet »normalerweise einsetzen« eine typische oder weitverbreitete Anwendung dieser Produktklasse, unabhängig vom Status des speziellen Anwenders oder der Art und Weise, wie der spezielle Anwender des spezielle Produkt tatsächlich einsetzt oder wie von ihm erwartet wird, daß er es einsetzt. Ein Produkt gilt als Endbenutzerprodukt unabhängig davon, ob es substantiellen kommerziellen, industriellen oder nicht-endbenutzerspezifischen Nutzen hat, es sei denn, dieser Nutzen stellt das einzige signifikante Anwendungsgebiet des Produkts dar.

Mit »Installationsinformationen« für ein Benutzerprodukt sind jedwede Methoden, Prozeduren, Berechtigungsschlüssel oder andere informationen gemeint, die notwendig sind, um modifizierte Versionen eines betroffenen Werks, die aus einer modifizierten Version seines korrespondierenden Quelltextes hervorgegangen sind, auf dem Produkt zu installieren und auszuführen. Die Informationen müssen ausreichen, um sicherzustellen, daß das Weiterfunktionieren des modifizierten Objekt-Codes in keinem Fall verhindert oder gestört wird aus dem einzigen Grunde, weil Modifikationen vorgenommen worden sind.

Wenn Sie Objekt-Code gemäß diesem Paragraphen innerhalb oder zusammen mit oder speziell für den Gebrauch innerhalb eines Benutzerprodukts übertragen und die Übertragung als Teil einer Transaktion stattfindet, in der das Recht auf den Besitz und die Benutzung des Benutzerprodukts dauerhaft auf den Empfänger übergeht (unabhängig davon, wie diese Transaktion charakterisiert ist), müssen dem gemäß diesem Paragraphen mitübertragenen korrespondierenden Quelltext die Installationsinformationen beiliegen. Diese Anforderung gilt jedoch nicht, wenn weder Sie noch irgendeine Drittpartei die Möglichkeit behält, modifizierten Objekt-Code auf dem Benutzerprodukt zu installieren (zum Beispiel, wenn das Werk in einem ROM installiert wurde).

Die Anforderung, Installationsinformationen bereitzustellen, schließt keine Anforderung mit ein, weiterhin Kundendienst, Garantie oder Updates für ein Werk bereitzustellen, das vom Empfänger modifiziert oder installiert worden ist, oder für das Benutzerprodukt, in dem das Werk modifiziert oder installiert worden ist. Der Zugriff auf ein Computer-Netzwerk darf verweigert werden, wenn die Modifikation selbst die Funktion des Netzwerks grundlegend nachteilig beeinflußt oder wenn sie die Regeln und Protokolle für die Kommunikation über das Netzwerk verletzt.

Der korrespondierende Quelltext und die Installationsinformationen, die in Übereinstimmung mit diesem Paragraphen übertragen werden, müssen in einem öffentlich dokumentierten Format vorliegen (für das eine Implementation in Form von Quelltext öffentlich zugänglich ist), und sie dürfen keine speziellen Passwörter oder Schlüssel für das Auspacken, Lesen oder Kopieren erfordern.

7. Zusätzliche Bedingungen

»Zusätzliche Genehmigungen« sind Bedingungen, die die Bedingungen dieser Lizenz ergänzen, indem sie Ausnahmen von einer oder mehreren Auflagen zulassen. Zusätzliche Genehmigungen zur Anwendung auf das gesamte Programm sollen so betrachtet werden, als wären sie in dieser Lizenz enthalten, soweit dies unter anwendbarem Recht zulässig ist. Wenn zusätzliche Genehmigungen nur für einen Teil des Programms gelten, darf dieser Teil separat unter diesen Genehmigungen verwendet werden; das gesamte Programm jedoch unterliegt weiterhin dieser Lizenz ohne Beachtung der zusätzlichen Genehmigungen.

Ungeachtet jeglicher anderer Regelungen dieser Lizenz dürfen Sie für Material, das Sie einem betroffenen Werk hinzufügen (sofern Sie durch die Urheberrechtsinhaber dieses Materials autorisiert sind), die Bedingungen dieser Lizenz um folgendes ergänzen:

1. Gewährleistungsausschluß oder Haftungsbegrenzung abweichend von §§15 und 16 dieser Lizenz oder

2. die Anforderung, spezifizierte sinnvolle rechtliche Hinweise oder Autorenschaftshinweise in diesem Material oder in den angemessenen rechtlichen Hinweisen, die von den sie enthaltenen Werken angezeigt werden, zu erhalten, oder

3. das Verbot, die Herkunft des Materials falsch darzustellen oder die Anforderung, daß modifizierte Versionen des Materials auf angemessens Weise als vom Original verschieden markiert werden, oder

4. Begrenzung der Verwendung der Namen von Lizenzgebern oder Autoren des Materials für Werbezwecke oder

5. das Zurückweisen der Einräumung von Rechten gemäß dem Markenrecht zur Benutzung gewisser Produktnamen, Produkt- oder Service-Marken oder

6. die Erfordernis der Freistellung des Lizenznehmers und der Autoren des Materials durch jeden, der die Software (oder modifizierte Versionen davon) überträgt, mit vertraglichen Prämissen der Verantwortung gegenüber dem Empfänger für jede Verantwortung, die diese vertraglichen Prämissen diesen Lizenzgebern und Autoren direkt auferlegen.

Alle anderen hinzugefügten einschränkenden Bedingungen werden als »zusätzliche Einschränkungen« im Sinne von §10 betrachtet. Wenn das Programm, wie Sie es erhalten haben, oder ein Teil davon dieser Lizenz untersteht zuzüglich einer weiteren Bedingung, die eine zusätzliche Einschränkung darstellt, dürfen Sie diese Bedingung entfernen. Wenn ein Lizenzdokument eine zusätzliche Einschränkung enthält, aber die Relizensierung unter dieser Lizenz erlaubt, dürfen Sie dem betroffenen Werk Material hinzufügen, das den Bedingungen jenes Lizenzdokuments unterliegt, unter der Voraussetzung, daß die zusätzlichen Einschränkungen bei einer derartigen Relizensierung oder Übertragung verfallen.

Wenn Sie einem betroffenen Werk in Übereinstimmung mit diesem Paragraphen Bedingungen hinzufügen, müssen Sie in den betroffenen Quelltextdateien eine Aufstellung der zusätzlichen Bedingungen plazieren, die auf diese Quelltextdatei Anwendung finden, oder einen Hinweis darauf, wo die Zusätzlichen Bedingungen zu finden sind.

Zusätzliche Bedingungen, seien es Genehmigungen oder Einschränkungen, dürfen in Form einer separaten schriftlichen Lizenz oder in Form von Ausnahmen festgelegt werden; die o. a. Anforderungen gelten in jedem Fall.

8. Kündigung

Sie dürfen das Programm nicht verbreiten oder modifizieren, sofern es nicht durch diese Lizenz ausdrücklich gestattet ist. Jeder anderweitige Versuch der Verbreitung oder Modifizierung ist nichtig und beendet automatisch Ihre Rechte unter dieser Lizenz (einschließlich aller Patentlizenzen gemäß §11 Abs. 3).

Wenn Sie jedoch alle Verletzungen dieser Lizenz beenden, wird Ihre Lizenz durch einen speziellen Urheberrechtsinhaber wiederhergestellt, und zwar

1. vorübergehend, solange nicht bzw. bis der Rechteinhaber Ihre Lizenz ausdrücklich und endgültig kündigt, und
2. dauerhaft, sofern es der Rechteinhaber versäumt, Sie auf sinnvolle Weise auf die Lizenzverletzung innerhalb von 60 Tagen ab deren Beendigung hinzuweisen.

Darüberhinaus wird Ihre Lizenz durch einen speziellen Urheberrechtsinhaber permanent wiederhergestellt, wenn Sie der Rechteinhaber auf sinnvolle Weise auf die Verletzung hinweist, wenn außerdem dies das erste Mal ist, daß Sie auf die Verletzung dieser Lizenz (für jedes Werk) des Rechteinhabers hingewiesen werden, und wenn Sie die Verletzung innerhalb von 30 Tagen ab dem Eingang des Hinweises einstellen.

Die Beendigung Ihrer Rechte unter dieser Lizenz beendet nicht die Lizenzen Dritter, die von Ihnen Kopien oder Rechte unter dieser Lizenz erhalten haben. Wenn Ihre Rechte beendet und nicht dauerhaft wiederhergestellt worden sind, sind Sie nicht berechtigt, neue Lizenzen für dasselbe Material gemäß §10 zu erhalten.

9. Annahme der Lizenz keine Voraussetzung für den Besitz von Kopien

Um eine Kopie des Programms auszuführen, ist es nicht erforderlich, daß Sie diese Lizenz annehmen. Die nebenbei stattfindende Verbreitung eines betroffenen Werks, die sich ausschließlich als Konsequenz der Teilnahme an einer Peer-To-Peer-Datenübertragung ergibt, um eine Kopie entgegennehmen zu können, erfordert ebenfalls keine Annahme dieser Lizenz. Jedoch gibt Ihnen nichts außer dieser Lizenz die Erlaubnis, das Programm oder jedes betroffene Werk zu verbreiten oder zu verändern. Diese Handlungen verstoßen gegen das Urheberrecht, wenn Sie diese Lizenz nicht anerkennen. Indem Sie daher ein betroffenes Werk verändern oder propagieren, erklären Sie Ihr Einverständnis mit dieser Lizenz, die Ihnen diese Tätigkeiten erlaubt.

10. Automatische Lizensierung nachgeordneter Anwender

Jedesmal, wenn Sie ein betroffenes Werk übertragen, erhält der Empfänger automatisch vom ursprünglichen Lizenzgeber die Lizenz, das Werk auszuführen, zu verändern und zu propagieren – in Übereinstimmung mit dieser Lizenz. Sie sind nicht dafür verantwortlich, die Einhaltung dieser Lizenz durch Dritte durchzusetzen.

Eine »Organisations-Transaktion« ist entweder eine Transaktion, bei der die Kontrolle über eine Organisation oder das im wesentlichen gesamte Kapital einer solchen, übertragen wird, oder sie ist die Aufteilung einer Organisation in mehrere oder die Fusion mehrerer Organisationen zu einer. Wenn die Propagation eines betroffenen Werks durch eine Organisations-Transaktion erfolgt, erhält jeder an der Transaktion Beteiligte, der eine Kopie des Werks erhält, zugleich jedwede Lizenz an dem Werk, die der Interessenvorgänger des Beteiligten hatte, sowie das Recht auf den Besitz des korrespondierenden Quelltextes des Werks vom Interessenvorgänger, wenn dieser ihn hat oder mit vertretbarem Aufwand beschaffen kann.

Sie dürfen keine zusätzlichen Einschränkungen bezüglich der Ausübung der unter dieser Lizenz gewährten oder zugesicherten Rechte vornehmen. Beispielsweise dürfen Sie keine Lizenzgebühr oder sonstige Gebühr für die Ausübung der unter dieser Lizenz gewährten Rechte verlangen, und Sie dürfen keine Rechtsstreitigkeit beginnen (eingeschlossen Kreuz- oder Gegenansprüche in einem Gerichtsverfahren), in der Sie unterstellen, daß irgendein Patentanspruch durch Erzeugung, Anwendung, Verkauf, Verkaufsangebot oder Import des Programms oder irgendeines Teils davon verletzt wurde.

11. Patente

Ein »Kontributor« ist ein Urheberrechtsinhaber, der die Benutzung des Programms oder eines auf dem Programm basierenden Werks unter dieser Lizenz erlaubt. Das auf diese Weise lizensierte Werk bezeichnen wir als die »Kontributor-Version« des Kontributors.

Die »wesentlichen Patentansprüche« eines Kontributors sind all diejenigen Patentansprüche, die der Kontributor besitzt oder kontrolliert, ob bereits erworben oder erst in Zukunft zu erwerben, die durch irgendeine Weise des gemäß dieser Lizenz erlaubten Erzeugens, Ausführens oder Verkaufens seiner Kontributor-Version verletzt würden. Dies schließt keine Patentansprüche ein, die erst als Konsequenz weiterer Modifizierung seiner Kontributor-Version entstünden. Für den Zweck dieser Definition schließt »Kontrolle« das Recht mit ein, Unterlizenzen für ein Patent zu erteilen auf eine Weise, die mit den Erfordernissen dieser Lizenz vereinbar ist.

Jeder Kontributor gewährt Ihnen eine nicht-exklusive, weltweite und gebührenfreie Patentlizenz gemäß den wesentlichen Patentansprüchen des Kontributors, den Inhalt seiner Kontributor-Version zu erzeugen, zu verkaufen, zum Verkauf anzubieten, zu importieren und außerdem auszuführen, zu modifizieren und zu propagieren.

In den folgenden drei Absätzen ist eine »Patentlizenz« jedwede ausdrückliche Vereinbarung oder Verpflichtung, wie auch immer benannt, ein Patent nicht geltend zu machen (beispielsweise eine ausdrückliche Erlaubnis, ein Patent zu nutzen oder eine Zusicherung, bei Patentverletzung nicht zu klagen). Jemandem eine solche Patentlizenz zu »erteilen« bedeutet, eine solche Vereinbarung oder Verpflichtung zu beschließen, ein Patent nicht gegen ihn durchzusetzen.

Wenn Sie ein betroffenes Werk übertragen, das wissentlich auf eine Patentlizenz angewiesen ist, und wenn der korrespondierende Quelltext nicht für jeden zum Kopieren zur Verfügung gestellt wird – kostenlos, unter den Bedingungen dieser Lizenz und über einen öffentlich zugänglichen Netzwerk-Server oder andere leicht zugängliche Mittel –, dann müssen Sie entweder

1. dafür sorgen, daß der korrespondierende Quelltext auf diese Weise verfügbar gemacht wird oder

2. dafür sorgen, daß Ihnen selbst die Vorteile der Patentlizenz für dieses spezielle Werk entzogen werden oder

3. in einer mit den Erfordernissen dieser Lizenz vereinbaren Weise bewirken, daß die Patentlizenz auf nachgeordnete Empfänger ausgedehnt wird.

»Wissentlich angewiesen sein« bedeutet, daß Sie tatsächliches Wissen darüber haben, daß – außer wegen der Patentlizenz – Ihre Übertragung des betroffenen Werks in einen Staat oder die Benutzung des betroffenen Werks durch Ihren Empfänger in einem Staat, eins oder mehrere identifizierbare Patente in diesem Staat verletzen würden, deren Gültigkeit Ihnen glaubhaft erscheint.

Wenn Sie, als Folge von oder in Verbindung mit einer einzelnen Transaktion oder Vereinbarung, ein betroffenes Werk übertragen oder durch Vermittlung einer Übertragung propagieren, und Sie gewähren einigen Empfängern eine Patentlizenz, die ihnen das Benutzen, Propagieren, Modifizieren und Übertragen einer speziellen Kopie des betroffenen Werks gestatten, dann wird die von Ihnen gewährte Patentlizenz automatisch auf alle Empfänger des betroffenen Werks und darauf basierender Werke ausgedehnt.

Eine Patentlizenz ist »diskriminierend«, wenn sie in ihrem Gültigkeitsbereich die speziell unter dieser Lizenz gewährten Rechte nicht einschließt, wenn sie die Ausübung dieser Rechte verbietet oder wenn sie die Nichtausübung einer oder mehrerer dieser Rechte zur Bedingung hat. Sie dürfen ein betroffenes Werk nicht übertragen, wenn Sie Partner in einem Vertrag mit einer Drittpartei sind, die auf dem Gebiet der Verbreitung von Software geschäftlich tätig ist, gemäß dem Sie dieser Drittpartei Zahlungen leisten, die auf dem Maß Ihrer Aktivität des Übertragens des Werks basieren, und gemäß dem die Drittpartei eine diskriminierende Patentlizenz all denjenigen gewährt, die das Werk von Ihnen erhielten, (a) in Verbindung mit von Ihnen übertragenen Kopien des betroffenen Werks (oder Kopien dieser Kopien) oder (b) hauptsächlich für und in Verbindung mit spezifischen Produkten oder Zusammenstellungen, die das betroffene Werk enthalten, es sei denn, Sie sind in diesen Vertrag vor dem 28. März 2007 eingetreten oder die Patentlizenz wurde vor diesem Datum erteilt.

Nichts in dieser Lizenz soll in einer Weise ausgelegt werden, die irgendeine implizite Lizenz oder sonstige Abwehr gegen Rechtsverletzung ausschließt oder begrenzt, die Ihnen ansonsten gemäß anwendbarem Patentrecht zustünde.

12. Keine Preisgabe der Freiheit Dritter

Sollten Ihnen (durch Gerichtsbeschluß, Vergleich oder anderweitig) Bedingungen auferlegt werden, die den Bedingungen dieser Lizenz widersprechen, so befreien Sie diese Umstände nicht von den Bestimmungen dieser Lizenz. Wenn es Ihnen nicht möglich ist, ein betroffenes Werk unter gleichzeitiger Beachtung der Bedingungen in dieser Lizenz und Ihrer anderweitigen Verpflichtungen zu übertragen, dann dürfen Sie als Folge das Programm überhaupt nicht übertragen. Wenn Sie zum Beispiel Bedingungen akzeptieren, die Sie dazu verpflichten, von denen, denen Sie das Programm übertragen haben, eine Gebühr für die weitere Übertragung einzufordern, dann besteht der einzige Weg, sowohl jene Bedingungen als auch diese Lizenz zu befolgen darin, ganz auf die Übertragung des Programms zu verzichten.

13. Nutzung zusammen mit der GNU Affero General Public License

Ungeachtet anderer Regelungen dieser Lizenz, ist es Ihnen gestattet, ein betroffenes Werk mit einem Werk zu einem einzelnen, kombinierten Werk zu verbinden (linken) oder zu kombinieren, das unter Version 3 der GNU Affero General Public License steht, und das Ergebnis zu übertragen. Die Bedingungen dieser Lizenz bleiben weiterhin auf denjenigen Teil anwendbar, der das betroffene Werk darstellt, aber die speziellen Anforderungen der GNU Affero General Public License, §13, die sich auf Interaktion über ein Computer-Netzwerk beziehen, werden auf die Kombination als solche anwendbar.

14. Überarbeitungen dieser Lizenz

Die Free Software Foundation kann von Zeit zu Zeit überarbeitete und/oder neue Versionen der General Public License veröffentlichen. Solche neuen Versionen werden vom Grundprinzip her der gegenwärtigen entsprechen, können aber im Detail abweichen, um neuen Problemen und Anforderungen gerecht zu werden.

Jede Version dieser Lizenz hat eine eindeutige Versionsnummer. Wenn in einem Programm angegeben wird, daß es dieser Lizenz in einer bestimmten Versionsnummer »oder jeder späteren Version« (»or any later version«) unterliegt, so haben Sie die Wahl, entweder den Bestimmungen der genannten Version zu folgen oder denen jeder beliebigen späteren Version, die von der Free Software Foundation veröffentlicht wurde. Wenn das Programm keine Versionsnummer angibt, können Sie eine beliebige Version wählen, die je von der Free Software Foundation veröffentlicht wurde.

15. Gewährleistungsausschluß

Es besteht keinerlei Gewährleistung für das Programm, soweit dies gesetzlich zulässig ist. Sofern nicht anderweitig schriftlich bestätigt, stellen die Urheberrechtsinhaber und/oder Dritte das Programm so zur Verfügung, »wie es ist«, ohne irgendeine Gewährleistung, weder ausdrücklich noch implizit, einschließlich – aber nicht begrenzt auf – die implizite Gewährleistung der Marktreife oder der Verwendbarkeit für einen bestimmten Zweck. Das volle Risiko bezüglich Qualität und Leistungsfähigkeit des Programms liegt bei Ihnen. Sollte sich das Programm als fehlerhaft herausstellen, liegen die Kosten für notwendigen Service, Reparatur oder Korrektur bei Ihnen.

16. Haftungsbegrenzung

In keinem Fall, außer wenn durch geltendes Recht gefordert oder schriftlich zugesichert, ist irgendein Urheberrechtsinhaber oder irgendein Dritter, der das Programm wie oben erlaubt modifiziert oder übertragen hat, Ihnen gegenüber für irgendwelche Schäden haftbar, einschließlich jeglicher allgemeiner oder spezieller Schäden, Schäden durch Seiteneffekte (Nebenwirkungen) oder Folgeschäden, die aus der Benutzung des Programms oder der Unbenutzbarkeit des Programms folgen (einschließlich – aber nicht beschränkt auf – Datenverluste, fehlerhafte Verarbeitung von Daten, Verluste, die von Ihnen oder anderen getragen werden müssen, oder dem Unvermögen des Programms, mit irgendeinem anderen Programm zusammenzuarbeiten), selbst wenn ein Urheberrechtsinhaber oder Dritter über die Möglichkeit solcher Schäden unterrichtet worden war.

17. Interpretation von §§ 15 und 16

Sollten der o. a. Gewährleistungsausschluß und die o. a. Haftungsbegrenzung aufgrund ihrer Bedingungen gemäß lokalem Recht unwirksam sein, sollen Bewertungsgerichte dasjenige lokale Recht anwenden, das einer absoluten Aufhebung jeglicher zivilen Haftung in Zusammenhang mit dem Programm am nächsten kommt, es sei denn, dem Programm lag eine entgeltliche Garantieerklärung oder Haftungsübernahme bei.

Ende der Lizenzbedingungen

Index

A

B

C

D

E

F

G

H

I

J

K

L

M

Q

R

S

T

U

V

W

X

Y

Z

Sicher zur erfolgreichen Linux-Zertifizierung

Mit den aktuellen Lerninhalten des LPI

Kommentierte Testfragen zur Vorbereitung

538 S., 2008, mit CD, 34,90 Euro, 59,90 CHF
ISBN 978-3-89842-845-3

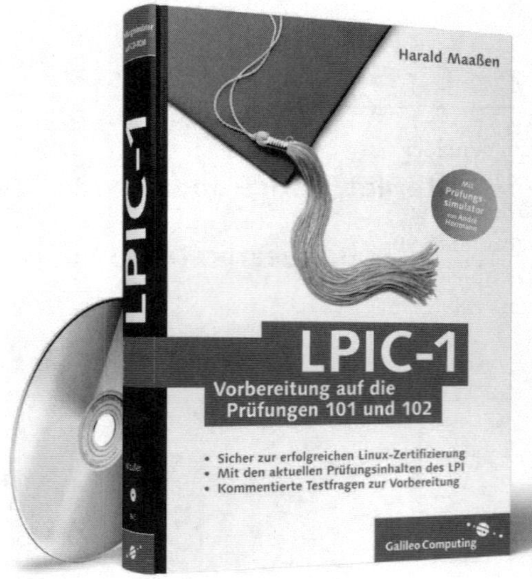

LPIC-1

www.galileocomputing.de

Harald Maaßen

LPIC-1

Vorbereitung auf die Prüfungen 101 und 102

Mit diesem Buch sind sie bestens gerüstet für die Prüfungen des LPI. Sie finden die konkreten Anforderungen zu allen Prüfungsthemen und testen Ihren Kenntnisstand mit prüfungsähnlichen Fragen. Dazu gibt es alle Informationen, wann, wo und wie Sie die Prüfungen ablegen können.

>> www.galileocomputing.de/1334

Für Einsteiger und Umsteiger von Windows

Internet, Office und Netzwerk

Bildbearbeitung, MP3s und Video

454 S., 2008, mit DVD, 24,90 Euro, 41,90 CHF
ISBN 978-3-8362-1149-9

Einstieg in Ubuntu GNU/Linux

www.galileocomputing.de

Marcus Fischer

Einstieg in Ubuntu GNU/Linux

Aktuell zu Ubuntu 7.10 »Gutsy Gibbon«

Dieses Buch macht Ihnen den Einstieg in Ubuntu leicht. Sie lernen das System mit all seinen Möglichkeiten kennen: Von der Installation über die Arbeit mit Internet-, Office- und Multimedia-Programmen bis hin zur Netzwerk-Administration. Hier wird keine graue Theorie vermittelt, sondern alles wird anhand von Praxisbeispielen gezeigt. Dabei geht das Buch be-sonders auf die Bedürfnisse von Umsteigern ein. So ist es auch für eingefleischte Windows-Nutzer kein Problem, zur beliebtesten und erfolgreichsten Linux-Distribution zu wechseln.

>> www.galileocomputing.de/1707

Linux von DVD starten oder installieren

Internet und Netzwerke einrichten

Hardware problemlos installieren

Mit Ubuntu 8.04

DVDca. 10 Stunden Spielzeit, 24,90 Euro, 39,90 CHF
ISBN 978-3-8362-1231-1, Juli 2008

Einstieg in Ubuntu Linux

www.galileocomputing.de

Video-Training

Rainer Hattenhauer

Einstieg in Ubuntu Linux

Dieses Video-Training ist die ideale Lösung für alle, die einen umfassenden Einstieg in die zurzeit populärste Linux-Distribution suchen. Von der Installation und Konfiguration bis hin zu fortgeschrittenen Themen wie der Kommandozeile - dieses Training deckt alle Aspekte von Ubuntu Linux ab. Und natürlich dürfen auch die Themen Multimedia und Office nicht fehlen. Besonders praktisch: Mit der beiliegenden DVD lässt sich Ubuntu auch ohne Installation starten und gefahrlos ausprobieren.

>> www.galileocomputing.de/1855

Eine distributions-unabhängige Einführung

Inkl. multibootfähiger DVD-ROM

Linux wirklich verstehen und anwenden

448 S., 3. Auflage 2008, mit DVD,
24,90 Euro, 41,90 CHF
ISBN 978-3-8362-1089-8

Einstieg in Linux

www.galileocomputing.de

Steffen Wendzel, Johannes Plötner

Einstieg in Linux

Die distributionsunabhängige Einführung

Wendzel und Plötner bieten neben einer umfassenden und unterhaltsamen Einführung eine wahre Fundgrube an Tipps und Kniffen für Ihren Linux-Alltag.
Inkl. Multiboot-DVD.

>> www.galileocomputing.de/1578

Distributions-unabhängiges Handbuch

Installation, Konfiguration, Administration und Anwendung

Inkl. Multiboot-DVD

1117 S., 2. Auflage 2008, mit 2 DVDs,
39,90 Euro, 67,90 CHF
ISBN 978-3-8362-1090-4

Linux

www.galileocomputing.de

Johannes Plötner, Steffen Wendzel

Linux

Dieses umfassende Handbuch bietet Ihnen nahezu vollständiges Linux-Wissen: Vom Kernel und der Shell über die Administration des Systems bis hin zu Netzwerkkonfiguration, Sicherheitsthemen, BSD und Multimedia werden Sie nichts missen. Das Buch ist geeignet für Nutzer aller gängigen Linux-Distributionen. Die beiliegende Multiboot-DVD enthält eine große Auswahl an Linux-Systemen (openSUSE, Ubuntu, openBSD u. v. m.).

>> www.galileocomputing.de/1579

Das Praxisbuch für Einsteiger und Umsteiger

Installation, Konfiguration und Anwendung

Inkl. Shell und Administration

655 S., 2. Auflage 2007, mit DVD, 39,90 Euro, 67,90 CHF
ISBN 978-3-8362-1075-1

Debian GNU/Linux

www.galileocomputing.de

Heike Jurzik

Debian GNU/Linux

Aktuell zu »Etch«

Von der Installation über die Anwendung bis hin zur Administration werden alle wichtigen Aspekte behandelt. Debian-Anwender finden geballtes Fachwissen zur Paketverwaltung, zum grafischen System, zur Konfiguration und zum Arbeiten mit der Shell. Kapitel zum Troubleshooting und zu alternativen Installationsmethoden runden das Buch ab.

>> www.galileocomputing.de/1548

Installation, Anwendung, Administration

Über 1000 Seiten SUSE-Know-how

inkl. SUSE Linux 11.0

ca. 996 S., 2. Auflage, mit DVD,
39,90 Euro, 67,90 CHF
ISBN 978-3-8362-1174-1, September 2008

openSUSE 11

www.galileocomputing.de

Sascha Kersken

openSUSE 11

Das umfassende Handbuch

In diesem Buch zeigt Sascha Kersken Ihnen nun, was Sie alles mit Ihrem System anstellen können: angefangen bei der Installation und Konfiguration, über die Netzwerkeinrichtung und Administration bis hin zu Serverdiensten. Egal, ob Sie noch ganz am Anfang stehen oder schon fortgeschritten sind - dieses wirklich umfassende Handbuch wird Ihre Fragen beantworten!

>> www.galileocomputing.de/1753

Einrichtung, Konfiguration, Administration

Probleme und Fehlersuche

Inkl. zahlreicher Praxistipps

ca. 300 S., 34,90 Euro, 59,90 CHF
ISBN 978-3-8362-1197-0, Juli 2008

OpenVPN

www.galileocomputing.de

Dirk Becker

OpenVPN

Das Praxisbuch

Das Buch beschreibt anschaulich die Einrichtung eines VPN-Netzwerkes mit OpenVPN. Zunächst werden im Kapitel Einführung die Gründe erläutert, die für (und gegen) OpenVPN sprechen.

>> www.galileocomputing.de/1802

Grundlagen und Installation

Konfiguration und Verwaltung

Mit zahlreichen Beispielskripten

340 S., 2006, 34,90 Euro, 59,90 CHF
ISBN 978-3-89842-762-3

OpenLDAP

www.galileocomputing.de

Oliver Liebel, John Martin Ungar

OpenLDAP

Lesen Sie hier alles über LDAP-Grundlagen, die Installation und Inbetriebnahme und schließlich den Einsatz von OpenLDAP. Konfiguration, Konsole, Schemata, Authentifizierung: Hier wird kein Profi-Thema ausgelassen. Beispielskripte und Übungen helfen beim Verständnis und erleichtern den praktischen Einstieg.

>> www.galileocomputing.de/1175

Einstieg, Praxis, Referenz

Buch-CD mit openbooks zu C und Unix (insg. 2000 Seiten!)

Umfangreiches Zusatzangebot im Web

1215 S., 2. Auflage 2006, mit CD,
49,90 Euro, 82,90 CHF
ISBN 978-3-89842-749-4

Linux-UNIX-Programmierung

www.galileocomputing.de

Jürgen Wolf

Linux-UNIX-Programmierung

Das umfassende Handbuch

Dieses Buch bietet einen umfassenden Einblick in die Systemprogrammierung unter Linux und Unix. Es ist für Leser mit Betriebssystem-Kenntnissen und C-Wissen geeignet.

>> www.galileocomputing.de/1137

Einführung, Praxis, Referenz

Bourne-, Korn- und Bourne-Again-Shell

Inkl. grep, sed und awk

804 S., 2. Auflage 2008, mit DVD,
39,90 Euro, 67,90 CHF
ISBN 978-3-8362-1157-4

Shell-Programmierung

www.galileocomputing.de

Jürgen Wolf

Shell-Programmierung

Das umfassende Handbuch

Von der Shellscript-Programmierung profitieren kann der einfache Linux-/UNIX-Anwender bis hin zum System-Administrator. Einfach jeder ambitionierte Linux-User. In den ersten zehn Kapiteln erfahren Sie alles, was Sie zur Shell-Programmierung wissen müssen. Weitere Kapitel gehen auf die unverzichtbaren Tools grep, sed und awk ein, die in Kombination (oder auch allein) mit der Shellscript-Programmierung zu wertvollen Helfern werden können. Sie erfahren alles zu grundlegenden Kommandos von Linux/UNIX. Das ganze Buch enthält zahlreiche Praxisbeispiele, ist modular zu lesen und hervorragend als Nachschlagewerk geeignet. Ganz neu ist ein Kapitel zu Tcl/Tk.

>> www.galileocomputing.de/1712

Grundlagen, Installation, Konfiguration

Backup, Disaster Recovery, Troubleshooting, Migration

Inkl. KVM

ca. 600 S., mit DVD, 39,90 Euro, 67,90 CHF
ISBN 978-3-8362-1118-5, August 2008

Xen

www.galileocomputing.de

Marcus Fischer

Xen

Virtualisierung mit Xen und KVM

Das Buch bietet von den Grundlagen, über einen Vergleich mit alternativen Produkten, die Installation und Konfiguration bis hin zu professionelleren Administrationsthemen alles, was man über Xen wissen muss.

>> www.galileocomputing.de/1631

EDV-Grundlagen, Programmierung, Mediengestaltung

Praxisorientiertes Lehr- und Nachschlagewerk

Für Fachinformatiker der Bereiche Anwendungsentwicklung und Systemintegration

1114 S., 3. Auflage, 34,90 Euro, 59,90 CHF
ISBN 978-3-8362-1015-7

IT-Handbuch für Fachinformatiker

www.galileocomputing.de

Sascha Kersken

IT-Handbuch für Fachinformatiker

Der Ausbildungsbegleiter
3. aktualisierte und erweiterte Auflage

Kompetentes Nachschlagewerk zum Lernen für Auszubildende und Dozenten der Fachinformatik in den Bereichen Anwendungsentwicklung und Systemintegration. Das Buch vermittelt alle Grundlagen der Informationstechnik wie sie Fachinformatiker in Ihrer Ausbildung benötigen: Aufbau der Computerhardware, Betriebssysteme, Netzwerktechnik, -protokolle und -anwendungen sowie Grundlagen der Programmierung werden ebenso wie das Thema Datenbanken und Multimedia berücksichtigt.

>> www.galileocomputing.de/1234

Installation, Konfiguration, Administration

Das umfassende Handbuch inkl. Referenz

Apache 2 und Apache 2.2 im praktischen Einsatz

934 S., 2., aktualisierte und erweiterte Auflage 2006,
mit CD, 44,90 Euro
ISBN 3-89842-787-0

Apache 2

www.galileocomputing.de

Sascha Kersken

Apache 2

Inkl. Apache 2.2

Ein Buch, das Sie bei all Ihren Apache-Abenteuern begleiten wird. Es ist Lehrbuch und Referenz zugleich. Neben den Grundlagen der Konfiguration und Anwendung werden alle Optionen umfassend dargestellt. Auch bei professionellen Themen und Neuerungen von Apache 2 wie Multiprotokoll-support, Loadbalancing, Entwicklung von eigenen Modulen, CGI, PHP und Tomcat lässt Sie dieses Buch nicht allein. Aktuell zur Version 2.1

>> www.galileocomputing.de/1205

Endlich ein modernes UNIX-Handbuch!

1027 S., 2008, 59,90 Euro, 99,90 CHF
ISBN 978-3-8362-1071-3

UNIX

www.galileocomputing.de

Arnold Willemer

UNIX

Das umfassende Handbuch

Angefangen bei der grafischen Oberfläche bis hin zu fortgeschrittenen Themen wie Shell- und UNIX-Programmierung - dieses Buch wird jede Ihrer Fragen umfassend beantworten. Arnold Willemer berücksichtigt die wichtigsten Einsatzszenarien eines UNIX-Systems: beispielsweise als Workstation oder (Internet-)Server in der Universität oder Firma oder aber als Linux-Rechner in den eigenen vier Wänden.

>> www.galileocomputing.de/1546

Riskoanalyse, Methoden und Umsetzung

Für Unix/Linux und Windows

VPN, WLAN, Intrusion Detection, Disaster Recovery, Kryptologie

657 S., 2., aktualisierte und erweiterte Auflage, mit CD, 49,90 Euro, 81,90 CHF
ISBN 978-3-89842-828-6

Praxisbuch Netzwerk-Sicherheit

www.galileocomputing.de

Steffen Wendzel, Johannes Plötner

Praxisbuch Netzwerk-Sicherheit

Risikoanalyse, Methoden und Umsetzung

Dieses Buch liefert umfassendes Praxiswissen zur IT-Sicherheit. Sie erfahren, wie man Server und Router schützen kann und lernen alles Wissenswerte zu Verschlüsselungen und zur Datensicherheit.
Aus dem Inhalt:
Gefahrenanalyse, Kryptographie, TCP/IP, physikalische Sicherheit, VPN-Grundlagen, Firewalls und Proxies, Topologien, Einbruchserkennung, Netzwerksicherheit, Secure Shell, Unix- und Windows-Sicherheit, Disaster Recovery, Security Policies, sichere Software
Es widmet sich nicht nur den Standardthemen TCP/IP, Firewalls, Backups ..., sondern auch aktuellen Trends wie VPN, Security Audits und Penetration-Testing.

>> www.galileocomputing.de/1312

Planen und Einrichten von LAN und WLAN

Praxislösungen für Büro, Home Office und LAN-Party

DVD-ROM: openSUSE, KNOPPIX, Fli4L-Router und Netzwerkserver

671 S., 4., aktualisierte und erweiterte Auflage 2007, mit DVD, 29,90 Euro, 49,90 CHF
ISBN 978-3-8362-1062-1

PC-Netzwerke

www.galileocomputing.de

Axel Schemberg, Martin Linten

PC-Netzwerke

Mit VoIP (Voice over IP), Asterisk und Skype. Aktuell zu Windows Vista

Bewährt, praxisnah und randvoll mit wertvollen Informationen, das ist unser PC-Netzwerkbuch. Dabei erhalten Sie nicht nur umfassende Grundlagen der Vernetzung, sondern Praxis-Anleitungen mit denen Sie Ihre Computer zu Hause oder im Büro professionell vernetzen. Ob LAN, WLAN, VoIP oder Routing – kein Thema bleibt auf 600 Seiten unberücksichtigt.

>> www.galileocomputing.de/1518

Von der Installation bis zur eigenen Website

Leichter Einstieg ohne Vorkenntnisse

Joomla! anpassen und erweitern

ca. 293 S., mit CD, 19,90 Euro, 32,90 CHF
ISBN 978-3-8362-1021-8, Mai 2008

Joomla! 1.5 für Einsteiger

www.galileocomputing.de

Anja Ebersbach, Markus Glaser, Radovan Kubani

Joomla! 1.5 für Einsteiger

Wenn Sie bisher keine Erfahrung in der Webentwicklung haben, sind Sie bei diesem Buch genau richtig. Ausführlich werden Sie durch die Installation und die Grundlagen von Joomla! geführt. Umfangreiche Praxisbeispiele helfen Ihnen dabei, Gelerntes zu verstehen und für Ihre eigene Webseite einzusetzen.

>> www.galileocomputing.de/1453

Hat Ihnen dieses Buch gefallen?
Hat das Buch einen hohen Nutzwert?

Wir informieren Sie gern über alle Neuerscheinungen von Galileo Computing. Abonnieren Sie doch einfach unseren monatlichen Newsletter:

www.galileocomputing.de

Galileo Computing

Professionelle Bücher. Auch für Einsteiger.